Gunther Nickel (Hrsg.)
Carl Zuckmayer und die Medien

**Zuckmayer-Jahrbuch
Band 4.1**

im Auftrag der Carl-Zuckmayer-Gesellschaft
herausgegeben von
Gunther Nickel, Erwin Rotermund und Hans Wagener

Gunther Nickel (Hrsg.)

Carl Zuckmayer und die Medien

Beiträge zu einem internationalen Symposion

Teil 1

Redaktion: Ulrike Weiß

Röhrig Universitätsverlag
St. Ingbert · 2001

Gedruckt mit Unterstützung des Kulturdezernats der Stadt Mainz, des Ministeriums für Kultur, Jugend, Familie und Frauen Rheinland-Pfalz sowie der Fritz-Thyssen-Stiftung, die auch die Arbeit an der Edition des Filmskripts ›Die weisse Rose‹ gefördert hat.

Das Zuckmayer-Jahrbuch erscheint jeweils zum Jahresbeginn.
Redaktionsschluß ist der vorangehende 30. April.

Die Carl-Zuckmayer-Gesellschaft verfolgt ausschließlich und unmittelbar kulturelle und wissenschaftliche Zwecke im Sinne der steuerrechtlichen Bestimmungen über Gemeinnützigkeit. Beiträge und Spenden sind laut Verfügung des Finanzamtes in Mainz steuerlich abzugsfähig.
Die Mitgliedschaft wird erworben durch Anmeldung beim Vorstand, Zahlung des ersten Jahresbeitrags und Bestätigung des Beitritts durch den Präsidenten. Beitrittserklärungen sind zu richten an die Carl-Zuckmayer-Gesellschaft, Postfach 33, D-55297 Nackenheim. Der Jahresbeitrag beträgt DM 60,– für persönliche Mitglieder; Ehegatten vollzahlender Mitglieder, Studenten, Schüler und Auszubildende erhalten Ermäßigung. Korporative Mitglieder zahlen mindestens DM 100,–. Öffentliche Bibliotheken, Schulen und Hochschulen zahlen den Satz für persönliche Mitglieder.
Die Mitglieder erhalten das Zuckmayer-Jahrbuch kostenlos.
Bankkonten: Sparkasse Mainz (BLZ 550 501 20) Nr. 150 000 651 und Volksbank Rhein-Selz e.G. (BLZ 550 619 07) Nr. 1 807 250.

Die Deutsche Bibliothek – CIP-Einheitsaufnahme
Carl Zuckmayer und die Medien : Beiträge zu einem internationalen Symposion / Gunther Nickel (Hrsg.). Sankt Ingbert : Röhrig, 2001.
(Zuckmayer-Jahrbuch ; Bd. 4)
ISBN 3-86110-266-8

© 2001 des Filmskripts *Die weisse Rose* by Maria Guttenbrunner, Wien

© 2001 by Röhrig Universitätsverlag GmbH,
Postfach 1806, D-66368 St. Ingbert
www.roehrig-verlag.de
Alle Urheber- und Verlagsrechte vorbehalten
Umschlag: Jürgen Kreher
Herstellung: Strauss Offsetdruck GmbH, Mörlenbach
Printed in Germany
ISSN 1434-7865
ISBN 3-86110-266-8

Inhalt

EDITORIAL   9

TEXTE UND DOKUMENTE

DIE WEISSE ROSE
Ein Filmskript von Carl Zuckmayer
Ediert, eingeleitet und kommentiert von Barbara Schüler
   Einleitung   19
   Carl Zuckmayer, *Die weisse Rose. Filmentwurf* <1947> 57
   Lesarten   109
   Kommentar   111

AUFSÄTZE

HARRO SEGEBERG
   Schriftsteller als Medienarbeiter. Carl Zuckmayer in der
   Mediengeschichte des 20. Jahrhunderts   137

WALTER FÄHNDERS
   »Volksstück mit letalem Ausgang«. Carl Zuckmayers   155
   Schinderhannes in der Theaterkritik

HEINER BOEHNCKE
   Zuckmayers *Schinderhannes* und seine Verfilmung   179

URSULA VON KEITZ
   »Eher kriegen Sie eine Katz' vom Hause weg, als eine
   Knie vom Wagen«. Der zirzensische Körper in Karl Gru-
   nes *Katharina Knie* (1929/30)   201

SUSANNE SCHAAL
   Zur Musikdramaturgie im Film *Der blaue Engel*   235

KLAUS KANZOG
Aktualisierung – Realisierung. Carl Zuckmayers *Der Hauptmann von Köpenick* in den Verfilmungen von Richard Oswald (1931/1941) und Helmut Käutner (1956)   249

THERESIA WITTENBRINK
Carl Zuckmayer im Rundfunk der Weimarer Republik   309

HORST CLAUS
Zuckmayers Arbeiten für den Film in London 1934 bis 1939   341

MICHAEL TÖTEBERG
»Der beste niederländische Film«. Carl Zuckmayer schreibt ein Szenario für Detlef Sierck: *Boefje* (1939)   413

HELMUT G. ASPER
»Mon cher ami d'outre Rhin«. Max Ophüls und Carl Zuckmayer – eine unvollendete Freundschaft   423

DANIELA SANNWALD
Die Beschwörung der Heimat. Carl Zuckmayer und Gustav Ucicky   437

MICHAEL SCHAUDIG
Normgerechtes Scheitern oder Happy-End? Zum Motivkomplex ›Pflicht, Eros und Tod‹ in Carl Zuckmayers Soldatentrilogie und ihren filmischen Interpretationen: *Eine Liebesgeschichte, Engele von Loewen (Ein Mädchen aus Flandern), Des Teufels General*   479

GUNTHER NICKEL
Des Teufels General und die Historisierung des Nationalsozialismus   577

Inhalt

ULRICH FRÖSCHLE
Tagesforderung: »Rettung Europas«. Carl Zuckmayers
Exposé zum Filmprojekt *Charlemagne* (1958/59) — 613

HANS ULRICH WAGNER
»Ich brauche keine Worte darüber zu verlieren, wie wertvoll uns Ihre Zusage wäre«. Carl Zuckmayer und der Rundfunk nach dem Ende des Zweiten Weltkrieges — 657

KNUT HICKETHIER
Carl Zuckmayer als Gegenwartsautor und ›moderner‹ Klassiker des deutschen Fernsehens — 693

NICOLAI RIEDEL
Carl-Zuckmayer-Bibliographie. Teil II: Literaturkritik und Essayistik (1995-1999) — 725

REZENSIONEN

Eberhard Demm, *Von der Weimarer Republik zur Bundesrepublik. Der politische Weg Alfred Webers 1920-1958* (Gunther Nickel) — 747

Christina Jung-Hofmann, *Wirklichkeit, Wahrheit, Wirkung* (Walter Fähnders) — 750

Dagmar Walach, *Aber ich habe nicht mein Gesicht. Gustaf Gründgens – eine deutsche Karriere*; Peter Michalzik, *Gustaf Gründgens. Der Schauspieler und die Macht* (Andreas Heckmann) — 754

Alexander Weigel, *Das deutsche Theater* (Manfred Stahl) — 764

Joachim Fest, *Speer. Eine Biographie* (Gunther Nickel) — 766

Anschriften der Mitarbeiterinnen und Mitarbeiter — 773

Anschriften der Herausgeber — 774

Personenregister — 775

Editorial

Vom 19. bis 21. Mai 2000 fand im Rathaus der Stadt Mainz ein internationales Symposion zum Thema »Carl Zuckmayer und die Medien« statt. Vorsätzlich wurde dabei ausgerechnet im Jahr der Feier des mutmaßlichen 600. Geburtstages von Johannes Gutenberg das Medium Buch sträflich vernachlässigt. Statt dessen standen Zuckmayers kaum erforschte Arbeiten für den Rundfunk und den Film, also für die »neuen Medien« zu Beginn des 20. Jahrhunderts im Mittelpunkt, und zwar unter anderem deshalb, weil sich an ihnen beispielhaft Probleme mit einem traditionellen Autorschaftsverständnis studieren lassen, die die Medienentwicklung und ihre Begleitumstände mit sich brachten.

*

Zuckmayer hat sein in den Jahren nach dem Ersten Weltkrieg zunächst noch verfolgtes Projekt eines »poetischen Dramas«[1] verabschiedet, als die Inflation die Vermögen des Bürgertums und damit auch die der Intellektuellen zusammenschmelzen ließ. »Vor allem die Schriftsteller«, so beschrieb Anton Kaes diese Lage,

> empfanden ihre wirtschaftliche Deklassierung als schmerzlichen Autoritäts- und Machtverlust. Ihre traditionelle Rolle, die sie darin sahen, dem arbeitenden, ins tägliche Leben verstrickten Volke sozusagen von höherer Warte aus die Welt sinnhaft zu deuten und sie ihrer Kritik zu unterwerfen, war nämlich auch durch den Umstand bedingt, daß sie wirtschaftlich bessergestellt waren als die arbeitende Klasse.[2]

Weil auch beim Fabrikantensohn Zuckmayer keine Rede von wirtschaftlicher Besserstellung sein konnte, plante er 1922, den Roman *Zanoni* von Edward George Bulwer-Lytton zu einem Drehbuch umzuarbeiten. »[M]ein sauberer Vater«, so schrieb er Ina Seidel,

> »gibt mir [...] etwa ein Drittel von dem, was ich zum *anspruchslosen* Leben monatlich brauche. Und da ich endlich, endlich einmal arbeiten u. Ruhe dazu haben *muss*, und das Artikel-Schreiben, Pumpen, Schinden mir keine Arbeitsruhe lässt, – ist dieser Film einfach eine Notwendigkeit und wenn er

---

1 Vgl. Franz Norbert Mennemeier, *Eine »apokalyptische Wetterwolke« zieht vorbei. Zuckmayers unvollendetes Projekt eines poetischen Dramas*, in: *Zuckmayer-Jahrbuch*, Bd. 3, 2000, S. 301-319.
2 Anton Kaes, *Schreiben und Lesen in der Weimarer Republik*, in: Bernhard Weyergraf (Hrsg.), *Literatur in der Weimarer Republik 1918-1933*, München 1995, S. 38-64, hier: S. 39.

nichts wird kann ich ins Wasser gehen. Oder ins Narrenhaus. Denn wenn ich das viele Zeug was ich in diesem Jahr gespeichert habe, nicht baldigst dichten kann, geht es in Gärung über und sprengt meine Hirnschale wie ein undichtes Mostfass.«³

Das Vorhaben scheiterte zwar, aber Zuckmayers Interesse am Film blieb bestehen – und dies nicht nur aus finanziellen Erwägungen. Es gab sogar Zeiten, in denen er dem Schreiben für den Film »gleich große Bedeutung« beigemessen hat wie dem Verfassen von Dramen oder Romanen.⁴

Zu Lebzeiten wirkte Zuckmayer an 36 Kino- und Fernsehfilmen mit. Das beschränkte sich häufig nur auf das Einräumen der Verfilmungsrechte zu einem Stück oder einer Erzählung, ging jedoch zuweilen – etwa im Fall des *Blauen Engels*⁵ oder des in diesem Band erstmals publizierten Filmskripts *Die weisse Rose* – auch soweit, das Treatment oder das Drehbuch zu schreiben. Vor allem in der Zeit des Exils ist seine Arbeit für den Film durch jenen »Lieferantencharakter« für einen »Apparat« gekennzeichnet, den Bertolt Brecht in seinem *Dreigroschenprozeß* (1931) und Walter Benjamin in seiner Studie *Der Autor als Produzent* (1934) analysiert haben. Doch Zuckmayers Anpassungsbereitschaft hatte durchaus Grenzen: Als er von Warner Brothers 1939 den Auftrag erhielt, das Drehbuch für einen Don-Juan-Film auszuarbeiten, der in Florenz spielen und als attraktiven Höhepunkt eine Affäre mit Lucrezia Borgia enthalten sollte, erschien ihm dieses Vorhaben derart absurd, daß er seinen gut dotierten Siebenjahresvertrag kündigte und sich nach anderen Erwerbsmöglichkeiten umsah.⁶

Schon zu Beginn der dreißiger Jahre hat Zuckmayer den kulturindustriellen Verwertungsprozeß von Texten kritisch kommentiert,⁷ diagno-

---

3 Deutsches Literaturarchiv Marbach (im folgenden: DLA), Nachlaß Ina Seidel.

4 Interview mit der Zeitung *De Telegraaf*, veröffentlicht am 8. September 1936, zitiert nach der deutschen Übersetzung von Kleophas Lodeman in: *Blätter der Carl-Zuckmayer-Gesellschaft*, Jg. 11, H. 4, S. 227-230, hier: S. 229.

5 Vgl. Luise Dirscherl/Gunther Nickel, *Der blaue Engel. Die Drehbuchentwürfe*, St. Ingbert 2000 (Zuckmayer-Schriften 4).

6 Vgl. Carl Zuckmayer, *Als wär's ein Stück von mir*, Frankfurt am Main 1997, S. 574 f.

7 Vgl. Carl Zuckmayer, *Verfilmung*, in: *Berliner Börsen-Courier* vom 16. Januar 1931, Morgen-Ausgabe; unter dem Titel *Nicht Verfilmung, sondern »Filmdichtung«* erneut abgedruckt in: *Querschnitt*, Jg. 11, 1931, H. 1, S. 39-41.

stizierte allerdings – anders als Brecht und Benjamin – keinen Paradigmenwechsel. Er versuchte vielmehr an der überkommenen Vorstellung vom »Dichter« festzuhalten und hielt es lediglich für eine Frage der Zeit, daß auch beim Film, »wie im Drama oder beim epischen Werk, ein Mann ganz allein für den geistigen Gehalt und für die handwerkliche Formung [...] zeichnen wird«.[8] Diese Hoffnung hat sich als illusorisch erwiesen, ließ Zuckmayer die Arbeit für den Film jedoch keineswegs aufgeben. Bei näherem Hinsehen zeigt sich darüber hinaus, daß seinem Werk insgesamt eine Ambivalenz eingeschrieben ist. Zum einen konnte der »Medienautor« die Ansprüche des »Dichters« oft nicht oder nur um den Preis des Verlusts lukrativer Einkünfte durchsetzen und zeigte sich daher – wenn auch zähneknirschend – meist kompromißbereit.[9] Zum anderen ist Zuckmayers Anspruch, für ein alle gesellschaftliche Schichten umfassendes Publikum zu schreiben,[10] selbst schon Ausdruck eines Wandels in seinem Autorschaftsverständnis, der von der Medienentwicklung mitbeeinflußt war. Dieser Wandel hat seinen Ausgangspunkt in dem von Zuckmayer freimütig eingestandenen Scheitern seines expressionistischen Dramas *Kreuzweg* auf der Bühne, ließ ihn als Dramaturg an den Städtischen Bühnen Kiel mit der Moritatenform, dem Bänkelgesang und der Komödie experimentieren und führte 1925 zu dem herausragenden Erfolg der Komödie *Der fröhliche Weinberg*, die Alfred Kerr zu der spöttischen Bemerkung »Sic transit gloria expressionismi« veranlaßte.[11] Die von Zuckmayer mit diesem Stück erfolgreich versuchte Revitalisierung des Theaters ist schwerlich ohne die Konkurrenz zwischen Theater und Film zu verstehen. Kerr erklärte in seiner Rezension des *Fröhlichen Weinbergs* jedenfalls:

---

8 Carl Zuckmayer, *Aufmarsch der Filmautoren*, in: *B.Z. am Mittag* (Berlin) vom 31. März 1930.
9 Zu den Ausnahmen neben der Kündigung des Vertrages mit Warner Brothers gehört die von Zuckmayer 1936 abgelehnte Verfilmung der Erzählung *Eine Liebesgeschichte*: »Denn die Bedingung für ihre Erwerbung war: dass der Selbstmord fallen und der Liebende weiterleben müsse und sie, einen Schlager singend, verzichten und untergehn – – also dann lieber nicht« (DLA, Brief von Zuckmayer an Albrecht Joseph vom 19. März 1936).
10 Vgl. dazu die Darstellung der gegensätzlichen Bestimmungen von »volkstümlicher Literatur« bei Zuckmayer und Brecht in: Gunther Nickel, *Zuckmayer und Brecht*, in: *Jahrbuch der Deutschen Schillergesellschaft*, Jg. 41, 1997, S. 428-459.
11 *Berliner Tageblatt* vom 23. Dezember 1925, Abend-Ausgabe.

Ich verderbe den Spaß nicht. Warum? Weil er das Theater vielleicht vor dem hemmungslosen Literaturmist rettet: vor der anspruchsvollen Unmacht, vor dem sabbernden Chaos ... und einen letzten Damm baut gegen das bereits überlegene Kino.[12]

Die mit dem *Fröhlichen Weinberg* unternommene Annäherung von »Kunst« und »Leben« läßt sich als eine – allerdings letztlich nur konterkarierende – Einlösung jener Ziele begreifen, die von Peter Bürger als Intentionen der Avantgardebewegungen bis hin zum Dadaismus beschrieben worden sind.[13] Auf jeden Fall erwies sich das Stück trotz aller Proteste, die es auslöste, als relativ erfolgreicher Versuch, eine weitgehend fragmentierte Öffentlichkeit (in der zum Beispiel die Leserschaft der *Süddeutschen Monatshefte* und der *Weltbühne* nur eine verschwindend kleine Schnittmenge bildeten) zumindest für die Zeit eines Theaterbesuchs zusammenzuführen. Ob das mit anderen Formen und Stoffen in der Mitte der zwanziger Jahre möglich gewesen wäre, ist fraglich, denn die Proletarisierung des Bürgertums in den Inflationsjahren veränderte nicht nur die Situation der Schriftsteller, sondern führte auch zu einem tiefgreifenden Strukturwandel des Publikums. Eine neue Mittelschicht entwickelte, wie Siegfried Kracauer diesen Prozeß 1930 in seiner Studie *Die Angestellten* beschrieb, neue kulturelle Bedürfnisse: Statt »Dichtung« waren nunmehr »Unterhaltung« und »Zerstreuung« gefragt. In diesem Umfeld traf Zuckmayer, wie seine exorbitanten Honorare in den Jahren 1926 bis 1932 von insgesamt rund 580.000 RM zeigen,[14] in besonderem Maß den Geschmack des breiten Publikums. Und wenn er Einnahmen durch den Verkauf von Verfilmungsrechten auch bald nicht mehr nötig hatte, so mußte es ihm aufgrund seiner wirkungspoetischen Absicht, Menschen auf ganz elementare Weise zu

---

12 Ebd.

13 Peter Bürger, *Theorie der Avantgarde*, Frankfurt am Main 1974.

14 Das entspricht fast dem Vierfachen des Lebenseinkommens eines Arbeiters. Zuckmayers in ihrer Höhe meist unbekannten Einnahmen durch Beiträge im Rundfunk, in Zeitschriften und Zeitungen sowie durch Verfilmungsrechte und die 15.667,20 RM die er für seine Mitarbeit am Drehbuch zum Film *Der blaue Engel* erhielt, sind dabei noch nicht berücksichtigt. Zur Quelle und Zusammensetzung der Zahlen vgl. Gunther Nickel, *Carl Zuckmayer und seine Verleger. Von 1920 bis zur Rückkehr aus dem Exil*, in: Zuckmayer-Jahrbuch, Bd. 3, 2000, S. 361-375.

rühren,[15] hochwillkommen sein, daß seine Stücke als Vorlagen für Kinofilme adaptiert wurden.

Die Bereitwilligkeit, mit der sich Zuckmayer (bis zu gewissen Grenzen) Markterfordernissen beugte, ließe sich von einer kulturkonservativen Warte aus beklagen. Man kann seine Erfolgsgeschichte auch schlicht ignorieren, wie das in der Literatur-, aber auch in der Theater- und Filmwissenschaft seit Ende der fünfziger Jahre vornehmlich der Fall war. Die Gründe für solches Desinteresse sind naheliegend: Zunächst wurde zu Beginn der sechziger Jahre der literarische Kanon infolge einer zunehmenden Akademisierung, Intellektualisierung und Politisierung grundlegend revidiert; mit Ausnahme des *Hauptmanns von Köpenick* fiel Zuckmayers Werk diesem Prozeß so gut wie vollständig zum Opfer. Die ideologiekritischen Vorbehalte gegen ihn haben in den siebziger Jahren dann verhindert, daß seine Erfolge in den Kulturwissenschaften als sozialgeschichtliches Phänomen erforscht wurden. Und die feingeschliffenen methodischen Instrumentarien semiotischer oder dekonstruktiver Provenienz erweisen sich bei der Untersuchung von Zuckmayers Texten zumindest auf den ersten Blick als relativ stumpfe, jedenfalls nicht mit besonders großer Virtuosität zu handhabende Werkzeuge. Ihre Attraktivität als Forschungsgegenstand wird dadurch nicht eben befördert. Gleichwohl bleibt die Entwicklung, die Zuckmayers Erfolg möglich gemacht hat, für die Literatur im 20. Jahrhundert konstitutiv und ihre detailliertere Erforschung daher wünschenswert, zumal sie in diesem Fall mit der Emigration keineswegs beendet war: Wie keinem anderen ins Exil gezwungenen Autor gelang es Zuckmayer nach dem Zweiten Weltkrieg, an seine Erfolge in den zwanziger Jahren anzuknüpfen.

Wegen seiner heute kaum noch recht zu ermessenden Popularität und Wertschätzung bis zum Ende der fünfziger Jahre hat die Deutsche Schillergesellschaft Zuckmayer 1958 dazu eingeladen, im Marbach die Rede zu Schillers 200. Geburtstag zu halten. Mag eine Lektüre seines Textes heute auch enttäuschen, so ist es doch beim Abhören des überlieferten Mitschnitts verblüffend festzustellen, wie stark Zuckmayer das

---

15 »Im ›Fröhlichen Weinberg‹«, äußerte er rückblickend über seine Intentionen, »war es mir gelungen, die Leute so von Herzen zum Lachen zu bringen, wie sie selten im Theater lachen können. Nun [mit dem ›Schinderhannes‹] lag es mir am Herzen, die Leute auch einmal flennen zu lassen. Ich wollte wieder den Menschen vom Gefühl her auf dem Theater ansprechen [...]« (Carl Zuckmayer, *[Selbstportrait]*, in: Hannes Reinhardt [Hrsg.], *Das bin ich*, München 1970, S. 239).

Publikum zu fesseln vermochte. Und noch etwas macht diese Rede bemerkenswert: Der 1 ¾-stündige Festakt wurde, was heute undenkbar wäre, zur besten Sendezeit live im Rundfunk übertragen. »Hier ist der Süddeutsche Rundfunk« begann der Ansagetext damals,

> angeschlossen sind der Bayerische Rundfunk, der Hessische Rundfunk, der Norddeutsche Rundfunk, RIAS Berlin, der Saarländische Rundfunk, der Sender Freies Berlin und der Südwestfunk. Wir begrüssen die Hörer der angeschlossenen Sender und übertragen aus Marbach am Neckar den Festakt zum 200. Geburtstag von Friedrich Schiller, veranstaltet von der Deutschen Schiller-Gesellschaft in Verbindung mit dem Süddeutschen Rundfunk. Sie hören eine Ansprache des Ministerpräsidenten Kurt Georg Kiesinger, danach die Festrede von Carl Zuckmayer. Der Philharmonische Chor Stuttgart und eine Instrumentalgruppe des Süddeutschen Rundfunks unter der Leitung von Heinz Mende bringen die Schiller-Chöre von Carl Orff zu Gehör. Wir schalten nun um zur Stadthalle nach Marbach.

Dieses Medieninteresse illustriert wohl prägnant Zuckmayers Bedeutung im literarischen Leben der fünfziger Jahre und auch den Stellenwert, den Kultursendungen in dieser Zeit noch hatten, weil ihnen für die Herausbildung einer demokratischen Öffentlichkeit außerordentliche Bedeutung zugemessen wurde.

*

Von Beginn der Planung des Symposions an war vorgesehen, auch Zuckmayers Rolle in der Feuilletonkultur zu thematisieren. Schließlich liegt es auf der Hand, daß ein »Publikumsschriftsteller«, der Zuckmayer nach Erich Kästners Einschätzung sein wollte,[16] die Präsenz in allen Massenmedien suchen muß, was sich in einer Fülle von Feuilletons, aber auch Beiträgen zu Umfragen und in Interviews niedergeschlagen hat. Leider wurden die zu diesem Themenkomplex versprochenen Beiträge kurzfristig abgesagt. Der vorliegende Doppelband des *Zuckmayer-Jahrbuchs*, der die Referate der Mainzer Tagung dokumentiert, behandelt das Thema also trotz seines beängstigenden Seitenumfangs noch nicht erschöpfend. Doch das kann nur ein Grund mehr sein, diese Jahrbuchreihe auch in den kommenden Jahren fortzusetzen.

*

Das Symposion wäre nicht ohne finanzielle und organisatorische Hilfe möglich gewesen. Zu danken ist der Stiftung Rheinland-Pfalz für Kul-

---

16 So Kästner in seiner Kritik zur Uraufführung von Zuckmayers Stück *Katharina Knie* in der *Neuen Leipziger Zeitung* vom 25./26. Dezember 1928.

tur, der Kulturstiftung der Deutschen Bank, der Arbeitsgemeinschaft Literarischer Gesellschaften e.V., der Mainzer Akademie der Wissenschaften und der Literatur, dem Ministerium für Wirtschaft, Verkehr, Landwirtschaft und Weinbau des Landes Rheinland-Pfalz, der Carl-Zuckmayer-Gesellschaft und hier besonders ihrer Schatzmeisterin Ingrid Freudenthal, dem Kulturdezernat der Stadt Mainz, namentlich Peter Krawietz und Raphael Lopez, der Sparkasse Mainz sowie Dr. Klaus Behrens von der Stadtbibliothek Mainz. Die Edition des Filmskripts *Die weisse Rose* wurde durch ein Arbeitsstipendium und einen Druckkostenzuschuß der Fritz-Thyssen-Stiftung in Köln unterstützt. Die Veröffentlichung der Tagungsbeiträge ermöglichten Zuschüsse des Kulturdezernats der Stadt Mainz und des Ministeriums für Kultur, Jugend, Familie und Frauen Rheinland-Pfalz.

Gunther Nickel

Texte und Dokumente

Die Weisse Rose
Ein Filmskript von Carl Zuckmayer

Ediert, eingeleitet und kommentiert von Barbara Schüler

Einleitung

Wer kennt sie nicht, die »Weiße Rose«[1] und ihre Geschichte? Wer kennt nicht zumindest einen »Geschwister Scholl-Platz« oder eine »Hans und Sophie Scholl-Schule«? Und wurde nicht erst jüngst Sophie Scholl von der Frauenzeitschrift *Brigitte* zur »Frau des 20. Jahrhunderts« gewählt?

Würde man auf der Straße Passanten ansprechen und sie nach der »Weißen Rose« befragen, bekäme man im besten Fall folgende Antwort: Empört über das verbrecherische Regime der Nationalsozialisten bildete sich 1942 eine Widerstandsgruppe von Studenten an der Universität München. Unter Führung der Geschwister Hans und Sophie Scholl protestierten sie mit Flugblättern gegen die Fortsetzung des sinnlosen Kriegs, den Führerstaat und die Ermordung der Juden. Als sie am 18. Februar 1943 Flugblätter in den Lichthof der Universität warfen, fielen sie der Gestapo in die Hände. Die Geschwister Scholl wurden vor dem Volksgerichtshof angeklagt und zum Tode verurteilt. Der Passant hätte damit seine Geschichtslektion gut gelernt, denn so oder ähnlich kann man sie in den Geschichtsbüchern über die »Weiße Rose« nachlesen.[2] Zumeist findet sich dabei eine Photographie, wie sich Sophie Scholl – mit der Margerite im Knopfloch – auf einem Münchner Bahnhof von ihrem Bruder Hans vor dessen Transport an die Ostfront verabschiedet.

Im allgemeinen Bewußtsein des In- und Auslandes sind die Geschwister Scholl und ihr Widerstand gegen den Nationalsozialismus im neuen Jahrtausend und selbst nach mehr als einem halben Jahrhundert durchaus immer noch präsent als Symbol für das »andere« und »bessere« Deutschland, als helles Licht in der braunen Finsternis. Die Flugblätter der »Weißen Rose« stellen dabei die vielleicht populärste Aktion des

---

1 Die Herleitung des Namens »Weiße Rose« ist unklar. Er könnte sich auf einen Roman von B. Traven mit demselben Titel beziehen, oder – was wahrscheinlicher ist – er stammt aus der bündischen Jugend (vgl. Barbara Schüler, *»Im Geiste der Gemordeten ... «. Die »Weiße Rose« und ihre Wirkung in der Nachkriegszeit*, Paderborn 2000 [Politik- und Kommunikationswissenschaftliche Veröffentlichungen der Görres-Gesellschaft 19]).

2 Vgl. etwa die Darstellung in den Geschichtsbüchern *Geschichtliche Weltkunde*, Bd. 3, vom Diesterweg Verlag (2. Auflage, Frankfurt am Main 1979) S. 164 f. oder in *Anno*, Bd. 4, vom Westermann-Verlag (Braunschweig 1998) S. 121.

deutschen Widerstandes gegen Hitler dar: Junge Studenten aus der Provinz kamen zum Studium an die Ludwig-Maximilian-Universität München. Hier hörten sie neben ihrem eigentlichen Fachstudium auch philosophische Vorlesungen bei Professor Huber, zu dem namentlich Hans und Sophie Scholl als Kern der »Weißen Rose« auch eine persönliche Beziehung aufbauten. Immer wieder kann man so oder zumindest ähnlich lesen: »Entscheidend wurden diese Studenten durch ihren Hochschullehrer Kurt Huber geprägt«.[3] Diesem gelang es im Wintersemester 1942/43, als die Schlacht um Stalingrad ihren Höhepunkt erreichte, den Geschwistern Scholl und ihren Freunden endgültig die Augen zu öffnen über das Unrechtssystem der nationalsozialistischen Diktatur, über den Völkermord, den verlorenen Krieg und nicht zuletzt über den Tyrannen Adolf Hitler. Der Professor überzeugte seine jugendlichen Hörer von der Notwendigkeit des Widerstandes: »Es muß etwas geschehen und auch Ihr könnt etwas tun.« Er regte die Flugblattaktion an, schrieb selber an den Flugblättern mit, wurde mit den Scholls und ihren Freunden verhaftet und nach dem Prozeß vor dem Volksgerichtshof gemeinsam mit ihnen als Hochverräter hingerichtet. Darum teilen sich beide auch den Hauptplatz vor der Münchner Universität: die eine Hälfte ehrt die Geschwister Scholl, die andere trägt den Namen von Professor Huber. So ungefähr lautet die Geschichte der »Weißen Rose« im allgemeinen Bewußtsein, so dürfte der landläufige Kenntnisstand zur »Weißen Rose« sein.

Was sagt die wissenschaftliche historische Forschung dazu?[4] Ein Blick auf die Forschungsgeschichte der letzten Jahrzehnte zeigt, daß die

---

3 Peter Steinbach/Johannes Tuchel (Hrsg.), *Lexikon des Widerstandes 1933-1945*, München 1994, S. 205 f. (Artikel: Weiße Rose).

4 Zum Thema insgesamt und zu verschiedenen Einzelaspekten gibt es eine fast unüberschaubare Vielzahl von Darstellungen. Im folgenden stütze ich mich besonders auf meine im Sommersemester 1998 an der Historischen Fakultät der Eberhard Karls-Universität eingereichte Dissertation. Die Druckfassung erschien im Jahr 2000: Barbara Schüler, *»Im Geiste der Gemordeten ... «*, a.a.O. (Anm. 1). Als weiterführende Darstellungen sind zu nennen die beiden von der Universität München geförderten Arbeiten: Günter Kirchberger, *Die »Weiße Rose«. Studentischer Widerstand gegen Hitler in München*, München 1987; Michael C. Schneider/Winfried Süß, *Keine Volksgenossen. Studentischer Widerstand der Weißen Rose*, hrsg. vom Rektoratskollegium der Ludwig Maximilians-Universität München, München 1993. Der Ausstellungskatalog der »Weißen Rose-Stiftung«: *Die Weiße Rose. Der Widerstand von Studenten gegen Hitler, München 1942/43*. Ausstellung, zusammengestellt von der Weiße Rose Stiftung e.V., 2. Auflage, München 1995. Viel zitierter Überblick mit Dokumenten:

»Weiße Rose« zwar immer wieder in verschiedenen Forschungskontexten thematisiert wurde – etwa bei der Frage, um welchen Widerstand[5] es sich handelte bzw. bei der Eingruppierung als »Jugendwiderstand« –, eine umfassende Gesamtdarstellung aus der Feder eines Mitglieds der historischen Zunft findet sich aber nicht. Zumeist stehen Hans und Sophie Scholl sowie Kurt Huber im Mittelpunkt der Darlegungen.

Carl Zuckmayer indes erzählt eine andere Geschichte von der »Weißen Rose«, eine ganz andere Geschichte von den Geschwistern Scholl und ihrem Weg in den Widerstand – freilich nicht in einem historischen Aufsatz, sondern in einem Entwurf aus dem Jahr 1946 zu einem Film über dieses Thema, der leider nicht realisiert wurde und daher bis heute unbekannt blieb. Für Zuckmayer kommen Hans und Sophie Scholl keineswegs naiv und unbelastet aus der Ulmer Provinz nach München und entdecken erst hier die Notwendigkeit des Widerstands gegen das nationalsozialistische System. Die Vorlesungen von Professor Huber im Wintersemester 1942/43 bilden ebenfalls nicht die Initialzündung. Der Weg in den Widerstand hat bei den Scholls eine (andere) Vorgeschichte, wie Zuckmayer in zahlreichen Rückblenden zeigt. Die Flugblätter sind keine spontanen Münchner Ideen, sondern Folge eines langen geistigen Ringens und existentiellen Kampfes um Lebenssinn in einer Diktatur. Zuckmayer zeichnet die »biographie intellectuelle« der Geschwister Scholl nach. Dabei geht es weniger um Jugendwiderstand, sondern vielmehr um religiös motiviertes Widerstehen. Die protestantischen Geschwister Scholl wenden sich von der Vereinzelung und Individualisierung des evangelischen Elternhauses und der Gleichschaltung und Vermassung der nationalsozialistischen Jugendorganisationen glei-

---

Harald Steffahn, *Die Weiße Rose. Mit Selbstzeugnissen und Dokumenten*, 2. Auflage, Hamburg 1993. Von der Karlsruher Forschungsstelle »Widerstand gegen den Nationalsozialismus« erschienen zwei Sammelbände, darin auch Bibliographien: Rudolf Lill/Michael Kißener, *Hochverrat? Die »Weiße Rose« und ihr Umfeld*, Konstanz 1993; Rudolf Lill/Klaus Eisele, *Hochverrat? Neue Forschungen zur »Weißen Rose«*, Konstanz 1999.

5 In folgender Darstellung kann auf die Problematik um den Begriff »deutscher Widerstand« nicht gesondert eingegangen werden. Dazu die instruktive Aufsatzsammlung, besonders den Teil I »Zum Problem«: Peter Steinbach, *Widerstand im Widerstreit. Der Widerstand gegen den Nationalsozialismus in der Erinnerung der Deutschen. Ausgewählte Studien*, Paderborn 1994. Ein Überblick über die verschiedenen Gruppen in folgender Aufsatzsammlung: Peter Steinbach/Johannes Tuchel (Hrsg.), *Widerstand gegen den Nationalsozialismus*, Bonn 1994. Darin auch die ausgewogene Darstellung von Christiane Moll, *Die Weiße Rose*, S. 443-467.

chermaßen ab und suchen einen Weg zwischen diesen Extremen. Sie finden ihn in einem »modernen Reformkatholizismus«, für den etwa Paul Claudel und andere Franzosen stehen, deren Werke sie geradezu verschlingen. Aber die philosophisch-literarisch gewonnene Einsicht wird erst zum existentiell tragfähigen Fundament durch die Begegnung mit den Reformkatholiken Carl Muth und Theodor Haecker, die zu Mentoren und väterlichen Freunden werden. Sie sind die eigentlichen geistigen Initiatoren des Widerstands, auch wenn sie die Studenten nicht direkt zur Abfassung der Flugblätter anstiften. Tyrannenmord und Martyrium als christlich gebotene Wege zur Überwindung des deutschen Nationalsozialismus wie der europäischen Nationalismen insgesamt, mit dem Ziel einer Repristination des Abendlandes auf der Basis eines christlich gedachten Humanismus – das steckt in Zuckmayers Interpretation hinter den Aktionen der »Weißen Rose«.

Es handelt sich bei Zuckmayers Auseinandersetzung mit der »Weißen Rose« um einen Filmentwurf, somit um ein literarisches Genre, dem man bei aller dokumentarischer Absicht nach landläufigem Verständnis einen Gutteil künstlerischer Freiheit zubilligt. Daher läge es nahe, bei einem ersten Vergleich dieser beiden Lesarten der Geschichte der Geschwister Scholl und ihrer Freunde das eingangs skizzierte Schulbuchwissen für die authentische, weil historiographische Interpretation, und Zuckmayers Filmmanuskript allenfalls für eine gut erfundene Geschichte zu halten. Das Gegenteil ist freilich richtig – so lautet die Hypothese dieser einleitenden Bemerkungen zur Edition von Carl Zuckmayers Treatment.

Dabei geht es nicht so sehr um die in der neueren Geschichtswissenschaft breit diskutierte Ansicht, erfundene Geschichte träfe die wirkliche Historie nicht selten genauer als in Quellen aufgefundene Geschichte.[6] Vielmehr soll gezeigt werden, daß die allgemein bekannte »historische« Geschichte der »Weißen Rose« sich zu einem Gutteil als Mythos entpuppt, der ideologischen Instrumentalisierungen Tor und Tür geöffnet hat und auch heute noch öffnet und daß Zuckmayers Manuskript eher als die meisten anderen zu diesem Thema entstandenen Texte der Geschichte am nächsten kommt.

Zum Beweis für die Richtigkeit dieser Hypothese ergeben sich für diese Einleitung folgende Aufgaben:

---

6 Johannes Fried, *Wissenschaft und Phantasie. Das Beispiel der Geschichte*, in: *Jahrbuch des Historischen Kollegs*, Jg. 2, 1996, S. 23-47.

1. Zunächst muß der Frage nachgegangen werden, wie und warum der Schriftsteller Carl Zuckmayer überhaupt dazu kam, sich mit der »Weißen Rose« zu beschäftigen und dazu einen Filmentwurf zu schreiben.

2. Dann ist zu prüfen, welche Quellen er zur Verfügung hatte. Konnte er sich auf Briefe der Protagonisten oder nur auf Erzählungen der Überlebenden stützen?

3. Des weiteren ist kurz zu skizzieren, welche Stationen die Geschwister Scholl auf ihrem Weg in den Widerstand tatsächlich durchliefen. Gibt es in Ihrer kurzen Biographie Anhaltspunkte, warum gerade sie aktiven Widerstand gegen das Hitler-Regime übten?

4. Schließlich ist zu untersuchen, wie sich die historische Rekonstruktion der Vita der Scholl-Geschwister in den Filmentwurf Zuckmayers einfügt und welche Konsequenzen sich daraus für die Interpretation des Widerstandes der »Weißen Rose« ergeben.

Es ist in diesem Rahmen nicht möglich, den Filmentwurf über die »Weiße Rose« im Hinblick auf das Gesamtschaffen Zuckmayers zu untersuchen. Es würde auch den Rahmen sprengen, den Zuckmayer-Entwurf mit anderen Filmen über die »Weiße Rose« zu vergleichen.[7] Gleichfalls beschränkt sich die Einleitung auf die intellektuelle Biographie von Hans und Sophie Scholl, wohlwissend, damit der im Laufe der Rezeptionsgeschichte entstandenen Tendenz der Homogenisierung und Zentrierung auf die Person von Hans Scholl in gewisser Weise Vorschub zu leisten.[8] Die Logik dieser Beschränkung ergibt sich aus der

---

7 Den Stoff wollten u.a. Artur Brauner, Axel Eggebrecht, Hans Geissendörfer, Falk Harnack, Erich Kuby und Volker Schlöndorff verfilmen. 1982 wurde eine Verfilmung von Michael Verhoeven und Mario Krebs ausgestrahlt, die kontroverse Diskussionen nach sich zog. Unter anderem wurde über die Schlußsentenz des Filmes – »Nach Auffassung des Bundesgerichtshofs bestehen die Urteile zu Recht. Sie gelten auch heute noch.« – diskutiert. Dazu wurde sogar ein juristisches Gutachten eingeholt; Helmut Weber/Christoph Engel, *Der Film die »Weiße Rose« und die Rechtslage bei Urteilen des Volksgerichtshofs*, in: *Juristenzeitung*, Jg. 38, 1983, S. 192-195. Zum ganzen Komplex: Schüler, *»Im Geiste der Gemordeten ... «*, a.a.O. (Anm. 1), S. 250 f.

8 In den einzelnen Phasen der Rezeptionsgeschichte wurde das »selbstlose Opfer des Helden« Hans Scholl stark betont. Dahinter mußten die anderen, genauso beteiligten Mitglieder der »Weißen Rose« zurücktreten und deren Viten wurden der von Scholl mehr und mehr angeglichen, was von Wilfried Breyvogel treffend mit »Homogenisierung« und »Zentrierung« beschrieben wurde. Wilfried Breyvogel, *Die Gruppe »Weiße Rose«. Anmerkungen zur Rezep-*

Bekanntschaft Zuckmayers mit Inge Scholl, der Schwester von Hans und Sophie sowie mit Otl Aicher. Zuckmayer lernte eben nicht Anneliese Knoop-Graf, die Schwester von Willi Graf kennen, sondern die »Schwester der Gemordeten«, die sich in besonderer Weise dem Vermächtnis ihrer Geschwister annahm.

I. Carl Zuckmayer und Ulm

Zuckmayer reiste im November 1946 im Autrag des amerikanischen Kriegsministeriums nach Deutschland. »Ich wäre weißgott lieber als Privatmann wiedergekommen, als im Dienste einer Okkupations-Armee«, schrieb er 1946 an Heinz Hilpert, aber nur so bot sich überhaupt eine Möglichkeit, so kurz nach Kriegsende nach Deutschland zurückzukommen.[9] Als »ziviler Kulturbeauftragter« bereiste er von November 1946 bis Ende März 1947 Deutschland, die Schweiz und Österreich. Sein Auftrag lautete, einen ausführlichen Bericht über den Stand aller kulturellen Institutionen zu verfassen sowie Vorschläge zur Verbesserung und zur Aktivierung des geistigen Lebens in den besetzten Ländern zu machen. In seiner Autobiographie bemerkte er später dazu, daß dies ein guter Auftrag gewesen sei, der ihn nicht mit Diskriminierungen und Verboten belastete, der nichts mit politischer Bevormundung zu tun hatte, sondern »nur mit dem Versuch des Brückenschlags zwischen Deutschland und der Welt«.[10]

Auf seiner Reise durch Deutschland machte Zuckmayer auch in Ulm Station, wo er auf Inge Scholl traf, die im April 1946 gemeinsam mit ihrem späteren Mann Otl Aicher eine Volkshochschule gegründet hatte.[11] Diese war aus einer Reihe von »Religiösen Ansprachen über

---

tionsgeschichte und kritischen Rekonstruktion, in: Wilfried Breyvogel (Hrsg.), *Piraten, Swings und Junge Garde. Jugendwiderstand im Nationalsozialismus*, Bonn 1991, S. 159-201. Einen Überblick über die Phasen der Rezeptionsgeschichte bis heute bei Schüler, *»Im Geiste der Gemordeten ... «*, a.a.O. (Anm. 1), S. 158-177.

9 Vgl. Gunther Nickel/Ulrike Weiß, *Carl Zuckmayer 1896-1977. »Ich wollte nur Theater machen«*, Marbach 1996 (Marbacher Kataloge 49), S. 313.

10 Carl Zuckmayer, *Als wär's ein Stück von mir. Horen der Freundschaft*, Frankfurt am Main 1997, S. 634.

11 Zur Gründung und Geschichte der Volkshochschule: Schüler, *»Im Geiste der Gemordeten ... «*, a.a.O. (Anm. 1). Vgl. auch die Festschrift zum 50jährigen Bestehen der »vh ulm«: Barbara Schüler, *Von der Weißen Rose zur Eule der*

Christliche Weltanschauung« hervorgegangen, die von August 1945 bis Frühjahr 1946 Tausende von Ulmern anzogen. Von den amerikanischen Behörden vor Ort unterstützt, errang die Neugründung bald internationales Ansehen, und Ulm wurde allenthalben als »Stätte der Humanitas«, die Volkshochschule selbst als Hort der neuen deutschen Demokratie gefeiert.

In seinem 1947 verfaßten Bericht über den Zustand von Film und Theater in Deutschland[12] unterbreitete Zuckmayer den Besatzungsbehörden einen Vorschlag, wie eine sinnvolle Produktion von Dokumentar- und Kurzfilmen mit umerziehender Wirkung aussehen könnte. Dabei betonte er, es habe keinen Sinn, amerikanische Vorstellungen einfach Deutschland aufzupfropfen:

> Here we have to fill a gap. Nothing has been done or achieved so far, to make the Germans see their own faces, to let them realize their faults and mistakes, but, at the same time and much more important, to let them find a direction, a concept, an ideal, a high goal to stand and to strive for. The ideal must come out of their own midst. It cannot be expressed by abstractions or principles. It cannot be imported from abroad. It must come out of the reality, the recent history, the immediate tragedy of the German people.[13]

Zuckmayer benannte drei Beispiele, die diesem Ideal entsprachen und an denen er bereits arbeitete bzw. mit der Arbeit beginnen wollte. Seinem Gefühl nach waren diese Themen von unersetzbarer und belebender Wirkung. Als erstes führte er die Geschichte der Komödie im Nazi-Regime an, die er »Das gefährliche Lächeln« nennt. Für eine Umsetzung hatte Zuckmayer bereits das Material gesammelt und Besetzungs-

---

Weisheit. Die Anfänge der Ulmer Volkshochschule (Sonderveröffentlichung der Landeszentrale für Politische Bildung Baden-Württtemberg), Ulm 1996.
12 Deutsches Literaturarchiv Marbach (im folgenden: DLA), Nachlaß Carl Zuckmayer. Dieser Text enthält mehrere Teile und muß mit »Berichte und Empfehlungen in Bezug auf den kulturellen Wiederaufbau in Deutschland« überschrieben werden. Nach einer tabellarischen Übersicht über die einzelnen Reisestationen (»Itinerary«) folgt eine ausführliche Analyse von Situation und Aktivitäten von Film und Theater in Deutschland und Österreich (»Survey«), dem sich ein »Summary Report« anschließt, in dem Zuckmayer einzelne Stationen seiner Reise näher beschreibt.
13 Zuckmayer, *Survey*, ebd., S. 28.

vorschläge beisammen.¹⁴ Die zweite Möglichkeit, den deutschen Geist von innen zu heben, sah Zuckmayer in verschiedenen »short pictures« über verschiedene Gruppen, Personen und persönliche Geschichten aus dem deutschen Widerstand gegen die Nazis. Drittens schlug er eine »feature production« über die Geschichte des Münchner Studentenaufstandes und dessen tragisches Ende vor – unter dem Titel *Die Weiße Rose*. Einen vierten Plan erwähnte er nicht: den zu einem Stück über den »20. Juli«, der aber hier seinen Ursprung haben dürfte.¹⁵

Diese Themen würden den Deutschen direkt vor Augen führen, daß aus ihren eigenen Reihen, aus ihrer Mitte, daß Menschen wie sie, Menschen aus verschiedenen Klassen und Gruppen für die Freiheit gekämpft hatten und auch bereit waren, für die Freiheit zu sterben. Anstelle von Phrasen ließe sich mit solchen Themen ein wahres Ideal von Freiheit entwerfen und gleichzeitig ein Ausblick in eine positive, gerade von einer solchen Freiheit bestimmte Zukunft geben. Unabdingbar für die Realisation dieser Projekte war die Zusammenarbeit mit den Überlebenden des deutschen Widerstandes. So berichtete Zuckmayer auch über seine Begegnungen mit deren Witwen, Bekannten und Freunden.¹⁶ Freya von Moltke habe ihm eine unvergeßliche Geschichte erzählt, die ihm mehr von dem Mut und der Würde dieser Menschen nahebrachte als alles, was er bisher gehört hatte. Frau von Hassel, Marion Yorck, Eugen Gerstenmaier, »Fräulein Scholl – die Schwester der hingerichteten Münchner Studenten – in Ulm, wo sie eine Volkshochschule leitet«, Günther Weisenborn und viele andere, die für die Freiheit stehen, waren seine Gesprächspartner.

Zuckmayer erwähnte Inge Scholl namentlich als Gewährsfrau in seinem Bericht vom Mai 1947 an das amerikanische »Department of War«. Das konnte er auch, denn im Rahmen ihrer Kontaktaufnahme zu möglichen Dozenten für die Ulmer Volkshochschule hatte sie sich auch an ihn gewandt. Als in Amerika lebender Schriftsteller kam

---

14 Carl Zuckmayer führt leider nicht näher aus, was er hier plante und wen er bei der Besetzung im Blick hatte.

15 Mitte der sechziger Jahre griff Zuckmayer diesen Plan wieder auf. Er besuchte in diesem Zusammenhang den Theologen Karl Barth in Basel und diskutierte mit ihm das Für und Wider. Endgültig ad acta legte er das Projekt nach dem Tod von Karl Barth. Dazu Nickel/Weiß, *Carl Zuckmayer*, a.a.O. (Anm. 9), S. 325; Carl Zuckmayer/Karl Barth, *Späte Freundschaft in Briefen*, Zürich 1977, S. 66 f. und 79.

16 DLA, Nachlaß Carl Zuckmayer, *Summary Report* (Teil B), a.a.O. (Anm. 12), S. 18 f.

Zuckmayer als »vorläufiger Mitarbeiter« zwar nicht in Frage, dafür als prominenter Gast bei den Dichterlesungen oder Redner bei den sogenannten »Donnerstagvorträgen«. So lud die Leiterin der Ulmer Volkshochschule Zuckmayer bereits am 4. März 1947 nach Ulm ein. Mehr noch stellte sie in Aussicht, ihm für sein Projekt, einen Film über den deutschen Widerstand zu drehen, Materialien über ihre Geschwister zur Verfügung zu stellen:

> Wie gerne ich gerade Ihnen Unterlagen und Dokumente dieser Sache anvertrauen würde, möchte ich Ihnen heute versichern. Ich bin zur Zeit selber auf der Suche, möglichst Fehlendes noch zusammen zu tragen, um dann die Geschichte so lückenlos und wahrhaftig wie möglich darstellen zu können.[17]

Woher wußte Inge Scholl von solchen Plänen Zuckmayers? Aus dem unveröffentlichten »Bericht« wohl nicht. Sie konnte auch nicht wissen, daß sich Zuckmayer bereits in den USA mit einem Filmprojekt über den deutschen Widerstand gegen den Nationalsozialismus beschäftigt und Henry Goverts darüber am 19. August 1946 berichtet hatte:

> Ich habe den Plan, wenn ich in einer leitenden Stellung hinüberkomme, die Herstellung eines grossen deutschen Films über den Widerstand durchzusetzen, bei dem ich die Mitarbeit von Euch allen, den Überlebenden nicht nur des 20. Juli, sondern der ganzen Zeit erhoffe und brauche. Ich möchte diesen Film ganz ›dokumentarisch‹ behandeln [...] als ein Stück der nackten, brennenden Wirklichkeit [...]. Es muss die Geschichte der ›guten Deutschen‹ darin enthalten sein.[18]

Mit dieser Geschichte beschäftigte sich auch Ricarda Huch, die Anfang Mai 1946 unter dem Titel »Für die Märtyrer der Freiheit« einen Aufruf veröffentlicht hatte, in dem sie um Material für Lebensbilder bat. Sie plante ein dreiteiliges Werk mit dem führenden Gedanken,

> daß es sich in dem Kampf gegen Hitler um eine religiöse Bewegung handelte, um den Kampf gegen das Böse, und daß es darum möglich war, daß sich

---

17 DLA, Nachlaß Carl Zuckmayer, Brief von Inge Scholl an Zuckmayer vom 4. März 1947.
18 Zuckmayer an Henry Goverts, zitiert nach: Nickel/Weiß, *Carl Zuckmayer*, a.a.O. (Anm. 9), S. 321 f.

Menschen der verschiedensten Traditionen und aus verschiedenen Ständen vereinigten.[19]

Neben dem Prozeß Harnack/Schulze-Boysen und dem »20. Juli« wollte sie vor allem die Geschwister Scholl thematisieren. Die Schriftstellerin erhielt reiches Material. Dabei belastete sie besonders, bei ihrer Arbeit auf die subjektiven Schilderungen der beteiligten Personen angewiesen zu sein und diese kaum auf deren Glaubwürdigkeit hin überprüfen zu können.[20] Sie konnte lediglich einen Aufsatz *Die Aktion der Münchner Studenten gegen Hitler* verfassen, bevor sie starb. Kurz vor ihrem Tod hatte Ricarda Huch die Sammlung an Günther Weisenborn übergeben, da ihr klar geworden war, daß sie allein die Stoffmasse nicht würde bewältigen können. Huch dürfte von den Absichten Zuckmayers gewußt und Inge Scholl darauf hingewiesen haben. Ob sie jedoch Zuckmayer auf dem Ersten Deutschen Schriftstellerkongress Anfang Oktober 1947 in Berlin tatsächlich gebeten hat, ihr Buch zu vollenden, wie ein Zeitungsartikel vom Frühjahr 1948 nahelegt,[21] muss offen bleiben.

Zuckmayer antwortete auf Inge Scholls Brief vom März jedenfalls erst am 21. Oktober 1947.[22] Er bedankte sich für das ihm entgegengebrachte Vertrauen und gab seinem Bedauern Ausdruck, daß er bei seiner Deutschlandreise nicht in Ulm hatte haltmachen können:

> Als ich im letzten Winter durch Ulm fuhr, wußte ich leider noch nicht, daß Sie dort leben, habe aber dann soviel Ausgezeichnetes von Ihrer Ulmer Volkshochschule gehört, daß es mir wirklich leid tut, Sie nicht besucht zu haben.

Bei einer seiner nächsten Deutschlandreisen im Winter wolle er aber von Stuttgart nach Ulm kommen und einen Leseabend in ihrem Kreis veranstalten.

> Nichts liegt mir so sehr am Herzen, als der Kontakt gerade mit dieser Art junger Deutschen, von denen Sie in ihrem Brief schreiben, und die sich in

---

19 Brief von Ricarda Huch an Herbert Krimm vom 28. Juli 1946, zitiert nach: Jutta Bendt/Karin Schmidgall, *Ricarda Huch 1864-1947*, Marbach 1994 (Marbacher Kataloge 47), S. 397 f.

20 Vgl. etwa den Brief von Ricarda Huch an Harald Poelchau vom 22. Oktober 1946 ebd., S. 402.

21 Im Faszikel »Die Weiße Rose« fand sich eine Zeitungskopie mit einer hds. Quellenangabe »*Presse* 17. April 1948« (DLA, Nachlaß Carl Zuckmayer).

22 Zum folgenden DLA, Nachlaß Carl Zuckmayer, Brief von Zuckmayer an Inge Scholl vom 21. Oktober 1947.

Ihrem Kreis sammeln. Natürlich wird es der Hauptzweck meines Ulmer Besuchs sein, Sie und Ihre Eltern kennenzulernen und mit Ihnen darüber zu sprechen, wie man das Andenken an die Tat und die Opfer Ihrer Geschwister vor der Vergessenheit bewahren und dem Gedächtnis des deutschen Volks erhalten kann.

Nach diesen aufbauenden Nachrichten setzte sich Inge Scholl sofort an den Schreibtisch und berichtete Zuckmayer am 24. November 1947[23] vom Stand der Dinge. Seltsamerweise habe sie seinen Brief gerade an dem Tag bekommen, als sie zum ersten Mal ein Stück Zuckmayers auf der Bühne sah, den *Hauptmann von Köpenick*, von dem sie »ungemein stark ergriffen« sei. Nachdem sie ihm sowohl für seine Bereitschaft, nach Ulm zu kommen und in der Volkshochschule zu lesen, als auch für seine Sorge um das Andenken ihrer Geschwister und Freunde dankte, berichtete sie ihm ausführlich von »einem großen Anliegen« – die Bitte der Bavaria, ihr für einen Film über die Studentenrevolte Material zur Verfügung zu stellen. Um auf alle Fälle Einfluß zu haben und »Unmöglichkeiten zu vermeiden«, habe sie zugesagt, nicht zuletzt, weil sie vom Film sehr viel halte und überzeugt sei, daß man aus diesem Stoff einen sehr guten Film drehen könnte, einen Film, der »vor allem der deutschen Jugend manche Antworten auf manche brennenden Fragen geben könnte«. Inge Scholl ist also wie Zuckmayer von der pädagogischen Relevanz des Films überzeugt.

Nun habe sie aber die »Bavaria-Leute« kürzlich persönlich kennengelernt. Ihrer Einschätzung nach hat es keinen Sinn, diesen den Stoff für den Film einfach zu überlassen – »denn sie triefen nur so von Humanität, Demokratie, Goethe und allem Edlen und Guten«. Man müsse klare und eindeutige Vorschläge machen, sonst stehe zu befürchten, daß die Münchner Filmemacher auf irgendein Exposé zurückgreifen, das sowohl den Geschwistern Scholl als auch der heutigen deutschen Jugend nicht gerecht wird. Als Beispiel führte Inge Scholl hier den Roman von Alfred Neumann *Es waren ihrer sechs* an, der nach seinem Erscheinen eine heftige Kontroverse ausgelöst hatte. Ihrer Meinung gab Herbert Wiegandt, Kuratoriumsmitglied und Volksbibliothekar in Ulm, Ausdruck, als er in einer Rezension des Werks zu dem Schluß kam, der Roman wäre besser nie geschrieben worden, so unsäglich sei sein Inhalt.[24]

---

23 Zum folgenden DLA, Nachlaß Carl Zuckmayer, Brief von Inge Scholl an Zuckmayer vom 24. November 1947.
24 Die Besprechung von Wiegandt mit vielen anderen ablehnenden Rezensionen im Faszikel »Die Weiße Rose« im DLA, Nachlaß Carl Zuckmayer.

Um einen zweiten Neumann zu verhindern, bat Inge Scholl Zuckmayer in ihrem Brief um Hilfe. Ob er nicht einen geeigneten Drehbuchautor und Regisseur kenne, der sich der Sache annehmen könne, damit sie wirklich gut würde? Für diesen Fall bot sie ihre und ihrer Freunde Unterstützung an. Sie würden ein »Exposé« ausarbeiten, »das dann von einem wirklich fähigen Mann als Drehbuch umgestaltet werden könnte«. Zuckmayer selbst möchte sie eine solch große Arbeit eigentlich nicht zumuten, aber in seine Hände würde sie diese mit dem größten Vertrauen legen. Die Bavaria dränge sie sehr und wolle bereits bis zum Januar ein Exposé haben.

> Ich bedauere es heftig, daß ich Sie nicht rasch aufsuchen und mit Ihnen mündlich darüber sprechen kann. Wenn Ihr Weg Sie in der nächsten Zeit in die Nähe der Grenze führen würde, so würde ich gerne nach Konstanz oder so kommen, zwei Stunden könnten vielleicht manches klären.

Zu einem persönlichen Treffen kam es zwar erst im nächsten Februar, aber das »Exposé« Inge Scholls und Otl Aichers konnte dem Brief bereits beigelegt werden, mit der Bitte um »möglichst baldige Antwort«.

Zuckmayer meldete sich erst wieder im Februar 1948. Ausschließlich private Gründe seien daran schuld, wo doch der Kontakt mit Inge Scholl und ihrem Kreis und besonders das Filmprojekt ihm sehr am Herzen liege. Nicht zuletzt deshalb riet Zuckmayer von einer weiteren Forcierung des Planes ab.

> Ich persönlich habe aufgrund gewisser Erfahrungen in den letzten Monaten jedes Zutrauen dazu verloren, daß man unter den momentanen Umständen einen wirklich guten, unabhängigen, lebendigen und starken Film in Deutschland [...] machen kann, wie er dieses Stoffes würdig wäre und wie Sie, als Treuhänderin und geistige, politische charakterliche Erbin ihrer Geschwister und Freunde, ihn verlangen müssen.

Größtes Problem sei die fehlende Unabhängigkeit, die es brauche, um den Stoff über das rein Dokumentarische hinaus zu gestalten. So, wie die Dinge liegen, würde er einen solchen, für Deutschland ungeheuer wichtigen Film ohnehin nicht in Deutschland machen, weil er keine Garantie für die richtige Ausführung sehe. Aus dem gleichen Grund habe er davon Abstand genommen, einen »48er Film« mit Helmut Käutner zu drehen. Seiner ganz persönlichen Auffassung nach, die er Inge Scholl streng vertraulich zu behandeln bat, sei ein Aufschub des ganzen Projektes weniger bedenklich als eine nicht adäquate Realisierung: »Die Stoffe sterben nicht, aber eine mißlungene Fassung kann sie auf lange Zeit lahmlegen.«[25]

Noch im Februar 1948 kam es zur ersten persönlichen Begegnung zwischen Zuckmayer und den Ulmern.[26] Inge Scholl besuchte Zuckmayer in München, wo er mit Proben für die Aufführung von *Des Teufels General* beschäftigt war. Zuckmayer und seine Frau machten auf dem Rückweg dann noch einen Abstecher nach Ulm. »Wir sind ganz beeindruckt von dem kurzen Besuch in ihrem Elternhaus«, schrieb Zuckmayer im nächsten Brief Anfang März.[27] Alice Zuckmayer schrieb an Eva Mosse über den Halt in Ulm auf der Rückreise von München in die Schweiz: »Es war ein großer Eindruck, es sind unbeschreiblich liebe, tapfere und positive Leute und eine ›rechte‹ Familie wie man sie selten mehr findet.«[28] »Großartig« habe ihr alles gefallen, und damit sie »recht im Bilde« sei und »recht handeln« könne, informierte Alice Zuckmayer Eva Mosse ausführlich über die »Sache«: Unter Fritz Thiery sollte auf dem Friedhof und in der »Gruft Geiselgasteig« ein Film gedreht werden, gegen den sich die Überlebenden mit Händen und Füssen gesträubt hätten. »Zuck« sei helfend eingesprungen, indem er erklärt habe, er interessiere sich für den Film und werde ihn machen, »damit nicht andere schmutzige Finger über den Stoff kommen«. Mit den Scholls habe er deshalb besprochen, den Film ein gutes Jahr liegen zu lassen, weil der Zeitpunkt falsch wäre und man auch erst abwarten müsse, wie sich Geiselgasteig entwickele.

Hintergrund für diese Ausführungen waren verschiedene Zeitungsmeldungen Anfang 1948 und nicht zuletzt die in der *Neuen Zeitung* geführ-

---

25 DLA, Nachlaß Carl Zuckmayer, Brief von Zuckmayer an Inge Scholl o.D. [Februar 1948]. Dieser Brief findet sich auch im Privatarchiv Herbert Wiegandt in Stuttgart (im folgenden: PAW) als Text für das »Studio Null« – dem Freundeskreis um Inge Scholl und Otl Aicher, der sich intensiv mit den Problemen des Neuanfangs nach 1945 beschäftigte – Nr. 6/4. Danach die Datierung (Brief vom 7. Februar 1948).

26 Inge Scholl datierte in einer für das DLA angefertigten Aktennotiz am 22. November 1995 die erste Begegnung auf das Jahr 1946. Das stimmt nicht, wiewohl ihre Schilderung, Zuckmayer in einem Münchner Hotel getroffen zu haben, korrekt ist.

27 DLA, Nachlaß Carl Zuckmayer, Brief von Zuckmayer an Inge Scholl vom 5. März 1948. Dieser Brief wurde am 13. März 1948 im »Studio Null« behandelt als 9/2 (PAW).

28 DLA, Nachlaß Carl Zuckmayer, Brief von Alice Zuckmayer an Eva Mosse vom 17. März 1948.

te allgemeine Diskussion über den Gegenwartsfilm, in dem sich verschiedene Persönlichkeiten zu ihrer Einstellung zum »Zeitfilm (Trümmerfilm)« äußerten, darunter auch Inge Scholl. Am 29. Februar war von ihr in der *Neuen Zeitung* folgendes zu lesen:

> Die Vorbereitungen zu einem Film über die Studentenerhebung in München haben mich gezwungen, mich mit der problematischen Lage des heutigen Films auseinanderzusetzen. Ich frage mich, wie würde ein Film dem Geist meiner Geschwister und ihrer Freunde gerecht werden, und versuche eine Antwort zu finden. Wenn der Film eine Zukunft hat, dann – so war oft in ihrem Kreise die Rede – nur als künstlerischer Film; und das heißt als Film, der seine eigenen filmischen Mittel entdeckt.[29]

Ihre und Zuckmayers Einstellung fand ihre Bestätigung in Umfrageergebnissen, die in diesem Rahmen veröffentlicht wurden: Über fünfzig Prozent der Befragten lehnten den Zeitfilm ab, wollten endlich einmal loskommen von der Welt der Trümmer, einen Schlußstrich unter alle Tendenzauffassungen ziehen und Ablenkung vom grauen Alltag finden.[30]

Gerade nach dem Bekanntwerden des Filmprojektes wurde in der Öffentlichkeit heftig über die Reaktionen auf den Roman von Neumann diskutiert. Der *Mannheimer Morgen* etwa stellte dem positiven Echo Hans Hirzels die Ablehnung Inge Scholls entgegen und resümierte:

> Nun wissen wir aber, daß die gleiche Inge Scholl an einem Projekt des augenblicklich in der Schweiz lebenden Dichters Carl Zuckmayer beteiligt ist [...]. Man kennt die Absichten Zuckmayers nicht und weiß auch nicht, wie er seinen Stoff behandeln wird. Auf alle Fälle bleibt sein Werk, zu dem Inge Scholl ihre Hand reicht, ein Wagnis [...]«[31]

Alice Zuckmayer bat daraufhin Eva Mosse in ihrem Brief, die Witwen und Waisen des Kreisauer Kreises und alle, »die nicht dabei waren und doch glauben, dazu zu gehören« zu beruhigen und diese weiterhin davon abzuhalten, Zuckmayer umgehend ihr gesammeltes Material zu übergeben. Es ginge bei der Zeitungsnotiz lediglich um den Schutz des Scholl-Stoffes.

---

29 Zitiert nach: Gerhard Hay/Hartmut Rambaldo/Joachim W. Storck, *»Als der Krieg zu Ende war«. Literarisch-politische Publizistik 1945-1950*, Marbach 1973 (Marbacher Kataloge 23), S. 444.
30 Vgl. ebd., S. 444 f.
31 *Mannheimer Morgen* vom 29. Mai 1948.

Bei den Februar-Treffen zwischen Zuckmayer und Inge Scholl wurde das weitere Vorgehen abgesprochen. Zuckmayer hatte die Aufgabe übernommen, den Produktionsleiter der Bavaria-Filmkunst, Fritz Thiery, über die Entscheidungen in Kenntnis zu setzen. Dies tat er ausführlich in einem Brief am 4. März 1948. Er signalisierte sein brennendes Interesse an diesem Sujet:

> Ich halte ihn für eine der stärksten und bedeutsamsten Möglichkeiten, dem deutschen Volk und der Welt nicht nur einen Ausschnitt aus der tragischen Geschichte der Hitlerzeit und des Widerstandes gegen das Nazi-Regime zu zeigen, sondern darüber hinaus durch die Persönlichkeiten, die menschliche Haltung und das hohe Niveau der Münchner Studenten [...] eine positive Zielsetzung auch für die heutige Zeit und für die heute um einen neuen Lebensinhalt kämpfende Generation vorzuzeichnen und zu gestalten.

Zuckmayer erklärte, er sei sich nicht nur über die grundsätzliche Behandlung des Stoffes mit den Hinterbliebenen, Verwandten und Freunden einig, sondern könne auch auf deren produktive Mitarbeit setzen. Mit diesem Hinweis stellte er sich also zwischen die Bavaria und Inge Scholl. Nur er sei quasi autorisiert und auch entschlossen, die Arbeit zu übernehmen. Allerdings sei er bis zum Herbst mit der Arbeit an einem neuen Stück restlos überlastet und könne »eine Manuskriptarbeit vorher nicht in Erwägung ziehen«. Gleichzeitig verwies Zuckmayer auf die schwierigen äußeren Umstände. Drei Jahre nach Kriegsende befinde sich Deutschland auf »einer Art von physischem und moralischen Tiefpunkt«, der die Aufnahmefähigkeit des Durchschnittspublikums für die Probleme und den Geist eines Widerstandsfilms stark beeinträchtigt. Deshalb schlug er vor, die nächste »Etappe« der äußeren Entwicklung Deutschlands abzuwarten und »den Film erst dann herauszubringen, wenn die öffentliche Meinung in der Lage ist, einen Fortschritt zu erkennen und der heutigen Trostlosigkeit eine Hoffnung gegenüberzustellen«.[32]

Monate später berichtete Zuckmayer dem Intendanten der Münchner Kammerspiele, Erich Engel,[33] mit dem er den Film gerne gedreht hätte,

---

32 PAW, Brief von Zuckmayer an Fritz Thiery/Bavaria-Filmgesellschaft vom 4. März 1948 in der Anlage zu »Studio Null« 9/2, a.a.O. (Anm. 27).

33 Zuckmayer lernte den Regisseur Erich Engel (1891-1966) 1923 in München kennen, wo er für die Spielzeit 1923/24 als Dramaturg engagiert wurde. Als Engel 1924 auf den Posten des künstlerischen Leiters an das Deutsche Theater Berlin wechselte, verschaffte er Zuckmayer und Bertolt Brecht dort Dramaturgenverträge mit einer Laufzeit von einem Jahr. 1934 durfte Engel, der als »belastet« eingestuft wurde, am Deutschen Theater nicht fest engagiert werden. Von

von der »Geschichte mit dem Scholl-Film«. Die Bavaria-Leute hätten aber Engel sofort abgelehnt, weshalb Zuckmayer die Verhandlungen abbrach. »Die Scholls in Ulm«, resümierte Zuckmayer, »besonders aber der mit ihnen verbundene Kreis jüngerer Leute [...] repräsentieren so ziemlich das Beste, was man an Charakter, Niveau, geistiger und menschlicher Haltung in Deutschland, oder auch anderswo, finden kann.« Übrigens hatten sich auch die anderen Hinterbliebenen der »Weißen Rose« ablehnend zu dem Filmprojekt der Bavaria geäußert. Auch die Erben Ricarda Huchs lehnten es ab, Unterlagen aus der Hand zu geben.[34] Während Inge Scholl nicht bereit war, der Bavaria den Stoff für einen Film ihrer Geschwister zu überlassen, konnte sie sich vorstellen, einen von Zuckmayer geschriebenen Film mit Erich Engel als Regisseur zu unterstützen. Doch weil darüber mit der Bavaria keine Einigung erzielt werden konnte, wurde das Filmprojekt erst einmal, wie von Zuckmayer vorgeschlagen, auf unbestimmte Zeit verschoben.

Der Kontakt zwischen Zuckmayer und Ulm brach allerdings nicht ab. Inge Scholl bedankte sich Mitte Mai 1948 in einem langen Brief. Zuckmayer habe ihr mit seinem so klug und taktvoll gehaltenen Schreiben an Fritz Thiery einen großen Stein vom Herzen gerollt.[35] Sie kündigte einen Besuch in Chardonne an, der »beim roten Wein von den Südhängen des Jura«[36] die langjährige tiefe Verbundenheit auf eine neue Ebene stellen sollte. Zuckmayer hielt noch im selben Jahr gleich zwei Lesungen in der Volkshochschule; bei den Überlegungen der Ulmer für eine »Geschwister Scholl Hochschule« sollte er ebenfalls eine wichtige Rolle spielen.[37]

1935 an inszenierte er aber jährlich ein Stück als Gastregisseur. Von 1945 bis 1947 war er Intendant der Münchner Kammerspiele. 1952 führte Engel, der von 1949 an Mitarbeiter am Berliner Ensemble von Helene Weigel und Bertolt Brecht und Filmregisseur bei der Ostberliner *Deutschen Film AG* (DEFA) war, die Regie bei der westdeutschen Neuverfilmung von Zuckmayers Komödie *Der fröhliche Weinberg*.

34 Brief von Zuckmayer an Erich Engel vom 26. September 1948; zitiert nach: Nickel/Weiß, *Carl Zuckmayer*, a.a.O. (Anm. 9), S. 323 f.

35 DLA, Nachlaß Carl Zuckmayer, Brief von Inge Scholl an Zuckmayer vom 17. Mai 1948.

36 So Herbert Hohenemser in einem *Bericht von einer Schweizer Reise I und II für das »Studio Null«* (Archiv der Hochschule für Gestaltung Ulm, Otl Aicher-Archiv [im folgenden: OAA]).

37 Aus der Volkshochschule Ulm und dem »Studio Null« entwickelten Inge Scholl und Otl Aicher den Plan für eine »Geschwister Scholl-Hochschule«, der

Zuckmayer, der in seinem »Bericht« immer wieder betont hatte, daß »new ideals« (die neuen Ideale) aus der Mitte Deutschlands selbst kommen müßten und nicht von außen, also aus der Realität bzw. der jüngsten Geschichte, erklärte sich aber nicht nur bereit, sich des Stoffes anzunehmen und ihn dadurch für sich zu reklamieren. Pro forma hätte sich damit die Sache für ihn erledigt. Aber: Wenn er nicht schon Vorarbeiten geleistet hatte, wie seine obigen Ausführungen zu einer solchen »feature production« nahelegen, dann verfaßte er spätestens im Laufe des Jahres 1948 einen umfassenden Entwurf zu einem Film *Die Weiße Rose*. Dazu erhielt er von Inge Scholl alle ihr zur Verfügung stehenden Unterlagen[38] samt der Texte Ricarda Huchs, und, wesentlich wichtiger, man diskutierte im Ulmer Kreis der Weggefährten der Scholl-Geschwister über das Manuskript. Noch bevor Inge Scholl ihr Büchlein über die »Weiße Rose« schrieb, existierte also bereits eine »autorisierte« Bearbeitung der Geschehnisse der Münchner Februartage des Jahres 1943.

Bereits in ihrem November-Brief hatte Inge Scholl Zuckmayer zur Anregung einige Gedanken zu einem Film über die Geschwister Scholl beigelegt. Neben Reflexionen über die Mittel des Films – Licht, Ton und Bewegung – (die Inge Scholl in ihrem oben zitierten Beitrag in der *Neuen Zeitung* anführte), kommt es ihr besonders darauf an, den »*Geist* der ›Weißen Rose‹« möglichst exakt zu erfassen. Spielte dieser in der Ulmer Volkshochschule anfangs nur insoweit eine Rolle, als er sonst verschlossen gebliebene Türen auf Anhieb öffnete, so bestand zunächst nicht die Absicht, die gemordeten Geschwister zu einem Thema werden zu lassen. Als den Ulmern bewußt wurde – nicht zuletzt durch die Wellen, die das Film-Projekt schlug – welch hohes öffentliches Interesse an den Münchner Vorgängen der Jahre 1942 und 1943 bestand, entdeckte man den »Geist der Geschwister Scholl« und das Potential, das

---

durch den Einfluß von Max Bill in eine »Hochschule für Gestaltung« umgewandelt wurde. Als Mentor und Lehrer für die ursprüngliche Hochschule war auch Zuckmayer vorgesehen. Eine detaillierte Darstellung findet sich in: Schüler, »*Im Geiste der Gemordeten ...* «, a.a.O. (Anm. 1), S. 398-463.

38 Eine Fülle solcher Berichte findet sich heute im Institut für Zeitgeschichte in München. Im Laufe der Jahrzehnte erschienen einige Quelleneditionen, auf deren Dokumente man sich in der Regel stützen kann. Anzumahnen bleiben weitere Editionen zu allen Mitgliedern des Freundeskreises. Im Einzelnen sind anzuführen: Inge Jens (Hrsg.), *Hans Scholl. Sophie Scholl. Briefe und Aufzeichnungen*, Frankfurt am Main 1984; Anneliese Knoop-Graf/Inge Jens (Hrsg.), *Willi Graf. Briefe und Aufzeichnungen*, mit einer Einleitung von Walter Jens, Frankfurt am Main 1994.

in der Tatsache lag, sich als – wie es Zuckmayer formulierte – »Treuhänderin und geistige, politische und charakterliche Erbin« des Vermächtnisses einzusetzen.

II. Der Filmentwurf Zuckmayers im Vergleich mit der »biographie intellectuelle« der Geschwister Scholl

Hier ist nicht der Ort, die ganze Biographie der Geschwister Scholl in extenso darzustellen. Vielmehr gilt es, einige wichtige Stationen zu benennen, ohne die ihr Weg in den Widerstand nicht denkbar gewesen wäre. Im folgenden sollen einige ausgewählte Szenen des Filmentwurfs mit der Biographie verglichen werden.[39]

Zunächst zu den biographischen Hintergründen: Die Eltern der Geschwister, Robert und Magdalene Scholl, hatten 1916 geheiratet, bevor sie 1917 nach Crailsheim übersiedelten, wo Robert Scholl in Ingersheim und Altenmünster das Amt des Bürgermeisters übernahm; hier wurde 1917 die erste Tochter Inge, 1918 der Sohn Hans geboren. Beide wurden in der Evangelischen Kirche zu Crailsheim getauft. 1920 folgte der Umzug nach Forchtenberg, einer Kleinstadt im Kochertal westlich von Künzelsau, wo Robert Scholl bis 1930 als Bürgermeister – nicht unumstritten und schließlich abgewählt – amtierte. Hier kamen weitere drei Kinder auf die Welt: 1920 Elisabeth, 1921 Sophie, 1922 Werner.

Die Eltern waren für die Geschwister die »Säulen ihres Kinderdaseins«.[40] Im kulturprotestantischen Sinne erzogen sie ihre Kinder »zum Gutsein und zur Ordnung«, wie sich Inge Scholl erinnert, nach Idealen wie Selbstbewußtsein, Standfestigkeit, Achtung vor dem Leben, Rücksicht auf schwächere Glieder der Gesellschaft und im Bewußtsein christlicher Werte. Die Eltern ließen den Kindern viel Freiheit. Nach Herzenslust konnten die fünf herumstreifen und eigene Erkundigungen anstellen. Durch die geringen Altersunterschiede scheint sich ein starkes Zusammengehörigkeitsgefühl entwickelt zu haben. Der Geschwister-

---

39 Auf Anmerkungen und Literaturangaben zu einzelnen Personen, Problemen und Stationen wird hier verzichtet. Es werden lediglich einzelne Zitate nachgewiesen. Eine Fülle von weiterführenden Hinweisen findet sich im Kommentarteil der Edition. Eine ausführliche problemorientierte Biographie findet sich in: Schüler, »*Im Geiste der Gemordeten ...* «, a.a.O. (Anm. 1).

40 Zum folgenden den Bericht von Inge Scholl, *Biographische Notizen über Hans und Sophie Scholl*, München, Institut für Zeitgeschichte ZS A 26/4. Nach der von der Originalseitenzählung abweichenden Stempelpaginierung hier S. 144 f.

kreis schenkte – wieder Inge Scholl – »dem kindlichen Insichversunkensein den herrlichen, gesunden Ausgleich« und wurde später »mit dem Erwachen des Geistes und dem bewußten Suchen zu einem selten schönen, glücklichen Freundeskreis«. Die Jahre der Kindheit in Forchtenberg, dem »kleinen Paradies« »im schönsten Wiesengrunde«[41] endeten, als Hans Scholl gerade 12 Jahre alt war. Nach einem kurzen Intermezzo in Ludwigsburg ließ sich sein Vater 1932 schließlich als Steuerberater und Wirtschaftsprüfer in Ulm nieder.

Zwei wichtige Grundzüge der Kindheitsgeschichte sind zu benennen: Erstens der Geschwisterkreis als intensiver Freundeskreis mit einem starken Zusammengehörigkeitsgefühl; und zweitens die im Elternhaus vermittelten Wertstandards, die man durchaus – ohne in nichtssagende Phrasen abgleiten zu wollen – einem weltoffenen, nicht pietistisch engen Protestantismus zuordnen darf.

Als drittes Charakteristikum läßt sich die starke musisch-künstlerische Prägung der Geschwister ausmachen. »Bücher spielten dabei eine große Rolle, und zwar von frühester Kindheit an.«[42] Alle Kinder waren »Leseratten«. *Die Wurzelkinder* (von Sibylle von Olfers), der *Struwwelpeter*, die Märchen der Brüder Grimm und von Wilhelm Hauff, die Bilderbibel von Julius Schnorr von Carolsfeld, die volkstümlich-biedermeierlich bebilderten Geschichten von Ludwig Richter, aber auch die Abenteuer von Robinson Crusoe und naturgeschichtliche Erzählungen wie der *Rulaman* standen im Bücherregal. Neben der Literatur durfte die Beschäftigung mit Musik und Kunst nicht fehlen; hier sei nur auf die hohe künstlerische Begabung von Sophie Scholl verwiesen.

Von den Folgen des Ersten Weltkriegs und der politischen und ökonomischen Misere der zwanziger Jahre bekamen die Kinder wenig zu spüren. Zunächst eher unbewußt und dann immer bewußter und inten-

---

41 So der Titel von Inge Scholls Erinnerungen an die Zeit der Familie Scholl in Forchtenberg, Forchtenberg, Bürgermeisteramt.

42 Hermann Vinke befragte um 1980 Inge Scholl nach ihren Erinnerungen an die Schwester Sophie. Unter Berücksichtigung der der »Oral History« innewohnenden Schwierigkeiten (ich nenne nur die Stichworte Selbststilisierung und Vergangenheitsklitterung) ist solchen Aussagen durchaus Bedeutung beizumessen, zumal wenn sie durch schriftliche Quellen aus der Zeit selbst belegt werden können. Dies ist gerade im Fall der Lektüre der Geschwister Scholl möglich. Hermann Vinke, *Das kurze Leben der Sophie Scholl*, mit einem Interview von Ilse Aichinger, Ravensburg 1980; das Zitat von Inge Scholl: S. 19.

siver vollzogen die Geschwister Scholl die Sehnsucht einer ganzen Generation nach Gemeinschaft und den Erfahrungen mit, für welche die Jugendbewegung, etwa der Wandervogel, steht. Auf der Suche nach einem neuen, einfachen Lebensstil ging es den Jugendlichen vor allem um Selbsterziehung, Selbstverantwortung, Einfachheit und Kameradschaft. In verschiedenste Richtungen aufgesplittert konnte der Nationalsozialismus Gedankengut, Formenwelt und Symbolik der Jugendbewegung leicht für sich vereinnahmen und – Folge der schnell erfolgten »Gleichschaltung« – ins Gegenteil verkehren.

Auch die jungen Scholls erlagen dem Werben der nationalsozialistischen Jugendorganisationen und traten der HJ bzw. dem BDM bei. »War das nicht etwas Überwältigendes, diese Gemeinschaft?« Etwas, das uns »mit geheimnisvoller Macht anzog und mitriß«,[43] analysierte Inge Scholl später. Den jugendlichen Enthusiasmus, die anfängliche Begeisterung darf man nicht vorschnell mit politischem Fanatismus gleichsetzen. Ernst genommen zu werden, alles hinzugeben, teilzuhaben an einer größeren Gemeinschaft, am »Volk« – das war interessant und verlockend zugleich. Die Warnungen des Vaters vor den »Wölfen« und »Bärentreibern« verhallten zunächst ungehört. Hans Scholl engagierte sich besonders und nahm auch in den Diskussionen mit dem Vater eine führende Rolle ein. Hierzu findet sich im Filmentwurf eine eindrückliche Szene (*Stadtkommandant*), als Hans das Führerbild aufhängt und der Vater es wieder abnimmt.

Erste Zweifel erwachten, später traten angesichts der Diskriminierung jüdischer Mitschüler und der Unterdrückung jeglicher Individualität Grauen und Abscheu an die Stelle von Begeisterung und Enthusiasmus. Die Folge war der konsequente Bruch der Geschwister Scholl mit der Hitlerjugend. Eine Alternative bot sich in der bündischen Jugend, ebenfalls in der Szene *Stadtkommandant* eingearbeitet. Hans Scholl war in seiner HJ-Gruppe mit einer extremen Form bündischer Jugendkultur in Berührung gekommen, nämlich der von Eberhard Köbel am 1. November 1929 gegründeten Jungenschaft »d.j.1.11.« Nicht mehr nur der Rückzug in die Natur stand auf dem Programm, sondern auch moderne Architektur, Philosophie, moderne Kunst, Chorgesang (vor allem russische Lieder) und die Lektüre auch solcher Literatur, die vom Nationalsozialismus längst verfemt worden war – wie etwa die Werke von Rainer Maria Rilke, Georg Trakl, Georg Heym und Stefan George.

---

43 Inge Scholl, *Die Weiße Rose*, Frankfurt am Main 1993 (Erweiterte Neuausgabe), S. 14.

Gemeinsam mit seiner Jungenschaft ging auch Hans Scholl auf große Fahrt.

Im Filmmanuskript werden die Winterlager besonders betont. Sie führten den Ulmer Freundeskreis jedes Jahr kurz nach Weihnachten oder Sylvester in die Alpen zum Skifahren. Hierbei handelte es sich aber nicht um Aktionen der bündischen Jugendgruppe, sondern um regelmäßige Treffen, als Hans Scholl bereits in München studierte.

Die von der bündischen Jugend geprägte Phase ist in ihrer Bedeutung für den Weg in den Widerstand nicht zu unterschätzen. Auch die Schwestern nahmen intensiven Anteil an dieser »Jungenbewegung«, besonders durch die gemeinsame Lektüre. Als im Spätherbst 1937 eine Welle großangelegter Aktionen gegen die verbotenen bündischen Jugendgruppen ganz Deutschland überrollte, fiel dieser auch Hans Scholl zum Opfer. Er wurde im Dezember verhaftet. Durch die Vermittlung seines militärischen Vorgesetzten – Hans war inzwischen zum Wehrdienst bei der Kavallerie in Bad Cannstatt eingezogen – verlief die Angelegenheit glimpflich und die Anklageschrift vom März 1938 konnte niedergeschlagen werden. Im Gefängnis faßte Hans Scholl wohl den Entschluß, Arzt zu werden, »um der Menschheit helfen zu können«.[44] Nach dem für die Zulassung zum Medizinstudium notwendigen Besuch einer Sanitätsschule am Tübinger Reservelazarett schrieb sich der junge Ulmer zum Sommersemester 1939 als ordentlicher Student an der Münchner Ludwig-Maximilian-Universität ein. Unter den Bedingungen des NS-Regimes waren an der medizinischen Fakultät mehr Freiräume zu erwarten als etwa bei den Fächern Philosophie, Philologie oder auch Theologie und Geschichte, mit deren Studium Hans durchaus sympathisierte. Das wird in der Szene *Schwäbisch Hall* thematisiert, als Hans sich mit seinem Chefarzt unterhält.

Verhaftet worden waren auch die übrigen Scholl-Geschwister. Von ehemaligen Kameraden und Mitschülern, die dem Nationalsozialismus treu blieben, wurden sie fortan geschnitten. Es blieb nur eine Möglichkeit: der Rückzug in die Familie, in der sie wieder Halt und geistige Heimat – wie in einem sicheren Boot in den üblen Fluten der Zeit – fanden. Ein Mitschüler des jüngsten Sohnes Werner nahm die Verhaftung allerdings zum Anlaß, Kontakte zu knüpfen: Für Otl Aicher, der aus dem katholischen Milieu der Ulmer Vorstadt Söflingen stammte, wurden die bislang als »Führer« abgetanen Scholl-Geschwister jetzt erst salonfähig. Rasch schloß man Freundschaft; für Aicher wurde die

---

44 Scholl, *Biographische Notizen über Hans und Sophie Scholl*, a.a.O. (Anm. 40), S. 137.

Schollsche Wohnung bald zur »zweiten Heimat«. Gemeinsam mit seinen beiden katholischen Gesinnungsgenossen Willi Habermann und Frido Kotz bildete sich schnell ein verschworener Freundeskreis heraus, der von Inge Scholl in der Retrospektive als »Scholl-Bund«[45] betitelt wurde. In Ulm sah man diese Gruppe nur noch zusammen, in Konzerten, auf Spaziergängen und anderswo. Gemeinsam habe man sich »in diese Welt des Geistigen hineinbegleitet« und »eines nährte sich aus dem Wachstum des andern«. Der Kriegsbeginn war für diesen Freundeskreis ein großer Einschnitt, der, so Inge Scholl, »unser Leben in diesseits und jenseits von 1939« trennte. »Was uns an Schriftstellern und Dichtern bisher begleitet hatte, ließen wir stehen.« »Unser ganzes geistiges Leben« wurde »in ungeheure Entscheidungen und Verantwortungen hineingestellt.«

Hans Scholl hatte derweil in München sein erstes Semester absolviert. Neben den Pflichtvorlesungen belegte er auch philosophische Kurse. Einige Wochenenden verbrachte er zu Hause in Ulm, wo im Freundeskreis das neuerworbene Wissen heftig diskutiert wurde. Die Semesterferien vergingen im Ernteeinsatz in Ostpreußen; mit dem letzten Schiff konnte Hans kurz nach Kriegsausbruch nach Hause zurückkehren. Vorläufig erhielt er jedoch noch keinen Einberufungsbefehl, sondern wurde zum Studium der Medizin zurückgestellt. Zwei Trimester durfte er in Freiheit studieren, bevor er im März 1940 eingezogen und einer Studentenkompanie in München zugeteilt wurde.

Kindheit und Jugend der Scholls werden im Filmmanuskript lediglich durch die Einschübe zum Thema der Mitgliedschaft in den nationalsozialistischen Jugendorganisationen und in der Bündischen Jugend dargestellt. Diese beiden Aspekte stellte auch Inge Scholl sehr stark in ihrer *Weißen Rose* heraus. Zuckmayers Sicht ist also hier stark gelenkt durch die Aussagen der überlebenden Schwester.

Die geistigen Grundlagen, die besonders in der Lektüre des Freundeskreises gelegt wurden, werden im Filmentwurf durch die Nennung des *Seidenen Schuhs* von Paul Claudel signalisiert. Dies umschrieb Inge Scholl eher vage mit »modernen französischen Autoren« und der »Renaissance der theologischen Literatur« in jenen Jahren.[46] Daß Zuckmayer hier einen gewichtigen Akzent setzt, läßt sich nur aus seiner direkten Bekanntschaft mit Inge Scholl erklären. Zuckmayer selbst hatte sich schon vorher mit dem Stück beschäftigt, wie aus einem Brief an Annemarie Seidel hervorgeht, in dem er schreibt, er habe »gerade

---

45 Folgende Zitate ebd., S. 164.
46 Scholl, *Die Weiße Rose*, a.a.O. (Anm. 43), S. 30.

den Seidenen Schuh selbst wieder gelesen«.[47] In der Forschung war es dagegen lange kein Thema, was die Geschwister Scholl gelesen haben oder ob sie aus der Lektüre bestimmter Bücher zum Widerstand kamen. Zuckmayer erlebte dagegen in der Volkshochschule Ulm einen »christlichen Humanismus«, wie er nach 1945 Konjunktur hatte. Im Falle Scholl, oder besser im Falle Aicher – denn Otl Aicher ist hier als der Bücherlieferant auszumachen – hat dieser seine festen Wurzeln.

Aus den Briefen und Aufzeichnungen ergeben sich Gruppen von Literatur, die im Scholl-Kreis gelesen wurden, nämlich zum einen die russische Literatur und zum anderen die ausgedehnte Lektüre von Werken, die dem »Renouveau Catholique« zuzuordnen sind. Beide werden auch im Filmentwurf thematisiert und beide lassen sich aufgrund der vorliegenden Quellen näher fassen. Immer wieder finden sich in den Briefwechseln Hans Scholls Hinweise, wie bedeutend etwa Dostojewski für ihn gewesen sein muß und daß ihm der wahre Gehalt des russischen Literaten erst während seines Rußlandaufenthaltes aufgegangen sei. Ein Indiz, was es mit der »leidenschaftlichen Verehrung« der russischen Literatur auf sich hatte, findet sich in dem frühen – bereits auf das Jahr 1946 zu datierenden und damit in unmittelbaren zeitlichen Zusammenhang zum Filmentwurf stehenden – Bericht seiner Schwester Inge über die geistige Entwicklung ihres Bruders.[48] Hans sei von Hölderlin angezogen gewesen, weil dieser »in seinem Wesen die eine Seite [...] umschlang, die dunkle, schwermutvolle und rätselhafte«, während Goethe »seinem hinreißend lebensbejahenden, harmonischen und tief anmutigen Wesen« entsprochen habe. Beide Seiten bildeten eine Einheit, verursachten in ihm aber »diese feine und doch große Spannung, an der er seine menschliche Größe und Tiefe gewann«. Und hierher, schließt Inge Scholl, gehört die große Zuneigung zu Dostojewski und der russischen Literatur insgesamt, »die übrigens wieder seine stark soziale Saite erklingen läßt«. Dies deckt sich mit den Sentenzen aus der Szene *Professor Muth*. Die dort gemachten Aussagen im Vergleich zum Werk Dostojewskis führen zu folgenden Ergebnissen:

Dostojewski begnügte sich in seinen Werken nicht mit einer scharfsichtigen Darstellung der Revolution, sondern zeigt auch deren Ursachen auf. Zugleich legte er die geistigen Wurzeln des Bolschewismus bloß und entlarvte ihn als eine satanische Versuchung der nach Heil streben-

---

47 Brief von Zuckmayer an Annemarie Seidel vom 16. Dezember 1945, zitiert nach: *Zuckmayer-Jahrbuch*, Bd. 2, 1999, S. 126.
48 Folgende Zitate nach: Scholl, *Biographische Notizen über Hans und Sophie Scholl*, a.a.O. (Anm. 40), S. 160 f.

den Menschheit – etwa in der Gestalt des Iwan Karamasow in der *Legende vom Großinquisitor*. Zweitens lehnte der russische Romancier alle Versuche, ohne Gott ein nur durch die Vernunft bestimmtes Leben zu führen, apodiktisch ab. Wer solches versuche, verkenne sowohl die Wirklichkeit Gottes als auch das Wesen des Menschen und sei zum Scheitern verurteilt. Atheisten haben, gerade weil sie nicht an Gott glauben, eine falsche Auffassung vom Menschen und damit von der Gesellschaft. Der kommunistische gottfeindliche Staat ist damit auch des Menschen Feind. Daraus folgert er drittens: Einzige Zufluchtsmöglichkeit und Zukunftsperspektive bleibt das Christentum. Dieses ist aber nicht eine Religion für den Einzelnen, sondern eine Gemeinschaft. Viertens wertet Dostojewski das Leiden positiv. Selbst das ungesühnte Leiden unschuldiger Kinder, das Iwan Karamasow in die Verzweiflung treibt, erhält für Dostojewski einen Sinn, denn es steht in der Nachfolge Christi, der stellvertretend für die Menschheit litt. – Soweit zur Faszination der Russen.

Ein Schwerpunkt im Filmentwurf liegt auf dem *Seidenen Schuh* von Paul Claudel. Durchblättert man die Briefe und Aufzeichnungen der Geschwister Scholl, fallen weitere Namen französischer Autoren ins Auge: Bernanos, Bloy, Gilson, Jammes, Maritain. Es handelt sich hierbei um katholische Intellektuelle, die allesamt der philosophischen, sozialkritischen und literarischen Bewegung des »Renouveau Catholique« zuzuordnen sind. Sie entstand nach Ende des Deutsch-Französischen Krieges 1870/71 in Frankreich. Aufgrund der Niederlage sowie der 1905 erfolgten Trennung von Kirche und Staat befürchteten sie ein Auseinanderfallen der Gesellschaft und suchten Halt und Orientierung, die sie in einem erneuerten Katholizismus jenseits der bestehenden verfestigten Kirchenstrukturen finden zu können glaubten. Werte der christlichen, besonders der katholischen Religion, wie die Würde des Menschen, ein christlicher Humanismus und die Achtung der Menschenrechte, sollten der dechristianisierten Gesellschaft in Frankreich Impulse zu einer Rechristianisierung geben. Der Aufschwung dieses katholisch orientierten Literaturschaffens in Frankreich seit der Jahrhundertwende fand – bedingt durch Krieg und nationale Gegensätze – erst verzögert auch in Deutschland Beachtung. Kulturkampf, Modernismus-Krise und Erster Weltkrieg verschleppten die eigenständige Neubesinnung. Erst in den zwanziger Jahren zeigten sich vergleichbare Erneuerungsbestrebungen. Kaum richtig ins Bewußtsein getreten, wurde die neue Literaturströmung in den dreißiger Jahren durch den Siegeszug des Nationalsozialismus an den Rand, später in den Untergrund und die innere Emigration abgedrängt. Ohne angesichts des extrem schwierigen Forschungsstandes allzu gewagte Spekulationen anzustellen, bildet diese Zeit gleichwohl einen Höhepunkt der Rezeption. Nach 1945 gelangte die Richtung dann zu voller Blüte und neuer Anerkennung, als es wiederum galt, die niederdrückende Erfahrung einer Niederlage zu verarbeiten.

Als grundlegend erwies sich der Ansatz von Jacques Maritain in seinem Hauptwerk *Humanisme integrale*,[49] in dem die Gedanken dieser katholischen französischen Reformbewegung kulminieren. Maritain geht es um einen »Dritten Weg« zwischen Vereinzelung und Vermassung, um ein »neues Zeitalter christlicher Kultur«. Nicht totales Einzelkämpfertum oder totales Aufgehen in der Masse, sondern ein Mittelweg, der Gott als höchste Instanz anerkennt und daraus eine sittliche Grundhaltung ableitet, die Maritain »integralen« bzw. »christlichen Humanismus« nennt, muß zum Signet der neuen Epoche werden. Die neue Gesellschaftsordnung basiert dementsprechend auf der persönlichen Freiheit und der Achtung der Würde des Menschen in seiner Bindung an und Erneuerung durch Gott. Fundament dieses »neuen Christentums« ist das verbindende Erbe des Abendlandes, wie es sich in der katholischen Kirche manifestiert.

Mit der Umsetzung dieses Entwurfs einer neuen Gesellschaftsordnung beschäftigten sich – das thematisiert der Entwurf in angemessener Ausführlichkeit – der Freundeskreis um die Geschwister Scholl sehr intensiv: Man las Claudels *Seidenen Schuh* über mehrere Wochen hinweg mit verteilten Rollen. Hans »hielt dieses Werk [...] für das größte Ereignis der modernen europäischen Literatur«, wie er an seine Schwester Elisabeth im Februar 1942 schrieb. »[...] die Gedanken Claudels sind tiefer, umfassender als die Fausts.«[50] Es würde zu weit führen, in diesem Rahmen eine ausführliche Inhaltsangabe dieses Werks zu geben, zumal im Filmskript Passagen aus einigen Szenen übernommen sind. Hingewiesen sei aber darauf, daß Claudel in jedem der durch das Symbol des seidenen Schuhs zusammengehaltenen Teile Antwort zu geben versucht auf die existentiellen Fragen nach der Bestimmung des Menschen in der Welt, nach dem Sinn des Bösen in einer von Gott gewollten Schöpfung, nach Pflicht und Opfer, Ehre und Hingabe, Selbstaufgabe und Erlösung im Osterfest der Völker.

Diese geistigen Grundlagen werden besonders in der Szene *Abschiedsabend* deutlich. Die dort geführte Diskussion durchzieht den gesamten

---

49 Die erste deutsche Übersetzung erschien bei Benziger in Einsiedeln im Jahr 1938 unter dem Titel *Die Zukunft der Christenheit*.
50 Brief von Hans an Elisabeth Scholl vom 10. Februar 1942, zitiert nach: Jens, *Hans Scholl. Sophie Scholl*, a.a.O. (Anm. 38), S. 78.

Entwurf. Weiterhin werden häufig historische Argumente gebraucht, etwa das Preußentum verurteilt, weil es den König an die Stelle Gottes setzte. Auch Aussagen Goethes finden häufig Eingang, wenn es um die Erläuterung der geistigen Fundamente geht. Plastisch umgesetzt wird die Sicht der Dinge durch Picassos *Guernica*. Das Bild führt wie ein roter Faden durch den Entwurf. Leider ist in den entsprechenden Quellen darüber nichts bekannt; nachweisbar ist aber, daß Hans Scholl eine Vielzahl von Kunstbänden gesammelt hat, die sich heute im Besitz von Fritz und Elisabeth Hartnagel in Stuttgart befinden.

Die durch die Lektüre gelegten geistigen Grundlagen brauchten Mentoren, die diese erst richtig zur Entfaltung brachten und einen weiteren Prozeß der Bewußtwerdung einleiteten – damit also eine weitere Station auf dem Weg in den Widerstand darstellen. Die Scholl-Geschwister fanden solche »geistigen Väter« in zwei bedeutenden katholischen Theologen und Philosophen, in Carl Muth und Theodor Haecker. Die Bedeutung dieser beiden Persönlichkeiten ist in der Forschung lange Zeit nicht ausreichend gewürdigt oder völlig unterschätzt worden. Erst vor wenigen Jahren konnte Hinrich Siefken in minutiösen Studien überzeugend die Rolle Haeckers im Geflecht der »Weißen Rose« aufklären. Umso wertvoller ist der Filmentwurf von Zuckmayer, der auf der Grundlage einer Auswertung der in der Familie Scholl überlieferten Quellen ebenfalls die Bedeutung sowohl von Muth als auch von Haecker in mehreren Szenen betont.

Nachdem Hans Scholl den Sommer 1940 als Sanitätsfeldwebel im Frankreichfeldzug erlebte, konnte er sein Studium bis zum Physikum im Januar 1941 in München fortsetzen. Allen Befürchtungen zum Trotz, unmittelbar danach wieder einrücken zu müssen, konnte er in München bleiben. Im August bewarb er sich gemeinsam mit seinem Freund Alexander Schmorell um eine Famulatur. In diesen Tagen machte er die Bekanntschaft von Carl Muth, der seinem Denken und Handeln eine neue Schärfe verlieh. Der Publizist war einer der führenden Vertreter eines weltoffenen Reformkatholizismus, der an eine Versöhnung von katholischer Kirche und moderner Welt glaubte. Bekannt wurde er vor allem als Herausgeber der Zeitschrift *Hochland*, in der führende Politiker, Historiker und Literaten publizierten. Im Gespräch mit Muth, in dessen Haus der Medizinstudent mehrere Stunden täglich verbrachte, vertiefte und ordnete sich das, was sich Hans Scholl angelesen hatte, im Gespräch mit dem gebildeten Mann, dem »Ein und Alles des damaligen geistig lebendigen Laientums«.⁵¹ Den Kontakt vermittelt hatte Otl Aicher, der eines Tages einfach bei Muth geklingelt hatte und mit diesem ins Gespräch gekommen war.

An die erste Begegnung erinnert sich Inge Scholl, die zu Sommerferien in München weilte, als ein »aufgehendes Gestirn« gerade in einer Zeit, wo man sich nach einem

> Urbeständigen sehnte, das [...] nicht mehr diese Enttäuschungen bereiten würde [...]. Wie war ich froh, ihn nun, wo ihm der Geist unserer heutigen Kultur nicht mehr genügte, in der Nähe dieses Menschen zu wissen, der bei aller Freude am Modernen doch nur das in ihm gelten lassen kann, was sich als ewig Wahres in Neues kleidet [...]. Und wie bin ich froh, daß er diesen Menschen fand [...].⁵²

Die Rekonstruktion eines Gespräches zwischen Muth und Hans Scholl im Filmentwurf kommt dem, was in Briefen besonders von Inge Scholl und Otl Aicher ausgebreitet wurde, sehr nahe.⁵³ Auch die Begegnung mit Werner Bergengruen ist faktisch richtig dargestellt. Muth und Bergengruen waren in München-Solln Nachbarn und sahen sich sehr häufig. Ob beide wußten, wer hinter den Flugblättern steckte, bleibt auch im Entwurf offen. Muth zumindest ahnte wohl, daß Hans Scholl etwas damit zu tun hatte.

Im Hause von Muth begegnete Hans Scholl im Winter 1941/42 dann auch häufiger Theodor Haecker, einem zum Katholizismus konvertierten Religionsphilosophen, der in seinen Werken einer ganzen Generation den Geist der griechischen und römischen Antike als Quellgrund des abendländischen Denkens vermittelte. Für Haecker trugen die Vereinzelung des Menschen und seine Absolutsetzung wesentlich Schuld an der Krise der Gegenwart. Immer wieder schrieb er gegen den vermeintlich autonomen Menschen ohne Gott an, gegen einen Humanismus ohne christlich-katholische Wurzeln.

---

51 So Friedrich Dessauer in der Festgabe zum 70. Geburtstag Muths, in: *Hochland*, Jg. 34, 1936/37, H. 4, S. 7.
52 Inge Scholl, *Erinnerungen an München* (zu datieren auf die letzten Kriegstage 1945), München, Institut für Zeitgeschichte ZS A 26/7, hier: S. 8-10.
53 Zwischen Otl Aicher, Inge Scholl und Carl Muth entspann sich in den Jahren von 1942 bis 1945 ein reger Briefwechsel, der sich vor allem um theologische Problemstellungen drehte. Die Briefe geben ein plastisches Bild vom geistigen Wachstum der jeweiligen Schreiber.

Als die Zeitschrift *Hochland* von den Nationalsozialisten verboten worden war, wurde auch Haecker mit einem Schreib- und Vortragsverbot belegt. Trotzdem konnte ihn Hans Scholl für einige Lesungen in seinem Münchner Freundeskreis gewinnen. Noch Anfang Februar 1942, kurz vor der Verhaftung der Scholl-Geschwister, las Haecker im Atelier aus seinem Werk *Schöpfer und Schöpfung*. Historisch völlig korrekt, wie Siefken belegen konnte, läßt auch Zuckmayer Haecker in seinem Filmentwurf breiten Raum in der Szene *Vorlesung*. Auch die Szene *Theodor Haecker* mit dem Besuch von Hans Scholl im Hause Haeckers, bei der Haeckers Sohn Reinhard auftritt, die Schilderung, wie beide verbotenerweise BBC London hören und von der Niederlage von Stalingrad erfahren, läßt sich als authentisches Geschehen belegen: Haecker hat in seinen *Tag- und Nachtbüchern*, seinem Tagebuch, mehrfach darüber berichtet.

Welche Rolle spielte nun Kurt Huber? War er ältester Mentor und Ratgeber, oder war er ein verehrter Universitätslehrer? Diese Frage läßt sich anhand des Filmentwurfs leider auch nicht letztlich beantworten. Festzuhalten bleibt, daß Huber sein Leben für den Widerstand gegen das nationalsozialistische Unrechtsregime gab. Er wurde aber nicht, wie es der Entwurf vorsieht, gemeinsam mit den Geschwistern Scholl hingerichtet. Um seine große Monographie über Leibniz fertigzustellen, bekam er einen Aufschub zwischen Verurteilung und Hinrichtung. Sein Abschiedsbrief an den Sohn Wolfgang dürfte Inge Scholl bekannt gewesen sein; vermutlich über Ricarda Huch, die Huber in ihre Darstellung mit einbeziehen wollte.

Anfang Juni 1942 hatten die Geschwister Scholl und andere Mitglieder der »Weißen Rose« Huber auch privat kennengelernt. Durch seine emphatische Kompromißlosigkeit bei Diskussionen um Glanz und Elend der deutschen Nation hat er ohne Frage dem Kreis wichtige Anregungen gegeben. Die in der Szene *Abschiedsabend* vertretenen historischen Positionen kommen denn auch Hubers Publikationen und Vorlesungen ziemlich nahe. Historisch richtig wird Huber im Entwurf in die Flugblattaktionen eingeweiht. Er war nicht der Initiator und wußte am Beginn der Freundschaft nichts von den Flugblättern. Entweder im Dezember 1942 oder erst im Januar 1943 kann Huber von den Vorgängen Kenntnis erhalten haben. Huber soll jedenfalls sofort bereit gewesen sein, bei der Abfassung weiterer Flugblätter mitzuwirken. So machte er, das konnte exakt geklärt werden, Vorschläge zur Umarbeitung des 5. Flugblattes und verfaßte das 6. Flugblatt.

Als »Mentor« oder gar als »geistigen Führer« kann man Huber indes nicht bezeichnen. Dafür sprechen mehrere Gründe, die auch im Entwurf Zuckmayers angesprochen werden. Huber war nicht der erste »Ältere«, der detailliert Einblicke in die Aktionen der »Weißen Rose« erhielt. Wegen einer Passage im vom Huber verfaßten Flugblatt kam es zum Konflikt mit den Freunden – diese nahmen zwar gerne von dem an Bildung und Wissen überlegenen Huber Hinweise an, behielten sich aber die Endredaktion vor. Sein Kontakt zur »Weißen Rose« blieb zudem punktuell; auch an den Leseabenden Haeckers nahm der Philosophieprofessor nicht teil. Huber einzuweihen, lag von seiner Funktion als Professor an der Universität her nahe. Folgerichtig verlegt Zuckmayer die zentrale Szene auch dort hin.

Die Bedeutung der beiden Mentoren Muth und Haecker für die geistige Entwicklung und die Relativierung der Rolle Hubers in der »Weißen Rose« müßte aufgrund der in den letzten Jahren neu zu Tage getretenen Quellen einer umfassenden Betrachtung unterzogen werden. Problematisch bleibt, inwieweit aus der Lektüre eines Buches zurückgeschlossen werden kann, ob das Gelesene letztlich ausschlaggebend für eine Tat wurde. Einen Versuch in diese Richtung einer Neu-Interpretation gerade der »Weißen Rose« zu unternehmen, scheint jedoch lohnenswert. Hinzu kommt, daß sich aus der Korrespondenz vieles anders erschließen läßt, wenn klar ist, auf welchem geistigen Fundament der Schreiber oder die Schreiberin argumentiert. Dieser Ansatz führt besonders bei Hans und Sophie Scholl weiter, deren Briefe und Aufzeichnungen sich nämlich ganz anders lesen, wenn – wie im Filmentwurf – als Triebfeder des Handelns eine religiöse Motivation ausgemacht werden kann.

»Ich suche Läuterung. Ich will, daß alle Schatten von mir weichen. Ich suche mich, nur mich«[54] – schrieb Hans Scholl im September 1939 in sein Tagebuch. Im evangelischen Glauben vor allem von seiner Mutter erzogen, war er 1933 in Ulm konfirmiert wurden. Ob die Mitglieder der Familie Scholl in dieser Zeit treue Kirchenbesucher waren oder nicht, muß dahingestellt bleiben. Magdalene Scholl jedenfalls hielt ihre Kinder zum regelmäßigen Besuch des Abendmahles an. Für Hans wurde diese Handlung mehr und mehr »eine Äußerlichkeit«,[55] wie er Ostern 1940 seiner Mutter schrieb. Er konnte immer weniger mit *der* Form von Religiosität anfangen, in der er aufgewachsen war. Die Lektüre reformkatholischer Literatur, die sich auf Anregung Aichers immer weiter ausdehnte, so daß schließlich Kirchenväter wie Augustinus

---

54 Tagebucheintrag von Hans Scholl vom 20. September 1939, zitiert nach: Jens, *Hans Scholl. Sophie Scholl*, a.a.O. (Anm. 38), S. 26.
55 Brief von Hans Scholl an die Mutter vom 22. März 1940, zitiert nach: ebd., S. 28.

oder Thomas von Aquin Gesprächsgrundlage wurden, verlangte eine neue Ebene von Glauben. »Wir entschieden uns«, erinnert sich Inge Scholl an diesen Umbruch,

> nachdem wir die Leiter des Erkennens und der Philosophie bis zu diesem Punkt emporgeklettert waren, für das Ja und wußten nun Stück um Stück, daß wir unser Leben danach ausspannen mußten, um es jenen Werten anzupassen, die so wunderbar aufzuleuchten begannen.[56]

Wenige Wochen nach der ersten Begegnung mit Muth schrieb Hans Scholl an seine Freundin, er befinde sich in einer geistigen Krise, »der bedeutendsten meines Lebens«. Dabei habe er im tiefsten Innern diesen »Seelenzustand« bereits überwunden und die Wahrheit erkannt. »Mich schmerzt der Kopf, obgleich ich glücklich bin. Es ist das Glück des Siegers, der das Ende des Kampfes voraussieht.«[57] Noch deutlicher sprach sich Scholl in den Briefen an Aicher aus. Vollends offenkundig wurde sein Weg in einem Weihnachtsbrief an Muth, den er »erfüllt von der Freude, zum ersten Mal in meinem Leben Weihnachten eigentlich und in klarer Überzeugung christlich zu feiern« schrieb. Nachdem der Glaube seiner Kindheit zu einer »nutzlosen Bahn« geworden sei und das Erlebnis des Krieges in ihm eine immer größere Leere hinterlassen habe, hörte er »den Namen des Herrn und vernahm ihn«. Voller Überzeugung schreibt er weiter:

> In diese Zeit fällt meine erste Begegnung mit Ihnen. Dann ist es von Tag zu Tag heller geworden. Dann ist es wie Schuppen von meinen Augen gefallen. Ich bete. Ich spüre einen sicheren Hintergrund und ich sehe ein sicheres Ziel. Mir ist in diesem Jahre Christus neu geboren.[58]

In einem anderen Brief schreibt er: »Es kann ja kommen, was da wolle, ich habe Anker geworfen, im Grunde kann ich nicht mehr gestört werden.«[59] Im Laufe der Rezeptionsgeschichte der »Weißen Rose« wurde diesem Aspekt unterschiedliche Beachtung geschenkt. Von der Versicherung, es handele sich hier ausschließlich um politischen Widerstand

---

56 Scholl, *Biographische Notizen über Hans und Sophie Scholl*, a.a.O. (Anm. 40), S. 163.

57 Brief von Hans Scholl an Rose Nägele vom 28. Oktober 1941, zitiert nach: Jens, *Hans Scholl. Sophie Scholl*, a.a.O. (Anm. 38), S. 67.

58 Brief von Hans Scholl an Carl Muth vom 22. Dezember 1941, zitiert nach: ebd., S. 75.

59 Brief von Hans Scholl an Rose Nägele vom 25. Januar 1942, zitiert nach: ebd., S. 77.

oder der Vereinnahmung für linke Ideologien[60] bis hin zum Irrtum, die Geschwister Scholl seien »immer gläubige Katholiken gewesen«[61] findet sich eine ganze Bandbreite von Deutungsmustern, auf die hier nicht weiter eingegangen werden kann. Die einschlägige Stelle im Filmentwurf Zuckmayers spricht jedoch für sich.

Hans Scholl kommt in der Szene *19. Februar* »strahlend« vom Verhör zurück in die Zelle. Man hat ihn nicht nach anderen Namen gefragt. Draußen scheint die Sonne. Hans zieht sich am Zellenfenster empor und schaut durch den schmalen Spalt in den Himmel. »Bald werde ich im Himmel sein«, sagt er fröhlich. Hans trägt seinem Zellengenossen auf, seinen Eltern und seinen Freunden zu sagen, er sterbe als Märtyrer. Er wünscht, man möge eine Messe für ihn lesen lassen. »Ah, du bist katholisch«, sagt sein Zellengenosse, »ich bin gar nichts«. »Ich war auch nichts« entgegnet Hans, »und katholisch bin ich eigentlich auch nicht«. Und jetzt folgt eine Grundsatzrede zu diesem Thema:

> Aber es ist ein Irrsinn, daß es heute in Deutschland noch zwei verschiedene Konfessionen gibt. Ein Mensch, der in seinen entscheidenden Jahren ohne das Christentum aufwächst und durch die Zeit immer mehr in seinen Raum hineingetragen wird, kann so etwas nicht verstehen, vollends wenn er sehen muß, mit welchem Vorurteil sich beide Konfessionen begegnen. Aber vielleicht ebnet das Erlebnis des Krieges diese Kluft ein.

Das »Erlebnis des Krieges«, die Erfahrung des Frankreich-Feldzuges, der, wie aus seinen Briefen abzulesen, für Hans Scholl hauptsächlich aus geruhsam-langweiligem Etappenleben bestand, war weniger einschneidend für seine geistige Entwicklung als der Einsatz in Rußland im Sommer 1942. Auch hier wird der Filmentwurf der Geschichte gerecht. Gemeinsam mit Alexander Schmorell hatte Scholl zwischen dem 27. Juni und dem 12. Juli bereits vier Flugblätter der »Weißen Rose« verfaßt, in München verteilt und darüber hinaus versandt. Seine Zweifel, »in das Rad der Geschichte einzugreifen«,[62] hatte er ohne Frage mit diesem Schritt überwunden.

---

60 So etwa in der Darstellung von Christian Petry, *Studenten aufs Schafott*, München 1964.

61 Stiftung Archiv der Akademie der Künste Berlin, Nachlaß Günther Weisenborn, Bd. 366: »Ich weiß, wofür ich sterbe«, Teil 7, auch Bd. 413 mit verschiedenen Vorträgen Weisenborns.

62 Diese Formulierung findet sich im 1. Flugblatt der »Weißen Rose«. Hans Hirzel, ein Ulmer Gymnasiast, der sich zum Kreis der »Weißen Rose« rechnet, erinnert sich an diese Formulierung aus einem Gespräch mit Hans Scholl.

Am 23. Juli 1942 verließen Scholl, Schmorell und der inzwischen zur Studentenkompanie gestoßene Willi Graf München und trafen nach dreitägiger Zugfahrt in Warschau ein, wo sie besonders intensiv mit den Auswirkungen des Krieges konfrontiert wurden. Sie saßen in »Kellerspelunken, in denen adlige Polinnen sich als Kellner verstecken, um dem Tod durch die Rassenzüchter und Wachstumslenker zu entgehen«, beschreibt Zuckmayer in der Szene *Russland* eine der Erfahrungen. Hans schrieb im gleichen Duktus an seine Eltern, diese Stadt würde ihn mit ihren Gegensätzen auf Dauer krank machen: »Auf der Straße liegen halb verhungerte Kinder und wimmern um Brot und von der anderen Seite hört man aufreizende Jazzmusik.«[63] Die Betroffenheit wich nach der Überquerung der russischen Grenze der Begeisterung über die weite, unberührte Landschaft – dem Symbol des freien, selbst bestimmten Lebens, wie es in der Jugendbewegung eine große Rolle gespielt hatte. Die Münchner Studenten wurden als Sanitäter und Hilfsärzte südwestlich von Moskau eingesetzt, einem verhältnismäßig ruhigen Frontabschnitt. Scholl und Schmorell blieben im Unterschied zu Graf vom unmittelbaren Fronteinsatz verschont, sahen aber zur Genüge, wie »dort draußen das Leben aufs Spiel gesetzt und verschwendet wurde«.[64]

Die Folgen des »Rußlanderlebnisses« – unter anderem waren die Freunde zum ersten Mal mehrere Wochen ununterbrochen zusammen – für die persönliche Entwicklung lassen sich recht gut fassen. Hans Scholl durchlebte den sogenannten »Rußlandkoller«: »Es ist etwa so: Wenn man die Welt in ihrer zauberhaften Schönheit sieht, möchte man zuweilen das andere nicht wahrhaben [...]. Aber hier wird dieser Widerspruch durch den Krieg dermaßen potenziert.«[65] Hochgefühl stand neben Niedergeschlagenheit, Selbstreflexion neben Depression: »Mein Gemüt wechselt wie der Herbstwind [...] meine Mentalität ist so labil wie die eines jungen Mädchens.« Während Scholl einerseits weit weg vom »Modergeruch der europäischen Kultur« fliehen möchte, begreift er sich andererseits als Europäer, als »Hüter eines heiligen Er-

---

Hans Hirzel, *Flugblätter der Weißen Rose in Ulm und Stuttgart*, in: Lill/Kißener, *Hochverrat?*, a.a.O. (Anm. 4) S. 89-119, hier: S. 97.

63 Brief von Hans Scholl an die Eltern vom 27. Juli 1942, zitiert nach: Jens, *Hans Scholl. Sophie Scholl*, a.a.O. (Anm. 38), S. 83.

64 Diese Erlebnisse fanden Eingang in das 4. Flugblatt. Zitat nach Inge Scholl: Scholl, *Die Weiße Rose*, a.a.O. (Anm. 43), S. 48.

65 Brief von Hans Scholl an die Eltern vom 18. September 1942, zitiert nach: Jens, *Hans Scholl. Sophie Scholl*, a.a.O. (Anm. 38), S. 89.

bes«.⁶⁶ Auch wenn die Deutschen ein verlorenes Volk und unverbesserlich sind, und die Falschheit schon so tief im Fleisch steckt, »daß man sie nicht extirpieren könnte, ohne den ganzen Körper zu töten«,⁶⁷ sieht er die Verpflichtung, daß nach dem totalen Krieg etwas kommen muß. »Der geistige Nihilismus«, notierte er in sein Rußlandtagebuch,

> war für die europäische Kultur eine große Gefahr. [...] Nach dem Nichts kommt nichts mehr. Es *muß* aber etwas kommen, weil niemals alle Werte bei allen Menschen zerstört werden können, [und] immer noch Hüter da [sind], die das Feuer entfachen und es von Hand zu Hand weitergeben, bis eine neue Welle der Wiedergeburt das Land überschwemmt. Der Wolkenschleier wird gleichsam zerrissen von der Sonne eines neuen religiösen Erwachens⁶⁸

Das sind Anklänge an den Entwurf einer neuen Gesellschaftsordnung à la Maritain und Claudel sind unüberhörbar. Auch Sophie Scholl hatte im Juli/August 1942 als Hilfsarbeiterin in einer Ulmer Maschinenfabrik im Rahmen des Kriegshilfsdienstes ihr Rußlanderlebnis.

Die religiöse Dimension des Erlebens der Männer in Rußland wird aus einer Notiz Hans Scholls vom 28. August 1942 deutlich: »Wenn Christus nicht gelebt und nicht gestorben wäre, gäbe es wirklich gar keinen Ausweg. Dann müßte alles Weinen grauenhaft sinnlos sein. Dann müßte man mit dem Kopf gegen die nächste Mauer rennen und sich den Schädel zertrümmern. So aber nicht.«⁶⁹ Was Rußland letztlich für die weiteren Geschehnisse in München bedeutete, erhellt ein Brief Hans Scholls an seinen Freund Otl Aicher. Hans schrieb nämlich, er danke Gott für seinen Rußlandaufenthalt. Durch die Ortsveränderung,

> die mich von allen blühenden Gärten der Vergangenheit getrennt und in die große Ebene gestellt hat, [...] habe ich endlich gelernt, mich selbst nicht

---

66 Brief von Hans Scholl an Rose Nägele vom 10. September 1942, zitiert nach: ebd., S. 88.
67 Rußlandtagebuch von Hans Scholl vom 11. September 1942, zitiert nach: ebd., S. 104.
68 Rußlandtagebuch von Hans Scholl vom 9. August 1942, zitiert nach: ebd., S. 92.
69 Rußlandtagebuch von Hans Scholl vom 28. August 1942, zitiert nach: ebd., S. 103.

mehr so unendlich wichtig zu nehmen, sondern die ziellose Reflexion umzustülpen und den Sinn nach außen, den Dingen zuzuwenden.[70]

Das heißt, der Marschbefehl nach Rußland machte ihm – und den Freunden – eindringlich bewußt, auf welchem Boden – nämlich dem der europäischen Kultur – sie standen. Fern von Deutschland erst erhielten die unzähligen abstrakten Erkenntnisbemühungen, wie sie im Studium, tage- und nächtelangen Gesprächen mit den Freunden und den Mentoren sowie in den Lese- und Gesprächsabenden zum Ausdruck kamen, einen konkreten Sinn. Die »blühenden Gärten«, wie sie Hans Scholl in der Lektüre und der Begegnung mit Muth und Haecker gefunden hatten, wurden ihm in ihrer Substanz und mit letzter Konsequenz erst in der weiten russischen Ebene bewußt. Obwohl es das Beste wäre, wie Hans seinem Freund Otl anvertraute, »immer weiter ganz allein und bar jeglicher Habe nach Osten zu wandern«, ginge es jetzt darum, zurückzukehren, weil man als Europäer »in dieser zwölften Stunde Europa nicht verlassen darf. Nur aus diesem Grund will ich wieder zurück nach Deutschland, auf daß ich dem Abendlande und das Abendland mir nicht verloren gehe.«[71]

Zurückgekehrt nach München, intensivierte die »Weiße Rose« ihre Widerstandstätigkeit. Weitere Flugblätter, nächtliche Malaktionen, Kontakte zu anderen widerständigen Personen – wie zu Harnack – all diese Aktionen im Rahmen der Ausweitung des Widerstandes werden im Entwurf ebenfalls thematisiert. Die Rede des Gauleiters Giesler fehlt ebensowenig wie die Begegnungen mit dem Buchhändler Josef Söhngen, die Zweifel an Sinn oder Unsinn der Aktionen ebensowenig wie die Schilderung der ausgelassenen, lebenslustigen und weinseligen Stimmung. Die Paradoxie der Situation arbeitet Zuckmayer hier sehr deutlich heraus.

17., 18., 19. Februar, Sonntag, Prozess, Die letzte Stunde und *Hinrichtung* – die Szenenabfolge beschreibt die letzten Tage im Leben der Geschwister Scholl und der anderen Mitglieder der »Weißen Rose«. Zuckmayer nimmt es hier mit der historischen Exaktheit nicht so ernst. Ihm ging es mehr um den »Geist«, den es hinter den konkreten Ereignissen festzumachen galt. Dies ist ihm besonders in den letzten Szenen gelungen, in denen er die »nackte, brennende Wirklichkeit« in einen unter die Haut gehenden Filmentwurf umgesetzt hat.

---

70 Brief von Hans Scholl an Otl Aicher vom 9. Oktober 1942, zitiert nach: ebd., S. 106.
71 Ebd.

III. Geschichte – Deutung – gedeutete Geschichte?

Die eingangs gestellten vier Fragen dürften nun beantwortet und die historischen Entstehungsbedingungen des Filmentwurfs geklärt sein. Zuckmayer kam über seinen direkten Kontakt zur Ulmer Volkshochschule in Gestalt von Inge Scholl an die Unterlagen, die es ihm ermöglichten, einen weitgehend den historischen Fakten entsprechenden Filmentwurf zu fertigen. Neben den schriftlichen Quellen hat er sich wahrscheinlich weitgehend auf die mündliche Überlieferung der Überlebenden gestützt. Verschiedene Einzelheiten der Biographie der Geschwister Scholl erwiesen sich dabei für den Weg in den Widerstand von höchster Bedeutung: die Erfahrungen in der Jugendbewegung, die intensive Lektüre, die Begegnung mit Mentoren und die religiöse Erfahrungsebene. Insoweit fügte sich die historische Rekonstruktion der Vita in den Entwurf ein. Konsequenzen für die Interpretation des Widerstandes der »Weißen Rose« ergeben sich besonders bei der Wertung der beiden Mentoren Muth und Haecker und der religiösen Motivierung des Widerstands.

Zuckmayer traf in Ulm neben Inge Scholl und Otl Aicher auch die dritte Schwester Elisabeth Scholl und ihren späteren Mann, den Verlobten Sophie Scholls, Fritz Hartnagel, und die Eltern Scholl. Diese werden ihm hauptsächlich von Hans und Sophie Scholl im Ulmer Erfahrungskontext erzählt haben. Elisabeth und Inge Scholl wie auch Otl Aicher waren zwar mehrmals in München und hatten dabei die übrigen Mitglieder des Freundeskreises der »Weißen Rose« kennengelernt, unmittelbar nach Kriegsende konnten sie aber kaum mehr über die weiteren Angehörigen der »Weißen Rose« wissen. Daraus erklärt sich die Zentrierung und Focussierung des Filmentwurfs auf Hans und Sophie Scholl. Daraus erklärt sich auch die plastische Schilderung von Muth und Haecker, mit denen Inge Scholl und Otl Aicher umfangreiche Briefwechsel geführt hatten und bei denen sie häufig zu Gast gewesen waren. Aus dieser Konstellation erhellt sich auch, warum die Figur des Professors Huber blaß bleibt und er nur von seinen Vorlesungen in der Universität her und weniger als Persönlichkeit charakterisiert wird.

Es steht fest: Zuckmayer konnte seinen Stoff, was die Geschwister Scholl angeht, auf dem denkbar besten Quellenfundament bearbeiten, das der historischen Forschung bis heute kaum mehr in dieser Dichte zur Verfügung stand. Aber es ist vor allem ein Film über Sophie und Hans Scholl und weniger über die Münchner Widerstandsgruppe als solche. Insoweit erweist sich der Filmtitel *Die Weiße Rose* als nicht ganz korrekt. Es konnte gezeigt werden, daß Zuckmayer authentische Briefe und andere Zeugnisse aus dem Leben der Scholls in seinem Filmentwurf historisch sachgerecht verwendet. Dennoch wäre die historistische Frage nach der bloßen Objektivität seiner Darstellung falsch gestellt oder griffe zumindest zu kurz.

Denn ganz unabhängig von der Binsenwahrheit, nach der jede Geschichtsschreibung von Vorverständnissen ausgeht und einen hermeneutischen Prozeß darstellt, Erkenntnis und Interesse also unabdingbar zusammen gehören, will Zuckmayer nicht nur trockene Fakten bzw. einen reinen Dokumentarfilm liefern. Geschichte ist für ihn immer *gedeutete* Geschichte und die gegenwärtige Wirklichkeit *deutende* Geschichte. Was sich schon in *Des Teufels General* ankündigte, verdichtete sich in der *Weißen Rose* in besonderer Weise. Es steht nämlich ein dreifaches hermeneutisches Vorzeichen vor dem Filmentwurf und seinen Fakten, das nicht übersehen werden darf.

1. Zuckmayer will, wie aus seinem Briefwechsel und vor allem aus seinem Bericht als amerikanischer Kulturoffizier hervorgeht, den Deutschen Vorbilder für einen geistigen Wiederaufbau aus ihrer eigenen Geschichte vorstellen. Die Geschichte der Geschwister Scholl wird also nicht neutral erzählt, sondern in einer pädagogischen Absicht vorgeführt. Das macht die hier gebotenen Fakten nicht falsch, stellt sie jedoch in einen ganz bestimmten »Verkündigungszusammenhang«.

2. Dazu kommt: Zuckmayer erhält nicht nur zeitgenössische Originalquellen, er bekommt von den Überlebenden auch die Deutung gleich mitgeliefert. Hierher gehört insbesondere die religiöse Akzentuierung des Münchner Widerstandes. Inge Scholl, die überlebende Schwester der Gemordeten, vollzog – wohl auch unter dem Einfluß ihres späteren Ehemannes Otl Aicher – auch stellvertretend die Konversion zum Katholizismus, die ihren Geschwistern Hans und Sophie nicht mehr möglich war. Diese starben in der Wahrnehmung der unmittelbaren Zeitzeugen »als Katholiken«, obwohl sie nach wie vor Protestanten waren. Dadurch soll der Film, jedenfalls für die authentische Interpretation des Geistes der Gemordeten, eine Art »Evangelium« werden, in dem es selbstredend um historische Personen geht, deren Sendung sich jedoch erst ex post, aus ihrem Martyrium, ergibt.

3. Schließlich wird sogar eine Art »Lehramt« eingerichtet, das sich die authentische Interpretation der Geschichte der Geschwister Scholl vorbehält. Den Mitgliedern des ›Studios Null‹ sollen auf jeden Fall die letzten Entscheidungen über diesen Film obliegen.

Das Vorzeichen vor dem Filmentwurf Zuckmayers muß man berücksichtigen, um seinen Quellenwert richtig einordnen zu können. Dabei erweist sich die Alternative Fiktion oder Historie als falsch gestellt.

Fakten, zumal wenn sie durch andere Überlieferungsstränge gestützt werden – wie hier in dieser Einleitung geschehen – bleiben Fakten, auch wenn sie einer bestimmten Absicht dienen. Gedeutete Geschichte bleibt Geschichte, auch wenn ihr eine Interpretation unterlegt wird. Jedenfalls bringt der Filmentwurf einen bislang fast völlig ausgeblendeten Aspekt des Münchner Widerstandes zur Sprache, der sicher mit anderen Deutungskategorien wird ringen müssen. Auch hier wird die Geschichte zeigen, wer letztlich die besseren historischen Argumente auf seiner Seite hat.

Editorische Notiz

Der Edition liegt das Typoskript im Deutschen Literaturarchiv im Nachlaß Carl Zuckmayer zugrunde. Textergänzungen der Bearbeiterin sind in spitze Klammern, filmtechnische Ergänzungen sind in eckige Klammern gesetzt.

Carl Zuckmayer
Die Weisse Rose. Filmentwurf <1947>

Personen:

Hans Scholl

Sophie Scholl

Alexander Schmorell

Willi Graf

Christl Probst

Professor Huber

Professor Muth

Theodor Haecker

+ + +

Mutter Scholl

Brigitte, eine Studentin (die die Angst in ihrer ganzen Tiefe und ihrem Grauen verkörpern muß)

Jürgen Laufenstein (Student)

Andere Studenten

Riest (Gestapospitzel)

Marwitz (Gestapobeamter)

Mohn (Gestapobeamter)

Andere Gestapobeamte

Else (Zellengenossin von Sophie)

Stallknecht (Zellengenosse von Hans)

Gefängnisgeistliche, Wachtmeister u.s.w.

Ein Flugzeug der <Royal Airforce> auf Beobachtungsflug von England nach München. Vier unbekümmerte Tommies unterhalten sich in der Maschine. Einer macht seinen ersten Flug:
»Ist es immer so dunkel über Deutschland?«
Sie sind über München. Unten blitzt ein Licht auf. Die Tommies stellen fest, dass man sogar ein winziges Streichholz vom Flugzeug aus entdecken kann.
[Zoom]
Professor Huber in der Leopoldstrasse. Verdunkelung. Kein Mensch weit und breit ist zu sehen. Das ferne Brummen eines Flugzeuges. Er zündet ein Streichholz an und sucht die Schilder an einer Einfahrt ab. Endlich hat er es:
»Atelier Eickemeier im Hof.«
Er geht hinein. Das Atelier ist ein einzeln stehendes Gebäude. Eine aussen angelegte Eisentreppe führt in den eigentlichen Atelierraum im ersten Stock.

Abschiedsabend
Hans, Sophie, Alex und Christl arbeiten im Keller des Ateliers. Sie hektographieren und schreiben fieberhaft Adressen. Kerzenlicht. An der Wand des Kellers hängt, auf Papier gemalt und mit Reisszwecken angesteckt, eine ziemlich grosse Kopie von Picassos Guernica. Ein Bild des Leidens, der Qual und der Verzweiflung. In diesem Bild ist der geistige Hintergrund der Studentenbewegung festgehalten. In der Sprache der Linien und Formen finden sie den Antrieb zu ihrer Tat. Es ist, als hätten sich diese Linien in ihr Herz eingegraben, als seien sie in ihr Wesen eingeritzt. Aus der Kraft dieses Bildes schöpfen sie immer wieder Mut und Zuversicht. Es ist das Bild der gepeinigten, notleidenden, ausgelieferten und unterjochten Menschheit. Es ist für sie die klarste Transformation unserer Zeit. Das Bildnis einer einzelnen Hand genügt, um sie immer wieder aufzurichten und ihnen klar zu machen, wofür sie letzten Endes kämpfen: um die Freiheit des geknechteten Menschen. Immer wieder stehen Eindrücke dieses Bildes vor ihren Augen.
Hans geht ins Atelier hinauf, wo er sich mit Professor Huber, Willi, Furtenbacher, Hofmüller, Laufenstein, Brigitte, Othmar, Susanne und einigen Freunden zum Abschied trifft.
Christl geht auch hinauf. Er wird zuvor im Keller unten von der Druckerschwärze gesäubert. Sie sind in lustiger Stimmung und scherzen über die Bedeutung des Buchstaben V. Gemeint ist der bekannte Vorgang in Holland, wo die Untergrundbewegung an alle Strassen und Mauern das V als Zeichen der »Viktoria« angemalt hat, bis Göbbels, um

dieser Propaganda zu entgehen, das V als ein Zeichen des deutschen Sieges erklärt hat. Zum Schluss hat Christl nur noch einen von Druckerschwärze beschmierten Daumen. Er geht zu dem Koffer mit Briefen und Flugblättern, der in der Ecke steht, und schmiert ein grosses V darauf.

»Wir werden die Sache jetzt noch einmal umdrehen.« Sophie droht ihm scherzhaft und versucht mit einem Stück Papier das V zu verwischen. Der Koffer bleibt jedoch den ganzen Film hindurch durch dieses verschmierte V kenntlich und symbolisch. Christl geht nach oben ins Atelier, nachdem er sich noch einmal vergewissert hat, dass man ihm nichts anmerken kann. Niemand darf erfahren, was hier im Keller geschieht.

Sophie und Alex arbeiten unten weiter. Die Briefe müssen diese Nacht noch weg. Morgen fahren Hans, Willi, Alex, Furtenbacher, Hofmüller und Laufenstein nach Russland zum Fronteinsatz.

[Blende]

Hans hat im Atelier oben Sophie und Alex entschuldigt. Man ist zusammen ausgelassen, trinkt Wein, den man sich erspart hat. Der Abend ist froh und heiter. Studenten.

Hans erzählt von seinen letzten Besuchen bei Theodor Haecker und Professor Muth. Die Bedeutung dieser Personen für das geistige München. Man kommt auf die Politik zu sprechen. Huber scherzt über seine Parteimitgliedschaft. Man spricht ausführlich vom alten Fritz.

[Blende]

Im Keller unten sprechen Sophie und Alex vom »Seidenen Schuh« von Claudel, den man gestern zusammen gelesen hatte. Besonders von Rodriguo, dem grossen Politiker der Blüte und des Ruhms Spaniens. Sie sind von dem Stück sehr beeindruckt. Vor allem wegen seiner politischen Ideale, die in die Figur Rodriguos hineingearbeitet sind.

[Blende]

Hans im Atelier oben verurteilt leidenschaftlich die Politik Friedrichs des Grossen.

»Der Schinder der Völker« (Winkelmann)

»Wer mein Freund ist, rate mir nicht nach Berlin zu gehen«

Friedrich hat das Staatsoberhaupt an die Stelle Gottes gesetzt und Bismarck fährt in dieser Linie nur fort, wenn er die Kirche ausgeschaltet sehen möchte.

Das Preussentum ist der Totengräber der deutschen Kultur. Offiziere, Junker und Blockleiter treten im Staatswesen an die Stelle von freien Gelehrten, Künstlern und Dichtern und unternehmenden Geschäftsleuten. Militärische Diktatur.

Das Preussentum mit seiner Hausmachtpolitik hat das deutsche Reich untergraben. Nun wird Hitler Deutschland mitsamt Preussen auflösen und zugrunde richten.

»Ich bin müde über Sklaven zu herrschen« sagt der aufgeklärte, sterbende Fritz. Hitler wird es nie müde werden. Er wird bis zum Ende gehen.

Mit dem Schlesischen Krieg versuchte Friedrich II. die Grösse und den Ruhm Preussens zu begründen. Die Macht mit Hilfe der Macht erringen, nicht durch Recht und innere Grösse. Macht durch Macht.

Im letzten Krieg des Preussentums, in diesem Krieg, vollzieht sich der Untergang Deutschlands.

Friedrich und die Schlesischen Kriege. Bismarck und seine Kriege. Hitler und unser Krieg.

Das Dritte Reich ist der Vollender des Preussentums. Seine zersetzende Kraft steigert sich zum Wahnsinn. Alle ergreift ein trostloser Pessimismus.

[Blende]

Sophie und Alex unten im Keller am Vervielfältigungsapparat.

Rodriguo stürzt als grosser Politiker und wird zum Bettler. Dadurch öffnet sich sein politisches Auge. Er wird zum weisen, in die Zukunft blickenden Staatsmann.

»Ich kann für den Frieden nur einstehen, wenn ihr mir die ganze Welt gebt.« (Rodriguo)

Wir brauchen den Weltstaat. Die Souveränität des Einzelstaates muss sich in einer über die ganze Erde gespannten politischen Ordnung auflösen. Dann erst gibt es wirklichen Frieden. Der Nationalsozialismus ist der Egoismus der Politik und bedeutet immer Krieg. Die Stunde des Nationalsozialismus hat geschlagen. Eben deshalb verficht er einen so verzweifelten Kampf.

»Einigt ganz Europa in eine einzige Strömung!« (Rodriguo)

»Ich will, dass alle Völker ihr Osterfest begehen um den riesigen Tisch zwischen den beiden Meeren, den uns Columbus aufgedeckt hat.« (Rodriguo)

»Der imperialistische Machtgedanke muss, von welcher Seite er auch kommen mag, für alle Zeit unschädlich gemacht werden. Nur in einer grosszügigen Zusammenarbeit der europäischen Völker kann der Boden geschaffen werden, auf welchem ein neuer Aufbau möglich sein wird.« (Flugblatt)

Sie sind optimistisch, von der stillen Glut einer inneren Hoffnung verzehrt. Sie machen Pläne. Ihre Arbeit am Hektographierapparat aktiviert ihren Willen und Mut.

Am Gegensatzpaar Friedrich II. – Rodriguo werden die politischen Ideen der Studentenerhebung sichtbar. Die wechselnden Überblendungen zwischen Keller und Atelier zeigen die wechselnde Stimmung der Jugend zwischen Optimismus und Depression.
[Blende]
Hans und Professor Huber im Gespräch. Friedrich der Grosse hat das deutsche Reich der Autonomie und Macht seines kleinen Staates geopfert.
Bismarck hat den Sozialismus seinem Staat geopfert. Der Staat war mehr als eine befreite Menschheit.
Hitler opfert auch noch das Volk dem Staat. Das Ende wird ein aufgeteiltes und unterdrücktes Deutschland sein. Die Deutschen werden nach dem Krieg keine politische Rolle mehr spielen. Goethe über die Deutschen und die Juden. Das Ende einer tausendjährigen Geschichte. Es ist alles aus.
Professor Huber weiss nicht, dass die »Blätter der weissen Rose« von Hans stammen. »Es muss etwas geschehen« sagt er.
»Warum tut die Kirche, warum tun die Bischöfe nicht mehr, sie sind der einzige unabhängige Stand, der etwas machen könnte. Warum opfert sich die Priesterschaft nicht? Ihre Mitbrüder im KZ, die Klöster ausgeräumt. Kranke und Hilflose aus ihren Anstalten verschleppt und verbrannt. Darf man hier noch sagen, ich mische mich nicht in Politik? Seid Untertan der Obrigkeit? Warum feuert das Beispiel Galens, des tapferen Bischofs von Münster nicht an? Es muss etwas geschehen. Es kann nicht so weiter gehen.«
Hier setzt Laufenstein mit Gegenargumenten ein. Er vertritt den Standpunkt, dass es für einen Widerstand des deutschen Volkes gegen sein Regime nun zu spät sei. Im Krieg gehe es um die Existenz Deutschlands und da habe jeder Deutsche ohne Rücksicht auf seine persönlichen Ansichten über das Regime zunächst blinden Gehorsam zu leisten, um nicht den Untergang des Vaterlandes herbeizuführen. [Kommentar] Es ist der Standpunkt, den vielleicht Wehrmacht, Offiziere und deutsch-national Gesinnte während des Krieges vertreten haben. Diskussion zwischen Hans und Laufenstein. Laufenstein als advocatus diaboli.
[Blende]
Alex und Sophie am Hektographierapparat.
Man hatte Rodriguo nicht verstanden. Er ist für verrückt erklärt worden und im Armenhaus gelandet. Dieser Krieg der Staatsvergottung und der Selbstautonomie gegen die ganze Welt muss eine solch einheitliche Welt, eine politische Weltordnung entbinden, oder er wird verlo-

ren sein. Unsere Niederlage kann unsere Chance werden, wenn unsere Tat gelingt.

Vielleicht ist es gut, wenn uns der Staat genommen wird, damit wir das Wesen des zukünftigen Staates verstehen. Nur müssen wir uns befreien, von uns aus das Joch abschütteln. Ein besiegtes Volk ist blind, nur das befreite hat Augen. Und was für Augen es haben könnte! –: die Augen Rodriguos.

Im Atelier.

Es muss etwas geschehen. Die Dummheit der Deutschen. Ihr Versagen und ihre Verzagtheit. Die politischen Ereignisse. Ostfront.

Brigitte hat Angst. Sie spürt die Konsequenzen, die sich aus diesem Gespräch anbahnen und will ablenken. Sie bringt zum ersten Mal das Gefühl für die Gefährdung, in der sich diese jungen Menschen befinden, zum Ausdruck. Man kann es kaum riskieren, ein so freimütiges Gespräch selbst innerhalb seiner eigenen vier Wände zu führen. Es lauert überall Verrat. Verrat in allen Spielarten als notwendige Folge der Unterdrückung. Der Verrat hat Angst im Gefolge. Alle Menschen in Deutschland haben Angst.

Hans sieht das Bild im Keller vor Augen. Es erscheint über dem Gespräch eine unheimliche Atmosphäre. Die Grossartigkeit des Schrecklichen.

Man verabschiedet sich.

Hans begleitet Professor Huber durch das nächtliche Schwabing und eröffnet ihm seinen Willen, eine Widerstandsbewegung in Deutschland aufzubauen, weiht ihn in das Geschehen ein und gewinnt ihn.

Sie sprechen über die Schwierigkeiten einer Widerstandsbewegung in Deutschland. Widerstand bedeutet hier zugleich Mut zum Hochverrat. Anders wie im Ausland, wie in Frankreich und Holland. Deutschland hatte noch keinen Krieg im Land. Es kennt keine Untergrundbewegung, keine Partisanen. Alles muss neu erstehen. Die Widerstandsbewegung ist in Deutschland besonders gefährdet. Die Polizei spricht dieselbe Sprache, hat ihre Hauptzentralen und Hauptagenten im eigenen Land und aus dem eigenen Volk. Es ist keine fremde, vom Volk als Bedrücker empfundene Macht wie im Ausland. Grösste Vorsicht ist geboten. Die Mitwisser dürfen sich untereinander so wenig wie möglich kennen. Nur bei Hans dürfen die Fäden zusammen laufen.

Russland

Alex, Hans, Willi und die andern auf der Fahrt nach Russland. Alle in Feldwebeluniform.

In Warschau sitzen sie in Kellerspelunken, in denen adelige Polinnen sich als Kellnerinnen verstecken, um dem Tod durch die Rassenzüchter und Wachstumslenker zu entgehen.

Auf den Strassen, inmitten eines Meeres von Ruinen liegen Tote, die niemand wegräumt. Ein Zug von Juden kommt vorbei. Gelber Judenstern auf der Brust. Elende, heruntergekommene und schwache Menschen. Vorn eine Musikkapelle. Die Wachmannschaften befehlen immer wieder zu singen. An den Arbeitsgeräten der Juden hängen Säcke und Wolldecken mit todkranken und toten Juden. Hans gibt einem Juden seinen Tabaksbeutel.

Immer tiefer nach Russland hinein. An ausgebrannten Dörfern vorbei. Kinder stehen am Bahndamm und rufen fortwährend: bitte Brot.

Bahnsteig in Russland. Der Zug hält.

Auf dem Geleis steht ein Zug mit russischen Zivilisten, die in Viehwagen nach Deutschland deportiert werden. Er fährt in entgegengesetzter Richtung fort.

[Blende]

Ulm. Sophie im blauen Anton an der Poliermaschine im grossen Fabriksaal eines Rüstungswerkes. Immer derselbe Handgriff.

Arbeitspause. Im Hof eine Schar junger Russinnen, auf einem Holzstoss sitzend. Einige weinen herzbrechend. Sie haben Briefe von zu Hause bekommen.

<Sophie Scholl> »Warum weint ihr denn?«

<Die Russinnen> »Heimat kaputt, Papa und Mama fort.« Sophie versucht sie zu trösten. Ein Arbeiter kommt vorbei, er sieht sie alle, Sophie bei ihnen und sagt:

<Ein Arbeiter> »Du musst dir schon ein dickes Fell anschaffen, sonst kommst du heute nicht durch.«

Sophie entgegnet ihm und geht mit ihm weg: »Ich will mir kein dickes Fell anschaffen, weil ich nicht tun will, als ginge es mich nichts an.«

[Blende]

Willi und Hans in einem H.V.P. In einem Operationssaal in einem russischen Bauernhaus. Front von Wjasma. Verwundete werden hergetragen und liegen auf Tragbahren umher. Sanitätsfahrzeuge. In den Zimmern wird fortwährend operiert. Bahren werden heraus- und hereingetragen. Russen helfen. Verbände, Gliedmassen, die man wegwirft.

Eine verblutende hingeschlachtete Jugend.

Professor Muth
Hans kommt aus Russland zurück und besucht Muth. Das Arbeitszimmer von Muth im bürgerlichen Stil. Eine gepflegte, kultivierte Atmosphäre. Bücherregale. Dazwischen verschiedene Bilder von Goethe, sowie angeheftete Drucke von Cezanne. Ein Schreibtisch. Klubsessel.
Muth ist empört, dass Hans nie geschrieben hat.
<Hans Scholl> »Ich konnte nicht schreiben. Ich hätte das müde Europa fliehen können, als Bettler nach Asien. Von Dorf zu Dorf. In diesem Land schleicht sich der Pessimismus immer tiefer ins Herz ein. Ich sah das Werk der Menschen, das grausam ist und Zerstörung und Verzweiflung heisst und das immer die Unschuldigen heimsucht. Wer erbarmt sich der Kinder? Ist das Mass des Leidens noch nicht voll? Wann fegt ein Sturm endlich all diese Gottlosen hinweg, die Gottes Ebenbild beflecken, die einem Dämon das Blut von Tausenden von Unschuldigen zum Opfer darbringen?«
Muth ist gütig und versteht.
<Hans Scholl> »In diesem Land versteht man Dostojewski anders als in Mitteleuropa. Man sieht wie er für alle Kreatur Erbarmen und Erlösung sucht.

Hat Goethe jemals solche Not gelitten? Hat er nur einmal das Elend gekostet? Das ist eine Frage, die sich erst vorsichtig aufdrängt und dann gleich einem Sturm stärker und stärker wird und schliesslich alles einreisst. Wann hat er sein Brot mit Tränen gegessen? Ist er nicht jeder Krankheit, dem Hässlichen und Bösen in der Welt ängstlich aus dem Weg gewichen, hat er nicht selbst den Tod gefürchtet wie die Pest? Er kennt weder die Wehmut, einer aus der menschlichen Gesellschaft ausgestossenen Dirne, noch das Leid eines heimatlosen Kindes.
Dostojewskis Ohr hörte die Klage, die aus seiner gepeinigten Seele aufstieg und in den grauenhaften Misston aller Geschlagenen und Verlassenen einstimmte. Er blickte in das Dunkel und sah, weil seine Augen nicht von einer falschen Sonne geblendet waren.
Aber ich sehe, dass über den Menschen immer noch ein Engel schwebt, der stärker ist als das Nichts. Der geistige Nihilismus ist für die europäische Kultur eine grosse Gefahr. Sobald er aber seine letzte Auswirkung erfahren hat, wie jetzt im totalen Krieg, dem wir erlegen sind, sobald er gleich einem grauen Wolkenmeer den ganzen Himmel bedeckt hat, ist er schon überwunden. Nach dem Nichts kommt nichts mehr. Es muss aber etwas kommen. Weil niemals alle Werte bei allen Menschen zerstört werden können, sind noch Hüter da, die das Feuer entfachen und es von Hand zu Hand weitergeben, bis eine neue Welle

der Wiedergeburt das Land überschwemmt. Der Wolkenschleier wird gleichsam zerrissen von der Sonne eines neuen Erwachens.
Ein neuer Humanismus wird erstehen. Aus dem Elend und der Gefährdung, der Not des Menschen. Ein Humanismus der Befreiung. Die Freiheit wird den Menschen wieder zum Menschen machen. Die Freiheit, die aus der Armut kommt, aus der Knechtung, aus der Furcht und der Verlassenheit.
Die Not des Arbeiters, seine Kettung an die Macht des Kapitals, seine Auslieferung an Ebbe und Flut des Geldes, die Knechtung der Tyrannen, die Vergewaltigung der Polizei wird Kräfte wecken, die einen neuen Humanismus formen. Goethe ist nur ein falscher Gott und darum so fremd. Er hat die Schönheit des Kosmos besungen und an sie den Menschen angehängt. Aber das Chaos hat er nicht besungen. Er hat sich nie seiner reichen Kleider entledigt und ist nie unter den Ärmsten und Kranken gewandelt. So hat er auch Napoleon unter ganz falschem Auge gesehen. Er war für ihn ein göttlicher Held, nicht der Peiniger armer, ausgelieferter Menschen.«
Zwischen Muth und Hans entspannt sich eine heftige Diskussion. Muth verehrt Goethe. Die alte und die junge Generation.
< Carl Muth > »Kann es einen Humanismus des Elends und der Gefährdung geben? Muss sich Europa nicht an sein Erbe ketten, um wieder gesunden zu können? An das Erbe seines Geistes, an das Erbe der Antike und des Christentums? Wir müssen uns anstrengen, uns in der Höhe zu halten, statt uns fallen zu lassen. Aller wahrer Humanismus liegt in der Rückbesinnung, in der renovatio. Wenn wir die Wurzeln des Abendlandes abschneiden, ist es aus.«
< Hans Scholl > »Ich glaube, dass unser schreckliches Schicksal, all die Auseinandersetzungen unseres Jahrhunderts wie ein schrecklicher Winter sind, der das Leben des Jahres erstickt hat. Schauen Sie die Menschheit an! Auch die Wurzeln sind verdorrt. Es muss neues Leben kommen, Leben aus dem verheerten Boden. Das Elend und die Sklaverei wird uns nach dem Leben verlangen lassen. Und eben das wusste Dostojewski. Aus der Sünde suchte er Christus, aus der Verlorenheit unserer Tage. Und darum erscheint er mir gegenüber Goethe wie ein neuer Mensch.«
Muth weist Hans zurecht. Hans kommt gegen die stichhaltige Fülle von Muths Erfahrung und Klugheit nicht auf. Er muss die Argumente von Muth schliesslich hinnehmen. Das Gespräch bedeutet eine kleine Niederlage für Hans.
Es läutet. Muth wird herausgebeten. Bergengruen in freudiger Erregung kommt. Er hat ein Flugblatt zugesandt bekommen. Muth bittet ihn ins Zimmer, Hans könne er ruhig vertrauen.

Muth liest das Flugblatt. Einzelne Sätze liest er laut vor. Er ist begeistert.

<Carl Muth> »Schon in ihrem ersten Keim war die Bewegung auf den Betrug der Mitmenschen angewiesen. Schon damals war sie im Innersten verfault und konnte sich nur durch die stete Lüge retten. Schreibt doch Hitler selbst in seiner früheren Auflage seines Buches: ›Man glaubt nicht, wie man ein Volk betrügen muss, um es zu regieren‹.«

Die vorige Niederlage von Hans verwandelt sich plötzlich in einen Sieg. Ohne dass die andern es wissen, hat er gehandelt. Muths Begeisterung gibt Hans neue Zuversicht.

<Carl Muth> »Wer hat die Toten gezählt, Hitler oder Goebbels? Täglich fallen in Russland Tausende. Es ist die Zeit der Ernte und der Schnitter fährt mit vollem Zug in die reife Saat. Die Trauer kehrt ein in die Hütten der Heimat und niemand ist da, der die Tränen der Mütter trocknet. Hitler aber belügt die, deren teuerstes Gut er geraubt und in den sinnlosen Tod getrieben hat.

Jetzt stehen wir vor dem Ende, jetzt kommt es darauf an, sich gegenseitig wiederzufinden, aufzuklären von Mensch zu Mensch, immer daran zu denken und sich keine Ruhe zu geben, bis auch der Letzte von der äussersten Notwendigkeit seines Kampfes gegen dieses System überzeugt ist.

Zerreisst den Mantel der Gleichgültigkeit, ehe es zu spät ist! Ein neuer Befreiungskrieg bricht an.«

Muth gibt das Flugblatt an Hans weiter, der es liest als wüsste er von nichts.

Bergengruen erzählt, er hätte es abgeschrieben und weiter gegeben. Aber die Leute seien blöd. Ein Bekannter, der es ebenfalls bekommen habe, habe es sofort der Gestapo ausgeliefert, weil er es als Finte auffasste und glaubte, von ihr auf seine politische Gesinnung geprüft zu werden. Sie sind empört. Muth ist schroff wütend.

Flugblätter
Willi Graf fährt mit einem Koffer voll Flugblätter nach Frankfurt, trägt sie nachts aus und wirft die Briefe in verschiedene Briefkästen. Danach besucht er Bonn und Saarbrücken.
[Blende]
Alex im Schnellzug nach Wien. Er hat seinen Koffer mit Flugblättern ans andere Ende des Ganges gestellt, in dem er steht. Überall im Zug ist der Anschlag: »Pst – Feind hört mit!« angebracht. An den vorbei huschenden Bahnhöfen werden die Transparente: »Räder müssen rollen

für den Sieg« sichtbar. Der Zug ist überfüllt. Landser, die an die Front fahren. Evakuierte. Übermüdete, schläfrige und gereizte Menschen. Zugkontrolle. »Kriminalpolizei. Ausweise bitte vorzeigen, Gepäck öffnen.« Eine Frau hat ihren Pass vergessen. Aufregende Szenen.
Die Beamten gehen weiter.
»Wem gehört der Koffer da?« fragt ein Beamter. Es ist der Koffer mit dem verschmierten V.
Niemand meldet sich. Der Beamte folgt jedoch seinem Begleiter, der inzwischen schon in die nächste Kabine vorangegangen ist. Sie vergessen den Koffer.
Alex trägt nachts in Wien Flugblätter aus, wirft Briefe in Briefkästen. Auf der Rückfahrt versorgt er Linz und Salzburg.
[Blende]
Sophie versorgt Augsburg und Stuttgart. Auf der Hinfahrt trifft sie in Ulm auf dem Bahnsteig Hans Hirzel und Heinz Guter, zwei Abiturienten. Sie bekommen ein paar Flugblätter. Sie werden von ihnen nochmals vervielfältigt und weiter versandt.
[Blende]
Montage mit den Zeitungsköpfen verschiedener Städte (Frankfurt, Bonn, Saarbrücken, Augsburg, Stuttgart, Linz, Salzburg, Wien, Innsbruck). Hände holen Zeitungen und Post aus den Briefkästen, bei jeder Sendung liegt ein Flugblatt. Dazwischen stecken Hände Flugblätter in Briefumschläge, Hände werfen dicke Bündel von Briefen in Postkästen, Hände ziehen Briefe aus Briefumschlägen.
Die Reaktion der Bevölkerung. Verängstigte Frauen. Viele Blätter werden ins Feuer geworfen. Einige tippen sie heimlich ab. Andere rennen zur Gestapo.

Wittelsbacher Palais

Die Gestapo im Wittelsbacher Palais ist wieder ausser sich. Der ganze Beobachtungs- und Verfolgungsapparat wird auf die höchsten Touren gebracht. Vermutungen. Direktiven.
Regierungsrat Marwitz leitet die Aktion.
Ein Herr Riest aus Ulm wird ihm angemeldet.
Riest war bei der Gestapo in Ulm tätig und studiert nun in München Jura und Zeitungswissenschaft. Er war von Ulm aus an die Münchner Gestapo empfohlen worden und stellt sich nun Marwitz vor.
Man kommt auf die Flugblätter zu sprechen. Riest bittet in die Fahndungsaktion eingegliedert zu werden. Er hat schon einmal ein Hektographiernest ausgehoben, das die Galenpredigten verschickte. Sie waren

(c) Deutsches Historisches Museum, Berlin

von Hans Hirzel und Heinz Guter und einigen Frauen vervielfältigt worden. Zwar hat er die beiden, die gute Bekannte und als Mittelspersonen nützlich sind, geschützt und nur die Frauen unschädlich gemacht. (Heinz Guter und Hans Hirzel sind die beiden Abiturienten, die Sophie auf dem Bahnsteig des Ulmer Bahnhofs getroffen hat.)
Marwitz fragt Riest, wie er es gemacht habe.
Riest war einmal in der katholischen Jugend und hat gute Verbindungen.
<Marwitz> »Und wie kommen Sie zu uns?«
Riest hatte ein Buch gegen Rosenberg geschrieben und wurde von der Gestapo verhaftet. Es wurde ihm damals das Anerbieten gemacht, für die Gestapo zu arbeiten, da er sich auf so glänzende Weise verteidigt habe. Er werde frei, wenn er darauf eingehe.
Marwitz weiht Riest in die Vermutungen ein. Man verdächtigt Pfarrer. Der christliche Charakter der Flugblätter. Oder Kommunisten, die sich tarnen.
Aber Marwitz ist gegen Riest misstrauisch. Er übergibt ihm deshalb als Verlegenheitslösung die Universität als Beobachtungsfeld, was bei Riests Studium nahe liegt. Riest hat für Marwitz nun den Decknamen Gerhard.
Nachdem sich Riest verabschiedet hat, beauftragt Marwitz einen seiner Angestellten, Kommissar Maier, Riest etwas auf die Finger zu sehen.

Schwäbisch Hall
Nachdem Sophie ihren Koffer im nächtlichen Stuttgart geleert hat, nimmt sie den Zug nach Schwäbisch Hall, um in einer Papierfabrik Abzugspapier einzukaufen. Sie füllt ihren Koffer damit.
Sie kommt mit ihrem Koffer an einem Heim für schwachsinnige Kinder vorbei, vor dem ein Omnibus steht, dessen Fensterscheiben verklebt sind. Es ist ein alter Reiseomnibus, mit den silbernen Lettern: »Reisevogel.« Ein geschäftiger Beamter mit Rohrstiefeln öffnet die Türen.
Schwestern, die nur mit Mühe das Weinen verhalten können, führen nichtsahnende Kinder heraus. Ein siebenjähriges Mädchen fragt: »Wohin fahren wir, Tante?«
<Ordensschwester> »In den Himmel ... «
Das Mädchen ist für einen Moment versonnen und beginnt dann ernst zu singen: »O Heiland reiss den Himmel auf ... « Andere fallen ein. Und unter freudigem Gespräch und Gesang steigen sie in den Omnibus.

Sophie ist fassungslos.
Sie weint, als sie im Zug einer Frau mit einem munteren Kind gegenübersitzt.
Im Abteil verschiedene Verkleinerungen von Kriegsplakaten, die über den Bänken angeklebt sind. Darunter eines mit einem tierischen uniformierten Russen, der ein totes Kind in seinen herabhängenden Armen hält.

Tonhalle
Hans schiebt sich durch die aufgebrachte Menschenmenge am Platz der Feldherrnhalle. Eine Massenkundgebung. Trüber Novemberabend.
<Kundgebung> »... Jedem Versuch, die Heimat zu schwächen, werden wir rücksichtslos begegnen ...
... Wir werden in der Heimat verhindern, dass der Lebenskraft unseres Volkes in den Rücken gefallen wird ...
... Ein zweites 1918 wird es nicht geben. Dafür werden wir sorgen ...
... Und wenn es sein muss, wird sich die deutsche Frau wie ihr Mann an der Front dafür einsetzen, unseren Kindern die Zukunft unserer Heimat zu erhalten ... «
Widerliche Begeisterung.
<Kundgebung> »... Die Kampfgemeinschaft der Heimat ist ebenso fest und entschlossen wie die der Front ...
... Der Heldenmut des deutschen Soldaten, der unter Einsatz seines Lebens den Bestand unseres Volkes sichert, muss der Heimat als leuchtendes Beispiel vor Augen stehen ... «
Hans ist erleichtert, als er sich aus der zähen Menge, die den Platz füllt, befreit hat.
Er geht zur Tonhalle ins Konzert. Vor dem Eingang trifft er Brigitte, Sophie und Willi, die mit seiner Karte warten. Sie gehen ins Haus.
Sophie hält Hans zurück. Er solle warten. Laufenstein hat angerufen. Er will vorbei kommen.
Hans wartet auf Laufenstein, man hört den Beifall der Menge herüber und die hallenden Lautsprecher. Laufenstein mit Koffer. Er kommt vom Zug. Sie gehen ein Stück Weges in einer stillen Nebenstrasse. An den Mauern der Anschlag »Pst – Feind hört mit!«
Die Sache mit Berlin klappt, Helmut Hartmann und Peter Keil sind bereit. Sie gehen an die Beschaffung des Materials. Nur werden sie die Texte abändern, um die Verbindung zu vertuschen. Laufenstein warnt Hans, nicht zu weit zu gehen. Es ist sinnlos. Man ist den Schergen hin-

ten und vorne ausgeliefert. Und zudem sei doch Hans' Vater im Gefängnis. Er soll doch auch an seine Familie denken.
Sie besprechen politische Neuigkeiten.
[Blende]
Hans stellt sich hinten in den Saal. Brandenburgisches Konzert. In der Pause wird Hans von Willi dem Stadtkommandanten vorgestellt, der von ihm einiges gehört hat und sich für ihn interessiert.

Ulm
Sophie im Zug bei der Einfahrt nach Ulm. Ulmer Münster.
Sophie trifft auf dem Heimweg Klaus und Dieter, die Kinder einer Hausbewohnerin, auf der Weihnachtsmesse vor dem Münster. Sophie ist mit ihnen ausgelassen froh. Sie stellt den Koffer weg und fährt mit den beiden Kleinen Schiffschaukel.
Die Wohnung der Eltern dicht beim Münsterplatz. Am Geschäftsschild des Vaters »Robert Scholl, Wirtschaftsberater« ist der Beruf mit einem Leukoplastband zugeklebt. Der Vater ist im Gefängnis. Sein Geschäft wurde ihm entzogen.
Sophie fährt mit dem Aufzug in den III. Stock. Sie begrüsst die Mutter, die von ihr gerade beim Teigkneten unterbrochen wird. Weihnachtsgebäck. Der Mutter fällt der schwere Koffer auf. Es seien Bücher und Studienmaterial drin. In den Weihnachtsferien will Sophie zu Hause arbeiten.
Das Telefon klingelt. Die Mutter hasst das Telefon. Jedes Klingeln jagt ihr einen Schrecken ein. »Wer wird es nur wieder sein?« Sie geht an den Apparat. Jemand fragt nach dem Vater. Die Mutter rafft sich zusammen, dann erheitert und ironisch:
»Er hat den Mund zu weit aufgesperrt und liegt im Krankenhaus ... Nun ist er auch noch ganz berufsunfähig geworden ... Die Ärzte haben alles verpfuscht.«
Sophie tröstet die Mutter, als diese etwas resigniert und bekümmert den Hörer in die Gabel legt.
<Sophie Scholl> »Nicht die Zuversicht verlieren. Lass uns stolz darauf sein, dass Vater für seine Überzeugung im Gefängnis sitzt. – Es ist noch jedes Jahr Frühling geworden.
Im Grunde genommen sitzen wir ja alle in einem riesigen heimlichen Gefängnis. Der einzig freie Ort ist ganz tief in uns selbst, dort wo keine menschliche Willkür und kein Einfluss hinreicht.«
Die Mutter fährt fort, in der grossen Diele, in der ein Adventskranz hängt, Springerle zu backen.

St. Bonifaz
Hans und der Chefarzt bei der Visite.
Der Chefarzt hat Hans gern. Die beiden sind sehr vertraulich. Nach der Visite kommen sie auf ihren Beruf zu sprechen.
Hans liebt seinen Beruf: »Es ist zutiefst befriedigend, ja beinahe beseeligend, für kranke Menschen sorgen zu dürfen. Es befreit mein Wesen, erleichtert und stärkt mich, wenn ich helfen kann.
Aber nach dem Krieg werde ich vielleicht umsatteln und mich der Geschichte widmen. Die Krankheiten, die eine preussische Geschichtsschreibung ausgelöst hatten, sind noch schlimmer als die hier und fordern unendlich viel mehr Menschenleben.«
Im Behandlungszimmer, wo Hans seinen Kittel auszieht, trifft er Alex, der auf ihn wartet. Sie begrüssen sich im bayrischen Dialekt und scherzen.
Sie fahren mit der Strassenbahn weg.
Sonniger Winternachmittag.
Sie stehen gedrängt im Gang des Strassenbahnwagens. Der Dialekt des Schaffners löst ihre übermütige Zunge:
<Alexander Schmorell> »Woast Du, was Blutokraten sind ... «
<Hans Scholl> »Na, aber i stell mir was Dickes, Bonziges vor, mit einem Jagdschloss in Schottland oder sonst wo, bei Livinhall, Birminghall oder Karinhall.«
So reissen sie fortwährend Witze.
Sie bringen den Wagen immer mehr zum Lachen.
Bis Hans aussteigt und sich von Alex verabschiedet:
»A fesches Heil Hitler an Frau Gemahlin!«
Hans geht nach St. Bonifaz und läutet.
Er möchte Pater Sylvester sprechen ...
Professor Muth hat ihn an ihn verwiesen. Er würde gern in der Bibliothek einiges nachschlagen.
Hans lässt sich einweisen und sucht in dem hellen Bibliothekssaal nach der Summa theologica.
[Blende]
Riest sucht ebenfalls das Kloster und läutet.
[Blende]
Sylvester ist mit Hans ins Gespräch gekommen. Er sieht Hans suchen und könnte ihm vielleicht helfen.
<Hans Scholl> »Ich bin gerade an einer Arbeit über den Tyrannenmord und möchte bei Thomas nachsehen.«

Die weisse Rose 73

Sylvester sucht Bücher heraus und trägt sie an ein Stehpult am Fenster.
»Wie steht es mit dem Tyrannenmord?« fragt Hans ironisch.
Sylvester wird herausgerufen. Er zeigt Hans noch eine Stelle, der sie
dann liest und sich Notizen macht.
[Blende]
Riest sitzt in der Pforte, begrüsst Sylvester freundlich, stellt sich vor.
Sylvester hat in seiner Predigt zuviel gesagt, Riest möchte ihn warnen.
Teilt ihm den Entschluss der Gestapo mit, nicht mehr länger zuzusehen. Er selbst sei bei der Gestapo beschäftigt, aber nur um hinter ihre
Vorhaben zu kommen.
Riest zeigt ein Buch mit einer Widmung von Kardinal Faulhaber, das er
eben bei einer Audienz bekommen hat. Er zeigt ihm auch sein Buch
über Rosenberg.
Sie sprechen über die Predigt. Sylvester legte seinem Versuch, die Gläubigen wach zu rütteln, den Psalm 82 zugrunde.
<Pater Sylvester> »Wie lange wollt ihr Unrecht richten und die Person der Gottlosen vorziehen? Aber sie lassen sich nichts sagen und achten es nicht; sie gehen im Finstern; darum müssen alle Grundfesten des
Landes wanken. Ich habe wohl gesagt: ihr seid Götter und allzumal
Kinder des Höchsten; aber ihr werdet sterben wie Menschen und wie
ein Tyrann zugrunde gehen.«
In dem kahlen Zimmer hängt ein einziges Bild. Es ist ein Druck von
Hyronimus Bosch. Sylvester geht auf und ab. Er bleibt vor dem Bild
einen Moment stehen und betrachtet im Sprechen eines der Gespenster,
die das religiöse Motiv umfliegen. Es hat eine schauerliche Fratze. Die
ganze Hinterhältigkeit und Gemeinheit des Dritten Reiches scheint in
ihm zu liegen.
Sylvester wendet sich wieder Riest zu und scherzt über die Gestapo.
[Blende]
Hans am Stehpult. Er liest und macht sich Notizen. Umhergehende
Benediktiner.
[Blende]
Riest verspricht, Sylvester auf dem laufenden zu halten und sie verabschieden sich im besten Einvernehmen.
[Blende]
Sylvester kommt wieder in den Bibliotheksraum. Er erzählt Hans von
seinem Besuch und seiner Predigt.
Hans hält ihm prüfend entgegen:
»Jedermann sei Untertan der Obrigkeit, die Gewalt über ihn hat. Denn
es ist keine Obrigkeit ohne von Gott; wo aber Obrigkeit ist, die ist von

Gott verordnet. Wer sich nun der Obrigkeit widersetzt, der widerstrebt Gottes Ordnung; die aber widerstreben, werden über sich ein Urteil empfangen.«

‹Pater Sylvester› »Aber Obrigkeit ist hier verstanden als eine Sache, nicht als Person. Und diese Sache ist von Gott. Der antike Staat hatte ein deutliches Gefühl für die ausgeprägte Stellung einer solchen Obrigkeit. Obwohl etwa die griechische Demokratie von unten nach oben, gewissermassen föderalistisch aufgebaut war, vergass die Antike doch nie, wie sehr der Staat auch von oben nach unten gegliedert ist. Und diese Gliederung verlangt eben Unterordnung unter die Obrigkeit. Etwas anders freilich ist wieder der Missbrauch dieser Obrigkeit.«

Sylvester schlägt bei Thomas nach: »Ein Gesetz, das nicht gerecht ist, scheint kein Gesetz zu sein, deswegen verpflichten solche Gesetze nicht vor dem Richterstuhl des Gewissens.«

»Das Gesetz muss der naturrechtlichen objektiven Gerechtigkeit entsprechen. Es ist nicht verbindlich, wenn es der natürlichen Gerechtigkeit oder einem Gottesgesetz widerstreitet oder in keinerlei Verwandtschaft mit dem Natürlichen steht.«

Und noch eine Stelle: »Falls die Obrigkeit nicht im Besitz einer gerechten, sondern angemassten Herrschaft ist, oder falls sie ungerecht gebietet, sind die Untertanen nicht verpflichtet zu gehorchen.«

Sie kommen auf den Tyrannenmord zu sprechen.

Hans ist anderer Ansicht als Thomas, der den Tyrannenmord scheinbar nicht billigt. Aus dem Studium dieser mittelalterlichen Schriften ergibt sich die Notwendigkeit, unsere heutige Situation mit neuen Augen zu betrachten. Und nicht ein Gesetz, sondern die Situation ist der Massstab des Richtigen.

Sylvester gibt ihm recht: »Es gibt letzten Endes keine bindenden Vorschriften. Jeder einzelne muss vor Gott verantworten können, was er tut, und wenn es nur immer die Liebe ist und der Wille zu einem letzten Gut, der einen anspornt, so ist alles richtig und gerecht ... «

Freiburg
Willi Graf nachts in Freiburg. Während des Fliegeralarms trägt er Flugblätter aus.

Später trifft er sich mit Bollinger. Sie reden über die Notwendigkeit einer Widerstandsbewegung in Deutschland. Nicht eine deutsche Widerstandsbewegung, sondern eine Widerstandsbewegung in Deutschland. Willi legt Wert auf die Unterscheidung. Es handelt sich um keinen nationalen oder gar deutschnationalen, sondern um einen menschlichen Widerstand.

Willi erzählt Bollinger von München und das Beispiel überzeugt diesen. Er wird mitmachen.

Stadtkommandant

Hans mit dem Stadtkommandanten im Gespräch, der sinnend umhergeht. Hans im Klubsessel. Hans spricht eindringlich mit aller Überzeugungskraft.

<Hans Scholl> »... alle Kraft, die wir verschwenden, stärkt uns nur. Alles was wir tun, fliesst unvermindert wieder zurück und macht uns reicher und reifer. Nur der Schwächling verschwendet sich nicht. Und er bleibt arm. Er wird nie ein ganzer Mensch.
Dabei bildet sich der Deutsche noch etwas ein auf seine Unbeweglichkeit und Selbstsicherheit. Tugend aus Mangel nenne ich diese Art von Idealismus, Preussentum und Bürgerlichkeit.
Es geht nicht nur um die Nazis, es geht nicht nur um den Widerstand, nicht nur um die Politik. Es geht heute um den Einzelnen, dass er wieder auflebt, dass er wieder Mensch wird. Dass er etwas tut und damit wieder zu sich selbst kommt. Der Widerstand darf nicht nur etwas abschütteln wollen. Etwas Neues muss aus ihm kommen. Er muss den Menschen aus seiner Verhocktheit herausziehen.
Und gerade die Intelligenz und die Militärs haben sich diese bürgerliche Tugend zu eigen gemacht, sich stolz zurückzuziehen und sich von andern leben zu lassen. Und deshalb müsste gerade die Intelligenz und das Militär anfangen, einen neuen, sich selbst lebenden Menschen zu formen, der fähig ist, unsere Zukunft auf seine Schultern zu nehmen.
Sie müssen, Herr Oberstleutnant ... «

<Stadtkommandant> »Aber ich habe das Gefühl, dass ihr euch zu sehr in der Opposition verfahren habt. Ihr kennt den Nationalsozialismus nur aus eurem exklusiven Verhalten. Das deutsche Volk steckt nicht in dieser schroffen Antipathie. Ihr kennt den Nationalsozialismus nur von aussen und aus einem gewaltsam gesteigerten Abstand. Ihr habt nie seine faszinierende Kraft verspürt, seinen Gestaltungswillen und seine erlösende Initiative.
Verstehen sie mich nicht falsch, ich weiss wie sehr sie recht haben, aber schliesslich braucht man dazu einen Rückhalt.«

<Hans Scholl> »Sie täuschen sich, sie glauben kaum, wie begeistert ich einmal für die Nazis war, wie sehr ich von ihrem Strudel aufgesogt wurde. Meine Geschwister und ich waren allesamt Führer in der H.J. Ich war im Jungvolk Fähnleinführer gewesen. Meinem Vater schenkte ich zu Weihnachten ein Führerbild.«

[Blende]

Hans hängt das Führerbild auf. Der Vater nimmt es nachher wieder ab. Hans hängt es wieder auf.

»Ihr werdet noch selber darauf kommen«, sagt der Vater, der von Hans von nun an stolz gemieden wird.

Hans hat das verwegenste Jungvolk-Fähnlein in Ulm. Seine Gestalt ist von anziehender, fesselnder Kraft. Und seine Kerle haben ihn gern, hängen an ihm. Es sind wilde Burschen. Kurze Hosen, blaue Blusen, wilde, lange Haare.

Wie sie einmal am Staatsjugendtag »Die Steppe zittert ... « und »Platoff preisen wir ... « singen, wird Hans vom Jungbannführer, einer militärischen Gestalt in exakter staatsjugendmässiger Uniform, mit militärischem Haarschnitt, auf dem Appellplatz vor dem ganzen Fähnlein angefahren: »Diese Lieder sind verboten!«

»Es dröhnt der Marsch der Kolonne ... « solle er singen lassen, oder: »In den Ostwind hebt die Fahne ... «, nicht solch kulturbolschewistisches Zeug.

BdM marschiert raschen Schrittes vorüber. Sie singen: »Es dröhnt der Marsch der Kolonne ... «

Alles lacht. Der Jungbannführer gerät in Wut, tritt auf den Fahnenjungen zu und verlangt die Fahne. Es ist eine schwarze Fahne mit einem roten Drachen. »Unsere Fahne trägt die Siegesrune und nicht ein dämonisches Fabeltier! Ihr habt kein Recht, euch etwas Besonderes zu erlauben!«

Der Pimpf, ein herrlicher, kleiner, wilder Kerl weigert sich. Die Fahne ist für ihn etwas Heiliges. Der Jungbannführer entreisst sie ihm.

Hans geht auf ihn zu, haut ihm eine Ohrfeige herunter und geht weg.

[Blende]

Auf dem Winterlager im Gebirge. Hans mit seinen engsten Freunden. Eine Kothe, die nur vom Feuer erhellt wird. Sie singen zur Klampfe Kosakenlieder. »Schliess Aug und Ohr ... «

<Hans Scholl> »Man will aus uns eine militärische Staatsjugend machen. Wenn die Jugend nur noch eine vormilitärische Schule ist, wenn unsere Fahrten nur noch eine Vorschule für militärische Strapazen sein sollen, wenn der Sport nur noch vormilitärisches Training ist, wenn unsere Lieder uns nur mit militärischen Impulsen beseelen sollen, dann machen wir nicht mehr mit. Wenn es Kulturbolschewismus ist, wenn wir uns für die Dichtung und Musik anderer Völker begeistern, dann haben wir dort keinen Platz mehr. Wenn man uns unser Jungenleben nehmen will und wir anstatt in die Natur und in die Welt, anstatt in Weiten und fremde Reiche, in militärische Disziplinen hineinwachsen sollen, dann hat man uns um unsere Hoffnungen betrogen. Wenn man

die Jugend nicht mehr der Jugend zugesteht, sondern nur noch der Reichsjugendführung unterwirft, wenn Staatsjugend nur die Uniformierung zu einer grossen gefügigen Herde bedeutet, dann raubt man uns gerade das, worum wir uns bemühen, dann sind die Bemühungen der Jugendbemühungen dahin.«

Hans tritt aus der Kothe heraus in die helle Bergnacht. Sie schnallen ihre Skier an, stecken Fackeln in Brand und fahren, ein wildes Lied singend, ab.

[Blende]

Hans und der Kommandant.

‹Hans Scholl› »Die Jugendbewegung hat uns sehr feinfühlig gemacht. Wir hatten ein Gefühl, ob es ‹um› Ideale ging, oder ob man auch noch die Jugend in den Machtapparat einordnen wollte.«

‹Stadtkommandant› »... Also Hans, machen wir es so: macht so weiter. Jetzt schon mit mir zu rechnen, ist zu früh. Wenn es soweit kommt, bin ich da und ich werde dann das meine dazu beitragen.«

Universität

Hans im Mittagsstrudel der Universität. Er trifft Professor Huber, der eben von einer Vorlesung kommt. Er hat für ihn eine Neuigkeit, begrüsst ihn freudig.

Er solle einmal raten, von wem das Gedicht sei. Sie gehen erst ein Stück Weges, in einen Seitengang, um für sich zu sein.

Hans liest so vor, dass Huber nicht den Verfasser vom Blatt lesen kann:

      Aus seiner Höhle fährt
      Ein Schächer, um zu schweifen
      Nach Beuteln möcht' er greifen
      Und findet bessern Lohn.
      Er findet einen Streit um nichts
      Ein irres Wissen
      Ein Banner, das zerrissen
      Ein Volk in Blödigkeit.

Huber ist betroffen. Er kennt den Verfasser nicht. Er ist begeistert.

      Er findet, wo er geht
      Die Leere dürftiger Zeiten
      Da kann er mutig schreiten
      Nun wird er ein Prophet
      Auf einen Kehricht stellt
      Er seine Schelmenfüsse
      Und zischelt seine Grüsse
      In die verblüffte Welt.

Sie sind übermütig vor Begeisterung.
> Gehüllt in Niedertracht
> Gleichwie in eine Wolke
> Ein Lügner vor dem Volke
> Ragt bald er gross an Macht
> Durch seiner Helfer Zahl
> Die hoch und niedrig stehend
> Gelegenheit erspähend
> Sich bieten seiner Wahl

Hans sagt, dass das Gedicht genau 100 Jahre alt ist.
Vorübergehende Studenten.
> Die teilen aus sein Wort
> Wie einst die Gottesboten
> Getan mit den fünf Broten.
> Das klecket fort und fort.
> Erst log allein der Hund,
> Jetzt lügen ihrer tausend.
> Und wie ein Sturm erbrausend,
> So wuchert jetzt sein Pfund.

»Es ist von Gottfried Keller«, sagt Hans. Professor Huber lacht heraus:
> Erst log allein der Hund,
> Jetzt lügen ihrer tausend ...

Sie fühlen sich befreit.
Hans erzählt Professor Huber, dass in Hamburg eine Filiale aufgemacht worden sei. Sechs Studenten.
Hans frägt Huber, ob er nicht einmal ein Flugblatt verfassen könne. Huber sagt zu.
Der Professor hat Neuigkeiten von der Tante Betzie und vom Milchmann. Sie gehen durch die Universität. Auch hier überall der Maueranschlag: »Pst – Feind hört mit!« und weitere Kriegsplakate.
Hans verabschiedet sich und stellt sich in eine Schlange von Studenten, die sich einschreiben lassen. Vorn in der Reihe steht Willi Graf. Hans lässt ihn das Gedicht lesen. Willi ist begeistert und platzt heraus: »Erst log allein der Hund, jetzt lügen ihrer tausend ... « Sie sind in ausgelassener Heiterkeit und reissen Witze. Riest steht kurz hinter ihnen in der Reihe und beobachtet sie.
Als sich Hans und Willi einschreiben lassen, schiebt sich Riest an sie heran und schaut über ihre Schultern in die Studentenausweise nach ihren Namen.

Die weisse Rose

Streutour

Alex und Sophie warten im »Lombardi« auf Hans. Hans war am Nachmittag beim Reiten gewesen.

Es ist späte Nacht.

Sie beginnen in stillen Nebenstrassen Flugblätter in Briefkästen zu werfen. Je ruhiger es wird, umsomehr gehen sie dazu über, sie im Schwung auf die Strasse zu streuen. Sie gehen getrennt, halten aber Fühlung. Sie verständigen sich, indem sie Themen aus Beethovens Fünfter pfeifen. Sie werden immer übermütiger. In der Nähe des Englischen Garten hat Alex seine Mappe leer. Er zeigt sie Hans, der nicht verwundert ist, dass es so rasch ging, denn Alex hatte unten drin eine Weinflasche. Weisswein, den sie besonders schätzen.

Die beiden pfeifen Sophie. Der Wein muss gekühlt werden. Er wird an eine Schnur gebunden und durch den Bach im Englischen Garten gezogen. Man trinkt ihn aus und ist ausgelassen.

Die Flugblätter werden wieder gleichmässig aufgeteilt. Man fährt mit einer letzten Strassenbahn in ein anderes Viertel. Die Strassen sind leer und dunkel.

Sie bleiben nahe zusammen. Stückweise setzen sie mit dem Werfen aus und machen Umwege.

Sie kommen an einer Kaserne vorbei. Alex und Hans reden auf Sophie ein, sie soll dem Soldat am Wachhäuschen einen Kuss geben. Sie tut es zu dessen Schrecken und zum ausgelassenen Gelächter der beiden.

Man zieht weiter, legt auf Briefkästen und Gesimsen kleine Stösse von Flugblättern, die der Wind nach und nach fortträgt. Ehe man um die Strassenecken biegt und man sich noch einmal versichert hat, fliegt eine Handvoll Blätter in die Strasse, die man verlässt.

Kommen Leute, nimmt man ein Flugblatt in die Hand und liest eifrig, als ob man es eben gefunden hätte. Alex hat die Frechheit, einen Passanten anzuhalten und ihn voll freudigen Erstaunens auf das Flugblatt und seinen Inhalt aufmerksam zu machen. »Jedes Wort, das aus Hitlers Mund kommt, ist Lüge: Wenn er Friede sagt, meint er Krieg und wenn er frevelhafterweise den Namen des Allmächtigen nennt, meint er die Macht des Bösen, den Satan. Sein Mund ist der stinkende Rachen der Hölle ... « Der Mann wendet sich brüsk ab. Alex zieht ihm eine Grimasse nach.

Am Bahnhof wird der letzte Stoss auf einen Briefkasten gelegt, als ob man Briefe einwerfen wollte. Es sind noch Menschen unterwegs.

Vor dem Bahnhof stehen zwei grosse bronzierte Gipspferde, eine Werbung für die Rennen in Riem. An ihrem Sockel kleben Plakate von der »Nacht der Amazonen«, ein Nacht- und Nacktfest des Gauleiters Wag-

ner. Die Pferde werden auf ihre Rasse geprüft. Hans klettert mit Alex'
Hilfestellung auf ein Pferd und reitet es übermütig. Er gibt ihm Sporen.
Alex gibt keine Ruhe, bis er auch noch darauf sitzt. Sie reiten toll, Hans
gibt Sporen, dass der Gips abbröckelt. Plötzlich bricht das Pferd auseinander. Die beiden stürzen herunter, rennen lachend davon. Sophie
geht ruhig hinterdrein.

Warnung

Hans und Christl in einer medizinischen Vorlesung. Ein Professor do-
ziert über Blutgefässe. Alex kommt herein und sucht Hans. Er schreibt
auf einen Zettel, den er Hans weiter geben lässt: »Frieda ist angekommen«. Hans und Willi gehen hinaus. Hans gibt Alex den Schlüssel, und
dieser fährt mit seinem alten Rad zum Atelier. Christl und Hans springen auf eine Strassenbahn. An den Fensterscheiben Kriegsplakate und
der schiefe Mann: »Pst – Feind hört mit!«

Im Atelier ist Alex daran, alles einzupacken. Er wirft Papier in den
brennenden Heizkessel. Hans und Christl kommen und helfen. In der
Hast verbrennen sie Dinge, die eigentlich noch wichtig gewesen wären
und sind bestürzt.

Hans geht zur Wohnung, um aufzuräumen. Unterwegs telefoniert er in
einer Telefonzelle mit Professor Huber und Willi. Er verstellt seine
Stimme: »Frieda ist angekommen.«

Alex und Christl warten auf den Einbruch der Nacht. Alex betrachtet
das Bild von Picasso. Er raucht eine Zigarette.

<Alexander Schmorell> »Es ist merkwürdig, dass Picasso in die freie
Landschaft mit dem Haus da eine Lampe gemalt hat. Eine schreckliche
Lampe. Es ist wie in einem Luftschutzkeller. Wir alle leben in einem
Luftschutzkeller ... Wird auch uns ein Engel Licht bringen? Ehe die
Schreie dieser Menschen vom Tod erstickt werden? Ehe die Verzweif-
lung des Mannes in sich zusammenfällt und diese geballte Faust er-
schlafft? ... «

Sie warten auf die Nacht.

<Alexander Schmorell> »Wir hätten eigentlich nicht alles verbrennen
sollen. Nachher wenn alles gut geht, darf ich wieder nach dem Papier
rennen.«

Er betrachtet wieder das Bild und schaut ab und zu zum Kellerfenster
hinaus, ob es noch nicht dunkel genug ist. Schmerz. Verzweiflung.
Verendende Kreatur.

»Picasso ist unser Grünewald«, sagt Christl.

Zum Schluss stochern sie noch einmal in der Asche, um jegliche Spur
zu verwischen. Dann kommt Hans. Er nimmt zwei Koffer, die andern

Rucksäcke und Aktenmappen, in denen der Hektographierapparat verstaut ist. Alex verschwindet mit seinem alten, verrosteten Rad. Christl und Hans fahren mit der Strassenbahn.
[Blende]
Christl steigt aus. Er läutet bei einem Bekannten und liefert Rucksack und Aktenmappen ab.
[Blende]
Hans klingelt bei Söhngen. Sie gehen vom Gang aus in den Buchladen, der schon geschlossen ist, vergraben die Koffer hinter Büchern. Die Rolläden sind herabgelassen. Man ist für sich. Hans setzt sich müde auf den Ladentisch.
Hans ist tief deprimiert. Er spricht zu Söhngen darüber, dass er die Kraft nicht mehr habe, weiter zu machen. Er hat sich entschlossen, alles aufzugeben und vielleicht ins Ausland zu flüchten. Es ist ja doch alles sinnlos. Sie haben alle das Gefühl, sich in eine Sache verrannt zu haben, die über ihre Kräfte geht. Söhngen bestärkt Hans in der Absicht aufzuhören. Hans spricht von der Verantwortung seiner Freunde, die er auf sich lasten fühlt. Alles das ist einfach zu viel für ihn.
[Blende]
Alex kommt mit einem Rucksack und zwei schweren Taschen die Treppen eines Münchner Mietshauses herauf. In einem der obersten Stockwerke läutet er. Kommissar Meier kommt hinter ihm ebenfalls die Treppen herauf. Er nimmt zwei Stufen auf einmal. Wie Alex ihn bemerkt, bedankt er sich bei ihm für die Warnung. Etwas leiser und zu Alex' Ohr geneigt sagt Meier: »Das Wetter will sich nicht ändern, meine Frau hat Wäsche, die nicht trocknen will.« Bestürzung auf Alex' Gesicht. Meier klopft ihm auf die Schulter und eilt in seine Wohnung.
[Blende]
Hans sitzt auf dem Verkaufstisch, den Kopf in die Hände gestützt. Söhngen geht unruhig auf und ab. Es klingelt. Hans versteckt sich hinter einem Schrank. Söhngen löscht das Licht aus und öffnet die Haustür. Sophie steht draussen. Sie kommt ins Zimmer und bringt ihren Glauben und Optimismus mit. Sie muntert Hans wieder auf und zerstreut die Bedenken von Söhngen. Hans hat immer noch Einwände: »Man muss seine Kräfte für nachher sparen. Was nach dem Kriegsende kommt, wird das Schwierigste sein. Vor dem KZ oder dem Gefängnis ist mir nicht bang. Aber wir müssen uns davor hüten, das Leben zu verlieren.«
Sophie entgegnet ihm: »Die antifaschistische Haltung des deutschen Volkes muss noch an Kraft und Formung gewinnen. Trotz der Abkapselung und Beobachtung jedes Einzelnen könnte sie klarer werden,

wenn wir klare und positive Ziele für die Zeit nach dem Kriege hätten. Mit einem blossen Verneinen des Bestehenden ist es nicht getan. Wir müssen immer mehr darauf hinausgehen, dem deutschen Volk klare politische Richtlinien zu entwickeln, und wir müssen mit den Widerstandsbewegungen des Auslands Fühlung bekommen.«

Hans stimmt ihr zu: »Die Nachkriegspolitik muss europäisch sein. Wenn es uns gelingt, eine allgemeine europäische Widerstandsbewegung aufzurufen, so kann dies das Fundament einer neuen politischen Haltung werden. Die Parteien sind eine parlamentarische Notwendigkeit, aber sie haben kein Leben mehr. Sie haben 1933 allesamt versagt. Ein neuer politischer Geist kann nur aus dem Widerstand geboren werden oder er wird nie zustande kommen.«

»Es ist entsetzlich«, sagt Sophie. »Christen schiessen gegen Christen, Arbeiter gegen Arbeiter. Gesinnungsgenossen bringen sich lieber gegenseitig selber um, als dass sie sich gegen ihre gemeinsamen Feinde wenden.«

Sie besprechen die Auslandsbeziehungen, die Söhngen vermittelt hat. Hans erkundigt sich genau nach Graf Stulpoff, der einige Tage zuvor bei Söhngen war. Stulpoff hat über die italienische Widerstandsbewegung und über die Schweiz Beziehungen zu England angeknüpft.

Deutsches Museum
Studenten in einer Pflichtversammlung im Saal des deutschen Museums. Gauleiter Giessler spricht. Studenten meistens in Wehrmachtsuniform.

< Gauleiter Giessler > »... Der Ernst der Lage macht es euch zur Pflicht, euch in die Reihen der Front einzugliedern.

... Was nützt es heute, an ein freies Studium zu denken, wo die Freiheit der Wissenschaft selbst in Gefahr ist.«

Die Studenten lachen, ironische Zustimmung. Giessler wird stutzig, merkt aber nichts.

< Gauleiter Giessler > »... Wer heute die Wissenschaft erhalten will, muss zu den Waffen greifen.

... Auch die Studentinnen haben heute der Heimat ihr letztes zu geben ...

... Die meisten sind doch nur zur Universität gegangen, um sich einen Mann zu suchen. Solange der Grossteil unserer Jugend an der Front steht, scheint ihnen hier die einzige Gelegenheit geboten zu sein.«

Die Studentinnen werden lebendig.

<Gauleiter Giessler> »... Wäre es heute nicht Ehrenaufgabe der Studentinnen, dem deutschen Volk Kinder zu schenken, ihre Pflicht als deutsche Frau zu erfüllen, statt auf Universitäten herumzusitzen ...«
Die Studentinnen toben. Rufe.
<Gauleiter Giessler> »... Ich beschwöre euch, an die Studenten von Langemarck zu denken und an die Freiheitskämpfer von 1813 ...«
Sehr richtig. Lachen. Rufe.
Polizei schreitet ein. Das Überfallkommando wird alarmiert. Die Studentinnen, denen es eine Genugtuung ist, ihrer Empörung Luft zu machen, werden aus dem Saal gedrängt und in Nebenräume eingesperrt.
Die Versammlung fliegt auf. Sprechchöre der Studenten: »Wir wollen unsere Frauen wieder.« Tumult, Schlägereien.
Die Polizei gibt nach. Sie öffnet die Nebenräume. Jubel.

Theodor Haecker
Hans wird von Reinhard, Haeckers Sohn, in Haeckers Zimmer geführt. Haecker wohnt in einer Mansarde. Wie Hans eintritt, sieht er, dass Haecker gerade Nachrichten hörte. Er geht von einem Regal weg, dessen Vorhang eben zufällt. Dahinter steht das Radio.
Hans ist nur für einen Sprung vorbeigekommen. Er möchte Haecker zu einem Vorleseabend einladen. Haecker winkt ab. Er winkt zum Apparat und lacht im Hingehen: »Ich habe ja strengstes Rede- und Schreibverbot.«
»Und Hörverbot dazu ...«, lacht Hans.
»Es ist aus«, sagt Haecker.
Er schaltet ein. Pausezeichen von London. »Hier ist England, hier ist England ...«
Nachrichten: Die Niederlage von Stalingrad.
Haecker (während der Nachrichten, die in rauschendem Ton an- und abschwellen):
»Die Tatsache, dass Millionen Deutsche sich darüber freuen, und zwar gute Deutsche, ist das deutlichste Zeichen, wie sehr die Welt aus ihren Fugen ist. Hätte ich es als Kind für möglich gehalten, dass einer aus Pflicht und Liebe zu Gott die zeitliche Niederlage seines eigenen Volkes wünschen und begrüssen kann? Kann überhaupt ein Kind dieses begreifen? Wie schwer ist es heute, schwermütig und zum Schweigen verpflichtend ist es, Vater zu sein, Kinder zu haben, die einem vertrauen und denen man den wahren Sachverhalt nicht sagen darf, weil sie ihn noch gar nicht verstehen können.

Warum haben wir ein Gefühl der Genugtuung? Ist das in Ordnung? Habe ich dieses Gefühl, weil ich glaube, dass Gott endlich eingegriffen hat? Dass seine Mühlen mahlen? Dass Häuser der Sünde nach wie vor auf Sand gebaut sind? Habe ich ein gutes Gewissen? Ist mein Gefühl frei von privaten Wünschen, von Schadenfreude, von Antipathie und Sympathie?«
Weitere Nachrichten.
Hans:
»Das ist das Übel, dass die Deutschen vom Erfolg einer Sache ausgehen und nicht die Sache selbst bedenken. Der Erfolg hat sie blind gemacht ...«

<Theodor Haecker> »Wer liebt nicht von Natur sein Volk? Es gibt Unzählige, die es mehr lieben als ihre Väter und Mütter, ihre Frauen und Kinder, ihre Brüder und Schwestern. Wer also soll nicht von Natur wünschen, dass sein Volk in einem Krieg gewinne?
Aber: wir Deutsche sind auf der Seite der Apostasie. Das ist die Stellung des Deutschen. Ich weiss jetzt mit Gewissheit, dass heute die Welt zu erobern für Deutschland der Ruin wäre. Herr Frank, der eines der ausgestorbensten der vielen deutschen Verbrechergesichter hat, soll gesagt haben, dass Hitler von Gott zum ›Herrn der Erde‹ bestimmt ist.«
Nachrichten.
Haecker:
»Wenn man einen Amokläufer nicht erschiessen kann oder will, gibt es keinen andern Weg, als ihn sich erschöpfen, verbrauchen, verschleissen zu lassen. Der grauenvolle Amokläufer dieser Tage hätte im Anfang leicht unschädlich gemacht werden können, jetzt ist es nur noch dadurch möglich, dass er sich selbst aufreibt. Das wird nun ganz gewiss gelingen.«
Hans ist in Versuchung, Haecker in sein Unternehmen einzuweihen. Soll er Haecker zur Mitarbeit gewinnen? Auch er könnte ihm Flugblätter verfassen.

<Hans Scholl> »Nur darf man die Geschichte nie sich selbst überlassen. Gewiss. Hitler rennt sich zu Tod. Aber damit kommen wir nur an ein Ende, nicht an einen neuen Anfang. Politische Änderungen dürfen nicht einfach von der Geschichte vollzogen werden. Sie müssen den Grund in uns selbst haben. Gewiss scheint es unmöglich, diesen Amokläufer zu erschiessen, aber was wird aus uns, wenn die Geschichte nur uns macht und nicht zugleich wir die Geschichte. Ich sehe für die Zukunft Deutschlands keine Möglichkeit, wenn wir nicht dazu kommen, dem Einzelnen eine Richtung zu geben, eine Richtung nicht nur im Kopf und für seinen Mund, sondern in einer festen Realisation, eine

Richtung, die sich als Tat festlegt. Der Geist ohne die Tat ist ein leerer Hauch.«

»Das Verhängnis ist nur«, sagt Haecker, »dass diese Herren sich eine Verschwörergesellschaft geschaffen haben, die die ganze Organisation der Massen beherrscht und wodurch sie sich erst entfalten können. Das Problem unserer Tage ist nicht nur das des Einzelnen und seiner Selbstbehauptung, seiner selbst erlebten Persönlichkeit, sondern zugleich auch das der Massen, der Kollektive. Ist der Einzelne nicht machtlos gegenüber dem Kollektiv?«

<Hans Scholl> »Es ist das Verhängnis des Humanismus, dass er den Menschen nur als den Einzelnen kennt, heute haben wir Tausende von Einzelnen. Jeder Einzelne ist machtlos und ohnmächtig, absolut ohnmächtig und die Tausenden von Einzelnen sind genau so ohnmächtig wie jeder Einzelne von ihnen. Sobald der Widerstandswillen eine Organisation fände, würde die zahlenmässige Quantität, die gleich Null ist, in eine enorme neue Qualität umschlagen. Es kommt heute und in Zukunft nicht nur auf den Einzelnen an, sondern zugleich auch auf seine Bindungen an die Organisation. Der Mensch ist nicht nur ein Einzelner, sondern muss auch zum Glied einer Ganzheit werden.«

Nachrichten.

Stalingrad
Vorlesung von Professor Huber über Leibniz und Kant. Sophie, Hans und Willi verstreut. In einer der letzten Reihen sitzt Riest.

Kants »Blutleere<r> Transzendentalismus«, der das Individuelle und Besondere nicht ausschöpfen kann. Kants Endlichkeitsstandpunkt, in sich selbst eingemauerte und abgeschlossene Menschlichkeit. Das Denken aus sich heraus.

Leibniz der offene, realistische Denker. Beispiel: Leibniz und seine Beziehungen zur Politik.

Idealistisches Denken lebt aus sich selbst, nicht aus dem vollen Geschehen der Wirklichkeit. Schicksal des deutschen Bürgertums. Zurückhaltung von der Politik. Individuelle Isoliertheit. Leibniz hat an seiner Zeit stark Anteil genommen. Auch heute würde er bewegt sein, von dem geschichtlichen Geschehen und aus ihm heraus sein Denken durchpulsen zu lassen.

Stalingrad. Schicksal, das uns alle angeht. Wir können diesem Ereignis nur mit tiefem Ernst und mit sachlicher Offenheit begegnen. Unser Denken lebt vom Geschehen und wir müssen es gegenüber solchen Ereignissen öffnen. So werden wir seinen Sinn enthüllen. Die Zeit der Phrasen ist vorbei.

Die Studenten verstehen, geben Beifall.
Nach der Vorlesung warten Hans, Sophie, Willi und Susanne vor der Tür auf Huber. Hans ist voll freudiger Anerkennung.
Professor Huber gibt Hans einen Flugblattentwurf.
Riest beobachtet sie.
[Blende]
Hans ruft Alex an. Die Vorlesung beginnt schon um 2 Uhr. Er soll Hörrohr mitbringen.
Hans geht ins Atelier und richtet Farben, Schablonen und Pinsel her. Sophie möchte auch mitkommen. Aber Hans findet es <nicht> gut, sie bleibt da. »Jeder, der zuviel ist, bedeutet Gefahr.«
Hans geht mit Alex, der mit seinem alten Fahrrad gekommen ist, zu Fuss vom Atelier zur Ludwigstrasse. Einen Farbtopf lassen sie vor der Uni im Gebüsch stehen und jeder beginnt, mit Schablone und Farbe bewaffnet, mit den Anschriften »Nieder mit Hitler« <und> »Hitler der Massenmörder«. Sie gehen die Ludwigstrasse hinauf bis zur Feldherrnhalle und wieder zurück zur Uni. Hier nehmen sie den im Gebüsch versteckten Farbtopf und Hans malt mit grossen Buchstaben weiss auf die Stirnseite der Uni: »Freiheit«.
Alex steht inzwischen Schmiere.
[Blende]
Alex und Hans schlendern heim.
Hans: »Es ist doch, wie wenn man geträumt hätte. So unwirklich. Haben wir das alles gemacht, oder haben wir geträumt? Alex, wir sind doch grosse Träumer.«
<Alexander Schmorell> »Gott sei Dank. Mensch, wenn wir so stur, so bluternst, so aktiv und muskulös wären, wie die ... Der Traum ist eine Sybille. Wer das Ohr des Traumes hat, wer Träume hören und verstehen kann, der hört jetzt die Leute schlafen, die Mütter weinen und die Kinder jammern. Und wer das nicht mehr hört, mit dem ist es aus ...
Gott sei Dank, dass wir Träumer sind. Wer diese Sensibilität aufgibt, gibt den Geist auf ... «
<Hans Scholl> »Beim Traum habe ich das Gefühl, als sei er so etwas wie das System der kommunizierenden Röhren. Irgendwie sind wir unterirdisch mit der Welt und der Menschheit verbunden. Viel direkter als mit dem Kopf. Man weiss nicht, wie man dazu kommt: Aber wenn man auf sich lauscht, wie wenn man Träume ausgraben möchte, bricht das ganze Leid der Zeit durch, ihr Grosses und Schreckliches.«
[Blende]

Sophie macht Tee. Sie ist abwesend. Sie deckt liebevoll den Tisch. Sie wartet. Sie ist ein bisschen aufgeregt. Sie steht auf und geht umher. Dann setzt sie sich wieder, nimmt die Klampfe und zieht ein paar Akkorde. Sie summt ein Lied. »Oh Heiland reiss den Himmel auf ... «
Dann hört sie Schritte. Sie macht auf. Hans klopft ihr strahlend auf die Schulter.
[Blende]
Brigitte geht durch die Ludwigstrasse zur Uni und sieht Hans von der anderen Seite entgegenkommen. Es ist sonnig und warm. Der Schnee ist geschmolzen. Nichts, kein Seitenblick, kein Umherspähen verrät Hans. Mit grossen Schritten – ein wenig vornüber geneigt (er hält sich schlecht in den letzten Tagen) – geht er an den Ansammlungen und den auf die Maueranschläge hindeutenden Menschen vorbei. Nur ein kleines, fast übermütiges Lächeln. Sie gehen in die Uni, an Scharen von Reinemachefrauen vorbei. Meistens Russinnen. Mit Eimern, Besen und Bürsten bewaffnet versuchen sie, die grosse Schrift von der Mauer abzukratzen. Hans lächelt innerlich. Ein Student kommt auf die beiden zugelaufen: »Habt ihr schon gesehen?«
Da lacht Hans heraus und sagt: »Nein, was denn?«
Brigitte hat Angst um Hans. Sie fragt ihn im Weitergehen, ob er es gemacht habe.
<Hans Scholl> »Man soll nicht immer nach dem Urheber fragen. Heute ist es gut, über nichts Bescheid zu wissen. Sonst bringt man andere in Gefahr. Wir leben im ausgeklügeltsten und grössten Polizeistaat der Geschichte. Heute sollen nicht einmal die besten Freunde von sich wissen. Mehr als eine Handvoll zu sein, ist der Tod. Wir könnten mühelos die grösste Widerstandsbewegung aufbauen, wenn wir uns nicht auf die allerkleinste Gruppe beschränken müssten. Ich wäre der Mitarbeit einer ganzen Reihe Leute sicher, bedeutender Leute, aber wir müssen alles allein tun.
Und auch du weisst von nichts, nicht wahr?«
Brigitte bittet ihn beschwörend, die Sache aufzugeben. Sie hat Angst um ihn. Sie sieht alles kommen. Ist es heute möglich, auch nur das Geringste zu verbergen? Man kann einen heute auf einen Operationstisch schleppen und ihn ausfragen und alles ist verloren. Man kann einen betäuben, foltern. Kann man in diesem Staat noch leben ... ?
<Brigitte> »Neulich haben sie einen Nachbarn aus dem Haus geholt, weil er einen Witz über Hitler erzählte. Die Frau weint unaufhörlich. Sag', Hans, haben wir noch einen Grund unter den Füssen? Wir leben wie Geister, die es friert ... «

Auch im Innenhof der Uni sind Putzfrauen am Bürsten. Die beiden sehen Sophie bei einer Putzfrau stehen und hören sie sagen: »Warum auch abbürsten? Das soll doch gelesen werden!« Die Frauen schmunzeln.

Man entdeckt sich und begrüsst sich in innerem Übermut.

Appell

Morgenappell der Studentenkompanie. Die Namen werden verlesen. Die meisten der Genannten fehlen. Viele rufen für andere.

Der Spiess wird wütend, wie er den kleinen Haufen sieht und ihn nicht in Übereinstimmung mit den Hier-Rufen findet.

[Blende]

Hans auf dem Bahnsteig in Chemnitz im Gespräch mit Harnack. Sie versichern sich immer wieder, ob sie niemand hören kann.

[Blende]

Der Spiess ruft abermals auf und lässt jeden Einzelnen an sich vorbeimarschieren. Er ist voller Schadenfreude, bei jedem Fehlenden, den er nun ausfindig macht.

»Schmorell« – »hier«.

Alex geht an ihm vorbei, geht seelenruhig hinter ihm zurück und marschiert bei »Scholl« mit einem selbstverständlichen »hier« am Spiess vorbei, der glücklicherweise nicht aus seiner Liste aufsieht.

[Blende]

Hans lässt sich von Harnack noch eine Deckadresse geben. Auch Hans gibt ihm eine solche und einen Schlüssel für wichtige Nachrichten. Sie verabschieden sich rasch, der Zug fährt an. Hans springt auf.

Vorlesung

Christl in aller Eile auf dem Weg zum Atelier. Er ist in Uniform, geht durch den grossen Atelierraum zu einer erleuchteten Nische, wo Haekker liest. Er setzt sich unbemerkt hinter einen Vorhang.

< Theodor Haecker > »Der Glaube an Christus setzt *den Menschen, die Menschheit* voraus. Dieser Glaube wird heute angefochten, wie je. Im besonderen aber von einem auf der ganzen Welt virulenten und wachsenden Nationalismus. Dieser ist aber, so wie er sich äussert, nichts anderes als ein existentieller, ein realisierter Nominalismus. Seine These ist: Keiner kommt als *Mensch* zur Welt, sondern als Franzose, als Deutscher, als Engländer, als Grieche, als Russe, als Jude ... Wer will es leugnen? Wiewohl man immerhin heute auch als *Staatenloser* auf die Welt kommen kann! Wer will es leugnen? Und es ist gut, dass man wieder dahinter kommt, dass Völker und Nationen nicht leere Begriffe

sind, sondern lebende Realitäten; es ist gut, dass daraus die logischen Konsequenzen gezogen und in das Sein real geführt werden, innerhalb des ordo nämlich und ohne in das andere Extrem zu torkeln. Aber freilich auch, wo soll man dann aufhören?! Man ist innerhalb der Ordnung der Materie, und da gilt sofort, dass z.B. der Deutsche auch nicht als *Deutscher* schlechthin zur Welt kommt, sondern als Schwabe, Bayer, Friese ... , ja dass er ohne allen Zweifel sogar zur Welt kommt als das bestimmte Individuum Meier, Müller I oder II ...

Wird absoluter Halt gemacht bei den Völkern und Nationen, dann wird – Gott zum Trotz – geboren und <es> stirbt radikal anders der Franzose als der Deutsche. Beide: Geburt und Tod sind nicht mehr Dinge, in denen alle Rassen und Völker und Einzelne über alle Schranken hinaus sich verstehen können wie der Herr und der Knecht bei Tolstoi! Dann gibt es keine Dichter mehr, nur noch Mitglieder der preussischen Dichterakademie, die es mit einem *wesenhaft* anderen Menschen zu tun haben als die Mitglieder der Academie Française. Dann wird der Mensch keine Idee mehr sein, die Gott, der Schöpfer, von ihm hat, sondern man wird die schwachsinnige Lüge Fausts, dass im Anfang die Tat war, mit Gewalt und Verfolgung zur Wahrheit – und eben doch zur Wahrheit – *machen* wollen.

Das Heil der Philosophie beruht auf dem Primat des Denkens vor dem Tun, der Theorie vor der Praxis; dass im Anfang das Wort ist, der Logos und nicht die faustische Tat. Erkannt wird in der Philosophie um der Erkenntnis, um der Wahrheit willen, in die auch der Mensch einbezogen ist über alle Gebundenheit an Nationen und Völker.«

Nachdem Haecker gelesen hat, tritt Christl hervor und begrüsst die andern: Hans, Sophie, Alex, Willi, Susanne, Brigitte, Othmar und andere Studenten. Christl hat Strafdienst gehabt und ist verärgert. Er fragt Haecker: er sei doch Schwabe? »Es gibt aber nichts Schlimmeres, als einen verpreussten Schwaben.«

Lachen.

Sie stehen auf, Hans entschuldigt sich, er müsse noch etwas besorgen.

Sophie und Christl begleiten Haecker durch den Englischen Garten. Die letzten Häuser von Schwabing. Christl scheint es fraglich, ob die Deutschen heute noch zu der Tat kommen, in der sich der Geist des Widerstandes realisiert:

<Christoph Probst> »Die Angst, die Angst ist zu einer Macht geworden, die alle ergreift, die durch alle hindurch geht. Sie hat fast einen personalen Charakter angenommen, ist zu einem dunklen Wesen geworden, das alle anfällt.«

[Blende]

Hans und Alex mit Willi im Keller des Ateliers. Sie hektographieren und schreiben Adressen. Sie sind verschmiert. Das Bild von Picasso.
[Blende]
Haecker: »Und doch ist vielleicht heute die letzte Stunde, in der noch etwas geschehen könnte. Mir bangt vor diesem Abgrund, dem wir zusteuern. ›Wir müssen diesen Krieg gewinnen, sonst geht es uns schlecht.‹ Das Preisgeben der elementarsten und alles Leben tragenden Werte, nur um einer guten materiellen Existenz willen, führt zu einem bodenlosen Abgrund, vor dem mir graut. Wie kommen wir hinüber?«
Sie gehen unter den hohen Buchen durch die stille Nacht.
Sophie: »Über diesen Abgrund gibt es vielleicht noch eine letzte Brükke, selbst, wenn keine Tat der Empörung mehr zur Entfaltung käme. Wohnt nicht im Leid eine unermessliche Kraft, die den Weg zu einem neuen Beginnen frei gibt? Wer kennt die Zahl der Deutschen, die wie wir unter all dem Dunkel, was geschieht, Namenloses leiden? Wer zählt die, die die Schmerzen dieses Krieges auf sich nehmen, obwohl sie seine Beweggründe zutiefst ablehnen? Abgesehen von den Kindern unserer Städte, die ihre sonst sonnigsten Jahre in dunklen Kellerlöchern verbringen? Und welchen Sinn hätten die überfüllten K.Z. und Gefängnisse, durch die nun seit einem Jahrzehnt ein unaufhörliches Leiden geht? Ist nicht das deutsche Volk dasjenige – nach dem jüdischen – das zutiefst unter der Tyrannis der Dämonie zu leiden hat?
Ich glaube an die unermessliche Kraft des Leides und dass es Brücke und Fähre werden kann, uns ans andere Ufer zu bringen.«
Haecker: (leise und wie für sich) »... Und Gott wird abwischen jede Träne von ihren Augen ... «
Christl: »Vielleicht ist nur noch die Tat möglich, die aus dem Opfer wächst. Denn wo kein Ausweg ist, da hat das Opfer seinen Platz. Man müsste sich das Ja dazu aus der Seele reissen. Wie bewundere ich die frühchristlichen Märtyrer, die einen solchen Mut zu leiden hatten und doch zugleich ein so überwältigendes Ja zum Leben.«

17. Februar
Vormittags Anruf durch das Telefon. Hans soll Wäsche holen.
Hans geht von der Wohnung zum Englischen Garten. An einer Weggabelung trifft er Kommissar Meier, den Mitarbeiter von Marwitz. Sie versichern sich, ob sie niemand beobachtet und gehen des Weges.
Meier eröffnet Hans, dass man ihm auf der Spur ist. Herr Riest hat sie seit langem beobachtet. Der Verdacht auf ihn wird immer stärker. Meier warnt vor Riest. Hans ist bewegt.

Die Gestapo hat eine Künstlergilde wegen der Maueranschläge verdächtigt. Die Ölfarbe ist von einem Kunstmaler. Man hat umfangreiche Untersuchungen vorgenommen. Hans befreit sich für einen Moment in seinem Lachen.
[Blende]
Hans geht [nach] Hause auf sein Zimmer, setzt sich auf das Bett und raucht eine Pfeife. Er ruft Sophie an und erzählt ihr alles.
[Blende]
Nachmittags in der Klinik, Krankenvisite. Hans spielt im Labor abwesend und versunken an einer Waage. Auf der einen Schale kleine Gewichte, auf der andern seine Finger.
Nachher fährt er zu Alex nach Harlaching und eröffnet ihm die Nachricht. Auch Alex weiss keinen Rat. »Mich erwischen sie nicht.« Alex soll die andern warnen. Sie sollen tun, was sie für gut halten. Am besten verschwinden.
Hans fährt mit der Strassenbahn heim, es wird dunkel.
Er geht ins Atelier, schreibt von einem handgeschriebenen Zettel mit der Maschine das Flugblatt von Professor Huber: »Kommilitoninnen und Kommilitonen« auf eine Matritze. Er richtet den Vervielfältigungsapparat her und zieht einige Blätter ab. Nachdem er sie im Futter seines Mantels versteckt hat, geht er heim.
Sophie hat Besuch. Hans zieht sich in sein Zimmer zurück und legt sich mit seinen Kleidern auf das Bett. Er sinnt nach.
Er steckt sich eine Pfeife an, legt sie aber wieder weg.
[Blende]
Alex macht sich mit seinem alten Fahrrad auf den Weg.
[Blende]
Hans schläft. Seine verrauchende Pfeife liegt auf dem Nachttisch.
Hans flieht. Auf dem Bahnhof. Auf dem Bahnsteig nach Lindau steht Riest. Hans kennt ihn nicht, geht an ihm vorbei und stellt sich im Zug in den Gang und beobachtet. Er ist unruhig und geht einmal dort-, einmal hier hin.
In der Nacht überschwimmt er bei Stein den Rhein. Es gelingt ihm. Es ist eine unheimliche, stürmische Nacht. Er steht patschnass und benommen am Ufer und wendet sich um. Sein Vater kommt ihm in den Sinn, seine Mutter, die Freunde, Sophie. Er sieht sie in Deutschland unter dem Joch der Gestapo.
Er ruft: »Sophie«. Er bricht innerlich zusammen.
Er wacht auf. Sophie kommt zur Tür herein und frägt: »Was ist?«
Hans erzählt ihr alles.

Es geht gegen Mitternacht.
»Ohne einen Stein der versinkt, werden keine Wellen geschlagen«, sagt Sophie. »Wir müssen das Letzte wagen.«
»In der himmlischen Rechenkunst wird das Weltgeschehen auf eigenen Waagen ausgewogen. Der Tod wiegt dort anders«, sagt Hans.

Sie gehen zum Atelier. In der Franz-Joseph-Strasse kommt Alex mit seinem Fahrrad. Er will mitkommen. Sie trennen sich, als würden sie sich verabschieden und machen Umwege.

An einer Strassenecke begegnet Hans Brigitte, die vom Konzert kommt. Sie hat es eilig. Sie findet es schaurig in der Nacht.
»Will noch ein bisschen Luft schnappen und Verse machen«, sagt Hans. Er kann nicht umhin, ein Stück mitzukommen.

Man kommt auf die Verbrennung von Geisteskranken zu sprechen. »Ein paar Nazibonzen, die in der Nähe von Grafeneck in einem Schloss wohnen, sind weggezogen«, erzählt Hans. »Sie haben es nicht ausgehalten, den rauchenden Schornstein zu sehen. Und die Geister gehen um. Die Dämonen sind losgelassen. Die Versuchungen des hl. Antonius sind angebrochen. Die Luft ist voller Teufel und Schrecknisse.«

Brigitte versteht diese Reden. Sie versucht, Hans zur Besonnenheit zu mahnen. Sie hat furchtbare Angst um ihn. Diese Angst ist bei Brigitte bereits zu einer allgemeinen Psychose geworden. Sie sieht überall Verfolger. Es ist nicht einmal so sehr eine persönliche Angst, was sich in ihr ausdrückt, als eine Verkörperung der Kollektivangst. Wo der Mensch sich auch immer befindet, begleitet ihn die Furcht, es könnten aus den harmlosesten Situationen Verwicklungen entstehen.

Hans muss umdrehen. Brigitte geht noch bis zur Strassenecke mit zurück. An einer Mauer steht in der Dunkelheit Riest, der sie verfolgt hat. Er geht, von den beiden unbemerkt, weg und der Maueranschlag »Pst – Feind hört mit!« wird sichtbar, vor dem Riest gestanden war. Hans wendet sich nach einer Weile um, sieht den Maueranschlag und meint bestimmt: »Die Sache geht schief ... , sagt man im Schwäbischen dazu.«
»Bei uns ist's der deutsche Blick«, erwidert Brigitte.
Sie verabschieden sich.

Im Keller des Ateliers trifft Hans Alex und Sophie, nachdem er durch einige Hintergärten und ein Loch im Zaun gekommen war und sich vor einer Beobachtung sicher weiss. Riest verliert durch diesen Trick die Fährte.

Man arbeitet die ganze Nacht hindurch. In der Frühe geht Sophie schlafen. Gegen Morgen kommt Willi die Treppe herab und hilft mit. Er schreibt Adressen. Er geht dann von der Arbeit weg zur Uni in die Vorlesungen.

Christl holt einen Koffer voll Flugblätter. Er fährt damit nach Innsbruck. Zuvor geht er bei seiner Frau in der Klinik vorbei, die im Wochenbett liegt und er verabschiedet sich. Er beugt sich selig über das Töchterchen und sagt leise: »Ich hätte nie gedacht, wie schön es ist, solch ein Leben anvertraut zu bekommen. Sophie wird sich freuen, wenn sie ihr Patenkindchen sieht.«

[Blende]

Riest bei Marwitz im Wittelsbacher Palais. Die ersten Arbeitsstunden. Riest sei der Sache auf der Spur. Marwitz ist begeistert. Riest bittet um Unterstützung. Er braucht noch ein paar Leute.

[Blende]

Hans schläft im Keller bis Sophie kommt. Über ihm das Bild von Picasso. Sie packen ihren Koffer mit Flugblättern voll und gehen zur Universität.

18. Februar

Es ist ein sonniger Morgen. Die Sonne strahlt. Die beiden gehen die Leopoldstrasse entlang. Sie sind erleichtert und heiter. Sophie erzählt einen Traum, den sie gehabt hat.

»Ich gehe mit dir und Alex spazieren. Ich gehe in der Mitte und habe bei euch eingehakt. Halb gehe ich im Schritt, halb hüpfe ich und lasse mich von euch in die Höhe gehalten ein Stück schwebend mitziehen. Da fängst du an: ›Ich weiss einen ganz, ganz einfachen Beweis für die Existenz und das Wirken Gottes auch in der Gegenwart. Die Menschen müssen doch so viel Luft haben zum Atmen, mit der Zeit müsste doch der ganze Himmel beschmutzt sein von dem verbrauchten Atem der Menschen, aber um den Menschen diese Nahrung für ihr Blut nicht ausgehen zu lassen, haucht Gott von Zeit zu Zeit einen Mund voll seines Atems in unsere Welt, und der durchsetzt die ganze verbrauchte Luft und erneuert sie. *So* macht er das.‹ – Du erhebst dein Gesicht in den trüben, trüben Himmel, holst tief Atem und stösst die ganze Luft zu deinem geöffneten Mund heraus. Die Säule dieses hervorströmenden Atems ist strahlend blau, sie wird grösser und grösser und geht weit hinein bis in den Himmel, verdrängt die schmutzigen Wolken und da war vor und über und um uns der reinste, blaueste Himmel. Ist das nicht schön?«

Es ist gegen 11 Uhr. Sie gehen am Siegestor vorbei und biegen in die Adalbertstrasse ein.

Brigitte und Willi sind in Hubers Vorlesung. Willi ist unruhig, schaut auf die Uhr. Huber liest über Leibniz und Europa. Der europäische Bund. Das Scheitern seiner Ideen, das Herannahen der Katastrophe. Der aufkommende absolutistische Machtstaat verhindert ein einiges Europa. »Ich finde, dass solche zügellosen Meinungen, je weiter sie verbreitet werden, alles für die allgemeine Revolution vorbereiten, von welcher Europa bedroht wird.«

»Ein Krieg unter den christlichen Völkern Europas ist nicht nur eine gottlose Sache, es ist Wahnsinn.« Erst das Ende des Machtstaates, sagt Leibniz, bringt eine Europa-Föderation.

Es ist 10 vor 11 Uhr. Willi und Brigitte gehen. Sie müssen frühzeitig los, um noch zur Nervenklinik zu kommen. Willi gibt Professor Huber beim Verlassen des Hörsaales ein Zeichen des Mutes und der Zuversicht. Professor Huber nickt.

An der Glastüre des hinteren Ausganges der Uni treffen Brigitte und Willi auf Hans und Sophie, die mit dem Koffer kommen. Brigitte wundert sich über den Koffer, fragt aber nichts. Man hat es eilig, verabredet sich auf den Nachmittag. Was tun die beiden 5 Minuten vor Schluss der Vorlesung in der Uni?

Willi Graf ist unruhig. Schon in der Strassenbahn ist er abwesend und beschäftigt. Während der Vorlesung in der Nervenklinik rückt er hin und her, sonst schläft er meistens.

[Blende]

Im Koffer von Hans und Sophie sind die Flugblätter. Die Gänge in der Uni sind noch ruhig und fast leer.

Eine strahlende Sonne.

Hans und Sophie legen die Flugblätter bündelweise in den Gängen umher. Sie werfen sie die Treppe hinunter. Sie flattern durch den Lichthof ...

Die beiden entfernen sich auf die Ludwigstrasse. Ihr aufatmendes Lächeln begegnet sich. Sophie trägt den Koffer.

<Sophie Scholl> »Du, ich glaube, ich habe noch welche. Und wir sollten doch mit leerem Koffer heimkommen ... «

Sie gehen zurück. Eben sind die Vorlesungen aus. Die Studenten kommen mit den Flugblättern. Sie lesen laut. Aufruhr.

Der Hausmeister und die Gestapospitzel, die sich seit einigen Tagen in der Uni aufhalten, wüten.

Hans und Sophie gehen in den II. Stock, wo es ruhiger ist. Nun werfen sie den Rest mit Schwung in den Lichthof hinunter über die Studenten.

Der Hausmeister, der eben die Türen schliessen lässt, entdeckt sie und übergibt sie auf der Treppe den Gestapoleuten.

Die weisse Rose

<Hausmeister> »Falls sie einen Fluchtversuch machen sollten, müssten wir von der Waffe Gebrauch machen ... «
Man geht in die Pedellstube, auf dem Weg zerreisst Hans einen Flugblattentwurf in seiner Hand. Der Koffer ist leer, aber man findet die Schnitzel in seiner Tasche.
[Blende]
Willi Graf und Brigitte verlassen die Nervenklinik gegen 1 Uhr. Willi will entgegen seiner Gewohnheit nicht zum Essen. Er geht heim in die Kaserne.
Brigitte geht zur Uni. Studenten kommen entgegen. »Die Türen waren bis jetzt versperrt. Flugblätter sind geworfen worden. Zwei haben sie abgeführt ... « Brigitte rennt verzweifelt davon.
[Blende]
Hans und Sophie werden ins Wittelsbacher Palais gebracht und verhört. Sie leugnen. Man hat die Schnitzel zusammengelegt und einen Flugblattentwurf daraus entziffert. Aber Hans sagt, er habe das Blatt von einem unbekannten Studenten, der einmal neben ihm sass, zugelegt bekommen.
Später Überführung in das Gefängnis im Hinterbau des Wittelsbacher Palais.
[Blende]
Alex flieht. Er fährt mit dem Zug nach Innsbruck und von dort weiter, um über die Schweizer Grenze zu kommen. Er stapft durch tiefen Schnee, kommt schliesslich nicht mehr weiter. Er hat nie Skifahren gelernt. »Was soll ich auf den Bergen, ich liebe das weite, ebene Land. Ich bin nicht umsonst Russe.«
Er kehrt um, fährt nach München zurück zu den andern.
[Blende]
Willi Graf ist noch auf seinem Zimmer, als man ihn verhaftet. Er wird ins Gefängnis eingeliefert.
[Blende]
Hans und Sophie werden am Nachmittag wieder zum Verhör geholt. Um 6 Uhr eine halbe Stunde Pause im Gefängnis. Vom Hauptgebäude wird herüber telefoniert: »Die beiden Scholls dürfen nichts zu essen bekommen, sie werden nach einer halben Stunde weiter verhört.«
Anschliessend Verhöre die ganze Nacht hindurch. Im Nebenraum hört man Göbbels Rede über den totalen Krieg. »Wollt ihr den totalen Krieg?« »Ja ... « Im Wittelsbacher Palais ist Hochbetrieb.
Der zerrissene Flugblattentwurf, den man in der Tasche von Hans fand, ist von Christl. Man hat inzwischen die Wohnung in der Franz-Joseph-

Strasse durchsucht und legt Hans und Sophie Briefe von Christl vor. Die Lage ist aussichtslos. Jetzt alle Schuld auf sich nehmen, die andern decken. Beide sind sich ihres Schicksals bewusst, sie spielen mit offenen Karten.

Sie werden gut und gesellig behandelt, nachdem sie eine offene Sprache führen. Man kocht Kaffee. Die eindeutige Lage hat klare Fronten geschaffen und Hans und Sophie sprechen vollkommen offen über Politik. Hans kann seinen Beamten Marwitz von der Niederlage Deutschlands überzeugen und spricht offen über Hitler als Scharlatan und Wahnsinnigen. Hans ahmt Hitler nach und zitiert die hochtrabenden Reden. Er rechnet mit einer baldigen Invasion und verweist auf die Erfolge der Alliierten in Russland und Nordafrika.

19. Februar
Um 8 Uhr kommen Hans und Sophie wohl etwas angegriffen, aber doch ruhig von den Verhören zurück.

Die Mitgefangene, die ebenfalls in Sophies Zelle ist, und viele Freiheiten besitzt, verschafft Sophie ein paar Zigaretten. Sophie beschreibt sie mit »Freiheit« und lässt sie Hans und Willi Graf bringen.
[Blende]
Hans bekommt die Zigarette. Er geht in der Zelle auf und ab. Ein Bauernknecht, der über Hitler zuviel gesagt hat, ist sein Mitgefangener.

Hans ist unruhig: »Jetzt weiss ich nicht mehr, wie ich den Namen verheimlichen soll. Beim nächsten Mal muss ich ihn verraten. Ich bin in die Enge getrieben. Oh, ginge es doch vorüber.«
[Blende]
Nachmittags wieder Verhöre.

Zwischen Mohr, dem Gestapobeamten und Sophie ergiebige politische Debatten. Sophie findet die Verhöre interessant und die Klärung der Fronten hat eine befreiende Atmosphäre geschaffen. Mohr hält einen Vortrag. Er ist ein überzeugter, ehrlicher Nazi.

<Gestapobeamter Mohr> »Es geht um unser Volk. Der Platz an der Sonne. Wir sind von der Geschichte zurückgesetzt worden. Wir müssen alle zusammen arbeiten, um das Versäumte einzuholen. Die Schmach und das Unrecht des Versailler Vertrages. Im Augenblick mag wohl Unrecht geschehen, wenn die Völker unterdrückt werden, aber genau besehen, ist dann auch der Krieg ein Unrecht. Die Unterdrückung ist nur eine Erweiterung des Krieges. Ob an der Front oder im Hinterland gemordet wird: Man muss den Feind schlagen, wo er ist. Geschichte ist ein Kampf ums Dasein. Die Macht entscheidet die Geschichte. Das lehrt sogar die Naturwissenschaft.«

< Sophie Scholl > »Gut, wenn die Macht die Geschichte entscheidet, dann dürfte von Deutschland nach diesem Krieg nichts mehr übrig bleiben. Der Krieg ist verloren. Und er war schon verloren, ehe er begann, weil das Verlangen der Menschen nach Gerechtigkeit und Freiheit stärker ist als alle Macht. Hitler steht eine Armee gegenüber, die nicht von Befehlen der Machthaber, sondern von Empörung, von Verlangen nach Freiheit und Gerechtigkeit beseelt ist.
Es ist gar nicht der Platz an der Sonne, den Hitler will, die Grösse Deutschlands besteht für ihn in der Vorherrschaft über Europa. Er will nicht nur den Platz an der Sonne, er will selbst Sonne sein und ihr Licht verteilen. Das Recht, das er einst für sich forderte und in dessen Namen er aufgetreten und das deutsche Volk für sich gewonnen hat, hat er längst beiseite geschoben. Die Diktatur wächst immer in den Himmel. Das ist sein Kampf ums Dasein.
Versucht nur die Geschichte mit Gewalt und Macht zu bezwingen. Soll sie ein nackter Kampf zwischen Raubtieren sein –: dann wird Deutschland morgen nicht mehr bestehen, es wird von der stärkeren Macht überwältigt werden.«

< Gestapobeamter Mohr > »Darum eben müssen wir zusammenstehen, deshalb ist euer Tun die gemeinste Bedrohung unseres Lebens. Wir müssen ein 1918 verhindern. Der Sieg ist auf der Seite der Entschlossenheit ... «

< Sophie Scholl > »Nein, auf der Seite der Menschlichkeit und der Gerechtigkeit. Wo der Mensch der Allmacht des Staates dienen muss und nicht der Staat dem Menschen und seinem Wohl dient, ist Politik ein leerer Panzer, ein erstorbener Harnisch. Die Begeisterung für die Freiheit und Gerechtigkeit ist wie < ein > verzehrendes Feuer gegenüber dem sturen Drill für die Allmacht des Staates.«

< Gestapobeamter Mohr > »Wenn ihr so redet, ist das Verrat an unserem Volk.«

< Sophie Scholl > »Nein, ihr seid es, die es ruiniert. Ihr erwürgt es, weil ihr die Urgesetze der menschlichen Ordnung weggeworfen habt und glaubt, dass Kanonen und Waffen stärker sind als Gerechtigkeit und Freiheit. Ihr unterjocht und schwingt euch zur Herrenrasse auf, macht aus jedem biederen Familienvater einen Funktionär der deutschen und germanischen Allmacht. Ihr seid der Ruin unseres Volkes. Ihr habt seinen Weg auf die Geleise des Hochmuts geführt, der in der Geschichte immer Untergang bedeutet.
Und zudem hat der Kampf ums Dasein nur ganz beschränkt seine Richtigkeit. Eure Weltanschauung hängt an einer Wissenschaft, die seit fünfzig Jahren tot ist. Eure Führer haben die Wissenschaft des letzten

Jahrhunderts aufgewärmt. Der Darwinismus ist überholt. Auch der Darwinismus der Politik.«
<Gestapobeamter Mohr> »Was studieren sie?«
<Sophie Scholl> »Biologie und Philosophie.«
[Blende]
Hans kommt strahlend vom Verhör zurück. »Man hat mich nicht nach dem Namen gefragt. Es ging gut. Gott sei Dank!« Er ist ganz ausgelassen. Er späht zum Spalt des Fensters hinauf. »Die Sonne prallt.« Der Stallknecht wehrt sich naiv gegen diesen ungewöhnlichen Ausdruck: »Die Sonne prallt doch nicht, sie scheint.«
<Hans Scholl> »Wenn ich sage, sie prallt, dann glaube es mir, sie prallt.«
Hans zieht sich erleichtert am Zellenfenster empor und schaut durch den schmalen Spalt in den Himmel. »Bald werde ich im Himmel sein«, sagt er fröhlich. Hans trägt dem Stallknecht auf, seinen Eltern und seinen Freunden zu sagen, er sterbe als Märtyrer.
Er wünscht, man möge eine Messe für ihn lesen lassen.
<Stallknecht> »Ah, du bist katholisch ... ich bin gar nichts ... «
<Hans Scholl> »Ich war auch nichts ... und katholisch bin ich eigentlich auch nicht.
Aber es ist ein Irrsinn, dass es heute in Deutschland noch zwei verschiedene Konfessionen gibt. Ein Mensch, der in seinen entscheidenden Jahren ohne das Christentum aufwächst und durch die Zeit immer mehr in seinen Raum hineingetragen wird, kann so etwas nicht verstehen, vollends wenn er sehen muss, mit welchem Vorurteil sich beide Konfessionen begegnen. Aber vielleicht ebnet das Erlebnis des Krieges diese Kluft ein.«

Sonntag

Am Sonntag Morgen erzählt die Mitgefangene von Sophie, dass ein Christl Probst eingeliefert wurde. Die Mitgefangene weiss, dass Sophie auf Alex wartet und sagt es ihr in der Hoffnung, dass jener mit der Sache nichts zu tun habe. Sophie ist zum ersten Mal fassungslos. Christl ist Vater von drei kleinen Kindern und <s>eine Frau ist in der Klinik im Wochenbett. Aber Sophie beruhigt sich, Christl kann höchstens eine Freiheitsstrafe bekommen.
Auch Alex und Professor Huber sind im Gefängnis. Sophie kann ihnen durch ihre Mitgefangene sagen lassen, dass sie alles auf Hans und sie selbst schieben sollen.
Verhöre mit Alex, Professor Huber und Christl.

[Blende]
Am Nachmittag kommt Sophie gegen 3 Uhr aus dem Hauptgebäude zurück, wo sie die Anklageschrift empfangen hat. Sie setzt sich auf das Bett und fängt an zu lesen. Sie ist sehr erregt. Aber je weiter sie liest, um so ruhiger werden ihre Züge und bis zum Ende hat sich ihre Erregung gänzlich gelegt.
»Gott sei Dank« sagt sie. Sie wirft sich wohlig und sich streckend auf das Bett. Sie ist heiter und unbeschwert wie ein Kind.
Draussen ist ein sonniger Sonntag Nachmittag. Menschen gehen froh und heiter an diesen Mauern vorbei. Es ist ein Sonntag mit seiner Ruhe und seiner angreifenden Stille. Das Fenster in der Zelle ist milchig, aber nach oben leicht aufgeklappt. An der Decke gehen die Schatten der Menschen vorbei.
<Sophie Scholl> »So ein herrlicher sonniger Tag und ich muss gehen – aber wieviel müssen heute an diesem Sonntag Nachmittag auf den Schlachtfeldern sterben, wieviele junge hoffnungsvolle Menschen ...
Was liegt an meinem Tod, wenn durch unser Handeln andere aufgerüttelt und geweckt werden. Und wenn durch ihren Mut und durch ihr Handeln der Krieg verkürzt und das Leben unzähliger gewonnen wird.
So ein herrlicher, sonniger Tag – und dieses Licht.«
Ihre Worte sind gänzlich unsentimental und von einer tiefgehenden Sachlichkeit, die auf heiterem Grunde liegt.

Prozess
(Die Akten dieses Prozesses werden im Augenblick noch gesucht. Folgende Angaben sind deshalb unvollständig und sollen nur als Anhaltspunkte dienen).
Am Montag Morgen bringt die Mitgefangene für Sophie Kaffee und schleicht sich für einen Moment in die Zelle. Sophie erzählt ihr einen Traum.
<Sophie Scholl> »Ich trage an einem schönen, sonnigen Tag ein Kind in einem langen weissen Kleid zur Taufe. Der Weg zur Kirche führt auf einen steilen Berg hinauf. Aber ich halte das Kind fest und sicher. Plötzlich und unerwartet tut sich die Erde auf wie eine riesige Gletscherspalte. Ich kann gerade noch das Kind sicher auf die gegenüberliegende Seite legen und stürze in eine abgrundtiefe Leere, und die Kleider rauschen mir um die Ohren.«
»Siehst du, unser Tod hat einen Sinn. Unser Tun und unsere Ideen sind zwar noch ein Kind, aber es wird wachsen und sich über alle Hindernisse hinwegsetzen.«

[Blende]
Sie wird zum Prozess herausgeführt.
Die Türen werden nacheinander geöffnet. Hans schreibt noch, ehe man an seiner Tür ist, mit einem Bleistift an die Wand:
»Allen Gewalten zum Trotz sich erhalten.«
Auch Alex und Professor Huber sind unter den Gefesselten.
Es wird der ganze Aufwand eines Schauprozesses mit geladenen und der Gestapo vertrauenswürdigen Gästen inszeniert. Studenten in Uniform. Überfüllter Saal.
Freisler in roter Robe als Präsident. Seine Staatsanwälte und Geschworenen in SA- und SS-Uniform.
Die Angeklagten sitzen seitlich vor den Richtern, zwischen, hinter und neben sich Gestapobeamte. Die Angeklagten, bis auf Sophie, sind gefesselt. Ihre Haltung ist von bezwingendem Adel.
Freisler begründet das Urteil:
<Freisler> »Die Angeklagten sind zum Teil schon seit Frühjahr 1939 beim Studium und stehen – Dank der Fürsorge der nationalsozialistischen Regierung und Dank der Fürsorge unseres Führers <–> zu diesem Zweck in der Heimat. Als Studenten haben sie die Pflicht vorbildlicher Gemeinschaftsarbeit. Als Soldaten – und als solche sind sie zum Studium kommandiert – haben sie eine besondere Treuepflicht zum Führer, die sie durch einen Eid belegt haben. Das und die Fürsorge, die gerade ihnen das Reich angedeihen liess, hat sie nicht gehindert, in der ersten Sommerhälfte 1942 Flugblätter ›der weissen Rose‹ zu verfassen, zu vervielfältigen und zu verbreiten, die defätistisch Deutschlands Niederlage voraussagen, unsern Führer lächerlich machen, zum passiven Widerstand der Sabotage in Rüstungsbetrieben und überhaupt bei jeder Gelegenheit auffordern, um dem deutschen Volk seine nationalistische Lebensart und also auch Regierung zu nehmen.
Weder die Fürsorge des nationalsozialistischen Reichs für ihre Berufsausbildung noch die Tatsache, dass nur die nationalsozialistische Bevölkerungspolitik einem unter ihnen ermöglichte, als Student eine Familie zu haben, hinderten sie, ein Flugblatt auszuarbeiten, das den Heldenkampf in Stalingrad zum Anlass nimmt, den Führer als militärischen Hochstapler zu beschimpfen, in feigem Defätismus zu machen, und das dann in Aufrufform übergehend auffordert, zu handeln im Sinne einer wie sie vorgeben ehrenvollen Kapitulation unter Stellungnahme gegen den Nationalsozialismus.
Wer so, wie diese Studenten getan haben, hochverräterisch die innere Front und damit im Kriege unsere Wehrkraft zersetzt und dadurch den Feind des Reiches begünstigt (<§> 5 Kriegssonderstrafverordnung

und <§> 91 b STGB), erhebt den Dolch, um ihn in den Rücken der Front zu stossen! Wer so handelt, versucht gerade jetzt, wo es gilt, ganz fest zusammenzustehen, einen ersten Riss in die geschlossene Einheit unserer Kampffront zu bringen. Und das taten deutsche Studenten, deren Ehre allzeit das Selbstopfer für Volk und Vaterland war!
Wenn solches Handeln anders als mit dem Tode bestraft würde, wäre der Anfang einer Entwicklungskette gebildet, deren Ende einst – 1918 – war. Deshalb gab es für den Volksgerichtshof zum Schutze des kämpfenden Volkes und Reiches nur eine gerechte Strafe: die Todesstrafe. Der Volksgerichtshof weiss sich darin mit unseren Soldaten einig! Durch ihren Verrat an unserem Volk haben diese Studenten ihre Bürgerehre für immer verwirkt.«
<Freisler> »Besonders schwer muss auch der Vorwurf des deutschen Volkes gegen einen Hochschulprofessor sein, der sich für ihre Bemühungen hergibt.
Ein deutscher Hochschulprofessor ist vor allem ein Erzieher unserer Jugend und hat als solcher besonders in Not- und Kampfzeit darauf hinzuwirken, dass unsere Hochschuljugend zu würdigen jüngeren Brüdern der Kämpfer von Langemarck erzogen wird, dass sie in absolutem Vertrauen zu unserem Führer, zu Volk und Reich gekräftigt wird, dass ihre Glieder harte und opferbereite Kämpfer unseres Volkes werden!
Der Angeklagte Huber tat aber genau das Gegenteil! Er stärkte Zweifel anstatt sie zu töten; er führte Reden über Föderalismus und Demokratie mit Mehrparteiensystem als Notwendigkeiten für Deutschland, statt ehernen Nationalsozialismus zu lehren und vorzuleben. In der Zeit, in der es nicht darauf ankam, Probleme zu wälzen, sondern darauf, das Schwert zu packen, säte er Zweifel in unsere Jugend, redigierte die Flugblätter dieser Studenten und verfasste selbst eines, um unseren Armeen ihre revolutionäre Kraft zu rauben. Wer die deutsche Wehrmacht auffordert, gegen den Nationalsozialismus zu gehen, der fällt dem deutschen Volk in den Rücken. Die Kraft der Wehrmacht beruht auf der nationalsozialistischen Weltanschauung unserer Soldaten. Das ist die Grundlage der Unbezwinglichkeit unserer nationalsozialistischen Revolutionsarmeen! Ein solcher ›Professor‹ ist nach den grossen Trommlern der Pflicht unter den deutschen Professoren, nach Fichte und Kant, ein Schandfleck der deutschen Wissenschaft, den diese mit Recht vor einigen Tagen im Zusammenhang mit diesem Verfahren ausgemerzt hat, mit Schimpf und Schande wurde er aus Amt und Würden entfernt.

Die Zeiten, wo jeder denken und handeln konnte, sind vorüber! Für uns gibt es nur noch ein Mass, das nationalsozialistische, danach messen wir alle!«

Die Angeklagten erhalten das Wort:

Professor Huber:
»Jeder sittlich Verantwortliche würde mit uns seine Stimme erheben gegen die drohende Herrschaft der blossen Macht über das Recht, der blossen Willkür über den Willen des sittlich Guten. Die Forderung der freien Selbstbestimmung auch des kleinsten Volksteils ist in ganz Europa vergewaltigt, nicht minder die Forderung der Wahrung der rassischen und völkischen Eigenart. Die grundlegende Forderung wahrer Volksgemeinschaft ist durch die systematische Untergrabung des Vertrauens von Mensch zu Mensch zunichte gemacht. Es gibt kein furchtbareres Urteil über eine Volksgemeinschaft als das Eingeständnis, das wir uns alle machen müssen, dass keiner sich vor seinem Nachbarn, der Vater nicht mehr vor seinen Söhnen, sicher fühlt.

Was ich bezweckte, war die Weckung der studentischen Kreise nicht durch eine Organisation, sondern durch das schlichte Wort, nicht zu irgend einem Akt der Gewalt, sondern zur sittlichen Einsicht in bestehende schwere Schäden des politischen Lebens. Rückkehr zu klaren sittlichen Grundsätzen, zum Rechtsstaat, zu gegenseitigem Vertrauen von Mensch zu Mensch, das ist nicht *illegal*, sondern umgekehrt *die Wiederherstellung der Legalität*.

Es gibt für alle äussere Legalität eine letzte Grenze, wo sie unwahrhaftig und unsittlich wird. Dann nämlich, wenn sie zum Deckmantel einer Feigheit wird, die sich nicht getraut, gegen offenkundige Rechtsverletzung aufzutreten. Ein Staat, der jegliche freie Meinungsäusserung unterbindet und jede, aber auch jede sittlich berechtigte Kritik, jeden Verbesserungsvorschlag als ›Vorbereitung zum Hochverrat‹ unter die furchtbarsten Strafen stellt, bricht ein ungeschriebenes Recht, das im gesunden Volksempfinden noch immer lebendig war und lebendig bleiben muss.

Ich bitte und beschwöre sie in dieser Stunde, diesen jungen Angeklagten gegenüber im wahren Wortsinn schöpferisch Recht zu sprechen, nicht ein Diktat der Macht, sondern die klare Stimme des Gewissens sprechen zu lassen, die auf die *Gesinnung* schaut, aus der die Tat hervorging. Und diese Gesinnung war wohl die uneigennützigste, idealste, die man sich denken kann! Das Streben nach absoluter Rechtlichkeit, Sauberkeit, Wahrhaftigkeit im Leben des Staates. Für mich selbst aber nehme ich in Anspruch, dass meine Mahnung zur *Besinnung* auf die allein dauerhaften Fundamente dieses Rechtsstaates das oberste Gebot der Stunde ist, dessen Überhören nur den Untergang des deutschen Geistes und zuletzt des deutschen Volkes nach sich zieht. Ich habe das eine Ziel erreicht, diese Warnung und Mahnung nicht in einem privaten kleinen

Diskutierklub, sondern an verantwortlicher, an höchster richterlicher Stelle vorzubringen. Ich setze für diese Mahnung, für diese beschwörende Bitte *zur Rückkehr* mein Leben ein. Ich fordere die Freiheit für unser deutsches Volk zurück. Wir wollen nicht in Sklavenketten unser kurzes Leben dahinfristen, und wären es goldene Ketten eines materiellen Überflusses.
Ich hoffe zu Gott, dass die geistigen Kräfte, die es rechtfertigen, rechtzeitig aus meinem eigenen Volke sich entbinden mögen. Ich habe gehandelt, wie ich aus einer inneren Stimme heraus handeln musste. Ich nehme die Folgen auf mich nach dem schönen Wort Johann Gottlieb Fichtes: Und handeln sollst du so, als hinge / Von dir und deinem Tun allein / Das Schicksal ab der deutschen Dinge / Und die Verantwortung wär dein.«

Hans
< Hans Scholl > »Sie halten uns für eine intellektualistische, exklusive und falsch geleitete Jugend. Sie halten uns für unpolitische Menschen und Aussenseiter, weil wir ausserhalb der Gemeinschaft stehen und weil sie keine Verbindung zu alten Parteien aufdecken können. Aber die alten Politiker haben sich zurückgezogen, sind ausgewandert, sind eingesperrt oder ermordet und hingerichtet. Die Politik wird heute neue Wege gehen und nimmt im Feuerofen dieser Tage neue Formen an.
Wir wissen uns als Sprecher von Millionen von Deutschen und handeln nach ihrem Willen. Wir stehen hier nicht als einsame, sondern als Stellvertreter eines unzähligen Heeres bester deutscher Menschen, die euer Knebel zum Schweigen verdammt. Wir haben die Pflicht erkannt und übernommen, ihre Gedanken und ihre Not auszusprechen und zwar nicht allein vor Deutschland, sondern vor der ganzen Welt. Wir stehen als Stellvertreter des ganzen, heimlich unterdrückten Deutschlands hier vor Gott und der Welt. Wir stehen hier für die deutschen Universitäten, die immer als Heimstätten der Freiheit und des Gesetzes gegolten haben, für das freie Leben deutscher Kultur und deutschen Geistes ... «
Freisler: »Sabotage auf allen wissenschaftlichen und geistigen Gebieten, die für eine Fortführung des gegenwärtigen Krieges tätig sind – sei es in Universitäten, Hochschulen, Laboratorien, Forschungsanstalten, technischen Büros.
Sabotage in allem Schrifttum, allen Zeitungen, die im Solde der Regierung stehen ... «

<Hans Scholl> »... Wir stehen für den Arbeiter, der wegen seines Kampfes um Gerechtigkeit in den K.Z. schmachtet, der um den Sozialismus betrogen wurde.«

Freisler: »... Sabotage in Rüstungs- und kriegswichtigen Betrieben ...«

<Hans Scholl> »... Wir stehen für die unzähligen Juden, die wegen ihrer rassischen Eigenart unmenschliches Leid erdulden müssen, für die Tausende von Menschen, die wegen ihrer Gesinnung hinter Kerkermauern leben.

Wir stehen für die Christen, die Priester, die wegen ihres Glaubens verfolgt werden.«

Freisler: »... Sabotage in allen Versammlungen, Festlichkeiten und Organisationen, die durch die Nationalsozialistische Partei ins Leben gerufen werden.

Sabotage an geistigem Gedankengut.«

<Hans Scholl> »... Wir stehen für die deutsche Jugend, die, entweder durch verlogene Ideale irre geleitet, oder aber unter furchtbarem Zwang auf den Schlachtfeldern dieses Krieges verblutet.«

Freisler: »Verhinderung des reibungslosen Ablaufes der Kriegsmaschine.«

<Hans Scholl> »... Wir stehen als Glied in der Kette des gesamten europäischen Widerstandes gegen die Tyrannis.«

<Freisler> »... Sabotage am deutschen Volk!« (wütend)

<Hans Scholl> »... Wir stehen für ein Heer von Toten, die ihr meuchlings ermordet habt. Wir stehen für ein Heer von Müttern und Frauen, deren Kinder und Männer ihr auf den Schlachtfeldern für eine wahnwitzige Idee verbluten lasst.«

<Freisler> »... Dieser Sauhund!«

<Hans Scholl> »... Und wir hoffen, dass einmal eine höhere Gerechtigkeit unser Tun als kleinen Stein der Rechtfertigung in die Waagschale der Geschichte legen wird.

Sie mögen den Apparat der Bespitzelung, der Beobachtung, der Verachtung und Knebelung noch so weit ausdehnen, das Netz der Gewalt noch so eng knüpfen, das Feuer der Freiheit frisst weiter. Ihr könnt uns dem Tod überliefern, die Glut des Erwachens wird gerade dadurch noch mehr um sich greifen. Gerade dadurch werdet ihr die Saat ausstreuen, die ihr zertreten möchtet. Ihr mögt allem gewachsen sein, gegen eines seid ihr vollkommen machtlos, gegen das untergründige Erwachen der Freiheit. Und die Mittel, mit denen ihr es ersticken wollt, seien es Tod oder was immer, werden dieses Erwachen nur entfachen.

Nicht wir Gefesselten hier sind die Machtlosen. Nicht unsere Stunde hat geschlagen. Die Eure ist es, die gezählt ist. Ihr werdet einmal hier stehen, hinter dieser Barriere. Eure Macht mag zwar hinreichen, uns umzubringen, unser Tod aber wird mächtig sein, eure Grundlagen zu untergraben und die Freiheit wieder zum Leben zu erwecken. Ihr seid die Gefangenen eurer eigenen Handlungen. Ihr meint euch einen Dienst zu erweisen und eure Macht zu schützen. In Wirklichkeit beginnt ihr sie zu unterhöhlen. Mit euren eigenen Handlungen macht ihr sie anfällig und schürt die Kraft, die sie stürzen wird. Wo immer die Macht sich nur auf die Macht verlassen kann, wo sie nicht auf Freiheit, auf die Menschlichkeit und das Recht gegründet ist, weckt jede Tat, mit der sie sich schützen will, den Keim ihrer Verwesung und ihres Unterganges.«

Freisler: »... was halten wir uns noch an ein Gesetzbuch: hört ihn doch an!«

Freisler schleudert das Gesetzbuch in eine Ecke.

Einzelne Studentenführer versuchen Stimmung zu machen. Sie kommen nicht gegen die Spannung auf.

<Hans Scholl> »Sie haben begonnen die Freiheit aufzurufen, ihren grössten Feind. Sie wird dem deutschen Volk langsam den Schleier von den Augen nehmen, sie wird ihm Entschlusskraft geben, sie wird das deutsche Volk anfeuern, sich gegen seine eng gespannten Fesseln zu regen. Sie glauben, einen Feind geschlagen zu haben, wenn sie uns aus dem Weg schaffen. Täuschen sie sich nicht, die Freiheit ist ihr Feind, nicht wir. Und statt sie zu bezähmen und sie in Schach zu halten, habt ihr sie aufgestöbert. Mögt ihr uns schaden, die Freiheit wird nur wachsen, gerade dadurch, dass ihr uns dem Tod überliefert.

Fahrt so fort, fahrt fort, Tod auf Tod zu häufen. Ihr weckt die deutsche Seele von ihrem Schlummer. Ihr weckt die überlistete Freiheit, die ihr schon erdrosselt glaubtet. Ihr weckt das Deutschland von morgen. Denn entweder die Freiheit beginnt aufzustehen, oder um Deutschland ist es geschehen.«

Die letzte Stunde

Beobachtungsflugzeug im Anfliegen auf München. Der Pilot vom Anfang. Die Nacht ist hell. Nachrichten aus dem englischen Rundfunk von der Studentenerhebung in München.

Über München. Ruinen. Mit Wasser gefüllte Bombentrichter.

<Tommie> »Es ist heute heller als das letzte Mal.«

Ein hell erleuchtetes Fenster.

[Zoom]

Das Gefängnisfenster von Hans' Zelle. Ein Priester ist bei ihm, fragt ihn, ob er auch keinen Hass mehr habe. Hans lächelt überlegen und bittet ihn, das »Hohe Lied« aus Kor. 13 vorzulesen. Beide stehen.

<Priester> »Wenn ich mit Menschen- und mit Engelszungen redete und hätte der Liebe nicht, so wäre ich ein tönend Erz oder eine klingende Schelle.
Und wenn ich weissagen könnte und wüsste alle Geheimnisse und alle Erkenntnis und hätte allen Glauben, also dass ich Berge versetzte, und hätte der Liebe nicht, so wären wir nicht nütze.
Und wenn ich alle meine Habe den Armen gäbe und liesse meinen Leib brennen und hätte der Liebe nicht, so wäre ich nichts.«
[Blende]
Professor Huber schreibt die letzten Zeilen nach Hause.
... »Ich weiss, Du bleibst der Mutter Stütze und rechte Hand. Dein Vater vergisst Dich nicht und betet für Euch. Der liebe Gott hat Dir reiche Gaben geschenkt, nütze sie, freue Dich an Musik und Dichtung und bleibe weiter der liebe, gute Engel, der Du uns warst.
Liebster, tapferer, kleiner Wolfi! Vor Dir liegt noch das ganze schöne Leben offen. Du wirst ein braver Bub und ein tüchtiger Mann, Mutters Beschützer und Stolz! Und denke immer, wenn es Dir einmal schwer wird im Leben, an den Vadder, der für seinen lieben Bub weitersorgt!
Ihr Liebsten! Weint nicht um mich – ich bin glücklich und geborgen. Es segne Euch der allmächtige Gott und nehme Euch in seinen Schutz! Euer Euch liebender Vater.«
[Blende]
Die Wachtmeister sind voller Bewunderung für die Studenten. Sie können Hans und Sophie unbemerkt noch in einer Zelle zusammenbringen. Später schieben sie auch noch Christl hinein. Die andern zu holen ist zu gefährlich.
Sie schieben drei Zigaretten in die Zelle. Die Drei rauchen stehend.
<Sophie Scholl> »Unser Leben muss genau zu dieser Stunde zu Ende sein. Ich könnte jetzt eine Begnadigung nicht einmal mehr annehmen.«
<Hans Scholl> »Man weiss nicht, was der Tod ist, solange man lebt. Ist man bei ihm, sieht er ganz anders aus. Man hat das Gefühl, als sei er das Rückgrat unseres Lebens. Der Tod hält uns aufrecht. Wenn wir nicht auf den Tod hin ausgespannt wären, wären wir Fleisch ohne Halt ... «
Sie rauchen.
Sie müssen sich verabschieden. Sie werden einzeln geholt, Christl zuerst.
<Christoph Probst> »Bis nachher im Himmel ... «
Wer zuerst ankommt, solle die Türe gleich offen lassen. Sophie küsst Christl auf die Stirne. Alle sind von einer gelösten Heiterkeit.

Nun wird auch Sophie geholt. Sie lächelt zu Hans: »Bis nachher ...«, küsst ihn und geht.
(Den Besuch der Eltern von Hans und Sophie eventuell noch einflechten.)

Hinrichtung
Eine Viertelstunde vor der Hinrichtung erscheinen zur allgemeinen Überraschung drei SS-Offiziere im Rang eines Oberstleutnant bzw. eines Majors und weisen die schriftliche Genehmigung des Generalstaatsanwaltes und der Gestapo vor, der Urteilsvollstreckung auf ihren eigenen Antrag hin beiwohnen zu dürfen. Eine solche Genehmigung ist eine besondere Ausnahme, da bei einer Vollstreckung grundsätzlich die Anwesenheit dritter Personen selbst von Gefängnisbeamten strengstens untersagt ist.
Die SS-Offiziere sprechen mit dem Gefängnisarzt über den Zeitpunkt des Eintrittes des Todes bei einer Vollstreckung durch den Strang und über die Möglichkeiten, diesen je nach Wunsch schneller oder langsamer eintreten zu lassen.
Sie sind enttäuscht, dass die Vollstreckung nicht durch den Strang vorgenommen wird.
Die Hinrichtung wird um einige Zeit verschoben, weil der Gefängnisdirektor dienstbeflissen im Hinrichtungsraum zusammen mit dem Scharfrichter einen Vortrag über Alter, die Einrichtung und Wirkungsweise der Hinrichtungsmaschine hält.
[Blende]
Alex in seiner Zelle. Ein griechisch-orthodoxer Priester ist bei ihm.
<Priester> »Herr Gott Du bist unsere Zuflucht für und für
ehe denn die Berge waren und die Erde und die Welt geschaffen waren bist Du Gott von Ewigkeit zu Ewigkeit.
Der Du die Menschen lässest sterben und sprichst: kommt wieder Menschenkinder!
Denn tausend Jahre sind vor Dir wie ein Tag, der gestern vergangen und wie eine Nachtwache.«
[Blende]
Willi Graf mit einem Priester in seiner Zelle.
[Blende]
Sophie sitzt vor ihrem Tisch, sie hat mit einem Bleistiftstummel eine Zigarettenschachtel über und über mit dem Wort: »Jugend« vollgeschrieben und füllt noch jede leere Stelle kreuz und quer damit aus.
[Blende]

Hans wird von der Zelle geholt und den Gang in den Hinrichtungsraum hinausgeführt. Man hört fragen, ob er Hans Scholl sei.
»Ja ... «
Man hört ihn nach einer Weile laut rufen, dass es durch alle Gänge und Höfe hallt: »Es lebe die Freiheit!« Ein dumpfer Schlag.
Professor Huber tritt heraus. Er verliert seinen Holzschuh. Er lächelt: »Den brauche ich nicht mehr«, geht weiter und winkt zurück: »Auf Wiedersehen ... «
Weitere Schlösser fallen, eine weitere Tür geht auf.

Lesarten

57,6 Christl Probst Hs. nachgetragen.

58,1 Royal Airforce Im Typoskript »RAF«.

60,2 Deutschland Hs. eingefügt.

60,15 Wahnsinn. Alle ... Hs. eingefügtes Absatzzeichen.

63,2 Tod durch die Rassenzüchter Emendiert aus »Tod der Rassenzüchter«.

72,8 Aber nach ... vielleicht »vielleicht« hs. eingefügt.

77,4 worum wir uns bemühen »worum« ist hs. eingefügt, und ein »um was« durchgestrichen.

83,16 f. dass Haecker gerade Nachrichten hörte »gerade« ist hs. eingefügt und ersetzt ein »eben«.

86,38 f. bricht das ganze Leid der Zeit durch, ihr Im Typoskript steht nach dem Komma ein durchgestrichenes »und«.

89,10 f. radikal anders der Franzose Ein im Typoskript getipptes »als« ist durchgestrichen.

93,3-8 Christl holt ... sieht.« Dieser Absatz existiert in zwei Versionen auf zwei nacheinander liegenden Blättern, die bis auf diesen Absatz identisch sind. In der Schrift von Inge Scholl sind Korrekturen eingefügt. Sie ersetzte »die ein Kind erwartet« durch »die im Wochenbett liegt« und fügte den Satz »Er beugt sich ... sagte leise:« hinzu.

100,28 f. nationalistische Vermutlich irrtümlich für »nationalsozialistische«.

100,36 in Aufrufform übergehend auffordert auffordert hs. eingefügt.

103,14 Hans In der Szene wurde mehrmals »Freisler« hs. eingefügt.

107,3 f. (Den Besuch ... einflechten.) Hs. eingefügt in der Schrift von Inge Scholl.

Kommentar

58,2 Tommies Spitzname für die englischen Soldaten.

58,9 Professor Huber Kurt Huber (1893-1943), geboren in der Schweiz, seine Familie übersiedelte 1896 nach Stuttgart, wo Huber ab 1903 das Eberhard Ludwigs-Gymnasium besuchte, 1911 Abitur; nach dem Tod des Vaters 1912 Übersiedlung nach München. Dort Studium der Musikwissenschaft, Psychologie und Philosophie, 1917 Promotion, 1921 Habilitation und 1926 außerordentliche Professor. 1929 Heirat mit Clara Schickenrieder, zwei Kinder. 1937 kurzzeitig kommissarischer Abteilungsleiter des staatlichen Instituts für deutsche Musikforschung in Berlin. Sammlung altbayerischer Volkslieder im Auftrag der deutschen Akademie, zeitweilige Sympathie für den NS, von dem Huber sich die besondere Pflege des Volkstums erhoffte. Seine Enttäuschung führte zu einem leidenschaftlichen Haß des NS, den er auch in seinen Philosophievorlesungen nicht verhehlte. Im Sommer 1942 Kontakt mit dem Kreis der »Weißen Rose« über den privaten Lese- und Diskussionsabend im Atelier von Manfred Eickemeyer. Verhaftet am 27. Februar 1943, bis zu seiner Hinrichtung am 13. Juli 1943 arbeitete er in der Todeszelle an seinem Buch über Leibniz. Vgl. auch: *Die Weiße Rose. Der Widerstand von Studenten gegen Hitler, München 1942/43*, Ausstellung, zusammengestellt von der Weiße Rose Stiftung e.V., 2. Auflage, München 1995, S. 23-25; Günter Kirchberger, *Die »Weiße Rose«. Studentischer Widerstand gegen Hitler in München*, München 1987, S. 58; Barbara Schüler, *»Im Geiste der Gemordeten ... «. Die »Weiße Rose« und ihre Wirkung in der Nachkriegszeit*, Paderborn 2000 (Politik- und Kommunikationswissenschaftliche Veröffentlichungen der Görres-Gesellschaft 19), passim.

58,13 Atelier Eickemeier Hans Scholl hatte im März/April 1942 die Bekanntschaft des Architekten Manfred Eickemeyer (1903-1978) gemacht, der ein Atelier im Garten eines Grundstücks in der Münchner Leopoldstraße 38a besaß, das er den Studenten aus dem Umkreis der »Weißen Rose« für die gemeinsamen Lese- und Diskussionsabende zur Verfügung stellte. Der Architekt hielt sich nur gelegentlich in München auf, weil er viel in Krakau zu tun hatte und die meiste Zeit im Generalgouvernement herumreiste. Im Keller des abgelegenen Ateliers druckten die Freunde ihre Flugblätter.

58,17 Abschiedsabend Es handelt sich um den Abend vor der Abreise der Studentenkompanie nach Rußland, den 22. Juli 1942. Der Freundeskreis der »Weißen Rose« fand sich im Atelier zusammen; anwesend waren zwölf bis fünfzehn Personen. Über den Abend gibt es unterschiedliche Schilderungen der Beteiligten; in der Literatur wurde er zumeist als zentrales Moment des Umschlagens in den aktiven Widerstand gewertet. Schüler, *»Im Geiste der Gemordeten ... «*, a.a.O. (Anm. zu 58,9), S. 197-199.

58,18 Hans Hans Scholl. Zur Biographie s. Einleitung.

58,18 Sophie Sophie Scholl. Zur Biographie s. Einleitung.

58,18 Alex Alexander Schmorell (1917-1943) wurde in Rußland geboren, 1921 nach dem Tod der russischen Mutter übersiedelt sein Vater, ein deutscher Arzt, nach München, wo Alexander zweisprachig aufwächst. Während der Schulzeit Freundschaft mit Christoph Probst; Mitglied im Stahlhelm »Jungbayern« und im Scharnhorstbund, nach Eingliederung dieser Bünde in die HJ Austritt; 1936 Abitur, Reichsarbeitsdienst, Einberufung zum Militärdienst; 1938 eingesetzt beim Einmarsch der deutschen Truppen in Österreich, dann bei der Besetzung der Tschechoslowakei. Seit Frühjahr 1939 Medizinstudium in Hamburg, 1940 Einberufung zu einer Sanitätsabteilung, Frankreichfeldzug, 1940 Medizinstudium in München und Zuteilung zu einer Studentenkompanie, in der er Hans Scholl kennenlernt. Ab Anfang 1941 lädt er ihn in sein Elternhaus zu Diskussions- und Leseabenden ein. Feldfamulatur mit den Freunden 1942. Nach der Verhaftung der Scholls Fluchtversuch, verhaftet am 24. Februar 1943, als er in einem Münchner Luftschutzkeller erkannt wird, Hinrichtung am 13. Juli 1943. Vgl. auch: *Die Weiße Rose [Ausstellungskatalog]*, a.a.O. (Anm. zu 58,9), S. 32-34; Kirchberger, *Die Weiße Rose*, a.a.O. (Anm. zu 58,9), S. 54; Michael C. Schneider/Winfried Süß, *Keine Volksgenossen. Studentischer Widerstand der Weißen Rose*, hrsg. vom Rektoratskollegium der Ludwig Maximilians-Universität München, München 1993, S. 12; Schüler, *»Im Geiste der Gemordeten ... «*, a.a.O. (Anm. zu 58,9), passim.

58,18 Christl Christoph Probst (1919-1943), Sohn eines Privatgelehrten, der in zweiter Ehe mit einer Jüdin verheiratet war, 1932-1935 Landerziehungsheim Marquartstein (extern), 1934-1937 Mitglied in der HJ. Lernte 1935 am Neuen Realgymnasium in München Alexander Schmorell kennen, der ihn während seines Aufenthaltes 1936/37 im Landerziehungsheim Schondorf am Ammersee häufig besuchte. 1937 Abitur, Reichsarbeitsdienst, Einberufung zum Militärdienst (Luftwaffe). Ab 1939 Studium der Medizin in München, dann in Straßburg und Innsbruck; 1941 Heirat mit Herta Dohrn, deren Vater Harald Dohrn später ebenfalls mit der »Weißen Rose« sympathisierte, drei Kinder. Ende Mai 1941 macht er bei einem Leseabend im Hause Schmorell die Bekanntschaft mit Hans Scholl; die Freunde versuchen den Familienvater aus den gefährlichen Aktionen möglichst heraus zu halten, aber sein Entwurf des 6. Flugblattes wurde bei Hans Scholl gefunden; verhaftet am 19. Februar 1943, zusammen mit Hans und Sophie Scholl am 22. Februar 1943 hingerichtet. Angesichts des Todes läßt er sich im Gefängnis katholisch taufen. Vgl. auch: *Die Weiße Rose*, a.a.O. (Anm. zu 58,9), S. 29-31; Klaus Dohrn, *Von Bürgern und Weltbürgern. Eine Familiengeschichte*, Pfullingen 1983; Kirchberger, *Die Weiße Rose*, a.a.O. (Anm. zu 58,9), S. 55; Schneider/Süß, *Keine Volksgenossen*, a.a.O. (Anm. zu 58,18), S. 12 f.; Schüler, *»Im Geiste der Gemordeten ... «*, a.a.O. (Anm. zu 58,9), passim.

58,18 f. Sie hektographieren ... Adressen Zwischen dem 27. Juni und dem 12. Juli 1942 versandten Alexander Schmorell und Hans Scholl vier »Flugblätter der Weißen Rose«. Nach Herstellung des ersten Flugblattes suchten sie sich Anschriften von Akademikern aus dem Telefonbuch, auch von Münchner Gastwirten, in der Hoffnung, daß sie den Inhalt der Flugblätter weitererzählen würden. Sophie Scholl und Christoph Probst wurden erst während der laufenden Arbeit eingeweiht; die zuweilen zu finden Angabe, sie hätten an dieser Aktion teilgenommen, ist falsch.

58,21 Picassos Guernica Pablo Picasso erhielt nach Ausbruch des spanischen Bürgerkrieges im Jahr 1936 im Januar 1937 von General Franco den Auftrag, ein repräsentatives Gemälde für den Spanischen Pavillon auf der Weltausstellung in Paris zu malen. Am 26. April wurde das nordspanische Städtchen Guernica von Luftstreitkräften der Verbündeten Francos bombardiert und vollständig zerstört. Aus erbittertem Protest gegen die Hinmetzelung einer wehr- und schutzlosen Bevölkerung, aus Anklage gegen den technisierten Massenmord in Anonymität erwuchsen in Picasso die Ideen zu diesem Bild, das mahnend den Namen der geschlachteten Stadt trägt: Guernica. Das 351 mal 782 cm große Bild hängt heute im Museum of Modern Art in New York. Abdruck und Beschreibung: *Kindlers Malerei Lexikon im dtv,* Bd. 10, München 1982, S. 122.

58,33 Willi Willi Graf (1918-1943) wuchs in einem katholisch geprägten Elternhaus in Saarbrücken auf, 1929 Mitglied im Bund »Neudeutschland« (in der Wandervogel-Tradition stehend), 1934 Anschluß an den »Grauen Orden« (der sich aus ehemaligen Mitgliedern südwestdeutscher »Bündischer« entwickelt und um eine Reform der Katholischen Kirche bemüht hat). Trat der Hitlerjugend trotz aller Drohungen nie bei; 1938 inhaftiert und wegen »bündischer Umtriebe« angeklagt. Seit dem Wintersemester 1937/38 Studium der Medizin in Bonn, 1939 Physikum, im Januar 1940 Einberufung zum Militärdienst als Sanitäter, Einsatz in Frankreich und Belgien, März/April 1941 in Jugoslawien, Mai 1941 bis April 1942 an der Ostfront. April 1942 Beurlaubung zur Studentenkompanie nach München, dort Begegnung mit Hans Scholl und dem Kreis der »Weißen Rose«. Im Juli 1942 Feldfamulatur an der Ostfront, danach entschließt sich Graf endgültig, an den Widerstands-Aktionen teilzunehmen; verhaftet am 18. Februar 1943, hingerichtet am 12. Oktober 1943. Vgl. auch: *Die Weiße Rose,* a.a.O. (Anm. zu 58,9), S. 20-22; Kirchberger, *Die Weiße Rose,* a.a.O. (Anm. zu 58,9), S. 56; Anneliese Knoop-Graf, *Hochverräter? Willi Graf und die Ausweitung des Widerstands,* in: Rudolf Lill/Michael Kißener, *Hochverrat? Die »Weiße Rose« und ihr Umfeld,* Konstanz 1993, S. 43-88; Anneliese Knoop-Graf/Inge Jens (Hrsg.), *Willi Graf. Briefe und Aufzeichnungen,* mit einer Einleitung von Walter Jens, Frankfurt am Main 1994; Schneider/Süß, *Keine Volksgenossen,* a.a.O. (Anm. zu 58,18), S. 11 f.; Schüler, *»Im Geiste der Gemordeten ... «,* a.a.O. (Anm. zu 58,9), passim.

58,34 Furtenbacher Gemeint ist entweder Josef Furtmeier, ein Freund von Manfred Eickemeyer, ein pensionierter Justizbeamter, der des öfteren im Freundeskreis Referate über Archäologie, Geschichte und christliche Autoren hielt (vgl. Schüler, »*Im Geiste der Gemordeten*...«, a.a.O. [Anm. zu 58,9], passim), oder Hubert Furtwängler, Angehöriger der Studentenkompanie. Beider Teilnahme am Abschiedsabend ist historisch nicht gesichert.

58,34 Hofmüller Gemeint ist wohl Raimund Samüller, Student, Freund von Hans Scholl und Alexander Schmorell, der später in Rußland fiel (vgl. Knoop-Graf/Jens, *Willi Graf*, a.a.O. [Anm. zu 58,33], S. 278).

58,34 Laufenstein Gemeint ist Jürgen Wittenstein (geb. 1919), eng befreundet mit Christoph Probst und Alexander Schmorell, wußte von den Aktionen und redigierte zwei Flugblätter. Später Professor für Chirurgie an der Universität von Kalifornien in Los Angeles. Über ihn: Knoop-Graf/Jens, *Willi Graf*, a.a.O. (Anm. zu 58,33), passim; Harald Steffahn, *Die Weiße Rose. Mit Selbstzeugnissen und Dokumenten*, 2. Auflage, Hamburg 1993, passim.

58,34 Brigitte Gemeint ist wohl Traute Lafrenz (geb. 1919). Nach ihrer Übersiedlung nach München im Mai 1941 wurde Lafrenz durch Alexander Schmorell, den sie bei einem Ernteeinsatz im Sommer 1939 in Pommern kennengelernt hatte, mit dem Kreis der »Weißen Rose« bekannt und freundete sich mit Hans Scholl an. Im November 1942 brachte sie ehemaligen Mitschülern in Hamburg zwei Flugblätter und stellte so die Verbindung zwischen den Münchner und Hamburger Aktivitäten her. Am 15. März 1943 festgenommen, wurde sie zu zwölf Monaten Haft verurteilt, aber kurz nach ihrer Entlassung im Zusammenhang mit der Zerschlagung des Hamburger Ablegers erneut inhaftiert; das Kriegsende erlebte sie in einem Bayreuther Gefängnis. Heute lebt Traute Lafrenz als Ärztin in den USA; vgl. ihren Bericht in: Inge Scholl, *Die Weiße Rose*, Frankfurt am Main 1993 (Erweiterte Neuausgabe), S. 131-138.

58,34 Othmar Gemeint ist Otmar Hammerstein (geb. 1917), Medizinstudent in der Studentenkompanie, arrangierte einige Leseabende und wußte von den Flugblattaktionen. Seine Teilnahme am Abschiedsabend ist umstritten. Über ihn: Knoop-Graf/Jens, *Willi Graf*, a.a.O. (Anm. zu 58,33), S. 297.

58,34 Susanne Gemeint ist entweder Gisela Schertling (geb. 1922), eine Freundin von Sophie Scholl. Studium in München, wo sie sich mit Hans Scholl befreundete, dadurch Kontakt zum Kreis der »Weißen Rose«. Im 2. Prozeß zu einem Jahr Gefängnis verurteilt; oder Katharina Schüddekopf (1916-1992). Beider Teilnahme am Abschiedsabend ist wahrscheinlich. Über beide: Schüler, »*Im Geiste der Gemordeten*...«, a.a.O. (Anm. zu 58,9), passim.

58,35 einigen Freunden Gemeint ist der weitere Freundeskreis der »Weißen Rose«, der neben dem engeren Zirkel bestand. Übersicht bei Schüler, »*Im Geiste der Gemordeten*...«, a.a.O. (Anm. zu 58,9), S. 262.

58,40 V als Zeichen der »Viktoria« Unter den verschiedenen Zeichensymbolen, mit denen im Zweiten Weltkrieg die Bewohner der von deutschen Truppen besetzten Länder ihren Widerstandswillen gegen die nationalsozialistische Herrschaft bekundeten, ragt das »V« als bekanntestes hervor. Als Grußform mit auseinander gespreiztem Zeige- und Mittelfinger wurde es durch Churchill popularisiert. Eine Gruppe von geflüchteten belgischen Rundfunkredakteuren, die bei der BBC die für Belgien bestimmten Sendungen bearbeitete, kam auf die Idee, das »V« auch als visuelles Zeichen zu propagieren, was erstmals am 14. Januar 1941 geschah. Als Verbote besonders im besetzten Frankreich nichts halfen, beschloß die deutsche Propaganda, das Widerstandssymbol gewissermaßen umzudrehen, mit einem neuen Sinngehalt zu füllen und es in den Dienst der eigenen politischen Werbung zu stellen. Das V wurde zum Zeichen des »Kreuzzugs gegen den Bolschewismus« erklärt; Im Juli 1941 wurden etwa in Paris Tausende von roten Plakaten mit einem weißen V geklebt (vgl. Arnold Rabbow, *dtv-Lexikon politischer Symbole A-Z*, München 1970).

58,40 Göbbels 1933 wurde das »Reichsministerium für Volksaufklärung und Propaganda« unter Joseph Goebbels (1897-1945) eingerichtet. Alle Gleichschaltungsmaßnahmen wurden von seiner Propaganda unterstützt und begründet. Das Ministerium übte einen starken Druck auf wissenschaftliche Institutionen und auf das kulturelle Leben aus (vgl. Helmut Michels, *Ideologie und Propaganda. Die Rolle von Joseph Goebbels in der nationalsozialistischen Außenpolitik* [Europäische Hochschulschriften. Reihe 3: Geschichte und ihre Hilfswissenschaften 527], Frankfurt am Main 1992).

59,14 Russland zum Fronteinsatz Am 23. Juli 1942 verließen Scholl, Schmorell, Graf und Furtwängler mit ihrer Studentenkompanie München. Sie wurden als Sanitäter und Hilfsärzte nahe der russischen Front eingesetzt. Anfang November kehrten sie nach München zurück. Das »Rußlanderlebnis« ist in seiner Bedeutung für die weitere Entwicklung der Studenten nicht zu unterschätzen. Schüler, *»Im Geiste der Gemordeten ... «*, a.a.O. (Anm. zu 58,9), S. 199-205.

59,17 Wein Immer wieder findet sich in Berichten die Schilderung, wie gern gerade Hans Scholl Wein getrunken habe und wie man versuchte, immer einige Flaschen vorrätig zu haben. Aufgrund Zuckmayers rheinhessischer Herkunft dürfte er auf diesen Aspekt vielleicht Wert gelegt haben.

59,19 Haecker Theodor Haecker (1879-1945), 1885-1894 Besuch der Elementarschule/Lyceum in Esslingen, Schulabgang mit dem Einjährigen, 1894-1901 kaufmännische Lehre, Tätigkeit als Kaufmann in Antwerpen, 1901-1903 ohne Abitur »studiosus phil.« an der Universität Berlin, 1903 Rückkehr nach Esslingen, Abitur 1905 und Beginn der Arbeit als Redakteur der humoristischen Wochenschrift *Meggendorfer Blätter* in München durch Vermittlung von Ferdinand Schreiber, die 1928 mit den *Fliegenden Blättern* vereinigt wurden (Haekker blieb bis zuletzt Hauptschriftleiter), 1905-1910 gleichzeitig Studium der Philosophie in München, 1913 erste kulturkritische Schrift über Kierkegaard, 1914 Mitarbeit am *Brenner* auf Einladung Ludwig von Fickers, 1916 kurzfristige Einberufung, 1918 Hochzeit mit Margarete Braunsberg (gest. 1935). Langjährige Mitarbeit an der Zeitschrift *Hochland*; 1935 Rede- und 1938 Schreibverbot. Über ihn: Bernhard Hanssler/Hinrich Siefken (Hrsg.), *Theodor Haecker. Leben und Werk. Texte, Briefe, Erinnerungen, Würdigungen zum 50. Todestag am 9. April 1995* (Esslinger Studien. Schriftenreihe Bd. 15), Esslingen 1995; Hinrich Siefken (Bearb.), *Theodor Haecker (1879-1945)*, mit einer Haecker-Bibliographie von Eva Dambacher (Marbacher Magazin 49, Marbach 1989).

59,20 Professor Muth Carl Muth (1867-1944), 1877-1881 Gymnasium in Worms, 1882-1884 Internatsschule der Steyler Missionare in Steyl/Holland mit der Absicht, Missionar zu werden, 1884/85 Missionsschule der Weißen Väter in Algier, 1887 Gymnasium in Gießen (ohne Abschluß). Selbststudium. Nach seinem Militärdienst in Mainz 1890/91 studierte Muth ein Jahr an der Universität Berlin Volkswirtschaft, Staats- und Verfassungsrecht, Philosophie, Geschichte und Literatur. Historische und Kunsthistorische Studien während des Aufenthaltes in Paris und Rom. Redakteur der Tageszeitung *Der Elsässer* 1894 und Heirat mit Anna Thaler (gest. 1920); 1895-1902 Chefredakteur der Monatsschrift *Alte und Neue Welt. Illustriertes Katholisches Familienblatt*; 1904 bis 1941 Herausgabe der Monatsschrift *Hochland*. Über ihn: Winfried Becker, in: *Biographisch-Bibliographisches Kirchenlexikon*, begr. und hrsg. von Friedrich Wilhelm Bautz, fortgeführt von Traugott Bautz, Bd. 6, Herzberg 1980, S. 396-402; Susanna Schmid, in: *Lexikon für Theologie und Kirche*, 3. Auflage, Bd. 7, Freiburg i.Br. 1999, S. 555 f.

59,20 f. das geistige München Über München im Nationalsozialismus: Hildegard Vieregg, *Wächst Gras darüber? München: Hochburg des Nationalsozialismus und Zentrum des Widerstands*, München 1993. Zur Bedeutung geistiger Zirkel für Bayern und München: Christina M. Förster, *Der Harnier-Kreis. Widerstand gegen den Nationalsozialismus in Bayern* (Veröffentlichungen der Kommission für Zeitgeschichte, Reihe B 74), Paderborn 1998.

59,21 f. Huber scherzt über seine Parteimitgliedschaft In der Weimarer Republik war Huber einige Zeit Mitglied in der Bayerischen Volkspartei, einer katholisch-konservativen Partei, die besonders die Selbständigkeit Bayerns gegenüber dem Reich betonte. Über eine Mitgliedschaft Hubers in der NSDAP ist nichts bekannt.

59,22 alten Fritz Friedrich II. (der Große) (1712-1786), König von Preußen.

59,24 f. »Seidenen Schuh« von Claudel Paul Claudel, *Der seidene Schuh oder Das Schlimmste trifft nicht immer zu*, eine spanische Handlung in vier Tagen, entstanden 1919-1924. Als Textvorlage diente den Mitgliedern der »Weißen Rose« die deutsche Übertragung von Hans Urs von Balthasar, Salzburg 1939.

59,25 f. Rodriguo Die Liebe in ihrer doppelten Ausdrucksform als Eros und mystisches Gottverlangen ist das wichtigste Agens des Dramas, das die spanische Welt an der Wende vom 16. zum 17. Jahrhundert vorführt. Don Rodrigue liebt Dona Prouhèze, die Gattin eines hohen spanischen Richters. Der Verbindung beider stehen neben Konvention und Ehesakrament die Pläne des spanischen Königs entgegen, der Don Rodrigue für große Aufgaben bestimmt (Stellvertreter des Königs in Nordafrika, baut ein Imperium in der Neuen Welt auf). Der letzte Teil läßt den alt, schwach und machtlos gewordenen in den Wahn abgleiten, bevor er als Staatsverbrecher gefangen genommen und an einen Bettelorden weitergegeben wird. Doch auch ihm wird die göttliche Erlösung zuteil.

59,32 »Der Schinder der Völker« Der Archäologe und Kunstgelehrte Johann Joachim Winckelmann (1717-1768) war 1748 bis 1755 Gräflicher Bibliothekar in Nöthnitz (bei Dresden), bevor er nach Rom reiste und Deutschland den Rücken kehrte. Heinrich von Treitschke, *Deutsche Geschichte. Bd. 1: 19. Jahrhundert*, Leipzig 1927, S. 45 f. schreibt dazu: »Mit glühender Sehnsucht strebte Winckelmann hinaus aus der schweren und erstickenden Luft des vermaledeiten Landes, und [...] sandte [...] seine Flüche der Heimat zu: ›Ich gedenke mit Schaudern an dieses Land; auf ihm drückt der größte Despotismus, der je gedacht ist. Besser ein beschnittener Türke werden als ein Preuße. In einem Land wie Sparta (eine sehr ideale Bezeichnung des Regiments des Korporalstocks!) können die Künste nicht gedeihen und müssen gepflanzt ausarten‹.«

59,33 »Wer mein Freund ist ... zu gehen« Konnte nicht ermittelt werden.

59,34 f. Bismarck Otto von Bismarck (1815-1898) war 1871-1890 Reichskanzler des Deutschen Reichs von 1871 (vgl. Lothar Gall, *Bismarck. Der weiße Revolutionär*, Berlin 1980).

59,35 Kirche ausgeschaltet Angespielt wird hier auf den Kulturkampf. Bismarcks Kampf gegen die Katholische Kirche war v.a. durch die Gründung der Zentrumspartei motiviert und gegen diese gerichtet; zahlreiche Gesetze wie die Einführung der Zivilehe, der Kanzelparagraph, die »Maigesetze« usw. stehen für diesen politisch-rechtlichen Grundsatzkonflikt in den 1870er Jahren; vgl. dazu Gerhard Besier, *Kulturkampf*, in: Theologische Realenzyklopädie Bd. 20, Berlin 1990, S. 209-230; Rudolf Lill (Hrsg.), *Der Kulturkampf*, Paderborn 1997.

59,37 Preussentum Steht als Synonym für Militarismus und Disziplin mit barbarischer Härte. Dazu den Überblick von Rudolf von Thadden, Art.: Preußen II, in: Theologische Realenzyklopädie Bd. 27, Berlin 1997, S. 364-376; Thomas Nipperdey, *Deutsche Geschichte 1866-1918, Bd. 2: Machtstaat vor der Demokratie*, 2. Auflage, München 1993.

60,4 »Ich bin müde ... herrschen« In einer Kabinettsorder Friedrichs des Großen von 1785 findet sich der Satz: »Ich bin es müde, über Sklaven zu herrschen«.

60,12 Schlesischen Kriege Drei preußisch-österreichische Kriege zwischen 1740 und 1763 um den Besitz Schlesiens. Auf Grund der Erbverträge fiel Friedrich II. von Preußen in Schlesien ein und löste damit den 1. Schlesischen Krieg (1740-1742) aus. Durch seine militärischen Erfolge und die Ausdehnung des Konflikts zum Österreichischen Erbfolgekrieg konnte Preußen im Frieden von Berlin ganz Niederschlesien, Teile Oberschlesiens und Glatz unter seine Herrschaft bringen. Den 2. Schlesischen Krieg (1744/45) begann Preußen wegen der diplomatisch-militärischen Erfolge Österreichs seit 1743. Der Einnahme Prags folgten Niederlagen, doch konnte Preußen seinen Besitz verteidigen. Der 3. Schlesische Krieg (1756-1763) wird als Siebenjähriger Krieg bezeichnet, der mit dem Frieden von Hubertusberg eine Bestätigung des territorialen Status quo und die preußische Zusage zur Wahl des späteren Kaisers Joseph II. zum Römischen König endete.

60,22 f. »Ich kann für den Frieden ... gebt.« Dieses und die folgenden Zitate stammen aus der 9. Szene des »Vierten Tages« *Seidener Schuh*. Der König von Spanien hält auf seinem schwimmenden Palast Hof. Don Rodriguo tritt in prächtigen schwarzen Gewändern, mit einer goldenen Kette um den Hals, auf. Im Gespräch mit dem König entwirft Rodriguo seine Visionen.

60,34-38 »Der imperialistische Machtgedanke ... sein wird.« Diese Passage stammt aus dem 5. Flugblatt der »Weißen Rose«.

61,13 f. Goethe über die Deutschen und die Juden Der junge Goethe war nicht frei von Vorurteilen gegenüber Juden. In Weimar lernte er einzelne jüdische Persönlichkeiten kennen und schätzen, so etwa Felix Mendelssohn-Bartholdy. Zu seiner insgesamt ambivalenten Einstellung vgl. Ursula Homann, *Weder Freund noch Feind. Goethe und die Juden: ein zwiespältiges Verhältnis*, in: *Die Zeichen der Zeit. Lutherische Monatshefte*, Jg. 39, 2000, H. 1, S. 38 f.

61,18 Warum tut die Kirche ... nicht mehr Zur Haltung der Kirchen im Nationalsozialismus Klaus Scholder, *Die Kirchen und das Dritte Reich*, Bd. 1, Frankfurt am Main 1968, und Bd. 2, Berlin 1985; Klaus Gotto/Konrad Repgen (Hrsg.), *Die Katholiken und das Dritte Reich*, 3. Auflage, Mainz 1990. Das Thema wird kontrovers erörtert, besonders bei der Frage, ob und wie man Hitlers Judenpolitik hätte entgegentreten können. Dazu die grundsätzlichen Überlegungen von Konrad Repgen, *Die deutschen Bischöfe und der Zweite Weltkrieg*, in: *Historisches Jahrbuch*, Jg. 115, 2. Halbband, 1995, S. 411-451.

61,20 Mitbrüder im KZ Die Liste der Verfolgungsmaßnahmen gegen den katholischen Klerus ist lang. Dazu die Dokumentation von Ulrich von Hehl, *Priester unter Hitlers Terror. Eine biographische und statistische Erhebung*, in: Veröffentlichungen der Kommission für Zeitgeschichte, Reihe 37, 2 Bde., 3. Auflage, Paderborn 1996.

61,20 f. Klöster ausgeräumt Im Dritten Reich wurden nach und nach katholische Vereine und Kongregationen aufgelöst und verboten, Klöster aufgehoben, bischöfliche Konvikte und Studienanstalten beseitigt, katholische Priester wegen Messelesens und Beichthörens bestraft.

61,23 Beispiel Galens Clemens August Graf von Galen (1878-1946) hatte im Juli und August 1941 den »Klostersturm« und die Morde an Geisteskranken in Predigten angeprangert. Abschriften dieser Brandpredigten waren in ganz Deutschland in Umlauf, auch in Ulm; Hans Scholl soll nach verschiedenen Berichten tief erregt auf diese reagiert haben.

61,32 f. Standpunkt ... vertreten haben. Die Wehrmacht, besonders ihr Offizierskorps, war in starkem Maße in den elitär-konservativen und autoritären Traditionen des wilhelminischen Deutschlands verwurzelt. Bereits frühzeitig erfolgte von der obersten militärischen Führung die »Selbstgleichschaltung« (Einführung des auf Hitler persönlich zu leistenden Eides 1934) und die fortschreitende Anpassung an die Staatsführung. Grund hierfür war eine Teilidentität der Interessen (Schaffung einer starken Armee; Revision des Versailler Vertrags). Vgl. dazu Peter Steinbach/Johannes Tuchel (Hrsg.), *Lexikon des Widerstandes 1933-1945*, München 1994, passim; Rolf-Dieter Müller/Hans-Erich Volkmann, *Die Wehrmacht, Mythos und Realität*, München 1999; Philippe Mason, *Die deutsche Armee. Geschichte der Wehrmacht 1935-1945*, 3. Auflage, München 1997.

62,10 Ostfront Nach dem Angriff gegen die Sowjetunion am 22. Juni 1941 blieb der deutsche Vormarsch im Dezember vor Moskau stecken. Eine sowjetische Gegenoffensive ab November 1942 führte zur Kapitulation der 6. Armee in Stalingrad Ende Januar 1943.

62,23 Hans begleitet Professor Huber Huber wurde auf keinen Fall vor dem Rußlandaufenthalt der Studenten in die Geschehnisse eingeweiht, sondern erst im Dezember 1942 oder Januar 1943. Huber machte Vorschläge zur Umarbeitung des 5. Flugblatts und verfaßte das 6. Flugblatt.

62,24 Widerstandsbewegung in Deutschland Vgl. Anm. 4 der Einleitung.

62,37 Russland Vgl. Einleitung.

63,18 Ulm. Sophie Scholl hatte ihr Rußland-Erlebnis in einer Ulmer Fabrik; sie war im Sommer 1942 acht Wochen zum Kriegshilfsdienst in einem Rüstungsbetrieb eingezogen worden, den sie »entsetzlich« fand. In einem Brief an ihren Verlobten Fritz Hartnagel schrieb sie im August 1942, daß sie versuche, das Bild, das die Russen von den Deutschen haben, ein bißchen zu korrigieren. Inge Jens (Hrsg.), *Hans Scholl. Sophie Scholl. Briefe und Aufzeichnungen*, Frankfurt am Main 1984, S. 215.

63,32 H.V.P. Hauptverbandsplatz.

63,33 Front von Wjasma Wjasma liegt ca. 200 km südwestlich von Moskau; am 13. Oktober 1941 fand hier eine Kesselschlacht statt; die Frontlinie verlief eben hier.

64,2 f. Arbeitszimmer von Muth Eine Vorstellung davon vermittelt eine Photographie Muths am Stehpult, abgedruckt bei Barbara Schüler, *Von der Weißen Rose zur Eule der Weisheit. Die Anfänge der Ulmer Volkshochschule* (Sonderveröffentlichung der Landeszentrale für Politische Bildung Baden-Württemberg), Ulm 1996, S. 10.

64,17 Dostojewski Für die Geschwister Scholl war die Lektüre von Werken Fjodor M. Dostojewskis (1821-1881) von besonderer Bedeutung (vgl. dazu die Einleitung).

64,23 sein Brot mit Tränen gegessen Anspielung auf ein Lied des Harfners in Goethes Roman *Wilhelm Meisters Lehrjahre*, Buch 2, Kapitel 13: »(1) Wer nie sein Brot mit Tränen aß, / Wer nie die kummervollen Nächte / Auf seinem Bette weinend saß, / Der kennt euch nicht, ihr himmlischen Mächte. (2) Ihr führt ins Leben uns hinein, / Ihr laßt den Armen schuldig werden, / Dann überlaßt ihr ihn der Pein, / Denn alle Schuld rächt sich auf Erden.«

65,3 neuer Humanismus Wahrscheinlich eine Anspielung auf das für die »Weiße Rose« zentrale Werk von Jacques Maritain, *Christlicher Humanismus*; vgl. dazu die Einleitung.

65,11 Goethe Zu Goethe im Nationalsozialismus vgl. Erich Kleinschmidt, *Der vereinnahmte Goethe. Irrwege im Umgang mit einem Klassiker 1932-1949*, in: *Jahrbuch der Deutschen Schillergesellschaft*, Jg. 28, 1984, S. 461-482.

65,15 Napoleon Goethe stand Napoleon Bonaparte durchaus aufgeschlossen und nicht wie weite Teile der deutschen Bevölkerung ablehnend gegenüber. Goethe begrüßte im Grunde die Veränderungen, die mit Napoleon einher gingen. Eine plastische Schilderung findet sich (allerdings romanhaft aufbereitet) in: Sigrid Damm, *Christiane und Goethe. Eine Recherche*, Frankfurt am Main, Leipzig 1998. Auch die umfangreiche Biographie von Franz Herre über Napoleon (*Napoleon Bonaparte. Wegbereiter des Jahrhunderts*, München 1988) fügt die Ergebnisse seines Handelns zu einem differenzierten Bild der Epoche zusammen.

65,40 Bergengruen Werner Bergengruen (1892-1964), Erzähler, Lyriker, Übersetzer. Konversion zum Katholizismus 1936 und Übersiedlung nach München. Bergengruen tippte die Flugblätter mit seiner Frau nachts ab. Nach sorgfältiger Auswahl der Adressaten fuhr er die Umschläge nachts in die Stadt und verteilte sie auf die Briefkästen verschiedener Postbezirke. Vgl. den Bericht der Tochter: N. Luise Hackelsberger, *Werner Bergengruen im Dritten Reich*, in: Hinrich Siefken/Hildegard Vieregg (Hrsg.), *Resistance to National Socialism: Kunst und Widerstand. Forschungsergebnisse und Erfahrungsberichte*, München 1985, S. 67-88 sowie zu Biographie und Forschungsstand Heidrun Ehrke-Rotermund/Erwin Rotermund, *Zwischenreiche und Gegenwelten. Texte und Vorstudien zur ›Verdeckten Schreibweise‹ im »Dritten Reich«*, München 1999, S. 265-269.

66,1 Muth liest das Flugblatt Im folgenden stellt Zuckmayer mehrere Zitate aus verschiedenen Flugblättern hintereinander. »Schon in ihrem ersten Keim ... « stammt aus dem 2. Flugblatt; »Wer hat die Toten gezählt ... « aus dem 4. Flugblatt und »Zerreißt den Mantel ... « aus dem 5. Flugblatt der »Weißen Rose«.

66,33 Flugblätter nach Frankfurt Die Flugblätter wurden über München hinaus verteilt, indem Gruppenmitglieder in andere Städte fuhren, sie dort selbst verteilten oder zur Verbreitung weitergaben. Andere Exemplare wurden auf dem Postweg verschickt. So gelangten Flugblätter u.a. nach Ulm, Augsburg, Stuttgart, Karlsruhe, Freiburg, Mannheim, Frankfurt am Main, Köln, Bonn, Saarbrücken, Berlin, Wien, Innsbruck, Salzburg und Linz.

66,39 »Pst – Feind hört mit!« Dem Plakat fiel bei der nationalsozialistischen Propaganda eine besondere Rolle zu. Abdrucke solcher Plakate in der Sammlung von Hans Bohrmann (Hrsg.), *Politische Plakate*, Dortmund 1984, S. 372 und S. 390 (Feind hört mit), S. 407 und passim (Rußland).

67,15 Hirzel Hans Hirzel (geb. 1924) war Gymnasiast, der in Ulm die Predigten von Galen vervielfältigt und verteilt hatte. Er war involviert in die Aktionen der »Weißen Rose«. Hirzel versuchte die Scholl-Geschwister noch vor ihrer Verhaftung zu warnen. Hans Hirzel, *Das große Mißverständnis. Warum die Mehrzahl der Deutschen sich Hitler unterordnete*, in: Hinrich Siefken (Hrsg.), *Die Weiße Rose. Student Resistance to National Socialism 1942/43; Forschungsergebnisse und Erfahrungsberichte. A Nottingham Symposion*, Nottingham 1991, S. 147-182; Hans Hirzel, *Flugblätter der »Weißen Rose« in Ulm und Stuttgart*, in: Lill/ Kißener, *Hochverrat?*, a.a.O. (Anm. zu 58,33), S. 89-119.

67,15 Guter Heinrich Guter war ebenfalls Ulmer Gymnasiast. Er wurde im zweiten Prozeß verurteilt.

67,29 Gestapo im Wittelsbacher Palais Seit 1984 erinnert eine kleine unscheinbare Bronzetafel Ecke Brienner Straße/Türkenstraße am Gebäude der Bayerischen Landesbank an das Wittelsbacher Palais, das Zentrum des NS-Terrors in München von Herbst 1933 bis 1945, der Gestapo-Zentrale und dem Gefängnis. Dazu ist 1999 eine Broschüre von Klaus Bäumler erschienen, die über den Bezirksausschuß Maxvorstadt in München (Tal 13, 80331 München) zu beziehen ist.

67,32 Marwitz Im Sommer 1942 liefen nach den Flugblattaktionen Untersuchungen der Gestapo gegen »staatsfeindliche Bestrebungen und sinnabträgliches Verhalten« an, die aber bald eingestellt werden mußten, weil Erfolge ausblieben. Der im Entwurf genannte Regierungsrat Marwitz könnte Kriminalsekretär Mahler sein, der mehrmals einen zusammenfassenden Bericht von München nach Berlin verfaßte (vgl. Christiane Moll, *Die Weiße Rose*, in: Peter Steinbach/Johannes Tuchel [Hrsg.], *Widerstand gegen den Nationalsozialismus*, Bonn 1994, S. 457).

67,33 Riest Albert Riester hatte Hans Scholl und Hans Hirzel in Ulm bereits denunziert und 1951 Inge Scholl und die Volkshochschule wegen kommunistischer Umtriebe angezeigt, um die Ausbaupläne zu verhindern. Riester verstand sich als eine Art von Gutachter für die Gestapo und übernahm auch gezielte Aufträge, einzelne Personen zu bespitzeln. Vgl. seine Autobiographie: Albert Riester, *Gegen den Strom. Das Leben eines streitbaren Bürgers*, München 1987.

69,10 Buch gegen Rosenberg Riester hatte eine Kampfschrift gegen das Buch *Der Mythus des 20. Jahrhunderts* von Alfred Rosenberg (1893-1946) verfaßt, das er aufgrund seiner katholischen Herkunft und bündischen Prägung als völlige

Aufhebung von Recht und Sitte und damit als Freibrief für Mord wertete (vgl. Riester, *Gegen den Strom*, a.a.O. [Anm. zu 77,33], S. 68-71).

69,14 Man verdächtigt Die Quellenüberlieferung der Gestapoleitstelle München ist desolat. Erhalten haben sich nach den Luftangriffen auf das Wittelsbacher Palais im Jahr 1944 nur wenige Akten. Polizeiliche Ermittlungsakten haben sich jedoch in den Sondergerichtsverfahren erhalten, da sie die Grundlage der Richter für ihre Urteile bildeten; erschlossen im Inventar: *Widerstand und Verfolgung, Archivinventare 3/1-8*, München 1975.

69,22 Kommissar Maier Konnte nicht nachgewiesen werden.

69,25 Papierfabrik Eine solche Fabrik läßt sich für den fraglichen Zeitpunkt in Schwäbisch Hall nicht nachweisen. Allerdings gibt es mehrere große Papierwarengeschäfte, wie aus einem Einwohnerbuch von 1938 zu ersehen ist (Auskunft des Stadtarchivs Schwäbisch Hall).

69,27 f. Heim für schwachsinnige Kinder Es handelt sich offenbar um das Evangelische Diakoniewerk. Vgl. dazu: *90 Jahre Behindertenarbeit im Evangelischen Diakoniewerk Schwäbisch Hall. »Euthanasie« vor 50 Jahren – und heute?* Sonderbeilage zu den Blättern aus dem Evangelischen Diakoniewerk Schwäbisch Hall Nr. 1/1991, S. 14-27. Die Szene dürfte sich aus dem Engagement von Magdalene Scholl erklären, die im Diakonissenhaus Schwäbisch Hall zur Krankenschwester ausgebildet wurde und über ihre Mitschwestern über die Deportationen informiert wurde.

69,37 »O Heiland reiss den Himmel auf...« Es handelt sich um ein Adventslied, dessen Text von dem Jesuitenpater und Moraltheologen Friedrich Spee von Langenfeld (1591-1635) stammt. Die Melodie ist 1666 in Augsburg überliefert.

70,10 Feldherrnhalle ... Massenkundgebung Hier ist an eine Kundgebung zum Gedenken an den 9. November 1923 zu denken. Dieser Tag wurde im NS zu einem der wichtigsten Tage im Jahr hochstilisiert. Zum 10. Jahrestag des Attentats von Georg Elser im Bürgerbräukeller, bei dem sieben Menschen ums Leben kamen, wurde ein Ehrenmal für die »Blutzeugen« errichtet (vgl. Vieregg, *Wächst Gras darüber?*, a.a.O. [Anm. zu 59,20 f.], S. 79 f. mit einer Abbildung).

70,27 Tonhalle Das Konzert im November/Dezember 1942 konnte nicht nachgewiesen werden.

70,35 Sache mit Berlin Im November 1942 machten sich die einzelnen Mitglieder auf die Suche nach Gleichgesinnten. Auch Wittenstein (Laufenstein) wurde aktiv und sprach mit einem ehemaligen Studienfreund von Hans Scholl über die Ausweitung der Aktionen. Laut Wittenstein entstand eine eigene Gruppe in Berlin, über die aber sonst nichts bekannt ist (vgl. James Donohoe, *Hitler's conservative opponents in Bavaria 1930-1945. A Study of Catholic, Monarchist, and Separatist Anti-Nazi Activities*, Leiden 1961, S. 184).

70,35 Helmut Hartmann Gemeint ist Helmut Hartert, eben dieser ehemalige Studienfreund. Er und Hans Scholl kannten sich seit 1939. Beide verband gemeinsam mit Peter Kiehl eine enge Freundschaft, hauptsächlich lasen sie gemeinsam »moderne Franzosen« und hatten schon damals »eindeutige politische Ansichten«. Vgl. dazu Harterts Bericht im Institut für Zeitgeschichte München Fa 215/2 pag 161-164.

70,35 Peter Keil Gemeint ist Peter Kiehl, vgl. ebd.

71,1 f. Hans' Vater im Gefängnis Robert Scholl (1891-1973) wurde im August 1942 wegen regimekritischer Äußerungen zu einer viermonatigen Haftstrafe verurteilt. Nach Gewährung von zwei Monaten Hafterlaß sollte er am 25. Oktober 1942 aus dem Gefängnis entlassen werden. Kurzbiogramm: Inge Aicher-Scholl (Hrsg.), *Sippenhaft. Nachrichten und Botschaften der Familie in der Gestapo-Haft nach der Hinrichtung von Hans und Sophie Scholl*, Frankfurt am Main 1993, S. 131 f.

71,5 Brandenburgisches Konzert Bereits im Mai 1941 schrieb Hans Scholl an seine Schwester Sophie, in der nächsten Woche werde Bach gefeiert: »Die 6 Brandenburgischen«. Sophie Scholl bemerkte in einem Beitrag für das »Windlicht«, Bachs Musik sei beinahe ein »Samenkorn, denn in ihr ahnt man etwas von einer kristallenen Klarheit, von einer unumstößlichen Ordnung«. Willi Graf sang im Bach-Chor, und in seinem Tagebuch finden sich immer wieder Notizen zu den Konzerten. Inge Scholl und Otl Aicher haben Zuckmayer mit Sicherheit davon erzählt.

71,6 Stadtkommandanten Vom 1. September 1939 bis 31. März 1943 war Generalleutnant Friedrich Ritter von Kieffer Stadtkommandant von München. Über eine solche Verbindung ist bislang nichts bekannt.

71,10 Klaus und Dieter Die Familie Rennicke wohnte mit ihren Kindern Klaus, Dieter und Peter im selben Haus am Münsterplatz wie die Scholls. Sophie Scholls Briefe aus dieser Zeit erzählen häufig Klaus-Episoden. Vgl. dazu Jens, *Hans Scholl. Sophie Scholl*, a.a.O. (Anm. zu 63,18), passim.

71,14 Wohnung... beim Münsterplatz Die Familie Scholl zog ca. 1939 in eine große Wohnung am Münsterplatz 33. Im Juni 1944 mußte die Familie diese Wohnung räumen und fand übergangsweise Zuflucht auf dem »Bruderhof« bei Donaueschingen. Bei dem schweren Bombenangriff auf Ulm am 17. Dezember 1944 wurde das ganze Haus zerstört.

71,15 Wirtschaftsberater Im Dezember 1942 wurde Robert Scholl von der Industrie- und Handelskammer Ulm die Ausübung seines Berufs ganz verboten. Statt einer vorübergehenden Haftunterbrechung während der dem Prozeß von Hans und Sophie Scholl folgenden »Sippenhaft« erhielt er die Genehmigung, im Gefängnis die laufenden Jahresabschlüsse seiner Kunden fertigzustellen und sein Wirtschafts- und Treuhandbüro aufzulösen.

71,18 Mutter Magdalene Scholl (1881-1958); eine Kurzbiographie findet sich in: Aicher-Scholl, *Sippenhaft*, a.a.O. (Anm. zu 71,1 f.), S. 132.

72,1 St. Bonifaz Carl Muth hatte Hans Scholl an die Benediktinerabtei in München verwiesen. Scholl konnte die berühmte Stiftsbibliothek für seine Studien nutzen. Zur Abtei vgl. Willibald Mathäser, *Die Benediktinerabtei St. Bonifaz in München*, in: *Das Erzbistum München und Freising in der Zeit der nationalsozialistischen Herrschaft*, hrsg. von Georg Schwaiger, München, Zürich 1984, Bd. 2, S. 354-368.

72,2 Visite Es konnte nicht nachgewiesen werden, ob, wann und wo Hans Scholl in einem Münchner Krankenhaus arbeitete. Gesichert ist eine Famulatur im März 1942 auf der chirurgischen Station des von Englischen Fräulein geleiteten Reservelazaretts in Schrobenhausen ca. 60 km nordwestlich von München.

72,28 Pater Sylvester Es handelt sich hierbei um den damaligen Bibliothekar von St. Bonifaz, Pater Romuald Bauerreiß (1893-1971). Bauerreiß legte seine Profeß 1920 ab, im Mai 1921 wurde er zum Priester geweiht. Schriftleiter der *Studien und Mitteilungen des Benediktinerordens und seiner Zweige*, Verfasser einer siebenbändigen *Kirchengeschichte Bayerns*. Vgl. seine Berichte über die Begegnungen mit Hans Scholl im Institut für Zeitgeschichte München; gedruckte Erinnerungen finden sich in: *Der Rhaeten-Herold – Mitteilungen der katholischen bayerischen Studentenverbindung Rhaetia*, Jg. 21, 1953, Nr. 208, S. 6 f.

72,32 Summa theologica Korrekt: *Summa Theologiae*. Das Werk stammt von dem großen mittelalterlichen Theologen und Kirchenlehrer Thomas von Aquin. Die Bibliothek St. Bonifaz verfügt über zahlreiche Ausgaben der *Summa* Thomas von Aquins (17. Jahrhundert bis heute). Welche davon Hans Scholl benutzt hat, läßt sich nicht mehr ermitteln.

72,38 f. Tyrannenmord Solange über Herrschaft und Herrschaftsträger nachgedacht wurde, ist die Frage verfolgt worden, wie »gute« und »schlechte« Herrschaftsausübung zu unterscheiden sei. Der sich besonders im Mittelalter ausdifferenzierende Begriff »Tyrann« erlaubte eine zunehmend präzisere Unterscheidung von legitimer und illegitimer Herrschaftsausübung, was Folgen für die Reflexionen darüber hatte, wie dem Mißbrauch von Herrschaft zu begegnen sei. Vgl. dazu den Artikel im *Lexikon des Mittelalters*, Stuttgart, Weimar 1999, Bd. 8, S. 1135-1138.

72,39 Thomas Thomas von Aquin sieht wie Aristoteles das Handeln im Interesse des Eigenwohls des Herrschers zum Schaden des Volkes als Kern der Tyrannis an und führt die bis ins 17. Jahrhundert wirksame Unterscheidung zwischen der Tyrannis eines an sich legitimen Herrschers, eines »Tyranns durch Ausübung« (»tyrannis ex parte exercitii«) und der Tyrannei des Usurpators, eines »Tyranns ohne Titel« (»tyrannus absque titulo«) ein. Die Tyrannis des an sich legitimen Herrschers darf nur mit gesetzlichen Mitteln abgeschafft werden, jedoch gelten ihr gegenüber nicht die Gesetze gegen Aufruhr (»perturbatio huius regiminis non habet rationem seditionis«). Der Usurpator hingegen darf mit allen Mitteln bekämpft und getötet werden. In jedem Fall aber ist die Tyrannis die schlechteste Art der Regierung (»Sicut autem regimen regis est optimum ita regimen tyranni est pessimum«). (Zitate aus der *Summa* bzw. aus *De regimine principium*). Thomas von Aquin macht freilich die Einschränkung, es dürfe nicht schlimmeres Unheil entstehen, als es die Herrschaft des Tyrannen selbst brachte. Noch deutlicher scheint seine Warnung vor dem Tyrannenmord (De regno I.6): es könne schlimmer enden, als es begonnen. Das Gebet zu Gott bleibe die letzte Zuflucht der Frommen.

73,7 Sylvester hat in seiner Predigt zuviel gesagt Wie Graf von Galen in seinen berühmten Predigten nützten auch andere Priester den »geschützten« Raum des Gottesdienstes, um die Gläubigen aufzurütteln und ihnen Mut in der Bedrängnis zuzusprechen. Nicht immer schützte sie ihr Status vor der Verfolgung der NS-Schergen. Vgl. dazu Ulrich von Hehl, *Priester unter Hitlers Terror. Eine biographische und statistische Erhebung*, im Auftrag der Deutschen Bischofskonferenz unter Mitwirkung der Diözesanarchive (Veröffentlichungen der Kommission für Zeitgeschichte, Reihe A 37), Mainz 1984, dritte, erweiterte Auflage 1996.

73,11 Kardinal Faulhaber Michael von Faulhaber (1869-1952), 1911-1917 Bischof von Speyer, 1917-1952 Erzbischof von München und Freising, 1921 Kardinal. Unter Führung Faulhabers ging die Freisinger Bischofskonferenz bereits im Februar 1931 mit klaren Warnungen vor der NS-Partei den übrigen deutschen Kirchenprovinzen in ihrer Absage voran. Rang und Ansehen machten den Kardinal selbst in gewissem Umfang unangreifbar; dafür traf der Verfolgungswille der Gestapo um so rücksichtsloser enge Mitarbeiter. Faulhaber blieb auch während der Luftangriffe in München. Vgl. Ludwig Volk, in: Erwin Gatz (Hrsg.), *Die Bischöfe der deutschsprachigen Länder 1785/1803 bis 1945. Ein biographisches Lexikon*, Berlin 1983, S. 177-181. Bei dem im Filmentwurf erwähnten Buch Faulhabers handelt es sich mit großer Wahrscheinlichkeit um eine seiner Predigtsammlungen.

73,15 Psalm 82 »Gott steht auf in der Versammlung der Götter, / im Kreis der Götter hält er Gericht. Wie lange noch wollt ihr ungerecht richten / und die Frevler begünstigen? Verschafft Recht den Unterdrückten und Waisen, / verhelft den Gebeugten und Bedürftigen zum Recht! Befreit die Geringen und Armen, / entreißt sie der Hand der Frevler! Sie aber haben weder Einsicht noch Verstand, / sie tappen dahin im Finstern. / Alle Grundfesten der Erde wanken. Wohl habe ich gesagt: Ihr seid Götter, / ihr alle seid Söhne des Höchsten. Doch nun sollt ihr sterben wie Menschen, / sollt stürzen wie jeder der Fürsten. Erheb dich, Gott, und richte die Erde! Denn alle Völker werden dein Erbteil sein.«

73,22 kahlen Zimmer Bei diesem kann es sich nur um eines der alten Sprechzimmer der Abtei handeln, die heute allerdings nicht mehr existieren.

73,22 f. Druck von Hyronimus Bosch Dieser konnte nicht zweifelsfrei identifiziert werden. Für den niederländischen Maler Hieronymus Bosch (um 1450-1516) typisch sind die eigentümlichen Triptychen mit ihren stark verschlüsselten Bildinhalten. Aus ihnen spricht eine visionäre Kraft, aber auch eine beängstigende Freude am Bizarren und Gespenstischen.

73,39-74,3 »Jedermann sei ... empfangen.« Römer 13, 1-2. Die Stelle handelt allgemein vom Christen und der staatlichen Ordnung und spielte gerade im Nationalsozialismus eine zentrale Rolle, da Hitler von der weltanschaulich verurteilten Partei zur legalen staatlichen Obrigkeit wurde.

73,12-14 »Ein Gesetz ... Gewissens.« Thomas von Aquin, *Summa Theologiae*, I-II, q. 96 a. 4c

73,15-18 »Das Gesetz ... steht.« Diese Stelle konnte nicht identifiziert werden. Es handelt sich eher um einen Kommentar, denn der Terminus »objektive Gerechtigkeit« kommt so bei Thomas von Aquin nicht vor.

73,19-21 »Falls die Obrigkeit ... gehorchen.« Diese Stelle thematisiert die oben ausgeführte Unterscheidung der zwei Formen einer Tyrannis. Vgl. etwa die Ausführungen bei Thomas von Aquin, *Summa Theologiae*, II-II, q. 69 a.2; II-II, q. 42 a.2 ad 3.

73,23 Hans ist anderer Ansicht ... Über die Interpretationen von Thomas von Aquin beim Thema Tyrannenmord besteht keine Einigkeit. Die einschränkende Interpretation, die Hans Scholl hier rezipiert, Thomas von Aquin meine grundsätzlich nur den Usurpator und nicht auch den »Tyrannen durch Ausübung«, ist nicht unmittelbar belegbar. Die katholische Moraltheologie der Zeit lehrte durchaus, daß es Ausnahmen und Grenzfälle bezüglich der Pflichten des Untertanen gegen den Staat gebe. »Der rechtmäßigen Gewalt darf man nicht gehorchen, wenn sie Sündhaftes befiehlt«. Passiver Widerstand ist gestattet bei offensichtlicher Verletzung der Rechte des Individuums. Die höchste Not des Volkes erlaubt nach Erschöpfung aller gesetzlichen Mittel auch die Absetzung des Herrschers – das hatte Thomas in der *Summa* ähnlich gesehen, während er in *De regiminie principium* den gewaltsamen Widerstand gar nicht oder höchstens eine gewaltsame Notwehr im Einzelfalle zugab. Vgl. dazu Joseph Mausbach, *Katholische Moraltheologie 3. Bd. 2. Teil*, Münster 1923, S. 36-38.

73,33 Freiburg Nach der Rückkehr aus Rußland ging die »Weiße Rose« an eine Ausweitung ihrer Widerstandstätigkeit. An möglichst vielen Universitäten sollten korrespondierende Zellen gebildet werden. Willi Graf versuchte bei seinen Freunden aus der katholischen Jugendbewegung den Kreis auszuweiten (vgl. Knoop-Graf/Jens, *Willi Graf*, a.a.O. [Anm. zu 58,33]); Schüler, *»Im Geiste der Gemordeten ...«*, a.a.O. (Anm. zu 58,9), S. 205-208.

73,35 Bollinger Es handelt sich um Heinz Bollinger (1916-1990), Assistent für Philosophie an der Universität Freiburg. Er und sein Bruder Willi (1919-1975), Sanitätsobergefreiter in einem Saarbrücker Reservelazarett, stimmten mit Willi

Graf sowohl in der Zielsetzung als auch in der Methode des Widerstands überein. Vgl. dazu Knoop-Graf/Jens, *Willi Graf*, a.a.O. (Anm. zu 58,33), passim.

75,3 Stadtkommandant Vgl. Anm. zu 71,6.

75,37 H.J. Hitlerjugend.

75,38 Fähnleinführer ... Alle fünf Scholl-Geschwister waren in der Hitlerjugend bzw. dem Bund Deutscher Mädel aktiv und bekleideten auch höhere Ränge. Schüler, »*Im Geiste der Gemordeten ...* «, a.a.O. (Anm. zu 58,9), S. 30-56.

76,9 Die Steppe zittert ... « Eberhard Köbel, Führer der 1929 gegründeten »deutschen autonomen jungenschaft dj.1.11« und von 1932 an KPD-Mitglied, wurde auch durch die Herausgabe russischer Volks- und Soldatenlieder bekannt. Seine Liederbücher *Lieder der Eisbrechermannschaft* (Plauen 1933) und *Soldatenchöre der Eisbrechermannschaft* waren in fast allen Bünden bekannt (vgl. dazu: Karin Stoverock, *Bündische Lieder in der Hitler-Jugend*, in: Gottfried Niedhart/George Broderick [Hrsg.], *Lieder in Politik und Alltag des Nationalsozialismus*, Frankfurt am Main 1999, S. 35-60. In diesem Band findet sich auch ein Liederregister S. 284-288).

76,9 f. »Platoff preisen wir ... « Das »Platoff-Lied« wurde durch Serge Jaroff und seine Don-Kosaken in den zwanziger Jahren in Deutschland bekannt. In Textbüchlein im Bestand des Deutschen Volksliedarchivs in Freiburg aus den Jahren 1929 und 1932, die in der Weimarer Republik wahrscheinlich bei Konzerten des Chores verkauft wurden, findet sich das »Platoff-Lied« mit folgender Erläuterung: »Graf Matwjéh Iwànytsch Plàtoff (1757-1818) berühmter Atamán der Donkosaken, zeichnete sich in vielen Kriegen aus und besonders im Jahre 1812-1813, als er die Franzosen von Moskau weit über die russische Grenze verfolgt hatte. Bedeutend waren seine Siege über die Franzosen bei Laon, bei dem von ihm erstürmten Nemours, Arcis und Versailles, worauf Plàtoff mit den Alliierten in Paris einrückte. In dem Feldzuge 1812 kommandierte Plàtoff unter anderen Truppen zwanzig Kosackenregimenter.« In Eberhard Köbels *Lieder der Eisbrechermannschaft* (a.a.O. [Anm. 54,15 f.]) ist es auf S. 35-37 zusammen mit einem Text über Serge Jaroff und die Donkosaken abgedruckt.

76,14 »Es dröhnt der Marsch der Kolonne ... « Dieses Lied aus dem Jahr 1933 stammt von Herbert Napiersky, einem Hitlerjugend-Komponisten. Es findet sich in der 1939 von der Reichsjugendführung im Eher Verlag (München) erstmalig herausgegebenen Sammlung *Unser Liederbuch. Lieder der Hitler-Jugend.*

76,14 f. »In den Ostwind hebt die Fahne ... « Das Lied *In den Ostwind hebt die Fahnen* gehört zu den Ostland-Liedern, die als Botschaft den Drang nach Osten und die Expansion des Reiches hatten. Der Liedermacher Hans Baumann, der den vermeintlichen Aufbruch des Jahres 1933 in seiner Jugendlichkeit perfekt verkörperte, textete und komponierte dieses Lied, das u.a. zur musikalischen Einstimmung beim Deutschen Turn- und Sportfest 1938 in Breslau diente. Dazu verschiedene Beiträge in dem von Niedhart und Broderick herausgegebenen Sammelband *Lieder in Politik und Alltag des Nationalsozialismus*, a.a.O. (Anm. zu 76,9)

76,17 BdM Bund deutscher Mädel.

76,28 Winterlager Der Ulmer Freundeskreis unternahm regelmäßig Skilager, auf denen viel gelesen und diskutiert wurde. Diese Lager sind in der Tradition der Jugendbewegung zu sehen. Es wurden durchaus auch Grenzerfahrungen gemacht. Vgl. die Berichte von Hans und Sophie Scholl; Jens, *Hans Scholl. Sophie Scholl*, a.a.O. (Anm. zu 63,18), passim; insgesamt: Schüler, *»Im Geiste der Gemordeten ... «*, a.a.O. (Anm. zu 58,9).

76,29 Kothe Eberhard Köbel (1907-1955), der Begründer der »d.j.1.11.« hatte die Kohte (so die Schreibweise von Köbel, genannt tusk), das Zelt der nomadischen Lappen, von seinen Fahrten nach Lappland mitgebracht. Sie wurde zum Markenzeichen der bündischen Jugendbewegung.

76,30 »Schliess Aug und Ohr ... « Lied von Alf Zschiesche (1908-1992) nach einem Gedicht von Friedrich Gundolf (1880-1931), das folgenden Wortlaut hat: »(1) Schließ aug und ohr für eine weil / Vor dem getös der zeit, / Du heilst es nicht und hast kein heil / Als wo dein herz sich weiht. (2) Dein amt ist hüten harren sehn / Im tag die ewigkeit. / Du bist schon so im weltgeschehn / Befangen und befreit. (3) Die stunde kommt, da man dich braucht. / Dann sei du ganz bereit / Und in das feuer das verraucht / Wirf dich als letztes scheit« (Friedrich Gundolf, *Gedichte*, Berlin 1930, S. 96).

77,11 Jugendbewegung Vgl. dazu die Einleitung sowie den Aufsatz von Eckard Holler, *Hans Scholl und Sophie Scholl zwischen Hitlerjugend und dj.1.11.*, in: *puls - Dokumentationsschrift der Jugendbewegung*, Nr. 22: *Die Ulmer »Trabanten«. Hans Scholl zwischen Hitlerjugend und dj.1.11*, hrsg. von Michael Fritz, red. von Eckard Holler, [Stuttgart 1999], S. 27-52.

77,18 Professor Huber Im Sommersemester 1942 hielt Kurt Huber eine Vorlesung »Leibniz und seine Zeit«, in der er am Beispiel von Leibniz die grundsätzliche notwendige staatspolitische Verantwortung der akademischen Intelligenz veranschaulichte. In seiner Philosophievorlesung kontrastierte er den absolutistischen Staatsbegriff von Leibniz mit der nationalsozialistischen Realität. In der Todeszelle schrieb er an seinem Werk über Leibniz; als noch zwei Kapitel fehlten, bat er um Vollstreckungsaufschub, der abgelehnt wurde. Sein Buch erschien 1951. Vgl. dazu in seinem Nachlaß im Stadtarchiv München das Manuskript *Leibniz, der Deutsche und Europäer* mit hs. Streichungen; Clara Huber (Hrsg.), *»Der Tod war nicht vergebens«. Kurt Huber zum Gedächtnis*, München 1986; Inge Köck/Clara Huber (Hrsg.), *Kurt Huber und Leibniz. Der Philosoph der universalen Harmonie*, 2. Auflage, München, Zürich 1989. Im Wintersemester 1942/43 las Huber dienstags, donnerstags und freitags jeweils von 10 bis 11 Uhr eine »Systematische Einführung in die Philosophie«; Universität München, *Vorlesungsverzeichnis für das Wintersemester 1942/43*, München 1942, S. 69.

77,24-78,19 Aus seiner Höhle ... Pfund. Es handelts sich um das Gedicht *Die öffentlichen Verleumder* von Gottfried Keller (1819-1890).

78,31 f. Studenten, die sich einschreiben lassen Zur Universität München im Dritten Reich Schneider/Süß, *Keine Volksgenossen*, a.a.O. (Anm. zu 58,18), S. 14-16; Helmut Böhm, *Von der Selbstverwaltung zum Führerprinzip: die Universität München in den ersten Jahren des Dritten Reiches (1933-1936)*, Berlin 1995.

79,31-35 »Jedes Wort ... Hölle« Dieser Ausschnitt stammt aus dem 4. Flugblatt.

79,41 f. Gauleiters Wagner Adolf Wagner (1890-1944) war von 1923 an Mitglied der NSDAP. 1929 wurde er Gauleiter des »Traditionsgaus« München-Oberbayern. Von 1933 bis 1942 war er bayerischer Innenminister und stellvertretender Ministerpräsident, von 1936 an zusätzlich bayrischer Kultusminister.

80,8 medizinischen Vorlesung Diese konnte nicht nachgewiesen werden.

80,38 Grünewald Matthias Grünewald (um 1470/80-nach 1529). Sein Werk spiegelt die fanatisch-asketische Grundstimmung der Zeit des Umbruchs vom Mittelalter zur Neuzeit, worauf sich diese Bemerkung wohl bezieht.

81,12 Söhngen Josef Söhngen (1894-1970), Buchhändler in München, lernte Hans Scholl 1940/41 in seiner Buchhandlung kennen, den er als »jungen Menschen von seltenen Qualitäten« charakterisierte, der insbesondere um »religiöse Probleme« gerungen habe. Söhngen war von Hans Scholl im Dezember 1942 in die Vorgänge eingeweiht worden und versprach, ein Treffen mit dem italienischen Antifaschisten Giovanni Stepanow zu arrangieren, das aber nicht zustande kam. Er verwahrte teilweise auch die Flugblätter und Druckmaschinen und wurde zu sechs Monaten Haft verurteilt; vgl. seinen Bericht in Scholl, *Die Weiße Rose*, a.a.O. (Anm. zu 58,34), S. 123-130; Urteil und Akten im Bundesarchiv Berlin NJ 534.

81,22 Kommissar Meier Konnte nicht nachgewiesen werden. In der Literatur kursieren verschiedene Ansichten, ob die einzelnen Mitglieder der »Weißen Rose« über Kontakte zu einzelnen Gestapoangehörigen gewarnt worden seien. Die Wahl dieses häufig vorkommenden Familiennamens deutet darauf hin, dass sich auch die Nachfahren nicht sicher waren, ob es solche Verbindungen gab. Auch Zeitzeugenbefragungen erbrachten kein eindeutiges Ergebnis.

82,6 f. Nachkriegspolitik ... europäische Widerstandsbewegung Für alle im Widerstand Stehenden bot sich während des Krieges in der Vision Europa ein Ausweg, aber besonders ein konkretes Ziel an, zumal im Abendland die christlichen Werte begründet lagen, die den Widerstand erst möglich machten. Gerade Haecker hatte hierzu zentrale Gedanken geliefert. Nach der offenkundigen Überspannung der Nationalstaatsidee durch den NS sahen viele einen Ausweg in der Idee zu einem vereinten Europa, das seine Wurzeln im christlichen Abendland finden könne. Als Alternative zum Nationalismus, als Abwehr von Sozialismus und Bolschewismus, als Fundament für eine Westintegration wurden die Werte des christlichen Abendlandes beschworen, um in europäischer

Gemeinsamkeit ein neues Fundament zu gründen. Zu diesem sehr differenzierten, aber noch nicht endgültig erforschten Thema vgl. Wolfgang M. Schwiedrzik, *Träume der ersten Stunde. Die Gesellschaft Imshausen*, Berlin 1991; Schüler, »*Im Geiste der Gemordeten* ... «, a.a.O. (Anm. zu 58,9), besonders S. 374-384; Axel Schildt, *Zwischen Abendland und Amerika. Studien zur westdeutschen Ideenlandschaft der 50er Jahre*, München 1999.

82,9 f. Die Parteien ... haben 1933 allesamt versagt Vgl. Heinrich August Winkler, *Requiem für eine Republik. Zum Problem der Verantwortung für das Scheitern der ersten deutschen Demokratie*, in: Steinbach/Tuchel, *Lexikon des Widerstandes 1933-1945*, a.a.O. (Anm. zu 61,32 f.), S. 54-67.

82,18 Stulpoff Gemeint ist der italienische Antifaschist Giovanni Stepanow, vgl. Anm. zu 81,12.

82,22 Pflichtversammlung Pflichtversammlung aller Studenten im Deutschen Museum anläßlich der Feierlichkeiten zum 470jährigen Bestehen der Universität München im Januar 1943.

82,25 Giessler Paul Giesler (1895-1945), Gauleiter in München, forderte in seiner Rede die Studentinnen auf, sie sollten sich nicht an den Universitäten herumdrücken, sondern »lieber dem Führer ein Kind schenken«. Als daraufhin zahlreiche Studentinnen aus Protest den Saal verlassen wollten und daran gewaltsam gehindert wurden, kam es durch Kommilitonen zu Störungen der restlichen Rede. Die anschließende Festnahme von Studentinnen löste einen anhaltenden Protest und Tumulte in der ganzen Stadt aus. Vgl. Marion Detjen, »*Zum Staatsfeind ernannt* ... «. *Widerstand, Resistenz und Verweigerung gegen das NS-Regime in München*, Buchendorf 1998, S. 198 f.; Michael Grüttner, *Studenten im Dritten Reich*, München 1955, S. 255 f. In den Unterlagen der Gauleitung Oberbayern (NSDAP 11) im Staatsarchiv München finden sich weitere Hinweise.

83,6 Langemarck Langemarck war ein im Ersten Weltkrieg oft umkämpfter Ort in West-Flandern. Am 22./23. Oktober 1914 wurde er von den aus akademischem Nachwuchs bestehenden deutschen Freiwilligenregimentern gestürmt und in der Folge zum Sinnbild totaler Einsatzbereitschaft der Jugend propagandistisch umgemünzt.

83,6 Freiheitskämpfer von 1813 Gemeint ist die Niederlage Frankreichs in der Völkerschlacht von Leipzig vom 16. bis 19. Oktober 1813, die durch den Kriegseintritt Österreichs Napoleons Sturz Ende März 1814 einleitete.

83,15 Reinhard Haeckers drittes Kind wurde am 23. Juni 1927 geboren, Taufpate war Carl Muth. Reinhard war 1941 an einer Protestaktion gegen die Entfernung von Kruzifixen und Heiligenbilder an bayerischen Schulen beteiligt und flog vom Gymnasium, als eines Morgens in den Klassenräumen die Kruzifixe wieder hingen. Sein Vater unterrichtete ihn dann einige Zeit privat. 1944 begann seine militärische Ausbildung, am 1. April 1945 traf er an der Ostfront ein und starb am 6. Januar 1946 in einem Gefangenenlager. Theodor Haeckers

Die weisse Rose – Kommentar

letzte Monate waren überschattet von der Sorge und Angst um seinen jüngsten Sohn, den er in der letzten Phase des verlorenen Krieges als Soldat im Fronteinsatz hergeben mußte. Vgl. Theodor Haecker, *Tag- und Nachtbücher 1939-1945*, erste vollständige und kommentierte Ausgabe, hrsg. von Hinrich Siefken (Brenner-Studien 9), Innsbruck 1989.

83,21 f. Rede- und Schreibverbot Haecker war zwar 1934 Mitglied der Reichskulturkammer in der Fachschaft Wissenschaftliche und Fachschriftsteller geworden, weshalb es ihm möglich war, bei Hegner in Leipzig seine Bücher zu veröffentlichen, doch bereits am 15. Januar 1936 verhängte die Bayerische Politische Polizei für das Gebiet des Landes Bayern ein Redeverbot. 1938 soll im Deutschen Reich über ihn ein Schreibverbot für selbständige Veröffentlichungen verhängt worden sein. Unterlagen dazu scheinen nicht erhalten zu sein, doch an diesem Verbot bestehen keine Zweifel; vgl. Hanssler/Siefken, *Theodor Haecker*, a.a.O. (Anm. zu 59,19), S. 13 f.

83,27 Stalingrad Am 1. Januar 1943 war die deutsche 6. Armee bereits bei Stalingrad eingeschlossen, doch wurde das noch verheimlicht. Auslandsmeldungen wie die Radionachricht aus England vermeldeten dies natürlich. Anfang Februar folgte die Kapitulation. Seit diesem Zeitpunkt wurde der Bevölkerung Deutschlands allmählich klar, daß Hitlers Kriegspolitik auf eine Niederlage Deutschlands hinauslaufen wird. Dem »psychologischen Schock« suchte Goebbels mit seiner »Sportpalastrede« entgegenzuwirken; vgl. Anm. zu 95,37.

83,28 Haecker... Solche und ähnliche Passagen finden sich bei Haecker häufig; vgl. besonders Haecker, *Tag- und Nachtbücher*, a.a.O. (Anm. zu 83,15), passim.

84,18 Herr Frank Hans Frank (1900-1946), Reichsführer des NS-Juristenbundes, wurde im Oktober 1940 zum Generalgouverneur der besetzten polnischen Gebiete bestellt; er sah die Polen als auszurottende Sklavenrasse. Das Notat Nr. 681 findet sich ebd., S. 145.

85,22 Vorlesung von Professor Huber Vgl. Anm. zu 77,18.

86,4 Flugblattentwurf Huber machte Vorschläge zur Umarbeitung des 5. Flugblattes und verfaßte das 6. Flugblatt.

86,7 Vorlesung Hiermit dürfte die Lesung Haeckers gemeint sein; s. Anm zu 83,23.

86,8 Hörrohr Hierbei handelt es sich wahrscheinlich um ein Codewort.

86,15 Anschriften Das erste Mal geschah dies in der Nacht vom 3. auf den 4. Februar 1943, unmittelbar nach der Bekanntgabe der Niederlage von Stalingrad. Es war Alexander Schmorell, der Material, Farbe und Schablonen für diese Aktionen beschaffte, an denen neben Hans Scholl auch Willi Graf mitwirkte; Sophie Scholls Bitten, ebenfalls beteiligt zu werden, lehnte der Bruder indes strikt ab. In der Münchner Innenstadt, auch in unmittelbarer Umgebung der Universität, malten sie die Parolen »Freiheit«, »Nieder mit Hitler« sowie durchgestrichene Hakenkreuze an die Häuserwände. Obwohl sie bewaffnet waren, war das eine Aktion mit höchstem Risiko. Ausschlaggebend könnte dafür gewesen sein, daß die nach der Giesler-Rede sensibilisierte Studentenschaft hätte aufgerüttelt werden können.

88,7 Studentenkompanie Die Studentenkompanien der Wehrmacht bildeten Nischen im Windschatten der nationalsozialistischen Herrschaft. Die wehrpflichtigen Männer waren dem Zugriff der Parteidienststellen entzogen und konnten aufgrund der vergleichsweise geringen militärischen Dienstpflichten ein fast ziviles Studentenleben führen (vgl. Schneider/Süß, *Keine Volksgenossen*, a.a.O. [Anm. zu 58,18], S. 15 f.).

88,12 Chemnitz ... Harnack Im November 1942 machte Hans Scholl durch die Vermittlung von Lilo Ramdohr die Bekanntschaft mit Falk Harnack (1913-1991), dem Bruder von Arvid Harnack (1901-1942) aus der kommunistischen Widerstandsgruppe »Die rote Kapelle«. Das Treffen fand in Chemnitz statt. Harnack, der über seinen Schwager Dietrich Bonhoeffer (1906-1945) Kontakte zur »Bekennenden Kirche« hatte, versprach eine Vermittlung.

88,28 f. Haecker liest Am 4. Februar 1942 las Haecker um 16.00 Uhr im Atelier aus dem ersten Teil von *Schöpfer und Schöpfung*. 1934 war diese Theodizee bei Jakob Hegner in Leipzig erschienen (Daraus die folgenden Zitate mit Hervorhebungen). Insgesamt dürften bei dieser Lesung etwa 25 Freunde und Bekannte anwesend gewesen sein. Dazu Schüler, »*Im Geiste der Gemordeten ...* «, a.a.O. (Anm. zu 58,9), S. 144 f. und 215 f. Hinrich Siefken, *Die weiße Rose und Theodor Haecker. Widerstand im Glauben*, in: Siefken, *Die Weiße Rose*, a.a.O. (Anm. zu 77,15), S. 117-146.

89,13 Herr und Knecht Titel einer 1895 veröffentlichten Erzählung von Leo Nikolajewitsch Tolstoi (1828-1910).

89,18 f. Lüge Fausts, dass im Anfang die Tat war Goethe, *Faust I*, Vers 1237.

91,1 Künstlergilde In welcher Weise sich das Verhältnis eines Künstlers zum NS-Staat gestaltete, hing, abgesehen von seiner tatsächlichen politischen Einstellung, von einer Reihe von Faktoren ab, etwa davon, wie gesellschaftlich und künstlerisch etabliert er war. Viele Künstler hielten ihre Kunst ohnehin für unpolitisch. Anläßlich einzelner Konflikte innerhalb von Künstlergilden entwickelten sich in solchen jedoch nicht unwesentliche Widerstandspotentiale. Der Hinweis auf die Künstlergilde könnte in diesem Zusammenhang mit Vorkommnissen in Ulm zu erklären sein, wo sich innerhalb der Künstlergilde ein widerständiger Zirkel gebildet hatte. Vgl. Brigitte Reinhardt (Hrsg.), *Kunst und Kultur in Ulm*, Tübingen, Stuttgart 1993, S. 166-181. Zur Situation in München vgl. Detjen, »*Zum Staatsfeind ernannt ...* «, a.a.O. (Anm. zu 82,25); Vieregg, *Wächst Gras darüber?*, a.a.O. (Anm. zu 59,20 f.), passim.

92,15 Grafeneck Auf dem Schloss Grafeneck auf der Schwäbischen Alb begann im Januar 1940 das Euthanasie-Programm und damit auch der Massenmord der Nationalsozialisten. Innerhalb kurzer Zeit wurden hier über 10.000 geistig behinderte und psychisch kranke Personen vergast. Dazu die Arbeiten des Tübinger Historikers Thomas Stöckle, etwa: Thomas Stöckle/Eberhard Zacher, »*Euthanasie« im NS-Staat. Grafeneck im Jahr 1940* (Materialien zur Landeskunde und Landesgeschichte/Oberschulamt Tübingen 15), Tübingen 1999. Vgl. auch: spl, *Lange verdrängtes Schicksal der Euthanasie-Opfer von Grafeneck*, in: *Neue Zürcher Zeitung* vom 5. Mai 2000.

92,18. Versuchungen des hl. Antonius Diese sind ein oft aufgegriffenes Bildthema. Berühmt besonders die Darstellungen des hl. Antonius von Grünewald auf dem Isenheimer Altar. Antonius gilt als Patriarch der Mönche; zwanzig Jahre lang verschloß er sich in einer verlassenen Verteidigungsanlage in der Wüste, wo er viele Kämpfe mit den Dämonen bestand.

94,2 Huber liest Vgl. Anm. zu 77,18.

95,36 Verhöre Verhörprotokolle der einzelnen Mitglieder der »Weißen Rose« befinden sich im Bundesarchiv Berlin.

95,37 Göbbels Rede über den totalen Krieg Zum Echo der Sportpalastrede in Deutschland und der Reaktion Goebbels auf die Münchner Vorgänge vgl. Iring Fetscher, *Joseph Goebbels im Berliner Sportpalast 1943: »Wollt ihr den totalen Krieg?«*, Hamburg 1998.

96,12 Erfolge der Alliierten in Russland und Nordafrika Während des Frühjahrs 1943 gelang es der deutschen Wehrmacht trotz ungeheurer Verluste, die Front im Osten einigermaßen zu stabilisieren. Die Rückeroberung durch die sowjetischen Armeen ließ nicht lange auf sich warten. Im Mai 1943 kapitulierten die letzten deutschen Truppen in Nordafrika, was sich im Februar bereits abzeichnete.

96,31 f. Platz an der Sonne Die Wendung geht zurück auf den Reichskanzler Bernhard Fürst von Bülow (1849-1929), der am 6. Dezember 1897 bezogen auf die deutsche Besetzung von Kiautschou im Reichstag sagte: »Wir wollen niemanden in den Schatten stellen, aber wir verlangen auch unseren Platz an der Sonne.«

96,34 Versailler Vertrages Dieser beendete 1919/20 den Ersten Weltkrieg. Besonders die Gebietsabtretungen und die Kriegsschuldfrage wurden in Deutschland als ungerecht empfunden und die Forderung nach Revision galt in der Folge als grundsätzliches Ziel der Außenpolitik. Im »Diktat von Versailles« fanden die antidemokratischen Kräfte von rechts und von links das entscheidende Element ihrer Agitation zur Zerstörung der parlamentarischen Demokratie.

96,39 Kampf ums Dasein Formel von Charles Darwin (1809-1882) aus dem Titel seiner 1859 veröffentlichten Selektionstheorie, die vom Nationalsozialismus als ein Element in seiner Ideologie adaptiert wurde.

98,29 Mitgefangene von Sophie Es handelt sich um Else Gebel, eine politische Gefangene, die gleich nach Kriegsende einen Bericht über ihre Zeit mit Sophie

Scholl in der Zelle niederschrieb, mit dem Titel *Dem Andenken an Sophie Scholl*, auszugsweise abgedruckt in: Hermann Vinke, *Das kurze Leben der Sophie Scholl*, mit einem Interview von Ilse Aichinger, Ravensburg 1980, S. 149-158.

99,14-20 »So ein herrlicher ... Licht.« Vgl. den im Wortlaut identischen Bericht der Zellengenossin Gebel, in: ebd., S. 156.

99,24 Akten dieses Prozesses Auch die Akten der drei »Weiße Rose«-Prozesse befinden sich inzwischen im Bundesarchiv Berlin.

99,29 Traum Sophie Scholl sollte Patentante für das jüngste Kind der Familie Probst werden, seine Frau lag genau zur Zeit der Verhaftung der »Weißen Rose« im Wochenbett. Der Traum erklärt die hs. Einfügung oben. Nach dem Bericht von Else Gebel; Vinke, *Das kurze Leben der Sophie Scholl*, a.a.O. (Anm. zu 98,29), S. 157.

100,10 Freisler Roland Freisler war Präsident des Volksgerichtshofes (seit August 1942). Zu Einzelheiten der Reden und Plädoyers vgl. Steffahn, *Die Weiße Rose*, a.a.O. (Anm. zu 58,34), S. 112-125.

103,10 f. Wort Johann Gottlieb Fichtes Konnte nicht ermittelt werden.

105,40 »Hohe Lied« aus Kor. 13 Die Bibelstelle 1 Kor 13 ist nicht identisch mit dem »Hohelied« in den Weisheitsbüchern des Alten Testament. Der Korintherbrief thematisiert an dieser Stelle das Thema »Liebe«; hier findet sich die sehr bekannte, viel zitierte und häufig ausgelegte Stelle über »Glaube, Hoffnung und Liebe«.

106,10 letzten Zeilen Huber schrieb vom Glauben getragene Abschiedsbriefe an seine Familie; vgl. ebd., S. 122 f.

107,5 Hinrichtung Am Tag seiner Verkündung, am 22. Februar 1943, wurde das Urteil gegen Hans und Sophie Scholl und Christoph Probst, um 17.00 Uhr durch das Fallbeil vollstreckt. Das zweite Urteil datiert auf den 19. April, gegen Alexander Schmorell, Willi Graf, Kurt Huber u.a. Es wurden also nicht alle Mitglieder der »Weißen Rose« gleichzeitig hingerichtet. Alexander Schmorell und Kurt Huber wurden am 13. Juli, Willi Graf am 12. Oktober hingerichtet.

107,25 griechisch-orthodoxer Priester Schmorell kam besonders über seine Erfahrungen mit Rußland und der Lektüre russischer Literatur zu seiner ablehnenden Haltung gegenüber dem Nationalsozialismus. Er prägte das verklärte Rußlandbild der Gruppe als Gegenwelt zur deprimierenden Realität in Deutschland. In seinen letzten Stunden begleitete ihn sein Anwalt Siegfried Deisinger. Sein Abschiedsbrief an die Eltern ist getragen von einem tiefen Glauben. Vgl. dazu Christiane Moll, *Alexander Schmorell im Spiegel unveröffentlichter Briefe*, in: Lill/Kißener, *Hochverrat?*, a.a.O. (Anm. zu 58,33), S. 129-160.

Aufsätze

Harro Segeberg
Schriftsteller als Medienarbeiter
Carl Zuckmayer in der Mediengeschichte des 20. Jahrhunderts

Bewährte Konfliktlinien

Die Darmstädter *Deutsche Akademie für Sprache und Dichtung*, mit deren erlauchten Zusammenkünften wir uns erst gar nicht vergleichen wollen, hatte im Jahre 1996 ihre 21. Preisfrage dem Thema gewidmet *Hilft das Fernsehen der Literatur?* und aus der Schar der Einsendungen im Jahr darauf drei preisgekrönte Beiträge veröffentlicht. In einem von ihnen konnte man nachlesen, daß die Literatur heutzutage zwar in der Tat dringend der Hilfe bedürfe, dazu aber ganz bestimmt nicht nach dem Fernsehen rufen sollte. Das werde klar, wenn man sich vergegenwärtige, daß bereits allzu viele von denen, die sich als Autoren oder als Wissenschaftler mit Literatur zu beschäftigen haben, im – wie es in einem der Beiträge heißt – Streit der *Wörter* und *Bilder* vor den Bildern »kapituliert« hätten.[1] Wo man nämlich Produkte des Mediensystems Film und Fernsehen als »Teil des literarischen Systems« betrachte, da verliere »die Literatur ihre Bindung an die Sprache« und Wörter würden – horribile dictu – »als gleichrangig mit anderen Repräsentationssystemen: Bildern, Zahlen, Computer-Befehlen, Piktogrammen [behandelt].«[2] Allenfalls der Kino-Film als Kunstfilm kann sich vor diesem Verdikt der Schriftstellerin und Filmemacherin Sybil Wagener noch retten.

Solche Binnendifferenzierungen schwinden dort, wo im Streit zwischen – so eine Publikation von Hubert Winkels – *Leselust und Bildermacht* (1997) die Vertreter eines ausgesprochen radikal-literarischen Diskurses das Wort ergreifen. Das liegt daran, daß die Wortführer dieses Diskurses von denen, die sich für eine medienwissenschaftliche Öffnung der Germanistik aussprechen, mehr oder weniger verbittert annehmen, daß sie damit das Marshall McLuhan-Diktum vom *Ende der Gutenberg-Galaxis* möglichst rasch in die Tat umsetzen wollen. Ein Germanist, der sich im Zeitalter nicht-literarischer Medien mit eben diesen ›Medien‹ befaßt, gleicht dann – so Thomas Steinfeld in der *Frankfurter Allgemei-*

---

1 Sybil Wagener, *Die Wörter, die Bilder und die Wirklichkeit*, in: Christoph Schmitz-Scholemann/Egon Menz/Sybil Wagener, *Hilft das Fernsehen der Literatur?*, Göttingen 1997, S. 101-150, hier: S. 101.
2 Ebd.

nen Zeitung – einem Ornithologen, also Vogelwissenschaftler, der sich nach dem Aussterben seiner Vogelgattung als Flugzeugbauer versuchen möchte.[3] Und dieser germanistische Flugzeugbauer übersehe dann auch noch, daß – so die soeben zitierte *Frankfurter Allgemeine Zeitung* in einem weiteren Artikel – »die mögliche Verfilmbarkeit das sicherste Kriterium für die Unterscheidung von echter Literatur und Trivialliteratur« zu sein habe.[4] Nicht nur die hier eigentlich angesprochenen Heinz-Konsalik-Leser, sondern auch wir, die wir uns im folgenden mit *Zuckmayer und den Medien* beschäftigen wollen, würden damit im Kern für den Ausschluß unseres Autors aus dem Kreis ernstzunehmender Schriftsteller plädieren.

Wenn ich nun mit meinem Beitrag die Dokumentation unserer Tagung eröffnen darf, so wird man von mir nicht erwarten, daß ich auf den nächsten Seiten in die Rolle eines programmatischen medienwissenschaftlichen Leitwolfs schlüpfe, als solcher den nachfolgenden Referentinnen und Referenten den Weg durch die Schar radikalliterarischer Wortverteidiger freibeiße und dabei vielleicht auch noch, *in nuce*, die Ergebnisse der Tagung vorwegnehme. Was ich statt dessen versuchen kann, das ist das Unterfangen, die in den zuvor genannten Debatten eher verdeckten als wirklich wahrgenommenen mediengeschichtlichen Veränderungen anhand einer kleinen Skizze etwas besser sichtbar zu machen. Denn ohne genauer zu beschreiben, welche Herausforderungen die für das 20. Jahrhundert ›neuen Medien‹ Film und Rundfunk für die literarischen Autoren dieses gerade zu Ende gegangenen Säculums bedeuteten, ist es wenig sinnvoll, sich in die vorab erwähnte Debatte anhand unseres konkreten Beispiels einzumischen. Und man wird dabei auch nicht umhin können, diese Herausforderungen zunächst aus der Perspektive dieser ›Neuen Medien‹ und erst danach aus der Perspektive der in und neben ihnen arbeitenden Schriftsteller vorzustellen.

Von dieser Voraussetzung ausgehend, möchte ich anhand einiger weniger Verlaufsskizzen eine mediengeschichtliche Entwicklung vorstellen,

---

3 So Thomas Steinfeld, *Von der heißen Luft der Abstraktion*, in: *Frankfurter Allgemeine Zeitung* vom 4. September 1996, Beilage »Geisteswissenschaften«. Was den Autor Steinfeld nicht daran hindert, sich selber – mit Erfolg – als Flugzeugbauer zu versuchen, so etwa in Thomas Steinfeld, *Schlafwandler an wachen Tagen. Im Werk die Geister des Lebens um sich versammelnd: Ingmar Bergmann feiert seinen achtzigsten Geburtstag*, in: *Frankfurter Allgemeine Zeitung* vom 11. Juli 1998, Beilage »Bilder und Zeiten«.

4 So Gustav Seibt, *Sittenverfall. Haben Sie schon mal Konsalik gelesen?*, in: *Frankfurter Allgemeine Zeitung* vom 3. August 1996, S. 33.

die – unberührt von allen ästhetischen Werturteilen – dazu geführt hat, daß aus dem Schriftsteller als Wortautor ein Schriftsteller wird, der in mehreren Medien zugleich und daher eben auch in *nicht*-literarischen technisch-apparativen Medien arbeitet. Die Entwicklung des Dichters weg vom exklusiven Wort-Künstler hin zum *in mehreren Medien operierenden Medien-Arbeiter* soll sich so gesehen in einigen allgemeinen Zügen abzeichnen, und wenn ich mich dabei, nach einem kurzen Rückgriff in die Entstehungszeit des Films, auf die Periode der Weimarer Republik konzentriere, dann deshalb, weil zu dieser Zeit einige Diskussionslinien bis zur Kenntlichkeit radikalisiert wurden, und zwar mit Wirkungen bis heute. Außerdem beginnt in dieser Epoche die Medien-Karriere des Autors Carl Zuckmayer, von dem ich angesichts unseres reich gefüllten Tagungsprogramms kein Geheimnis verrate, wenn ich feststelle, daß er mit einer Vielzahl von Drehbüchern, Film-Treatments und Filmnovellen, mit den (bis 1976) sechsunddreißig Film- und Fernsehfassungen seiner Erzählungen und Theaterstücke sowie zahlreichen Arbeiten im und für den Rundfunk zur Spitzengruppe deutscher Autoren zählt, die auch sonst bemerkenswert intensiv in den nicht-literarischen technischen Medien des 20. Jahrhunderts gearbeitet haben. Daß (wie ein Interviewer der dreißiger Jahre gefolgert hat) »Zuckmayer seiner Filmarbeit gleich große Bedeutung [beimißt] wie dem Roman und dem Bühnenstück«,[5] läßt sich daher zumindest von der Intensität der Arbeiten für den Film her nicht bezweifeln. Von den Gründen dafür, die – vielleicht – nicht nur den Fall Zuckmayer erhellen können, ist als erstes zu handeln.

Die Schriftsteller und das Kino

Seit die Brüder Auguste und Louis Lumière am 29. Dezember 1895 im Rahmen einer öffentlichen Vorstellung vor zahlendem Publikum ihre »lebenden Photographien« auf eine Leinwand zauberten, muß sich die Literatur mit einem recht herausfordernden Anspruch dieses Wirklichkeitszeichen analog aufzeichnenden Bilder-Mediums auseinandersetzen: es kann die bis dahin mit Hilfe von diskret-willkürlichen Schriftzeichen anzusprechenden Leser-Imaginationen durch – vermeintliche – Realbilder ersetzen, die – wie es scheint – direkt auf die Netzhaut der Zuschauer projiziert werden. Es ist diese Fähigkeit des Kinematographen,

---

[5] Vgl. das Zuckmayer-Interview in der niederländischen Tageszeitung *De Telegraaf* vom 8. September 1936, hier zitiert nach Gunther Nickel/Ulrike Weiß, *Carl Zuckmayer 1896-1977. »Ich wollte nur Theater machen«*, Marbach 1996 (Marbacher Kataloge 49), S. 256.

Bewegungsabläufe jeglicher Art zuerst in Momentaufnahmen von in der Regel 16 bis 24 Bildern pro Sekunde zu zersplittern und dann in der Projektion zur Illusion einer in sich geschlossenen Bewegung wieder zusammenfügen, die – so Gilles Deleuze in seiner Studie *Das Bewegungs-Bild* – in den Sehnerven unseres Gehirns bis heute die Illusion entstehen läßt, daß der »Film uns kein Bild [gibt], das er dann zusätzlich in Bewegung brächte – er gibt uns unmittelbar ein Bewegungs-Bild«.[6] Oder, so schon die noch heute zu Recht vielzitierte Filmtheorie des Wahrnehmungspsychologen Hugo Münsterberg aus dem Jahre 1916: für den Filmzuschauer »scheint die Bewegung, die er sieht, eine tatsächliche Bewegung zu sein, und dennoch wird sie von seinem eigenen Bewußtsein erzeugt«.[7] Es ist die *Real*-Faszination einer solchen Bewegungs-*Illusion*, die über alle Wandlungen der Filmgeschichte hinweg bis in die Kino-Debatten der Weimarer Republik hinein literarische Intellektuelle ebenso faszinieren wie verunsichern sollte.

Dies wird deutlich, wenn wir als unseren ersten Gewährsmann den eifrigen Kinogänger und Autor zahlreicher Filmerzählungen, Drehbücher und Treatments Bertolt Brecht zitieren. Er hat von sich selbst sehr emphatisch gesagt »Stürze mich auf Filmstücke«[8] und zugleich in einer knappen Notiz aus dem Jahre 1922 über die neue Rolle des Schriftstellers im Filmgeschäft nicht ohne Beunruhigung festgehalten:

> Das Filmmanuskript ist eine Art Stegreifmanuskript. Der außenstehende Dichter kennt nicht die Bedürfnisse und Mittel der einzelnen Ateliers. Kein Ingenieur entwirft eine komplizierte Wasseranlage auf Vorrat, in der Hoffnung, es werde sich schon einmal eine Firma finden, die gerade diese Anlage dringend braucht.

Sowie wenige Passagen weiter:

> Wenn die Filmindustrie meint, Kitsch schmecke besser als gute Arbeit, so ist das ein verzeihlicher Irrtum, hervorgerufen durch die unbegrenzte Fähigkeit des Publikums, Kitsch zu fressen (der Teufel frißt in diesem Falle Fliegen), sowie durch jene Dichter, die unter höherem Niveau Langeweile verstehen, durch die »unverstandenen Dichter«, die unter Ausschluß der Öffentlichkeit vortragen. Der Irrtum der Dichter aber, die Filme für Kitsch

---

6 Gilles Deleuze, *Das Bewegungs-Bild. Kino I*, Frankfurt am Main 1989, S. 15.

7 Hugo Münsterberg, *Das Lichtspiel. Eine psychologische Studie* [1916], hrsg. von Jörg Schweinitz, Wien 1996, S. 49 (im Original hervorgehoben).

8 So eine Notiz von 1920, zitiert nach Wolfgang Gersch, *Film bei Brecht. Bertolt Brechts praktische und theoretische Auseinandersetzung mit dem Film*, München 1976 (zuerst Berlin [DDR] 1975), S. 21.

halten und Filme schreiben, ist unverzeihlich. Es gibt wirksame Filme, die auch auf Leute wirken, die sie für Kitsch halten, aber wirksame Filme, die von Leuten stammen, die sie für Kitsch halten, gibt es nicht.[9]

Daraus läßt sich folgern: der Film, mit dem sich die Schriftsteller der Weimarer Republik auseinandersetzen, das ist nicht mehr jener als anarchisch-subversiv empfundene Kurz-Film der Frühzeit, aus dem sich seit den zehner Jahren die etablierten Erzählformen der abendfüllenden Spielfilme entwickelt hatten.[10] Film ist jetzt vielmehr Teil einer prosperierenden Filmindustrie, die nicht länger – wie noch im Autorenfilm der zehner Jahre[11] – auf den »außenstehenden Dichter« wartet, sondern in großen Ateliers und Studios ihre eigenen kultur-*industriell* normierten »Bedürfnisse und Mittel« entfaltet und vom Dichter als Film-Autor folglich erwartet, daß er sich nach ihnen richtet. Und diese Kulturindustrie Film hat dazu Erzähl-Standards entwickelt, deren anscheinend unaufhaltsame Wirksamkeit nicht nur die – in Brechts Diktion – davon abgestoßenen »unverstandenen Dichter« am liebsten zum bloßen »Kitsch« perhorreszieren würden. Was aber ist dann das, was nicht in seiner Wirkung als Kitsch aufgeht, wiewohl es wie Kitsch auf die Zuschauer einwirkt? Es ist, so ein anderer Kritiker, die »demokratische Kultur« eines Films, »aufgebaut auf den Herzen und auf den Sinnen der Masse«: Diesen in allen Klassen auf alle Sinne zielenden »klassenlosen« Film, »nennen wir [...] Kitsch«,[12] und mit ihm muß auch rechnen, wer

---

9 Vgl. Bertolt Brecht, *[Über den Film]*, in: *Berliner Börsen-Courier* vom 5. September 1922, zitiert nach Bertolt Brecht, *Schriften 1: Schriften 1914-1933*, bearbeitet von Werner Hecht. Berlin, Weimar, Frankfurt am Main 1992 (Brecht, Werke. Große kommentierte Berliner und Frankfurter Ausgabe, Bd. 22), S. 100.

10 Vgl. dazu genauer das Kapitel *Literatur und Film* in Harro Segeberg, *Literatur im technischen Zeitalter. Von der Frühzeit der deutschen Aufklärung bis zum Beginn des Ersten Weltkriegs*, Darmstadt 1997.

11 Vgl. dazu Corinna Müller, *Das ›andere Kino‹? Autorenfilme in der Vorkriegsära*, in: Corinna Müller/Harro Segeberg (Hrsg.), *Die Modellierung des Kinofilms. Zur Geschichte des Kinoprogramms zwischen Kurzfilm und Langfilm (1905/6-1918)*, München 1998 (Mediengeschichte des Films 2), S. 153-192.

12 Vgl. Adolf Behne, *Die Stellung des Publikums zur modernen Literatur*, in: *Die Weltbühne*, Jg. 22, 1926, Nr. 20, S. 774-777, zitiert nach: Anton Kaes (Hrsg.), *Weimarer Republik. Manifeste und Dokumente zur deutschen Literatur 1918-1933*, Stuttgart 1983, S. 219-222, hier: S. 219. Genau genommen spricht Behne hier zuerst von dem, was er als »amerikanische (Massen-)Zivilisation« (ebd.) von der deutschen Hochkultur abgrenzt, nennt dann aber im folgenden

– mit Brecht – mit seinen Filmvorhaben nicht in diesem Kitsch aufgehen, sondern auf den in diesem Kitsch heimisch gewordenen Zuschauer einwirken möchte. Wenn daher dem Theaterautor Zuckmayer vom Theater-Kritiker Alfred Kerr eine »zeitweilige Kitschnähe« unterstellt wird,[13] so könnte dies aus der Perspektive des Films durchaus als Vorzug erscheinen.

An solchen und ähnlichen Feststellungen aus der Kino-Debatte der zwanziger Jahre läßt sich jedenfalls erkennen, daß sich schon damals durch alle kulturindustriellen Wandlungen eine Faszination des Films gehalten hat, die nach wie vor darin besteht, daß hier – nach Hugo von Hofmannsthal – »Mienen und Blicke, aus denen die ganze Seele hervorbricht«, direkt »vor den Augen des Träumenden« »leben und leiden, ringen und vergehen«. Es ist diese unmittelbare Wirkung auf die Sinne, mit der die mit der Abstraktion von Ziffern-Buchstaben arbeitende Schrift-Sprache sogar dann nicht mithält, wenn ein Autor wie Robert Musil darauf hinweist, daß auch der ohne Umweg über das Schriftzeichen auf die Sinne einwirkende Film in dieser seiner direkten Sinnes-Einwirkung vorgeprägt ist, und zwar von den in den Sehnerven des Gehirns zuvor gespeicherten »Sinneseindrücken«.[14] Zu dieser Direktheit, mit der sie einwirkten, bemerkt sogar Thomas Mann, der angesichts der Verfilmung seines Romans *Die Buddenbrooks* meint, daß »er mit dem Kino bisher nicht viel Glück gehabt« hat: der Film »ist

---

»den amerikanischen Film« als die für diese Massen-»Zivilisation« maßgebliche und typische »demokratische« Kunstform (221). Den Ausdruck »klassenlos« habe ich einmontiert aus Carlo Mierendorff, *Hätte ich das Kino!!*, in: *Die weißen Blätter*, Jg. 7, 1920, H. 2, S. 86-92, hier zitiert nach: Anton Kaes, *Kino-Debatte. Texte zum Verhältnis von Literatur und Film 1909-1929*, München 1978, S. 139-146, hier: S. 141: Mierendorff spricht hier vom »klassenlosen Publikum« des Films.

13 Vgl. Alfred Kerr, *Katharina Knie*, in: *Berliner Tageblatt* vom 22. Dezember 1928, zitiert nach Nickel/Weiß, *Carl Zuckmayer*, a.a.O. (Anm. 5), S. 127.

14 Vgl. Hugo von Hofmannsthal, *Der Ersatz für die Träume*, in: *Das Tagebuch*, Jg. 2, 1921, S. 685-687, hier zitiert nach: Kaes, *Kino-Debatte*, a.a.O. (Anm. 12), S. 149-152, hier: S. 151; auch in: Hugo von Hofmannsthal, *Reden und Aufsätze II: 1914-1924*, hrsg. von Bernd Schoeller, Frankfurt am Main 1979 (Gesammelte Werke), S. 141-145, hier: S. 144. Sowie Robert Musil in seiner kritischen Auseinandersetzung mit Béla Balázs in: Robert Musil, *Ansätze zu neuer Ästhetik. Bemerkungen über eine Dramaturgie des Films* [März 1925], zitiert nach: Robert Musil, *Gesammelte Werke*, hrsg. von Adolf Frisé, Reinbek 1978, Bd. 8, S. 1137-1154, hier: S. 1146.

nicht Kunst, er ist Leben und Wirklichkeit, [...] seine Wirkungen sind (gerade) in ihrer bewegten Stummheit krud sensationell.«[15] Es ist diese Aussagekraft eines in der Gestik und der Mimik seiner Körpersprache sich mitteilenden *Sichtbaren Menschen* (1924), die - so der Titel der zu ihrer Zeit viel gelesenen Filmtheorie von Béla Balázs - die Wahrheit des zu dieser Zeit noch ohne eine eigene Tonspur arbeitenden sogenannten Stumm-Films begründet.

Dabei ist allerdings zu bedenken, daß dieser noch bis 1929 ohne eigene Tonspur aufgezeichnete »Stummfilm« in der Aufführungskultur der zwanziger Jahre die Kunst der musikalischen Illustration bis Interpretation, der Geräuschimitation, der Viragierung sowie der eingeschnittenen Zwischentexte derart erfolgreich perfektionierte, daß der Kultur- und Filmkritiker Kracauer bereits in den »optischen Feenlokalen« der *Berliner Lichtspielhäuser* der zwanziger Jahre ein audiovisuelles »Gesamtkunstwerk der Effekte« bewundern konnte.[16] Oder anders und mit einem Blick in unsere Tage hinein verlängert: Film ist schon zu dieser Zeit das mit Bildern und mit Tönen arbeitende affektive Überwältigungsmedium einer alle etablierten Kulturklassen einschmelzenden Popularkultur, und wenn man so will, dann läßt sich die Wirkungsmacht eines solchen mit allen Sinnen auf alle Klassen einwirkenden Überwältigungskinos bis in die Erfolgsgeschichte des Welttrührstücks *Titanic* (1997) hinein verfolgen. Auch der Ausbau des sogenannten Stummfilms zum Film mit eigener Tonspur bedeutet so gesehen über alle Brüche, Transformationen und Neuschöpfungen hinweg (von denen hier nicht im einzelnen zu handeln ist) nicht das Ende, sondern die Radikalisierung filmischer Real-Illusion. Sie kann als die über jedwede Alltagsrealität hinausreichende Form einer spezifisch filmischen ›Über-Realität‹ gelten. Sie rührt daher, daß jetzt neben dem Bild auch der Ton direkt aufgezeichnet werden konnte, was keineswegs für alle Film- und Literaturkritiker auf eine - so der engagierte Tonfilmkritiker Rudolf Arnheim - unversöhnliche Frontstellung zwischen *Stummer Schönheit*

---

15 Thomas Mann, *Über den Film*, in: *Schünemanns Monatshefte*, 1928, H. 8 (August), zitiert nach: Kaes, *Kino-Debatte*, a.a.O. (Anm. 12), S. 164-166, hier: S. 166 und 164; auch in Thomas Mann, *Miszellen*, hrsg. von Hans Büring, Frankfurt am Main 1968 (Das essayistische Werk 8), S. 149-151, hier: S. 151 und 149.

16 Siegfried Kracauer, *Kult der Zerstreuung. Über die Berliner Lichtspielhäuser*, in: *Frankfurter Zeitung* vom 4. März 1926, zitiert nach Kaes, *Manifeste und Dokumente zur deutschen Literatur 1918-1933*, a.a.O. (Anm. 12), S. 248-252, hier: S. 249 (im Text hervorgehoben).

und tönendem Unfug (1929) hinauslief.[17] Es gab vielmehr von Anfang an auch Stimmen, die meinten, daß dort, wo jetzt neben dem Bild »wenn auch nur in zweiter Front [...] die Sprache regiert,« nun endlich »der Schriftsteller regieren« könne. »Der Tonfilm-Schreiber wird (daher) ein Autor sein müssen – mit eigenem Profil und Können«,[18] und auch Zuckmayer hat gehofft, daß die »fortschreitende Entwicklung des Tonfilms« die »Souveränität des (Schriftsteller-)Manuskripts« schützen könnte.[19] Andere dagegen warnten vor der Illusion, der Tonfilm könne sich auf seine Rolle als möglichst naturalistischer Sprechfilm begrenzen und als solcher das »Theaterstück« ersetzen. Hier wies man statt dessen darauf hin, daß auch der Tonfilm »episch, erzählend mit Hilfe der aufeinanderfolgenden Vorgänge« zu sein habe,[20] weshalb auch die Ästhetik des Tonfilms von den »Längenproportionen der wechselnden Bilder und Einstellungen«, dem »Filmrhythmus« der Bilder her operieren müsse. Die mit gleitender Kamera, sanften Schnitten oder raffinierten Überblendungen arbeitende optische »Filmmusik« der Stummfilmbilder bleibe insofern in Geltung.[21]

Nur dann werde es – so der soeben zitierte Literatur- und Filmkritiker Willy Haas – möglich, aus »Ton, Bewegung, Bild eine durchaus homogene Gußmasse [zu] bilden«, und niemand anders als der anfängliche Tonfilmkritiker Rudolf Arnheim hat in diesem Sinn anläßlich des G.W. Pabst-Films *Die 3-Groschen-Oper* festgehalten, wie sehr hier eine »geschmeidig gleitende Kamera [...] den Schauplatz der Handlung in lautlose Drehung versetzt und ihm dadurch aufs Glücklichste eine märchenhafte Unwirklichkeit« verleiht.[22] Die Befürchtung Alfred Polgars,

---

17 Rudolf Arnheim, *Stumme Schönheit und tönender Unfug*, in: *Die Weltbühne*, Jg. 25, 1929, Nr. 41, S. 557-562, auch in: Rudolf Arnheim, *Kritiken und Aufsätze zum Film*, hrsg. von Helmut H. Diederichs, Frankfurt am Main 1979 (Fischer Cinema 3653), S. 217-221.

18 Vgl. z.B. Gerhart Pohl, *Möglichkeiten des Tonfilms*, in: *Die neue Bücherschau*, Jg. 7, 1929, H. 7, S. 381 f., hier: S. 382.

19 Vgl. Carl Zuckmayer, *Aufmarsch der Filmautoren*, in: *B.Z. am Mittag* vom 31. März 1930, zitiert nach: Nickel/Weiß, *Carl Zuckmayer*, a.a.O. (Anm. 5), S. 170 f., hier: S. 171.

20 So Paul Kornfeld, *Ein Tonfilm*, in: *Das Tage-Buch*, Jg. 12, 1931, H. 7, S. 256-258, hier: S. 257.

21 Vgl. Willy Haas, *Wortdichtung im Film? Die Sensation der neuen Filmsaison: Der Tonfilm*, in: *Die literarische Welt*, Jg. 4, 1928, Nr. 30, S. 234 f.

22 Rudolf Arnheim, *Post scriptum*, in: *Die Weltbühne*, Jg. 27, 1931, Nr. 16, S. 584-586, hier: S. 585. Zum hier angesprochenen Problemkomplex

Sprache und Ton müßten die »Einbildungskraft« eines bis dahin akustisch ergänzenden Stummfilmzuschauers in jedem Fall zunichte machen,[23] darf man insofern getrost als erledigt betrachten. Für die Literatur selber ergeben sich daraus Konsequenzen, die sich bei näherem Hinsehen doch etwas differenzierter ausnehmen als dies die eingangs erwähnten Statements erwarten ließen.

Ein Zwischenresümee

Das heißt genauer: der Schriftsteller des 20. Jahrhunderts konnte – *erstens* – ganz generell als Autor von Filmtreatments, Filmerzählungen und Film-Drehbüchern – so Zuckmayer – »direkt für den Film«, und das heißt unmittelbar »auf die Situation der optischen und akustischen Gestaltung« hin schreiben,[24] um unter dem Stichwort *Nicht Verfilmung sondern »Filmdichtung«* (1931)[25] mit Hilfe »wirklich autochthoner literarischer Werke«[26] an der Planung und Lenkung *filmischer* Real-Illusionen mitzuwirken. An den damit verbundenen dezidiert *literarischen* Herausforderungen eines strikt arbeitsteiligen *filmischen* Produktionsprozesses wird sich, wie wir sicherlich noch an vielerlei Beispielen hören werden, der vor keinem Stoff (man denke etwa an das *Weiße Rose*-Projekt) und keinem Autor (ich sage nur *Professor Unrat*, Heinrich Mann und *Der blaue Engel*) zurückschreckende Filmautor Zuckmayer lebenslang abarbeiten, und es wird aufschlußreich sein zu erfahren, ob und wie sich diese paradoxe Intention einer dezidiert literarischen Filmarbeit in literarischer wie filmischer Hinsicht auswirkte. Denn die Anpassung literarischer Autoren an die dem Drehbuch eigene »Ästhe-

---

Brecht/Pabst ist jetzt, vielleicht, auch nützlich Harro Segeberg, *Über den Umgang mit Medienrealität. Bertolt Brecht, G.W. Pabst und der »Dreigroschenkomplex«*, in: Harro Segeberg (Hrsg.), *Die Perfektionierung des Scheins. Das Kino der Weimarer Republik im Kontext der Künste*, München 1999 (Mediengeschichte des Films 3), S. 319-342.

23 So Alfred Polgar, *Zum Thema: Tonfilm*, in: *Die Weltbühne*, Jg. 25, 1929, Nr. 31, S. 176-178, hier: S. 177.

24 Vgl. das Zuckmayer-Interview in der niederländischen Tageszeitung *De Telegraaf* vom 8. September 1936, hier zitiert nach Nickel/Weiß, *Carl Zuckmayer*, a.a.O. (Anm. 5), S. 256. Vgl. auch: Carl Zuckmayer, *Aufmarsch der Filmautoren*, ebd., S. 170.

25 Vgl. Carl Zuckmayer, *Nicht Verfilmung, sondern »Filmdichtung«*, in: *Querschnitt*, Jg. 11, 1931, H. 1, S. 41, zitiert nach ebd., S. 403.

26 Vgl. das *De Telegraaf*-Interview (wie Anm. 24).

tik der Beschränkung« ist ja ganz generell ein Vorgang, der bis in die Reihen professioneller Drehbuchautoren hinein von Anfang an nicht nur eine Erfolgs-, sondern auch eine Leidensgeschichte darstellt.[27]

Insofern dürfte es keine Überraschung sein, wenn sich auch im Fall Zuckmayer herausstellen sollte, daß der Medienarbeiter Zuckmayer bis in die nicht-literarischen Medien seiner Zeit hinein stets als *Schrift*steller arbeitet und daher, darin seinem ideologischen Antipoden Brecht nicht unähnlich, keine Filmvorlagen auf Vorrat und zur freien Verfügung abliefern wollte, sondern die Lenkungsaufgabe literarischer Filmanweisungen sehr hoch einschätzte. Für sie sollte nach Zuckmayer am besten »wie beim Drama oder beim epischen Werk ein Mann ganz allein« verantwortlich zeichnen,[28] weshalb Zuckmayer die Integration des Schriftstellers in ein Produkionskollektiv aus Autor, Regisseur, Star-Schauspieler und Filmkomponist als vorläufigen Kompromiß betrachten wollte, den leider noch arbeitsteilig organisierten Aufbau der Filmproduktion als »falsch, industriell, mechanistisch« charakterisierte und seine eigenen Filmarbeiten gelegentlich als Produkt einer »rationalistisch-konstruktivistischen Zwangsarbeit« ohne künstlerischen Eigenwert hinstellte.[29] Zwar werden wir ihm darin, so möchte ich annehmen, am Ende der Tagung keineswegs uneingeschränkt zustimmen, Zuckmayers äußerst kritische Selbsteinschätzungen machen aber hinreichend klar, warum Schriftsteller, die im Film arbeiten, keineswegs darauf verzichten, auch außerhalb des Films weiterzuarbeiten.

Denn: eine – *zweite* – ganz generelle Möglichkeit für den Schriftsteller besteht darin, als Autor von Texten zu, neben und nach Filmen den Ort der Literatur im mehr oder weniger spannungsfreien Zusammenwirken mit dem Film neu zu etablieren. Hier ist zu denken an Romane zum Film (man denke etwa, um nicht immer nur Zuckmayer zu zitieren, an Arnolt Bronnens Roman über *Film und Leben* des amerikanischen Filmstars *Barbara la Marr* 1927) oder an den bis heute mit großem Erfolg in mehreren Medien operierenden Literatur- und Film-Bestseller (wie etwa Vicky Baums *Menschen im Hotel* 1929/31). Hinzu

---

27 Vgl. dazu genauer Jürgen Kasten, *Literatur im Zeitalter des Kinos I: Zur Theorie und Geschichte des Drehbuchs im Stummfilm*, in: Segeberg, *Die Perfektionierung des Scheins*, a.a.O. (Anm. 22), S. 241-274, hier: S. 243.
28 Vgl. Zuckmayer, *Aufmarsch der Filmautoren*, a.a.O. (Anm. 24), S. 171.
29 Vgl. Zuckmayer, *Nicht Verfilmung, sondern »Filmdichtung«*, a.a.O. (Anm. 25), S. 403, sowie Zuckmayers Brief an seinen Verleger Gottfried Bermann Fischer vom 19. Mai 1938, zitiert nach: Nickel/Weiß, *Carl Zuckmayer*, a.a.O. (Anm. 5), S. 257.

kommen die filmnahen Schreibweisen neusachlicher Medien-Romane (so Gabriele Tergits *Käsebier erobert den Kudamm* 1931). Von Zuckmayer wären in diesem Zusammenhang zu nennen der Beginn der Arbeit am *Hauptmann von Köpenick* mit einer Drehbuch-Skizze, das – so polemisch Kurt Tucholsky[30] – literarische Umschreiben eines »amerikanischen Films, der bereits nach einem Drama gearbeitet ist« (*Rivalen* 1929), die an Stelle eines nicht-realisierten Filmentwurfs veröffentlichte Film-Erzählung (*Ein Sommer in Österreich* 1937) und vor allem die im Wechselspiel zwischen Theater und Film in immer neuen Text- und Filmfassungen nahezu seriell sich einspielenden Medien-Bestseller à la *Schinderhannes*, *Hauptmann von Köpenick* oder *Des Teufels General*. Gerade in diesem Zusammenhang wäre noch einmal mit Nachdruck an das Diktum Kerrs von der »zeitweiligen Kitschnähe« eines Autors zu erinnern, der – so Zuckmayer selber[31] – das »starke, einfache Leben« mit klar konturierten Charakteren und unmittelbar verständlichen, weil überschaubaren Konfliktkonstellationen liebte.

Ob das dadurch ausgelöste Wechselspiel zwischen Literatur und Film zu einer schärferen Profilierung oder weitgehenden Verflachung eines in seiner außerliterarischen Medienwirkung je länger je mehr aufgehenden Autors beigetragen hat, darüber wäre sicherlich anhand konkreter Beispiele nachzudenken. Ließe sich da auf der einen Seite an die (wovon sicherlich noch die Rede sein wird) politisch-emotionale Vertiefung der Schinderhannes-Figur im *Schinderhannes*-Film von 1928 denken, so muß ich auf der anderen Seite bekennen, daß ich das Drama *Des Teufels General* als Zeitstück der vierziger und fünfziger Jahre erst dann wirklich neu lesen konnte, nachdem Frank Castorf in seiner spektakulär umstrittenen Berliner Inszenierung des Jahres 1997 die Hauptfigur des Fliegergenerals Harras in Frauenkleider gesteckt hatte und auf diese recht drastische Weise die Macho-Attitüden des Harras-Darstellers Curd Jürgens aus dem Film von 1954 vergessen machte. Man könnte aber aus der Perspektive der für die fünfziger Jahre maßgebenden Filmästhetik auch hervorheben, wie behutsam und entschieden der Regisseur Helmut Käutner den mit dieser Rolle zur heroischen Supermann-Ikone aufsteigenden Curd Jürgens zugleich ins melancholisch unterlegte

---

30 Peter Panter [d.i. Kurt Tucholsky], *Die Anhängewagen*, in: *Die Weltbühne*, Jg. 25, 1929, Nr. 21, S. 783-785, hier: S. 784, zitiert nach: Nickel/Weiß, *Carl Zuckmayer*, a.a.O. (Anm. 5), S. 154.

31 So Zuckmayer zur erheblichen Vereinfachung seiner Schinderhannes-Figur gegenüber ihrem weit ambivalenteren historischen Vorbild in: *Mainzer Warte* vom 22. Oktober 1927, zitiert nach: Nickel/Weiß, *Carl Zuckmayer*, a.a.O. (Anm. 5), S. 105-107, hier: S. 107.

Zerbrechen dieser Heldenrolle hineingeführt hat. Man sieht daran mit wünschenswerter Deutlichkeit, daß mit dem hier vorgeschlagenen polyperspektivischen Blickwinkel die Probleme nicht einfacher, sondern komplizierter werden.

Dies setzt sich dort fort, wo die Literatur sich keineswegs darauf beschränkte, in den Film oder auch mit dem Film zu gehen, sondern – *drittens* –, wie etwa in Robert Musils radikal-literarischem Reflexionsroman *Mann ohne Eigenschaften* geschehen, in der Auseinandersetzung mit dem Film jenseits des Films ihren Ort suchte, und in diesem Zusammenhang wäre es sicherlich lohnend, darüber nachzudenken, ob der Vorsatz des Exilautors Zuckmayer, im Amerika Hollywoods eben »*nicht* als ›Film-Writer‹ anzukommen«,[32] auf ein wie auch immer verschliffenes radikal-literarisches Selbstbewußtsein des Autors zurückdeutet. Auch der auffällige Kontrast zwischen einer literarischen Produktionsmethode, die sich – ebenso modern wie professionell – auf eine Adler-Schreibmaschine[33] und eine Schreibmaschinen-Liebe[34] stützt, zur nie nachlassenden Selbststilisierung zum regional gebundenen Schöpfungsautor zeigt mit schöner Klarheit, wie eng bei dem Autor Zuckmayer moderner Produktionsanspruch mit ziemlich unerschütterlichen traditionellen Selbstbildern einhergeht. Und schließlich wäre weiter daran zu erinnern, daß Zuckmayer – ungeachtet aller Film-Nähe – als Theatermann mit Erfolg darum bemüht blieb, der technisch vermittelten Sinnlichkeit des Film-Bilds das – so der Theaterkritiker Bernhard Diebold[35] – unmittelbar »für die Schnäbel der Schauspieler« geschriebene »Redespiel« entgegenzusetzen, um damit das Theater in der Konkurrenz zum Kino wieder zu dem zu machen, was es eigentlich sein solle: »Spiel, Spiel, Spiel«.

---

32 Carl Zuckmayer an Dorothy Thompson am 19. Dezember 1938, zitiert nach: Nickel/Weiß, *Carl Zuckmayer*, a.a.O. (Anm. 5), S. 271 (Hervorhebung im Text). Zum Beispiel Musil vgl. genauer Christian Jürgens, *Literatur im Zeitalter des Kinos II: Das »Man« ohne Eigenschaften oder: Fluchtlinien literarischer Aufschreibesysteme*, in: Segeberg, *Die Perfektionierung des Scheins*, a.a.O. (Anm. 22), S. 275-296.

33 Für die der Autor auch Werbung machte, vgl. Nickel/Weiß, *Carl Zuckmayer*, a.a.O. (Anm. 5), S. 160 f.

34 Zu den näheren Umständen des Arbeits- und Liebes-Bündnisses mit Alice von Herdan vgl. ebd., S. 89-91.

35 *Frankfurter Zeitung* vom 23. Dezember 1925, zitiert nach: Nickel/Weiß, *Carl Zuckmayer*, a.a.O. (Anm. 5), S. 97.

Mit anderen Worten: auch anhand der letzten eher radikal-literarischen Beispiele kann man sehen, daß die Beziehungslinien zwischen Literatur und Film keineswegs so übersichtlich verlaufen, wie uns dies anfangs versprochen wurde, weshalb wir viel damit zu tun haben werden, den in mehreren Medien arbeitenden Medienarbeiter Zuckmayer abseits leicht verfügbarer Schnell-Urteile im Geflecht der Medien-Beziehungen des 20. Jahrhunderts einigermaßen differenziert und verläßlich zu verorten. Und dies wird auch dort nicht einfacher werden, wo wir – wie ein abschließender Blick auf das Verhältnis zwischen Literatur und Rundfunk andeuten soll – Zuckmayers Engagement in den technisch-akustischen Medien des Jahrhunderts zu erörtern haben.

Die Schriftsteller und der Rundfunk

Die Annahme einer auch hier nicht ganz einfachen Markierungslinie mag auf den ersten Blick deshalb überraschen, weil man geneigt sein könnte, zwischen Rundfunk und Literatur aufgrund ihrer beiderseitigen Orientierung am Wort eine engere Verwandtschaft und damit eine komplikationsfreiere Beziehung anzunehmen. Gleichwohl gibt es in dieser Hinsicht unterhalb einer auf den ersten Blick harmonischen Gesamtbeziehung einige bemerkenswerte Beziehungsprobleme festzustellen, und sie haben vor allem damit zu tun, daß die bereits vor dem Ersten Weltkrieg erfundene, in diesem Krieg jedoch wegweisend weiterentwickelte und erst danach auch zivil umfassend genutzte Technik der akustischen Fernübertragung ein ganzes Repertoire an Formen und Gattungen entwickeln sollte, die in die Gebiete der Literatur eingriffen. Hinzu kam die für das tele-technische Medium Rundfunk entscheidende Fähigkeit zur Direktübertragung ohne stationäre Zwischenspeicher und ortsgebundene (Kino-)Abspielstätten, weshalb dieses Medium je länger je mehr – so der Medientheoretiker Ernst Jünger im Groß-Essay *Der Arbeiter* (1932) und in der Essay-Sammlung *Blätter und Steine* (1934) – zu einem Medium von »planetarischen« Ausmaßen werden sollte.

Die Wechselbeziehung zwischen Literatur und Rundfunk ist von Anfang an nicht auf die Gattung des den literarischen Text zum Hörstück umarbeitenden Hörspiels einzuschränken, sondern umfaßt jenseits dieses mit einer ›Verfilmung‹ vergleichbaren Beispiels weitere darüber hinausreichende Formansprüche. Dies wird deutlich, wenn wir bedenken, wie vielfältig schon in den ersten Jahren des Weimarer Rundfunks die regional organisierten und staatlich kontrollierten Sendegesellschaften auf die Bereiche der schönen Literatur zurückgriffen. Dabei ging es anfangs um die (noch heute beliebte) Form der Autoren-*Lesung*, die sich zuerst auf die kürzeren Formen des Märchens, der Novelle oder des

Essays konzentrierte, danach aber schnell den Roman in Auszügen einschloß (weshalb etwa Thomas Mann schon im September 1925 aus dem *Zauberberg* vorlas). Weiter wurden berücksichtigt die Lyrik-*Rezitation*, das Dichter-*Portrait* und das Dichter-*Zwiegespräch*, weiter die *Bücherstunde*, die Übernahme und Umarbeitung von Theaterstükken zu *Sendespielen*, literarische *Jugendstunden* sowie sogenannte Motto-Sendungen, die um ein bestimmtes Thema herum Musikstücke mit literarischen Gattungen kombinierten, woraus schließlich mit den *Hörfolgen* die Vorläufer der heutigen *Features* entstanden. Erst danach kommt die Gattung des *Hörspiels*, dessen Anteil an der Gesamtsendezeit literarischer Sendungen von 4 % im Jahr 1925 nur sehr zögerlich auf 13 % Sendeanteil im Jahr 1930 anstieg.[36] Und dies obwohl Schriftsteller wie Edlef Köppen und Hermann Kasack in der Berliner *Funk-Stunde*, der Kölner Intendant Ernst Hardt in der *Westdeutschen Funkstunde* oder Ernst Glaeser im *Südwestdeutschen Rundfunkdienst* unablässig darum bemüht waren, vor allem die zeitgenössische Literatur in einer spezifisch radiophonen Form ins Rundfunkprogramm hineinzuholen.

Das lag, so darf man vermuten, sicherlich mit daran, daß der Rundfunk den Kulturfortschritt der Technik in einer recht ambivalenten Form verkörpert. So ließ er sich einerseits zwar als ein weiteres Zeugnis für die »Weltgeltung der deutschen Technik, der deutschen Arbeit, des deutschen Könnens« herausstellen, weshalb sich der Rundfunk (ungeachtet vieler technischer Pannen) besonders eifrig im vom Kaiserreich in die Republik weitervererbten Zeppelinkult hervortat[37] oder anläßlich von Stapelläufen der im Versailler Vertrag einzig genehmigten

---

36 So die Erhebungen von Sabine Schiller und Arnulf Kutsch, *Literatur im Rundfunkprogramm. Ein Modellversuch zur Frühgeschichte des literarischen Programms der »Funk-Stunde«, Berlin 1925-1930*, in: Winfried B. Lerg/Rolf Steiniger (Hrsg.), *Rundfunk und Politik 1923 bis 1973. Beiträge zur Rundfunkforschung*, Berlin 1975, S. 87-118, hier: S. 116-118. Die selber nicht quantifizierten Ermittlungen zur gesamten Programmgeschichte des Hörfunks der Weimarer Republik bestätigen diesen Eindruck; vgl. Theresia Wittenbrink in: Joachim-Felix Leonhard, *Programmgeschichte des Hörfunks in der Weimarer Republik*, 2 Bde., München 1997, Bd. 2, S. 1087-1097 (über »Klassiker im Rundfunk«); und S. 1160-1195 (»Schreiben für den Rundfunk: auf der Suche nach Hörspielautoren«).

37 Vgl. dazu Renate Schumacher, *Radio als Medium und Faktor des aktuellen Geschehens*, in: Leonhard, *Programmgeschichte des Hörfunks in der Weimarer Republik*, a.a.O. (Anm. 36), Bd. 1, S. 424-622, hier: S. 470-473, hier auch das Zitat aus einer Pressenotiz des Jahres 1924 »Der Süddeutsche Rundfunk grüßt Z.R. III« (S. 470).

Schlachtkreuzerneubauten die noch junge Technik der aktuellen Direktübertragung wegweisend erprobte.[38] Andererseits aber konnte man auch nicht übersehen, daß der Rundfunk die Technik mit besonderer Brisanz in angestammte Bereiche der Hochkultur vorstoßen ließ, und er tat dies auf eine Art und Weise, die neben der Literatur die als besonders hochkulturell geltende E-Musik-Kunst unwiderruflich in den Bereich der Kulturindustrie überführte. Vor diesem Hintergrund konnte man mit Hermann Hesses Roman *Der Steppenwolf* (1927) im Radio wie im Grammophon den ultimativen Angriff der »amerikanischen Tänze« auf eine bis dahin heile, weil bildungskulturell »gepflegte Musikwelt« sehen,[39] ja das Radiohören ganz generell in das »immer dichtere Netz von Zerstreuung und nutzlosem Beschäftigtsein« einordnen.[40]

Niemand anders als der lange als esoterischer Marxist verkannte Walter Benjamin hat sich demgegenüber dafür ausgesprochen, für das populäre Medium des Rundfunks eine ebenso radiophone wie populäre Form der »volksmäßigen Darstellung« zu entwickeln, die sich nicht mit äußerlichen Anpassungen und Vereinfachungen begnügt, sondern eine »gänzliche Umgestaltung und Umgruppierung des Stoffes aus dem Gesichtspunkt der Popularität heraus« anstrebt.[41] Nur dann sei es – so sein schon im Titel programmatischer Aufsatz *Zweierlei Volkstümlichkeit* (1932) – möglich, Medien nicht nur zu beliefern, sondern mit Hilfe neuer Formen – so jedenfalls Benjamins Hoffnung – die künftige Entwicklung der Medien selber mitzugestalten. Benjamins berühmt gewordene mediengeschichtliche Kunst-Theorie zum *Kunstwerk im Zeitalter seiner technischen Reproduzierbarkeit* (1936) oder sein bereits im Exil entstandener Aufsatz *Der Autor als Produzent* (1934) haben noch gegen die Erfahrungen der faschistischen Instrumentalisierung des Rundfunks an der Utopie einer solchen medieneingreifenden *Popular*literatur festgehalten.

Es ist diese Utopie einer Verknüpfung von literarischer und radiophoner Volkstümlichkeit, die viele dem neuen Medium gegenüber aufge-

---

38 Vgl. ebd., S. 473.
39 Vgl. Hermann Hesse, *Der Steppenwolf*, Frankfurt am Main 1972, S. 141.
40 Vgl. ebd, S. 115.
41 Walter Benjamin, *Zweierlei Volkstümlichkeit. Grundsätzliches zu einem Hörspiel*, in: Walter Benjamin, *Gesammelte Schriften Bd. IV · 1,2*, hrsg. von Tillman Rexroth, Frankfurt am Main 1972, S. 671-673, hier: S. 671 f. Zu Benjamins Hörfunk-Arbeit ist nach wie vor grundlegend: Sabine Schiller-Lerg, *Walter Benjamin und der Rundfunk. Programmarbeit zwischen Theorien und Praxis*, München 1984 (Rundfunkstudien 1).

schlossene Autoren dazu veranlaßt hat, die (wie wir heute mit Walter H. Ong sagen können) »sekundäre« Oralität des Rundfunks nicht aus der Perspektive der unwiederbringlich verlorengegangenen primären Mündlichkeit epischer Kollektiv-Erzähler kulturkritisch zu verwerfen, sondern Mündlichkeit als Element einer wieder wirklich erzählenden Literatur gerade in der Auseinandersetzung mit dem Rundfunk neu zu beleben. Dazu aber müsse man bemerken, daß, dem Essayisten Rudolf Leonhard zufolge, »vor der Anonymität des (Radio-)Lautsprechers« nicht nur anders gesprochen, sondern auch »anders gehört als sonst [werde]: klanglicher, gedrängter, intensiver« nämlich.[42] »Das bedeutet für die Dichtung den Weg zurück – oder vorwärts – von der Klangfremdheit, von der Abstraktion des Buches zur Klangwirklichkeit, zur akustischen Fülle, zu sinnlicher Musikalität«. Nur dann werde es – so der Journalist und Essayist Anton Kuh – möglich, die *Angst vor dem Radio* (1930) dadurch zu überwinden, daß man den eigentlichen »Sinn der Erfindung« des Rundfunks produktiv mache. »Dieser Sinn ist: die Entdeckung der Menschenstimme«, und nicht das Bestreben, »das sogenannte ›Reich der Kunst‹ zu annektieren«. Rundfunk wie Film sollten sich daher »auf das beschränken [...], was ihnen [liegt], um sich zu erfüllen.«[43]

Nicht nur die soeben zitierten Essayisten Leonhard und Kuh, sondern auch ein Erzähler wie Alfred Döblin hat aus ähnlichen Überlegungen gefolgert, daß der Gang des Schriftstellers in den Rundfunk nur dann produktiv sein könne, wenn der moderne Autor sich auf die Ausarbeitung genuin »rundfunkgemäßer« (254) Literaturformen wirklich einlasse, und für Döblin kamen dazu in seinem Essay *Literatur und Rundfunk* (1930) vor allem die kürzeren literarischen Gattungen der Lyrik und der Essayistik in Frage.[44] Denn hier und in der neu zu schaffenden »volkstümlichen Rundfunkkunst« des »Hörspiels« sei es sehr wohl möglich, »den Merkmalen des Radios – Hörbarkeit, Kürze, Prägnanz, Einfachheit – Rechnung zu tragen« (261) und auch, was nur auf den

---

42 Rudolf Leonhard, *Technik und Kunstform*, in: *Die Sendung*, 1924, H. 1, zitiert nach: Irmela Schneider, *Radiokultur in der Weimarer Republik*, Tübingen 1984, S. 67-72, hier: S. 70 f.

43 Anton Kuh, *Angst vor dem Radio*, in: *Der Querschnitt*, Jg. 10, 1930, Nr. 4, S. 243 f. zitiert nach: Schneider, *Radiokultur in der Weimarer Republik*, a.a.O. (Anm. 42), S. 52-54, hier: S. 54.

44 Dieser Essay wird hier und im folgenden direkt im Text zitiert nach: Alfred Döblin, *Schriften zu Ästhetik, Poetik und Literatur*, hrsg. von Erich Kleinschmidt, Olten 1989, S. 251-261.

ersten Blick paradox erscheine, die Differenz zu einer im Geist des Rundfunks umgestalteten epischen Literatur kenntlich zu machen. Sie nämlich sei im Zeichen des Rundfunks einerseits aus der Tyrannei des »Buchdrucks« mit seinen ebenso leblosen wie »traurigen Drucktypen« (229) zu befreien und andererseits in der Auseinandersetzung mit dem Rundfunk neu zu begründen.[45]

Diese Möglichkeit liegt für Döblin darin begründet, daß die technisch reproduzierte Sprache eines Rundfunk-Sprechers irreversibel auf einen bestimmten »Stimmklang, die besondere Art der Stimme, ihren Tonfall« (259) festgelegt sei und darin die Phantasie des Zuhörers nicht nur anregt, sondern auch einengt. Hinzu kommt, daß die wirklich lebende »mündliche Sprache vom Kontakt zwischen Redner und Hörer« lebt und »auch nie allein [steht]: sie ist immer begleitet von Mimik, von wechselnden Gebärden, von Blicken« (255). Zur dazu erforderlichen Phantasie des Lesers, der solche lebendigen Rede-Situationen imaginieren kann, »führt unendlich besser das Lesen, [...] die notwendige Selbsthypnose [...] unter der Anleitung des Autors« (259), denn dieser könne auf diese Weise das »wirkliche Sprechen, das wirkliche Einatmen und Ausatmen, die Kadenz des Tonfalls« (229) in die moderne Epik zurückholen. Mit einem Wort, wenn man die beiden für Döblin zentralen Essays *Literatur und Rundfunk* sowie *Der Bau des epischen Werks* zusammenkoppelt: die Literatur muß sich nach Döblin vom Rundfunk herausfordern lassen, und sie kann zugleich selber über den Rundfunk hinauszielen.

Woraus wiederum folgt: der moderne Autor hat nicht nur in der Begegnung mit dem Film, sondern auch in der Begegnung mit dem Rundfunk die Möglichkeit, in, neben oder über das neue Medium hinaus zu arbeiten. So hat der für diese Möglichkeiten besonders repräsentative Döblin selber – *erstens* – mit seinem Hörspiel *Die Geschichte vom Franz Biberkopf* (1931) eines der wirklich radiophonen Hörstücke der Zeit direkt für den Rundfunk geschrieben, – *zweitens* – die auf Kürze achtende Essayistik und die für ihn ohnehin zum mündlichen Vortrag drängende Lyrik als Gattungen angegeben, deren »Annäherungsmöglichkeit« an die Rundfunkpräsentation als »leicht und gut« (260) einzuschätzen wären, und schließlich – *drittens* – mit seinem Roman *Berlin Alexanderplatz* das radikal-literarische Experiment einer über jedwede Realakustik hinauszielenden Phantasie-Akustik unternommen. Es wird daher auch in Bezug auf den Rundfunk aufschlußreich sein zu hören,

---

45 Alfred Döblin, *Der Bau des epischen Werks* (1929), zitiert nach: ebd., S. 215-245. Auch dieser Essay wird im folgenden direkt im Text zitiert.

wie sich Zuckmayers Begegnung mit den technisch-akustischen Medien des 20. Jahrhunderts in dieses Geflecht möglicher Medienarbeiten einordnet.

Walter Fähnders

»Volksstück mit letalem Ausgang«
Carl Zuckmayers *Schinderhannes* in der Theaterkritik

Innerhalb des großen Themenfeldes ›Carl Zuckmayer und die Medien‹ soll im folgenden ein Teilbereich erörtert werden, und zwar die Rezeption Zuckmayers *in* den Medien. Genauer: es geht um das Medium der Theaterkritik, exemplarisch festgemacht am Beispiel des *Schinderhannes* von 1927. Damit ist ein rezeptionsgeschichtlicher Aspekt angesprochen, der sich auf ein festes System von Theaterkritik mit institutionalisierten Verfahrensweisen bezieht – in der Regel professionelle Kritiker mit bestimmten ästhetischen und politischen Auffassungen, Publikation in der Tagespresse und in einschlägigen Fachzeitschriften, Konkurrenz innerhalb dieser Art von ›literarischem Feld‹. Daß sich die Theaterkritik wie das Theater selbst in der Weimarer Republik auf hohem Niveau bewegt hat, muß nicht eigens betont werden; wohl aber mag daran erinnert werden, daß ›Theaterkritik‹ nur ein Teil von ›Rezeption‹ darstellt und nicht mit der konkreten Aufnahme und Wahrnehmung eines Theaterstückes beim Publikum selbst zu verwechseln ist. Darüber kann eine Theaterkritik gegebenenfalls informieren, zumal bei Skandalen, aber derartige Hinweise erfassen noch nicht die individuelle Zuschauerreaktion, die im Nachhinein, wenn z.B. keine empirischen Erhebungen und Umfragen angestellt werden können, nur sehr begrenzt rekonstruierbar sind. Das ist insbesondere bei solchen Autoren und Stücken zu bedenken, bei denen die professionelle Kritik und das Zuschauerurteil markant auseinanderklaffen, wobei eine derartige Kluft nicht allein beim Unterhaltungstheater begegnet. Ein Autor wie Zuckmayer war ein ausgesprochener Publikumsliebling, dem die Kritik wenig anhaben konnte: Allein für den *Schinderhannes* zahlte ihm der Ullstein-Verlag 1929 Bühnentantiemen von 5.227,80 RM, 1930 von 4.003,10 RM, 1931 von 1.591,12 RM, 1932 von 870,22 RM und 1933 von 3.154,68 RM.[1] Um

---

1 Für 1927, dem Jahr der Uraufführung, und für 1928 liegen leider nur Angaben über Zuckmayers Gesamteinnahmen vor. 1927 betrugen sie für Bühnenaufführungen in Deutschland 33.266,87 RM, für Bühnenaufführungen im Ausland 331,47 RM, 1928 für Bühnenaufführungen in Deutschland 54.172,27 RM und für Bühnenaufführungen im Ausland 3.043,68 RM. Zum Vergleich: Ein Feuerwerker in der Montanindustrie verdiente 1927 etwa 300 RM im Monat. Die Zahlen finden sich in der Vertragsakte Carl Zuckmayer im Ullstein Verlag. Vgl. dazu: Gunther Nickel, *Carl Zuckmayer und seine Verleger. Von 1920 bis zur Rückkehr aus dem Exil*, in: Zuckmayer-Jahrbuch, Bd. 3, 2000, S. 361-375.

so aufschlußreicher aber ist womöglich die Kritik in der Frühzeit seines Schaffens, als er um Erfolge beim Publikum noch zu bangen hatte – wenn auch in diesem Fall zu Unrecht.

Der *Schinderhannes* in der Theaterkritik – die Analyse sollte von Überlegungen begleitet werden, in welchem historischen, politischen, sozialen, kulturellen, literarischen, gattungsspezifischen und theatergeschichtlichen Umfeld der Stoff (das Sujet), der Text und, last but not least, die Rezipienten sich befinden und bewegen. Dies wäre eine umfassende Aufgabe, die hier nur in Ansätzen bewältigt werden kann.[2] Dabei soll es um folgende Fragen gehen:

– die Stoffgeschichte: wie erklärt sich, worin besteht das Interesse der Zeit am Stoff?

– die Werkgeschichte: wie positioniert sich der Autor, welche Interpretation bietet sein Theaterstück?

– die Rezeptionsgeschichte: wie verfährt die Kritik mit dem Stück?

In einem derartigen Rahmen also wäre die Entstehung des *Schinderhannes*-Dramas zu situieren, aber auch seine Aufnahme beim Publikum und in der Theaterkritik, die sich beide gleichermaßen im Feld bestimmter Rezeptionsvorgaben und -erwartungen bewegen.

1. Die Stoffgeschichte

Der *Schinderhannes* steht einerseits im weiteren Traditionszusammenhang des ›edlen Räubers‹, die Figur hat andererseits aber auch eine ausgeprägte eigene Überlieferungsgeschichte, die auf der Historizität der Figur mit ihren unverwechselbaren Zügen sowie ihrer starken lokalen Verankerung beruht. Dabei interessiert an dieser Stelle weniger die geschichtswissenschaftlich fundierte Rekonstruktion der Vita des historischen Schinderhannes, sondern vielmehr das Bild, das in der Überlieferung von ihm entworfen worden ist, also die Legendenbildung. Denn die primär vor- oder nichtwissenschaftliche Schinderhannes-Überlieferung ist es, die das Interesse am Stoff beim Publikum und letzthin auch bei Zuckmayer bestimmt hat.

---

2 Im Gegensatz zur reichen Schinderhannes-Literatur gibt es über die Rezeption von Zuckmayers *Schinderhannes* kaum Literatur; vgl. die Hinweise bei Susanne Glöckner, »*O Räuberstand, glücklicher Stand!« Zur »Schinderhannes«-Rezeption während der Zwanziger Jahre,* Magisterarbeit an der Universität Osnabrück 1994 [Masch.].

Beim *Schinderhannes* sind für die zwanziger Jahre also folgende Rahmenbedingungen zu berücksichtigen: (a) die allgemeine Räuberthematik und (b) die besondere Schinderhannes-Tradition. Dazu zunächst die folgenden Hinweise.

(a) Daß die Hochzeit der Begeisterung für den ›edlen Räuber‹ in Deutschland im späteren 18. Jahrhundert lag – gemeint ist das Spektrum von Karl Moor bis Rinaldo Rinaldini, aber auch von Götz bis Kohlhaas –, ist bekannt. Später, seit dem 19. Jahrhundert, suchte das Bürgertum die Normen und die Regularien der Gesetzlichkeit, nicht mehr Selbsthelfertum und Wut der ›social bandits‹, der *Sozialrebellen*[3]. Zurecht betont Heiner Boehncke, daß der »Bedarf an zumindest annähernd realistischen Texten über Räuber und Räuberbanden [...] mit dem Phänomen, von dem sie handelte, verschwand«[4]. So findet sich der Räuber im späteren 19. Jahrhundert nur mehr in der massenhaft verbreiteten Literatur, in der üppig sich entfaltenden Kolportageliteratur, nicht mehr in der sogenannten Hochliteratur.

Entsprechend hat das Räuberthema in den zwanziger Jahren nicht gerade Konjunktur. Als markante Texte wären zu nennen: Leonhard Franks *Räuberbande* (1914), die allerdings allein im Titel einen Kontext zur Räubertradition beansprucht; Jakob Haringers *Räubermärchen* (1925), eine eher märchenhafte ahistorische Räuberpistole dieses »Vaganten« und »bajuwarischen Villon«[5]; des weiteren ist an Robert Walsers *Räuber-Roman* (1925) zu denken, auch wenn dieser erst postum entziffert und ediert worden ist. Bei Walsers Räuber läßt sich das Interesse an einer Figur erkennen, die eigentlich kein Räuber mehr ist, dessen Räubertum allenfalls darin besteht, »daß er unbedeutende Plagiate an Heftchenromanen begeht« und »einem Räuber von der traurigen Gestalt« ähnelt[6].

---

3 Vgl. zur allgemeinen Sozialgeschichte: Eric J. Hobsbawm, *Sozialrebellen. Archaische Sozialbewegungen im 19. und 20. Jahrhundert*, Neuwied, Berlin 1971 sowie Eric J. Hobsbawm, *Die Banditen*, Frankfurt am Main 1972.

4 Heiner Boehncke/Hans Sarkowicz (Hrsg.), *Die deutschen Räuberbanden*, 3 Bde., Frankfurt am Main 1991, Bd. 1, S. 32.

5 So Ludwig Fels im Vorwort zur Neuausgabe von Jakob Haringer, *Räubermärchen* (1925), Hamburg 1982.

6 So Bernhard Echte im Nachwort von Robert Walser, *Bleistiftgebiete*, Frankfurt am Main 1992, S. 209 f.

Damit ist eine Umfunktionierung des edlen Räubers ins Werk gesetzt: der Räuber wird von Grund auf ›modernisiert‹.⁷ Diesen Modernisierungsprozeß treibt Brecht in der *Dreigroschenoper* (1928) zu einem frühen Höhepunkt: hier kämpft nicht mehr der Bürger in Not räuberisch um sein gutes Recht und das der anderen, sondern der Räuber ist Bürger, weil die Bürgerexistenz ergiebiger ist als das Räuberdasein. Mit Brechts Worten: »Die Vorliebe des Bürgertums für Räuber erklärt sich aus dem Irrtum: ein Räuber sei kein Bürger. Dieser Irrtum hat als Vater einen anderen Irrtum: ein Bürger sei kein Räuber.«⁸ Darin ließen sich Tendenzen einer neuerlichen Politisierung, aber auch einer Allegorisierung der Räuberfigur erkennen, die ihn aus seiner ›edlen‹ Konnotation definitiv herauslöst.

Im Modernisierungskontext läßt sich auch jener entfernte Verwandte des Räubers ansiedeln, der in der Literatur der Weimarer Republik eine nicht unwichtige Rolle spielt: der Hochstapler. Sein halbseidenes Ambiente, das ihn durchaus zum tendenziellen Sympathieträger machen kann – so in der erzählenden Prosa bei Walter Serner, so in der Autobiographik der erfolgreiche Harry Domela⁹ –, läßt ihn zu einem durch und durch ›modernen‹ Typus unter den literarischen Gesetzesbrechern avancieren. Das moralische Ethos des edlen Räubers teilt der Hochstapler sicher nicht, dafür aber ist er modern vom Scheitel bis zur Sohle. Er bewegt sich nicht mehr in Wäldern, sondern nun im Dschungel der Großstadt, in Metropolen, er ist von der Patina unzeitgemäß scheinender Attribute also gesäubert.

Literatur- und vor allem theatergeschichtlich für die zwanziger Jahre relevant ist ein weiterer Strang der Räuber-Tradition: die spektakuläre Aktualisierung und Umfunktionierung der Schillerschen *Räuber* durch Erwin Piscator im Jahre 1926. Der Vorgang ist bekannt: das ›bürgerliche Erbe‹ wird sozialisiert, der bei Schiller negativ besetzte Spiegelberg wird zum wahren Helden umgewertet, er wird politisiert und mit der Maske Leo Trotzkis, des Begründers der Roten Armee, versehen.¹⁰

---

7 Vgl. die bei den Surrealisten so sehr geschätzten Fantomas-Figur oder das surrealistische Interesse an der anarchistischen Bonnot-Bande (z.B. in Louis Aragons *Le libertinage*, 1924).

8 Bertolt Brecht, zitiert nach Marianne Kesting, *Bertolt Brecht,* Reinbek 1985, S. 44.

9 Vgl. die Neuausgabe Harry Domela, *Der falsche Prinz. Leben und Abenteuer von Harry Domela*, hrsg. Stefan Porombka, Berlin 2000.

10 Vgl. Erwin Piscator, *Das Politische Theater*, neubearbeitet von Felix Gasbarra, Reinbek 1963 (Rowohlt Paperback 11), S. 88 f.

»Volksstück mit letalem Ausgang« 159

Insgesamt also eine Rückerinnerung und Transgression des alten Räuberbildes, was zugleich ein Schritt zur Konzeption eines neuen, politisch-revolutionären Theaters bedeutete. Es sei schon an dieser Stelle darauf hingewiesen, daß Carl Zuckmayer seinen *Schinderhannes* ein Jahr später als »expliziten Gegenentwurf«[11] zu Piscators politischem Theater angelegt hat, zumindest eine solche alternative Anlage intendiert hat.

Das Räuber-Thema hat in der Literatur der zwanziger Jahre, bis zum Erscheinen des *Schinderhannes* 1927, insgesamt also eher begrenzte Reichweite. Dagegen sind – worauf noch zu sprechen zu kommen sein wird – realhistorische Figuren wie der ›mitteldeutsche Bandenführer‹ Karl Plättner und besonders Max Hölz (zur Zeit der *Schinderhannes*-Premiere noch inhaftiert) von Zeitgenossen in die Nachbarschaft zum historischen Sozialrebellentum gerückt worden.

(b) Der selbständige Strang der Schinderhannes-Tradition zeigt bis in die zwanziger Jahre und darüber hinaus eine reiche Überlieferung. Sie setzt noch zu Lebzeiten des Schinderhannes ein. Bereits 1798 gibt es ein erstes Schinderhannes-Gedicht, 1802, also ein Jahr vor der Hinrichtung des Johannes Bückler, erscheint Ignaz Ferdinand Arnolds Schrift *Der berühmte Räuberhauptmann Schinderhannes, Bückler genannt.* Nach der Hinrichtung 1803 werden historische Quellen ediert, so B. Beckers *Actenmäßige Geschichte der Räuberbanden an den beyden Ufern des Rheins. Erster Theil. Enthaltend die Geschichte der Moselbande und des Schinderhannes* (1804), wird aber auch ein so sensationell aufgemachter Anti-Schinderhannes-Roman wie Arnolds *Der schwarze Jonas* (1803) herausgebracht. Die Schinderhannes-Konjunktur bezieht sich auf alle literarischen Gattungen und reicht bis zu Gedichten und Liedern, Erzählungen und Erinnerungen, Flugschriften und Schauspielen. So erscheint bereits 1804 J.S. Lechners Komödie *Die Räuber am Rhein oder der berüchtigte Schinder Hannes*[12]. Allerdings ebbt diese erste Schin-

---

11 Gunther Nickel/Ulrike Weiß, *Carl Zuckmayer 1896-1977. »Ich wollte nur Theater machen«*, Marbach 1996 (Marbacher Kataloge 49), S. 104.

12 Vgl. die bibliographischen Hinweise in: Boehncke/Sarkowicz (Hrsg.), *Die deutschen Räuberbanden*, a.a.O. (Anm. 4), Bd. 2, S. 16 f.; in diesem Band finden sich auch die einschlägigen historischen Dokumente über den Schinderhannes nachgedruckt; vgl. zudem: Manfred Franke (Hrsg.), *Schinderhannes. Kriminalgeschichte voller Abentheuer und Wunder und doch streng der Wahrheit getreu 1802*, Berlin 1977; Helmut Mathy, *Der Schinderhannes. Zwischen Mutmaßungen und Erkenntnissen*, Mainz 1989; Hajo Knebel, *Der unsterbliche Johannes Bückler. Zur literarischen Rezeption des Schinderhannes*, in: *Lebendiges Rheinpfalz*, Jg. 21, 1984, H. 1, S. 20-27.

derhannes-Welle nach etwa 1810 ab (wie auch die Räuberliteratur insgesamt), um mit der Reichsgründung für vielleicht zwei Jahrzehnte neue Beliebtheit zu gewinnen: nun im nationalen Kontext gegen Frankreich und im rassistischen Kontext gegen Juden.[13]

Ein neuer Schub des Interesses am Schinderhannes läßt sich mit Beginn der zwanziger Jahre festmachen. Dies dürfte im erkennbaren Zusammenhang mit der Rheinlandbesetzung durch französische Truppen seit 1918/19 stehen. Zum Ende der *Franzosenzeit am Oberrhein*, wie er einen diesbezüglichen Aufsatz überschrieb, hat sich Carl Zuckmayer übrigens am 20. Juni 1930 in der *Vossischen Zeitung* mit sehr maßvollen Worten, frei von jedem nationalistisch-antifranzösischen Zungenschlag, geäußert.[14] Jedenfalls lassen sich für die gesamte Weimarer Republik im Bereich der sogenannten Volks- und Heimatdichtung Schinderhannes-Adaptionen regionaler und weniger bekannter Autoren nachweisen, die z.T. mundartlich verfaßt sind und oft in der Wirkung auch lokal begrenzt blieben, die aber, soweit sich erkennen läßt, eine Aktualität nicht allein aus dem Dauerbrenner des edlen Räubers, sondern auch aus der Besatzungsproblematik zogen; auf sie konnte man unter Verweis auf Virtuosität und Resistenz eines Schinderhannes rekurrieren.[15]

Unter den Schinderhannes-Adaptionen der zwanziger Jahre dürfte die vielgelesene Clara Viebig herausragen, deren Roman *Unter dem Freiheitsbaum* von 1922 in das französisch besetzte Trier Ende des 18. Jahrhunderts führt, das Räuberwesen in der Pfalz zum Thema hat und der

---

13 So hat z.B. Carl Rauchhaupt in seiner Aktenedition von 1891 die Figur des Schinderhannes »mit entschieden vorgetragener antifranzösischer Tendenz« charakterisiert, wie Manfred Franke zurecht betont (in: Franke, *Schinderhannes*, a.a.O. [Anm. 12], S. 122 f.); vgl. Carl Rauchhaupt, *Aktenmäßige Geschichte über das Leben und Treiben des berüchtigten Räuberhauptmannes Johannes Bückler, genannt Schinderhannes, und seiner Bande*, Kreuznach 1891.

14 Carl Zuckmayer, *Franzosenzeit am Oberrhein*, in: *Vossische Zeitung* (Berlin) vom 20. Juni 1930; wieder in: *Blätter der Carl-Zuckmayer-Gesellschaft*, Jg. 4, 1978, H. 1, S. 21-25.

15 Z.B.: August Groß, *E Stickele vom Schinderhannes*, in: *Volk und Scholle. Heimatblätter für beide Hessen*, Jg. 3, 1925, H. 2, S. 58-60; Hans Wolfgang Hillers, *Julchen und Schinderhannes. Volksstück in fünf Akten*, Potsdam 1926; nach dem Erscheinen des *Schinderhannes* von Carl Zuckmayer folgten u.a.: Wilhelm Reuter, *Schinderhannes de rheinisch Räuwerschelm. Volksstück in fünf Akten in nassauischer Mundart*, Montabaur 1928; Valentin Roths, *Allerlei merkwürdige und spaßhafte Stücklein vom großen Räuberhauptmann Schinderhannes*, Wittlich 1929.

Figur des Schinderhannes breiten Raum zumißt (wohl unter Hinzuziehung der Becker-Akten). Ihr Roman steht im Kontext ihres literarischen Interesses an der Pfalz, ihr Schinderhannes, obwohl nicht Zentralfigur des Romans, ist eine »Mischung aus Robin Hood und Cartouche«, ein »charmanter Rächer der Armen«[16]. Er wird zum edlen Räuber stilisiert, der nicht frei ist von antisemitischen Zügen.[17] Eine direkte Aktualisierung oder Politisierung des Schinderhannes-Stoffes strebt sie nicht an, was ihr die zeitgenössische Kritik durchaus vorgehalten hat: »Nirgends ist die Parallele zur Jetztzeit betont, und mancher wird vielleicht ein etwas ausgesprocheneres Deutschtum dem welschen Sieger gegenüber vermissen. Trotzdem wird der tiefer und gründlicher Lesende frappiert durch das Bild der Jetztzeit in diesem Spiegel der Vergangenheit.«[18] So urteilt 1922 das *Literarische Echo*, und damit ist ein bestimmter Erwartungshorizont in Sachen Schinderhannes formuliert. Eine bestimmte Präsenz der Räuber-Tradition und des Schinderhannes-Stoffes während der zwanziger Jahre ist also durchaus erkennbar.

2. Die Werkgeschichte

Diese Präsenz des Schinderhannes markiert den allgemeinen Rahmen für Produktion und Rezeption des Zuckmayer-Dramas. Biographisch und werkgeschichtlich ist gesichert, daß Carl Zuckmayer bereits in seiner Kinderzeit mit dem Stoff bekannt war (in Gonsenheim sah er eine Moritat über Leben und Sterben des Räuberhauptmannes), und daß durch die Freundschaft zu dem Theaterintendanten und Schinderhannes-Biographen Curt Elwenspoek sein Interesse am Stoff wachgehalten wurde. Bereits 1922 schrieb Carl Zuckmayer seine *Mainzer Moritat vom Schinderhannes*, am 23. Januar 1923 trug er sie auf einer Matinee der Städtischen Bühnen Kiel vor. Elwenspoeks Schinderhannes-Buch, in dem übrigens die *Mainzer Moritat* erstmals abgedruckt wurde, erschien 1925. Carl Zuckmayer kannte Viebigs Roman wohl nicht, aber natürlich die Schinderhannes-Biographie seines Freundes, aus der er viel Zeitkolorit übernahm. Sicher wäre es unter dem Rezeptionsaspekt lohnend, das überaus erfolgreiche, 1953 in einer Neubearbeitung wieder aufgelegte Buch von Elwenspoek und seine Aufnahme bei den Zeitgenossen zu untersuchen, insbesondere Elwenspoeks Kern-

---

16 So die Formulierung von Heiner Boehncke in Boehncke/Sarkowicz (Hrsg.), *Die deutschen Räuberbanden*, a.a.O. (Anm. 4), Bd. 2, S. 9.
17 Vgl. Franke, *Schinderhannes*, a.a.O. (Anm. 12), S. 127.
18 Paul Friedrich, *Clara Viebig »Unter dem Freiheitsbaum«*, in: *Das literarische Echo*, Jg. 25, 1922, S. 409.

these, daß Schinderhannes »der deutsche Räuber schlechthin«[19] sei. Seine Qualifizierung des Schinderhannes im Untertitel des Buches als *Rheinischer Rebell* verweist im übrigen erneut auf die französische Besatzungsproblematik und wohl auch auf aktuelle separatistische Bestrebungen im Rheinland.

In einem ausführlichen Beitrag für die *Mainzer Warte*, überschrieben *Der Schinderhannes*, gibt Zuckmayer wenige Tage vor der Premiere seines Stückes Auskunft über seine Ziele – wohlgemerkt: über seine Intentionen; über die Anlage seines Stückes selbst ist damit selbstverständlich noch nichts gesagt. Aufschlußreich ist der Artikel freilich wegen seiner Hinweise auf das literarische Feld, das Carl Zuckmayer nun dramatisch besetzt. Zunächst erinnert er an aktuelle lokale und regionale Schinderhannes-Reminiszenzen: »In jeder Familie weiß man eine Geschichte, wie der Großvater oder Urgroßonkel noch mit dem Schinderhannes zusammengetroffen ist oder bei seiner Hinrichtung dabei war« – Carl Zuckmayer nennt Schinderhannes' Geschichten und Taten »ein großes, ungeschriebenes Volksepos wie das vom Eulenspiegel im alten Flandern.«[20]

Damit ist eine entscheidende Zielsetzung seiner Schinderhannes-Bearbeitung angerissen: es geht nicht um eine irgendwie geartete Aktualisierung des Stoffes, wie es das Zeittheater und das ›Zeitstück‹ der Weimarer Republik unternommen hätten[21]. Als Gegenpol zum derart verstandenen ›Zeitstück‹ wäre eine bestimmte Version von ›Volksstück‹ anzusiedeln – nicht das wiederum zeitkritische Volksstück einer Marieluise Fleißer oder eines Ödön von Horváth, sondern ein ins ›Allgemein-Menschliche‹ vermeintlicher Zeitlosigkeit führendes ›Volksstück‹, wie Zuckmayer selbst es 1932 programmatisch als »Lebens-Stück« skizziert hat: »*Lebens-Stück*: das ist alles. Beseeltes Drama, geistig befeuertes

---

19 Curt Elwenspoek, *Schinderhannes. Der rheinische Rebell*, Stuttgart 1925, S. 11.

20 Carl Zuckmayer, *Der Schinderhannes*, in: *Mainzer Warte*, Jg. 2, 1927, Nr. 42, S. 9 f.; aus einer Bemerkung im Text geht hervor, daß Carl Zuckmayer den Artikel am 9. Oktober 1927 niedergeschrieben hat, also fünf Tage vor der Premiere des Stückes. (Nachdruck des Textes in: Barabara Glauert [Hrsg.], *Carl Zuckmayer. Das Bühnenwerk im Spiegel der Kritik*, Frankfurt am Main 1977, S. 101-104.)

21 Vgl. Christina Jung-Hofmann, *Wirklichkeit, Wahrheit, Wirkung. Untersuchungen zur funktionalen Ästhetik des Zeitstückes der Weimarer Republik*, Frankfurt am Main, Berlin, Bern, New York, Paris, Wien 1999; sowie meine Rezension in diesem Band, S. 750-754.

Drama, im Tragischen, im Humorigen, sei es wie es sei, stets aber strömend lebendiges, menschliches, aus den Herzadern des Volkes, der Welt, der Natur durchblutetes Drama.«[22]

Im Schinderhannes nun sieht Zuckmayer von vornherein ein überhistorisches Potential: »Solche Gestalten«, schreibt er hinsichtlich des Eulenspiegel und des Schinderhannes,

> die sich allmählich aus der historischen Wirklichkeit lösen, legendär und unsterblich werden, verkörpern immer die Sehnsucht, die Liebe, die heimatlichen Wunschträume und das innerste Wesen eines Volkes, einer Rasse, einer Landschaft, überhaupt der wahren menschlichen Natur. Der Schinderhannes, der sich nichts gefallen läßt, der nimmt, was er findet, der hergibt, was er hat, der die Bedrücker hart angeht und gut Freund ist mit allem Volk, der seine Feinde mit einem Lachen abtut, seine Verfolger an der Nase herumführt, der sein Leben riskiert für einen guten Witz und auf den Volksfesten tanzt, singt, säuft, während hundert Gendarmen die Wälder nach ihm absuchen, – der Schinderhannes, auf den die Frauen fliegen und der mit seinem Elan, seiner Jugend, seiner wilden Grazie und seiner stählernen Energie die Bande wüster Krakeeler und Marodeure beherrscht und zwingt: so ein Kerl möchte Jeder gern sein. [...] Das Geheimnis der Popularität eines Helden: das[s] sich Jedermann, ob er's weiß oder nicht, insgeheim mit ihm und seinem Wesen identifiziert.[23]

Zu Aktualitätsgehalt und Aktualitätsanspruch des Stoffes wie des Dramas heißt es:

> Als ich begann, mich in den Schinderhannes-Stoff hineinzuarbeiten, kam mir öfters der Gedanke, den Schinderhannes dem neunzehnten Jahrhundert zu lassen und einen Briganten, Volkshelden, eine ungebrochene menschliche Natur aus der Jetztzeit und ihrer Bedingungen zu schreiben. Warum ich es doch nicht tat, war mir nicht ohne weiteres klar, aber heute scheint es mir folgerichtig und notwendig zu sein. Der legendäre Schinderhannes ist losgelöst von allen kleinlichen Mißverständnissen, Ressentiments und Sensationen. Und die Bedingungen seiner Zeit sind den Bedingungen unserer Zeit in allem, worauf es ankommt, nicht wesentlich verschieden.[24]

---

22 Carl Zuckmayer, *Volksstück*, in: *Mainzer Anzeiger* vom 12. März 1932; vgl. auch Zuckmayers Aufsatz *Volks-Stück und Gegenwart*, in: *Blätter der Carl-Zuckmayer-Gesellschaft*, Jg. 12, 1986, H. 1, S. 37-39.
23 Zuckmayer, *Der Schinderhannes*, a.a.O., (Anm. 20), S. 9.
24 Ebd.

Was auch immer diese ominösen »Bedingungen unserer Zeit in allem, worauf es ankommt«, sein mögen, welche die »Jetztzeit« mit der Zeit des historischen Johannes Bückler so wenig »verschieden« machen sollen – Zuckmayer positioniert sich mit dieser Selbstinterpretation ausdrücklich gegen drei Interpretationsstränge, die das Schinderhannes-Bild bis dato geprägt haben: gegen den »Franzosenhaß«, den »Antisemitismus« und die »berühmte ›Sehnsucht nach der Bürgerlichkeit« beim Schinderhannes – weil er diese Züge des Schinderhannes, »die für die Beurteilung des historischen Schinderhannes traditionell geworden sind«, schlichtweg »für falsch« hält.[25] Unabhängig davon, ob diese Züge auch wirklich falsch sind – und die historische Forschung hat sich zumal der Fragen der Franzosenfeindschaft und des Antisemitismus bei Johannes Bückler ja immer wieder angenommen –, akzentuiert Carl Zuckmayer also sein eigenes, eigenständiges Schinderhannes-Bild. Damit forciert er eine entschiedene Differenz zu den vorliegenden Schinderhannes-Adaptionen. Indem er programmatisch zwei Konstituenten des dominanten Schinderhannes einfach ausblendet – und ein Blick auf das Stück selbst zeigt ja, daß man hier seiner Selbstinterpretation mit Fug und Recht folgen darf –, entzieht er seinem Drama ein mögliches Aktualitätspotential, das es für zeitgenössische Auseinandersetzungen über das Verhältnis zu Frankreich und über den Antisemitismus einsetzbar gemacht hätte (jeweils pro oder contra). Statt dessen sucht er sichtlich die Parallelen zwischen der Bückler- und der Jetztzeit, die er ja ausdrücklich zieht, auf anderem Gebiet, das er überhistorisch, nicht konkret geschichtlich oder politisch bestimmt:

> Der Hannes Bückler, der um 1800 lebte und starb, und der Schinderhannes, der leben blieb bis heute wie die Gestalten der Volkslieder und Legenden, besitzt diese geheime Kraft in höherem Maß als viele größere und bedeutendere Menschen sie jemals erreichen können. Er war ein einfacher Mann und von keiner überragenden, großartigen Eigenart. Aber er verkörperte in einer so klaren, ungebrochenen Weise die stärksten Eigenschaften und Wesenszüge seines Volkes, daß er dem Volk zum idealen Abbild seiner selbst wurde. Er verkörperte kein nordisches oder klassisches Heldenideal, sondern ein wesentliches, südwestdeutsches Lebensideal. Leichtigkeit des Blutes und Stärke der Natur, – nachbarlich verwandt dem Volkstum der Franzosen, die durch die Verkettung der Politik damals die Henker des Schinderhannes wurden, – und doch in allen Fasern deutsch: in den Wurzeln der Landschaft, in der Weite des Gefühls, in der Begrenztheit seines Wesens und im Trieb, über sich hinauszukommen. Und dann, außer den Kräften seiner Rasse, hat der Schinderhannes die wahren Züge des Volkshelden al-

---

25 Ebd.

ler Nationen: echtes Rebellentum, unbedingtes Festhalten am natürlichen Menschenrecht, verzweifelten Widerstand gegen alle schlechten gesellschaftlichen Unrechte.[26]

An dieser Stelle wäre diese Selbstinterpretation mit einer Interpretation des Dramas selbst zu konfrontieren, die hier nicht gegeben werden kann. Ihre Aufgabe wäre es u.a., Zuckmayers Akzentuierung genauer zu analysieren und die Frage nach einer Entpolitisierung des Stoffes wie nach einer möglichen Entpolitisierung des Theaters zu beantworten. Der Vergleich zu Piscator wäre auch per differenzierter Stückanalyse auszuführen; wobei an dieser Stelle zumindest folgende Hinweise gegeben seien.

Vom »expliziten Gegenentwurf« zu Piscators politischem Theater ist bereits gesprochen worden. Zuckmayer selbst formulierte bereits 1925 eine Absage an die theatralischen »Experimente« der letzten zwanzig Jahre: »Heute ist jede Art von Gesellschafts- oder Zeitkritik künstlerisch unfruchtbar, – restlos überflüssig das Experiment, ›dem Theater neue Wege zu weisen.‹« Statt dessen fordert er: »die lebendigen, ungebrochnen, positiven Kräfte, von denen diese Zeit und dieses zu Unrecht totgesagte Europa durch und durch erfüllt ist schöpferisch zu wecken« – zugunsten eines Beitrages »zu innerer Technik des starken, einfachen Lebens«[27]. Diese wie grob auch immer umrissene Konzeption eines über jedwede unmittelbare Sozial- und Zeitkritik hinausweisenden Theaters von 1925, die Zuckmayer 1927 ausdrücklich wiederholt,[28] korrespondiert nun gerade mit jenem Schinderhannes-Entwurf, der tradierte, unmittelbar sozial- und zeitkritische Momente bewußt und zielgerichtet eliminiert.

---

26 Ebd.; Zuckmayer spricht auch vom »anarchistischen Räuber«: »drei Jahre lang war er unumschränkter Herrscher einer Landschaft gewesen, hatte gelebt und leben gelassen nach seinem Kopf und seinem Recht« (ebd., S. 10). Noch 1973 wiederholt Zuckmayer das Attribut »anarchistisch« in einem Brief: »Für das Stück habe ich dann die Gestalt genommen, wie sie in der Überlieferung des Volkes lebte, also eine Art von anarchistischem Nationalhelden und Kämpfer für die Armen, was der historische Bückler wohl kaum gewesen ist. Mir kam es auf die naive Menschlichkeit an« (zitiert nach Franke, *Schinderhannes*, a.a.O. [Anm. 12], S. 146).
27 Zit. nach dem Abdruck in: Nickel/Weiß, *Carl Zuckmayer*, a.a.O. (Anm. 11), S. 104.
28 Wiederabdruck des Textes in der Festschrift *Fünfundzwanzig Jahre Frankfurter Schauspielhaus*, Frankfurt am Main 1927; vgl. den Hinweis in: Nikkel/Weiß, *Carl Zuckmayer*, a.a.O. (Anm. 11), S. 104.

Wie immer man diese Entscheidung werten will – als Entpolitisierung des Theaters in freilich politisch etwas beruhigteren Zeiten Mitte der zwanziger Jahre, als Versuch, einem überhistorischen Rebellentum gerecht zu werden, als Versuch eines wie immer auch verstandenen ›Volks-Stückes‹ nach dem diesbezüglichen Triumph seines *Fröhlichen Weinberg* von 1925 –, Carl Zuckmayer besetzt jedenfalls ein weites Feld neu. Und dies überwiegend mit Erfolg, wie die Premiere- und andere Kritiken zeigen.

3. Die Rezeptionsgeschichte

Die folgenden Ausführungen beziehen sich zunächst auf die Uraufführung vom 14. Oktober 1927 im Lessingtheater Berlin. Es ist naheliegend, daß gerade in Kritiken zu einer Uraufführung Grundsatzfragen, die über die konkrete Aufführung hinausweisen, eher angesprochen werden als in der Kritik späterer Inszenierungen. Deshalb stehen hier gerade die Premierenkritiken und -kritiker im Mittelpunkt.

Es ist dies ein illustrer Reigen der Kritiker und ihrer Gazetten: von Alfred Kerr im *Berliner Tageblatt* bis Emil Faktor im *Berliner Börsen-Courier*; von Paul Fechter in der *Deutschen Allgemeinen Zeitung* bis Erich Kästner in der *Neuen Leipziger Zeitung*; von Monty Jacobs in der *Vossischen Zeitung* bis Ernst Heilborn in der *Frankfurter Zeitung*; Kurt Pinthus in den *Westfälischen Neuesten Nachrichten*; Herbert Ihering und Alfred Polgar in *Das Tage-Buch*; Paul Goldmann in der Wiener *Neuen Freien Presse*; wiederum Ernst Heilborn in *Die Literatur*; Arthur Eloesser in der *Weltbühne* u.a.m.[29]

Des weiteren wurden gelegentlich Kritiken anderer Inszenierungen berücksichtigt, und zwar die Inszenierung vom November 1927 im Alten Theater Leipzig; vom Dezember 1927 im Frankfurter Schauspielhaus; vom April 1928 in Königsberg; sowie die Inszenierungen aus dem selben Jahr in Dresden und im Münchner Schauspielhaus sowie vom 23. Januar 1933 in der Berliner Volksbühne (unter Heinz Hilpert). Die österreichischen Inszenierungen – u.a. im Januar 1928 im Deutschen Volkstheater, Wien; im März 1928 im Schauspielhaus Graz – werden nicht eigens berücksichtigt, hier kann fürs erste auf die diesbe-

---

29 Um das Maß an Anmerkungen erträglich zu halten, werden im folgenden Zitate aus den Theaterkritiken nur durch die Nennung der Verfassernamen nachgewiesen; der genaue Nachweis findet sich im Anhang. – Für die Hilfe bei der Materialbeschaffung sei an dieser Stelle Anja Massoth, Erlangen, und Dr. Gunther Nickel, Marbach a.N., gedankt.

zügliche Analyse von Anja Massoth verwiesen werden.[30] Weitere Analysen bis hin zu dem 1977 in Bad Hersfeld begangenen Schinderhannes-Jubiläum[31] bedürften eigener Untersuchungen. – Im folgenden geht es vorrangig um Trends in der Beurteilung des Stückes, die geleitet sind vom Blick auf den skizzierten Rezeptionshintergrund: also der politischen Aktualität des Stoffes und der Frage seiner ›Entpolitisierung‹.

Die Premiere. Über die Premiere vom 14. Oktober 1927 im Berliner Lessingtheater unter der Regie von Reinhard Bruck und der Direktion von Saltenburg (beide, Saltenburg und Bruck, hatten Carl Zuckmayers erstes Volksstück, den *Fröhlichen Weinberg*, 1925 zum Erfolg geführt) sei hier nur vermerkt, daß die Inszenierung offenkundig »ziemlich strichlos« (Kienzl) sich am gedruckten Schauspieltext hielt und fast vier Stunden dauerte (Fechter), daß einhellig Käthe Dorschs Leistung als Julchen gerühmt wurde, daß auch Eugen Klöpfer in der Rolle des Schinderhannes Anerkennung fand. Freilich schien er einigen Kritikern mit 40 Jahren als zu alt für die Rolle des ja bereits mit 27 Jahren hingerichteten und von Carl Zuckmayer ausdrücklich als jungen Menschen angelegten Schinderhannes – Einwände, die Carl Zuckmayer selbst später wiederholte, als Helmut Käutner 1958 den Schinderhannes dem nicht mehr ganz jungen Curd Jürgens anvertraute. Daß das Bühnenbild immerhin vom renommierten Max Liebermann stammte, wurde allgemein registriert (»ganz hübsch«, Fechter). Respektlos vermerkte Erich Kästner: »Die Bühnenbilder entwarf Max Liebermann, aber man merkte es nicht.« Das Pausengespräch, so der Zuckmayer-kritische Erich Kästner weiter, habe sich darum gedreht, »ob die Schauspieler den mittelrheinischen Dialekt getroffen hätten oder nicht«. – Carl Zuckmayer war bei der Uraufführung anwesend und »mußte immer wieder auf die Bühne« (Fechter). Unstreitig kamen Stück und Inszenierung an, allerdings bei nicht wenigen Vorbehalten einzelner Kritiker: »kein Triumph, aber ein großer Erfolg«, wie Kurt Pinthus bescheinigt.

Politische Aktualität. In einer *Dramatischen Rundschau* von *Westermann's Monatsheften* läßt der Herausgeber, Friedrich Düsel, auf seine *Schinderhannes*-Kritik unmittelbar eine Besprechung von Piscators *Rasputin* folgen, die er als »Barrikadenpropaganda« qualifiziert, die »für den kommunistischen Bolschewismus Propaganda« mache. Der *Schin-*

---

30 Anja Massoth, »*Auch bin ich ja eigentlich gar kein ›österreichischer Künstler‹«. Zuckmayers Rezeption als Dramatiker in Österreich 1925-1938*, in: *Zuckmayer-Jahrbuch*, Bd. 2, 1999, S. 415-455.
31 Teilweise dokumentiert in: *Blätter der Carl-Zuckmayer-Gesellschaft*, Jg. 4, 1978, H. 1.

derhannes dagegen gilt als »Verklärungsdrama eines Rebellen und Gehenkten« – der Gegensatz läßt nicht allein die politische Position des Kritikers erkennen, sondern auch das Bewußtsein von zwei Möglichkeiten des Theaters der Zeit. Geradezu aufatmend wird ein Stück begrüßt, das »geradeswegs auf die nackte Kreatur losgegangen ist« und den Helden »in seiner ganzen unverfälschten, ursprünglichen rheinischen Menschlichkeit« präsentiere. Dabei zieht der Kritiker interessanterweise den Vergleich auch zu Clara Viebigs Roman, wobei Zuckmayer sichtlich besser abschneidet – weil er sich von der Geschichte freigemacht habe. Im Bewußtsein der Existenz eines politisch aktuellen, kommunistischen und deshalb ungeliebten politischen Theaters der Gegenwart wird der *Schinderhannes* als Stück akzeptiert, eben weil es diese politische Aktualität nicht hat und nicht anstrebt.

In der Premierenkritik von Erich Kästner klingt ein politischer Aktualisierungs-Aspekt durch, wenn Kästner beim »halblegendären« Schinderhannes an den »Fall Hölz« und an »Vanzetti« erinnert, also an den bereits erwähnten inhaftierten mitteldeutschen Aufstandsführer sowie an Bartholomeo Vanzetti, der zusammen mit seinem anarchistischen Weggefährten Nicola Sacco in den USA unschuldig zum Tode verurteilt worden war. Aber auch Kästners Haupteinwände gegen das Stück zielen in eine andere Richtung (s.u.). Den Fall Hölz, genauer »den tragischen Idealismus eines Hölz«, spricht auch Emil Faktor im *Berliner Börsen-Courier* als »nahe Parallele der Gegenwart« an: »Ohne solche Reflexe [auf die Gegenwart] bleibt der *Schinderhannes* im Schatten älterer Werke [...]. Es fehlt ihm jene Überhöhung des Naturells, die uns wieder neu angeht.« Das Fehlen einer direkten tagesbezogenen Aktualität – man erinnere sich an Spiegelberg mit der Trotzki-Maske bei Piscator – moniert die Kritik nicht. Wohl aber finden sich Stimmen über den ›unpolitisch‹ präsentierten Schinderhannes.

Die nationalsozialistische Rezeption konnte sich aus Gründen des Rassismus – Zuckmayer wird ausdrücklich als »Halbjude« bezeichnet (J.Stg) – nicht auf die der NS-Ideologie eigentlich naheliegende Frage des Volksstückes, des Volkstümlichen einlassen und auch nicht den Antisemitismus, der dem historischen Schinderhannes anhing, ausschlachten. So spitzt sich die Kritik im *Völkischen Beobachter* zur Inszenierung 1928 in Dresden zu auf den Vorwurf des »Zuhälterdeutsch« (Rudolf Burock). »Freude am Gemeinen« attestiert auch der *Völkische Beobachter* zur *Schinderhannes*-Inszenierung von 1928 im Münchner Schauspielhaus. Hier wird rassistisch argumentiert, an den »sattsam berüchtigten ›Fröhlichen Weinberg«« erinnert, den ja gerade die Nationalsozialisten attackiert hatten, und pauschal von der »Gemeinheit der Gesinnung« bei Zuckmayer gesprochen. Daß das Stück eine »hundsmiserable Kopie der Schillerschen ›Räuber‹ sei«, überrascht, weil dieses Urteil sich so anderswo nicht findet. Als Kritikpunkt werden des weiteren die »rein episch aneinanderhängenden Bilder« genannt (J.St-g) – also jene ins Epische reichende Machart des Stückes, das hier aus Gründen eines ästhetischen Traditionalismus (Ansätze zur Auflösung klassischer Dramenformen) verworfen wird.

Der ›unpolitische‹ Schinderhannes. Zuckmayers Ansatz eines dezidiert ›unpolitischen‹ Schauspiels wurde als solcher verstanden und weithin, aber nicht immer, akzeptiert. In einer nur kurzen, aber erhellenden Notiz heißt es in der *Berliner Illustrirten Zeitung*: »Frei von jeder Tendenz, aber auch frei vom historischen Ballast zeigt es [das Schauspiel] den im Grunde gutmütigen, keineswegs von romantischem Edelmut triefenden Kerl.« (1927, anonym). Kritik am ›unpolitischen‹ Drama wird freilich von kommunistischer Seite geübt.[32] Alexander Abusch äußert sich anläßlich der Uraufführung des Schinderhannes-Filmes in der *Roten Fahne* (3. Februar 1928) zum Stück, wenn er an der Prometheus-Verfilmung des »Stoffes gegenüber dem Zuckmayerschen Theaterstück« hervorhebt, daß in dieser

> historisch getreuer den Abirrungen des Schinderhannes ins gefühlsmäßig Räuberische durch die Figur des ›Räuberhauptmannes‹ Leyendecker jene Linie des Kampfes entgegengesetzt wurde, die allein eine *gewisse* geschichtliche Aussicht auf Erfolg im Befreiungskampf der notleidenden Hunsrücker haben konnte: der Übergang von der Plünderung reicher Kaufleute [...] zur Bewaffnung des Kleinbauern des Hunsrück, zu einem Volkssturm gegen deutsche Raubfürsten und französische Militaristen. Aber Schinderhannes siegte über Leyendecker, der räuberische Rebell über den bewußteren, abwägenden Kämpfer.

In dieser Argumentation wiederholt sich das, was Piscator mit Schillers *Räubern* 1926 versucht hatte: die Revolutionierung des Räubers durch Demontage des Protagonisten zugunsten einer Aufwertung der politisch geeignet(er) scheinenden Nebenfigur[33]. Immerhin hält Abusch »die Geschichte des Schinderhannes« prinzipiell für geeignet, die deutsche Geschichte als Geschichte »von verhüllten und offenen, unklaren oder entwickelten Klassenkämpfen« zu zeigen.

---

32 Eine Theaterkritik aus einem KPD-Organ ist mir nicht bekannt.
33 Mit dem Ergebnis, wie Julius Bab so schön schrieb: »Diese Aufführung [...] enthielt auch einige Textstellen von Schiller« (zitiert nach Nickel/Weiß, *Carl Zuckmayer*, a.a.O. (Anm. 11), S. 103.

Eine derartige Forderung nach einem revolutionär umgebogenen Schinderhannes und nach einem politisierten Schauspiel ist die Ausnahme; auch der linksorientierte Herbert Ihering erhebt zwar Einwände gegen das Stück, nicht aber dezidiert politische (s.u.). Aus österreichischer Perspektive wird im *Neuen Wiener Tagblatt* von einem »deutsch gestimmten Schauspiel« gesprochen, das einen »Fehler« habe: man erführe nichts vom Schinderhannes, etwa, ob er »sich einer sozialen Mission dienstbar fühlte« (Max Lesser). Auch die Wiener *Neue Freie Presse* räsonniert über eine politische Dimension der 53 Taten des Schinderhannes, deren er angeklagt war, und spekuliert, zu welchen Zielen wohl Schinderhannes »in einer anderen Zeit (hätte) gelangen können.« (Paul Goldmann).

Damit wird nicht mehr ein konkreter Aktualitätsanspruch erhoben, sondern allgemein ein überhistorisches Rebellentum des edlen Räubers in Erinnerung gerufen. In diesem weiteren Kontext operiert auch die Kritik Franz Köppens in der *Berliner Börsen-Zeitung*, die eine Ahnengalerie aufmacht:

> Im Gegensatz zum Florian Geyer (vom Götz ganz zu schweigen), der auch eine politische Idee verficht, und im Gegensatz zum Räuber Moor, der ungeheures persönliches Erleben in die Kampfstellung gegen die normale Welt treibt, bleibt Zuckmayers Schinderhannes ein Abenteurer mit einem Knabenhorizont, dessen räuberischen Taten kein sittlicher Wille zu Grunde liegt.

Stichwort Knabenhorizont – in den *Leipziger Neuesten Nachrichten* begrüßt es Hermann Kienzl, daß Zuckmayer »aus dem Schrecken der Wälder und Dörfer eine Art naiven Karl Moor gemacht [hat], mit redlichem Instinkt statt Edelmannsbildung, mit fröhlichem Herzen statt eines Weltverbesserers Sentiment und Pathetik. Tut nichts«, heißt es weiter, denn »unserer modernen Zeit« seien »Sachlichkeit und Humor artverwandter [...] als Schillers ›Räuber‹-Pathos«. Die Berliner *Tägliche Rundschau* stellt geradezu erleichtert fest, daß Stück und Figur frei seien von jeder politischen Programmatik: Schinderhannes sei bei Zuckmayer »der naive Kerl, der gewiß nicht mit dem Anspruch eines weltbeglückenden kommunistischen Gedankens auftritt und dieses Weltbeglückertum sofort durch Gewaltsamkeiten widerlegt [...]. Schinderhannes ist ein Romantiker, kein Parteikommunist.« (H. Rosenthal).

Vergleichbar, aber mit anderem Ausgangspunkt, resümiert Ernst Heilborn in der *Frankfurter Zeitung* (z.T. wörtlich, z.T. mit anderen brillanten Wendungen und Beispielen auch in *Die Literatur*): »Soziale Anklage wird erhoben, aber es ist nicht bös gemeint. Es fallen satirische Lichter auf das preußische Militär, aber sie kitzeln nur eben. Die Gedankenlosigkeit der Menge wird angeprangert, aber der Schandpfahl ist ein Rebstock.« Heilborn spielt folgende Umwandlung des Milieus vor: »Wäre der Hannes Bückler, genannt Schinderhannes, wie Carl Zuckmayer ihn sieht, nicht Räuberhauptmann, sondern feuchtfröhlicher Pfarrer da unten im Hunsrück oder ulkender Landarzt, so verschlüge das wenig. Ja, endete er nicht auf dem Schafott, sondern als kinderlieber Familienvater, so läge auch das durchaus im Bereich der seelischen Möglichkeiten.« Die recht scharfe Kritik der Wiener *Neuen Freien Presse* argumentiert ähnlich: »Zuckmayers Schinderhannes ist kein Räuberhauptmann; für einen Mann von solcher Redlichkeit hätte es nur *eine* Stellung gegeben: Kassierer beim Frankfurter Rothschild.« (Paul Goldmann).

An dieser sicher bösartigen Transformation ist soviel richtig, daß Zuckmayer eben eine räuber-spezifische Ausrichtung seines Schinderhannes im Sinne von – gar aktualisierbarem – Sozialrebellentum nicht anstrebt, also durchaus entpolitisierend verfährt. Daß die Kritik ihm dieses ankreidet – oder begrüßt –, zeigt in beiden Fällen Präsenz und Kontinuität eines politisch interessierten Diskurses über das soziale Räubertum ebenso wie die Aktualität dieses Diskurses auf den deutschen Bühnen.

Anläßlich der Leipziger *Schinderhannes*-Inszenierung vom November 1927 (durch Alwin Kronacher) kommt dies in einer Premieren-Besprechung in den *Leipziger Neuesten Nachrichten* expressis verbis zur Sprache.

> Die angenehme Überraschung dieses neuen Schauspiels ist es, daß Zuckmayer in ihm seine *Selbstbefreiung* von der Mode-Diktatur bis zu einem erstaunlichen Grade vollzogen hat! Was um so rückhaltlosere Anerkennung verdient, als der von ihm gewählte Stoff geradezu einer neuen wilden Piskator-Variation [sic] des ewigen Revolutionsthemas herausforderte. Wenn sich ein moderner junger Autor ausgerechnet einen berühmten Räuberhauptmann zum Dramenhelden wählt, so weiß man im allgemeinen, was die Glocke geschlagen hat ... Man braucht sich nur vorzustellen, was aus dem Schinderhannes geworden wäre, wenn etwa Brecht und Bronnen über ihn geraten wären ... (Egbert Delpy).

Was Zuckmayer dem nun ganz genau entgegengesetzt hat, müßte eine eigene Stückanalyse erweisen, in der die Interpretation in Richtung auf Entpolitisierung im einzelnen zu entfalten wäre. Was freilich der Kritiker dem entgegenzusetzen hat, ist dagegen leicht zu ermitteln: im Schinderhannes erkennt er dann doch nur »volkstümliche Natürlichkeit«. Damit ist ein ebenso häufig angeführtes wie unscharfes Attribut genannt, das mit Vorliebe auf das Stück appliziert wird – Volkstümlichkeit des Helden und des Theaters.

Volkstümlichkeit und Volksstück. Bernhard Diebold bemerkt anläßlich der Inszenierung im Frankfurter Schauspielhaus in der *Frankfurter Zeitung*:

> Er [Zuckmayer] macht im Rahmen der Tradition das naivste Theater, das sich heute denken läßt. Daß dieses Heute alles andere als naiv ist, bleibt ein soziologischer Vorwurf für den Autor. Daß diese Naivität vom Publikum akzeptiert wird, macht die Soziologie wieder gut. Man darf das sagen, weil der Zuckmayer keinen sog. ›höheren‹ Anspruch stellt. Und weil er innerhalb seiner ›niederen‹ Ansprüche die beste Qualität sichert.

Vergleichbar, in anderer Terminologie, urteilt Herbert Ihering:

> Er [Zuckmayer] hat im *Schinderhannes* ein buntes Volksstück im alten Sinne geschrieben. In der Mitte ein Loch. Dieses Loch ist der Schinderhannes. Drum herum bunte Ensembleszenen, bald humoristisch, bald lyrisch, bald sentimental. Viel Gesang, viel Innigkeit, viel Erdgeruch. Woher kommt Schinderhannes? [...] Lebendig ist nicht er, sondern das Feld, über das er schreitet.

Auch Erich Kästner urteilt in dieser Richtung:

> Ein aufrüttelndes Schauspiel hätte aus diesem Stoff werden können. Carl Zuckmayer schrieb statt dessen ein *volkstümliches Unterhaltungsstück*. Auch so etwas wird gebraucht, wenn es gut ist. Und in dieser Einschränkung gesehen, ist der ›Schinderhannes‹ gut. *Tragische Revue*, keine Tragödie, theatralisches Mosaik, kein Drama. [Hervorhebungen im Original].

Dies sind recht präzise Beobachtungen zur eher epischen denn dramatischen Struktur des Schauspiels, die eine eigene Dramenanalyse wohl bestätigen könnte. Sie werden in der Regel mit der Gattung des Volksstückes[34] und nicht etwa in theatertheoretische Überlegungen zur Episierung des Theaters gestellt, die ja gerade auch beim Widerpart Erwin Piscator aufscheint – man denke nur an das Stichwort ›Revue‹, das bei Piscator Programm ist und das Kästner in der zitierten Passage auf Zuckmayer münzt. Die wichtigsten Kritiker charakterisieren den eigentlich un- oder nicht-dramatischen *Schinderhannes*: »Das Schauspiel Zuckmayers referiert« (Emil Faktor). Es gibt »breite Zustandsschilderung« (Heilborn in *Die Literatur*), »Zustandsmalerei« (Heilborn in der *Frankfurter Zeitung*), eine solche sei »mehr dem erzählerischen Antrieb

---

34 Zum Volksstück vgl. Thomas Schmitz, *Das Volksstück*, Stuttgart 1990; vgl. in unserem Zusammenhang Gunther Nickel, *Zuckmayer und Brecht*, in: *Jahrbuch der Deutschen Schillergesellschaft*, Jg. 41, 1997, S. 428-459; sowie die in Anm. 22 zitierten Zuckmayer-Texte.

als einem stoßkräftigen dramatischen Willen« entwachsen (H. Rosenthal); »dramatische Steigerung ergab sich nur während der ersten Hälfte« – dann »versinkt die Möglichkeit weiterer aktiver Dramatik« (Paul Fechter). »Zuckmayers Talent ist beschreibender Natur«, führt Erich Kästner aus, »Zuckmayer malt Zustände, er malt sie aus mit saftigen Farben und in warmen Tönen, und es ist schade, daß ein Theaterstück keine Bildergalerie ist, oder keine Novelle Zuckmayers«. Kurz: es ist eine »Chronik mit Lokalkolorit« (Kästner).

Der Konnex zu Volkstümlichkeit und Volksstück ergibt sich einmal aus der dramatischen Schwäche des Schauspiels, zum anderen aus der Sujetwahl. So spricht die Kritik vom »Erdgeruch«, nennt den *Schinderhannes* ein »richtiges Volksstück, das heißt: das Volk ist der eigentliche Akteur, und so was sieht man immer gern« (Max Lesser aus Wien). Paul Fechter dagegen raunt eher von einer Zeit, die »aus der Perspektive des Volks gestaltet« worden sei, Zuckmayer sei »ganz rein in die Welt des Volkes gegangen«, er biete »ein Stück Volksleben«, ein »Volksstück«. Alfred Kerr, der im Schinderhannes durchaus »eine Volksgestalt« sieht, wägt genauer ab:

> Manchmal hat Zuckmayer Erinnerungen an sein Indianerstück, wie einst im May [!]. Nicht oft genug an Schiller. [...] So schreitet ein Revolutionär, vom ›Kreuzweg‹ über das fröhliche ›Weiße Rößl‹ zum Heimatstück – das jedoch erwünschter ist als Heimatstücke sonst und bisher. Und kräftiger. – Zuckmayers Kraft liegt in bodenwüchsiger Frische. (Doch auch die Frische, lieber Sohn der Gegenwart, hat ihre Grenzen.) Zuckmayers *Pro*: das Volkstum. Zuckmayers *Contra*: das Volkstümliche.

Unabhängig vom wohl auch 1927 nicht gerade unbelasteten Begriff »Volkstum«: Alfred Kerr verweist zurecht auf Zuckmayers Interesse an ›volkstümlichem‹ Theater im Sinne seiner oben bereits zitierten ahistorischen Konzeption von ›Volksstück‹, die sich gegen das ›kritische Volksstück‹ ebenso wendet wie gegen das hochpolitische, operative ›Zeitstück‹. Kerr verweist aber auch auf dessen Risiken zumal im Kontext der politischen Fragestellung, die dem Stoff eingeschrieben ist.

»Ein Volksstück mit letalem Ausgang«, resümiert ein wenig süffisant Ernst Heilborn in der *Frankfurter Zeitung*. Aber natürlich lebt Schinderhannes. »Bückler war tot«, so endet Gerd Fuchs' Schinderhannes-Roman von 1986, »doch nicht der Schinderhannes. Auf abgelegenen

Wegen kann man ihm in den Hunsrückwäldern noch heute begegnen, eine im Mondlicht schnell wandernde, fahle Gestalt.«[35]

---

35 Gerd Fuchs, *Schinderhannes. Roman* (1986), München 1991, S. 252.

Anhang
Verzeichnis von Schinderhannes-Kritiken 1927-1933

Uraufführung 14. Oktober 1927, Lessingtheater Berlin

Friedrich Düsel, *Dramatische Rundschau* [Sammelbesprechung], in: *Westermann's Monatshefte*, Jg. 143/II, 1927, H. 857, S. 565-572, hier: S. 566-568.

Arthur Eloesser, *»Schinderhannes«*, in: *Die Weltbühne*, Jg. 23, 1927, Nr. 42, S. 610 f.

W.F., *Berliner Theater*, in: *Deutsche Rundschau*, Jg. 54, 1927, Nr. 213, S. 156-160, hier: S. 158 f.

Emil Faktor, *Schinderhannes.*, in: *Berliner Börsen-Courier* vom 15. Oktober 1927.

Paul Fechter, *Carl Zuckmayer: »Schinderhannes«*, in: *Deutsche Allgemeine Zeitung* (Berlin) vom 15. Oktober 1927.*/**

Paul Goldmann, *Berliner Theater*, in: *Neue Freie Presse* (Wien) vom 16. Dezember 1927.

Ernst Heilborn, *Echo der Bühnen. Berlin. »Schinderhannes«*, in: *Die Literatur*, Jg. 30, 1927/28, H. 3 (Dezember 1927), S. 164 f.

Ernst Heilborn, *Carl Zuckmayers »Schinderhannes«*, in: *Frankfurter Zeitung* vom 18. Oktober 1927, S. 1.

Herbert Ihering, *Zuckmayer und sein Glück*, in: *Das Tagebuch*, Jg. 8, 1928, H. 43, S. 1715 f.

Monty Jacobs, *Zuckmayers »Schinderhannes«*, in: *Vossische Zeitung* (Berlin) vom 16. Oktober 1927.

Erich Kästner, *Zuckmayers »Schinderhannes«*, in: *Neue Leipziger Zeitung* vom 16. Oktober 1927.**

Alfred Kerr, *Schinderhannes*, in: *Berliner Tageblatt* vom 15. Oktober 1927.*/**

---

* Nachdruck in: Günther Rühle (Hrsg.), *Theater für die Republik. Im Spiegel der Kritik*, Bd. 2: 1926-1933, Frankfurt am Main 1988.

** Nachdruck in: Barabara Glauert (Hrsg.), *Carl Zuckmayer. Das Bühnenwerk im Spiegel der Kritik*, Frankfurt am Main 1977.

Hermann Kienzl, »*Schinderhannes*«, in: *Leipziger Neueste Nachrichten* vom 18. Oktober 1927.

Franz Köppen, *Zuckmayers »Schinderhannes.«*, in: *Berliner Börsen-Zeitung* vom 15. Oktober 1927.

Max Lesser, *Berliner Theater*, in: *Neues Wiener Tagblatt* vom 27. Oktober 1927.

U. Mur, *Carl Zuckmayer: »Schinderhannes«*, in: *Die literarische Welt*, Jg. 3, 1927, Nr. 43, S. 7.

Kurt Pinthus, *Carl Zuckmayers »Schinderhannes«*, in: *Westfälische Neueste Nachrichten* vom 18. Oktober 1927.

Alfred Polgar, *Zuckmayers »Schinderhannes«*, in: *Das Tagebuch*, Jg. 8, 1927, H. 46, S. 1852.

H. Rosenthal, *Carl Zuckmayer: »Schinderhannes.«*, in: *Tägliche Rundschau* (Berlin) vom 16. Oktober 1927.

Was sagt die Kritik zu Schinderhannes [Pressespiegel], in: *Mainzer Warte vom* 22. Oktober 1927.

Otto Zarek, »*Schinderhannes*«, in: *Weltstimmen*, Jg. 2, 1928, S. 75-80 (mit längeren Textauszügen).

[Anonym] in: *Berliner Illustrirte Zeitung*, Jg. 36, 1927, Nr. 43 (23. Oktober), S. 1743.

Aufführung November 1927, Altes Theater Leipzig

Egbert Delpy, *Carl Zuckmayers »Schinderhannes«*, in: *Leipziger Neueste Nachrichten* vom 2. Dezember 1927.

Aufführung 30. Dezember 1927, Frankfurter Schauspielhaus

Bernhard Diebold, »*Schinderhannes*«, in: *Frankfurter Zeitung* vom 31. Dezember 1927.*

Aufführung 24. März 1928, Ober-Ingelheim

Schinderhannes-Sondernummer, in: *Rheinische Wochenschau. Illustriertes Heimatblatt* vom 24. März 1928 (darin Zuckmayers Artikel *Die Schinderhannes-Aufführung in Ober-Ingelheim* und *Schinderhannes in Ober-Ingelheim*).

[E.] G[melin], *Erste Aufführung des Schinderhannes*, in: *Ingelheimer Zeitung* 1928 (o.D.).

»Volksstück mit letalem Ausgang« 177

Aufführung 28. Januar 1928, Deutsches Volkstheater, Wien

[Anonym,] *Das Bänkel vom Räuberhauptmann.* »Schinderhannes«, in: *Das kleine Blatt* (Wien) vom 29. Januar 1928.

[Anonym,] *Schinderhannes*, in: *Arbeiterzeitung* (Wien) vom 31. Januar 1928.

-bs-, *Zuckmayers »Schinderhannes«*, in: *Neues Wiener Journal* vom 29. Januar 1928.

a. fr., »*Schinderhannes*«, in: *Wiener Zeitung* vom 31. Januar 1928.

Ernst Lothar, *Das Stück eines jungen Dichters. »Schinderhannes« von Karl Zuckmayer*, in: *Neue Freie Presse* (Wien) vom 29. Januar 1928.

l.r., »*Schinderhannes*«, in: *Kleine Volks-Zeitung* (Wien) vom 29. Januar 1928.

H.T., »*Schinderhannes*«, in: *Neues Wiener Tagblatt* vom 29. Januar 1928.

Viktor Trautz, »*Schinderhannes*«, in: *Reichspost* (Wien) vom 29. Januar 1928.

Ludwig Ullmann, »*Schinderhannes« im Deutschen Volkstheater*, in: *Wiener Allgemeine Zeitung* vom 31. Januar 1928.

Aufführung 10. März 1928, Schauspielhaus Graz

[Max] L[esser?], »*Schinderhannes*«, in: *Arbeiterwille* (Graz) vom 13. März 1928.

Aufführung April 1928, Königsberg

Ulrich Baltzer, *Zu Zuckmayers »Schinderhannes«*, in: *Königsberger Allgemeine Zeitung* vom 27. April 1928.

Aufführung 1928, Dresden

Rudolf Burock, *Zuckmeyers [!] »Schinderhannes« in Dresden*, in: *Völkischer Beobachter* (München) vom 19. April 1928.

Aufführung 1928, Münchner Schauspielhaus

J.St-g, *Schinderhannes*, in: *Völkischer Beobachter* (München) vom 20. Dezember 1928.

Aufführung 23. Januar 1933 in Berlin/Volksbühne

Georg Minde-Pouet, *Berliner Theater*, in: *Neues Wiener Journal* vom 5. Februar 1933.

B[runo] E. Werner, *Zuckmayers »Schinderhannes«*, in: *Deutsche Allgemeine Zeitung* (Berlin) vom 24. Januar 1933, Abend-Ausgabe.

Zum Schinderhannes-Film

Alexander Abusch, *»Schinderhannes«-Film*, in: *Die Rote Fahne* (Berlin) vom 3. Februar 1928.

Paul Wertheimer, *Der »Schinderhannes«-Film*, in: *Neue Freie Presse* (Wien) vom 15. Juni 1928.

[Anonym,] *»Der Schinderhannes«*, in: *Das kleine Blatt* (Wien) vom 24. Juni 1928.

Heiner Boehncke
Zuckmayers *Schinderhannes* und seine Verfilmung

Kaum war – am 19. November 1803 – Johannes Bückler hingerichtet, erschien ein Räuberroman, dessen grotesk erbärmliche Verzerrungen später nicht mehr erreicht werden sollten: Ignaz Ferdinand Arnold, *Der schwarze Jonas*, Erfurt 1805. Da werden Räuber zu bestialischen Sex-Monstern, erstickt jede historische Anspielung in den wüsten Phantasien eines Schauer-Schreibers, der übrigens Privatdozent für Musikwissenschaft und Rechtsanwalt war. Das war der äußerste Pegelschlag in die eine Richtung. Dort wurden die Ängste und Rachegelüste, der Haß geschürt und fiktiv befriedigt, die nach 1789 in Deutschland dabei helfen sollten, die Französische Revolution massiv zu diskreditieren.

Die andere Richtung sollte dann sehr bald überwiegen. Johannes Bückler wurde in aufwendigen Transformationen von einem kleinen, sogar ziemlich feigen, realen Räuber zur größten Inkarnation des »edlen Räubers«, der als »Schinderhannes« das literarische Erbe der Schiller, Zschocke, Vulpius zusammenraffen konnte. Mit der zusätzlichen Erschwernis, außer dem »Räuber, wie er im Buche steht« auch noch »der deutsche Räuber schlechthin« (Curt Elwenspoek) werden zu müssen. Dieser edle, deutsche Räuber unterlag schon zu Lebzeiten diversen ideologischen und kommerziellen Konjunkturen; wegen seines historischen Wirkungsgebietes in Soonwald, Hunsrück und Taunus, vor allem im linksrheinischen, seit dem Frieden von Lunéville am 1. Februar 1801 völkerrechtlich zu Frankreich gehörenden Territorium, wurde er wie kein zweiter zur Wappenfigur antifranzösischer Strömungen, Kriege und chauvinistischer Propagandafeldzüge.

Das ist im einzelnen alles erforscht, aber noch lange nicht erledigt. So erschien Clara Viebigs verblendeter Schmöker *Unter dem Freiheitsbaum* 1997 kommentarlos unter dem Label »Wir machen Bücher für die Region« im Rhein-Mosel-Verlag. Helmut Mathy hat den literarisch-medialen Transformationsprozeß des Johannes Bückler zusammengefaßt:

> Hunderte von Gedichten und Liedern, Volks-, Puppen- und Schauspielen, von Lebenserinnerungen, Erzählungen, Volksbüchern, Trivialgeschichten, Kolportagen, Romanen, von kriminalistisch-biographischen Versuchen, Theaterstücken, Filmen, Musicals, Operetten und gar einer Oper sollten in den fast 200 Jahren seit den ersten Steckbriefen und dem ersten Schinderhannes-Gedicht von 1798 folgen. Sie sollten an der Stilisierung und My-

stifizierung dieses Schinderhannes mitwirken und so zu dem Ruhm beitragen, »ein Räuber zu sein, wie er im Buche steht«.[1]

Die Fabrikation eines edlen Räubers oder Rebellen scheint durch alle Medien und Formen hindurch festen Regeln zu folgen. Regie führen dabei die Wünsche der »kleinen Leute«; derer zumindest, die sich in Wunsch und Traum Gestalten herbeiphantasieren, die an ihrer Seite oder an ihrer Stelle für Glück, Freiheit und Gerechtigkeit kämpfen.

Eric J. Hobsbawm hat neun »Kriterien« erarbeitet, die für den Prozeß der Idealisierung des Desperados, Gauners, Straßenräubers zum »edlen Räuber« maßgeblich sind. Wie das erste Kriterium lassen sich die übrigen in geradezu erschreckend passender Weise auf das Konstrukt »Schinderhannes« anwenden: Erstens beginnt der Räuber seine Banditenkarriere nicht mit einem Verbrechen, sondern als Opfer einer Ungerechtigkeit oder weil ihn die Obrigkeit für eine Tat verfolgt, die zwar von den Behörden als verbrecherisch angesehen wird, nicht jedoch dem Brauchtum seines Volkes widerspricht.[2] An die imaginären Bestandteile der Schinderhannes-Figur wird hier vor allem deshalb erinnert, weil Carl Zuckmayer, anders zum Beispiel als Curt Elwenspoek,[3] an den Stoff herangeht, ohne ein Bild des »wahren, historisch verbürgten« Räubers liefern zu wollen. Vielmehr bekennt er sich mit der *Mainzer Moritat vom Schinderhannes*, die am 28. Januar 1923 im Rahmen einer »Revitalisierung des Theaters« am Kieler Theater unter dem Intendanten Curt Elwenspoek uraufgeführt wurde, ausdrücklich und fulminant zur poetischen Fiktion, zur phantastischen Konstruktion des Räubers »wie er im Buche steht«.

In seiner Autobiographie zitiert er die Kieler Episode:

> Sie werden Grobianisches hören, Ungehobeltes! Die längst verstorbenen, anonymen Verfasser bitten nicht um Entschuldigung. Diese angeblichen ›Volkstexte‹ waren alle in den letzten paar Nächten vor der Matinee an meinem Schreibtisch entstanden – hinter den verstorbenen, anonymen Verfassern verbarg sich der Kieler Dramaturg.[4]

---

1 Helmut Mathy, *Der Schinderhannes zwischen Mutmaßungen und Erkenntnissen*, Mainz 1989, S. 51 f.
2 Eric J. Hobsbawm, *Sozialrebellen*, Neuwied, Berlin 1962, S. 112.
3 Curt Elwenspoek, *Schinderhannes. Der rheinische Rebell*, Stuttgart 1925.
4 Carl Zuckmayer, *Als wär's ein Stück von mir*, Frankfurt am Main 1997, S. 430.

Was Elwenspoek in einer Art Re-Mystifizierung nicht daran hinderte, die Mainzer Moritat im Anhang seines Schinderhannes-Buches zu publizieren und mit dem Hinweis zu versehen: »Aus alten Bruchstücken zusammengestellt, ergänzt und vervollständigt von Carl Zuckmayer«.[5]

Zuckmayer versah die Moritat für die Kieler Aufführung mit 15 »Schauerbildern«, deren Entwürfe erhalten sind.[6] Diese Blei- und Rotstiftzeichnungen sind herb-komisch und machen schlagartig klar, daß es hier nicht um den ideologischen Profit einer Räubergestalt geht, sondern um eine Inszenierung zum Vergnügen oder zur Erschütterung des Publikums. Zuckmayer spielt mit der Überlieferung, er beutet sie nicht aus. Ikonographisch sei angemerkt, daß auf der sechsten Zeichnung ein freudig hüpfender Schinderhannes mit Brandfackel (daß es sich um eine solche handelt, schreibt Zuckmayer eigens noch einmal in witziger Redundanz an den Rand mit Pfeil) neben einem brennenden Haus zu sehen ist (siehe S. 182). Dieses Motiv findet sich dann stark abgewandelt auf dem Cover des *Illustrierten Film-Kuriers* von 1928 (Jg. 10, Nr. 806), das Hans Stüwe als Schinderhannes zeigt (siehe S. 183).

Diese Bemerkung soll der Filmanalyse nicht vorgreifen. Der flüchtige Blick aber auf die Metamorphosen des Schinderhannes-Stoffes bei Zuckmayer zeigt vielleicht schon eine gehörige Spannweite zwischen dem ironischen Moritatengekritzel und dem ungemein finster entschlossen dreinblickenden Stummfilmschauspieler Stüwe. Als Arbeitshypothese sei schon einmal so viel gesagt: Zuckmayer verfährt mit der historischen Überlieferung des Schinderhannes offen und erklärtermaßen so, wie es sich in Dramaturgie und Logik zunächst seines »Schauspiels in vier Akten« fügt. Er hat sich in dem berühmten Artikel in der *Mainzer Warte* vom 22. Oktober 1927 und in vielen späteren Briefen wie auch in der Autobiographie dazu geäußert: »Gewisse Züge, die für die Beurteilung des historischen Schinderhannes traditionell geworden sind, habe ich vollständig beiseite gelassen, weil ich sie für falsch halte.«[7] Und auch seine Wirkungsintentionen verschweigt er nicht. Dem Lachen des Publikums beim *Fröhlichen Weinberg* setzt er beim *Schinderhannes* ein Weinen entgegen: »[...] kein rührseliges Heulen, es war Erschütterung: durch die unbeschreiblich lebenswarme, zarte, sublime

---

5 Elwenspoek, *Schinderhannes*, a.a.O. (Anm. 3), S. 247.
6 Carl Zuckmayer, *Die Mainzer Moritat vom Schinderhannes*, in: *Blätter der Carl-Zuckmayer-Gesellschaft*, Jg. 13, 1992, H. 2.
7 Zitiert nach: Barbara Glauert (Hrsg.), *Carl Zuckmayer im Spiegel der Kritik*, Frankfurt am Main 1977, S. 103.

Er schlich herbei, legt' Feuer an,
und es entkam kein einziger Mann!

6.) Doch aus dem grossen Sünder
spricht mitunter auch ein Herz
die armen Waisenkinder
bedauert er voll Schmerz
Es lebt beraubt des Mannes
ein junges Köhlerweib
doch sucht der Schinderhannes
oft ab zum Zeitvertreib
Er schenkte ihr ein Mütterwein
das er geklaut bei Büdenheim.

Handschrift der *Moritat vom Schinderhannes*

Illustrierter Film-Kurier, 1928

und gerade im stillen Ausdruck rampensprengende Kunst der Schauspielerin Käthe Dorsch.«[8] Mehr noch. Alle partikularen Abweichungen und charakterlichen Untiefen, jede Form »historischer Richtigkeit« haben der Darstellung des »idealen Abbildes des Volkes« zu weichen. Es geht um »echtes Rebellentum, unbedingtes Festhalten am natürlichen Menschenrecht, verzweifelten Widerstand gegen alle schlechten gesellschaftlichen Unrechte«.[9] Und: »Er hatte bestimmt keine Ideologie.«[10] »Natürlich völlig ohne Ideologie«, schreibt Zuckmayer noch in einem Brief anläßlich der Musical-Bearbeitung des *Schinderhannes* am 19. November 1975.[11] Das, besonders das war ihm wichtig.

Zuckmayers Konstruktion des Schinderhannes als eines »echten Rebellen«, der keineswegs ein Revolutionär war, verläuft in einer »Hinwendung zum Volkston«. In der *Mainzer Moritat*, die mit schwarzem Humor und ironischer Belehrung verfährt, ist das Volk noch eine spielerische Fiktion. Die Moritat ist eine übermütige Anleihe bei schaurigem Bänkelsang, immerhin aber im Ton erstaunlich sicher. Im Schauspiel wird es ernst. Da weiß Zuckmayer – nicht erst, seit er Brecht kennt – gegen welche historisch-politische Doktrin er verstößt, wenn er die Gestalt des Schinderhannes das »innerste Wesen eines Volkes«, ja »die wahre menschliche Natur« verkörpern läßt. Er hat einen Pakt geschlossen mit der Sympathie, den heimlichen Wunschträumen des Volkes. Dieser Pakt ist sein Programm. Der überwältigende Erfolg des *Fröhlichen Weinbergs* hat ihn besiegelt.

Daß ein erfolgreicher Autor, der seine ästhetischen Mittel und Verfahren auf breite Wirkung gestimmt hat, Interesse an den Möglichkeiten des Films zeigt, verwundert überhaupt nicht. Noch hatte der Film seine Nähe zum popularen Vergnügen, zur »bloßen Unterhaltung« der kleinen Leute nicht verloren. Nun aber begibt sich Zuckmayer mit seinen ersten Filmarbeiten auf ein außerordentlich schwieriges Gelände. Sein erstes Drehbuch schreibt er für den zweiten Film des 27jährigen Schauspielers und nun Regisseurs Kurt Bernhardt. Die beiden kannten sich aus dem »Mainzer Journalisten- und Schriftstellerverein« kurz vor Ende des Ersten Weltkriegs. Später aus Begegnungen in Frankfurt und Hei-

---

8 Zuckmayer, *Als wär's ein Stück von mir*, a.a.O. (Anm. 4), S. 494.
9 *Mainzer Warte*, zitiert nach Glauert, *Carl Zuckmayer im Spiegel der Kritik*, a.a.O. (Anm. 7), S. 102.
10 Ebd., S. 102 f.
11 Brief von Carl Zuckmayer an Klaus Wirbitzky, Saas-Fee, 19. November 1975, abgedruckt in: *Blätter der Carl-Zuckmayer-Gesellschaft*, Jg. 5, 1979, H. 3, S. 180 f., hier: S. 180.

delberg. In einem ausführlichen Interview mit Mary Kiersch schildert Kurt Bernhardt, der sich im amerikanischen Exil dann Curtis nannte, wie er Zuckmayer kennenlernte:

> Es gab in Mainz den sogenannten »Mainzer Journalisten- und Schriftstellerverein«. Der veranstaltete in einem Café eine Diskussion über den Expressionismus. Ich wurde eingeladen und ging hin, in Uniform, zusammen mit meiner Schwester. Jemand hielt eine große Rede über den Expressionismus, beschränkte sich dabei aber auf das Technische – und das ärgerte mich, denn für mich hatte diese Stilrichtung eine tiefere Bedeutung. Ich bat deshalb ums Wort, stand auf und sagte, der Expressionismus sei nichts anderes als ein Protest gegen diesen wahnsinnigen Krieg.
> Daß Zuckmayer ebenfalls an der Versammlung teilnahm, wußte ich nicht. Am nächsten Morgen wurde ich zum Batallionskommando bestellt. Ich hatte keine Ahnung, was man von mir wollte. Ich traf auf einen Offizier mit dem Eisernen Kreuz erster Klasse und dem ganzen Lametta. Als er fragte, ob ich der Gefreite Bernhardt sei, fing ich an zu zittern, konnte aber trotzdem noch strammstehen. Er sagte: »Machen Sie sich doch nicht lächerlich. Ich wollte Sie kennenlernen. Mein Name ist Zuckmayer. Ich habe gestern abend Ihre Rede gehört und denke genauso über den Expressionismus wie Sie.[12]

Der Jude Kurt Bernhardt war 1933 nach Frankreich, 1940 nach Amerika emigriert. In der Weimarer Republik stand er den Kommunisten nahe: »Ich stand der Linken sehr nahe. Ich war kein Mitglied der Kommunistischen Partei, aber ich sympathisierte mit ihr.«[13] Das hinderte ihn allerdings keineswegs daran, 1927 mit dem Film *Kinderseelen klagen euch an* an einer Anti-Abtreibungskampagne der katholischen Kirche mitzuwirken. Überhaupt war er von irritierender ideologischer Unzuverlässigkeit, was so weit ging, daß er 1932 mit dem Bergfilm *Der Rebell* zusammen mit Luis Trenker einen nationalistischen Gruselstreifen aus dem Tiroler Freiheitskrieg drehte, den Goebbels zu seinen Lieblingsfilmen zählte. Rudolf Arnheim nannte diesen Film »nicht nur reaktionär und ablehnenswert [...], sondern tief böse«.[14]

Eine intensive Auseinandersetzung mit den Filmen des später international erfolgreichen Hollywood-Regisseurs lohnt ebenso wie der Ver-

---

12 *Aufruhr der Gefühle. Die Kinowelt des Curtis Bernhardt*, hrsg. von der Stiftung Deutsche Kinemathek, München und Luzern 1982, S. 89.
13 Ebd., S. 92.
14 Rudolf Arnheim, *Zwei Rebellen*, in: *Die Weltbühne*, Jg. 29, 1933, Nr. 4, S. 135 f., hier: S. 135.

such, seine ideologischen Schwankungen in den letzten Jahren der Weimarer Republik ohne jede Fixierung auf die scheinbar so starren Grenzen der politischen Lager zu verstehen. Im übrigen kostete ihn sein persönlicher Mut, sich bei der Produktion der deutschen Fassung von *Der Tunnel* (nach dem Roman von Bernhard Kellermann) 1933 in München unter der ständigen Aufsicht des Propagandaministeriums offensiv als Jude zu bekennen, beinahe das Leben.

Nach der Zusammenarbeit mit Zuckmayer 1926 an dem ansatzweise sozialkritischen Film *Die Qualen der Nacht. Das Schicksal dreier Menschen* (auch unter dem Titel *Der Kohlenschipper von Rotterdam* bekannt) schrieben Bernhardt und Zuckmayer 1927 das Drehbuch des *Schinderhannes*.

Auf die Frage von Mary Kiersch, ob Bernhardt außer dem Anti-Kriegsfilm *Die letzte Kompagnie* (1929/30), für den Zuckmayer nach Bernhardts Auskunft eine Ballade beigesteuert haben soll, noch andere Filme für die Prometheus Film-Verleih und Vertriebs-GmbH gedreht habe, antwortete er im genannten Interview von 1977:

> Ja, das war der *Schinderhannes*, nach dem Stück von Zuckmayer. In gewisser Weise auch ein revolutionäres Thema. Schinderhannes war ein deutscher Volksheld, der wie Robin Hood den Reichen nahm und den Armen gab. Er lebte in der Gegend, in der ich aufgewachsen bin. Da ich mit Zuckmayer befreundet war, überredete ich ihn, mit mir zusammen ein Drehbuch zu schreiben. Die Prometheus-Film hat es gekauft.[15]

Abgesehen vom Robin Hood-Vergleich, der doppelt falsch ist (auch dieser Phantasie-Rebell war in Wirklichkeit kein Armenhelfer), zeugt der schwankende Satz, »In gewisser Weise auch ein revolutionäres Thema« von jener grundlegenden Ambivalenz, die ein brauchbares Motto für das gesamte Filmprojekt liefern könnte.

Die Uraufführung dieses Filmes, einer der letzten Stummfilme, war am 1. Februar 1928 im Berliner Tauentzienpalast (Premierenmusik: Pasquale Perris, Kamera: Günther Krampf, der auch in der *Letzten Kompagnie* Kameramann war). Die Dreharbeiten dauerten vom November 1927 bis zum Januar 1928. Gedreht wurde im Jofa-Atelier Berlin und nur dort, denn aufwendige Außenaufnahmen waren bei dem knappen Budget nicht möglich. Die Arbeiten am Drehbuch fallen in die Zeit unmittelbar vor der Uraufführung des Schinderhannes-Stücks am 14. Oktober 1927 am Lessingtheater in Berlin. Carl Zuckmayer war

---

15 *Aufruhr der Gefühle*, a.a.O. (Anm. 12), S. 94.

Plakat zur Schinderhannes-Verfilmung 1928

also mit beiden Projekten gleichzeitig oder zumindest doch beinahe gleichzeitig befaßt. Das sind nicht gerade geringe Anforderungen an das Balance-Vermögen des Autors. Der Film mit seinen außerordentlich sparsam verwendeten Untertiteln lebt nahezu ausschließlich von der Bildersprache; das Stück baut auf die elaborierte Tönung des Dialekts, es wird dort auch viel gesungen. Ohne allzu sehr auf die vielleicht naheliegende Vermutung zu bauen, Stück und Film könnten sich in ihren Ausdrucksmitteln gegenseitig beeinflußt haben, seien doch immerhin zwei Beobachtungen von Kritikern der Uraufführung genannt: Erich Kästner vermißt die dramatische Handlung; er spricht von einer »tragischen Revue« und bemerkt: »Zuckmayer malt Zustände, er malt sie aus mit saftigen Farben und in warmen Tönen, und es ist schade, dass ein Theaterstück keine Bildergalerie ist«.[16] Alfred Kerr schreibt ein wenig süffisant im *Berliner Tageblatt*: »Weibsbilder geraten Dichtern allemal am innigsten, wo sie nicht viel reden; dies ist nämlich der Anfang von der Überlegenheit des Kinos über das gesprochene Drama; denn sobald sie weniger sprechen, reißt es einen seltener aus der Stimmung.«[17] Über diesen Zusammenhang soll aber hier nicht weiter spekuliert werden, vielmehr soll es um den Film zu tun sein.

Die Prometheus-Film wurde 1926 von Willi Münzenberg gegründet. Sie übernahm die Filmproduktion und den Verleih der Internationalen Arbeiterhilfe (IAH). Durch diese Gesellschaft wurden in Deutschland vor allem die sogenannten Russenfilme verbreitet. 1925 zum Beispiel *Panzerkreuzer Potemkin*, 1928 *Sturm über Asien*. Aber auch so bekannte deutsche Filme wie *Mutter Krauses Fahrt ins Glück* und *Kuhle Wampe oder wem gehört die Welt?* waren Prometheus-Produktionen. Wegen der Kontingentbestimmungen mußte ein Teil der durch die Sowjetimporte erwirtschafteten Einspieleinnahmen in die Produktion deutscher Filme investiert werden. Der *Schinderhannes* übrigens wurde mit Erfolg auch in der Sowjetunion gezeigt. Auch in Österreich wurde er begeistert aufgenommen. *Das kleine Blatt* schrieb am 24. Juni 1928: »Der ›Schinderhannes‹ ist ein wirklich guter, von dem ersten bis zum letzten Bild eindrucksvoller Film«, und in der *Neuen Freien Presse* hieß es am 15. Juni 1928: »Die ›Prometheus‹-Gesellschaft, der man den ›Potemkin‹-Film dankt, hat auch durch den ›Schinderhannes‹ eine Leistung großen Formats vollbracht.«

---

16 *Neue Leipziger Zeitung* vom 16. Oktober 1927; zitiert nach: Glauert, *Carl Zuckmayer im Spiegel der Kritik*, a.a.O. (Anm. 7), S. 109.
17 Zitiert nach: ebd., S. 111.

In Deutschland war der Schinderhannes-Film ein großer Erfolg. Die linke und liberale Presse schien begeistert: »Das Publikum, enthusiasmiert von der Stärke des Geschehens applaudierte lebhaft« (*Film-Kurier*); »Die Darstellung ausgezeichnet« (*Berliner Lokal-Anzeiger*); »Ein deutscher Film, auf den man endlich wieder einmal stolz sein kann« (*Neue Berliner Zeitung*).[18] Ausführliche Kritiken erschienen u.a. im *Film-Kurier*, im *Reichsfilmblatt*, in der *Lichtbildbühne* und in der *Roten Fahne*. Carl Zuckmayer verfaßte eine Filmbeschreibung für den *Illustrierten Film-Kurier*.[19] In diesem Beitrag schildert er in konzentrierter Form die Szenenfolge und verzichtet weitgehend auf allgemeine Charakterisierungen der auftretenden Figuren. Zwar dient das Schauspiel als Vorlage, die Dramaturgie aber und die Rollen der Protagonisten wurden grundlegend verändert.

Zu Beginn wird die Ursache der Repression sehr klar benannt: »Es ist im Jahre 1796. Die Franzosen hatten das linke Rheinufer besetzt. Wo sie herrschen, sind Requisitionen an der Tagesordnung. Steuern werden rücksichtslos eingetrieben. Wer nicht zahlt, dem jagt man das letzte Vieh aus dem Stall.«[20] Ein deutscher Amtmann wird als brutaler Büttel der Franzosen eingeführt. Damit ist eindringlich geklärt, von wem die Gewalt ausgeht. Hannes erfährt seine rebellische Initiation und Legitimation durch eine öffentliche Auspeitschung unter der sadistisch-genußvollen Aufsicht des Amtmanns. Noch dazu wird er just in dem Augenblick gefangen, da er seinen Eltern (im Film gibt es auch eine Mutter) zur Hilfe kommen will. Nun tritt – ganz anders als im Stück – der Räuberhauptmann Leyendecker auf, ein lahmer, aber väterlich sympathischer Schuster. Er ist »das Hirn der Bande« und verfolgt große Ziele, letztlich den strategisch besonnenen Plan, das unterdrückte Volk zum bewaffneten Aufstand zu führen. In Hannes glaubt er, einen fähigen Nachfolger gefunden zu haben. Die Bande überfällt kühn eine Gerichtsverhandlung, befreit die Gefangenen und sperrt die anwesende Obrigkeit ein. Hannes verteilt wohlgemut Geld an die armen Bauern, was Leyendecker mißbilligt, weil er das geraubte Geld für seinen Plan

---

18 Zitiert nach der Werbeanzeige in der *Roten Fahne*, abgedruckt in: *Film und revolutionäre Arbeiterbewegung in Deutschland 1918-1932. Dokumente und Materialien zur Entwicklung der Filmpolitik der revolutionären Arbeiterbewegung und zu den Anfängen einer sozialistischen Filmkunst in Deutschland*, zusammengestellt von Gertraude Kühn, Karl Tümmler und Walter Wimmer, Berlin 1975, Bd. 2, unpaginierte Bildseiten nach S. 48.
19 Jg. 10, 1928, Nr. 806, abgedruckt in: ebd., S. 60-62.
20 Ebd., S. 60.

braucht. Es folgt die Schlüsselszene. Der Amtmann flieht vor den Räubern in eine Kirche, wird von Hannes den Glockenturm hochgejagt, verliert das Gleichgewicht und stürzt zu Tode. Nun gibt es keine Umkehr mehr. Hannes wird steckbrieflich intensiv gesucht, flieht mit großem Geschick und lernt auf der Flucht schließlich Julchen kennen. Alles spitzt sich zu. Leyendecker will mit Hannes den gesamten Hunsrück befreien, der aber schwankt und wankt, nimmt sich als ungestümer Kraftmensch, was er braucht zum Leben, ist äußerst vital, aber sehr unbedacht und sträflich übermütig. Für Leyendeckers Befreiungsplan ist er gänzlich ungeeignet. Dennoch wird er zum geliebten »Führer, Volksführer, denn das Volk hängt an ihm, liebt ihn, vergöttert ihn«.[21] Die Jagd auf Hannes, der mittlerweile zum Räuberhauptmann avanciert ist, wird schärfer. Ein Strafregiment wird gegen ihn eingesetzt. Der Schinderhannes ist eigentlich schon verloren, will und kann es aber nicht einsehen. Als retardierende Warnerin tritt Julchen auf. Vergebens: »Vergeblich versucht Julchen, deren klarer, weiblicher Blick, der liebende, sorgende Blick der Frau, der Mutter, weiterschaut als der seine, ihn zurückzuhalten.«[22] Es kommt zum verzweifelten Kampf gegen die Übermacht. Die Bande wird geschlagen. Leyendecker deckt den Rückzug der Restbande mit seinem Körper und wird getötet. Der Schinderhannes entkommt über den Rhein und läßt sich als Soldat bei den Preußen anwerben. Der Bruder seines Räuberfreundes Benzel verrät ihn. Die Preußen liefern ihn an die Franzosen aus. Hannes und die seinen werden vor das Kriegsgericht gestellt. Dann die letzte Nacht im Mainzer Holzturm mit Julchen. Mit 19 seiner Leute und dem blinden Vater wird er hingerichtet. Er stirbt als Held. Soweit Zuckmayer. Soweit und so ganz anders als das breit angelegte Schauspiel, das ohne den Antipoden Leyendecker, aber voller Eulenspiegeleien, kräftig und nuanciert gezeichneter Typen aus dem Volk und ohne die gedrängte Logik eines durch die liebenswerte Kraftnatur des Schinderhannes verpfuschten Aufstandes gegen die brutale Besatzungsmacht verläuft.

Nach dieser schwungvoll gehaltenen Filmbeschreibung Zuckmayers könnte der Eindruck entstehen, es mit einem kommunistischen Lehrstück gegen Anarchie und Spontaneität, für den geordneten und stark geführten Volksaufstand zu tun zu haben. Hinzu käme vielleicht noch die fatale Anspielung auf die seinerzeit aktuelle französische Besetzung der Pfalz. Die Kommunisten distanzierten sich ja keineswegs von den separatistischen Bewegungen, die auch von den Nationalsozialisten unterstützt wurden. Der Film aber spricht eine ganz andere Sprache.

---

21 Ebd., S. 61.
22 Ebd., S. 62.

Die politischen Kommentare beschränken sich auf die kurzen Untertitel. Der Film verzichtet auf jede stringente Revolutionsdidaktik und rückt das vitale Kämpfen und Scheitern des Schinderhannes und das liebe Julchen in den Vordergrund.

Alexander Abusch beklagte in einer Kritik in der *Roten Fahne* vom 3. Februar 1928 die Realisierung des »glänzenden Schinderhannes-Stoffes«.[23] In vollkommener Unkenntnis des historischen Sachverhalts belehrt er die Leser auch gleich darüber, wie der Film hätte gemacht werden müssen. Zwar ist die Einführung von Leyendecker, der dem »gefühlsmäßig Räuberischen« die richtige Linie des Kampfes entgegensetzt, für ihn ein deutlicher Fortschritt gegenüber dem Theaterstück, bei Kurt Bernhardt aber handele es sich »eben doch nur um einen linksbürgerlichen Regisseur«, der den »technisch und künstlerisch hervorragend gemachten Film« mit privaten Episoden überwuchern lasse und einen »Mangel an politischer Konzentration« zeige. Wenn es nach Abusch gegangen wäre, hätte auch der aktuelle Kampf gegen die französische Bourgeoisie vorkommen müssen: »[...] so lieferte die deutsche Polizei kommunistische antimilitaristische Kämpfer in den letzten Jahren an die französischen Besatzungsbehörden am Rhein aus!« Immerhin, der Film – meint Abusch – bemühe sich, »den Klassenkampf jener Zeit zu gestalten«, und das hebe ihn »aus der ganzen deutschen Filmproduktion« hervor.

Da hätte Herrn Abusch ein wenig marxistisch-leninistische Nachhilfe gutgetan. Denn Bernhardt und Zuckmayer haben trotz des traurig scheiternden Strategen Leyendecker gewiß nicht den damaligen Klassenkampf abbilden wollen. Immerhin halfen Napoleons Truppen den fortschrittlichen Code Napoléon durchsetzen wie auch eine moderne Verwaltung; kurz: wenn schon, dann stand die französische Besatzung für den politisch-ökonomischen Fortschritt, der – wie verzerrt auch immer – Resultat der Revolution von 1789 war. Darum aber ging es den Drehbuchschreibern nicht, und es war nicht ihr geringstes Verdienst, auf antifranzösische Hetze in ihrem Film verzichtet zu haben.

Der Schinderhannes-Film wurde erfolgreich auch von dem 1927 gegründeten nichtkommerziellen Vertrieb Weltfilm GmbH angeboten, der vor allem Arbeiterorganisationen versorgte. In diesem Vertrieb wurde auch Bernhardts Film *Namenlose Helden* geführt. Trotz dieses korrekten Umfeldes ist die politische Linie des Films alles andere als »korrekt«. Leyendeckers strategischer Plan bestimmt nicht die Struktur des Films. Schinderhannes wird als außerordentlich sympathischer,

---

23 Abgedruckt in: ebd., S. 63-65.

anarchischer Rebell dargestellt, der in einer tief emotionalen Unterhaltungs-Tragik den Opfertod stirbt. Mit Anleihen beim Preußenfilm wird der Tod des Helden glorifiziert, rückt das Scheitern den Stoff aus den historisch-politischen Konnotationen in die zeitlose Größe des »guten Todes«. Hier ähnelt das Schinderhannes-Ende dem Trick-Tod der im Tiroler Freiheitskampf gefallenen Kameraden in *Der Rebell*. Die marschieren dort geradewegs in den Himmel.

Nicht bemerkt wurde bislang die auffällige Ähnlichkeit der scheiternden Rebellen bei B. Traven mit dem Schicksal des Schinderhannes (Zuckmayer zeigt ja, nebenbei bemerkt, ein großes Interesse an merkwürdigen Militärs: Der Hauptmann von Köpenick, der Räuberhauptmann Schinderhannes, des Teufels General). Bei Traven heißt es »Ein General kommt aus dem Dschungel«, und auch sein resignativer Anarchismus wurde von den Kommunisten mit ganz ähnlichen Argumenten bedacht wie der Schinderhannes-Film. Beide waren gerade im Arbeitermilieu sehr beliebt und erfolgreich. Der Opfertod von Leyendecker wird demselben heroischen Scheitern zugerechnet wie bei Schinderhannes. Was bleibt, ist nicht die richtige Einsicht in die falsche Linie, sondern das heiße Mitgefühl mit dem auf hohem Niveau sterbenden Helden, der mit Hilfe des obligaten Verräters den Opfertod stirbt. Religiöse Konnotationen sind dem Schinderhannes-Film auch sonst nicht gänzlich fremd. Von der »Speisung der Armen«, über die Auferstehung nach tiefster Demütigung, bis zur Züchtigung als für andere erduldetes Leid reichen da die einschlägigen Anleihen.

Der Film gleicht mit seiner ruhigen Kameraführung viel eher dem Historien- als dem Revolutionsfilm. Wenig wurde da von der avancierten Ästhetik der »Russenfilme« übernommen. Schauplatz ist auffallend oft das bewegte und bewegende Gesicht des Schinderhannes (Hans Stüwe), das im Studio vielfältig und signifikant ausgeleuchtet wird. In der Schlüsselszene des Films allerdings kommt Bewegung in die Kameraführung. In rascher Montage wechseln, wenn der Amtmann (Oskar Homolka) vor Hannes die Kirchturmtreppe hinaufflieht, Ober- und Untersichten, Detailaufnahmen, Diagonalschwenks und schnelle Schnitte. Hier wird Todesangst sichtbar gemacht. Und in dieser packenden Konfrontation regiert nicht der »äußere Feind«, hier steht Schinderhannes den Repräsentanten der heimischen Obrigkeit gegenüber. Wohl unfreiwillig findet sich die beklemmende Enge der Hunsrück-Szenerie in den im Maßstab verrutschten Atelierbauten wieder. Solche Häuser werden dann trotz heroischer Kämpfe zur Falle.

In einer wichtigen Szene durchbrechen Zuckmayer und Bernhardt den Code des Preußenfilms. Julchen (Lissi Arna) weiß, daß Hannes mit seiner desolaten Bande keine Chance gegen die übermächtigen Franzosen hat. Sie will ihn von dem aussichtslosen Kampf abhalten. Er stößt sie zu Boden, sie verläßt verzweifelt die Szene. Hier wird aber nicht das deutsch-nationale Frauenopfer im Dienst der höheren Sache dargebracht. »Tu's nicht, Hannes. Das ist ja Wahnsinn!« ruft Julchen, und der Schinderhannes wird nun sichtbar von Zweifeln gemartert, weil er weiß, daß Julchen recht hat. Seinem heroisch-anarchischen Ende freilich kann er nicht entkommen. »Ich muß. Es gibt kein Zurück. Ich will.« Danach regrediert die zuvor so munter gewitzte, listige Räuberbraut zur still leidenden Frau und Mutter, die im todgeweihten Schinderhannes im Holzturm mit dem Kind die Hoffnung auf ein Weiterleben der Familie wecken darf. Der historisch bezeugte Sohn übrigens wurde nach Frankreich zur Adoption geschafft.

In »gewisser Weise« war *Schinderhannes* ein revolutionärer Film. Nicht nach dem kleinen, schrecklich beschränkten Partei-ABC von Alexander Abusch, aber als »Kino der Gefühle«, bei dem allerdings eher verzweifelte Emotionen als revolutionäre Wut aufkommen. Es spricht bei allen Mängeln und verqueren Traditionen und Konnotationen des Films viel für Zuckmayers und Bernhardts Verzicht, den wie auch immer verdrehten Schinderhannes-Stoff für einen kommunistischen Linienfilm mißbraucht zu haben. Nicht zuletzt die Professionalität als Unterhaltungskünstler dürfte es Zuckmayer unmöglich gemacht haben, ein proletarisch-revolutionäres Propaganda-Werk zu liefern. Ein ganz anderer Mißbrauch fand dann später statt. Er trägt den Namen Curd Jürgens.

Wenn man sagen würde, die Forschungslage zu Zuckmayers Schinderhannes-Filmen sei unbefriedigend, wäre das stark untertrieben. Leider existieren nur sehr wenige Arbeiten zu diesem Komplex, obwohl eine von 1928 bis 1968 und darüber hinaus reichende Spanne, in der Zuckmayer mehr oder weniger direkt an den Verfilmungen seines Stückes mitgewirkt hat, anregend wirken könnte. Zwei Publikationen seien hier erwähnt. In der Dissertation von Heribert J. Leonardy *Der Mythos vom »edlen« Räuber* (Saarbrücken 1997) findet sich das Kapitel »Schinderhannes in Literatur und Film«, was eindeutige Erwartungen weckt. Die werden aber in Bezug auf den Film überhaupt nicht erfüllt. Lediglich in einer Anmerkung findet sich ein Hinweis auf den Schinderhannes-Film von Helmut Käutner. Und auch das Schinderhannes-Kapitel in Adolf Heinzlmeiers Buch *Raub und Mord. Banditen und Sozialrebellen in Leben, Legende und Film* (Frankfurt am Main 1981) geizt auffallend mit Informationen zu den Schinderhannes-Verfilmungen.

Die knappen Bemerkungen in dem kurzen Aufsatz von Heinz Grothe[24] beschränken sich auf knappe, nicht immer korrekte Hinweise: »1928 schrieb Carl Zuckmayer das Drehbuch zu dem Schinderhannes-Film«, was erstens 1927 war und zweitens zusammen mit Kurt Bernhardt geschah.

Leider bin auch ich nicht in der Lage, eine einigermaßen hinreichende Analyse und Rezeptionsgeschichte der Schinderhannes-Filme zu liefern. Ein paar Angaben, die für die Weiterarbeit vielleicht nützlich sein könnten, seien aber gemacht. Nach 1945 verminderte sich die Beschäftigung mit dem Schinderhannes-Stoff keineswegs. Im Gegenteil entbrannte der Wettlauf zwischen historischer Rekonstruktion und freier Legenden-Popularisierung in einem nicht gekannten Maße. Besonders die gründlichen Untersuchungen von Edmund Nacken,[25] Manfred Franke[26] und Helmut Mathy[27] sorgten für die Grundlage weiterer Diskussionen und Bearbeitungen. Wenige hatten sich wie Edmund Nacken die Mühe gemacht, die 3.000 Druckseiten der Voruntersuchungsakten zum Schinderhannes-Prozeß zu lesen, die in der Mainzer Stadtbibliothek aufbewahrt werden. Trotz immer noch beklagter Ungewißheit über das Geburtsdatum von Johannes Bückler, konnte schon Nacken mit hoher Wahrscheinlichkeit belegen, daß der Räuber bei seiner Hinrichtung am 21. November 1803 in Mainz 20 ½ Jahre alt war (doppelt so jung wie Curd Jürgens als er den Schinderhannes spielte!); im Kirchenbuch von Miehlen bei Nastätten, wo Bückler geboren wurde, steht es geschrieben.

1957 ehrte die Redaktion Fernsehspiel des Südwestfunks Carl Zuckmayer zu seinem 60. Geburtstag mit einer Inszenierung des Stückes von 1927, was im Abspann ausdrücklich vermerkt ist: »Nach dem Schauspiel von Carl Zuckmayer«. Die Uraufführung wurde am Sonntag, den 13. Januar um 20:20 Uhr im Fernsehprogramm der ARD ausgestrahlt. In den 20 Minuten vor der Ausstrahlung des Schwarz-Weiß-Fernsehfilms unterhielt sich Peter Bamm mit Zuckmayer, der viele seltene Aufnahmen und Dokumente aus seinem Archiv zur Verfügung gestellt hatte. Der Film hält sich recht nahe an das Schauspiel, folgt der Reihenfolge der Akte und Bilder und präsentiert – anders als der

---

24 *Zwischen Berlin und Hollywood. Carl Zuckmayer und der Film*, in: *Blätter der Carl-Zuckmayer-Gesellschaft*, Jg. 3, 1977, H. 1, S. 27-29.
25 *Räuber oder Rebell. Schinderhannes – wie er wirklich war*, Simmern 1961.
26 *Der Schinderhannes in der Volksüberlieferung. Eine volkskundliche Monographie*, Frankfurt am Main 1958.
27 *Der Schinderhannes. Zwischen Mutmaßungen und Erkenntnissen*, Mainz 1989.

Film-Programm zur Schinderhannes-Verfilmung 1958

Stummfilm von 1928 – keine neuen Figuren. In der Schinderhannes-Rolle überzeugt nach der einhelligen Meinung der Kritik Hans Christian Blech. Auch Agnes Fink als Julchen gefällt sehr. Bemerkenswert, daß Ernst Stahl-Nachbaur als Kasper Bückler und Siegfried Lowitz als Benzel die selben Rollen 1958 im Käutner-Film noch einmal spielen sollten.

Unter der Leitung des bedeutenden Regisseurs Peter Beauvais war der Film sehr erfolgreich. Er kam unter den Fernsehspielen in seiner Erstausstrahlungswoche hinter dem Fernsehspiel *Die respektvolle Dirne* nach Jean-Paul Sartre, die der Hessische Rundfunk produziert hatte, auf den zweiten Platz. Der Index in der GFF-Tabelle der Programm-Spitzenreiter lautete »+5«. Daß ein Dialektfilm, dessen Darsteller, wenn mehr als drei von ihnen agierten, kaum zu verstehen waren, einen derartigen Erfolg hatte, spricht für das Niveau und die Toleranz der damaligen Zuschauer. In der Kritik ist vom »hessischen Dialekt« die Rede, was zu einer Zeit, als die einschlägige Familie Hesselbach und *Der Blaue Bock* mit Heinz Schenk äußerst erfolgreich waren, doch ein wenig verwundert. Allerdings hat Zuckmayer selbst es mit dem gemildert west-rheinfränkischen Dialekt der Figuren des Schinderhannes-Stückes nie sehr streng genommen. Ein Vergleich mit dem »geschichtlichen Volksstück« von Wilhelm Reuter von 1930 in Nassauischer Mundart (*Schinerhannes de rheinisch Räuwerschelm*) lehrt da das Fürchten.

Die Außenaufnahmen spielen sehr zurückhaltend in freier Landschaft, mit Musik (Peter Zwetkoff) wird sparsam verfahren, auf effektvolle Massenszenen wird gänzlich verzichtet. Die *Frankfurter Allgemeine Zeitung* bemerkt in ihrer Ausgabe vom 29. Januar 1957:

> Der Regisseur [...] hatte sich entschlossen, das Stück ohne Pause durchzuspielen, das brachte ihn beträchtlich in die Nähe eines Films, wie er auch nicht an filmischen Einblendungen sparte. War diese Ballade nicht in Strophen gegliedert, was man bedauern kann, so riß sie stärker mit als man sie von der Bühne in Erinnerung hat.

Offenbar hatte der Untertitel *Eine Ballade* Eindruck gemacht. Für die Geschichte des Fernsehfilms, wo er dem Theater folgt, sind die Worte des FAZ-Kritikers signifikant. Die Wahrnehmung stützt sich noch ganz auf das Theater und erwartet eine entsprechende Umsetzung, eine Pause eingeschlossen. Dieser »redliche« Fernsehfilm verzichtet auf Show-Effekte, betont ausdrücklich die Nähe zum Schauspiel und überzeugt 102 Minuten lang durch die Leistungen der Schauspielerinnen und Schauspieler.

Am 17. Dezember 1958 sollte der besagte Wettlauf zwischen Schinderhannes-Fakten und -Fiktionen vorerst beendet sein. Im Frankfurter Turm-Palast wurde Helmut Käutners Schinderhannes-Film uraufgeführt. Von da an wurde der kollektiven Imagination mit Curd Jürgens (»Der normannische Kleiderschrank«) und der Heulsuse Maria Schell ein durch und durch verhunztes Bild des berühmtesten deutschen Räuberpärchens aufgezwungen. Zwar bekam der Film das Prädikat »wertvoll« und Joseph Offenbach 1959 für die beste Nebenrolle (als Leyendecker) den Preis der deutschen Filmkritik, zwar beschränkte sich Zuckmayers Part auf die (alle?) Dialoge und Lieder, das Ganze aber ging daneben. Zum Trost kann nur angeführt werden, daß sowohl Käutner als auch Zuckmayer die fatale Star-Fehlbesetzung deutlich abgelehnt hatten.[28] Dennoch bleibt das Machwerk ein Ärgernis und die Behauptung »nach dem Bühnenstück von Carl Zuckmayer« eine dreiste Irreführung. Hier wird in den Schauplätzen und dargestellten Zeitumständen historische Überlieferung suggeriert, aber die geschichtliche Wahrheit grotesk verzerrt. Der Schinderhannes kämpft in diesem Film in offener Feldschlacht gegen miteinander verbündete französische und deutsche Truppen, die doch in Wahrheit durch den Rhein unüberschreitbar voneinander getrennt waren. Das Figurenaufgebot wird um den Reichsgrafen von Cleeve-Bost und dessen ins Räubermilieu vernarrten Sohn, der natürlich Carl heißen muß, vermehrt. Der Film vermengt – anders als das Stück – historische (Un-)Wahrheit mit dümmlicher Legendbildung. Curd Jürgens als »edler Räuber«, der den Adel beklaut, um den Bauern zu geben, ist eine einzige, in jeder Hinsicht unverzeihliche Zumutung. Sollte Zuckmayer über die Dialoge und die Lieder hinaus an diesem Film mitgewirkt haben, wäre er seinem Stoff in krasser Weise untreu geworden. Eine vernichtende Kritik stammt von Enno Patalas: »Diese Filme gingen jeder Lösung aus dem Wege, die an menschliche Gesittung, Fortschritt und Demokratie erinnert hätte. Sie beschäftigen sich ausschließlich mit dem Einzelnen«. Dieses Zitat in der Kritik von Patalas stammt aus Siegfried Kracauers Filmbuch *Von Caligari zu Hitler*; Patalas ruft Kracauer zum Zeugen seines Verrisses auf.

In der *Geschichte des deutschen Films*,[29] die als repräsentativ gelten kann, wird der Film nicht erwähnt. In Rowohlts *Film-Lexikon* schon, allerdings wie folgt:

---

28 Vgl. Gunther Nickel/Ulrike Weiß, *Carl Zuckmayer 1896-1977. »Ich wollte nur Theater machen«*, Marbach 1996 (Marbacher Kataloge 49), S. 416-419.
29 Hrsg. Wolfgang Jacobsen, Anton Kaes und Hans Helmut Prinzler, Stutt-

> Die historische Gestalt des Räuberhauptmanns im Hunsrück, der zur Zeit Napoleons eine blutige Fehde für den Schutz der Unterdrückten führt, tritt in dieser aufwendigen Zuckmayer-Verfilmung nicht hinreichend in das tragische Zwielicht von Recht und Unrecht. So wird sein Leben und Sterben zum bloßen spektakulären Schaustück. Einfallslos inszeniert, unglaubwürdig in der Besetzung, ohne Atmosphäre.[30]

Abgesehen von der hier zitierten, irrigen Annahme über die historische Rolle des Schinderhannes ist dem kaum etwas hinzuzufügen. Trotz des Aufgebots von 4.000 Komparsen ist dem Film nichts Befreiendes zu eigen. Es herrscht nicht die frische Luft des gerechten Aufruhrs, sondern der Mief des Heimatfilms.

Im Jahre 1968 wurden in den öffentlich-rechtlichen Anstalten der Bundesrepublik gleich zwei Schinderhannes-Filme gezeigt. Der WDR strahlte am 4. Februar (Wiederholung am 28. Februar 1969) in der Regie von Franz Peter Wirth den Film *Schinderhannes* aus, der folgende kurze Inhaltsangabe trägt:

> Schauspiel von Carl Zuckmayer über das Leben, die Schandtaten und die Hinrichtung des Räuberhauptmanns Johann Bückler, genannt Schinderhannes, der in der Franzosenzeit zwischen Mainz und Koblenz die Reichen bestahl und den armen Bauern im Hunsrück half.

Routiniert wird hier wieder Zuckmayers Stück mit der historischen Wunschrealität vermengt. Die absurden Verzerrungen des Käutner-Films indes werden zurechtgerückt. Ob der aufwendige Farbfilm, der sich vom Stück weiter entfernt als der Film von 1957 den imaginären Erinnerungsschatten von Curd Jürgens als Johannes Bückler zu tilgen vermochte, ist nicht bekannt. Die *Westdeutsche Allgemeine Zeitung* schrieb am 5. Februar 1968:

> Hans Dieter Zeidler war die pralle Titelfigur, bewußt abgesetzt von der chevaleresken Art, mit der Jürgens im Film den Part gab, ein handfester Räuberhauptmann zwischen Humor und verstecktem Gefühl, ein bißchen undifferenziert und insofern besonders »wahr«.

Der *Kölner Stadt Anzeiger* bemerkte:

> Franz Peter Wirth inszenierte dieses kernige Stück jetzt fürs (und nicht nur im) Fernsehen. Und da wirkte es frisch, jung und gesund. Ja, um vieles vita-

---

gart 1993.
30 *Lexikon des Internationalen Films*, hrsg. vom Katholischen Institut für Medieninformation und der Katholischen Filmkommission für Deutschland, Reinbek 1987, S. 4837.

ler, als es auf einer Bühne in Kulissenluft je wirken könnte. Denn dafür, daß die Landschaft und die Heimat mitspielten, war gesorgt. Poetisch-reich, kräftig, farbig und doch voll feiner Unterscheidungskraft, wie sie ist, bereitete sie eitel Lust und Vergnügen.[31]

Das hört sich zwar ein wenig zwanghaft nach dem obligaten Zuckmayer-Vitalismus an, wird aber in der Tendenz von anderen Kritiken geteilt.

Das ZDF holte am 1. April 1968 zum Gegenschlag aus. Nach so viel Legenden, nach vier Zuckmayer-Filmen, sollte der historisch bezogene Räuber gezeigt werden. Der Mainzer Historiker Edmund Nacken bekam die Chance, die Ergebnisse seiner Forschungen zur Grundlage des Films zu machen. Unter dem Titel *Johannes durch den Wald* lief das Dokumentarspiel mit Klaus Hagen als Schinderhannes zum fünften Geburtstag des ZDF. So nahe waren sich historische Rekonstruktion und Wunschtheater noch nie gekommen. Das konnte aber nicht verhindern, daß der Schinderhannes als »edler Räuber« und Rebell im Sog der Studentenbewegung eine zähe Wiederauferstehung erlebte. Die Spaltung der Figur, an der Zuckmayer mit Stück und Filmen den wohl bedeutendsten Anteil hat, ist noch immer nicht aufgehoben. Warum auch?

---

31 *Kölner Stadt Anzeiger* vom 5. Februar 1968.

Plakat zur Verfilmung von *Katharina Knie*, 1928

Ursula von Keitz

»Eher kriegen Sie eine Katz' vom Hause weg, als eine Knie vom Wagen«

Der zirzensische Körper in Karl Grunes *Katharina Knie* (1929/30)

Carl Zuckmayer fühlte sich schon sehr früh von der Welt des Zirkus angezogen. Das Gedicht *Die Seiltänzerin* hat er nach eigenem Bekunden bereits 1907, als Elfjähriger, im Anschluß an einen Zirkusbesuch geschrieben. Das vierstrophige Gedicht reflektiert die Todesgefahr, die die Artistenkunst mit sich bringt. Als lyrisches Ich artikuliert sich die Tänzerin selbst, als Mutter spricht sie die Angst vor dem Tod aus, und bereits hier klingt auch eine Verstörung angesichts der spezifischen Lebensbedingungen des »fahrenden Volkes« an: »[...] morgen geht's im grünen Wagen / in ein andres Land. / In dem grünen Wagen / schläft mein Kindulein / He Hopp Rad geschlagen / über Stock u. Stein.«[1] Neben der Stimme des weiblichen Subjekts artikuliert sich im Gedicht eine zweite, verinnerlichte Stimme, deren befehlender Gestus (»He hopp Rad geschlagen«) sich refrainartig in jeder Strophe wiederholt. Leben und Reproduktion sind gefährdet von der unablässigen Bewegung, der die Artistenexistenz unterliegt.

Am 28. Januar 1923 zeigt sich Zuckmayer in seinem Kieler Vortrag *Von Zirkus, Karussell und Jahrmarkt, von Schiffsschauklern, Gauklern und Vagabunden*[2] vom Jahrmarkt fasziniert, angesichts dessen die Sinne überwältigt werden. Er registriert aber auch sehr genau die Veränderungen, die die Rummelplatzattraktionen gegenüber früheren Jahren erfahren haben. Die kleinen Schaustellerbetriebe, die auch Carl Mayer und Hans Janowitz einige Jahre zuvor in ihrem expressionistischen Film *Das Cabinet des Dr. Caligari* (1919/20, Regie: Robert Wiene) haben aufleben lassen – einfache Karussells, ein Leierkastenmann mit Äffchen, der unheimliche Somnambule Cesare ziehen das Publikum an –, entstammen den Provinzjahrmärkten des 19. Jahrhunderts. Mayer und Janowitz positionieren das Kino als Medium, das seinerseits die anderen spektatorischen Künste ausstellt, indem sie strikt aus der Zuschauerperspektive erzählen. Angesichts der Menschendressur des kriminellen Caligari gestalten sich die anderen Jahrmarktskünste als harmlos-naive Vergnügungen.

---

1 Gunther Nickel/Ulrike Weiß, *Carl Zuckmayer 1896-1977. »Ich wollte nur Theater machen«*, Marbach 1996 (Marbacher Kataloge 49), S. 117.

2 Später publiziert in: *Die Weltbühne*, Jg. 19, 1923, Nr. 13, S. 363 f.

Diese Künste hat Zuckmayer hingegen im Blick, wenn er das Kino als Substitut der Schaubuden mit ihren exotischen Szenerien versteht, während auf den wirklichen Jahrmärkten dieser Jahre, technisch aufgerüstet, das Schauen und Staunen des Publikums durch die rauschhafte Bewegung, die die Fahrgeschäfte versprechen, mehr und mehr verdrängt werden. Das Jahrmarktserlebnis verschiebt sich von der Schaulust zur Lust auf die ekstatische Erfahrung, die den Blick ins Wanken bringt und den Körper taumeln läßt.

Katharina Knie verdankt sich der Recherche des Autors vor Ort: Die Kenntnis der Lebensumstände einer Artistenfamilie erwarb sich Zuckmayer, indem er im Sommer 1928 mit der Zirkusfamilie Eichel durch Österreich zog und den Alltag der Seiltänzer studierte. In diesen Sommermonaten entsteht das Stück. In einem Zeitungsartikel äußert sich der Autor später über seine Intentionen: »Mir kam es aber nicht darauf an, in meinem Stück Gestalten darzustellen, die von dem romantischen Zauber der Vergangenheit umflossen sind, sondern ich habe versucht, die *Welt der Seiltänzer* so zu erfassen, wie ich sie selbst in der Gegenwart kennen und trotz all ihrer Not, trotz ihrer ›unzeitgemäßen Art‹, trotz ihres Niedergangs lieben und bewundern lernte.«[3]

Zur Namensgebung der Zirkustruppe steuert Zuckmayer, der den Familiennamen Knie damals nicht in Verbindung mit dem berühmten Schweizer Nationalzirkus brachte, sondern eine Artistenfamilie gleichen Namens aus dem rheinhessischen Raum in Erinnerung hatte, in seiner Autobiographie eine schöne Anekdote bei: Im Vorfeld der Uraufführung legte der Anwalt des Schweizer Zirkus Einspruch gegen die Verwendung des Namens im Stück ein. Doch als die Brüder Rudolf, Charles, Friedrich und Eugen Knie eine Durchlaufprobe im Berliner Lessing-Theater sahen, waren sie so gerührt, daß sie den Einspruch zurückzogen. Den Erfolg dieser *preview*, während derer die Gebrüder Knie in einen kollektiven Weinkrampf verfielen, heftet sich Zuckmayer nur zu gern ans Revers: »Es war ein gigantisches Schluchzen und Schnauben ausgebrochen, dem sie sich wie Kinder, laut und ohne Hemmung hingaben.«[4] Um eine Verwechslung mit dem florierenden Schweizer Unternehmen auszuschließen, verfaßten die Brüder Knie daraufhin einen Beitrag im Programmheft zur Uraufführung.

---

3 Carl Zuckmayer in einem nicht datierten, im Nachlaß erhaltenen Zeitungsausschnitt, zit. nach: Nickel/Weiß, *Carl Zuckmayer*, a.a.O. (Anm. 1), S. 120.

4 Ebd., S. 124 f.

Das vieraktige, in rheinpfälzer Mundart geschriebene »Seiltänzerstück« hatte am 21. Dezember 1928 in der Regie von Karlheinz Martin Premiere. Die Hauptrollen spielten Albert Bassermann (Knie senior), Elisabeth Lennartz (Katharina), Fritz Odemar (Ignaz Scheel), Hedwig Wangel (Bibbo), Ernst Busch (Fritz) und Karl Etlinger (Julius). In seiner mundfaul-ironischen Premierenkritik im *Berliner Tageblatt* vom 22. Dezember 1928 hebt Alfred Kerr vor allem Bassermanns Darstellung von Karl Knie hervor: »Wie Bassermann hier, unvergeßbar, sein Töchterle aus dem Jammer der Seiltänzerei bergen [...] und sie doch nicht lassen will [...]: – diese Kraft menschlichen Ergreifens und menschlicher Ergriffenheit in bürgerlich-verhaltenem Ton gab ihm sein jetziger Lebensabschnitt. [...] Er war nie größer. Er war nie so groß.«[5] Bassermanns Gestaltung des Prinzipals Karl Knie scheint sich über Generationen hinweg im Gedächtnis gehalten zu haben: der Zuckmayer-Biograph Ludwig Emanuel Reindl schwärmt noch dreißig Jahre später davon, daß es »seit jenem Abend der große Traum jedes Charakterdarstellers [sei], einmal diese Rolle zu spielen.«[6]

Am Stück selbst, das er als »hübsches, etwas gemütvolles Genrebild aus der Heimat«[7] klassifiziert, kritisiert Kerr allerdings den mangelnden Rhythmus und seine Zeitferne. Walter Benjamin, der seine Kritik in der *Literarischen Welt* als Kochrezept formuliert hat – »Man nehme ein nicht mehr allzu junges Vaterherz...«[8] – und nicht die Inszenierung, sondern das Stück als Text bespricht, stört in der beißenden Satire vor allem Zuckmayers sentimentaler Grundton. Beim zeitgenössischen Publikum hingegen ist *Katharina Knie* – vermutlich gerade deshalb – sehr erfolgreich. Die an Zuckmayer gezahlten Bühnentantiemen betrugen 1929: 61.008,40 RM, 1930: 37.736,60 RM, 1931: 10.820,65 RM, 1932: 4.821,36 RM, 1933: 4.555,69 RM – angesichts eines Monatseinkommens von 300 RM, das ein Arbeiter 1927 in der Montanindustrie

---

5 Alfred Kerr, *Zuckmayer: »Katharina Knie«*, in: *Berliner Tageblatt* vom 22. Dezember 1928, Abendausgabe, zitiert nach: Harro Kieser (Hrsg.), *Carl Zuckmayer. Materialien zu Leben und Werk*, Frankfurt am Main 1986, S. 45.
6 Ludwig Emanuel Reindl, *Carl Zuckmayer. Eine Bildbiographie*, München 1962, S. 39.
7 Kerr, *Zuckmayer: »Katharina Knie«*, a.a.O. (Anm. 5), S. 44.
8 Walter Benjamin, *Vaterherz, kalt garniert*, in: *Die Literarische Welt*, Jg. 5, 1929, Nr. 2, S. 7, zit. nach: Nickel/Weiß, *Carl Zuckmayer*, a.a.O. (Anm. 1), S. 126.

gezahlt bekam, waren das äußerst stattliche Beträge.[9] An diesem Erfolg hatte sicherlich die Intimität der Vater-Tochter-Beziehung, aber auch die ganz auf eine Katharsis setzende Positionierung des Todes Karl Knies am Ende des dritten Aktes, entscheidenden Anteil.

1. Zur Grundstruktur des Dramas

Zuckmayer hat sein zweimal für den Film adaptiertes Drama,[10] das 1957 auch als Musical bearbeitet wurde,[11] im Rückblick »zur Kategorie des naiven Volksstücks« gezählt, das sich an »Jedermann und nicht nur an eine literarisch versierte Schicht von Zuschauern und Hörern wendet.«[12] Der Dialekt soll dabei Authentizität garantieren, idiomatische Wendungen sollen die regionale Verwurzelung der dargestellten Figuren und Milieus dokumentieren.

Frühjahr 1923: Die Seiltänzertruppe Knie gastiert in einer kleinen pfälzischen Stadt. Das Geschäft geht schlecht. Da die Truppe die Lustbarkeitssteuer schuldig geblieben ist, will Gerichtsvollzieher Membel den Betrieb pfänden. Doch er findet nichts. Als dem Großgrundbesitzer Martin Rothacker drei Säcke besten Hafers gestohlen worden sind, verdächtigt Kommissar Dillinger die Knies. Katharina gesteht, den Hafer für ihre Eselin Maali gestohlen zu haben. Sie soll den Hafer zurück-

---

9 Die Zahlen finden sich in der Vertragsakte Carl Zuckmayer im Ullstein Verlag, die für 1929 auch Einnahmen aus Filmen von 8.500 RM ausweist – vermutlich für die Verfilmungsrechte an *Katharina Knie*; vgl. zu dieser Akte: Gunther Nickel, *Carl Zuckmayer und seine Verleger. Von 1920 bis zur Rückkehr aus dem Exil*, in: *Zuckmayer-Jahrbuch*, Bd. 3, 2000, S. 361-375.

10 Wie hier ausgeführt, Deutschland 1929 in der Regie von Karl Grune sowie unter dem Titel *Menschen, die vorüberziehen*, Schweiz 1942 in der Regie von Max Haufler. Einen Überblick zu den Filmen nach Stoffen und Entwürfen Carl Zuckmayers gibt Heinz Grothe, *Zwischen Berlin und Hollywood: Carl Zuckmayer und der Film*, in: *Blätter der Carl-Zuckmayer-Gesellschaft*, Jg. 3, 1977, H. 1, S. 27-29.

11 Von der Musical-Fassung von Robert Gilbert (Text) und Mischa Spoliansky (Musik), die am 18. Januar 1957 im Münchner Gärtnerplatztheater uraufgeführt wurde, hat sich Zuckmayer distanziert. Vgl. *»Katharina Knie« und »Schinderhannes« als Musical. Eine kritische Rückschau anhand von Presseberichten*, in: *Blätter der Carl-Zuckmayer-Gesellschaft*, Jg. 5, 1979, H. 3, S. 182-198.

12 Carl Zuckmayer, *Katharina Knie. Theaterstücke 1927-1929*, Frankfurt am Main 1995, S. 305. Die bei Zitaten im Haupttext in Klammern stehenden Seitenangaben beziehen sich ausnahmslos auf diese Ausgabe.

geben, doch Rothacker, dem Katharina gefällt, schenkt ihn ihr. Knie läßt die ganze Gruppe Strafübungen machen.

In der Nacht hat Katharina die Säcke zu Rothackers Hof zurückgebracht und ist von dem Gut sehr beeindruckt. Einmal will sie länger an einem Ort bleiben. Die Truppe holt Kies, um den Platz frisch herzurichten. Rothacker bringt den Hafer wieder und erinnert sich daran, daß er Katharina schon vor zwei Jahren einmal begegnet ist. Er macht Knie das Angebot, seine Tochter in seinem Gutsbetrieb auszubilden. Aus wirtschaftlicher Not und überzeugt davon, daß sie wiederkommt, willigt Knie ein.

Ein Jahr später: Die Truppe ist zurückgekehrt. Trotz der Währungsreform gibt es kaum noch Einnahmen. Zusammen mit den Knies tritt nun die Artistenfamilie Eichel in der Arena auf. Katharina ist seit einem halben Jahr mit Rothacker zusammen und will ihn heiraten. Die anderen versuchen Vater Knie vor Aufregung zu bewahren, doch der Alte entdeckt Katharina kurz vor seinem Auftritt. Glücklich über ihre Rückkehr gibt Knie mit Ignaz eine Festvorstellung, bei der er fast verunglückt. Er beschließt den sofortigen Aufbruch und feiert sein Wiedersehen mit Katharina. Während sie ihm mitzuteilen versucht, daß sie Rothacker heiraten wird, stirbt der Vater.

Nach dem Begräbnis: Julius hält eine Nachrufrede auf Karl Knie und prophezeit den Untergang des Betriebes. Katharina kommt mit Frau Rothacker, um ihre Sachen zu holen, entschließt sich jedoch, bei der Truppe zu bleiben und den Betrieb zu übernehmen. Sie legt Rothackers Ring ab. Nachdem ihn seine Mutter zurückgewiesen hat, bezahlt Katharina damit die Schulden der Truppe, und sie brechen auf.

In fast naturalistischer Präzision gibt die Szenenparaphrase des ersten Aktes Figureneigenschaften wie Alter und äußere Erscheinung, das technische Szenario der Seiltanz- und Trapezartistik und die Anordnung der Zirkuswagen auf dem »Marktplatz eines kleinen pfälzischen Städtchens« (103) vor. Die Lebensweise der Seiltänzertruppe innerhalb eines Spektrums von Seßhaftigkeit und Nicht-Seßhaftigkeit wird in der Regieanweisung »nach unten« differenziert. Kleinbürgerlich erscheint die »fast pedantische[n] Ordentlichkeit« (104), durch die sich die Wagen und ihr Vorplatz auszeichnen. Mit Sezierblick wird sie abgegrenzt von der »Schlamperei oder dem Dreck des Zigeunerlagers« (104). Der Differenzierung zwischen dem dargestellten Lebens- und Aktionsraum der fahrenden Leute, »Artisten versus Zigeuner«, entspricht auf Seiten der Seßhaften die Opposition »Kleinstädtisches Leben versus Bäuerliches Leben«. Die Funktionsträger der bürgerlichen Ordnung, Gerichtsvollzieher Membel und Kommissar Dillinger, bedrohen die Knies durch den Pfändungsbeschluß und die Verfolgung des Haferdiebstahls. Das Prinzip von *law and order* verkörpert jedoch nur Dillinger: er stellt im Gegensatz zu Membel die bürokratische Korrektheit über die menschliche Nachsicht mit der wirtschaftlichen Not der Knies.

Die formal traditionsreichste Lebensweise repräsentiert der Großgrundbesitzer Martin Rothacker mit seiner Mutter, doch seine Welt ist nur sekundär, d.h. im Dialog präsent. Die Perspektive des Stücks verbleibt über alle vier Akte hinweg innerhalb der Knie'schen Wagenburg. Die Wagen stehen zwar mitten auf dem Markplatz, jedoch gliedern sie durch ihre Anordnung die Bühne in ein vorderes und ein hinteres Segment, indem sie den Aktionsraum »nach hinten und nach der Seite abschließen und dadurch einen besonderen Raum schaffen.« (103) Das Fehlen eines Raumwechsels zwischen den Akten wird – freilich asymmetrisch – ausgeglichen durch einen hohen Anteil an Rede über räumlich oder zeitlich Absentes.

Die ausgefaltete, teils monologische Reflexion, die Selbstbestimmung der Traditionskunst des Seiltanzes, ihre Abgrenzung von aktuelleren Formen der Unterhaltung, wie Kino oder Fußball, und die sentenzengeladene Selbstaussprache der Figuren, insbesondere Karl Knies, dominieren das melodramatische Stück, in dem das Überleben der Seiltänzertruppe Knie, die Fortführung ihrer Tradition und Legitimation ihrer Lebensweise im Mittelpunkt steht. Ihr gilt auch die Sympathie der impliziten Erzählinstanz. Die Artistenexistenz ist bedroht sowohl von außen, wie auch durch den Generationenkonflikt zwischen Vater und Tochter, den Katharina in sich selbst als Konflikt zwischen Begehren und Verantwortung austrägt.[13] Mit dem Inflationsjahr 1923 sind die extrem schwierigen ökonomischen Verhältnisse markiert, in denen die

---

13 Zuckmayer spielt hier den in vielen seiner Dramen wiederkehrenden Konflikt zwischen Eros und Pflicht an einer weiblichen Figur durch und läßt sie die Pflicht wählen – eine gemessen an der traditionellen weiblichen Rolle »männliche« Entscheidung, wie sie die Literatur der Neuen Sachlichkeit mit der Konsequenz des Verzichts auf Liebe häufiger vorführt. Diesem Modell gewinnen gerade weibliche Autoren wie Irmgard Keun oder Vicky Baum auch positive Züge ab, denn Verantwortung zu übernehmen oder sich von einem männlichen Partner zu trennen ist häufig korreliert mit Selbstbestimmung und der Wahrnehmung eigener Lebenschancen. Dennoch bleibt, wie z.B. in Keuns Roman *Gilgi, eine von uns* (1931, im selben Jahr verfilmt mit Brigitte Helm) angesichts derart unromantischer Lösungen eine subtile Bitterkeit zurück. Zur Erotikkonzeption bei Zuckmayer vgl. den Beitrag von Michael Schaudig in diesem Band, S. 479-576.

Truppe lebt: das mangelnde Interesse des Publikums setzt ihr hart zu. Die Geldentwertung bietet vielfach Anlaß zu ironischen Kommentaren (»Papier hält warm«, sagt Bibbo, die Millionenscheine aus ihrem Korsett holend [109]). 1924, nach Einführung der Rentenmark, sind die äußeren ökonomischen Bedingungen zwar insgesamt besser, doch können davon die Knies nicht profitieren: »Ma sollt's nit für möglich halte«, klagt Bibbo zu Beginn des dritten Aktes, »Jetz hammer Samstag – und sin de erste Abend am Platz, un es gibt wieder gut Geld im Land – un trotzdem mache mir nix« (149). Das Kino als mögliche Konkurrenzattraktion vor Ort läßt Fritz Knie nicht gelten: »Mir mache nix mehr, weil mir nix mehr sin. Das weißte ja selbst« (ebd.). Der Film bietet sich durchaus als alternatives Betätigungsfeld für die Artisten an, erscheint jedoch als unwahrhaftig. Ignaz Scheel, der den Abenteuerfilm-Star Harry Piel[14] gedoubelt hat, ist überzeugt, daß das junge Medium ein neues Betätigungsfeld für ihn schaffen könnte:

> *Ignaz.* [...] Da kann ma noch hochkomme. Das is doch noch e Sach.
>
> *Fritz.* E sauber Sach. Wenn's ernst wird, hole se en Seiltänzer oder ziehen e Pupp an Dräht übers Brückegeländer. Un dann schneide se Fratze, als hätte se sich de Hüfte ausgekugelt. (150)

Grund für die andauernde Erfolglosigkeit der Seiltänzer ist aber auch das Fehlen einer erotischen Attraktion in der Manege. Nachdem Katharina Vater und Vettern verlassen hat, um bei Rothacker die Gutswirtschaft zu erlernen, fehlt der Truppe eine Artistin. Katharina wird als unersetzbares Mitglied gesehen, wobei die Sichtweisen der jüngeren Männer und von Vater Knie differieren:

> *Julius.* Das hilft alles nix. Es müßt wieder e Mädche bei, oder e junges Weib, zum Aufpulvern.
>
> *Ignaz.* Da könne mir lang warte. Der find doch an jeder was auszusetze, die kein Bart hat. An die heilig Katharina kann ma ja nit kratze, auch wenn se abgängig is. (150)

---

14 Harry Piel war der bekannteste Actionfilm-Spezialist in Deutschland. Von 1912 bis 1953 drehte er als Regisseur, Autor oder Produzent 119 Filme. Meist stand Piel auch als Hauptdarsteller vor der Kamera. Zirkusgeschichten, die zumeist mit Kriminalfilmstrukturen verbunden sind, gehörte sein bevorzugtes Interesse. U.a. inszenierte er *Das Geheimnis des Zirkus Barré* (1919/20), *Feuerteufel* (1920), *Rivalen* (1922/23), *Der Mann ohne Nerven* (1924), *Was ist los im Zirkus Beely?* (1926), *Sein bester Freund* (1929), *Menschen im Feuer* (1929/30), *Sprung in den Abgrund* (1933), *Artisten* (1934/35) und *Menschen, Tiere, Sensationen* (1938).

An dieser Stelle offenbart sich der Grundkonflikt der Truppe, der in vielen Variationen immer neu formuliert und durchgespielt wird. Karl Knie senior denkt dynastisch wie ein Vertreter des Adels; er stellt sich selbst, seine Tochter und seine Verwandten in eine lange Generationenreihe, von der er exklusiv seine Identität und Würde ableitet. Diese aus männlichen wie weiblichen Mitgliedern bestehende Genealogie (vgl. Julius' Monolog [190]), die Karl Knie in Rede und Kostümierung (vgl. Regieanweisung [171]) repräsentiert, dient der Selbstvergewisserung der Truppe dort, wo sie als patriarchalisch funktionierender Betrieb existenziell bedroht ist. Der Betrieb läßt allenfalls kleine technische Verbesserungen (Scheinwerfer, eigenes Stromaggregat [160]) und Neuanschaffungen (Ignaz' Trampolin, eine eigene Investition [150]) zu. Höchste Werte sind eine unverfälschte Arbeitsweise, Nähe zum Publikum, sind das Kunstethos und die Berufung zur Artistenexistenz, die eine offene Lebensorientierung ausschließt:

> *Knie.* [...] Un da sin mir halt beim Wage besser dran wie viele Leut auf der Welt, weils doch e Kunscht is, wo mir treibe, un kei leere Wahn, un weil ma's schon mit auf de Welt bringt und nit erst lang zu suche braucht, nur lerne muß ma's noch emal und dann wird's immer besser un geht nie nit zurück [...] Ma sollt halt ganz eng zusammehalte, im Stamm un in der Rass, daß ma sich nit verwischt un verzettelt. (182)

Mit der nicht seßhaften Existenz, die gleichwohl topographisch-regional begrenzt ist und konkret benannt wird (der Bewegungsradius erstreckt sich auf die Pfalz, Hessen und Baden), verbindet sich ferner ein dialektischer Heimatbegriff und eine Jenseitsvorstellung, die, auf die Büchnersche Negativvision in *Woyzeck* anspielend,[15] von der Konstanz des eigenen Tuns über den Tod hinaus ausgeht:

> *Knie.* Ich weiß noch wie mein Großvatter gestorbe is, der kam grad aus Amerika, da war er über de Niagara gange. Kinner, hat er gesagt, fahrt mir in der ganz Welt herum – aber bleibt mir daheim. Damit hat er das Seil gemeint, un de Wage. [...] Ob ma im Himmel auch seiltänzle darf? Sonst möchte ich lieber gar nit enauf. (182 f.)

---

15 Georg Büchner, *Woyzeck. Lese- und Bühnenfassung*, 5. Szene: »Unsereins ist doch einmal unselig in der einen und der anderen Welt, ich glaub wenn wir in Himmel kämen so müßten wir donnern helfen.« Zit. nach: Georg Büchner, *Werke und Briefe*, nach der historisch-kritischen Ausgabe von Werner R. Lehmann, kommentiert von Karl Pörnbacher, Gerhard Schaub, Hans-Joachim Simm und Edda Ziegler, 2. Auflage, München 1981, S. 165.

Dieses Selbstverständnis hat unmittelbare Konsequenzen für die Heiratsregel, die Knie in Bezug auf seine Tochter formuliert und die seinem ständisch-dynastischen Denken entspringt. Es sieht die Reproduktion des immer Gleichen von Generation zu Generation vor:

> *Knie.* Sie kann doch nit einfach heirate, wen se mag – das geht nit bei unserm Stand! Es kommt nur ein erstklassiger Bankist in Frage, en selbständiger Direktorsohn oder so was, da hätt se schon drei-, vierfach die Wahl gehabt. Aber sie will un will nit ... (140)

Am anderen Pol der Figurenskala befinden sich Rothacker und seine Mutter. Rothacker blickt indes nicht auf eine Generationenreihe zurück, die kontinuierlich eine Region bewirtschaftet hat, stützt sich nicht auf eine familiäre Kontinuität. Er ist sich des positiven ökonomischen Wandels, den seine Familie erfahren hat, bewußt: »Mein Großvatter hat noch Holz geschlage aufm Schwarzwald owwe.« (142) Rothacker ist ein Aufsteiger in der bäuerlichen Landwirtschaft, der seinen Großgrundbesitz geerbt hat. Das Eigentum an Grund und Boden verleiht ihm gleichwohl eine ungebrochene Identität und eine gelassene Lebenshaltung. Der Gutsbetrieb verdankt seinen Erfolg der harten Arbeit von Rothackers Mutter:

> *Rothacker.* Das Gut war auch gar nit auf der Höh – Steuern un Schulde druff' und versaut wie en alter Taubeschlag. Aber damals war mei Mutter noch jung, die hat was herausgeholt, das glaubt eim keiner. (142)

Wie im Verhältnis Katharinas zu ihrem Vater herrscht auch bei den Rothackers eine Prädominanz des gegengeschlechtlichen Elternteils vor. Beide Figuren aus der Kindergeneration leben in Restfamilien, in denen eine gleichgeschlechtliche Identifikationsfigur fehlt.

Der Wechsel Katharinas auf das Gut ist ein Pakt zwischen Männern. Knie sieht in dem Altersunterschied des 42jährigen Rothacker gegenüber seiner Tochter die Möglichkeit begründet, daß die um 18 Jahre jüngere Katharina weiter erzogen wird, wobei er »Erziehung«, darin die eigenen Gewalterfahrungen nur partiell überwindend, mit der Dressur eines Tiers gleichsetzt. Rothacker weist die Erzieherrolle zurück:

> *Knie.* [...] Das Mädche braucht e starke Zügelhand. Die bockt, wenn ma locker läßt.
>
> *Rothacker.* Bei meiner Mutter wird se schon Schritt gehn. Ich könnt ja auch selber fast ihrn Vatter sein. (143)

Trotz der spiegelbildlichen Struktur beider Kernfamilien erweist sich die Besetzung der Tochter durch den Vater und dessen Anspruch, über Katharina zu bestimmen, als ungleich wirkungsvoller als das Verhältnis von Frau Rothacker zu ihrem Sohn. Am Ende des Plots sind die Seßhaften und die Nicht-Seßhaften von einer weiblichen »Führergestalt« beherrscht, und die männlichen Figuren verbleiben im Status heteronomer »Söhne«. Die Prädominanz der Frauen schließt allerdings erotische Beziehungen per se aus, die Beziehung des Paares wird zu Gunsten des Status quo der beiden disparaten Existenzformen aufgehoben und weicht einer ernüchterten Haltung. Was als Pakt der Männer begann, endet als Pakt der Frauen, wobei Katharina Martin quasi seiner Mutter zurückgibt; diese allerdings wird als Geste des Respekts vor Katharina, indem sie die Rücknahme des Verlobungsringes verweigert, auch keine mögliche andere Ehepartnerin für Martin akzeptieren: »*Rothackerin*. Der wird bei uns nit mehr gebraucht.« (194)

Gemäß der aus den Dialogen rekonstruierbaren *histoire* wächst Katharina, deren biologische Mutter kurz nach ihrer Geburt gestorben ist, ausschließlich mit dem Vater als Erziehungs- und Norminstanz auf. Sein Machtanspruch gegenüber der Tochter reicht sogar bis in den vorgeburtlichen Zustand zurück:

> *Knie.* Achzehnhunertsechsundneunzig! Da warst Du noch gar nit auf der Welt – und noch nit emal e Salzkartöffelche!! Aber im Pankratiusbrünnche haste schon ganz owwe geschwomme, fast bei de Seerose un hast nur gewart, daß dich der richtige Vatter herausfischt! (181)

Die symbolistische Metapher des »Pankratiusbrünnche« tilgt, im Sinne der »spermatischen« Fortpflanzungsvorstellungen der ersten Hälfte des 19. Jahrhunderts, Mutterschaft zugunsten eines märchenhaften Bildes, mit Hilfe dessen die Tochter schon uranfänglich dem Vater als Besitz zugesprochen ist und das ihr ex post eine Prädestination ihres Lebens zur Seite des Vaters hin zuweist. Auch Bibbo, die einzige weibliche Bezugsperson, der sich Katharina anvertraut, ist keine Figur, in der sie sich spiegeln und gegenüber der sie eine spezifische Differenz entwickeln könnte. Katharinas Begehren ist ein aktives. Sie hat sich Rothacker als potentiellen Partner bereits zwei Jahre vor dem Haferdiebstahl ausersehen und sich ihm spielerisch, indem sie auf seinen Wagen gesprungen ist, genähert. Mit dem Haferdiebstahl bringt sie sich Rothacker nun in Erinnerung. Ihr Begehren zielt aber ausschließlich auf den Mann als erotisches Objekt (»Ich will nix!! – Nur dich – –« [177] sowie »Un daß ich nur dich jetz hab – und sonst nix mehr und nur noch dich kenn –« [178]), nicht auf den Besitz des Gutes. Vielmehr will sie sich selbsttätig und mit Wissen des Vaters aus ihrer Herkunftsfamilie lösen (»Ich kann doch nit fliehn!!, Ich darf doch nit!!« [177]), ohne zugleich in der neuen familiären Konstellation die Autorität der Rothackerin zu untergraben.

Später interpretiert sie ihre Zukunftsvorstellung im Sinne einer eigenen Fortpflanzungsfamilie konventionell:

Katharina. Ich möcht auch e Kind, damit er's lebendig sieht, wie gern ich ihn hab – un weil ich mir's wünsch. (186)

Beide Männer erheben jedoch ausschließliche Besitzansprüche an Katharina, die den Konflikt nicht lösen kann, den ihr Begehren und ihr Wunsch zu wissen, wohin sie gehört, nach sich ziehen. Die Grenzüberschreitung Katharinas hin zu einer seßhaften Existenz auf dem Lande gewinnt mit dem Tod des alten Knie eine neue Dimension, denn sie ist verbunden mit der Auflösung der Truppe. Der gleichzeitige Verlust von Vater und Tochter bedeutet faktisch das Ende des Betriebes, dessen jüngere männliche Mitglieder bereits an ihrem Beruf (ver-)zweifeln.

In der Vater-Tochter-Beziehung wird der umfangreichste symbolischrituelle Aufwand in dem sonst in der zeichenhaften Aufladung von Gegenständen eher kargen Stück getrieben. Zwei Objekte, das »Notlämpche, aus der schlimm Zeit, von der Pestkirch in Ulm« (165), das wie ein »ewiges Licht« während Katharinas Abwesenheit in Knies Wagen brennt, und das Paillettenleibchen, das der Vater aufbewahrt und repariert (167), betonen den Fetisch- und Kultcharakter, den der Vater der Beziehung verleiht. Die Rückkehr Katharinas gewinnt in der von der Illusion ihres Bleibens geprägten Vorstellung des Vaters eine nahezu biblische Dignität: sie mündet in ein Freudenfest, der rapide gealterte Knie schwingt sich im emotionalen Taumel noch einmal auf, um in der »Geständnisszene« zunächst zu monologisieren und danach, während Katharinas Rede, seine Umgebung nicht mehr wahrzunehmen. Seine Unfähigkeit, die Tochter als Subjekt anzuerkennen, erhebt Knies Monolog in den Rang eines Vermächtnisses.

Katharinas Strategie der Konfliktvermeidung, des »korrekten« Abschieds und Übergangs in eine neue soziale Welt setzt die Akzeptanz des Vaters voraus. Das Leerlaufen ihrer Rede in dieser Initiationsszene, ihre Resonanzlosigkeit transformiert Katharina. Ihr Entschluß, die Truppe zu führen und die Perspektive des durch Ehe, Fortpflanzung und Familie charakterisierten, seßhaften Lebens zurückzuweisen, ist durch den Verlust des Vaters, den sie als Appell an ihr »Gewissen« interpretiert (»Ich weiß jetzt, was ich muß« [193]), begründet. Am Ende legt Katharina den Verlobungsring, der sie an Rothacker bindet, ab, übernimmt zum Zeichen ihrer Führerschaft den phallischen »Stock des alten Knie« (196) und verschmilzt mit der Rolle der durch knappe Befehle die Truppe antreibenden Prinzipalin.

2. Produktion, Zensur, Nachvertonung und Überlieferung des Films

Am 11. Dezember 1928, zehn Tage vor der Berliner Uraufführung von *Katharina Knie*, legt der Produktionschef der Ufa, Ernst Hugo Corell, dem Vorstand ein Filmskript gleichen Titels vor, »für dessen Erwerb er eine Option bis zum 10. Januar 1929 hat und ›für das bereits 1000,- Mark angezahlt worden sind‹.«[16] Dieses Exposé stammt von Zuckmayer, doch geht aus dem Ufa-Sitzungsprotokoll nicht hervor, ob es die Szenenfolge des Dramas reproduziert oder bereits, wie im Drehbuch zu Karl Grunes Film später geschehen, modifiziert wurde. Obwohl die Überzeugung geäußert wird, »daß dieser Stoff sehr geeignet für ein Kammerspiel sei«, herrscht Skepsis über seine »Zugkräftigkeit gegenüber der großen Menge der Kinobesucher«.[17] Der Vorstand befürchtet einen kommerziellen Mißerfolg. Als ein Vorstandsmitglied sich in der darauffolgenden Woche negativ über die Verfilmung von *Katharina Knie* äußert, läßt die Ufa das Projekt fallen.[18] Damit sind die Verfilmungsrechte an den Autor zurückgegangen, und es ist anzunehmen, daß sich Zuckmayer nun selbst bemüht hat, den Stoff bei einer anderen Produktionsgesellschaft unterzubringen. Eine Honorarabrechnung in seiner Ullstein-Vertragsakte vom 22. März 1930, die Zuckmayer einen »2/3 Anteil am Filmhonorar RM 12.000 Ihres Werkes ›Katharina Knie«« gutschreibt, läßt den Schluß zu, daß er entweder noch bis zur Treatment-Phase des Drehbuchs (die für Februar/März 1929 anzusetzen ist) als Autor verantwortlich zeichnet und in drei Teilbeträgen zu je RM 4.000 von der Karl-Grune-Film respective der Emelka ausbezahlt wurde. Danach zog sich Zuckmayer aus dem Entstehungsprozeß des Films zurück, und Franz Höllering verfaßte das Drehbuch. Möglich, wenngleich unwahrscheinlicher ist auch, daß es sich bei diesem Betrag um Tantiemen handelt und Zuckmayer noch 1930 Einkünfte aus den Stoffrechten an *Katharina Knie* bezogen hat.

---

16 Horst Claus, *Carl Zuckmayer und die Ufa*, in: *Blätter der Carl-Zuckmayer-Gesellschaft*, Jg. 18, 1997, S. 113-124, hier: S. 114. Wie aus einer im Ullstein-Verlag erhaltenen Abrechnung vom 21. Februar 1929 hervorgeht, hat die Ufa das Optionshonorar in zwei Raten an Zuckmayer ausbezahlt. Es ist anzunehmen, daß die ersten 500 RM vor dem 12. Januar 1929 bezahlt wurden, die zweite Hälfte des Betrags danach.

17 Ufa-Vorstandsprotokoll vom 11. Dezember 1928, zit. nach: Claus, *Carl Zuckmayer und die Ufa*, a.a.O. (Anm. 16), S. 114.

18 Ufa-Vorstandsprotokoll vom 18. Dezember 1928, zit. nach: Claus, *Carl Zuckmayer und die Ufa*, a.a.O. (Anm. 16), S. 114.

Karl Grune

Karl Grune, der seit Juni 1928 bei der Münchner Emelka unter Vertrag steht, entschließt sich im Frühjahr 1929, die Verfilmungsrechte an *Katharina Knie* zu erwerben. Er ist zu diesem Zeitpunkt Produktionschef der Emelka, die in ernsthafte Liquiditätsschwierigkeiten geraten ist, nachdem sie mit dem Historienfilm *Waterloo* kurz zuvor einen großen Mißerfolg eingefahren hat.[19] Grune hat sich als Regisseur des expressionistischen Film-Kammerspiels *Die Straße* (1923) und des Sozialdramas *Die Brüder Schellenberg* (1926) bei *Waterloo* in die Massenregie und, wie schon bei dem Zweiteiler *Königin Luise* (1928), ins vaterländisch-politische Repräsentationskino verloren.[20] Mit der Filmversion von *Katharina Knie*, die er selbst produziert, und die die Bayerische Filmgesellschaft im Emelka-Konzern verleiht, kehrt er zu einer konzentrierten melodramatischen Form zurück, die bereits bei *Die Straße* konservativ-resignativ grundiert ist und sich eines exzessiven Pathos' enthält.

Das Drehbuch, das in Figurenkonstellation und Raumsemantik zahlreiche Veränderungen gegenüber der Vorlage vornimmt – darunter die Hinzufügung der Varietészenen und die Erweiterung der Hauptfiguren um den Sägewerksbesitzer Dr. Schindler – stammt von Franz Höllering, Karl Grune wird in mehreren Quellen als Co-Autor genannt. Höllering ist zu diesem Zeitpunkt Herausgeber der Zeitschrift *Film und Volk*, die als Periodikum der Volks-Film-Bühne (unter dem Vorsitz von Heinrich Mann) die Rolle des Autors beim Film stärken möchte und

---

19 Der Film war als deutscher Antipode zu *Napoléon* von Abel Gance (1927) konzipiert. Zu Grunes Tätigkeit bei der Emelka: Petra Putz, *Waterloo in Geiselgasteig. Die Geschichte des Münchner Filmkonzerns Emelka (1919-1933) im Antagonismus zwischen Bayern und dem Reich*, Trier 1996 (Filmgeschichte International. Schriftenreihe der Cinémathèque Municipale de Luxembourg, hrsg. von Jan-Pieter Barbian und Uli Jung, Bd. 2), S. 73 f.

20 Mit *Marquis d'Eon, der Spion der Pompadour* mit Fritz Kortner in der Hauptrolle hat Grune 1928, kurz vor *Waterloo*, bereits einen Historienstoff aus dem Umkreis der Französischen Revolution inszeniert. Dieser Film liegt seit kurzem in einer restaurierten Fassung (mit portugiesischen Zwischentiteln) wieder vor, die die Cinemateca Portugesa auf dem Festival »Il Cinema Ritrovato« in Bologna im Juli 2000 präsentierte. Zu Grunes Stummfilmen insgesamt vgl. Werner Sudendorf, *Das sporadische Genie. Die Stummfilme Karl Grunes 1919-1929*, in: Helmut G. Asper, *Wenn wir von gestern reden, sprechen wir über heute und morgen. Festschrift für Marta Mierendorff zum 80. Geburtstag*, Berlin 1991, S. 13-24.

sich gegen den Qualitätsverfall im Kino wendet.[21] Der Verein versteht sich als Filmclub, dessen Mitglieder durch ihre Beiträge Erstaufführungen internationaler, anspruchsvoller Filme ermöglichen sollen; als Gegenleistung bietet er den kostenfreien Eintritt zu mindestens zehn Filmvorstellungen pro Jahr, organisiert Atelierführungen, filmbezogene Vorträge etc. Die erste Nummer der Zeitschrift erscheint im Februar 1928 und kritisiert den »verlogenen Monarchistenkitsch, Alt-Heidelberg-Schwindel, faulen Fridericus-Zauber und militaristisch-reaktionären Wochenschau-Spuk.«[22]

Die erste Szene des Films: Der Marktplatz

Vor allem die Produktionspolitik der Ufa, die nach ihrer Übernahme durch den Hugenberg-Konzern im Jahr zuvor verstärkt nationale Stoffe auf den Leinwänden des Landes verbreitet, ist Ziel der Angriffe. Höllering positioniert die Zeitschrift als kampflustiges linkes Organ, das »die Massen über ihre Ausbeutung aufklären [will], deren sie noch in ihren kargen Ruhestunden durch eine Filmindustrie ausgesetzt sind, die ihr Klassenfeind bis heute fast unkontrolliert beherrscht und finanziert.«[23] Insbesondere die herausragenden sowjetischen Filme dieser Jahre, wie Sergej M. Eisensteins *Panzerkreuzer Potemkin* (1925), Wsewolod Pu-

---

21 Inwieweit Zuckmayer am Produktionsprozeß des Films bzw. an der Umarbeitung des Stoffs Anteil hat, kann aus den im Nachlaß vorhandenen Quellen nicht ermittelt werden.
22 Aufforderung zum Vereinsbeitritt in: *Film und Volk*, Jg. 1, 1928, H. 1 (Februar/März). Reprint: Köln 1975, o.S.
23 Ebd., S. 4.

dowkins *Sturm über Asien* (1928) und Pawel Petrow-Bytows *Das Lied vom alten Markt* (1929), werden als vorbildliche Filmkunst herausgestellt. Auch Carl Zuckmayer steuert dem ersten Heft ein Statement zum Verhältnis von »Künstler und Volk« bei und begrüßt die Vereinsinitiative. Der Artikel ist mit Standfotos aus der Verfilmung des *Schinderhannes* illustriert, einer 1927 entstandenen Prometheus-Produktion

Katharina und Ignaz am Trapez

von Kurt Bernhardt, die als Musterbeispiel einer »volksnahen Filmkunst« apostrophiert wird.[24] Auch der gleichnamige, 1927 nach Zuckmayers Erfolgsstück *Der fröhliche Weinberg* produzierte Film von Jakob und Luise Fleck wird in *Film und Volk* wegen seiner unverkrampften Erotik gelobt:

> »Wie lange werden wir noch warten müssen, bis wir wieder einmal so ein kräftiges Bild zu sehen bekommen wie in Zuckmayers ›Fröhlichem Weinberg‹, wenn der Kraftkerl von Schiffer sich mit seinem Mädel (ohne den Herrn Reverend!) einfach ins Gras wirft, oder wie in Lamprechts ›Unter der Laterne‹, wenn eine arme Hure stirbt [...]?«[25]

Grunes *Waterloo* erntet dagegen satirischen Spott:

> Dieser Film, für dessen Regie Karl Grune verantwortlich zeichnet, stellt einen extremen Fall flachster Historienwiedergabe in der Art übler Kinder-

---

[24] Ebd., S. 16 f. Vgl. auch den Beitrag von Heiner Boehncke in diesem Band, S. 179-199.

[25] Egon Larsen, *Erotik im Film*, in: *Film und Volk*, Jg. 2, 1928/29, H. 2 (Dez./Jan.), S. 8.

bilderbücher dar. Der Stil der Kaiserpanoramen seligen Angedenkens, den man für immer begraben wähnte, feiert hier fröhliche Auferstehung. Unter einem erdrückenden Aufwand von Komparserieheeren und Ausstattungsmaterialien werden die Ereignisse um Waterloo im Geiste eines Kriegervereinsfestes wiedergegeben.«[26]

Die Zusammenarbeit von Autor und Regisseur dürfte angesichts des publizistischen Gewitters um den Publikumsflop aus Geiselgasteig zunächst nicht unproblematisch gewesen sein.

Katharina Knie. Die Tochter des Seiltänzers wird im Sommer und Herbst 1929 im Ufa-Studio Neubabelsberg als Stummfilm gedreht. Die Außenaufnahmen entstehen in München und der näheren Umgebung. Karl Hasselmann, der schon *Die Straße* fotografiert hatte, steht hinter der Kamera, die Bauten entwirft der Berliner Bühnenbildner Robert Neppach, der bereits die Kulissen der Berliner Erstinszenierung gebaut hatte. Er stattet die Villa Schindler mit einem eleganten Art Déco-Interieur aus, das im Gesamt der Inszenierung wie ein Fremdkörper wirkt, das aber auf den Komplex der Bebilderung des unbeschwerten Amüsements in *Katharina Knie* ein bezeichnendes Licht wirft: die Szene in der Villa stellt die Doppelmoral der karikaturistisch gezeichneten Honoratioren bloß, die sich mit jungen Mädchen auf üppigen Sofas vergnügen.

Der Film wird am 9. Dezember 1929 unter der Prüfnummer B.24442 in einer Länge von 2602,25 m bei sieben Akten zugelassen und erhält Jugendverbot. Die Berliner Prüfstelle hat gegenüber der ursprünglich eingereichten Fassung (Gesamtlänge 2614 m) drei kleinere Schnittauflagen beschlossen, die sich auf die Probenszene im Varieté und die Abendgesellschaft in der Villa Schindler beziehen. So verlangt sie einen Ausschnitt aus dem 4. Akt, »nach Titel 9: Ein Mann wälzt sich mit zwei wenig bekleideten Frauen am Boden. 4,30 m«[27], außerdem die Kürzung des 5. Akts um folgende Szenen: »a) nach Titel 9: Ein Mann macht sich in lüsterner Weise an dem nackten Bein einer Frau zu schaffen. Ferner: ein Mann streicht in derselben Weise über den nackten Rücken einer Frau; b) nach Titel 15: Zwei nackte Frauen (die Bildfolge kann in Überblendung gezeigt werden), ferner die Großaufnahme eines lüstern blickenden Männerkopfes. 7,45 m.«[28] Die beiden Bildfolgen

---

26 Anon., *Kritischer Filmbericht*, in: *Film und Volk*, Jg. 2, 1929, H. 3 (April), S. 10.

27 Zitiert nach: Bundesarchiv-Filmarchiv, Berlin, Zensurkarte B.24442 vom 9. Dezember 1929, S. 7. Die zitierten Sequenzen sind auch in der vorliegenden Fassung nicht überliefert.

28 Ebd. S. 7 f.

betreffen nichts für die Handlung Substanzielles, sondern stellen ausschließlich erotische Zusatzreize in einer ohnehin erotik-armen Inszenierung dar.

Am 13. Dezember 1929 wird der Film im Berliner Capitol am Zoo uraufgeführt. Bemerkenswert ist die Besetzung der Hauptrollen: Eugen Klöpfer, wie Albert Bassermann ein stummfilmerfahrener Charakterdarsteller,[29] mit dem Grune bereits bei *Die Straße* zusammenarbeitete, verkörpert einen schwergewichtigeren Karl Knie. In den Nah- und Großaufnahmen ist er, gemessen an der hager-markanten Physiognomie Bassermanns ein weicher, melancholischer Patriarch. Carmen Boni in der Titelrolle wirkt exotischer als der »Garçonne-Typ« Elisabeth Lennartz.[30] Der Komiker Fritz Kampers, athletischer als Fritz Odemar, agiert als Ignaz Scheel. Ernst Busch spielt wie auf der Bühne die Rolle des Fritz Knie. In ihrer Präsenz gegenüber dem Stück sehr zurückgenommen ist die Rolle Bibbos, der Adele Sandrock eine ebenso traurige wie komische Note verleiht. Monty Jacobs moniert in seiner insgesamt lobenden Besprechung in der *Vossischen Zeitung*, ähnlich wie ein Jahr zuvor Alfred Kerr gegenüber Zuckmayers Stück, vor allem die sentimentale Tendenz der Adaption:

> In der Kontrastszene eines großstädtischen Rummelzirkus und in den Bildern von der Landstraße zeigt Grune seine produktive Phantasie. Nur schade, daß auch dieser Künstler Konzessionen an den vermeintlichen Publikumsgeschmack machen muß. Deshalb muß Eugen Klöpfers Vater Knie zu nahe ans Wasser der Rührseligkeit bauen, deshalb wird die Rolle der Katharina Knie der glatten und leeren Kunst einer Filmdame anvertraut.[31]

Produktion und Aufführung des Films fallen in die für das Schwellenjahr 1929 charakteristische Debatte um die Ästhetik des Tonfilms in Deutschland. Auch Carl Zuckmayer, der im Anschluß an seine Mitarbeit am Film *Der blaue Engel* der Ufa weitere Filmstoffe vorschlägt,[32] stellt als filmbewußter Autor in diesem Jahr einige Überlegungen zur Tonästhetik an; er sieht die Ausdrucksmöglichkeiten, die die neue Technik mit sich bringt, in der Nuancierbarkeit der Rhythmik von

---

29 Er spielt die Titelrolle in *Luther* (1928, Regie: Hans Kyser).
30 Vgl. die Abbildung in Reindl, *Carl Zuckmayer*, a.a.O. (Anm. 6), S. 41.
31 Monty Jacobs, *Katharina Knie*, in: *Vossische Zeitung* (Berlin) vom 14. Dezember 1929, zitiert nach: Gero Gandert (Hrsg.), *Der Film der Weimarer Republik. Ein Handbuch*, Bd. 1: 1929, Berlin, New York 1993, S. 339.
32 Horst Claus gemäß den Vorstandsprotokollen der Ufa, a.a.O. (Anm. 16), S. 114-119.

Sprechen und Schweigen, Tonpräsenz und Stille[33] und akzentuiert damit einen dramaturgischen Aspekt, der gerade auch sein Stück *Katharina Knie* auszeichnet. Zuckmayer interpretiert die Passagen stummen Spiels bei Katharina besonders beredt, so nach dem Tod des Vaters und bei ihrer Rückkehr zur Wagenburg, wo ihr Schwanken zwischen Tochter- und Kindstatus (in der Beziehung zu ihrem toten Vater) und sexualisiertem Frauenstatus (in der Beziehung zu Rothacker) aufscheint. In der letzten Begegnung mit der Rothackerin kann Zuckmayers Sprache

Achterbahn

nur angenähert verbalisieren, was in Katharina vorgeht: »*Katharina* zu ihr hin, fast wie in Angst, dann immer stärker, freier [...].« (193) Doch die Chancen, die Zuckmayer der Tontechnik gerade für die Reproduktion der differenziert gestalteten Rede, der Nuancierung von Stimmausdruck und Dynamik zuschreibt, sind angesichts der geringen Leistungsfähigkeit der Mikrophone und Wiedergabeapparaturen in diesen Jahren kaum zu realisieren.

Im März 1930 – die Ufa verfügt seit September 1929 über ein Tonfilmstudio, die TOBIS hat bereits einige Stummfilme nachvertont, und viele Kinos haben ihre Vorführung auf die neue Technik umgerüstet – stellen Karl Grune und die TOBIS eine Tonfassung von *Katharina Knie* her. Der Film erhält eine Synchronisation von Musik und Geräuschen, die der Komponist und Dirigent Werner Schmidt-Boelcke einrichtet,

---

[33] Carl Zuckmayer, *Tonfilm und Sprache*, in: *Blätter der Carl-Zuckmayer-Gesellschaft*, Jg. 6, 1980, H. 3, S. 171-173. Die Überlegungen datieren auf September 1929.

während die Dialoge mit geringfügigen Modifikationen weiterhin als Zwischentitel im Film bleiben. Neugedreht und an den Anfang gesetzt wird ein gereimter und gesungener Prolog, in dem ein Musikclown sich direkt ans Publikum wendet: »[...] Ich stehe hier, um Euch zu amüsieren, Euch aus des ›Alltags Grau‹ heraus zu führen! [...]« (I/1)[34] Mit der direkten Adressierung des Prologs akzentuiert der Tonfilm die Zirkusatmosphäre stärker und simuliert einen »Niederfall der vierten Wand« im Kino, die Projektion öffnet sich in der Fiktion zum Zuschauer hin. Diese Fassung wurde ab Anfang August 1930 in den Kinos eingesetzt, doch ist anzunehmen, daß auch der Stummfilm in den (noch) nicht auf die Tontechnik umgerüsteten Filmtheatern weiterhin gespielt wurde.

Es würde zu weit führen, die genauen sprachlichen Modifikationen der Zwischentiteltexte in der Tonfilmfassung zu analysieren; eine signifikante Veränderung soll aber kurz erwähnt werden, denn sie betrifft die Motivation Katharinas, Rothacker zu verlassen und statt dessen den Seiltänzerbetrieb des Vaters zu übernehmen: Ebensowenig wie das Drama selbst gibt der Stummfilm eine genaue Erklärung für den plötzlichen Umschwung Katharinas im vierten Akt. Zuckmayer begründet ihren Entschluß mit dem Rückgriff auf die innere Notwendigkeit, sich einer Norm zu stellen: »[...] ich weiß jetzt, was ich muß – un da gibt's nix drüwwer!« (193) Katharina durchläuft einen Prozeß der Bewußt-

Katharina gibt eine Privatvorstellung

---

34 Lies: I. Akt, Zwischentitel 1, zitiert nach: Bundesarchiv-Filmarchiv, Berlin, Zensurkarte B.26316 vom 15. Juli 1930, S. 2 (Schreibweise wie im Original). Die von der Prüfstelle zugelassene Tonfassung hat eine Länge von 2714 m.

werdung, gibt ihre ehedem auf Liebe und Ehe gerichteten Ziele auf und handelt als Erbin aus der Sicht und im Namen des Vaters, ja substituiert ihn: »Ich bleib, wo der Vatter war – un mach's zu End.« (194)

Der Stummfilm gibt ihre Entscheidung als Finden einer »Heimat« aus: »Ich kann nicht fort, ich kann nicht. Ich bleib da. / Sag' es ihm, ich gehöre hierher.« (VII/20 und 21). In der Tonfassung hingegen weist sich Katharina explizit die Verantwortung für den Tod des Vaters zu: »Ich kann nicht fort – ich kann nicht – ich bin schuld am Tode meines Vaters – ich bleibe hier. / Sag es ihm bitte, ich gehöre hierher.« (IX/12 und 13) Mit der Schuldzuweisung an sich selbst nähert sich die persönliche Bindung an den Vater nahezu dem Eigentumsstatus, wird stärker bekräftigt als in der Vorlage und der stummen Originalfassung. Damit wird im Nachhinein auch ihr temporäres Verlassen der Truppe entwertet und die Beziehung zu Rothacker relativiert. Ihre kurze Phase der Transition, das Verlassen ihrer Herkunftsfamilie, mündet in eine Reintegration als solitäre Figur, die auf die Erfüllung der klassischen Frauenrolle als Ehefrau und Mutter verzichtet.

Katharina Knie ist in einer zweisprachigen, französisch und deutsch getitelten Tonfassung mit Orchestermusik überliefert.[35] Es handelt sich um eine Verleihkopie der schweizer Emelka-Dependance in Zürich, deren Titel ins Deutsche rückübersetzt wurden. Die Zwischentitel dieser Fassung weisen in Wortlaut und Anzahl signifikante Unterschiede zur deutschen, stummen Originalversion auf, die nicht erhalten ist, deren hier zitierte Titeltexte jedoch auf der Zensurkarte vom Dezember 1929 überliefert sind. Dies macht einen konkreten Vergleich zwischen Originalfassung, Tonfassung und überlieferter Version möglich. Obwohl die schweizer Fassung weniger Titel enthält und die Texte im Wortlaut von der Originaldiktion differieren, übernimmt diese Version die Schuldzuweisung Katharinas zum Tod ihres Vaters und folgt damit dem Wortlaut des nachvertonten Films von 1930. Daß sich diese Lesart über die Jahrzehnte hinweg »durchgesetzt« hat, läßt den Schluß zu, daß dem Film in der Rezeption offenkundig eine Motivationslücke unterstellt wurde. Auch bei Zuckmayer erscheint ja der Tod des Vaters als radikaler Bruch und als Erfahrung von Transzendenz für das Bewußt-

---

35 Die hier zu Grunde gelegte 35 mm-Kopie mit der Originalmusik von Werner Schmidt-Boelcke, der bereits die Musik für die stumme Fassung von 1929 komponiert hatte, befindet sich im Archiv des Deutschen Filmmuseums Frankfurt am Main (DFM) und ist identisch mit der Fassung der Cinemathèque Suisse, Lausanne. Weitere Kopien befinden sich im Bundesarchiv-Filmarchiv, Berlin und im Archiv Gosfilmofond, Moskau.

sein Katharinas, die mit Erstarrung und maßlosem Schrecken verknüpft ist.

3. Charakteristika der Adaption

Im Film ist jegliche Dialektsprache getilgt.[36] Alle Zwischentitel sind hochdeutsch verfaßt, was einerseits als Zugeständnis an die Auswertbarkeit des Films verstanden werden kann, andererseits hat die Tilgung des Volksstückcharakters der Vorlage auch die Entspezifizierung der räumlichen Bezüge und regionalen Verwurzelung der Charaktere zur Folge. Damit kann *Katharina Knie* überall (in Deutschland) spielen. Die Seiltänzerexistenz ist Beweglichkeit schlechthin, die Seiltraversierung, Herzstück der zirzensischen Darbietung der Truppe, wird mit der Konnotation der Absturzgefährdung zur *mise en abyme*, schafft einen fast allegorischen Horizont. Die Familie Knie wird im Gegensatz zum Drama nicht in topographische, sondern primär in Zeitbezüge gestellt: »Seit Jahrhunderten zieht das Seiltänzer-Geschlecht der Knie über die Landstraßen Deutschlands. Einst von Fest zu Fest, heute, fern der neuen Zeit, von Dorf zu Dorf.« (I/1)[37]

Bereits dieser einleitende Erzählertitel macht den Wandel und die Verdrängungsbewegung deutlich, der das Artistenleben unterliegt. Aus der Präsenz bei Volksfesten, die in der Stadt ausgerichtet werden, sind ländliche Stationen geworden. Impliziert ist damit, daß der Seiltanz aus der Unterhaltungswelt der Moderne verschwunden ist. Vielmehr gehört diese Zirkuskunst zu einem geographischen Raum, der gleichfalls vormoderne Züge trägt und außerdem kommerziell weniger zu bieten hat als die Stadt. Der Wandel, der die Zirkuswelt bedroht, wird im Stil von Walther Ruttmanns *Berlin, die Sinfonie der Großstadt* (1927) illustriert: Die Brüder Knie erinnern sich der »besseren Zeiten«, als die Truppe noch auf dem Rummelplatz auftrat. Diese schnell geschnittene Retrospektivensequenz (Grune verwendet Aufnahmen vom Münchner Oktoberfest) zeigt jedoch ausschließlich Fahrgeschäfte wie Achterbahn, Krinoline und Karussells, in denen die Besucher nicht Zuschauer ästhetisch rezipierbarer, artistischer Darbietungen, sondern Konsumenten maschineninduzierter Sensationen sind, die sie »am eigenen Leib« erfahren. Es herrscht üppige Fülle, Gedränge (bei der Hendlbraterei), Vermassung und eine hohe Reizdichte. Artisten sind in dieser Sequenz

---

36 Dies gilt für die Text- und Titelvarianten der beiden Zensurkarten und für die zu Grunde gelegte Filmfassung.

37 Zitiert nach: Bundesarchiv-Filmarchiv, Berlin, Zensurkarte B.24442 vom 9. Dezember 1929, S. 2.

nicht zu sehen, Fritz Knie erinnert sich (vermittelt durch die subjektive Kamera) der Überwältigung, die die Konstruktion der Maschinen ermöglicht.

Die erste Einstellung des Films zeigt in der Totalen die zügige Wanderschaft der Knies in einer hellen, offenen Landschaft. Katharina benutzt eine kurze Rast, um sich auf der Suche nach Futter für den Esel von der Straße zu entfernen. Heimlich springt sie dem vorbeifahrenden Rothacker (Peter Voß) auf den Wagen, fällt herunter und bleibt reglos am Feldweg liegen. Als er zu ihr tritt, springt sie davon und versteckt sich hinter einem Heuhaufen. Grune spitzt die Ausgangslage, in der sich die Familie Knie befindet, noch zu: Die Exposition ist geprägt von der Tristesse, die die Truppe angesichts leerer Zuschauerbänke und einer dem strömenden Regen ausgesetzten Manege erfaßt. Hinzu kommt die existentielle Not angesichts der ausgefallenen Vorstellung: »Essen gibt's, wenn die Kasse sich füllt.« (T.3*)[38] Dunkelheit und Resignation umgibt die Truppe, doch Julius, der Clown, gibt eine kleine Darbietung für den einzigen Zuschauer, der mit aufgespanntem Schirm regungslos auf der Bank ausharrt. Sie besteht in einer miniaturisierten

Katharina im neuen Bett

Spiegelung des einsamen, selbst komisch gezeichneten Zuschauers, dessen subjektive Perspektive die Kamera übernimmt. Die Komik dieser Szene resultiert aus der absurden Diskrepanz zwischen dem winzigen, angesichts des Wolkenbruchs nutzlosen Schirm und der Ungerührtheit

---

38 Die Zwischentitel der überlieferten Fassung werden, da keine Akttitel erhalten geblieben sind, mit T., Ziffer und »*« zitiert.

des Tänzchens, das Julius solange aufführt, bis der Mann zu lachen beginnt und ihm eine Münze gibt. Der zirzensische Körper spielt verzweifelt mit den Elementen, körperliche Leistung setzt sich unmittelbar

Katharina und ihr Vater

um in Tauschwert. Und ebenso schnell ist das eben Verdiente verloren: der Gerichtsvollzieher kassiert die »Lustbarkeitssteuer« und tauscht Julius' Münze gegen eine geringerwertige ein. Auch Katharina resigniert nicht und greift, darin gegen die oberste Norm des Vaters, »anständig« zu sein, verstoßend, zur Selbsthilfe. Ihr gilt der Hunger des Esels mehr als ihr eigener.

Grune inszeniert den Haferdiebstahl (einen verkappten Mundraub) als romantischen Akt des Lockens und der Verführung: Rothacker verfolgt die Haferspur, die ihn wie ein Ariadnefaden zu Katharina führt, vom Gutshaus bis zum Dorfplatz. Im Diebstahl und seiner Verfolgung wiederholt sich die Struktur der ersten Begegnung Katharinas mit Martin Rothacker. Zunächst betreibt Katharina aktiv die Annäherung an den Mann – mit der Konnotation, daß sie, indem sie vom »rechten« Weg der Straße abkommt, auch mit der Praxis der gesellschaftlichen Isolation der Truppe bricht. Dann flieht sie, doch darin steckt die Geste, wiedergefunden werden zu wollen. Dramatisch gesteigert wird diese Disposition ihres Verhaltens in der eigentümlichen Kombination von Aktivität und Passivität in der Sequenz »Villa Schindler«.

4. Die Gestaltung des Generationenkonflikts

Ebenso erstarrt wie die, auf Grund der ökonomisch desolaten Situation, fast erstarrte Unbewegtheit der Knies, jedoch sublim konfliktgeladen, erscheint das Haus Martin Rothackers und seiner Mutter, einer Gestalt, die einzig vom Arbeitsethos bestimmt wird. In das Gutshaus des landwirtschaftlichen Betriebes, dessen Teilautomatisierung von den Arbeitenden ein spezifisches Geschick in der Handhabung der Maschinen erfordert (Katharina scheitert später an der Milchabfüllanlage), hat die Moderne auch in Gestalt eines Grammophons Einzug gehalten. Doch genügt ein scharfer Blick der Rothackerin (Frida Richard), um den Sohn dazu zu bewegen, die Nadel abzusetzen und sich mit Pfeife und Zeitung zu begnügen. Im pointierten, in Halbnahen gefilmten Zweierarrangement von Mutter und Sohn am Tisch zeigt Grune, wie im Generationenabstand sich Lebenswelten voneinander entfernen. Der Sohn braucht Medien, um die freie Zeit zu überbrücken. Die Mutter hingegen ist noch am Abend mit dem Strickzeug produktiv.

Katharina, Rothacker und dessen Mutter

Drehbuch und Inszenierung erweitern den monotopographischen Handlungsraum des Dramas und seine Monoperspektivität (die ganz auf Seiten der Knie-Truppe verbleibt) zur ausgefalteten Topographie von Stadt und Land. Die durch Kontrast- und Komparationsmontagen verknüpften Räume, um die der Film den Raum des Dramas erweitert, stellen potentiell verdrängende und die Protagonisten gefährdende Sphären von Unterhaltung und Amüsement dar. Die in ihnen agierenden Figuren sind erotisch-sexuelle Verführer/innen oder (wie in der Varietészene) Körper, die als Annex von Maschinen funktionieren. Verführung stellt sich dabei als lähmender, die Bewegung des zirzensischen Körpers hemmender Einfluß dar. Seiner selbst entfremdet erscheint dieser Körper, wenn ihm Maschinen ihren mechanischen Rhythmus aufzwingen. Im Gestus der Sexualabwehr, der den gesamten

Film durchzieht, drücken sowohl die weibliche Erotik (die in der Beziehung zu wesentlich älteren Männern, hier den kleinstädtischen Honoratioren, vorgeführt wird), als auch die Formen mechanisierter Bewegung einen lustvollen Körperbezug aus, der für den im Grunde asexuellen und kindlich-spielerischen Selbstbezug des Künstlerkörpers aus dem Zirkus, wie er Katharina eignet, tabuisiert ist.

Die Villa Schindler

In der Welt der landwirtschaftlichen Produktion und Ökonomie gilt Verschwendung als schwerer Normverstoß, der streng bestraft wird. Die Elevin Katharina kapituliert vor der mechanischen Milchabfüllanlage des Gutes.[39] Dem Gleichtakt des Fließbandes fügt sie sich nicht, sie verschüttet Milch, und während Martin, gespielt streng, vom Fenster aus mit dem Zeigefinger herunterdroht, schreitet seine Mutter mit dem Stock ein. Martin Rothacker übernimmt zwar die Rolle eines temporären Ersatzvaters für Katharina, doch muß er sich nicht durch Peitsche oder Stock Respekt verschaffen (dies sind die Attribute der Prinzipalen Vater Knie und Mutter Rothacker), sondern richtet Katharina durch Objekte zu, die sie seiner bäuerlichen Welt einverleiben sollen: er schenkt ihr eine Kette mit Kreuzanhänger und bindet ihr ein Kopftuch

---

39 Grune führt hier als Tücke der Technik *en miniature* vor, was Charles Chaplin ein Jahr später in *Modern Times* (USA 1930) als gigantische Parodie des Maschinenkults und der Rationalität der Produktion am Fließband inszeniert hat. Doch kapituliert bei ihm nicht der Fließbandarbeiter Charlie vor der Maschine, sondern die Maschine vor ihm.

um. Beide Geschenke sind Zeichen symbolischer Zähmung, die seine zurückhaltende Verliebtheit bekunden.

Die Ökonomie alten Stils erfährt in der Villa Dr. Schindlers ebenso eine topographisch-semantische Gegenwelt, wie der Zirkusbetrieb der Knies im Varieté Saltoninis. Beide Gegenwelten sind dezidierte Unterhaltungs- und Amüsierwelten. Der Sägewerksdirektor Schindler (Willi Forst), Nachbar Martin Rothackers, baut eine opulente Villa und überträgt damit das Design einer städtischen Luxuskultur in den von Frömmigkeit und Sparsamkeit dominierten ländlichen Marktflecken. Das lichte und mit Wandbespannungen ausgestattete Interieur der Villa mit seinen lebensgroßen stilisierten Abbildungen weiblicher Akte, steht den düsteren, von Schlagschatten geprägten Räumen des Gutshauses gegenüber.[40] Schindler setzt als *homo oeconomicus* neuen Stils und Repräsentant eines verarbeitenden Gewerbes[41] wirtschaftlichen Erfolg direkt in Repräsentation um. Im Schaulust-Raum der Villa, wo die Doppelmoral des Städtchens ans Licht kommt, necken sich altersasymmetrisch arrangierte Paare (ältere Honoratioren, deren Ehefrauen später bei der Verlobungsfeier von Martin und Katharina auftreten, werden von jungen Frauen umschwärmt) in seidenen Kissenlandschaften. Die Parallelbewegung des Öffnens der Flügeltür und des Eintretens der Gäste[42] zu Beginn der Sequenz macht die fotogene Theatralität die-

---

40 Im zeitgenössischen Kameradiskurs wird diese Lichtgestaltung als »deutscher Stil« ausgewiesen. Zur Nationalisierung der Lichtsetzung im Stummfilm siehe Karin Bruns, *Kinostil! (Nationalistische) Lesarten des Expressionismus im Film der Zwanziger Jahre*, in: Kay Hoffmann/Ursula von Keitz (Hrsg.), *Die Einübung des dokumentarischen Blicks. Expressionismus und Neue Sachlichkeit* (im Druck).

41 Das Klischee des »unmoralischen« Sägewerksbesitzers wird in vielen Heimatfilmen der fünfziger Jahre wieder aufgegriffen. Dem gerade auch in der NS-Zeit propagierten Mythos von der Quasi-Sakralität des »deutschen Waldes« entspricht die diskursive Zuschreibung frevelhaften Verhaltens nicht nur an Wilderer, sondern auch an Figuren in holzverarbeitenden Berufen. Die dämonischste Gestaltung eines Sägewerksbesitzers leistet Fritz Rasp in Hermann Kugelstadts *Die Mühle im Schwarzwäldertal* (BRD 1953). Zur semantischen Überformung des Waldes im populären Film: Ursula von Keitz, *Reviere und Reservate. ›Natur‹ als Projektionsraum im Heimatfilm der 50er Jahre*, in: Jan Berg/Kay Hoffmann (Hrsg.), *Natur und ihre filmische Auflösung*, Marburg 1994, S. 119-132.

42 Grune und Hasselmann verfahren ähnlich wie die Exposition von Friedrich Wilhelm Murnaus *Der letzte Mann* (1924), in der Karl Freunds »entfesselte« Kamera, einem Gast gleich, die Hotelhalle betritt – eine frühe Form an-

ses Interieurs deutlich. Im Schindler'schen Raum gelten die Werte verschwenderischer Sinnlichkeit, und der Unternehmer setzt sie als bewußte Provokation der »Spießer« (T.13*) ein.

Der Käfig

Die eigentliche Aussage des großen, gleichmäßig ausgeleuchteten Salons besteht in der Potenzierung der Schaulust: dem Betrachten der schönen Objekte fügt sich ein imaginäres Betrachtetwerden hinzu. Die Einrichtung des Salons steht in einer großen Voliere, deren gebogene Gitterstäbe unter der Decke in einem Ring zusammenlaufen. Die Besucher nehmen sich als Angeschaute in einem Käfig wahr, die Betrachtenden wiederum sind die lebensgroßen weiblichen Akte, die in lasziven Posen auf die Gäste herabblicken. Die bemalten Wände schließen den Raum hermetisch nach außen ab. Das Zirkuselement des Käfigs konzeptuali-

---

thropomorpher Kameraarbeit, derer sich viele Stummfilme bedienen. Zur Anthropomorphisierung der Kamera: Ursula von Keitz, *Der Blick ins Imaginäre. Über ›Sehen‹ und ›Erzählen‹ bei F.W. Murnau*, in: Klaus Kreimeier (Hrsg.), *Die Metaphysik des Dekors. Raum, Architektur und Licht im klassischen deutschen Stummfilm*, Marburg 1994, S. 80-99 sowie Christine N. Brinckmann, *Die anthropomorphe Kamera*, in: Christine N. Brinckmann, *Die anthropomorphe Kamera (und andere Schriften zur filmischen Narration)*, hrsg. von Mariann Lewinsky und Alexandra Schneider, Zürich 1997, S. 276-301. Ansatzweise findet sich das Verfahren der kinematographischen (V)Ermessung eines architektonischen Raums schon in den sogenannten Carello-Fahrten von Giovanni Pastrones Historienfilm *Cabiria* (Italien 1914). Pastrone gilt als Erfinder des *travelling shot*.

siert den privaten Raum als Manege, Schindler schafft sich eine Bühne mit künstlichem Publikum da, wo ein reales ausbleibt. Der lüsterne Blick der alternden männlichen Gäste auf die Akte wird im Blendlicht des Metallgitters irritiert, die Objekte bleiben ihm entzogen. Doch dieses narzistische Raumkonzept scheint nicht aufzugehen, denn das künstliche Paradies gewährleistet keine Befriedigung. Es bedarf eines Naturrestes, einer Körperkunst, die die Pseudo-Arena der Villa in eine wirkliche Manege verwandelt und das Zirkusspiel, das Schindler mit seinen Gästen veranstaltet, beendet. Die verwirrten Objekte der Schaulust wollen wieder Subjekte des Schauens werden.

In eine direkte Konfrontation geraten die Sphären Rothackers (der dieser Welt fernbleiben will) und seines Freundes Schindler, als Katharina anstelle der Magd einen Präsentkorb von Martin in die Villa bringt und damit eine entscheidende Grenzüberschreitung begeht. Grune inszeniert sie als Umkleide- und (Neu-)Einkleidungsszene und reflektiert, wie Georg Wilhelm Pabst in *Tagebuch einer Verlorenen* (1929),[43] auf die Identität der Protagonistin. Beide Filme fragen danach, ob sich mit dem Wechsel des Kostüms auch die weibliche Psyche verändert. Katharina legt das Magdgewand ab und schlüpft in ein Abendkleid, dessen Fransenrock bei jedem Schritt die Beine in voller Länge sichtbar macht. Die in gedehntem Zeitrhythmus inszenierte Ent- und Einkleidung integriert Katharina zunächst in die private Amüsierwelt der Villa, doch schlägt diese Vereinnahmung um in einen doppelten Tabubruch, als sie genötigt wird, einen Seiltanz zu improvisieren. Die Improvisation bedeutet sowohl eine herabwürdigende Karikatur der »reinen« Seiltanzkunst, als auch eine, als verkappte Prostitution gedeutete, Loslösung aus der engen Beziehung zu Rothacker. Sie hat Konsequenzen, zeigt sie doch, daß ihr von den zirzensischen Künsten geprägter Körper, der zuvor die Gerätschaften des bäuerlichen Betriebes als Spiel- und Turngerät benutzt hat, nicht vollends disziplinierbar ist. Gerade dies jedoch macht sie für Rothacker attraktiv. Als Mutter Rothacker Katharina nach dem Intermezzo bei Schindler des Hauses verweist, rebelliert der Sohn. In einer Halbnahen führt Grune diesen Umschwung in ein gezwungenbrachiales Dreieck: links die Braut Katharina, rechts die Mutter, mittig Martin in der Rolle eines zwischen verfeindeten Parteien vermittelnden Arrangeurs.

---

43 Die Heldin Thymian kommt nach ihrer Flucht aus dem Erziehungsheim in ein Bordell. Sie erhält ein figurbetontes, tief dekolletiertes Satinkleid und fügt sich nach kurzer Irritation in die Gruppe der Prostituierten ein. Vgl. hierzu: Heide Schlüpmann, *Das Bordell als arkadischer Ort?*, in: *Frauen und Film*, Jg. 43, 1987, H. 43, S. 76-90.

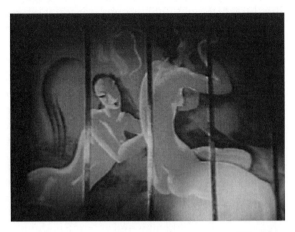

Die Akte

Die Disziplinierungsbewegung, in die Katharina gerät, findet ihren Höhepunkt im Ringtausch mit Martin und in ihrem dritten Kleiderwechsel. Am Verlobungstag trägt sie ein sachlich-modernes Strickkleid und die Kreuzkette, die ihr Martin geschenkt hat. Das Paar hat sich nun mit eigenen Zeichen konstituiert. Doch Grunes inszenatorischer Grundgestus, der wie jede Inszenierung des Dramas mit dem Problem konfrontiert ist, die Trennung Katharinas von Martin zu motivieren, mißtraut diesen Zeichen bürgerlicher Moral. Seine in der optischen Auflösung dokumentierte Erzählhaltung gilt der Suche nach dem Authentischen, gilt der Frage nach der psychischen ›Wahrheit‹ seiner Hauptfigur – zieht doch jede Umkleidung Katharinas auch einen Rollenwechsel nach sich. Das letzte Gewand, das sie bei der Beerdigung des Vaters trägt, ein Glitzertrikot mit schwarzem Taftumhang, zeigt an, daß sie die Bewegung von Versuch und Irrtum beendet hat. Trikot und Umhang, formal am weitesten entfernt von der zivilen Alltagskleidung, garantieren Identität da, wo die anderen Kostüme den Körper überschrieben, verdeckten oder falsch bloßstellten. Die ›zweite Haut‹ des Trikots, die jeder gymnastischen Bewegung nachgibt, identifiziert Katharina mit dem fotografischen Miniaturbild, das der verlassene Vater als Tochtersubstitut, Gnaden- und Memoriaikone in seinem Wagen hängen hatte. Bei Zuckmayer herrscht am Ende des 4. Aktes eine große Nüchternheit, die auch im »alten Seiltänzlerkittel« Katharinas[44] verkörpert ist. Jegliche Emotion wird dabei ›männlich‹ überspielt.

---

44 Regieanweisung in Zuckmayer, *Katharina Knie*, a.a.O. (Anm. 12), S. 196.

Grune hingegen lädt die Abreise der Truppe mit melodramatischem Pathos auf, das aus der im Film stärker exponierten Dreieckskonstellation Vater Knie-Katharina-Martin resultiert. Die Verschiebung respektive Uminterpretation des Substituts vom Fetisch des Pailettenleibchens (bei Zuckmayer) zum Ikon (bei Höllering/Grune), vom Realobjekt zur Abbildminiatur, ist bezeichnend. Vater Knie verschönert im Stück das Leibchen und bewahrt es für die Tochter auf – eine Arbeit im Verborgenen, die die Intimität der Beziehung zu Katharina unterstreicht.[45] Der Film beläßt es bei der Anschauung des Abbilds. In jene Gestalt also, auf die die Memoria des Vaters während Katharinas Abwesenheit konzentriert ist, verwandelt sich die Tochter am Ende zurück. Wie um an sich selbst erst die neue Identität zu erfahren, schaut Katharina, nachdem sie sich der Rothackerin ohne den Umhang gezeigt hat, an sich herunter, traurig bittet sie sie darum, Martin ihren Entschluß mitzuteilen. Die

Die Honoratioren und Dr. Schindler

Mutter findet, indem sie ihren Sohn zurückbekommt, zur einzigen zärtlichen Geste gegenüber Katharina. Im Gegensatz zum Stück kehrt Rothacker jedoch noch einmal zurück, um Katharina zur Rede zu stellen. Doch ihre Trennung ist besiegelt. Rothacker behält den Verlobungsring, der von Katharinas Hand durch die Hände der gesamten Knie-Truppe geht und ihm gereicht wird (ein Distanzierungssignal), zurück. Dem Objekt *seiner* Memoria verleiht der Film im Gegensatz

---

45 »*Knie*. Die [Pailetten, U.v.K.] hab ich auch selber druff gestickt, das hat keiner sehn dürfe, nachts, heimlich, im Wage, un hab mir schön die Finger verstoche – *Lacht* – un hab doch gewußt, wozu!!« (ebd., S. 167).

zum Drama Fetischcharakter, doch wird die Bedeutung des Rings als persönliches Geschenk und Eigentum stufenweise symbolisch entleert.

Das Varieté

5. Die Moderne-Kritik des Films

In der Dreiecks- und Konkurrenzkonstellation um Katharina bleibt der Vater Sieger. Grune inszeniert die Sterbeszene in einer Nahaufnahme als intimen Vorgang, der der Vater-Tochter-Dyade eine jede andere Beziehungform übertreffende Nähe verleiht. Während Zuckmayer den alten Knie in einem langen Monolog in die Bewußtlosigkeit hinübergleiten und, wie erwähnt, Katharinas Geständnis ins Leere laufen läßt, stirbt Knie im Film, den Blick nach oben gerichtet, stumm und glücklich über die Rückkehr der Tochter. Sein Vermächtnis hat er deutlich ausgesprochen: »Jetzt kann ich ruhig sterben, denn Du wirst meine Nachfolgerin sein.« (T. 81*) Katharina, der Karl Knie zuvor den Mund verschlossen hat, gerät angesichts der durch die Lichtsetzung (Spot schräg von oben) und Kadrierung (Großaufnahme) verstärkten, plastisch-frontalen Präsenz des Vaters aus dem Blick. Sie erfährt den Tod als Schock, der es ihr unmöglich macht, zu gehen. Noch als Leiche ist der kräftige Körper des Vaters im Bild dominant. Die gesamte Schlußsequenz ist resignativ grundiert, das Paar verzichtet, die Truppe fährt ab, und Rothacker bleibt allein auf dem Platz zurück. Eine Gruppe Fußball spielender Jungen füllt ihn, ehe Martin in einer Überblendung aus dem Bild verschwindet. Die Aktionsfläche wird durch den kinematographischen Trick gelöscht und neu gefüllt – gespielt wird immer.

Der vierte Raum in Grunes Polytopographie ist das Varietétheater. Die Varieté-Szene führt zum Kern des Diskurses über Unterhaltung und Amüsement, den der Film, wo das Drama dieses Feld nur anreißt, ausfaltet und bebildert. Die kleine Zirkuswelt, die an einen begrenzten, ›vormodernen‹ Raum gebunden bleibt, und die mechanisierte Bühnenwelt des Varietés in der Stadt berühren sich nur kurz, doch zeigt der Film hier satirisch zugespitzt das Schicksal, das der zirzensische Körper in der modernen Welt nimmt. Denn die Varietébühne ist der Ort, an dem Artisten und Tänzer ästhetisch ›verarbeitet‹ werden. Die pure Körperkunst von Tanz und Artistik, in der Muskelkraft und schöne Form von Subjekten zu einer glücklichen Liaison gebracht werden, gerät zum Ornament und Anhängsel der abstrakten, beweglichen Bühnenkonstrukte, die ein Regisseur mit Fernglas dirigiert. Das Varieté als Bühnengesamtkunstwerk kennt keine Subjekte, sondern nur die arrangierte Form(ation), die sich dem Filmzuschauer in der Identifikation seines Blicks mit der Perspektive des Varieté-Regisseurs in der Totalen darbietet. Grune parodiert hier neben den Inszenierungen Erwin Piscators, der in diesen Jahren ebenfalls Akteure auf Laufbänder stellt, auch die Bühnenbilder des sowjetischen Avantgarde-Theaters Alexander Tairoffs. Ignaz reißt, indem er auf dem Laufband stolpert, eine ganze Girltruppe zu Boden und erbost den Regisseur – die sorgsam ausgedachte Choreographie endet im Slapstick. Auf der Tradition beharrend kommentiert Knie schließlich: »Soll das vielleicht Kunst sein? Das ist nichts für uns.« (T. 52*)

Der – wie beschrieben – im Film ausgefaltete Diskurs über Unterhaltung und das zunehmende (räumliche) Auseinandertreten von Publikum und Künstler, das im Reproduktionsmedium Film mit der Tilgung des Live-Charakters der Darbietung noch um die Zeitdimension erweitert ist, stellt eine originäre Ergänzung der Vorlage Zuckmayers dar. In seiner Plotkonstruktion bleibt Grunes Adaption jedoch ganz nah am Drama, vor allem im nüchtern-pragmatischen Schluß. Die Leistung, die der dramaturgischen Zuspitzung und Verschärfung der Konflikte um das Überleben des Knie'schen Unternehmens eignet, besteht in der Integration aller zeittypischen Formen der Unterhaltung. Im Medienspektrum der zwanziger Jahre, in denen die verschiedenen populären Kunstformen schon um die Aufmerksamkeit des Publikums konkurrieren, unterstreicht dieser Film, der in seiner formalen Struktur (vor allem seiner Montage) dezidiert als Stummfilm konzipiert ist, die Legitimität einer künstlerischen Existenz, die vom Körper lebt und von der verstärkten Mechanisierung des Unterhaltungsbetriebs, der gerade das Kino seinen Ursprung verdankt, unberührt bleibt. Die dem Film inhärente, dialektische Medienkritik, die die Wahrhaftigkeit und Leichtigkeit des kleinen Zirkus dem Pathos der großen Bühne und der Nachahmung der Fabrik in der Kunst gegenüberstellt, beharrt auf der Konzentration, auf dem verfeinerten Blick dort, wo die anderen Formen auf die Überwältigung des Rezipienten setzen. Es ist ein Blick frei von jeder romantischen Verklärung.

Susanne Schaal
Zur Musikdramaturgie im Film *Der blaue Engel*

Nur wenige Wochen nach der Berliner Premiere des *Blauen Engels* am 1. April 1930 publizierte Kurt Weill in der *Frankfurter Zeitung* einen Artikel mit dem Titel *Tonfilm, Opernfilm, Filmoper*. Kritisch beleuchtete er hierin die ersten Versuche, Musik in das junge Medium Tonfilm zu integrieren:

> Für die Verwendung von Musik suchte man in den bisherigen Tonfilmversuchen meistens äußere Anlässe. Die zentralen Figuren dieser Filme sind Revuestars, Kabarettsängerinnen, Opernsänger, die man dann im Laufe des Stückes aus beruflichen Gründen häufig singen lassen kann. Oder man schreibt eine Filmhandlung um irgendein Schlagerlied herum, das dann am Höhepunkt von »ihr« oder von »ihm« oder sogar von beiden gemeinsam gesungen wird. Alle diese Versuche entspringen den typisch literarischen Vorstellungen des Nichtmusikers von den Aufgaben der Musik.[1]

Weill spielte hier offenkundig auch auf den *Blauen Engel* an, der sich auf den ersten Blick umstandslos in die Reihe der beliebten Operetten- und Revuefilme einreihen ließ, in denen die Verwendung von Musik aus dem Milieu der Figuren abgeleitet wird und von daher legitimiert ist. Der Film *Der blaue Engel* erzählt bekanntlich die Geschichte eines Gymnasialprofessors, der sich in eine Revuesängerin verliebt und an dieser Liebe zugrundegeht. Ein wesentliches Element des Filmerfolges war der von Marlene Dietrich gesungene Schlager *Ich bin von Kopf bis Fuß auf Liebe eingestellt*, der oberflächlich gesehen die Tradition der erwähnten Musikfilme fortführte, in denen etwa dem Tenor Richard Tauber im Rahmen einer meist einfach gestrickten Handlung Gelegenheit gegeben wurde, seine Sangeskunst unter Beweis zu stellen. Die Verwendung von Musik im *Blauen Engel* geht indes weit über die Funktionen der Milieucharakterisierung, der sängerischen Selbstdarstellung oder der bloßen Hintergrundbegleitung hinaus. Der an sprachlicher und szenischer Darstellung orientierten Interpretation der Filmhandlung wird durch den gezielten Einsatz von Musik eine weitere Deutungsebene hinzugefügt. Diese Deutungsebene wird dabei stets über ursprünglich textgebundene, im Film allerdings oft nur instrumental vorgestellte Musik erreicht, so daß eine Dechiffrierung vom heutigen

---

1 Kurt Weill, *Tonfilm, Opernfilm, Filmoper*, in: *Frankfurter Zeitung* vom 24. Mai 1930, zit. nach: Kurt Weill, *Musik und Theater. Gesammelte Schriften mit einer Auswahl von Gesprächen und Interviews*, Berlin 1990, S. 82-86.

Zuschauer nicht unmittelbar geleistet werden kann.[2] Der folgende Überblick über die Filmszenen, deren musikalische Ebene weitergehende Deutungen zuläßt, soll ein Versuch sein, die musikdramaturgischen Mittel des Films zu skizzieren und Anregungen zu ihrer Entschlüsselung zu geben.[3] Für die Identifizierung eines Großteils der verwendeten Musikstücke ist Eva M.J. Schmid zu danken, die im Wintersemester 1976/77 als Lehrbeauftragte für Filmsemiotik an der Ruhr-Universität Bochum im Rahmen eines Seminars den *Blauen Engel* analysierte. Auf ihre (nie veröffentlichten) Ergebnisse rekurrieren Luise Dirscherl und Gunther Nickel in ihrer Publikation der Drehbuchentwürfe zum *Blauen Engel*, die den folgenden Ausführungen zugrundeliegt.

Die ersten im weitesten Sinne als »musikalisch« zu nennenden Geräusche der Tonkulisse sind schnatternde Gänse in den beiden den Film eröffnenden Einstellungen. Vögel sind bereits hier als »singende Lebewesen« inszeniert, ein Gedanke, der im Verlauf des Filmes weiter fortgesponnen wird. Wie die folgende Szene[4] zeigt, beherbergt der Gymnasialprofessor Immanuel Rath bei sich zu Hause ein weitaus attraktiveres Exemplar als die schnatternden Gänse von der Straße: einen im Vogelbauer sitzenden Singvogel. Während seines Frühstücks versucht er Kontakt zu ihm aufzunehmen, indem er eine Melodie pfeift. Die Szene vermittelt die vertraute Atmosphäre eines täglichen Rituals; eine dementsprechend intime Konnotation wird durch den Text des Liebesliedes *Treue Liebe* bestätigt, dem die gepfiffene Melodie zugrundeliegt:

Ach, wie ist's möglich dann,
Daß ich dich lassen kann!
Hab' dich von Herzen lieb,
Das glaube mir!
Du hast das Herze mein
So ganz genommen ein,

---

2 Im Rahmen dieses Beitrags kann auf die Frage, ob möglicherweise der Zuschauer von 1930 in der Lage war, die akustisch-musikalischen Annotationen zu entschlüsseln, oder ob sie als intellektuelles Experiment der Filmautoren weitgehend unentdeckt blieben, nicht weiter eingegangen werden.
3 Zur Frage, welche in den Drehbüchern vorgesehenen Musikstücke aus welchen Gründen nicht in der Filmfassung berücksichtigt worden sind, vgl. Luise Dirscherl/Gunther Nickel (Hrsg.), *Der blaue Engel. Die Drehbuchentwürfe*, St. Ingbert 2000, S. 40-43.
4 Vgl. das Filmprotokoll von Eckhart Schmidt, abgedruckt in: ebd., S. 423-510, Einstellung 9 ff.

Daß ich kein' andre mehr
Lieben kann so sehr.

Lieber brichts Herz entzwei,
Eh' man ein' falsche Treu
Oder ein' falsche Lieb'
An mir verspürt.
Ja, wenn das Glück nit wollt,
Daß du mein werden sollst
So lieb ich dann doch dich,
Glaubs sicherlich!

Es soll kein' ander' sein,
Als eben du allein,
Und dir, o schönstes Kind,
Dir bleib' ich treu!
Dir werd' ich jederzeit
Zu Diensten sein bereit,
Bis daß ich kommen wird'
Unter die Erd'![5]

Doch schon jetzt legt sich ein erster Schatten über die Vertrautheit und Verläßlichkeit der »heilen Welt« des Professors: Der Vogel reagiert auf die Lockpfiffe nicht, und Rath findet das Tier tot im Käfig. Lakonisch kommentiert die hinzugekommene Wirtschafterin: »Na, gesungen hat er sowieso nicht mehr«, und reduziert damit die Funktion des Vogels auf das Singen. Im Gegensatz dazu hat der Vogel für Rath eine wesentlich größere Bedeutung, wie sich aus seiner Trauermiene ablesen läßt, mit der er sein Frühstück beendet.

Die nächste Filmszene, in der Rath auftritt, zeigt ihn auf dem morgendlichen Weg zum Gymnasium. Während er dorthin eilt, kommt die Turmuhr des Städtchens ins Bild; es läutet acht Uhr.[6] Ihrem Stundenschlag geht ein Glockenspiel voraus, das eine Melodie intoniert, die im Drehbuch als das Lied *Üb' immer Treu und Redlichkeit* nach dem bekannten Gedicht von Ludwig Christoph Heinrich Hölty identifiziert wird:

Üb' immer Treu und Redlichkeit
Bis an dein kühles Grab;

---

5   Zitiert nach: ebd., S. 426.
6   Ebd., S. 427 f., Einstellung 23.

Und weiche keinen Fingerbreit
Von Gottes Wegen ab.⁷

Freilich stellt der Opernfreund beim Hören der Szene sogleich die Verbindung zu einer ganz anderen musikalischen Quelle her, nämlich zur Arie *Ein Mädchen oder Weibchen wünscht Papageno sich* aus Mozarts Oper *Die Zauberflöte*:

Ein Mädchen oder Weibchen
wünscht Papageno sich!
Ja so ein sanftes Täubchen
Wär' Seligkeit für mich!⁸

Die moralisierende Ermahnung zur Treue des Hölty-Gedichts wird durch die Verbindung mit der Melodie über die erotischen Phantasien des naturverbundenen, sinnenfrohen Papageno ironisch gebrochen. Unklar ist, ob die Ironie dieser schon im 19. Jahrhundert üblichen Koppelung des Textes mit der Melodie aus Mozarts Arie bereits zu diesem Zeitpunkt erkannt wurde; sicher ist hingegen, daß die Autoren des Films sich der Doppeldeutigkeit des Liedzitats bewußt waren und es gerade aus diesem Grund einsetzten. Denn tatsächlich flattert, während das Glockenspiel erklingt, »ein sanftes Täubchen« am Zifferblatt der Turmuhr vorbei.

Mit der Gleichzeitigkeit von Mozarts Melodie und Höltys Text ist bereits in diesem frühen Stadium des Films ein erster Kontakt zwischen der Welt des Gymnasialprofessors Rath und derjenigen der Sängerin Lola Lola hergestellt. Doch sind es, wie der Film zeigen wird, zwei unvereinbare Welten, die hier zusammentreffen. Auf der Seite des Hölty-Textes, der thematisch an das Liebeslied *Treue Liebe* anknüpft, steht der gelehrte, tugendhafte (man könnte auch sagen: gehemmte), seine Liebe auf einen Vogel konzentrierende alternde Junggeselle Rath, der nach dem Verlust des Tieres unbewußt Brautschau hält. Auf der Seite der Mozart-Melodie steht in Gestalt des »Täubchens« die junge, von erotischer Ausstrahlung sprühende Lola.

---

7 Zitiert nach: Ludwig Christoph Heinrich Hölty, *Gesammelte Werke und Briefe. Kritische Studienausgabe*, hrsg. von Walter Hettche, Göttingen 1998, S. 226.

8 Zitiert nach: Wolfgang Amadeus Mozart, *Die Zauberflöte. Texte, Materialien, Kommentare*, hrsg. von Attila Csampai, Reinbek 1982, S. 102.

Filmplakat, 1930

Die nächste Szene mit musikalischer Konnotation spielt sich im Klassenzimmer des Gymnasiums ab.[9] Rath läßt die Schüler einen Aufsatz schreiben und öffnet unterdessen ein Fenster, woraufhin das von einem Mädchenchor gesungene Volkslied *Ännchen von Tharau* hereindringt:

> Ännchen von Tharau ist's, die mir gefällt:
> Sie ist mein Leben, mein Gut und mein Geld.
> Ännchen von Tharau hat wieder ihr Herz
> Auf mich gerichtet in Lieb und in Schmerz,
> Ännchen von Tharau, mein Reichtum, mein Gut,
> Du meine Seele, mein Fleisch und mein Blut.
>
> Würdest Du gleich einmal von mir getrennt,
> Lebtest da, wo man die Sonne kaum kennt;
> Ich will Dir folgen durch Wälder, durch Meer,
> Durch Eis, durch Eisen und feindliches Heer.
> Ännchen von Tharau, mein Licht, meine Sonn'!
> Mein Leben schließ ich um Deines herum![10]

Mit diesem Lied wird erneut die biedere, tugendhafte Sphäre des Professors Rath beschworen, der auf der Suche nach einer Braut ist: es erzählt von unverbrüchlicher Treue und Liebe, aber auch – wie der Schlußvers verrät – vom Wunsch, die Geliebte wie den sprichwörtlichen Vogel im goldenen Käfig ganz für sich zu besitzen und zu vereinnahmen.

Die Texte der bislang erklungenen Lieder, mit denen die Sphäre Raths gekennzeichnet wird, handeln stets von Liebe und Treue. Sie artikulieren aber gleichzeitig auch mit zunehmender Deutlichkeit, welche Konsequenzen das Festhalten an der unbeirrbaren Treue haben kann, die Rath sich selbst abverlangt – und natürlich auch von seiner zukünftigen Braut fordern wird. So erschallt auf Raths abendlichem Weg zum »Blauen Engel«[11] aus den Hafenspelunken das Lied vom treuen Husar, das das Schicksal des Protagonisten antizipiert:

> Es war einmal ein roter Husar,
> Der liebt sein Mädchen ein ganzes Jahr,
> Ein ganzes Jahr und noch viel mehr,
> Die Liebe, die nahm kein Ende mehr.

---

9 Dirscherl/Nickel, *Der blaue Engel*, a.a.O. (Anm. 3), S. 433 f., Einstellung 52 ff.
10 Zitiert nach: ebd., S. 74 f.
11 Ebd., S. 439, Einstellung 89.

Und als der Husar in fremde Lande kam,
Da ward ihm sein Feinsliebchen krank,
So krank, so krank bis auf den Tod,
Drei Tag' darauf sprach sie kein Wort.

Und als der Husar die Botschaft kriegt,
Daß sein Feinsliebchen im Sterben liegt,
Da verließ er gleich sein Hab und Gut,
Zu sehen, was Feinsliebchen tut.

Und als er zum Feinsliebchen kam,
Ganz leise gab sie ihm die Hand,
Die ganze Hand und noch viel mehr,
Die Liebe, die nahm kein Ende mehr.

Er nahm sein Liebchen in den Arm,
Da war sie kalt und nicht mehr warm.
›Ach Mutter, bringt mir schnell ein Licht,
Mein Liebchen stirbt, ich seh' es nicht!‹

Wo kriegen wir die Träger her?
Sechs Bauernbuben sind zu schwer –
Sechs rote Husaren müssen es sein,
Die tragen mein Feinsliebchen heim.

Nun hab' ich gehabt zu große Freud'
Jetzt muß ich tragen ein schwarzes Kleid,
Ein schwarzes Kleid, einen schwarzen Hut!
Da kann man sehen, was Liebe tut![12]

Das Lied *O du lieber Augustin*, das kurz vor Raths Eintritt in den »Blauen Engel« in nur wenigen Takten angestimmt wird,[13] muß in dieser Hinsicht nicht mehr nur als Warnung vor Konsequenzen, sondern als lakonischer Kommentar zum unvermeidlichen Ende gedeutet werden:

O du lieber Augustin, Augustin, Augustin,
O du lieber Augustin, alles ist hin.
Geld ist weg, Mädl' ist weg, Augustin liegt im Dreck!
O du lieber Augustin, alles ist hin![14]

Vom Finale des Films her gesehen erweist sich Rath als der besungene Augustin: Er hat seinen Beruf aufgegeben (»Geld ist weg«), verliert seine

---

12 Zitiert nach: ebd., S. 439.
13 Ebd., S. 439 f., Einstellung 90.
14 Zitiert nach: ebd., S. 439.

Frau an den ersten besten Rivalen (»Mädl ist weg«) und macht sich zum Gespött der Leute (»Augustin liegt im Dreck«). Vollends deutlich wird diese Konnotation mit Blick auf die Clownszene am Ende des Films: Rath, der im »Blauen Engel« als Clown August verkleidet bei einer Zaubernummer assistieren soll, zerbricht an der Erniedrigung auf der Bühne und an seiner Verzweiflung über Lolas Untreue.

Der filmische Szenenwechsel zum Ambiente des »Blauen Engels«[15] beinhaltet gleichzeitig einen Wechsel zu einer anderen musikalischen Sphäre. Zu den die Welt Raths markierenden Volksliedern kommen als Charakterisierung von Lola nun die Schlagerlieder, die auf der Bühne des Etablissements – von ihr oder von anderen gesungen – erklingen. Zunächst stellt sich Lola selbst mit einem Lied vor: *Ich bin die fesche Lola, der Liebling der Saison*, während Rath sich noch auf dem Weg durch die dunklen Gassen zum »Blauen Engel« befindet.[16] Programmatische Bedeutung hat der nächste Schlager *Kinder, heut abend, da such ich mir was aus, einen Mann, einen richtigen Mann!*, den erst Lolas ältliche Kollegin Guste singt.[17] Kurz vor dem Eintreten Raths in das Variété übernimmt Lola den Auftritt:

> Frühling kommt, der Sperling piept durch das grüne Tälchen.
> Bin in einen Mann verliebt und weiß nicht in welchen.
> Denn mich macht die Liebe reich!
> Kinder, heute abend da such ich mir was aus,
> Einen Mann, einen richtigen Mann.
> Kinder, die Jungs ziehn mir schon det halbe aus!
> Einen Mann, dem das Herze noch in Liebe glüht.
> Einen Mann, dem das Feuer aus den Augen sprüht.
> Kurz, einen Mann, der noch küssen will und kann.
> Einen Mann, einen richtigen Mann.
> Männer gibt es dünn und dick,
> Groß und klein und kräftig,
> Andere wieder schön und schick,
> Schüchtern oder heftig.
> Wie er aussieht: Mir egal! Irgendeinen trifft die Wahl![18]

---

15 Ebd., S. 437 f., Einstellung 83 ff.
16 Ebd., Einstellung 84.
17 Ebd., S. 439 f., Einstellung 90 ff.
18 Zitiert nach: ebd., S. 441 f.

Erneut wird hier auch das Bild vom pfeifenden Vogel aufgegriffen, hier verbunden mit den sprichwörtlichen »Frühlingsgefühlen«, von denen Lola singt.

Im Scheinwerferlicht, das Lola durch das Publikum streifen läßt, erscheint Rath, der sich verunsichert umsieht, offenbar bemüht, sich durch die von ihr hervorgerufene Irritation nicht von seinem Plan abbringen zu lassen, seine Schüler im Publikum ausfindig zu machen und sie zur Rede zu stellen. Die Visualisierung der Szene signalisiert in Übereinstimmung mit dem gesungenen Schlagertext, daß er, ohne sich dessen bewußt zu sein, das hilflose Opfer der Sängerin geworden ist und ihr in dem Moment, da er das Lokal betritt, schon verfallen ist – und das von der Decke hängende Fischernetz, in dem er sich verheddert, setzt das unvermeidlich tragische Ende des Professor Rath optisch in Szene.

Das berühmteste Musikstück des Films, Lolas Lied *Ich bin von Kopf bis Fuß auf Liebe eingestellt*, wirkt auf den ersten Blick wie eine jener Gesangsszenen im jungen Tonfilm, die Kurt Weill mit den eingangs zitierten kritischen Worten bedachte. Doch er selbst konstatierte, daß die filmische Anlage dieser Szene zumindest »während des Gesanges zugleich die Wirkung auf den Hörer zeigt (wie bei dem Lied der Marlene Dietrich [...])«, mithin eine weitergehendere Funktion als die der bloßen musikalischen Umrahmung einer Szene erfüllt.[19] Tatsächlich erweist sich die Symbolik dieses Liedes jedoch als noch subtiler und weitreichender. Mit dem Lied verführt Lola den Professor bei seinem zweiten Besuch im »Blauen Engel«.[20] Er ist das – wie schon der zuvor erklungene Schlager *Kinder, heute abend da such ich mir was aus* unmißverständlich klargemacht hat – rein zufällig gewählte Ziel ihrer Begierde. Den ephemeren Charakter, den eine Beziehung zu ihr zwangsläufig haben muß, vermag er, dessen Handlungsmaximen von steter »Treu und Redlichkeit« bestimmt sind, nicht zu erkennen, obwohl das Lied diesbezüglich eine klare Sprache spricht:

Ein rätselhafter Schimmer
Ein je ne sais pas quoi
Liegt in den Augen immer
Bei einer schönen Frau.

Doch wenn sich meine Augen
Bei einem vis-a-vis

---

19 Weill, *Tonfilm, Opernfilm, Filmoper*, a.a.O. (Anm. 1), S. 84.
20 Vgl. Schmidt, *Filmprotokoll*, a.a.O. (Anm. 4), S. 472, Einstellung 283 ff.

> Ganz tief in deine saugen,
> Was sprechen dann sie:
>
> Ich bin von Kopf bis Fuß auf Liebe eingestellt,
> Denn das ist meine Welt, und sonst gar nichts.
> Das ist, was soll ich machen, meine Natur,
> Ich kann halt Liebe nur, und sonst gar nichts.
>
> Männer umschwirrn mich wie Motten das Licht,
> Und wenn sie verbrennen, ja, dafür kann ich nichts.
> Ich bin von Kopf bis Fuß [...][21]

Neben der ungeschminkten Warnung bietet Lolas Lied einen weiteren Deutungsansatz, der unmittelbar auf die im Glockenspiel der Turmuhr integrierte Melodie der Mozart-Arie verweist. Ebenso wie der Naturbursche Papageno (und natürlich auch sein weibliches Pendant Papagena) besitzt Lola ein von Intellektualität völlig unberührtes Naturell; ebenso wie er strebt sie, unbekümmert und ohne sich Gedanken über Konsequenzen zu machen, nach der Erfüllung ihrer sinnlichen Wünsche. Sie kennt ebenso wenig wie dieser höhere Ziele und unterscheidet sich ihrem Wesen nach in derselben Weise von dem nach einer »sittlich korrekten« Beziehung suchenden Professor Rath wie Papageno von Tamino, der nach Weisheit und Erkenntnis strebt.[22]

Die folgende Frühstücksszene birgt mehrere musikalische Chiffren.[23] Rath erwacht in Lolas Bett – die weiteren Umstände legen den Schluß nahe, daß es im Verlaufe der Nacht nicht zu Intimitäten gekommen ist. Er hält ein Negerpüppchen im Arm, das auf seine Berührung hin ein Glockenspiel erklingen läßt. Die angespielte Melodie gehört zum Lied *Wohin?* aus dem Liederzyklus *Die schöne Müllerin* von Franz Schubert:

> Ich hört' ein Bächlein rauschen
> Wohl aus dem Felsenquell,
> Hinab zum Tale rauschen
> So frisch und wunderhell.
>
> Ich weiß nicht, wie mir wurde,
> Nicht, wer den Rat mir gab,
> Ich mußte gleich hinunter
> Mit meinem Wanderstab.

---

21 Zitiert nach: ebd.
22 Vgl. hierzu die Ausführungen von Dirscherl und Nickel, *Der blaue Engel*, a.a.O. (Anm. 3), S. 40-43.
23 Vgl. Schmidt, *Filmprotokoll*, a.a.O. (Anm. 4), S. 478, Einstellung 305 ff.

Hinunter und immer weiter,
Und immer dem Bache nach,
Und immer frischer rauschte,
Und immer heller der Bach.

Ist das denn meine Straße?
O Bächlein, sprich, wohin?
Du hast mit deinem Rauschen
mir ganz berauscht den Sinn.

Was sag ich denn von Rauschen?
Das kann kein Rauschen sein:
Es singen wohl die Nixen
Dort unten ihren Reihn.

Lass singen, Gesell, lass rauschen,
Und wandre fröhlich nach!
Es gehen ja Mühlenräder
In jedem klaren Bach.[24]

Die im Liedtext aufgeworfene Frage nach dem »rechten Weg« läßt sich umstandslos auf Raths Situation übertragen, der hier gewissermaßen am Scheideweg steht. Daß er immer noch die Möglichkeit zur Umkehr hat, verdeutlicht ein Detail der musikalischen Inszenierung. Das Glockenspiel hält mitten in der Melodie inne – das Uhrwerk ist abgelaufen. Rath berührt das Püppchen erneut, und die Melodie wird fortgeführt und beendet. Raths erfreutes Lächeln über das wieder einsetzende Glockenspiel signalisiert dem Zuschauer, daß er nicht begriffen hat, daß er in diesem Moment selbst über sein weiteres Schicksal entschieden hat. Stand es bislang noch in seiner Macht, Lola zu entgehen, so setzt er nun selbst den Automatismus in Gang, der ihn in den Untergang führen wird.

Im weiteren Verlauf der Frühstücksszene wird Raths tiefgreifendes Mißverständnis in Bezug auf Lolas Absichten weiter fortgesetzt. Ihre das Frühstück begleitenden Worte »Na, siehste, das könntste nu immer haben«, die freilich in keinster Weise ihren Wunsch nach einer ehelichen Bindung ausdrücken wollten, bringen Rath sogleich auf den Gedanken, die in seinen Augen zweifellos unehrenhafte »Beziehung« zu Lola zu legalisieren: »Dem stünde nichts im Wege. Ich bin ja unverheiratet.« Wenn im selben Moment das Glockenspiel der Turmuhr die Melodie der Papageno-Arie anstimmt, so wird Rath nicht nur an seine schulischen und sonstigen Pflichten (»Treu' und Redlichkeit«) erinnert,

---

24 Zitiert nach: ebd., S. 478.

sondern er ist zudem gleichsam als am Ziel seiner Wünsche angelangter Papageno musikalisch präsent. Doch liegt es auf der Hand, daß diese auf einem Mißverständnis beruhende Verbindung keinen Bestand haben wird: Mag er in Lola auch das ersehnte Vögelchen erkennen (visualisiert durch den Singvogel, der zu seiner Freude in einem Käfig in Lolas Zimmer fröhlich pfeift) – Rath ist über Nacht kein Papageno geworden.

Seinen nächsten Besuch bei Lola nutzt Rath, um seine Heiratspläne in die Tat umzusetzen.[25] Nachdem er schon gegenüber dem Schuldirektor von Lola als seiner »zukünftigen Frau« gesprochen hat, macht er ihr nun einen Antrag, auf den sie zunächst mit spontaner Heiterkeit reagiert, den sie dann aber doch annimmt. Musikalisch begleitet von Mendelssohn-Bartholdys Hochzeitsmarsch, wechselt die Kamera vom Kuß, mit dem der Bund besiegelt wird, zur Photopose des Brautpaares, das die Braut Lola mit klischeehaftem, schwärmerisch nach oben gerichtetem Blick an Raths Schulter gelehnt zeigt.[26] Die Einbeziehung von Musik ermöglicht hier eine szenische Straffung; durch das Erklingen des Hochzeitsmarsches wird eine umfangreiche Vermählungsszene überflüssig, und die Handlung kann sogleich mit der nächsten dramaturgisch bedeutsamen Episode fortgeführt werden: Während der heiteren Hochzeitsfeier wird die entwürdigende Clown-Szene, die Rath am Ende in den Tod treibt, vorbereitet.

Unmittelbar an die Hochzeitsfeier schließt sich eine Schlüsselszene des Films an, die auch durch ihre musikalische Gestaltung als solche gekennzeichnet ist.[27] Rath verkündet energisch, daß er nicht einverstanden damit ist, daß Lola-Postkarten verkauft werden. Die folgende Einstellung zeigt ihn, mit verwahrlostem Äußeren, wie er Postkarten auf einem Tablett sortiert und zum Verkauf vorbereitet, während Lola singt:

> Nimm dich in acht vor blonden Frauen,
> Sie haben so etwas gewisses!
> 'S ist ihnen nicht gleich anzuschauen
> Aber irgend etwas ist es!
> Ein kleines Blickgeplänkel sei erlaubt dir!
> Doch denke immer: Achtung vor dem Raubtier!

---

25 Ebd., S. 484, Einstellung 337 ff.
26 Ebd., S. 485, Einstellung 346.
27 Ebd., S. 486 f., Einstellung 350 ff.

Nimm dich in acht vor blonden Frauen,
Die haben so etwas gewisses![28]

Das Lied markiert einen Tabubruch: Rath ist der als Raubtier dämonisierten »blonden Frau« Lola in einer Weise ausgeliefert, daß er alle Grenzen des eigenen Schamgefühls überschreitet. Er kann sich nicht dagegen wehren, daß man von ihm verlangt, Postkarten seiner Frau zum Verkauf anzubieten. Dasselbe Lied wird ein weiteres Mal ebenfalls zur Kennzeichnung eines Tabubruchs verwendet. Es erklingt, nachdem Rath verzweifelt versucht hat, einen Auftritt als Clown in seiner alten Heimatstadt zu verweigern, zur Vorbereitung ebendieser Varieté-Nummer.[29] Daß er im Verlauf dieser Szene außerdem auch tatenlos zusieht, wie Lola sich mit dem Rivalen Mazeppa einläßt, ist als weiterer Tabubruch zu werten, den das von Lola gesungene Lied markiert.

In der Clown-Szene wird der durch den gesamten Film transportierte Gedanke vom Vögelchen, das Rath sich wünscht, zum bitteren Ende geführt.[30] Der Zauberkünstler lüftet den auf Raths Kopf sitzenden Zylinder und gibt eine weiße Taube frei, die davonflattert: »Und schon hat mein August keinen Vogel mehr«, kommentiert er dieses Geschehen, das unschwer auf den sich gleichzeitig vorbereitenden Ehebruch Lolas bezogen werden kann.

Raths heimliche Flucht aus dem »Blauen Engel« wird begleitet von Lolas Lied *Ich bin von Kopf bis Fuß auf Liebe eingestellt*.[31] Jetzt ist die musikalische Interpretation des Liedes von derjenigen während der Verführungsszene grundlegend unterschieden. Auch Lolas Kostümierung und ihre Gestik und Mimik deuten an, daß das Lied in dieser Szene eine ganz andere Funktion erfüllt als beim ersten Erklingen. Lola besingt hier nicht mit kokettem Augenaufschlag und sanfter Stimme die scheinbar unschuldige, natürliche Macht der Liebe, sondern weist mit schneidender Schärfe auf die Gnadenlosigkeit hin, mit der Männer zu rechnen haben, die ihr verfallen sind.

In der Sterbeszene am Ende des Films erklingt noch einmal die Glockenspiel-Melodie *Üb' immer Treu und Redlichkeit*.[32] Durch ihre üppige Orchestrierung tendiert sie ins Hymnisch-Religiöse und weckt damit

---

28 Zitiert nach: ebd., S. 487-490, Einstellung 358.
29 Ebd., S. 500, Einstellung 411 ff.
30 Ebd., S. 502, Einstellung 426 ff.
31 Ebd., S. 508, Einstellung 487 ff.
32 Ebd., S. 510, Einstellung 508 (Schluß).

Assoziationen an einen Kirchenchoral. So wird Rath auf den rechten Pfad der Tugend zurückgeleitet, der allerdings nur durch sein Sterben erreicht werden kann.

Klaus Kanzog

Aktualisierung – Realisierung

Carl Zuckmayers *Der Hauptmann von Köpenick* in den Verfilmungen von Richard Oswald (1931/1941) und Helmut Käutner (1956)

Das Lachen über die Aktion des »Hauptmanns von Köpenick« am 16. Oktober 1906 zwingt uns zur Selbstprüfung. Unser Urteil hängt davon ab, welchen Standpunkt wir dem Militär und seiner Rolle in der deutschen Geschichte gegenüber einnehmen. Das gilt auch für Zuckmayers *Der Hauptmann von Köpenick*; man kann dieses »deutsche Märchen« als »melancholischen Jux mit makabrem Hintergrund«[1] oder als »Satire gegen den preußischen Militarismus und seinen Fetisch, die Uniform«[2] auffassen. So waren die Theaterkritiker geteilter Meinung, als *Der Hauptmann von Köpenick* am 2. September 1947 im Deutschen Theater Berlin, dem Ort der Uraufführung (5. März 1931), mit Paul Bildt als Wilhelm Voigt, Gerhard Bienert als Friedrich Hoprecht und Werner Hinz als Obermüller erstmals wieder aufgeführt wurde; Regie führte Ernst Legal. Friedrich Luft fragte nachdenklich: »Ist Carl Zuckmayers hintersinniges ›Märchen‹ von dem Hauptmann zu Köpenick überholt, seit der Gefreite von Braunau den Part so blutig nachgespielt hat? Hat der Anstreicher den Schuster nicht konsequent übertroffen, daß am Ende keinerlei Spaß an der Sache blieb?« Und gab zugleich die Antwort: »Nein, dieses Stück gilt.«[3] Walther Karsch äußerte Bedenken: »Es hat sich inzwischen herausgestellt, daß Zuckmayers köstliche Entlarvung nur den harmlosen Teil des Militarismus getroffen hat – wir haben indessen eine Fratze kennengelernt, die den Spott in die Kehle zurückdrängt.« Aus seiner Sicht »halten die Worte das Stück nicht mehr dicht genug zusammen.«[4] Die Fülle der Inszenierungen in den folgenden Jahrzehnten bewies das Gegenteil. Paul Rilla polemisierte:

---

1 Friedrich Luft, *Götter auf Zeit*. »*Der Hauptmann von Köpenick*«, in: *Neue Zeitung* (Berliner Ausgabe) vom 6. September 1947.
2 Fritz Schwiefert, *Zuckmayer hochaktuell*. »*Hauptmann von Köpenick*« im *Deutschen Theater*, in: *Telegraf* (Berlin) vom 4. September 1947.
3 Friedrich Luft, *Götter auf Zeit*, a.a.O. (Anm. 1)
4 Walther Karsch, »*Der Hauptmann von Köpenick*«. *Neuaufführung im Deutschen Theater*, in: *Der Tagesspiegel* (Berlin) vom 4. September 1947.

Das Stück, so sehr es die Theaterbegabung seines Autors bestätigt, stand vor sechzehn Jahren schief, als der militaristische Rummel bei uns schon wieder Volldampf voraus war. Heute, nachdem sich zum zweitenmal gezeigt hat, wohin die Fahrt ging, steht es noch schiefer. Zuckmayer mag die richtige Absicht gehabt haben. Aber satirische Gestaltung ist seine Sache nicht, und das idyllische Verfahren, das er anhängig macht, verfehlt die Sache. Diese ausgleichende dramatische Gerechtigkeit bleibt ein Unrecht am Stoff.[5]

Damit war die Zielrichtung aller weiteren Diskussionen angezeigt: Die von Zuckmayer verteidigte »dramatische Gerechtigkeit«[6] ist bis heute Angelpunkt der Kritik. Nach den heftigen politischen Diskussionen um die Berliner Erstaufführung von Zuckmayers Drama *Des Teufels General* im Schloßparktheater am 14. Juli 1948 (in der Regie Boleslaw Barlogs und mit O.E. Hasse als General Harras) führte Rilla dann den Gedanken weiter: »Zuckmayer schrieb Volksstücke. Und als er 1931 den *Hauptmann von Köpenick* schrieb, da war es ein Volksstück der gemütlichen Politik. Und als er 1942 *Des Teufels General* schrieb, da war es ein Volksstück der politischen Ungemütlichkeit, die mit sich reden läßt.«[7] Der Erfolg der beiden Berliner Inszenierungen – *Der Hauptmann von Köpenick* brachte es auf 126, *Des Teufels General* auf 302 Aufführungen – schien Rilla Recht zu geben. Aber beide Werke bilden kein Junktim.

Daß das Publikum im Deutschen Theater (im sowjetischen Sektor Berlins) zweieinhalb Jahre nach Kriegsende so großes Gefallen an der »Köpenickiade« fand, hatte einige Gründe: Auf dem Wege zum Theater erinnerten noch Ruinen und ein NS-Hochbunker an diesen Krieg, in dem so mancher in Deutschland dem Uniformwahn erlegen war. Während des Szenenwechsels auf dunkler Bühne sorgte der Marsch »Preu-

---

5 Paul Rilla, *Literatur. Kritik und Polemik*, Berlin 1953, S. 9; aus seiner ursprünglichen Rezension der Berliner Aufführung (*Berliner Zeitung* vom 4. September 1947) hat Rilla nur Kernsätze wie diesen in den Essay übernommen.

6 Carl Zuckmayer, *Als wär's ein Stück von mir. Horen der Freundschaft*, Frankfurt am Main 1997, S. 518. Dieser »Versuch zu dramatischer Gerechtigkeit« ließ, wie Zuckmayer hier darlegt, »nicht das Mißtrauen und den üblen Nachgeschmack aufkommen, den betonte, einseitige Tendenz oder ›Propaganda‹ immer verursacht.«

7 Rilla, *Literatur*, a.a.O. (Anm. 5), S. 26.

ßens Gloria« für Stimmung.⁸ Man versetzte sich lustvoll in die Zeit vor dem Ersten Weltkrieg, an die eine Karikatur aus dem *Simplizissimus* im Programmheft erinnerte.⁹ Die Aufführung selbst hielt sich vom *Simplizissimus*-Stil fern. Man spielte »keine Satire, sondern das komische Drama der ›Ordnung‹, die den Menschen aufzehrt und gerade darum den Schwachen magnetisch anzieht.«¹⁰ Da hatte das Lachen eine neutralisierende Funktion. Zu jener Zeit, als in der Viermächtestadt der »Kalte Krieg« zwischen den Westmächten und der Sowjetunion schon spürbar war und Uniformen wieder zur Schau gestellt wurden, gewann die Demontage der Uniform zudem neue Aktualität. Man fühlte im Kampf gegen die allmächtige Bürokratie mit dem Schuster Wilhelm Voigt; Paul Bildt war »in seiner verlegenen Herzensgüte und in seinem mißhandelten Menschentum eine durchaus echte Volkstype.«¹¹

A. Der mentale Schwerpunkt des ›Hauptmanns von Köpenick‹

Ich greife auf diese Erinnnerungen an meine Berliner Studentenzeit zurück, da die damalige Aufführung des *Hauptmann von Köpenick* mein Verständnis des Werkes bis heute geprägt hat – auch meine Überzeugung, Theateraufführungen gegenüber literarischen Interpretationen als gleichrangig anzusehen. Sie machte mir zugleich die Grenze zwischen normativer und deskriptiver Literaturwissenschaft bewußt. Es kam primär auf die Bereitschaft an, das Gezeigte ganz in sich aufzunehmen. So provozierte der Coup des Schusters Wilhelm Voigt im dritten Akt naturgemäß den gewünschten Affekt, aber bis dahin hatte eine tiefer reichende Empfindung, ausgelöst durch den mir vertrauten Berliner Jargon, die Anteilnahme an Wilhelm Voigt und die Menschen seines

---

8 Hans Joachim Wiegand (*Lächerlichkeit, die nicht tötet...*, in: *Horizont. Halbmonatsschrift für junge Menschen*, Jg. 2, 1947, H. 20, S. 25) berichtet von einem »jungen Mann«, der diesen Marsch »leise mitpfiff und mit rhythmischen Fußbewegungen begleitete.«
9 Jg 11, 1906, Nr. 33, Spezial-Nr.: »Der König von Norwegen überreicht dem Hauptmann von Köpenick den Friedenspreis der Nobelstiftung, weil es ihm in unübertrefflicher Weise gelungen sei, den Militarismus lächerlich zu machen.« Doch der König trug unverkennbar die Züge Kaiser Wilhelms II.
10 W. Doering, *Die schöne Ordnung. Zuckmayers »Hauptmann von Köpenick«*, in: *Der Kurier* (Berlin) vom 3. September 1947.
11 Werner Fiedler, *Im Bann der blanken Knöpfe. »Der Hauptmann von Köpenick«*, in: *Neue Zeit* (Berlin) vom 4. September 1947.

sozialen Umfeldes wachsen lassen: an den »Pennbrüdern« in der »Herberge zur Heimat«, an Marie und Friedrich Hoprecht, an Wabschke, der das unfreiwillige Ausscheiden des Hauptmann von Schlettow aus dem Militär mit den Worten kommentiert:

> Ick weiß ja nu nich, – det jeht mir ooch nischt an. Ick meine nur – *(fast zart, behutsam)* det Militär is ja sehr scheen, aber es is nu wirklich nich det einzige uff de Welt. De Welt is jroß, und jeden Morjn jeht de Sonne uff. Wenn eener jung is, – und jesund, – und grade Knochen hat – ick meine, – wenn eener n richtiger Mensch ist, dat is doch de Hauptsache, nich? (S. 51 f.)[12]

Die Selbstaussage Zuckmayers im *Memorandum* von 1956 trifft deshalb den Kern der Sache: »Ich [...] stellte, wie in all meinen Stücken, die menschliche Kreatur in seine Mitte.«[13] Das hatte 1931 schon der Rezensent der Uraufführung des *Hauptmann von Köpenick* in der *Roten Fahne* hervorgehoben: »Im Vordergrund der dramatischen Gestaltung steht aber ein persönlicher Leidensweg, das Schicksal einer ›Kreatur‹ und nicht die gesellschaftskritische Tatsächlichkeit eines sozialen Stoffes.«[14] Folgerichtig hat Zuckmayer das Militär »nicht blindlings verdammt und verteufelt«[15] und damit auf die Aggressivität verzichtet, die das

---

12 Text nach der Erstausgabe: Carl Zuckmayer, *Der Hauptmann von Köpenick. Ein deutsches Märchen in drei Akten*, Berlin: Propyläen-Verlag 1930.

13 *Memorandum* (Zuckmayer-Nachlaß im Deutschen Literatur-Archiv, Marbach), S. 3. Zuckmayer grenzt sich hier zugleich von Kortner ab, der ihn »tatsächlich auf die Idee des Stückes gebracht« hatte (S. 2) und mit ihm gemeinsame Sache machen wollte: »Worauf es mir aber immer ankam, und was mir besonders im ›Hauptmann von Köpenick‹ gelungen ist: *die Darstellung des Menschen in seiner kreatürlichen Substanz*, hat mit Kortners Tendenzbetontheit nicht das Geringste zu tun.« (Gunther Nickel/Ulrike Weiß, *Carl Zuckmayer 1896-1977. »Ich wollte nur Theater machen«*, Marbach 1996 [Marbacher Kataloge 49], S. 187).

14 Durus [d.i. vermutlich A. Kamen], »Deutsches Märchen« statt satirische Komödie. *Der Hauptmann von Köpenick. Ein Stück von Zuckmayer im Deutschen Theater*, in: *Rote Fahne* (Berlin) vom 6. März 1931. Zuckmayer hat diese Position klar formuliert: Das Stück »will auch nicht mit den Leuten rechten, die die Verhältnisse gemacht haben, noch mit den Verhältnissen, aus denen die Leute wurden« (Blätter des Deutschen Theaters, Spielzeit 1930/31, H. 6 und Münchner Kammerspiele, *Das Programm*, Jg. 12, 1931, Mai-Heft).

15 Zuckmayer, *Als wär's ein Stück von mir*, a.a.O. (Anm. 6), S. 518.

Kennzeichen der Satire ist.[16] Sein *Hauptmann von Köpenick* sollte ein »Spiegelbild« sein, »ein Eulenspiegel-Bild des Unfugs und der Gefahren, die in Deutschland heranwuchsen – aber auch der Hoffnung, sie wie der umgetriebene Schuster durch Mutterwitz und menschliche Einsicht zu überwinden«.[17] Zuckmayer, der sich zuvor an einem Eulenspiegel-Stück[18] versucht hatte, scheint dieses gescheiterte Projekt auf den *Hauptmann von Köpenick* projiziert zu haben.

Eine eigene Eulenspiegelei lieferte Zuckmayer dann auf dem Wege in die Emigration an der Schweizer Grenze. Bei der Paßkontrolle durch einen SS-Sturmbannführer ließ er durch ein lässiges Zurückschlagen seines Mantels das Eiserne Kreuz Erster Klasse, die hessische Tapferkeitsmedaille und den »Zähringer Löwen mit Eichenlaub und Schwertern«, Auszeichnungen, die er als Offizier im Ersten Weltkrieg erhalten hatte, sichtbar werden, was den SS-Sturmbannführer veranlaßte, die SA- und SS-Leute antreten und »Heil Hitler« schreien zu lassen, als sei er »der Führer persönlich«. Zuckmayer kommentiert die Situation: »Ich war plötzlich der große Mann der Grenzstation und kam mir vor wie der ›Hauptmann von Köpenick‹ in meinem eigenen Stück.«[19]

Mit Till Eulenspiegel kann man den historischen Schuster Wilhelm Voigt allerdings nur bedingt vergleichen. Eulenspiegel, der »kein Handwerk bis zu Ende erlernt«, bringt es deshalb »zu keinem Stand und Heim, weil ihm die Ungebundenheit des Wanderns und der Bindungslosigkeit mehr ist als bürgerliche Enge«[20], Wilhelm Voigt dagegen ist ein wegen »Posturkundenfälschung« zu hoch Bestrafter, danach ein sozial Ausgestoßener, der bei seinen Versuchen, sich eine neue Identität zu verschaffen, erneut straffällig wird und vergeblich um seine Aufenthaltserlaubnis kämpft; seine Aktion im Köpenicker Rathaus ist eine

---

16 Vgl. zur »aggressiven Haltung« in der Satire Klaus Schwind, *Satire in funktionalen Kontexten. Theoretische Überlegungen zu einer semiotisch orientierten Textanalyse*, Tübingen 1988 (Kodikas/Code, Suppl. 18), S. 63-69.
17 Zuckmayer, *Als wär's ein Stück von mir*, a.a.O. (Anm. 6), S. 513.
18 *Memorandum*, a.a.O. (Anm. 13), S. 1.
19 Zuckmayer, *Als wär's ein Stück von mir*, a.a.O. (Anm. 6), S. 103-111, hier: S. 108 f.
20 Elisabeth Frenzel, *Stoffe der Weltliteratur. Ein Lexikon dichtungsgeschichtlicher Längsschnitte*, 9., überarbeitete und erweiterte Auflage, Stuttgart 1998, S. 208 f.

Verzweiflungstat.²¹ Zu den Kernsätzen des Stücks gehört die Antwort, die Wilhelm Voigt im Polizeibüro von Potsdam dem Oberwachtmeister auf die Frage gibt, warum er denn aus dem Ausland wieder zurückgekommen sei, nachdem er doch dort nach Verbüßung seiner Strafe Arbeit gefunden habe:

> Ick sage ja, det war dumm von mir. Aber ick habe mir heimjesehnt. Da unten, da sinse alle janz anders, und da redense ooch janz anders. Und da hat nu schließlich der Mensch seine Muttersprache, und wenn er nischt hat, denn hat er die immer noch. Det glaubense jar nich, wie scheen Deutschland is, wenn man weit wech is und immer nur dran denkt. Aber ick sage ja, det war dumm von mir. (S. 21)

Zuckmayer weicht hier in einem entscheidenden Punkte von den Intentionen des historischen Wilhelm Voigt ab, der schon während seiner Haftzeit einen Paß beantragt hatte, um nach seiner Entlassung Deutschland verlassen zu können.²²

In der Physik bezeichnet der Begriff »Schwerpunkt« einen »bestimmten Punkt in einem festen Körper oder außerhalb eines festen Körpers, in dem die gesamte Masse des Körpers vereinigt gedacht werden kann.«²³ Vergleichbar mit dieser physikalischen Begriffsbestimmung bildet Wilhelm Voigt im *Hauptmann von Köpenick* den mentalen Schwerpunkt des Stückes, dessen Gleichgewicht, auch in Szenen, in denen er nicht anwesend ist oder wortkarg bleibt, nur durch ihn erhalten wird. Des-

---

21 Vgl. zum zu hohen Strafmaß: Wilhelm Voigt, *Wie ich Hauptmann von Köpenick wurde. Mein Lebensbild*, mit einem Vorwort von Hans Hyan, Leipzig, Berlin 1909, S. 78-82.

22 Wilhelm Voigt (siehe Anm. 21), S. 83: »Ich hatte mir vorgenommen, gar nicht erst eine Anstellung in einem Betriebe innerhalb des Deutschen Reiches zu suchen, sondern vielmehr direkt entweder nach Österreich-Ungarn oder Rußland zurückzukehren. Um diesen Plan ausführen zu können, bedurfte ich eines Passes.« Ein Grund für die Verweigerung des Passes könnte in der »bei der letzten Vorbestrafung ausgesprochenen« Aberkennung der bürgerlichen Ehrenrechte liegen. Vgl. Akte des Königl. Strafgefängnisses Berlin-Tegel (Urteil vom 1. Dezember 1906 und Entlassungsverfügung »auf Allerhöchste Order« vom 15. August 1908) im Landesarchiv Berlin. Zur »Heimat« als »Satisfikationsraum« Margot Finke, *Carl Zuckmayer's Germany*, Frankfurt am Main 1990, S. 93 ff.

23 Ruth Klappenbach/Wolfgang Steinitz, *Wörterbuch der deutschen Gegenwartssprache*, Bd. 5, Berlin 1976, S. 3349.

Filmkurier aus dem Jahr 1931

halb sind die Fragen nach der richtigen Rollenbesetzung bei allen Inszenierungen von so großer Bedeutung. Auch alle Interpretationen müssen diesen Schwerpunkt im Auge behalten. In Gogols *Revisor* (1836) ist der kleine Gauner Chlestakov, der in einer Provinzstadt die Honoratioren blamiert und die Damen narrt, eine vergleichbare Figur. Doch während Chlestakov anfangs durch Zufälle zu seinen Täuschungsmanövern verleitet wird, steht im *Hauptmann von Köpenick* Wilhelm Voigts Existenz auf dem Spiel.

B. Parameter der filmischen Realisation

Die Theaterwirksamkeit des Stückes liegt in seiner Tragikomik, im Angebot einer Charakterrolle und in seiner Nähe zum Militärschwank. Die Ausgangsbedingungen für die Aktualisierung des Textes auf der Bühne und im Film dagegen liegen in den jeweiligen historisch-politischen Kontexten der Zeit. Der Text des Stückes ist eine Vorgabe, die Aktualisierung ein Versuch, das Werk durch die Auswahl und Aktivierung bevorzugter Elemente eigenen Absichten verfügbar zu machen. Solange dabei Elementarstrukturen unangetastet bleiben, wird das Stück als Werk auch durch den Medienwechsel nicht gefährdet. Das Stück war ja selbst nur eine Aktualisierung der 25 Jahre zurückliegenden historischen Begebenheit, deren Fakten Zuckmayer z.T. umgebogen hatte: aus dem Schuster Wilhelm Voigt wurde eine autonome Bühnengestalt. Wer weiß da noch, daß z. B. der historische Wilhelm Voigt von einem früheren Mithäftling denunziert wurde, sich nach seinem Coup also nicht freiwillig der Polizei stellte, wie bei Zuckmayer, der seinen ›Helden‹ dadurch sympathischer machte und einen besseren Bühneneffekt erzielte?

Vergleiche müssen sich an Parametern, d.h. an Konstanten von Funktionen orientieren, die verifizierbare Aussage über die Positionen verbaler und nonverbaler Elemente im dynamischen System der Aktualisierungsmöglichkeiten[24] des zugrundeliegenden Textes erlauben:

---

24 Nicht auf Zuckmayer, sondern nur auf den Stoff berufen durfte sich z.B. Boris Blacher in seiner »Ballettoper« *Preußisches Märchen* (Uraufführung am 23. September 1952 an der Städtischen Oper Berlin), für die Heinz von Cramer das Libretto geschrieben hatte: Auguste Fadenkreutz, die ihrem Verlobten, dem Assessor Birkhan, imponieren will, gibt ihren Bruder Wilhelm als Hauptmann aus, und die Familie beschwört ihn, sich für den Ball der Concordia-Feuer-Versicherung eine Hauptmanns-Uniform zu besorgen. Der stark alkoholisierte

1. Gemäß der Schwerpunktfunktion des Protagonisten muß sich der Blick zunächst auf den Hauptdarsteller, seine Individualität und Rollenkompetenz richten, auch auf sein Ansehen beim Publikum. Dramensprache ist gesprochene Sprache; erst durch sie erweckt der Schauspieler eine Figur zum Leben, und noch die spätere Lektüre des Textes wird in der Erinnerung an eine Aufführung von dem Eindruck geprägt sein, den ein Schauspieler hinterlassen hat.

2. Bei der Aufführung eines Stückes besteht eine Spannung zwischen der Zeit in der dargestellten Welt und dem Zeitpunkt der erfolgenden Aktualisierung. Die Äußerung eines älteren Offiziers im Park von Sanssouci (III 16) über die »Marokkokrise« (S. 145) zeigt, daß Zuckmayer die historische Begebenheit der »Köpenickiade« aus dem Jahre 1906 auf das Jahr 1910 vorverlegt hat, um die Geschichte näher an den Ausbruch des Ersten Weltkriegs heranzurücken. 1931 kannte das Publikum diese Zeit z.T. noch aus eigener Erfahrung. Helmut Käutner mußte dagegen 1956 große Mühe aufwenden, um überhaupt Zeit- und Lokalkolorit zu vermitteln, das für jede Inszenierung unerläßlich ist. Entscheidend ist jedoch der Zeitpunkt, zu dem die exemplarische Bedeutung der »Köpenickiade« wieder erkannt und realisiert wird.

3. Auf die Textkonstitution der Filme, die Variantenbildung und Neustrukturierung, haben die historisch-politischen Kontexte keinen geringen Einfluß, sie erfolgt jedoch unter medienspezifischen Bedingungen relativ autonom. Man mag da gegenüber der Textvorlage manchen Informationsverlust bedauern und Zusätze nicht billigen; solange ihre Funktion einsichtig ist, verdienen sie unsere Aufmerksamkeit. Maßgebend für die Textkonstitution sind auch Suchbilder, die sich in der Hauptsache auf bestimmte Reizworte und Kernsätze richten. Gegenüber den Varianten kommt den Invarianten im Prozeß der Aktualisierung besondere Bedeutung zu.

4. Es ist zweckmäßig, eine Schlüsselszene zu wählen, an der die jeweilige filmische Realisierung brennpunktartig erfaßt werden kann. Eine solche Schlüsselszene ist die Szene II 14 (»Bürgerliche Wohnstube in Rixdorf«), deren Gestaltung in den Filmen von 1931, 1941 und 1956 bemerkenswerte Unterschiede aufweist. Sie steht im Stück am Ende des

---

und gerade als Schreiber entlassene Wilhelm zieht in einer ›Racheaktion‹ zum Köpenicker Rathaus, wo er vom Bürovorsteher erkannt wird; Ballbesucher sind Zeugen des Coups. Wilhelm wird verhaftet und Augustes Verlobung geht in die Brüche.

zweiten Aktes und zeigt Voigt in der ausweglosen Situation seiner bereits angeordneten Ausweisung. Dramaturgisch markiert sie den ›Wendepunkt‹.[25] In der folgenden Szene III 15 erwirbt Voigt in Kraukauers Kleiderladen die Hauptmannsuniform.

5. Angelpunkt der Komödie ist die Situierung des Lachens. Im Stück geschieht dies in Szene III 20. Ein »Schofför« betritt am frühen Morgen mit einer Zeitung in der Hand »Aschingers Bierquelle in der Neuen Friedrichstraße«. Außer dem Nachtkellner, der Scheuerfrau, dem Bollefahrer und zwei Bollemädchen ist dort nur Voigt, der sich einen Kaffee bestellt. Der »Schofför« bringt die Nachricht von Voigts Aktion: »Nee nee, ick hab in Leben nich mehr jelacht!« (S. 175). Während draußen auf der Straße ein Zeitungsjunge mit dem Extrablatt »Das Neueste vom Hauptmann von Köpenick« verbreitet, klatscht der »Schofför« Voigt die Zeitung auf den Tisch; dann rennt auch er mit den anderen auf die Straße. Während Voigt für sich die Zeitungsnachricht kommentiert (»Ham die ne Ahnung«), liest der Fahrer draußen unter »dem schallenden Gelächter der anderen« den »Steckbrief« im »Extrablatt« vor. Die Szene schließt mit der Bühnenanweisung: »Tolles Gelächter draußen. Voigt sitzt unbeweglich« (S. 177). Der Film hat weitaus mehr Möglichkeiten, dieses Lachen auch als Argument zu nutzen. Der Film von 1931 setzt auf die Vehemenz der Montage, der Film von 1956 bleibt im Darstellungsbereich des mise en scène, Oswalds Remake von 1941 erstickt das Lachen im ›Leiden an Deutschland‹.[26]

6. Zum Argument der Filme gehört die Rahmenfunktion von Eingangs- und Schlußszene. Die Filme von 1931 und 1956 wählen als *Insinuatio* und für den Schlußeffekt einen Musikzug nebst Marschkolonne und setzen Voigt zu diesem Militäraufgebot in Beziehung. Immerhin hatte der historische Wilhelm Voigt in seinen Memoiren erklärt: »Ich war immer ein besonderer Verehrer des Militärs.«[27] Dabei bringen sie ihre unterschiedlichen Auffassungen von der »Köpenickiade« zur Geltung, die in Oswalds Remake von 1941 von vornherein zum histori-

---

25 Für Zuckmayer (*Memorandum*, a.a.O. [Anm. 13], S. 4) war diese Szene der »Gipfelpunkt des Stückes«.

26 Begriff in Anlehnung an Thomas Mann, *Leiden an Deutschland. Tagebuchblätter aus den Jahren 1933 und 1934*, hrsg. von Ernst Gottlieb und Felix Guggenheim, Los Angeles 1946.

27 Wilhelm Voigt, *Wie ich Hauptmann von Köpenick wurde*, a.a.O. (Anm. 21), S. 9.

schen Demonstrationsobjekt für die aktuelle Kritik am deutschen Militarismus erklärt wird.

1. Der Protagonist

1.1. Die »Volksschauspieler« Max Adalbert und Heinz Rühmann

Den Begriff »Volksschauspieler« kann man heute nicht mehr unbefangen benutzen, obgleich er sich bei Max Adalbert und Heinz Rühmann, die sowohl auf der Bühne als auch im Film große Popularität erlangten, instinktiv aufdrängt. Hinsichtlich des Begriffs »Volkstheater« besteht immerhin der Minimalkonsens, darunter einen Spielort für theatrale Darbietungen ohne besondere Bildungsvoraussetzungen zu verstehen. Daß diese Darbietungen mit Lustspielen, Komödien und Possen sowie geographisch gebundenen Dialektstücken am ehesten gelingen, verführt dazu, das »Volkstheater«, in dem sich ein bestimmtes Publikum seiner Identität vergewissert, abzuwerten. Es war immer ein Ort eigener Emotionalität und Spontaneität.[28] Hier haben »Volksschauspieler« gegenüber den Bühnen-und Filmstars einen anderen Status: Sie sind keine Ikone. Sie werden geliebt, und man verzeiht ihnen (fast) alles.

1.1.1. Max Adalbert

Die Diskussion um die Besetzung der Rolle des Schusters Wilhelm Voigt für die Uraufführung des *Hauptmann von Köpenick* wirft ein Licht auf diese Problematik. Herbert Ihering schrieb:

> Es stellte sich schon bei dem ersten Erscheinen von Werner Krauss heraus, daß die ursprünglich geplante Besetzung mit Adalbert oder Carow grundfalsch gewesen wäre. Bei dieser Vielheit kleiner Szenenbilder mußte die Hauptrolle von einem zusammenfassenden Darsteller gespielt werden. Aber Werner Krauss tat mehr. Er dichtete die Gestalt weiter. Er spielte ein Volksgenie.[29]

In der Anerkennung der »überwältigenden Leistung« von Werner Krauß waren sich die Kritiker in allen Lagern einig. Als Max Adalbert nach der 100. Aufführung die Rolle von Krauß übernahm, modifizierte

---

28 Diese Aspekte wurden in einem SZ-Streitgespräch mit vier Münchner Theaterexperten über die Zukunft des ›Münchner Volkstheaters‹ zur Sprache gebracht (*Süddeutsche Zeitung* [München] vom 6. März 1999).

29 Herbert Ihering, *Von Reinhardt bis Brecht. Vier Jahrzehnte Theater und Film*, 3 Bde., Berlin 1961, hier: Bd. 3, S. 143.

Ihering seinen Standpunkt: »Man hat Adalbert seit Jahren nicht so gesammelt gesehen. Er spielte die Rolle, nicht sich.«[30] Ihering glaubt zwar nach wie vor, daß in der Uraufführung im Falle einer Besetzung der Rolle die »Durchschlagskraft nicht so stark gewesen wäre wie mit Werner Krauss«, fügt aber hinzu: »Wenn ich aber von Adalbert selbst ausgehe, so ist seine bescheidene, ehrliche, saubere, echte Leistung handwerklich vortrefflich.«[31] Daß Adalbert ein »Souverän seiner Kunst« war, hatte ihm Ihering 1925 nach der Premiere des Musikalischen Schwanks *Monsieur Trulala* von Baruch im Deutschen Künstlertheater bestätigt;[32] später sah er ihn »durch unmögliche Possen und unmögliche Gastspielreisen heruntergekommen.«[33] Auch Zuckmayer hatte anfangs gegen Adalbert erhebliche Vorbehalte: »Adalbert kapierte einfach das Stück nicht!«[34]

Max Adalbert, der Berliner aus Danzig, hatte am 20. November 1908 unter Viktor Barnowsky im Kleinen Theater in Berlin in der Uraufführung von Ludwig Thomas *Moral* die Rolle des Dr. Hauser gespielt und war in den folgenden Jahren wechselnd an mehreren Berliner Bühnen engagiert;[35] seine Rollen lagen meist im Bereich »festgelegter Typenkomik«; Filmerfahrungen sammelte er bereits im Stummfilm. Alfred Kerr kommentierte die Umbesetzung im *Hauptmann von Köpenick*, ohne Krauß gegen Adalbert auszuspielen: »Freut euch, daß wir zwei solche Kerle haben.«[36] Und verglich beide:

Adalbert hinterläßt nichts von Festumrissenem. Nichts von einer volkstümlich denkwürdigen Bildsäule. Sondern aus ihm schießen (trotz ebenfalls bewahrtem Gleichmut) ... aus ihm schießen, schwirren, flitzen, fast

---

30 Ebd., S. 162 f.

31 Ebd., S. 163.

32 Ebd., Bd. 2, S. 128.

33 Ebd., Bd. 3, S. 163.

34 Brief Zuckmayers an Albrecht Joseph vom 5. Februar 1931, in: Nikkel/Weiß, *Carl Zuckmayer*, a.a.O. (Anm. 13), S. 194.

35 Max Adalbert (geb. am 19. Dezember 1874 in Danzig, gest. am 7. September 1933 in Berlin). Vgl. die Kurzbiographie in Hans-Michael Bock, *CineGraph. Lexikon zum deutschsprachigen Film.* Loseblatt-Ausgabe.

36 Alfred Kerr, *Umbesetzung: Adalbert in Köpenick*, in: *Berliner Tageblatt* vom 2. Juni 1931, wiederabgedruckt in: Günther Rühle (Hrsg.), *Theater für die Republik im Spiegel der Kritik*, überarbeitete Neuaufl, Bd. 2, Frankfurt am Main 1967, S. 1084.

hätt' ich gesagt: leuchten viel näher zu einem betrachtenden Menschenauge, viel wärmer zu einer aufgerissenen Empfindung, fern immerhin von Rührsamkeit ...Wollte sagen: schießen und schwirren gewisse wärmere Strömungen zu dem (entschuldigen!) Seelensitz ... von einem die Justizpflege zum Letzten gezwungenen Zaungast des Daseins. Das ist es. Dem Kraußschen Voigt will man beistimmen und etwas zurufen; dem Adalbertschen will man helfen ... Von Herzen helfen –, weil man ihm beistimmt. So liegt der Fall.

Dies prädestinierte ihn für die Filmrolle des Schusters Wilhelm Voigt. Daß er 1930 im satirisch angelegten Militär-Schwank *Drei Tage Mittelarrest* den Bürgermeister (Regie: Carl Boese) und 1931 in einem anderen Militär-Schwank *Die Schlacht von Bademünde* (Regie: Philipp Lothar Mayring) den Gemeindediener Knospe gespielt hatte, stand dem nicht entgegen. Wie später Rühmann, so wuchs auch Adalbert in das ›Charakterfach‹ hinein. Nach der Uraufführung des Films *Der Hauptmann von Köpenick* schrieb Conrad Frigo: »Adalbert zeichnet eine wahre Gestalt, und neuerdings sagt er denen, die ihn Komiker nennen, daß er, weil er größer als Charakterdarsteller ist, ein großer Komiker werden konnte.«[37] Zwanzig Jahre später war die Wirkung Adalberts bei der Wiederaufführung des Films noch immer unvermindert stark.[38]

1.1.2. Heinz Rühmann

Zur Vorgeschichte der Besetzung der Rolle in Helmut Käutners Film gehört die Fama, daß man zunächst nicht an Heinz Rühmann dachte, sondern an Curd Jürgens, auch an Hans Albers, und daß »einer der Herren« gesagt haben soll: »Einem Schauspieler, der kurz vorher *Charleys Tante* gespielt hat, nimmt man den *Hauptmann* nicht ab.« So überliefert es Heinz Rühmann: »Käutner sprach das Machtwort: ›Ich mach's mit Heinz Rühmann oder gar nicht!‹«[39] Die Skrupel sind nachvollziehbar, denn Rühmann mußte nach dem Kriege seinen Marktwert erst wieder zurückgewinnen. Auf dem Theater hatte er sich mit der Rolle des Estragon in Samuel Becketts *Warten auf Godot* (Regie: Fritz Kort-

---

37 Conrad Frigo, *Der Hauptmann von Köpenick*, in: *Reichsfilmblatt* 1931, Nr. 51/52.
38 Friedrich Luft: *Spiel der Vergangenheit*. »*Der Hauptmann von Köpenick*«. *Marmorhaus*, in: *Die Neue Zeitung* (Berliner Blatt) vom 23. August 1950.
39 Heinz Rühmann, *Das war's. Erinnerungen*, 6., ergänzte Auflage, Berlin 1994, S. 183.

ner) in den Münchner Kammerspielen (Premiere: 27. März 1954) als Charakterspieler profiliert[40]. Sein Filmerfolg in *Keine Angst vor großen Tieren* (Premiere: 31. Juli 1953) bestätigte seine Zugkraft als »Kleiner Mann ganz groß«. Wie ein Selbstbekenntnis klingt seine Aussage in *Briefträger Müller* (Premiere: 1. Oktober 1953): »Ich bin lebenslänglich angestellt, ich überdaure jede Regierung, ist das etwa nichts?«. Zusammen mit Oliver Grimm rührte er das Publikum als Zirkusclown in *Wenn der Vater mit dem Sohne* (Premiere: 12. August 1955). Gerade in der Erinnerung an *Charleys Tante* (Premiere: 19. Januar 1956) wurde sein großer, einhelliger Erfolg im *Hauptmann von Köpenick* umsomehr als Wende in seiner schauspielerischen Laufbahn begriffen. Fred Hepp schrieb:

> Nach seinem Hauptmann von Köpenick hat man den großen Jungen, den Augenzwinkernden, tolpatschigen, schüchtern-kühnen Helden aus fünfzig abendfüllenden Lach-Salven-Serien vergessen. Als er in den Kammerspielen auf Godot wartete, ahnte man schon die große Wandlung. Nun haben wir ihn, den Charakterdarsteller von Format, Rühmann als Wilhelm Voigt – das ist die Rolle seines Lebens, und erst jetzt war sie möglich.[41]

Zuckmayer verglich Krauß, Adalbert und Rühmann, der diesen ganz auf ihn ausgerichteten Vergleich in seinen ›Erinnerungen‹ zitiert:

> Der unvergeßliche Volksschauspieler Max Adalbert hatte in der ersten Verfilmung von 1931 der Gestalt des umhergetriebenen Schusters vielleicht die wärmsten, menschlichsten Züge verliehen. Der geniale Werner Krauss in einer seiner stärksten Leistungen auf der Bühne die Gestalt ins Dämonische vorgetrieben. Der große Albert Bassermann hatte das Pech, die Rolle in einer verunglückten Hollywood-Produktion unter so mißlichen Umständen spielen zu müssen, daß er seine herrlichen schauspielerischen Mittel nicht entfalten konnte.
>
> Rühmann, unter Käutners glänzender Regie, gab den preußischen Eulenspiegel im Wilhelm Voigt sein volles Recht und seine tiefere Bedeutung: Lachen und Weinen waren ja immer ganz nah beisammen. Wenn er, nach gelungener »Köpenickiade« auf der Treppe des Rathauses die Soldaten ent-

---

40 Vgl. zu seinem »Come back« das letzte große Interview mit Rühmann und die Dokumentation in *Heinz Rühmann: Kleiner Mann ganz groß*, Regie: Bernhard Springer, produziert für Pro 7 (BRD 1994), als Taurus-Video-Kassette 1275.

41 Fred Hepp, *Das wahrste deutsche Film-Märchen. Der Hauptmann von Köpenick*, in: *Süddeutsche Zeitung* (München) vom 30. August 1956.

läßt: »Für jeden Mann ein Bier und eine Bockwurst« – eine der komischsten Stellen der Handlung – geht eine so fundamentale Traurigkeit von ihm aus, daß man sich der Vergeblichkeit aller Flucht des Menschen vor seinem Schicksal schaudernd bewußt wird.[42]

Rühmann war für das deutsche Publikum eine Identifikationsfigur. »Die betonte Menschlichkeit und der ungebrochene Lebenswille« der von ihm verkörperten Figur des »kleinen Mannes«[43] erlaubte die Projektion vieler Wünsche und Hoffnungen, die sich hier in einem Menschen erfüllten, der »sein Schicksal aktiv in die Hand nimmt«. Detaillierte Vergleiche Adalberts mit Rühmann führten Thomas Koebner u.a. zu der Beobachtung, daß z.B. »Rühmann auch stimmlich über mehr raunzige Schärfe verfügt als Max Adalbert« und daß er »im ganzen burlesker als Adalbert«[44] sei. Generell ist hier die spezifische Semiotik des Schauspielers in Rechnung zu stellen: Die »Konstitution der Rolle als Körpertext«, bleibt, wie Erika Fischer-Lichte dargelegt hat, immer an den Körper des Schauspielers gebunden:

> seine individuelle Physis bemächtigt sich des Textes und bringt ihn sozusagen unter den von ihr gesetzten Bedingungen zugleich als einen fremden und als ihren eigenen ein zweites Male hervor. Der Schauspieler schafft also die Rollenfigur als Sinn des von ihm konstituierten Körpertextes in dieser Hinsicht tatsächlich aufgrund einer ›Semiotisierung des Symbolischen‹.[45]

Aber auch der Zeitstil prägt den »Körpertext«. Thomas Koebners Eindruck, »Adalberts Umriß« wirke im Gegensatz zu Rühmann »authentisch«, und dasselbe gelte auch für das »gesamte Personal« des Films, verweist auf ein wichtiges Bewertungskriterium: Ohne Frage weiß Oswald noch besser als Käutner, »wie die Gesichter, Haltungen und Tonfälle der wilhelminischen Untertanen aussahen oder zu reproduzieren

---

42 Zitat in Heinz Rühmann, *Das war's. Erinnerungen*, a.a.O. (Anm. 39), S. 184.

43 Vgl. zum ›Star-Phänomen Rühmann‹ Helmut Korte/Stephen Lowry (Hrsg.), *Heinz Rühmann. Ein deutscher Filmstar*, Braunschweig 1985 (IMF-Schriften 1), S. 5 sowie die Ausführungen, Presseberichte und Literaturangaben zum Film, ebd., S. 46-50.

44 Thomas Koebner, *Carl Zuckmayers deutsche Filmhelden*, in: *Zuckmayer-Jahrbuch*, Bd. 1, 1998, S. 173-183, hier: S. 179.

45 Erika Fischer-Lichte, *Semiotik des Theaters. Eine Einführung*, Bd. 3, Tübingen 1983, S. 30 f.

waren.«[46] Aus dieser historischen Sicht wird mancher vielleicht der Darstellung Max Adalberts gegenüber der Heinz Rühmanns den Vorzug geben.

1.1.3. Der Emigrant Albert Bassermann

Wilhelm Voigt war zum Zeitpunkt des Köpenicker Coups 57 Jahre alt; Max Adalbert (57) und Heinz Rühmann (54) entsprachen diesem Alter. Als Albert Bassermann die Rolle 1941 in Richard Oswalds Remake[47] übernahm, war er 74, Oskar Homolka, der sie »ursprünglich spielen sollte, aber aufgrund anderer Verpflichtungen absagen mußte«,[48] dagegen erst 42. Bassermann erscheint also für die Rolle ›zu alt‹; ihm fehlt auch die proletarische Komponente im äußeren Erscheinungsbild; er ist betont bürgerlich gekleidet. Gemessen an seinem bekannten Filmrollen-Repertoire repräsentierte er zudem einen anderen Rollentyp: in Richard Oswalds *Dreyfuss* (1930) hatte er den Oberst Picquart, in Richard Oswalds *Die letzten Tage vor dem Weltbrand* (1930) den Reichskanzler von Bethmann Hollweg und in Georg Jacobys *Kadetten* den General von Seddin gespielt;[49] seine erste Rolle in Hollywood war Robert Koch in William Dieterles *Dr. Ehrlich's Magic Bullet* (USA 1939/40). Gleichwohl überzeugt Bassermann als Haftentlassener und gerade als falscher Hauptmann. Zuckmayers Auffassung, Bassermann habe hier seine »herrlichen schauspielerischen Mittel nicht entfalten« können, wird der Leistung Bassermanns nicht gerecht. Er war »ein

---

46 Koebner, *Carl Zuckmayers deutsche Filmhelden*, a.a.O. (Anm. 44), S. 179.

47 Buch: Albright [= Albrecht] Joseph, Ivan Goff; Dialoge: Ivan Goff, Regie: Richard Oswald, Produktion: Producers Releasing Co. (PRS), New York, Produzent: John Hall, Produktionsjahr 1941, Arbeitstitel: *I Was a Criminal* und *The Captain of Köpenick*, lief unter dem Titel *I Was a Criminal* und *Passport to heaven*. Produktionsangaben bei Helga Belach/Wolfgang Jacobsen, *Richard Oswald als Regisseur und Produzent*, München 1990 (Ein CineGraph-Buch), S. 178.

48 Helmut G. Asper, *In der Versenkung verschwunden. »Der Hauptmann von Köpenick« im amerikanischen Exil*, in: filmdienst, Jg. 52, 1999, Nr. 25, S. 38-41, hier: S. 38.

49 Dieser Film wurde zwei Tage vor der Uraufführung von Oswalds *Hauptmann von Köpenick* im Berliner Titania-Palast uraufgeführt. Vgl. hierzu den Artikel von Alexander Lapiner, *Albert Bassermann baut eine Rolle*, in: *Film-Kurier* vom 21. Dezember 1931 (Nr. 298).

Westdeutsches Filmprogramm aus dem Jahr 1956

am Naturalismus geschulter Schauspieler, dessen große Aufgaben zunächst auf dem Gebiete des naturalistischen Dramas lagen (Ibsen, Hauptmann, Tolstoi).«[50]. Von Zuckmayers Gestalten war ihm der alte Knie besonders vertraut, den er bei der Uraufführung am 21. Dezember 1928 im Berliner Lessingtheater gespielt hatte.[51] Er hat sich dagegen gewehrt, zum »Ibsen-Darsteller« und zum »Realisten« abgestempelt zu werden, doch als er aus der Emigration zurückkehrte und sich mit seiner Frau Else wieder dem deutschsprachigen Publikum präsentierte, wählte er 1946 Ibsens *Baumeister Solness* (für Zürich und Wien) und 1949/50 Ibsens *Gespenster* (für eine Tournée durch 50 deutsche Städte). Sein Wilhelm Voigt steht Ibsen näher als Zuckmayer. Allein der Zwang, sich in einer Sprache äußern zu müssen, die nicht seine Muttersprache war, beeinträchtigte die sprachliche Ausdruckskraft, aber das ›rauhe Bassermann-Timbre‹ ist unverkennbar. Basssermann bietet zur Darstellung von Adalbert und Rühmann eine bemerkenswerte Alternative. Eine ›große Film-Karriere‹ war ihm in den USA nicht beschieden,[52] obgleich ihm seine ›Nebenrolle‹ als niederländischer Pazifist und Diplomat van Meer in Hitchcocks *Foreign Correspondent* (USA 1940) eine ›Oscar‹-Nominierung[53] einbrachte. Im Gegensatz zu dem Gesicht Joel McCreas in der ›Hauptrolle‹ des US-Reporters Jonny Jones (alias Huntley Haverstock), prägt sich Bassermanns Gesicht tief ein: als Grandseigneur, als von Angst gezeichnete Geisel und im Lichtkegel der Folter. Auch in *I Was a Criminal* ›spricht‹ sein Gesicht, so z.B. als Wilhelm Voigt (gezeigt in einer Großaufnahme) die Vergeblichkeit seiner Aktion innerlich verarbeitet (TC 0:48:18 ff.): er blickt lächelnd den beiden Soldaten nach, die das Rathauszimmer verlassen, dann seitwärts herauf zum Kaiserbild an der Wand und wendet den Kopf wieder nach vorn; das Lächeln verschwindet, aus stillem Grimm wird Trotz. Bassermann hält seine seelischen Konflikte unter Kontrolle, zum »Lachen« reizt er nicht. Umso eindrucksvoller gestaltet er den selbstbewußten, versteckt

---

50 Hans Knudsen in: *Neue Deutsche Biographie*, Bd. 1, Berlin 1953, S. 622.
51 Zuckmayer berichtet: »Er übernahm mit Begeisterung die Rolle, zumal ich das Stück in der rheinpfälzischen Mundart geschrieben hatte, die auch die seine war« (*Als wär's ein Stück von mir*, a.a.O. [Anm. 6], S. 505).
52 Die Filme sind verzeichnet in Hans-Michael Bock, *Cinegraph. Lexikon des deutschsprachigen Films*, München, Loseblatt-Ausgabe.
53 *Certificate of Nomination for Award* im Bassermann-Nachlaß (Sammlung Walter Unruh im Institut für Theaterwissenschaft der Freien Universität Berlin).

aufmüpfigen Gehorsam gegenüber dem Gefängnisaufseher und das beflissene Einstudieren der Felddienstordnung (TC 0:11:04-9:13:23); seine visuelle Präsenz ist stärker als die Situationskomik der Instruktionsstunde in den Filmen von 1931 und 1956.

2. Der historisch-politische Kontext

Bei der Nähe der Verfilmung von Zuckmayers *Hauptmann von Köpenick* schon kurz nach dessen Uraufführung liegt es nahe, an die primär geschäftlichen Interessen als Motiv für diese Verfilmung zu denken. Herbert Ihering schrieb nach der Uraufführung des Stückes: »Im Parkett dieser Premiere eine Unzahl Filmleute, von Erich Pommer bis Dupont,[54] Zelnik und Zickel. Alle auf der Jagd nach Tonfilmthemen. Alle beobachtend, wie das Publikum und worauf es reagiert.«[55] Der Stoff war im Jahre 1906 aus aktuellem Anlaß dreimal verfilmt worden, danach 1926 in der Regie von Friedrich Dessauer. Am Tage nach der Premiere des Oswald-Films las man im redaktionellen Teil des *Film-Kuriers*: »Die Fachleute aus der Branche sind in bester Stimmung. ›Wieder einmal eine große Sache. Schon der alte, stumme Film war ja ein Geschäft. Diesmal heißt es wieder zugreifen‹. Das ist die Parole.«[56] Doch Albrecht Joseph, Zuckmayers Mitarbeiter am Stück und am Drehbuch, berichtet: »Zu unserer Überraschung blieben die erwarteten Gebote auf die Filmrechte zunächst einmal aus. Zuckmayer klopfte bei der Ufa auf den Busch [...], aber hier hielt man sich bedeckt und machte keinen Hehl daraus, daß man politische Bedenken hatte«[57]. In Wirklichkeit besaß die »Terra« auf Grund eines Vertrages, den Zuckmayer nur für einen Vorvertrag gehalten hatte,[58] die Filmrechte bereits seit dem Sommer 1930. Im Juni 1931 wurde die »Terra« jedoch zahlungsunfähig,[59] so daß die Schweizer Scotonigruppe, die 80 % des Aktienpakets

---

54 Über E.A. Duponts Interesse am »Köpenick-Film« berichtet Albrecht Joseph, *Porträts I. Carl Zuckmayer – Bruno Frank*, hrsg. und übersetzt von Rüdiger Völckers, Aachen 1993, S. 140 f.
55 Herbert Ihering, *Von Reinhardt bis Brecht*, a.a.O. (Anm. 29), Bd. 3, S. 141.
56 *Film-Kurier* vom 23. Dezember 1931, Nr. 300.
57 Joseph, *Porträts I.*, a.a.O. (Anm. 54), S. 136.
58 *Memorandum*, a.a.O. (Anm. 13), S. 7. Das Stück war zu diesem Zeitpunkt noch nicht vollendet.
59 *Film-Kurier* vom 23. Juni 1931, Nr. 144: *Terra. 5 Hauptgläubiger – 1,7 Millionen Passiven.*

hielt, sich zu einem Vergleich mit den Gläubigern und zu einem Neuaufbau der Produktionsfirma entschloß.[60] In diesem Zusammenhang veräußerte die »Terra« die Filmrechte an die Südfilm A.G., die mit Oswald kooperierte.[61] Rückblickend hob Oswald gegenüber Zuckmayer den politischen Aspekt hervor:

> Sie wissen, wie schnell sich die Lage seit Ihrem Terra-Drehbuch-Vertrag änderte. Niemand wollte den Hauptmann-Film anrühren, da die Terra schon sehr weit rechts lag. Ihnen ist bekannt, wie ich allein den Mut gehabt habe, entgegen der allgemeinen Nazianschauung, dem der Film absolut widersprach. Er wäre vielleicht später einmal gedreht worden, bestimmt aber nicht 1931.[62]

2.1. Der Kontext im Jahre 1931

Zuckmayer schreibt 1966: »Das Stück wurde, von Freund und Feind, als das Politikum begriffen, als das es gemeint war.« Er fügt allerdings hinzu: »Wenn man das Lachen und die Zustimmung des Publikums in den immer ausverkauften Häusern hörte, konnte man fast vergessen,

---

60 Vgl. hierzu *Deutsche Film-Zeitung* (München) vom 26. Juli, 5. Juli und 23. Oktober 1931.

61 Mitteilung im *Film-Kurier* vom 6. August 1931, Nr. 184: »Die Südfilm A.-G. hat die Rechte des Carl Zuckmayerschen ›Hauptmann von Köpenick‹ von der Terra erworben und wird den Film unter der Regie Richard Oswalds als Spitzenfilm ihrer neuen Produktion herausbringen.« Produziert wurde der Film jedoch von der Roto G.P.-Film (Signet der Richard Oswald Produktion G.m.b.H.); denkbar ist ein ›Ringtausch‹, denn Oswalds Filme wurden »vorweg durch Verkauf an Verleihe finanziell abgesichert, teilweise von der Südfilm (Emelka)« (Hans-Michael Bock in: Belach/Jacobsen, *Richard Oswald als Regisseur und Produzent*, a.a.O. [Anm. 47], S. 129). Am Tag vor der Uraufführung weist die »Terra« (*Film-Kurier* vom 22. Dezember 1931, Nr. 299) jedoch auf ihre Rechte am »Weltvertrieb« des Films hin. Oswald behauptet am 8. April 1940 in einem *Statement* (Deutsches Literaturarchiv [im folgenden: DLA], Nachlaß Carl Zuckmayer, Akz.-Nr. 86.1771/1), der »Terra« 225.000 RM (davon 120.000 RM an Zuckmayer) gezahlt zu haben, Zuckmayer dagegen erklärt im Brief an Oswald vom 14. Februar 1958 (DLA, Nachlaß Carl Zuckmayer, Akz.-Nr. 86.1764/2): »Ich selbst [...] hatte ausser jener laecherlich geringen Summe, die mir die ›Terra‹ bezahlt hatte, nie irgendetwas von den Filmrechten.«

62 Brief vom 26. Dezember 1957 (DLA, Nachlaß Carl Zuckmayer, Akz.-Nr. 86.1771/7).

was draußen auf der Straße vorging und was sich im Reich zusammenbraute.«[63] War es wirklich als »Politikum« gemeint? Die Ansichten darüber gehen auseinander. Paul Rilla glaubte im Stück sogar die »erschütternde Ahnungslosigkeit des Autors über den Stand der politischen Dinge« zu erkennen.[64] Von der politischen Situation, in der das Stück so große Wirkung erzielte, kann man in keinem Fall absehen.

Im September 1930 war in Deutschland ein erbitterter Wahlkampf geführt worden, der am 14. September 1930 mit einem Wahlsieg der NSDAP endete: die Zahl ihrer Abgeordneten im Reichstag stieg von 12 auf 107. In Bremen und Braunschweig waren bereits nationalsozialistische Regierungen an der Macht; bei den Landtagswahlen in Hessen am 15. November 1931 wurde die NSDAP stärkste Partei. Die Nationalsozialisten bekämpften die parlamentarisch von der SPD tolerierte Präsidialregierung des Reichskanzlers Heinrich Brüning, die der Wirtschaftskrise auf der Grundlage des Notverordnungsrechts (Artikel 48 der Weimarer Verfassung) Herr zu werden versuchte. In dieser Zeit der ökonomischen und politischen Krise fielen die Auseinandersetzungen um die von Hitler abgelehnte Verlängerung der Amtszeit des Reichspräsidenten von Hindenburg.

Richard Oswald bemühte sich in öffentlichen Stellungnahmen von Anfang an um politische Neutralität. Auf einer Regiesitzung legte er Anfang November 1931

> die Richtlinien dar, nach denen dieser Bildstreifen gedreht werden solle. Es dürfe nach seiner Ansicht kein Film gegen links oder rechts sein, kein Werk gegen Militarismus oder Beamtentum, sondern müsse eine sachliche Reportage sein, die das Schicksal eines heimatlosen Menschen zeigen solle. Einen Menschen, der vorbestraft ist, seinen Paß verliert und keinen neuen erhält, *weil* er vorbestraft ist.[65]

Diese Äußerungen erscheinen angesichts der massiven Störungen bei der Uraufführung der amerikanischen Remarque-Verfilmung *Im Westen nichts Neues* am 4. Dezember 1930 durch NS-Störkommandos, die zum

---

63 Zuckmayer, *Als wär's ein Stück von mir*, a.a.O. (Anm. 6), S. 519.
64 Rilla, *Literatur*, a.a.O. (Anm. 5), S. 10.
65 *Der ›Hauptmann von Köpenick‹. Regiesitzung bei Richard Oswald*, in: *8-Uhr-Abendblatt* (Berlin) vom 10. November 1931. Hier erklärte Oswald auch, er habe »sich absichtlich die Hilpertsche Inszenierung im Deutschen Theater nicht angesehen, um ganz unvoreingenommen und unbeeinflußt an sein Werk gehen zu können.«

zeitweiligen Verbot des Filmes und zur sog. »Lex Remarque« führte, aber auch der allgemeinen politischen Situation im Jahre 1931 als eine Vorsichtsmaßnahme.

2.1.1. Richard Oswald

Richard Oswald war seit 1911 als Schauspieler, dann als Regisseur, zeitweise als Produzent und Kinobesitzer mit wechselndem Erfolg im Filmgeschäft.[66] Er hatte ein Gespür für die richtigen Stoffe; Zuckmayer charakterisierte ihn 1931 wenig schmeichelhaft: Er »hat zwar im Grunde keine Ahnung, sondern nur Routine, aber eine ungeheure Begeisterungsfähigkeit.«[67] Oswalds Filme *Anders als die anderen* (1919) und *Dreyfuss* (1930) waren politisch brisant. Mehrfach geriet er mit der Zensur in Konflikt. So war schon 1914 sein Film *Das Eiserne Kreuz* der Zensur zum Opfer gefallen. Am 20. April 1931 aber bescheinigte die Film-Oberprüfstelle seinem Film *1914. Die letzten Tage vor dem Weltbrand*, der am 23. Dezember 1930 verboten und am 9. Januar 1931 nach erfolgter Umarbeitung zugelassen worden war, daß er nichts enthalte, »was als Eingeständnis deutscher Mitschuld am Kriege oder gar im Sinne einer Aufrechterhaltung der Kriegsschuldlüge wirken könnte.«[68] Nach der Machtübernahme Hitlers widerrief die Film-Oberprüfstelle am 15. Mai 1933 die am 13. Januar 1933 ausgesprochene Zulassung seines Films *Ganovenehre*.[69] Die Nationalsozialisten waren Oswald als assimiliertem Juden von Anfang an nicht wohlgesonnen. Im *Angriff* leitet Peter Hagen seine Rezension des Films des *Hauptmann von Köpenick* mit hämischen Worten ein: »Richard Oswald ist ein gerissener

---

66 Siehe hierzu die Biographie Richard Oswalds von Hans-Michael Bock in: Belach/Jacobsen, *Richard Oswald als Regisseur und Produzent*, a.a.O. (Anm. 47), S. 119-132.
67 Brief an Albrecht Joseph vom 15. August 1931 in: Nickel/Weiß, *Carl Zuckmayer*, a.a.O. (Anm. 13), S. 194 f. Auch Joseph, *Porträts I.*, a.a.O. (Anm. 54), S. 142 ff. hatte gegen Oswald erhebliche Vorbehalte.
68 Akte der Film-Oberprüfstelle Nr. 2086 (Deutsches Institut für Filmkunde). Vgl. zum Sachverhalt auch Wolfgang Mühl-Benninghaus in: Belach/Jacobsen, *Richard Oswald als Regisseur und Produzent*, a.a.O. (Anm. 47), S. 107-112.
69 Akte der Film-Oberprüfstelle Nr. 6592 (Deutsches Institut für Filmkunde). Beide Akten durch freundliche Vermittlung von Ursula von Keitz.

Junge.«[70] Oswald erinnerte Zuckmayer 1957 an die Premiere des Filmes:

> Sie erinnern sich gewiss, wie lau der Erfolg bei der Premiere am 23. Dezember 1931 im Mozartsaal war. Ich hatte nicht den Ufa-Palast am Zoo bekommen, nicht Capitol, Gloria, Marmorhaus oder ein anderes Ufa-Uraufführungstheater. Gnadenweise wurde mir der Mozartsaal gegeben. Die Leute wagten nicht zu lachen.[71] Die Kritiken waren mau. Es wurde kein Geschäft.[72]

Im Hinblick auf seine finanziellen Ansprüche an der Käutner-Verfilmung von 1956 kam es Oswald darauf an, nachträglich noch einmal sein geschäftliches Engagement hervorzuheben.[73] Entscheidend war für ihn der »sensationelle künstlerische Erfolg« des Films im Wiener Apollo-Theater am 11. Januar 1932, denn in seiner Rezension hatte Ernst Lothar das Problem von Literaturverfilmungen erörtert und erklärt: »Wenn der Film besser ist, optiere ich für den Film. Dieser ist besser.«[74] Der Film wurde in den USA wohlwollend aufgenommen und erhielt die Auszeichnung als »bester Films des Auslands« in der Saison 1934/35 durch die amerikanische Kritiker-Vereinigung.[75]

---

70 Peter Hagen [= Willi Krause], »*Der Hauptmann von Köpenick*« im Mozartsaal, in: *Der Angriff* (Berlin) vom 23. Dezember 1931. Hagen war ein Vertrauter von Goebbels. Er wurde Anfang Februar 1934 Reichsfilmdramaturg und war von 1935 bis 1940 Leiter der Deutschen Filmgesellschaft. Goebbels ließ ihn später fallen.

71 Die Äußerung steht im krassen Gegensatz zum Premierenbericht von Hans Feld (*Film-Kurier* vom 23. Dezember 1931, Nr. 300).

72 Brief aus Hollywood vom 26. Dezember 1957 (DLA, Nachlaß Carl Zuckmayer, Akz.-Nr. 86.1771/7).

73 Die Walter Koppel Real-Film GmbH mußte 1955 von Oswald die Filmrechte erwerben; vgl. Nickel/Weiß, *Carl Zuckmayer*, a.a.O. (Anm. 13), S. 414. In seinem Brief an Zuckmayer (DLA, Nachlaß Carl Zuckmayer, Akz.-Nr. 86.1771/7) rekapituliert Oswald die Vorgeschichte des »völlig unnötigen, frivolen Prozesses«, der auch zu einer Einigung mit Zuckmayer führte.

74 Vornotizen in der Morgenausgabe der *Neuen Freien Presse* (Wien) vom 12. Januar 1931, die Rezension von Ernst Lothar in der Abendausgabe.

75 Auf die Korrespondentenberichte von der Berliner Uraufführung (*Variety* vom 19. Januar 1932 und *New York Times* vom 3. März 1932) folgten anläßlich der amerikanischen Erstaufführung in *Variety* (24. Januar 1933) eine kurze

2.1.2. Preußen

Goebbels hielt am 11. März 1931 seine Eindrücke von der Aufführung des *Hauptmanns von Köpenick* im Deutschen Theater mit den Worten fest: »Eine Verhöhnung des preußischen ›Amts- und Offizierskalauers‹. Wenn auch in der Karikatur, ich bin auf Seiten der Preußen. Immer! Das Prinzip ist richtig und groß. Werner Krauss! Hervorragender Menschendarsteller. Der größte der Lebenden.«[76] Wie eine Fortsetzung dieses Gedankens lesen sich die weiteren Ausführungen von Peter Hagen: »*Preußentum ist nicht totzukriegen*. Auch wenn sich Herr Zuckmayer darum bemüht.« Doch hebt Hagen nicht Werner Krauß, sondern nur Friedrich Kayssler in der Rolle des Hoprecht hervor, der »den Begriff ›Preußentum‹ im *nationalsozialistischen Sinne* erklärt, daß nämlich die *Gesamtheit über alles* gehe, daß die *eherne Ordnung* des Staates festgefügt für das *Gemeinwohl* zu wachen habe, auch wenn ein *einzelner* dabei – selbst unschuldig – zermalmt würde.« Hagen fügt hinzu:

> Zweifellos waren auch diese Worte Zuckmayers nur *ironisch* und *höhnisch* gemeint, aber der *deutsche* Schauspieler Kayssler gab ihnen den rechten Klang und den rechten Sinn. Ja, die ganze Welt lachte über den Streich des Schusters Voigt, aber *nicht über Preußen*, wie es der jüdische Schmock so gerne möchte.«[77]

1935 spielte Friedrich Kayssler, der lange als Repräsentant des Preußentums im Film angesehen wurde, in Peter Hagens Film *Friesennot* die

---

Rezension mit der Bemerkung »This is the finest German talker to come over in quite some time, despite some obvious faults« und in der *New York Times* (23. Januar 1933) eine ausführliche Würdigung von Mordaunt Hall (Quelle: *Variety Film Reviews 1930-1933*, New York, London 1983 [Zählung nach den Daten] und *The New York Times Film Reviews 1913-1968*, Vol. 2, New York 1970, S. 806 und 900). In den USA wurde die deutsche Fassung auch weiterhin gezeigt. Albrecht Joseph (*Porträts I.*, a.a.O. [Anm. 54], S. 216) schreibt: »in Yorkville lief sie jahrelang [...], sie wurde ein Klassiker und erlebte regelmäßige Wiederholungen in Serien wie ›Große Filme der Vergangenheit‹«. Die Wochenzeitung *Aufbau* (New York) weist auf Aufführungen im 5th Avenue Playhouse (Jg. 7, 1941, Nr. 24, S. 12) und im Hunter College German Club (Jg. 8, 1942, Nr. 16 u. Nr. 17, S. 9) hin (Quelle: Deutsche Bibliothek, Deutsches Exilarchiv).

76 Joseph Goebbels, *Die Tagebücher. Sämtliche Fragmente*, hrsg. von Elke Fröhlich, Teil 1, Bd. 2, München, New York, London, Paris 1987, S. 31 f.

77 Hagen, »*Der Hauptmann von Köpenick*« *im Mozartsaal*, a.a.O. (Anm. 70).

Rolle des mannhaften Wolgadeutschen Jürgen Wagner; 1936 gab er sein (später von ihm bedauertes) Bekenntnis *Wir und der Führer* ab.[78]

Auf der anderen Seite ist an das »republikanische Preußen« zu erinnern, das von 1920 bis 1932 mit zwei kurzen Unterbrechungen unter dem sozialdemokratischen Ministerpräsidenten Otto Braun von einer Koalition aus Sozialdemokraten, Linksliberalen und Zentrumskatholiken regiert wurde. Bekämpft von Nationalisten und Nationalsozialisten, war Preußen damals ein Hort relativer politischer Stabilität. Doch am 20. Juli 1932 ließ der an die Macht gelangte Reichskanzler Franz von Papen auf Grund einer Notverordnung des wiedergewählten Reichspräsidenten von Hindenburg die preußische Regierung absetzen und übernahm als Reichskommissar die Macht in Preußen.[79] Der gleiche Mann, der diese Eigenstaatlichkeit Preußens handstreichartig beseitigte, ebnete 1933 durch seinen Einfluß auf Hindenburg Hitler den Weg zur Macht; am 11. April 1933 wurde Hermann Göring preußischer Ministerpräsident und zugleich preußischer Innenminister.

Sebastian Haffner forderte in seinem Buch *Preußen ohne Legende* die Rückkehr zu einer unbefangenen Sicht auf die geschichtliche Rolle Preußens: Die »goldene Preußenlegende, derzufolge Deutschlands Einigung immer schon Preußens Sendung war«, und die »schwarze Preußenlegende, die in Preußen nichts als räuberischen Militarismus sehen wollte und in Friedrich II. und Bismarck heute noch Vorläufer Hitlers

---

78 Vgl. Klaus Kanzog, ›*Staatspolitisch besonders wertvoll*‹. *Ein Handbuch zu 30 deutschen Spielfilmen des Jahre 1934 bis 1945*, München 1994 (diskurs film 6), S. 39.

79 An diese Kapitulation der sozialdemokratischen Preußenregierung »vor einem (diesmal echten, aber keineswegs gesetzlich befugten) Reichswehrleutnant« erinnert Wolfgang Harich in seiner Theaterkritik der Berliner Aufführung des *Hauptmann von Köpenick* vom 2. September 1947 (*Die absonderliche Lust am Strammstehen*, in: *Tägliche Rundschau* [Berlin] vom 4. September 1947) mit der Bemerkung: »Die klassische Moritat vom deutschen Untertanengeist hätte in dem verhängnisvollen Jahr [1932] eher das Gruseln als das Lachen lehren sollen.« Vgl. zu den genauen Vorgängen und zur Funktion der »militärischen Wache unter der Führung eines Leutnants« Rudolf Morsey, *Zur Geschichte des ›Preußenschlags‹ am 20. Juli 1932. Dokumentation*, in: *Vierteljahreshefte für Zeitgeschichte*, Jg. 9, 1961, S. 430-439.

sehen will. Beide sind Propaganda von einst.«[80] Es ist nicht leicht, Propaganda und geschichtliche Realität auseinanderzuhalten.

2.2. Der Kontext im Jahr 1956

Helmut Käutners Film steht in einem neuen Kontext. Am 7. Juli 1956, fünf Wochen vor der Uraufführung des *Hauptmann von Köpenick* in Köln, wurde in der Bundesrepublik die allgemeine Wehrpflicht wieder eingeführt; zwanzig Jahre zuvor hatte das »Gesetz über den Aufbau der Wehrmacht« vom 16. März 1935 die Wiederaufrüstung und die Vorbereitung des Krieges ermöglicht. Die erneute Einführung der allgemeinen Wehrpflicht war vom Deutschen Bundestag durch zwei »Wehrergänzungen« des Grundgesetzes vom 26. April 1954 und vom 6. März 1956 legalisiert worden. Eine solche Nationalarmee war weder im Sinne Winston Churchills, der die Wiederaufrüstung Westdeutschlands im westeuropäischen Rahmen bereits antizipiert hatte, noch Konrad Adenauers, der sich im September 1950 für eine Europäische Verteidigungsgemeinschaft stark gemacht und die 12 Außenminister der NATO in einem dem Bundeskabinett und dem Bundestag vorenthaltenen »Sicherheitspolitischen Memorandum«[81] von der »Sicherung des Bundesgebietes nach außen und innen« überzeugt hatte; der Versuch der Sowjetunion, die Berliner Westsektoren in der Zeit vom 24. Juni bis zum 12. Mai 1949 unter ihre Kontrolle zu bringen, die militärische Ausbildung von 70.000 Volkspolizisten in der DDR und der Ausbruch des Koreakrieges 1950 waren als Bedrohung allgegenwärtig. Doch wurde der 1952 ausgehandelte und von den Gaullisten angefochtene Vertrag zur Europäischen Verteidigungsgemeinschaft am 30. August 1954 von der französischen Nationalversammlung nicht ratifiziert. Es gelang danach dem französischen Ministerpräsidenten Mendès-France, bereits am 30. Dezember 1954 neue Verträge durch die Nationalversammlung zu bringen. Diese Verträge traten am 5. Mai 1955 in Kraft. Sie bewirkten die Aufhebung des Besatzungsstaats, den Beitritt der Bundesrepublik zur Westeuropäischen Union (7. Mai) und zur NATO (9. Mai) sowie eine deutsche Nationalarmee (12 Divisionen als integrierte Kon-

---

80 Sebastian Haffner, *Preußen ohne Legende. Ein Stern-Buch*, Bildteil von Ulrich Weyland, 2. Auflage Hamburg 1979, S. 21.

81 Text in Klaus von Schubert (Hrsg.), *Sicherheitspolitik der Bundesrepublik Deutschland. Dokumentation 1945-1977*, Bd. 1, Köln 1977 (Schriftenreihe der Bundeszentrale für politische Bildung 116), S. 79-83.

tingente innerhalb der NATO).⁸² Gegen diese Wiederbewaffnung und Aufrüstung erhob sich in der Bundesrepublik eine starke Opposition: in der SPD, bei den Gewerkschaften und in Kreisen der evangelischen Kirche, und unter den Kriegsteilnehmern, besonders der jüngeren Generation, wuchs die »Ohne-mich«-Bewegung. Mit seinem Ausscheiden aus dem Kabinett Adenauers am 10. Oktober 1950 setzte der Bundesinnenminister Gustav Heinemann, zugleich Präses der Evangelischen Kirche Deutschlands, ein Zeichen für politisches Handeln aus christlicher Verantwortung.⁸³

In dieser Situation mußte die Bewußtseinsbildung für die Notwendigkeit von nationalen Streitkräften auf zwei Argumentationslinien erfolgen: (1) der kritischen Reflexion der Wehrmachtsvergangenheit, (2) der Propagierung des von Wolf Graf von Baudissin entwickelten Leitbildes: Unter dem »Staatsbürger in Uniform« verstand er »denjenigen Soldaten, der sich der Gemeinschaft verpflichtet fühlt und seine Abhängigkeit von der Gemeinschaft und auch die Gleichartigkeit der Interessen erkannt hat.«⁸⁴ An anderer Stelle erklärte er: »Der Soldat als ein Mensch mit Gewissen und Verantwortung kann heute nur noch in der Demokratie existieren.« Schon seit 1949 war der spätere erste Verteidigungsminister Theodor Blank als »Beauftragter des Bundes für Fragen der alliierten Besatzungstruppe und für Sicherheitsfragen« tätig. Adenauers militärischer Berater General a.D. Hans Speidel entwickelte ein Konzept für die Aufstellung deutscher Truppenkontingente, das in der nach dem Konferenzort benannten »Himmeroder Denkschrift« vom 9. Oktober 1950⁸⁵ seinen Niederschlag fand. Gegenüber Speidel und General

---

82 Vgl. hierzu Hans-Peter Schwarz, *Die Ära Adenauer. Gründerjahre der Bundesrepublik 1949-1957*, Stuttgart, Wiesbaden 1981 (Geschichte der Bundesrepublik 2), S. 287-302 und Klaus A. Maier/Bruno Thoss (Hrsg.), *Westintegration, Sicherheit und deutsche Frage. Quellen zur Außenpolitik in der Ära Adenauer 1949-1963*, Darmstadt 1994 (Ausgewählte Quellen zur Geschichte der Neuzeit 42).

83 Vgl. hierzu Diether Koch, *Heinemann und die Deutschlandfrage*, München 1972, S. 142-223: *Das Problem westdeutscher Aufrüstung im Herbst 1950*, zum Rücktritt Heinemanns, S. 168-177.

84 Wolf Graf von Baudissin, *Soldaten für den Frieden. Entwürfe für eine zeitgemäße Bundeswehr*, hrsg. und eingeleitet von Peter von Schubert, München 1969, S. 231 f. u. 208.

85 Text bei Schubert, *Sicherheitspolitik der Bundesrepublik Deutschland*, a.a.O. (Anm. 81), S. 91-95.

a.D. Adolf Heusinger gab General Eisenhower dann am 22. Januar 1951 mündlich jene hier geforderte, von Gert Whitman aufgesetzte, aber nicht veröffentlichte »Ehrenerklärung« zur Rehabilitierung der deutschen Soldaten ab, die mit den Sätzen schließt: »Der deutsche Soldat hat für seine Heimat tapfer und anständig gekämpft. Wir wollen alle für die Erhaltung des Friedens und für die Menschenwürde in Europa, das uns allen ja die Kultur geschenkt hat, gemeinsam eintreten.«[86] Wolf Graf von Baudissin, im Referat »Inneres Gefüge« der Dienststelle Blank tätig, gründete sein Konzept des »Bürgers in Uniform« auf die Idee des preußischen Generals und Heeresreformers Gerhard Johann David von Scharnhorst, »Armee und Nation zu vereinen«, und knüpfte damit an eine progressive preußische Tradition an. Aber er erklärte zugleich: »Tradition gibt keine Rezepte für die Zukunft. Sie fordert vielmehr heraus zur persönlichen und zur gemeinsamen Entscheidung darüber, welche der tradierten Haltungen als die gemäße empfunden, aufgenommen und weitergeführt wird.«[87]

2.2.1. Filmpolitik in der Bundesrepublik der fünfziger Jahre

Nun fiel dem Film in der Bundesrepublik, wie schon einmal dem deutschen Film Mitte der dreißiger Jahre,[88] die Aufgabe zu, die Notwendigkeit der Allgemeinen Wehrpflicht einsichtig zu machen und die Bereitschaft zum Wehrdienst emotional zu stützen. Dies war nur in Abgrenzung von jenen Führungskräften in der deutschen Wehrmacht möglich, die sich Hitler bis zuletzt bedingungslos untergeordnet hatten. So führte der Film *Canaris* (1954) den Leiter des deutschen Abwehrdienstes Wilhelm Canaris (O.E. Hasse) als Repräsentanten des »anderen Deutschland« vor; er erhielt das Prädikat »besonders wertvoll« und wurde 1955 mit dem Bundesfilmpreis für das beste Drehbuch (Herbert Reinecker), die beste Regie (Alfred Weidenmann) und die beste Nebenrolle (Martin Held in der Rolle des SS-Obergruppenführers Heydrich)

---

86 Der vollständige Text in: Hans Speidel, *Aus unserer Zeit. Erinnerungen*, Stuttgart, Hamburg, München 1977, S. 285 f.
87 Baudissin, *Soldaten für den Frieden*, a.a.O. (Anm. 84), S. 210.
88 Vgl. hierzu Klaus Kanzog, »*Staatspolitisch besonders wertvoll*« (siehe Anm. 78), S. 66-73. und 101-110, und Ulrich von der Osten, *NS-Filme im Kontext sehen! »Staatspolitisch besonders wertvolle« Filme der Jahre 1934-1938*, München 1998 (diskurs film Bibliothek 13), S. 57-59 (*Gesetz über den Aufbau der Wehrmacht*) und 111-122 (*Der höhere Befehl*).

ausgezeichnet. 1951 hatte Henry Hathaways Film *The Desert Fox*, der am 28. August 1952 unter dem Titel *Rommel, der Wüstenfuchs* auch in die deutschen Kinos kam,[89] Generalfeldmarschall Erwin Rommel (James Mason) als »tapferen und anständigen« Soldaten im Sinne der Ehrenerklärung Eisenhowers rehabilitiert. Helmut Käutners Verfilmung von Zuckmayers *Des Teufels General* (1954) trug die Kontroversen über das Stück in eine breitere Öffentlichkeit; der älteren Generation war da noch der 1941 zum Selbstmord getriebene Fliegergeneral Ernst Udet in Erinnerung, der Zuckmayer zu diesem Stück veranlaßt hatte. 1955 riefen G.W. Pabst in *Es geschah am 20. Juli* und Falk Harnack in *Der 20. Juli* den deutschen militärischen Widerstand und das Attentat vom 20. Juli 1944 in Erinnerung. 1956, im Jahr der Uraufführung des *Hauptmann von Köpenick*, würdigte Alfred Weidenmann im *Stern von Afrika* den »unbesiegten« Fliegerhauptmann Hans-Joachim Marseille (Joachim Hansen) als vorbildlichen Offizier.

Käutners *Der Hauptmann von Köpenick*[90] erhielt 1956 den Preis der Deutschen Filmkritik, 1957 fünf Filmbänder in Gold, für den besten Film, das beste Drehbuch (Carl Zuckmayer und Helmut Käutner), den besten Darsteller (Heinz Rühmann), die besten Bauten (Herbert Kirchhoff und Albrecht Becker) und den besten Film des »demokratischen Gedankens«.[91] Darüber hinaus wurde der Film mit einem Bambi und Heinz Rühmann bei den Internationalen Filmfestspielen in San Francisco mit dem »Golden Gate« als »best actor« ausgezeichnet. Er war ein großer Exporterfolg und zugleich ein willkommener Beitrag zur Diskussion über die Wiedereinführung der Wehrpflicht. Er blieb jedoch in historischer Distanz, so daß er auch für die DDR akzeptabel war. Auffällig ist die Neutralisierung der satirischen Elemente zugunsten einer ironischen Betrachtungsweise. Doch ließ er, wie der Film von 1931, die im Stück formulierte Botschaft unangetastet: »Aber se

---

89 Gerd Oswald, der schon in Filmen seines Vaters Richard Oswald als Regieassistent gearbeitet hatte, war auch in diesem Film Regieassistent.
90 Als Einführung in diesen Film sei hier der Beitrag *Der Hauptmann von Köpenick (1956)* von Irmela Schneider in: Werner Faulstich/Helmut Korte, *Fischer Filmgeschichte*. Bd. 3, Frankfurt am Main 1990, S. 271-298 empfohlen.
91 Die abschließende Begründung für die Vergabe des Prädikats »Besonders wertvoll« durch die Filmbewertungsstelle der Länder der Bundesrepublik vom 11. Juli 1956 lautet dagegen nur: »Der Mensch in seiner Tragik und in seiner Komik, in die er als Glied der Gesellschaft geraten kann, findet eine gültige Darstellung.« (DLA, Nachlaß Carl Zuckmayer, Akz.-Nr. 86.1772/5).

Filmplakat aus dem Jahr 1956

sollen mir mal drin leben lassen, in de Heimat!! Denn könnt ick auch sterben für, wenns sein muß« (S. 134). Sie ist mit der Erklärung Wolf Graf von Baudissin durchaus in Einklang zu bringen: »In der Erziehung soll der Soldat erleben, daß Menschenwürde und persönliche Freiheit geachtet werden, weil diese Werte nur dann für ihn verteidigenswert sein können.«[92]

2.2.2. Der potentielle Antisemitismus

Wie ein historisch-politischer Kontext das Verständnis einer Sache blockieren kann, zeigt die Reaktion auf die Figur Krakauer im Kleiderladen in der Grenadierstraße III 15. In der Bühnenanweisung ist sie als »sagenhafte Ghettogestalt« (S. 137) charakterisiert. Dieser Krakauer kann mit jenem Juden (»mit rotem Vollbart« und »einem schwarzen Velourshut auf«) in Döblins Roman *Berlin Alexanderplatz*[93] verglichen werden, der sich in der Sophienstraße neben den aus dem Gefängnis entlassenen und noch verwirrten Franz Biberkopf stellt, ihn in die Wohnung eines anderen Juden mitnimmt und ihm dort die »Belehrung durch das Beispiel des Zannowich« erteilt. Der Kleiderladen in Zuckmayers *Hauptmann von Köpenick* gehört ebenso wie das Judenviertel in Döblins Roman zur Realität der dargestellten Welt. Eine antisemitische Haltung darf man Zuckmayer nicht unterstellen. Voigt erklärt dem Oberwachtmeister auf dem Potsdamer Polizeibüro, nach dem Schuhfabrikanten Wonkrowitz befragt: »Bei dem Juden, da war'ck neemlich jut unter« (S. 20). Aber schon bei der Uraufführung des Films reagierte Peter Hagen, aus dessen Sicht in der Ladenszene »zwei *fiese Kleiderjuden* auftauchen«, mit antisemitischem Wohlbehagen: »Diese Szene ist durchaus dazu geeignet, die Vertreter der *hebräischen Rasse* in Deutschland *nicht beliebter* zu machen. Und das wäre ja nach Ansicht der Journaille bereits eine ›Hetze‹. Die uns allerdings nur recht sein kann.«[94] Judenverfolgung und Holocaust in der Zeit des Nationalsozialismus haben die Perspektive zwangsläufig verändert: nachgeborene Generationen können nur schwer nachvollziehen, daß Witze über jüdische Mitbürger zur kaiserlichen Zeit nicht per se antisemitisch waren. In seinem Beitrag *Die Judenfrage* für das Programmheft der Städtischen

---

92 Baudissin, *Soldaten für den Frieden*, a.a.O. (Anm. 84), S. 231.
93 Alfred Döblin, *Berlin Alexanderplatz. Die Geschichte von Franz Biberkopf*, Berlin 1929, S. 15 und 19-26.
94 Hagen, »*Der Hauptmann von Köpenick*« im Mozartsaal, a.a.O. (Anm. 70).

Bühnen Frankfurt am Main⁹⁵ äußerte sich Zuckmayer über die nach dem Holocaust bestehende »Kollektiv-Scham«: »Der geht man nicht aus dem Wege, und das Geschehene schafft man nicht aus der Welt, indem man aus einem Gesamtbild des früheren Deutschland, denn etwas ähnliches versuchte mein ›Deutsches Märchen‹, die Juden wegläßt, und so tut, als wären sie garnicht dagewesen.« Er war dann aber doch damit einverstanden, daß Krakauer im Film von 1956 (TC 0:59:48) zu einem Böhmen aus Leitmeritz wurde, der allerdings nun beim Publikum Assoziationen an einen »Sudetendeutschen« und im weiteren an die Heimatvertriebenen nach dem Zweiten Weltkrieg auslösen konnte.

2.3. Der Kontext im Jahre 1941

Der Schluß in Hitchcocks *Foreign Correspondent* (Uraufführung: 16. August 1940) signalisiert eine neue politische Orientierung im amerikanischen Film: während eines nächtlichen Luftangriffs deutscher Flugzeuge auf London wendet sich der US-Reporter Jonny Jones in einer Live-Rundfunkreportage mit einem erregten Aufruf zur Kampfbereitschaft an seine Landsleute: »Hallo Amerika! Laß deine Lichter brennen! Es sind jetzt die einzigen Lichter in der Welt.« So paßte der *Hauptmann von Köpenick*, für den die »Columbia« Richard Oswald 1939 ein Regiehonorar von 30.000 Dollar anbot,⁹⁶ in das Konzept der ›Anti-Nazi-Filme‹. Der dann zwei Jahre später⁹⁷ von Oswald unter widrigen Pro-

---

95 Spielzeit 1959/60, zitiert nach Hartmut Scheible (Hrsg.), *Carl Zuckmayer ›Der Hauptmann von Köpenick‹. Erläuterungen und Dokumente*, Stuttgart 1977, S. 55. Als Rainer Wolffhardt im Fernsehspiel *Der Hauptmann von Köpenick* für den Süddeutschen Rundfunk (ARD 15. Dezember 1960) Voigt die Uniform bei einem Juden kaufen ließ, protestierte Heinz Galinski im Namen der Jüdischen Gemeinde gegen diese Szene (vgl. Nickel/Weiß, *Carl Zuckmayer*, a.a.O. [Anm. 13], S. 415).
96 Nach Aussage Oswalds im Brief an Zuckmayer vom 26. Dezember 1957 (DLA, Nachlaß Carl Zuckmayer, Akz-Nr. 86.1771/14).
97 Nachdem keine Zusammenarbeit mit der »Columbia« zustandegekommen war, scheinen auch andere Filmgesellschaften das Projekt ins Auge gefaßt zu haben. Zuckmayer spricht im Brief an Oswald vom 14. Februar 1958 vom »intensivsten Interesse der amerikanischen Filmproduktion und vieler großer Schauspieler« und weist Oswald die Schuld für das Scheitern der Projekte zu: »da Sie sich als Regisseur einschalten wollten, obwohl sie genau wußten, daß die großen Hollywoodfirmen wie MGM, Paramount, Fox usw. das ablehnten« (DLA, Nachlaß Carl Zuckmayer, Akz.-Nr. 86.1764/2).

duktionsumständen gedrehte Film *I Was a Criminal* war aber in erster Linie ein ›Exil-Film‹. In ihm »setzten sich die bei diesem Film mitwirkenden Exilanten, vor allem Albert Bassermann in der Hauptrolle, kritisch mit der deutschen Vergangenheit und der deutschen Mentalität auseinander, wobei sie ihre persönlichen Exil-Erfahrungen in den Film einbrachten.«[98] Jan-Christopher Horak bezeichnet ihn als den »vielleicht deutschesten aller Exilfilme« und weist darauf hin, daß die »preußische Mentalität des autoritären Militarismus und bürokratischen Gehorsams« den Amerikanern im Vorkriegsjahr 1941 »völlig fremd« war.[99] In der Eingangssequenz, einer Abfolge von Aufnahmen marschierender Soldaten (TC 0:010-TC 0:02:28), macht ein Off-Sprecher die Zuschauer deshalb mit dem Stoff vertraut und beendet seine Ausführungen mit den Worten: »This story is not a legend. It really happened. Wilhelm Volck [!] really lived, the Kaiser really screamed, and many uniforms were really fooled. There is no need to bring an anology of identity – the comparison is too obvious.« Dennoch erreichte der Film sein Publikum nicht.

Die Schwierigkeiten der Realisation ergaben sich aus den unterschiedlichen Interessen Zuckmayers und Oswalds und lagen juristisch in den von Oswald behaupteten ›Weltrechten‹ an der Verfilmung des *Hauptmann von Köpenick*. Da Oswald jedoch den mit der »Terra« geschlossenen Verkaufsvertrag offenbar nicht vorlegen konnte,[100] verlangte die »Columbia« die Zustimmung Zuckmayers, die dieser verweigerte.[101] Als neue Rechtsgrundlage übersandte der Filmagent Paul Kohner Zuckmayer am 27. April 1940 einen »bill of sale«[102], auf den Zuckmay-

---

98 Asper, *In der Versenkung verschwunden*, a.a.O. (Anm. 48), S. 38.
99 Jan-Christopher Horak, *Exilfilm 1933-1935*, in: Wolfgang Jacobsen/Anton Kaes/Hans Helmut Prinzler (Hrsg.), *Geschichte des deutschen Films*, Stuttgart, Weimar 1993, S. 101-118, hier: S. 116-118.
100 Diesen Schluß läßt Oswalds »Statement« vom 8. April 1940 (a.a.O. [Anm. 61] zu, in dem er die Rechtslage darlegt.
101 Oswald schreibt am 26. Dezember 1957 an Zuckmayer: »*Ein* Wort von Ihnen hätte genügt, daß ich den Film hätte inszenieren können. Die Terra hat mir damals nicht geantwortet, und auf das Bemühen des Agenten Orsatti antworteten *Sie* nicht.« (DLA, Nachlaß Carl Zuckmayer, Akz.-Nr. 86.1771/7).
102 »Transfer and convey the Richard Oswald all their right, title and interest in and to that certain unpublished dramatic composition The Captain of Koepenick« (DLA, Nachlaß Carl Zuckmayer, Akz.-Nr. 86.1796/2). Hierzu gehört der Entwurf eines agreements zwischen Richard Oswald und dem Übersetzer

er nicht reagierte. Am 3. Mai 1940 mahnte Oswald deshalb die Unterzeichnung an: »Sie wissen, daß wir bei dem Film aneinander gebunden sind nach amerikanischen Einstellungen.«[103] Zuckmayer dagegen sah »eine schon geplante und besetzte Aufführung« seines Stückes am Broadway, durch die sein »ganzes Leben in der Emigration einen anderen Verlauf hätte nehmen können«,[104] blockiert. Albrecht Joseph, der das Drehbuch schrieb, berichtet: »Schließlich kamen Oswald und Zuckmayer zu einer Einigung«[105] In einem Brief an Fritz Keller in der Agentur Kohner vom 14. Oktober 1943 spricht Zuckmayer beiläufig von dem »Köpenick, den Ihr an Oswald mit-verraten habt«.[106] Die Quellen belegen, daß es Oswald zunächst nicht gelang, für seinen Film einen geldkräftigen Produzenten zu finden, und schließlich an Peter Hall geriet. Der Film wurde dann im »Oktober 1941 in nur zehn Tagen in dem kleinen Talisman Studio am Sunset Boulevard« abgedreht.[107] Am 27. Januar 1942 berichtete Franz Horch Zuckmayer:

> Vorgestern war hier Preview in einem wirklich tough-in-down-Theater. Reaktion des Publikums durchaus normal, eher günstig. Applaus nach dem Film, alle Scherze belacht. Im Ganzen: der Film wurde aufgenommen *wie eine normale Hollywood-produktion* [!], nicht wie eine Outsiderangelegenheit [!], für die das Publikum dieses billigen Kinos nicht zu haben

---

Howard Dietz vom 6. Januar 1940 (DLA, Nachlaß Carl Zuckmayer, Akz.-Nr. 86.1771/4), der bereits am 22. Februar 1939 mit dem Verlag Bermann Fischer einen Vertrag über die amerikanische Übersetzung des *Hauptmann von Köpenick* geschlossen hatte.

103 DLA, Nachlaß Carl Zuckmayer, Akz.-Nr. 86.1771/6.
104 Brief an Richard Oswald vom 14. Februar 1958, DLA, Nachlaß Carl Zuckmayer, Akz.-Nr. 86.1764/2.
105 Joseph, *Porträts I.*, a.a.O. (Anm. 54), S. 230. Man beachte die Credits zu dem Film: »Based on the Screen Version *Hauptmann von Köpenick* by Carl Zuckmayer/Abright Joseph« [!] Gegenüber Zuckmayer hatte Joseph auch für seine »Mitarbeit« am Theaterstück, die Zuckmayer zuzugeben nicht bereit war, Rechtsansprüche erhoben (vgl. ebd., S. 176)
106 Sammlung Paul Kohner im Archiv der Stiftung Deutsche Kinemathek (durch freundliche Vermittlung von Gerrit Thies).
107 Vgl. hierzu Asper, *In der Versenkung verschwunden*, a.a.O. (Anm. 48), S. 40 f. und Joseph, *Porträts I.*, a.a.O. (Anm. 54), S. 230 f. – Der Hinweis auf die geplante Produktion mit Richard Oswald als »independent producer« in: *Aufbau*, Jg. 6, 1940, Nr. 40, S. 12, ein Gruppenfoto von Schauspielern in: *Aufbau*, Jg. 7, 1941, Nr. 51, S. 11. (Quelle: Deutsche Bibliothek, Deutsches Exilarchiv).

wäre. [Eingefügt:] Und das ist entscheidend! / Oswald sagt, daß 120 Karten ankamen, von denen 91 positiv waren.[108]

Der Bericht von Sherman & Sherman vom 20. April 1942 informiert über den Abschluß des Films und die Schwierigkeiten Oswalds, einen Verleih zu finden: »The Oswald picture has been completed, but they have been unable to secure a release for the same Friday night they were to exhibit the picture to some fox officials, and later that same night to another producer.« Durch Unterstreichung hervorgehoben ist dann der Satz: »They were not in a position to market that type of production.«[109] Im weiteren führten dann persönliche Konflikte zwischen dem Produzenten Peter Hall und Richard Oswald zur Blockade der Freigabe des Films.[110] Am 6. November 1944 schließlich berichtet Franz Horch Zuckmayer über das Geschäft mit der Firma »Classic Films«[111], die sich darauf spezialisiert hatte, »alle möglichen untergegangenen Filme« aufzukaufen [112] und zu verramschen und dabei gleichwohl auf ihre Kosten kam. Der Film lief dann im »Beiprogramm in billigen Kinos« und als »Lückenbüßer am frühen Nachmittag«. Seine »öffentliche deutsche Erstaufführung« erlebte er am 15. Februar 1992 im Zeughaus-Kino des Deutschen Historischen Museums in Berlin unter dem Titel *Passport to Heaven*.[113]

---

108 Briefkopf: »Author's and Publishers' representive.« (DLA, Nachlaß Carl Zuckmayer).
109 DLA, Nachlaß Carl Zuckmayer, Akz.-Nr. 86.1780/1.
110 Vgl. hierzu die Darstellung von Asper, *In der Versenkung verschwunden*, a.a.O. (Anm. 48), S. 40.
111 DLA, Nachlaß Carl Zuckmayer, Akz.-Nr. 86.1768/6. Mit Bemerkungen über die finanziellen Konditionen.
112 Joseph, *Porträts I.*, a.a.O. (Anm. 54), S. 231, hier auch die folgenden Zitate. Daß der Film »später unter einem sinnentstellenden Titel ins amerikanische TV« kam, ist dem Brief Zuckmayers an Richard Oswald vom 14. Februar 1958 zu entnehmen.
113 Eine Kopie aus dem tschechischen Filmarchiv, die auf Initiative des Leiters des Zeughaus-Kinos Dr. Rainer Rother und mit Unterstützung der Stiftung Deutsche Kinemathek gezeigt werden konnte. Vgl. Rainer Rother, *Der Kaiser lachte – The Kaiser screamed. »Der Hauptmann von Köpenick« und »Passport to heaven«*, in: *filmwärts*, Jg. 22, 1992, Nr. 23, S. 27-33.

3. Die Textkonstitution der Filme

3.1. Die Textkonstitution der Filme von 1931 und 1956

Im folgenden werden nur diejenigen Elemente in der Textkonstitution der Filme von 1931 und 1956 hervorgehoben, die für die Bestimmung ihrer Makrostruktur von Bedeutung sind. Es handelt sich um gemeinsame und variable Elemente:

1. Im Gegensatz zur Bühne, auf der einzelne Situationen ohne Beeinträchtigung der Handlungskontinuität szenisch isoliert werden können, müssen Filme primär auf die Kontinuität im Visuellen bedacht sein. Sie verlangt die »Erweiterung des Schauplatzes: Reservat des Films, der damit eine ungleich größere Möglichkeit zur Nachschaffung des Milieus hat«.[114] Eingefügt werden können auch Aktionen, die im Stück vorausgesetzt werden. So zeigen beide Filme, wie Voigt seine Mannschaft für die Besetzung des Rathauses in Köpenick rekrutiert und mit den Soldaten im Zug nach Köpenick fährt.

2. Zur Erweiterung des Schauplatzes gehört auch die Ableitung neuer Schauplätze aus einer vorgegebenen Szene. In II 2 weist der Oberwachtmeister im Potsdamer Polizeibüro Voigt darauf hin, daß er sich an seine Heimatbehörde wenden müsse, und Voigt erklärt, daß er dort gerade gewesen sei: »Jeh mal ne Ortschaft weiter, die Heimat schämt sich deiner, habense jesacht« (S. 23). Der Film von 1956 zeigt diese Situation in einer eigenen Szene, in der Voigt bei seiner Heimatbehörde vorspricht und vom Amtsvorsteher Schulze mit dem Hund davonjagt wird. Diese Szene (TC 0:10:21) bildet nun das Zwischenglied zwischen der Szene auf dem Polizeirevier in Rixdorf (TC 0:06:48), wo Voigt sein Bekenntnis zu Deutschland ablegt, und der Szene im Paßamt (TC 0:11:01), wo er auf den Gedanken kommt, sich den Paß durch einen Einbruch zu verschaffen.

3. Die Aussichtslosigkeit Voigts, eine Arbeit zu finden, wird in beiden Filmen durch die eingefügte *Enumeratio* gleichartiger Situationen gesteigert. In I 1 spricht Voigt bei Wormser (S. 14), in I 4 im Personalbüro der Engrosschuhfabrik »Axolotl« vor. Der Film von 1931 hat zwei Szenen dazuerfunden und läßt vier Situationen aufeinanderfolgen: (1) TC 0:03:23: Voigt geht in eine im Souterrain gelegene Werkstatt; man hört die Abweisung: »Bei mir nich! Für Knastbrüder habe ick keene Arbeit!« (2) TC 0:04:06: Voigt öffnet zaghaft die Ladentür bei Wormser

---

[114] Hans Feld im *Film-Kurier* vom 23. Dezember 1931, Nr. 300.

und wird gleichfalls abgewiesen: »Betteln, hausieren und musizieren ist bei mir verboten!« (3) TC 0:06:07: Voigt bei einem verständnisvollen Schustermeister, der aber auf seine Gesellen Rücksicht nehmen muß: »Die sind furchtbar kitzlich mit de Handwerkerehre.« (4) TC 0:06:35: Voigt wird auch im Personalbüro abgewiesen. Er reagiert aggressiv: »Ick hab jedacht, hier wär ne Fabrik. Ick konnt ja nich wissen, dat hier ne Kaserne is!« Der Film von 1956 verkürzt diese *Enumeratio* auf drei Situationen: Wormsers Laden (TC 0:03:23), Schustermeister (TC 0:05:00) und Personalbüro (TC 0:05:37).

4. Beide Filme eliminieren die Szenen II 11 (Gang vor dem Polizeibüro in Rixdorf) und III 16 (Allee im Park von Sanssouci) aus darstellungsökonomischen Gründen. In II 11 (S. 102-107) sucht Voigt, der den Ausweisungsbeschluß noch abwenden will, die für ihn zuständige Dienststelle auf, wird aber nicht vorgelassen. In III 16 (S. 141-147) sitzt Voigt, die erworbene Hauptmanns-Uniform in einer verschnürten Pappschachtel neben sich, auf einer Parkbank und »beobachtet die Vorübergehenden mit stiller Wachsamkeit.« Auf der Bühne dienen diese Szenen der Vermittlung des Amtsstuben-Milieus (II 11) und der Stimmung unter den Spaziergängern (III 16). Sie bieten Kleindarstellern willkommene Rollen, behindern aber im Film die straffe Handlungsführung.

5. Beide Filme verhalten sich flexibel: Der Film von 1931 eliminiert die Szenen II 12 (Stube mit Bett) und II 13 (Festsouper bei Dressel). Auf den ersten Blick erscheint die Szene II 12 (S. 107-115) unverzichtbar, da Voigt in seinem Gespräch mit dem kranken Mädchen zu sich selbst findet, doch zugleich vom Briefträger den amtlichen Ausweisungsbescheid erhält. Der Wegfall dieser als »sentimental« empfundenen (und an Gerhart Hauptmanns *Hanneles Himmelfahrt* erinnernden) Szene wurde von der Filmkritik begrüßt; daß sie leicht ins Sentimentale abstürzen kann, zeigt der Film von 1956. Die für die Szene II 13 (S. 115-124) erforderliche Ausstattung (»elegante Dekoration, alles in Weiß und Silber«) mag 1931 zu aufwendig erschienen sein. Das ›Schicksal‹ der von Hauptmann von Schlettow zurückgegebenen Uniform war seit Dr. Obermüllers Mißgeschick (TC 0:38:10) besiegelt (Kracauer: »Zum Maskenball wirds noch gehen«), und Auguste als Nebenfigur entbehrlich. Im Film von 1956 trug die Szene dagegen zum Zeit- und Lokalkolorit bei, und Augustes Couplet paßte in Helmut Käutners Musik-Konzept des Films.

6. Beide Filme verzichten auf die Szene »Herberge zur Heimat im Berliner Norden« I 6 (S. 52-69), die als Milieustudie angelegt ist und zusätzliche Nebenfiguren erfordert. Sie entnehmen ihr aber jene Dialogpassage, aus der die Planung des Einbruchs in das Polizeirevier hervorgeht (Voigt: »Du läßt mir nich im Stich, Kalle? Ick muß n Paß haben ... « Kalle: »Wenn da ne Kasse is...«) Im Film von 1931 führen Voigt und Kalle dieses Gespräch nachts auf einer Brücke (TC 0:11:55), im Film von 1956 in einem Doppelstock-Bett der »Herberge zur Heimat« (TC 0:12:46), von der sonst nur gelegentlich die Fassade im Bild erscheint.

7. Beide Filme zeigen Voigt selbstverständlich in der Strafanstalt Sonnenburg, um Voigts Lernerfolg bei der Lektüre der Felddienstordnung zu demonstrieren. Für die Unterweisung der Gefangenen durch den Gefängnisdirektor greift der Film von 1956 (TC 0:31-51) auf die in II 8 (S. 77-84) vorgegebenen Situationen zurück, während der Film von 1931 die moralischen Ermahnungen des Direktors mit den stufenweise gezeigten Bildern der wachsenden Bäume im Gefängnishof kombiniert und so zugleich die Jahre, die Voigt im Gefängnis absitzen muß, zeitraffend vermittelt. Im Film von 1931 liegt der Akzent auf dem filmischen Diskurs, im Film von 1956 auf der szenischen Gestaltung.

8. Beide Filme nutzen die größeren Möglichkeiten des Films gegenüber der Bühne auch bei der szenischen Neustrukturierung des Coups im Köpenicker Rathaus. Während das Stück das Geschehen auf die beiden Handlungsorte »Vorhalle mit Treppen im Rathaus zu Köpenick« (III 18) und »Amtszimmer des Bürgermeisters Obermüller in Köpenick« (III 19) konzentriert, können sie die Abläufe differenzierter gestalten. Sie zeigen zusätzlich die Straße vor dem Rathaus und den Kassenraum; reizvoll ist die hinzuerfundene Szene im Ratskeller, in dem Voigt sich eine Brotzeit servieren läßt.

3.2. Die Textkonstitution des Films von 1941

Wäre in den Credits nicht Zuckmayers *Hauptmann von Köpenick* als Basis des Films genannt, dann könnte man ihn für eine neue Realisierung der historischen Begebenheit halten. Es fehlen alle Szenen, in denen Zuckmayer die ›Geschichte der Uniform‹ entwickelt, d.h. auch jene Szenen, die im Film von 1931 enthalten waren; dies führte zu einer Zeitraffung, so daß die beiden Szenen im Wohnzimmer Hoprechts (TC 0:15:40-0:19:59 und TC 0:20:25-0:26:48), getrennt nur durch zwei Einstellungen (Schreiben und Übermittlung des Ausweisungsbeschlusses), nunmehr eng aneinanderrücken. Der Grund dafür mag im eng begrenzten Budget Oswalds liegen, der für einige Szenen Fremdmaterial verwenden mußte. Es ist aber auch denkbar, daß Oswald sich »für den Fall absichern« wollte, »daß es nicht zu einer Einigung mit Zuckmayer käme«.[115] Mit einem von Zuckmayers Stück unabhängigen Film hatte Oswald schon 1931 gedroht, als Zuckmayer die Filmrechte Oswalds akzeptieren mußte.[116] So wurde aus der Verfilmung des Stückes primär eine Parabel mit den unerläßlichen, im Film von 1931 vorgegebenen Szenen. In diesem Sinne ist der Film ein »Remake«,[117] wobei Oswald sogar kurze Einstellungen aus dem Film von 1931 abklammerte. Für die Textkonstitution sind zwei neue Elemente von Bedeutung:

1. Der erste Teil des Films spielt in der Provinz. Nach Berlin fährt Wilhelm Voigt erst nach dem Kauf der Uniform (TC 0:28:05 ff.) Vom Bahnhof (TC 0:28:29) abgesehen, werden aber keine erkennbaren Berliner Gebäude visualisiert.

2. Der ›historische‹ Fehler Wilhelm Voigts, das Rathaus von Köpenick als Ziel zu wählen (es gibt dort kein Paßamt), wird im Gegensatz zum Film von 1931 visuell durch die Einblendung zweier Plakate »Köpenick« und »Teltow« plausibler, auf die Wilhelm Voigts Blick fällt. Er trifft spontan die falsche Entscheidung (in Teltow gibt es ein Paßamt).

---

115 Joseph, *Porträts I.*, a.a.O. (Anm. 54), S. 230: »Sollte dies eintreten, dann wollte er behaupten, daß Juan Goff und ich eine selbständige Geschichte nach den historischen Tatsachen erarbeitet hätten.« Noch in seinem Brief an Zuckmayer vom 26. Dezember 1957 (DLA, Nachlaß Carl Zuckmayer, Akz.-Nr. 86.1771/7) hält es Oswald für entscheidend, daß Zuckmayers »geniale Idee des Weges der Uniform [...] in dem amerikanischen Film unbenutzt geblieben ist.«

116 Rückblickend schreibt Zuckmayer am 14. Februar 1958 an Oswald: »da Sie gleichzeitig drohten, einen Koepenickfilm nach den ›historischen Tatsachen‹ zu drehen (Sie haben das selbst spaeter als ›kleines Druckmittel‹ bezeichnet), blieb mir nichts anderes uebrig, als Ihnen den Vertrag so, wie er war, zu ueberlassen.« (DLA, Nachlaß Carl Zuckmayer, Akz.-Nr. 86.1764/2).

117 Vgl. zur Begriffsbestimmung Michael Schaudig, *Recycling für den Publikumsgeschmack? Das Remake: Bemerkungen zu einem filmhistorischen Phänomen*, in: Michael Schaudig (Hrsg.), *Positionen deutscher Filmgeschichte*, München 1996 (diskurs film 8), S. 277-308.

4. Die Schlüsselszene

Die folgenden Protokolle der filmischen Realisation der Szene II 14 in den Filmen von 1931, 1956 und 1941 setzen an der Stelle ein, an der Voigt Hoprecht den Ausweisungsbeschluß reicht, und enden mit Voigts Abgang. Der gesprochene Text wird in Normalschrift, die Beschreibung der Figurenbewegungen sowie der Kamerahandlungen in kursiver Schrift wiedergegeben. Durch Halbfettschrift hervorgehoben werden die in den Drehbüchern zu den Filmen von 1931[118] und 1956[119] nicht enthaltenen Passagen; die halbfette Klammer markiert die im Film eliminierten Worte; kleinere Varianten im Mundartbereich bleiben unberücksichtigt. Den Einstellungen vorangesetzt sind die Zeit-Angaben; die erste Stelle vor dem Doppelpunkt enthält die Stunde, die zweite die Minute, die dritte die Sekunde.

4.1. Der Film von 1931[120]

TC 0:39:28: *Es ist Abend. Voigt sitzt (halbnah) in sich gekehrt auf einem Stuhl am Fenster (Profil), Außenlicht fällt auf sein Gesicht.* Hoprecht, *der auf ihn zugegangen ist, steht nun vor ihm*: Na Willm, – wat is denn? **Wat is denn?** Voigt: Da, *gibt ihm den Ausweisungsbeschluß* **lies mal.** Hoprecht *liest*: Ausweisung? Ja, das is ja... *Gibt ihm das Papier zurück.* Voigt: **Reg' da mal nich uff, Friedrich.** *Steht auf.* Ick will ma bloß meine Sachen holen, und dann jeh ick. *Geht nach rechts aus dem Bild.* Hoprecht *sieht ihm nach.* **Dat is ja... Dat is n** Unglück, was dir passiert.

---

118 *Der Hauptmann von Köpenick (Ein deutsches Märchen). Tonfilm nach dem Theaterstück von Carl Zuckmayer.* Manuskript: Carl Zuckmayer und Albrecht Joseph. Regie: Richard Oswald. Roto Film G.m.b.H. Berlin SW 11, Stresemannstr. 31, 181 S. (= 88 Bilder) (DLA, Nachlaß Carl Zuckmayer).

119 Real Film G.m.b.H. Walter Koppel zeigt: »Der Hauptmann von Köpenick«. *Ein Film von Helmut Käutner. Nach einem Theaterstück von Carl Zuckmayer.* Regie: Helmut Käutner. Drehbuch: Carl Zuckmayer und Helmut Käutner [...] Gyula Trebitsch Produktion 1956. 226 S. (450 Einstellungen = 70 Bilder) (DLA, Nachlaß Carl Zuckmayer).

120 Zugrunde liegt die Video-Kassette der Firma »JSW Medien GmbH, Berlin«: *Der Hauptmann von Köpenick. Carl Zuckmayer – Tragikomödie nach dem gleichnamigen Theaterstück.* Wilhelm Voigt: Max Adalbert, Friedrich Hoprecht: Friedrich Kayssler, Marie Hoprecht: Ilse Fürstenberg.

TC 0:40:04: Voigt *(halbnah) vor einem Sofa, blickt nach links [zu Hoprecht]*. N Unglück? Nee! Da is [kein] **jakeen** Glück [bei] und [kein] **keen** Unglück bei. Det is **n janz** [glattes] sauberes **glattes** Unrecht, is det.

TC 0:40:13: Hoprecht *(nah) nach links gewandt, sieht zu [Voigt]*: Bei uns, **da** gibts kein Unrecht. Bei uns in Deutschland, **da** geht Recht und Ordnung über alles! **Du weißt das nicht, Willem, du hast nicht gedient. Du kennst das nich, wie dat is.** Wenn du wüßtest, wie bei uns de Offiziere sind. Voigt *(off)*: Hähä. Hoprecht: Ja, da mag mal so'n junger Schnösel bei sein, gewiß. Aber die anderen, die richtigen, Mensch, da jehn wir durchs Feuer für, und die machen dat auch für uns – da steht Jeder für Jeden, da bleibt keiner zurück, wenns man losjeht, fürs Vaterland und für de Heimat!

TC 0:40:44: Voigt *(groß), sieht [Hoprecht] an, zunehmend erregt*: Mensch, ick häng an meine Heimat jenauso wie Du! Jenauso wie Jeder **andere**! Aber se sollen mir [mal drin] leben lassen, in de Heimat, dann [könnt] **kann** ick och sterben für, **wenns sein muß**! **Ja**, wo is denn meine Heimat? [Ins Polizeirevier] **Auf dem Polizeibüro?** *zeigt auf den Ausweisungsbeschluß* oder hier [ins Papier drin] **in det Papier?** Ick seh [gar] **ja** keine Heimat mehr, vor lauter Bezirke!

TC 0:41:07: Marie *im Schlafzimmer auf dem Bett sitzend (halbnah), nach rechts blickend, das Gespräch wahrnehmend, halblaut*: [Friedrich! Friedrich!] Nun streiten se –

TC 0:41:10: Hoprecht *(groß) sieht [Voigt] an*: [Du hast doch zuerst jeschlagen – gegens Recht! – und dann hats Dich jetroffen. Wo sitzt denn bei Dir det Pflichtgefühl?] Ick will dat nicht hören, Willem. Ick darf dat nicht hören. Ick bin Soldat, bin Beamter. Det bin ick mit Leib und Seele. Da steh ick für, daß Recht

TC 0:41:24: Voigt *(halbnah) nach links gewandt (Profil)*. Hoprecht *(off)* über alles geht. Ick sach Dir zum letzten Mal *Schwenk nach links Hoprecht kommt ins Bild*: Reinfügen mußte Dich. Nicht mängeln gegen! Und wenns Dich zerrädert. Da mußt de eben das Maul halten. *Beschwört ihn mit beiden Händen* Da gehörste de doch noch zu. Da biste eben ein Opfer. Aber det is een Opfer wert! Mehr kann ick nicht sagen. Haste denn keene innere Stimme, Mensch?

TC 0:41:51: Voigt *(groß) nach vorn sehend*: Vorhin im Dustern, [wie] **als** ick hier alleen im Zimmer [jesessen bin] **saß** – da hab icks jehört. Hoprecht *(off)*: [Was –] **Wat haste denn jehört?** Voigt: De innere Stimme, und da war se janz laut, und da is alles totenstill jeworden in de Welt. Mensch, hatse jesagt – einmal kneift Jeder 'n Arsch zu, Du auch hatse jesagt, – und denn stehste vor Jott dem Vater, **stehste vor dem**, der alles **in dir** jeweckt hat, vor dem stehste denn, und der fragt Dir ins Jesichte: Willem Voigt, wat haste jemacht mit Dein Leben? Und [da muß] ick **muß** ihm sagen – Fußmatte [muß ick sagen] – *in steigender Erregung* die hab ick jeflochten im Jefängnis, und dann sind se alle druff rumjetrampelt. Und Jott sagt dann zu dir: Jeh weg sagt er: Ausweisung sagt er. [Dafür] **Dazu** hab ick Dir dat Leben nich jeschenkt [sagt er!]. Det biste mir schuldig. *Schreiend* Wo is et? Wat haste jemacht?

TC 0:42:52: Hoprecht *(groß) blickt leicht nach unten, die Augen zugekniffen.*

TC 0:42:54: Voigt *(groß) wie zuvor*: Und denn, Friedrich, denn is wieder nischt mit de Aufenthaltserlaubnis.

TC 0:43:05: Hoprecht *(groß) wie zuvor, öffnet die Augen, spricht ganz ruhig*: Willem, *Pause* du pochst an de Weltordnung.

TC 0:43:14: *Hoprecht (links) und Voigt (rechts, den Rücken leicht zur Kamera), halbnah. Beide sehen sich an.* Voigt *mit der linken Hand nach unten schlagend*: Ah, Dreck! *Er wendet sich nach rechts*: Vorbei *greift sein Bündel, nimmt auch seinen Hut, geht nach links.* Hoprecht *versucht ihn mit der linken Hand aufzuhalten*: Wat haste denn vor, Mensch? Also ick hab Dir jewarnt!! *Voigt wendet sich im Abgehen kurz Hoprecht zu, sehr schnell*: Is jut, Friedrich. Du bist 'n echter Kerl. *Geht zur Tür.* Grüß Marie. Ick danke dir für alles. *Verläßt das Zimmer.*

Die radikale Verkürzung der Szene auf das Gespräch zwischen Voigt und Hoprecht, das auch in sich radikal gekürzt wurde, bewirkt die Konzentration auf die Unvereinbarkeit der Standpunkte beider Männer und auf die hoffnungslose Lage Voigts. Da das kranke Mädchen in diesem Film keine Rolle spielt, entfällt zu Beginn der Szene das Motiv für die Abwesenheit Voigts, der »mit zur Beerdigung is« (S. 126). Voigt ist bereits im Zimmer und sitzt auf einem Stuhl am Fenster, als Marie nach Hause kommt und das Licht der Gaslampe anzündet (»Willem wat machste denn hier im Dunkeln? Jot, hab ick mir erschrocken«). Marie geht ins Nebenzimmer, dann betritt Hoprecht den Raum und wendet sich Voigt zu. Der visuelle Vorteil liegt in der Blickkonzentration auf den am Fenster sitzenden Voigt; Marie wird später nur einmal kurz gezeigt. Hoprecht, der im Stück aus dem Manöver zurückkehrt und nicht, wie erwartet, zum Vizefeldwebel befördert wurde, ist hier nur Voigts Schwager, der schon bei der ersten Begegnung (TC 0:30:10) Verständnis für den Bruder seiner Schwester gezeigt hat. Seine militärische Zurücksetzung und sein Sich-Abfinden damit würde hier von Voigt ablenken. Erhalten blieben die Kernsätze Voigts über die Heimat und die innere Stimme. Die Dominanz der Großaufnahmen betont Voigts Aussagen; sein Blick ist zugleich nach innen gerichtet, aber der Eindruck der Kommunikation bleibt stabil. Gegenüber der Drehbuch-Fassung wurde im Film der Standpunkt Hoprechts stärker zum Ausdruck gebracht, doch sein Hinweis auf Voigts erstes Vergehen (»Du hast doch zuerst jeschlagen – gegens Recht«) eliminiert.

4.2. Der Film von 1956[121]

TC 0:55:42: Hoprecht *(nah) hält den Ausweisungsbeschluß in der Hand, sieht [zu Voigt]*: Haste denn keine Einjabe gemacht? Voigt *(off)*: Zwee.

TC 0:55:48: Voigt *(halbnah) steht am Fenster (Rücken zur Kamera)*: Für die erste hattense keine Zeit, für die zweite kein Interesse.

TC 0:55:51: Hoprecht *(nah) wie zuvor am Tisch, liest den Ausweisungsbeschluß, blickt [zu Voigt] auf*: Ja, wo willste [denn] **nu** hin?

TC 0:55:55: Voigt *(halbnah) am Fenster wie zuvor (Rücken zur Kamera)*: Hm, jar nirgends. Hoprecht *(off)*: Willem, du wirst doch keene Dummheiten machen. *Voigt dreht sich zur Seite, geht nach links.* **Nee**, Dummheiten? Ausjeschlossen. *Bleibt vor dem Spiegel stehen, ist im Spiegel zu sehen.* **Ick wer nu langsam helle, haha.** *Kameraschwenk so, daß auch Hoprecht, am Tisch sitzend, im Spiegel zu sehen ist.* Hoprecht: **Nu** lach doch nicht immmer, [Die Sache] **det** ist doch ernst. Voigt: **Nee**, ick finde dat lustig. [Dich] **Dir** habense nich befördert und [mich] **mir** befördernse. Hoprecht. Sei doch stille. Det is halt ein Unglück, wat Dir passiert. *Voigt dreht sich um (nah), halb seitlich, [Hoprecht] zugewandt* Voigt: ['n Unglück] **Wat ist det?** *Kameraschwenk nach rechts. Voigt ist nicht mehr im Spiegel zu sehen.* Nee dat is 'n janz sauberes glattes, ausgewachsenes Unrecht is det und dat muß man nur

TC 0:56:24: *Hoprecht am Tisch sitzend (nah) wie zuvor, aber leicht von oben.* Voigt *(off)*: wissen. Und ick wees nu. Hoprecht *sieht [Voigt] an* Willem, [Du mußt das] **det mußt** Du tragen, wie een Mann.

TC 0:56:28: Voigt *(wie zuvor)*: Wohin soll ichs denn tragen ohne Paß und ohne Aufenthalt. Et muß doch een Platz jeben, wo der Mensch leben kann.

TC 0:56:33: Hoprecht *steht auf, blick zu [Voigt]*: Een Mensch biste doch nur, wenn de dich in die menschliche Ordnung stellst. Leben tut auch ne Wanze.

---

121 Zugrundeliegt die Videokassette der »TaurusVideo GmbH.«, Nr. 270: *Heinz Rühmann. Der Hauptmann von Köpenick* (1997). Wilhelm Voigt: Heinz Rühmann, Friedrich Hoprecht: Willi A. Kleinau, Marie Hoprecht: Ilse Fürstenberg. Vgl. zur Szene auch Oliver Möbert, *Der gestaltete Wendepunkt. Die filmische Umsetzung der »inneren Wandlung des Protagonisten in »Kleider machen Leute« (1940) und »Der Hauptmann von Köpenick« (1956)*, Knut Hickethier (Hrsg.), *Schauspielen und Montage. Schauspielkunst im Film. Zweites Symposium* (1998), St. Augustin 1999 (Filmstudien 11), S. 87-108.

TC 0:56:38: Voigt *(wie zuvor)*: **Sehr** richtig. Die lebt! Und weeste, warum die lebt? Erst kommt die Wanze, Friedrich, und dann die Wanzenordnung. Erst der Mensch, Friedrich, und dann die Menschenordnung! *Er wendet sich nach links und geht (Kameraschwenk) zum offenen Fenster, lehnt sich hinaus (halbnah)* Hoprecht *(off)*: Willem *(Einzelne Anschläge eines ›Klaviers‹ im Off hörbar.)*[122]

TC 0:56:50: *Hoprecht stehend (halbnah), die linke Hand in die Hüfte gestützt*: Willem, du fährst auf nem janz falschen Jleis. Bei uns in Deutschland jibts gar keen Unrecht. *Läßt den linken Arm sinken, hebt den rechten Arm und betont seine Worte mit Zeigefinger der rechten Hand* Bei uns geht Ordnung über alles.

TC 0:56:57: Voigt *(halbnah) am Fenster wie zuvor, dreht sich um und wendet sich Hoprecht zu*: So?! Und meine Ausweisung, is dat Recht und Ordnung. Und deine Beförderung ist dat Recht und Ordnung?[123] **Wenn, dann muß de Ordnung richtig sein.** *Schlägt auf den Ausweisungsbescheid ein.* **Und dat isse nicht.**

TC 0:57:05: Hoprecht *(nah) seitlich, Blick nach rechts gewandt*: [Du drehst alles um, Willem. Du hast doch zuerst jeschlagen gegens Recht und dann hats Dich getroffen. Du willst Dich nich unterordnen, das is es. Wer sein Vaterland wirklich liebt und seine Heimat –] **Willem, ick sage, for dat Jeld, dat se an meiner Löhnung sparen, wird vielleicht ne Kanone gebaut.**

TC 0:57:10: Voigt *(nah)*: **Ja, und dann jeht se los, und dann trifft se wieder dich, bumm bumm, da liegste.** Hoprecht *(off)*: **Jawoll.**

TC 0:57:15: Hoprecht *(nah)*: **Da liek ick, wenns mal losjeht. Und dann weeß ick aber och wofür – fors Vaterland und for de Heimat.**

TC 0:57:20: Voigt *(nah) geht langsam auf [Hoprecht] zu, bleibt stehen*: Mensch, ick häng' an meine Heimat jenau wie Du – jenau wie jeder – aber erst sollense mir mal drin leben lassen in de Heimat, denn [könnt] **kann** ick auch sterben für, wenns sein muß. Wo is denn de Heimat, Mensch? Im Polizei[büro]**revier**? **Oder hier im Papier?** *Dreht sich um (Rücken zur Kamera), Hände in den Hosentaschen, geht zum Fenster, wendet sich nach links zur Seite, versetzt dem dort stehenden Schaukelstuhl einen Tritt*: Ick seh jar keene Heimat mehr – vor lauter Bezirke.

---

122 Zuckmayer erwähnt die Stelle im Brief an Walter Koppel vom 9. August 1956 (DLA, Nachlaß Carl Zuckmayer, Akz.-Nr. 86.1764/6): »wie faszinierend zum Beispiel der Einfall des Klavierstimmens, kontrapunktisch zu der großen Auseinandersetzung zwischen Voigt und Hoprecht.« Es handelt sich jedoch um elektronisch erzeugte Klänge.

123 Im Drehbuch in umgekehrter Reihenfolge: »Und deine Beförderung, is dat Recht und Ordnung. Und meine Ausweisung, is dat Recht und Ordnung?«

TC 0:57:40: Hoprecht *(halbnah) immer noch stehend*: [Ich will das nicht] **Ick will das nich** hören, Willem. Und ick darfs nicht [mehr] hören. Ick bin Soldat, und ick bin Beamter. Marie *tritt mit einem Kuchen in das Zimmer, Hoprecht wendet sich ihr zu*: **Aber** nu streitet doch nich. Hoprecht *wendet sich wieder [Voigt] zu*: Haste denn jar keene innere Stimme, die dir sagt...

TC 0:57:52: Voigt *am Fenster, geht, den Ausweisungsbeschluß in den Händen zusammenfaltend, langam auf [Hoprecht und Marie] zu*: Vorhin, uffn Friedhof, da hab ick sie jehört die innere Stimme. Da hatse gesprochen. Da hatse zu mir jesagt. Mensch, hatse jesagt, einmal kneift jeder 'n Arsch zu, du auch, hatse jesagt. Und denn, *Voigt bleibt stehen (nah)* stehste vor Gott dem Vater, **der alles jeweckt hat, vor dem stehste denn,** und der fragt dir ins Jesichte: Schuster Willem Voigt, wat haste jemacht mit dein Leben? Und dann muß ick sagen – Fußmatte, **Fußmatte** muß ick sagen. Die hab ick jeflochten in Jefängnis, und denn sindse alle druff rumjetrampelt. Und Gott der Vater sagt zu mir: Jeh wech!

TC 0:58:22: Hoprecht *(nah) sieht [Voigt], dann [Marie] an. (Kameraschwenk auf Marie), die allein im Bild bleibt und erst [Voigt], dann [Hoprecht] ansieht.* Voigt: sagt er, Ausweisung, sagt er, detwegen hab ick dir det Leben nich jeschenkt! Det biste mir schuldig! **Sagt er.** Wo ist et? Wat haste mit jemacht?

TC 0:58:29: Voigt *(nah) wendet sich um, geht zum Stuhl am Fenster, zieht sich das Jackett an*: Und denn, Friedrich, denn is et wieder nischt mit de Aufenthaltserlaubnis.

TC 0:58:42: Marie und Hoprecht *(halbnah) sehen [Voigt] an*. Hoprecht: [Willem,] Du pochst an de Weltordnung, **Willem!**

TC 0:58:47: Voigt *(halbnah) knöpft sich die Jacke zu*. Hoprecht *(off)*: Det is Versündigung. Voigt: **Nee nee, so knickerisch will ick mal nich vor meinem Schöpfer stehen.** *Pause.* **Ick werd noch wat machen** *Pause* **mit meinem Leben.** *Nimmt seinen Hut, setzt ihn auf, geht nach rechts, hinter Marie vorbei, zu Hoprecht.* Is jut, Friedrich. *Schlägt ihm mit der rechten Hand auf die Schulter.* Du bist ['n echter] **ein braver** Kerl, dank dir für alles. Ick jeh. *Legt nun die rechte Hand auf Maries Schulter.* Dir auch, Marie. *(Das Anschlagen des ›Klaviers‹ im Off hört auf.) Nach kurzem Zögern (seine Stimme scheint zu versagen):* **Ick will noch wat machen.** Marie: Willem! *Voigt geht zur Tür im Hintergrund, öffnet sie.* Marie: Willem! *Voigt verläßt das Zimmer.* Hoprecht: Der Mensch is ja jefährlich! *Voigt schließt die Tür.*

Auch hier sind die Positionen der Figuren im Raum klar bestimmt: Voigt sitzt am Fenster, Hoprecht geht auf ihn zu und setzt sich dann an einen Tisch. Vorangegangen ist das im Stück zwischen Marie und Hoprecht geführte Gespräch über die nicht erfolgte Beförderung Hoprechts zum Vizefeldwebel. Voigt kommt von Lieschens Beerdigung zurück und legt die von Hoprecht ausgeliehenen Trauersachen ab. Marie ist derweil in die Küche gegangen, aus der sie am Schluß der Szene wieder zurückkehrt. Es ist nachmittags um vier Uhr (wie im Stück), während der Film von 1931 die Abendstunde wählte, um Voigts Depressionen zu vertiefen. Wiederum wurde der Text radikal gekürzt und auf die gleichen zentralen Sätze wie im Film von 1931 zugeschnitten, jedoch geringfügig erweitert. Von den Varianten gegenüber der Drehbuch-Fassung haben die eingefügten Bemerkungen über den Kauf einer Kanone im Kontext der 1956 geführten Debatte um die deutsche Wiederaufrüstung einen aktuellen Bezug; weitere eingefügte Sätze verstärken Voigts Entschlossenheit zum Handeln. Wie im Film von 1931 wurde auch hier das im Drehbuch enthaltene Argument Hoprechts, Voigt habe als erster das Gesetz gebrochen, eliminiert. Die stärkere menschliche Profilierung Hoprechts (»Du bist ein braver Kerl«), der trotz seiner dienstlichen Zurückstellung die Ordnung im Staat verteidigt, trägt (wie im Stück) dazu bei, Hoprechts eigenen Konflikt einsichtig zu machen; dies geschieht zuvor schon dadurch, daß Hoprecht seinen vorsorglich gekauften Säbel (mit Portepee), den er nun noch nicht tragen darf, aus dem Schrank holt und einen Augenblick mit Wehmut betrachtet. Zuletzt gibt Voigt seiner Schwester und seinem Schwager seine persönliche Zuneigung zu erkennen, so daß im Gegensatz zum Film von 1931 auch Sentimentalität spürbar wird. Hinsichtlich der Bewegung der Figuren im Raum und der Kamerahandlungen unterscheiden sich beide Filme in folgenden Punkten:

1. Im Film von 1956 ist das mise en scène stärker ausgeprägt, so daß man sowohl das bürgerliche Ambiente des Wohnzimmers als auch die innermenschlichen Beziehungen der Figuren stärker wahrnehmen kann.

2. Die Kamerahandlungen sind dementsprechend stärker auf die Haltungen der Figuren und ihre Bewegungen ausgerichtet, wobei das Raumzeichen des Spiegels zugleich als Figurenzeichen genutzt wird.

4.2. Der Film von 1941[124]

TC 0:20:41: *Abend. Marie und Friedrich haben gerade ihr Wohnzimmer betreten, und Marie hat die Lampe angezündet. Voigt sitzt in gebeugter Haltung in einem Sessel vor dem Fenster. Von außen fällt Licht auf sein Gesicht.* Marie *(off)*: Wilhelm!

TC 0:20:44: *Totale: Wohnzimmer mit Voigt am Fenster. Marie läuft von rechts nach links auf Wilhelm zu.*

TC 0:20:46: Marie *rüttelt Voigt an den Schultern*: Wilhelm, what is it? Ah, you frightened the life out of me. *Führt die linke Hand an ihr Herz, die rechte bleibt auf der Schulter Voigts.* Hoprecht *kommt von rechts hinzu*: What's the matter, Wilhelm? *Voigt gibt ihm den Ausweisungsbeschluß.* Hoprecht *liest ihn. Erregt*: Expulsion! That is... Voigt: Don't get excited. I get my things and go. Marie *rüttelt ihn wieder an den Schultern*: Not straight away! Hoprecht: It's in order, Mary. Unpack me. *Wirft ihr einen Blick zu, das Zimmer zu verlassen. Marie klopft Voigt auf die rechte Schulter und geht dann nach rechts ab.* Hoprecht: Of all the rotten luck. Voigt: It isn't luck. Dirty rotten. It is a dirty injustice. Hoprecht: Wilhelm! Voigt *steht auf, gestikuliert mit den Armen*. It is! A man can't live! *Geht nach rechts aus dem Bild, Hoprecht sieht ihm nach.*

TC 0:21:33: Hoprecht *(nah), vor einem Bild an der Wand, auf den der Schatten des Fensterkreuzes fällt, blickt nach rechts [zu Voigt]*: There is no injustice here. You've had a shock, I know. But in Germany justice and order are supreme. You must respect that.

TC 0:21:41: *Voigt (nah) mit dem Rücken zur Kamera.* Hoprecht *(off)*: This is your home, your Vaterland. Voigt *wendet sich zur Seite, steht vor einer Wand, die rechte Hand in der Tasche, die linke auf einer Stuhllehne (halbnah)*: I would die for them. But first they must let me live. Home? Where is my home? In the police station? In that paper? *Hebt kurz beide Hände.* I can't see my Vaterland from all these police stations and papers,

TC 0:22:01: *Hoprecht vor einer Fensterfront mit gerafften Vorhängen (nah), den Blick [auf Voigt] gerichtet.* Voigt *(off)*: and rules and regulations. Hoprecht: You only see your side of it. Discipline and order. That's the spirit of our people. We are a people of soldiers.

TC 0:22:11: *Voigt (nah) wie zuvor.* Hoprecht *(off)*: That's what makes us strong.

---

124 Ich danke Dr. Helmut G. Asper für die Bereitstellung der Videokopie und Melanie Brewer für die Durchsicht und Korrektur meiner Transkription des Dialogs. – Wilhelm Voigt: Albert Bassermann, Friedrich Hoprecht: Wallis Clark. Es konnte bisher kein Drehbuch ermittelt werden.

Aktualisierung – Realisierung

TC 0:22:13: Hoprecht *(nah) wie zuvor*: That's why we are respected by the whole world.

TC 0:22:16: Voigt *(groß)*: That's why we are feared and hated by the whole world. Other countries have armies too, but their armies did and have to fight for their homes, but here everybody is a soldier all

TC 0:22:29: *Hoprecht (nah) wie zuvor.* Voigt *(off)*: the time, nothing but a soldier.

TC 0:22:33: Voigt: And when he doesn't wear a uniform, he's just a soldier

TC 0:22:36: Voigt *(off)*: on leave. Hoprecht *(nah) wie zuvor*: Yes, and what is wrong with that? *Energisch*: A soldier is a born ruler, because he knows how to obey and how to command. And people are soldiers and picked to rule the world.

TC 0:22:48: Voigt *(groß) äußerst scharf*: And then the world will be one big army under German command! And if there is no one left to fight on the earth we will fight the man in the moon or other men from Mars, because what we really want 's to kill

TC 0:23:02: Voigt *(off)*: and be killed. *Hoprecht (nah) wie zuvor, empört.*

TC 0:23:05: Voigt *(groß)*: Other people want to live, but you, you want to die because you don't know how to live!

TC 0:23:12: Hoprecht *(nah) wie zuvor, erregt*: That's enough, Wilhelm. *Mit den Händen gestikulierend* I don't want to hear it!

TC 0:23:16: Voigt *(groß)*: Of course, you don't.

TC 0:23:18: Hoprecht *(groß)*: I'm not permitted to hear it. I am an official and a soldier, and that I am with heart and soul.

TC 0:23:25: *Voigt vor der Wand, die rechte Hand in der Tasche, die linke auf einer Stuhllehne.* Hoprecht *(groß)*: You must obey, Wilhelm, not resist. And if you are crushed, you are a victim.

TC 0:23:31: Hoprecht *(groß)*: But even as a victim, you should be proud to be one of us. A man alone is a nobody. That's what you don't know, because you've never experienced it.

TC 0:23:39: Voigt *(halbnah), geht langsam auf Hoprecht zu*: Haven't I? *Beide nun von Angesicht zu Angesicht*: 30 years in jail! Hoprecht: You have to obey your superiors. They know what's good for you. They've studied government and they think for us, and worry for us. They take over our responsibilities. *Kamerafahrt auf nah*: Voigt: I want to live my own life. And want to make my own mistakes. God knows they don't pay for them. *Klopft mit der linken Faust auf die Brust.* I do! Hoprecht: Can't you really understand it? Good Lord, don't you have a conscience, an inner voice to teach you? Voigt: Yes. *Musik setzt ein.* Short a while ago, sitting in the dark by the window, I heard it. *Geht nach links an Hoprecht vorbei, Hoprecht dreht sich um, sieht ihm nach.*

TC 0:24:38: *Voigt setzt sich in den Sessel am Fenster.*

TC 0:24:43: Hoprecht *(groß), nach links gewandt, Profil*: And what did you hear?

TC 0:24:44: Voigt *(im Sessel sitzend, nach links gewandt, blickt nach vorn*: The inner voice, tremendously loud, making everything in the world dead silent. *Legt beide Hände auf die Knie.* Listen, you, it said:

TC 0:25:00: Voigt *(groß, von oben)*: Pretty soon you're going to take your last gulping breath and then you will be standing before God the father, who gave you your first breath, you will stand before God and he will ask you straight to your face: Wilhelm Voigt, what have you made of your Life? And I left the answer at the doormat like I made in prison for all the world to trample on. And then God will say: That's not what I gave you life for. You owe me a life. Where is it? What have you done with it? You have come to the wrong department. That he'll say. Get out, he will say. Expulsion! *Er blickt zu Hoprecht.* And then, Friedrich, I'll have to get going because I didn't even have a passport for *er richtet den Blick nach oben* up there. *Er senkt den Kopf, schließt die Augen.*

TC 0:26:12: *Die Musik endet.* Hoprecht *(halbnah), nach links [Voigt zugewandt]*: Wilhelm, you question the foundations of the universe. *Voigt kommt von links, bleibt vor Hoprecht stehen, schlägt die rechte Hand mit geballter Faust nieder.* Ah, rat! Hoprecht: You're a revolutionary.

TC 0:26:20. *Marie im Nebenzimmer (frontal, nah).* Hoprecht *(off)*: You're an amateur.

TC 0:26:22: *Voigt und Hoprecht (wie zuvor, Auge in Auge), Marie erscheint im Hintergrund.* Voigt. So, but I am not a slave, either. *Marie kommt nach vorn, stellt sich zwischen beide*: Friedrich! Wilhelm! I beg you! *Voigt streichelt ihr die rechte Wange.* Hoprecht: Now, wait a minute, Wilhelm. – Voigt *nimmt Hoprecht den Ausweisungsbeschluß aus der linken Hand*: Thanks, Friedrich. You're alright. Not your fault. *Er geht nach rechts, ergreift sein Bündel und seinen Hut.* You are a good fellow. Good bye, Mary. And thanks for everything. *Musik setzt ein. Er geht nach rechts vorn aus dem Bild. Beide sehen ihm nach.* Marie: He was upset. He didn't know what he was saying.

Oswald hält sich an das szenische Modell seines Films von 1931; das Gespräch findet wiederum in der Abendstunde statt. Er läßt lediglich Marie noch einmal kurz auftreten, die dadurch auch das ›letzte Wort‹ erhält. Zur zentralen Aussage der Szene wird Voigts Verdammung des deutschen Militarismus. Seine anschließenden Äußerungen über seine innere Stimme werden durch eine kurze Musikeinblendung melodramatisiert; entgegen der Kamerapraxis der frontalen Großaufnahme im Film von 1931, erfaßt die Kamera diesmal Voigts Gesicht in einer Großaufnahme leicht von oben. Durch Nahaufnahmen deutlich davon abgegrenzt werden Hoprechts glühende Bekenntnisse zum Soldatentum.

5. Das Lachen

Hans Feld erinnert in seiner Rezension der Uraufführung des Filmes von 1931 an die Stimmung im Berliner Großen Schauspielhaus bei der schon zehn Jahre zurückliegenden Uraufführung von Romain Rollands *Danton* unter der Regie von Max Reinhardt. Damals hatte Paul Wegener als Danton ein Lachen ausgelöst, das »werbend, ansteckend durch den Saal« dröhnte: »Ähnliche Stimmung, seitdem nicht wieder erzeugt, wurde gestern im Mozartsaal ausgelöst [...]. Es ist ein befreiendes Lachen, das von Stoff, Verpassung, Darstellung ausgeht. Hier wird nicht karikiert und schon gar nicht frisiert. Sondern eine historische Episode als Objekt der Heiterkeit wiedererweckt.«[125] Henri Bergson[126] sieht im Lachen eine Reaktion auf die Wahrnehmung einer Diskrepanz im Verhältnis des Einzelnen und der Gesellschaft. Hinter seiner Theorie des Lachens steht die Vorstellung von einem Leben, das ständig in Normen und Automatismen zu erstarren droht und das erst durch das Lachen aus dieser Erstarrung befreit werden kann. Das Lachen kann einen Konflikt neutralisieren, aber auch zu Einsichten und Erkenntnissen führen. Es ist im *Hauptmann von Köpenick* situationsspezifisch an das Verhalten der Figuren geknüpft. Die oberste Instanz des Lachens in der dargestellten Welt ist Kaiser Wilhelm II., der sich im Falle der historischen »Köpenickiade« sehr amüsiert gezeigt haben soll; sein Lachen ist jedoch repressives Lachen. Die Anekdote fand ihren Niederschlag im Stück. Im Vernehmungszimmer des Berliner Polizeipräsidiums berichtet der Inspektor dem Kommissar:

> Der Kaiser is gar nich so scharf auf die Sache. Im Gegenteil! Habense den Geheimbericht nich gelesen? Gelacht hat er, wie mans ihm vorgetragen hat, und stolz war er noch drauf! Mein lieber Jago, hat er zum Präsidenten gesagt, da kann man sehen, was Disziplin heißt! Kein Volk der Erde macht uns das nach. Da habenses .(S. 179)

Der historische Wilhelm Voigt mußte vor seiner Begnadigung von der 48monatigen Gefängnisstrafe erst einmal zwanzig Monate absitzen.

---

125 Hans Feld in: *Film-Kurier* vom 23. Dezember 1931, Nr. 300.
126 Henri Bergson, *Le rire. Essai sur la signification du comique*, Paris 1909.

Oswald fand für die filmische Transformation des hier nur Berichteten eine geniale Lösung, die auch der Film von 1956 sich nicht entgehen ließ. Zuckmayer berichtet:

> Er hatte nämlich als erstes die ›Idee‹, den Kaiser nicht selbst sichtbar zu machen, sondern das Vorzimmer zu zeigen mit ängstlich wartenden Kabinettsräten etc, die die Zeitungen in der Hand haben und einem Kammerherrn mit dem Ohr am Schlüsselloch. Von drinnen die behutsame Stimme des Vortragenden: und dann befreiendes Gelächter des Kaisers, das von den Hofleuten draussen aufgenommen wird.[127]

Im Film ist diese Szene, in der der Kammerdiener das Ohr nicht ans Schlüsselloch hält, das Glied in einer Sequenz von Lach-Situationen: (1) TC 1:11:20: Der Wachhabende Offizier hat dem Bürgermeister Obermüller und dem Kassierer Rosencrantz, die von Kilian auf der Neuen Wache abgeliefert wurden, erklärt, daß sie einem »Bubenstreich« zum Opfer gefallen seien. Das Bild zeigt nun den wachhabenden Offizier (nah), zu dem von links und rechts je ein weiterer Offizier tritt. Die Spannung in ihren Gesichtern weicht schallendem Gelächter. (2) TC 1:11:41: Teilrealisierung der Szene III 20 (Aschingers Bierquelle in der Neuen Friedrichstraße) mit dem Lachen der Leute über die Nachricht vom Coup des Hauptmanns von Köpenick. Voigt verläßt das Lokal, Schwenk auf das Extrablatt. (3) TC 1:12:26: Leute stehen vor der Litfaßsäule, lesen den Steckbrief. Voigt steht inmitten des Gelächters. (4) TC 1:13:13: Eine schnelle *Enumeratio* der Titelblätter der Internationalen Presse und Bildern von Wahrzeichen der Hauptstädte bekräftigen den Satz »Die ganze Welt lacht ja«, auf der Tonspur ist weiterhin Gelächter zu hören. (5) TC 1:13:51: Plötzliche Stille. Totale: Blick auf das Berliner Schloß. (6) TC 1:13:55: Vorzimmer des Kaisers. Die beiden Kammerherren gehen durch zwei Türen, Diener schließen die Tür; Stille bis TC 1:14:19: Das Lachen des Kaisers. TC 1:14:29 Einer der Herren im Vorzimmer: »Majestät lacht!« Auch die Herren im Vorzimmer lachen.

In *I Was a Criminal* hat Oswald diese Lach-Kombination nicht wiederholt. Erhalten blieb situationsbedingt die Straßenszene vor der Litfaßsäule (TC 0:54:51); sie wurde um die Verhaftung eines Verdächtigen erweitert. Die *Enumeratio* von Schlagzeilen verschiedener Zeitungen erfolgt nun erst, nachdem Voigt sich im Polizeipräsidium offenbart hat, und mündet in die Mitteilung: »General Staff have recommended life

---

[127] Vgl. Nickel/Weiß, *Carl Zuckmayer*, a.a.O. (Anm. 13), S. 196.

imprisonment for criminal Wilhelm Volck [!] for the unpardonable crime committed by this convict«. Der auch hier nicht gezeigte Kaiser kommentiert diese Forderung in der darauffolgenden Szene im Schloß (TC 1.04:07) mit den Worten »Unsinn! Dummkopf!«. Er lacht nicht, sondern ordnet mit scharfer Stimme die Begnadigung Volcks (!) und dessen Ausweisung aus Deutschland an und besiegelt sie mit den Worten »Erledigt. Fertig jetzt!«

Im Film von 1956 wird das Lachen szenisch weiter verteilt. Zunächst lachen auch hier die drei Offiziere auf der Neuen Wache (TC 1:18:44). Danach wird gezeigt, wie ein Zeitungsjunge auf der Straße das Extrablatt verkauft (TC 1:18:48). Nach einem Schwenk wird Voigt im Café gezeigt (TC 1:18:53); es kommen drei Männer in den Raum, einer gibt dem ernst am Tisch sitzenden Voigt das Extrablatt mit der Bemerkung: »Das Lachen haste och nich jelernt, wa?« Der Film bietet auch die Szene vor der Litfaßsäule (TC 1:19:21): Die Leute lesen den Steckbrief, Voigt stellt sich zu ihnen, liest den Steckbrief. Die Leute lachen, dann lacht auch Voigt. Schon danach wird (TC 1:19:49) das Polizeipräsidium am Alexanderplatz gezeigt. Voigt tritt ein. Der Polizeikommissar verspricht Voigt, er werde einen Paß erhalten, wenn er den Hauptmann von Köpenick nenne. Es folgt die Realisierung der Szene III 21. Nach dem hier allgemein um sich greifenden Gelächter hat die folgende Szene im Vorzimmer des Kaisers (TC 1:25:25) und das nur kurze Gelächter des Kaisers eine andere Funktion. Man hört zusätzlich die Worte des Kaisers: »Da sehen Sie, lieber Jago. Das ist Disziplin. Kein Volk der Erde macht uns das nach.« In der folgenden Einstellung (TC 1:25:51) ist der Blick der Kamera zunächst auf den Kaiseradler und die Worte »Begnadigung« gerichtet, danach schwenkt die Kamera nach unten auf die Begnadigungsverfügung.

Die affektstarke Situierung des Lachens im Film von 1931 sollte im Film von 1956 ursprünglich durch eine Szene ersetzt werden, die sich im Drehbuch zwischen der Szene, in der Voigt sich der Polizei stellt, und der Kaiser-Szene findet.[128] Vorgesehen war als 65. Bild (E 422-424):

---

128 Das im Zuckmayer-Nachlaß überlieferte Drehbuch (siehe Anm. 119) enthält nur die Bühnenanweisung mit dem Vermerk: »Couplet-Strophe«, das »Schauspieler-Drehbuch aus dem Besitze Heinz Rühmanns« (Archiv der Stiftung Deutsche Kinemathek), nach dem der Text hier wiedergegeben wird, enthält auf den (durchgestrichenen) Seiten 212-213 auch die Couplet-Strophen.

Bühne des Metropol-Theaters. Ich gebe hier nur den Anfang der Szene wieder:

422.

Vor einem ironischen Moritaten-Prospekt (kurze Bühne) singt der Schauspieler Giampietro in grotesk-parodierter Hauptmanns-Uniform und dito-Schnurrbart.

422.

Bei uns hat man statt denken in Gruppen rechts zu schwenken.
1. Refrain:
In Gruppen rechts,
in Gruppen links,
mit uns könnt ihr's ja machen,
die Augen rechts,
die Augen links,
wenn auch die andern lachen.

423.

– singt weiter –
Kamera begleitet ihn –
während er nach Art der Vortragenden jener Zeit an der Rampe entlangstolziert.
Auf dem Prospekt des Hintergrundes sieht man jeweils die einzelnen Stationen, wie das Anhalten vor der Schwimmschule Plötzensee, die Vorgänge im Rathaus zu Köpenick, die Abfahrt der Kutschen.

423.

Bei uns ist der Soldat tataram –
der erste Mann im Staat tataram –
in unserm Land
steht der Verstand
mit 'nen Händen an der Hosennaht
stramm – tataram
taterätäterä tataram

424.

Jetzt marschiert er im Stechschritt rückwärts und setzt sich an die Spitze von acht rundlichen Tanzmädchen der Zeit, die kokette Soldaten-Kostüme tragen und marschiert mit ihnen, den letzten Couplet-Refrain singend, rund um die Bühne.

424.

Das Ganze halt,
das Ganze marsch,
im gleichen Schritt und Tritt, wenn nur Musik vorweg marschiert,
wenn nur ein Hauptmann kommandiert,
dann machen alle mit,
dann machen alle mit.
/Musik endet mit dem Kaisersignal ta-tü-tata/

Lachen im Zuschauerraum.
Man klatscht im Takt

Lachen
Klatschen

Die Szene bestätigt Helmut Käutners Neigung zu kabarettistischen Einlagen. Sie endet mit einem weiteren Vers, der »Moral von der Geschicht« und dem Refrain, in dem es dann am Schluß heißt: »Wenn nur der Richt'ge komandiert / dann machen alle mit.« Der Verzicht auf diese Moritat bedeutet Besinnung auf das eigentliche Exempel – das Verhalten des Schusters Wilhelm Voigt.[129]

6. Das Argument der Schlußszene

Das Sujet des *Hauptmann von Köpenick* ist topologisch durch eine Grenze festgelegt, die zwischen der hierarchisch organisierten Gesellschaft der dargestellten Welt und den aus dieser Gesellschaft Ausgestoßenen verläuft. Dem arbeits- und heimatlosen Schuster Wilhelm Voigt gelingt es, diese Grenze zu überschreiten und schließlich in die Gesellschaft re-integriert zu werden. Zu diesem Ziel führt weder der legale Weg (rechtmäßig Papiere und Arbeitserlaubnis zu erhalten) noch der illegale Weg (sich gewaltsam die notwendigen Papiere zu beschaffen). Die Re-Integration erfolgt vielmehr auf dem Wege der Begnadigung durch die höchste Instanz der Gesellschaftsordnung, Kaiser Wilhelm II. Das Stück endet zwar nicht mit dieser Begnadigung, aber der Zuschauer konnte sie zum Zeitpunkt der Uraufführung des Stückes aus seiner Kenntnis über den historischen Wilhelm Voigt ergänzen, zumal das Lachen des Kaisers über den Fall zur Sprache kommt. Aus der letzten Szene im Vernehmungszimmer des Berliner Polizeipräsidiums geht auch hervor, daß Wilhelm Voigt aufgrund des dem Paßkommissar abgenommenen Versprechens später seinen Paß bekommen wird (S. 181). Die Filme von 1931 und 1956 führen die Handlung über die Vernehmungsszene hinaus, zeigen, wie Wilhelm Voigt den erwünschten Paß erhält und in die Freiheit entlassen wird, verfolgen aber unterschiedliche Strategien, die jeweils in ihren Anfangsszenen verankert sind. Beide Filme beginnen mit Marschmusik eines Musikzuges, der einer Kompanie voranmarschiert. Im Film von 1931 wird Voigt (TC 0:01:21) danach im Kellergeschoß des Gefängnisses gezeigt, wo er mit anderen Gefange-

---

[129] Im Brief an Walter Koppel vom 9. August 1956 (DLA, Nachlaß Carl Zuckmayer, Akz.-Nr. 86.1764/6) erinnert Zuckmayer Koppel daran, daß er ihn schon vor dieser Szene gewarnt habe, als er das »endgültige technische Drehbuch sah«. Er stimmt mit Koppel »restlos darin überein, daß das Couplet kurz vor Schluß eine dem Publikum nicht mehr faßliche Belastung des zum Ende draengenden Ablaufs, und ein ausgesprochener ›Anti-Climax‹ waere.«

nen als Schuster arbeitet. Der Aufsichtsbeamte wendet sich ihm zu (TC 0:01:39: »Na, Voigt, in drei Tage haste wieder mal ausgesessen.« Voigt (nah) nickt, sieht den Aufsichtsbeamten an, senkt dann den Kopf. Die lange Verweildauer der Kamera (TC 0:01:45-55) erlaubt eine intensive Beobachtung seines Gesichts. Die Exposition im Film von 1956 zeigt (TC 0:01:04) Voigt bereits nach seiner Entlassung. Mühsam versucht er mit den Soldaten Schritt zu halten. Er wird von Kalle eingeholt, der ihn rügt: »Wat willste det Militär nachloofen mit deine O-Beine? Dat schaffste doch nich nach deine zehn Jahre Knast. Dazu war die Suppe zu dünn in de Plötze. Wat isn da überhaupt zu sehen ans Militär. Militär is wat für Jören oder Dienstbolzen. Wat'n besserer Herr is, der kiekt da weg«. Durch den schnoddrigen Ton des bekannten Kabarettisten Wolfgang Neuss ist hier die »Ohne-Mich«-Haltung schon zu Beginn affektiv festgelegt.

Beide Filme lassen auch am Schluß die Kompanie nebst Musikzug wieder aufmarschieren. Im Film von 1931 wird Voigt der Paß ausgehändigt (TC 1:22:19); die Kamera geht bis zur Großaufnahme an Voigts Gesicht heran.[130] Nach einer Überblendung (TC 1:22:22) wird gezeigt, wie Voigt das Gefängnis verläßt. Hinter ihm marschieren die Soldaten; der Dirigent gibt das Zeichen zum Einsatz. Voigt setzt seinen Hut auf, marschiert, das Päckchen mit seinen Habseligkeiten unter dem Arm, der Kolonne voran, schert aber zuletzt nach rechts aus dem Bild aus. Aus dem gespielten Petersburger Marsch (Armeemarsch 113) konnte man leicht die Berliner Textunterlegung heraushören: »Denkste denn, denkste denn, du Berliner Pflanze, denkste denn, ich liebe dir, wenn ich mit dir tanze.«[131] Daraus läßt sich das Argument ableiten, daß Voigt mit dem Militär letztlich nicht viel im Sinn hat: er wollte nur zu seinem Paß kommen.

---

130 Der Film verzichtet hier auf das im Drehbuch (S. 181) enthaltene 88. Bild: Voigt sitzt im Biergarten »Neue Welt« in der Hasenheide: »(Musik intoniert gerade den ›Rixdorfer‹). Voigt sitzt an einem Tisch, blättert in seinem Pass. Aufgeschlagene Seite: Gross: Diese Seite füllt nun das ganze Bild. Oben die Passfotografie, mit Stempel, darunter Voigts bekannte Unterschrift: Wilhelm Voigt. Unter diesen Namenszug schreibt sich nun von selbst in Voigts Handschrift: ›Der Hauptmann von Köpenick«.

131 Vgl. zum Text: Lukas Richter, *Der Berliner Gassenhauer. Darstellung, Dokumente, Sammlung*, Leipzig 1969, S. 333.

Aktualisierung – Realisierung

Voigts Distanz zum Militär wird im Film von 1956 wesentlich stärker zum Ausdruck gebracht. Hier erklärt Voigt, als der Gefängnisdirektor ihm den Paß überreicht: »Ach wissen se, ick jloobe, et is zu spät. Den hab ick überwartet. Und den brauch ick auch nich mehr. Denn jetzt bin ick ja ...« Hier erfolgt (TC 1:28:02) ein Schnitt. Die Worte »der Hauptmann von Köpenick« fallen schon in das nun gezeigte Bild: Von links laufen Kinder ins Bild und dem Musikzug voraus, der dann von links nach rechts ins Bild marschiert; zu hören sind Trommeln und Pfeifen, dann setzt die Musik mit dem Petersburger Marsch ein. Voigt kommt von hinten rechts aus dem Gefängnis, trägt den Uniformkarton unter dem Arm und geht nach links, d.h. in Gegenrichtung des Musikzugs, an ihm vorbei. Er bleibt an einem Baum stehen, bricht einen Zweig ab, steckt ihn an seinen Hut. Die letzte Einstellung zeigt ihn mit dem Rücken zur Kamera auf dem Weg in den Hintergrund.

Diese Einstellung hat seit Charlie Chaplins Film *The Tramp* (1915) topischen Charakter. Dort geht der Landstreicher wieder seinen eigenen Weg, nachdem er den Liebhaber des Mädchens gesehen hat, dessen Liebe er gewonnen zu haben glaubte; es war Chaplins erster Film mit tragischen Episoden.[132] Der Topos verweist auf die selbstbewußte Abkehr von nicht gemäßen Lebensverhältnissen. Als Schlußpointe im Film von 1956 war ursprünglich eine Großaufnahme vorgesehen, die »nachdem Voigt in einer sehr schönen Einstellung aus dem Bilde gegangen ist, die Uniform als Vogelscheuche zeigt.«[133] Walter Koppel hielt diese Schlußpointe »für *zu* agressiv und für psychologisch falsch«, und Zuckmayer erklärte: »Das Wesentliche ist die menschliche Geschichte, und ich fände es daher schöner und organischer, wenn der Film auch

---

132 Daß Käutner Charlie Chaplin auf die Figur des Schusters Wilhelm Voigt projiziert hat, zeigt die Notiz in beiden Treatments (S. 1) zum ersten Auftreten Voigts: »Ein paar *chaplineske Beine* in schwarzen Korkenzieher-Hosen und ausgelatschten Stiefeln.« Im Zuckmayer-Nachlaß sind überliefert: 1. Technisches Bilder-Treatment ohne Dialog (62 Bilder = 63 S.), 2. Bilder-Treatment mit angedeutetem Dialog (50 Bilder = 40 S.), 3. Bildfolge, Entwurf (43 Bilder = 20 S.).
133 Brief von Walter Koppel an Zuckmayer vom 9. Juli 1956. Der Film war bereits fertiggestellt und Koppel erklärte: »Diese Szene ist wirklich ein Antiklimax und ich bin entschlossen – vorläufig gegen den Widerstand von Helmut – diese Szenen fehlen zu lassen.«

mit dem Menschenbild zuende geht.«[134] So blieb die Argumentation des Films in sich stimmig. Im historisch-politischen Kontext der Debatte um die Wiedereinführung der Wehrpflicht hielt der Film die Balance zwischen dem von Voigt vertretenen Standpunkt »Dann kann ick auch sterben dafür, wenns sein muß« und der »Ohne mich«-Haltung. Der Militarismussatire war damit die Spitze gebrochen.[135]

Schwerer wiegt der von Oswald 1941 gefundene Schluß. Voigt steht vor dem Schalterfenster des Gefängnisses, hinter dem ein Beamter ihm den Paß aushändigt. TC 1:05:01 zeigt Voigt ganz groß mit glänzenden Augen: »My passport«, TC 1:05:04: den Paß in den Händen Voigts. Nach einem kurzen Wortwechsel fragt ihn der Beamte: »Where will you go?« Die Argumentation des Films ist aus den folgenden Schlußeinstellungen abzulesen:

TC 1:05:26: Voigt *(nah)*: Where people live before they die.

TC 1:05:33: Der Beamte *(nah, leicht von oben)*: What do you mean exactly?

TC 1:05:35: Voigt *(nah)*: You wouldn't know. *Pause.* You are a German!

TC 1:05:44: Der Beamte *(nah) aufgebracht*: : Getting fresh away!

TC 1:05:48: Voigt *(ganz groß), Lippen gespannt, glänzende Augen*: Getting out!

TC 1:05:50: *Voigt vor dem Schalter, nimmt seine Sachen, geht nach links. Der Beamte hinter dem Schalter blickt ihm nach.*

TC 1:05:52: *Grenzschild (Adler mit Inschrift »Deutsche Grenze«), zeitweise von vorbeiziehenden Nebelschwaden verdeckt. Schwermütige Musik setzt ein.*

TC 1:05:57: *Voigt (halbnah frontal) im Freien, geht, die Augen vorwärts gerichtet, nach links aus dem Bild.*

TC 1:06:02: *Voigt (ganz groß) leicht nach links gewandt, blickt nach vorn. Helles Licht fällt auf sein Gesicht.*

---

134 Koppel im Brief vom 9. Juli 1956, zu dem Zuckmayer im Brief an Koppel vom 9. August 1956 Stellung nimmt. Zitiert in: Nickel/Weiß, *Carl Zuckmayer*, a.a.O. (Anm. 13), S. 415.

135 Wolfgang Staudte dagegen wagte mit seinem Film *Kanonenserenade* (BRD 1959) eine Militarismussatire, die vor dem Hintergrund der damals aktuellen Debatte um die Wiederbewaffnung die »Ohne-Mich«-Haltung klar zum Ausdruck brachte. Die Unterschiede zwischen beiden Filmen demonstrierte Peter Specht in seiner Magisterarbeit *Militarismussatire in Helmut Käutners ›Der Hauptmann von Köpenick‹ und Wolfgang Staudtes › Kanonenserenade‹* (FU Berlin 1999).

TC 1:06:06: *Gebirgslandschaft mit Dorf (Totale). Glockengeläut. Kameraschwenk nach links.*
TC 1:06:13: *Gebirgslandschaft mit Dorf (Totale), Kameraschwenk nach oben.*
TC 1:06:16: *Voigt (ganz groß) wie zuvor. Melodische Musik setzt ein.*
TC 1:06:21: *Überblendung: Voigt geht zielstrebig nach rechts aus dem Bild.*
TC 1:06:28-TC 1:06:44: Voigt *(Rücken zur Kamera) in der Gebirgslandschaft, nach vorne schreitend. Das Wort End wird eingeblendet. Die Musik schwillt an.*

Voigt wird zwar aus Deutschland ausgewiesen, kehrt aber seinem Heimatland selbstbewußt den Rücken; die letzte Einstellung erinnert wiederum an Charlie Chaplin. Hier konnten 1941 Parallelen zu den Ausbürgerungen aus Deutschland und zur Hoffnung vieler Emigranten auf den begehrten Paß gezogen werden.[136] Militarismus und Bürokratie in der dargestellten Welt dieses Films haben daher einen anderen Stellenwert als in den Filmen von 1931 und 1956. Der Film von 1941 bedurfte der Milieustudien des Stückes nicht; deshalb konnte er auch auf die Vermittlung der Geschichte der Hauptmanns-Uniform verzichten. Gegenüber den Filmen von 1931 und 1956 tritt hier die politische Argumentation am schärfsten hervor. Oswald überschritt damit die von Zuckmayer gezogenen Grenzen.

C. Zusammenfassung

In der siebzigjährigen Rezeptionsgeschichte von Zuckmayers *Hauptmann von Köpenick* wird ein breites Spektrum verschiedener Aktualisierungs- und Realisierungsmöglichkeiten sichtbar. Die Rekonstruktion der jeweiligen Aktualisierungssituationen läßt vor allem das konstante politische Interesse am Werk erkennen. Stets trafen darin die vom

---

136 Bassermann war bereits seit den zwanziger Jahren in der Schweiz ansässig, erklärte jedoch am 31. März 1934 seinen Austritt aus der »Genossenschaft deutscher Bühnenangehöriger«, da das geplante Leipziger Frühjahrsgastspiel wegen der jüdischen Herkunft seiner Frau untersagt worden war, und damit offiziell seine Emigration. Am 5. Juni 1942 wurde ihm die deutsche Staatsbürgerschaft aberkannt. Im April 1939 reiste er mit einer nur acht Monate gültigen Aufenthaltserlaubnis in die USA ein. Nach seinem ersten amerikanischen Film *Dr. Ehlich's Bullet* mußte er die USA wieder verlassen, konnte dann aber nach einem Aufenthalt in Mexiko mit Hilfe von Freunden in die USA zurückkehren. Vgl. hierzu die Dokumente in: *Albert Bassermann 1867-1952. Sonderschau anläßlich seines ersten Bühnenauftritts vor 100 Jahren*, Städt. Reiß-Museum Mannheim, Theatersammlung 1987, S. 25-26.

Werk ausgehenden Impulse auf Suchbilder von Interpreten, die eigene Vorstellungen auf den Text projizierten und das Werk auch eigenen Argumenten dienstbar machten. Entgegen Zuckmayers Intentionen ist das Werk nach wie vor als Satire aktualisierbar. Ob allerdings auf lange Sicht im *Hauptmann von Köpenick* das ›Deutsche‹ an der »Köpenickiade« als Gegenstand der Satire zu Gunsten des im Werk enthaltenen allgemeingültigen Exempels und der Lust am Lachen verblassen wird, wie das ›Russische‹ in Gogols *Revisor*, ist eine offene Frage.

Theresia Wittenbrink

Carl Zuckmayer im Rundfunk der Weimarer Republik

> Der deutsche Rundfunk ist meiner Ansicht nach eine ganz herrliche Einrichtung. Noch herrlicher wäre es, wenn er einem langgehegten Wunsche von mir entsprechen und die tägliche Zuckmayer-Stunde einrichten würde. Auf die Woche verteilt, denke ich mir das ungefähr so: Montag: Zuckmayer-Stunde für die Erwachsenen, Dienstag für die Halbwüchsigen, Mittwoch für die reifere Jugend, Donnerstag für höhere Töchter, Freitag für die Jugend und Sonnabend für die Kinder. Sonntags dürfte dann ein Ruhetag sein. Denn sonst würde es manchem doch vielleicht zu viel werden.[1]

Die Programmverantwortlichen des Weimarer Rundfunks hätten eine intensivere Hörfunkarbeit des erfolgreichen Schriftstellers, der sich hier über die Ausdifferenzierung der nachmittäglichen Zielgruppenprogramme lustig machte, sicher durchaus begrüßt. Zuckmayer, der seinem ironischen Wochenschema gleich ein Loblied der Jugendstunde folgen ließ, war im Rundfunk bis 1933 hingegen nur relativ selten zu hören. Einzelne vielversprechende Ansätze sind zwar zu entdecken – war er doch seit seiner Komödie *Der fröhliche Weinberg* »ein von den Massenmedien umworbener Autor«,[2] zu einer kontinuierlichen Mitarbeit kam es aber nie.

Dabei war mit dem Radio ein attraktives, gerade auch von Schriftstellern genutztes Publikationsmittel entstanden. Vom Programmbeginn der Berliner Funkstunde im Oktober 1923 an entwickelte sich das neue Medium rasch zu einem bedeutenden kulturellen Faktor der Weimarer Republik. Bald strahlten neun regionale Sendegesellschaften und von

---

[1] Carl Zuckmayer, Beitrag zu der Umfrage *Was bedeutet uns der Rundfunk?* in: *Hannoversches Tagblatt* vom 26. Juli 1930.
[2] Gunther Nickel/Ulrike Weiß, *Carl Zuckmayer 1896-1977. »Ich wollte nur Theater machen«*, Marbach 1996 (Marbacher Kataloge 49), S. 141.

1926 an auch die überregionale Deutsche Welle ihr Programm aus. Die Zahl der Rundfunkteilnehmer stieg in den ersten drei Jahren auf 1,25 Millionen an und erreichte im Oktober 1932 mehr als vier Millionen. Damit konnten wahrscheinlich mehr als zehn Millionen potentielle Hörer erreicht werden.[3] Der weitaus größte Anteil des Sendevolumens wurde von Beginn an mit Musik bestritten, gefolgt von Vorträgen – mit abnehmender Tendenz – und zunehmend aktueller Berichterstattung sowie Service- und Zielgruppensendungen.[4] Doch auch die Literatur bekam einen, wenn auch zeitlich recht begrenzten, Platz eingeräumt, zuerst als Gedichtrezitation innerhalb von Musikprogrammen, dann auch als Lesung oder gesprochenes, bald im Studio aufgeführtes Drama.[5]

Junge Dichtung in Mottosendungen

Als besonders beliebte rundfunkspezifische Form galten von früh an mosaikartig zusammengesetzte Abfolgen von Musikstücken und literarischen Texten. Im unterhaltenden Bereich wurden nach dem Vorbild der Nummernprogramme in Varieté und Kabarett *Bunte Abende* ausgestrahlt, im bildungsbeflisseneren Teil solche Mischungen aus Wort und Musik unter ein bestimmtes Motto gestellt oder in späteren Jahren auch zu *Hörfolgen*, den Vorläufern des Features, komponiert. Die primär literarisch ausgerichteten Mottosendungen präsentierten bevorzugt Schauspieler und Rezitatoren, die auch schon vor Beginn des Rundfunks mit solchen Abenden auf Vortragsreise gegangen waren. Zeitgenössische Literatur nahm in diesen Programmen wachsenden Raum ein, zuerst hauptsächlich expressionistische Lyrik, dann auch der Neu-

---

3 Horst O. Halefeldt, *Gebremste Expansion: Organisation und Entwicklung der regionalen Sendegesellschaften nach 1926*, in: Joachim-Felix Leonhard (Hrsg.), *Programmgeschichte des Hörfunks in der Weimarer Republik*, München 1997, S. 280-329, hier: S. 282.

4 Siehe Renate Schumacher, *Halbzeit oder Höhepunkt? Eine Zwischenbilanz nach fünf Jahren*, in: Leonhard (Hrsg.), *Programmgeschichte des Hörfunks in der Weimarer Republik*, a.a.O. (Anm. 3), S. 381-394.

5 Zur Entwicklung des Literaturprogramms hier und im folgenden siehe meine Beiträge *Rundfunk und literarische Tradition* und *Zeitgenössische Schriftsteller im Rundfunk*, in: Leonhard (Hrsg.), *Programmgeschichte des Hörfunks in der Weimarer Republik*, a.a.O. (Anm. 3), S. 996-1195.

en Sachlichkeit zuzuordnende Texte, etwa zu den Themen Technik, Großstadt oder Sport.

Nach der sensationellen Uraufführung seines Lustspiels *Der fröhliche Weinberg* im Dezember 1925 gelangte auch Zuckmayer prompt als Repräsentant des modernen Theaters in solche Zusammenstellungen. Der Berliner Rezitator Willy Buschoff las unter dem Motto *Zeitgenössische Dichtung* am 22. Januar 1926 in Leipzig und am 17. Februar 1926 in Dortmund (nach Lyrik der Autoren Rainer Maria Rilke, Kurt Heynikke, Stefan Zweig, Else Lasker-Schüler, Alfons Paquet, Bertolt Brecht und Franz Werfel sowie Epik von Knut Hamsun und Peter Altenberg) als einzigen dramatischen Beitrag einen Ausschnitt aus *Der fröhliche Weinberg*.[6] Während Buschoff sich sonst hauptsächlich deutschen Klassikern und der europäischen Erzählliteratur widmete, engagierte sich Franz Konrad Hoefert, der zweite Berliner Rezitator, der Zuckmayer in diesem Jahr in ein Programm aufnahm, speziell für die jungen Zeitgenossen. Selbst als Autor tätig, hatte er 1922 unter dem Aufruf *Junge Dichter vor die Front* noch unveröffentlichte Manuskripte zusammengetragen und herausgegeben.[7] Im Herbst 1926 präsentierte er unter diesem Motto im Rundfunk die Schriftsteller »Carl Zuckmayer, Benedikt Lochmüller, Julius Berstl, Fritz Walter Bischoff, Hermann Kasack, Marieluise Fleißer, Bertold Brecht« (Wefag, Studio Münster 11. November 1926).[8] Zuckmayer und Brecht kombinierte auch der Schauspieler Gerd Fricke, der vorübergehend das literarische Programm der

---

6 Bei der Mitteldeutschen Rundfunk AG (Mirag) in Leipzig wurden – recht unpassende – Musikbeiträge eingestreut. Im Dortmunder Studio der Westdeutschen Funkstunde AG (Wefag) fiel die Musik weg; Buschoff ersetzte Lasker-Schüler durch Klabund und fügte Prosa von Meyrink hinzu.
7 A.S., *Franz Konrad Höfert*, in: *Die Sendung*, Jg. 6, 1929, H. 22, S. 43.
8 Programmausdruck für den 11. November 1926, in: *Der deutsche Rundfunk*, Jg. 4, 1926, H. 45, S. 3226 (zitiert ohne Korrektur falscher Schreibweisen bei den Autorennamen). Die Programmzeitschriften verzeichnen nicht immer die gelesenen Texte, so daß hier wie bei einigen weiteren Sendungen keine näheren Angaben gemacht werden können. – Hoeferts Zusammenstellung jüngster Dichtung wurde am 18. November 1926 auch von der Schlesischen Funkstunde gesendet, nachdem sie dort schon einmal für den 23. September 1926 angekündigt worden war.

Südwestdeutschen Rundfunk AG (SWR) in Frankfurt betreute, in seiner Sendung *Aus jüngster deutscher Dichtung* (7. März 1926).[9]

Abgesehen von diesen Reaktionen auf den enormen Publikumserfolg des *Fröhlichen Weinbergs* im Jahr 1926 blieben Texte Zuckmayers in Themenabenden die Ausnahme. Am 5. August 1929 gestaltete Heinz Ludwigg bei der Deutschen Welle das Programm *Dichter als Schauspieler*. In seiner als Dialog verfaßten Programmankündigung hieß es: »›Ich beginne bei dem General honoris causa Sophocles [...] und schließe mit dem Schauspieler Carl Zuckmayer.‹ – ›Dem Schauspieler Zuckmayer?‹ – ›Es freut mich, daß Du scheinbar doch nicht alles weißt, was ich zu sagen habe.‹«[10] Ludwigg spielte wahrscheinlich auf Zuckmayers Statistenrolle im 1922 gedrehten Film *Fridericus Rex* oder seine Mitwirkung an Aufführungen des Kieler Theaters in der Saison 1922/23 an.[11] Ellen Bobsins Zusammenstellung *Dichter hören Musik*, ausgestrahlt vom Hamburger Sender am Karfreitag des Jahres 1932, verwies auf seine starke Bindung zur Musik, die er seinem älteren Bruder, dem Musiker Eduard Zuckmayer, und seiner eigenen Ausbildung beim aus Thüringen stammenden Solocellisten Richard Vollrath verdankte.[12] Nach Texten von Hugo Salus (*Mozart-Quartett*) und Ferdinand Meyer-Eschenbacher (*Die Orgel*) und entsprechenden Musikbeispielen kombinierte sie Zuckmayers Gedicht *Der Cellospieler aus Thüringen* mit Boccherinis *Sonate A-Dur für Cello und Klavier*. In Wort und Musik ihm allein gewidmet war einzig die Leipziger Sendung *Gedichte und Lieder von Carl Zuckmayer* (5. Februar 1931), die über die Hälfte der Gedichte

---

9 Dazu kamen Texte von Lasker-Schüler, Klabund und Klaus Mann (im Programmausdruck – wohl irrtümlich – »Klausmann«). Siehe August Soppe, *Rundfunk in Frankfurt am Main 1923-1926*, München, New Providence, London, Paris 1993, S. 163.

10 Heinz Ludwigg, *Dichter als Schauspieler. Zum Vortrag am 5. August*, in: *Deutsche Welle*, Jg. 2, 1929, H. 31, S. 490.

11 Siehe Nickel/Weiß, *Carl Zuckmayer*, a.a.O. (Anm. 2), S. 56, und Gunther Nickel, »*Geht ihr denn hin und schwängert eure Weiber*«. Zur Wiederentdeckung von Carl Zuckmayers Komödie ›Der Eunuch‹, in: *Jahrbuch zur Literatur der Weimarer Republik*, Bd. 3, 1997, S. 101-123, hier: S. 102 und 110. Heinz Ludwigg hatte Zuckmayers *Persönliche Notizen über Fritz Kortner* in sein Buch *Fritz Kortner*, Berlin 1928, aufgenommen.

12 Siehe Friedbert Streller, *Zuckmayer und die musikalische Kunst*, in: *Zuckmayer-Jahrbuch*, Bd. 1, 1998, S. 281-304, hier: S. 281-283.

aus seiner 1926 erschienenen Sammlung *Der Baum* in Rezitationen oder in der Vertonung von Walther Hirschberg (*Werk 29* und *30*) vorstellte.

Nur bei einer Sendegesellschaft fand Zuckmayer in Mottosendungen etwas breitere Berücksichtigung: bei der Süddeutschen Rundfunk AG (Sürag) in Stuttgart. Hier arbeitete Curt Elwenspoek, erst parallel zu seiner Stellung als Dramaturg des Württembergischen Landestheaters, von 1930 an fest beim Rundfunk angestellt. Elwenspoek hatte Zuckmayer während seiner Intendanz bei den Städtischen Bühnen in Kiel im Winter 1922/23 als Dramaturg engagiert und ihm große künstlerische Freiheiten eingeräumt. Nach der provokativen Generalprobe einer Terenz-Bearbeitung unter dem Titel *Der Eunuch* war dem Intendanten sofort, dem Verfasser und Regisseur Zuckmayer einige Wochen später fristlos gekündigt worden.[13]

Aus Stuttgart war beispielsweise eine Sendung zum Motto *Artisten* (1. März 1929) zu hören, deren literarische Beiträge (u.a. von Frank Wedekind, Hermann Bang und Joachim Ringelnatz) mit der »Leichenrede des Clowns« aus Zuckmayers drei Monate zuvor uraufgeführtem Stück *Katharina Knie* endeten. Am 18. Oktober 1930 stand er am Ende eines weitgefächerten Programms *Von der Wiege bis zur Bahre. Des Menschen Erdenwallen im Lichte des Humors*, das von Horaz über die deutschen Klassiker und Humoristen des 19. Jahrhunderts bis zu Erich Mühsam und Rudolf Presber reichte. Elwenspoek selbst, der bereits am 22. November 1925 seine Sürag-Reihe *Vom Werden der deutschen Ballade* mit einer Folge zu Brecht, Zuckmayer usw. abgeschlossen hatte, rezitierte beim Leipziger Sender *Deutsche Balladen von Bürger bis Zuckmayer* (29. Juli 1931). Ganz der zeitgenössischen Literatur gewidmet war ein Stuttgarter Programm der Schauspielerin Dora Gerson: *Skizzenbuch der Zeit* (18. November 1930). Die neben ihm unter diesem Motto präsentierten Autoren Bertolt Brecht, Erich Kästner und Walter Mehring fanden wesentlich häufiger als Zuckmayer Eingang in derartige Zusammenstellungen oder Hörfolgen mit moderner Literatur. Seine Naturgedichte entsprachen nicht dem Trend zu schnellatmigen, pointierenden Abfolgen aus Zeitgedichten und Songs und waren ebenso wie

---

13 Vgl. dazu das Kapitel »*Warum denn weinen...* « in Carl Zuckmayer, *Als wär's ein Stück von mir. Horen der Freundschaft*, Frankfurt am Main 1997, S. 367-535, hier: S. 416-435; Nickel/Weiß, *Carl Zuckmayer*, a.a.O. (Anm. 2), S. 67-73 und Nickel, »*Geht ihr denn hin und schwängert eure Weiber*«, a.a.O. (Anm. 11) S. 108 und 112.

seine Erzählungen noch am ehesten in Lesungen des Dichters selbst im Rundfunk zu hören.[14]

Autorenlesungen vor dem Mikrophon

Die Autorenlesungen entwickelten sich zu einem besonders wichtigen Forum zeitgenössischer Literatur im Rundfunk. In Frankfurt lasen bereits von 1924 an in der *Stunde der Frankfurter Zeitung* bekannte Schriftsteller aus ihren Werken. Die Sender in Berlin, Breslau und Stuttgart begannen im Herbst 1925, in regelmäßigen Folgen Gegenwartsautoren vorzustellen, die übrigen folgten nach und nach mit eigenen Reihen. Zuckmayer erlebte seine Rundfunkpremiere bereits am 11. Mai 1925 in der Veranstaltung *Ein Abend der »Novembergruppe«*, der ersten Berliner Sondersendung mit zeitgenössischer Dichtung. Ein Mitbegründer der 1918 entstandenen Künstlergruppe, der Bildhauer Rudolf Belling, führte in den Abend ein. Außer Zuckmayer lasen Bertolt Brecht, mit dem er das Jahr zuvor als Dramaturg am Deutschen Theater gearbeitet hatte, und Martin Kessel; die Musik stammte von Philipp Jarnach, Max Butting und Heinz Tiessen[15]. Zuckmayers Beiträge waren *Die Elchlandreise* und die *Litanei vom Sündenfall*. In seiner Programmankündigung befürwortete der Chefredakteur der überregionalen Wochenschrift *Der deutsche Rundfunk*, Hans Siebert von Heister, die Öffnung der Berliner Funkstunde für die junge Kunst. An den drei ausgewählten Schriftstellern hob er die Unabhängigkeit vom Expressionismus hervor, wies aber auf ihre antizivilisatorische Tendenz hin:

> Diese individuell gegensätzlichen, sozusagen ›generationslosen‹ Dichter unterscheiden sich von der früheren, gemeinsamen Generation, jener jünglingshaft übersteigerten, durch ihr Bemühen um Wirklichkeit, um Lebens-

---

14 Der Stuttgarter Sender versuchte, dem Autor Zuckmayer auch noch nach 1933 ein wenig treu zu bleiben, indem – nach den Erinnerungen Elwenspoeks – »die stille Operation im Hause mit schmunzelnder Lausbuberei hier und da ein weniger bekanntes Gedicht von Heine oder Zuckmayer unter falschem oder auch ohne Verfassernamen in die Programme schmuggelte.« Curt Elwenspoek, *Von der Süddeutschen Rundfunk AG zum Süddeutschen Rundfunk, Anstalt des öffentlichen Rechts*, unveröffentlichtes Manuskript vom 15. Februar 1956, DRA Frankfurt am Main, S. 6.
15 Von Tiessen stammte die Bühnenmusik zu Zuckmayers 1920 uraufgeführtem Drama *Kreuzweg*; vgl. Nickel/Weiß, *Carl Zuckmayer*, a.a.O. (Anm. 2), S. 49.

nähe und objektivierte Lebenssubstanz. [...] Brecht und Zuckmayer, mit ihrem lyrischen Hang zum Abenteuerlichen, stecken voll schwüler Naturhaftigkeit (nicht Naturalismus!), und es triumphiert die Unmittelbarkeit der Instinkte, die sich primitiv, exotisch, ohne Hemmung durch das Zivilisatorische, ja mit Vorliebe außerhalb des Zivilisatorischen entfalten (Brecht: Mazepp, Zuckmayer: Elchlandreise.) Kessel unterscheidet sich von diesen insofern, als er den Kampf mit dem Zivilisatorischen an Ort und Stelle, ohne Flucht ins Exotische aufnimmt [...].[16]

Kurt Weill, der für dieselbe Zeitschrift ausführliche Programmkritiken verfaßte, begrüßte ebenfalls diesen Vorstoß zur Einbindung der Moderne in den Berliner Rundfunk, befand jedoch im Vergleich zu den glänzenden musikalischen Beiträgen »die literarischen Erzeugnisse im Gehalt weniger neu, im Handwerk weniger meisterlich.« Während Kessel »außerordentliche lyrische Begabung« gezeigt habe, liege »die Bedeutung von *Brecht* und *Zuckmayer* mehr im Drama«.[17]

Nach Zuckmayers zweitem Berliner Rundfunkauftritt kam er zu einem günstigeren Urteil. Vom Herbst 1925 bis ins Frühjahr 1928 präsentierte die von Hermann Kasack mitinitiierte Reihe *Stunde der Lebenden* in der Wintersaison im Wechsel zeitgenössische Literatur und Musik. Alfred Kerr, der von Januar 1927 an häufig die Einführungen übernahm, stellte am 20. Februar 1927 den Dramatiker Karl Theodor Bluth und Zuckmayer vor. Dieser war, anders als Bluth, selbst im Studio anwesend und las fünf Gedichte der Sammlung *Der Baum* und die Erzählung *Die Geschichte einer Entenjagd*. Kurt Weill meinte anerkennend:

> Die jüngste ›Stunde der Lebenden‹ war wieder zwei jungen zeitgenössischen Dichtern gewidmet, mit deren Eigenart uns wieder die lebendige und geistvolle Einführung Alfred *Kerrs* bekannt machte. *Zuckmayer* las selbst mit angenehmem Organ eigene lyrische Werke, von denen besonders das Gedicht ›Der Baum‹ auffiel.[18]

Auch bei der Schlesischen Funkstunde (SFS) in Breslau wurde Zuckmayer auf einem prominenten Sendeplatz vorgestellt. In der dreiteiligen

---

16 v. H., *Ein Abend der Novembergruppe im Berliner Rundfunk*, in: *Der deutsche Rundfunk*, Jg. 3, 1925, H. 19, S. 1198; von Heister war als Maler selbst Mitglied der Künstlergruppe.

17 Wll., *Vom Berliner Sender. Das kommende Programm – Kritik der Woche*, in: *Der deutsche Rundfunk*, Jg. 3, 1925, H. 21, S. 1321-1323, hier: S. 1323.

18 Wll., *Berliner Sendebericht. Programmvorschau und Kritik der Woche*, in: *Der deutsche Rundfunk*, Jg. 5, 1927, H. 9, S. 589-591, hier: S. 591.

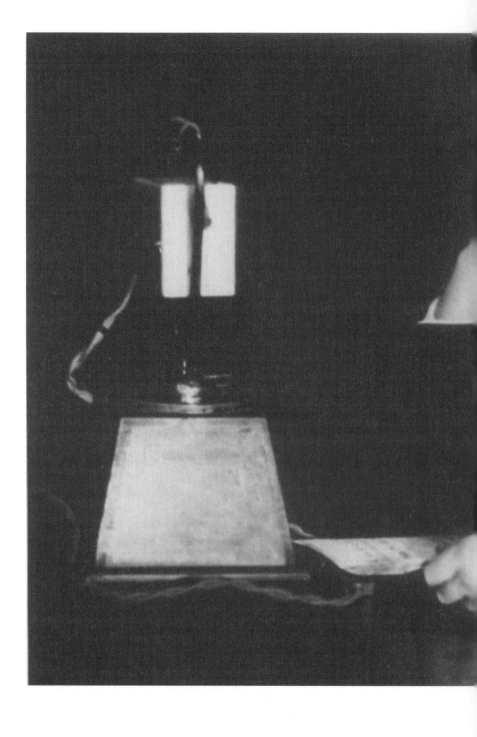

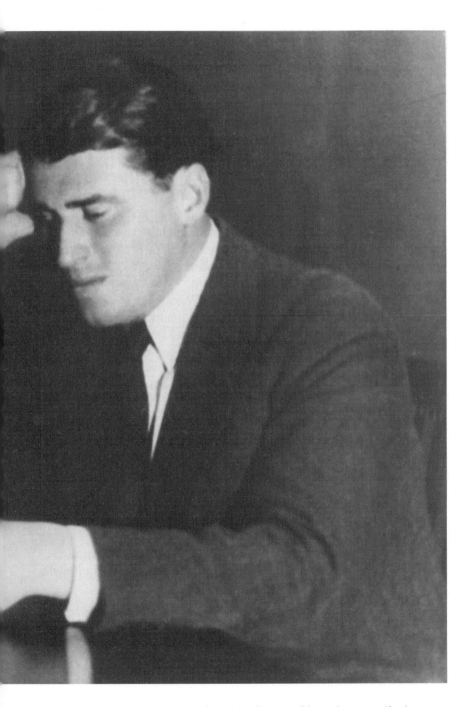

Zuckmayer am Mikrophon des Mitteldeutschen Rundfunks, 1927

Reihe *Die junge Generation,* in der bereits Otto Zarek, Hermann Kasack und Bertolt Brecht aus ihren Werken gelesen hatten, standen auf dem Programm der dritten Folge am 9. Mai 1927 Beiträge von ihm und ein Ausschnitt aus Arnolt Bronnens Drama *Katalaunische Schlacht,* diesmal jedoch ohne persönliche Beteiligung der beiden Autoren. Hier verantwortete der schlesische Dichter Fritz Walther Bischoff, von 1929 an Intendant, das literarische Programm. Obwohl auch in Breslau immer wieder Schriftsteller persönlich ins Studio gebeten wurden, war die relativ kleine Sendegesellschaft aus finanziellen und geographischen Gründen doch häufiger auf den Ersatz durch die Lesung eines Sprechers angewiesen.

Der zweite »Dichterintendant« des Weimarer Rundfunks, der vor dem Ersten Weltkrieg als Autor neoromantischer Dramen bekannt gewordene Ernst Hardt, sorgte von 1927 an bei der Kölner Westdeutschen Rundfunk AG (Werag) u.a. mit zahlreichen literarischen Reihen für eine besonders intensive Förderung der Gegenwartsdichtung. Zuckmayer hob 1929 in einer Stellungnahme zur Berliner Intendantenkrise die Kölner Programmplanung als beispielgebend hervor, da hier konsequent produktive Kräfte gefördert würden.[19] Er selbst stand bei der Werag mit eigenen Werken einmal in der Reihe *Dichterstunde* (19. Januar 1928, vor einer Aufführung seines *Schinderhannes*) und zweimal in der Reihe *Lebende Dichter* (15. Januar 1930, 28. Januar 1931) vor dem Mikrophon. Auch bei weiteren Sendegesellschaften gehörte er zum Standard der zentralen Autorenreihen, so in der *Lesestunde* in München (5. Oktober 1928, von Rudolf Hoch rezitiert), in der *Autorenstunde* der Mirag (25. November 1929) und in der Frankfurter Reihe *Eine Viertelstunde Lyrik* (10. Februar 1932, gesprochen von Leonhard Blass). Vom Stuttgarter Sender wurde er trotz der Beziehungen zu Curt Elwenspoek nur einmal zu einer Lesung gewonnen. Sie war für den 1. April 1928 in der wöchentlichen *Dichterstunde* geplant; einen Tag darauf sollte er zum Thema *Der Bühnenautor von heute* sprechen. Dem aktuellsten Programmausdruck nach kamen diese Auftritte aber schließlich doch nicht zustande.[20]

---

19 Carl Zuckmayer, *Reale Forderungen.* Beitrag zu der Umfrage *Und der neue Funkintendant?* in: *Berliner Börsen-Courier* vom 28. April 1929.

20 Der Programmausdruck des offiziellen Organs der Sürag, *Der Süddeutsche Rundfunk,* verzeichnet die Sendungen nicht, obwohl sie zuvor in der Wochenschrift *Der deutsche Rundfunk* angekündigt worden waren.

Von der ungewohnten, isolierten Sprechsituation im Rundfunk ließ sich Zuckmayer nicht abschrecken. Während beispielsweise Alfred Döblin, der wesentlich häufiger als Zuckmayer an Sendungen mitwirkte, unter dem »Mangel an Kontakt am Radio« und dem »schauerliche[n] Schweigen jenseits des Mikrofons« litt,[21] beschrieb Zuckmayer anläßlich einer Umfrage zum Thema *Haben Sie Mikrofieber*, wie es ihm die Studioatmosphäre erleichtere, sich ganz auf die gesprochene Dichtung zu konzentrieren:

> Mikrofieber? Nein, niemals. Ich finde, daß das Sprechen ins Mikrophon ungemein angenehm, sachlich, beruhigend, klar und sauber und sensationslos berührt, das Fehlen des Publikums, die Stille des Raums, das schöne glatte Viereck, in das man hineinredet, das Bewußtsein, daß man nicht durch Husten und Stuhlrücken gestört werden kann und daß im Nebenraum der Herr mit dem Honorar in der Hand bereit steht, all das macht Radiovorträge für mein Gefühl zu durchaus erfreulichen Einrichtungen. Natürlich fehlt andererseits auch diese letzte Erregung, Spannung, Suggestivwirkung, die nur durch den Kontakt mit lebendigen Hörern, durch den Kampf Aug' in Aug' mit dem Publikum erzeugt wird. Aber die Sicherheit, Klarheit und Unbeeinflußbarkeit des Radiovortrags, in dem speziell bei Dichtungen der nackte Klang des Satzes, der reine Wortgehalt sich voll auswirken kann, ersetzt diese Elemente vielfach.[22]

Welche Texte Zuckmayer für seine Rundfunklesungen auswählte, läßt sich nur für einen Teil der Sendungen feststellen. Fast alle vorgetragenen Gedichte stammten aus seinem 1926 erschienenen schmalen Lyrikband *Der Baum*. Mehrfach gesendet wurden auch seine Norwegen-Episode *Die Geschichte einer Entenjagd* und die im Weltkrieg handelnde märchenhafte Erzählung *Die Geschichte eines Bauern aus dem Taunus*.[23]

---

21 Zitiert nach Paul Herzog, *Das Mikrofongesicht. Interviews*, in: *Die Sendung*, Jg. 6, 1929, H. 52, S. 857.
22 Beitrag zu der Umfrage *Haben Sie Mikrofieber* [Teil 2], in: *Der Deutsche Rundfunk*, Jg. 6, 1928, H. 24, S. 1573-1574, hier: S. 1574.
23 *Die Geschichte einer Entenjagd* in der Berliner Funkstunde (20. Februar 1927, 31. Oktober 1927, von Ferdinand Hart gesprochen) und bei der Werag (19. Januar 1928); *Die Geschichte eines Bauern aus dem Taunus* beim SWR (13. April 1927) und der Deutschen Stunde München (5. Oktober 1928, gesprochen von Rudolf Hoch). Beide Erzählungen erschienen 1927 in dem Sammelband *Ein Bauer aus dem Taunus*, der auch in der Berliner *Stunde mit Büchern* rezensiert wurde (20. September 1927).

Am 16. Mai 1932 stellte Paul Hoffmann beim SWR die im gleichen Jahr erschienene Groteske aus dem Künstlermilieu *Die Affenhochzeit* vor.

Die Dichterlesungen im Rundfunk blieben nicht unumstritten, erforderten sie doch vom Autor eine möglichst verständliche und lebendige Vortragsweise und vom Hörer besondere Konzentration. Bei der Berliner Funkstunde versuchte Edlef Köppen, der seit 1925 als Literarischer Assistent, von 1929 an als Leiter der Literarischen Abteilung für den Sender arbeitete, die traditionelle Form der Lesung zu sprengen. Seit er auf Initiative des neuen Intendanten Hans Flesch aus dem Schatten des bisherigen Hauptverantwortlichen für Literatur, Alfred Braun, herausgetreten war, sorgte Köppen mit neuen Formen wie Gesprächs- und Informationssendungen für eine kulturpolitische Aktualisierung des Programms.[24] Für die Reihe *Improvisierte Erzählungen* beauftragte er Schriftsteller, vor dem Mikrophon zu extemporieren. Als Devise formulierte er: »unmittelbarster Kontakt mit dem Hörer und, wenn man vom Formalen sprechen will, weg von der Schreibe, die fürs Auge ist, und hin zur Rede, die das Ohr treffen soll.« Um einen Bezug zur Alltagswirklichkeit zu gewährleisten, bat er die eingeladenen Autoren, sich eine halbe Stunde vor der Sendung von einer Zeitungsmeldung anregen zu lassen. Die daraus entstehenden »dichterisch gestalteten Gebilde« könnten, so hoffte Köppen, den Beweis erbringen, »daß Leben und Dichtung sich keineswegs fremd sind und daß Literatur also keineswegs eine abseitige Privatangelegenheit zu sein braucht.«[25]

In der zweiten Folge der Reihe am 17. Januar 1930 brachte er zwei »typische Erzähler« und zwei »spezifische Dramatiker« zusammen. Die Hörer sollten Gelegenheit haben, die Wirkung verschiedener Erzählweisen am Rundfunkempfänger zu vergleichen. Als Dramatiker war auch Zuckmayer beteiligt, der sich allerdings der gestellten Aufgabe mit der Begründung verweigerte, er habe wegen der Generalprobe seines Kinderstücks *Kakadu Kakada* den ganzen Tag über keine Zeitung lesen können. Dabei nutzte er den Rundfunk geschickt als Werbeträger für sein neues Werk aus und fügte mit schmunzelndem Unterton an: »[...]

---

24 Mit seinem pazifistischen, im Montageverfahren geschriebenen Roman *Heeresbericht* (Berlin 1930) wurde er einem größeren Publikum bekannt.
25 Edlef Köppen, in: *Improvisierte Erzählungen*. RRG Berlin, 17. Januar 1930, 4'35, Tondokument. Deutsches Rundfunkarchiv, Frankfurt am Main, Nr. 2642061. Dieses Tondokument enthält auch die Einleitung Zuckmayers zu seinem Beitrag, die aber leider nach 45 Sekunden abbricht.

dessen Besuch ich sämtlichen Hörern empfehlen möchte«.[26] In der Programmrückschau des Kritikers Felix Stiemer war über die Sendung zu lesen:

> In einer neuen Stunde mit *improvisierten* Erzählungen sollte der Stoff, wie *Edlef Köppen* als Leiter des Versuchs betonte, vorher nach einer selbstgewählten Notiz aus den Abendblättern überlegt werden; nur die Form war also wirklich improvisiert. Eine ausgezeichnete Methode, um zur Auseinandersetzung mit spezifisch heutigen Lebensinhalten hinzuführen. Das wurde auch von allen richtig verstanden: *Ernst Weiß* suchte die seelische Situation eines verschütteten Bergarbeiters zu vergegenwärtigen; *Angermayer* malte den Dialog zwischen dem französischen Minister Tardieu und dem schwedischen Zündholzkönig Kreuger, deren Zusammentreffen eben gemeldet war, grotesk-realistisch aus; *F.C. Weißkopf* entwarf das Lebensbild eines modernen Leberecht Hühnchen, zu dem ihn die schöne Überschrift ›Vergnügtsein geht über Reichsein‹ angeregt hatte. *Zuckmayers* Improvisation von einer verhinderten Schauspielerin war ein kurzer anekdotischer Beitrag, den er, als eiliger Besucher in der Pause einer Generalprobe, außerhalb dieses Rahmens gab. Im übrigen gelang der Abend so gut, daß sich daraus von selbst eine *neue Art aktueller Stunde* ergibt: wenn in jeder Woche statt feuilletonistischer Größen ein Dichter eine halbstündige Improvisation zur Tageschronik, den Polizeibericht eingeschlossen, vorträgt, wäre das einer der stärksten Anreize zu gesteigertem Miterleben dieser Zeit durch den Rundfunk.[27]

Doch das Experiment stieß auch auf starke Ablehnung und mußte bereits nach der dritten Folge eingestellt werden.[28] An den zwei sich anschließenden Reihen mit eigens für den Rundfunk geschriebenen Texten (*Erzählung der Woche* in Berlin, *Erlebte Geschichten* in Frankfurt) beteiligte sich Zuckmayer nicht mehr, im Gegensatz zu einer größeren Anzahl von – meist Berliner – Schriftstellerkollegen, unter ihnen auch die zusammen mit ihm geladenen Mitwirkenden der *Improvisierten Erzählungen*, Angermayer, Weiß und Weißkopf. Wie schon sein Ausweichen auf eine Theater-Episode bei jener Schriftstellerrunde zeigt,

---

26 Carl Zuckmayer, ebd.
27 --mer., *Berliner Kabarett und Improvisation*, in: *Der deutsche Rundfunk*, Jg. 8, 1930, H. 4, S. 66.
28 Die übrigen Folgen fanden am 1. Dezember 1929 und am 7. Februar 1930 statt. Siehe Jutta Vinzent, *Edlef Köppen – Schriftsteller zwischen den Fronten. Ein literaturhistorischer Beitrag zu Expressionismus, Neuer Sachlichkeit und Innerer Emigration*, München 1997, S. 206-208.

wollte er, der auch angesichts der Modeerscheinungen der Neuen Sachlichkeit in seiner Themenwahl naturverbunden und volkstümlich blieb, sich nicht an reportagehafter Tagesdichtung beteiligen.[29]

Nur bei einem Sektor des Rundfunkprogramms scheint Zuckmayer größeres Interesse an einer Mitwirkung gehabt zu haben: im Jugendfunk. Für die Berliner Funkstunde verfaßte er die Einleitung zu einer Karl-May-Sendung der *Jugendbühne*, einer Bearbeitung von *Der Schatz im Silbersee* (3. April 1929). Vermutlich ohne große textliche Änderungen unter dem Titel *Palaver über Karl May* zunächst in der *Vossischen Zeitung*, dann in vielen weiteren Blättern und im *Karl-May-Jahrbuch* veröffentlicht und vom Autor auch in der *Jugendstunde* des Münchner Senders vorgetragen (15. Mai 1929, ohne die Erzählung Mays), ist sie der einzige erhaltene und vermutlich auch der einzige Beitrag überhaupt, den Zuckmayer für den Rundfunk der Weimarer Republik schrieb.

Ganz rundfunkgemäß versetzt Zuckmayer sich bei dieser Sendung in die Rolle eines Erzählers, lebendig und anschaulich plaudernd und die Hörer immer wieder direkt einbeziehend. Sein Publikum – er richtet sich offensichtlich ausschließlich an den männlichen Teil – begrüßt er als »Boys« und »junge[] Krieger«, zu denen er als »ein Freund der roten Männer« an das Lagerfeuer tritt, um aus dem Leben Karl Mays zu berichten und sich an seine Gestalten zu erinnern. Mays Geschichten werden als lebendig wirksame Mythen beschrieben, denen die Erschaffung eines »männlichen, überzeitlichen Ideals« gelingt. Den Erfahrungen des Weltkriegs und den nationalistischen Tendenzen setzt er »Mut zu einem Bekenntnis, Vertrauen auf die eigne seelische Kraft« entgegen. Rechtskonservativ belegte Werte wie »Heimatgefühl, Blutstärke, Glaube an die Echtheit des eigenen Wesens« versucht Zuckmayer zu Garanten einer menschenfreundlichen, antirassistischen Haltung umzukehren, wenn er den Zuhörern abschließend empfiehlt: »Es ist entschieden gescheiter, Boys, daß ihr Karl May lest, als daß ihr euch mit Politik beschäftigt. Ihr habt mehr Spaß und mehr Ernst davon und werdet später eine bessere Politik machen, auf der richtigeren Seite stehen, wenn ihr Old Shatterhands brennendes Rechtsgefühl und seine Liebe zu den roten Männern in euch aufgenommen habt.«[30]

---

29 Siehe Nickel/Weiß, *Carl Zuckmayer*, a.a.O. (Anm. 2), S. 141.
30 Carl Zuckmayer, *Palaver mit den jungen Kriegern über den großen Häuptling Karl May*, in: *Karl-May-Jahrbuch*, Jg. 13, 1930, S. 35-43, hier: S. 42 f. Viktor Otto

Als enthusiastischer Karl-May-Leser und »Karl-May-Forscher«[31] konnte Zuckmayer in dieser Sendung aus dem Vollen schöpfen und erntete entsprechenden Beifall:

> Außerordentlich gelungen war die von Günther Bibo besorgte Rundfunkbearbeitung der berühmten Wildwesterzählung Karl Mays ›Der Schatz im Silbersee‹. Karl May der Rundfunkjugend darzubieten, war ein ungemein glücklicher Gedanke. Carl Zuckmayer leitete den Indianer-Nachmittag vital und ›echt wildwestlerisch‹ ein. Die Jugend wird für diese Stunde dankbar gewesen sein, und man darf hoffen, daß die Berliner Funkstunde – an Stelle verstaubter Klassiker – diesen Indianerzyklus fortsetzt.[32]

Aus dem Erfolg seines Rundfunk-Gastspiels entwickelte Zuckmayer Zukunftsperspektiven für die ganze Programmsparte, die seiner Meinung nach besonders engen Kontakt zum Publikum und sogar die Chance auf Mitwirkung der Hörer bot:

> Eine der schönsten Einrichtungen des Rundfunks ist meiner Überzeugung nach die Jugendstunde. Nur müßte sie noch viel mehr ausgebaut und lebendiger gestaltet werden. Der Palaver, den ich vor einiger Zeit in der Jugendstunde über Karl May gehalten habe, hat mir und sehr vielen Jungens und Mädels, die ihn gehört haben, großen Spaß gemacht. Aber die Jungens und Mädels müßten auch selbst im Rundfunk reden dürfen. Das dürften natürlich keine gesprochenen Schulaufsätze sein, sondern in ihrer Sprache, wie sie sich auch sonst miteinander unterhalten, sollte Jugend zur Jugend sprechen. Dann könnte die Jugendstunde einer der schönsten und lebendig-

---

stellt bei diesem Vortrag eine »geistige Verwandschaft mit Jünger und dessen Männlichkeitskult« fest. Der Schluß zeige eine »Verachtung des politischen Handelns« und fordere zu »naiven Eskapismen« auf. Doch ebenso wie Zuckmayer sich von politischer Tendenzdichtung absetzte, hat er wohl auch hier der indirekten Wirkung von fiktionalen Identifikationsmustern den Vorzug gegeben. Die Charakterbildung der Jugendlichen zu Naturverbundenheit, Selbstbewußtsein und Humanismus sollte von der May-Lektüre gefördert werden. Dabei scheint er den »Konservatismus und Anti-Liberalismus«, den die Bücher Mays, wie Otto analysiert, vermitteln, ebenso wie viele andere Intellektuelle seiner Generation nicht wahrgenommen zu haben (vgl. Viktor Otto, *Mit Karl May und Brecht wider die Moderne. Zuckmayers Amerika-Bild im Kontext der Amerikanismus-Debatte der Weimarer Republik*, in: *Zuckmayer-Jahrbuch*, Bd. 2, 1999, S. 361-411, hier: S. 388 f., 366 und 369).

31 Zuckmayer, *Als wär's ein Stück von mir*, a.a.O. (Anm. 13), S. 354; siehe auch Nickel/Weiß, *Carl Zuckmayer*, a.a.O. (Anm. 2), S. 84.

32 Lynx, *Das Ohr im Äther*, in: *Die Sendung*, Jg. 6, 1929, H. 15, S. 243.

sten Teile des ganzen Programms werden. Ich würde mich sehr freuen, wenn dieser Wunsch von mir einmal in Erfüllung ginge.«[33]

Er selbst wirkte an der Weiterentwicklung dieser Sparte nicht mit. An mehreren deutschen Sendern waren es aber gerade Schriftsteller, die von 1929 an zum Ausbau des Kinder- und Jugendprogramms wesentlich beitrugen, etwa Heinrich Behnken, Hinrich Braasch, Hermann Claudius, Wilhelm Lamszus und weitere norddeutsche Autoren in Hamburg, Walter Benjamin in Frankfurt und Berlin, Hermann Kasack und Arthur A. Kuhnert in Berlin und Hans Kyser bei der Deutschen Welle. Die Forderung nach einer stärkeren Programmbeteiligung der Jugend selbst erfüllte sich vor allem für die Heranwachsenden von 1930 an in mehreren Gesprächsreihen für die junge Generation.[34]

Nur noch einmal richtete sich Zuckmayer an die jüngeren Rundfunkhörer, als er am 25. Februar 1931 im *Schulfunk* der Frankfurter Sendegesellschaft die Frage *Wie und warum ich für Kinder dichte* zu beantworten versuchte. Er berichtete dabei von seinem Kinderstück *Kakadu Kakada* und distanzierte sich von dem aktuellen Trend zum Thesendrama und der Brechtschen Lehrstück-Theorie: »Höchstes Ziel: der Zuschauer im Theater muß sich mit dem Menschen auf der Bühne – ohne Denkvorgang, nur durch die Kraft der Wahrhaftigkeit, die auf ihn überströmt, identifizieren, bedingungslos mitmachen. Das gilt für das Theater überhaupt und für das Kinderstück in höchstem Maße.«[35]

---

[33] Carl Zuckmayer, Beitrag zu der Umfrage *Was bedeutet uns der Rundfunk?* in: *Hannoversches Tagblatt* vom 26. Juli 1930. Bertolt Brecht ging 1932 in *Der Rundfunk als Kommunikationsapparat. Rede über die Funktion des Rundfunks* noch weit über Zuckmayers Vorstellungen von einer demokratischen Öffnung des Rundfunks hinaus (in: Bertolt Brecht, *Schriften 1: Schriften 1914-1933*, bearbeitet von Werner Hecht. Berlin, Weimar, Frankfurt am Main 1992 [Brecht, Werke. Große kommentierte Berliner und Frankfurter Ausgabe, Bd. 22], S. 552-557).

[34] Siehe zu den Reihen *Vier junge Menschen unterhalten sich über die Zeit* (SFS), *Junge Generation spricht* (Deutsche Welle), *Junge Generation* (SWR), *Studenten diskutieren* (Berliner Funkstunde): Renate Schumacher, *Rundfunk und Weltwirtschaftskrise: Aufklärung, Lebenshilfe, Weltflucht,* in: Leonhard (Hrsg.), *Programmgeschichte des Hörfunks in der Weimarer Republik*, a.a.O. (Anm. 3), S. 569-607, hier: S. 596-604.

[35] Karl Zuckmayer, *Wie und warum ich für die Kinder dichte*, in: *Südwestdeutsche Rundfunk-Zeitung*, Jg. 7, 1931, H. 8, S. 5.

Wenige Wochen später beteiligte er sich beim gleichen Sender an einem von seinem Freund Hans Schiebelhuth geleiteten *Hessischen Abend* (13. April 1931). Der Frankfurter Rundfunk pflegte wie die meisten übrigen Sendegesellschaften, wenn auch zurückhaltender als beispielsweise die Norddeutsche Rundfunk AG in Hamburg, Mundartdichtung und Regionalliteratur. Der rheinhessische Bereich wurde vor allem von Mitgliedern des 1926 gegründeten Bundes rheinischer Dichter vertreten. Doch trotz der stark heimatverbundenen Ausrichtung vieler seiner Werke blieb es nur bei den genannten vereinzelten Rundfunkauftritten Zuckmayers im Frankfurter Studio. Dafür waren vielleicht auch rein praktische Hindernisse wie sein Pendeln zwischen Berlin als »berufli-

che[m] Zentrum«[36] und dem österreichischen Henndorf als Ort des Schreibens verantwortlich.

Vom Sendespiel zum Hörspiel

Die geringste Rundfunkpräsenz hatte Zuckmayer vor 1933 im dramatischen Bereich. Daß er der meistgespielte junge Dramatiker der Weimarer Republik war, fand im Rundfunkprogramm kaum Niederschlag. Nur vereinzelt wurde er speziell als Theaterautor gewürdigt, etwa in Curt Berendts Vortrag *Von Raimund bis Zuckmayer – ein Jahrhundert ›Deutsches Volksstück‹* (Sürag 21. Oktober 1929). Beim Leipziger Sender diskutierte er in der reichsweit veranstalteten Theater-Werbewoche des deutschen Rundfunks mit dem Dresdener Dramaturgen Dr. Karl Wollf und dem Literarischen Leiter der Mirag, Dr. Eugen Kurt Fischer, über das Thema *Der Dramatiker und sein Publikum* (31. Oktober 1930). Mit dieser Werbewoche versuchten die Rundfunkleiter den Vorwürfen entgegenzuwirken, das neue Unterhaltungsmedium Rundfunk trage eine Mitverantwortung an der Krise des Theaterbetriebs. Doch werbewirksame Sendespiele, Theatervorschauen und -kritiken sowie die Beteiligung von Schauspielern und Dramatikern am Programm garantierten auch über diese Veranstaltungswoche hinaus eine enge, wenn auch nicht immer problemlose Verbindung zur Theaterszene.[37] Zuckmayers Mitwirkung bei diesem Gespräch war deshalb keine Besonderheit. Auch die Theaterautoren Bertolt Brecht, Ludwig Fulda, Hans Henny Jahnn, Hans José Rehfisch, Ernst Toller, Günther Weisenborn und Ernst Weiß, die Kritiker Julius Bab, Alfred Kerr, besonders häufig auch Herbert Ihering sowie die in der jeweiligen Region tätigen Theaterleiter und Dramaturgen waren Gäste vor dem Mikrophon.

Am 14. November 1932 kam es schließlich zu einem sehr repräsentativen Rundfunkauftritt Zuckmayers, als seine Ansprache anläßlich des 70. Geburtstages von Gerhart Hauptmann von der Festveranstaltung der Genossenschaft deutscher Bühnenangehöriger übertragen wurde.[38]

---

36 Zitiert nach Nickel/Weiß, *Carl Zuckmayer*, a.a.O. (Anm. 2), S. 131.

37 Siehe Theresia Wittenbrink, »*Im Schlepptau des Theaters*«: *das Sendespiel*, in: Leonhard (Hrsg.), *Programmgeschichte des Hörfunks in der Weimarer Republik*, a.a.O. (Anm. 3), S. 1040-1078.

38 Zuckmayer erinnerte sich: »[...] es war eine durchaus politische Rede, in der ich das ›wahre Deutschland des Rechtes, der Freiheit, der Menschenwürde‹

Der deutsche Rundfunk resümierte in einer Programmrückschau: »Die Festkundgebung für Gerhart Hauptmann nahm auch für die Funkhörer einen eindrucksvollen Verlauf. Begeistert und begeisternd die Ansprache Carl Zuckmayers.«[39]

Die nahe Verbindung des Rundfunks zum Theater erstreckte sich von früh an auch auf die Ausstrahlung von Theaterstücken. Sogenannte »Sendespiele« bildeten während des gesamten Weimarer Rundfunks einen zentralen Bestandteil des literarischen Programms, wenn ihre Bedeutung auch zeitweise aufgrund der zunehmenden Produktion rundfunkeigener Formen, besonders von Hörspielen, zurückging. Die »Funkbühne« beschränkte sich nicht auf Klassiker und populäre Erfolgsstücke, sondern war dem zeitgenössischen Theater gegenüber durchaus, wenn auch nicht kontinuierlich, aufgeschlossen. Neben den berühmten Rundfunkinszenierungen Brechts und Bronnens bei der Berliner Funkstunde machten beispielsweise auch Sendespiele aus Frankfurt, Breslau, Leipzig und Hamburg von sich reden, wobei das Jahr 1927 einen Schwerpunkt bildete.[40]

Die einzige Rundfunkaufführung eines Zuckmayer-Stückes bot Anfang 1928 die Werag in Köln mit seinem zweiten großen Bühnenerfolg, dem *Schinderhannes*. Unter der Intendanz von Ernst Hardt waren hier im Jahr zuvor neben zahlreichen volkstümlichen, klassischen und naturalistischen Stücken u.a. folgende, zum Teil sehr aktuelle zeitgenössische Werke dargeboten worden: Paul Raynal: *Das Grabmal des unbekannten Soldaten* (zweimal), Max Mell: *Das Apostelspiel*, Hans José Rehfisch: *Wer weint um Juckenack?*, Bertolt Brecht: *Mann ist Mann* (in der Rundfunkbearbeitung Brechts), Lola Landau und Armin T. Wegner: *Wasif und Akif*. Am 19. Januar 1928 übertrug die Werag den *Schinderhannes* in der

---

beschwor, wie es in Hauptmanns Frühwerk postuliert und vorgezeichnet war« (Zuckmayer, *Als wär's ein Stück von mir*, a.a.O. [Anm. 13], S. 523).

39 [Hans] Pasche, *Am Berliner Lautsprecher*, in: *Der deutsche Rundfunk*, Jg. 10, 1932, H. 48, S. 63.

40 Als Beispiele seien genannt Bertolt Brecht: *Mann ist Mann* (Berliner Funkstunde, 18. März 1927; SWR, 10. Juni 1927; Werag, 30. Juni 1927; Ostdeutsche Rundfunk AG, 3. November 1930); Arnolt Bronnen: *Ostpolzug* (SWR, 24. März 1926), *Anarchie in Sillian* (Berliner Funkstunde, 25. April 1927), *Rheinische Rebellen* (Berliner Funkstunde, 23. November 1927); Ernst Toller: *Hinkemann* (Mirag, 13. Juni 1927), *Maschinenstürmer* (Norddeutsche Rundfunk AG, 9. September 1927; SFS, 22. September 1927).

Besetzung der Hauptrollen aus Richard Weicherts Inszenierung an den Städtischen Bühnen Frankfurt am Main, wo das Stück drei Wochen zuvor erstaufgeführt worden war.

Die auf vier Akte verteilten zehn Szenen des Stücks waren, vermutlich von dem Leiter der Kölner Schauspielabteilung Rudolf Rieth oder seinem Dramaturgen Dr. Hanns Ulmann,[41] eigens für den Rundfunk bearbeitet worden. Solche Adaptionen an die besonderen Bedingungen des Rundfunks waren üblich, wenn auch in sehr unterschiedlicher Qualität und nur selten unter Mitwirkung des Autors.[42] Die Aufnahmebedingungen am Rundfunkempfänger waren gegenüber dem konzentrierten, Auge und Ohr erfassenden Theaterbesuch erschwert. So mußten Personenzahl und Länge des Stücks angepasst werden. Es galt aber auch, szenische Abläufe sowie die Körpersprache der Akteure ins Akustische zu übersetzen.

Der Umfang der Rundfunksendung belief sich auf ca. zwei Stunden, also etwa die Hälfte der Länge der Uraufführung.[43] Für eine akustische, zur Zeichnung des Lokalkolorits ganz auf die mundartliche Färbung angewiesene Version war Weicherts Inszenierung besonders geeignet, denn das »Frankfurter Theater hatte«, wie der Kritiker Bernhard Diebold lobte, »die Leute für das sprachliche Milieu von Mainz und Umgebung«. Als für die Umarbeitung problematisch erwiesen sich dagegen sicher die atmosphärischen Höhepunkte der Frankfurter Aufführung, die Diebold hervorhob:

> So kamen Momente der Ruhe wie die stille Elegie im Kornfeld, wo alles Derbe der Figur wich vor dem Glück einer fast jungfräulich erscheinenden Mutter. Doch diese Poesie wurde nicht ›mit Ton‹ gemacht, sondern lebte völlig aus der Empfindung: einer Empfindung, die nicht sentimental wurde, weil sie den Wortklang sparte ... Im Zusammenspiel der letzten Kerkerbil-

---

41 Ulmann schrieb die Einführung in der regionalen Programmzeitschrift: Hanns Ulmann, *Carl Zuckmayer und sein »Schinderhannes«*, in: *Die Werag*, Jg. 3, 1928, H. 3, S. 15 f.

42 Beispiele für Rundfunkbearbeitungen durch die Autoren sind *Das Meer* von Kurt Heynicke (SWR, Studio Kassel, 7. Dezember 1926), *Mann ist Mann* von Brecht (Berliner Funkstunde, 18. März 1927), *Der Strom* von Max Halbe (Deutsche Stunde, München, 26. Februar 1932).

43 Zur Länge dieser Berliner Bühneninszenierung siehe die Kritik von Paul Fechter, abgedruckt in: Günther Rühle, *Theater für die Republik im Spiegel der Kritik. 1926-1933*, Frankfurt am Main 1988, Bd. 2., S. 800-802.

der kargten beide Spieler mit jedem Ausdruck; fühlten nach innen; und füllten so auch die Pausen mit Spannung und Ahnung.[44]

Wie der *Schinderhannes* im einzelnen für den Rundfunk umgeschrieben wurde, läßt sich nicht mehr rekonstruieren. Einer Programmkritik nach war dieser Zuckmayer-Abend, der mit einer Autorenlesung begann, ein großer Erfolg:

> Einem der Jüngsten, *Carl Zuckmayer*, widmete die *Werag* ein ganzes Abendprogramm, das zweifellos den Beifall vieler Hörer gefunden hat. Der Dichter las zunächst eine unveröffentlichte Novelle aus dem Manuskript: ›Eine Entenjagd‹. Feingefühl für menschliches Empfinden, Verstehen der Natur der nordischen Landschaft ließen diese prächtige Novelle entstehen. Unmittelbar folgte dieser Dichterstunde die Aufführung des Zuckmayerschen Schauspiels ›Schinderhannes‹. Die funkgerechte Bearbeitung, die unerläßlich war, war keineswegs zum Nachteil des trefflichen Werkes. Die Handlung wurde in durchaus künstlerischer Weise herausgearbeitet. *Rud. Rieth*, der Oberspielleiter der Werag, verstand es, für eine vorzügliche Funkinszenierung zu sorgen. Die verschiedenen Hörszenen wirkten durch ihre Plastik außerordentlich überzeugend. *Leopold Biberti* als Schinderhannes und *Constanze Menz* als Julchen verdienen uneingeschränktes Lob für ihre hervorragenden Leistungen.[45]

Warum es trotz eines solch guten Ergebnisses bis 1933 nur bei dieser einen Rundfunkinszenierung eines Zuckmayer-Stücks blieb, muß offen bleiben. Seine thematische Ausrichtung auf gesellschaftliche Außenseiter jedenfalls war dem Rundfunk durchaus nicht fremd. Zumindest eine ganze Reihe von Hörspielen anderer Autoren behandelten diesen Stoff. Dem Schinderhannes widmete sich Curt Elwenspoek, der 1925 in seinem Buch *Schinderhannes, der rheinische Rebell* auch Zuckmayers 1922/23 geschriebene *Mainzer Moritat vom Schinderhannes* aufgenommen hatte.[46] Nach mehreren Rundfunkvorträgen über die noch immer populäre historische Figur bearbeitete er die Geschichte zu einem *Hörspiel vom Schinderhannes* (Sürag, 11. Juli 1930), das mehrere Aufführun-

---

44 Kritik Bernhard Diebolds, abgedruckt ebd., S. 804-806, hier: S. 805 f.
45 Ascoltante, *Kritische Rückschau. »Stunde der Lebenden« in Berlin: Höhepunkt der Sendesaison*, in: *Der deutsche Rundfunk*, Jg. 6, 1928, H. 5, S. 283-285, hier: S. 284. Bei der Autorenlesung handelte es sich nicht um ein unveröffentlichtes Manuskript, denn *Die Geschichte einer Entenjagd* war 1927 in dem Erzählungsband *Ein Bauer aus dem Taunus* veröffentlicht worden.
46 Vgl. Nickel/Weiß, *Carl Zuckmayer*, a.a.O. (Anm. 2), S. 104.

gen bei verschiedenen Sendern erlebte.[47] Ähnliche Gestalten standen beispielsweise im Mittelpunkt von Otto Rombachs *Räuberhauptmann Cocosch* (Mirag, 8. Februar 1931) und *Tyll Ulenspiegel* (Werag, 24. Juli 1931) von Walter Nissen und Robert Seitz. Im Zirkus- und Artistenmilieu aus Zuckmayers Stück *Katharina Knie* spielten die Hörspiele *Die Nummer läuft* (Werag, 12. Mai 1931) und *Illusion zieht immer* (Werag, 1. Februar 1932) von A.H. Kober und Manfred Georg und *Clowns Geburtstag* (Werag, 20. Januar 1932) von Helmut Jaro Jaretzki. Auch der Fall des *Hauptmanns von Köpenick* wurde vom Rundfunk aufgegriffen, vor allem in einer Lesung von Wilhelm Schäfer aus seinem 1930 erschienenen gleichnamigen Roman und in einer Folge der Reihe *Zeitberichte* (Berliner Funkstunde, 16. Februar 1931).

Grundsätzlich entsprach Zuckmayers Bemühen um Volkstümlichkeit in Themenwahl und Sprache seiner Stücke den Vorlieben der Programmverantwortlichen, die ein riesiges, aus den verschiedensten sozialen Schichten zusammengesetztes Publikum zufriedenstellen mußten und dazu auch gern Volksstücke auf den Sendeplan setzten. Ob die sprachlichen Derbheiten oder die politischen Anspielungen in seinen Schauspielen einer Rundfunkadaption entgegenstanden, läßt sich aufgrund der gängigen Überarbeitungs- und Überwachungspraxis bezweifeln. Umstrittene Werke gelangten nach entsprechenden Zensurmaßnahmen des zuständigen Politischen Überwachungsausschusses häufig doch zur Sendung.[48] Auch die starke regionale Anbindung, etwa im Dialekt der Schauspiele *Der fröhliche Weinberg* und *Schinderhannes*, konnte Rundfunkaufführungen nicht prinzipiell ausschließen. Ein Großteil der Sender nahmen mundartliche Theaterstücke in ihr Pro-

---

47 In einer Programmvorschau, die wohl ohne Kenntnis von Elwenspoeks *Schinderhannes*-Buch geschrieben worden war, wurde die Vermutung geäußert, Elwenspoek »dürfte die Anregung zu seinem Werk durch Zuckmayers Drama ›Schinderhannes‹ erhalten haben, das er als Spielleiter am Stuttgarter Landestheater ungefähr zu gleicher Zeit herausgebracht hat«. Wezett [vermutlich Werner Zenker], *Curt Elwenspoek*, in: *Die Mirag*, Jg. 7, 1930, H. 40, S. 5.
48 Zur Rundfunkzensur siehe z.B. Horst O. Halefeldt, *Entlarvende Übergriffe: Zensur künstlerischer Programme*, in: Leonhard (Hrsg.), *Programmgeschichte des Hörfunks in der Weimarer Republik*, a.a.O. (Anm. 3), S. 232-239.

gramm auf, allen voran in Hamburg und München, aber – für Zuckmayer naheliegend – auch der SWR in Frankfurt.[49]

Gründe für die Rundfunkabstinenz als Theaterautor sind vermutlich eher in seinen eigenen ästhetischen Prinzipien zu suchen als beim Rundfunk, der zum Teil recht wahllos aktuelle Themen und Stücke aufbereitete. Vielleicht hatte Zuckmayer sich nach der Kölner *Schinderhannes*-Aufführung, die er ja im Anschluß an seine Autorenlesung im Studio mitverfolgen konnte, bewußt gegen Rundfunkadaptionen seiner Stücke entschieden.[50] Darauf deutet zumindest seine Stellungnahme zum Thema *Das Rundfunk-Hörspiel* im *Berliner Börsen-Courier* hin, in der er die künstlerischen Bedingungen des akustischen Mediums – und das heißt hier für ihn in der Konsequenz: des eigens für den Rundfunk geschriebenen Hörspiels – von den Möglichkeiten des Theaters abgrenzte:

> Während im Theater die Sprache auf knappen, gesammelten Ausdruck gestellt sein muß, kann das Hörspiel den Sprachbogen viel weiter spannen. Alle Zusammenhänge können ja hier nur durch das Wort gegeben werden. Die Sprache kann im Rundfunk nicht wie auf der Bühne teilweise zum Verschweigen gebraucht werden, denn die ergänzende Darstellung durch Gebärde und Mienenspiel fällt im Funkstück naturgemäß fort. Ein Aufbau wie im ›Hauptmann von Köpenick‹, der bis zum 14. Bild alles nur indirekt ausspricht, wäre also im Hörspiel unmöglich.[51]

Wenn er die szenischen und schauspielerischen Ausdrucksmittel als seinen Theaterstücken inhärente Bestandteile auffaßte, die einer Rundfunkbearbeitung zuwiderliefen, mußte Zuckmayer die einzige weitere Darbietung eines seiner Stücke im Rundfunk der Weimarer Republik als eher abwegig erscheinen: Im März 1931 ließ der Leiter der Aktuellen Abteilung der Berliner Funkstunde, Alfred Braun, in der Woche nach

---

49 Der SWR sendete z.B. mundartliche Sendespiele von Alfred Auerbach, Ernst Niebergall, Karl Malß, Hans Müller-Schlösser und Adolf Stoltze.

50 Andere Autoren regte gerade das Miterleben der Studioarbeit zu eigenem Schreiben für den Rundfunk an, so z.B. Rudolf Leonhard, der die Gelegenheit bekam, »einer Inszenierung des Regisseurs Rudolf Rieth von der ersten Probe bis zur Aufführung beizuwohnen. Ich habe dabei mehr gelernt, als ich in jahrelangem Nachdenken hätte finden können«. Rudolf Leonhard, *Die Situation des Hörspiels*, in: *Funk*, Jg. 5, 1928, H. 49, S. 325.

51 Margot Epstein, *Das Rundfunk-Hörspiel. Gespräche mit Berliner Autoren*, in: *Berliner Börsen-Courier* vom 24. Mai 1931, Morgenausgabe.

der Uraufführung die *Hauptmann von Köpenick*-Inszenierung des Deutschen Theaters übertragen, und dies auch nur ausschnittweise und als Lückenbüßer für ein geplantes Interview mit Charlie Chaplin. Felix Stiemer vermerkte in einer kurzen Programmrückschau, daß der Verlust der optischen Dimension nicht berücksichtigt worden war: »Lustig, wenn auch nicht ganz freiwillig, war ein Fischzug Alfred Brauns, der Charlie Chaplin fangen wollte und zum Schluß froh war, als er Karl Zuckmayer im Netz fand. Die Teilübertragung des ›Hauptmann von Köpenick‹ hätte besser gewirkt, wenn vorher die Situation auf der Bühne skizziert worden wäre.«[52]

Wollte Zuckmayer seine Vorstellung eines ganz auf die Sprachdimension konzentrierten Stücks für den Rundfunk verwirklichen, mußte er selbst ein Hörspiel schreiben. Erste Pläne dazu gab es im Frühjahr 1929. *Der deutsche Rundfunk* meldete gleichzeitig mit einer geplanten Hörspielproduktion Ernst Tollers (für die Berliner Funkstunde): »Der Dichter des ›Fröhlichen Weinbergs‹, Karl Zuckmayer, schreibt zurzeit an einem heiteren Hörspiel, das für den Frankfurter Sender bestimmt ist. Die Uraufführung ist für Mitte Mai zu erwarten.«[53] Nach dem Vorbild von Kompositionsaufträgen, die die Reichs-Rundfunk-Gesellschaft an Musiker vergab, hatten 1928/29 mehrere Sendegesellschaften begonnen, per Auftragsvergabe die Hörspielproduktion anzukurbeln.[54] Als Adressaten gern gesehen waren dabei die aktuellsten Theaterdichter, so neben Toller und Zuckmayer beispielsweise auch Bertolt Brecht und Friedrich Wolf. In einem Grundsatzartikel zum Thema *Kunst-Politik*

---

52 -mer., *Statt Chaplin – Zuckmayer*, in: *Der deutsche Rundfunk*, Jg. 9, 1931, H. 12, S. 68. Direktübertragungen aus dem Theaterraum waren, anders als im musikalischen Bereich, beim Sprechtheater kaum üblich. Der erste Versuch dieser Art war eine Übertragung von Otto Alfred Palitzschs *Kurve links* aus dem Kleinen Theater in Kassel am 18. November 1926. Die ambitionierte Funkstunden-Reihe *Berliner Theater*, die von Herbst 1929 an Berliner Produktionen vorstellte, holte die Inszenierungen »als Hörspielaufführungen durch die Originalensembles« ins Studio. Siehe Leonhard (Hrsg.), *Programmgeschichte des Hörfunks in der Weimarer Republik*, a.a.O. (Anm. 3), S. 1071-1073.
53 *Neue Hörspiel-Dichtung*, in: *Der deutsche Rundfunk*, Jg. 7, 1929, H. 17, S. 529. Tollers Hörspiel *Berlin – letzte Ausgabe* wurde am 4. Dezember 1930 urgesendet.
54 Siehe Theresia Wittenbrink, *Schreiben für den Rundfunk: auf der Suche nach Hörspielautoren*, in: Leonhard (Hrsg.), *Programmgeschichte des Hörfunks in der Weimarer Republik*, a.a.O. (Anm. 3), S. 1160-1189, hier: S. 1167-1186.

im Rundfunk beklagte Arno Schirokauer, erfahrener Rundfunkkritiker und selbst Rundfunkautor,[55]

> daß die Aufträge des Rundfunks an Literaten ein blamables Kapitel der Sender-Politik bilden. Was nämlich tut man? Man nimmt sich ein paar Namen, die einem aus Theaterkritiken geläufig sind, und schließt, daß, wer ein Drama bauen kann, mit einem Hörspiel schließlich auch noch fertig wird; man kauft sich die ›Arrivierten‹; man wünscht kein Risiko zu haben; man nimmt, was man von den Theaterkritikern getippt bekommt; man besorgt sich aktuelle Leute, die an der Literaturbörse hoch notiert sind, man bedenkt Zuckmayer oder Brecht oder Bronnen mit ›Aufträgen‹. [...] Aber man ist vorsichtig und bestimmt die Grenzen des Wagnisses. So verpflichtet man Zuckmayer zu einem ›Besuch Frankfurter Bürger im Frankfurter Zoo‹, zwingt den Romantiker Toller zu einer Industrie-Reportage, die er nie und nimmer kann, läßt Dichter Gerichtssaal-Berichte machen, schickt sie an die Börse, auf den Rennplatz, in Maschinensäle, Flughäfen, Boxringe, und wird so der leicht zufriedengestellte Almosenspender, aber niemals der Anreger und Wegweiser einer neuartigen Dichtung.[56]

Aus dem »heiteren Hörspiel« Zuckmayers, das anscheinend an seine »Feuilletons über Zoologische Gärten«[57] anschließen sollte, wurde nichts. Wahrscheinlich entsprach das reportageartige Sujet auch nicht seinen eigenen Vorstellungen von Hörspielkunst, wie er sie zwei Jahre später für den *Börsen-Courier* formulierte: »Das Hörspiel muß im wahren Sinne des Wortes ein ›Spiel‹ sein, nicht nur aktuellen Themen und Tendenzen dienstbar. Darum sollten lyrische Dichter Hörspiele schreiben, nicht Reporter Tagesprobleme in Sendestücken ausschlachten.« Auch von eigenen Hörspielplänen war hier, sehr vage, die Rede:

> Zuckmayer bezeichnet seine Dramen als Nebenwerke. Sein Bestes habe er in Novellen und Gedichten gegeben. Und aus diesen, wie er weiß, fast unbekannt gebliebenen, im Propyläenverlag erschienenen Gedichten beabsichtigt er ein Hörspiel zu schaffen. Er weiß noch nicht, wieweit er diese zumeist von Tieren und Pflanzen handelnden lyrischen Stücke um einen

---

55 Am 31. März 1928 war sein erstes Hörspiel *Ozeanflug* in Breslau ursendet worden.
56 Arno Schirokauer, *Kunst-Politik im Rundfunk*, in: *Die Literarische Welt*, Jg. 5, 1929, H. 35, *Sondernummer: Literatur und Rundfunk*, S. 1-2.
57 Vgl. Nickel/Weiß, *Carl Zuckmayer*, a.a.O. (Anm. 2), S. 142.

festen Kern gruppieren oder in loserer Folge geben wird. Jedenfalls wird er verbindende Musik verwenden.[58]

Mit einer Verknüpfung von Lyrik und Musik, wie sie Zuckmayer vielleicht vorschwebte, experimentierte unter den zeitgenössischen Hörspielmachern am konsequentesten der Literarische Leiter der Mirag, Eugen Kurt Fischer, der dabei mit jungen Lyrikern wie Walter Bauer und Wolfram Brockmeier zusammenarbeitete.[59] Zuckmayers Interesse an der Rundfunkkunst ging aber doch nicht so weit, daß er Neues für das Medium hätte entwickeln wollen. Ein weiteres Projekt für den Weimarer Rundfunk betraf schließlich sein erstes, stark lyrisch geprägtes Bühnenstück, also wiederum bereits Veröffentlichtes. Im Herbst 1931 ging erneut die Meldung durch die Rundfunkzeitschriften, Carl Zuckmayer arbeite – nochmals für die Frankfurter Sendegesellschaft – an einem Hörspiel:

> Auf Veranlassung der Literarischen Abteilung des Südwestdeutschen Rundfunks unterzieht Carl Zuckmayer sein dramatisches Erstlingswerk ›Der Kreuzweg‹ einer durchgreifenden Umarbeitung für die Hörbühne. Die zugehörige Musik schreibt der Komponist Eduard Zuckmayer, ein Bruder des Dichters. Die funkische Uraufführung ist im Winterprogramm des Frankfurter Senders vorgesehen.[60]

Auch dieser ambitionierte Plan wurde nicht realisiert. Zuckmayer blieb trotz des Bekenntnisses zu seiner Lyrik in erster Linie dem Theater verpflichtet und war, anders als viele seiner Schriftstellerkollegen, als vielgespielter und glänzend verdienender Dramatiker auch nicht vom

---

58 Margot Epstein, *Das Rundfunk-Hörspiel. Gespräche mit Berliner Autoren*, in: *Berliner Börsen-Courier* vom 24. Mai 1931, Morgenausgabe. Bei dem angesprochenen Gedichtband handelt es sich um das 1926 erschienene Buch *Der Baum*.
59 Siehe Leonhard (Hrsg.), *Programmgeschichte des Hörfunks in der Weimarer Republik*, a.a.O. (Anm. 3), S. 1187. Auch nach dem Zweiten Weltkrieg betonte Zuckmayer in einem Beitrag zur Hörspielästhetik die wesentliche kompositorische Funktion der Musik und der Stimmeninstrumentierung sowie die Berufung des Lyrikers zum Hörspieldichter. Siehe Carl Zuckmayer, *Zur Dramaturgie des Hörspiels*, in: *Die Neue Zeitung* vom 9./10. Februar 1952.
60 *Carl Zuckmayer als Rundfunkautor*, in: *Die Norag*, Jg. 8, 1931, H. 39, S. 2. Eduard Zuckmayer hatte ein Jahr zuvor die Bühnenmusik zum Kinderstück *Kakadu Kakada* komponiert; vgl. Nickel/Weiß, *Carl Zuckmayer*, a.a.O. (Anm. 2), S. 163.

OFFIZIELLES ORGAN DER FUNK-STUNDE

VERLAG: FUNK-DIENST G.M.B.H. · BERLIN W 9, SCHELLINGSTRASSE 1

NUMMER 4 * JAHRGANG 1930 * BERLIN, 24. JANUAR 1930 * PREIS 25 PFENNIG

Dichter erzählen aus dem Stegreif

Von links nach rechts um den Tisch: Carl Zuckmayer, F. D. Angermayer, Eblef Koppen, Leiter der Veranstaltung, F. C. Weiskopf und Ernst Weiß
Die Veranstaltung fand kürzlich vor dem Berliner Mikrophon statt

Rundfunk als Geldgeber abhängig.[61] In seiner Autobiographie begrüßte er es, daß das Radio ihn zu Beginn seiner Schriftstellerkarriere Anfang der zwanziger Jahre nicht von seiner Bestimmung zum Theaterautor habe ablenken können:

> Jene anderen Hilfsmittel aber, die heute einem einigermaßen begabten jungen Autor rasch zu einem Existenzminimum oder zu mehr verhelfen, Hörfunk und Fernsehen, gab es noch nicht, und ich behaupte: zu meinem Glück. Denn es gab eben auch nicht die Zersplitterung, es gab nicht die Versuchung, nach dem ersten Scheck für ein gelungenes Hörspiel ein zweites zu schreiben und dann wieder eins und schließlich in dieser Branche, mit Wagen und Wohnung, wohlsituiert zu versumpern. Wer von sich glaubte, dramatisches Talent zu besitzen, der mußte aufs Ganze gehen, und das war *nur* das Theater. Es gab kein Auskommen in einem technisch-spezialisierten, theaterähnlichen Betrieb.[62]

Diese in der Rückschau ungünstige Beurteilung des neuen Mediums mag eine indirekte Distanzierung von Arnolt Bronnen enthalten, der von 1928 an bei der Berliner Funkstunde als Dramaturg arbeitete und nach zwei Hörspielproduktionen im Jahr seiner Anstellung nicht mehr namentlich im Programm auftauchte.[63] Die Vorstellung von üppigen Rundfunkhonoraren entsprach nur in Ausnahmefällen der Wirklichkeit.[64] Doch gelang es tatsächlich nur wenigen Autoren, darunter Rudolf Leonhard, Otto Alfred Palitzsch, Hermann Kesser, Hans Kyser

---

61 Am Ende der Weimarer Republik galt der Rundfunk als »der wichtigste Arbeitgeber der Schriftsteller«. *Rundfunk-Honorare*, in: *Der Schriftsteller*, 1932, H. 5/6, S. 84, zitiert nach: Ernst Fischer, *Der »Schutzverband deutscher Schriftsteller« 1909-1933*, Frankfurt am Main 1980, Sp. 467. Zu Zuckmayers aus Bühnenvertrieb und Buchverkäufen erzielten hohen Jahreseinnahmen zwischen 1926 und 1932 – den Höhepunkt bildete 1931 mit 165.069,73 RM – siehe Gunther Nickel, *Carl Zuckmayer und seine Verleger. Von 1920 bis zur Rückkehr aus dem Exil*, in: *Zuckmayer-Jahrbuch*, Bd. 3, 2000, S. 361-375, hier: S. 370.

62 Zuckmayer, *Als wär's ein Stück von mir*, a.a.O. (Anm. 13), S. 383.

63 Zu den vermutlich politischen Hintergründen siehe Leonhard (Hrsg.), *Programmgeschichte des Hörfunks in der Weimarer Republik*, a.a.O. (Anm. 3), S. 1102.

64 Siehe Theresia Wittenbrink, *Von der Vermittlungsinstanz zum Kontrollinstrument: der Programmdienst für den deutschen Rundfunk* und *Honorare und Sparmaßnahmen: Rundfunk als Arbeitgeber für freie Schriftsteller*, in: Leonhard (Hrsg.), *Programmgeschichte des Hörfunks in der Weimarer Republik*, a.a.O. (Anm. 3), S. 1189-1195 und S. 1116-1124.

und als prominentestes Beispiel Friedrich Wolf, parallel als Theater- und Hörspielautor von sich reden zu machen. Zuckmayer nutzte den frühen Rundfunk zwar als Forum für Autorenlesungen. Die Herausforderung, als Dramatiker eigens für ihn zu schreiben, nahm er dagegen – abgesehen von seinem publikumswirksamen *Palaver* für den Jugendfunk – nicht an. Seine Bühnenerfolge aus der Weimarer Republik aber sollten die Rundfunkhörer von 1945 an in zahlreichen Hörspielbearbeitungen vorgestellt bekommen.[65]

---

65 Vgl. dazu Hans-Ulrich Wagner, »*Der gute Wille, etwas Neues zu schaffen*«. *Das Hörspielprogramm in Deutschland von 1945 bis 1949*, Potsdam 1997, S. 313 und den Beitrag von Hans-Ulrich Wagner im vorliegenden Band, S. 657-692.

Anhang
Autorenlesungen Carl Zuckmayers im Rundfunk der Weimarer Republik

Berliner Funkstunde

11. Mai 1925 / 20.30-22.15
Die Elchlandreise / Litanei vom Sündenfall
Beitrag in: Ein Abend der »Novembergruppe« (mit Musik)

20. Februar 1927 / 13.10-*14.10*
Der Baum / Über die Pferde / Rinderlegende / Das Essen / Marschlied / Geschichte einer Entenjagd
Beitrag in: Carl Zuckmayer – Karl Theodor Bluth. Reihe: Die Stunde der Lebenden

3. April 1929 / 16:30-18:00
Einleitende Worte
Beitrag in: Der Schatz im Silbersee. Erzählung aus dem Wilden Westen von Karl May. Für den Rundfunk bearbeitet von Dr. Günther Bibo. Reihe: Jugendbühne

17. Januar 1930 / 20:00-*21:00*
Mitwirkung in: F.A. Angermayer – Ernst Weiß – F.C. Weiskopf – Carl Zuckmayer
Reihe: Improvisierte Erzählungen. Leitung: Edlef Köppen

14. November 1932 / 19:30-21:00
Ansprache
Beitrag in: Festkundgebung zu Ehren Gerhart Hauptmanns (mit Musik)
Veranstaltet von der Genossenschaft deutscher Bühnenangehöriger aus Anlaß des 70. Geburtstages des Dichters. Übertragung aus Berlin, Ausstellungshalle am Kaiserdamm

Deutsche Stunde München

15. Mai 1929 / 17.45-18.40
Palaver über Karl May
Beitrag in einer Folge der Reihe: Jugendstunde

Mitteldeutsche Rundfunk AG (Mirag)

25. November 1929 / 20.30-21.00
Carl Zuckmayer liest aus eigenen Werken
Reihe: Autorenstunde

31. Oktober 1930 / 21.30-22.10
Mitwirkung in: Der Dramatiker und sein Publikum. Gespräch zwischen Carl Zuckmayer, Dr. Karl Wollf, Dresden, und Dr. E.K. Fischer
Innerhalb der Theater-Werbewoche des deutschen Rundfunks

Ostdeutsche Rundfunk AG

27. November 1928 / 21.30-22.15
Carl Zuckmayer liest aus eigenen Werken

Südwestdeutsche Rundfunk AG (SWR)

13. April 1927 / 18.15-19.15
Carl Zuckmayer liest seine Novelle *Die Geschichte eines Bauern aus dem Taunus*

25. Februar 1931 / 10.20-10.50
Wie und warum ich für Kinder dichte
Reihe: Schulfunk

13. April 1931 / 20:40-22:10
Mitwirkung in: Hessischer Abend (mit Musik)

Westdeutscher Rundfunk (Werag)

19. Januar 1928 / 19.40-20.15
Carl Zuckmayer liest eine unveröffentlichte Novelle (aus dem Manuskript)
Reihe: Dichterstunde
(20.15 Uhr Schinderhannes. Schauspiel in vier Akten (zehn Bildern) von Carl Zuckmayer)

15. Januar 1930 / 18.30-18.55
Eigenes
Reihe: Lebende Dichter

28. Januar 1931 / 19.25-19.45
Eigenes
Reihe: Lebende Dichter

Anmerkung: Die Uhrzeiten beziehen sich auf die Gesamtsendung. Bei kursiv gedruckten Uhrzeiten handelt es sich um eine Schätzung. Die Angaben stammen aus einer Dokumentation sämtlicher Schriftstellerauftritte im Rundfunk der Weimarer Republik, die die Verfasserin zur Zeit für das Deutsche Rundfunkarchiv, Frankfurt am Main, erstellt.

Horst Claus

Zuckmayers Arbeiten für den Film in London 1934 bis 1939[1]

»Alles in allem bin ich, wenn ich mich mal von meinen Klagen und Sorgen als angestellter playwright und Irrenwärter freimache, froh und glücklich über diesen geschenkten londoner Aufenthalt,«[2] schreibt Carl Zuckmayer im Februar 1934 an seinen Freund Hans Schiebelhuth. Seit gut einem Monat befindet er sich in der britischen Hauptstadt und arbeitet an *The Golden Toy*, einer Neufassung des Sanskritdramas *Vasantasenà*. Regie führt Ludwig Berger, dem er einst die erste Fassung seines *Fröhlichen Weinbergs* gewidmet hatte.[3] Beide stammen aus Mainz und kennen einander seit ihrer Jugend. Trotz der gespannten Arbeitsatmosphäre, die auf die zeitlebens nie ganz unproblematische Beziehung zwischen den beiden Männern verweist,[4] fühlt Zuckmayer sich wohl:

---

1 Die Recherchen zu diesem Artikel wurden durch ein Stipendium der British Academy ermöglicht. Für Hinweise, Informationen und Hilfe bei der Beschaffung von Unterlagen und Materialien danke ich Helmut G. Asper, Kevin Gough-Yates, Mathilde Gotthardt, Susan Knowles vom BBC Written Archives Centre in Reading, Andrew Luff von London Films, Janet Moat und ihren Kollegen vom BFI Special Collections Department sowie Gunther Nikkel. Wenn nicht anders angegeben, beziehen sich alle Verweise auf Dokumente und Briefe von und an Zuckmayer auf Unterlagen im Deutschen Literaturarchiv Marbach (im folgenden: DLA), Nachlaß Carl Zuckmayers.
2 Carl Zuckmayer an Hans Schiebelhuth, London, 12. Februar 1934.
3 Gunther Nickel/Ulrike Weiß, *Carl Zuckmayer 1896-1977. »Ich wollte nur Theater machen«*, Marbach 1996 (Marbacher Kataloge 49), S. 95.
4 Zuckmayer berichtet in seinem Brief an Hans Schiebelhuth vom 12. Februar 1934 über seine Zusammenarbeit mit Ludwig Berger bei *The Golden Toy*. Dabei wird seine Einschätzung von und Einstellung zu dem Regisseur deutlich: »Mein Lieber, ich esse hier ein hartes Brot, wenn es auch zuweilen von Oysters überschwemmt ist. Es ist schwer, mit dem Ludwig zu arbeiten, gerade wenn man ihn seiner Qualitäten wegen gern hat und nicht den Standpunkt des obstinaten Sekundaners oder Rekruten ihm gegenüber beziehen kann, sondern wenn man ihm helfen will. Es ist ganz merkwürdig, wie sich bei ihm das subtilste Wissen um Dinge der Kunst und des Geistes mit einer so völligen Kritiklosigkeit, Unterscheidungslosigkeit vermischt. Und welchen Grades von Taktlosigkeit, von massivster menschlicher Trampelei, dieser so nervöse und zart organisierte Charakter fähig ist. In entscheidenden Dingen ist er dann manchmal auch wieder grossartig, manchmal so falsch und verlogen dass es Dir

»Es ist nicht schlecht, so eine neue und fremde Atmosphäre durchzuschmecken. Und diese Luft hat einen sehr eigenen und sehr persönlichen Geschmack, nicht nur nach Teer und Nebelruss.« Der Besuch gefällt ihm so gut, daß er erwägt, im »nächsten Winter jedenfalls für längere Zeit mit Jobs [innerfamiliärer Rufname für seine Frau Alice] und Kegel und Kind hierher« zu ziehen.[5] Doch der Versuch, sich mit der spektakulären Phantasie mit über 200 Darstellern und Musik von Robert Schumann in der Londoner Theaterszene zu etablieren, schlägt fehl. Zuckmayers eigene, kurz vor der Premiere festgehaltene Beobachtungen deuten an, daß in der Inszenierung miteinander unvereinbare, deutsche und britische Theatertraditionen und Publikumserwartungen aufeinanderstoßen:

> Was da jetzt gespielt wird, ist von der Führung und Anlage wohl von mir, und hat einige meiner Szenen, ist aber natürlich überwuchert von Schau und Dekoration, und die Komödienszenen, die in meinem Manuskript mehr »shakespearisch« gedacht und versucht waren, und durch die Komiker, denen man hier allzu viel nachgibt, ein wenig allzu musical shaw-haft [sic] geworden. Trotzdem glaube ich, dass das Ganze hoch überm Niveau der Musical Shaw [sic] oder Revue steht, und dass es viel Reiz und Glanz hat, auch, dass die Grundhaltung des romantischen deutschen Märchens im 1001-Nacht-Gewand gewahrt ist.[6]

Obgleich für das ursprünglich als »A Romantic Play by Carl Zuckmayer« angekündigte Stück später mit dem Slogan »A Carnival of Ballet, Romance, Comedy and Spectacle« geworben wird, hält es sich nach seiner Uraufführung am 28. Februar im Coliseum nicht lange im West End und erlebt am 16. Juni seine letzten beiden Aufführungen. Auch der längere Familienaufenthalt im folgenden Winter wird nicht realisiert. Trotzdem ist der London-Besuch von Anfang Januar bis zur ersten Hälfte März für seine zukünftige Arbeit und den Lebensstandard seiner Familie im österreichischen Henndorf wichtig, denn Zuckmayer kämpft zu dem Zeitpunkt mit Finanzschwierigkeiten. Genau genommen hat er Schulden.

---

graust. Und ich muss die Zeit mit ihm und richtig bei ihm durchhalten, denn sonst wird das Ganze nichts, und es kann sogar sehr sehr schön werden. Aber ich muss richtig schuften ohne Unterlass, und nur Du weisst, wie ungern ich das tue.«

5 Ebd.
6 State University of New York College at Fredonia, Daniel Reed Library, Fredonia, New York USA (im folgenden: Reed Library), Zuckmayer an Stefan Zweig, London, Ende Februar 1934.

1931, im Jahr der Uraufführung des *Hauptmanns von Köpenick*, war die Rekordsumme von 165.069,73 RM auf sein Konto geflossen, 87 Prozent davon aus Theatertantiemen. Doch bereits Ende 1932 war Zuckmayer, wie er Schiebelhuth im Februar 1933 mitteilte, wegen seines aufwendigen Lebensstils und langfristiger vertraglicher Bindungen gezwungen, für die Ufa zu arbeiten:

> Nun musste ich mittlerweile, da ich ja seit zweieinhalb Jahren von dem Hauptmann von Köpenick lebe, und zwar auf einem Generalsfuss, leider einmal wieder für meine Familie (und den Generalsfuss) sorgen. Ich habe zwar eine Rente von Ullstein noch für einige Zeit, aber jetzt durch Steuernachzahlungen usw. enorme Abhebungen machen müssen, und ausserdem weiss man nicht genau, wie die Dinge sich gerade bei Ullstein entwickeln werden. Ich habe daher schon im Dezember die Arbeit an meinem Stück unterbrechen müssen und eine grosse Novelle geschrieben, bereits mit Hinblick auf Film. Was dabei herausgekommen ist, wird Dir gefallen, es gefällt sogar mir. Diese Novelle, »Eine Liebesgeschichte«, ist jetzt – nach wochenlangen Verhandlungen, die mich so lang in Berlin hielten, von der Ufa erworben worden.[7]

Nach der ›Machtergreifung‹ durch die Nationalsozialisten und dem von ihnen verhängten Aufführungsverbot seiner Stücke war sein Jahreseinkommen auf unter 14.000 RM gesunken und damit weit davon entfernt, die in dem Brief erwähnte Monatsrente des Ullstein-Verlags (3.500 RM) zu decken. Obgleich die zugesicherte Summe von 1934 an stark reduziert wird, steht Zuckmayer Mitte der dreißiger Jahre bei dem Verlag mit mehr als 21.000 RM in der Kreide.[8] Der Versuch, sich mit Romanen und Novellen eine von Theatereinnahmen unabhängige Einkommensquelle zu verschaffen, bringt keinen Finanzausgleich und wird teilweise durch ein behördliches Auslieferungsverbot in Deutschland unterbunden. So ist er von 1933 an zunehmend gezwungen, seinen Lebensstandard durch die Entwicklung von Filmszenarien zu sichern. Wichtigste Anlaufstelle ist London, wichtigste Kontaktperson allem Anschein nach anfänglich Elisabeth Bergner, mit der er seit seiner Zeit als Dramaturg am Deutschen Theater in Berlin 1924/25 befreundet ist.

---

7) Zuckmayer an Hans Schiebelhuth, Henndorf, 22. Februar 1933.
8 Sämtliche Angaben zu Zuckmayers Einkünften nach Gunther Nickel, *Carl Zuckmayer und seine Verleger. Von 1920 bis zur Rückkehr aus dem Exil*, in: *Zuckmayer-Jahrbuch*, Bd. 3, 2000, S. 370-372.

Elisabeth Bergner, Paul Czinner und Escape Me Never

Elisabeth Bergner war Ende November 1932 nach London gereist, um dort die Hauptrolle in einem Film mit dem Titel *Der Angeklagte bleibt stumm* unter der Regie von Paul Czinner zu übernehmen. Koproduzent war der ungarische Regisseur Alexander Korda der zu dem Zeitpunkt auch mit der Gründung seiner englischen Produktionsfirma »London Films« beschäftigt ist. Im Sommer war er während der Dreharbeiten zu *Der träumende Mund* in den Pathé-Nathan-Studios in Joinville bei Paris, dem Produktionszentrum europäischer Mehrsprachenversionen, an die Schauspielerin und den Regisseur mit dem Vorschlag herangetreten, in London einen Film in deutscher und englischer Fassung herzustellen. Als die daran beteiligte deutsche Firma sich zurückzog, platzte das Projekt. Bergner und Czinner blieben jedoch in England, wo sie

> vom politischen Machtwechsel insofern nicht mehr überrascht [wurden], als ihnen eine überstürzte Flucht bei Nacht und Nebel aus Nazideutschland erspart blieb. Sie waren dabei, sich auf einen längeren Aufenthalt in England einzurichten. [...] Im Januar 1933 heirateten sie. Und sehr bald brachten sie mit Hilfe einflußreicher englischer Freunde die notwendigen Verfahren in Gang, um Aufenthaltspapiere und englische Reisepässe zu erhalten.[9]

Diese Kontakte nutzt Elisabeth Bergner, die von vornherein eindeutig Stellung gegen die politischen Entwicklungen in Deutschland bezogen hatte, nicht nur für sich selbst, sondern auch für in Not geratene Freunde und Bekannte. Anfang 1934 kommen sie Carl Zuckmayer zugute. Die Einflußmöglichkeiten der Schauspielerin dürften inzwischen weiter gestiegen sein.

Seit ihrem Londoner Theaterdebut in *Escape Me Never* (offizielle Premiere am 10. Dezember 1933 im Apollo Theatre) ist Elisabeth Bergner auch in Großbritannien ein Star. Mit dem Boulevardstück schließt sie an ihren Erfolg als Teresa Sanger in *Die treue Nymphe* an, mit dem sie 1927 monatelang Triumphe im Theater in der Königgrätzer Straße in Berlin gefeiert hatte. In beiden Fällen handelt es sich um Dramatisierungen von Erfolgsromanen der englischen Autorin Margret Kennedy. *Escape Me Never* basiert auf *The Fool of the Family*, der Fortsetzung von *Die treue Nymphe*. Im Zentrum der verworrenen, auf Zufällen aufbauenden Story stehen Liebe und Verhältnis einer mittellosen jungen Frau

---

9 Klaus Völker, *Elisabeth Bergner. Das Leben einer Schauspielerin*, Berlin 1990, S. 276.

Illustrierter Film-Kurier zur deutschsprachigen
Fassung von *Escape Me Never*

aus der englischen Unterschicht zu einem Komponisten, der wiederum seinem Klavier spielenden Bruder dessen der Oberschicht zugehörige Geliebte auszuspannen versucht. Wie zuvor in *The Constant Nymph* geht es der Autorin um den Konflikt zwischen bürgerlicher und künstlerischer Lebensauffassung. Die Inszenierung des russischen Regisseurs Theodore Komisarjewsky ist ganz auf Elisabeth Bergner zugeschnitten.[10] Von ihrer Darstellung lebt das Stück, durch sie wird es zum Ereignis der Saison. Selbst die britische Königsfamilie läßt es sich nicht nehmen, einer Sondervorstellung beizuwohnen. Elisabeth Bergner steigt zum Liebling der höheren britischen Gesellschaft auf, die Autorin des Stücks besitzt über ihren Mann direkte Kontakte zur Familie des Earl of Asquith and Oxford. So überrascht es nicht, daß Zuckmayer sich am 15. Januar 1934 mit dem Produzenten und Regisseur der Gaumont British Film Company Anthony Asquith, einem Sohn des ehemaligen Premierministers Herbert Asquith, zum Lunch trifft. »Hier wirds jetzt – in jeder Beziehung – interessant«,[11] teilt er seinem Freund Albrecht Joseph mit und denkt dabei an die Möglichkeit, Stoffe unterzubringen – ein Seeabenteuer mit dem Titel *Die letzte Fahrt der Madagaskar* für Douglas Fairbanks und eine Biographie über den schwedischen Vagantensänger Carl Michael Bellman für den gefeierten Tenor Louis Graveure. Auch über *Escape Me Never* dürfte bei der Gelegenheit gesprochen worden sein. Doch zu einem Vertrag mit Gaumont British

---

10 Nach der »out of town«-Premiere des Stücks am 21. November 1933 am Opera House Manchester berichtet die *Times* vom 22. November 1933: »A crowded Manchester audience [...] gave an enthusiastic reception to [...] *Escape Me Never*, with Eliszabeth Bergner, the Austrian actress, who has never previously appeared on the English stage [...]. It is Miss Bergner's play from beginning to end. A Tessa-like figure, always poorly, even insignificantly, dressed, she was enabled with her seemingly wistful helplessness to hold the sympathy and interest of her audience. The big company gives adequate support.« Im Frühjahr 1939 erwog die BBC eine vierzig bis fünfzig Minuten lange Radiofassung von *Escape Me Never*, in der Elisabeth Bergner ihren Erfolg für die Hörer der »Empire«-Sendereihe »London Successes« wiederholen sollte. Die Schauspielerin reagierte auf entsprechende Anfragen positiv. Das Projekt wurde allerdings zunächst wegen ihrer Terminschwierigkeiten verschoben. Für September vorgesehene Aufnahmen fielen vermutlich durch Kriegsausbruch vorgenommenen Programmänderungen zum Opfer. Das Stück wurde am 18. Dezember 1948 erstmals im Rundfunk ausgestrahlt. Elisabeth Bergner war an dieser Produktion nicht beteiligt.

11 Zuckmayer an Albrecht Joseph, London, 15. Januar 1934.

kommt es nicht. Auch im weiteren Verlauf dieses ersten längeren London-Aufenthalts ergeben sich keine neuen Verträge. Allerdings meint er kurz vor seiner Heimreise in der zweiten März-Woche, er werde »mit grösster Wahrscheinlichkeit [...] im Mai zu mehrwöchentlicher Filmarbeit wieder hier [in London]« sein.[12] Den Wert der Erfahrung für seine professionelle Zukunft faßt Zuckmayer nach seiner Rückkehr in Henndorf in einem Dankesschreiben an Elisabeth Bergner zusammen. Dabei kommt auch die Bedeutung zum Ausdruck, die er freundschaftlichen Verbindungen beimißt:

> Für mich war London – wenn auch keine Eroberung neuer Erdteile (die kommt!) – aber doch der Schimmer, die Ahnung neuer Horizonte und eines großen abenteuerlichen Aufbruchs. Jetzt bebaue ich meinen Acker – und sammle Spannkraft und imaginatio für meine nächste und entscheidendere Ausfahrt.
>
> Denn das ist mir ganz klar – nach allem, was ich seit unsrem Zusammensein erlebte: wir müssen neu anfangen. Was früher war, ist aus und kommt nie wieder.
>
> [...]
>
> Geliebte Lisl, Elizabeth! Lass mich zwischendurch und ganz unbetont – dir sagen, wie herrlich das in London für mich war, mit euch zusammen zu sein – es war ein Zuhaus –, und mehr als das! Ich werde das nie vergessen![13]

Kurz darauf übernimmt die British and Dominions Film Corporation die Verfilmung des West End Hits. Die Produktionsleitung liegt in den Händen des Filmregisseurs Herbert Wilcox, einem der Direktoren der Firma. Obwohl das Stück noch monatelang laufen könnte, wird es im Juni 1934 abgesetzt – teils aus Rücksicht auf Elisabeth Bergners Gesundheit, teils weil Produktion und Dreharbeiten abgeschlossen sein müssen, ehe *Escape Me Never* in der Londoner Originalinszenierung Ende Januar 1935 im New Yorker Shubert Theatre anläuft.[14] Die Filmregie übernimmt Paul Czinner, der von einem erfahrenen Spitzen-Team unterstützt wird, zu dem u.a. die Kameramänner Georges Périnal und Sepp Allgaier, sowie als Cutter der spätere Starregisseur David Lean gehören. Auch Zuckmayer ist dabei. Begeistert schreibt er am 13. Juli an seine langjährige Freundin, die Schauspielerin Annemarie Seidel:

---

12 Reed Library, Zuckmayer an Stefan Zweig, London, 7. März 1934.
13 Zuckmayer an Elisabeth Bergner, Henndorf, 9. April 1934, zitiert nach: Völker, *Elisabeth Bergner*, a.a.O. (Anm. 9), S. 304.
14 Ebd., S. 394.

Und übermorgen fahr ich nach England. Grosses Filmangebot, äusserst angenehm, – ich muss zunächst nur 10-14 Tage hin, – alle Vorbesprechungen erledigen, kann dann einige Wochen hier sein und im Herbst wieder ein paar Wochen rüber, – und verdiene so viel, dass – ohne Berlin und Ullstein – ein Jahr Henndorf gesichert sein wird, – auch ganz unabhängig von Roman und Stücken. Natürlich freue ich mich furchtbar auf eine Woche London und ein Country Weekend undsoweiter, – Yvonne [Rodd-Marling] und Babita [Saurèn] sind Beide verständigt und werden sich abwechselnd wie schöne Guirlanden um meinen Hals und als Trauben in meinen Mund hängen.[15]

Zweifellos genießt der erfahrene Kenner kulinarischer und geselliger Lokalitäten den Aufenthalt bei ausgewählten Speisen und erlesenen Getränken im Kreise guter Freunde und Freundinnen in vollen Zügen.[16] Die anschließende Arbeit dagegen bringt ihm wenig Freude. Auch die avisierte zweite London-Reise fällt ins Wasser. Ende Juli erhält er einen Vertrag, in dem eine zuvor mündlich getroffene Übereinkunft bestätigt wird, nach der er bis spätestens 1. September ein Filmskript anfertigt, das auf Margaret Kennedys Arbeiten *Escape Me Never* und *The Fool of the Family* basiert. Als Honorar ist eine Summe von £ 1000 vereinbart, die in vier Raten auszuzahlen ist, wobei die letzte erst dann fällig wird, wenn das Hayes Office (die amerikanische Zensurbehörde) das Drehbuch genehmigt hat. Sollte man vor Drehbeginn zu dem Schluß kommen, das Projekt aus irgendwelchen Gründen nicht durchzuführen, will man sich einigen.[17] Gleichzeitig genehmigt die Filmgesellschaft Zuckmayer in einem separaten Schreiben Reisekosten für eine Drehbuchbesprechung mit Elisabeth Bergner, die sich in St. Moritz von den Strapazen ihrer 230 Londoner Theaterauftritte erholt.[18] Die Schauspielerin ist gewohnt, bei der Gestaltung ihrer Rollen und Stoffe entscheidend mitzuwirken und ihre Auffassung durchzusetzen. Bei den Diskussionen mit Zuckmayer treten schnell gewichtige Meinungsverschiedenheiten zutage. Deshalb kommt sie Anfang September für drei Wochen nach Salzburg, überwacht und greift selbst aktiv in die

---

15 Zuckmayer an Annemarie Seidel, Henndorf, 13. Juli 1934, zitiert nach der Edition von Gunther Nickel im *Zuckmayer-Jahrbuch*, Bd. 2, 1999, S. 65-66.
16 Vgl. Zuckmayer an Annemarie Seidel, Salzburg, 24. November 1934, ebd., S. 69-70. In diesem Brief beschreibt Zuckmayer der Empfängerin genußvoll einen Sauf- und Schlemmerbummel durch Londoner Kneipen und Restaurants.
17 Vertragsbrief British and Dominions Film Corporation an Zuckmayer, London, 24. Juli 1934.
18 British and Dominions an Zuckmayer, London, 24. Juli 1934.

Skript-Arbeit ein. Den Kern der Schwierigkeiten deutet Zuckmayer in einem Brief an, mit dem er am Tage nach ihrer Abreise die Spannungen der vergangenen Wochen entschärfen will:

[...] ich denke, wenn das Manuskript nicht auf grundsätzliche Widerstände stößt – und damit ist wohl nicht zu rechnen –, ist meine Arbeit an der Sache eigentlich getan, denn was noch zu machen ist, scheint mir Aufgabe der Kennedy, das heißt des *englischen* Dialogs und der englischen und amerikanischen Feinbearbeitung zu sein. Wenn dem so ist, liebe Kinder, gebt mir doch eine Nachricht, dass ich meine Tätigkeit als abgeschlossen betrachten kann, denn solange ich diese Endorder nicht habe, komme ich mit meinen Gedanken von euch und dem Stoff nicht los, und kann an meine nun feiernde und drängende eigene Arbeit nicht herangehen. Gebt mir wirklich eine Nachricht, ihr Teuren, zur Wiedererlangung meiner Seelenruhe, die mir durch die nicht vollkommene Harmonie dieser Zusammenarbeit verloren gegangen ist. Ich habe ja, soweit man das ohne Abstand beurteilen kann, wirklich den Eindruck, dass das Ganze jetzt rund und gut ist. Ich glaube nur, man hätte bei nicht so heftig ablehnender Einstellung der Lisl zu einer schöneren Mitte zwischen ihren und meinen Intentionen kommen können – aber vielleicht ist es für diesen Film besser so.[19]

Wie frustriert er in Wirklichkeit ist, zeigt ein Schreiben an Annemarie Seidel, in dem der geplagte Autor seinem Ärger freien Lauf läßt:

[...] mit Genuss wars nichts, die Bergner-Elizabeth kniete mir hier drei Wochen auf der Brust, wie ein schrecklicher Alp, sie setzte mir den Daumen aufs Auge und hätte um ein Haar fertig gebracht, was den Nazis in 14 Jahren der Volksaufklärung nicht gelungen ist: mich zum Antisemiten zu erziehen. Jedoch, es ist vorbei, und ich bin längst wieder judenhörig (Objekt Albrecht Joseph). Das Manuskript wurde – da das kleine penetrante Reff wie gesagt drei Wochen hier in Salzburg kleben blieb, hier vollständig fertig, unter ihrer strengen Aufsicht und ohne Gnade für alles, was besser gewesen wäre, – und ich musste überhaupt nicht mehr nach London, dh. ich durfte nicht mehr hin, sie vereitelte das, weil wir sehr viele Meinungsverschiedenheiten bezüglich des Films hatten und sie wohl fürchtete, dass ich dort gemeinsame Sache mit einigen der Engländer usw. machen würde, die auch manches anders wollten als sie. Sie entrang mir hier ein »fertiges«, dh. von mir gezeichnetes und von ihr approbiertes Manuskript, man zahlte mich aus und ich hatte – grosses Aufatmen – mit der Sache nichts mehr zu tun. Jedoch nach London kam ich eben auch nicht mehr, denn man hatte

---

[19] Zuckmayer an Paul Czinner und Elisabeth Bergner, Henndorf, 21. September 1934, zitiert nach: Völker, *Elisabeth Bergner*, a.a.O. (Anm. 9), S. 305.

nun keinen Anlass mehr, mir noch eine Reise und einen Aufenthalt dort zu bezahlen. Und auf eigne Kosten ist es mir natürlich zu teuer.[20]

Wissend, daß Zuckmayer mit der Arbeit unzufrieden ist, schickt Czinner ihm am Tag vor seiner Abreise zu Außenaufnahmen in Cortina d'Ampezzo (und anschließend Venedig) am 30. September einen versöhnlichen Brief, in dem er ihm dankt und ihn von der weiteren Mitarbeit an dem Skript entbindet (dessen erste Fassung Zuckmayers Tochter später mit dem Vermerk »ein ungeheurer Mist« versieht):

> Ich bin so fürchterlich verhetzt geworden durch die Arbeit am Drehbuch und die Vorbereitungen zum Film, dass ich Dich tausendmal um Verzeihung bitten muss, Dir erst heute Nachricht zukommen zu lassen. Das Drehbuch, das leider noch nicht völlig fertig [ist], aber an dem der amerikanische Autor [Robert J. Cullen] und die Kennedy noch tätig sind, ist wenigstens bis zu den Dolomiten so weit, dass ich starten kann und im Prinzip ist die Linie ja klar. Ich glaube, dass ich Dich jetzt nicht weiter bemühen und quälen muss, sondern Du Deine Tätigkeit als abgeschlossen betrachten kannst.
>
> Es tut mir schrecklich leid, dass Du an der Arbeit nicht die Freude und Befriedigung finden konntest, die Du Dir erhofftest. Aber ich bin für alles, was ich von Dir bekommen habe und Du beigetragen hast, von Herzen dankbar und weiss, Deinen freundlichen und freundschaftlichen Willen für die Sache und für die Harmonie an der Arbeit zu schätzen.[21]

Schließlich teilt der Regisseur noch mit, er habe die Direktion von British and Dominions angewiesen, das noch ausstehende Honorar zu überweisen, das Zuckmayer bereits ein paar Tage zuvor angemahnt hatte.[22] Doch die Auszahlung zieht sich hin. Ende Januar 1935 schickt Czinner Zuckmayer ein Telegramm, in dem er nach Abschluß der Dreharbeiten anfragt, ob die finanziellen Angelegenheiten bereinigt seien.[23] Sie sind es nicht.

Da der Autor seine Szenarien auf deutsch schreibt, hatte er nach seinem London-Besuch im Sommer eine Miss O'Beirne nach Henndorf mitge-

---

20 Zuckmayer an Annemarie Seidel, Henndorf, 12. Oktober 1934, zitiert nach: *Zuckmayer-Jahrbuch*, Bd. 2, 1999, S. 66.
21 Paul Czinner an Zuckmayer, London, 30. September 1934.
22 Vgl. die Briefe der British and Dominions an Zuckmayer, London, 27. September 1934 und von Zuckmayer an Albrecht Joseph, London, 15. Januar 1934.
23 Paul Czinner an Zuckmayer, London, 25. Januar 1935.

nommen in der naiven Annahme, sie würde sich für ihre Übersetzungsarbeiten mit den von ihm übernommenen Reise- und Unterhaltskosten begnügen. Doch er irrt sich. Von ihren finanziellen Forderungen erfährt er erstmals Anfang Oktober, als British and Dominions ihm £ 20 weniger als vereinbart überweist. Auf seine diesbezügliche Beschwerde reagiert sie mit dem Hinweis, man hätte diese Summe an die Übersetzerin ausgezahlt, da diese für ihre Tätigkeit nicht entlohnt worden sei:

> There is no mistake in the payment of £ 230 as we paid Miss O'Beirne £ 20 on your account for work done in the translation of your work on the film »ESCAPE ME NEVER«. This payment was made to Miss O'Beirne and deducted from your payment under the instruction of Captain Norton, as we understood she had received no remuneration for the work done with you in Austria.[24]

Spontan entwirft Zuckmayer auf der Rückseite des Briefes ein Antwortschreiben, mit dem er der Gegenseite – wenn er es in dieser Form abgeschickt hat – handfeste Argumente liefert, auf ihrer Position zu beharren:

> Damit kann ich mich nicht einverstanden erklären. Ich habe Miss O-Beirn[e] aus eigener Initiative und ohne besonderen Auftrag Ihrerseits mit nach Österreich genommen und ihr die Reise und den Aufenthalt dort bezahlt, damit Sie möglichst rasch ein übersetztes Skript bekämen, ohne dafür eine Entschädigung zu verlangen. Ich wiederhole, dass dies meiner eigenen Initiative entsprang und dass ich keineswegs verpflichtet war, ein englisches Manuskript abzuliefern. Ich hätte Ihnen mein deutsches Manuskript schikken können, ohne mich überhaupt um die Übersetzung zu bekümmern. Stattdessen habe ich auf eigne Unkosten Miss O'Beirn[e] schon in Österreich übersetzen lassen und sie Ihnen dann geschickt, weil sie für die rasche und genaue Übersetzung am besten geeignet war. Selbstverständlich fallen die aus der Übersetzung entstehenden Unkosten Ihnen und nicht mir zur Last, zumal ich ja schon die Unkosten der Reise und des längeren Aufenthalts der Miss O'Beirn[e] in Österreich aus freien Stücken trug. Ich bitte Sie daher höflichst, diese Balance von £ 20 nach zu zahlen [...].[25]

Konsequenterweise weigert die Produktionsfirma sich, die Übersetzungskosten zu tragen und weist höflich darauf hin, daß diese Zuckmayers Angelegenheit seien und er selbstverständlich ein englischsprachiges Skript abzuliefern habe. Man werde von der noch zu zahlenden

---

24 British and Dominions an Zuckmayer, London, 8. Oktober 1934.
25 Ebd., undatiert.

Summe weitere £ 80 einbehalten, da Miss O'Beirne £ 100 als faire Bezahlung ansähe:

> We had been requested by Miss O'Beirne, with whom we understand you were on excellent terms when she worked with you on the picture, to pay her £ 100 on your behalf. You will remember that our arrangement was that you should deliver an English script, which, of course, we never have received but we are satisfied with what you delivered to Dr. Czinner in St. Moritz, although we naturally do not expect to be charged for any translating or stenographic assistance on the matter, nor do we consider ourselves liable in any way in this respect. We are therefore provisionally sending you a cheque for £ 170 and seeking your authority to pay to Miss O'Beirne the balance of £ 80 which she suggests is due to her out of the £ 100 she considers fair remuneration for the translating work done for you.[26]

Obgleich er mitten in den Schneidearbeiten steckt, bemüht Czinner sich Anfang Februar 1935, vermittelnd einzugreifen, und macht den Schriftsteller diplomatisch darauf aufmerksam, daß die Gründe für die Unannehmlichkeiten letztendlich auf ihn selbst und Zuckmayer zurückzuführen seien:

> Ich werde morgen über Deine Angelegenheit mit den B. & D. Leuten sprechen und hoffe, dass sie dann endgültig in Ordnung kommt. [...]
>
> Es tut mir schrecklich leid, dass Du so viel »trouble« hattest, aber Du musst diese Leute verstehen. Sie haben mit der Miss O'Beirne fürchterliche Unannehmlichkeiten gehabt, für die sie uns verantwortlich machten, weil wir die süsse Dame »gebringt« hatten. Die O'Beirne hat für die Übersetzung Deines Manuskripts eine horrende Summe verlangt und Rechte an dem Film geltend gemacht. Sie war ferner daran eine Klage gegen Dich zu erheben, hat schrecklichen Tratsch gemacht und beraten von Winkelanwälten versucht, Skandal zu machen. Die B.& D. Leute, die unschuldig hier in eine peinliche Affäre verwickelt wurden, kamen schliesslich mit ihr, um Ruhe zu haben, zu einer Einigung, die sie ziemlich viel Geld gekostet hat.[27]

Zuckmayer scheint dennoch über die Haltung von British and Dominions verärgert zu sein und reagiert mehrere Monate lang nicht auf deren wiederholte Bitten, der beim ursprünglichen Vertragsabschluß eingegangenen Verpflichtung nachzukommen, das Dokument, in dem er die Rechte an dem Skript British and Dominions überträgt, zu unterzeichnen. Dabei nimmt er in Kauf, daß sich auch die Auszahlung der Restsumme seines Honorars verzögert. Am Ende bleibt ihm nichts

---

26 British and Dominions an Zuckmayer, London, 15. Januar 1935.
27 Paul Czinner an Zuckmayer, London, 6. Februar 1935.

anderes übrig, als den Forderungen der Übersetzerin nachzukommen. Nach der Uraufführung im Londoner Pavillion am 1. April 1935 stellt die *Times* fest, der Film folge den Fußstapfen des Theaterstücks und konzentriere sich auf Elisabeth Bergner, vor allem die Kamera täte dies mit »discretion, skill, and discrimination«.[28] *Escape Me Never* läuft sowohl in Großbritannien als auch in den USA mit Erfolg. Elisabeth Bergners Interpretation der Hauptrolle wird auf einer britischen Liste der besten Filmschauspieler-Leistungen der Saison 1935/36 noch vor Robert Donat in Alfred Hitchcocks *The Thirty Nine Steps* und Leslie Howard in Harold Youngs *The Scarlet Pimpernel* auf Platz eins eingestuft.[29] Als Drehbuchautor erscheint Robert J. Cullen in den Credits. Zuckmayers Name wird nicht erwähnt. Zu einer weiteren Zusammenarbeit zwischen ihm und British and Dominions kommt es nicht.

Daß Zuckmayer seine Szenarien nicht auf Englisch abfaßt und sie übersetzt werden müssen, erweist sich in den folgenden Jahren bei der Arbeit für englischsprachige Filmunternehmen immer wieder als Problem. Nach Angaben von Albrecht Joseph hat er sich seine Englischkenntnisse während des London-Aufenthalts aus Anlaß der Produktion von *The Golden Toy* angeeignet.[30] Als Zuckmayer an *Escape Me Never* arbeitet, dürfte es damit noch nicht allzu weit hergewesen sein, sonst hätte er in seiner Reaktion auf die Einbehaltung der £ 20 nicht behaupten können, Miss O'Beirne sei »für die rasche und genaue Übersetzung am besten geeignet« gewesen. Überlieferte Skript-Unterlagen enthalten ein deutsch-englisches Mischmasch, dessen angelsächsische Formulierungen nach Papier klingen. Häufig tauchen wortwörtliche Übersetzungen aus dem Deutschen auf, bei denen nicht der geringste Versuch gemacht wurde, idiomatische Äquivalente zu finden. Zum Beispiel erscheint die Situation, in der dem Komponisten vor der Premiere seiner Ballettmusik »Hals und Beinbruch« gewünscht wird (im Englischen: »Break a leg«, verbunden mit dreimaligem über die Schulter spucken) im Text als: »Er geht rasch auf Sebastian [...] zu, - schlägt ihm auf die Schulter, und spuckt ihn dreimal an: ›Break nack [sic] and legs!‹«[31] Eine Eifersuchtsszene, in der die weibliche Hauptfigur ihren

---

28 Filmkritik *Escape Me Never*, in: *The Times* (London) vom 22. März 1934.
29 Vgl. Völker, *Elisabeth Bergner*, a.a.O. (Anm. 9), S. 309.
30 Albrecht Joseph, *Portraits I. Carl Zuckmayer - Bruno Frank*, übersetzt von Rüdiger Völckers, Aachen 1993, S. 174.
31 Manuskript *Escape Me Never* im Nachlaß von Zuckmayer, S.C. (die Seiten des Skripts sind alphabetisch »nummeriert«.).

Partner mit Gegenständen beschmeißt und ihm vorwirft, er würde seine Ex-Freundin an seinen Bruder verkuppeln, wird übertragen als:

> SEBASTIAN Stop it! Don't make that noise! Do you want the whole news to hear!?
> GEMMA Yes, I do. I'll tell everybody! I'll say, here's a dirty beast who lets his brother marry his leavings![32]

Seine Fremdsprachenprobleme bringt Zuckmayer vier Jahre später in einem Brief an Annemarie Seidel auf den Punkt:

> [...] fremde Sprachen werd ich glaub ich nie lernen, ich meine, richtig, – denn, abgesehen vom mainzer accent, der ja seinen Reiz hat, kann ich einfach nicht in einer andren Sprache denken, auch wenn ich noch so lange im Land bin, geschweige denn träumen. Und so lang man im Traum nicht englisch oder französisch spricht, oder hört, lernt man es nie.[33]

Toeplitz Productions und ›Kean ou désordre et génie‹

Stärker als das Sprachproblem berühren ihn bei *Escape Me Never* die Eingriffe anderer in die Arbeit des Drehbuchautors. Derlei Erfahrungen waren ihm nach seiner Mitarbeit an Josef von Sternbergs *Der blaue Engel* (1930) nicht unbekannt, scheinen ihn aber in diesem Fall – da es sich um eine Zusammenarbeit mit Freunden handelt – besonders mißlich. Bei seinem nächsten Projekt in Großbritannien ist er daher entschlossen, auf seiner Eigenständigkeit zu bestehen und sich nicht nach dem zu richten, was andere für filmisch wirksam halten und was nicht. Am 15. Februar 1935 erklärt er Albrecht Joseph gegenüber:

> Unmittelbar nach der wiener Reise – unterm Eindruck der Hoffnungslosigkeit jeglichen Knobelns an einem solchen Stoff und der daraus entstehenden unvermeidlichen Höllenstürze und -fürze noch kurz aufjammernd, – habe ich mich mit einem tollkühnen Ruck entschlossen, eben restlos auf alles Knobelmässige, »Filmische«, Interessante, auch auf alles Suchen nach »glänzenden Situationen« a la Fuchsjagd, die doch immer überpointiert und somit nicht ganz wahr sind, zu verzichten, und den Stoff auf die einzige Weise anzupacken, in der ich überhaupt was anpacken kann: von der menschlichen Wahrheit, vom Dichterischen her, was deshalb und gerade deshalb noch lange keine realistische Detailphotographie oder depressive »Enthüllung« zu sein braucht. Ich entschloss mich, auf jeden Termin und

---

32 Ebd., S.F.
33 Zuckmayer an Annemarie Seidel, Henndorf, 23. Oktober 1938, zitiert nach: *Zuckmayer-Jahrbuch*, Bd. 2, 1999, S. 83.

auf das »was de Leite wollen« glattweg einen grossen Haufen zu scheissen und die Geschichte so zu schreiben wie ich sie kann und wie sie mir Spass macht. Kann sein, dass dabei sogar ein guter Film entsteht: mindestens entsteht was persönliches, und eine Fülle von Stoff und Material »zum Aussuchen«. Wenn dann alles anders wird, kann mirs egal sein, ich muss Gottseidank kein Drehbuch machen, und liefere es halt so ab, wie ichs kann, – bereit, dann noch drüber ein bis zwei Wochen zu quatschen, aber nicht mehr. Und siehe da, kaum hatte ich mich zu einem radikalen Entschluss nach dieser Richtung aufgeschwungen, kam Idee und Invention von selbst. Mir fehlt zwar noch eine Menge zur Gesamtfabel, und ich sah, dass ich es doch ganz anders als etwa rein biographisch packen müsse, da das auch von meinem Gesichtspunkt aus keinen entscheidenden Reiz hat, – aber das Wesentliche habe ich gefunden, obs schlecht oder gut ist, weiss ich nicht, jedenfalls befeuert es mich und gibt mir Öl ins Lämpchen, sodass die Arbeit bis jetzt keine Qual, sondern ein Spass ist, und nur so bin ich entschlossen überhaupt noch zu arbeiten. Wenn es auch vielleicht idiotisch ist nach aller Erfahrungen: ich werde es eben immer wieder versuchen, bis es einmal glückt: wenn man schon Film schreiben muss, es nach eignem Kopf zu machen, und wir wollen sehn ob ich die Leute nicht zwingen kann, nach meiner Flöte zu tanzen, statt umgekehrt. Zum mindesten bin ich entschlossen, gerade einem Bernhard gegenüber, die Sache ganz souverän zu behandeln und mich keinesfalls zu seinem Schreibkuli machen zu lassen: ich schreib es so wies mir gefällt, und er kanns dann nehmen oder bleiben lassen. Ich denke, er kann froh sein, dass ich überhaupt was schreibe.[34]

Der Stoff, um den es hier geht, ist *Kean*, eine Filmbiographie über das von romantischen Mythen umwobene Leben des genialen, unberechenbaren englischen Shakespeare-Darstellers Edmund Kean (1787-1833), »Bernhard« der Regisseur Kurt Bernhardt, ein Freund aus den Tagen des Ersten Weltkriegs, mit dem Zuckmayer in den zwanziger Jahren bereits bei der Verfilmung seiner Arbeiten *Qualen der Nacht* (1926) und *Der Schinderhannes* (1928) zusammengearbeitet hat und der später als Curtis Bernhardt in Hollywood Karriere macht. Wie alle aus Deutschland vertriebenen jüdischen Filmkünstler sucht er in London und Paris nach einem neuen Anfang. Zum Zeitpunkt als Zuckmayer und Elisabeth Bergner sich in Henndorf um Form und Inhalt des *Escape Me Never*-Skripts streiten, arbeitet er als Produktionsleiter des Films *The Dictator* für Toeplitz Productions Ltd. in London, einem Unternehmen, dessen Slogan »From London to the World«, Weltoffenheit und große Ziele auf dem Gebiet des Films signalisiert. Auf der dringen-

---

[34] Zuckmayer an Albrecht Joseph, Henndorf, 15. Februar 1935.

den Suche nach Filmstoffen, die er unter Umständen auch selbst inszenieren könnte, schreibt Bernhardt Mitte September 1934:

> Lieber Carl,
> Ich schreibe Dir heute in aller Eile, nur um zu wissen ob du irgendwelche Stoffe oder Vorschläge hast die sich für einen grossen Film eignen.
> Wie Du wohl weisst bin ich hier in London, und ich würde mich freuen wenn wir endlich zu einer gemeinsamen Arbeit kommen würden.
> Es ist mir in diesem Moment gleich ob es sich um einen historischen oder modernen Stoff handelt.
> Bitte antworte mir möglichst bald, und teile alle Deine Vorschläge gleich mit.
> Die schönsten Grüsse, auch an Lissie,
> Dein Kurt Bernhardt[35]

Zuckmayer verhält sich nach seinen jüngsten Erfahrungen mit Filmleuten zunächst zurückhaltend, zumal, wie er einen Monat später Annemarie Seidel mitteilt, das Burgtheater sein neuestes Werk, *Der Schelm von Bergen*, herausbringen und er dessen Produktion selbst überwachen will (und im Endeffekt selbst leitet): »Von London hatte ich schon wieder ein Filmangebot, aber da die Bergner fürs Erste unsre Notdurft gedeckt hat, nehme ich nichts an bis der Roman [*Salwàre oder die Magdalena von Bozen*] fertig ist.«[36] Anfang November hakt Bernhardt noch einmal nach:

> Ich fahre Mitte/Ende nächster Woche nach Paris, Wien, wahrscheinlich auch Budapest. Bei dieser Gelegenheit hätte ich Dich dringend und gern gesprochen wegen einer sofort zu beginnenden Manuskript Arbeit. Ich möchte Dich also bitten, mir telegraphisch Bescheid zu geben ob du ab Ende nächster Woche in Henndorf bist und wo wir uns evtl. treffen können (Salzburg, Wien?). Ich bitte Dich also mir sofort nach Erhalt dieses Schreibens telegraphisch zu antworten.[37]

Nachdem Zuckmayer zum Jahreswechsel 1934/35 feststellt, daß er »ziemlich pleite« ist und, bei aller Liebe zur Bühne, »Erfolg am Burgtheater und in Zürich [...] den Kohl nicht fett [macht]«,[38] gibt er seine

---

35 Kurt Bernhardt an Zuckmayer, London, 14. September 1934.
36 Zuckmayer an Annemarie Seidel, Henndorf, 12. Oktober 1934, zitiert nach: *Zuckmayer-Jahrbuch*, Bd. 2, 1999, S. 67.
37 Kurt Bernhardt an Zuckmayer, London, 2. November 1934.
38 Zuckmayer an Annemarie Seidel, Henndorf, 12. Februar 1935, zitiert nach: *Zuckmayer-Jahrbuch*, Bd. 2, 1999, S. 77.

reservierte Haltung gegenüber Toeplitz Productions auf. Sie schlägt sogar ins Gegenteil um, als Ludovico Toeplitz und dessen Vater, der italienische Bankier Guiseppe Toeplitz, ihn und seine Frau Ende Januar 1935 nach Florenz einladen, um einander persönlich kennen zu lernen. Begeistert stellt Zuckmayer im Verlauf des Aufenthalts fest, daß es sich um »Leute von wirklich gutem Stil und *enormem* Vermögen« handelt, die darüber hinaus gebildet und kunstinteressiert sind und in vielem seinem Männlichkeitsideal entsprechen:

> Der alte ist ein toller Kerl, der junge [...] ein sehr besonders netter feiner Bursche, [...] sehr angenehm äusserlich und recht interessant. Er hat eine gute Vergangenheit, vor dem Krieg war er durchgebrannt und ritt hohe Schule bei Cesar Sidoli, im Krieg Kavallerieoffizier, dann tolle Sachen im Alpenkampf, dann Adjutant D'Annunzios und sein ›Aussenminister‹ in Fiume, Kommandeur der Verteidigungstruppen, die 800 Tote hatte, machte dann den Marsch auf Rom an der Seite Balbos mit, der sein besondrer Freund, – hat Bücher übersetzt, Gedichte geschrieben, ist wirklich belesen u. ernstlich gebildet und in den Sprachen zu haus, – und hat solides Geld und den ganz ernsten festen Willen, mit dem Film Geschäfte durch möglichst allerbeste Kunst zu machen. Ich meine – solche Leute darf man nicht abstossen, wenn sie einem zufliegen: man braucht sie doch.[39]

Obgleich Kurt Bernhardt als Kontaktmann fungiert, ist Zuckmayer nicht darüber entzückt, daß dieser die Regie übernehmen soll, weil ihn »dessen schwarze Aura [...] ermattet«. Anderseits sieht er hier eine Chance für eine kontinuierliche Zusammenarbeit auf lange Sicht mit einem ihm sympathischen Produzenten. Das Honorar – £ 1000 und Ersatz aller Spesen für ein Manuskript – ist enorm großzügig. Den Stoff muß er nicht erst erfinden, da Toeplitz sich bereits entschlossen hat, Alexandre Dumas pères Drama *Kean ou désordre et génie* zu verfilmen, und ihn aktiv bei der Beschaffung von Quellenmaterial unterstützt. Für Zuckmayer besonders attraktiv ist, daß er nur das Manuskript und nicht das Drehbuch zu liefern hat. Dabei nimmt er sich eines fest vor: »Natürlich werde ich nicht wieder die Dummheit machen wie im Sommer und etwas mit grösster Mühe ausarbeiten, was man dann umschmeisst.«[40] Wieder in Henndorf, vergißt er den Vorsatz. Statt die Arbeit zu erleichtern, behindern Dumas' Stück und andere Veröffentlichungen über Kean seine schriftstellerische Phantasie und Schaffenskraft. Hinzukommt, daß Toeplitz konkrete Vorstellungen von seiner

---

[39] Zuckmayer an Albrecht Joseph, Florenz, 26. Januar 1935, zitiert nach: *Zuckmayer-Jahrbuch*, Bd. 2, 1999, S. 204.
[40] Ebd.

Meinung nach wirkungsvollen Sequenzen hat, die er ihm, zusammen mit dem Exposé eines befreundeten Spezialisten für das frühe 19. Jahrhundert, zehn Tage nach dem Treffen in Florenz von London aus übersendet. Unter anderem gibt er Zuckmayer folgende Anregungen:

> Zufälligerweise habe ich beim Durchblättern eines Buches das sich in meiner Bibliothek befindet, entdeckt dass schon in 1818 die Gasbeleuchtung in den grösseren Häusern in London und Brighton existierte.
>
> Die Dampfschiffahrt ist am Anfang so, dass sich evtl. die Segelregatten sehr amüsant mit dem ersten Dampfer verwickeln könnten, denn dies ist die grosse Sensation jener Zeit.
>
> Je mehr ich daran denke, desto mehr bin ich überzeugt, dass ein Anfang mit der Geschichte vom Alderman Cox eine recht bunte Szene ergeben könnte, in der das Leben der Zeit synthetisch gesehen wird. Man kann ruhig die Geschichte so umändern, dass dieser Prozess, statt am Ende, in der Blütezeit Kean's stattfindet, und nicht sein Herabsinken hervorruft, sondern einen Aufstieg in der gesellschaftlichen Popularität.
>
> Wenn Sie in Ihrem Entwurf eine schöne Rolle für eine alte Frau hineindichten können wäre es mir sehr lieb, denn ich möchte gerne Helen Haye nochmals ausnützen, die jetzt einen enormen Erfolg im »Diktator« als die alte Königin Juliane gehabt hat.[41]

Gasbeleuchtung um 1818, die Erfindung der Dampfers, bunte Szenen um das Leben eines Ratsherrn, eine besondere Rolle für eine alternde Schauspielerin – der blaue Mittelmeerhimmel und die großzügige Gastfreundschaft der Toeplitze haben Zuckmayer während seines Besuchs in Florenz offensichtlich übersehen lassen, daß Toeplitz vor allem Filmproduzent ist und ein anderes Verständnis von Film*kunst* hat, als er selbst. Die oben zitierte Passage aus Zuckmayers Brief an Albrecht Joseph vom 15. Februar belegt, wie sehr er sich durch derlei (vermutlich gut gemeinte) Ratschläge und »Anregungen« eingeengt und unter Druck gesetzt fühlt. Quasi als Befreiungsschlag gibt er dem Projekt einen neuen Titel: *My Fate, My Hell, My Heaven* – eine Formulierung, mit der Edmund Kean in einem seiner Briefe seine Ansichten über seinen Beruf und sein Verhältnis zu Frauen zusammengefaßt hat.[42] Der

---

41 Ludovico Toeplitz an Zuckmayer, London, 7. Februar 1935.

42 Später erwägt Zuckmayer als weiteren Titel *Stroller's Fate*, den er auch als Titel eines selbst erdachten, von Kean gesungenen Liedes verwendet, dessen Refrain aus den Worten »My fate, my hell, my heaven« besteht. Vgl. Zuckmayer an Albrecht Joseph, Henndorf, 15. Februar 1935. Darüber, wie er sich das Skript vorstellt, schreibt Zuckmayer in demselben Brief: »Nenne das Ganze

Titel könnte auch auf Zuckmayers damalige Situation eines Schriftstellers verweisen, der gezwungen ist, Arbeiten auszuführen, die er nicht will und die ihm nicht liegen. »Heaven« würde sich in dem Fall ausschließlich auf die ansehnlichen Summen beziehen, die er mit Schreiberei verdient. Da es offensichtlich auch bei Toeplitz Productions nicht darum geht, mit »Film Geschäfte durch möglichst allerbeste Kunst zu machen«, sagt er kurzfristig per Luftpost einen ab 20. Februar vorgesehenen London-Aufenthalt ab, in dessen Verlauf das Exposé in Zusammenarbeit mit Toeplitz und Bernhardt zu einem Skript ausgearbeitet werden sollte. Als Erklärung schreibt er dem Produzenten:

> Ich habe letzte Woche mit der Niederschrift begonnen, und im Schreiben wächst es sich zu einer ausgesprochen dichterischen Arbeit aus, die über das Mass des Exposés, des Grundrisses, weit hinausgeht, sehr ausführlich ist, ganz aus der Phantasie entsteht, mit kaum noch einem Anklang an das
>
> ›Eine Komödiantenballade‹. Habe drei ›Strophen‹ vorgesehen: die erste seine Schmierenepisode, (Anlage des ›Fate‹, des ganzen Menschen), seine erste Frau, eine süsse und schmerzliche Bohème-Mimi-Geschichte: nach der Nacht, wo sie im Schnee wandern müssen und er unerwartet sein erstes grosses Londoner Engagement findet, – stirbt (*nicht das Kind* sondern) *die Frau*, an einer Lungenentzündung, nach einer ganz starken Liebes- und gemeinsamen Leidenszeit. Kean – der nun der Mensch ist, der die ›blutenden Lippen einer Toten geküsst hat‹, – kein Brausias aus ›Genialität‹ mehr, sondern ein Vereinsamter, der aber weiter will und muss, – steht in seinem ersten grossen Erfolg allein und weiss nicht wohin damit (wo-hindemith). (Dass er nun als alleinstehender Mann einen kleinen Sohn hat, gibt mir besonders viel her. Sally der Souffleur betreut dieses Kind.) – Nun kommt die Hell, das höllische Feuer von Ruhm, Gold, Leidenschaft, Ehrgeiz usw., ›und eine kühlschöne Frau, die es nicht löschen kann: eine richtige Dame, Typ der schönen Schauspielerin Wineyard aus Cayalcade [eine »Upstairs-Downstairs«-Story, Regie: Frank Lloyd, 1933], denke ich mir. Dame der Gesellschaft die nur ihren recht undurchsichtigen Mann liebt und Kean in Verwirrung und Gefahr bringt: – Erlösung dann (heaven, Himmelslicht einer neuen, saubern, lebensstarken Liebe), bringt eine von mir neu erfundene Cathleen O'Connery, Erbin eines irischen Landgutes, ein Typ Wessely oder junge Dorsch, etwas rustical, sehr kräftig und ursprünglich-natürlich, und mit einem Durchschnittslord verlobt, dem Kean sie ausspannt. Nach Krach u. Skandal gutes Ende mit ihr. – Das ist mein Plan, bitte äussere Dich sogleich dazu, und lies diese Anfangsseiten, mittlerweile wirds schon viel mehr, ich schreibe wie ein Wilder, jetzt kommt – sehr rasch nach der Zitron – schon die Hochzeit, wo Kean *ein Lied singt* ›Stroler's Fate‹, ein selbstgemachtes, mit dem Refrain: My Fate, My Hell, My Heaven. Vielleicht lass ich ihn auch die ›Brandy-Birds‹ absingen: Bitte schicke die Blätter *gleich* zurück!«

> Dumas/sche Stück, eine Fülle von Einfällen aller Art, Details, Dialoge, – ja sogar Lieder und Gedichte, singbare, enthält, – kurz, eine Arbeit, die mit einem Einsatz und einer Intensität ausgeführt wird wie die an einem Stück oder Buch von mir, und die, wenn ich sie vollenden darf, zweifellos etwas voll Verantwortliches und Eigenes werden wird. Bis jetzt habe ich ungefähr dreissig Seiten, [...] und das ist noch nicht die Hälfte, es kann sein, dass ich auf 80-100 Seiten komme. Und es ist eben bei mir so, dass ich nur auf solchem ausgesprochen dichterischem Weg etwas schaffen kann, was dann auch dem Film vielleicht mehr gibt, als wenn ein versierter Fachmann einfach mit dem vorhandenen Material ein technisches geschicktes oder interessantes Arrangement trifft. Eine Sache technisch anpacken, das können nämlich andere wirklich besser als ich.[43]

Im Gegenzug schlägt Zuckmayer vor, Toeplitz und Bernhardt sollten nach Henndorf kommen, da ein Besuch seinerseits in London Fluß und Gedankengang seiner Arbeit unterbrechen würde. Sollte er seinen Beitrag im Verlauf dieser Zusammenkunft abschließen, würde er zur Fertigstellung des Skripts mit ihnen nach London reisen. Albrecht Joseph teilt er allerdings noch einen weiteren, taktischen Grund für diesen Vorschlag mit:

> Wenn sie dann kommen und [das Skript] passt ihnen nicht, bin ich hier in einer günstigeren Situation als wenn ich hinfahre, – und wenn sie mich fertig machen lassen, wird es immerhin etwas so Eigenes, dass ich meine Arbeit getrost als getan betrachten kann, auch wenn »alles anders« wird. Wie gesagt, vielleicht ist es idiotisch so zu handeln, ich werde wieder mindestens 60 Seiten vollschmieren, – aber – es geschieht.[44]

Ob diese Einladung angenommen wurde, ist nicht bekannt. Mitte März hält Zuckmayer sich in London auf und bekommt £ 15 zur Deckung seiner Reise- und Unterhaltskosten.[45] Anfang April wird in einem Schreiben, dessen Zusammenhang nicht eindeutig feststellbar ist, von einer möglichen Zahlung von £ 250 durch Zuckmayer an Toeplitz Productions gesprochen. Dabei könnte es sich um eine Rückzahlung oder Konventionalstrafe handeln, die im Falle der Nichterfüllung eines (nicht überlieferten) Vertrages vom 15. März durch den Autor fällig wäre.[46] Kurz danach trennen sich Zuckmayer und Toeplitz. Am 30. April 1935 schließt die Ufa, deren Vorstand bereits im Oktober

---

43 Zuckmayer an Ludovico Toeplitz, Henndorf, 19. Februar 1935.
44 Zuckmayer an Albrecht Joseph, Henndorf, 15. Februar 1935.
45 Toeplitz Productions an Zuckmayer, London, 19. März 1935.
46 Toeplitz Productions an Zuckmayer, London, 1. April 1935.

1934 einen *Kean*-Film für Hans Albers erwogen hat, mit dem Autor einen Vertrag über die Bearbeitung des Stoffs ab.[47] Zuckmayer übergibt das fertige Manuskript im Mai,[48] doch die geplante Verfilmung durch Gustav Ucicky mit Hans Albers in der Hauptrolle wird nicht realisiert, da der Stoff in Deutschland »unerwünscht«[49] ist. Am Ende des Jahres veröffentlicht die *Neue Freie Presse* in Wien Zuckmayers Arbeit in drei Folgen unter dem Titel *Kean auf der Schmiere – eine Filmnovelle um das Leben des Schauspielers Edmund Kean*.[50] Die Ufa übergibt das Filmskript ihrem früheren Produktionsleiter Günther Stapenhorst, mit dem Auftrag, es an eine ausländische Firma zu veräußern. Der verkauft es drei Monate nach der Erstveröffentlichung »nach Amerika«, wo ein (nicht realisierter) Film mit dem britischen Schauspieler Robert Donat entstehen soll. Für die Ufa ist es ein gutes Geschäft, denn sie bekommt dafür mehr Geld als sie an Zuckmayer gezahlt hat.[51]

Stapenhorst ist unter den deutschen Emigranten in London die dritte Person, über die Zuckmayer versucht, in der britischen Filmindustrie Fuß zu fassen. Vor 1933 war er nach Erich Pommer der wichtigste Produktionsleiter der Ufa gewesen, nach Pommers Emigration 1933 in dessen Position aufgerückt. Über Stapenhorst waren auch nach dem Verbot seiner Stücke in Deutschland Zuckmayers Verbindungen zur Ufa gelaufen. So hatte der Schriftsteller z.B. Ende Januar 1934 seinen Aufenthalt in London unterbrochen, um sich mit ihm zu Vertragsverhandlungen in Paris zu treffen.[52] Trotz eindeutiger Erfolge seiner Produktionsgruppe mit nationalen Filmen wie *Morgenrot* oder *Flüchtlinge*

---

47 Ufa-Vorstandsprotokolle, 19. Oktober 1934/11, Bundesarchiv, Berlin. – Vgl. Horst Claus, *Carl Zuckmayer und die Ufa*, in: *Blätter der Carl-Zuckmayer-Gesellschaft*, Jg. 18, 1997, S. 113-124, hier: S. 119 f. – Auch Kurt Bernhardt trennt sich später von Toeplitz und gründet, gemeinsam mit seinem Schwager Eugen Tuscherer, 1936 in Paris British Unity Pictures.
48 Ufa-Vorstandsprotokolle, 24. Mai 1935/5, Bundesarchiv, Berlin.
49 Joachim Cadenbach, *Hans Albers*, Reinbek 1977, S. 66.
50 *Neue Freie Presse* (Wien), 25. und 29. Dezember 1935 und 1. Januar 1936.
51 »Der Kean, denk an – ist glänzend nach Amerika verkauft (für Robert Donat) – die UFA hat mehr dafür bekommen als sie mir gezahlt hat. Ich soll noch 500 £ kriegen für Dialogbearbeitung – aber ich weiss nicht ob ich Zeit dazu habe. Lust schon garkeine.« Zuckmayer an Albrecht Joseph, 27. März 1936.
52 Zuckmayer an Albrecht Joseph, London, 15. Januar 1934: »[...] nächste Woche treffe ich in Paris mit Stapenhorst zusammen, (der dort zu tun hat u. keine Zeit, herzukommen. Wir wollen eventuell dort perfekt abschließen.)«

hatte der politische Druck Stapenhorst veranlaßt, Deutschland Ende 1934 den Rücken zu kehren. Zuckmayer hatte er bereits im August des Jahres von Paris aus in seine Pläne eingeweiht:

> Ich habe ein schlechtes Gewissen, so lange nichts von mir haben [sic] hören zu lassen. Aber von Berlin aus *kann* man nicht schreiben, ich hatte schon Sorgen wegen Ihres Briefes v. 9.7. – aber bald werden wir uns ja in London sehen. [...] Meine Pläne bzw. Arrangements: ca. Ende Nov[ember]/Anf[ang] Dez[ember] *London* (hoffentlich sind Sie noch da!), 3 Monate nichts tun, nur beobachten, einarbeiten, dann einen engl[ischen], d.h. engl[ischer] Regisseur u[nd] kleinere Mittel, um ganzen Apparat in die Hand zu bekommen und dann loslegen; bis dahin werde ich dann auch die nötige Macht haben.[53]

Nach der gescheiterten Zusammenarbeit mit Toeplitz hofft Zuckmayer auf Stapenhorst. Doch der kann sich nicht so schnell in Großbritannien etablieren wie er das gern würde. Im Herbst 1935 versichert er Zuckmayer »immer wieder, dass im Frühjahr alles im Lot sei mit ihm und dass es dann Geld und Arbeit gäbe«.[54] Gleichzeitig rät er ihm, er solle nach London kommen und mit Alexander Korda sprechen.

Alexander Korda und die britische Filmindustrie der dreißiger Jahre

Korda gilt Mitte der dreißiger Jahre als die größte Hoffnung der britischen Filmindustrie. Der anglophile Regisseur und Produzent ungarischer Abstammung läßt zu dem Zeitpunkt in dem nordwestlich von London gelegenen Bilderbuchdorf Denham nach eigenen Plänen den modernsten Studio-Komplex diesseits des Atlantiks entstehen. Dort versammelt er alles, was im internationalen Filmgeschäft Rang und Namen hat, darunter viele vor dem Terror des NS-Regimes geflohene Techniker und Künstler. Das kreative Potential gilt als hervorragend, das wirtschaftliche für den Kampf der europäischen Filmindustrie gegen Hollywood als so vielversprechend, daß selbst im Dritten Reich jahrelang detailliert über seine Unternehmungen berichtet wird – meist ohne Verweis auf seine jüdische Abstammung.[55] Wenige Jahre zuvor war er für die Studiobosse der amerikanischen Westküste höchstens der Ehemann des Stummfilmstars Maria Corda gewesen, der als Regisseur nicht bereit war, sich der Hollywood-Fließbandproduktion zu unterwerfen. Vom Fox-Management aus seinem Kontrakt herausgeekelt und auf die

---

53 Günther Stapenhorst an Zuckmayer, Paris, 5. August 1934.
54 Zuckmayer an Albrecht Joseph, [Anfang November 1935].
55 Vgl. z.B. die Berichterstattung im *Film-Kurier* 1935-1937.

»schwarze Liste« gesetzt, hatte er 1930 den Traum von einer Karriere an der amerikanischen Westküste aufgeben müssen. Nach kurzen Aufenthalten in Berlin und Paris war er im November 1931 als Regisseur für Quotenfilme der Paramount nach London gekommen, hatte dort zwei Monate später seine eigene Produktionsfirma »London Films« (Markenzeichen: Big Ben) gegründet und 1933 mit *The Private Life of Henry VIII* den ersten Super-Hit der britischen Filmgeschichte gelandet. Bei der Uraufführung im größten Lichtspieltheater der Welt, der New Yorker Radio City Music Hall, hatte der Film den Tageseinnahmerekord für eine Premiere erzielt und innerhalb einer Woche über die Hälfte seiner Produktionskosten eingespielt.[56] Der Erfolg hatte eine in der englischen Filmindustrie zuvor nie da gewesene Investitionswelle ausgelöst, in deren Fahrwasser Firmen wie Toeplitz Productions gegründet wurden.[57] Elisabeth Bergner und Paul Czinner waren ursprünglich von Korda nach England geholt worden, um neben der englischen Version eines Films eine deutsche zu drehen, mit der Korda sich auf dem deutschen Markt etablieren wollte. Derlei weitsichtige Pläne brachten Korda bereits zu Beginn seiner Aktivitäten in London den Ruf ein, der »Begründer der britischen Filmindustrie« zu sein.

Im Gegensatz zu den deutschen Ufa-Managern, die wenige Jahre zuvor mit dem Versuch, in den für internationale Erfolge wichtigen amerikanischen Markt vorzustoßen, Schiffbruch erlitten hatten, besitzt Korda ein auf Insider-Kenntnissen der Hollywoodtaktiken und -praktiken basierendes Konzept, um ein ähnliches Schicksal zu vermeiden. Zunächst hatte er United Artists überredet, einen Teil der Produktionskosten von *Henry VIII* zu übernehmen, und kurz vor der Premiere ein langfristiges Kooperationsabkommen mit diesem kleineren der Hollywood Studios abgeschlossen. Der Name des speziell für Herstellung und Vertrieb unabhängiger Produktionen gegründeten Unternehmens steht für Qualität. Einige Monate bevor Zuckmayer zum Jahreswechsel 1935/36 daran arbeitet, mit ihm ins Geschäft zu kommen, war Korda neben Mary Pickford, Douglas Fairbanks, Charlie Chaplin und Samuel Goldwyn als Teilhaber bei United Artists eingestiegen und hatte sich damit eine Position verschafft, die es ihm ermöglicht, in die Struktur des amerikanischen Verleihwesens von »obenher« einzudringen. Dem

---

56 Zur Entwicklung und Karriere von Alexander Korda siehe: Paul Tabori, *Alexander Korda*, London 1959. Karol Kulik, *Alexander Korda - The Man who Could Work Miracles*, London 1990.

57 Toeplitz war zeitweise finanziell an Kordas *Henry VIII* beteiligt, verkaufte aber kurz vor der Premiere seine Anteile. Bei Kordas *Catherine the Great* (1934, Regie: Paul Czinner) mit Elisabeth Bergner war er Coproduzent.

deutschen Fachblatt *Film Kurier* erklärt er dazu: »Anders als auf diese Weise auf den amerikanischen Markt zu gelangen, ist ganz unmöglich, wenn man sich nicht mit gelegentlichen Zufallserfolgen begnügen will.«[58] Um in der Spitzengruppe der Filmwirtschaft mitmischen zu können, setzt Korda auf den »Internationalen Film«.

Was er darunter versteht, hatte er vor der Londoner Premiere von *Henry VIII* gegenüber der Zeitschrift *Cinema Quarterly* zum Ausdruck gebracht.[59] Danach müssen Filme für den internationalen Markt nicht unbedingt der Psychologie und den Sitten eines jeden Landes angepaßt sein, in denen sie gezeigt werden. Im Gegenteil, um international anzukommen, sollten sie vor allem eindeutig nationale Charakteristika aufweisen. Amerikanische Gangster würden zum Beispiel Waffen tragen, Franzosen mit dem Thema »Sex« freizügiger umgehen als die Briten. Für Korda sind »nationale Charakteristika« nicht differenzierte Darstellungen nationaler Eigenheiten, sondern unmißverständliche Stimuli, die in Bezug auf Ort, Zeit und Kontext einer Handlung bei jedem Publikum klare Assoziationen auslösen. Als beste amerikanische Filme dieser Art nennt er James Cruzes *The Covered Wagon* und Robert Flahertys *Nanook of the North*. Solche seiner Meinung nach im Nationalen verwurzelte Filme müssen nicht unbedingt von einheimischen Regisseuren gedreht werden. Vielmehr würden mit weniger detaillierten Kenntnissen und Assoziationen belastete Ausländer dem zu behandelnden Thema häufig einen originelleren, frischeren Anstrich geben. *L'image* des Belgiers Jacques Feyder sei zum Beispiel der beste ungarische Film, den er kenne; und der Franzose René Clair könne sicher einen besseren Film über London drehen, als ein englischer Regisseur.

In der Praxis steht am Anfang der meisten Korda-Produktionen ein Star, für den eine passende Geschichte gesucht wird. Ist diese gefunden, wird in sich oft über Monate hinziehenden Sitzungen das Skript entwickelt. Maßgeblich beteiligt daran sind vor allem Korda selbst, sowie als Autoren und fest angestellte dramaturgische Mitarbeiter der Leiter seines »Script Departments« Lajos Biró, der Dialog-Spezialist Arthur Wimperis und June Head, die bei der Bearbeitung der Zuckmayer-Manuskripte auch für die Übersetzungen zeichnet. Zusätzlich engagiert Korda für einzelne Projekte bekannte Schriftsteller wie S.N. Behrmann oder Robert Sherwood, deren Namen in den Produktionsankündigungen groß herausgestellt werden. Das selten vor Produktionsbeginn fer-

---

58 *Korda zur Amerika-Frage*, in: *Film-Kurier*, 23. August 1937.
59 Stephen Watts, *Alexander Korda and the International Film*, in: *Cinema Quarterly*, Jg. 2, 1933, Nr. 1, S. 12-15.

tiggestellte Skript wird meist im Verlauf der Dreharbeiten umgearbeitet. Die Aufnahmen beginnen häufig ehe die Produktionsvorbereitungen abgeschlossen sind. So entstehen, was viele Kritiker als Charakteristikum einer Korda-Produktion ansehen: Filme mit einzelnen, wie auf Perlenschnüre aufgezogenen, großen Momenten, die durch das Bemühen, auch dem begriffsstutzigsten Zuschauer die Handlung zu verdeutlichen, fragmentarisch wirken. Die sensationelle, weltweite Reaktion auf *Henry VIII* scheint die Richtigkeit dieses Rezepts zu bestätigen: Ausländer hatten in London einen Erfolgsfilm über ein englisches Thema gedreht: Korda (Regie, Produktion) ist Ungar, ebenso sein Bruder Vincent (Ausstattung) und Biró (Story und – gemeinsam mit dem Briten Arthur Wimperis – Dialoge); der Kameramann Georges Périnal kommt aus Frankreich, der Editor Harold Young aus den USA. Wie Offenbach in seinen Operetten die griechischen Götter, zieht Korda in diesem und ähnlichen, in der Geschichte angesiedelten Kostümfilmen prägnante Persönlichkeiten mit Ironie auf den Boden des Alltags: Heinrich – ein Mensch wie du und ich, nur eben halt König von England. Ort, Zeit, Nation sind deutlich erkennbar; Sprache und Gedanken entspringen der Gegenwart.

Für Korda sind die fünf wichtigsten Voraussetzungen für einen guten Film »eine gute Geschichte, ein gutes Skript, gute Kameraarbeit, gute Besetzung, gute Regie.« Um die Entwicklung des Films der Zukunft zu sichern, braucht man »bessere Geschichten, bessere Skripten, die beste Kameraarbeit, die beste Besetzung und die beste Regie, die wir auftreiben können.«[60] Diese Sätze aus einer Zeit, als Korda nicht mehr Regisseur, sondern nur noch Produzent ist, stehen zeitlebens als Motto über seiner Tätigkeit. In Ermangelung britischer Spezialisten bemüht er sich daher in den dreißiger Jahren um Spitzenkräfte aus Hollywood und vom europäischen Festland – eine Politik, die zu teilweise scharfen Protesten der Filmgewerkschaften führt und Anlaß zu der Anekdote gibt, die fünf über den Denham Studios wehenden Fahnen würden die fünf dort angestellten Briten repräsentieren.[61] Bühnenbilder müssen

---

60 Alexander Korda, *The Future and the Film*, in: Maud M. Miller, *Winchester's Screen Encyclopedia*, London 1948, S. 9.
61 Tabori, *Alexander Korda*, a.a.O. (Anm. 56), S. 9. Zu zeitgenössischen Reaktionen auf Kordas Praxis, Ausländer zu engagieren, vgl. z.B. P.L. Mannock, *The Improved Status of British Production – Are so Many Foreigners Necessary?* (*Kinematograph Weekly* vom 20. August 1936), David Cunynghame, *Foreigners in British Studios* (*Kinematograph Weekly* vom 3. September 1936), *Franzosen kehren aus London zurück. – Korda über die englische Filmkrise* (*Film-Kurier* vom 21. April 1937).

monumental, Kostüme und Requisiten (wie einst in den Theaterinszenierungen des Herzogs von Meiningen) echt oder zumindest originalgetreu nachgebildet sein. Da er sich die für einen internationalen Erfolg wichtigen Hollywood-Stars zunächst nicht leisten kann, baut Korda systematisch ein eigenes Weltklasse-Ensemble auf, zu dem u.a. Charles Laughton, Robert Donat, Laurence Olivier, Ralph Richardson, Vivien Leigh und Merle Oberon gehören. Ihnen gegenüber verhält er sich wie ein sorgender, wohlmeinender Patriarch in der Tradition europäischer Theaterprinzipale mit literarischen Programmen. Im Umgang mit Regisseuren zeigt er sich weniger diplomatisch. Als Paul Czinner 1934 *The Rise of Catherine the Great* mit Douglas Fairbanks jr. und Elisabeth Bergner dreht, inszeniert dieser die Szenen, in denen seine, für die Titelrolle verpflichtete Frau auftritt. Die anderen übernimmt Korda selbst – aus Angst, Czinners zurückhaltende Regie könnte bei einem internationalen Publikum nicht ankommen. Für Elisabeth Bergner ist er daher schlicht ein miserabler Regisseur.[62] Präziser ist wohl, daß er kein Schauspieler-Regisseur ist und im Film äußeren, optischen Eindrücken mehr vertraut als der Darstellung subtiler, innerer Regungen. Korda ist unfähig zu delegieren und – solange er selbst noch Regie führt – als Produzent nicht bereit, sich auf Interpretationen und Inszenierungen zu verlassen, die seinen Vorstellungen von einem Erfolgsfilm widersprechen.[63]

Orson Welles hat einmal gesagt, Korda wäre liebend gern Fürst Metternich und in der Rolle sicher besser besetzt gewesen, als der österreichische Diplomat selbst. Als einziger Produzent der Welt hätte er eine Delegation aus dem All mit vollendetem Aplomb empfangen und in der richtigen Tischordnung plazieren können.[64] Dahinter steckt Methode. Korda baut bewußt ein weites Netz von Beziehungen auf, bindet Menschen an sich, um sein auf den Weltmarkt ausgerichtetes filmwirt-

---

[62] »Well, he wasn't a very good director and suddenly after *Henry* he thought he was, and he could butt in and say it should be done this way or another way and forgot our contract which didn't allow him this. So we had fights [...]« Elisabeth Bergner in dem BBC Dokumentarfilm *The Golden Years of Alexander Korda* (Robert Vas, 1968). Zitiert nach: Kulik, *Alexander Korda*, a.a.O. (Anm. 56), S. 102.

[63] Das bekam selbst René Clair zu spüren, dessen *The Ghost Goes West* (1935) Korda nach der Rückkehr von einer Hollywood-Reise umarrangierte und teilweise neu inszenierte. Die Beziehungen der beiden wurden dadurch nicht belastet.

[64] Jonathan Rosenbaum (Hrsg.), *This Is Orson Welles*, London 1992, S. 108.

schaftliches Programm (das nicht zuletzt auch seinen phantastisch aufwendigen Lebensstil finanziert) durchzusetzen. Die Liste der Gäste, die er zu exquisiten Tafelrunden ins Londoner Nobelhotel Claridge's lädt, wird sorgfältig und gezielt zusammengestellt. Schauspieler und Schauspielerinnen vermitteln den anwesenden Geschäftsleuten das erhebende Gefühl des Kunstmäzenatentums. Privat zieht Korda Freunde vor, die nichts mit der Filmwelt zu tun haben, wie Winston Churchill (den er als Autor auf seiner Gehaltsliste führt), den Zeitungsbaron Lord Beaverbrook oder den Schriftsteller H.G. Wells. Korda kann ohne Schwierigkeiten selbst mit Leuten zusammenarbeiten, die ihn kritisieren, solange er sie als Könner ihres Fachs anerkennt und achtet. Zum Beispiel entwickelt sich später zwischen ihm und Graham Greene eine enge Freundschaft, obgleich dieser als Kritiker jeden seiner Filme erbarmungslos verreißt, ihnen Zeitlupentempo, Vulgarität, Überdeutlichkeit vorwirft und Kordas Lieblingsprojekt (und beste Regieleistung) *Rembrandt*, nach einem Skript von Carl Zuckmayer, mit der Bemerkung abtut, er habe nicht einen einzigen Film hergestellt, der als Kunstwerk gelten könne.[65] Greene ändert seine Einstellung als er feststellt, daß man sich mit Korda einen ganzen Abend lang über Dichtung, Malerei, Musik und andere Themen unterhalten kann, ohne daß das Wort »Film« einmal erwähnt wird.[66] Hinter dem perfekten Gastgeber und Gentleman steht allerdings auch ein gewiefter Geschäftsmann, der seine Ziele ebenso bewußt ansteuert, wie die Produzenten in Hollywood, und dabei nicht weniger rücksichtslos agiert – besonders was die Investitionen seiner Geldgeber betrifft.[67] Als die Prudential Versicherung ihm

---

65 »Mr Alexander Korda [...] has not himself produced a film which one can treat as a work of art« (*The Spectator* [London] vom 20. November 1936).

66 Graham Greene über Korda: »[...] I think of him with affection – even love – as the only film producer I have ever known with whom I could spend days and nights of conversation without so much as mentioning the cinema« (Graham Greene, *Memories of a Film Critic*, in: *International Film Annual* [1958], zitiert nach: David Parkinson (Hrsg.), *Mornings in the Dark. The Graham Greene Film Reader*, Manchester 1993, S. 445-456, hier: S. 452-453).

67 Im Frühjahr 1956 faßt Ralph Richardson in einem Nachruf Kordas »quecksilbrige Persönlichkeit« zusammen: »How then to make a summary of this quicksilver personality? Almost impossible, for in him dwelt so many men. The shrewd man of business; the connoisseur and collector of fine arts; the adept at getting the best out of people; the man who could infuriate yet always be forgiven; the most generous and loyal friend, and the possessor of such charm that he endeared himself to all« (*Sight and Sound*, Jg. 25, 1956, Nr. 4, S. 215).

Mitte 1938 wegen seiner aufwendigen Produktionen und seines extravaganten Lebensstils den Geldhahn abdreht, warnt sie ihre Mitarbeiter ausdrücklich vor seinem Charme und seinen unwiderstehlichen Überredungskünsten:

> Korda's engaging personality and charme of manner must be resisted. His financial sense is non-existent and his promises (even when they are sincere) worthless. In other words, he is impossible to work with, and whatever is done, we must be prepared to lose his services if he will not submit to our decisions. Korda is a very dominant man and also very dangerous to converse with owing to (among other things) his powers of persuasion.[68]

Über vier Jahre hinweg hatte die Prudential gut drei Millionen Pfund Sterling in London Films und Denham investiert, statt einer Rendite jedoch nur einen ständig wachsenden Schuldenberg vor Augen.

Rembrandt

Wann Zuckmayer und Korda einander zum ersten Mal begegnet sind, geht aus zugänglichen Unterlagen nicht hervor. Im November 1935 steht er auf Grund seiner Reputation als Dramatiker bei London Films unter Vertrag und hat bereits einen Vorschuß erhalten.[69] Auch über mögliche Filmthemen ist bereits gesprochen worden. Dennoch ist ihm Stapenhorsts Vorschlag, aufs Geratewohl nach London zu fahren zu dem Zeitpunkt »denn doch zu kostspielig und zu gefährlich«. Da Korda gerade einen Charles-Laughton-Film nach Edmond Rostands *Cyrano de Bergerac* vorbereitet, fürchtet er: »[...] wenn ich in die ersten Drehtage komme, steh ich da und kann warten«. Ehe er nach England reist, möchte er »doch erst irgendeine Idee haben«, die er Korda von sich aus vortragen kann: »Lieber verschiebe ich das – falls sich nicht vorher irgendeine Berufung nach L[ondon] ergibt – bis Januar. Bis dahin werde ich was haben. Es brodelt so allerlei in meinem Brägen.«[70] Zuckmayers Gedanken kreisen um Material für Charles Laughton. Seit dem durchschlagenden Erfolg von *Henry VIII* zwei Jahre zuvor, sucht Korda nach einem Stoff, mit dem er die Popularität des vertraglich an ihn gebunde-

---

68 Internes Memorandum der Prudential Versicherung, zitiert von Kevin Gough-Yates in dem BBC-Dokumentarfilm *Korda – ›I Don't Grow on Trees‹*, Teil 1 (Peter Sasdy, 1993).

69 »Auf den Kredit meines Namens allein hat man mir ja schon einen Vertrag mit Vorschuss gegeben« (Zuckmayer an Albrecht Joseph, Henndorf, 7. Dezember 1935).

70 Zuckmayer an Albrecht Joseph, Henndorf, Anfang November 1935.

nen Stars für sein eigenes Unternehmen nutzen kann, statt ihn an Studios in Hollywood ausleihen zu müssen, ihn möglicherweise an diese zu verlieren. Anfang Dezember schickt er Zuckmayer ein Schreiben, das diesen zu einem neunseitigen Brief animiert, in dem er Albrecht Joseph gegenüber seine Pläne und Überlegungen zu einem Laughton-Film entwickelt:

> Für Laughton haben sie noch zwei Bücher gekauft, [...]
> Auch abgesehen von Laughton herrscht Appetit auf Stoffe aller Art, wenn sie nur stark und übertragbar sind. [...]
> Man kann da also bestimmt, wenn man was Richtiges bringt, Erfolg haben. – Es erhebt sich nun donnernd die Frage nach dem Richtigen, [...]
> Richtig ist für mich alles, was ich gut machen kann und was meine persönliche Phantasie in Tätigkeit setzt.
> Sei es historisch, sei es modern.
> Modern lockt mich an sich mehr, hat aber immer allerlei Haken. Ich stehe gewöhnlich bei Stoffen, die heute spielen vor jener Barrière, [...] dass man verkleinert und versüsst, wenigstens im alten Europa, und dass man von sich aus durch das Bewusstsein dieser Hemmnisse von vornherein nicht in die richtige Erfindung, nicht ans Elementarische, Wahre, Notwendige, Selbstüberzeugende, heran kommt.
> Im Historischen kann man sich wenigstens gleich einen bedeutenderen Rahmen schaffen und eine grosse Gestalt aussuchen, deren Elemente zwingend sind. Korda dachte damals an die Niederlande im 17. Jahrhundert, ausgehend von einem Frans Hals-Bild: The laughing Kavalier.
> Amsterdam im 17. Jahrhundert ist als Milieu wundervoll.
> Aber ich denke mir, oder ich kam vor drei Wochen auf den an sich nicht mehr neuen Gedanken: eh ich da für den von Hals gemalten Narren eine Geschichte aus meinen Fingern sauge, – nehme ich mir eine grosse Gestalt aus dieser Zeit aufs Korn und buttere da was Mächtiges hinein.
> Ich denke an Rembrandt.
> Man braucht kein Jannings sein, um ihn spielen zu können.
> Besser wäre sogar, wenn man ein Laughton ist.
> Ich glaube, dass der Laughton diesen knollnasigen, vierschrötigen, deftigen, nervösen, durchsichtigen, beschatteten, dämlichen, ahnungslosen, wissenden, grossen, einsamen und immer im Zwielicht himmlisch-irdischen Gefunkels stehenden Kerl wundervoll darstellen könnte.[71]

---

[71] Zuckmayer an Albrecht Joseph, Henndorf, 7. Dezember 1935.

Zuckmayer ist zwar von seiner Idee noch nicht völlig überzeugt, sieht aber in ihr »unendlich viel Gutes und Starkes«. Er hat »(wie bisher zu

Charles Laughton in Rembrandt, 1936

keinem andren Stoff!), ganz bestimmte und sicher ausgezeichnete Szeneneinfälle«, die ihn »reizen, sie gleich auszuarbeiten«. Weil er meint, »eine richtige persönliche Beziehung zur Gestalt«[72] zu haben, kündigt er Korda ein Thema für einen Laughton-Film an, ohne anzudeuten, worum es sich handelt. Der reagiert postwendend, geht allerdings nicht auf Laughton ein:

> My dear Carl Zuckmayer I am very sorry that I could not answer at once I received your kind letter stop your communications give me much pleasure and I am anxious enough to read your treatment as soon as possible stop I will be in London the whole of January and you will have all the time you

---

72 Ebd.

need to discuss it stop I want a picture for Marlene Dietrich have you any ideas? Best regards yours sincerely Korda.[73]

Hier scheint sich eine einmalige Chance zum Geldverdienen zu bieten, und Zuckmayer fragt in seinem nächsten Brief an Albrecht Joseph:

> Have *you* any ideas, old fellow? Hier könnte man einen Fischzug tun.
> Ich möchte deshalb zwar keineswegs meinen Rembrandtstoff aufgeben, denn eine Laughtonrolle und einen solchen Film braucht man immer. Aber ich denke mir, – wenn man *ausserdem* eine gute Idee hätte und eine (schmissig hingeworfene) story, kurze Novelle, stofflich starke Skizze für die Dietrich machen könnte?[74]

Doch weder ihm noch Joseph fällt etwas Neues ein und so greift er in seinem Antwortschreiben an Korda auf Ideen zurück, mit denen er sich bereits seit längerem beschäftigt:

> Wie ich Ihnen schon mitteilte, sind mir auf Anhieb zwei Gestalten und Stoffe für Marlene Dietrich eingefallen, in denen ich grosse Möglichkeiten sehe. Jeder der beiden könnte in seiner Art, – von der Besetzung ganz unabhängig, – die Grundlage zu einem besonders reizvollen Filmwerk bieten. Sie stammen beide sozusagen aus meiner geistigen Vorratskammer, wo alle möglichen Entwürfe herumliegen, zu deren Ausführung ich bis jetzt nie kam. Da es mich besonders freuen würde, einen richtigen Stoff für die Dietrich zu finden, der sie aus der Schablone löst und das Wesentliche ihres Talents und ihrer Eigenart zur Entfaltung bringt, will ich mich auf die Mitteilung dieser Ideen nicht beschränken, sondern weiter nachdenken, ob mir vielleicht noch Stärkeres oder Zwingenderes einfällt. Zunächst glaube ich, dass jeder dieser beiden Stoffe [...] im Heiteren wie im Ernsten, das grundsätzlich Notwendige enthält: eine wirkliche lebendige Menschengestalt.[75]

Als erstes schlägt Zuckmayer Korda »Ulla Winblad, (Weinblatt!), – die Geliebte und Lebensfreundin des schwedischen Dichters und Komponisten, Liedersängers, Musikanten, Säufers, Hofpoeten und Bohèmiens Carl Michael Bellman« vor; als zweites *Eine Liebesgeschichte* – obgleich

---

73 Alexander Korda an Zuckmayer, in der Woche nach dem 9. Dezember 1935, zitiert in einem Brief von Zuckmayer an Albrecht Joseph vom 15. Dezember 1936. – Korda hat zu dem Zeitpunkt keinen Bedarf an Stoffen für Laughton, da er nach der *Cyrano*-Verfilmung bereits einen (nicht verwirklichten) zeitgenössischen Film mit dem Titel *A Lion of Mayfair* als Anschlußprojekt für den Schauspieler angekündigt hat.
74 Ebd.
75 Zuckmayer an Alexander Korda, Henndorf, 28. Dezember 1935.

er sich für die Annahme dieses Stoffs wenig Hoffnung macht. Er ist der Ansicht, für die Dietrich müsse »eine farbigere, anreisserische, weniger zarte und nicht nur auf Duoszenen und innere Dramatik gestellte Handlung [...] gefunden werden«.[76] Entgegen seinen Erwartungen findet die Novelle von der Liebe eines Rittmeisters zu einer ehemaligen Prostituierten, den verlogene Moralvorstellungen preußischen Offiziersdenkens zum Abschied vom Dienst und zum Selbstmord treiben, bei London Films stärkeren Anklang. Zuckmayer hat sich mit ihr seit 1931 beschäftigt und sie im Dezember 1932 »bereits mit Hinblick auf Film«[77] niedergeschrieben.[78] Für die weibliche Hauptrolle hatte er dabei

---

[76] Zuckmayer an Albrecht Joseph, Henndorf, 15. Dezember 1935. – Die *Liebesgeschichte* wird in dem nur als Fragment überlieferten Brief vom 28. Dezember 1935 an Korda nicht erwähnt. Der darin enthaltene, oben zitierte, erste und einzige Korda direkt ansprechende Absatz (vgl. Zitat zu Anm. 73) ist durchgestrichen, die restlichen 8 Seiten mit der »Winblad«-Beschreibung dienten Zuckmayer offensichtlich später als Grundlage für Treatments und Entwürfe seiner weiteren Beschäftigung mit Winblad und Bellman. Daß es sich bei dem zweiten Stoff um die *Liebesgeschichte* handelt, belegt Zuckmayers Brief an Albrecht Joseph vom 15. Dezember 1935, in dem er schreibt: »Die Liebesgeschichte schicke ich ihm [Korda] auf alle Fälle, [...]. Aber ich habe im Fall Dietrich nicht viel Hoffnung mit der Liebesgeschichte, [...].«

[77] »Ich habe [...] im Dezember die Arbeit an meinem Stück unterbrechen müssen und eine grosse Novelle geschrieben, bereits mit Hinblick auf Film. Was dabei herausgekommen ist, wird Dir gefallen, es gefällt sogar mir. Diese Novelle, ›Eine Liebesgeschichte‹, ist jetzt – nach wochenlangen Verhandlungen, die mich so lang in Berlin hielten, von der Ufa erworben worden« (Zuckmayer an Hans Schiebelhuth, Henndorf, 22. Februar 1933).

[78] Zuckmayer erwähnt den Stoff erstmals als Novelle in einem Brief vom 19. Oktober 1931 an Annemarie Seidel: »Nun kriegst Du wirklich endlich meine Novellen, nachdem sie ganz fertig sind, und sie sind meine beste Prosa und überhaupt mein Bestes geworden. Eine hat das Evchen bekommen für den Uhu, obwohl sie zu schade dafür ist, sie heisst ›Eine Weihnachtsgeschichte‹, die andre schönere heisst ›Liebesgeschichte‹ und hat als Motto einen Satz von Lessing, den ich rein als Satzgebilde so schön finde, ganz abgesehen von dem Sinn, auf den er sich bezieht: ›Wissen Sie aber auch, was die Liebe sie lehrte, dem Rittmeister zu sein?‹« (*Zuckmayer-Jahrbuch*, Bd. 2, 1999, S. 60.) Zuckmayers Korrespondenz mit Albrecht Joseph deutet allerdings an, daß das Werk erst im folgenden Jahr niedergeschrieben wurde, nachdem Zuckmayer im Sommer 1932 den Stoff Albrecht Joseph erzählt hatte und ihm im Oktober der Gedanke gekommen war, ihn Erich Pommer und der Ufa als Film für Elisabeth Bergner anzubieten (die allerdings zu dem Zeitpunkt bereits anderweitig unter

an Elisabeth Bergner gedacht. Die Ufa wiederum hatte Anfang 1933 vergeblich gehofft, Marlene Dietrich mit dem Stoff nach Deutschland zurücklocken zu können.[79] Nachdem das Projekt wegen der veränderten politischen Lage in Deutschland im Frühjahr 1933 zunächst verschoben und später fallengelassen worden war, hatten Gerhard Lamprecht[80] und später der tschechische Regisseur Gustav Machaty[81] die Novelle verfilmen wollen.[82] Anfang 1936 ist es vor allem der seit No-

---

Vertrag stand): »Als die Bergner hier war, kam ich auf die Idee, dass die Novelle ›Eine Liebesgeschichte‹, die ich Dir im August auf dem Weg zur Bademühle erzählt habe, einen wundervollen Bergnerfilm abgäbe. Aber ich will mir die Möglichkeit für Pommer offenhalten. Vielleicht gibts da eine Kombination, sie meinte, es sei nicht ausgeschlossen« (Zuckmayer an Albrecht Joseph, Henndorf, 11. Oktober 1932).

79 »Liebe Marlene. Wir haben ein ausgezeichnetes Manuscript von Zuckmayer, das eine wunderbare, nur von Ihnen darzustellende Rolle enthält. Der Film würde im April gedreht werden. Bitte Sie, mir postwendend zu kabeln, ob Sie frei sind und ob Sie den Stoff bei uns im April spielen wollen. Für Sie würde kein besserer Europastart denkbar sein« (Telegramm von Ernst Hugo Corell an Marlene Dietrich vom 22. Februar 1933, zitiert nach: Werner Sudendorf, *Deutsche sehe ich fast gar nicht mehr*, in: *Filmexil*, 1996, Nr. 8, S. 5).

80 »Lamprecht will die Liebesgeschichte für 10.000.- Mk verfilmen (nur *deutsche* Rechte.) Ich bekäme das Geld sofort in bar. Kann mich aber nicht entschliessen, den schönen Stoff herzugeben« (Zuckmayer an Albrecht Joseph, London, 15. Januar 1934).

81 Eugen Tuscherer hatte im Herbst 1935 eine vierwöchige Option erworben. Die Regie sollte offensichtlich Machaty führen (vgl. Zuckmayer an Albrecht Joseph, Anfang November 1935 und vom 25. November 1935).

82 Die unterschiedlichen Fassungen des Film-Exposés der *Liebesgeschichte* im Nachlaß zeigen, daß Zuckmayer durchaus bereit war, sich den Wünschen der Filmleute zu beugen, solange deren Forderungen nur Äußerlichkeiten und nicht die Substanz, die »Konflikte der Handlung, die in ihren menschlichen Grundlagen von Zeit und Volk unabhängig« sind, berührten. (Zuckmayers Anmerkung zum in Frankreich spielenden Skript). Die Treatments der *Liebesgeschichte* waren für ihn »eine verschlechterte Ausgabe der Novelle«, denn diese sei »doch wieder so anschaulich, dass ein nicht ganz vertierter Filmmensch daraus besser als aus dem Exposé die Möglichkeiten sehen kann, die der Stoff überhaupt für den Film ergibt« (Zuckmayer an Albrecht Joseph, Anfang November 1935). Eine mit dem handschriftlichen Zusatz »von Zuckmayer??« überlieferte Fassung, dürfte schon deshalb zu dem von Zuckmayer ursprünglich dem Ufa-Vorstand Anfang 1933 vorgelegten Material gehört haben, weil die beigefügte Vorbemerkung im gleichen Ton und mit ähnlichen Formulie-

vember 1935 bei Korda unter Vertrag stehende Erich Pommer, der sich dafür interessiert.[83] Doch zu einer Verfilmung kommt es wieder nicht. Obgleich die *Liebesgeschichte* »im Brennpunkt des Interesses u. an erster Stelle« steht, zieht Zuckmayer sie aus der Konkurrenz zurück; denn London Films verlangt, »dass der Selbstmord fallen und der Liebende weiterleben müsse und sie [Dietrich], einen Schlager singend, verzichten und untergehen – – also dann lieber nicht«.[84] Statt dessen konzentriert der Schriftsteller sich in den nächsten Monaten mit Enthusiasmus und Energie auf das *Rembrandt*-Szenarium. Im Dezember 1935 und Januar 1936 korrespondiert er in langen Briefen mit Albrecht Joseph, der zu dem Zeitpunkt als Szenarist in Wien tätig ist, ausführlich über Struktur, Handlung und Charaktere des Films. Ab Januar bespricht er das Material auch mit dem ehemaligen Reinhardt-Dramaturgen Franz Horch, der ab jetzt in die bis dahin von Albrecht Joseph eingenommene Stelle/Funktion des »gutwilligen Menschen zum Durchquatschen und Zuhören«,[85] hineinwächst, den Zuckmayer für seine Arbeit braucht.

---

rungen wie in Zuckmayers Briefen darauf besteht, daß die Lektüre der Novelle »für das Verständnis unerlässlich« ist. »Da die Novelle schon im Hinblick auf den Film geschrieben ist, enthält sie eine Fülle von Einzelheiten und Wendungen, die ohne weiteres in den Film zu übernehmen sind, vor allem die zum grossen Teil bereits endgültig formulierten Dialoge [...]«. Am 17. Februar 1933 forderte der Ufa-Vorstand seinen Produktionschef Corell auf, mit Zuckmayer über Änderungsmöglichkeiten zu verhandeln. Daraufhin dürfte u.a. die Handlung in der nächsten Fassung von der Sylvesternacht 1776 und einem brandenburgischen Städtchen in eine kleine russische Grenzgarnison zum Jahreswechsel 1817/18 verlegt worden sein. Diese Version lag Tuscherer und Machaty vor, die laut Zuckmayer ihrerseits Änderungswünsche anmeldeten: »[...] ich [habe] inzwischen von Tuscherer erfahren, das Milieu der Liebesgeschichte müsse aus dem Russischen in eine andere Nationalität übertragen werden« (Zuckmayer an Albrecht Joseph, 25. November 1935). Hier dürfte der Grund dafür liegen, daß das dritte Exposé in einem kleinen französischen Dorf der »Zeit zwischen dem siebziger Krieg [des 19. Jahrhunderts] und der Jahrhundertwende« spielt (Anmerkung in dem Skript).

83 »Ausserdem ist Pommer [...] kolossal hinter der Liebesgeschichte her, die er für Marlene, die darnach schreit, anbringen will« (Zuckmayer an Albrecht Joseph, [London], 19. Februar 1936).

84 Zuckmayer an Albrecht Joseph, Wien, 19. März 1936, zitiert nach: Nikkel/Weiß, *Carl Zuckmayer*, a.a.O. (Anm. 3), S. 240.

85 Ebd.

Ehe er sich am 10. Februar auf seine Reise nach England begibt, schreibt Zuckmayer innerhalb von drei Tagen das Treatment »mit fast allen Dialogen«. Das Ergebnis bewertet er als »logisch und lückenlos durchkonstruiert, dabei mit vollem dichterischen Einsatz, – wirklich das beste [...], was ich für Film je gemacht habe, – und als *Rolle* das Herrlichste, was man sich denken kann.«[86] Das Timing des Besuchs bei Korda hätte nicht besser sein können. Am 12. Februar, platzt der *Cyrano*-Film, den Korda und Laughton fast ein Jahr lang vorbereitet haben, weil man plötzlich der Meinung ist, die in Versen abgefaßten Dialoge seien nicht filmgemäß. Als Zuckmayer einen Tag später in London eintrifft, kann er Kordas »händeringend« nach einem neuen Stoff suchenden Leuten mitteilen: »Meine Herren – ich habe ihn in der Tasche«. Weil er weiß, daß sein Thema ohne Kenntnis der Details bei den Filmleuten kaum auf Gegenliebe stoßen würde, verschweigt er zunächst, worum es sich handelt:

> [...] mein Schutzengel soufflierte mir, dass ich dicht hielt und nichts verriet: ich spürte, dass die Nennung Rembrandts allein ohne sofortige Klärung des »Wie«, der Gestaltung, katastrophal wäre.
> Stattdessen erklärte ich, erst in einem hermetisch verschlossenen Raum ohne Telephon, mit Eintrittsverbot für Sekretärinnen etc., und mindestens 2 Stunden uneingeschränkter Zeit, werde ich reden. Das wurde für Samstag den 15. festgesetzt.

Die Reaktion zeigt, wie richtig er mit seiner Taktik liegt:

> Korda sagte mir *nach* der Lesung (im Zustand höchster Begeisterung und nach sofortiger, uneingeschränkter *Annahme*): hätten Sie am Freitag gesagt: Rembrandt, dann hätte ich heut keine Zeit gehabt und mir erst andere Stoffe vortragen lassen! Das hatte ich geahnt. Ja, ich musste mit dem Rembrandt gegen eine Wand von Widerstand siegen, – Pommer sagte: einen grösseren Widers=tand [sic] hätten Sie überhaupt mit nichts Andrem erzielen können. Aber nach fünf Minuten hatte er sich ins Gegenteil verwandelt.
> [...] nachdem die Hörer, Korda, Pommer, Biro – beim Titel erst vereisten, brachen sie am Schluss – nach Tränen! – in eine so unmässige Begeisterung aus, dass ich mich ordentlich schämte.[87]

Anschließend sagt ihm Korda »sofort, dass dieser Film auf alle Fälle angenommen sei und dass er darüber hinaus grosse Angebote zu machen habe«. Zusätzlich ruft er ihn »im Claridge's und wo er geht und

---

86 Zuckmayer an Albrecht Joseph, [London], 19. Februar 1936.
87 Ebd.

steht [...] als den ersten und einzigen grossen Dichter des Films« aus. Charles Laughton dagegen ist zunächst überhaupt nicht begeistert:

> Nun kam noch ein bitterböser Tag, Montag 17. II., – wo Korda, da ich nicht genug englisch kann, in seinem schlechten Englisch aus meinem deutschen Manuskript dem launischen, ekligen, bösen Komödianten, Laughton, den Rembrandt vorlas. Stimmungslos, mit Unterbrechungen, scheusslich. Und Laughton ist ein Mensch, von dem Stefan Zweig begeistert ist. Mehr brauche ich nicht zu sagen. Man könnte ihm – und sollte allen Schauspielern – stundenlang in die Fresse hauen. Aber leider braucht man die Bande.[88]

Im Verlauf einer sechsstündigen, nur durch ein »scheußliches« Lunch mit Finanzleuten unterbrochenen Sitzung wird auch Laughton überzeugt und engagiert sich in den nächsten sieben Monaten mit unermüdlichem Elan für das Projekt. Das Treatment soll sofort übersetzt werden, der Film als übernächste Produktion ins Atelier gehen und im Herbst groß als Zuckmayer-Film herauskommen. Korda verspricht, er werde dem Autor »ganz grosse publicity im Film machen« und ihm »eine Weltpresse und Weltnamen damit schaffen«. Zu Zuckmayers Erleichterung werden keine weiteren Ausarbeitungen verlangt. Statt dessen soll er »den Wurf – den Bau – die Grundgestalt eines Films machen, soviel Einfälle geben als ich zu dem Stoff hätte, – und dann an neues gehen. Genau das, was ich mir wünsche.« Ebenfalls begeistert zeigt er sich über den »*tollen* Vertrag«, den Korda ihm anbietet:

> [...] ich kriege ein *enormes* Geld von ihm, – für *drei* Filme, von denen Rembrandt, bereits abgefilmt, als erster gilt, – das zweite Treatment werde ich hier gleich in Angriff nehmen und in der nächsten Woche machen, darüber morgen mehr, sobald ich das betreffende Buch, auf dem es basiert, gelesen habe, – es handelt sich um den ersten farbigen Film, den Sjöström machen soll, – das dritte wird *vielleicht* die Geschichte des Kaiser Claudius, nach dem Buch von Graves, sein, – aber darüber werden wir uns noch einigen.[89]

---

88 Ebd.

89 Ebd. – Laut Schreiben von Zuckmayer an Gottfried Bermann Fischer, London, 28. April 1938, bestand seit 1936 ein »personal agreement« zwischen ihm und Korda, auf Grund dessen der Produzent ihm £ 3.330 pro Film zahlte. Bei einem Kurs von 1 zu 20 ist dies im Vergleich zu seinen Ufa-Verträgen in der Tat ein »enormes Geld«; denn für seine Arbeit an *Der blaue Engel* hatte er 15.776,20 RM erhalten, und für Treatment und Drehbuch der *Liebesgeschichte* waren 30.000 RM vereinbart worden.

Nachdem Zuckmayer mit einer gewissen Sorge aus Henndorf abgereist war (»Hätte man den *Rembrandt* abgelehnt, sässe ich jetzt da!«) ist er innerhalb von vier Tagen »aus allen Schwierigkeiten raus«. Er »in die grösste Position hineingesprungen, die es für einen Autor beim Film [in England] geben kann«, hat »alle Chancen in der Hand« und ist »finanziell auf lange Zeit, – wenn diese Dinge gut werden, vielleicht für immer, gesichert«. Der lukrative Vertrag mit Korda versetzt ihn in die Lage, sich vom 1. Mai an zusätzlich zu der ihm gehörenden Wiesmühl in Henndorf eine Wohnung in Wien mieten zu können. Glücklich, daß er aus allen Finanznöten heraus ist, seine Rechnungen bezahlen kann und »mehr als ein Jahr lang an Geld nicht mehr zu denken« hat, verhält er sich gegenüber zahlreichen anderen Angeboten, die ihn erreichen, zurückhaltend. Korda »steht jetzt im Vordergrund«.[90]

Die günstigen Entwicklungen lassen Zuckmayer auch das Schreiben für den Film positiver beurteilen als in der Zeit seiner Zusammenarbeit mit British and Dominions und Toeplitz Productions. Vor allem fühlt er sich sicherer im Umgang mit der Materie:

> Jetzt habe ich glaub ich einen grossen Spring [sic] gemacht, was Filmschreiben anlangt: ich muss nicht mehr an die Technik denken, dh. nicht mehr als bei jedem Bühnenstück, – und das »Filmische« fällt mir sozusagen von selbst ein. Ich glaube jetzt soweit zu sein an den Film »absichtslos«, überkonstruktiv, herangehen zu können, und nur so habe ich überhaupt Chancen, was damit zu erreichen. Natürlich muss man hoffen und beten, dass die Ausführung dann dem Gewollten einigermassen nahekommt, – sofern es sich nicht mit »Wachen und Beten« bewerkstelligen lässt, was erfreulicher wäre.[91]

Obgleich vertraglich nicht dazu verpflichtet, arbeitet er nach seiner Rückkehr aus England 10 Stunden pro Tag am *Rembrandt*-Szenarium: »[...] mir liegt an dem Film so viel, dass ich es freiwillig mache, damit kein Fachmann mehr genommen werden muss«. Um zu vermeiden, dass andere ihm die Konzeption zerstören, hat er Korda versprochen, »es in eine Form zu bringen, aus der er selbst mit einem erstklassigen Übersetzer das Drehbuch machen kann, nur mit Biró, ohne besonders zugezogenen ›Filmautor‹«. Er hofft, bis zum 21. März fertig zu werden,[92] schreibt aber eine Woche später immer noch »mit Hochdruck« an dem Skript und rechnet damit, »wohl sehr bald nach Ostern« wieder

---

90 Ebd.
91 Zuckmayer an Albrecht Joseph, Henndorf, 27. März 1936.
92 Zuckmayer an Albrecht Joseph, Wien, 19. März 1936.

für circa 14 Tage nach London zu fahren.[93] Anfang April wird die Vermutung zur Gewißheit: »Korda scheint mit Macht an den »Rembrandt« zu gehen und braucht mich nach Ostern in London.«[94] Nach seiner Rückkehr schlägt er sich in der ersten Mai-Hälfte »mit dem ersten Teil des ›Rembrandt‹ noch einmal eine Woche lang heftig« herum. Seine letzten Änderungen kündigt er Korda mit der Bemerkung an, er hätte nun »das Ganze voll verantwortlich beackert, so weit ich es irgend kann, und ich bin überzeugt, dass es absolut gut und richtig so ist«.[95] Auch in London wird fieberhaft an den Vorbereitungen gearbeitet. *Rembrandt* ist der erste Film, der ausschließlich in den sich seit Juni 1935 im Aufbau befindlichen Denham Studios gedreht werden soll. Vincent Korda und die Mitglieder seines Art Departments unternehmen Studienfahrten nach Holland. Szenerie und Kostüme werden nach Häusern, Mobiliar und Bildern von Rembrandt und seinen Zeitgenossen entworfen. Hatte Zuckmayer ursprünglich gehofft, King Vidor würde die Regie übernehmen, so ist jetzt die Rede von dem schwedischen Regisseur Victor Sjöström. Als Korda sich dann entschließt, den Film selbst zu inszenieren, läßt er in der Fachpresse damit werben, das für *Henry VIII* verantwortliche Trio Alexander Korda, Charles Laughton und dessen Frau Elsa Lanchester (die dort Anne von Cleve gespielt hatte und hier Rembrandts Geliebte Hendrickje Stoffels verkörpert) würde zu einem neuen Erfolgsschlag ausholen.[96] Die Dreharbeiten beginnen Anfang Juni und ziehen sich bis in die erste Septemberwoche hin.[97] Zuckmayer ist während dieser Zeit teilweise in London. Ende August gibt er der Amsterdamer Tageszeitung *De Telegraf* in Salzburg ein Interview, in dem er sich zu seiner Zusammenarbeit mit Korda äußert und seine vorläufigen Eindrücke von *Rembrandt* zusammengefaßt werden:

> Die erste Hälfte des Films, die er [Zuckmayer] noch vor seiner Abreise aus London gesehen hat, bestätigt die hohen Erwartungen, die die Aufnahmen bei ihm geweckt hatten. Mit fast unwahrscheinlicher Intuition hat Charles Laughton sich in das Wesen und Benehmen der Rembrandt-Figur, so wie Zuckmayer sich diese beim Schreiben des Szenariums vorgestellt hat, zu versetzen gewußt. Und der Dichter ist von der Darstellung durch den

---

93 Zuckmayer an Albrecht Joseph, Henndorf, 27. März 1936.
94 Zuckmayer an Albrecht Joseph, Henndorf, 4. April 1936.
95 Zuckmayer an Alexander Korda, Henndorf, 17. Mai 1936.
96 ›Henry VIII.‹ Trio – Together Again in ›Rembrandt‹, in: *Kinematograph Weekly* vom 11. Juni 1936.
97 *Fire Over England*, in: *Kinematograph Weekly* vom 27. August 1936.

Schauspieler tief beeindruckt. Auch Kordas Regie war, wie sich aus der ersten Hälfte des Films ergibt, vollkommen auf Zuckmayers eigene Auffassungen abgestimmt, was der Dichter übrigens auch nicht anders erwartet hatte, nachdem er während der monatelangen Zusammenarbeit das durchdringende, feine Einfühlungsvermögen Kordas hatte schätzen gelernt, so wie dessen Fähigkeit, seine Absichten zu verwirklichen.[98]

Ganz so problemlos, wie es hier dargestellt wird, ist die Zusammenarbeit nicht verlaufen. In dem oben erwähnten Brief an Korda versucht Zuckmayer, die Verflachung seiner Arbeit zu verhindern:

> Ich flehe Sie an, Maestro, lassen Sie keine überflüssigen Arabesken mehr hinein, um irgendwelcher flüchtiger Reize willen, wie etwa die sieben Brüder der Saskia oder Saskia selbst oder den Verkauf der Grabstätte oder das Modellstehen, das sind im Zug eines solchen dramatischen Aufbaus alles nur Spasetteln und kleine Fürzlein, die die Linie ausbeulen und zerstören. Schauspielerisch, für Vater Laughton, ist mehr als genug da, und die Fülle hat jetzt Sinn und Form, ist nicht zufällig. Laughton soll nicht ›Jakobs Dream‹ aufsagen! Der Psalm ist besser. Die Symbolik des Kampfes mit dem Engel wäre doch nicht verständlich.[99]

Der Hinweis auf »Vater Laughton« und die Bibelzitate beziehen sich auf den starken Einfluß, den der Schauspieler auf das Skript nimmt. Laughton ist Kunstliebhaber und (wie übrigens auch Korda) Besitzer einer umfangreichen Gemäldesammlung, die er seit 1935 teilweise unter dem Einfluß des amerikanischen Impressionisten-Sammlers Albert Barnes erweitert. Während der Vorbereitungen zu den Dreharbeiten kauft er sich alle Rembrandtbiographien und -studien, derer er habhaft werden kann, beschäftigt sich mit jedem ihm zugänglichen Gemälde des Malers und vertieft sich insbesondere in die Selbstportraits. Zusätzlich reist er mit Korda mehrmals nach Holland, teilweise zu speziell für sie arrangierten Besichtigungen von Rembrandts Werken. Beide lassen Original-Möbelstücke, Gegenstände und Kleidungsstücke aus dem 17. Jahrhundert nach Denham kommen. Laughtons Biograph Simon Callow sieht in der Rembrandt-Darstellung ein idealisiertes Selbstportrait, in dem der Schauspieler seine Schönheitsliebe und kreativen Aspirationen, sowie sein Humanitätsverständnis zum Ausdruck zu bringen versucht.[100] Trotz der gemeinsamen Begeisterung für den Stoff, entste-

---

98 *Carl Zuckmayer – der Filmautor*, abgedruckt in: *Blätter der Carl-Zuckmayer-Gesellschaft*, Jg. 11, 1985, Nr. 4, S. 228.
99 Zuckmayer an Alexander Korda, Henndorf, 17. Mai 1936.
100 Simon Callow, *Charles Laughton – A Difficult Actor*, London 1991, S. 109.

hen Spannungen zwischen Laughton und Korda, bei denen es größtenteils um die Forderung des Schauspielers geht, die seiner Meinung nach im Text mangelhaft zum Ausdruck kommende Größe Rembrandts und die schmerzhafteren Seiten seines Lebens durch zusätzliche Szenen zu verdeutlichen. In Zeitungsinterviews erklärt er, besonders in den ersten Wochen der Dreharbeiten hätte es scharfe Auseinandersetzungen zwischen ihm und Korda gegeben.[101] Dieser hätte sich zum Beispiel geweigert, eine Laughton besonders am Herzen liegende Szene einzubauen, in der Rembrandt das Grab seiner ersten Frau verkauft, um die Eheschließung mit seiner zweiten zu finanzieren.[102] Wie das obige Zitat belegt, handelte Korda damit eindeutig im Sinne von Zuckmayer.

Dies bedeutet allerdings nicht, daß die in der Einführung zu dem publizierten Text gemachte Behauptung, der Film sei in »wortgetreuer Übersetzung« realisiert worden, zutrifft.[103] Das nach Zuckmayers Tod erschienene Buch basiert auf einer Collage von Abschnitten verschiedener (als Ganzes nicht überlieferter) Skriptfassungen und in diesen nicht zu findenden Passagen aus dem Film, die der Autor im Nachhinein selbst zusammengestellt und mit editorischen Instruktionen versehen hat. Die Bibelzitate im Film, von deren Vortrag durch Laughton bei der Premiere zahlreiche Kritiker besonders beeindruckt waren, tauchen zum Beispiel nur hier auf, nicht aber in einer früheren, erhaltenen Skriptfassung. Ihre Auswahl dürfte auf den Schauspieler zurückzuführen sein, der im Verlauf seiner späteren Karriere sein Publikum mit Bibellesungen faszinierte. Ein grober Vergleich des von Zuckmayer geschriebenen mit dem im Film gesprochenen Text zeigt, daß weniger als 50 Prozent der vom Autor stammenden Worte in die Endfassung des Films eingegangen sind. Diese machen wiederum nur etwa 60 Prozent des Filmdialogs aus. Die Figur des Frans Hals, aus der heraus Zuckmayer ursprünglich den Film entwickelt hat und für deren Szenen er sich in seinem Brief an Korda besonders einsetzt, fällt im Film weg. Andererseits ist festzustellen, daß Charaktere und Handlung sich eng an Zuckmayers Konzept halten.[104] Hier dürfte auch der Grund dafür lie-

---

101 Ebd.

102 Charles Higham, *Charles Laughton – An Intimate Biography*, London 1976, S. 96-97.

103 Carl Zuckmayer, *Rembrandt – Ein Film*, Frankfurt am Main 1980, S. 2.

104 Horst Claus, *Whose Film Is It? Alexander Korda's Adaptation of Carl Zuckmayer's Film Script Rembrandt*, in: Jeff Morrison/Florian Krobb (Hrsg.), *Text into Image: Image into Text*, Amsterdam 1997, S. 267-268. Während die Grundaussagen dieses Artikels immer noch zutreffen, werden einige Details nach

gen, warum er sich in dem Interview mit *De Telegraaf* ausgesprochen positiv und optimistisch über seine bisherige und zukünftige Zusammenarbeit mit Korda ausläßt und seine Drehbücher für ihn gleichberechtigt neben seine literarischen Arbeiten stellt:

> Selbstverständlich [...] sieht das Drehbuch anders aus, wie jeder verstehen wird, der schon einmal ein Drehbuch in Händen gehabt hat. Ich gebe, wie jeder Autor das in einem Bühnenstück macht, in meinem Filmmanuskript lediglich Anweisungen und Beschreibungen, die die Atmosphäre um das dramatische Geschehen und um den Dialog herum schaffen. Alles andere ist das Werk der Studio-Technici, das dem Publikum nur im Resultat, dem Film, interessant sein kann. Nun sind beim Zusammenstellen des Drehbuches außer den rein technischen auch noch einige andere Bearbeitungen durchgeführt worden, aber die sind nicht einschneidender gewesen als es sich jeder Autor bei jeder Aufführung eines Bühnenstücks gefallen lassen muß.[105]

Wenn Zuckmayer später feststellt, das Drehbuch »enthält Teile, die hinter meinen Stücken nicht zurückstehen«,[106] so ist dies allem Anschein nach darauf zurückzuführen, daß er den Stoff aus seiner eigenen Phantasie heraus entwickelt hat und die Arbeit an *Rembrandt* trotz der für Filmproduktionen nicht ungewöhnlichen Kontroversen und Veränderungen für ihn eine positive und befriedigende Erfahrung war. Beides kann man von seinem nächsten Projekt für Korda, an dem er teilweise parallel zum *Rembrandt*-Szenarium gearbeitet hat, nicht sagen.

I, Claudius

Ausgangspunkt ist *I, Claudius*, ein Bestseller von Robert Graves, der den deutschen Historiker Leopold von Ranke zu seinen Vorfahren zählt. Graves' fiktive, auf detaillierten Recherchen basierende »Autobiographie« des kränklichen, körperbehinderten Kaisers Claudius (10 v. Chr.-54 n.Chr.) war Mitte 1934 erschienen und behandelt die Geschichte Roms unter Tiberius und Caligula bis zur Thronbesteigung des Claudius. Wegen der enormen Resonanz folgte noch im gleichen Jahr die Fortsetzung, *Claudius the God and His Wife Messalina*, in dem es um die Regentschaft des Claudius, seinen Krieg gegen die britischen Stämme, sowie sein Verhältnis zu seiner als libertin und lasterhaft geltenden

---

Kenntnis des Original-Manuskripts in einem weiteren Essay über den Film demnächst revidiert.
105 *Carl Zuckmayer – der Filmautor*, a.a.O. (Anm. 98), S. 229 f.
106 Zitiert nach: Zuckmayer, *Rembrandt*, a.a.O. (Anm. 103), S. 2.

Gattin Messalina geht. Beide Romane, die das antike Rom aus der Perspektive des 20. Jahrhunderts darstellen, waren aus rein finanziellen Gründen entstanden. Wie Zuckmayer das Abfassen von Szenarien, empfindet Graves das Schreiben von Romanen als lästige Notwendigkeit, die von der eigentlichen, dichterischen Arbeit ablenken. Über den Erfolg der beiden Bände, die eine Welle historischer Romanzen auslösten, äußerte sich Graves 1933 gegenüber dem mit ihm befreundeten Schriftsteller und legendären Vorkämpfer für die arabische Unabhängigkeit T.E. Lawrence: »I agree it is a pity that *Claudius* books have to be written because people won't pay a living wage for the essential works [...] Claudius is only the most stupid side-activity, like eating and dressing & going up & down stairs for firewood for the stove.«[107] Korda sieht in Claudius und Messalina große Rollen für Charles Laughton und Merle Oberon, die zukünftige zweite Mrs. Korda, die er zum Star aufbauen will.

Zuckmayer erwähnt die *Claudius*-Bücher, die er offensichtlich zu diesem Zeitpunkt noch nicht kennt, erstmals in dem Brief vom 7. Dezember 1935, in dem er Albrecht Joseph in seine Rembrandt-Pläne einweiht und erwähnt, Korda hätte für Laughton zwei Filmstoffe erworben: »[...] von beiden scheinen sie aber jetzt nicht mehr sonderlich entzückt zu sein, das eine ist ein Roman über den Kaiser Claudius, das andere handelt von einem Verwandlungskünstler, (eine Art Fregoli). Wenn sie was besseres kriegen können, sind sie froh dafür.«[108] *I, Claudius* liegt zu dem Zeitpunkt bereits über ein Jahr lang bei Korda im Schrank. Ende 1934 hatte er die Rechte erworben und mit Blick auf den zu drehenden Film den Autor veranlaßt, den monumentalen Zweiteiler in der ersten Jahreshälfte 1935 zu einer stark kondensierten Fassung mit dem Titel *The Fool of Rome* umzuschreiben.[109] Nach Kordas Kooperationsabkommen mit United Artists wird der Stoff Anfang 1936 als Charles-Laughton-Film angekündigt.[110] Im Februar übernimmt Zuckmayer während seines London-Aufenthalts die Erstellung des Szenariums im Rahmen seines soeben mit Korda abgeschlossenen Vertrages über drei Filme. Anschließend arbeitet er es im März unter Mitarbeit von Franz Horch aus:

---

107 Zitiert nach: Martin Seymour-Smith, *Robert Graves. His Life and His Work*, London 1982, S. 256.
108 Zuckmayer an Albrecht Joseph, Henndorf, 7. Dezember 1935.
109 Richard Perceval Graves, *Robert Graves – The Years with Laura, 1926-40*, London 1990, S. 224.
110 Anzeige United Artists in: *Kinematograph Weekly* vom 16. Januar 1936.

Er [Horch] hat mir jetzt auch hier die ganzen Vorarbeiten zum Claudius gemacht, d.h. einfach Mommsen u. Sueton studiert u. excerpiert. Mir kam in London in einem glücklichen Moment der gleichzeitige dichterische *und* architektonische Grundeinfall, – *wie* man diesen Stoffkoloss anpacken, formen und gliedern könne, daraus baute sich rasch ein ausgesprochen sturmfestes Gerüst, und ich habe mit der Sache nur noch Spass, (glaube ich), und keine Probleme mehr.[111]

Ende des Monats ist der Rohentwurf fertig, und King Vidor als Regisseur »festgelegt«.[112] Mitte Mai rechnet er »bestimmt mit Vollendung [der Arbeit am Skript] des Claudius bis Ende Juni«.[113] Während der Dreharbeiten zu *Rembrandt* lädt Korda am 13. August Robert Graves zu einem Besuch der Denham Studios ein, um die bevorstehende Verfilmung mit ihm zu besprechen.[114] Gleichzeitig teilt er über die Fachpresse mit, die Vorbereitungen zu *I, Claudius* seien in vollem Gange, er selbst werde bei der Verfilmung zum letzten Mal Regie führen und sich anschließend auf seine Tätigkeit als Produzent konzentrieren.[115] Die Probleme mit Laughton bei den Dreharbeiten zu *Rembrandt* veranlassen Korda später, das zunächst auf zwei voneinander unabhängige Filme konzipierte Mammut-Projekt einem anderen Regisseur zu übertragen. Außerdem zeichnen sich Schwierigkeiten bei der Skriptentwicklung ab. Graves bekommt eine Übersetzung von Zuckmayers Fassung zum ersten Mal am 15. Oktober bei einem Besuch in Denham zu sehen, in dessen Verlauf er auch mit Zuckmayer und der Übersetzerin June Head zusammentrifft. Verärgert darüber, was er liest, schreibt er am nächsten Tag an Korda, das Skript sei »absolutely cheap nonsense« und »strong on historical absurdities«.[116] Unter anderem stört ihn, daß

---

111 Zuckmayer an Albrecht Joseph, Henndorf, 19. März 1936.
112 Zuckmayer an Albrecht Joseph, Henndorf, 27. März 1936.
113 Zuckmayer an Alexander Korda, Henndorf, 17. Mai 1936.
114 Tagebuch, 13. August 1936, in: Graves, *Robert Graves*, a.a.O. (Anm. 109), S. 249.
115 *Laughton's Next Subject*, in: *Kinematograph Weekly* vom 13. August 1936.
116 Graves, *Robert Graves*, a.a.O. (Anm. 109), S. 255-256. – Möglicherweise sind Graves' kritische Anmerkungen zumindest teilweise auf die Übersetzung zurückzuführen. Als die adäquate fremdsprachliche Bearbeitung nach seiner Flucht aus Österreich für seinen Versuch eines schriftstellerischen Neuanfangs im englischsprachigen Raum zur Überlebensfrage wird, stellt Zuckmayer Ende April 1938 im Zusammenhang mit einer möglichen Übertragen des *Bellman* fest, seine »bisherige Übersetzerin für Filmstoffe« (womit June Head gemeint sein dürfte) sei ihm »zu farblos«. Er hat zu dem Zeitpunkt einen jungen Über-

Caligula seinem Pferd ein Stück Zucker gibt, Claudius sich mit dem zu der Zeit längst verstorbenen angelsächsischen König Cymbeline unterhält und die Skriptautoren als Hinweis auf das ungünstige, britische Klima den römischen Soldaten Taschentücher verpaßt haben. Drei Tage später kommt es zu einem weiteren Gespräch in Kordas Wohnung, der sich im Verlauf eines Gourmet-Dinners überreden läßt, das Skript völlig umschreiben zu lassen. Graves übernimmt diese Aufgabe selbst und liefert innerhalb kürzester Zeit am 23. Oktober seine eigene Version bei Korda ab. Der erklärt es zu einer »nützlichen zweiten Version«, über die er zehn Tage lang nachdenken wolle.[117] Danach verschwindet es in der Versenkung.[118]

Anfang November 1936 nimmt Korda Josef von Sternberg für den Film unter Vertrag.[119] Der Regisseur, dessen Karriere zu verblassen droht, erholt sich gerade in einer Londoner Klinik von einer Operation. Anscheinend hatte Korda zunächst William Cameron Menzies im Auge, war dann jedoch auf ein Angebot von Marlene Dietrich eingegangen, auf noch ausstehende Gagenforderungen zu verzichten, wenn das Projekt ihrem Entdecker übertragen würde.[120] Angesichts sich zuspitzender Finanzschwierigkeiten in der britischen Filmindustrie akzeptiert Korda. Gleichzeitig sieht er in der Vereinbarung die Möglichkeit, von Sternberg könnte – wie früher Marlene Dietrich – seine derzeitige Geliebte Merle Oberon zu einem internationalen Star machen.[121]

---

setzer im Auge, der »vielleicht etwas härter und kraftvoller im Ausdruck« ist – Indiana University, The Lilly Library, Manuscripts Department, Bloomington, Indiana, USA (im folgenden: Lilly Library), Zuckmayer an Gottfried Bermann Fischer, London, 28. April 1938.

117 Vgl. Tagebuchaufzeichnungen von Graves vom 18. und 23. Oktober 1936, abgedruckt in ebd., S. 256.

118 »[...] I was allowed, even given money, to write a script which I did. But of course, that was filed somewhere« (Interview mit Graves in dem BBC-Dokumentarfilm *The Epic That Never Was* [1965]).

119 *The Times* (London) vom 12. Januar 1936.

120 Für diese, von Karol Kulik (*Alexander Korda*, a.a.O. [Anm. 56], S. 193) von Doug McClelland (in: *The Unkindest Cut*, New Jersey 1972, S. 110-111) übernommene Version spricht ein Hinweis von Zuckmayer in einem Brief an Albrecht Joseph vom 19. Februar 1936, in dem es heißt: »[...] Korda und Marlene sind momentan wegen prinzipieller (vermutlich finanzieller) Fragen veruneinigt [...]«

121 Zur Produktion von *I, Claudius* vgl. Callow, *Charles Laughton*, a.a.O. (Anm. 100), S. 113-122; Higham, *Charles Laughton*, a.a.O. (Anm. 102), S. 99-

Den Regisseur fasziniert an *I, Claudius*, »wie ein Niemand zu einem Gott und wieder zu einem Niemand wird«.[122] Während in den Denham Studios fieberhaft an den Produktionsvorbereitungen gearbeitet wird, schreibt er mit Zuckmayer und dem amerikanischen Drehbuchautor Lester Cohen das Drehbuch um.[123] Anfang Dezember wird eine Synopsis erstellt. In den folgenden Wochen entstehen mindestens fünf weitere Fassungen, ehe am 15. Februar – auf den Tag genau ein Jahr nachdem Zuckmayer Korda seinen *Rembrandt* vorgelesen hat – die erste Klappe fällt.[124] Für Sternberg sind die drei Monate, die ihm zur Vorbereitung zur Verfügung stehen, zu knapp. Noch schlimmer sind Schwierigkeiten mit Charles Laughton. Der Star, der seinen Regisseur bereits in Hollywood kennengelernt hatte, war zunächst über die Aussicht der Zusammenarbeit begeistert gewesen. Im Verlauf der Dreharbeiten kommt es jedoch zu Gereiztheiten und Auseinandersetzungen, weil Laughton, der sich nach der Stanislawski-Methode voll in seine Rollen hineinzuversetzen pflegt und in ihnen lebt, den Charakter des Claudius nicht findet. Andererseits hat der für seinen autokratischen Regiestil bekann-

---

102; Kulik, *Alexander Korda*, a.a.O. (Anm. 56), S. 191-198; Josef von Sternberg, *Das Blau des Engels*, übers. von Manfred Ohl, München 1991, S. 206-223.

122 Sternberg, *Das Blau des Engels*, a.a.O. (Anm. 121), S. 208.

123 Auch der Drehbuchautor Curt Siodmak hat zeitweise an dem Drehbuch mitgearbeitet: »... doch alle diese Projekte, zwischen 1935 und 1937 entstanden, werden nicht realisiert; ebensowenig Josef von Sternbergs geplanter Film ›I, Claudius‹ für Alexander Korda, für den Carl Zuckmayer als Autor engagiert ist und an dem auch Siodmak ungenannt mitarbeitet« (Wolfgang Jacobsen, *Suche nach dem Geheimnis-in-den-Geheimnissen*, in: Wolfgang Jacobsen/Hans Helmut Prinzler, *Siodmak Bros.*, Berlin 1998, S. 263-281, hier: S. 275).

124 Neben den undatierten, vermutlich vor Oktober 1936 entstandenen Skripts im Zuckmayer-Nachlaß sind für diesen Zeitraum im British Film Institute, London, die folgenden Unterlagen erhalten: »Synopsis« (7. Dezember 1936), »Second Script« (17. Dezember 1936), »Combined Script« (30. Dezember 1936), »Script« (21. Januar 1937), »Final Script« (30. Januar 1937), »X Script« (3. Februar 1937). – Vgl. auch John Woodrow Presley, *Claudius, The Scripts*, in: *Literature/Film Quarterly*, Jg. 27, 1999, Nr. 3, S. 167-172. Presleys Darstellung basiert auf Unterlagen von Robert Graves und auf einer vergleichenden Analyse des »Combined Script« und des »X Script« (aus dem Besitz des Kostümbildners John Armstrong). Trotz solider Recherche und Analyse sind einige der Schlußfolgerungen (besonders soweit sie Zuckmayer betreffen) zu revidieren, da Presley für seine Arbeit weder die Zuckmayer- noch die BFI-Materialien zur Verfügung standen. Entsprechende Revisionen werden derzeit in einem separaten Artikel über das Filmprojekt vorgenommen.

te Sternberg kein Verständnis für die Probleme und Schwierigkeiten des Schauspielers, der u.a. versucht, in die Figur des Claudius einzusteigen, indem er sich immer wieder die Abdankungsrede vorspielt, mit der Edward VIII. zwei Monate zuvor aus Liebe zu einer geschiedenen Amerikanerin auf den britischen Thron verzichtet hat.[125] In der Hoffnung, unterschiedliche Umgebungen würden Laughton bei der Rollenfindung helfen, werden in mehreren Studios des Denham Komplexes Dekorationen errichtet, ohne zunächst gebraucht zu werden. Wenn sie nicht auf ihn warten, folgen die Beteiligten nun Laughton in die verschiedenen Szenerien. Meist mit wenig Erfolg, so daß die Spannungen allgemein zunehmen und es nur noch eine Frage der Zeit zu sein scheint, ehe einer der Hauptbeteiligten die Arbeit hinschmeißt.[126] Nach einem Monat ist das auf £ 120.000 kalkulierte (später um zusätzliche £ 30.000 aufgestockte) Budget erschöpft, obwohl erst knapp ein Drittel der Szenen abgedreht sind. Am 16. März 1937 verhindert ein Autounfall von Merle Oberon das sich anbahnende finanzielle Desaster. Die Schnittwunden der Darstellerin im Gesicht geben Korda die Möglichkeit, die Dreharbeiten zunächst zu unterbrechen und später ganz abzublasen. Der Verlust hält sich in Grenzen; denn den bis dahin angelaufenen Kosten von £ 103.000, in denen weder eine vor Drehbeginn geleistete Sonderzahlung an Charles Laughton von £ 22.000 noch »irgendwelche Beträge Merle Oberon betreffend« enthalten sind, steht eine von Lloyds zu zahlende Versicherungssumme von £ 80.000 gegenüber.[127] Die abgedrehten Szenen – 57 Dosen (ca. 2 ½ Stunden)[128] Negativ-, Positiv- und

---

125 Unterschiedliche Darstellungen der Auseinandersetzungen (aus der Sicht des Regisseurs bzw. des Hauptdarstellers) sind insbesondere in von Sternbergs *Das Blau des Engels* und Callows *Charles Laughton* zu finden (a.a.O. [Anm. 100]).

126 Im Kontext der Vorarbeiten und Recherchen zu seinem Dokumentarfilm *The Epic That Never Was* über *I, Claudius* kommt Bill Duncalf am 19. März 1965 in einem Brief an John Pommer zu dem Schluß: »[...] apparently it would only have been a matter of time as to which of the protagonists walked off the floor first!« (Akte *The Epic that Never Was*, BBC Written Archives Centre, Reading.)

127 Kontobuch, London Films, BFI.

128 Laut Akte zu *The Epic That Never Was* im BBC Written Archives Centre befanden sich zum Zeitpunkt der Produktion des BBC-Dokumentarfilms 57 Dosen mit Nitratfilm in Denham, darunter 13 Rollen Action Negativfilm, 17 Rollen Tonnegativ, sowie 11 Rollen Positivfilm, die vom BBC-Team gesichtet und von denen 28'21" im Film verwendet wurden. John Baxter, der das Material ebenfalls gesehen hat, spricht von 58 Rollen. Alle Quellen geben an, dar-

Ton-Nitrofilmmaterial – verschwinden im Filmlager von Denham. Erst nach Kordas Tod Anfang 1956 bekommen die Besucher der Filmfestspiele von Cannes als Tribut und Erinnerung an die Leistungen des Filmproduzenten einen fünfzehnminütigen Verschnitt der erhaltenen Sequenzen zu sehen. Heiligabend 1965 stellt der BBC-Produzent Bill Duncalf einem breiten Fernsehpublikum etwa 28 Minuten aus dem ersten Drittel des Films vor. In dem von Dirk Bogarde kommentierten Dokumentarfilm werden darüber hinaus Emlyn Williams, Flora Robson und Merle Oberon sowie Mitglieder des technischen Stabes interviewt. Auch Zuckmayer wurde im Rahmen des Projekts angesprochen. Die von ihm gelieferten Unterlagen sind allerdings nicht in den Film eingegangen und gelten als verschollen.

Nicht realisierte Projekte für Alexander Korda

Zuckmayer dürfte sich zum Zeitpunkt des Abbruchs von *I, Claudius* kaum noch für den Film interessiert haben; denn von Kordas vorjährigen Versprechungen, er werde ihm »eine Weltpresse und Weltnamen« verschaffen, ist nichts mehr zu spüren. Im Vorspann zu *Rembrandt* war sein Name in einer separaten Einstellung – »From the film play by Carl Zuckmayer« – an zweiter Stelle groß herausgestellt worden. Bei *I, Claudius* wird der Hinweis der deutschen Skripte »Ein Film von Carl Zuckmayer (Quellen: Ranke-Graves, Sueton, Mommsen, Friedländer)« auf den englischen Fassungen vom Dezember 1936 und Januar 1937 fallengelassen. Auf dem »Combined Script« vom 30. Dezember 1936 aus dem Besitz des Kostümbildners John Armstrong wird ein mit Bleistift eingetragener Autorenhinweis ausradiert.[129] Kordas rührige Publicity-Maschine hat den Ruf, besonders wirkungsvoll und permanent am Ball zu sein, doch in den regelmäßig im *Kinematograph Weekly* lancierten Informationen, Artikeln und groß herausgestellten Projektankündigungen wird Zuckmayers Name – im Gegensatz zu dem englischspra-

---

über hinaus hätte weiteres, inzwischen verschwundenes Material existiert. Baxter liefert eine ausführliche Beschreibung in: John Baxter, *The Cinema of Josef von Sternberg*, London 1971, S. 141-149. *The Epic That Never Was* war so erfolgreich, daß der Sender ähnliche Projekte über nicht vollendete Filme plante.

129 John Woodrow Presley bemerkt zu dem sich in seinem Besitz befindlichen, ursprünglich John Armstrong gehörenden Skript: »At the top of this page, in pencil, is the word ›complete‹. Under this word, the pencil notation ›{Script by Karl Zuckmeyer}‹ has been erased« (Presley, *Claudius*, a.a.O. [Anm. 124], S. 168). Auf den entsprechenden Skripten im BFI erscheint Zuckmayers Name in keiner Form.

chiger Autoren – nicht erwähnt. Aus dem Filmautor ist ein Filmarbeiter geworden, der im Entstehungsprozeß des Produkts Film eine untergeordnete Rolle spielt. So ist – vom wirtschaftlichen Standpunkt aus – inzwischen kaum noch Raum für von Zuckmayer erhoffte kühne Filmkunstpläne. Bereits im März 1936 hatte er festgestellt, daß die Zeiten wilder Spekulationen und des Wachstums in der britischen Filmindustrie vorbei sind:

> [...] für das Geldauftreiben scheint mir die Situation auch bedeutend schwieriger geworden. Vor einem halben Jahr schmiss die City jedem Schacher [gemeint ist wohl Max Schach], Than [der Produzent Joseph Than] und Kahn [nicht identifizierbar] und Clement [wahrscheinlich der Produzent Otto Klement] und Quatscher, der Filme zu machen vorgab, hemmungslos Hunderttausende in die Rippen. Mittlerweile haben sich Viele davon schon als Hochstapler und Charlatane entpuppt, – und die Geldleute haben kühle Popos und Eisfüsse bekommen. Stapi [Günther Stapenhorst], der wirklich ein solider, seriöser Mann ist *und* den Namen des erfolgsgewohnten Producers *hat*, – kann seit Wochen und Monaten zu nichts kommen [...].[130]

Anfang 1937 verdeutlicht eine Untersuchung über Struktur und Finanzierung der einheimischen Filmindustrie in der Fachzeitschrift *World Film News* den von Zuckmayer angedeuteten spekulativen Charakter der meisten Unternehmungen und veranlaßt die Banken und Versicherungen der City, ihre Investitionen einzufordern. Gleichzeitig wird deutlich, daß der Markt mit Filmen und Studiokapazitäten übersättigt ist. Waren im Finanzjahr 1. April 1930 bis 31. März 1931 96 Filme produziert worden, waren es 1935/36 215. Im gleichen Zeitraum stiegen Neugründungen von Produktionsfirmen von 36 auf 108, während die Zahl der Studios im Lande von 19 (1928) auf 70 (1938) anwächst.[131] 1937 erlebt das Ende der Scheinblüte der britischen Filmindustrie. Es ist das Jahr der großen Zusammenbrüche. Anfang März stellen die Twickenham Studios ihre Aktivitäten ein, gleichzeitig gibt Gainsborough einen Verlust von £ 98.000 bekannt.[132] Um £ 50.000 pro Jahr zu sparen, hat Korda bereits vor Beginn der Dreharbeiten zu *I, Claudius* Gehaltskürzungen bis zu 15 Prozent für alle Mitarbeiter durchgesetzt, die nicht stundenweise bezahlt werden oder mehr als £ 5.00 pro Woche

---

130 Zuckmayer an Albrecht Joseph, Wien, 19. März 1936.
131 Jeffrey Richards, *The Age of the Dream Palace. Cinema and Society in Britain 1930-1939*, London 1984, S. 40.
132 Notiz in: *Kinematograph Weekly* vom 4. März 1937.

verdienen.[133] Neben seinem extravaganten, großzügigen Produktionsstil erweist sich die ihm von seinen Geldgebern aufgezwungene Größe des Denham Komplexes als Belastung. Um kostspielige Leerläufe zu vermeiden, müssen die sieben Studioanlagen durch andere Filmhersteller ausgelastet werden. Doch diesbezügliche Versuche, mit British Lion einen Produktionsvertrag über 16 Filme unter Kordas Oberleitung abzuschließen, scheitern Anfang März.[134] Außerdem sitzen Korda die Kreditgeber[135] im Nacken. Obgleich er sich bemüht, alle Aspekte seiner Unternehmungen selbst zu kontrollieren, dürfte er unter diesen Umständen kaum viel Zeit für seine Autoren haben und deren Anliegen hauptsächlich seinem Skript Department und Lajos Biró überlassen.

Als drittes laut Vertrag abzulieferndes Projekt im Anschluß an *I, Claudius* bietet Zuckmayer eine im Salzburger Raum angesiedelte Liebesgeschichte zwischen einer reichen Unternehmertochter und einem Ingenieur an. Die Anregung geht ursprünglich auf Korda zurück, der eine

---

133 Notiz in: *Kinematograph Weekly* vom 28. Januar 1937. Vgl. auch *Economy in Film Production*, in: *The Times* (London) vom 30. Januar 1937.

134 *Korda-Brit. Lion-Abkommen gescheitert*, in: *Film-Kurier* vom 10. März 1937.

135 Schon beim ersten Vertragsabschluß Ende 1935, war Zuckmayer sich über die finanziellen Risiken der Kordaschen Filmaktivitäten im Klaren. Bei einem Aufenthalt in Wien hatte er gehört, Korda wären die Kredite gesperrt worden, weil er »masslos über Voranschläge usw. hinaus ginge«. Doch soweit es Zuckmayer selbst und seinen Freund Albrecht Joseph betraf (den er teilweise in seine Korda-Projekte einzuspannen versuchte) berührte ihn diese Information nicht allzu sehr: »Im übrigen nehme ich das mit Kreditsperrung (von meinem, unsrem, Standpunkt aus) nicht weiter ernst. Dass er sich übernimmt, ist mir schon lange klar, dass da mal Kalamitäten kommen ist wahrscheinlich, sicherer aber ist auf alle Fälle, dass K[orda] immer produzieren und weitermachen wird, ob mit offenen oder gesperrten Krediten, es steckt da schon viel zu viel drin, als dass mans einfach fallen und zerplatzen liesse, und er ist viel zu geschickt um nicht notfalls andere Geldleute zu finden. Es ist ja bekannt, dass Toeplitz einige Wochen vor Fertigstellung des Heinrich damals sein Geld gesperrt hat und er sofort Leute fand die dafür einsprangen und den dummen T[oeplitz] auskauften. So ähnlich wird ers immer schaffen und Filme machen, Stoffe brauchen, wird er auf alle Fälle. Es ist zwar schöner zu hören, dass eine Firma für die man gerade arbeiten will, enorm flott floriert, als das Umgekehrte, aber ich halte es für unwesentlich in Beziehung auf meine Interessen und auch auf die verhältnismässig kleinen Summen um die es sich da dreht. Das Geld, um einen guten Stoff zu kaufen, bringen die immer auf« (Zuckmayer an Albrecht Joseph, Henndorf, 15. Dezember 1935).

in Österreich spielende Komödie vorgeschlagen hatte. Zuckmayer greift daraufhin die Idee einer von Albrecht Joseph entwickelten Liebesgeschichte um eine amerikanische Musikstudentin während der Salzburger Festspielzeit auf. Der Gedanke wird von beiden auf ausgedehnten Wanderungen in Henndorf weiterentwickelt. Ihre Pläne kreisen um »sehr viel richtige Aufnahmen mit Details in Salzburg, Festspiele, Cafés, Bierkeller, die mit bunten Narren vollgestopften Gassen und Plätze«.[136] Für die Rolle eines alternden Liebhabers des Mädchens schwebt ihnen Rudolf Forster vor. Teile der Handlung sollen auf Schloß Kammer am Attersee spielen. Da der Musik eine wichtige Funktion zukommt, planen sie, Ausschnitte aus Opern und Symphoniekonzerten mit Bruno Walter und Arturo Toscanini einzubauen.[137] Albrecht Joseph ist als Drehbuchmitarbeiter[138] und Produktionsassistent vorgesehen. Die Außenaufnahmen sollen in Österreich am 25. August 1937 beginnen. Anfang des Monats erklärt Zuckmayer, im Anschluß an einen längeren Aufenthalt in London, gegenüber dem *Neuen Wiener Journal*:

> Zwei Jahre lang habe ich mich jetzt mit der Arbeit an Filmbüchern beschäftigt und bin zur festen Überzeugung gekommen, daß die einzige ideale dichterische Form für die Grundlage eines Films – eine vollkommen ausgeführte Novelle ist. Diesen dichterischen Versuch habe ich schon bei meinen letzten Filmarbeiten unternommen, aber zur letzten Konsequenz habe ich ihn zum erstenmal bei dem Buch zu dem neuen Österreichfilm Kordas durchgeführt. In ›Sommer in Österreich‹ – ›Austrian Holidays‹ habe ich versucht, das Aroma und die Gelöstheit eines Salzburger Sommers im Herzen des aufgewühlten Europa einzufangen. Mein Buch zeichnet den Zauber der österreichischen Landschaft, das Fluidum, das von ihr ausgeht, und drückt in der handelnden Geschichte die Entwirrung aus, die dieses Salzburg und seine Atmosphäre auf die herkommenden Amerikaner und Engländer ausübt. Eine junge Amerikanerin, Vivian Leigh, von der sich Korda viel verspricht, wird die Hauptrolle spielen, Ludwig Berger Regie führen.
> ›Sommer in Österreich‹ wird natürlich ein durch und durch musikalischer Film sein, mit Musik von Mozart, mit alter Salzburger Bauernmusik, aber auch mit Schubert-Weisen, die mit jenen Mozarts innerlich verwandt sind. [...] Korda will den ganzen Rummel des sommerlichen Salzburg in die Ka-

---

136 Albrecht Joseph an Zuckmayer, Los Angeles, 4. Februar 1958.
137 Joseph, *Portraits I.*, a.a.O. (Anm. 30), S. 202-207.
138 Zuckmayer an Albrecht Joseph, Wien, 19. März 1936: »Ich hoffe den dritten Film von vornherein mit Dir zu machen, – so, dass es gleich klar und verbindlich ist.«

mera einfangen; es ist geplant, den Beginn einer ›Don-Giovanni‹-Aufführung zu filmen und auch den Zauber einer stillen, ruhigen Salzburger Nacht. [...] Die Atelieraufnahmen beginnen dann im Oktober in London [...].[139]

Das Projekt wird nicht realisiert. Hauptgrund dürfte – neben Finanzierungsfragen – Kordas (im Endeffekt erfolgloser) Versuch zu dieser Zeit sein, gemeinsam mit Samuel Goldwyn United Artists zu übernehmen, um sich als Mitglied der Spitzengruppe der Hollywood Produzenten den Zugang zum amerikanischen Markt für seine in Denham produzierten Filme zu sichern.[140]

Zuckmayer reizt zwar der Gedanke eines im Salzburger Milieu angesiedelten Lustspiels, es gelingt ihm aber nicht, einen passenden Stoff zu finden. Einmal mehr widersprechen seine optimistischen Zeitungsinterviews dem, was sich hinter den Kulissen abspielt. Ohne auf Inhalt oder Handlung näher einzugehen, hatte er bereits bei Abschluß seines ersten Vertrags mit Korda gegenüber Albrecht Joseph im Februar 1936 festgestellt: »Leider finde ich diese salzburger Sängergeschichte – – halt ganz nett, aber nicht mehr, und ein bischen konfektionsmässig. Es ist eigentlich schade um die salzburger Atmosphäre, – um den ›Zauber‹ ihrer Musik, – würde sie in dieser recht banalen ›Macht der Musik‹ aufgebraucht. Aber es ist natürlich eine gewisse Chance in dem Stoff.«[141]
Und einen Monat später:

Abgesehen davon, dass ich das Sänger-Salzburg-Exposé *grauenhaft* finde, (was ich natürlich keinem Menschen sagte, – aber ich kann es auch unter keinen Umständen preisen), – es ist – ich las es erst jetzt, kannte es nur von flüchtiger Erzählung – tief unter Reinhold Schünzel, Duday-Produktion, unterstes Ufa-Lustspiel. Mit Salzburg hat es überhaupt nichts zu tun. Bayreuth wäre ein viel besserer Schauplatz dafür. Salzburg ist Kulisse, ohne *jede*

---

139 *Karl [sic] Zuckmayers Österreichfilm*, in: *Neues Wiener Journal* vom 10. August 1937, abgedruckt in: Christian Strasser, *Carl Zuckmayer. Deutsche Künstler im Salzburger Exil 1933-1938*, Wien, Köln, Weimar 1996, S. 93.
140 Vgl. hierzu folgende Nachrichten und Artikel im *Film-Kurier*: *Alexander Korda zur englischen Filmkrise* (20. Januar 1937), *Korda und Goldwyn besitzen United Artists* (2. Oktober 1937), *Was geht bei Korda vor?* (16. Oktober 1937), *Korda übernimmt United Artists* (18. November 1937). Nach einer Meldung der *Times* vom 20. Januar 1938 bestätigte Korda am 19. Januar 1938 nach seiner Rückkehr aus den USA gegenüber der Presse das Scheitern seiner Pläne, United Artists gemeinsam mit Goldwyn zu übernehmen.
141 Zuckmayer an Albrecht Joseph, [London], 19. Februar 1936.

> Beziehung, ebenso wie die Falstaff-Fuge am Schluss hier nur zufälliges, sinnloses u. beziehungsloses Anhängsel ist. Welch ein Jammer um diesen schönen Gedanken, diese zauberische Welt! Aber ich halte es für ausgeschlossen, dass das Jemand macht [...].[142]

Inwieweit es sich hier um den gleichen Stoff handelt, läßt sich nicht feststellen. Doch mit dem Filmprojekt *Ein Sommer in Österreich* ist Zuckmayer zu keinem Zeitpunkt zufrieden. Nach Ablehnung durch Korda veröffentlicht er die kolportagehafte Erzählung 1937 als Buch. Als sie 1948 ohne seine Einwilligung in einer Wiener Tageszeitung abgedruckt wird, sieht er darin eine Schädigung seines Rufs als Schriftsteller:

> Diese Erzählung wurde damals als Stoff für einen geplanten Salzburger Film geschrieben, eine Nebenarbeit, die ich niemals ernst nahm, und die wir damals als leichte Sommerlektüre zu veröffentlichen für richtig hielten. Vermutlich war das damals schon ein Fehler, aber damals konnten sowohl der Verlag, wie ich selbst jede Nebeneinnahme zur Verwirklichung ernsterer Pläne brauchen, und damals war ich ein der Öffentlichkeit durch kontinuierliches Werk bekannter, eingeführter Autor, der sich eine leichte und unsubstantielle Volte erlauben konnte, heute muß mein Werk nach zehnjähriger Verbannung wieder eingeführt und einer neuen Generation erst zugänglich gemacht werden.[143]

Ende der fünfziger Jahre äußert sich Zuckmayer gegenüber Albrecht Joseph nochmals zu dem Stoff, als sich eine österreichische Produktionsgesellschaft entschließt, ihn unter dem Titel *Frauensee* zu verfilmen:

> »Ein Sommer in Österreich«. Merkwürdigerweise interessiert sich plötzlich eine Filmfirma für das alte miserablige Ding – ich glaub allerdings mehr um den Namen Z[uckmayer] auf den Titel zu setzen, der hier nun mal sehr im Schwange ist. *Das* war damals eine Auftragsarbeit – keine schöpferische von meiner Seite – an der Du Deinen Teil mitgedrechselt hast, und wenn ein Abschluss zustande kommt, (der Fischerverlag behauptet das), werde ich eine Beteiligung für Dich anmelden. (Auch davon habe ich das von Dir mitentworfene Filmszenario nicht mehr, – nur noch die Novelle, die – obwohl sie ganz hübsch und für manche Leute sogar betörend geschrieben zu sein scheint, von mir in meine »Gesammelten Werke« nicht aufgenommen wurde, sie ist nur in einer österreichischen Buchgemeinschaft wieder er-

---

[142] Zuckmayer an Albrecht Joseph, Wien, 19. März 1936.
[143] Zuckmayer an Bermann-Fischer Verlag, Wien, 16. Februar 1948, zitiert nach: Nickel/Weiß, *Carl Zuckmayer*, a.a.O. (Anm. 3), S. 356.

schienen und dadurch in Filmhände gekommen. Hast Du noch das damalige Filmmanuskript?)[144]

Auch wenn keines seiner nach *Rembrandt* entstandenen Szenarien durch Korda verfilmt wird, verdient Zuckmayer so viel, daß er sich zum ersten Mal seit den politischen Veränderungen in Deutschland (und dem *Hauptmann von Köpenick*) wieder voll und ganz, mit Schwung und Begeisterung auf ein Theaterstück konzentrieren kann. Mit der Hauptfigur, dem schwedischen Vagantensänger Carl Michael Bellman, beschäftigt er sich seit seinen Heidelberger Studententagen 1920. Ehe er den Stoff für die Bühne bearbeitet, hat er ihn bereits verschiedentlich als Filmidee Stapenhorst, Asquith, Korda und dem aus München emigrierten Direktor der Londoner »Capitol Film« Max Schach vorgetragen, der ihn gern für Richard Tauber erworben hätte.[145] Jetzt dient ihm die Story der Liebe des »genialischen, doch haltlosen«[146] Lyrikers zu Ulla Winblad dazu, sich von den Frustrationen seiner Arbeiten für den Film zu befreien. Im Oktober 1937 schreibt er an die Schauspielerin Grete Wiesenthal:

> Meine Bellman-Arbeit geht herrlich vorwärts, – täglich springen neue Quellen auf. Ich habe auch jetzt den Titel für das Stück gefunden, – (für mich ist ein Titel nichts Zufälliges, ich kann überhaupt mit der Formung, Gestaltung, nicht richtig anfangen, wenn ich nicht im Titel schon den gesamten Klang, sozusagen das akustische, klangliche »Programm«, das wichtiger ist als das Gedankliche!, vor mir habe.) Ich nenne das Stück:
> *»Nach meiner Melodie –!«*
> Ein Stück um Carl Michael Bellman.
> Das ist, denke ich, ein bezaubernder Titel, ebenso leicht und einfach wie hintergründig, – und er passt auf Bellmans ganzes Leben wie auf seine Lieder, – auf Ulla Winblads unberechenbare Natur, – auf des Königs geistige und menschliche Unabhängigkeit, – und endlich sogar ein wenig auf mich, der ich nach zweijähriger Sklaverei und vierjähriger Theaterpause nun endlich wieder nach der eigenen Flöte tanzen (und tanzen lassen) kann. Und ich bin so sicher, dass das ein glückhafte[r] und mitreissender, freudevoller und lebensspendender Tanz werden wird. Mir ist dieser Titel, in dem auch etwas von der ›eigenen façon‹ liegt, ein Bekenntnis zur persönlichen Frei-

---

144 Zuckmayer an Albrecht Joseph, Chardonne, 21. Januar 1958.
145 Vgl. Zuckmayers Briefe aus London an Albrecht Joseph vom 15. Januar 1934 und 19. Februar 1936.
146 Zuckmayer 1953 in den *Blättern des Deutschen Theaters in Göttingen*, zitiert nach Nickel/Weiß, *Carl Zuckmayer*, a.a.O. (Anm. 3), S. 262.

> heit, die alle Kollektiviker hassen, besonders viel wert, bei einem Stück, das auch fürs Theater ganz neu sein wird, in dem sich Lustspiel und Tragödie, Komödisches, Weltanschauliches und Unmittelbar-Lebendiges, liedhaft vereinen.[147]

Der Freude am Schreiben für das Theater wird am 12. März 1938 durch den Einmarsch deutscher Truppen in Österreich ein Ende gesetzt. Zwei Tage später tritt das »Gesetz über die Wiedervereinigung Österreichs mit dem Deutschen Reich« in Kraft. Damit platzt die geplante *Bellman*-Uraufführung mit Attila Hörbiger und Paula Wessely, zu der die Proben im Wiener Theater in der Josefstadt bereits begonnen haben. Zuckmayer gelingt es, vor den NS-Schergen durch forsches Auftreten an der Grenze in die Schweiz zu flüchten. Nach seiner Ankunft in Zürich überweist Korda ihm »telegraphisch eine stattliche Summe in englischen Pfunden« und sagt ihm später am Telephon, sie würden das später einmal verrechnen, aber erst auf den übernächsten Vertrag – [Zuckmayer] solle nicht fürchten, daß er [ihm] das beim nächsten sofort abziehen werde.«[148] Was er in seinen Erinnerungen als großzügige Geste darstellt, scheint in Wirklichkeit eher der Beginn eines Alptraums für den seine schöpferische Unabhängigkeit liebenden Autor gewesen zu sein. Ab jetzt ist die Arbeit an Filmszenarien für ihn eine Überlebensfrage. Bereits Ende des Monats macht er seinem Unmut über das Schreiben auf Bestellung Luft:

> Mich hat hier, gerade als ich nach London weiter wollte, eine fiebrige Grippe gepackt, – ich war ein paar Tage richtig krank [...].
> Materiell ist alles in Ordnung. Ende der Woche, sobald reisefähig, fahre ich nach London, mit Aufenthalt in Paris, habe dort und bei Korda Filmaufträge, werde dann irgendwo hier im Gebirge sitzen und arbeiten. An diese Arbeit denke ich allerdings vorläufig mit der Lust und Neigung, die ein Abortreiniger der Materie seiner Tätigkeit entgegenbringen mag. Vom Bellman zum ›bestellten‹ Filmmanuskript, – kein steiler Aufstieg. Aber wer weiss, vielleicht wird eine schöne Novelle daraus. Und es ist ja nur ein Umweg. – Allerdings ein völlig sinnloser und überflüssiger. Oder gibt es das nicht? Ich fürchte: doch.[149]

---

[147] Zuckmayer an Grete Wiesenthal, ohne Ort, 5. Oktober 1937.
[148] Carl Zuckmayer, *Als wär's ein Stück von mir*, Frankfurt am Main 1997, S. 117. Am 25. Oktober 1938 erwähnt Zuckmayer in einem Brief an Albrecht Joseph: »[...] im Frühjahr bekam ich immerhin 600 Pfund Vorschuss [von Korda], von deren Resten wir heute noch und noch eine ganze Zeitlang leben.«
[149] Brief von Zuckmayer an Grete Wiesenthal, Zürich, 29. März 1938.

Vom 4. bis einschließlich 28. April bespricht er in London Filmszenarien und verhandelt über neue Verträge. Wie er seinem Verleger Gottfried Bermann Fischer mitteilt, vergeudet er zweieinhalb Wochen dieses von ihm selbst finanzierten, seine »letzten guten Pfunde« verbrauchenden Aufenthalts mit »unfruchtbarem Warten und enervierender Unsicherheit«, da Korda »mitten in härtesten geschäftlichen Kämpfen, mit United Artists und M.G.M. und seinen hiesigen Geldgebern bezw. Gläubigern« steckt. Als der Produzent kurzfristig nach Amerika fährt, »um dort seine Verträge (wegen Garantien, Verleih usw.) zu settlen«, überläßt er Zuckmayer »seinen Geschäftsleuten, die meinen Vertrag mit ihm, ein seit 1936 bestehendes personal agreement, nach dem ich pro Film 3.330 £ zu bekommen hätte, nicht anerkennen« wollen. Kordas Angebot, »gegen recht hohe wöchentliche Bezahlung mit 18 Monate [sic] Garantie ganz hierherzugehen und der Kordaproduktion als dauernder Mitarbeiter, für was immer gebraucht wird zur Verfügung zu stehen«, lehnt er ab. Es widerstrebt ihm, sich »prinzipiell an ihn zu verkaufen« und damit »zum Sklaven und unproduktiv« zu werden. Auch »auf einen bestimmten Stoff« kann man sich »zunächst nicht einigen«.[150]

Korda sucht diesmal vor allem Stoffe für Conrad Veidt. Der in Großbritannien außerordentlich beliebte Star steht bei ihm seit über einem Jahr unter Vertrag, doch (wie im Fall Laughton) ist es schwierig, für ihn passende Rollen zu finden. Am 25. April wird in Abwesenheit von Korda ein provisorischer Vertrag über insgesamt £ 2.500 aufgesetzt, in dem Zuckmayer sich verpflichtet, für £ 1.500 (plus £ 500 für Reisekosten und Spesen) ein »full scenario in the German language complete with all scenes, dialogue and continuities« mit dem vorläufigen, vagen Titel »Imperial Austria« anzufertigen. Bei Unterzeichnung erhält er weitere £ 500. Der Begriff »full scenario« wird definiert als »a scenario so complete that upon translation into English it will be capable of being produced as a motion picture forthwith without necessarily any further additions, dialogue, directions or continuity«. Abschnitt vier des Dokuments, das den Autor für die Dauer des Projekts exklusiv an London Films bindet, ist ein Knebelparagraph, der Korda volle Kontrolle über Zuckmayers schriftstellerische Arbeiten für ihn gibt:

> You agree that throughout the writing of the said scenario, you will keep in close touch with Mr. Korda and consult with him in relation thereto, attend such story conferences as he may require you to attend and make such alterations and amendments from time to time as he may require: the in-

---

[150] Zuckmayer an Gottfried Bermann Fischer, London, 28. April 1938.

tention being that Mr. Korda shall be kept continuously informed of and shall effectively control the writing and evolution of the said scenario.

Eindeutig negativ auf die weitere Zusammenarbeit wirkt sich später ein Absatz aus, der dem Produzenten das Recht gibt, die eingereichte Arbeit abzulehnen und dafür eine andere zu verlangen, die dann Gegenstand des Vertrages wird:

> Should Mr. Korda decide that the said subject as treated by you is not suitable for the purpose of producing a motion picture based thereon, you agree that you will write an alternative treatment upon a story to be mutually agreed between Mr. Korda and yourself, in which case such alternative story shall be subject to all the terms and conditions hereof.[151]

---

[151] Vertrag zwischen London Film Productions und Zuckmayer vom 25. April 1938. – Zuckmayer erläutert die Vereinbarungen in seinem Brief an Gottfried Bermann Fischer vom 28. April 1938: »Ich habe mit [Kordas] Leuten mich wacker herumgebissen und selbst eine reduction auf 2.500 £ ausgehandelt, was immer noch viel Geld ist und kaum ein Anderer kriegt, dafür aber die Klausel in den Vertrag, dass ich nur die Dialogstory zu liefern und keinerlei Drehbucharbeit mehr mitzumachen habe. Was mir mehr wert ist als 800 Pfund. Von dieser Gesamtsumme, die nun von Prudential akzeptiert und garantiert wurde, bekam ich zunächst nur einen bestimmten Vorschuss, und habe nun ein paar Wochen Zeit, ihm meinerseits einen Stoff-Vorschlag in Exposéform machen zu können. Nimmt er den an, – dann beginnt der Vertrag zu laufen, ich muss dann in bestimmter Frist die Geschichte fertig stellen und verdiene in festen Raten die genannte Summe. Nimmt er es aber nicht an, so kann ich ihm einen andren Vorschlag machen oder auch nicht, wenn wir uns über eine bestimmte Zeit hinweg nicht über einen Stoff einigen, erlischt der Vertrag und der gezahlte Vorschuss verbleibt mir. Sodass ich also keineswegs eine Sicherheit habe, ob das Ganze zustande kommt, wohl aber jetzt zunächst etwas Geld, sagen wir: über den Sommer. Kommt innerhalb dieser Zeit eine stoffliche Einigung zustande, dann bin ich für dieses Jahr fein heraus und habe hinterher eine gewisse Reserve. Aber ich halte es für fraglich ob sie zustande kommt, denn auf keinen Fall lasse ich mich zu etwas Minderwertigem pressen, gerade jetzt nicht, und die Leute sind momentan nur auf plumpste box office und business-Rücksichten eingestellt. Immerhin sind diese eben geschilderten Abmachungen das Beste und Möglichste, was ich hier herausholen konnte, und belasten mich nicht mit einer qualvollen oder mir konträren Arbeitspflicht. Korda wollte, zB. jetzt nocheinmal das alte Österreich als Stoffbasis und die Geschichte einer süssen kleinen Erzherzogin in der Franzjosephzeit, mit dem Motto: the paradise lost. Aber ich sagte ihm, ich könne nicht auf einer Leiche

Kordas Interesse an den Habsburgern dürfte auf den internationalen Erfolg von Anatol Litvaks *Mayerling* zurückzuführen sein. Doch Zuckmayer scheint weder zum kaiserlichen Österreich, noch für Conrad Veidt etwas einzufallen. Mitte Mai erwägt er, Martin Gumperts Geschichte der Gründung und des Gründers des Roten Kreuzes *Dunant* für einen Korda-Film zu bearbeiten.[152] Gleichzeitig bittet er Albrecht Joseph, der in London gemeinsam mit seinem Bruder Rudolf an einem Drehbuch für einen Veidt-Film über den k.u.k. Geheimdienstchef und Landesverräter Oberst Redl schreibt,[153] um Ideen.[154] Selbst unter Druck stehend erinnert Joseph ihn u.a. an »die Figur des ›Herrn über Leben und Tod‹, die Du doch schon seit einiger Zeit mit Dir herumträgst und ein grosser Arzt ist ja etwas, was Veidt [...] sich dringend wünscht«.[155] Zuckmayer greift den Gedanken auf, plant das Projekt allerdings von vornherein nicht nur als Film, sondern vor allem als Prosaarbeit mit dem Ziel, sich möglichst bald von der Filmarbeit zurückziehen zu können. Die Atmosphäre der Stadt hat jetzt für ihn »etwas sehr Stagnierendes«[156], und er erwägt ernsthaft, sich in Stockholm niederzulassen, weil ihm »persönlich [...] Schweden ungeheuer sympathisch« und »atmosphärisch und charakterlich unsrer Heimat wohl noch am nächsten ist«.[157] Nach den Schwierigkeiten und Unsicherheiten während seines

---

tanzen, und sei der Ansicht, dass dabei ein übler Geruch entstehe, auch wenn man sie noch so sehr parfümiert.«

152 Zuckmayer an Gottfried Bermann Fischer, Chardonne, 16. Mai 1938.

153 Information von Helmut G. Asper.

154 Albrecht Joseph in einem Brief an Zuckmayer, London, 23. Mai 1938: »Lieber Z., vielen Dank für den Brief vom 16. – ich kam nicht sofort zum Antworten, da wir noch immer mit dem Redl für Veidt beschäftigt sind. Wir geben uns grosse Mühe, etwas daraus zu machen, da es derzeit die einzige wirkliche Chance ist. Du wirst verstehen, dass ich ein bisschen präokkupiert bin in Bezug auf andere Veidt-Stoffe, solange dieser eine noch schwebt aber ich werde mir ernstlich etwas überlegen, sobald wir mit dem Verräter fertig sind.«

155 Ebd. – Anschließend fügt er hinzu: »Irgendetwas – wir haben oft darüber gesprochen – ist ja faul mit den Medizinerstoffen. Alles spricht dafür dass sie interessant und herzbewegend sein müssten – und dann sind sie es merkwürdigerweise fast nie. Es wäre halt gut, wenn man über alles das reden könnte, kommst Du nicht bald wieder her?«

156 Lilly Library, Zuckmayer an Gottfried Bermann Fischer, Chardonne, 23. Juni 1938.

157 Lilly Library, Zuckmayer an Gottfried Bermann Fischer, Amsterdam, 7. Mai 1938.

London-Aufenthalts im April drängt er Bermann Fischer, ihm »etwa ab 1. August« ein monatliches Einkommen zu garantieren, »sodass ich von der eventuellen Kordasache ganz unabhängig bin und, auch wenn sie nichts wird, mit dem eigenen opus beginnen ohne neue Stoffvorschläge oder dergl. machen zu müssen«.[158] Die Antwort des Verlegers ist zurückhaltend:

> Zunächst meine ich sollten Sie auf die Filmarbeit nicht ganz verzichten. Bei meinem Angebot an Sie rechne ich damit, dass Sie den fehlenden Betrag vorläufig noch durch sie haben. Es wäre riskant diese Einnahmequelle ganz aufzugeben, solange man nicht beurteilen kann, wie sich der deutsche Buchabsatz in Zukunft gestalten wird, und das kann heute Niemand [...].[159]

Trotzdem konzentriert Zuckmayer sich vor allem auf »eine rein dichterische Arbeit [...] – eine grössere Erzählung«, von der er meint, er hätte »seit der Liebesgeschichte nichts mehr so gemacht [...], was so sehr der höchsten Forderung einer novella – und der Prosa, der Epik überhaupt, entsprochen hätte«.[160] Das Ergebnis ist *Herr über Leben und Tod*, eine melodramatische Liebesgeschichte um die Frau eines Londoner Herzchirurgen, die sich von ihrem Mann trennen will, weil er von ihr verlangt, sie solle ihr körperbehindertes Kind in eine Pflegeanstalt geben. Darüber hinaus wird die Frage der ethischen Berechtigung der Euthanasie angesprochen. Als Zuckmayer sich Anfang Juni 1938 aus Anlaß der Beerdigung von Ödön von Horváth in Paris aufhält, übermittelt er Korda telefonisch »das Nötigste über den Stoff«.[161] Der gibt ihm daraufhin Zeit, seine Vorstellungen als Novelle auszuarbeiten, dies »sei ihm lieber als wenn ich zu sehr ad hoc für den Film schreiben würde«.[162] Mitte Juni teilt Zuckmayer Bermann Fischer mit, die Arbeit »begeistert mich wie lange nichts mehr«.[163] Er ist überzeugt, daß die Story »so stark wird dass Korda sicher darauf fliegt«.[164] Eine Woche später stellen sich allerdings leichte Zweifel ein:

---

158 Ebd.

159 Lilly Library, Gottfried Bermann Fischer an Zuckmayer, ohne Ort, 21. Mai 1938.

160 Zuckmayer an Grete Wiesenthal, Chardonne, 24. Juni 1938.

161 Lilly Library, Zuckmayer an Gottfried Bermann Fischer, Chardonne, 14. Juni 1938.

162 Ebd.

163 Ebd.

164 Lilly Library, Zuckmayer an Gottfried Bermann Fischer, Chardonne, 17. Juni 1938.

Meine Novelle Herr über Leben und Tod – (kann sein dass sich der Titel noch ändert, [...]) wird nicht erst im Oktober, sondern bestimmt in zwei, längstens drei Wochen, also vor der ersten Julihälfte, fertig, – ich muss sie ja, wie Sie wissen, dem Korda als »story« und Stoff anliefern. Ob er sie nimmt – ? er wäre töricht wenn nicht, – aber wissen kann man es nie. Für den negativen Fall habe ich schon eine andere, gute Möglichkeit im Auge. Als Novelle, als Buch, wird sie sicher das Beste was mir seit der Liebesgeschichte gelungen war. Sie werden Ihre Freude haben. Von dem Erfolg bei Korda hängt bis zu einem gewissen Grade ab, was ich nach dem ersten August [...] anfangen werde. Nimmt K.[orda] die Geschichte zur sofortigen Verfilmung, muss ich selbst vermutlich zwei bis drei Wochen zu ihm nach London, um die Umformung in ein Szenario mindestens zu überwachen, sonst gibt es da gemischten Salat ohne Kräuter.[165]

Zuckmayer bleibt die Reise nach London erspart; denn Korda lehnt den Stoff Anfang August »als für die Massen ungeeignet« ab.[166] *Herr über Leben und Tod* erscheint daraufhin Mitte Oktober als Erzählung in Stockholm. Da auch »Redl« nicht weiter entwickelt wird, bittet Zuckmayer Anfang August Franz Horch (der zunehmend die Medienvermarktung seiner Werke übernimmt) um Anregungen für Filmthemen – inzwischen vor allem für Merle Oberon.[167] Horch ersieht »aus der Haltung und Einstellung Kordas, was dieser will: sozusagen Leicht-Gewicht, wenn mans definieren will«, und zählt sechs Themen auf, die er bereits früher mit Zuckmayer besprochen hat. Darunter befinden sich ein moderner »Eingebildeter Kranker« für einen »Laughtonhaften Mimen«, ein Film um Leon Bakst, Isadora Duncan und Sergej Diaghilews Ballets Russes, eine Alfred-Nobel-Biographie und ein »Habsburgerthema, bezw. -themen. Rudolf, Elisabeth, Franz Joseph etc.« Für Merle Oberon schlägt er eine noch zu erfindende Geschichte aus dem Milieu des k.u.k Hofopernballetts oder die Verfilmung von Thomas Manns *Königliche Hoheit* vor.[168] Zuckmayer reizt keiner dieser Vorschläge, und angesichts der abgelehnten Skripte schreibt er Anfang Oktober bedrückt an Albrecht Joseph: »Eine Kordasache zu versuchen

---

165 Lilly Library, Zuckmayer an Gottfried Bermann Fischer, Chardonne, 23. Juni 1938.
166 Zuckmayer an Grete Wiesenthal, Chardonne, 9. August 1938.
167 Korda heiratete Merle Oberon am 3. Juni 1939 in Antibes.
168 Franz Horch an Zuckmayer, Rüschlikon, 5. August 1938. Möglicherweise liegt hier der Ursprung für einen 1939 von Korda angekündigten, aber nicht verwirklichten »Sissi«-Film mit Merle Oberon.

scheint mir derzeit sinnloser als je.«[169] Von nun an konzentriert er sich auf Prosaarbeiten, stellt aber bald fest, daß er wegen der Arbeitsfülle »den Filmkarren nicht mehr ziehen« kann. Materiell [...] sieht es finster aus«.[170] Inzwischen ist er »nicht gerade für einen Schleuderpreis, aber für normales Bargeld zu haben, wenn sichs um eine Sache dreht die mir erträglich erscheint«.[171] Trotz seiner miesen Finanzlage reagiert er auf von Korda vorgebrachte Vorschläge zu einem römischen Stoff nicht.[172] Da sein Geld nur noch bis zum Jahresende reicht, hofft er, in Frankreich *Katharina Knie* an Max Ophüls und Seymour Nebenzahl und *Herr über Leben und Tod* an Gregor Rabinowitsch zu verkaufen. Außerdem nimmt er Verhandlungen mit G.W. Pabst auf.[173]

Am 22. Oktober schickt Korda Zuckmayer ein Telegramm, in dem er ihm mitteilt, er erwarte ihn dringendst in London. Da er mitten in der Arbeit an seinem (Fragment gebliebenen) Roman *Das Götterdorf* steckt und die Premiere des *Bellman*-Stücks am Zürcher Schauspielhaus vor der Tür steht, verhält er sich taktisch-abwartend. Vertraglich ist er zu der Reise verpflichtet und hat dafür auch bereits einen Vorschuß erhalten. Trotzdem schreibt er zurück, er würde nur kommen, wenn London Films die Kosten übernimmt. Zuckmayer befürchtet, daß Kordas »Ideen zu grauslich sind oder bis ich komme alles wieder anders ist«. Er ist nicht bereit, sich mit dem Produzenten »um jeden Preis und auf jeden Dreck« zu einigen und »wieder mal Kuli [zu] werden«. Diese Haltung sei zwar »nicht ganz nobel«, aber zu rechtfertigen, weil er »zutiefst« nichts mehr mit dem Film zu tun haben wolle – »wenigstens in dieser Form, also speziell mit dem englischen nicht [...].« Außerdem

---

[169] Zuckmayer an Albrecht Joseph, Chardonne, 4. Oktober 1938.
[170] Zuckmayer an Annemarie Seidel, Chardonne, 23. Oktober 1938, zitiert nach: *Zuckmayer-Jahrbuch*, Bd. 2, 1999, S. 83.
[171] Zuckmayer an Albrecht Joseph, Chardonne, 4. Oktober 1938.
[172] Zuckmayer an Albrecht Joseph, Chardonne, 25. Oktober 1938.
[173] Vgl. Zuckmayer an Albrecht Joseph, 4. Oktober 1938; Zuckmayer und Alice Zuckmayer an Annemarie Seidel, Chardonne, 24. Oktober 1938, in: *Zuckmayer-Jahrbuch*, Bd. 2, 1999, S. 85. Vgl. auch Franz Horch an Zuckmayer, 4. Oktober 1938. Nachdem Horch sich in New York als sein Film- und Theateragent betätigt, warnt er Zuckmayer am 21. Dezember 1938 davor, die Rechte an *Herr über Leben und Tod* an einen Produzenten in Frankreich zu veräußern, solange »nur die Spur einer Chance vorhanden ist«, den Stoff in Amerika unterzubringen – u.a., weil es Zuckmayers Einreise in die USA erleichtern würde, wenn man ihn dort als Autor und Mitarbeiter braucht.

will er nicht mit Ludwig Berger als Regisseur zusammenarbeiten.[174] Die Taktik hat Erfolg. Kurz darauf schlägt Korda ihm schriftlich die Bearbeitung des »Pocahontas«-Stoffs für Merle Oberon vor. Die Geschichte der Liebe der Indianerprinzessin zu dem englischen Abenteurer John Smith ist dem Karl-May-Fan Zuckmayer »ungemein sympathisch«. Besonders gefällt ihm, daß es sich nicht um einen dichterischen Stoff handelt, sondern um eine handfeste Abenteuergeschichte:

> Sowas bringt mich nicht aus meinen eignen Bezirken heraus, das ist weit weg von meiner wesentlicheren Arbeit, das ist wirklich nur noch Kintopp, Handwerksarbeit, dabei kommt es meinem privaten und ganz unliterarischen Spass an Indianergeschichten und Abenteuerzeug und »feinen Kerlen« entgegen, es ist keine Verquickung von Literatur und Film oder von Dichtung und Scheissdreck, es kann Einem auch der grösste Hypokritius keinen Strick draus drehen, es ist »working for life« und nichts anderes, dabei nicht ohne Spass. Und ich persönlich sehe ja solche Sachen, wenn sie wirklich abenteuerlich und rücksichtslos genug sind, im Kino gern, die meisten Leute auch, ich werde schon dafür sorgen dass die Merle [Oberon] keine Tränenrothaut wird, sondern eher ein bischen grausam, tierisch, hinterfotzig, (falls Alex das gern hat). – Jedenfalls, bei einer solchen Sache fühle ich mich nicht, wie bei ernsthaften Stoffen, geschändet, eher angeregt, und dafür kann ich gern das »Götterdorf« paar Wochen unterbrechen, wenn man bedenkt, wie viel freie Zeit dann herauskommt und dass es vor allem von den geheiligten Bezirken weit weg ist. Die Filmarbeit war ja bisher gerade für mich immer so unerträglich, weil – zum Teil durch meine eigne Bemühung darum – sie immer an der Dichtungsgrenze sein sollte und es doch nicht sein konnte. Bei einem solchen Stoff ist eben von vornherein klare Trennung. Alex schreibt mir auch: er denke sich die story »cooperhaft«. (Ich glaube nicht, dass er duff-cooperhaft[175] meint.) Mal eine fe-

---

174 Zuckmayer an Albrecht Joseph, Chardonne, 25. Oktober 1938. – Berger beginnt ein halbes Jahr später mit der Arbeit an *The Thief of Bagdad*, der ersten einer Reihe spektakulärer Produktionen der »Alexander Korda Productions«, die Korda im März 1939 nach dem Verlust von Denham gründet. Dabei kommt es schnell zu grundsätzlichen Meinungsverschiedenheiten wegen Bergers auf sorgfältige Planung und Schauspielerführung ausgerichteter Regieführung und Kordas sich an visuellen Äußerlichkeiten orientierenden Erwartungen von einem internationalen Erfolgsfilm. Im Verlauf der Auseinandersetzungen ersetzt Korda Berger durch die Regisseure Michael Powell und Tim Whelan. Zuckmayer wäre kaum der passende Drehbuchautor für diesen Stoff gewesen.

175 Anspielung auf den britischen Politiker und entschiedenen Gegner des Münchner Abkommens Duff Cooper.

sche Indianergeschichte machen – warum nicht? Yo-ho-ho, und ein Fässchen Rum.[176]

Obgleich er aus finanziellen Gründen gezwungen ist, das Skript zu schreiben,[177] steht Zuckmayer dem Pocahontas-Stoff positiv gegenüber: »[...] also den [Film] muss ich machen ob ich will oder nicht, und es handelt sich diesmal Gottseidank wenigstens um eine richtige Filmgeschichte, die meine andren Kreise nicht stört und doch für mich Anziehungspunkte genug hat: Abenteuer, Indianer, Wildnis. Spielt in der Eroberungszeit Englands, Entdeckung Virginias.«[178] Doch wie bei früheren Filmprojekten, ist sein Optimismus verfrüht. Teilweise dürfte dies an der Bearbeitung liegen, die sich (trotz intensiver Beschäftigung mit dem Quellenmaterial)[179] deutlich an Karl May orientiert. Der Titel *Virginian Tales* weist darauf hin, daß – obgleich für Merle Oberon konzipiert – Pocahontas nicht im Mittelpunkt des Geschehens steht. Wie Messalina in *I, Claudius* spielt die weibliche Hauptfigur eine untergeordnete Rolle und gewinnt erst in der zweiten Hälfte des Films an Bedeutung. Statt dessen geht es um Schicksal und Abenteuer des John Smith, der als blondgelocktes, angelsächsisches Gegenstück zu Old Shatterhand in Erscheinung tritt. Wie Shatterhand mit seinem Henry Stutzen und seinen sorgfältig gesetzten Faustschlägen, beeindruckt er die eingeborenen Indianer durch Schießkünste, Mut und Aufrichtigkeit. Pocahontas andererseits vereint in sich die positiven, die Kultur des weißen Mannes bewundernden Wesenszüge des »zivilisierten Wilden« Winnetou und dessen Schwester Nscho-tschi. Ihr höchstes Glück liegt

---

176 Zuckmayer an Albrecht Joseph, Chardonne, 26. Oktober 1938.

177 »Und morgen geht's wieder einmal nach England, [...] Geld auftreiben, was [sein Verleger] Gottfried [Bermann Fischer] zahlt reicht knapp für anderthalb Kinder, ich habe aber zwei und uns selbst.« (Zuckmayer an Annemarie Seidel, Chardonne, 27. November 1938, zitiert nach: *Zuckmayer-Jahrbuch*, Bd. 2, 1999, S. 87) Aus dieser Reise wurde allerdings laut Albrecht Joseph nichts; denn Korda sagte wegen Verpflichtungen in Hollywood kurzfristig ab (vgl. Albrecht Joseph, *Portraits I*, a.a.O. [Anm. 30], S. 215-216).

178 Zuckmayer an Annemarie Seidel, Chardonne, 16. Januar 1939, zitiert nach: *Zuckmayer-Jahrbuch*, Bd. 2, 1999, S. 91.

179 Laut einer Aufstellung im Anhang von *Virginian Tales* liegen u.a. vor: »Exakte Angaben über die Beschaffenheit der Expeditions-Schiffe« von John Smith, eine genaue Beschreibung der Kolonialsiedlung von Jamestown in Virginia, zeitgenössische Beschreibungen der dortigen Indianer, von Pocahontas bei ihrem Besuch in London sowie eine »Ausführliche Darstellung des Lebens am Hof des James I.« (DLA, Nachlaß Carl Zuckmayer).

darin, getauft und in christlicher Ehe mit Smith verbunden zu sein. Umgeben werden beide von feindlichen Indianern, Schurken, Intriganten und Verrätern, sowie treuen Gefolgsleuten von John Smith, bei denen der Karl-May-Einfluß nicht zu übersehen ist. Pocahontas träumt am Schluß in London von einer kirchlichen Trauung in Westminster Abbey während sie in den Armen des geliebten Mannes an Schwindsucht stirbt. Zuvor hat ihr der Dichter Ben Jonson noch die Genugtuung verschafft, Smiths Gegner (nach Vorbild der »Players«-Szene im *Hamlet*) im Rahmen einer spektakulären Court Masque am Hofe James I. als Bösewichte zu entlarven.

Inwieweit Zuckmayer diese Charakter- und Plot-Entwicklung zuvor mit Korda besprochen hat, ist nicht feststellbar. Die kurzfristige Absage einer von dem Schriftsteller für Ende November geplanten London-Reise durch Korda[180] deutet an, daß Filmskripte zum Jahreswechsel 1938/39 einen vergleichsweise geringen Stellenwert auf der Prioritätenliste des Produzenten einnehmen. Kurz zuvor haben ihm seine Geldgeber von der Prudential Versicherung die Kontrolle über Denham entzogen und die Verwaltung der Studios einem Manager übertragen. Als Franz Horch im Dezember und Januar in Zuckmayers Auftrag mehrmals versucht, Korda bei dessen Aufenthalten in New York zu sprechen, läßt dieser sich verleugnen. Seit seiner Ankunft in der zweiten November-Hälfte arbeitet Horch in den USA am Aufbau einer Verlagsagentur, wobei ihm seine früheren Erfahrungen mit der Film- und Theaterabteilung des Wiener Zsolnay Verlags zugute kommen. Unermüdlich kümmert er sich um die Interessen seines Freundes[181] und versucht, mit Korda ins Geschäft zu kommen. Enttäuscht und empört informiert er Zuckmayer Ende Januar:

> Mit Korda habe ich eine wirklich unsympathische Erfahrung gemacht, die ich sine ira et studio und ohne auch nur im Entferntesten beleidigt zu sein, wiedergebe. Ich habe ihm, wie Du aus der Beilage ersiehst, gleich nach Deinem Brief nach der Küste geschrieben und bekam, wie nicht anders zu erwarten, keine Antwort. Ich baldowerte seine Ankunft hier und sein Hotel aus und habe seit den Tagen seines Hierseins täglich vier- bis siebenmal dort angerufen, immer eine höflich-unverbindliche Sekretärin ans Telefon bekommen, die einmal sagte, er sei not in, dann dass er busy und sorry wäre,

---

180 Vgl. Anm. 166.

181 Bereits vor seiner Einreise in die USA hatte sich Horch in Frankreich für die Verfilmung von Zuckmayers Arbeiten engagiert. Unter den Filmplänen, die besprochen, aber nicht realisiert wurden, befanden sich *Bellman* (mit Jean Gabin) und *Herr über Leben und Tod*.

ferner appointments hätte etc. Kurz ich merkte, er mog nicht. Vorgestern hab ich ihm noch einen Brief – Beilage die Copie – geschrieben, wieder nischt. Schliesslich sagte ich beim etwa elften Anruf der Dame, ich möchte mich auf keinen Fall aufdrängen und bitte, mich anzurufen, wenn Herr K. eine Minute Zeit habe für mich. Heute früh ist er mit der »Champlain« nach England abgedampft.

Anscheinend hat er vergessen, worum es sich handelt, und mich für einen schnorrenden Emigranten genommen und gedacht, zehn Dollar zu sparen, die er bei meinem Pump vielleicht lassen zu müssen glaubte. Kann man auch nichts machen, aber es ist mir Deinetwegen leid und ich finde es in jedem Fall, dies mag Emigrantenhochmut sein, ungehörig und – ungorisch.[182]

Was immer Horch mit Korda besprechen sollte, eines wird deutlich: Der Produzent hat für seinen Autor nicht mehr die Zeit wie zwei Jahre zuvor bei der Ankündigung des *Rembrandt*-Skripts. Eine noch herbere Enttäuschung erlebt Zuckmayer bei seinem nächsten und (vor der Emigration) letzten London-Besuch, den er am 7. März 1939 antritt und in dessen Verlauf Korda das von ihm selbst angeregte Pocahontas-Skript ablehnt:

> Mir ist es hier sehr übel ergangen, [...] Pocahontas ist längst abgesetzt, [Korda] hat mich daran drei Monate arbeiten lassen, obwohl er seit Weihnachten wusste dass er den Film in Amerika garnicht machen kann und kein Geld und keine Möglichkeit dafür hat. Ich habe ihm zwar trotz seiner katastrophalen Pleite eine Teilzahlung herausgequetscht, habe aber auf mein eigentliches, restliches Honorar, dh. auf den grösseren Teil, nur Hoffnung wenn ich mich auf die »Schaffung« einer ganz neuen Geschichte für ihn und seine zähen Geldmänner einlasse. – Genug davon, die Misere ist zu gross.[183]

Die Hinweise auf die »katastrophale Pleite« und es gebe »kein Geld und keine Möglichkeit«, *Pocahontas* zu realisieren, beziehen sich auf Kordas veränderte Situation. Bereits vor seiner Abreise nach London hatte Zuckmayer Bermann Fischer über die wirtschaftliche Lage des Produ-

---

182 Franz Horch an Zuckmayer, New York, 29. Januar 1939. Zuvor hatte Horch am 21. Dezember 1938 an Zuckmayer geschrieben: »Herr Korda, das wusste ich schon vor der Führerverständigung, war hier, ist es aber nicht mehr, so dass eine, auch mir ungemein wertvoll gewesene Konversation leider entfallen muss. Er soll bei seiner Ziege in Hollywood sein« (in seiner Korrespondenz redet Horch Zuckmayer häufig ironisch mit »Führer« an).
183 Zuckmayer an Albrecht Joseph, London, 19. März 1939.

zenten und die negativen Auswirkungen, die diese für ihn selbst haben, berichtet:

> Ansonsten ist meine Lage verzweifelt, und ich befinde mich derzeit in einem Zustand von Depression und Nervosität, wie ich ihn in meinem Leben noch nicht kannte.
>
> Nachdem ich jetzt ein paar Monate an diese Korda-Film-Sache drangegeben habe, in der Hoffnung und im Glauben, damit so viel zu verdienen dass ich ein freies Jahr vor mir habe und endlich die ganz entscheidenden Dinge, die mir unter den Nägeln brennen und das Herz abdrücken, den Roman und das Stück und die Fortsetzung von Pro Domo, schreiben zu können, – scheint London Films irgendwie liquidieren zu müssen und sich in eine neue Gesellschaft für Korda umzuwandeln, deren Zahlungs- und Produktionsfähigkeit jedoch völlig ungewiss ist. Ich habe wie Sie wissen mit Korda einen Vertrag über 2.500,- Pfund für einen Film, heutzutage eine enorme Summe, und habe davon im ganzen 750,- Pfund bekommen, (von denen wir aber das ganze letzte Jahr lebten, Sie kennen ja meine Lage mit Frau und Töchtern und dem nothing das wir – auch an den primitivsten Dingen wie Kleidung u.s.w. aus Österreich retten konnten). Ich hätte jetzt wieder im ganzen 750.- Pfund zu kriegen und dann, später, nach einer Dialogausarbeitung, die restlichen 1000.- Ich habe wie ein Ochse im Göpel gearbeitet und ein langes Manuskript abgeliefert. Nun kann Korda offenbar nicht zahlen, dh. er stellt mir als höchste Möglichkeit 250.- Pfund jetzt in Aussicht und – sichtlich um Zeit zu gewinnen – zeigt er sich plötzlich nicht einverstanden mit meinem Manuskript, von dessen Ideen er im Dezember begeistert war, – erklärt ich müsse es entweder ganz neu oder aber einen andren Stoff mit ihm machen usw. – kurz: ich sehe ganz klar dass ich da in der Scheissgasse sitze, dass ich mein Geld nicht kriege oder aber in neue und endlose Fron dafür gehen müsste, – dass die (für mich qualvolle – weil mich von den wichtigeren Dingen abhaltende) Arbeit der letzten Wochen und Monate umsonst war. Und die Vorstellung, dass das, um des elenden Geldes, das heisst in unsrem Fall: der nackten Existenz willen, so weitergehen soll und ich zu nichts Wesentlichem mehr komme, macht mich trotz all der anderen Eisen die im Feuer sind, ganz krank. Ich kann jetzt nicht wieder in neue Filmarbeit herein, ich kann auch nicht, nur damit Korda Zeit gewinnt und sich von direkten Zahlungen drücken kann, (wie er es auch bei Sommer in Österreich gemacht hat), an dem schon geschriebenen Stoff wieder neu anfangen. Das ist alles ganz unproduktiv und mörderisch.[184]

---

[184] Lilly Library, Zuckmayer an Gottfried Bermann Fischer, Paris, 4. März 1939.

Mit Zusammenbruch und Veränderungen der Korda-Produktion sind die Verhandlungsspielräume für Leute wie Zuckmayer enger geworden. Günther Stapenhorst, der zu dem Zeitpunkt im Rahmen der Sparmaßnahmen zwei »Low Budget«-Filme für Korda produziert, hofft, daß es Zuckmayer gelingt, »sich mit Korda u[nd] L[ondon] F[ilm] P[roduction] zu arrangieren. Leicht ist es mit den Brüdern nicht.«[185] Zuckmayer selbst stuft »die Sache mit Korda« als »hoffnungslos« ein, macht dem Produzenten deshalb aber keine Vorwürfe:

> Korda ist absolut nicht unanständig, ich kenne ihn genau: aber er ist ein Mensch, der sich den grössten Selbsttäuschungen hingibt, ja, der die Selbsttäuschung braucht, um etwas anfangen zu können, – er lebt dann im besten Glauben, dass er das Geld, das er Einem derzeit nicht zahlen kann, in zwei Monaten in Hülle und Fülle habe und lässt Dich ruhig diese zwei Monate schuften und hat noch das Gefühl, dass er Dir die grösste Chance gegeben habe: und wenn er dann das Geld nicht hat, sagt er: sorry, und bildet sich ein, er werde es in weiteren zwei Monaten haben.

Gleichzeitig konstatiert er:

> Was jetzt von mir verlangt wird, unter der vagen Zusicherung dass ich dafür dann vielleicht bezahlt werde (in der Formulierung heisst es natürlich nicht vielleicht, sondern bestimmt und ganz gewiss), – das bedeutet: nach den jetzt vergeblich dem Film geopferten drei Monaten weitere drei Monate opfern und jede Hoffnung, diesen Sommer zum Schaffen nutzen zu können, aufgeben. Nein, so geht es nicht.[186]

Als ihn auch noch der, nach eigenen Angaben, schlimmste Grippeanfall seines Lebens »mit Fieber, Kotzen und lauter Unannehmlichkeiten und täglich den Arzt« sechs Tage lang ans Bett fesselt, zieht er aus dieser Erkenntnis Konsequenzen. Hinzukommt, daß ihm der Aufenthaltsort Schweiz auf Grund der politischen Entwicklungen zunehmend zur »Mausefalle« wird, in der weiter zu »hocken«, er für »angewandten Selbstmord« hält.[187] So faßt er nach monatelangem Zögern endgültig den Entschluß, Europa in Richtung USA zu verlassen. Das Geld für die Überfahrt verdient er mit einem Arbeits-Kraftakt, der noch in London mit einem neuen Skript für Korda beginnt:

---

185 Günther Stapenhorst an Unbekannt, 17. März 1939.
186 Lilly Library, Zuckmayer an Gottfried Bermann Fischer, London, 8. März 1939.
187 Lilly Library, Zuckmayer an Gottfried Bermann Fischer, London, 24. März 1939.

Ich schufte trotz Krankheit und völligem nervous break down hier wie ein Wald voll Affen und werde aus Korda (mittels einer völlig neuen Arbeit, Kinder, man muss Phantasie auch noch im Hintern haben wenn der Kopf zu gut ist!), noch ein paar hundert Pfund herauspressen, und damit fahre ich (ich denke: im Mai) mit Jobs und Winnetou einfach los auf Visitorvisum und aufs gerade Wohl hinüber, und dann wird sich zeigen ob man kaputt geht.[188]

Ehe er England Ende März verläßt, bittet Zuckmayer Bermann Fischer, ihm über Jean Giraudoux Kontakte zur Pariser Präfektur zu vermitteln, da ein zwei- bis dreiwöchiger Aufenthalt in der französischen Hauptstadt vor seiner Rückkehr in die Schweiz für ihn »enorm wichtig« ist, er aber nur ein einwöchiges Durchreisevisum besitzt, das dort spätestens am 29. März verlängert werden muß.[189] Der Grund für die Unterbrechung der Rückreise ist seine Skriptbeteiligung an dem von Eugen Tuscherer produzierten *De Mayerling à Sarajevo*, mit dessen Dreharbeiten Max Ophüls drei Monate später beginnt.[190] Wieder in der Schweiz übernimmt er Mitte April zusätzlich zu den Projekten für London und Paris noch die Mitarbeit an *Boefje*, einem Film, den Detlef Sierck für eine holländische Produktionsfirma inszeniert,[191] ehe er selbst nach Amerika auswandert, wo er als Douglas Sirk Hollywood-Karriere machen wird. Druck, Tempo und Gründe für diese Film-Akkordarbeit, werden in einem Schreiben an Bermann Fischer vom 19. April deutlich:

Ich arbeite derzeit gleichzeitig [an] drei Filmsachen: habe – noch halb im Fieber, im Bett liegend, erst in London, dann in Paris – eine ganz neue story für Korda geschrieben, zu deren Ausarbeitung ich allerdings weder Zeit noch Lust habe, denn das würde den ganzen Sommer dauern und die Zahlungen hoher Summen sind bei ihm hinterher stets ungewiss, – die aber im Augenblick so gut in seine Pläne passte, dass ich wenigstens einen Teil des Geldes herausholen konnte. Dann in Paris die Vorarbeiten für den Franz Ferdinand Film gemacht, eine auch politisch nicht unwichtige Österreich-Geschichte, – den ich hier ausarbeite, muss eine Manuskriptgestaltung, zu der man sonst einen guten Monat mindestens brauchte, in acht Tagen

---

188 Ebd.
189 Lilly Library, Zuckmayer an Gottfried Bermann Fischer, ohne Ort, 25. März 1939.
190 Lilly Library, Zuckmayer an Gottfried Bermann Fischer, Chardonne, 19. April 1939.
191 Vgl. zu Zuckmayers Zusammenarbeit mit Ophüls den Beitrag von Helmut G. Asper im vorliegen Band, S. 423-436.

bezw. Nächten machen, aber das schadet nicht, es hält Einen von überflüssigem Nachdenken ab, – also damit werde ich bis Anfang Mai fertig sein, – und daneben mache ich noch eine treatment-Arbeit für Holland. Eben ist der früher in Leipzig als Intendant wohl auch Ihnen bekannt gewesene (au!! was für ein Deutsch! Hitler beginnt Schule zu machen!) – Detlev Sierk [sic] hier weggefahren, er war drei Tage bei mir und ich habe den holländischen Film, den er inszenieren soll, für ihn aufgebaut.

Mit alledem zusammen kriege ich bis Mitte Mai ein paar tausend Eier in die Kiste, und schwimme dann samt Familie nach Amerika.[192]

Sollte der »Imperial Austria«-Vertrag vom 25. April des Vorjahres zu diesem Zeitpunkt noch Gültigkeit besitzen, verstößt Zuckmayers Mitarbeit an den Filmen von Ophüls und Sierck gegen die darin getroffene Vereinbarung seiner exklusiven Bindung an Korda. Doch dem Schriftsteller dürfte dies inzwischen egal sein. Während er auf das Amerika-Visum wartet, bereitet er sich auf die Ausreise in die Neue Welt vor und erschuftet sich das Geld, das er für die Überfahrt und die Monate des Neuanfangs in den USA benötigt. Innerlich hat er sich spätestens seit seinem London-Aufenthalt im März von Korda und seinen Unternehmungen gelöst:

[...] nun geht es also wirklich bald los, ich meine nicht das Schlussschiessen, sondern unsre Überfahrt nach Amerika. Wir haben die Visumsache in Ordnung und Schiffsplätze auf einem Holländer mit Einheitsklasse der sehr gut sein soll, für den 27. Mai belegt. Vorher geht es nicht, da ich noch Geld verdienen muss. Ich arbeite mit vier Händen wien Boomaffe: einen Film für Paris, einen für Holland gleichzeitig, mit Korda hab ich jetzt nach Ausquetschung des irgend Möglichen Schluss gemacht, ich könnte da nur noch was erreichen wenn ich mich von Mai bis Juli nach London setzen und dort seiner Merle etwas nach Maass auf den verlockenden Leib schneidern würde, was mich garnicht verlockt. Die Pocahontas-Sache war ja scheusslich genug, Korda liess mich bis Ende Februar daran arbeiten, obwohl er genau wusste dass er den ganz auf Aussenaufnahmen in Amerika eingestellten Film bestimmt nicht machen kann, und dann lehnte er ihn ab, – andrerseits ist das Ding so sehr auf ihn und seine Scheissmerle eingestellt dass ich es nie anderweitig werde verkümmern können, und es war auch nichts, was mich so richtig produktiv machte: für jene Merle eine Indianerprinzessin mit allen Star-Allüren ins Wildwest hineinzuzaubern. Das ist eine glatt abzuschreibende Zeit und Arbeit gewesen. Botschka.[193]

---

192 Lilly Library, Zuckmayer an Gottfried Bermann Fischer, Chardonne, 19. April 1939.
193 Zuckmayer an Albrecht Joseph, Chardonne, 24. April 1939.

Nachdem Zuckmayer bereits zuvor wiederholt seine Absicht zum Ausdruck gebracht hat, für Korda tue er »jetzt sowieso nichts mehr«,[194] macht er Anfang Mai mit dem Produzenten »seiner Unzuverlässigkeit halber endgültig Schluss«.[195] Bei London Films weiß man allerdings zu dem Zeitpunkt von dieser Entscheidung noch nichts oder ignoriert sie. In einem charmanten Brief reagiert Lajos Biró Anfang Mai positiv auf ein Skript von Zuckmayer und zeigt sich weiterhin an einer Zusammenarbeit interessiert:

> Lieber Herr Zuckmayer, – jeden Tag habe ich erwartet, dass Sie hier ankommen. Da Sie andere Pläne haben, wie es scheint, – oder wenigstens vorläufig nicht hierher kommen, möchte ich doch sagen, dass die römische Geschichte, nach meiner Meinung, ausgezeichnet ist. Ganz erstklassig; schön, reich, ein abgerundetes, starkes Drama (obwohl im zweiten Teil nur skizziert). Es wäre eine Freude, daraus einen Film zu machen. Ich hoffe, dass früher oder später wir den Film auch machen werden.
> Mit herzlichen Grüssen und einem Handkuss an die gnädige Frau
> Ihr alter Biro[196]

Die »römische Geschichte«, zu der sich kurz zuvor bereits Detlef Sierck begeistert geäußert hat,[197] besitzt zwei Titel – *Götterdämmerung* und *Das Kind der Legionen*. Es handelt sich um einen auf das Modell *I, Claudius* zurückgreifenden und vermutlich von Alexander Korda im Vorjahr angeregten[198] Sandalenfilm aus der Zeit des römischen Kaisers Nero. Im Zentrum steht die in Grenzgarnisonen des Weltreichs aufgewachsene Tochter eines ehemaligen Kavallerie-Sergeanten und derzeitigen Besitzers der erfolgreichsten Rennpferdzucht in Rom. Es geht um ihre Liebe zu einem der angesehensten und reichsten Männer der Stadt, um Zirkusspiele, Gladiatorenkämpfe, Pferderennen, Christenverfolgung, Intrigen, Verrat, Diktatoren-Wahn und das brennende Rom – ein Stoff, der das Spektakel des Wagenrennens von *Ben Hur* mit dem des Feuers von Atlanta in dem für Ende 1939 angekündigten *Gone With the Wind* vereint – ein Projekt, das Kordas Vorstellungen vom internatio-

---

194 Lilly Library, Zuckmayer an Gottfried Bermann Fischer, Chardonne, 23. April 1939.
195 Lilly Library, Zuckmayer an Gottfried Bermann Fischer, Chardonne, 3. Mai 1939.
196 Lajos Biró an Zuckmayer, Denham, 7. Mai 1939.
197 »Ganz grossartig hat mir auch Ihr Stoff ›Götterdämmerung‹ gefallen [...]« (Detlef Sierck an Zuckmayer, Paris, 26. April 1939).
198 Vgl. Anm. 161.

nalen Film entspricht, mit einer Starrolle für Merle Oberon. In seiner Anmerkung zur englischen Übersetzung des Treatments betont Zuckmayer allerdings ausdrücklich, es gehe ihm nicht um großartige Massenszenen, sondern um die persönlichen Erfahrungen der einzelnen Charaktere. Der historische Hintergrund diene ihm dazu, die Gegenwart zu beleuchten: »Der wesentliche und positive Inhalt der Geschichte ist dieser: der Aufstieg eines neuen Glaubens, der stärker als äußere Macht und Gewalt ist – die Erlösung einer ›dem Untergang geweihten Welt‹ durch die Wiedergeburt von Liebe und einfacher Humanität.«[199] Die christlich-humanistische Weltsicht wird am Schluß überdeutlich hervorgehoben durch ein bewußt auf das biblische Motiv der Flucht nach Ägypten bezugnehmendes Bild: Nachdem der Diktator Nero durch seine eigene Schwarze Garde beseitigt ist, verlassen die Heldin und ihr Geliebter (der sich seiner immensen, irdischen Reichtümer entledigt hat) mit Pferd und Eselswagen gemeinsam mit ihrem Kind, in Begleitung ihres Vaters, ihrer Amme und eines körperlich entstellten Getreuen das untergehende Rom und gehen »dorthin, wo die Neue Zeit und das Neue Leben beginnt. [...] Sie wandern nach Osten zu, aus dem das Licht kommt, irgendwohin, wo eine Gemeinde Gleichgesinnter auf sie wartet, nach Korinth, nach Philippi – Die Sonne geht über ihnen auf.«[200]

Korda erwirbt *Götterdämmerung* nicht. Das Treatment wird später unter dem Titel *The Child of the Legions* durch Franz Horch amerikanischen Produzenten angeboten. Einen ernsthaften Interessenten scheint es nicht gegeben zu haben. Zuckmayer, der sich aus Abscheu vor einem Leben als Hollywood-»Screenwriter« lange gesträubt hat, in die USA auszuwandern,[201] folgt drei Wochen nach Birós Schreiben dem Beispiel der Protagonisten seines letzten Korda-Skripts. Europa den Rücken

---

199 Meine Übersetzung. Original Wortlaut: »This story ... offered the opportunity, in the guise of a past epoch related to our own, to show things and say things that would seem too transparent, too clumsily propagandistic, were they to be laid in the present. ... The essential and positive content of the story is this: the rise of a new faith, stronger than external might and force – the salvation of a ›doomed world‹ through a rebirth of love and simple humanity.« (Anmerkung zu *The Child of the Legions* im DLA, Nachlaß Carl Zuckmayer)
200 Treatment *Götterdämmerung* im DLA, Nachlaß Carl Zuckmayer, S. 39.
201 Vgl. z.B. Zuckmayer an Annemarie Seidel, Chardonne, 3. August 1938, zitiert nach: *Zuckmayer-Jahrbuch*, Bd. 2, 1999, S. 81: »Nach Amerika möchte ich einerseits wirklich ganz gern, andererseits wieder nicht gern, vor allem: nicht als writer nach Hollywood.«

kehrend tritt er am Vorabend des Zweiten Weltkriegs von Rotterdam aus mit Frau, Tochter und Hund die Reise nach Übersee an. Wie in der letzten Einstellung eines Films verschwindet für ihn am Abend des 28. Mai 1939 nach kurzem Aufenthalt in Plymouth »die englische Küste in einem geradezu überirdischen Licht, mit ihren letzten Leuchttürmen, Klippen, Rocks, die wie aus durchsichtigem Bernstein geschnitzt erschienen«.[202]

---

202 Zuckmayer an Annemarie Seidel, R.M.S. Zaandam, 4. Juni 1939, zitiert nach ebd., S. 96.

Gunther Nickel (Hrsg.)
Carl Zuckmayer und die Medien

**Zuckmayer-Jahrbuch
Band 4.2**

im Auftrag der Carl-Zuckmayer-Gesellschaft
herausgegeben von
Gunther Nickel, Erwin Rotermund und Hans Wagener

Gunther Nickel (Hrsg.)

Carl Zuckmayer und die Medien

Beiträge zu einem internationalen Symposion

Teil 2

Redaktion: Ulrike Weiß

Röhrig Universitätsverlag
St. Ingbert • 2001

Gedruckt mit Unterstützung des Kulturdezernats der Stadt Mainz, des Ministeriums für Kultur, Jugend, Familie und Frauen Rheinland-Pfalz sowie der Fritz-Thyssen-Stiftung, die auch die Arbeit an der Edition des Filmskripts ›Die weisse Rose‹ gefördert hat.

Das Zuckmayer-Jahrbuch erscheint jeweils zum Jahresbeginn.
Redaktionsschluß ist der vorangehende 30. April.

Die Carl-Zuckmayer-Gesellschaft verfolgt ausschließlich und unmittelbar kulturelle und wissenschaftliche Zwecke im Sinne der steuerrechtlichen Bestimmungen über Gemeinnützigkeit. Beiträge und Spenden sind laut Verfügung des Finanzamtes in Mainz steuerlich abzugsfähig.
Die Mitgliedschaft wird erworben durch Anmeldung beim Vorstand, Zahlung des ersten Jahresbeitrags und Bestätigung des Beitritts durch den Präsidenten. Beitrittserklärungen sind zu richten an die Carl-Zuckmayer-Gesellschaft, Postfach 33, D-55297 Nackenheim. Der Jahresbeitrag beträgt DM 60,– für persönliche Mitglieder; Ehegatten vollzahlender Mitglieder, Studenten, Schüler und Auszubildende erhalten Ermäßigung. Korporative Mitglieder zahlen mindestens DM 100,–. Öffentliche Bibliotheken, Schulen und Hochschulen zahlen den Satz für persönliche Mitglieder.
Die Mitglieder erhalten das Zuckmayer-Jahrbuch kostenlos.
Bankkonten: Sparkasse Mainz (BLZ 550 501 20) Nr. 150 000 651 und Volksbank Rhein-Selz e.G. (BLZ 550 619 07) Nr. 1 807 250.

Die Deutsche Bibliothek – CIP-Einheitsaufnahme
Carl Zuckmayer und die Medien : Beiträge zu einem internationalen Symposion / Gunther Nickel (Hrsg.). Sankt Ingbert : Röhrig, 2001.
(Zuckmayer-Jahrbuch ; Bd. 4)
ISBN 3-86110-266-8

© 2001 des Filmskripts *Die weisse Rose* by Maria Guttenbrunner, Wien

© 2001 by Röhrig Universitätsverlag GmbH,
Postfach 1806, D-66368 St. Ingbert
www.roehrig-verlag.de
Alle Urheber- und Verlagsrechte vorbehalten
Umschlag: Jürgen Kreher
Herstellung: Strauss Offsetdruck GmbH, Mörlenbach
Printed in Germany
ISSN 1434-7865
ISBN 3-86110-266-8

Michael Töteberg
»Der beste niederländische Film«
Carl Zuckmayer schreibt ein Szenario für Detlef Sierck: *Boefje* (1939)

Für die beiden Hauptbeteiligten, Detlef Sierck und Carl Zuckmayer, war es eine Zwischenstation auf der Reise ins amerikanische Exil: eine Gelegenheitsarbeit, an die sie sich später kaum noch erinnern konnten, deren Ergebnis sie nie zu Gesicht bekamen. In der niederländischen Filmgeschichte markiert die Produktion den ehrgeizigen Versuch, mit Hilfe ausländischer Prominenz eine einheimische Filmindustrie zu etablieren, wobei man unverhohlen von der politischen Situation profitierte: Mit den Emigranten aus Deutschland hatte man plötzlich Fachleute im Land, die man in allen Bereichen einsetzte – Regisseure, Kameraleute, Autoren, Architekten, die aus Deutschland geflüchtet waren, fanden in der Filmstad Wassenaar Arbeit.[1] Doch viel Zeit blieb nicht, mit dem Einmarsch der deutschen Truppen in Holland fand der Aufbruch sein rasches Ende. Heute ist *Boefje*[2] ein vergessener, nahezu verschollener Film: Wer ihn sehen will, muß nach Amsterdam fahren und sich ihn dort in der Videokabine des Niederländischen Filmmuseums ansehen. Ab und an taucht er in einem der Klassiker-Programme des Museums auf. Dort sah ihn, zehn Jahre ist es her, der junge Dichter Willem Jan Otten: Ihm verdanken wir eine eindrückliche Würdigung des seiner Meinung schönsten und besten niederländischen Films aller Zeiten.

Aber zunächst die Vorgeschichte. 1903 erschien in Rotterdam Marie Joseph Brusses Buch *Boefje. Naar het leven verteld*, in *Kindlers Literaturlexikon* übersetzt mit *Spitzbube. Nach dem Leben erzählt*. Kein Roman, sondern eine Reportage, in deren Mittelpunkt ein sozial gefährdeter, halb krimineller Junge zwischen dem 10. und 14. Lebensjahr steht. Brusse, selbst engagiert in dem Fall – ihm ist zu verdanken, daß der Junge nicht wegen Diebstahls ins Gefängnis wanderte, statt dessen in eine katholische Besserungsanstalt kam –, wollte mit seinem Buch die

---

1 Vgl. Kathinka Dittrich, *Der niederländische Spielfilm der dreißiger Jahre und die deutsche Filmemigration*, Amsterdam 1987.
2 *Boefje*. Niederlande 1939. 35 mm, s/w, 95 min. Regie: Detlef Sierck. Darsteller: Annie van Ees (Boefje), Guus Brox (Pietje Puk), Albert van Dalsum (Pfarrer), Enny Heymans-Snijders (Boefjes Mutter) u.a. – Eine ausführliche Filmographie befindet sich in: Douglas Sirk, *Imitation of Life. Ein Gespräch mit Jon Halliday*. Frankfurt am Main 1997, S. 276.

christlich-sozialpädagogischen Ziele der Organisation Pro Juventute propagieren. *Boefje* wurde rasch zum Volksbuch: Der Junge ist, trotz seiner Missetaten und notorischen Lügen, ein liebenswerter Rotzjunge, der die Herzen der Leser im Sturm eroberte. Das Buch erlebte 18 Auflagen mit mehr als 55.000 Exemplaren – ein nationaler Bestseller. 1922 kam der Theaterdirektor Cor van der Lugt Melsert auf die Idee, *Boefje* für die Bühne zu adaptieren; die Titelrolle übernahm seine Frau Annie van Ees, die in der Aufführung wahre Triumphe feierte. Die Inszenierung ging ins Repertoire ein, ein Stück, mit dem das Theater jahrein, jahraus überall in Holland gastierte. Für Annie van Ees wurde Boefje die Rolle ihres Lebens – in rund 700 Vorstellungen spielte sie den zwölfjährigen Lausbuben, obwohl sie, selbst längst Mutter eines halbwüchsigen Kindes, inzwischen Mitte 40 war. Verfilmungspläne gab es seit den zwanziger Jahren.

Am 10. Februar 1939 meldete das Branchenblatt *Nieuw weekblad voor de cinematografie*, Brusses Bestseller werde nun tatsächlich verfilmt: Die Produktionsgesellschaft City-Film habe die Rechte erworben. Wohl dosiert gab man in den Wochen darauf weitere Einzelheiten bekannt – eine geschickte Pressekampagne, allein in dem Branchenblatt brachte man es auf neun redaktionelle Meldungen und Artikel, dazu schaltete man noch Anzeigen, die die Erwartungen hochschraubten. Selbstbewußt verkündete die Produktionsfirma per Annonce: »*Boefje*, als film, de droom van elken producent van Nederlandsche films, zal de successen van alle vorige Nederlandsche films nog overtreffen.«[3] Zur Verwirklichung dieses Traumes verpflichtete man den deutschen Regisseur Detlef Sierck: Er hatte seinen ersten Film *April, April!* (1935) auch in einer holländischen Version gedreht; seine Melodramen, speziell die Zarah-Leander-Filme *Zu neuen Ufern* und *La Habanera* waren auch in den Niederlanden Kinoerfolge. Unter den Trümpfen, die den Erfolg des *Boefje*-Films garantieren sollten, wurde in derselben Anzeige auch genannt. »Carl Zuckmayer, de bekende dramaturg, schreef het scenario.«

Seinem Verleger Gottfried Bermann Fischer teilte Zuckmayer am 19. April mit, er mache nebenbei noch »eine treatment-Arbeit für Holland«: »Eben ist der früher in Leipzig als Intendant wohl auch Ihnen bekannt gewesene (au!! was für ein Deutsch! Hitler beginnt Schule zu machen!) – Detlef Sierck hier weggefahren, er war drei Tage bei mir und ich habe den holländischen Film, den er inszenieren soll, für ihn

---

3 Anzeige in *Nieuw weekblad voor de cinematografie*, Jg. 17, 1939, H. 31, unpaginiert.

aufgebaut.«[4] Sierck hatte seine Karriere als Theaterleiter und Regisseur 1923 am Bremer Schauspielhaus begonnen (u.a. inszenierte er dort 1926 *Der fröhliche Weinberg*, 1929 *Rivalen*) und übernahm mit der Spielzeit 1929/30 die Direktion des Alten Theaters in Leipzig. Sein Interesse galt dem Zeitstück; künstlerischer Höhepunkt seines Leipziger Wirkens war die Uraufführung der Oper *Der Silbersee* von Georg Kaiser/Kurt Weill am 18. Februar 1933. Mit der Machtergreifung geriet der Intendant verstärkt in die Schußlinie: Von den Nazis wurde er öffentlich attackiert, seine Spielplangestaltung als »Beispiel eines liberal-verfilzten Bildungstheaters« gebrandmarkt.[5] Unter dem Druck solcher Angriffe sowie nach Verkündung des *Gesetzes zum Schutze des deutschen Blutes und der deutschen Ehre* im September 1935 (Sierck war mit einer Jüdin verheiratet) ließ sich der Theaterintendant beurlauben und begann eine zweite Karriere beim Film, wo er unbehelligt arbeiten konnte. Im Dezember 1937 kehrte er von einer Auslandsreise nicht mehr nach Deutschland zurück und ging ins Exil, zunächst nach Paris. Als Zuckmayers *Boefje*-Szenario Ende April 1939 vorlag, bedankte sich Sierck beim Autor: »Ich fand es ausgezeichnet geschrieben, sehr lebendig, - sehr interessant. Ich habe mich mit Alexander sofort an die Arbeit gemacht. Auch er findet den Stoff vorzüglich.«[6] Curt Alexander, der seit vielen Jahren für Max Ophüls arbeitete - auch er lebte in Paris und drehte als Emigrant einen Film in Holland -, war ein professioneller Drehbuchautor.

Ende Mai lud die Filmfirma Journalisten zu einer Pressekonferenz, die im konzerneigenen City-Kino Den Haag stattfand. Zunächst hielt der Produzent Ter Linde eine kleine Ansprache: Um kein neues finanzielles Fiasko zu erleben - City-Film war Coproduzent der Kino-Flops *Vadertje Langbeen* und *Morgen gaat 't beter* -, habe man sich von der Überlegung leiten lassen, dem außerordentlich kritischen niederländischen Publikum dürfe man nur etwas vorsetzen, das mit Sicherheit dessen Geschmack träfe. Nichts habe mehr auf der Hand gelegen als dieses Buch, das wirklich jeder kenne und dessen Theateradaption seine Popularität noch einmal nachdrücklich unter Beweis gestellt habe. »Der Film - das ist von nationaler Wichtigkeit - muß gut werden, d.h. mindestens

---

4 Deutsches Literaturarchiv Marbach (im folgenden: DLA), Carl Zuckmayer an Gottfried Bermann Fischer, Chardonne sur Vevey, 19. April 1939.
5 Vgl. Michael Töteberg, *Ein Leben im Spiegel. Zeitungsartikel, Vorstandsprotokolle: Archivfunde zum Leben Detlef Siercks*, in: *film-dienst*, Jg. 50, 1997, H. 9, S. 4-8.
6 DLA, Detlef Sierck an Carl Zuckmayer, Paris, 28. April 1939.

so gut wie das Buch oder das Stück, daher haben die Vorbereitungen auch so außergewöhnlich lang gedauert und wurden schließlich die besten ausländischen Kräfte engagiert.« Freimütig ergänzte er: »Ausländisch, weil wir in den Niederlanden niemanden finden konnten, der ein befriedigendes Treatment zu schreiben, noch dieses in Szene zu setzen vermag.«[7]

Der Produzent reichte das Mikrophon weiter an Carl Zuckmayer, der den »prächtigen Realismus« von Brusses Figuren lobte und hervorhob, daß an den Personen und den wichtigsten Situationen nichts geändert werden mußte: Er habe seine Aufgabe lediglich darin gesehen, für einen stärkeren dramatischen Spannungsbogen zu sorgen, wie es der Film verlange. »Alles Kreative war bereits im Buch vorhanden, ich brauchte nur eine architektonisch helfende Rolle zu spielen und den Rest der kreativen Aufgabe konnte ich dem Regisseur überlassen. Brusses Erzählung besteht aus einer Aneinanderreihung von in sich selbst vollkommener Skizzen: eine Art pointillistischer Technik, die für den Film unbrauchbar ist und daher habe ich den Jungen in einen wirklichen Konflikt plaziert, der für die nötige Spannung und Verbindung sorgt.«[8] Über die Details der von ihm vorgenommenen Veränderungen, so steht es in den Zeitungen, habe Zuckmayer noch nichts verraten wollen.

Über die Besetzung der Hauptrolle war gleich nach Erscheinen der ersten Meldung in der Presse spekuliert worden: Einerseits war Annie van Ees für die Holländer schlichtweg die Verkörperung von Boefje, andererseits stellte ihr Alter ein Problem dar – auf der Bühne mochte sie noch glaubwürdig wirken, im Film war, nicht nur bei Nahaufnahmen, kaum zu übersehen, daß dies kein zehnjähriger Lausbub war. Zudem hatte die Schauspielerin noch nie vor der Kamera gestanden, doch die Probeaufnahmen, so der Produzent zu den Journalisten, hätten ihn und den Regisseur überzeugt. (Sierck war bei der Pressekonferenz nicht anwesend: Er befand sich noch auf der Rückreise aus den Staaten, wo er Arbeitsmöglichkeiten für sich erkundet hatte.) Ter Linde machte noch Angaben zur weiteren Besetzung, wies daraufhin, daß auch der Produktionsleiter Leo Meyer wie der Kameramann Akos Farkos in Deutschland gearbeitet hatten, und nannte *Boefje* ein Prestigepro-

---

7 *De verfilming von Boefje*, Zeitungsausschnitt ohne Quellenangabe, datiert 27. Mai 1939, im Nederlands Filmmuseum Amsterdam (im folgenden: NFA). Für die Übersetzung niederländischer Texte danke ich Malte Hagener.
8 Ebd.

jekt für die niederländische Filmindustrie: »Op kosten wordt niet gekeken.«⁹

Am Sonnabend, den 15. Juli 1939, zwei Tage vor Drehbeginn – Montagmorgen, 9 Uhr war der Startschuß für die Produktion – gab es erneut eine Pressekonferenz, diesmal auf dem Studiogelände mit dem Regisseur. Sierck wiederholte im wesentlichen, was Zuckmayer bereits zwei Monate zuvor ausgeführt hatte: Er sprach voller Bewunderung davon, wie hervorragend Brusse die Atmosphäre nachempfunden habe, schließlich sei er, Sierck, selbst im »Dschungel« einer großen Hafenstadt, nämlich Hamburg, aufgewachsen:

> *Boefje*, das alle Vorteile einer naturalistischen Romankunst besitzt (die meisterhafte Beobachtung des Arbeitermilieus, der Reichtum an Details, die klare psychologische Zeichnung), schien dem Regisseur ein hervorragender Filmstoff, vorausgesetzt, daß – wie in Zuckmayers Drehbuch – die fragmentarische Handlung zu einer durchlaufenden, fesselnden Intrige verstärkt wird. Psychologie und Milieuschilderung sind die wichtigsten Qualitäten in Brusses Buch, und Sierck und Zuckmayer wollen einen psychologischen Milieufilm daraus machen, wobei sie sich bemühen, so nah wie irgendmöglich an der literarischen Vorlage zu bleiben.¹⁰

Zuckmayers wichtigster Eingriff in den Text war die Einführung eines gütigen Pastors, der an das Gute in Boefje glaubt: die Figur übernahm die Funktion des Autors Brusse, übertrug sie jedoch auf einen Mann der Kirche und eliminierte damit nahezu alle Bezüge zu Pro Juventute. (In einem offenen Brief an den Filmproduzenten Inspekteur beklagte sich T. Huizinga als Vertreter von Pro Juventute über diese Verfälschung; der Film spekuliere lediglich auf die »sensatie van een straatjongensleven« und entbehre der aufklärerisch-pädagogischen Intention des Buches.¹¹) Um die Episoden dramatisch zu binden, hatte Zuckmayer einen Kriminalplot erfunden, bei dem der Junge unter falschen Verdacht gerät. Boefje ist jedoch kein Unschuldslamm. Kleine Gaunereien – Alteisen klauen und verkaufen – gehören zum Alltag, aus diesem Milieu versucht der Pastor, den Jungen herauszulösen und bringt ihn deshalb in ein Erziehungsheim. Dort hält Boefje es nicht aus, er läuft davon, versteckt sich nachts in einem abgestellten Eisenbahnwaggon.

---

9 Zeitungsausschnitt ohne Titel und Quellenangabe, datiert 27. Mai 1939, im NFA.
10 O.V., *Een persconferentie voor Boefje in filmstad*, in: *Nieuw weekblad voor de cinematografie*, Jg. 17, 1939, H. 42, S. 4.
11 J.H., *Boefje en Pro Juventute*, in: *Het Vaderland* vom 7. Oktober 1939.

Zusammen mit seinem Freund Pietje bestiehlt er den Pastor – die beiden Jungs haben einen Plan und brauchen dafür Geld: Sie wollen nach Amerika auswandern.

Sierck wie Zuckmayer werden nicht lange nach dieser Idee gesucht haben: Beide Emigranten träumten von Amerika, bereiteten ihre unmittelbar bevorstehende Übersiedlung vor. Siercks Brief, mit dem er sich bei Zuckmayer fürs Szenario bedankte, schloß: »Im übrigen: Alles Gute für Amerika.« In New York verfehlten sie sich,[12] denn Sierck mußte noch einmal zurück nach Holland: um *Boefje* zu inszenieren. Liest man die Branchenpresse, hat man den Eindruck, dies sei eine Produktion wie jede andere gewesen. Im – naturgemäß kleineren Maßstab – kopierte man die Marketingstrategien der deutschen und amerikanischen Filmindustrie. So lud man die Journalisten zum Setbesuch, als die aufwendige Kirmes-Szene im Studio gedreht wurde. Auch Richard Tauber konnte man während der Dreharbeiten in der Filmstad Wassenaar als Besucher begrüßen und damit PR machen. Der Film war, früher als geplant, in der letzten Augustwoche abgedreht. Diesmal war es nicht finanzieller Druck, der zur Eile trieb. Während der Arbeit in Wassenaar hatte Sierck endlich das ersehnte Angebot aus Hollywood erhalten, nun hielt ihn nichts mehr in Europa, und es war auch höchste Zeit. Sierck: »Ich habe den Film in Holland abgedreht, aber geschnitten wurde er, nachdem ich ausgereist war, und die endgültige Fassung habe ich nie gesehen, denn meine Frau und ich verließen Holland am letzten Drehtag, mit dem letzten Schiff, mit dem man aus Holland rauskam, der *Staatendam* ...«[13] Während er sich, zunächst erfolglos, unter dem Namen Douglas Sirk in Hollywood zu etablieren versuchte, wurde unter der Aufsicht von Leo Mayer *Boefje* geschnitten und fertiggestellt. Der Film passierte die Zensur und kam am 4. Oktober 1939 in Den Haag, tags darauf in Amsterdam zur Uraufführung.

In einer sechsseitigen Anzeige pries die Produktionsfirma den Film als geradezu historisches Ereignis: *Boefje* sei »eine goldene Seite in der Geschichte des City-Konzerns und der niederländischen Filmindustrie«.[14] Nach dem Vorbild der Ufa hatte man eine vertikale Konzernstruktur geschaffen, um die Wertschöpfungskette voll auszunutzen: *Boefje* war eine City-Produktion, die im City-Verleih herauskam und in den City-

---

12 Vgl. DLA, Hilde Sierck an Alice Herdan-Zuckmayer, an Bord der *Britannic*, 31. Mai 1939.
13 Sirk, *Imitation of Life*, a.a.O. (Anm. 2), S. 84.
14 Anzeige in *Nieuw weekblad voor de cinematografie*, Jg. 18, 1939, H. 1, unpaginiert.

Theatern in den drei niederländischen Hauptstädten Den Haag, Amsterdam und Rotterdam gezeigt wurde. Die Auswertung im ganzen Land war gesichert: In alphabetischer Reihenfolge listete die Anzeige 113 Orte auf, deren Kinos bereits vor der Premiere den Film fest gebucht hatten: von Aalsmeer (Flora Theater) bis Zwolle (Bioscoop de Kron). Die Gala-Premiere wurde enthusiastisch gefeiert, die Kritiken waren überwiegend positiv, obwohl es auch Vorbehalte und Einwände gab.[15] Ein Kassenerfolg wurde der Film jedoch nicht: Seit einem Monat herrschte Krieg, die Abenteuer eines Rotterdamer Straßenjungen interessierten das Publikum wenig, das sich nach Unterhaltung und Ablenkung sehnte.[16] Harmlose Komödien und Militärklamotten füllten die Kinos. Am 3. November 1943, unter deutscher Besatzung, wurde *Boefje* verboten und verschwand damit endgültig aus den Kinos.

Der Film beginnt mit einem Establishing shot: Blick aus der Vogelperspektive auf den Hafen von Rotterdam, Dampfer tuten. Eine Straßenszene, der Vlasgang, enge Gassen, die Wäscheleine ist über die Straße gespannt: Arme-Leute-Viertel. Schnitt: Bei Boefje zuhaus, eine Proletarierwohnung. Die Mutter – eine »Floddermadam«, heißt es im Programmheft, frei übersetzt: Schlampe – schimpft Boefje aus. Ein Baby im Hintergrund schreit, Boefje fängt eine Ohrfeige ein, wirft mit Kleidungsstücken; die erboste Mutter zieht ihn an den Haaren und sperrt ihn in die Kammer, schließt ab: Arrest für den aufsässigen Jungen, den ungeratenen Balg. Auf der Straße, in der Gasse, hat der Drehorgelspieler unzählige Kinder um sich versammelt. Ein Fenster im Dachgeschoß öffnet sich, ein Junge pfeift: Boefje nimmt Kontakt zu seinem Freund Pietje Puk auf, klettert aus dem Fenster. Über die Dächer von Rotterdam ziehen sie los, um die Welt zu erobern – ein Boefje läßt sich nicht zu Hause einsperren.

»Die hektische, übervolle, nach unten tretende, doch auch sich selbst sentimentalisierende Armut wird in *Boefje* gnadenlos mit Bildern hervorgerufen, die insbesondere in der übervollen Küche von Boefjes Mutter an *Mutter Krausens Fahrt ins Glück* erinnern und ihnen gewiß in nichts nachstehen.« Dieses filmhistorisch fundierte Urteil stammt von einem jungen Dichter: Willem Jan Otten besuchte im Winter 1989/90 die Filmreihe des Niederländischen Filmmuseums, schrieb darüber in der Zeitung und faßte seine Artikelserie später in dem Buch *Het muse-*

---

15 Vgl. *Gala-prémiere van Boefje*, in: ebd., S. 3 ff.; *Boefje, een goede film* und *Boefje als filmheld*, Zeitungsausschnitte ohne Quellenangabe, datiert 7. Oktober 1939 bzw. 21. Oktober 1939, im NFA.
16 Henk van Gelder, *Hollands Hollywood*, Amsterdam 1995, S. 52.

um van licht zusammen.[17] Der übliche Kanon: Dreyer, Eisenstein, Murnau, Pabst, Ophüls, Welles, Buñuel, Ozu etc. Doch plötzlich entdeckte er unter den vertrauten Klassikern der Filmgeschichte »den besten niederländischen Film«: *Boefje*. »Ein seltsamer katholischer Film«, darin mag man Zuckmayers Anteil erkennen, zugleich gebe es »unverkennbar Sirksche Episoden«.

> Gerade weil der Film selbst so schrill und laut ist (Boefje ist nun einmal ein völlig verwahrlostes, hyperaktives Ekelpaket, das man am liebsten mit einem Kissen ersticken würde, wenn man nicht im letzten Moment Tränen um ihn lachen müßte), fällt die eierschalenartige Zerbrechlichkeit der Sirkschen Momente so auf.

Als Beispiel für eine mitreißende Sequenz des Verlangens führt Otten jene Szene an, die den Jungen in der Besserungsanstalt zeigt: Die Kamera gleitet über die Betten der Jungen und endet bei Boefje, der nach draußen schaut und, am Gitter rüttelnd, zu schreien anfängt. Wie schon den zeitgenössischen Kritikern erscheint Otten die Besetzung der Hauptrolle mit Annie van Ees problematisch, ein Kind wäre immer überzeugender gewesen. »Das ist das Grausame am Film: Die Kamera schaut auf das Echte, auch wenn sie das Künstliche erzählt.«

> Ich weiß, es ist ein richtiger holländischer Film, »etwas stimmt damit nicht«. Trotzdem, aus dem eigenen Land habe ich noch nichts Schöneres als den Garten des Hauses des reichen kleinen Jungen gesehen, dem Boefje die Mundharmonika gestohlen hat. Die enorme Sorglosigkeit des Geburtstagstisches voller kuchenfutternder Kinder; der gänzliche Unwille von Sirk, diese Szene als verdächtig darzustellen: Nichts ist wunderbarer, als in diesem Licht an diesem Tisch Kind zu sein, mitten im Sirk-Land, wo alles glänzt, und dann Boefjes Auftritt, er bringt etwas zurück, was nicht verloren war, was noch nicht einmal vermißt wurde. Und auch wenn die Mundharmonika jetzt ihm gehört, nie wird sie nicht gestohlen sein ...

Carl Zuckmayer erwähnt in seiner Autobiographie den Film nicht, lediglich ein Erlebnis mit Sierck, an das sich dieser beim besten Willen nicht zu erinnern vermochte.[18] Selbst in Monographien über Sirk findet *Boefje* kaum Erwähnung: Zwischen den beiden Karrieren des Regis-

---

17 Willem Jan Ottens Artikel über *Boefje* erschien zuerst unter dem Titel *Betoverd door lelijkheid* in *NRC-Handelsblad* vom 6. April 1990. Zitiert wird nach der deutschen Übersetzung: Willem Jan Otten, *Das Museum des Lichts*. Salzburg 1999, S. 92-97.
18 Vgl. Carl Zuckmayer, *Als wär's ein Stück von mir*. Frankfurt am Main 1997, S. 139; Sirks Kommentar dazu: Sirk, *Imitation of Life*, a.a.O. (Anm. 2), S. 84.

seurs, den Ufa-Filmen des Detlef Sierck und den Hollywood-Produktionen von Douglas Sirk, liegt eine Gelegenheitsarbeit, von der es keine Kopie in deutschen oder amerikanischen Filmarchiven gibt, wodurch die Rezeption sehr erschwert wurde. In ihrem Buch *Skeptiker des Lichts. Douglas Sirk und seine Filme* schreibt Elisabeth Läufer: »Sierck und Zuckmayer schreiben des Drehbuch gemeinsam.«[19] Dies ist eindeutig falsch. In diesem Fall läßt sich sehr genau bestimmen, daß das Drehbuch in seinen Entwicklungsphasen verschiedene Urheber hatte und welchen begrenzten Beitrag in dem arbeitsteiligen Prozeß Zuckmayer leistete: Die literarische Vorlage lieferte das Buch von Marie Joseph Brusse sowie die Dramatisierung von Jaap van der Poll; das Szenario entwarf Zuckmayer, das Drehbuch schrieb Curt Alexander, wobei Nol van Es wiederum für die niederländischen Dialoge zeichnete. Zuckmayer, auch dafür wurde er bezahlt, war ein Aushängeschild: Gleich auf der ersten Pressekonferenz betonte der Produzent, daß sein Autor »een wereldreputatie geniet«.[20]

---

19 Elisabeth Läufer, *Skeptiker des Lichts. Douglas Sirk und seine Filme*, Frankfurt am Main 1987, S. 69.
20 Wie Anm. 7.

Helmut G. Asper
»Mon cher ami d'outre Rhin«
Max Ophüls und Carl Zuckmayer – eine unvollendete Freundschaft

Über einen Zeitraum von anderthalb Jahrzehnten haben der Theater- und Filmregisseur Max Ophüls (1902-1957) und Carl Zuckmayer über gemeinsame Projekte für Theater und Film diskutiert, Pläne entworfen und Treatments erarbeitet. Vollenden konnten sie jedoch nur den 1939 gemeinsam begonnenen Film *De Mayerling à Sarajewo* über das Schicksal des Erzherzogs Franz Ferdinand von Österreich.

1. Ein Emigranten-Film (1939/40)[1]

Ein Film über den österreichischen Thronfolger wurde bereits seit längerem von der British Unity Production vorbereitet, die in England und Frankreich Filme produzierte und von den Exilanten Kurt (in den USA später: Curtis) Bernhardt und Eugen Tuscherer gegründet worden war. Sie hatten die Rechte am Franz-Ferdinand-Stoff – wie das Projekt zunächst genannt wurde – erworben und beauftragten Carl Zuckmayer, ein Drehbuch zu schreiben. Max Ophüls, der schon 1933 nach Frankreich emigriert war und in Paris lebte, war für die Regie verpflichtet worden, und da er stets Wert darauf legte, an den Drehbüchern seiner Filme mitzuarbeiten, ist anzunehmen, daß er vor Abfassung des Drehbuchs mit dem in der Schweiz lebenden Zuckmayer konferierte.

In einem ausführlichen, 13 Seiten langen »Synopsis« genannten Exposé ohne Verfasserangabe, mit dem Titel *Franz Ferdinand von Österreich*,[2] sind die wesentlichen Intentionen des Films umrissen, den die beiden Emigranten als Warnung vor einem neuen Krieg in Europa verstanden wissen wollten. Sie hatten keineswegs im Sinn, einen historischen Film zu drehen, es ging ihnen nicht um 1914, sondern um die drohende Gefahr eines neuen Kriegs 1939, vor dem sie warnen wollten. In der »Synopsis« heißt es:

---

1 Vgl. zu diesem Film meine Darstellung *Max Ophüls. Eine Biographie*, Berlin 1998, S. 380-388 und S. 391-397, auf die ich mich hier stütze.
2 Eine Kopie der Synopsis und des Drehbuchs von Zuckmayer stellte mir freundlicherweise Maria Guttenbrunner zur Verfügung, der ich für dieses Entgegenkommen herzlich danke.

> Seine [des Erzherzogs] Feinde sind vor allem repräsentiert im falschen Konservativismus. [...] Seine politischen Gegner sind überall dort, wo der extreme Nationalismus herrscht, [...] nicht nur der slawische Chauvinismus, dem er zum Opfer fiel, sondern ebenso sehr der grossdeutsche – (Richtung Schönnerer, Vorschule Hitler's.) Seine Freunde und Helfer, vor allem [...] Sophie Chotek, seine Lebensliebe. [...] Hier liegt für uns der primitive und überall verständliche Grundgedanke dieses politischen Kampfes: Verhütung des Weltkriegs (nicht aus Pazifismus etwa, sondern um das Reich zu erhalten), – und, zur Erhaltung dieses Reichs und damit Europas: der Gedanke der Föderation. Die U.S.A. waren für ihn ein grosser Eindruck, – und zu seinen Grund-Ideen, zu seinen Leitgedanken im Film, gehört der Plan der ›Vereinigten Staaten von Grossösterreich‹, eine Art mitteleuropäischer Union unter der Oberhoheit Habsburgs, – die auch heute und für die Zukunft noch die Waage des europäischen Gleichgewichts sein könnte. Diese Politik ist heute fast ›moderner‹ als vor 1914. Ob Franz Ferdinand damit jemals hätte durchdringen und Habsburg-Österreich wirklich retten können, kann heute niemand sagen, und ist nicht unser Problem. Unsere, klare und einfache, Gegenüberstellung muss lauten: hier Rückschritt, Krieg und Zerfall, – hier Rettung durch neue Ordnung und neuen Aufbau. – Ein wesentlicher Aspekt für die Gestaltung dieses Films: Verknüpfung dieser politischen und menschlichen Kampflinie mit der Beziehung Franz Ferdinands zu Sophie Chotek. Ihr Mitgehen – und Mithandeln auf seinem Weg, bis in den Tod.

Diese politischen Ideen sind deutlich beeinflußt von Richard Coudenhove-Kalergi, dem Führer der Pan-Europa-Bewegung, den Ophüls seit 1926 persönlich kannte und der im Frühjahr 1939 seine Vorstellungen, daß nur die europäische Einigung einen neuen und furchtbareren Vernichtungskrieg in Europa verhindern könne, in Vorträgen in Paris bekräftigt hatte.

Ophüls und Zuckmayer sahen in Hitler den Zerstörer Europas und stellten ihm deshalb ganz bewußt in ihrem Film Franz Ferdinand als den Retter Europas gegenüber, der gegen die Zerstörung und Unterdrückung kämpft und sich für Menschenrechte und Frieden einsetzt.

144 Seiten umfaßt das in deutscher Sprache verfaßte Drehbuch *Franz Ferdinand*, das die maschinenschriftliche Angabe »Manuskript von Carl Zuckmayer« trägt. Mit der Erarbeitung dieser ersten Fassung endete Zuckmayers Mitarbeit an diesem Film. Mit der weiteren Vorbereitung, den späteren französischen Drehbuchfassungen[3] und der Produktion

---

3 An dem endgültigen Drehbuch arbeiteten noch vier weitere Autoren: Marcelle Maurette und der aus Deutschland emigrierte Curt Alexander, der die

des Films hatte er nichts mehr zu tun, da er schon Mitte 1939 in die USA emigrierte. Die Produktion des Films verzögerte sich, die Dreharbeiten begannen erst im Juli 1939 und mußten Anfang September nach Kriegsbeginn abgebrochen werden, da zahlreiche Mitarbeiter zum Militär eingezogen wurden, auch Max Ophüls wurde französischer Soldat. Nach vielen Schwierigkeiten konnte *De Mayerling à Sarajewo* dann doch noch während des Krieges, vor dem der Film warnen wollte und der ihn längst eingeholt hatte, im Januar 1940 fertiggestellt werden.

Ein Vergleich des Films mit Zuckmayers erster Drehbuchfassung zeigt, daß die wesentlichen von ihm skizzierten Grundideen beibehalten, jedoch weiterentwickelt und vor allem entschieden dramatisch zugespitzt wurden. Aufgegeben wurde dagegen die von Zuckmayer breit ausgemalte Charakterisierung Franz Ferdinands als Kranker, radikal gestrichen wurden zahlreiche Randfiguren und Nebenhandlungen, sowie von Zuckmayer allzu episch-breit ausgemalte Details. Erheblich verstärkt wurde im Film die Rolle Sophie Choteks. Ihr »Mitgehen, Mithandeln bis zum Tod«, wie es Zuckmayer im Exposé gefordert hatte, dominiert den Film deutlich mehr als Zuckmayers Drehbuch, in dem sie nur eine Nebenrolle einnimmt, da er noch andere Vertraute des Erzherzogs einführt. Diese sind im Film gestrichen, Sophie ist hier seine einzige Vertraute und Stütze in seinem Kampf. Diese entscheidende Akzentverlagerung ist zum einen Ophüls zu verdanken, der in seinen Filmen stets die Rolle und Sicht der Frauen betont hat und zum anderen ein Tribut an den Star des Films, Edwige Feuillère, deren Rolle dadurch erheblich mehr Gewicht erhielt.

In Zuckmayers Drehbuch ist z.B. Franz Ferdinand bereits vor seiner Begegnung mit Sophie Chotek davon überzeugt, daß die Politik Habsburgs gegenüber den Minderheiten im Vielvölkerstaat falsch ist und beide begegnen sich sogleich als Freunde auf dieser Basis – im Film wird der Erzherzog durch die Begegnung mit Chotek zu einem überzeugten Verfechter einer neuen Politik. Auffallend ist auch die entschiedene Dramatisierung der ersten Begegnung. Bei Zuckmayer lernen sie sich als Gäste auf einer Gesellschaft kennen, im Film dagegen provoziert Sophie Chotek beim offiziellen Besuch des Erzherzogs einen Eklat, weil sie sich durch sein Benehmen beleidigt fühlt, und dadurch kommt es zu der ersten und sogleich schicksalhaften Begegnung.

Übersetzung und die kinematografische Ausarbeitung übernahm; die Dialoge schrieben Jacques Natanson und Marcelle Maurette, André-Paul Antoine schrieb die Texte für die Darstellerin der Sophie Chotek, Edwige Feuillère.

Auch die dramatische Flucht-Szene der beiden Liebenden ist schon in Zuckmayers Drehbuch enthalten, das auch die Struktur der Szene – eine Parallelmontage – vorgibt; der Konflikt wird jedoch im Film entschieden dramatisch zugespitzt. Da die vom Hof vorgeschlagene morganatische Ehe für beide unakzeptabel ist, entschließen sie sich zu fliehen und ein privates Glück zu suchen. Sie werden dabei Zeugen der brutalen Unterdrückung des Volkes durch Habsburger Militär – die Szene zielt natürlich aktuell auf den faschistischen Terror in den von deutschen Truppen besetzten Gebieten – worauf sie sich zum Bleiben entschließen. Bei Zuckmayer greift der Erzherzog – obwohl bereits in Zivil – ein und kann den Delinquenten retten; im Film muß er ohnmächtig zusehen und erkennen, daß er als Zivilist völlig machtlos ist. Sophie Chotek unterstützt ihn in dem Entschluß umzukehren, sie nimmt die morganatische Ehe und die damit verbundenen Kränkungen auf sich, nicht um einer abstrakten Staatsidee zu dienen, sondern um den humanistischen Idealen von Freiheit, Gerechtigkeit und Brüderlichkeit Geltung zu verschaffen.

Es ist überraschend festzustellen, daß Zuckmayer, trotz seiner damals schon jahrelangen Arbeit für den Film, dessen dramatische Möglichkeiten nicht wirklich ausnutzt und seine Drehbuchfassung sehr deutliche dramatische Schwächen aufweist. Das zeigt sich beispielsweise auch an der Ballszene. Beim Hofball wird Sophie Chotek als nur morganatischer Ehefrau die Benutzung der großen Treppe verweigert. Im Drehbuch nehmen beide diese Kränkung hin und gehen getrennt auf den Ball – im Film dagegen entscheidet sich Franz Ferdinand für seine Frau und verläßt mit ihr den Ball unter dem Beifall der Gäste. Diesen Affront benützt Franz Ferdinands Gegner Montenuovo sofort, um den Kaiser zu bewegen, den Erzherzog politisch zu isolieren. Nicht nur wird durch diese Szene, die bei Zuckmayer eher dahinplätschert, ein starker emotionaler Höhepunkt des Films geschaffen, sondern auch das Tempo der Handlung wird enorm beschleunigt.

In den Schlußszenen in Sarajewo weicht Ophüls wieder deutlich von Zuckmayers Fassung ab. Erstens konzentriert er sich ganz auf das Paar Sophie – Franz Ferdinand und streicht sämtliche Nebenhandlungen, und zweitens überhöht er durch christliche Symbole den Tod der beiden, den er als Opfertod charakterisiert. Bei der Ansprache des Erzherzogs im Rathaus von Sarajewo nach dem ersten mißglückten Attentat stehen beide unmittelbar unter dem Kruzifix, das so beleuchtet ist, daß es zum Mittelpunkt der Szene wird und alles überstrahlt. Das Kreuz mit dem gemarterten Christus wird dadurch zum Symbol für die Märtyrerrolle von Franz Ferdinand und Sophie. Ein expliziter Hinweis des Erherzogs auf die symbolische Bedeutung des Bluts, mit dem sein Redemanuskript bespritzt ist, schafft auch im Dialog die Verbindung zum Blut Christi.

Darüber hinaus ist diese Gestaltung der Szene auch eine Anspielung auf den letzten Monolog von Goethes *Egmont*, in dem Egmont sagt: »Es war mein Blut und vieler Edeln Blut. Nein, es ward nicht umsonst vergossen.« Goethes Drama, das Ophüls' Lieblingsstück war, hat diesen Film nachhaltig beeinflußt, so ist die Charakterisierung der Sophie Chotek deutlich inspiriert von Egmonts Geliebter Klärchen, die diesem am Schluß als Verkörperung der Freiheit erscheint. Die Verklärung des Mordes an dem Thronfolger-Paar als Opfertod für Frieden und Freiheit der unterdrückten Völker hat sein Vorbild im Schluß des Goetheschen Dramas.

Die erste Begegnung zwischen Sophie Chotek und Franz Ferdinand

In *De Mayerling à Sarajewo* verbindet Ophüls politisches Handeln und privates Gefühl unauflöslich miteinander. Die Liebe zwischen Franz Ferdinand und Sophie Chotek ist keine romantische Zutat, sondern Fundament der politischen Ideen des Thronfolgers. Sophies Liebe gibt Franz Ferdinand auch die Kraft für seinen Kampf gegen die herrschenden Kreise um Franz Joseph. Sophie ist als Tschechin die Vertreterin der von den Habsburgern unterdrückten Völker, sie wird zum Symbol für Franz Ferdinands Liebe zu allen Völkern der Monarchie. Deshalb lehnt der Machtpolitiker Montenuovo auch Sophie und ihre Verbindung mit dem Erzherzog radikal ab, in ihr bekämpft er die Politik des Erzherzogs. Sophie Chotek ist eine der vielschichtigsten Frauencharaktere von Ophüls, der sie auch als eine ganz moderne Frau charakterisiert. Sie rebelliert gegen das flegelhafte Betragen des Thronfolgers, weil sie es als Demütigung ihres Volkes empfindet; sie handelt selbständig und läßt sich auch von ihrem Vater nicht beirren. Sie ist gebildet, sie arbeitet als Erzieherin und steht ganz auf eigenen Füßen. Sie ist nicht nur Geliebte – und schon gar nicht Mätresse –, sondern ebenbürtige Partnerin und Kameradin ihres Mannes und übernimmt als Mutter selbst die Erziehung ihrer Kinder – ein Aspekt, der bei Zuckmayer fehlt – ganz im Gegensatz zu damals üblichen Gepflogenheiten.

Der Filmschluß ist mehrfach verändert und der politischen Lage angepaßt worden, wobei die Grundgedanken Zuckmayers weiterentwickelt wurden.

Zuckmayers Drehbuch endet mit dem Tod Franz Ferdinands und Sophies, und in einer Wolke erscheint als eine Art Menetekel »in feurigem Schein – die Zahl des Jahres: 1914«. In der späteren französischen Drehbuch-Fassung[4] wurde über die Zahl 1914 ein großes Hakenkreuz geblendet und die Stimme Franz Ferdinands sprach: »Wenn man mich nicht hört, wird es Krieg geben. Wenn wir ihn verlieren, wird das Reich zerfallen, wenn wir ihn gewinnen, wird der preussische Stiefel in Wien regieren.« (Übers. d. Verf.) Die letzten Filmbilder sollten SS-Leute in schwarzen Uniformen mit weißen Armbinden und großen roten Hakenkreuzen zeigen.

Der heutige Schluß des Films besteht aus einer Montage von überblendeten Kriegsbildern, man sieht marschierende Truppen der Alliierten und hört dazu aus dem off einen Kommentar: »So wurde durch den Eroberungswillen einiger weniger Männer der Vorwand geschaffen, der 1914 zum Ausbruch des Weltkrieges führte. Nach der deutschen Niederlage und wenigen Jahren, die auch keine Friedensjahre waren, hat dieser Krieg 1939 noch unversöhnlicher begonnen. Einmal mehr mußten die freien Völker die barbarischen Auswirkungen von blutigem Terror und totaler Zerstörung erleben. Aber die Söhne derer von 1914 werden die Aufgabe vollenden und die Waffen nicht eher niederlegen, bis sie der Welt endgültig Frieden und Freiheit gesichert haben.« (Übers. d. Verf. nach dem Text der französischen Filmversion.)

Diese Aufnahmen können unmöglich 1940 gedreht worden sein, denn die Sowjetunion war noch mit Hitler verbündet und die Vereinigten Staaten waren noch nicht in den Krieg eingetreten. Es handelt sich auch eindeutig nicht um Archivmaterial von Filmen aus dem Ersten Weltkrieg, wie an den Uniformen zu erkennen ist. Nach dem Text zu

---

4 Exemplar im Archives du Film, Bois d'Arcy.

schließen, hatte das »Dritte Reich« noch nicht endgültig kapituliert, und eine kurze Einstellung zeigt offenbar den Einzug der Truppen unter de Gaulle in Paris, deshalb darf man vermuten, daß diese Bilder und der Kommentar dem Film Ende 1944/Anfang 1945 von dem Produzenten Eugen Tuscherer für die Wiederaufführung hinzugefügt worden sind. Nach einer Notiz in »Pem's Private Bulletin« vom 16. Oktober 1945 hatte Tuscherer sofort nach der Befreiung von Paris seine Filmarbeit wieder aufgenommen, den während der Besatzungszeit verbotenen Film neu herausgebracht und dabei wahrscheinlich die Schlußbotschaft des Films der aktuellen Situation angepaßt. Wegen der mangelhaften Quellenlage ist derzeit nicht aufzuklären, wie der Filmschluß bei der Premiere im Mai 1940 ausgesehen hat und ob dieses Filmmaterial noch erhalten ist.

Die Ansprache des Erzherzogs von Sarajewo

Die Absicht der Exilanten in ihrem Film, das historische Ereignis als aktuelle Warnung vor einem neuen Krieg darzustellen, wurde von den Zeitgenossen durchaus verstanden. In Frankreich wurde *De Mayerling à Sarajewo* zwar noch im Mai aufgeführt, mußte aber nach der französischen Niederlage der deutschen Nazi-Gewalt ebenso weichen wie ihre Schöpfer. Als »letzter Film des Freien Frankreich« wurde *De Mayerling à Sarajewo* 1940 in den USA begrüßt, wohin Zuckmayer bereits geflohen war. Max Ophüls, der als französischer Soldat am Krieg teilnehmen mußte, konnte sich erst 1941 in die USA retten; der aus Deutschland exilierte Drehbuchautor Curt Alexander, Ophüls' Freund und langjähriger Mitarbeiter, fiel nach seiner Flucht aus einem französischen Internierungslager der SS in die Hände und wurde in einem deutschen Konzentrationslager ermordet.

2. »Es wäre so schön ... «: Remigranten-Träume

Nach der Rückkehr von Zuckmayer und Ophüls nach Europa kam es Anfang der fünfziger Jahre wieder zu engeren brieflichen und persönlichen Kontakten – »die beiden mochten sich sehr« kommentierte Marcel Ophüls die Briefe – und neuen Film- und Theaterplänen. Ausführlich wurden dabei vor allem drei Filmprojekte nach Werken Carl Zuckmayers diskutiert: *Der fröhliche Weinberg*, *Engele von Löwen* und *Katharina Knie*.[5]

Die beiden ersten Projekte wurden zwar realisiert – jedoch ohne Ophüls, der bei Produzenten und Verleihern im Deutschland der fünfziger Jahre trotz seines Weltruhms als Regisseur nicht durchsetzbar war. In Zuckmayers Geschäftskorrespondenz ist nachweisbar, daß Filmverlag und Filmproduzenten bei Zuckmayer systematisch gegen Ophüls hetzten, Lügen über seine angebliche Unzuverlässigkeit und seine kostspieligen Regieallüren verbreiteten und Zuckmayer damit überredeten, nicht an Ophüls als Regisseur festzuhalten.

Vordergründig scheiterte Ophüls' Regie bei der Verfilmung von Zuckmayers *Fröhlichem Weinberg* an seinen Gagenforderungen und Terminschwierigkeiten. Der deutsche Produzent K.J. Fritzsche hielt Ophüls' Forderung von 100.000 DM Gage für weit überzogen und für deutsche Verhältnisse angeblich nicht tragbar. Er bot lediglich die Hälfte und weitere 25.000 DM als Gewinnbeteiligung nach Einspielung der Kosten, ein durchsichtiges Manöver, auf das Ophüls sich nicht einließ, der damals in Frankreich nach seinem Welterfolg *La Ronde* eine Gage in Höhe von ca. 12 Millionen Francs erhielt. Aber Fritzsche ging es nicht nur um die Gage, er sah noch andere Kosten mit Ophüls auf sich zukommen und hatte Angst vor dem »Regiegenie Ophüls«, wie er Zuckmayer anvertraute, der diesen Brief sogleich an Ophüls schickte, der sich gegen solche berufsschädigenden Nachreden erfolglos zur Wehr setzte. Daß die angeblich zu hohe Gage tatsächlich nur ein vorgeschobener Grund war, enthüllt ein Brief von Helmut Castagne, dem Leiter des Theaterverlags S. Fischer, an Zuckmayer:

---

5 Vgl. hierzu auch meine Biographie *Max Ophüls*, a.a.O. (Anm. 1), vor allem S. 558-572. Alle Briefzitate sind der umfangreichen Korrespondenz im Nachlaß Carl Zuckmayers im DLA Marbach entnommen.

6 Zu Kortners Film *Der Ruf* vgl. meinen Aufsatz *Fritz Kortners Rückkehr und sein Film ›Der Ruf‹*, in: Helmut G. Asper (Hrsg.), *Wenn wir von gestern reden, sprechen wir über heute und morgen. Festschrift für Marta Mierendorff zum 80. Geburtstag*, Berlin 1991, S. 287-300.

Ich weiss, dass man Ophuls gern nehmen möchte und auch nicht einmal Bedenken wegen der Höhe seiner Gage hätte. Man weiss dort aber, dass die Ansprüche von Ophuls während der Produktion ins Uferlose gehen und mehrere Gesellschaften daran bereits zugrunde gegangen sind. [...] Ich glaube, Ophuls ist eine Illusion, mit der wir uns nicht weiter beschäftigen sollten.

Sophie Chotek drängt Franz Ferdinand, in Österreich zu bleiben und seine Pflicht als künftiger Monarch zu erfüllen

So wurde der *Fröhliche Weinberg*, sehr zu seinem Bedauern, ohne Ophüls gedreht, der schon mit Zuckmayer über nötige Änderungen für die Verfilmung ausführlich korrespondiert hatte. Dabei hatten sie Ideen entwickelt, wie die jüdischen Charaktere und der bei Zuckmayer schon 1925 allzu harmlos dargestellte Antisemitismus nach Auschwitz – der Film sollte um 1950 spielen – überhaupt darzustellen seien:

> Man kann sie [die Juden] heute nicht mehr wie damals in einer verhältnismäßig harmlosen Weise mit einem gutmütigen Einschlag veräppeln und anpflaumen lassen. Die rischess haben einen zu bitteren Beigeschmack bekommen. Es ist da von heute aus gesehen nichts mehr Harmloses und Gutmütiges dran,

schrieb Zuckmayer selbstkritisch und schlug vor, daß Gunderloch Löbche Bär in der Nazi-Zeit in seinem Weinkeller versteckt hatte. Ophüls griff die Idee spontan auf und antwortete in dem sehr privaten Ton, der die Korrespondenz zwischen ihm und Zuckmayer auszeichnet: »Warum bin ich nicht Schauspieler geblieben, dann könnte ich das Löbche ohne rischess aus dem Jahr 1951 selber spielen. Rein mit ihm in den Weinkeller, wo er versteckt war.« Die jeglichem Konflikt ausweichende spätere Filmlösung, in der die jüdischen Weinhändler zu Schweizern gemacht wurden, läßt ahnen, daß es noch ganz andere Gründe gab, weshalb der jüdische Regisseur Ophüls den deutschen Filmproduzenten nicht paßte.

Ophüls interessierte sich auch sehr für die Verfilmung des *Engele von Löwen*, war es ihm in der Nachkriegszeit doch besonders wichtig, politische Gegenwartsstoffe zu verfilmen, pazifistische Themen aufzugreifen und zur Verständigung Deutschlands mit Frankreich beizutragen. Ophüls, der 1938 Franzose geworden war, sah sich durch sein Schicksal längst schon in der Rolle des Vermittlers zwischen den beiden Ländern und Kulturen, denen er angehörte, und er hatte bereits 1938 mit seiner französischen Filmadaption von Goethes *Werther* diese Aufgabe sehr bewußt wahrgenommen.

Doch auch bei diesem Film gab es tiefer liegende Widerstände gegen Ophüls als nur Gagen- und Terminprobleme. Ophüls wollte *Engele von Löwen* unbedingt zweisprachig als deutsch-französische Co-Produktion drehen und verhandelte deshalb bereits mit einem französischen Produzenten. Genau das wollte aber Fritzsche nicht, der gegenüber Zuckmayer die Katze aus dem Sack ließ und ihm schrieb, daß *Engele von Löwen* »mit Rücksicht auf die deutschen Gefühle in Deutschland« gemacht werden solle! Auf diesen politischen Hintergrund der Entscheidung für Helmut Käutner als Regisseur und ein rein deutsches Projekt spielte auch Ophüls in einem sehr beziehungsreich halb französisch, halb deutsch geschriebenen Brief an Zuckmayer an:

> Nun wohl, diese deutsche Gesellschaft hat eine Option für »Engele« erhalten, weil ich ihnen zugesagt habe, es machen zu wollen –
> aber –
> und es gibt immer ein aber:
> sie sind nicht in der Lage, diese Geschichte in einer Koproduktion zu machen (und ich glaube, daß ohne eine französisch-deutsche Produktion der Film auf politische Schwierigkeiten stoßen wird; wir unterzeichnen nicht so schnell, lieber Freund – – gerade gestern hat man im Kabinett noch während des Essens den Überfall auf die Maginot-Linie diskutiert) – – –
> andererseits wollen diese Leute nicht meinen Preis zahlen.
> Darum haben sie diese Sache KÄUTNÄRRE angeboten. Einem übrigens sehr sympathischen Kollegen [...].

In demselben Brief wollte Ophüls Zuckmayer »einschalten für deutsche Dialoge in einem deutsch-französischen Film: Lola Montez«. Und noch bei einem weiteren nicht realisierten Filmprojekt, *Die Liebe der vier Obersten* nach Peter Ustinov, bat er Zuckmayer, die Dialoge zu schreiben. Auch internationale Theaterpläne hatten die beiden, Ophüls wollte *Des Teufels General* in London inszenieren, und etwas vage taucht ein Plan auf, den *Hauptmann von Köpenick* am Broadway herauszubringen, mit dem exilierten Schauspieler Oskar Karlweis in der Titelrolle. Ophüls äußerte Bedenken gegen diese Besetzung:

> Köpenick am Broadway wird wahrscheinlich eine große Sache. Nur bitte, mein lieber Zuck, ist denn der Karlweis eine gute Besetzung? Hat er denn genug nordische Verschlossenheit? Und ist sein Humor denn versponnen genug? Ich habe ja den Adalbert noch lieber gehabt als den Krauß. Gott, mag ich das Stück gern. Aber Du mußt mich erst über diese Besetzungsbedenken herüberstoßen, bevor ich ja sagen könnte.

Aber aus all dem ist nichts geworden, und nicht einmal ihr Lieblingsprojekt konnten die beiden Freunde durchsetzen.

3. Über die Grenzen – ein europäisches Filmprojekt

Der Plan zu dem Film *Katharina Knie* reicht zurück bis in das amerikanische Exil. Der Agent Paul Kohner hatte Zuckmayer vorgeschlagen, *Katharina Knie* zu verfilmen – in Mexiko. Seine Frau, der mexikanische Filmstar Lupita Tovar, sollte die Katharina spielen und Ophüls, der jahrelang in Hollywood arbeitslos war, Regie führen. Offenbar war der Anstoß dazu von Ophüls gekommen, denn er besaß das einzige Exemplar des Stücks, das Paul Kohner in Los Angeles auftreiben konnte. Wie so viele Filmpläne im Exil scheiterte auch dieser Plan daran, daß Kohner keine Geldgeber fand, aber der Stoff ließ Ophüls und Zuckmayer nicht los.

Nach ihrer Rückkehr nach Europa entwarfen sie ein vollständig neues Konzept für eine Verfilmung des Stücks: Der Wanderzirkus Knie zieht kreuz und quer durch Europa, die Grenzen in Europa und ihre Überwindung stehen im Mittelpunkt des Films, Artisten aus mehreren Ländern treten im Zirkus auf und sie sprechen alle verschiedene Sprachen. Autor und Regisseur standen beide dem damals in den Anfängen steckenden Gedanken der europäischen Einigung nahe, Zuckmayer sprach im Brief von der »europäischen Fassung des Stoffs« und auch in den – wie sich herausstellen sollte, reichlich verfrühten – Pressemeldungen wurde diese Idee in den Mittelpunkt gerückt. Der Berliner *Tagesspiegel* meldete am 14. Dezember 1950:

> Den Vater Knie, der in Deutschland auf der Bühne mit dem Namen Bassermanns verbunden ist, spielt Jean Gabin. Jeder Schauspieler wird in dem Film seine eigene Landessprache sprechen. Ophüls will damit versuchen,

durch den Film die Sprach- und Nationalgrenzen zu beseitigen. Die Außenaufnahmen finden in rheinischen Dörfern statt.

Die Idee des mehrsprachigen Films, der Grenzen zwischen den Nationen und Völkern überwinden sollte, war eine Frucht der Emigration, Ophüls' Freund Fritz Kortner hatte sie 1949 in seinem Remigrations-Film *Der Ruf* verwirklicht – und war damit gescheitert, weil das deutsche Publikum die Zweisprachigkeit im Kino nicht akzeptierte. Die durchaus programmatisch gemeinte Mehrsprachigkeit wurde als Diktat der Besatzungsmächte empfunden, die unmittelbar nach dem Krieg nur Filme in Englisch bzw. Französisch und Russisch mit deutschen Titeln gezeigt hatten.[6]

In einem von Ophüls und Zuckmayer gemeinsam verfaßten Exposé[7] für den *Katharina Knie*-Film wird das Thema der Grenzen schon beim Vorspann eingeführt, wobei vor allem in der Erwähnung der »Passlosigkeit« deutlich wird, daß die Exilzeit ihre Spuren hinterlassen hat:

> Der Zirkus zieht (während des Vorspanns) immer näher auf die Kamera zu und kommt zu einer Grenze. Auf der Grenzstation Einführung der Personen über ihre Pässe, bzw. Passlosigkeit – schliesslich lässt man den Zirkus durch, weil der Clown Schmittolini ein Kunststück machen kann mit seinen Fingern, das alle Zollbeamte in gute Laune versetzt, sie machen es ihm alle nach, und die Truppe zieht weiter.

Diese Situation wiederholt sich dann mehrfach während des Films, der im französischen Elsaß, in Deutschland, Österreich, der Schweiz und Italien spielen sollte. Zahlreiche aktuelle politische Bezüge sind schon in dem nur Situationen beschreibenden Exposé ersichtlich, an der deutschen Grenze hält Vater Knie z.B. eine »Rede über die Verständigung«; der elsässische Gutsbesitzer Rothacker folgt dem Zirkus bis nach Bayern, um Hafer zurückzubringen; in einer »Briefepisode« betitelten Sequenz wechselt die Handlung ständig zwischen dem Zirkus und dem Bauernhof (der im Entwurf stets »farm« genannt wird!), und in Italien hat der Zirkus »Schwierigkeiten mit der Polizei. Die ›Military Police‹ will den durchgegangenen Indianer aus New York verhaften«. Wieder in Deutschland gibt es Ärger, im Zirkus kommt es

> beinahe zur Revolte. Knie ist eigensinnig. Sowas erleben die Leute noch früh genug. Bei dem Krach teilen sich die Lager in Bolschewisten, Faschisten, Kompromissler usw. aber Knie hält den Zirkus zusammen. Sie müssen halt zusammenhalten, ›... wir essen dieselbe Suppe, und wir sind keine Wilden, wie die Politiker, wir sind Künstler‹.

---

7 Vollständig abgedruckt in: Asper, *Max Ophüls*, a.a.O. (Anm. 1), S. 558-564.

Das Filmende, das sich weitgehend an das Stück hält, spielt wieder im Elsaß, von wo aus der Zirkus dann weiterzieht.

Besonders die Situierung der Filmhandlung in dem zwischen Deutschland und Frankreich so hin- und hergerissenen und umkämpften Elsaß, macht das Anliegen von Ophüls und Zuckmayer deutlich, die jahrelang ihren Plan verfolgt haben. Sie schöpften immer erneut Hoffnung, denn prominente Schauspieler und Produzenten interessierten sich ernsthaft

Sophie Chotek beim mediengestützten historisch-politischen Unterricht ihrer Kinder

für den Film. Jean Gabin zum Beispiel hatte schon 1950 zugesagt, den Vater Knie zu spielen, doch der Produzent sprang wieder ab. 1952 verhandelte Ophüls dann mit dem nach Deutschland zurückgekehrten Erich Pommer und dem Verleger Kurt Desch, der die Rotary-Filmproduktion gegründet hatte mit dem Ziel, das Niveau des deutschen Films zu heben. Als Alternative zu Gabin für den alten Knie war dabei Hans Albers im Gespräch, der die Rolle ebenfalls gern gespielt hätte, zeitweilig wurden auch zwei Versionen diskutiert. Doch blieben auch diese Bemühungen ergebnislos, denn die Produzenten konnten keine Geldgeber für den Film gewinnen. Die Filmverleiher, die Hauptgeldgeber im deutschen Filmgeschäft, schätzten auch *Katharina Knie* als einen Remigranten-Film ein und fürchteten die Ablehnung des Publikums, wie sie sich bei Kortners *Der Ruf* gezeigt hatte. Der Wall von Vorurteilen, auf den das Filmprojekt stieß, erwies sich als unüberwindlich. Zuckmayer hielt bei *Katharina Knie* eisern an Ophüls als Regisseur fest, woraus deutlich hervorgeht, daß dieses Projekt von beiden gemeinschaftlich entwickelt worden war, und er ging auch keine inhaltlichen Kompromisse ein, sondern bestand auf dem europäischen Konzept des Films. Aber weder war Ophüls als Regisseur durchsetzbar, noch wollten die Geldgeber einen solch explizit politischen Film finanzieren. Deshalb wurde trotz der sonstigen Beliebtheit Zuckmayerscher Sujets im bundesdeutschen Film der fünfziger und sechziger Jahre *Katharina Knie* nie gedreht. Ihr Versuch, in einem wahrhaft europäischen Film die Beseitigung der »Sprach- und Nationalgrenzen« vorwegzunehmen, blieb die Unvollendete der zwei Freunde von den beiden Rheinseiten.

Daniela Sannwald
Die Beschwörung der Heimat
Carl Zuckmayer und Gustav Ucicky

1. Zur Produktionsgeschichte des »Seelenbräus«

Im Frühjahr 1945, in den letzten Kriegstagen, lebt Carl Zuckmayer auf einer Farm in Vermont, hört Nachrichten und vermutet, daß es zu einer letzten Entscheidungsschlacht im westlichen Österreich kommen werde, und zwar gerade dort, wo er 1926 seinen Hauptwohnsitz genommen hatte, bis er 1938 über die Schweiz in die USA emigrierte:

> In diesen letzten Kriegswochen, in der täglichen Bangnis um dieses letzte Stück Heimat [...], schrieb ich zwei kleine Bücher, mit denen ich das brennende Heimweh und die nagende Sorge wenigstens bei der Arbeit überwand: den heiteren ›Seelenbräu‹, in dem das verlorene Paradies Henndorf beschworen wurde, und eine Schrift über die Brüder Grimm.[1]

Im November 1947 schreibt ihm Alfred Ibach vom Theater in der Josefstadt,[2] er habe bereits Ateliers im Salzburgischen für die Verfilmung des *Seelenbräus* belegt, und bittet Zuckmayer um seine Mitwirkung am Drehbuch. Der Autor zögert. Nicht nur warnt er den Bermann-

---

1 Carl Zuckmayer, *Als wär's ein Stück von mir. Horen der Freundschaft*, Frankfurt am Main 1997, S. 627. Die Erzählung *Der Seelenbräu* wurde 1945 im Bermann-Fischer-Verlag Stockholm erstmals veröffentlicht.

2 Rudolf Steinböck (1908-1996), künstlerischer Direktor des Theaters in der Josefstadt, gründete zusammen mit Alfred Ibach (1902-1948), dem stellvertretenden Direktor und Chefdramaturgen des Hauses, Anfang 1947 das »Film-Studio des Theaters in der Josefstadt«. Geplant war, die »hervorragenden« Kräfte des Hauses – Paula Wessely, Aglaja Schmid (die Ehefrau Ibachs) u.a. – und die Hausautoren – etwa Alexander Lernet-Holenia oder eben Zuckmayer – zu attraktiven »Filmpaketen« zu verschnüren. Realisiert wurde *Das andere Leben* nach Lernet-Holenia (*Der 20. Juli*), Uraufführung 1948. Ein zweiter Film, *Liebe Freundin*, kam 1949 in die Kinos. Bei beiden führte Rudolf Steinböck Regie. Mit dem Tod Ibachs starb auch das Filmstudio-Projekt. Steinböck taucht in Zuckmayers Korrespondenz immer wieder als möglicher Regisseur für *Der Seelenbräu* auf, inszenierte jedoch nur noch einen weiteren Film, *Abenteuer im Schloß* (1952) und konzentrierte sich ansonsten auf seine Theaterarbeit. Bemerkenswerterweise spielte jedoch Aglaja Schmid die Hauptrolle in *Der Seelenbräu*. (Für diese Informationen danke ich meinem Wiener Kollegen Michael Omasta.)

Fischer-Verlag vor leichtfertigen Zusagen,[3] sondern er drückt auch gegenüber Ibach sein Mißtrauen, das sich vor allem auf die Besetzung bezieht, aus:

> Ich müsste einmal die Möglichkeit haben, etwas von Eurer Arbeit zu sehen und vor allem irgendeine Idee, wie Ihr die beiden Hauptrollen besetzen könntet.[4]

Ibach antwortet Zuckmayer erst am 9. Februar 1948, deutlich zurückhaltend und weit weniger enthusiastisch als im ersten Brief:

> Wir hatten und haben ja auch heute noch einen definitiven Termin auf die Salzburger Ateliers, den wir aber auch ohne weiteres für einen anderen Film gebrauchen können.

Bereits am 14. Februar schickt Karl Ehrlich, Direktor der Vindobona-Film in Wien, den Rohentwurf eines Produktionsplans an Zuckmayer, in dem er Karl Hartl[5] als Regisseur für das Projekt *Seelenbräu* vorsieht. Außerdem habe man Alexander Lix mit dem Verfassen eines Drehbuchs beauftragt, das sowohl an Hartl als auch an Zuckmayer zur Begutachtung gehen solle. Gleichzeitig avisiert Ehrlich, daß der Schweizer

---

3 Deutsches Literaturarchiv Marbach, Nachlaß Carl Zuckmayer, Brief von Zuckmayer an den Bermann-Fischer-Verlag vom 21. November 1947. Soweit nicht anders angegeben, stammen die zitierten Quellen aus Zuckmayers Nachlaß.

4 Brief von Zuckmayer an Alfred Ibach vom 21. November 1947.

5 Der Österreicher Karl Hartl hatte in den frühen dreißiger Jahren einige Prestige-Produktionen der UFA inszeniert, so etwa *Die Gräfin von Monte Christo* (1932) und *F.P.1 antwortet nicht* (1932). Bis 1938 pendelte er zwischen Österreich und Deutschland hin und her, von 1938 bis 1945 war er Produktionschef der Wien-Film, der staatlichen Zusammenfassung österreichischer Filmgesellschaften. Unter seiner Leitung entstanden volkstümliche Lustspiele, musikalische Komödien und Dramen-Adaptionen, spezifisch Wienerisches, aber nur wenige Propagandafilme. Bis 1948 fungierte Hartl weiter als kommissarischer Leiter der in Liquidation begriffenen Wien-Film und führte Regie bei *Der Engel mit der Posaune* (1948), der anhand einer Familienchronik die österreichische Geschichte des 20. Jahrhunderts nachzeichnet. Von diesem Film wurde 1949 ein Remake in London hergestellt, an dem Hartl mitarbeitete. 1950 inszenierte er zusammen mit Gene Markey einen zweiten Film in England, *The Wonder Kid*. Hartl konnte, wie man heute weiß, auf Grund seines Londoner Engagements für Zuckmayer im fraglichen Zeitraum keinesfalls zur Verfügung stehen.

Schauspieler Heinrich Gretler als Hauptdarsteller zur Verfügung stehen werde.

Am 22. April 1948 unterrichtet ein Mitarbeiter des Bermann-Fischer-Verlages Zuckmayer davon, daß Alfred Ibach vom Theater in der Josefstadt die »Verfilmungsabsichten vorläufig zurückgestellt hat« und daß sich eine andere Wiener Produktionsfirma, die Excelsior-Filmgesellschaft, für das Projekt interessiere.

Am 22. September 1948 tritt Max Stöhr von der Schweizer Verleih-Firma Neue Interna Film auf den Plan. Er bittet Zuckmayer im Namen »eines großen befreundeten Wiener Produzenten« um die Rechte am *Seelenbräu*, den dieser mit Heinrich Gretler und Paul Hörbiger in den Hauptrollen verfilmen wolle.

Wie eine Ergänzung zu diesem Brief muß jener auf Zuckmayer gewirkt haben, den er gleich darauf von Guido Bagier, Direktor der Salzburger ÖFA, erhält:

> Ich glaube, dass wir in Salzburg einen sehr schönen Film zusammen bauen werden. Wir werden jede Unterstützung der dortigen offiziellen Kreise haben, da diese den Stoff als eine Prestigesache für Salzburg und seine Ateliers betrachten.[6]

Bagiers Produktionsplan sieht die Innenaufnahmen für Februar/März 1949 vor und die Außenaufnahmen an Ostern. Außerdem deutete er an, daß er bereits eine Besetzung für die Rolle der Clementin im Auge habe. Gleichzeitig teilt Max Stöhr von der Zürcher Neue Interna Film Zuckmayer mit, daß die von ihm avisierte österreichische Produktionsfirma die Vindobona in Wien sei,[7] also die gleiche, die bereits im Frühjahr 1948 an Zuckmayer selbst herangetreten war.

Im Oktober trifft sich Max Stöhr offensichtlich mit beiden österreichischen Produzenten und teilt Zuckmayer mit, daß die Herren verschiedene Interessen hätten und alles vermieden werden müsse, »um das Projekt zu komplizieren«.[8] Außerdem bittet er Zuckmayer zum wiederholten Male, sich bald mit Herrn Ehrlich von der Vindobona-Film zu treffen.

Zuckmayer antwortete unverzüglich auf dieses Schreiben, und aus diesem Brief wird klar, daß er den Salzburger Guido Bagier für den von

---

6 Brief von Guido Bagier an Zuckmayer vom 25. September 1948.
7 Brief von Max Stöhr an Zuckmayer vom 27. September 1948.
8 Brief von Max Stöhr an Zuckmayer vom 14. Oktober 1948.

Stöhr avisierten befreundeten Produzenten gehalten hatte.[9] (Bagier muß tatsächlich zum gleichen Zeitpunkt wie Stöhr, aber unabhängig von diesem, an Zuckmayer herangetreten sein.) Zuckmayer erklärt sich mit Paul Hörbiger und Heinrich Gretler als Hauptdarsteller einverstanden und verweist darauf, daß er selbst »an der Ausgestaltung des Drehbuchs mitarbeiten möchte, mindestens was den Dialog betrifft«.[10] Damit akzeptiert Zuckmayer die Wiener Vindobona-Film als Produzentin des *Seelenbräus*, allerdings vorbehaltlich eines »günstigen Angebotes«. Zuckmayer weist außerdem darauf hin, daß Außenaufnahmen natürlich notwendig seien und im Salzburgischen gedreht werden müßten, »auch vom Standpunkt der internationalen Erfolgsmöglichkeiten aus«. Er scheint sich darüber bewußt gewesen zu sein, daß der Reiz seiner Novelle in der genauen und liebevollen Schilderung der landschaftlichen und architektonischen Besonderheiten dieser Gegend liegt, ohne die die je spezifischen Seelenlagen der beiden Protagonisten nicht denkbar wären. Zuckmayers Hinweis impliziert auch eine Maxime des Heimatfilms – zeitlose Bilder intakter Landschaften boten in den fünfziger Jahren gerade dem durch den Nationalsozialismus erschütterten und beschämten deutschen und österreichischen Publikum die Illusion von Kontinuität.

Im November 1948 erreicht ihn eine schriftliche Vereinbarung, die er abzeichnet. Darin wird der Ankauf der Verfilmungsrechte des *Seelenbräus* zum Preis von 15.000 Schweizer Franken bestätigt, außerdem soll Zuckmayer für die Bearbeitung des Drehbuchs ein Honorar von 5.000 Schweizer Franken erhalten. Die Auswahl des Regisseurs und der Hauptdarsteller hänge von seinem Einverständnis ab, heißt es weiter. Schließlich werden Zuckmayer 20 Prozent vom Reingewinn zugesichert.[11] Mit Schreiben vom 8. November 1948 wird Zuckmayer der endgültige Vertrag zugesandt, den der in der Schweiz lebende Schriftsteller seinerseits um eine Vereinbarung über an ihn zu zahlende Tagesdiäten in Höhe von 100 Schilling pro Aufenthaltstag in Österreich ergänzt.

Mit der Zahlung von Vorschüssen scheint Zuckmayer es eilig gehabt zu haben; Max Stöhr von der Neuen Interna weist ihn am 18. November darauf hin, daß einstweilen keine Zahlungen vorgenommen werden könnten, da der Vertrag noch nicht rechtskräftig sei. Stöhr führt außer-

---

9 Brief von Zuckmayer an Max Stöhr vom 16. Oktober 1948 (von Zuckmayer irrtümlich auf 16. November 1948 datiert).
10 Ebd.
11 Brief von Karl Ehrlich an Zuckmayer vom 3. November 1948.

Illustrierter
Film-Kurier

DER
SEELENBRÄU

dem an, daß die so genannten Verrechnungsstellen beider Länder Zahlungen erst bewilligen müßten. Offenbar kann aber Zuckmayer dann doch das Herz des Schweizer Verleihers und Koproduzenten erweichen, denn am 20. November quittiert er Stöhr den Empfang von 1.000 Schweizer Franken als Darlehen für drei Monate bzw. zur Verrechnung mit seinem Honorar.[12]

In dieser Zeit hat Zuckmayer Vortragsreisen im Zusammenhang mit den Aufführungen von *Des Teufels General* unternommen. »Am Ende des Jahres 1948«, heißt es in seiner Autobiographie, »nach einer Diskussions- und Versammlungsreise durchs Rheinland und Ruhrgebiet, bei der ich mich nur noch mit Schnaps aufrechterhalten hatte, brach ich mit einem Herzinfarkt zusammen.«[13] Die Krankheit und die monatelange Rekonvaleszenzzeit, die Zuckmayer zunächst in der Schweiz und dann, ab Mitte 1949, in einem Sanatorium in der Nähe von Oberstdorf verbringt, beeinflussen die Produktion des *Seelenbräu* in hohem Maße.

In einem Brief aus dem Inselhotel in Konstanz an die Schweizer Verrechnungsstelle legt Zuckmayer seine materiellen Nöte dar:

> [...] derzeit [sind] die Einkünfte aus dem Verkauf meiner Novelle Der Seelenbräu an die VINDOBONA Film Gesellschaft für 20.000 Schweizerfranken, welche durch die INTERNA-FILM in Zürich zahlbar wären, meine einzige Existenzmöglichkeit in der Schweiz. Ich brauche dieses Geld dringend, um meine Familie und mich zu erhalten [...].[14]

Anscheinend nimmt die Verrechnungsstelle von ihren Bedenken hinsichtlich eines in den USA noch bestehenden Vermögens Zuckmayers daraufhin Abstand. Sie bewilligt eine Zahlung von 10.000 Schweizer Franken an Zuckmayer. Der Durchschlag eines mit »Die Sekretärin« (d.i. Hella Jacobowski) unterschriebenen Briefes an die Wiener Nationalbank bestätigt dies.[15]

Danach setzt ein zäher Kampf um die Produktion des *Seelenbräus* ein. Durch Max Stöhr erhält Zuckmayer Kenntnis von einem Brief Direktor Ehrlichs von der Vindobona-Film, der sich darüber beklagt, daß Zuckmayer in Wien nicht für Drehbucharbeiten zur Verfügung stünde. Wenigstens solle Zuckmayer den Dramaturgen Alexander Lix empfan-

---

12 Quittung vom 20. November 1948.
13 Zuckmayer, *Als wär's ein Stück von mir*, a.a.O. (Anm. 1), S. 654.
14 Brief von Zuckmayer an Herrn Hunter, Schweizerische Verrechnungsstelle, vom 1. Januar 1949 (von Zuckmayer irrtümlich auf 1948 datiert).
15 Brief von Zuckmayer an die Nationalbank, Wien, vom 11. Januar 1949.

gen, um mit ihm »alle Vorarbeiten, das Buch betreffend«, vorzunehmen.

> Außerdem ist es unumgänglich notwendig, dass Herr Zuckmayer die ersten 14 Tage des Monats März 1949, so wie besprochen, in Wien zubringt. Durch die bedauerliche Krankheit des Herrn Zuckmayer haben wir schon kostbare Zeit verloren. Wir bitten Sie, Herrn Zuckmayer darauf aufmerksam zu machen, dass wir spätestens Ende März 1949 zu drehen beginnen müssen und daher das Buch Mitte März 1949 fertig sein muss.[16]

In seiner umgehenden Antwort erklärt sich Zuckmayer sowohl damit einverstanden, den Dramaturgen Lix in der Schweiz sofort zu treffen als auch Anfang März nach Wien zu kommen. Sodann äußert sich Zuckmayer dezidiert zur Frage der Regie. Der ursprünglich avisierte Karl Hartl scheint wegen anderer Verpflichtungen abgesagt zu haben, und daraufhin war offenbar in einem Telefongespräch Gustav Ucickys Name genannt worden:

> Nachdem ich in Wien Herrn Ucicky gesprochen habe und feststellte, dass er vollständig andere Ansichten über die Besetzung dieses Films hat, als sie von Herrn Ehrlich, Ihnen und mir geteilt werden, würde ich die Betreuung des Herrn Ucicky mit der Regie für eine ausgesprochene Gefahr halten.[17]

Im weiteren plädiert Zuckmayer für den auf k.u.k.-Nostalgie spezialisierten Regisseur Willi Forst[18] als richtigen Mann für den *Seelenbräu*.

---

16 Brief von Max Stöhr, der Ehrlich zitiert, an Zuckmayer vom 15. Januar 1949.
17 Brief von Zuckmayer an Max Stöhr vom 16. Januar 1948.
18 Zuckmayer und Willi Forst waren offenbar seit Zuckmayers Henndorfer Zeiten befreundet. Sie hatten sich, wie Forsts Biograph beschreibt, anläßlich der Zürcher Premiere von *Des Teufels General* wiedergetroffen: »Und dann ein Wiedersehen mit Carl Zuckmayer, dem Forst berichten konnte, daß sein Haus im Salzburgischen unversehrt geblieben war« (Robert Dachs, *Willi Forst. Eine Biographie*, Wien 1986, S. 145). Interessant in diesem Zusammenhang ist die Tatsache, daß eine Szene im *Seelenbräu* sehr an eine Sequenz in dem von Forst inszenierten Schubert-Film *Leise flehen meine Lieder* (1933) erinnert. Darin läßt der als Musiklehrer arbeitende Franz Schubert eine Knabenklasse *Sah ein Knab' ein Röslein stehn* singen, bis er unsanft vom hereinkommenden Direktor unterbrochen wird. Die entsprechende Szene im *Seelenbräu* gleicht dieser, Schubert-Lied inbegriffen, aufs Haar, nur daß der unangemeldete Besucher der Dechant ist, was für den Musiklehrer Franz Haindl nicht minder schlimm ist als für Franz Schubert der Besuch des Direktors. Ucicky hat also entweder Forst von sich aus plagiiert, oder Zuckmayer hat ihn auf diese Szene hingewiesen.

Forst steht jedoch offenbar nicht zur Verfügung; in der weiteren Korrespondenz wird Berthold Viertel in Betracht gezogen, wie Zuckmayers Brief an Karl Ehrlich belegt:

> Wenn Berthold Viertel von sich aus den Stoff bejaht und machen will, wird er bestimmt mit großer Liebe und viel Können heran gehen. Ich zweifle nicht daran, schon auf Grund alter persönlicher Freundschaft, dass ich mit ihm sehr gut arbeiten kann und dass er, der selbst ein Dichter ist, auch ein Gewinn für das Manuskript bedeutet.[19]

Inzwischen hat sich Zuckmayer mit Alexander Lix getroffen und sich über die Zusammenarbeit mit ihm positiv geäußert. Das Ergebnis der Besprechung fügt er dem Brief an Ehrlich bei. Allerdings äußert Zuckmayer große Bedenken hinsichtlich der kurz bevorstehenden Produktion. Er deutet an, daß es das Beste wäre, das Projekt um ein Jahr zu verschieben, da man zwar auf den Frühling als Drehzeit angewiesen sei, er aber noch mindestens drei Monate Vorbereitungszeit für nötig halte.

Als nächstes Dokument liegt ein Brief des Schauspielers Heinrich Gretler vor, der Zuckmayer darauf hinweist, daß er es sich nicht leisten könne, die bereits vertraglich zugesicherte Arbeit um ein Jahr zu verschieben:

> Selbstverständlich kann ich nicht einfach verzichten. Das kann ich mir gar nicht leisten. Ich muss entweder einen anderen Film bekommen oder eine Abfindung. Eine Verschiebung meines Vertrages um ein Jahr kommt für mich nicht in Frage. Diese zwei reservierten Monate kann ich jetzt nicht mehr wettmachen.[20]

In seiner Antwort lenkt Zuckmayer von seinen eigenen Bedenken ab und führt nun wieder den fehlenden Regisseur ins Feld. Denn im Falle der Beibehaltung des ursprünglichen Produktionsplans scheint nur Gustav Ucicky zur Verfügung zu stehen:[21]

> Ucicky lehne ich nicht nur deshalb ab, weil ich ihn überhaupt für diesen Stoff nicht geeignet finde, sondern auch, weil er sich von vornherein gegen

---

[19] Brief von Zuckmayer an Karl Ehrlich vom 6. Februar 1949.
[20] Brief von Heinrich Gretler an Zuckmayer vom 15. Februar 1949.
[21] In einem Brief vom 15. Februar 1949 an seine Tochter Winnetou beklagte sich Zuckmayer, »dass sie hinterrücks Ucicky als Regisseur einschmuggeln wollten«, um gleichzeitig zu triumphieren: »Glücklicherweise habe ich mir das vertragliche Recht ausbedungen, schriftlich, dass der Regisseur nicht ohne meine Einwilligung gewählt werden kann.«

die Besetzung mit Dir ausgesprochen hat und, wenn er sie jetzt akzeptieren würde, ohne richtige Überzeugung an die Arbeit ginge.[22]

Mit Karl Ehrlich scheint es hingegen zu einer Einigung gekommen zu sein. Zuckmayer drückt seine Zufriedenheit über den Aufschub des Projektes aus und kündigt seinen Besuch für Ende April in Wien an, wo er mit dem Dramaturgen Lix weiter am Drehbuch arbeiten will. Im Frühjahr und Sommer stehe er dem Projekt zur Verfügung. Wieder betont er, daß er Wert auf Karl Hartl als Regisseur lege.[23] Peter Suhrkamp, seinem Verleger in Deutschland, erklärt er in einem Brief vom 5. März 1949:

> Den Seelenbräu-Film, aus dem ich noch eine größere Frankensumme hätte erzielen können, musste ich abblasen und die Verschiebung erzwingen, da er mir sonst künstlerisch versaut worden wäre, was ich nicht dulden und mir nicht leisten kann, und ausserdem, hätte man ihn in diesem Frühjahr doch gemacht, so hätte ich jede Ruhe aufgeben und mich in eine wilde Arbeit daran stürzen müssen, die mir auch Niemand abnehmen kann. Das waren schwierige aufreibende Verhandlungen, – um wenigstens die entsprechende Anzahlung heraus zu bekommen und für später die richtigen Massnahmen zu treffen.

Seiner Tochter Winnetou teilt er sechs Tage später mit:

> [den] Seelenbräu-Film habe ich endgültig verschieben lassen, wäre jetzt eine üble Hetzerei geworden, Ucicky (den man mir aufschwatzen wollte) habe ich endgültig abgelehnt. Hartl wird ihn im nächsten Winter und Frühling mit guter Vorbereitung machen.[24]

Nun betritt wieder der Direktor der Schweizer Interna Film, Max Stöhr, die Bühne. Er scheint über eine Vereinbarung zwischen Ehrlich und Zuckmayer nicht informiert worden sein, sollte es sie denn gegeben haben. Sein energisch und unverbindlich formulierter Brief weist Zuckmayer darauf hin, daß ihm bereits 10.000 Schweizer Franken bezahlt worden seien, damit er mit Lix am Drehbuch arbeite, zunächst in seinem Schweizer Domizil Chardonne, sodann in Wien:

> Mit nicht geringem Erstaunen mussten wir vernehmen, dass Sie noch immer in Chardonne weilen statt in Wien. [...] Zugegebenermaßen sind nun wegen der Regiefrage einige Schwierigkeiten aufgetaucht und erwarten wir

---

[22] Brief von Zuckmayer an Heinrich Gretler vom 16. Februar 1949.
[23] Brief von Zuckmayer an Karl Ehrlich vom 24. Februar 1949.
[24] Brief von Zuckmayer an seine Tochter Winnetou vom 11. März 1949.

diesbezüglich in den nächsten Tagen Herrn Dir. Ehrlich von der Vindobona Wien.

Ungeachtet dessen sehen wir jedoch nicht ein, wo in erster Linie die Verwirklichung des Projekts an dem vorzulegenden fertigen Drehbuch hängt, dass daran nun überhaupt nicht gearbeitet wird, wo man uns doch mündlich und schriftlich mehrmals zusagte, dass das Drehbuch auf alle Fälle Ende März fertig sein wird.[25]

Erbost versieht Zuckmayer diesen Brief mit einer handgeschriebenen Notiz: »Diese unverschämte Gangsterblackmail sofort eiskalt beantwortet.«[26] In diesem Antwortschreiben unterrichtet er Stöhr darüber, daß zwischen ihm und Herrn Ehrlich volles Einverständnis hinsichtlich des Arbeitsplans bestehe. Für ihn sei die Regiefrage vorrangig, entscheidend sei die endgültige Zusage des Herrn Hartl. Was schließlich die Zahlung betreffe, habe diese nichts mit seiner Arbeit am Drehbuch zu tun, schließlich erhalte er allein 15.000 Schweizer Franken für die Verfilmungsrechte:

> [...] für meine persönliche Mitarbeit bin ich bis jetzt überhaupt noch nicht bezahlt. Ich erwähne das nicht, um irgendwelche Folgerungen daraus zu ziehen, was die Termine der Arbeit anlangt, sondern nur, um die Lage klarzustellen und Missverständnisse Ihrerseits zu vermeiden.[27]

Inzwischen scheint der von der Vindobona beauftragte Dramaturg Alexander Lix auf der Basis des Arbeitstreffens mit Zuckmayer in Chardonne einen ersten Drehbuchentwurf fertig gestellt zu haben. Diesen dient er in einem unterwürfigen, salbungsvollen Brief dem »lieben, verehrten Vater Zuckmayer« an, dabei den Vergleich mit einem frisch ausgeschlüpften Küken über die Maßen strapazierend:

> Ob das nun kaum flügge Hühnchen, der Brutmaschine Film entnommen, den Erwartungen entspricht, die Sie als Vater gehegt, wird das Urteil zeigen, das Sie, als der Befugteste in diesem Brutprozess, jetzt fällen werden.[28]

In diesem Duktus geht es noch eine Weile weiter, bis Lix schließlich zum eigentlichen Anliegen kommt. In einer Art präventiver Verteidigung weist er darauf hin, daß alles noch zu ändern sei, aber er hoffe,

---

25 Brief von Max Stöhr an Zuckmayer vom 15. März 1949.
26 Ebd.
27 Brief von Zuckmayer an Max Stöhr vom 16. März 1949.
28 Brief von Alexander Lix an Zuckmayer vom 17. März 1949.

dass Ihnen und mir bei den nun kommenden Entscheidungen, die getroffen werden müssen, die beeinflussende Stimme vorbehalten bleibt, damit nicht durch nie wieder gut zu machende Konzessionen in punkto Rollenbesetzung, Schauplatz- und Dekorationsauswahl, musikalische und kostümliche Stilfragen etc. etc. der Zauber der Atmosphäre und die Lyrik Ihrer Dichtung vergröbert oder gar verloren geht. (!)[29]

Auch Lix spricht sich in seinem Brief noch einmal für den Regisseur Karl Hartl aus. In einem Brief an Rudolf Steinböck gibt Zuckmayer seiner Hoffnung Ausdruck, daß dieser den *Seelenbräu* inszenieren werde, falls Hartl nicht zur Verfügung stehe.[30]

Offenbar findet Anfang Mai 1949 ein Treffen mit Karl Ehrlich und Max Stöhr und möglicherweise auch Alexander Lix in Wien statt, nach dem sich Zuckmayer dann zur Kur nach Oberstdorf begibt. In einem Brief an Lix erwähnt er, daß wegen seines eigenen schlechten Gesundheitszustandes eventuell ein weiterer Drehbuchautor hinzugezogen werden müsse, und betont, daß er keinerlei Bedenken gegen Lix' Arbeit hege.[31]

Am 12. Juni 1949 erhält Zuckmayer, dann schon in Oberstdorf, ein Telegramm von einem Mitarbeiter des Bermann-Fischer-Verlages, das ihn von Ucickys endgültigem Engagement in Kenntnis setzt: »Hartl abgelehnt. Ehrlich schließt mit Ucicky ab. Drahtet Einverständnis oder Veto.«[32] Die Kraft, noch einmal ein Veto gegen Ucicky einzulegen, fehlte dem angeschlagenen Zuckmayer, wie aus einem Brief an den Schauspieler Heinrich Gretler hervorgeht. Zwar scheint er gegen die Entscheidung telegraphisch protestiert zu haben, aber ohne Erfolg. Außerdem sei von Karl Ehrlich als zweiter Drehbuchautor Friedrich Schreyvogl hinzugezogen worden (der allerdings im Vorspann des Films nicht auftaucht), was Zuckmayer ebenfalls mißfiel:

> Schreyvogel war einer der wenigen Kollegen, die in der Zeit vor der Besetzung Österreichs gegen mich persönlich dort ungeheuer gehetzt haben. Ich möchte daraus zwar heute keine Folgerungen ziehen, aber er ist außerdem ein sehr mäßiger Schriftsteller. [...]
> Es wäre nun von meiner Seite sinnlos, noch einmal Protest einzulegen. Das könnte ich nur tun, wenn ich imstande wäre, die Konsequenzen zu ziehen,

---

29 Ebd.
30 Brief von Zuckmayer an Rudolf Steinböck vom 18. April 1949.
31 Brief von Zuckmayer an Alexander Lix vom 28. Mai 1949.
32 Telegramm von Joseph Berger an Zuckmayer vom 12. Juni 1949.

> nämlich selbst sofort die endgültige Drehbucharbeit und womöglich auch mit einer technischen Assistenz die Regie zu übernehmen. Aber die Gesundheit geht vor und mein Arzt würde mich in den nächsten zwei Monaten unter keinen Umständen auf längere Zeit aus der hiesigen Pflege entlassen. [...]
> Da Hartl und Forst ausfallen, wüsste ich auch keinen anderen Regisseur von Rang in Österreich vorzuschlagen. Bestehe ich also jetzt noch auf meinen früheren Protest gegen Ucicky, wozu ich vertraglich berechtigt wäre, so fällt auf mich die ganze Verantwortung, falls der Film nicht zur abgemachten Zeit begonnen werden kann.[33]

Gegenüber Rudolf Steinböck drückt Zuckmayer sein Bedauern und leisen Zweifel darüber aus, daß dieser laut Ehrlich mit anderen Arbeiten beschäftigt sei.[34] Joseph Berger, dem Leiter des Bermann-Fischer-Verlags in Wien, teilt er mit, daß er es unter den gegebenen Umständen nicht verantworten könne, sich am Drehbuch zu beteiligen, »das vielleicht als Ganzes meinen Ideen und Intentionen völlig zuwiderläuft«.[35]

Ende August schickt Alexander Lix das fertige Drehbuch – sein einziges Exemplar, wie er betonte – aus Wien mit einem Boten an Zuckmayers Frau, die sich zu diesem Zeitpunkt offenbar in Salzburg aufhält:

> Es wäre nun für den weiteren Ablauf des ganzen Vorhabens von größtem Wert, wenn Ihr Gatte mir seine Stellungnahme sowohl im positiven, als auch im negativen Sinne möglichst umgehend bekannt geben würde, damit es mir möglich ist, bei der nun im Film unausbleiblichen Auseinandersetzung mit dem Regisseur die Wünsche Ihres Gatten berücksichtigen und vertreten zu können. Da aber bereits am 10. September mit den Außenaufnahmen[36] begonnen werden soll, ist die Zeit hierfür sehr kurz.[37]

Zeit findet Zuckmayer wohl überhaupt nicht für Lix' Drehbuch, noch nicht einmal für dessen Rücksendung, wie der nächste Brief des furchtbar enttäuschten Lix dokumentiert, in dem er von Auseinandersetzungen spricht, die er mit Ucicky und Ehrlich im Sinne Zuckmayers geführt habe. Da sich Zuckmayer aber wohl gar nicht geäußert hat, scheint Ucicky selbst nun in Zusammenarbeit mit einem neuen Dreh-

---

33 Brief von Zuckmayer an Heinrich Gretler vom 20. Juli 1949.
34 Brief von Zuckmayer an Rudolf Steinböck vom 29. Juli 1949.
35 Brief von Zuckmayer an Joseph Berger vom 9. August 1949.
36 Man wollte wohl nun auf Zuckmayers so wichtigen Wechsel vom Winter zum Frühjahr verzichten.
37 Brief von Alexander Lix an Alice Zuckmayer vom 23. August 1949.

buchautor, Theodor Ottawa, erhebliche Änderungen an Lix' Buch vorgenommen zu haben. Über deren Charakter geben folgende Zeilen implizit Auskunft:

> Möglich, dass Sie selbst die Auffassung des Herrn Ucicky teilen, man werde Ihrer Erzählung damit am gerechtesten nachkommen, wenn man ihre Form wortwörtlich als Grundlage für die Drehbuchvorlage benützt, ohne die für eine Filmhandlung notwendige Spannung durch dramaturgische Raffung und Verdichtung zu schaffen. Es ist dies ein Regieexperiment, worüber ich mir nicht anmaße, ein Urteil zu fällen. Vielleicht glückt es Herrn Ucicky dieses Mal – bei Ihrer Erzählung *Nach dem Sturm* hatte er sich geirrt![38]

Dann bittet Lix Zuckmayer um Unterstützung gegenüber Ehrlich und Ucicky, und er fährt fort mit der pathetischen Beteuerung, er werde das Interesse Zuckmayers weiter verteidigen, »auch wenn ich persönlich dabei schwer angeknockt aus der Arena getragen werde«. Auf diesen Brief antwortete Zuckmayer erst später, inzwischen schreibt er Ehrlich und geht ausführlich auf die beiden ihm offenbar vorliegenden Drehbuchentwürfe ein. Er nennt keine Namen, sondern spricht vom ersten und zweiten Entwurf, aber aus dem oben zitierten Brief Lix' geht hervor, daß dieser wohl das um jede Menge eigene Einfälle angereicherte vorgelegt hat, auf die Zuckmayer ausführlich Bezug nimmt. Das andere von Ucicky und Ottawa stammende scheint er selbst zu präferieren, wie er Ehrlich gleichzeitig telegraphisch[39] mitteilte:

> [i]ch finde das letzte Drehbuch sauber gearbeitet und äußerst stoffgetreu [...], aber es müsste noch etwas dazukommen, nämlich dramatische Impulse und Akzente, oder, um es ganz trivial zu sagen: Spannung.[40]

Zuckmayer schlägt im weiteren vor, die Hauptfiguren Seelenbräu und Leibesbräu deutlicher herauszuarbeiten und stärkere Akzente zu setzen. Offenbar stattet Lix' Drehbuch die Hauptfiguren mit biographischen Hintergründen aus, was Zuckmayer zu kompliziert erscheint. Außerdem ist ihm die Eifersuchtsgeschichte zwischen Ammetsberger, dem arrivierten Bewerber um die Hand der Clementin, und dem jungen Musiklehrer Haindl, nicht genug pointiert. Schließlich bittet er darum, Sprecher-Texte für den Anfang und den Schluß des Films aus dem eigenen Novellentext selbst formulieren zu dürfen.[41] Der Rest des Briefes

---

38 Brief von Alexander Lix an Zuckmayer vom 23. September 1949.
39 Telegramm von Zuckmayer an Karl Ehrlich vom 1. Oktober 1949.
40 Brief von Zuckmayer an Karl Ehrlich vom 30. September 1949.
41 Solche Texte gibt es im fertigen Film nicht.

drückt Zuckmayers Bedauern darüber aus, daß er selbst nicht mehr am Drehbuch mitarbeiten konnte, und entbindet die Vindobona von der Zahlung der als Drehbuchhonorar vereinbarten 5.000 Schweizer Franken.

In seinem Antwortschreiben stellt Ehrlich fest, daß man einige Anregungen Zuckmayers ins Drehbuch aufgenommen habe; aber im Grunde interessiert den Produzenten jetzt eine andere Frage. Er berichtet, daß deutsche, österreichische und Schweizer Verleiher sich mit dem Titel[42] *Der Seelenbräu* schwer täten, und bittet Zuckmayer um alternative Titelvorschläge. Alexander Lix hatte bereits einen vorgelegt: »Die Faschingsmazurka«.

Mitte Oktober beantwortet Zuckmayer Lix' Brief und entschuldigt sich dafür, daß er sich an der Diskussion um die beiden Drehbücher nicht beteiligt hätte:

> [i]ch glaube nicht, dass etwas Gutes dabei herausgekommen wäre, wenn ich mich nun mit Ucicky zusammengesetzt hätte, den ich doch vorher für diesen Stoff völlig abgelehnt hatte. Vielleicht wird er uns alle überraschen und ihn besser machen als seine letzten Filme. Er hat ja in seinen guten Zeiten Hervorragendes geleistet.[43]

Überraschend ist, daß Zuckmayer lediglich künstlerische Bedenken gegen Ucicky äußert; dessen Engagement im nationalsozialistischen Propagandafilm wird von ihm in der Korrespondenz nie thematisiert.[44]

---

42 Interessant in diesem Zusammenhang ist auch ein Aufruf in der *Schweizer Film-Zeitung*, der um die Zeit der Zürcher Premiere veröffentlicht wurde: »Da Zuckmayers Novelle bei uns nicht so bekannt ist, wie bei unseren Nachbarn und ›Bräu‹ zudem ein typisches Wort des österreichisch-bajuwarischen Wortschatzes ist, sucht die schweizerische Verleihfirma des Streifens einen der Handlung entsprechenden, zügigen und allgemein verständlichen Titel, über den während der Zeit, in der der Film in Uraufführung in Zürich läuft, entschieden werden soll.« *Schweizer Film-Zeitung* (Zürich), ohne Datum, unpaginiert, im Nachlaß von Carl Zuckmayer.
43 Brief von Zuckmayer an Alexander Lix vom 18. Oktober 1949.
44 Ucicky und sein Drehbuchautor Gerhard Menzel realisierten den Anfang 1933 uraufgeführten Kriegsfilm *Morgenrot*, der, obschon bereits vor der Machtübernahme der Nationalsozialisten gedreht, als erster Film im Geist des neuen Regimes gilt. Einige weitere, wesentlich eindeutiger dem Geist des Regimes verpflichtete Filme wie *Flüchtlinge* (1933), *Das Mädchen Johanna* (1935) und *Heimkehr* (1941) gehen auf Ucicky und Menzel zurück.

Die Beschwörung der Heimat

Im November teilt Karl Ehrlich Zuckmayer mit, daß man sich nun für den Titel »Salzburger Mazurka« entschieden habe,[45] und da ihm das nicht gefällt, fühlt sich Zuckmayer nun seinerseits bemüßigt, Titelvorschläge einzureichen:

> Der Schluss, auf den alles hinzielt, ist die Ostermusik in der Kirche. Ich glaube man müsste das im Titel ausdrücken [...]: »Die Ostermusik«, »Salzburger Ostermusik«, »Salzburger Osterkantate«, »Mit Leib und Seele«. Der letzte Titel scheint mir besonders gut; [... darin] wäre auch der Gegensatz Seelenbräu – Leibesbräu, wie in der Novelle, enthalten, und dieses Motiv ist ja im Drehbuch auch durchgeführt.[46]

Am 16. November unterrichtet Karl Ehrlich Zuckmayer über den Abschluß der Dreharbeiten und des Rohschnitts und lädt Zuckmayer nach Wien zur Besichtigung ein, damit er die Sprechertexte für Anfang und Schluß des Filmes formulieren könne.[47] Anscheinend kommt es dazu jedoch nicht.

Im Dezember informierte Ehrlich Zuckmayer darüber, daß man sich entschlossen habe, *Der Seelenbräu* als Titel für die Produktion beizubehalten.[48] Damit sind aber die Titelprobleme nicht gelöst, denn nun erreicht Zuckmayer ein Brief des Verleihers K.J. Fritzsche von der Deutschen London Film, der für die Distribution in Deutschland wiederum einen attraktiveren Titel möchte und noch einmal um Vorschläge bittet.[49] Ansonsten spart Fritzsche nicht mit Lob für »das erste Film-Gedicht, welches ich gesehen und erlebt habe«. Erfreut antwortet Zuckmayer, der den Film selbst noch nicht gesehen hat, daß er sich noch einmal mit der Titelfrage beschäftigen werde.[50]

Am 23. Januar 1950 lädt der Schweizer Verleiher Max Stöhr den immer noch im Oberstdorfer Sanatorium weilenden Zuckmayer telegraphisch zur bevorstehenden Weltpremiere am Freitag, den 27. Januar 1950, im Corso-Theater in Zürich, ein. Inzwischen ist der deutsche Verleiher Fritzsche immer noch auf Titelsuche; Zuckmayer scheint ihm »Faschingsgeister« vorgeschlagen zu haben, der ihm jedoch noch zu

---

45 Brief von Karl Ehrlich an Zuckmayer vom 3. November 1949.
46 Brief von Zuckmayer an Karl Ehrlich vom 10. November 1949.
47 Brief von Karl Ehrlich an Zuckmayer vom 16. November 1949.
48 Brief von Karl Ehrlich an Zuckmayer vom 6. Dezember 1949.
49 Brief von K.J. Fritzsche an Zuckmayer vom 17. Januar 1950.
50 Brief von Zuckmayer an K.J. Fritzsche vom 22. Januar 1950.

»lustspielhaft« klingt.[51] Ende März telegraphiert er Zuckmayer seinen eigenen Titelvorschlag: »Liebe öffnet alle Tore«.[52]

Die österreichische Premiere findet ebenfalls unter dem Titel *Der Seelenbräu* statt, und zwar am 14. April 1950 im Wiener Apollo-Kino. Für diese Vorstellung sagt Hella Jacobowski, die Sekretärin des neuerlich erkrankten Zuckmayer, dem österreichischen Verleiher Sascha-Film ab.[53] Die Deutsche London Film wendet sich nun wieder an Zuckmayer mit der Bitte, für das deutsche Presseheft ein Geleitwort zu schreiben.[54] Die deutsche Erstaufführung ist nach diesem Schreiben für Juni/Juli 1950 geplant. Zuckmayer drückt erst zwei Monate später sein Bedauern darüber aus, daß er wegen Arbeitsüberlastung nicht dazu kommen werde, dem Wunsch der Firma nachzukommen.

Von Zuckmayer selbst liegt keine Stellungnahme zum Film vor, aber ein Brief von Alexander Lix, der den Film erst im Juni sieht, deutet dessen Unzufriedenheit mit dem auf seinen Vorarbeiten basierenden Ergebnis an, kommt dann aber auf ein anderes Problem zu sprechen. Lix ist nämlich entsetzt darüber, daß er im Vorspann des Films[55] als Bearbeiter der Zuckmayerschen Novelle, nicht aber als Drehbuchautor geführt wird, möchte dies zumindest für den deutschen Verleih geändert haben und bittet Zuckmayer um seine Intervention.

> Mich als Bearbeiter Ihrer Novelle bei diesem Film anzukündigen, muss der Kritik und der Fachwelt zwangsläufig ein ganz falsches Bild von meiner Leistung applizieren und meinen Ruf als Drehbuchautor diskreditieren.[56]

Und auch die Frage nach dem deutschen Verleihtitel ist immer noch nicht ausgestanden, wie ein Brief vom November 1950 von Zuckmayer an seinen Anwalt Fritz Börckel beweist. Darin erklärt Zuckmayer, der Film laufe in Österreich, der Schweiz und Süddeutschland[57] unter dem

---

51 Brief von K.J. Fritzsche an Zuckmayer vom 6. Februar 1950.
52 Telegramm K.J. Fritzsche an Zuckmayer vom 30. März 1950.
53 Brief von Zuckmayer (Sekretärin [d.i. Hella Jacobowski]) an Sascha Film Wien vom 4. April 1950.
54 Brief an Zuckmayer vom 20. April 1950.
55 Es heißt dort: Paul Hörbiger Heinrich Gretler / in dem Gustav-Ucicky-Film Der *Seelenbräu* / nach der gleichnamigen Erzählung von Carl Zuckmayer bearbeitet von Alexander Lix / Drehbuch: Dr. Theodor Ottawa.
56 Brief von Alexander Lix an Zuckmayer vom 13. Juni 1950.
57 Die deutsche Premiere fand am 18. August 1950 in den Münchner Kammer-Lichtspielen statt.

Novellentitel, sei aber in Hamburg »und vermutlich auch in Berlin und anderen deutschen Großstädten« unter »Im Wirtshaus zum goldenen Herzen« in die Kinos gekommen. Zuckmayer bittet seinen Rechtsbeistand um Regreßforderungen und um das sofortige gerichtliche Verbot dieses Titels. Damit endet die wechselvolle Produktionsgeschichte des *Seelenbräus*, soweit sie dokumentiert ist. Man kann vermuten, daß der Film unter einfacheren Umständen besser geworden wäre. Aber bereits die Vorlage hat ihre Schwächen.

2. Die Novelle

Der Seelenbräu hat eindeutig biographische Bezüge, und die Stärken der Novelle liegen eben darin: in der Schilderung der Landschaft, der Sitten und Gebräuche einer Region, die Zuckmayer als geliebte Heimat betrachtete. Einige Beispiele mögen belegen, wie nah Autobiographie und Novelle einander sind. So beschreibt Zuckmayer den Gastwirt und Besitzer der »Wiesmühl«, Carl Mayr, mit den Worten: »Es war, als wäre man beim letzten Großherzog eines der alten, höchstkultivierten Duodezhöfe zu Gast geladen.«[58] Und den Leibesbräu Matthias Hochleithner: »Denn er war der echte, vielleicht der letzte Sproß einer echten Aristokratie, wenn sie auch nur aus Bierbrauern und Gastwirten bestand.«[59] Mayrs Gasthaus,

> das dort, an der großen Landstraße, seit etwa tausend Jahren stand, einige Male abgebrannt und wieder aufgebaut war und mit seinen mächtigen dicken Mauern und den großen Räumen mehr wirkte wie ein altes Schloß,[60]

gleicht dem Wirkungsort des Leibesbräu, der nämlich war

> wohl zu ungezählten Malen abgebrannt, eingerissen, umgebaut oder neu errichtet worden, aber die heutigen Grundmauern und die meterdicken Steinwände seines Unterbaus waren bestimmt nicht jünger als drei- bis vierhundert Jahre. [...] Selbst die elektrischen Birnen hatte man nach Möglichkeit in die alten eisernen Laternen und Hängelampen oder in große Holzräder und bemalte Roßkummete eingebaut, wie man sie früher zur Kerzenbeleuchtung verwandte.[61]

---

58 Zuckmayer, *Als wär's ein Stück von mir*, a.a.O. (Anm. 1), S. 13.
59 Carl Zuckmayer, *Der Seelenbräu*, zitiert nach: Carl Zuckmayer, *Die Fastnachtsbeichte. Erzählungen 1938-1972*, Frankfurt am Main 1996, S. 51.
60 Zuckmayer, *Als wär's ein Stück von mir*, a.a.O. (Anm. 1), S. 19.
61 Zuckmayer, *Der Seelenbräu*, a.a.O. (Anm. 59), S. 52.

Und Carl Mayr wiederum macht den Zuckmayers entsprechende Einrichtungsvorschläge und empfiehlt

> als Deckenlampe einen eisernen Radreifen oder ein hölzernes, bemaltes Pferdekummet, an dem man die Birnen anbringt, wo man früher Kerzen aufsteckte.[62]

Schließlich verwendet Zuckmayer sogar das ungewöhnliche Motiv des Geisterzimmers in beiden Veröffentlichungen:

> [m]an wußte manchmal nicht genau, ob er sich nicht beim Erzählen seiner Geistergeschichten über den Zuhörer oder über sich selbst ein wenig lustig machte. [...] Plötzlich pochte es in einer halbdunklen Ecke des großen Raums dreimal laut und heftig, so wie wenn jemand mit einem Stock auf den Boden schlagen würde. ›Guten Abend, Großmutter‹, sagte Carl, ohne von seiner Arbeit aufzusehen, mit gleichmütiger Stimme. Ich sagte nichts und beobachtete die Zimmerecke und gleichzeitig sein Gesicht von der Seite. Er sah nicht anders aus, als ob ein später Gast noch einmal an die Tür geklopft hätte. Nach kurzer Zeit pochte es wieder dreimal aus der gleichen Ecke, wie mir schien etwas heftiger, ungeduldiger. ›Ja ja‹, sagte er mit derselben gleichmütigen Stimme, ›es is alles recht und 's Geschäft geht gut. Jetzt geb scho Ruh.‹[63]

Zum Vergleich die entsprechende Passage aus der Novelle:

> Man wußte nicht recht, wenn er davon erzählte, ob er sich über die Gläubigen oder über die Zweifler, über die Zuhörer oder über sich selbst, über die Menschen oder über die Geister lustig machte. [...] – aber jedes Jahr an Mariä Lichtmeß, dem Todestag seiner Großmutter, hörte er sie in ihrer Sterbeecke pochen, wie sie mit ihrem Krückstock aufgepocht hatte, wenn das Essen zu spät kam, und erstattete ihr mit ruhiger, sachlicher Stimme Bericht über die jüngsten Vorgänge und Entwicklungen im Geschäft.[64]

Es ließen sich eine ganze Reihe von anderen Beispielen anführen, die den Schluß nahe legen, daß Zuckmayer nicht Motive aus der Novelle für seine Biographie verwendet hat – und eben nicht umgekehrt. Das Interessante an Zuckmayers Novelle, die eines wirklichen Konflikts, eines Spannungsbogens entbehrt, ist die Schilderung des dörflichen Lebens, das der heimwehkranke Dichter in fast beschwörendem Duktus als zeitlos und immer gleich beschreibt:

---

62 Zuckmayer, *Als wär's ein Stück von mir*, a.a.O. (Anm. 1), S. 20.
63 Ebd., S. 22.
64 Zuckmayer, *Der Seelenbräu*, a.a.O. (Anm. 59), S. 78 f.

> So ist es also für die Kenner Köstendorfs und des Salzburgischen müßig, nachzuforschen, ob der Dechant, der in dieser Geschichte vorkommt, wirklich gelebt hat. Bestimmt ist nicht der jetzige damit gemeint, auch nicht der vorige. Ob der nächste, kann ich nicht versichern. Dann da es in Köstendorf zwar ein Dechanat gibt, aber keine Zeit, so ist es auch möglich, daß der, von dem hier die Rede ist, noch gar nicht geboren wurde.[65]

Unschwer ist aus diesen Zeilen der Wunsch zu erkennen, es möge sich dort, in der salzburgischen Heimat, nichts geändert haben, sieben Jahre nach dem Anschluß Österreichs ans Deutsche Reich, nach der Ermordung oder Vertreibung der meisten Österreicher jüdischen Glaubens, nach fünf Jahren schließlich verlorenen Krieges und – vielleicht hat der in den USA lebende Dichter auch das schon geahnt – durch die Besatzung der Amerikaner. (Einige der tatsächlich eingetretenen Veränderungen sollte Zuckmayer – nach eigener Anschauung – wenige Jahre später thematisieren: in seiner in der neu gegründeten Illustrierten *Stern* veröffentlichten Erzählung mit dem beziehungsreichen Titel *Nach dem Sturm*, die, wie noch zu zeigen sein wird, bereits vor *Der Seelenbräu*, und zwar ebenfalls von Gustav von Ucicky, verfilmt worden war.)

Wie Walter Fähnders ausgeführt hat, liegen auch bei anderen literarischen Produkten Zuckmayers die Stärken in der Beschreibung, was zeitgenössische Kritiker bereits erkannten. So schrieb etwa Erich Kästner, der das Stück eine »Chronik mit Lokalkolorit« nannte, über den *Schinderhannes*:

> Zuckmayers Talent ist beschreibender Natur. Zuckmayer malt Zustände, er malt sie aus mit saftigen Farben und in warmen Tönen, und es ist schade, daß ein Theaterstück keine Bildergalerie ist oder keine Novelle Zuckmayers.[66]

So wie der rheinhessischen Heimat im *Schinderhannes* hat Zuckmayer der salzburgischen im *Seelenbräu* ein Denkmal gesetzt, und der Tenor der Literaturkritiken nach Erscheinen der Novelle war der nämliche: »Meister-Kleinwerk von beglückender Köstlichkeit«[67] hieß es, von einer »Welt voll und prall vom Glück der Sinnlichkeit«[68] und von »Bildern,

---

65 Ebd., S. 44.
66 Erich Kästner am 16. Oktober 1927 in der *Neuen Leipziger Zeitung*, zitiert nach Walter Fähnders, *Volksstück mit letalem Ausgang. Carl Zuckmayers Schinderhannes in der Theaterkritik*, in diesem Band, S. 155-178.
67 Max Osborn, *Ein Buch, in das man sich verliebt*, in: *Der Aufbau* vom 17. Mai 1946.
68 N.N. in: *Sonntagsblatt, Staatszeitung und Herold* vom 26. Mai 1946.

prall, sinnlich und behaglich«[69] war die Rede. Aber der Charakter der Novelle im allgemeinen und des *Seelenbräus* im besonderen ist eben nicht dramatisch. Und darunter leidet der Film.

3. Die Verfilmung[70]

Neben dem charismatischen Gastwirt Carl Mayr, der das Vorbild für den »Leibesbräu« Hochleithner abgibt, scheinen auch andere Figuren der Novelle von wirklichen Bekannten Zuckmayers in Henndorf, das im Film zu Köstendorf[71] wurde, inspiriert zu sein: Die weibliche Hauptfigur ist Clementin, des Leibesbräus musikalische Nichte, die ein Gesangsstudium am Salzburger Konservatorium absolviert. Sie könnte ein Pendant sein zu Carl Mayrs Bruder Richard, »der berühmte Kammersänger, erster Bassist der Wiener Staatsoper«[72]. Und auch ein Kinderchor, ein Hausmeister und ein »Dodey« genannter, sehr lebenslustiger Totengräber, spielen sowohl in den Erinnerungen wie in der Novelle Nebenrollen. Einzig für den geistlichen Antagonisten des Matthias Hochleithner, den Dechanten, findet sich in Zuckmayers Autobiographie kein Vorbild. Man kann ihn jedoch als eine Variante des Leibes-

---

69 P.C. in: *Nordsee-Zeitung* (Bremerhaven) vom 16. April 1948.

70 *Der Seelenbräu*. Österreich 1950. Regie: Gustav Ucicky. Nach der gleichnamigen Erzählung von Carl Zuckmayer bearbeitet von Alexander Lix. Drehbuch: Dr. Theodor Ottawa, Kamera: Hans Schneeberger, Sepp Ketterer, Bauten: Prof. Otto Niedermoser, Eduard Stolba, Musik: Willy Schmidt-Gentner, Ton: Otto Untersalmberger, Schnitt: Henny Brünsch, Produktion: Karl Ehrlich. Ein Vindobona-Film hergestellt im Auftrage der Neuen Wiener Film Produktions G.m.b.H. Paolo Caneppele und Günter Krenn vom Filmarchiv Austria gilt mein herzlicher Dank für die Videokopie, die sie mir zur Verfügung stellten.

71 Die Veränderung des Ortes wurde von den *Salzburger Nachrichten* am 22. August 1950 ungehalten kommentiert: »Warum Carl Zuckmayers Liebe zu Henndorf, die einst lichterloh brannte wie Flammen des Fegefeuers, sich in eine sang- und klanglose Abkehr gewandelt hat? [...] Um die einstige, vormals allein auf weiter Flur stehende Wiesmühle sind Nutzbauten wie Schwammerl aus der Erde geschossen [... und er hielt] Besuch von heimischen Plünderern, die auch vor Zuckmayers ländlichem Idyll nicht halt machten, während er fern von seinem geliebten Henndorf weilte. Dies alles mag den Dichter verstimmt haben, so sehr sogar, daß sein *Seelenbräu*, der nun im Film zu sehen war, nach Angabe des Autors in Köstendorf spielt und wohl auch auf Zuckmayers Geheiß in Obertrum gedreht wurde.«

72 Zuckmayer, *Als wär's ein Stück von mir*, a.a.O. (Anm. 1), S. 19.

Die Beschwörung der Heimat 457

Der »Seelenbräu« (Paul Hörbiger) und der
»Leibesbräu« (Heinrich Gretler)

bräus interpretieren, denn, und hier beginnen bereits die Schwächen der
Novelle, zwischen den beiden besteht kein wirklicher Gegensatz. Beide
sind cholerisch und autoritär, kraftvoll, eitel und laut, jeder auf seine
Weise borniert, und wo der eine maßlos – und ohne Rücksicht auf die
Gesundheit – den leiblichen Genüssen frönt, hat sich der andere mit
Haut und Haaren der Musik verschrieben – ohne Rücksicht auf seine
Mitmenschen. Beide können nicht von ihrer Obsession lassen. Und an
der Clementin haben beide ein ähnliches onkelhaftes, sentimentales
Interesse: Sie verkörpert Reinheit, Jugend und – durch ihre Verlobung
mit dem von beiden alten Herren eifersüchtig beobachteten Musikleh-
rer – gerade soviel sexuelle Energie, wie die eisernen Junggesellen noch
verkraften können. Sind die beiden Bräus einander schon in der Novelle sehr ähnlich, so unterstützt der Film diese Ähnlichkeit noch: Der
Österreicher Paul Hörbiger (1894-1981), im bundesdeutschen und
österreichischen Nachkriegsfilm als Inkarnation des oft heurigenseligen
Alpenländlers eingesetzt, spielt den Dechanten als Variante eben dieses
Typs: betulich, aber energisch, ein Polterer mit gutem Herzen, ein
gemütlicher Augenzwinkerer, der auch einmal fünfe gerade sein läßt.
So staucht er seine Chorkinder zunächst zusammen, um ihnen dann

»Zuckerln« zu schenken; so hält er, wenn er offiziell dem Bibelstudium frönt, sein Mittagsschläfchen; so geht ihm einfach die Luft aus, wenn man seinem Gebrüll standhält. Und der Schweizer Heinrich Gretler (1897-1977), auch er ein Protagonist des deutschsprachigen Nachkriegsfilms und Darsteller von Bauern, Jägern, Dorfgewaltigen und Landpfarrern – am bekanntesten vielleicht sein Alp-Oehi in den *Heidi*-Verfilmungen[73] –, gibt den Matthias Hochleithner, ebenfalls eine Variation der Rolle, auf die er festgelegt ist. Zwischen Hörbigers und Gretlers Figuren kann gar keine Reibung entstehen, weil die beiden Darsteller im gleichen Rollenfach agieren, einander selbst in ihrer cholerisch-fuchteligen Gestik ähneln. Der Film unterstreicht die Ähnlichkeit der Figuren, und dadurch verliert der ohnehin labile Handlungsbogen noch an Spannung. Zwischen den beiden bewegt sich Aglaja Schmid als die Clementin, die sie sowohl mit zwölf als auch mit zwanzig Jahren verkörpert, mit zunehmend atemloserer Koketterie und unterwürfigerer Naivität. Und dabei ist sie so herzig und gerade »frech« genug, daß sie beide alten Onkel um den Finger wickelt. Damit ist auch ganz klar, daß keiner von beiden ihr seine Zuwendung entziehen wird, ob sie den reichen Lebemann oder den armen Künstler heiratet, und zwar von Anfang an. In Wirklichkeit wissen die Onkel und eben auch wir Zuschauer beim ersten Auftritt des Musiklehrers Franz Haindl, daß er ein viel besserer Mensch als der doch ein wenig unsolide und vor allem kosmopolitische Gastronom Ammetsberger ist. Haindl hingegen will nichts lieber als eine feste Anstellung im Dorf. Da die Clementin vor allem den beiden Onkeln erhalten bleiben muß, ist die Heirat mit dem Ammetsberger schon deshalb undenkbar, weil er ständig auf Reisen ist. Als seine Gattin hätte sie vielleicht sogar eine Gesangskarriere machen können, während sie als Haindls Ehefrau gerade mal als Solistin im Kirchenchor singen darf. Aber das ist den Onkeln ja egal und dem biederen Haindl nur recht. Der Darsteller des Ammetsberger, Carl Bosse, ist der Archetyp des gefährlichen Verführers im deutschen Film, eine Figur, die seit Beginn der Filmgeschichte bis in die Zeit des Neuen Deutschen Films hinein gleich blieb:[74] ein aalglatter, eleganter, athletischer Schönling mit schwarzem, glänzenden Schnurrbart und ebensolchen Haaren. Im Vergleich mit dem von Robert Lindner als ärmliches, zerzaustes, dauerverwirrtes Klischee-Genie mit – nicht nur musikali-

---

73 *Heidi* (Schweiz 1952, Regie: Luigi Comencini) und *Heidi und Peter* (Schweiz 1954/55, Regie: Franz Schnyder).

74 Vgl. Daniela Sannwald, *Handküsse und Heiratsversprechen. Die Figur des Verführers im deutschen Film*, in: Thomas Koebner (Hrsg.), *Idole des deutschen Films*, München 1997, S. 208-217.

Die Beschwörung der Heimat 459

Paul Hörbiger und Heinrich Gretler

schen – Grundsätzen dargestellten Franz Haindl ist Bosses Ammetsberger geradezu betörend sexy und in seinen wenigen Szenen wesentlich präsenter als Lindner den ganzen Film über. Aber er darf das nicht ausspielen; hier besteht zwar ein antagonistischer Gegensatz zwischen den Bewerbern um Clementin, aber er bleibt dramaturgisch ungenutzt. Und so verschwindet Ammetsberger einfach wieder, ohne daß er es mit dem verhuschten Lehrerlein überhaupt aufgenommen hätte. Es ist schade, daß die letztendlich verbindliche Drehbuchfassung, also offenbar nicht die von Alexander Lix, sämtliches Konfliktpotential vernachlässigt und Ucicky seinen beiden polterigen Hauptdarstellern hilflos zuzusehen scheint.

Das dramaturgische Vakuum wird unterstützt durch die gleichmäßig hell ausgeleuchteten Interieurs, die Sterilität der Studio-Wirtsstube und des -Pfarrhaushaltes, den beiden Hauptschauplätzen des Films. Auf Außenaufnahmen hat Ucicky fast völlig verzichtet, und wir wissen, warum: Die Dreharbeiten fanden von September bis November 1949 statt, und die Geschichte spielt im Frühjahr. Zwar war es Zuckmayer, wie die Korrespondenz mit den Produzenten dokumentiert, ein wichtiges Anliegen, den Wechsel der Jahreszeiten mit ihren spezifischen geistlichen und weltlichen Festlichkeiten zu visualisieren, im Film läßt sich aber nicht beobachten. Er beginnt mit einigen sommerlichen establishing shots – von der weiten Landschaftstotale zum barock bemalten Pfarrhaus –, und dabei bleibt es. Die Jahreszeiten werden in Form von Inserts einfach behauptet: Mal sieht man einen Anschlag »Faschingsdienstag in Köstendorf«, mal ein Schild »März-Anstich«. Die sehr wenigen Außenaufnahmen sind im Wald oder bei Nacht gedreht, so daß die falsche Jahreszeit nicht geradezu ins Auge springt, aber eigentlich nicht zu übersehen ist. In Ermangelung eines meteorologischen Klimas inszeniert Ucicky ein soziales; an die Stelle der Zuckmayerschen Beschreibungen des Lokalkolorits tritt die Ucickysche Inszenierung einer allgegenwärtigen, auch (bräu-)herrlichen, Gemütlichkeit; freilich eine zuweilen grimmig anmutende Gemütlichkeit, deren uneingeschränkte Herrscher, die unverheirateten alten Männer, sich bei gemeinsamen Sauf- und Freßgelagen finden – ja, auch der Dechant. Außer den Bräus gehörten der Arzt Dr. Kirnberger, der Postbeamte und einige örtliche Honoratioren mehr zu dieser Runde. Und was aus den verheirateten Männern wird, zeigt en passant das Beispiel des Mesners Florian Zipfer, der unter der Fuchtel seiner Frau steht und jedes Mal Ärger bekommt, wenn er im Wirtshaus war. »Jetzt geh' ma net haam«, singen die Trinkbrüder in der Wirtsstube, und daß auch der Franz Haindl eines Tages in ihren Chor einstimmen wird, wissen die Filmzuschauer längst: Er darf ja bleiben und die Clementin heiraten, weil er im Herzen immer schon ein Köstendorfer war: »Im Sitzen plaudert es sich leichter«, sagt er zur Clementin und verfrachtet sie mitten in der Februarkälte auf eine Bank, und wenn er erst einmal seine feste Anstellung hat als Musiklehrer, dann wird er schon Geschmack an Gänsekeulen, Wachteln, Froschschenkeln, Wein und Bier finden; besser singen und fast genauso gut fuchteln wie der Dechant kann er ohnehin.

Das Zelebrieren der Männerkumpanei geht auf Ucickys Konto, der »als Inszenator einer Männerwelt stets Beachtliches zu leisten vermochte«,[75] was sich bis in seine bekannten Literaturverfilmungen *Der zerbrochene Krug* (1937) und *Der Postmeister* (1940) hinein auswirkte. Ucicky, der als handwerklich perfekter Routinier galt, hatte sich durch seine Bereitschaft, sich vor den Karren des nationalsozialistischen Propagandaapparates spannen zu lassen, diskreditiert. *Der Seelenbräu* und davor schon *Nach dem Sturm* waren ihm wahrscheinlich willkommene Gelegenhei-

---

75 Goswin Dörfler, *Gustav Ucicky*, in: Hans-Michael Bock (Hrsg.), *Cinegraph*, Lieferung 5, München 1984 ff., S. E4.

ten, mit der filmischen Umsetzung von politisch unbedenklicher Literatur seine nicht ganz einwandfreie Reputation[76] aufzupolieren:

> Die Filme aus der ersten Hälfte der 40er Jahre bereiteten schon das Terrain für den Nachkriegsregisseur Ucicky. Die Wahl ihrer Themen aus Herzensschmerz- und Arzt- oder Landmann-Romantik erleichterte nach '45 seine Entnazifizierung, beförderte seine Rehabilitation. [...] Beglaubigt durch die literarische Seriosität der Buchvorlagen (von Carl Zuckmayer, Anton Wildgans), bestätigt durch einen Markt, der auf Bodenständigkeit und Heimattreue, sofern sie jetzt als »Edelkitsch« gepflegt wurden, positiv reagierte, erwarb Ucicky sich erneut Anerkennung.[77]

Diese Einschätzung verweist bereits auf Ucicky als Protagonisten des Heimatfilms, des einzigen genuin bundesdeutschen Genres also, das sich 1950 mit Hans Deppes *Schwarzwaldmädel* etablieren sollte und sich mit seinen späteren Abkömmlingen Schlager- und Ferienfilm bis in die siebziger Jahre hinein hielt. Und Ucickys buchstabengetreue Interpretation der Zuckmayer-Novelle, verstärkt durch die kontrastarme Schwarzweiß-Photographie Hans Schneebergers, der bei den Bergfilmen Arnold Fancks[78] freilich bewiesen hatte, daß er auch anders konnte, verstärkt den Effekt der Außer-Zeitlichkeit, die eines der Hauptcharakteristika des Genres werden sollte. Heimatfilme waren bereits – mit gleichen Sujets und zum Teil gleichen Drehbuchautoren und Regisseuren – während des Nationalsozialismus gedreht worden, widersprachen aber im Grunde der Gleichschaltung. In der neu gegründeten Bundesrepublik erfüllten sie die Forderungen einer von der jüngsten Vergangenheit erschütterten, gedemütigten Gesellschaft nach unpolitischer Unterhaltung. Deshalb unterliegen sie einer linearen Erzählstruktur ohne Ellipsen oder gar Rückblenden – die Vergangenheit ist tabu. Deshalb zeigen sie auch in regionalen Traditionen verhaftete Menschen in modeunabhängigen Trachten. Deshalb schildern sie Konflikte, bei denen es in der Regel um die Integration eines Außenseiters in die Gemeinschaft, um durch verschiedene Generationen repräsentierte vorsichtige Neuerungen oder um die Vorteile des ruralen gegenüber dem urbanen Leben geht. Deshalb schließlich finden Heimatfilme stets ein

---

76 Das gelang ihm offenbar, wie eine zeitgenössische Kritik beweist: »[...] zeigt Gustav Ucicky hier einen Film bester deutscher Schule, an die er über mehr als zehn Jahre Krieg und Nachkriegszeit anknüpft.« (rt im *Darmstädter Echo* vom 2. September 1950)
77 Dörfler, *Gustav Ucicky*, a.a.O. (Anm. 75), S. E5.
78 Etwa *Die weiße Hölle vom Piz Palü* (1929), *Stürme über dem Montblanc* (1930), *Abenteuer im Engadin* (1932).

gutes Ende, mit dem Konflikte durch Aufhebung der vermeintlichen Gegensätze gelöst werden. Die Helden des Heimatfilms sind stationär; sie bleiben stets dort, wo sie geboren und aufgewachsen sind; Unruhe kommt von außerhalb. Obwohl die – unzerstörte – Landschaft, die heile Natur – Alpen, Schwarzwald oder Heide – den Hintergrund des Heimatfilms bildet, interagieren seine Protagonisten nicht mit ihrer Umgebung, denn wie im *Seelenbräu* handelt es sich bei den Landschaftsaufnahmen um Archivmaterial oder Dokumentaraufnahmen; die meisten Szenen sind im Studio gedreht. Die Landschaft bleibt leblose Kulisse, die Topographie ungenutzt. Es werden weder neue Landstriche erobert noch Distanzen überwunden: Im Heimatfilm sind alle da, wo sie schon immer waren, und selbst der Eindringling aus der Stadt bleibt vom Zeitpunkt seiner Ankunft an immobil.

Der Seelenbräu erfüllt all diese Kriterien, und es ist sicher kein Zufall, daß ausgerechnet ein mehrfach Entwurzelter, Heimatloser Emi- und Remigrant die Vorlage dazu lieferte. Aber es liegt eine merkwürdige Ironie darin, daß die literarisch aufbereiteten Heimat-Sehnsüchte des Vertriebenen anscheinend mühelos die diffusen Heimat-Verlustgefühle seiner Vertreiber kompensieren konnten.

4. *Nach dem Sturm*

In Zuckmayers Nachlaß finden sich mehrere undatierte Typoskripte,[79] die den Titel *Nach dem Sturm* tragen. Das vollständige Typoskript ist überschrieben mit »Nach dem Sturm. Film-Exposé (nach einer Novelle

---

[79] Es handelt sich um insgesamt drei Typoskripte, ein vollständiges und zwei unvollständige. Das vollständige und eins der unvollständigen sind gleichen Wortlauts; und da die hand- oder maschinenschriftlichen Änderungen des einen Exemplars im anderen berücksichtigt sind, handelt es sich offenbar um eine erste und eine zweite Fassung. Die erste umfaßt 36 Seiten, von denen S. 30 und 36 fehlen. Zuckmayer hat dafür noch eine amerikanische Schreibmaschine – ohne Umlaute – benutzt; die zweite umfaßt 35 Seiten und ist mit einer aus dem deutschsprachigen Raum geschrieben. Aus ihr wird im folgenden zitiert. Das zweite unvollständige Typoskript umfaßt 25 Seiten und unterscheidet sich, soweit es vorliegt, erheblich von den beiden anderen Fassungen. Es ist eher eine frühere als eine spätere Version, denn auch dieser Text ist auf einer amerikanischen Maschine geschrieben. In allen Fassungen benutzt Zuckmayer das deutsche Wort »wenn« wie das englische »when«, also nicht konditional, sondern zeitlich, z.B.: »Wenn sie zurück kommt, in ihre Wohnung in Strohschneiders Werkstatt, wartet der schon aufgeregt auf sie ... « (vollständige Fassung, S. 21)

von Carl Zuckmayer)«. Bemerkenswerterweise gibt es diese Novelle weder im Nachlaß, noch ist sie jemals veröffentlicht worden. Man fragt sich, ob Zuckmayer zum Zeitpunkt der Arbeit an diesem Exposé bereits eine Novelle geschrieben hatte, die aus irgendwelchen Gründen bis heute nicht auffindbar ist, oder ob er es einfach angemessener fand, wenn ein Schriftsteller nicht ohne Umweg über ein literarisches Produkt zum Filmautor wurde.[80]

Eine Notiz im Zürcher *Tagesanzeiger* vom 24. Dezember 1947 zu diesem Thema bringt auch keine Aufklärung:

> Der in Amerika lebende Dramatiker Carl Zuckmayer [...] reiste im vergangenen Jahr durch Europa und verweilte längere Zeit im besetzten Deutschland und Österreich. Unter dem Eindruck dieser Reise entstand im Frühjahr 1947 die Novelle »Nach dem Sturm«. Zuckmayer schrieb sie nach seiner Rückkehr in die Staaten und behandelte darin vor allem menschliche und geistige Probleme, und zwar im Rahmen einer Spielhandlung, die sich aus der Beziehung eines Amerikaners zu einer Österreicherin ergab. Die Novelle ist bis jetzt nicht veröffentlicht worden, denn der Autor faßte den Plan, den Stoff zu verfilmen. Die Besprechungen mit Filmfachleuten sind bereits so weit gediehen, daß die Dreharbeit bald aufgenommen werden kann, und zwar sollen die Aufnahmen größtenteils in der Schweiz – im Tessin – erfolgen. Das geistige Credo des gänzlich unpolitischen Werkes ist so universell, daß sich eine Verfilmung in der neutralen Schweiz eigentlich aufdrängte.

Tatsächlich war Zuckmayer im März 1947 von seiner ersten Europareise nach dem Krieg zurückgekehrt, und die zerstörte, besetzte, wohl auch verlorene Heimat im Salzburgischen liefert den Hintergrund für die 1945/46 spielende Dreiecksgeschichte zwischen der verarmten adligen Cembalistin Barbara von der Traun, die aus dem Arbeitslager zurückkehrt, dem amerikanischen Offizier Michael Peyton St. Clair, der sein Hauptquartier im Schloß von Barbaras Vater Baron Gottfried von der Traun eingerichtet hat, und Barbaras früherem Verlobten, dem begnadeten Komponisten Thomas Esterer. Dessen Todesmeldung hatte Barbara vor drei Jahren erreicht; und gerade als sie feststellt, daß sie sich ernsthaft in den amerikanischen Offizier verliebt hat, kehrt der Komponist, abgerissen, elend und verbittert, aus einem Gefangenenlager

---

[80] Die in drei Folgen um die Jahreswende 1949/50 im *Stern* veröffentlichte Fortsetzungsgeschichte mit dem Titel *Nach dem Sturm* orientiert sich so eindeutig an dem 1948 gedrehten Film gleichen Titels, daß sie dem ähnelt, was heutzutage als »Buch zum Film« veröffentlicht wird. Ich danke Daniela Leopold vom *Stern*-Archiv, die mir den Text zur Verfügung stellte.

heim, und nicht nur er, auch Barbaras gesamtes soziales Umfeld, überzeugt sie davon, daß sie zu ihm zurückkehren muß. Denn nur der Gedanke an sie habe ihn am Leben gehalten. Barbara entscheidet sich, schwer geprüft, gegen Michael, den Mann, den sie liebt. Das teilt sie ihm mit, während sie Thomas bittet, Geduld mit ihr zu haben. Um dennoch ein Zeichen zu setzen, tritt sie als Solistin in dessen im Krieg vollendetem Konzert auf. Als der Offizier beim darauf folgenden Fest erscheint und sich eine Konfrontation zwischen den beiden Männern anbahnt, tanzt Barbara mit dem Amerikaner und verschwindet dann mit ihm in seinem Hotelzimmer. Als Michael aufwacht, ist sie weg. Draußen, über dem See, tobt ein Sturm. Er beginnt, nach ihr zu suchen, zusammen mit Thomas. Erst morgens, nachdem sich das Wetter beruhigt hat, finden sie das umgekippte Boot ihres Vaters und das Kopftuch, das Michael ihr einmal geschenkt hat. Jetzt können sich die beiden Männer versöhnen.

Zuckmayers Typoskript ist nicht nur mit »Film-Exposé« überschrieben; es verfügt auch über ein Personenverzeichnis und ausgearbeitete Dialoge. Die Handlung besteht aus einzelnen Szenen, zwischen denen Schnitte eingeplant sind. Und bestimmte Passagen können fast direkt als Regieanweisungen gelesen werden – wie die folgende für eine Montagesequenz:[81]

> Aber wenn sie die erste Spezialität serviert, im kleinen Speisezimmer, sind die Beiden in der versteckten Laube, überm See – sie hören den Gong nicht, den die Alte schlägt, es wird Abend, das Essen steht unberührt, die Frau trägt es kopfschüttelnd ab, es wird Morgen und wieder Mittag, sie trägt ein unberührtes Frühstück-Service ab und deckt wieder. – Niemand kümmert sich um ihre Spezialitäten.[82]

Beginn und Ende des Films hat Zuckmayer als Textinserts geplant, die auf den gerade beendeten Krieg Bezug nehmen:

> 1945. Der Krieg ist aus. Der Sturm ist vorüber. Aber die Wunden, die er geschlagen hat, sind noch nicht verheilt.[83]

Am Ende heißt es dann:

---

[81] Eine Montagesequenz konzentriert das Geschehen auf dicht hintereinander montierte signifikante Momente, um etwa das Verstreichen von Zeit zu verdeutlichen.

[82] *Nach dem Sturm*, S. 16 f.

[83] Ebd., S. 1 (o. Pag.) So lautet der Anfang, der sich in leicht veränderter Form auch in Ucickys Inszenierung wiederfindet.

Illustrierter Film-Kurier

NACH DEM STURM

> Ihr seid schuldig, und Ihr seid nicht schuldig. Schuldiger als Ihr Beiden ist der Krieg, der Euch in diese Not getrieben hat. Haltet Eure Hände verschlungen, und lasst sie zu einer Hand werden, auf dass dieses nie wieder geschehe.[84]

Dieser Text ist als Kommentar zum letzten Bild gedacht, in dem der amerikanische Besatzer und der österreichische Kriegsheimkehrer, nachdem sie gemeinsam Barbaras Tod festgestellt haben, einander die Hände reichen, die zum Schluß das Bild füllen sollen, wie Zuckmayer schreibt.

Nicht nur der Titel ist also doppeldeutig, sondern auch der Schlußtext, der allerdings in der mir vorliegenden Fassung des Films nicht realisiert wurde.[85] Es ist klar, daß Zuckmayer beiden Seiten Gerechtigkeit widerfahren lassen wollte; und dennoch gibt es im Exposé wie auch im Film selbst Seitenhiebe, die sich auf die angenommene US-amerikanische Unterlegenheit in Sachen Kultur beziehen. Nicht umsonst ist der Kriegsheimkehrer ein innovativer Komponist. (Daß sein Konzert nicht den Massengeschmack trifft, verdeutlicht eine Szene, die nur im Film vorkommt, wenn Esterer in der Bar neben dem Konzertsaal mit dem Barkeeper über moderne Musik »fachsimpelt«, ohne daß dieser weiß, wen er vor sich hat und daher keinen Hehl daraus macht, wie scheußlich er diese Musik findet. Hier wird wieder in Ucickyscher Manier gekumpelt: beim reichlichen, gemeinsamen Alkoholgenuß bramarbasierend, sorgen sie auch noch für einige Sekunden comic relief, denn das Publikum weiß ja, daß Esterer der Komponist ist.) Sein Widersacher hat die ihm durch den Besatzerstatus verliehene Macht, aber das reicht nicht. Er ist, zum Beispiel dadurch, daß er perfekt Deutsch spricht (was ihn von den »smart boys« und den »Negersoldaten« aus Zuckmayers Exposé absetzt), bereits als kultivierter Mann gekennzeichnet. So weiß

---

84 Fragment, S. 35.

85 Sie stammt aus der Cinémathèque Suisse, wo der Film als aus einer deutschsprachigen und einer französisch synchronisierten Fassung zusammengesetzten Archivkopie liegt. Frau Barbara Meixner von der Cinémathèque Suisse, die sie mir zugänglich machte, gilt an dieser Stelle mein herzlicher Dank.

Nach dem Sturm. Schweiz/Österreich/Liechtenstein 1948. Regie: Gustav Ucikky. Gedreht nach einer Novelle von Carl Zuckmayer. Drehbuch: Peter Wyrsch, Kamera: Konstantin Tschet, Otto Ritter. Musik: Wal-Berg. Bauten: Robi Furrer, Prof. Otto Niedermoser, Adolf Rebsamen, Ton: Rudolf R. Epstein. Produktion: Sigfrit Steiner, Aufnahmeleitung: Uors von Planta. Cordial-Filmproduktion Zürich-Vaduz-Wien. Uraufführung: 17. November 1948 in Zürich, 25. Februar 1949 in Wien, 28. Oktober 1949 in München.

er zum Beispiel, was ein Cembalo ist und daß es sich nicht zum Boogie-Woogie-Spielen eignet. Zusätzlich führt Zuckmayer die Figur des Generals Peyton St. Clair ein, Michaels Vater, »ein rosiger Herr mit weisser Bürste und freundlich heiterem Gesicht«,[86] der für dessen gute Kinderstube bürgt.[87] Dieser General »hat nichts gegen eine österreichische Baroneß in der Familie«[88] und würde sich vermutlich bestens mit Barbaras Vater, dem Baron von der Traun, »der selbst einmal Soldat war«[89] verstehen. Der hat sich »im übrigen [...] auch schon ein bischen [!] nach dem jungen Mann erkundigt: ausgezeichnete Familie, aus dem Süden der USA, Vater hoher Offizier, alter Westpointer, nichts einzuwenden«.[90] Und der von Zuckmayer gewählte Name für Vater und Sohn – Peyton St. Clair – läßt die amerikanische Variante eines Adelstitels, auch wenn es die gar nicht gibt, zumindest anklingen. Im Film wird daraus ein einfaches Sinclair, während der Baron und seine Tochter von Trentini heißen.[91] Möglicherweise eine Referenz an die Schweizer Geldgeber, möglicherweise aber auch der Versuch, die beiden noch weiter von den Deutschen wegzurücken. Daß natürlich der Baron kein Nazi gewesen sein darf, um den Amerikanern genehm zu sein, versteht sich. Ein Gespräch zwischen ihm und Michael:

> »Nun«, sagt Michael, »der Krieg ist aus, und Sie werden gewiss auch froh darüber sein. Ihr Name ist uns übrigens wohl bekannt – und auch – Ihr Ruf. Wir wissen, dass Sie nie mit den Nazis collaboriert haben. Sie sollen sogar im Anfang verhaftet gewesen sein.«
>
> »Mein Herr«, sagt der Baron, – »ich bin Österreicher. Ich war natürlich gegen die Besetzung meines Landes.«

---

86 *Nach dem Sturm*, S. 23.
87 Zuckmayers Stieftochter Michaela heiratete im Sommer 1946 einen Amerikaner gleichen Namens. Dazu heißt es in einem Brief von Zuckmayer an Peter Suhrkamp vom 27. Juni 1946: »Michi, unser glamour girl, hat einen Stockamerikaner aus dem Süden geheiratet, dessen Familienname, St. Claire, schon in Onkel Toms Hütte vorkommt. Sie eignet sich sehr gut zum Sklavenhalten, wenn es auch keine Neger sind. Wir erwarten den Besuch des jungen Paares irgendwann in Juley, und ich hamstere schon Bourbon-Whiskey, von dem er pro Abend eine Flasche trinken soll.« (vgl. *Zuckmayer-Jahrbuch*, Bd. 2, 1999, S. 241)
88 *Nach dem Sturm*, S. 23.
89 Ebd., S. 3.
90 Ebd., S. 19.
91 Wie in dem unvollständigen Typoskript.

> »Dann werden Sie wohl jetzt die Besatzungsmächte nicht als Feinde in Ihrem Land empfinden – eher als Befreier.«
>
> »Mein Herr«, sagt der Baron sehr zurückhaltend, »ich bin immer noch Österreicher.«
>
> »Ich verstehe«, sagt Michael lächelnd, »und ich respektiere Ihre Haltung.«[92]

Selbst diese ausgewogene Stellungnahme durfte in den Film nicht eingehen. Dort sagt Michael:

> »Ihr Name und Ihr Ruf sind uns sehr bekannt. Sie waren doch in der Regierung vor der deutschen Besetzung.«
>
> »Sie sind gut informiert.«
>
> »Das gehört zu unseren Aufgaben. Man weiß auch, dass Sie damals verhaftet waren. Wollen Sie zur Politik zurückkehren?«
>
> »Die Politik«, sagt der Baron zögernd, »möchte ich lieber jüngeren Leuten überlassen oder solchen, die weniger Enttäuschungen erlebt haben.«
>
> »Das kann ich gut verstehen.«

Es gibt noch eine weitere politische Stelle in diesem Text, in der es um Barbara geht und die aus der auktorialen Perspektive geschrieben ist:

> [d]ie Nazis hatten sie zum Arbeitsdienst eingezogen, wie viele der jungen Mädchen, besonders die Österreicherinnen, die missliebig waren, weil sie nicht ›mitmachten‹, – man hat sie nach Deutschland geschafft, ins Rheinland oder nach Bayern, dort waren die Bomben, der Krieg, – man hat keine Verbindung man weiss [!] nicht, ob sie noch lebt.[93]

Im Film erzählt der Baron Michael:

> »Sie haben sie zum Arbeitsdienst eingezogen und nach Deutschland geschafft. In eine Fabrik. Ins Bombengebiet.«

Zuckmayer signalisiert mit diesen Textstellen sowohl Verständnis für seine österreichischen (!) ehemaligen Landsleute als auch für die Amerikaner, seine gegenwärtigen Landsleute.

Die Film-Dialoge hingegen decken sich mit der Sprachregelung im bundesdeutschen und österreichischen Nachkriegsfilm, obwohl es sich bei *Nach dem Sturm* um eine schweizerisch-österreichisch-liechtensteinische Produktion handelt: Die Worte Nazi und Nationalsozialismus werden nicht erwähnt. Von der jüngsten Vergangenheit wird stets als große Enttäuschung gesprochen, und in von der Trauns Haltung

---

92 *Nach dem Sturm*, S. 3 f.
93 Ebd., S. 4.

zeichnet sich auch schon das völlig Unpolitische des Fünfziger-Jahre-Films ab. Zu Recht wies die anspruchsvolle Filmkritik fast 15 Jahre lang auf das Fehlen jeglicher Bezüge zur Vergangenheit oder auch zur Gegenwart hin; und zu Recht wird der Heimatfilm zumindest in dieser Hinsicht immer wieder angeprangert. Der »Heimat«-Gehalt ist in Zuckmayers Exposé auch schon wieder angelegt: Im Schloß, das nun die Amerikaner beschlagnahmt haben, hängen im »grossen Jagd- und Waffensaal [...] an Ziegenhörner erinnernde Dinger [...] nämlich ›Gamskrickerln‹«,[94] Barbara trägt Dirndl, und das zwar ein wenig heruntergekommene, aber unzerstörte Schloß steht einsam an einem See, inmitten intakter Landschaft, die allerdings im Film auch wieder kaum ins Bild gesetzt wird. Aber es wird darin viel über sie gesprochen, über den See, der bei Gewitter hochgeht »wie die Nordsee«, denn er ist es ja, der Barbara am Ende verschlingt.

Im Film trägt der Baron Lodenjoppe mit Hirschhornknöpfen, Barbara stets an Dirndl oder zumindest an Trachten erinnernde Kleider: schwingende Röcke, taillierte Oberteile, bunte Tücher. Trotzdem spielt Marte Harell (1907-1996), die mit der von Karl Hartl geleiteten Wien-Film als kühle, blonde High-Society-Dame oder auch als Wiener Mädl reüssierte, Barbara von Trentini als selbst- und pflichtbewußte junge Frau mit einer Menge auch unangenehmer Erfahrungen. Sie dominiert den Film mühelos, auch deshalb, weil alle anderen Rollen schwach besetzt sind. Der Kanadier Nicholas Stuart, der in den vierziger, fünfziger und sechziger Jahren hauptsächlich in britischen Produktionen immer wieder Militärs spielte, verkörpert den Major Michael Sinclair als den perfekten Offizier und Gentleman, mit tadelloser Haltung, gut sitzender, kleidsamer Uniform, strotzend vor Gesundheit und Kraft, aber in seiner Adrettheit und Korrektheit etwas langweilig. Dennoch, Michael verfügt über eine gewisse Portion Glamour, die an seine Macht gekoppelt ist, und über eine Virilität, die mit seinem unversehrten Zustand zusammenhängt. Leopold Rudolf vom Theater in der Josefstadt, der im österreichischen Nachkriegsfilm einigen Erfolg hatte, ist der Darsteller des Komponisten Thomas Esterer, den er als asketisch-obsessiven, gedemütigten, teils unterwürfigen, teils aggressiven Außenseiter interpretiert, zweifellos interessanter als der Major, aber auch anstrengender, schwieriger und – krank. In Zuckmayers Exposé und im Film sind Thomas die Finger erfroren, so daß er nicht mehr Klavier spielen kann, nur noch komponieren. Das heißt, er hat seine körperliche Leistungsfähigkeit eingebüßt, ist dadurch kein Mann mehr – folgerichtig birgt Barbara seinen Kopf an ihrer Brust und streicht ihm müt-

---

94 Ebd., S. 2.

terlich übers Haar, als sie ihm verspricht, zu ihm zurückzukommen. Aber kann man einer munteren, gerade von den Wunden und Leiden des Krieges genesenen Frau die Ehe mit einem impotenten Mann zumuten? Eine Ehe, in der sie zwar als Musikerin, nicht aber als Mutter gefragt wäre? Wohl kaum, vor allen Dingen nicht dort, wo »das menschliche Herz nicht nach Grenzen fragt«,[95] wie Zuckmayer dem Baron in den Mund legt, und wo Barbara als Hoffnungsträgerin einen Teil der Versöhnung zwischen den ehemaligen Kriegsgegnern leisten soll. Die Ehe mit dem geschlagenen, harten und verbitterten Thomas würde dagegen zur Festschreibung der Feindschaft führen. Weil aber seine Verbitterung, nach allem was er mitgemacht hat, wiederum verständlich ist, seine durch Barbaras Romanze mit dem Besatzer erlittene Demütigung nachvollziehbar und dem deutschen und österreichischen Publikum wohl aus dem Herzen gesprochen, darf sie ihn nicht einfach fallenlassen. Da sie sich in einem nicht auflösbaren Dilemma befindet, muß sie ins Wasser gehen. Durch dieses Opfer können die Männer sich versöhnen, schließlich haben sie ja auch den Krieg geführt. Und so ist Barbaras Mission am Ende doch erfüllt.

Im Vergleich mit dem Zuckmayerschen Exposé gibt es im Film einige kleinere Änderungen: So tritt der Vater von Michael nicht persönlich auf; statt seiner gibt es eine Cousine namens Virginia Jenkins (Adrienne Gessner), die für die Lizenzvergaben[96] im Musikbereich zuständig ist. Ihre Rolle im Film ist größer als die, die Zuckmayer Michaels Vater zugedacht hatte. Aber Virginia trägt ebenfalls die amerikanische Uniform, gleichzeitig beweist sie Sachkenntnis auf musikalischem Gebiet – sie kennt Barbara als Cembalistin und sorgt deshalb dafür, daß das Orchester, mit dem sie probt, sehr schnell wieder in großen Sälen auftre-

---

95 Ebd., S 19.

96 Schon vor der Kapitulation des Dritten Reiches hatten die Amerikaner in den von ihnen besetzten Gebieten mit der Einrichtung einer »information control« begonnen, die den stufenweisen Wiederaufbau der Medienlandschaft im amerikanisch-demokratischen Geist vorsah. Vorübergehend mußten alle Deutschen und Österreicher, die eine Arbeit im Kultur- oder Medienbereich aufnehmen wollten, sich registrieren oder – wenn sie »financial or executive control over the creation of a product« (Johannes Hauser, *Neuaufbau der westdeutschen Filmwirtschaft 1945-1955 und Einfluß der US-amerikanischen Filmpolitik*, Berlin 1986, S. 222) anstrebten – mit einer Lizenz ausstatten lassen. Die Lizenzzeit endete am 21. September 1949 mit der Verkündung des Besatzungsstatuts, die Presse- und Gewerbefreiheit nach sich zog. Zur Drehzeit des Films im Mai/Juni 1948 galt also noch die Lizenzregelung.

ten kann. Sie macht in einer Szene mit Barbara aber ganz eindringlich klar, daß sie trotzdem den offiziellen Weg einhalten muß: »Ich hab dann die Verantwortung, wenn etwas nicht stimmt«, lautet der entsprechende Dialogsatz, mit dem der gesamte Komplex der Entnazifizierungspraxis respektive der personellen Kontinuität in vielen Bereichen des öffentlichen Lebens umgangen wird.

Außerdem hatte Zuckmayer den Instrumentenbauer Strohschneider – »ein alter Organist und Instrumentenmacher, Idealist und Sonderling«[97] – als Barbaras Salzburger Vermieter und Fürsprecher Thomas Esterers eingeführt. Eine Passage aus dem Exposé mag die düstere Bedrohlichkeit dieser Figur verdeutlichen: Barbara weiß von Thomas Esterers Rückkehr und ist gerade von Michael angerufen worden ...

> Wenn [!] sie abhängt, steht der alte Strohschneider hinter ihr. – Er ist ungeheuer ernst – und fast drohend. »Was wollen Sie tun?«, fragt er sie. Sie antwortet nicht. »Sie müssen ein Ende machen«, sagt er. »Sie dürfen den anderen, den Fremden, nicht mehr sehn [!]. Thomas – das sind wir, das ist unsere Hoffnung, ihm schulden Sie Treue, Keinem [!] sonst! Wissen Sie nicht, *wer* er ist? Wissen Sie nicht, dass Sie ihn umbringen, wenn Sie ihn jetzt verlassen? Dass es ihn morden wird? Sie dürfen ihn nicht morden!«[98]

Im Film ist Strohschneider durch die neugierige und geschwätzige Zimmerwirtin Frau Boetz ersetzt (Annie Rosar), die allerdings den Major favorisiert, vor allem deshalb, weil er Kaffee mitbringt. An die Stelle des unversöhnlichen Reaktionärs ist die auf ihren eignen Vorteil bedachte Opportunistin getreten – beide sind jedoch Repräsentanten der verschiedenen im Nachkriegsösterreich vorhandenen Haltungen. Eine zusätzlich im Film eingeführte Figur ist Barbaras Freundin Gretel, dargestellt von der damals 22jährigen Maria Schell in einer ihrer ersten Filmrollen. Diese Gretel ist Musikerin im gleichen Orchester wie Barbara und hat gute Kontakte zu den Amerikanern. Sie wird als von den männlichen Kollegen bespöttelte und – wahrscheinlich – heimlich beneidete Profiteurin der Besatzung dargestellt. Die Figur der Gretel ist die Salzburger Variante des Wiener Mädels – kokett, leichtlebig, pragmatisch, aber mit gutem Herzen –, und ihre Unbekümmertheit im Umgang mit Männern unterstreicht noch Barbaras Ernsthaftigkeit, für die es, Nylons hin oder her, nur den Richtigen oder eben keinen gibt.

---

97 *Nach dem Sturm*, S. 10
98 Ebd., S. 22 f.

In Zuckmayers unvollständigem, mit großer Wahrscheinlichkeit vor der vollständigen Fassung geschriebenem Typoskript ist sowohl die Figur der Gretel zu finden als auch die der Virginia. Sie werden in einer längeren Passage eingeführt bzw. charakterisiert. Sie beginnt damit, daß Gretel den Probenraum des Orchesters betritt:

»Stop! Feierabend!«, ruft sie – während sie gleich zu Barbara hinläuft. Der Erste Geiger, ein Unrasierter mit slavischen Gesichtsformen, protestiert heftig: (von den Anderen unterstützt)

»Feierabend? – Wir haben ja kaum erst angefangen! – Nur Du hast wieder gefehlt! – Hast was Besseres zu tun, wie? – Wohl wieder Englisch gelernt, im freien Abendkurs? Leichte Konversation in allen Lebenslagen. Wo hast denn Dein Instrument, überhaupt?«

»Geh, lassts mich aus, ich muss Euch was Wichtiges sagen, was viel Wichtigeres –«

»Erst wird geübt, das ist das Wichtigste. Wer weiss wie lang's uns den Raum noch lassen. Wanns uns hier aussahaun, könn' maruns an Heustadl suchen – «

»Und wenn wir keine Lizenz kriegen, und keine Spielerlaubnis, dann hat die ganze Proberei kan Wert. Dann war alles für die Katz –«

»Für die Katz is schon viel, heutzutag –«

»Also lasst sie doch zu Wort kommen«, sagt Barbara, – »was gibts denn, Gretel?«

»Die Virginia mit der Himmelfahrtsnasen – [...]«

»Sie wird Chefin für die Musik-Kontroll in der ganzen Zone. [...] Wannst jetzt mitkommst, Barbara –«

»Mitkommen? Wohin?«, fragt Barbara.

»Ins Hotel, natürlich. Auf ihrem Büro habens Dich ja eh net vorgelassen.«

»Du bist ja verrückt. Ich kann doch so nicht ins Hotel – und da komm ich auch garnicht herein – das ist doch unmöglich –«

»Ich weiss schon wie man hereinkommt. Mich lassens immer herein.«

»Das is was anderes – Also Gretel, das geht net. Da mach ich nicht mit.«

»Dann packts Eure Fiedeln sammen und steckts auf. Wann Ihr kan Schneid habt.«

»Barbara«, sagt der Primgeiger, – »wollen Sies nicht doch versuchen? Es hängt schliesslich alles davon ab. Jetzt, – wo wir schon fast konzertreif sind –«

Barbara geht unschlüssig auf und ab.

»Bitte, Barbara –«, sagt ein anderer junger Musiker, – »Ich versteh dass Sies nicht gern mögen – aber Sie sind die Einzige von uns, dies probieren kann.

Die Beschwörung der Heimat 473

Ohne Sie wärn wir schon längst verlorn, Sie sind unser moralisches Rückgrat und unser sozialer Halt. Lassens uns jetzt nicht aufsitzen!«
»Also, meinetwegen«, sagt Barbara, – Ich kanns ja probieren. Mehr als hinausgeschmissen kann ich auch net werden. Daran stirbt man nicht.«
[...]
»Vielen Dank, Barbara! Courage, Sie werdens schon schaffen! Toitoitoi! Sagt ihr sie soll uns nach Wien engagiern, mir spielen für zwei Cigaretten pro Mann.«
»Apropos Cigaretten«, sagt die Gretel, nimmt ein Päckchen aus der Manteltasche, verteilt es: »Hier – damit Ihr auf bessere Gedanken kommt.«
[...]
»Da schau her«, sagt der Primgeiger, »neue Überschuh hats auch. Der Schacki lasst sich net lumpen.«
»Der Schacki, der is doch längst nimmer da. Der Schimm is ein viel noblerer Mensch.«
»Schack oder Schimm«, sagt der Primgeiger, – »für mich wie Camel oder Chesterfield. Lauter prima Marken«, – und bläst den Rauch durch die Nase, während die beiden Frauen rasch gehen.[99]

In dieser unvollständigen Textfassung Zuckmayers sind die meisten Dialoge entweder im Dialekt oder auf Englisch geführt, teils sogar in amerikanischer Umgangssprache, auch im übrigen Text finden sich einzelne englische Worte. Das ist in der vollständigen Fassung nicht mehr der Fall. Im Film selbst sprechen immerhin die Amerikaner untereinander Englisch. Das war in den ersten deutschsprachigen Nachkriegsfilmen üblich; und auch wenn es kaum Dialoge dieser Art gibt, verleihen sie den Filmen doch einen realistischen Einschlag, der im Kino der fünfziger Jahre nicht mehr vorhanden ist. Sonst unterscheidet sich das Fragment vom vollständigen Exposé durch einen langen Prolog, der aus dem Off gesprochen werden sollte, während die establishing shots, Bilder unberührter, unbelebter Landschaften, vorbeizogen, eine umständliche, sehr unfilmische Einführung. Sie konnte keine andere Funktion haben, als daran zu erinnern, daß der Film auf dem Werk eines Schriftstellers basiert, indem ein Sprecher dessen Originaltext vorliest. Außerdem sind die Beschreibungen der Figuren und der Interieurs ausführlicher, gibt es eine Reihe von kleinen Nebensituationen, die um den Haupthandlungsstrang herum konstruiert sind und das

---

99 Ebd., S. 22 ff. Ich habe die Zuckmayersche Schreibweise übernommen, mit Ausnahme der fehlenden Umlaute.

Fragment sehr viel nuancenreicher erscheinen lassen als das fertige Exposé. Ein Vergleich zweier Textstellen mag meine Behauptung belegen:

Barbara hat sich von Deutschland aus nach Hause durchgeschlagen. Im Exposé heißt es:

> Es ist Nacht, am Wegweiser auf der Landstrasse stoppt ein Lastwagen, auf dessen Führersitz zwei Negersoldaten hocken, einer ruft zur Wache, fragt nach der Richtung. Gleichzeitig springt eine Gestalt, die sich hinten an den Wagen angehängt hatte, herunter und läuft in die Büsche. Aber der Wachtposten auf der Straße hat die Gestalt bemerkt. »Hey! Stehen bleiben!«
> Die Gestalt, kaum kenntlich in formlosen Overalls, rennt weiter, Richtung Schloss. Zwei Mann von der Wache nehmen die Verfolgung auf.[100]

Im Fragment liest sich die gleiche Szene so:

> Die Strassenkreuzung mit der Feldwache ist nur noch von einem kleinen flackernden Feuer beleuchtet. Es ist Nacht. Ein Mann steht Posten, wärmt sich die Hände überm Feuer, die beiden Anderen schlafen wohl in den Zelten. Auf der Landstrasse rollt ein schwerer Lastwagen an, auf dessen Führersitz zwei Negersoldaten. Beim Strassenkreuz stoppt der Wagen kurz – richtet sein Suchlicht auf den Wegweiser. »Salzburg?« »Can't you read, buddy? Still 42 miles from here. Speed it up, make it snappy!« »Oh, hell.«
> Während der paar hin und her gewechselten Zurufe fährt der Wagen schon wieder an, aber man sieht nun seine Rückseite, wo sich eine Gestalt – im Dunkel kaum kenntlich – hockend an der Stossstange festgeklammert hatte. Im Augenblick des kurzen stop springt die Gestalt herunter, versucht unbemerkt die Strasse zu kreuzen, aber da der Lastwagen schon weiterfährt und dadurch die Sicht auf die Strasse hinter ihm frei wird, hat der Posten sie bemerkt.
> »Hey, you, – stop! Stand still! Come on over!«
> Die Gestalt hat sich beim Anruf in den Strassengraben rollen lassen und rennt nun, von den Büschen halb gedeckt, weiter – in der Richtung aufs Schloss. Die anderen Wachsoldaten sind auf die Rufe hin aus den Zelten gekrochen. »What's it? Something wrong?« »Moment! I'll catch'm!« Der Posten – weiter rufend – nimmt die Verfolgung auf, rennt hinter der fliehenden Gestalt her.[101]

Man sieht an dieser Textstelle, daß Zuckmayer es sich mit dem vollständigen Exposé sehr viel leichter gemacht hat. Leider wissen wir

---

100 Ebd., S. 5
101 Fragment, S. 7.

nicht, ob es sich bei *Nach dem Sturm* um eine Auftragsarbeit handelt, in welchem zeitlichen Abstand die beiden Fassungen geschrieben wurden und ob die zweite etwa schon Einwände von den Produzenten berücksichtigt. Sicher scheint nur, daß er mit dem Regisseur Ucicky überhaupt keinen persönlichen Kontakt hatte, da er in der Korrespondenz zu *Der Seelenbräu* nie auf eigene Erfahrungen mit ihm rekurriert. Deshalb liegt die Vermutung nahe, daß es sich tatsächlich um eine Auftragsarbeit handelte, bei der Zuckmayer lediglich ein Exposé zu liefern hatte. Es ist auch zu vermuten, daß Zuckmayer die erste, nur als Fragment vorliegende Fassung gleich nach seiner ersten Europareise, die Ende 1946/Anfang 1947 stattfand, verfaßt hat, nicht nur, weil sie offensichtlich auf einer amerikanischen Schreibmaschine getippt ist, sondern vor allem, weil sie jede Menge frisch gesammelter Eindrücke zu enthalten scheint und so viel lebendiger wirkt als das vollständige Exposé, dem der Film, abgesehen von den oben erwähnten Änderungen, sehr ähnelt.

Die Schweizer Rezensionen des Films nach der Uraufführung am 17. November 1948 im Zürcher Kino »Urban« waren ungnädig aus ganz verschiedenen Gründen. So wird etwa die geographische Ungenauigkeit des Films bemängelt – Barbara macht eine von Michael finanzierte Kur im Tessin, von wo er sie abholt – und es gibt – ein seltener Fall in zeitgenössischen Rezensionen – eine unmißverständliche Äußerung zu der nicht sehr rühmlichen professionellen Vergangenheit Gustav Ucickys:

> Ich bin kein Geographielehrer, aber ich möchte doch einmal grundsätzlich dagegen protestieren, daß man in Filmen immer wieder diejenigen, die unseres Landes unkundig sind, auf die Weise an der Nase herumführt, indem man leichthin Berge und Täler versetzt. Außer dem Propagandaprospekt wurden Souvenirs und viel Ticinella-Musik benützt. (Es ist nicht zu verwundern, wenn der Regisseur G. Ucicky, der früher Filme in der »Heimins-Reich!«-Mentalität gedreht hat, einen ausgeprägten Sinn für alles Heimatstilige besitzt).[102]

Der Rezensent erklärt sein Unverständnis darüber, »daß Carl Zuckmayer, den wir als einen ursprünglichen Dichter achten [...] für das Drehbuch verantwortlich« sein soll und verreißt den Film, weil es ihm an Konzentration fehle. Außerdem bemängelt er, daß Schweizer Schauspieler nur in Nebenrollen zu sehen sind.

---

102 P.B., *Nach dem Sturm*, in: *Neue Zürcher Zeitung* vom 19. November 1948.

Eine zweite Schweizer Rezension, die dem Film ebenfalls fehlende dramatische Spannung vorwirft, befaßt sich hauptsächlich mit den Produktionskosten:

> So haben wir nicht viel Grund, diesen Spielfilm, dessen Herstellung nahezu eine Million Schweizerfranken gekostet haben soll (eine ungeheure Summe, wenn man den Effekt bedenkt!), in die Rubrik »Filme, die wir empfehlen« aufzunehmen. [...] Unter den Schriftstellern hat der überaus geschäftstüchtige Carl Zuckmayer, der – man möchte fast sagen, selbstverständlich – kein Schweizer ist, den Rahm abgeschöpft, obwohl bei Ernst Zahn, Meinrad Inglin, Ch. F. Ramuz und andern Dichtern unserer Heimat viel originellere Stoffe zu finden gewesen wären. Für einen zweiseitigen Entwurf soll Zuckmayer ein Riesenhonorar eingesteckt haben. Wie wäre es, wenn er davon einen fetten Teil seinen aus Österreich und Deutschland emigrierten notleidenden Schriftstellerkollegen in der Schweiz abgeben würde?[103]

Auffällig sind die nationalistischen Töne, die beide Schweizer Rezensenten anschlagen, und offensichtlich sprachen sie ihrem Publikum aus der Seele, denn der Film wurde in der Schweiz kein Erfolg, wie der Schweizer Filmhistoriker Hervé Dumont resümiert, der im übrigen als Referenz eine Zuckmayersche Novelle *Nach dem Sturm* angibt, in der »der Schriftsteller [...] immerhin mit einer gewissen Schärfe das Elend der Nachkriegszeit und die Probleme der Kriegsgefangenen und der Besatzungstruppen in der Region um Salzburg«[104] schildere; man fragt sich, auf welchen Text sich diese Bemerkung Dumonts bezieht.

Vielleicht auf den, der in drei Fortsetzungen zur Jahreswende 1949/50 im *Stern*[105] veröffentlicht wurde. Er trug den Titel *Nach dem Sturm. Der geheimnisvolle Liebestod der Musikstudentin Barbara von Trentini*. Damit ist die nicht existierende Zuckmayersche Novelle zum Kolportageroman mutiert. Daß diese Veröffentlichung für ein Zielpublikum gedacht war, das den Film schon gesehen hatte – er hatte seine Deutschlandpremiere am 28. Oktober 1949 in München und in den darauf folgenden Wochen in allen größeren deutschen Städten – ist anzunehmen.

---

103 *Filme, die wir empfehlen*, in: *Wirtschaftszeitung für alle* (Zürich) vom 27. November 1948.

104 Hervé Dumont, *Geschichte des Schweizer Films. Spielfilme 1896-1965*, Lausanne 1987, S. 413.

105 Die Hamburger Wochenzeitschrift *Stern* war von Henri Nannen unter britischer Lizenz gegründet worden und erschien zum ersten Mal am 1. August 1948.

Die Beschwörung der Heimat 477

Nach dem Sturm

Nicholas Stuart und Marte Harell

Der Film wurde in Deutschland im allgemeinen freundlich rezensiert und war dort – nach Dumont[106] – ein großer Kassenerfolg.

In diese Version für den *Stern* fließt nun Zuckmayers literarischer Prolog aus dem Fragment ein; sonst ist sie eine Mischung aus den verschiedenen Textfassungen. Sie enthält nur wenige Dialogpassagen – die Dialoge aus den Entwürfen sind in Beschreibungen umgewandelt; und sie enthält einige Textstellen, in denen Zuckmayer sich ein wenig vom Geschehen distanziert und gleichsam die eigene Geschichte kommentiert. Es gibt zwei für die Illustriertenfassung offenbar etwas hervorgehobene Wendepunkte, mit denen der erste und der zweite Teil jeweils schließen: Am Ende des ersten hat Barbara Michael signalisiert, daß er sich berechtigte Hoffnungen machen darf, ihr Herz zu gewinnen. Am Ende des zweiten hat sie ihm mitgeteilt, daß Thomas zurückgekommen ist.

Auf die Beschreibung von Landschaft und Folklore des salzburgischen Raums verzichtet die Illustriertenfassung ganz. Dafür sind in der Tat

---

106 Dumont, *Geschichte des Schweizer Films*, a.a.O. (Anm. 104), S. 413.

einige Szenen mit Kriegsheimkehrern dazugekommen, Anspielungen auf die Vergangenheit und Schilderungen der militärischen Routine. Insgesamt ist das Geschehen verdichtet und zugespitzt auf die Konfrontationen zwischen den drei Hauptpersonen Barbara, Michael und Thomas. Die Schlußsätze verraten Zuckmayers eigene Haltung.

»Wir sind schuldig.« »Wir allein?«, fragt Michael – seinen Blick erwidernd, und sein Blick scheint zu sagen: ist es nicht auch die Welt, – die Welt, in der Männer Kriege führen, ins Feld ziehen, einander töten, und heimkehren, um wieder zu töten? Und sind wir nicht berufen, dieser Welt zu trotzen?

Wir – feindliche Brüder, – brüderliche Feinde, – Brüder in Schuld und Unglück?

Lange haften ihre Blicke ineinander. Dann streckt Michael die Hand aus. Thomas ergreift sie zögernd.

Die beiden Hände umschließen sich, als wollten sie eine einzige werden.[107]

Immer wieder scheint auch in diesem Komplex aus verschiedenen Texten und dem Film Zuckmayers Sehnsucht nach Heimat anzuklingen, und so scheinen diese pathetischen Zeilen noch einmal den dringenden Wunsch eines Emigranten nach Frieden und Versöhnung zu enthalten, der, hin- und hergerissen zwischen Ländern und Kontinenten, nicht so recht einen Ort für seine Heimatsehnsucht fand.

---

107 *Stern* (Hamburg) vom 1. Januar 1950, S. 14.

Michael Schaudig
Normgerechtes Scheitern oder Happy-End?
Zum Motivkomplex ›Pflicht, Eros und Tod‹ in Carl Zuckmayers
Soldatentrilogie und ihren filmischen Interpretationen:
*Eine Liebesgeschichte, Engele von Loewen (Ein Mädchen
aus Flandern), Des Teufels General*

1. Die Soldatentrilogie: Etablierung durch Motivkomplexion

»Ich habe kein Kriegsbuch geschrieben und keine Kriegsgeschichten erzählt«, notiert der Kriegsfreiwillige von 1914, Carl Zuckmayer, ein halbes Jahrhundert später in seinen Lebenserinnerungen *Als wär's ein Stück von mir.*[1] Richtig ist, daß der ›Krieg‹ – etwa im Sinne von Schlachtenschilderungen oder kommißnostalgischen Verbrämungen – bei Zuckmayer keinen erzählerischen oder dramatischen Selbstzweck erfährt, im Gesamtwerk jedoch als geschichtlicher Hintergrund stark repräsentiert ist: so, wie er auch für die realhistorischen Erfahrungen der Generation Zuckmayers lebensprägend war – und dies gleich zweimal. Der Mensch als Objekt seiner soziohistorischen Disposition und regiosozialen Prägung steht für Zuckmayer stets im literarisch gefaßten Mittelpunkt seines Œuvres: in der zentralen Frage nach dem ethisch und moralisch zu verantwortenden Handeln des Individuums in existentiellen Extremsituationen; dies wird auch und insbesondere in Motivkomplexen thematisiert, deren Kerngeschehen im Militärbereich angesiedelt ist.

Die gattungsspezifischen ›Gegenpole‹ nehmen hier die Komödie *Der Hauptmann von Köpenick* und die Tragödie *Des Teufels General* ein, die auch in der ersten Werkausgabe von 1950 als »deutsche Dramen« einander zugeordnet sind.[2] – Nun sind Gesamt- und Werkausgaben in ihrer Textzusammenstellung unterschiedlichen verlegerischen und redaktionellen Vorgaben unterworfen: entstehungs- und veröffentlichungszeitliche Entwicklungslinien, thematische Bezüge und/oder gattungsspezifische Zuordnungen gehen hier ein Wechselspiel ein, das bisweilen eher

---

1 Carl Zuckmayer, *Als wär's ein Stück von mir. Horen der Freundschaft*, Frankfurt am Main 1997, S. 251.
2 Als ›deutsche Trilogie‹ 1947 ergänzt durch das Schauspiel *Schinderhannes*, in: Carl Zuckmayer, *Gesammelte Werke* [in 4 Bänden, 1947-1952], Stockholm 1947 (Bd. 1), Amsterdam 1948 (Bd. 2), Frankfurt am Main 1950 (Bd. 3), Frankfurt am Main 1952 (Bd. 4).

am Verlagsmarketing orientiert ist als daß es editionsphilologisch konsequent erscheint oder spezifische literaturwissenschaftlich mögliche Bezüge sogleich offenzulegen vermag.

Hinsichtlich der literarisierten Militärthematik plädiert der vorliegende Beitrag für eine sujethafte Verbundenheit von drei Texten, die sich im Gesamtwerk Zuckmayers über einen dominanten Wechselbezug von soldatischem und erotischem Diskurs deutlich etabliert; es sind dies das Schauspiel *Des Teufels General* sowie die beiden Novellen *Eine Liebesgeschichte* und *Engele von Loewen*, wobei die motivische Nähe der beiden Erzählungen auch schon in der ersten Werkausgabe 1952 durch einen unmittelbar einander folgenden Abdruck zum Ausdruck kam.[3] Die thematische Klammer, die diese ›Soldatentrilogie‹ generiert, ist das Aufzeigen einer Konfliktsituation zwischen ›Pflicht‹ und ›Eros‹; als individuell zu leistende Konfliktlösungsstrategie bleibt den im Militärdienst angesiedelten Hauptfiguren jeweils als Handlungsziel – sei es als *agent*, sei es als *patient* – das Scheitern (Tod) oder der Erfolg (Liebe). Sieht man die drei Texte im Zusammenhang, so wird gerade die historisch unterschiedlich verankerte ›diskursive Versuchsanordnung‹ als Gemeinsamkeitsmerkmal deutlich: *Eine Liebesgeschichte* spielt kurz nach dem Siebenjährigen Krieg Mitte des 18. Jahrhunderts, *Engele von Loewen* im Ersten, *Des Teufels General* im Zweiten Weltkrieg. Der über fast 200 Jahre gespannte geschichtliche Bogen stellt dieselbe überzeitliche Frage: nämlich die nach dem sittlichen Handeln, Zuckmayers humanistischem Generalthema.

Die Etablierung dieser Soldatentrilogie wird unter Einbezug des Medienwechsels noch deutlicher: Alle drei Texte wurden innerhalb von zwei Jahren, 1954 bis 1956, filmisch adaptiert und bilden somit einen engen filmgeschichtlich wirksamen Interpretationskontext, der auch die Hausse der Zuckmayer-Rezeption in den fünfziger Jahren nachhaltig mittrug.

Im medienkomparatistischen Diskussionsrahmen konstituiert sich das Textkorpus der Soldatentrilogie also aus sechs Werken: aus je drei literarischen Referenztexten und filmischen Adaptionen. Die Argumentationsstrategie besteht darin, zunächst die drei einzelnen Werkkomplexe – die jeweilige literarische Vorlage und deren audiovisuelle Transformation – separat zu untersuchen, wobei auch signifikante filmische Textpassa-

---

[3] Wohl nicht zuletzt aufgrund der Drucknachbarschaft bringt auch Gertrud von le Fort die beiden Erzählungen in einen motivischen Zusammenhang; vgl. Gertrud von le Fort, *Über zwei Novellen*, in: *Fülle der Zeit. Carl Zuckmayer und sein Werk*, Frankfurt am Main 1956, S. 81-83.

gen transkribiert bzw. protokolliert werden. (Diese Analysen können im gegebenen Rahmen argumentativ freilich nur Schwerpunkte setzen und die zentralen Aspekte hervorheben.) Im Anschluß daran werden alle sechs Texte dann in den medienkomparatistischen Gesamtzusammenhang der Soldatentrilogie gestellt.

2. »Eine Liebesgeschichte«

2.1. Handlungslinien von Novelle und Film

Die im Sprachstil expressionistisch inspirierte Erzählung *Eine Liebesgeschichte* wird zum Zeitpunkt ihrer Erstveröffentlichung (1933) beworben als »meisterhafte Novelle, die in ihrer Einfachheit, Klarheit und Größe des Gefühls einen besonderen Rang in der neuen deutschen Erzählkunst einnimmt«[4]. Ein späterer Rezensent spricht ehrend vom »knappe[n] Pathos einer Kleistschen Novelle«.[5] In der Tat vermag es Zuckmayer in der *Liebesgeschichte*, deren Titelsignal bereits das gattungshaft Exemplarische vorgibt, literarisch ebenso sensibel wie suggestiv eine hingebungsvolle Liebesbeziehung zu gestalten, die als zufälliges und unerhörtes Ereignis mit auswegloser Schicksalhaftigkeit zugleich novellentheoretische Musterparadigmen par excellence erfüllt.[6]

Erzählt wird von der am Silvesterabend 1767 spontan und heftig entflammten Liebe des preußischen Rittmeisters[7] Jost von Fredersdorff zur

---

[4] Annonce der die *Liebesgeschichte* erstveröffentlichenden *Berliner Illustrirten Zeitung* in: *Die Literarische Welt*, Jg. 9, 1933, Nr. 8, S. 2. – Eine fast identische Formulierung findet sich als Vorspruch zur Veröffentlichung der 1. Folge in der *Berliner Illustrirten Zeitung* vom 26. Februar 1933.

[5] Karl August Horst, *Der Erzähler Carl Zuckmayer*, in: *Neue Literarische Welt*, Jg. 3, 1952, Nr. 20, S. 10.

[6] Das stilistisch, thematisch und novellistisch Herausragende der *Liebesgeschichte* zeigt sich auch in der verlegerischen Mehrfachverwertung; so wurde dieser Text z.B. für die »10-bändige Literaturbox ›Nachdenken über den Menschen‹«, hrsg. von Sybil Gräfin Schönfeldt, ausgewählt, 1986 erstveröffentlicht innerhalb der Taschenbuchreihe ›dtv junior‹. – Demgegenüber finden sich nur wenig literaturwissenschaftliche Studien zur *Liebesgeschichte*, wie überhaupt in der Zuckmayer-Sekundärliteratur die Epik, insbesondere die Novellistik, gegenüber der Dramatik deutlich unterrepräsentiert ist.

[7] Der militärische Dienstgrad ›Rittmeister‹ entsprach beim preußischen Militär dem Rang eines Hauptmanns und bezeichnete den Führer einer Schwadron bzw. Eskadron, der kleinsten taktischen Truppeneinheit der Kavallerie.

ehemaligen Schauspielerin und Sängerin Lili Schallweis. Lili hatte nach ihrem Abschied vom Theater ein Leben als Offiziersgeliebte mit wechselnden Partnern geführt und war jetzt »die erklärte Freundin« (107,03 f.)[8] des Majors Graf Prittwitz, des Vorgesetzten und Freundes Josts. Lili und Jost empfinden rauschhaft ihre wahre Liebe zueinander, müssen aber erkennen, daß ihre auf eine Lebensbindung zielende Beziehung in Offizierskreisen als inakzeptable Mésalliance gesehen wird.[9] Josts »Gesuch um Erlaubnis zur Eheschließung mit der ledigen Sängerin« (131,17 f.) wird vom Kommandeur abgelehnt.[10] Auch sein Versuch,

---

8 Carl Zuckmayer, *Eine Liebesgeschichte*, in: Carl Zuckmayer, *Eine Liebesgeschichte. Erzählungen 1931-1938*, Frankfurt am Main 1995, S. 106-145; im folgenden nachgewiesen mit der Angabe von ›Seite,Zeile‹ des Zitatverlaufs (gleiches Zitatverfahren auch bei den anderen beiden Primärtexten von Zuckmayers Soldatentrilogie).

9 Johannes Pfeiffer verweist hier – mit Rückgriff auf Karl Jaspers – auf die »polare Spannung zwischen dem ›Gesetz des Tages‹ und der ›Leidenschaft zur Nacht‹«. Siehe Johannes Pfeiffer, *Carl Zuckmayer: »Eine Liebesgeschichte«*, in: Johannes Pfeiffer, *Was haben wir an einer Erzählung? Betrachtungen und Erläuterungen*, Hamburg 1965, S. 49-55, hier: S. 55.

10 Dieses Verfahren des Heiratsgesuchs ist militärhistorisch nicht ganz korrekt; Zuckmayer hat der Geschichte offenbar den Kenntnisstand seiner eigenen Militärzeit zugrunde gelegt. So regelt das preußische *Reichs-Militärgesetz* vom 2. Mai 1874 in § 40, daß »die Militärpersonen des Friedensstandes [...] zu ihrer Verheirathung der Genehmigung ihrer Vorgesetzten« bedürfen. Und als *Allerhöchste Verordnung über das Heiraten der Militärpersonen des Preußischen Heeres [...]* vom 25. Mai 1902 ist u.a. festgelegt: »Die Gesuchsliste selbst muß genaue Angaben über die Herkunft, die Erziehung, Bildung und den Ruf der Braut nebst einer pflichtmäßigen, auf sorgfältiger Prüfung aller in Betracht kommenden Umstände beruhenden Erklärung des Kommandeurs u.s.w. darüber enthalten, daß der beabsichtigten Heirat weder dienstliche noch Standesrücksichten entgegenstehen« (zit. nach: *Preussisch-deutsche Gesetz-Sammlung 1806-1904, vierte Auflage, in systematischer Anordnung*, hrsg. von Georg August Grotefend und fortgeführt von Cornelius Cretschmar, Düsseldorf 1904, Bd. I.1, S. 445: I. Teil: Verfassungsrecht, 4. Abt.: Heer und Marine, D.: Sonderbestimmungen für Militärpersonen, 1.: Heirat der Militärpersonen, A.: Heirats-Erlaubnis, Abs. 4). – Für die Geschehenszeit der *Liebesgeschichte* galt realhistorisch noch eine abweichende, rigidere Regelung, die der Eheschließung der Offiziere generell sehr reserviert gegenüberstand: »Wenn erstlich ein Staabs-Officier oder Rittmeister, welcher seine Compagnie hat, heyrathen will, so soll er an Se. Koenigl. Majestaet um Permission schreiben: und Se. Koenigl. Majestaet wollen, wenn die Parthey seinem Character convenable und der Officier durch solch

sich nach dem beabsichtigten Abschied aus der Armee mit Lili aufs Landgut seiner verstorbenen Eltern zurückzuziehen, schlägt fehl, da sein als Gutsherr installierter Vetter Fritz gegen Lili ebenfalls Standesdünkel hegt und sich auf die gemäß Erbvertrag mögliche finanzielle Abfindung Josts zurückziehen kann. Auch Prittwitz' kameradschaftliche Interventionsversuche zur Lösung der Mésalliance und zugunsten einer Fortführung der Offizierskarriere scheitern schließlich an Josts Widerstand. Jost sieht am Ende seinen neu erstrebten Lebensentwurf gescheitert – »Meine [Offiziers-]Laufbahn [...] steht in diesem Journal [= Kriegstagebuch]. Jetzt aber beginnt mein Leben« (136,01 f.) – und wählt seinen »Abschied« (145,16) vom Militärdienst im Suizid, nachdem ihm seine ihm ergebenen Kürassiere noch einmal »in wildem, brausendem Chor die Namen ihrer Schlachten und Gefechte« (145,07 f.) zuriefen.

Die gleichnamige filmische Adaption[11] hält sich bis kurz vor Schluß mit großer Exaktheit an den literarisch vorgeprägten Geschehensablauf, übernimmt in Dialogsituationen sogar auffallend häufig Repliken wortwörtlich aus der Novelle. Lediglich in der finalen Konfliktlösung geht der Film einen völlig konträren Weg: Jost begeht keinen Selbstmord, sondern löst sich von Lili und kehrt in seinen Militärdienst zurück; zuvor hatte auch Lili beim Kommandanten zugunsten Josts interveniert, indem sie ihren Verzicht erklärt und die sofortige Abreise kundgetan hatte.

Heyrathen sich helfen kan, solches zwar nicht abschlagen; jedennoch Se. Koenigl. Majestaet es lieber sehen werden, wenn ein Officier unverheyrathet bleiben will.« (*Reglement vor die Koenigl. Preußische Cavallerie-Regimenter* vom 1. Juni 1743, Berlin, VIII. Theil: Ordres wornach sich die saemmtlichen Officiers zu verhalten haben, XI. Titul: Von Verheyrathen der Officier, Unter-Officier und Gemeinen, I. Articul, S. 53) Dieses *Cavallerie-Reglement* sah des weiteren vor, daß gemäß III. Articul nur bei Unteroffizieren »der Obriste«, d. h. also der Ortskommandant, die Genehmigungsinstanz für Heiratsgesuche war.

11 *Eine Liebesgeschichte* (s/w; UA: 25. Februar 1954): Produktion: Intercontinental-Film GmbH, Eric[h] Pommer; Regie: Rudolf Jugert; Drehbuch: Axel Eggebrecht, [gemäß *credits:*] unter Mitarbeit von Carl Zuckmayer; Kamera: Hans Schneeberger; Musik: Werner Eisbrenner; Darsteller (Rollen): Hildegard Knef (Lili), O.W. Fischer (Jost), Victor de Kowa (Prittwitz) u.a.; Dauer: 90'29" (Videofassung ZDF/21. September 1997).

2.2. Konzeptionelle und diskursive Varianten

Die scheinbar diametral entgegengesetzten Konfliktlösungen von Novelle und Film dürften eigentlich nur den auf Werktreue eingeschworenen Bibliophilen frappieren. Für den Plot invariant bleibt in beiden Versionen die verweigerte Legalisierbarkeit der Liebesbeziehung von Jost und Lili: Während Lili physisch ›überlebt‹ (und ihr weiteres Schicksal im übrigen ausgespart bleibt), zieht Jost daraus seine jeweilige überlebensentscheidende Konsequenz. In der Novelle stellt sich die Tragik über den Suizid ein, da sich Jost ein Weiterleben ohne Lili nicht vorstellen kann; dagegen manifestiert sich die Tragik im Film darin, daß nicht nur Lili, sondern auch Jost mit dem Wissen um die Existenz, aber auch um die Unerreichbarkeit des ehedem geliebten Partners weiterleben muß. Die Interpretation der ›höheren Tragik‹ bleibt der rezipientenspezifischen Begriffsauffüllung von poetisch wirksamem ›Pathos‹ überlassen und muß insofern auch als zeitkontextuelle Variable gesehen werden.

Medienkomparatistisch wesentlich ergiebiger ist die Analyse der diskursiven Wege, die zur jeweiligen Konfliktlösung führen; denn das Handlungsmodell stellt sich nur makrostrukturell als weitgehend invariant dar.

Bereits die Figurenkonzeptionen zeigen deutliche Varianten. Jost wird im Film von Prittwitz als »Offizier mit Zivilcourage« (TC 0:08:48)[12] eingeführt; denn Jost hat gerade ein Jahr Festungshaft hinter sich, die er wegen Insubordination abzubüßen hatte, da er im Siebenjährigen Krieg eine böhmische Frau vor den Begehrlichkeiten seines Vorgesetzten schützte; aufgrund der sittlichen Motivation seines Handelns war er dennoch »vom König persönlich befördert« (TC 0:09:14) worden. Diese gegenüber der Vorlage innovativ hinzugefügte Vorgeschichte, die im Film mehrfach und durch verschiedene Figuren Erwähnung findet, gibt sogleich das späterhin schicksalhafte zentrale Konfliktfeld vor, das die ›Pflicht‹ im Militärdienst (hier: das Gehorsamkeitsgebot in der Hierarchie) und den ›Eros‹ oppositär setzt. Lili wird ebenfalls konzeptionell modifiziert: Zwar ist sie auch im Film Prittwitz' Freundin, die sich als einzige Frau unter unverheirateten Offizieren am Silvesterabend zotige Bemerkungen gefallen lassen muß – allerdings mit der entscheidenden Wendung, daß weder ihr Vorleben promiskuitiv bezeichnet, noch ihr gegenwärtiger Lebenswandel in die Nähe der Prostitution gerückt wird:

---

12 Der Film *Eine Liebesgeschichte* wird nach der im ZDF ausgestrahlten Fassung, a.a.O. (Anm. 11), zitiert, mit Angabe des Time-Codes in ›h:min:sec‹ für den Zeitpunkt des Zitatanfangs oder für den Zitatverlauf (gleiches Zitatverfahren auch bei den anderen beiden Filmen).

Varianzbeispiel 1:

[Zur Situation: Silvesterfeier bei Prittwitz; es ist bereits nach Mitternacht. Prittwitz, durch die offensichtliche Affektation Lilis und Josts sich brüskiert fühlend, provoziert einen Eklat, indem er sich – als Ersatzhandlung – über die von Lili und Jost zubereitete Feuerzangenbowle beschwert und durch eine heftige Bewegung versehentlich (?) Lilis Kleid mit Bowle bespritzt. Lili bittet daraufhin Jost, sie nach Hause zu begleiten. An der Wohnungstür entspinnt sich folgender Dialog:]

Novelle:

»Hast du Geld bei dir?« sagte er [Prittwitz] zu Jost. »Es kostet was.« – Jost machte einen halben Schritt auf ihn zu. »Pfui!« sagte er laut. (113,18-20)

Film:

Prittwitz: Ja ja, ... die Demoiselle hat auch ihre eigene Wohnung. ... Aber keine Sorge, die Miete ist bezahlt.

Jost: Schäm dich! (TC 0:18:08-23)

Überhaupt diskursiviert der Film die mit der Liebe verbundene Sexualität wesentlich restriktiver, auch wenn der Verleih im Werbetext tönt, daß es sich um eine »Geschichte des bedingungslosen Sichverschenkens zweier Liebender«[13] handele:

Varianzbeispiel 2:

[Zur Situation: In unmittelbarem Anschluß an die vorige Situation begleitet Jost Lili nach Hause; Lili führt Jost zunächst aber bewußt in die falsche Richtung, um beim gemeinsamen Spaziergang die Möglichkeit einer Liebesbeziehung auszutesten. Am Waldrand, vor einem Wegweiser, halten sie inne. Nach einem eher die situative Verlegenheit kompensierenden Gespräch über Wegkreuze und Lilis Herkunft entsteht die erste körperliche Annäherung:]

Novelle:

[...] Er legte den freien Arm um sie, preßte sie an sich. Sie sah zu ihm auf, beugte den Kopf zurück. Er küßte sie. Ihre Haut war kalt, auch ihre Lippen waren von der Luft überfroren. Er hielt seinen Mund lange auf dem ihren, bis er auftaute und sich an ihm festsog. Ihre Gesichter lagen aufeinander, bewegten sich nicht. Durch den Pelz und den schweren Mantel hindurch spürten sie ihre Körper und ihre klopfenden Herzen. »Komm«, sagte sie nach einer langen Zeit. »Wir wollen heim.« (115,04-13)

---

13 *Illustrierte Film-Bühne*, München, Nr. 2272; textgleich: *Das Neue Filmprogramm*, Neustadt an der Weinstraße, ohne Nr.

Film:[14]

Heftiger Streicher-Einsatz der Filmmusik. Jost und Lili in Naheinstellung. Jost, rechts im Profil, ergreift mit beiden Händen Lili an den Oberarmen und dreht sie, die bis dahin frontal stand, zu sich hin. Beide stehen sich nun im Profil gegenüber: Josts Gesicht im Schatten, Lilis Gesicht hell beleuchtet. Lili schließt erwartungsvoll und erotisches Einverständnis signalisierend kurz die Augen, läßt dabei ihren Kopf kaum merklich in den Nacken fallen. Sie blicken sich in die Augen. Nach kurzer Pause wendet Lili ihren Blick von Jost ab, faßt sich und sagt ebenso ernst wie bestimmt: »Komm, wir wollen heim.« Schnitt in die Totale. (TC 0:20:33-45)

In dieser Szene wechselt die Anrede zwischen Lili und Jost zum erstenmal in die Vertraulichkeitsform, die initiale Intimität der beiden wird jedoch auf deutlich verschiedene Weise hergestellt. Entscheidend ist hier die invariante Funktion der Szene: Ging die Initiative zur Annäherung zuvor, auf der Silvesterfeier, noch von Lili aus, so ist es jetzt Jost, der durch seine Aktion Einverständnis signalisiert.

Zur physischen Vollendung des erotischen Diskurses[15] gehört die Vereinigung der Liebenden im Beischlaf. Novelle (121,15-19) und Film (TC 0:32:41) verwenden hier nur indexikalische Mittel, die die körperliche Vereinigung lediglich als Imaginationsimpuls setzen, also eine rezeptionsseitige Dekodierungsleistung initiieren. Da die literarische wie filmische Darstellung von Sexualität juristisch und/oder moralisch von jeweils zeitkontextuell variabel wirksamen Freizügigkeitsnormen bestimmt wird,[16] sei hier auf die genauere Darlegung der in beiden »Liebesgeschichten« beobachtbaren Varianten verzichtet. Analytisch ergiebiger ist der signifikant unterschiedliche Umgang mit den dem Sexualakt graduell vorgelagerten Phänomenen der ›intimen Nähe‹ und der ›Nacktheit‹, da gerade diesbezüglich der Film – mit seinem ›Visuali-

---

14 Diese und alle weiteren Protokolle bzw. Transkriptionen orientieren sich an den für den jeweiligen Argumentationszusammenhang zentralen Phänomenen einer rezeptiv ›konsensfähigen‹ Wahrnehmung von Bildinhalt und Ton. – Notiert sind diesmal auch die nonverbale Interaktion und die Bildgestaltung.

15 Siehe hierzu grundlegend Klaus Kanzog, *Der erotische Diskurs: Begriffe, Geschichte, Phänomene*, in: Klaus Kanzog (Hrsg.), *Der erotische Diskurs: Filmische Zeichen und Argumente*, München 1989 (diskurs film 3), S. 9-37.

16 Man bedenke die in Anm. 6 erwähnte verlegerische Aufnahme der *Liebesgeschichte* in die Jugend-Reihe des Deutschen Taschenbuch Verlags, während die Novelle zuvor wohl eher der ›Erwachsenenliteratur‹ zuzuordnen war!

sierungszwang‹ – viel eher an Grenzen stoßen kann als die Literatur. Ein prägnantes Beispiel liefert hierfür die Filmversion der *Liebesgeschichte*, in der – ebenso wie in der literarischen Vorlage – die Neuverliebten ihre erste gemeinsame Nacht ohne Vollzug des Beischlafs verbringen:

Varianzbeispiel 3:

[Zur Situation: Wiederum im Anschluß an die vorige Situation. Jost und Lili befinden sich in Lilis Wohnung; sie haben Wein getrunken. Es schlägt drei Uhr früh:]

Novelle:

[Lili hatte sich in einen Nebenraum zurückgezogen, um sich zu entkleiden; Jost verblieb während dessen im Schlafzimmer, in das ihn Lili sogleich nach Betreten der Wohnung geführt hatte.] [...] Jost hörte, wie sie sich auszog, und die Geräusche ihrer fallenden Kleider hatten etwas Traumhaftes und Ungewisses, das ihn tief erregte und gleichzeitig wieder die leise Unruhe seines Herzschlags seltsam beschwichtigte. Als sie zurückkam, auf nackten Füßen, den roten Mantel mit der Hand über der Brust haltend, ließ sie das Licht hinterm Vorhang stehen, so daß das Zimmer weiterhin fast im Dunkel lag. Sie ging zum Bett, ohne ihn anzusehen, deckte es auf. Nun ließ sie den Mantel fallen, legte sich nieder. »Komm«, sagte sie leise, fast flüsternd. Dann drückte sie den Kopf mit einer raschen Bewegung in die Kissen und blieb so, daß er nur ihr Haar und ihren nackten Arm sah. Er kleidete sich leise im Dunkel aus, trat an ihr Bett. Sie hob mit dem Arm die Decke ein wenig, ohne aufzusehen. Er legte sich neben sie, spürte ihre Wärme. [...] Sie schlang die Arme um seinen Hals, und sie lagen beide unbewegt, eng zusammengeschmiegt und still atmend. [...] Nach einer Weile merkte er, daß sie schlief. Noch etwas später fielen auch ihm die Augen zu, und er glitt in einen Schlaf, der schon im Wachen lösend und stillend auf ihn zugeflutet war. (117,18-118,11)

Jost, der sich wie viele Soldaten den inneren Appell erworben hatte, zu der Stunde zu erwachen, die der Dienst von ihm verlangte, schlug die Augen auf, als die Standuhr im Nebenraum gleichzeitig mit dem Glockenspiel der Garnisonkirche den Morgen ansagte. Er fühlte sich klar, frisch, von einem Strom lebendiger Kraft durchronnen. In seinen Fingerspitzen spürte er ein Prickeln und Knistern, wie wenn Funkenbündel aus einem Stab springen. Er lag mit dem Kopf in ihrer Achselbeuge, und bei jedem Heben des Atems berührten seine Lippen den Ansatz ihrer Brust. [...] Sehnsucht und wilde Zärtlichkeit machten ihn plötzlich erzittern und betäubten ihn fast. [...] *[Nach Lilis Erwachen:]* Während er sich rasch im Dunkeln anzog, hatte auch sie sich erhoben und eine neue Kerze geholt. Nun stand sie vor ihm in ihrem roten Morgenrock, der vorne offen war und ihr lose fallendes Hemd freiließ. (118,20-119,13)

Film:[17]

[Die Sequenz ist mit Filmmusik unterlegt: tiefe Streicher-Töne sind dabei leitmotivisch Jost, hohe Lili zugeordnet.] **[E.1:]** *Jost, immer noch der Offizier in Uniform, wird frontal halbnah gezeigt, wie er im Wohnzimmer auf einem Sofa sitzt, ein Tischchen, mit dem zuvor getrunkenen Wein darauf, vor sich. Sein Blick geht in Richtung der* **[E.2:]** *halb offen stehenden Schlafzimmertür; im Hintergrund sieht man im Anschnitt ein Bett.* **[E.3:]** *Erneut Jost, wie zuvor in E.1.* **[E.4:]** *Wieder, wie in E.2, der aus Josts Perspektive gerichtete Blick ins Schlafzimmer; man sieht, durch die Tür halb verdeckt, wie Lili ihr zuvor getragenes weißes Abendkleid behutsam aufs Bett legt.* **[E.5:]** *Der Beobachtungsstandpunkt wechselt nun ins Schlafzimmer. Man sieht Lili frontal halbnah, wie sie sich gerade den über ihr bodenlanges Unterkleid gezogenen Morgenmantel vorne zubindet; Lilis Gesicht ist im Profil, ihr Blick wendet sich vom rechts situierten Spiegel ab und nach links, in Richtung Wohnzimmer (mit Jost); der Bildausschnitt folgt ihrem Blick mit einem langsamen Schwenk; ganz im Hintergrund, durch die geöffnete Schlafzimmertür hindurch, im Gegenschuß zu E.2 und E.4, sieht man nun den gebannt wartenden Jost sitzend; Lili kommt von rechts wieder in den Bildausschnitt, durchschreitet die Schlafzimmertür.* **[E.6:]** *Aus gleicher Perspektive, verdichtet: Jost, wie zuvor in E.1 und E.3; sein auf Lili gerichteter Blick löst sich, er sieht neben sich aufs Sofa, ergreift seine Handschuhe.* **[E.7:]** *Im Gegenschuß: Bedächtig schreitend nähert sich Lili, Jost mit den Augen fixierend; sie wechselt ihren dann ernst und enttäuscht gewordenen Blick auf Josts Hände, als* **[E.8:]** *er sich, aus Lilis Perspektive halbnah gezeigt, gerade die Handschuhe anzieht, seinen Aufbruch signalisierend; Jost hält den Blick auf seine Handschuhe gesenkt, wendet dann den Kopf leicht nach oben und* **[E.9:]** *erhebt sich. Wiederum im Gegenschuß, halbtotal: Lili, wie angewurzelt im Mittelgrund links stehend, Jost, von schräg hinten gezeigt, geht langsam auf Lili zu, verweilt kurz vor ihr und geht dann, offensichtlich zum Verlassen der Wohnung entschlossen, an ihr vorbei; als er im Hintergrund seinen Degen aufnimmt, schluchzt Lili laut los, ihre Hände vor dem gesenkten Kopf zusammenkrampfend. [Heftiger Einsatz der Filmmusik.] Jost kommt eilends zurück, fängt die in sich zusammensinkende Lili auf; beide knien auf dem Boden, engumschlungen; Jost erhebt sich mit Lili und führt sie zärtlich* **[E.10:]** *zum Sofa. Halbnah: Lili sitzt, Jost kniet vor ihr, kost mit den Händen ihr Gesicht und Haar, küßt sie auf die Stirn; dann setzt er sich neben sie, immer noch zärtlich*

---

17 Notiert sind wiederum die nonverbale Interaktion, die Kamerahandlung und die Montagephänomene. – Die Einstellungsnummern geben nicht die faktische Situierung im Gesamttext wieder; bei der Protokollierung geht es hier nur um die Kenntlichkeit der Schnittfolge, wofür die sequenzinterne Durchnumerierung ›E.1‹ bis ›E.n‹ genügt.

ihre Arme haltend; Lili läßt ihr Gesicht, in fast tonlosem Weinkrampf, in seinen Schoß fallen und verbirgt ihn darin, während Jost, nun über sie gebeugt, ihr mit der behandschuhten Hand über den Rücken streicht. [Die Filmmusik wechselt instrumental zum Cembalo.] Lili, erleichtert atmend, dreht nun ihr Gesicht wieder um; man sieht sie im Halbprofil, die Augen geschlossen haltend; Jost hält Lili weiterhin umarmt, ihren Kopf in der linken Armbeuge stützend; er hebt seinen Kopf und blickt nun, den Mund leicht geöffnet, nach links aus dem Bild; Jost setzt ein leichtes Lächeln auf, das ebenso Reflexion wie Gewißheit signalisiert. [Filmmusik: Ins Cembalo fallen militärische Trommelwirbel ein.] Der Bildausschnitt verdichtet sich langsam, während **[E.11:]** *auf die nächtliche Außeneinstellung von Lilis Wohnhaus überblendet wird. Eine erneute Überblendung* **[E.12:]** *geht in einen Schwenk über, der, vom taghellen Fenster ausgehend, dann wiederum Jost und Lili zeigt, wie sie in fast derselben Anordnung wie zuvor in E.10 auf dem Sofa sitzen (Jost) bzw. liegen (Lili); sie haben also die restliche Nacht in dieser Stellung verbracht; Lilis Standuhr schlägt sieben; Jost erwacht, hebt den Kopf. Schnitt.* (TC 0:24:19- 0:27:10)

Als transformationsästhetische Leistung ist zunächst erkennbar, daß sich der poetische Erzählstil Zuckmayers im Film in figurenspezifisch ›argumentierenden‹ Musikmotiven und Instrumentalisierungen sublimiert findet. Deutlich wird vor allem die variante Inszenierung von Körperlichkeit, die im Film wesentlich restriktiver eingesetzt ist. Die Novelle setzt in ihrer Verbalisationsstruktur demgegenüber eindeutige Zeichen, um den Wahrnehmungsbereich der Sexualität zu stützen: Allein die je zweimalige Verwendung von »nackt« und »Brust«, doch auch die Erwähnung des »Bettes« sowie der einfühlsame emotive Erzählerkommentar insgesamt tragen hierzu bei, ebenso Lilis Aufforderung »Komm!«.

Die Szene ist in der Novelle in Lilis Schlafzimmer situiert, während Jost im Film im Wohnzimmer bleibt. Doch würde es zu kurz greifen, die filmische Version mit ihrer pathetisch sich versagenden Sexualität nur als einen ›quasi-jugendfreien Abklatsch‹[18] der Novellenversion zu bezeichnen. Denn die entsprechende Sequenz ist auch im Film höchst zeichenhaft: Jost zieht seine Uniform nicht aus! So wird bereits in dieser ersten gemeinsamen Nacht festgelegt, daß der soldatische Diskurs den erotischen dominiert und daß in der Normenkollision von ›Pflicht‹ vs.

---

18 Immerhin ist der Film von der FSK, der Freiwilligen Selbstkontrolle der deutschen Filmwirtschaft, 1954 erst »ab 16« freigegeben worden. Die Katholische Filmkommission empfahl *Eine Liebesgeschichte* gar nur »Für Erwachsene, mit Vorbehalten«; siehe *Film-Dienst*, Jg. 7, 1954, Nr. 10, Film-Nr. 3138.

›Eros‹ der Offizier in Jost stärker sein wird als die Liebessehnsucht des (Privat-)Mannes Jost.

Der soldatische Diskurs als solcher ist Teil des militärischen: Dieser betrifft die deskriptive wie argumentative Thematisierung der verteidigungs- und kriegsstrategischen Gesamtheit des Militärwesens bzw. einer Armee, während der soldatische Diskurs die im übergeordneten militärischen Diskurs eingebettete strukturelle Normierung des einzelnen Soldaten erörtert. Der soldatische Diskurs reflektiert also vorzugsweise die Gruppenidentität in Konkurrenz zur Individualität des einzelnen Soldaten; somit ist innerhalb der ›Pflichtnorm‹ auch ein potentielles Konfliktfeld zwischen ›Kameradschaftsnorm‹ und ›Hierarchienorm‹ angelegt.[19]

Beide Texte sind hier invariant organisiert: Die wegen Lili gestörte Kameradschaftsnorm zwischen Jost und Prittwitz wird im Geschehensverlauf restabilisiert, das hierarchienormierte Dienstverhältnis Josts zum Kommandeur (Novelle) bzw. Oberst (Film) bleibt dagegen instabil. Darüber hinaus artikuliert der Film *Eine Liebesgeschichte* die insbesondere für Josts Handlungsziel entscheidungsbestimmenden Normen von Anfang an wesentlich intensiver als die literarische Vorlage, indem er auch über das erweiterte Figureninventar entsprechende Sentenzen als Interpretationsimpulse setzt. So erklärt u.a. auf der Silvesterfeier ein Offizier:

»Ich sage: Disziplin über alles! Erst muß man Soldat sein, dann Mensch!«
(TC 0:09:54-58)

Auch Lilis ehemaliger Prinzipal Schlumberger, der mit seiner Schauspieltruppe in der brandenburgischen Garnisonstadt Station macht, formuliert gegenüber Jost und Lili das normativ Bindende eines ›Diensteids‹, als es zur Debatte steht, ob Lili eventuell zu seiner Truppe zurückkehren könne:

»Herr Rittmeister, haben Sie jemals einem Deserteur verziehen? Hm? [...] Zu uns gehört man ganz oder gar nicht! Dem Theater muß man dienen.

---

19 Auch Zuckmayer selbst bringt später diese Differenzierung in *Als wär's ein Stück von mir* a.a.O. (Anm. 1), S. 247 f., nach seinen ersten Erfahrungen in der Armee zum Ausdruck: »Für mich selbst hatte ich einen Unterschied entdeckt zwischen dem ›Militärischen‹, dem Drill, dem Stechschritt, der kleinlichen Fuchserei, und dem ›Soldatischen‹, worunter ich Manneszucht, vernunftbedingten Gehorsam, Waffenübung verstand, wie man sie draußen brauchen würde. Das eine verabscheute ich, im anderen vermochte ich einen ethischen Wert zu erkennen.«

Für das Theater muß man leben und leiden – viel leiden! Austreten kann man aus dem ›Orden‹ nicht!« (TC 0:56:14-32)

In Äquivalentsetzung von Theater und Armee wird im Film somit auch Lilis Vita dem soldatischen Diskurs unterworfen. Im Gegensatz zu dieser Version fragt in der Novelle der Prinzipal bei Lili sogar an, ob sie, da ihm eine Schauspielerin ausgefallen sei, spontan »›einspringen will – mit will‹ [auf Tournee]« (130,13 f.).

Als weitere entscheidende innovative Adjunktion führt der Film den Aspekt der werkimmanenten Poetik ein: Ein Theaterschauspieler aus Schlumbergers Truppe plakatiert im Ort den Auftritt und äußert:

»[...] Echte Kunst! Ein herzbewegendes Liebesdrama! [...] Man wird zu weinen haben! Ich verspreche es Ihnen! [...] Ein ergreifendes Trauerspiel: *Romeo und Julia*.« (TC 0:43:12-30)

Den autoreflexiven Zusammenhang, insbesondere mit der literarischen Vorlage der *Liebesgeschichte*, liefert dann bezeichnenderweise Lili selbst, die ihrem Jost beim Besuch der Theatertruppe Shakespeares Tragödie erklärt:

»Er [Romeo] bringt sich nämlich um. [...] In diesem Stück kommen alle um. Es ist eine wunderschöne Liebesgeschichte, aber sehr tragisch – wie jede Liebesgeschichte, außer der unsern!« (TC 0:55:27-41)

Eine weitere textimmanente Thematisierung einer tragischen Liebesgeschichte liefert Prittwitz gleich eingangs des Filmgeschehens, auf seiner Silvesterfeier, als er aus der (namentlich nicht genannten) Oper *Orpheus und Eurydike* des »Ritter Gluck« (TC 0:05:22) deklamiert:[20]

---

20 Eine gegenüber der Geschehenszeit der *Liebesgeschichte* – im Film: Einsatz zum Jahreswechsel 1764/65 – sehr aktuelle Hinzufügung! Christoph Willibald Ritter von Glucks Oper wurde am 5. Oktober 1762 am Wiener Burgtheater uraufgeführt – dort allerdings mit dem Originallibretto von Ranieri [de] Calzabigi als *Orfeo ed Euridice* in italienischer Sprache (die französische Fassung *Orphée et Euridice* mit dem Libretto von Pierre-Louis Moline wurde dann am 2. August 1774 in der Académie Royale in Paris erstaufgeführt.) Die im Film zitierte Passage – im Original: »Ach, ich habe sie verloren, / All mein Glück ist nun dahin. / Wär', o wär' ich nie geboren, / Weh, daß ich auf Erden bin.« (Orpheus-Arie »Ach, ich habe sie verloren«, mit zweimaligem Gesang dieser Passage; siehe z.B. Reclam-Textheft RUB 4566, Musiknr. 27 bzw. 30, je nach Ausg.) – geht auf Johann David [später auch: Daniel] Sander (1759-1825) zurück, dessen Übersetzung (der Moline-Fassung) 1786 in Magdeburg erstmals erschien; die deutschsprachige Erstaufführung

»All mein Glück ist nun dahin. ... Wär', ach wär' ich nie geboren! ... Weh, daß ich auf Erden bin!« (TC 0:05:05-17)

Diese hinzugefügten Repliken etablieren eine pathetisch-melancholische Grundstimmung, die der Film noch intensiver setzt als die Novelle. Gleichwohl ist die autoreflexive Todesthematik literarisch vorgeprägt: eingebettet in einen religiösen Diskurs, der als Konfliktlösungsinstanz dem soldatischen und erotischen Diskurs zwischengeschaltet ist. Dies zeigt der Dialog Jost/Lili zum Abschluß des enttäuschend verlaufenen Landgut-Besuchs bei Vetter Fritz:

»Ist es wahr«, fragte sie [Lili] nach einer Weile mit einer kleinen, fast ängstlichen Kinderstimme, »daß euer König nicht an Gott glaubt?« – »Unser König«, antwortete Jost, und sein Gesicht ward schmal vor Stolz, »unser König braucht keinen Gott.« – »Aber wir brauchen ihn«, sagte sie leise. »Wir sind ja verloren ohne ihn.« – »Ja«, sagte Jost. »Aber er hat uns drei große Wege gemacht, die immer ins Freie führen.« – »Welche sind das?« fragte sie. – »Die Tapferkeit«, sagte Jost, schwieg eine Zeit, blickte sie an. »Die Liebe«, sagte er dann. – »Was noch?« fragte sie rasch. – »Der Tod«, sagte er, stand auf, reckte die Glieder. (138,11-21)

Die Szene ist nicht nur ›drehbuchmäßig‹ geschrieben,[21] sie findet auch inklusive Zuckmayers auktorialen ›Regieanweisungen‹ zu Sprechrhyth-

---

erfolgte dann erst am 20. April 1808 (!) im Berliner Opernhaus. – Im italienischen Original hieß die Referenzstelle noch völlig anders: »Che farò senza Euridice! / Dove andrò senza il mio ben. / Euridice! ... Oh Dio, rispondi: / Io son pure il tuo fedel«; in der französischen Version bereits abweichend: »J'ai perdu mon Euridice, / rien n'égale mon malheur. / Sort cruel, quelle rigueur! / Rien n'égale mon malheur, / je succombe à ma douleur.« Die zum ›geflügelten Wort‹ gewordene Selbstanklage »O wär' ich nie geboren!« findet sich ebenfalls in der abschließenden Kerkerszene in Goethes *Faust* (1808), Vers 4596. – Der Film leistet sich mit der deutschen Version also einen kleinen ahistorischen Fauxpas; dies dürfte aber nur den wenigsten auffallen. Entscheidend ist rezipientenseits nur, daß im Wiedererkennen des Zitats bzw. des geflügelten Wortes »Wär', ach [o] wär' ich nie geboren!« das kulturelle Wissen um das ›Orpheus-und-Eurydike-Motiv‹ als *zusätzliche* ›intellektuelle Lesart‹ abgerufen werden kann. – Der Film greift im übrigen eine in der Novelle vorgeprägte Szene auf; denn hier führt die »berühmte Wiener Operngesellschaft Coronelli-Schlumberger« (125,21 f.) eine (namentlich nicht genannte) »Oper von Gluck« (126,32 f.) auf – statt *Romeo und Julia*, wie im Film.

21 Auch Wolfgang Paulsen spricht summarisch vom »sehr stark visuellen Charakter seiner [Zuckmayers] Kunst«; siehe Wolfgang Paulsen, *Carl Zuck-*

mus und Blickverhalten weitestgehend invariant in den Film Eingang (TC 1:08:16-58). Während die Novelle diesen ideologematischen Dialog aber kulminativ mit der Todesthematik abschließt, ergänzt ihn der Filmdialog unmittelbar folgend mit einer bezeichnenderweise von Lili geäußerten wertenden Sentenz:

»Der Tod ist kein Ausweg! ... Tapferkeit und Liebe sind stärker!« *Jost wiederholt – wie zur reflexiven Bestätigung der Behauptung – mechanisch den letzten Satz.* (TC 1:08:59-1:09:08)

Gegen Ende der Filmhandlung wird Lilis Äußerung zur final konfliktlösenden Leitlinie für Jost, als ihn Prittwitz im Auftrag der auf den Geliebten verzichtenden Lili daran erinnert (TC 1:28:54) und Jost auf diese Weise vorm Suizid in scheinbar ausweglosem Entscheidungsnotstand bewahrt.

Einen letzten Hinweis auf die abweichende Strategie im Umgang mit der Todesthematik bietet eine Jost zugeordnete Replik, die in Novelle und Film zwar nur minimalvariant, aber letztlich diskursiv entscheidend ist:

Varianzbeispiel 4:

[Zur Situation: Unmittelbar vor dem oben zitierten Dialog Jost/Lili. Er hatte sie auf dem Rückweg vom elterlichen Gut zu einem am Waldrand gelegenen überwucherten Hundegrab geführt, das ihn offenbar an seine Jugend erinnert:]

Novelle:

[...] Ihre Hände und Knie berührten sich, ihre Blicke versanken brennend ineinander. »Man könnte sterben«, sagte Jost nach einer langen, schweigenden Zeit, und seine Stimme klang etwas heiser, von Dunst und Sehnsucht belegt, »– man könnte sterben vor Glück.« (138,03-07)

Film:

[Filmmusik: Streicher.] Bei strahlender Sonne wird Jost frontal halbnah gezeigt; er stellt sich vor eine Birke, sein Gesicht im Halbschatten; er hat die Hände in die Rocktaschen eingehakt, schaut versonnen lächelnd vor sich hin: in Richtung des Hundegrabs. Lili kommt ins Bild: Sie geht, mit dem Rücken zur Kamera, somit Jost kurzzeitig verdeckend, von vorne rechts in den Bildmittelgrund nach links an die Seite Josts. Nachdem sie den Blick auf Jost wie-

---

mayer [1967], in: Wolfgang Paulsen, *Der Dichter und sein Werk: Von Wieland bis Christa Wolf. Ausgewählte Aufsätze zur deutschen Literatur*, hrsg. von Elke Nicolai, Frankfurt am Main, Berlin, Bern u.a. 1993, S. 490-523; hier: S. 499.

der freigegeben hat, sagt dieser versonnen vor sich hin, zunächst bestimmt: »Man müßte sterben ... «, *nach kurzer Pause dann etwas weicher und leiser:* »... im Glück!« *Beim Stichwort* »Sterben« *kommt Lili neben Jost zum Stehen, sieht ihn ernst an, senkt dann ihren Blick.* [...] *Die Kamera verdichtet nah auf beide, als sie sich inniglich küssen. Überblendung.* (TC 1:07:35-1:08:12)

Im Kontext der im Film hinzugefügten werkimmanenten Poetik steht die minimale Varianz von »Man *könnte* sterben *vor* Glück« (Novelle) vs. »Man *müßte* sterben *im* Glück« (Film) für die gegensätzliche todesthematische Tendenz beider Versionen der »Liebesgeschichte«: Während die Novelle den erotischen gegenüber dem soldatischen Diskurs favorisiert und somit eine *Tendenz zum Leben* verbalisiert, die Hauptfigur Jost schließlich aber Suizid begehen läßt, artikuliert der Film, dominant auf den soldatischen Diskurs gestützt, eine *Tendenz zum Tode*, führt Jost am Ende aber dennoch ins (Offiziers-)Leben zurück.

Mit anderen Worten: Während die Novelle insgesamt scheinbar auf ein glückliches Ende zusteuert, bereitet der Film einen tödlichen Ausgang vor; beide von textinternen Interpretationsimpulsen gesteuerten rezeptiven Erwartungshaltungen werden dann aber final gegensätzlich ›enttäuscht‹.

3. »Engele von Loewen« – »Ein Mädchen aus Flandern«

3.1. Zuckmayers Literarisierungen des Ersten Weltkriegs

Der Erste Weltkrieg war für Zuckmayer *das* einschneidende Erlebnis seines jungen Lebens.[22] Denn es war exakt Zuckmayers Abiturjahrgang 1914, den als ersten die Kriegsfreiwilligen-Begeisterung packte und der von der Schulbank aus, mit Notabitur, einrückte. Diese Erfahrung, die den Autor mit den »1213 Fronttage[n]«[23] für sein Leben prägte, manifestiert sich auch in seiner späten Autobiographie *Als wär's ein Stück von mir*, die in der Mehrdeutigkeit ihrer Titelgebung genuin auf Ludwig Uhlands martialisches Lied *Der gute Kamerad* (1809) zurückgeht – auf die Schlußzeile der zweiten Strophe: »Eine Kugel kam geflogen, / Gilt's

---

22 Siehe hierzu auch Ulrich Fröschle: *Die »Front der Unzerstörten« und der »Pazifismus«: Die politischen Wendungen des Weltkriegserlebnisses beim »Pazifisten« Carl Zuckmayer und beim »Frontschriftsteller« Ernst Jünger*, in: Zuckmayer-Jahrbuch, Bd. 2, 1999, S. 307-360, insbes. S. 320-325.

23 Zuckmayer, *Als wär's ein Stück von mir*, a.a.O. (Anm. 1), S. 268.

mir oder gilt es dir? / Ihn hat es weggerissen, / Er liegt mir vor den Füßen, / Als wär's ein Stück von mir.«[24]

Hat Zuckmayer tatsächlich »kein Kriegsbuch geschrieben und keine Kriegsgeschichten erzählt«, wie es die hier eingangs zitierte Einlassung nahelegt? Immerhin sind vier seiner Erzählungen in den zeitgeschichtlichen Hintergrund des Ersten Weltkriegs eingebunden: Das *Engele von Loewen* und die *Geschichte von einer Geburt* sind an der Westfront, in Belgien bzw. Frankreich, angesiedelt, *Krimwein* spielt 1915 in Rußland und *Die Geschichte eines Bauern aus dem Taunus* an beiden Fronten. In diesen vier (unterschiedlich langen) Kurzgeschichten gehen Geschehensablauf und Handlungslogik zwar unmittelbar konditional auf den Weltkrieg zurück, stellen in ihrer narrativen Essenz jedoch keine ›literarisierte Kriegsberichterstattung‹ dar, sondern geben singuläre, psychologisch wirksame Extremsituationen wieder, denen die Hauptfiguren jenseits von Kampfhandlungen ausgesetzt sind. Mithin ist der militärische Diskurs in allen vier Erzählungen nicht das zentrale Moment; der Erste Weltkrieg fungiert stets nur als äußerer Erzählanlaß oder Zeitrahmen.[25]

Zuckmayer selbst verstand unter einem ›Kriegsbuch‹ nicht nur die narrativ spürbare Authentizität, sondern auch die unmittelbare Zeugenschaft des Soldaten aus der Schützengraben-Perspektive: Phänomene, wie sie sich etwa in Erich Maria Remarques Roman *Im Westen nichts Neues* (1928) manifestieren, den Zuckmayer 1930 als »erste[s] Kriegs-

---

24 Ludwig Uhland, *Werke*, Bd. 1: *Sämtliche Gedichte*, München 1980, S. 148 f. – Zuckmayer verweist selbst, ohne Uhland zu nennen, auf den Zitatcharakter des Titels seiner Autobiographie; siehe Zuckmayer, *Als wär's ein Stück von mir*, a.a.O. (Anm. 1), S. 231 f. (mit leichter Textvarianz zum Uhland-Original). Die ›Verdoppelung‹ des Buchtitels in der textgleichen Überschrift zum Kapitel für die Zeit »1914-1918«, S. 217-301, verstärkt die lebensprägende Bedeutung des Ersten Weltkriegs für Zuckmayer.

25 Zu Literarisierungen des Ersten Weltkriegs siehe u.a. Evelyn Cobley, *Representing WAR: Form and Ideology in First World War Narratives*, Toronto, Buffalo, London 1993. Ebenso Charles N. Genno/Heinz Wetzel (Hrsg.), *The First World War in German Narrative Prose. Essays in honour of George Wallis Field*, Toronto, Buffalo, London 1980; hierin besonders Hermann Boeschenstein, *The First World War in German Prose after 1945: Some Examples – Some Observations*, S. 138-158. Boeschenstein geht auch auf Zuckmayer ein (S. 140-145), jedoch nur auf die Autobiographie *Als wär's ein Stück von mir*.

buch, das Wahrheit gibt,«[26] lobt. Und in seiner Autobiographie zitiert Zuckmayer zudem zwei Briefe aus der Textsammlung *Kriegsbriefe gefallener Studenten*,[27] die bereits kurz nach Kriegsende 1918 erstveröffentlicht wurden. Beiden Werken gemeinsam ist die Wahrhaftigkeit der Erzähl- bzw. Berichtsperspektive des am Kriegsgeschehen ›unmittelbar teilhabenden, erlebenden Ichs‹. Vergleicht man diese beiden offensichtlichen Präferenzen Zuckmayers mit seinen oben genannten eigenen Erzählungen, dann ist festzustellen, daß diese nicht nur vom Sujet her und diskursiv andere Wege gehen, sondern darüber hinaus auch formal eine andere narrative Strategie verfolgen: Zuckmayer verwendet hier nämlich eine auktoriale Erzählperspektive oder setzt ein distanziertes, am Kerngeschehen selbst nicht teilhabendes Erzähler-Ich ein. – Insofern kann Zuckmayers Selbsteinschätzung zum Phänomen ›Kriegsbuch‹ also vom philologischen Standpunkt aus bestätigt werden.

3.2. Handlungslinien von Novelle und Film

Die Novelle *Engele von Loewen* ist in der zuvor benannten, qualitativ sehr heterogenen Reihe von Kurzerzählungen sicherlich das ausgereifteste Produkt Zuckmayerscher Prosa. Erzählt wird die komplex strukturierte Geschichte einer Liebesbeziehung zwischen dem jungen deutschen Kriegsfreiwilligen des »ersten Mobilmachungstag[s]« (136,10 f.)[28] Alexander von H. und der jungen Belgierin Angéline Meunier: also wieder – wie schon in der *Liebesgeschichte* – eine Mésalliance. Doch diesmal generiert sich das zentrale Konfliktfeld nicht über einen Standesdünkel; vielmehr sind die beiden Liebenden Angehörige zweier Nationen, die sich im Kriegszustand befinden: Das im gesamteuropäischen Konfliktfeld neutral gewesene Belgien ist von den deutschen Truppen – gemäß des Schlieffenplans – okkupiert.

---

26 Carl Zuckmayer, *Erich Maria Remarque: »Im Westen nichts Neues«*, in: *Berliner Illustrirte Zeitung* vom 31. Januar 1929. – Wiederabdruck in: Carl Zuckmayer, *Aufruf zum Leben. Porträts und Zeugnisse aus bewegten Zeiten*, Frankfurt am Main 1995, S. 96-99; hier: S. 98. – Vgl. zu diesem Komplex insgesamt *Blätter der Carl-Zuckmayer-Gesellschaft*, Jg. 10, 1984, H. 2; dort ebenfalls mit Wiederabdruck dieses Zuckmayer-Beitrags, S. 73 f.
27 Philipp Witkop (Hrsg.), *Kriegsbriefe gefallener Studenten*, erweiterte Neuauflage München 1928; zitiert bei Zuckmayer, *Als wär's ein Stück von mir*, a.a.O. (Anm. 1), S. 266 f.
28 *Engele von Loewen* wird zitiert nach: Carl Zuckmayer, *Die Fastnachtsbeichte. Erzählungen 1938-1972*, Frankfurt am Main 1996, S. 128-162.

Alexander und Engele, wie Angéline auf flämisch auch genannt wird, lernen sich am Vortag »jenes berühmten Sturmangriffs«[29] (133,22) auf das westflandrische Langemarck im benachbarten Etappenort Lindeken kennen, wo das als ›engelsgleich‹ rein, schön und scheu geschilderte Mädchen als kriegsverwaistes ›Aschenputtel‹ bei Verwandten untergekommen ist. Drei Jahre nach dieser Zufallsbegegnung wird der mittlerweile zum Leutnant avancierte Alexander wieder nach Flandern versetzt. Als er 14 Tage Urlaub bekommt, sucht er erneut den Ort Lindeken auf, um Engele wiederzusehen. Zwischen beiden entwickelt sich eine starke, zunächst nur partnerschaftlich im Glück schwelgende Liebesbindung; erst am Vorabend von Alexanders erneutem Fronteinsatz kommt es auch zur körperlichen Vereinigung: »Das volle Leben überwältigte sie« (146,31 f.).

Nach Alexanders Fortgang ist Engele nun »dem Haß und der Rachsucht ihrer Umgebung schutzlos« (155,08 f.) ausgesetzt. Als sie in Notwehr gegenüber dem sexuell zudringlich werdenden deutschen Ortskommandanten Lüdemann einen Brand entfacht, wird Engele in ein Straflager eingeliefert. Nach Wochen kann sie fliehen und landet – nach Zwischenstation in einem »Zwangslazarett für verkommene Frauen« (157,01) – schließlich durch die wohlwollende Vermittlung eines Agenten der deutschen Sittenpolizei, des Monsieur le Curé, als Zigarettenverkäuferin in der »Gaité«, einem Brüsseler Nobelbordell für deutsche Offiziere: für Engele »eine Art klösterlicher Zuflucht« (160,05). Dort lernt der Ich-Erzähler Engele kennen und bekommt von ihr ihre Liebesgeschichte berichtet. Der Zufall, wie man ihn »den Romanschreibern nicht glaubt« (158,19 f.), will es, daß der Ich-Erzähler ein Schulfreund Alexanders ist, so daß er den in den Kriegswirren abgerissenen Kontakt Engeles zu Alexander schließlich wieder herstellen kann. Am Tag des Waffenstillstands gelingt es Alexander, sich nach Lindeken durchzuschlagen, wohin auch Engele abgeschoben wurde, nachdem die »Gaité« nach Abzug der Deutschen geschlossen worden war. In entfesselter Rachsucht will der lokale Mob beide lynchen; verhindert wird dies in

---

29 Realhistorischer Bezug: Gemeint ist der sogenannte ›Kinderkreuzzug‹ der militärstrategisch gescheiterten ersten Flandernoffensive vom 20. Oktober bis 3. November 1914, während der vor allem Jugendregimenter – nur unzureichend ausgebildete und ausgerüstete Reservekorps, die sich aus den hurrapatriotischen Freiwilligen der ersten Augusthälfte 1914 konstituierten – sinnlos ›verheizt‹ wurden; von den rund 120.000 Mann fielen geschätzte 90.000. Die beiden Schlachten um Langemarck am 22./23. Oktober und 10. November 1914 wurden als Symbol für die ›Opferbereitschaft der deutschen Jugend‹ propagandistisch ausgebeutet.

letzter Minute durch einen Trupp belgischer Frontsoldaten, der sich gerade auf dem Heimweg befindet. Letztmals greift der Zufall ins Schicksal der beiden Liebenden ein und führt die Liebesgeschichte zum Happy-End.

Bereits mit ihrem von der Novelle abweichenden Titel *Ein Mädchen aus Flandern*[30] signalisiert die filmische Adaption ein reiches Variantenfeld. Das zentrale Handlungsmodell – die aus der zufälligen Begegnung resultierende Liebesbeziehung Alexanders und Engeles – bleibt jedoch invariant, einschließlich des Happy-Ends für beide. Auch bezüglich des Engele betreffenden Handlungsstrangs hält sich der Film eng an die literarische Vorprägung. Als Konfliktfeld verstärkt und aufgewertet wird hingegen der militärische und soldatische Diskurs, der mit einschneidenden Modifikationen in den Alexander betreffenden Handlungsstrang eingreift.

3.3. Konzeptionelle und diskursive Varianten

Die zentrale narratologische Transformation betrifft den Ich-Erzähler, der in der Novelle noch das Authentizitätssignal für die Erzählerkompetenz markiert;[31] im Film ist er getilgt: Der literarische Ich-Erzähler

---

30 *Ein Mädchen aus Flandern* (s/w; UA: 16. Februar 1956): Produktion: Capitol, Dietrich von Theobald; Regie: Helmut Käutner; Drehbuch: Heinz Pauck, unter Mitarbeit von Helmut Käutner; Kamera: Friedel Behn-Grund; Musik: Bernhard Eichhorn; Darsteller (Rollen): Nicole Berger (Engele), Maximilian Schell (Alexander), Victor de Kowa (Curé), Friedrich Domin (General Haller), Gert Fröbe (Rittmeister Kupfer) u.a.; Dauer: 96'30" (Videofassung Sat.1/18. Januar 1987).

31 Auf das oszillierende Wechselspiel der textinternen Erzählperspektivierungen bezüglich der erzählenden und berichtenden, kommentierenden und interpretierenden Eigenanteile des Ich-Erzählers auf der einen Seite sowie der detaillierten Wiedergabe der dem Ich-Erzähler von Engele und Alexander persönlich berichteten narrativen Fremdanteile auf der anderen Seite kann im gegebenen Untersuchungsrahmen nicht eingegangen werden. – Festzuhalten ist in erster Linie der (fiktionale) Authentizitätsnachweis: (1) Der Erzähler hebt bereits im Erzähleingang der Novelle die eigene Wahrnehmung hervor – »Ich kannte ein junges Mädchen, Angéline Meunier, eine Belgierin« (128,01). (2) Der Erzähler ›beweist‹ den Authentizitätsstatus der schicksalhaften Liebesgeschichte mit der Information, ihm seien die Erlebnisse der beiden Hauptfiguren von diesen selbst berichtet worden – »Er [Alexander] hat mir seine Geschichte erst später erzählt. Vorher aber erfuhr

wird zum einen durch den quasi-auktorialen Blick der Kamera substituiert, der – filmgemäß – in der Montage der visuellen Zeigeakte ›erzählt‹; zum anderen wird der in der Novelle funktional wesentliche Eingriff des Ich-Erzählers in das Geschehen – die Initiierung der finalen Zusammenführung Engeles und Alexanders – auf Alexander selbst übertragen: Nicht der Ich-Erzähler trifft in der »Gaité« Engele, sondern Alexander selbst.

Dennoch setzt die filmische Adaption ein dem Ich-Erzähler der literarischen Vorlage äquivalentes Authentizitätssignal: die Zweisprachigkeit, wie sie der faktischen Situation am Geschehensort Belgien entspricht. Es wird nebeneinander deutsch *und* französisch gesprochen, je nach Muttersprache der Figur und/oder Adressatenbezug der Rede. Zum Verständnis der französisch gesprochenen Partien sind ins Bild meistenteils Untertitel eingestanzt. Jedoch sind nur die für informativ wesentlich gehaltenen Repliken übersetzt, so daß die Rezipienten dem Geschehensablauf folgen können. Vieles bleibt nicht-untertitelt: wenn sich im Dialog z.B. die Verständlichkeit auch aus der deutsch gesprochenen Antwort des Gesprächspartners ergibt oder wenn Situation, Intonationsmuster bzw. nonverbales Sprechverhalten (Mimik, Gestik) eindeutige Verständnis- und Interpretationsimpulse setzen. Diese gegenüber der Vorlage innovativ eingeführte Zweisprachigkeit bedingt auch eine bedeutende figurenkonzeptionelle Modifikation: In der Novelle ist Engeles Mutter »Flämin von deutscher Abstammung« (128,14), Engele hatte dementsprechend »von ihrer Mutter Deutsch gelernt« (135,01); des Film-Engeles Muttersprache ist Französisch, Engele spricht als »Mädchen aus Flandern« eher selten Deutsch, und wenn, dann mit der eingeschränkten Kompetenz und Performanz einer elaborierten Fremdsprachenbeherrschung.

Darüber hinaus gilt für *Ein Mädchen aus Flandern* – wie bereits auch für den Film *Eine Liebesgeschichte* – die bezüglich epischer Vorlagen filmästhetisch konventionalisierte ›allgemeine Transformationsregel‹, daß sich die Figuren im visualisierten und/oder verbalisierten Geschehen des inneren Kommunikationssystems dialogisch und aktional weitgehend selbst repräsentieren, sich über die rezeptive Anschauung somit szenisch ›selbst erzählen‹. Einen anonymen Off-Erzähler gibt es nicht; Elemente der narrativen Fremdrepräsentation einzelner Figuren sind – als ›Botenbericht‹ – auf andere Figuren übertragen. Nur Engeles persönlicher, an Alexander gerichteter Bericht über ihr Schicksal, das sie zwi-

---

ich sie von Engele, als ich sie, auch erst nach Jahren, in Brüssel kennenlernte« (136,13-15).

schenzeitlich seit der gemeinsamen Liebesnacht bis zu ihrer »Kontrollmädchen«-Existenz in der Gaité erlitt, wird im Film in Analogierelation zur Novelle erzählt: als Rückblende, mit Engeles französisch gesprochenem Kommentar im Off.

Auf der Basis des dargelegten filmästhetisch konventionalisierten ›Wahrnehmungsvertrags mit dem Zuschauer‹ hat der Film differenziertere Möglichkeiten, welche zugleich auf den Vorlagentext referieren *und* diesen interpretieren: So kann er sich zum einen mit der Figurenkonzipierung Zeit lassen und braucht bei der Einführung einer neuen Figur nicht sogleich ein kommentiertes Gesamtbild dieser Figur vorzugeben; zum anderen hat er die Möglichkeit, das literarisch vorgeprägte Figurenmodell zu vergrößern, zu verkleinern sowie in einzelnen Rollen auf- oder abzuwerten.[32]

Diese beiden Variationsmöglichkeiten setzt *Ein Mädchen aus Flandern* bereits zu Filmbeginn ein: In der Novelle hat der erste Erzählabschnitt (128,01-133,15) vorzugsweise die expositorische und insinuative Funktion, neben dem zeitgeschichtlichen Kontext Engele selbst und ihr familiäres sowie soziales Umfeld vorzustellen; erst im zweiten Erzählabschnitt (133,16-141,07) wird dann die schicksalhafte Begegnung zwischen Engele und Alexander geschildert. Der Film dagegen legt hier ein ›schnelleres Tempo‹ vor; in chronologischer Erzählweise setzt er sehr früh mit dieser expositorischen Begegnungssituation ein (bei TC 0:03:55) und legt auf diese Weise ohne Umschweife die Hauptfiguren des erotischen Diskurses eindeutig fest.

Zunächst sei jedoch auf die Etablierung und die Argumentation des militärischen und soldatischen Diskurses eingegangen, da hier ein breiteres Variantenfeld beobachtbar ist:

Auswahlsequenz 1:[33]

[Zur Situation: Die beiden establishing shots, in die der Filmtitel »Ein Mädchen aus Flandern« sowie die Credits eingestanzt sind, dienen der Lokalisierung des Geschehens: die Idylle eines an einem Kanal gelegenen Dorfes. Zusatzinformation via Insert bei TC 0:01:38: *Molenkerk in Flandern / November 1914. Vor einem Wirtshaus am Ufer des Kanals rastet ein Trupp deutscher Soldaten.]*

---

32 Auf weitere Modifikationen des Figurenmodells in der filmischen Adaption wird im folgenden nur punktuell eingegangen.

33 Die Transkription fokussiert diesmal den Dialog und verzichtet auf die Protokollierung von Intonationsmustern, nonverbaler Interaktion, Bildgestaltung und Montagephänomenen.

1. Soldat: Ach weißt Du, wenn man Plattdütsch kann, denn kann man sich in Flandern ganz gut verständigen.

2. Soldat: Denkste! Ich war da eben drin, wollte was zu trinken. Da sind ein paar Weiber drin, ich sag' Dir: Die versteh'n nich' mal Französisch!

1. Soldat: Kannst Du denn Französisch?

2. Soldat: Klar! ›Donnez-moi une *[deutsch:]* Pulle vin.‹

– – –

3. Soldat: Was hast Du denn, Heinz? Schmeckt's nicht?

4. Soldat: Doch ... das ist mein Lieblingsessen. Das hab' ich mir zuhause immer zum Geburtstag bestellt!

3. Soldat: Ausgerechnet Erbsensuppe?

4. Soldat: Ja-a!

3. Soldat: Na, dann guten Appetit!

4. Soldat: Wenn einer hingerichtet wird, kriegt er auch noch mal sein Lieblingsessen. ... Na? ... Wenn wir heute Nacht eingesetzt werden ...

3. Soldat: Hast Du Angst?

Kanonendonner im Hintergrund.

3. Soldat: Das muß bei Langemarck sein!

4. Soldat: ›Gefallen für Kaiser und Reich in der Schlacht bei Langemarck.‹ Klingt gut, was?

3. Soldat: Mit so was macht man keine Witze, Heinz!

4. Soldat: Ja ja, Ihr Studenten! Wenn man bloß 'n kleiner Schlosser ist, sieht sich das anders an. Dein Vater ist General, Du mußt ja wohl 'n Held sein!

3. Soldat: Ja! (TC 0:01:47-0:03:03)

Zwei hochkomplexe Dialoge, die hier als *insinuatio* funktionalisiert sind. Der erste, humoristisch angehauchte Dialog (Dauer: 19 sec.) zweier für das weitere Geschehen unbedeutender Landser rekapituliert in aller Kürze noch einmal den Okkupationsstatus der deutschen Truppe in Belgien, zielt aber insbesondere auf das äußere Kommunikationssystem: Die Aufmerksamkeit des Publikums in der Standard-Rezeptionssituation Kino soll gesichert werden; es wird bedeutet: ›Still jetzt! Der Film fängt an!‹ Auch wird mit der Ablaufzeit von Titelsequenz und erstem Dialog (Gesamtdauer: 129 sec.) eine pragmasemiotisch wirksame Orientierungsphase angeboten, die das ›Sich-Einfinden in die fiktionale Welt‹ ermöglicht. In jedem Fall soll sichergestellt sein, daß das folgende Gespräch störungsfrei und vollinhaltlich verstanden wird. So werden im zweiten Dialog (Dauer: 54 sec.) die unterschiedliche soziale und berufliche Herkunft der Soldaten, die Todesahnung und die für die deutsche Kriegsgeschichte traumatische Schlacht bei Langemarck thematisiert.

Entscheidend ist auch, daß nur einer der beiden Soldaten – und gleich zweimal – beim Namen genannt wird; man wird diesem Heinz nicht mehr lebend begegnen: Er fällt tatsächlich bei Langemarck (TC 0:06:15). Heinz' Dialogpartner, in der Auswahlsequenz 1 als »3. Soldat« bezeichnet, wird in der Folge als Hauptfigur etabliert, aber erst bei TC 0:09:24 namentlich als »Alex[ander]« identifiziert. Dieser berichtet dann bei seinem ersten Heimaturlaub Heinz' Mutter, Frau Schröppke, vom Tod des Kameraden; zu diesem Gespräch hinzu kommt auch Alexanders Vater, der gegenüber der Novelle konzeptionell aufgewertet wird: Er ist, wie schon aus dem Dialog Alexander/Heinz hervorgegangen, kommandierender General und bleibt auch in den weiteren Geschehensablauf eingebunden. – Das Kondolenzgespräch mit Heinz' Mutter legt für den gesamten Film die interpretative Leitlinie des militärischen und soldatischen Diskurses fest:

Auswahlsequenz 2:[34]

Alexander [verhalten; zunächst Blick ins Leere, dann Frau Schröppke zugewandt]: Es war morgens gegen sieben, kurz vor Sonnenaufgang. Da griffen wir nochmal an. Heinz ist neben mir gefallen. Er war sofort tot. *[Auf die Wirkung einer tröstlichen Mitteilung lauernd]* Gelitten hat er fast gar nicht mehr.

Frau Schröppke [in leichtem Rheinhessisch; zunächst gesenkten Blickes]: Ja ... ›Sofort dot.‹ *[sieht nun Alexander an]* Das ist jetzt wohl alles, was S'e saache könne.

General Haller kommt hinzu.

Alexander: Das ist mein Vater.

Frau Schröppke [sich vorstellend]: Frau Schröppke. Entschuldigen Sie bitte, daß ich ...

General Haller [Frau Schröppke zugewandt; eher formell als persönlich mitfühlend]: Meine herzliche Teilnahme, Frau Schröppke. Ein schwerer Verlust. War's Ihr einziger Sohn?

Frau Schröppke [mit abermals gesenktem Haupt; zögernd gehaucht]: Ja.

General Haller: Sicher leichter für Sie, wenn Sie wissen, wo der junge Held *[Blick wendet sich zu Alexander]* sein Grab gefunden hat.

---

34 Die Transkription beschränkt sich wiederum auf den Dialog, notiert diesmal aber auch die Intonationsmuster (Betonungen sind *kursiv* gesetzt) und rudimentär die nonverbale Interaktion; die Protokollierung der Bildgestaltung und Montagephänomene bleibt ausgespart.

Frau Schröppke [sieht Alexander direkt an; erstaunt]: Ja ... hawwe S'e 'n denn be-erdicht?
Alexander [Frau Schröppke ansehend; unsicher]: Ja, ich war dabei. An einem Waldrand.
General Haller [Blick auf Alexander gerichtet; Bestätigung suchend]: Sicher ein schlichtes Kreuz auf dem Hügel, wie's üblich ist unter Soldaten!?
Alexander [voller Mitleid Frau Schröppke anblickend]: Ja.
General Haller [wieder an Frau Schröppke gewandt; leicht gönnerhaft-naiv]: Sie haben Ihren Jungen dem Vaterland geopfert, gute Frau. Das wird Sie trösten.
Frau Schröppke [den gesenkten Blick aufrichtend, fixiert den General; wie aufs Stichwort sich besinnend, nun resolut, mit fester Stimme]: Nei', Herr General, da denkt unsereiner gans anders! Mein Heinz, der war auch gar kein Held, der wollt' auch gar net in de' Kriech. Und sterbe' wollt' er schon gar net! ... *[mit wiederum gesenktem Blick; verhaltener]* Jetzt hawwe s'e m'r 'n doch dot geschosse'!
General Haller [Blick auf Frau Schröppke; konsterniert]: Ja ... wenn Sie *so* dazu stehen!
Frau Schröppke [Blick auf General Haller; wieder gefaßt und laut]: Ja! Steh' ich! Da könne' S'e noch so schöne Wörter finde'! ... 'tschuldiche S'e schon ... 'djö!
Frau Schröppke verläßt raschen Schrittes den Raum. Alexander will ihr nach; sein Vater hält ihn zurück.
General Haller [an Alexander gerichtet; völlig perplex]: Aber das is' ja *erschütternd!* Sag mal, war der Schröppke *Sozialdemokrat?*
Alexander [am Vater vorbeigehend; genervt]: Das *weiß* ich nicht! *[Sich plötzlich umwendend, den Vater fixierend; aufbegehrend laut]* Aber da *gibt's* kein Heldengrab! Da *gibt's* kein ›schlichtes Holzkreuz‹. Er hatte *Bauchschuß!* Eine ganze *Nacht* hat er vor unserer Stellung geschrien. Dann traf ihn *noch* eine Granate und dann war *nichts* mehr von ihm übrig! ... *[General Haller nachdenklich ernst; Alexander wendet sich wieder ab; spricht gegen die Wand]* Entschuldige, Papá, aber ich ... ich möchte so schnell wie möglich wieder zurück an die Front!
General Haller [bewegt sich auf seinen Sohn zu; pathetisch]: Das kann ich verstehen. Alle aufrechten Männer geh'n ... *[unterbricht sich, als ...]*
Alexander [... sich plötzlich umdreht und ihm ins Gesicht sieht; bestimmt]: Ich find' mich bei Euch in der Heimat nicht mehr zurecht! (TC 0:09:47-0:11:45)

Das zentrale Reizwort des militärischen Diskurses, wie es in den beiden wiedergegebenen Auswahlsequenzen benutzt wird, ist der hier bisemantisierte Begriff »Held«. Während Heinz diesen noch als Standesmerkmal eines Karrieristen aus einer Offiziersfamilie ironisiert, benutzt ihn der General in der konventionalisierten Sprachregelung des Militärs mit zynisch verhüllender Bedeutung: ›Jeder im Kampf getötete Soldat ist ein tapferer Patriot.‹ Daß diese ›Tapferkeit vor dem Feind‹ im Stellungskrieg des Ersten Weltkriegs ihre Bedeutung verloren hat und mit grausamsten Todesqualen korreliert sein kann, wird in Alexanders Bericht von des Kameraden Tod deutlich. Der Komplex ›Heinz und Mutter Schröppke‹ hat in *Ein Mädchen aus Flandern* die Funktion, dem ›Unbekannten Soldaten‹ wenigstens episodisch ein Gesicht zu verleihen. Auch wenn der Schröppke-Komplex gegenüber der Novelle innovativ hinzugefügt wurde, so referiert er dennoch in Äquivalenzrelation auf Zuckmayers Novelle *Engele von Loewen*, da sich dort der entscheidende Impuls für die filmische Interpretation findet:

> Von Langemarck her, wo die Schlacht tobte, hörte man das Rollen der Kanonade.
>
> Dies war der Vortag jenes berühmten Sturmangriffs, bei dem man zum erstenmal die jungen Regimenter mit den ›hohen Nummern‹, wie wir sie nannten – 221, 222, 223 – einsetzte, fast ganz aus Freiwilligen gebildet, die dann mit Gesang, wie im Rausch, ins tödliche Feuer liefen. Wer selbst in diesen Tagen als junger Soldat bei der Truppe stand, bewahrt ihnen, auch wenn er den Krieg verabscheut, eine ernste und mitfühlende Erinnerung. (133,20-29)

In der Novelle manifestiert sich die Kameradschaftsnorm – wie aus dem Zitat ersichtlich – vorzugsweise im Erzählerkommentar; auch drückt sie sich in der Schulkameradschaft von Ich-Erzähler und Alexander aus. Der Film personalisiert die soldatische Kameradschaftsnorm in Heinz und Alexander und emotionalisiert sie durch Alexanders Kondolenzgespräch mit Heinz' Mutter.

Zudem stellt der Film die Hierarchienorm in ein ambivalentes (und später auch entsprechend aktualisiertes) Konfliktfeld, indem er einen Gefreiten und einen General als Sohn und Vater kontrastiv setzt und ihnen unterschiedliche Bewertungen des Kriegserlebnisses zuordnet. So entlarvt das Gespräch zwischen Alexander, General und Frau Schröppke die romantische Naivität, durch die sich die militärische Führungsschicht in der ersten Phase des Ersten Weltkriegs auszeichnete; auch wird der von monarchistischen bzw. konservativen Kreisen damals gehegte Zweifel an der patriotisch-politischen Zuverlässigkeit der Sozialdemokraten dargelegt. Und Alexander artikuliert gegen Ende des Dialogs auch noch das zum Topos gewordene ›Heimat-Trauma‹ der Frontsoldaten. Auch diese Aspekte finden sich bereits in Zuckmayers Novelle vorformuliert, wenn auch auf einen erst späteren Zeitpunkt, 1917, datiert:

> Ihn [Alexander] zog es nicht nach Hause. Er war ein paar Tage dort gewesen, bevor man seine Truppe nach Flandern transportiert hatte, und er hatte sich so fremd und so allein gefühlt wie nie in seinem Leben. Der Vater war Gouverneur einer Garnisonstadt geworden, er ging auf etwas kalkigen Beinen sporenklirrend umher und redete immer noch die gleichen kriegsbegeisterten Sätze, die vor drei Jahren frisch und feurig geklungen hatten. Jetzt klangen sie für das Ohr des jungen Mannes, der die Wirklichkeit des Krieges kennengelernt hatte, unsagbar schal, hohl und beschämend. Abends saß man mit einigen älteren Offizieren am Stammtisch, ließ den Kaiser hochleben, trank auf den kommenden Sieg und erzählte sich dann dieselben öden Witze, die ihm vom Kasino seines Regiments her zum Überdruß bekannt waren. (141,11-24)

Vor dem Zeithintergrund des Ersten Weltkriegs schließt ein militärischer Diskurs eigentlich auch zwingend die Darstellung von Kampfsituationen mit ein. Wie bereits dargelegt, privilegiert Zuckmayer in seinen Erzählungen jedoch den soldatischen Diskurs gegenüber dem militärischen. So scheint dieser im *Engele von Loewen* in erzählstrategischer Konsequenz nur indirekt über den Erzählerkommentar durch, welcher die entsprechenden Imaginationsimpulse setzt, wenn er z.B. von der »Fronthölle« (139,05) spricht.

Ein Film tut sich hier schwerer, im medienspezifisch konventionalisierten ›Anspruch auf Wirklichkeitsdarstellung‹ auf diesbezügliche Bilder zu verzichten: Denn filmspezifische Diskursivierung bedeutet primär Visualisierung – sei sie unmittelbarer Zeigeakt, sei sie Vorzeigen von zeichenhaften ›Ersatzmotiven‹; ein rein auf Verbalisation gestützter Diskurs wäre allzu ›unfilmisch‹. Dementsprechend visualisiert *Ein Mädchen aus Flandern* zwar einige wenige ›Feindberührungen‹, inszeniert diese aber in pazifistischer Tendenz, indem er nur die antiheroischen Aspekte des Fronteinsatzes und die Sinnlosigkeit des Sterbens im (Stellungs-)Krieg zeigt. Auch wird bezeichnenderweise das feindliche Militär nicht visualisiert, der Kriegsgegner bleibt also anonym; ja es fallen – wie in der Novelle – nicht einmal die Stichworte »Frankreich« oder »Franzose(n)«. Diese Dramaturgie verhindert eindeutige Antipathie-Zuweisungen ebenso, wie sie den Fokus der antimilitaristischen Kritik auf dem soldatischen Leiden als solchem beläßt.

Dies wird besonders deutlich in einer Schützengraben-Szene, die als Reverenz an den Antikriegsfilm-Klassiker *All Quiet on the Western Front*

(USA/1929; R: Lewis Milestone; nach der Romanvorlage Erich Maria Remarques)[35] verstanden werden kann: In der letzten Sequenz des Milestone-Films wird die Hauptfigur Paul von einem feindlichen Scharfschützen erschossen, als er aus dem Schützengraben heraus nach einem Schmetterling greift; im Käutner-Film fällt ein Soldat, als er bei Gas-Alarm die Deckung des Schützengrabens verläßt und triumphierend mit einem Jasminstrauch, der Ursache des vermeintlichen Gasangriffs, in der Hand zurückkommt; ein Kamerad spricht aus dem Off den Nekrolog: »Der hatte Verstand für Blumen. Der war nämlich Lehrer« (TC 0:13:53). Dieser ›Heldentod‹ ist der einzige, dessen Verlauf gezeigt wird; auch schließt der Film mit dieser Szene die Visualisierung von Frontsituationen ab.

Der militärische und der erotische Diskurs kommen in Novelle und Film auf zweifache Weise zusammen: zum einen in der schicksalhaften Liebe zwischen Alexander und Engele, zum anderen in der kollaborierenden Prostitution in der Etappe und in Brüssels »Gaité«. Der Film greift darüber hinaus ein drittes Moment auf: In der literarischen Vorlage findet sich »die allgemeine Angst« der deutschen Soldaten »vor Franctireurs« (134,32 f.) vorformuliert; der Film amplifiziert dieses Motiv und bringt sowohl Engele als auch Lysette, die Chefin der »Gaité«,[36] in Verbindung mit den belgischen Freischärlern – und auch noch Alexander selbst, der im Film Medizinstudent ist und am Ende gar in die Verlegenheit kommt, den humanitären Pflichtbegriff des Arztes (bei der Behandlung eines Franctireurs, Lysettes Bruder) dem militärischen Pflichtbegriff des Soldaten vorzuziehen.

Eine entscheidende Varianz, die das literarisch vorgeprägte Motiv des Zufalls betrifft, findet sich in der filmischen Dramaturgie von Alexanders und Engeles Aufeinandertreffen: In der Novelle bringt Engele bei der Erstbegegnung »in einer Aufwallung von Mitleid« (134,20) Alexander ein Glas Cidre, der völlig erschöpfte Soldat, *patient* im wörtlichen Sinne, fällt ihr vornüber in den Schoß; im Film ist Alexander *agent*, er erbittet von Engele zunächst ein Glas Apfelmost und verteidigt sie dann

---

35 Siehe hierzu einführend Hans Beller, *Gegen den Krieg: »Im Westen nichts Neues«* (*»All Quiet on the Western Front«*, 1929), in: Werner Faulstich/Helmut Korte (Hrsg.), *Fischer Filmgeschichte, Bd. 2: Der Film als gesellschaftliche Kraft, 1925-1944*, Frankfurt am Main 1991, S. 110-129 (mit Sequenzprotokoll).

36 In der Novelle ist von ihr vorzugsweise in der attributiven Verbindung »die schlimme Lysett« (erstmals: 150,16 f.) die Rede; um Lysett würde sich »ein ganzer Legendenkranz, grotesker und schauerlicher Natur,« (150,25 f.) weben. Der Film interpretiert die Figur positiver.

gegenüber den Handgreiflichkeiten eines Kameraden; dabei schlägt ihm Engele zwar den Becher aus der Hand, stellt ihm dann aber verstohlen doch wieder ein volles Glas hin und beobachtet ihn beim Trinken: von Alexander unbemerkt, ihr Lächeln signalisiert Zuneigung (TC 0:03:55-0:05:24). Während also literarisch die erwachende Liebe bereits über einen Körperkontakt hergestellt wird, der einem quasi-mütterlichen Beschützerimpuls entspringt, dominiert im Film der männliche Beschützerimpuls und der distanzierte weibliche Blickkontakt als Initialzündung der amourösen Affektation. Diese Umdeutung der Aktivitätsposition findet sich auch anläßlich der Wiederbegegnung drei Jahre später, als Alexander, erneut nach Flandern versetzt, seinen zweiwöchigen Heimaturlaub antreten will: In der Novelle sucht Alexander Engele bewußt und absichtlich im »kleine[n] Nest Lindeken« (137,04), da er »die flüchtige Begegnung, die er am Vorabend seines ersten Gefechts erlebt hatte, nicht vergessen« (136,36-137,01) konnte. Im Film kommt Alexander im Oktober 1917 dagegen eher zufällig an Engeles Aufenthaltsort (der hier »Molenkerk« heißt) vorbei und erinnert sich erst beim Anblick eines Wegweisers wieder an die Erstbegegnung mit Engele am Vortag seines Langemarck-Einsatzes (TC 0:15:07-18). – Der Verlauf des Zueinanderfindens ist dann aber wieder weitgehend invariant realisiert. (Die filmische Adaption versagt sich jedoch den arg pathetisch wirkenden Aspekt, daß Engele in der einzigen Liebesnacht von Alexander schwanger wird und später, auf der Flucht aus dem Lager, einen Abortus hat; siehe 156,13-26.)

Der Konfliktraum der Mésalliance von Alexander und Engele wird durch die konkurrierenden Normen ›soldatische Pflicht‹ und ›private Liebe‹ determiniert; erzählstrategisch konsequent gelöst werden kann diese topologische Instabilität nur über den im situativen Kontext normativ entscheidungsmächtigeren Diskurs: den soldatischen. Innerhalb dessen gehen Novelle und Film unterschiedliche Wege.

In Zuckmayers literarischer Vorlage laufen die beiden Liebenden Gefahr, nach ihrer Wiedervereinigung von einem rachsüchtigen »Pöbel« (161,27) in Lynchjustiz gehängt zu werden; die Novelle etabliert hier also zusätzlich einen soziologischen bzw. sozialethischen Diskurs. Es verwundert zunächst, wie breit angelegt diese »Springflut von orgiastischem Nationalismus« (159,13 f.) geschildert wird;[37] denn die Berichte über die Ra-

---

37 In ihrem Sozialdarwinismus lassen die Erzählpassagen über den eruptiven Volkszorn der von ihren Okkupanten befreiten Belgier an eine postnaturalistische Reverenz an Zuckmayers ›literarischen Ziehvater‹ Gerhart Hauptmann denken.

chemaßnahmen des belgischen Volks nehmen im *Engele von Loewen* wesentlich mehr Raum ein als etwa Reflexionen über die psychischen Deformationen der (deutschen) Soldaten. Hier darf man sich allerdings nicht von der Versuchung leiten lassen, die Einlassungen des Ich-Erzählers (oder etwa: Zuckmayers) als Antipathielenkung gegen die Belgier gewertet sehen zu wollen. Es geht hier ausschließlich um die psychologische Komplementärfunktion der moralischen und ethischen Verwerfungen, wie sie die existentiellen Extremsituationen ›Krieg‹ und ›Okkupation‹ bei der Besatzungsmacht *und* bei der unterdrückten Zivilbevölkerung generieren:[38] Beim Militär ist es die sexuelle Anarchie, bei den von ihren Unterdrückern Befreiten die Rachsucht; beides wird literarisch verarbeitet, wenn auch in unterschiedlich pointierter Ausprägung. – Bezeichnenderweise sind es gerade belgische Frontsoldaten, die dann das Liebespaar vor der Lynchjustiz retten. So verleiht die nach Kriegsende supranational wirksame Kameradschaftsnorm dem soldatischen Diskurs letztlich seine pazifistische Tendenz und harmonisiert den soldatischen und erotischen Diskurs im versöhnlichen Schluß.

Der Film übernimmt zwar auch das literarisch vorgeprägte Motiv der Rachenahme, zeigt diese aber wesentlich dezenter; nur das Motiv der abgeschnittenen Haare bei fraternisierenden Frauen und kollaborierenden Prostituierten wird übernommen. Entscheidend ist die Modifikation der finalen Konfliktlösung. Statt gemeinsam mit Engele der zivilen Lynchjustiz ausgesetzt zu sein, muß sich Alexander allein vor einem deutschen Kriegsgericht in Brüssel verantworten, da er sich auf der Suche nach dem von Deportation bedrohten Engele unerlaubt von der Truppe entfernt hatte. Auch hier entscheidet sich das Schicksal in antimilitaristischer Tendenz: Während sich General Haller vor dem Kriegsgericht noch in nun nicht mehr zeitgemäßem militaristischen Pathos über die patriotisch-soldatische Auffassung seines Sohns ergeht, stören

---

38 Der gefallene Student Herbert Weißer, den auch Zuckmayer in *Als wär's ein Stück von mir* (a.a.O. [Anm. 1], S. 266) zitiert, äußert sich hierzu desillusioniert bereits am 7. März 1915: »›Heldentaten‹, das ist das Wesentlichste und Häufigste, was der Krieg erzeugt. Ist es wirklich so? Und wieviel leistet bei den Heldentaten die augenblickliche instinktive Erregung, vielleicht Blutgier und ungerechter Haß, der von der Politik eines Volkes auf jeden einzelnen Angehörigen desselben verallgemeinert und ihn dafür büßen läßt. [...] Und Trunksucht, Verrohung, in ästhetischer und ethischer Hinsicht, geistige und körperliche Faulheit. Wann hört man von dem allen in den Kriegsberichten und von der oberflächlichen Auffassung von Sittlichkeit und Ehe, wo bleibt das alles?« (Witkop, *Kriegsbriefe gefallener Studenten*, a.a.O. [Anm. 27], S. 83).

zwei Vertreter des deutschen Arbeiter- und Soldatenrats kurz vor Ende des Verhörs die Sitzung und erklären sie für beendet. Einer der beiden »Landwehrmänner« erklärt: »La guerre finie!« (TC 1:28:36) und zerreißt demonstrativ die Kriegsgerichtsakte. In der Revolution vereinen sich kurzfristig militärischer und soldatischer Diskurs: Die Kampfhandlungen sind beendet, die deutschen Truppen befinden sich in Auflösung und sind auf dem Weg in die Heimat; folglich ist die Hierarchienorm außer Kraft gesetzt, die Kameradschaftsnorm nivelliert die Schicksale aller Kriegsteilnehmer. Vor diesem Hintergrund hebt sich dann auch die spürbar gewesene Entfremdung zwischen Vater und Sohn Haller auf: Der General hat abgedankt und fordert Alexander schließlich sogar auf: »Bring sie [Engele] mit, wenn Du sie findest!« (TC 1:30:20). – Daraufhin fahndet Alexander in Zivilkleidung nach Engele, trifft sie schließlich im verlassenen Haus des Curé. Die letzte Einstellung visualisiert zeichenhaft die pazifistische Botschaft des Films: Alexander und Engele liegen sich in den Armen. Hingeworfen auf dem Boden liegt Alexanders Uniformmantel; darauf drapiert sind – symbolisch vereint – seine Armeepistole, sein Eisernes Kreuz und die Befreiungskokarde, die ihm zuvor eine Belgierin ans Revers geheftet hatte.

4. »Des Teufels General«

4.1. Handlungslinien von Drama und Film

Im Gegensatz zu den beiden anderen Werkkomplexen der Soldatentrilogie ist der Bekanntheitsgrad des Dramas *Des Teufels General* wesentlich höher einzuschätzen; dennoch verlangt es hier nach einer kurzen Rekapitulation des Geschehensablaufs, um die Kernphänomene der Ereignisstruktur für die Diskursanalyse aufzubereiten.

»Des Teufels General«, die Titelfigur, ist Harras, Kriegsfreiwilliger von 1914 (und somit auch fiktiver Altersgenosse Zuckmayers), dessen »Lebensinhalt« schon »immer die Fliegerei« (21,01)[39] war.

---

39 Carl Zuckmayer, *Des Teufels General. Drama in drei Akten*, Stockholm 1946 (Erstausgabe), hier zitiert nach der Fassung von 1966 in: Carl Zuckmayer, *Des Teufels General. Theaterstücke 1947-1949*, Frankfurt am Main 1996, S. 7-158. – Auf die Fassungsproblematik wird später noch einzugehen sein. Da die Erstausgabe wohl eher seltener zur Verfügung stehen dürfte, wird bei invarianten Textpassagen auf die neueste Werkausgabe verwiesen; nur bei fassungsspezifischen Abweichungen werden die entsprechenden Stellen der beiden Ausgaben mit der Kennung »1946« bzw. »1966« versehen.

(1. Akt:) Mitte November 1941. Harras gibt im Berliner Nobellokal »Ottos Restaurant«[40] anläßlich des 50. Luftsieges des Luftwaffenobersts Eilers diesem zu Ehren einen Empfang, zu dem sich eine illustre Gesellschaft aus Fliegeroffizieren und ›Zivilisten‹ einfindet: neben Eilers' Frau Anne und Schwägerin Pützchen u.a. Ministerialbeamte, der Parteifunktionär Dr. Schmidt-Lausitz sowie die Schauspielerinnen Olivia und Diddo, deren Adoptivtochter. Reichlich Alkohol und Landserhumor, Kriegsnostalgie und -gegenwart, Nazigeschwätz und amouröse Offenbarungen, insbesondere aber Harras' allzu offenherziger Nonkonformismus bilden dabei die Gesprächsoberfläche dieses Gruppenpuzzles, das als ›Tanz auf dem Vulkan‹ die gesellschaftliche, militärische und politische Repräsentanz des Dritten Reichs reflektiert. Unter dieser Oberfläche wird jedoch bald erkennbar, daß Harras' berufliche Position – trotz der nach außen hin zur Schau getragenen Souveränität – deutlich geschwächt ist; als Leiter des Technischen Amtes im Reichsluftfahrtministerium ist Harras für unerklärliche Materialfehler bei neu ausgelieferten Flugzeugen verantwortlich. Alles deutet auf systematische Sabotage; Harras vermutet dahinter (fälschlicherweise:) ein »Komplott von seiten der Gestapo« (43,36) gegen seine Person und (richtig:) einen Machtkampf »zwischen Armee und Partei«, denn »wer die Luftwaffe hat, der hat die Macht« (44,08); er selbst, als von der Partei offenbar für unzuverlässig gehaltener Nicht-PG, sei dabei im Wege. Sein diesbezüglich allzu offenherzig regimekritisches Gespräch mit Eilers' Schwiegervater von Mohrungen, dem Präsidenten des Beschaffungsamtes für Rohmetalle, wird von der Gestapo abgehört.

(2. Akt:) Ende November 1941. Nach und nach findet sich fast die gesamte Entourage aus »Ottos Restaurant« in Harras' Wohnung ein; die Stimmung ist jetzt jedoch aggressiver, die Situation für Harras prekärer. Zunächst wird bekannt, daß Harras am Tag nach Eilers' Ehrenabend von der Gestapo verhaftet worden war. »Nach vierzehn Tagen Prinz-Albrecht-Straße [Gestapo-Zentrale]« (83,23 f.), wird er entlassen, da ihm noch nicht hinreichend nachgewiesen werden konnte, daß er »staatsfeindliche Elemente decken oder ihnen durch bewußte Laxheit in ihrer Verfolgung Vorschub leisten« (84,24-26) würde. Unerklärlicherweise hatte es während der Inhaftierung – Harras' Abwesenheit wird gerüchteweise als Inspektionsbesuch an der Ostfront erklärt – keinerlei weitere Unfälle oder Materialschäden gegeben. Harras' Gegenspieler, der »NS-Kulturleiter« Schmidt-Lausitz, setzt ihm zur Klärung der Sabotage eine

---

40 Realhistorisches Vorbild ist das Berliner Prominentenlokal »Horcher«, in dem Zuckmayer in seiner Berliner Zeit verkehrte – und sich dort auch mit Ernst Udet, dem realhistorischen Vorbild des Harras, öfters traf.

Frist von zehn Tagen. Doch Harras ist noch ein zweites Ultimatum gesetzt: Diddo, seit dem Abend in »Ottos Restaurant« Harras' neue Liebe, bekam ein Engagement in Wien angeboten, muß sich aber binnen Stundenfrist entscheiden. Harras denkt ans »Abhauen – durch die Luft, ohne Fahrschein« (120,32). Auslöser für den Fluchtgedanken sind neben der ihm von Schmidt-Lausitz gesetzten »Galgenfrist« (84,32) und Diddos Liebe der Verzweiflungsselbstmord des jüdischen Ehepaares Bergmann, das Harras in die sichere Schweiz ausfliegen wollte, was aber wegen seiner zwischenzeitlichen Inhaftierung nicht gelang; einen vierten Grund liefert ihm der opportunistische v. Mohrungen, der ihm dringend rät: »Sie müssen in die Partei eintreten. Sie müssen eine vollständig andere Stellung beziehen« (115,05 f.). Doch als bekannt wird, daß jetzt auch noch Eilers mit seinem Flugzeug tödlich verunglückt ist, entschließt sich Harras zum Bleiben und fordert Diddo auf, allein nach Wien zu gehen: »Jetzt – hält mich der tote Eilers« (129,20). Harras begibt sich mit seinem Chefingenieur Oderbruch noch einmal intensiv auf die Fehlersuche. Doch mit der Gestapo-Haft hat Harras' psychische und berufliche Demontage bereits begonnen; der zunehmende Verlust seiner einstigen Souveränität und Situationsmächtigkeit wird immer stärker erkennbar; Harras bekennt nach und nach: »Ich glaube – es hat keinen Zweck mehr. Ich glaube – es hat keinen Zweck. Es hat keinen Zweck« (88,06-08); »Es hat keinen Sinn« (105,09); »Herrgott im Himmel. Ich habe Angst. Ich habe Angst. Ich hab Angst« (126,28 f.).

(3. Akt:) »Sonnabend, 6. Dezember 1941« (131,20), der letzte Tag der Harras gesetzten Frist zur Aufklärung der Sabotage. Ort des Geschehens: »Technisches Büro eines Militärflughafens bei Berlin« (131,04): Dies ist der dramaturgische Extrempunkt, der zum Endpunkt der Geschichte wird;[41] die bereits im 2. Akt eingeleitete ›Abbauproduktion‹ an Harras' Situationsmächtigkeit läßt die unentrinnbar tragische Tendenz schon erkennen. Drei Gespräche haben für Harras letztendlich konfliktentscheidende Bedeutung: Erstens: Der junge Fliegeroffizier Hartmann, den Harras bei Eilers' Ehrenabend noch vom Liebeskummer (wegen Pützchen, v. Mohrungens zweiter Tochter) befreien und moralisch aufbauen konnte, meldet sich leicht verwundet von der Front zurück und berichtet Harras von Greueltaten, die die deutsche Wehrmacht in den besetzten Gebieten begehe. Zweitens: Die Fliegerwitwe Anne Eilers fordert von Harras Rechenschaft; sie klagt ihn an, der wahre

---

41 Siehe hierzu Karl N. Renner, *Zu den Brennpunkten des Geschehens. Erweiterung der Grenzüberschreitungsstrategie: die Extrempunktregel*, in: Ludwig Bauer/Elfriede Ledig/Michael Schaudig (Hrsg.), *Strategien der Filmanalyse*, München 1987 (diskurs film 1), S. 115-130, insbes. S. 128.

Mörder ihres Mannes zu sein, da er ihn wissentlich den »falschen Tod« (145,30) für die falschen Ideale habe sterben lassen. Drittens: Oderbruch gesteht Harras schließlich, daß er selbst der Urheber der Materialschäden sei und daß er mit diesen Sabotagemaßnahmen nicht allein stehe. Nach den Motiven befragt, artikuliert Oderbruch seine »Scham« (152,33) über das nationalsozialistische Terrorregime: »Es geht um die Seele, Harras. Auch um die Ihre« (154,24 f.); denn »wenn er siegt, Harras, – wenn Hitler diesen Krieg gewinnt [1946: *wenn Deutschland in diesem Kriege siegt* (Hervorheb. im Orig.)] – dann ist Deutschland verloren. Dann ist die Welt verloren« (1966:151,25-27; 1946:161,20). Harras erkennt seine Schuld als Mitläufer, vertraut Hartmann Oderbruch an und stürzt sich am Ende mit einem schadhaften Flugzeug – im »Gottesurteil« (156,12) – zu Tode, nachdem er noch den von Schmidt-Lausitz vorformulierten, ihn belastenden Untersuchungsbericht unterzeichnet hat, um Oderbruch zu decken. Harras' ›stilgerechter‹ Suizid wird von Schmidt-Lausitz bzw. der SS propagandistisch umgedeutet: »[...] soeben in Erfüllung seiner Pflicht tödlich verunglückt. [...] Staatsbegräbnis« (158,17-19).

Die filmische Adaption *Des Teufels General*[42] hält sich im zentralen Handlungsmodell eng an die dramatische Vorlage; die zuvor notierten Kernphänomene der Ereignisstruktur finden sich auch im Film repräsentiert – wenn auch mit spezifischen Modifikationen und Permutationen im Geschehensablauf.

4.2. Aktualität und Historizität eines politischen Zeitstücks

Mit seinem Drama *Des Teufels General*, noch im amerikanischen Exil Ende 1942 entworfen und bis Mitte 1945 geschrieben,[43] gelang Zuck-

---

42 *Des Teufels General* (s/w; UA: 23. Februar 1955): Produktion: Real-Film, Gyula Trebitsch; Regie: Helmut Käutner; Drehbuch: Georg Hurdalek, Helmut Käutner; Kamera: Albert Benitz; Darsteller (Rollen): Curd Jürgens (Harras), Victor de Kowa (Schmidt-Lausitz), Karl John (Oderbruch), Marianne Koch (Diddo) u.a.; Dauer: 114'55" (Videofassung ARD/20. Juni 1982).

43 Siehe hierzu Carl Zuckmayer, *Persönliche Notizen zu meinem Stück »Des Teufels General«*, in: *Die Wandlung*, Jg. 3, 1948, H. 4, S. 331-333, jetzt in: Zuckmayer, *Des Teufels General*, a.a.O. (Anm. 39), S. 305-309, hier: S. 305: Beginn der Konzeption unter dem Arbeitstitel *Des Teufels General oder Mit Blut geschrieben* im »Dezember 1942, kurz vor Weihnachten«. – In Zuckmayers *Tagebuch 1942-1946* (Deutsches Literaturarchiv Marbach [im folgenden: DLA], Nachlaß Carl Zuckmayer) heißt es: »Ende Juli Endarbeit am Stück, dritter Akt. [...] 28. Juli Vollendung General.«

mayer, wie bekannt, ein uneingeschränkter Sensationserfolg der unmittelbaren Nachkriegsjahre, der auf den Bühnen der westdeutschen Trizone bzw. der Bundesrepublik Deutschland und West-Berlins in den drei Spielzeiten ab 1947[44] die meisten Theateraufführungen erlebte und Zuckmayer zum erfolgreichsten deutschsprachigen Gegenwartsautor der späten vierziger und frühen fünfziger Jahre machte.[45]

Trotz der (virtuellen oder faktischen) Kanonisierung innerhalb der deutschen Literaturgeschichte und der gymnasialen Lehrpläne läuft man dennoch Gefahr, daß sich das Gedächtnis mit Erinnerungen an beschriebene oder persönlich erlebte Theaterinszenierungen[46] von *Des Teufels General* vermischt oder gar mit dem auch im Fernsehen oft ausgewerteten ›Filmklassiker‹ *Des Teufels General* zu überlagern droht. Auch als eher sperriges, da dialogisch überfrachtetes ›Lesedrama‹ reizt *Des Teufels General* zur selektiven Wahrnehmung, die sich nicht zuletzt von den standardisierten Vorprägungen der unübersichtlich großen Sekundärliteratur leiten läßt. So sind die weithin gepflegten Fokussierungstendenzen auf das ›Oderbruch-Problem‹ oder das ›Hartmann-Trauma‹ – mithin die Thematisierungen einer etwaigen ›Dolchstoßlegende‹ oder der ›mißbrauchten Jugend‹ – vorzugsweise nur im und aus dem historischen Kontext der ersten Aufführungsjahre in Deutschland verständlich: Die Kritik entbrannte damals zum einen am Vorwurf des ›Kameradenmordes‹, den der »idealistische Saboteur«[47] Oderbruch wissentlich in Kauf nimmt, um die Einsatzbereitschaft und Schlagkraft der Luftwaffe zu schwächen und damit den Sieg des Hitlerismus zu verhindern. Der zweite zeitgenössische Wertungsansatz betraf die rezeptive Identifikation der ›realen Hartmänner‹ im Theaterpublikum mit dem fiktionalen Hartmann als Repräsentant der »idealistischen Kriegsjugend, die ihren

---

44 Deutsche Erstaufführung: 8. November 1947 am Hamburger Schauspielhaus.

45 *Des Teufels General* wurde auf westdeutschen und Westberliner Bühnen in der Saison 1947/48 844mal, in der darauf folgenden Spielzeit gar 2.069mal und 1949/50 325mal aufgeführt. – Siehe hierzu auch die Titelgeschichte anläßlich von Zuckmayers neuem Schauspiel *Das kalte Licht* in *Der Spiegel*, Jg. 9, 1955, Nr. 37, S. 38-46; hier: S. 40.

46 Es gilt zu bedenken, daß *Des Teufels General* mit seiner im Vergleich zu anderen Schauspielen überproportionalen Länge als *inszenierter Text* im allgemeinen nur mit mehr oder minder stark in das Zuckmayer-Original eingreifenden Kürzungsstrichen aufgeführt wird.

47 Hanns Braun, *Glosse zu »Des Teufels General«*, in: *Hochland*, Jg. 40, 1947/48, H. 5, S. 498-500 (Rubrik ›Rundschau‹).

Glauben falschen Göttern geschenkt hat«;[48] von einem Diskussionsabend, dem sich Zuckmayer im März 1948 in München stellte, wird berichtet:

> Als [...] ein junger Mensch aufsprang: »Wir Jungen sehen als die eigentlich tragische Figur des Stückes den Leutnant Hartmann an«, brach donnerndes Getrampel und die eigentliche Diskussion los. Kein Zweifel, daß sie alle in diesem jungen Soldaten, der anfangs glaubt und später die Lüge sieht, sich selbst erkannten und daß ein blonder [!] junger Mensch für 99 Prozent der Anwesenden sprach, als er erklärte: »Herr Zuckmayer, Sie können uns glauben, Nazis sind wir heute alle nicht mehr, aber nicht jeder von uns traf einen Harras, der ihm rechtzeitig die Augen öffnete.[49]

Die Diskussion im Widerstreit der ›Idealismus‹-Konfrontation ›Oderbruch vs. Hartmann‹ ist aus der historischen Situation heraus ebenso verständlich wie desavouierend. Wiederum, wie schon nach dem Ersten Weltkrieg, machte sich das *lost-generation*-Gefühl[50] breit: Es ist eben psychologisch einfacher, sich selbsttherapeutisch als mißbrauchtes, fehlgeleitetes Opfer zu sehen, die eigene Schuld somit dankbarerweise dem abgehalfterten Nationalsozialismus kathartisch zu überantworten; bezeichnenderweise wurde nicht bekannt, ob es in der öffentlichen Debatte um *Des Teufels General* neben den vielen ›realen Hartmännern‹ auch bekennende ›reale Oderbruchs‹ gab.[51] – Rezeptionsästhetisch bleibt festzuhalten, daß sich die textinternen, fiktionalen Phänomene des soldatischen und militärischen Diskurses auf das äußere Kommunikationssystem übertrugen: Als höchster Wert wurde die Kameradschaftsnorm

---

48 Wilhelm Grenzmann, *Dichtung und Glaube. Probleme und Gestalten der deutschen Gegenwartsliteratur*, Frankfurt am Main, Bonn, 4., ergänzte und überarbeitete Auflage 1960, S. 403.

49 Bruno E. Werner, *Hoffnungslose Jugend? Anmerkungen zu einem Diskussionsabend*, in: *Die Neue Zeitung* (München) vom 7. März 1948. – Faksimile-Abdruck in: Gunther Nickel/Ulrike Weiß, *Carl Zuckmayer 1896-1977. »Ich wollte nur Theater machen«*, Marbach 1996 (Marbacher Kataloge 49), S. 346 f.

50 Siehe als zeitgenössische Diskussion hierzu u.a. Erich Kästner, *Verlorene Generationen?* sowie Walther von Hollander, *Das Schicksal der Dreißigjährigen. Zum Generationenproblem*. Beides in: *Die Neue Zeitung* vom 22. April 1948. Im Anschluß daran: *Verlorene Generationen? Beiträge zur Diskussion um das Generationenproblem*, in: *Die Neue Zeitung* vom 2. und 16. Mai 1948.

51 Die Sabotage-Diskussionen wurden vorzugsweise von revanchistischen Kreisen geführt; siehe z.B. Erich Kern: *Verrat an Deutschland: Spione und Saboteure gegen das eigene Vaterland*, 2. Auflage, Göttingen 1963. (Zu Kern siehe auch Anm. 147.)

gesetzt, welche durch ›reale Harrasse‹ positiv hätte gestützt werden können; Oderbruch hingegen wurde diesbezüglich (zurecht) als ›Normverletzer‹ rezipiert.

Die anhaltende Diskussion veranlaßt Zuckmayer, sich mit seiner Figur ›Oderbruch‹ noch mehrfach auseinandersetzen zu müssen; im Mai 1948 veröffentlicht Zuckmayer seinen ersten Distanzierungsversuch, nicht ohne auch noch die Figur ›Hartmann‹ lobend zu erwähnen:

> Dieser *Oderbruch* war schon damals [Anm.: im Schreibprozeß] mein Schmerzenskind. Er ist es noch heute, – besonders wenn morgens die Post kommt. Seit das Stück in Deutschland gespielt wird, wächst die Oderbruch-Korrespondenz ins Maßlose. Ich wundere mich nicht darüber. Ich habe selbst immer wieder mit ihm gekämpft, und er mit mir, so wie jetzt viele Besucher des Stückes mit seiner Problematik, und dadurch vielleicht mit ihrer eignen, kämpfen. Ich wußte, [...] daß ich Oderbruchs Aktion sehr drastisch, fast überdrastisch gestalten müsse, um jener verzweifelten Lage gerecht zu werden und ihr einen handelnden Ausdruck zu verleihen, die ich selbst empfand, wenn ich an meine Freunde drüben dachte. Wenn ich mir klar machte, daß ich die deutsche Niederlage, die Niederlage des Volkes meiner Herkunft und meiner Sprache, wünschen *mußte* –, daß es keinen anderen Ausweg gab, wollte man Deutschlands Befreiung und das Ende einer Weltbedrohung.
> Trotzdem konnte ich selbst mich nie mit Oderbruchs Handlungsweise abfinden, obwohl sie mir zwangsläufig erschien. Ebensowenig wie mit der des General Harras, der gegen die Nazis war und ihnen diente, bis er an seinem eignen Zwiespalt zugrunde ging. [...]
> Ein Lichtblick in dieser verfinsterten Welt, die es zu bannen galt, war für mich von Anfang bis zum Schluß die Gestalt des jungen *Hartmann*. Ohne ihn, ohne den Glauben, daß es ihn gebe, ohne die Hoffnung auf ihn und für ihn hätte ich das Stück nie schreiben können.[52]

Inwiefern Zuckmayer mit diesen Annotationen autoreflexiv auf seine vormalige Textintention im Schreibprozeß oder erst auf (zuvor nicht einberechnete) Wirkungsphänomene eingeht, muß dahingestellt bleiben. Fakt ist, daß der Autor für sein Stück 1963 ein Inszenierungsverbot[53] erläßt und 1966, also zwanzig Jahre nach der Zürcher Urauffüh-

---

52 Zuckmayer, *Persönliche Notizen zu meinem Stück »Des Teufels General«* a.a.O. (Anm. 43), S. 306-308 (Hervorheb. im Orig.).
53 Siehe die Notiz »*Des Teufels General*« – *von Zuckmayer abgesetzt*, als dpa-Meldung veröffentlicht in der *Süddeutschen Zeitung* vom 13. März 1963: »Das Theater der Stadt Baden-Baden hatte [...] eine Wiederaufführung [...] ge-

rung (14. Dezember 1946), eine »Neue Fassung« vorstellt, die – insbesondere in den 3. Akt eingreifend – die Motivation Oderbruchs verdeutlichen soll und behutsam die Kollektivverantwortung Deutschlands auf die Individualverantwortung Hitlers überträgt,[54] womit sich Zuckmayer – man ist geneigt hinzuzufügen: bedauerlicherweise – den realen Verdrängungsmechanismen der frühen bundesdeutschen ›Vergangenheitsbewältigung‹ anpaßt. Ob die Oderbruch-Korrektur letztlich auch als Zuckmayers Selbsteingeständnis einer genuinen figuralen Fehlkonzeption zu interpretieren ist, mag an anderer Stelle diskutiert werden.

In jedem Fall kam die Textänderung zu spät. Zwei Jahre später, 1968, erkennt Zuckmayer selbst, daß die »vitale ›Aktualität‹« des Stücks wohl »dahin«[55] sei. Nach weiteren zehn Jahren, 1978, stellen auch die *Blätter der Carl-Zuckmayer-Gesellschaft* die Frage, ob *Des Teufels General* »noch aktuell«[56] sei; die Beantwortung, daß es sich um »ein Drama des gestern, heute und immer lebendigen Opportunismus aller Färbungen«[57] handele, verweist bereits auf den nun gültigen Interpretationsansatz einer zeitentbundenen Problematik des ehedem politisierten Zeitstücks. Und daß man *Des Teufels General* auch als burleske Revue geben kann, ohne sich um Aktualität, Historizität oder überzeitliche Gültigkeit der Harras- und Oderbruch/Hartmann-Problematik zu bekümmern, hat Frank Castorf in seiner dekonstruktivistischen Inszenierung an der Berliner Volksbühne 1996 gezeigt: sozusagen als Jubiläumsbeitrag zum 100. Geburtstag Zuckmayers sowie zum 50. Jahrestag der Uraufführung des Dramas.[58]

---

plant. Wie die Intendanz mitteilte, hat Zuckmayer, der zunächst mit der Aufführung einverstanden war, jetzt das Stück zurückgezogen.« – Die Kommentierung des Vorgangs erfolgte eine Woche später durch Joachim Kaiser, *Muß Harras heute schweigen? Zu Zuckmayers Aufführungsverbot seines Schauspiels »Des Teufels General«*, in: *Süddeutsche Zeitung* vom 20. März 1963.

54 Siehe auch das entsprechende Zitat der »Deutschland«/»Hitler«-Substitution in Kap. 4.1.

55 Carl Zuckmayer/Karl Barth, *Späte Freundschaft in Briefen*, Zürich 1977, S. 61-65; hier: S. 64 (Brief vom 5. Juni 1968).

56 *Blätter der Carl-Zuckmayer-Gesellschaft*, Jg. 4, 1978, H. 4, S. 121 (Titel) und Einleitung von Gerald Martin, S. 123.

57 Gerald Martin in ebd., S. 123.

58 Premiere: 17. Oktober 1996; in der Hosenrolle des General Harras im 1. Akt brilliert Corinna Harfouch, die für diese Darstellung von der Theaterzeitschrift *Theater heute* zur »Schauspielerin des Jahres 1997« gewählt

Als Quintessenz der Ausführungen gilt für die vorliegende Untersuchung Folgendes: Erstens: Aus Gründen der Veröffentlichungschronologie im Werkkomplex wird als literarischer Referenztext für die filmische Adaption (1955) zunächst Zuckmayers Erstfassung von 1946 benutzt, die überarbeitete Neufassung von 1966 wird erst in zweiter Linie heranzuziehen sein. Zweitens: Im gegebenen medienkomparatistischen Untersuchungsrahmen ist zu überprüfen, inwieweit sich die durch die Theateröffentlichkeit angestoßene Hartmann/Oderbruch-Debatte auch im Varianzbereich der filmischen Interpretation manifestiert. Drittens: Darüber hinaus gehende rezeptionsästhetische und wirkungsgeschichtliche Interferenzen sind auszublenden. Viertens: Der Weg zum Verständnis des Stücks *Des Teufels General* kann primär nur über die Titelfigur führen. Dies formulierte bereits der Rezensent der Zürcher Uraufführung – noch *bevor* die Oderbruch/Hartmann-Diskussion die Bürger des ehemaligen Dritten Reichs ideologisch entflammte:

> Harras [...] ist beispielhaft für Tausende von deutschen Männern, die sich dem neuen Regime gutgläubig zur Verfügung stellten und dann an dem furchtbaren Zwiespalt litten oder zerbrachen, als sie erkennen mußten, in was für einer grauenvollen Falle sie saßen. Die Diskussion über Schuld und Sühne solcher Männer nimmt den entscheidenden Raum ein in Zuckmayers deutschem Trauerspiel.[59]

4.3. Allgemeine konzeptionelle und diskursive Varianten

Während *Eine Liebesgeschichte* und *Engele von Loewen* (bzw. *Ein Mädchen aus Flandern*) ihre Handlungskonzeption zentral auf dem faktischen bzw. potentiellen Konflikt von soldatischem und erotischem Diskurs aufbauen, ist das Argumentationsgeflecht von *Des Teufels General* wesentlich komplexer strukturiert; mehrere konfliktaustragende Diskursfelder greifen hier ineinander.

Die zeitliche Situierung – Ende des Kriegsjahrs 1941 – und das zentrale Figurenmodell – Offiziere der Luftwaffe mit jeweils beigeordneten Figuren – geben zwar einen grundbedingenden militärischen und soldatischen Diskurs vor, jedoch ist dieser in übergeordneter Instanz von einem machtpolitischen Diskurs determiniert, der seinerseits wiederum

---

wurde. – In einer Aufzeichnung einer Aufführung wurde die Inszenierung Castorfs unter der Bildregie von Andreas Missler-Morell auch im Fernsehen gezeigt: in arte, am 14. April 1998 (153 min.).

59 wti., »*Des Teufels General*«: *Zuckmayer-Uraufführung im Schauspielhaus*, in: *Neue Zürcher Zeitung* vom 16. Dezember 1946, Morgenausgabe.

von den miteinander konkurrierenden staatstragenden Normen der NSDAP-Parteizugehörigkeit auf der einen Seite und der SS auf der anderen totalitär gesteuert wird. Innerhalb der Oberflächenstruktur der Verbalisation wird dieser tiefenstrukturelle machtpolitische Diskurs als in sich konfliktbehafteter ideologischer Diskurs geführt, der sich – in der Haupttendenz, ohne auf weitere mögliche Nuancierungen einzugehen – auf drei oppositären Ebenen etabliert:

(1) systemrepräsentierend, d.h. NSDAP-linientreu und staatskonform (mit Eilers und Schmidt-Lausitz als Extrempositionen von Militär und SS);

(2) systemstabilisierend: zwar nicht NSDAP-linientreu, aber in die Technokratie opportunistisch integriert (Harras);

(3) systemdestabilisierend durch moralisch motivierte Sabotage (Oderbruch).

Dies sind die diskursiven Rahmenbedingungen, wie sie invariant für Drama und Film gelten. Doch sei vor einer Diskursanalyse zunächst auf zentrale konzeptionelle Varianten eingegangen.

Das Drama *Des Teufels General*, das insbesondere im überlangen ersten Akt an den naturalistischen ›Sekundenstil‹ erinnert, ist exzessiv replikengesteuert; so sind die beiden für die Hauptfigur Harras hochgradig ereignishaften Geschehensmomente der Gestapohaft und des Suizids lediglich im *off-stage* des *entr'acte* und im *off-scene* angesiedelt, finden also auf der Bühne nur als Botenbericht bzw. Teichoskopie statt. Mit dieser Konzeption übergibt das Drama seiner Transformation ins Filmische dominant zwei Wahrnehmungsfelder, die das ›Adäquatheitsproblem‹ (Stichwort: ›Werktreue‹) in eine analogie- und äquivalenzrelationale Auflösung steuern. Dies betrifft zum einen die Verbalisationsstruktur, in der der dramatisch vorgegebene Replikenumfang einer an der zentralen Ereignisstruktur orientierten Konzentration zu unterliegen hat, was eine starke Raffung (Reduktion) und Straffung (Komprimierung) der Redeanteile bedeutet. Zum anderen berührt dies die Raumkonzeption, für die die bei dramatischen Vorlagen geltende filmästhetisch konventionalisierte ›allgemeine Transformationsregel‹ gilt, daß die aktspezifisch invariabel angelegten Schauplätze gemäß der verbal direkt oder indirekt vorgezeichneten räumlichen Variationsmöglichkeiten zu ›diversifizieren‹ sind.[60] Über beiden interdependenten Transformationsstrategien liegt das Primat der visuellen Inszenierung.

---

60 Diese räumliche Diversifizierungsstrategie ist kein Diktum, aber eben Konvention: hauptsächlich, um in der medientechnologisch möglichen Ubi-

So zeigt Käutners *Des Teufels General* neben (I) »Ottos Restaurant«, (II) Harras' Wohnung und (III) dem Büro des Fliegerhorsts weitere Nebenschauplätze. Bereits in den ersten gut elf Minuten, noch vor dem Beginn von Eilers' Ehrenabend, reihen sich: Militärflughafen, Berliner Funkturm und Panoramablick über Berlin mit den in den Nachthimmel ›fingernden‹ Scheinwerfern der Luftabwehr, Außenansicht der Reichskanzlei, ein Auto-Innenraum, das Restaurant »bei Otto« mit Gastzimmer und Flur, Eilers' Wohnung mit Wohn- und Schlafzimmer, das »Metropol-Theater« mit Hinterbühne, Olivias Garderobe und Publikumsgarderobe.

Die einschneidendste Modifikation gegenüber der literarischen Vorlage nimmt der Film mit der innovativen Hinzufügung der fast 10minütigen Gestapohaft-Sequenz vor (TC 0:54:01-1:03:55). Mit den Terrormitteln von Einzelhaft und Scheinhinrichtung visualisiert der Film idealtypisch die psychologische Brechung des inhaftierten Harras und seinen Verlust der Situationsmächtigkeit; zugleich ist die Zelle als topologisch wirksamer topographischer Wendepunkt der Geschichte inszeniert.

Das zentrale Figurenmodell wird quantitativ invariant übernommen, im beigeordneten Figurenmodell werden als dramaturgisch verzichtbare niederrangige Nebenfiguren der Maler Schlick und der amerikanische Journalist Buddy Lawrence gestrichen; getilgt sind ebenso die im dritten Akt verhörten zwei Arbeiter. Das beigeordnete und untergeordnete Figurenmodell des Films wird entsprechend den Erfordernissen der Wirklichkeitsreferenz und/oder dramaturgischer Varianten mit weiteren Nebenfiguren versehen und mit Komparserie aufgefüllt. Dieses Verfahren gilt insbesondere für die Figuren, die Schmidt-Lausitz zugeordnet sind; dieser ist nun nicht mehr der promovierte »Kulturleiter« (8,13) »in Parteiuniform« (13,26), sondern gleich als dämonisierter »Gruppenführer« in SS-Uniform konzipiert, der als »Sonderbeauftragter des Reichsführers SS« (TC 1:12:36) Himmler[61] unmittelbar unterstellt ist und ei-

---

quität der Kamerapositionierung unterschiedliche rezeptionsleitende Wahrnehmungsperspektivierungen einsetzen zu können; dies zielt z.B. darauf, Figuren in ihrem spezifischen sozialen (familiären und/oder beruflichen) Umfeld zu zeigen. Auch gilt es, sich vom Eindruck einer ›abgefilmten‹ Theateraufführung zu emanzipieren; der ›Sprung über die Rampe‹ ist hier *conditio sine qua non*.

61 Heinrich Himmler, seit Juni 1936 als »Reichsführer SS« und oberster Polizeichef Leiter des gesamten totalitären Herrschaftsapparats, wird zweimal während eines Telefonats mit Schmidt-Lausitz gezeigt (TC 0:32:00 und 1:54:38): allerdings nur synekdochisch über den SS-Sigelring an der linken

genständige Befehlsgewalt über den SD (>Sicherheitsdienst< der SS) innehat. Die Inhaftierung von Harras geht nun direkt auf die Veranlassung Schmidt-Lausitz' zurück. Insofern setzt der Film dramaturgisch wesentlich dominanter auf das Protagonist/Antagonist-Schema von Harras und Schmidt-Lausitz, inszeniert und visualisiert diese Opposition überdeutlich als zentrales ereignishaftes Moment des Figurenmodells.[62]

Mit der figurenfunktionalen Aufwertung von Schmidt-Lausitz nimmt der Film eine interpretative Verschiebung im komplexen Diskursgefüge vor: Während das Drama deutlicher auf den individualpsychologischen Diskurs um den Mitläufer und Karrieristen Harras konzentriert ist, kann (bzw.: muß!) der Film, der immerhin bereits fast zehn Jahre nach Kriegsende in die Kinos kommt, ein breiteres historisches Wissen um das Terrorregime der Nazis einbinden; so orientiert er sich noch stärker am machtpolitischen Diskurs, der ja auch die faktische Grundbedingung des gesellschaftlichen Lebens und der ideologischen Sozialisation im Dritten Reich einnahm. Doch nimmt der Film mit dieser der stärkeren Wirklichkeitsreferenz verpflichteten diskursiven Amplifikation auch in Kauf, daß er in der Antipathie-lenkenden Aufwertung Schmidt-Lausitz' dem General Harras verstärkte Sympathiewerte zubemißt, damit aber dessen schuldhafte Verstrickung in das NS-Machtsystem tendenziell unterläuft und dessen >Opferrolle< hervorhebt. (In diese Interpretationsrichtung weist auch die hinzugefügte bzw. szenisch ausgeführte Gestapohaft-Sequenz.)

Diese Bedeutungsverschiebung läßt sich auch noch an einer anderen, am Phänomen der >Bühnenwirksamkeit< orientierten dramaturgischen Strategie zeigen: *Des Teufels General* ist in seinem dialogdramatischen Ansatz nämlich als Tragikomödie konzipiert, wobei einerseits die Handlungskonzeption einen für die Hauptfigur tragisch endenden machtpolitischen Diskurs etabliert, andererseits die Verbalisationsstruktur über weite Strecken einen komödiantischen Diskurs dagegensetzt, der ebenfalls dominant an die Hauptfigur Harras gebunden ist. Dies betrifft

---

Hand sowie über sein signifikantes Brillengestell, das neben dem Telefonapparat liegt. Es bedarf hier zwar kulturellen Wissens, um >Himmler< zu dekodieren; doch gibt ein Gestapo-Kriminalrat Hilfestellung, als er Schmidt-Lausitz als »ganz großes Tier bei Himmler, wahrscheinlich Sonderauftrag« (TC 0:27:51) bezeichnet; Schmidt-Lausitz selbst redet seinen Telefongesprächspartner nur über dessen Dienstgrad »Reichsführer« an.

62 Diese Figurenopposition stellt auch das Filmprogramm *Illustrierte Film-Bühne* Nr. 2687 heraus, das auf dem Titelblatt Harras, die Pistole im Anschlag, mit Schmidt-Lausitz zeigt.

Illustrierte Film-Bühne
Nr. 2687

Des Teufels General

vorzugsweise den ›Unterhaltungswert‹ des Generals, der sich mit seinem Dienstgrad das Privileg humoristischer Respektlosigkeit und populistischer Antihaltung leisten kann, die im lokalen und zeitgeschichtlichen Kontext sowohl als ›(Berliner) Mutterwitz‹ als auch als ›Galgenhumor‹ zum Ausdruck kommt.

Der komödiantische Diskurs dominiert insbesondere die Gesprächsoberfläche des ersten Aktes und ist hier dialektisch zum ›ganz normalen Wahnsinn‹ der gesellschaftlichen, politischen und militärischen Bedingungen Nazideutschlands funktionalisiert; jedoch ist diese Art der ›Konversationskultur‹ im Drama überpointiert ausgeführt und tendiert insofern dazu, das Bedrohliche des machtpolitischen Diskurses in der humoristischen Brechung zu verharmlosen und somit abzuwerten. Der Film reduziert das überbordend vorgeprägte verbale Humorpotential von Harras und vermag es durch die interpretationsleitende Überlagerung von machtpolitischem und komödiantischem Diskurs präziser, die menschenverachtende gesellschaftliche Realität zu entlarven; besonders deutlich wird dies in der Diskursivierung des Antisemitismus im NS-Regime:

Auswahlsequenz 1:[63]

[Zur Situation: Im »Metropol-Theater« ging die Premiere der »Fledermaus« gerade erfolgreich zu Ende. Die Schauspielerin Olivia Geiß wird in ihrer Garderobe von einer Bekannten erwartet: Jenny. Nachdem Olivia die Garderobiere und Diddo weggeschickt hat, sind die beiden in der Garderobe allein. Olivia noch im Kostüm, Jenny schwarz gekleidet. Beide sitzen neben Olivias Schminktisch.][64]

[E.1:] *Jenny in Bildmitte halbnah fast frontal gezeigt; eine Leuchte des rechts befindlichen Schminktischs beleuchtet ihr Gesicht stark. Ganz links im Schatten Olivia, mit dem Rücken zur Kamera, also Jenny zugewandt.*

Olivia: Ist was mit Rosenfeld? ... *[Bei diesem Stichwort senkt Jenny die vor ihre linke Brustseite gehaltene Tasche; der Judenstern auf ihrem Mantel wird sichtbar. Die Kamera verdichtet leicht.]*

Jenny *[spricht mit deutlichen Pausen]*: Sie haben ihn aus Buchenwald rausgelassen ... Jetzt liegt er hier im Polizeikrankenhaus ... *[unverständlich]*-Straße ... Sie haben ihn ganz kaputt gemacht ... *[Jenny preßt ihre Lippen aufeinander und senkt den Blick.]*

---

63 Die Transkription fokussiert die Repliken und notiert Intonationsmuster, nonverbale Interaktion, Bildgestaltung und Montagephänomene.

64 In der Referenzstelle des Dramas ist die Situation als (informativ umfassenderer) Bericht Olivias an Harras konzipiert, siehe 50,14-22.

Olivia [stöhnt mitleidend auf, tröstend]: Aber er ist doch wenigstens hier! *[Die Kamera verdichtet erneut, verliert dabei Olivia links aus dem Bild; deutlich erkennbar und lesbar wird nun im Hintergrund ein Theaterplakat zu »Die lustige Witwe« mit Olivia Geiß.]*[65]
Jenny: Er soll mit einem Transport nach Polen. *[Jenny wendet ihren Kopf nach rechts, aus Olivias Blickachse, bricht in sich zusammen.]*
[E.2:] *Harter Schnitt auf einen Soldaten – Hauptmann Pfundtmayer – im Theaterfoyer, der sich gerade seinen Mantel überzieht; nah und frontal gezeigt.*
Pfundtmayer [sichtlich beschwingt durch den soeben beendeten Theaterbesuch der »Fledermaus«, singt grinsend vor sich hin]: »Das ist bei uns so Sitte: ›Schaköng a song guh‹ [Chacun à son goût][66]!« [...] (TC 0:10:34-0:11:08)

Diese Montage-Dramaturgie ist signifikant für Käutners Regiestil, der die Pointen exakt auf Schnitt legt oder auch Bild und Ton kontrastiv setzt, wenn z.B. später auch das in den Freitod gegangene jüdische Paar Jenny/Rosenfeld (ex Drama: Bergmann) gezeigt wird, als es tot in einem Bus-Wartehäuschen sitzt, während aus Lautsprechern dazu blechern die Musik zu »Freut Euch des Lebens«[67] erklingt (TC 1:22:34-1:23:04). Auch in der erkennungsdienstlichen Behandlung Harras' während der Gestapohaft-Sequenz (TC 0:57:06-1:00:07) wird der den machtpolitischen und individualpsychologischen Diskurs überlagernde komödiantische Diskurs dazu benutzt, Harras' Verlust der Situations- und Normmächtigkeit – der Fliegergeneral ist nicht mehr im Besitz der hierarchienormierten Befehlsgewalt – dramaturgisch zu pointieren: Nur wer die ›humoristische Lufthoheit‹ besitzt, so insinuiert die Szene, hat die Macht;[68] auch dies ist eine prägnante Inszenierung des realen Zynismus nationalsozialistischer ›Sprachpflege‹. – Die unterschiedlichen Strategien hinsichtlich

---

65 Literarische Referenz: Franz Lehárs Operette *Die Lustige Witwe* (1905) hatte im Drama – mit Olivia in der Titelrolle – am selben Abend, an dem die Eilers-Feier stattfindet, Premiere (29,27); gegenüber der ›plakativ‹-interpretationsleitenden visuellen Filmvariante findet sich im Schauspiel also eine verbal eher indirekt vorgezeichnete ›Vision‹ für Anne Eilers' Schicksal.

66 ›Geflügeltes Wort‹ aus dem bekannten Couplet des Prinzen Orlowsky aus der Operette *Die Fledermaus* (1874) von Johann Strauß (Sohn).

67 Schweizer Lied aus dem Jahr 1793; Melodie von Hans Georg Nägeli, Text von Johann Martin Usteri.

68 Im Schauspiel ist dies deutlich schwächer realisiert: Innerhalb des dort durchgängig eingewobenen poetologisch-autoreflexiven Diskurses (im Film getilgt) artikuliert Harras gegenüber Schmidt-Lausitz seine Situation nach der Gestapohaft: »Die Komödie ist vorüber, abschminken kann ich mich allein« (83,11 f.).

der komödiantischen Diskursivierung von Drama und Film kann man am besten mit zwei sprichwörtlichen Redensarten erfassen: So läßt sich dem Harras des Zuckmayerschen Schauspiels etwa das Motto: ›Humor ist, wenn man trotzdem lacht‹ zuordnen; für Käutners Film dagegen gilt: ›Das Lachen bleibt einem im Halse stecken‹. Mit diesen konzeptionellen Elementen der Groteske hat Käutner, dessen künstlerische Herkunft vom Kabarett in vielen seiner Filme durchscheint, in seiner Dramaturgie von *Des Teufels General* Zuckmayers Dramenstil bereits im Sinne von Dürrenmatts Komödientheorie[69] weiterentwickelt.

Der Kernkonflikt des Werkkomplexes »Des Teufels General« wird durch die schuldhafte Verstrickung des Einzelnen in das Terrorregime des Dritten Reichs generiert. Es geht um die Erkenntnis des ›Faustischen Teufelspaktes‹ – den nicht nur Harras eingeht, wie man das Titelsignal leichtfertig interpretieren mag! – sowie um die Frage der angemessenen individuellen Verhaltensweise und der ethisch verantwortbaren Reaktion auf die sozialen, politischen und militärischen Rahmenbedingungen. Die frühe Wirkungsgeschichte des Schauspiels hat gezeigt, daß in diesen Fragen Werkimmanenz und Außenrealität aufs Heftigste harmonierten.

Dieser zentrale Interpretationsimpuls gibt also ein sozialethisches Diskursfeld vor, das textintern – im Drama dominanter als im Film – als ideologischer Diskurs geführt wird,[70] welcher wiederum in der Argumentationsstruktur beider Texte sehr eng mit dem stark ausgeprägten erotischen Diskurs vernetzt ist. In der Zuckmayer-Forschung wurde dieser Aspekt bislang vorzugsweise entweder völlig in Abrede gestellt – »In *Des Teufels General* bleibt die Frau überhaupt ganz am Rande«[71] – oder als »Statik der Frauenrollen«[72] weitgehend diskreditiert. Ganz im

---

69 Vgl. Friedrich Dürrenmatt, *Anmerkung zur Komödie*, Erstveröffentlichung in: *Die Weltwoche* vom 22. Februar 1952; hier zitiert nach Ulrich Profitlich (Hrsg.), *Komödientheorie: Texte und Kommentare. Vom Barock bis zur Gegenwart*, Reinbek 1998, S. 243-247; hier: S. 246: »Das Groteske ist eine äußerste Stilisierung, ein plötzliches Bildhaftmachen und gerade darum fähig, Zeitfragen, mehr noch, die Gegenwart aufzunehmen, ohne Tendenz oder Reportage zu sein. Ich könnte mir daher wohl eine schauerliche Groteske des Zweiten Weltkrieges denken, aber *noch* keine Tragödie [...].«
70 Siehe die Ausführungen anfangs dieses Kapitels.
71 Paulsen, *Carl Zuckmayer*, a.a.O. (Anm. 21), S. 513.
72 Gabriele Lindner, *Die Frauengestalten im Werk Carl Zuckmayers, dargestellt anhand der weiblichen Titelfiguren Katharina Knie, Ulla Winblad und Barbara Blomberg*, in: *Blätter der Carl-Zuckmayer-Gesellschaft*, Jg. 12, 1986, H. 2/3, S. 49-121; hier: S. 113 s.v. »Die Frauenrollen im dramatischen Ge-

Gegensatz zu diesen zu verwerfenden androzentrischen Interpretationen behauptet die vorliegende Studie, daß die weiblichen Figuren[73] für die Ereignisstruktur des Werkkomplexes »Des Teufels General« unverzichtbar sind: zum einen für das ideologematische Verständnis des dargestellten Gesellschaftsbilds des Dritten Reichs, zum anderen für den Konfliktausgang des zentralen Handlungsmodells. Entscheidend ist hier die den ideologischen Diskurs betreffende dramaturgische Konzeption, daß der erotische Diskurs dem soldatischen Diskurs nicht nur als wechselseitige Reflexionsebene interdependent beigeordnet ist, sondern daß die erotischen Beziehungsmodelle interpretative Leitimpulse für den soldatischen Diskurs setzen. Dieser Ansatz stützt sich nicht zuletzt auf die Analogiebildung des Pflichtbegriffs, auf den sich Soldat und (faktischer oder potentieller) Liebespartner einschwören. Textintern wird dies kontrastiv diskutiert: sowohl über die emotional oder affektisch ausgeprägte Norm ›Liebe‹, als auch über die partnerschaftlichen Normen ›Loyalität‹ und ›Verantwortung‹.[74]

4.4. Modifikationen in den erotischen Beziehungsmodellen

Drama und Film weisen im zentralen Figurenmodell[75] quantitativ invariant fünf Modelle von erotischer Affektation oder Liebe auf, welche in

---

samtwerk Zuckmayers«. Einwand des Verf. zu obigem Zitat: Es gibt im Drama auch genügend ›statische‹ Männerrollen; und ob die Frauenrollen tatsächlich so »statisch« sind, wird bezweifelt. – Auch Sonja Czech, *Das Bild der Frau in Carl Zuckmayers Dramen*, in: *Blätter der Carl-Zuckmayer-Gesellschaft*, Jg. 11, 1985, H. 3, S. 121-190, geht über die Frauenkonzeptionen in *Des Teufels General* großzügig hinweg.

73 Der Vollständigkeit halber sei ferner hingewiesen auf den den ersten Akt eröffnenden komödiantisch instrumentalisierten homoerotischen Diskurs bezüglich der Kellner François und Detlev (ein im übrigen für Schwulen-Witze konventionalisierter Vorname): Beide reden sich mit Kodenamen – »Dicke Marie« (9,17), »Sybille« (9,24) – an, wie sie in der Homosexuellenszene üblich sind, und nennen den Wirt Otto »Tantchen« (11,01).

74 Ansatzweise geht auch Anne Balinkin darauf ein, wie überhaupt bei Balinkin noch am ehesten der erotische Diskurs in *Des Teufels General* reflektiert wird. Siehe Anne Balinkin, *The Central Woman Figures in Carl Zuckmayer's Dramas*, Bern, Frankfurt am Main, Las Vegas 1978 (Europäische Hochschulschriften, I, 235; = Phil. Diss. Cincinnati 1976), insbes. S. 68 u. 96 f.

75 Die nur im *off-stage* angesiedelten, daher funktional niederrangigen Beziehungsmodelle des beigeordneten Figurenmodells bleiben unberücksich-

unterschiedlichen Facetten ein weitgehend repräsentatives Abbild der zeitspezifischen gesellschaftlichen Verhältnisse aufzeigen. Die fünf Beziehungsmodelle zeichnen sich durch ein hohes Konfliktpotential aus; allen gemeinsame Merkmale sind: Erstens: Die männliche Bezugsfigur ist ein Offizier. Zweitens: Eine jede Beziehung scheitert final (wenn auch aus unterschiedlichen Gründen). Drittens: Harras ist in die Beendigung einer jeden Beziehung involviert.

Im folgenden seien diese Beziehungsmodelle in ihren zentralen Positionen umrissen;[76] jeweils abschließend werden die textintern aktivierten Leitnormen und Interpretationsimpulse benannt:

(1) *Olivia/Harras – das aus einer gelösten Liebesbeziehung entstandene verläßliche Freundschaftsmodell:*

Die »Diva« (8,18) und der »General der Flieger« (8,02), beide alleinstehend, sind mit ihrem Lebensalter von Anfang bis Mitte vierzig Jahren die ältesten Figuren im Beziehungspuzzle, haben insofern die größte Lebenserfahrung, deren Horizont bis in die Kaiserzeit und den Ersten Weltkrieg zurückreicht; sie stehen in ideologischer Distanz zum NS-Regime. Eine frühere Liebesbeziehung verbindet beide, sie beendeten diese aber zugunsten ihrer jeweiligen Karrieren (102,17-103,11) und wandelten sie in eine vertrauensvolle »Freundschaft« (29,10) um. Auf der Basis der ihnen gemeinsamen politischen Antihaltung, die sie sich im opportunistischen ›Mitschwimmen‹ bewahrt haben, kümmern sie sich in verschwörerischem gegenseitigen Einverständnis um eine Fluchtmöglichkeit für das befreundete Ehepaar Bergmann bzw. Rosenfeld (50,14-52,13).

Nachdem die Fluchthilfe aufgrund Harras' zwischenzeitlicher Gestapohaft scheiterte und Bergmanns daraufhin in den Freitod gingen, rät Olivia Harras zum »Abhaun«. Der Film amplifiziert diese Situation: Noch bevor der Suizid der Rosenfelds bekannt wird, drängt Olivia Harras geradezu flehentlich zur Flucht, als sie nach Harras' Gestapohaft seinen Verlust an Situationsmächtigkeit erkennt; auch drückt sie ihre Sorge um Diddo aus:

---

tigt: die ›Mischehen‹ von Maler Schlick (113,01-04) und Chirurg Prof. Samuel Bergmann (51,21-30; im Film: jüdisches Ehepaar Rosenfeld).

76 Hierzu werden vorzugsweise nur Textzitate aus dem Drama hinzugezogen, insofern sich in der filmischen Transformation die entsprechenden Positionierungen nahezu invariant, zumindest aber analog formuliert finden; dieses Verfahren gilt nicht für explizite Varianten.

Varianzbeispiel 1:[77]

Drama:

Olivia: Harry, hör mal, du solltest abhaun. Irgendwohin, ins Ausland, ganz gleich, auch wenn sie dich drüben einsperren, bis der Krieg vorüber ist. [...] (101,10-12)

Film:

Olivia: Harry, flieg sie [Rosenfelds] selbst raus! Und wenn's Dir mit dem Mädel [Diddo] ernst ist, nimm sie mit! Und bleib draußen: in der Schweiz, in Schweden oder sonstwo. Du hast doch überall Freunde. Und fang irgendwo ein neues Leben an, ein anständiges!

Harras: Olly!?

Olivia: Ja, ich hab' Angst um Dich! Du denkst immer noch, Du kannst mit denen da oben spielen. Aber ich sage Dir: Die spielen mit Dir! Und um ... und um Diddo hab' ich auch solche Angst: wenn Du sie erst in das alles hineinzerrst!

Harras: Aber Olly! Behalt doch die Nerven, Olitschka! Ich schaff' das schon!

Olivia: Mach Dir nichts vor, Harry! Du bist nicht mehr so wie früher! Du weißt zuviel! Auch von Dir! Und du hast Angst. Bring Dich in Sicherheit!

Harras: Was, kneifen? Vor denen? Vor mir? Denke ja gar nicht d'ran!

Olivia: Dann schick wenigstens das Kind nach Wien! (TC 1:20:03-1:20:58)

Leitnormen: Für beide gilt die ›zivile Kameradschaft‹ und die ›Hilfeleistung bei existenzieller Bedrohung‹ im Rahmen der zur Verfügung stehenden Möglichkeiten (gegenüber Bergmann/Rosenfeld), im Film für Olivia zusätzlich der ›freundschaftliche Rat‹ (gegenüber Harras).

Interpretationsimpulse: (1) Auch als systemstabilisierend integrierter Opportunist ist man ethischen Idealen verpflichtet und kann bzw. muß gegen herrschende machtpolitische Normen handeln, wenn diese ethisch verwerflich sind (bzw.: wenn man diese als ethisch verwerflich erkannt hat). (2) Man muß einem Freund den Ernst der Lage eindringlich klar machen, wenn dieser ihn offenbar selbst nicht erkennt.

(2) *Pützchen/Hartmann – das ›rassehygienisch‹ gescheiterte Liebesmodell:* Pützchen und Hartmann sind beide Anfang zwanzig, repräsentieren die nationalsozialistische Sozialisation in Reinkultur. Hartmann, der seinen Vater nie kennenlernte, da dieser im Ersten Weltkrieg, »drei Tage vor

---

77 Diesmal sind nur die Repliken notiert bzw. transkribiert.

Schluß« (70,12), gefallen war, durchlief die gesamte Palette der NS-Ausbildung von der »Hitler-Jugend« über »Schulungslager« und »Ordensburg« bis hin zur »Truppe« (70,21-23); Pützchen ist die verwöhnte Tochter aus adligem Hause (eigentlicher Name: »Waltraut von Mohrungen«), Mitglied der »Reichsfrauenschaft« (18,35) und trägt im zweiten Akt dementsprechend auch »Parteiuniform« (105,16). Pützchen löst die »noch nicht offiziell« gewesene »Verlobung« (66,24 f.) mit Hartmann, da es bei diesem eine »Unklarheit [im] Stammbaum« (66,29) gibt.[78] Harras tröstet Hartmann über den Verlust hinweg, heilt ihn von eingetrichterten Ideologemen des Nazismus und verpflichtet ihn auf das Leben:

> *Hartmann:* Vielleicht bin ich fürs Leben nicht tauglich, oder nicht bestimmt. Aber fürs Sterben reicht es, Herr General [...] Der Tod auf dem Schlachtfeld ist groß. Und rein. Und ewig.
> *Harras: sehr ruhig* Ach Scheiße. Das sind olle Tiraden. [...]
> *Hartmann:* [...] Wir dürfen unser Leben nicht leichtsinnig aufs Spiel setzen. Es gehört nicht uns.
> *Harras:* Wem sonst, zum Donnerwetter? – Sagen Sie jetzt auf keinen Fall: dem Führer. Sonst sehe ich Rot. [...] Du sollst überleben, hörst du? Durchkommen, rauskommen, wiederkommen [...]. (68,31-69,33/vgl. TC 0:48:18-0:49:48)

Leitnormen: Für Pützchen ›Loyalität‹ zur NS-Ideologie und ›Illoyalität‹ gegenüber Hartmann; für Hartmann gilt ein Normwandel von der

---

[78] Historisches Stichwort: Das *Gesetz zum Schutze des deutschen Blutes und der deutschen Ehre* vom 15. September 1935 (*Reichsgesetzblatt [RGBl.] 1935*, Teil 1, S. 1146 f.) stellte »Eheschließungen zwischen Juden und Staatsangehörigen deutschen oder artverwandten Blutes« (§ 1,1) unter Zuchthausstrafe (§ 5,1); dieses zynischerweise auf dem Nürnberger NSDAP-»Reichsparteitag der Freiheit« verkündete sogenannte ›Blutschutzgesetz‹ spezifizierte dann die »Erste Ausführungsverordnung« vom 14. November 1935 (*RGBl. 1935*, T. 1, S. 1334-1336). Gestützt und ergänzt wurden diese rassistischen ›Nürnberger Gesetze‹ u.a. durch das *Gesetz zum Schutze der Erbgesundheit des deutschen Volkes (Ehegesundheitsgesetz)* vom 18. Oktober 1935 (*RGBl. 1935*, T. 1, S. 1333 f.; mit »Erster Durchführungsverordnung« vom 29. November 1935, *RGBl. 1935*, T. 1, S. 1419-1421) sowie durch das *Reichsbürgergesetz* vom 15. September 1935 (*RGBl. 1935*, T. 1, S. 1146; mit »Erster Ausführungsverordnung« vom 14. November 1935, *RGBl. 1935*, T. 1, S. 1333 f.), welche den sogenannten ›Ariernachweis‹ bis in die dritte Generation verlangten und über das von der »Beratungsstelle für Erb- und Rassenpflege« des Gesundheitsamtes auszustellende »Ehetauglichkeitszeugnis« der Verlobten die absolute sozialpolitische Kontrolle garantierten.

Normgerechtes Scheitern oder Happy-End? 531

›Selbstaufgabe‹ zur ›Lebensbejahung‹; Harras erfüllt gegenüber Hartmann die ›Kameradschaft‹ doppelt: soldatisch und zivil – »Vergessen Sie bitte, daß ich Ihr General bin« (66,08 f.).

Interpretationsimpulse: (1) Ein Beziehungspartner, der einen weniger aus persönlichen, denn aus politisch-karrieristischen Gründen verläßt, ist es nicht wert, daß man sich selbst aufgibt. (2) Als Soldat hat man auch und gerade in der Hierarchienorm Verantwortung für den Kameraden.

(3) *Pützchen/Harras – das ideologisch ebenso unmögliche wie gefährliche erotische Affektmodell:*

Pützchen ist der Typus des ›sexuell überreifen Früchtchens‹, das sich nach dem ersten ›Gepflückt-werden‹ sehnt;[79] auch ist sie im Sinne einer Ersatzhandlung die textintern dominante Verbalerotikerin:

Pützchen: Heiraten – ganz nett, wenn's der Richtige ist. Aber denken Sie doch mal, all die Schereien, die man damit hat, die ganzen Nachweise, [...] aber wenn man darauf warten will, mit seinem normalen Triebleben, da kann man alt und ranzig werden dabei. (17,31-18,02)

[an Harras gewandt]: Ist es wahr, daß die Serviermädels nur Feigenblätter tragen bei euren Festivitäten? Ich komm als Serviermädel, sag ich Ihnen. (25,33-35 / vgl. TC 0:17:43-0:17:49)

Nach der Lösung von Hartmann entwickelt Pützchen eine heftige affektische Zuneigung zu Harras, die dieser jedoch schroff zurückweist. In Pützchen vereinigen sich hormonell übersteuerte erotische Neugier und NS-karrieristischer Machthunger:

Pützchen [zu Harras]: Es gibt nicht so viele Männer auf der Welt. Richtige Männer. Sie sind ein Mann. [...] Ich stell mir einen Mann vor, der's schafft, der das Rennen macht – an der Spitze der Nation. Sie könnten es schaffen, Harry, Sie müssen es schaffen. [...] Sie sind doch kein Jude und kein Kommunist. [...] Sie haben Blut, Rasse, Geist. Sie sind zum Herrschen geboren, zum Packen, zum Besitzen. [...] Freiheit, Humanität – das ist doch Gefasel. Frei ist, wer die anderen beherrscht. Es gibt nur zwei Parteien auf der Welt, die oben – die unten. [...] Ja, zum Teufel, ich zeig Ihnen die Welt, man sieht sie nur von oben! [...] Macht ist Leben! Macht ist Genuß! Mensch – wenn Sie zugreifen – ich mache Sie ganz groß!! [...]

---

79 Sonja Czech, *Das Bild der Frau in Carl Zuckmayers Dramen*, a.a.O. (Anm. 72) vermerkt in Fußnote 162, daß Pützchen dem »Frauenbild der Femme fatale [...] verwandt« sei: Diese Einschätzung geht an der Figurenkonzeption Pützchens vollkommen vorbei.

> Ich mag Sie, ich hab Sie gleich gemocht. Und Pützchen kriegt, was es will. Sie brauchen nichts als die Frau, die Sie aufrüttelt, hochreißt, die Ihnen die Sporen einsetzt, damit Sie durchs Ziel schießen. Sie brauchen mich, Harry. (124,01-125,16 / vgl. TC 1:24:34-1:25:05)

Über die ideologisch extrem oppositäre Einstellung wird Pützchen zur Bedrohung für Harras – noch dazu, da sie als einzige Außenstehende Kenntnis bekommt von Olivias und Harras' Fluchthilfevorhaben für Bergmann/Rosenfeld: »Das sind ja staatsfeindliche Umtriebe! Is ja Hochverrat!« (116,30 f.).

Der von Pützchens erotischer Versuchung und ihrem rücksichtslosen Machtstreben bedrängte Harras erkennt in Pützchens ideologematischen Vorhaltungen die nationalsozialistische Übersteigerung seines eigenen Karrierismus und bekennt seine »Angst« (126,29).

Leitnormen: Für Pützchen gilt die im ›Willen zur Macht‹ gegründete ›erotische Aktivität‹, für Harras dagegen ›erotische Abneigung‹.

Interpretationsimpuls: Die ›Erotik der Macht‹ ist verführerisch; sie kann verblenden und zerstören.

(4) Anne/Eilers – das durch den ›Heldentod‹ zerrissene Familienmodell:

Der »Oberst und Führer einer Kampfstaffel« (8,05) ist Mitte dreißig, seine Frau zehn Jahre jünger; sie haben kleine Kinder (21,15). Beide sind von eher ernsthaftem Charakter – auch in der feuchtfröhlichen Stimmung, die in »Ottos Restaurant« herrscht. Harras ist für Eilers soldatisches Vorbild, die Kameradschaft verbindet sie, die Parteizugehörigkeit zur NSDAP und deren Ideologie sowie die altersgemäß unterschiedliche Sozialisation trennen sie. Eilers stürzt in einem der von Oderbruch sabotierten Flugzeuge ab; Anne wird dadurch zur Kriegswitwe. Als Leiter des Technischen Amtes trägt Harras die hierarchienormierte Verantwortung für Eilers' Tod, obwohl das Unglücksflugzeug entgegen seinen Anweisungen während seiner Gestapohaft ausgeliefert wurde.

Drama und Film gehen in der ideologischen und psychologischen Bewertung des Ehepaars Eilers signifikant variante Wege. Der erste Akt exponiert zunächst die unterschiedliche Gesinnung:

Normgerechtes Scheitern oder Happy-End?

Varianzbeispiel 2:[80]

Drama:

Anne *[zu Harras]:* Wenn Sie gehört hätten, wie er mir immer von Ihnen erzählt hat. Eifersüchtig hätte man werden können. Harras ist der Erste –
nach dem Führer natürlich – und dann kommt lange nichts.

Harras: Und jetzt haben Sie den ollen Harry in Fleisch und Blut kennengelernt. Kleene Enttäuschung, was? Gar keine Würde, für 'n General. Und noch nicht mal Parteigenosse.

Eilers: Na ja, in der Beziehung – denken wir vielleicht ein bißchen verschieden.

Aber wo's drauf ankommt, da gibt's keinen Unterschied. Soldat ist Soldat.

Anne: Es ist wohl auch eine Generationsfrage. Wir sind schon halbwegs damit aufgewachsen. Uns ist das heilig. Es hat uns ja das bißchen Lebensinhalt gegeben.

Harras: Mein Lebensinhalt – das war immer die Fliegerei. [...] (20,24-21,01)

[Harras, Eilers und Anne.]

Harras: Schön muß das sein – wenn man heimkommt – und Kinder hat.

Film:

Anne *[zu Harras]:* Wenn Sie gehört hätten, wie er mir immer von Ihnen erzählt hat. Eifersüchtig hätte man werden können. Harras ist der Erste ...

Eilers: ... nach dem Führer natürlich – und dann kommt 'ne ganze Weile gar nichts.

Harras: Und jetzt hab'n S'e 'n ollen Harras in natura kennen gelernt. Kleene Enttäuschung, was? Gar keene Würde, für'n General. Und noch nich' mal 'n Parteigenosse. Prost!

Eilers: Na ja, in der Beziehung denken wir vielleicht 'n bißchen verschieden. Prost!

Anne: Aber wo's drauf ankommt, da gibt's keine Unterschiede. Ø

Ø

Ø
(TC 0:15:39-0:16:04)

[Harras und Anne allein.]

Harras [versonnen]: Schön muß das sein – wenn man heimkommt – und Kinder hat.

---

80 In der linken Spalte sind die Repliken des Dramas, rechts die entsprechenden Stellen im Film wiedergegeben; die entscheidenden Modifikationen sind dort durch Unterstreichung markiert.

Eilers: etwas abwesend Ja – wenn man heimkommt – [...] (21,18-20)	<u>Anne</u> *[starren Blicks; sorgenvoll gehaucht]:* Ja – wenn man heimkommt. (TC 0:16:22-0:16:28)

Signifikant sind in der Transformation die Sprecherwechsel und die Tilgungen: Im Film wird bei Eilers die machtpolitisch begründete Hierarchienorm herausgestellt und die soldatische Kameradschaftsnorm gestrichen; und Anne wird sowohl ›entnazifiziert‹ als auch werden *ihr* die Schicksalsbedenken ihres Mannes übertragen! Diese entscheidend varianten Vorgaben der Figurenkonzeptionen werden später, bei dem nach Eilers' Tod zwischen Anne und Harras stattfindenden Dialog wieder aktiviert: Im Drama ist dieser eine heftig anklagende Schuldzuweisung gegenüber Harras, im Film dagegen ein von Harras initiiertes Kondolenzgespräch:

Varianzbeispiel 3:[81]

Drama:

[Zur Situation: Dritter Akt. Anne hat Harras in dessen Technischem Büro aufgesucht. Beide sind während des Dialogs allein:]
Anne: hart, klanglos [1] **Ich fordere Rechenschaft.**
Harras: Von mir?
Anne: Eilers ist nicht gefallen. Er ist ermordet worden. Sie sind sein Mörder.
Harras: schwer nach Worten suchend Anne – ich weiß, wie hart es Sie getroffen hat. – Es ist ein furchtbares Unglück. – Es hätte vielleicht – vermieden werden können. Aber nicht durch mich. Glauben Sie wirklich, ich hätte meine Pflicht versäumt?
[...] Was werfen Sie mir vor, Anne? Was hab ich getan?
Anne: Nichts haben Sie getan. Man tut nichts ohne Glauben. Sie haben nicht geglaubt, woran Eilers glaubte. Und dennoch haben Sie ihn dafür sterben lassen. Sinnlos sterben. Sie haben zugeschaut und ihn nicht gerettet. Das ist die Schuld, für die es kein Verzeihen gibt.
Harras: Hätte ich ihn retten können – durch einen falschen Glauben? Konnten Sie ihn retten? Haben Sie es versucht? Oder auch nur – daran gedacht?

---

81 Die Varianten sind hier so stark ausgeprägt, daß eine synoptische Darstellung der Dialoge nicht möglich ist. Die in Drama und Film oppositären Kernaussagen sind **halbfett** markiert; die jeweils zuzuordnenden Stellen sind mit Kennziffern von [1] bis [7] versehen.

Anne: Ich habe nicht gedacht – solange Eilers lebte. **[2] Ich mußte mit ihm glauben.** Ich mußte mit meinem Herzen bei ihm stehn. **[3] Jetzt weiß ich, daß er den falschen Tod gestorben ist.** Umsonst, vergeblich, ohne Auferstehn. Sie aber, Harras, haben es immer gewußt. Sie hätten ihn retten können – wenn für nichts anderes, dann für einen besseren Tod. **[4] Sie haben ihn wissend in den falschen Tod geschickt.** [...]
Friedrich Eilers wäre nie in einen **[5] Krieg** gegangen, **von dessen Recht er** nicht **durchdrungen war.** Nie hätte er einen Menschen getötet, ohne zu glauben, daß er es für die gerechte Sache tut. Sie töten ohne Recht und Glauben, für eine Sache, die Sie hassen und verachten. Sie sind ein Mörder. Eilers war ein Held.
Harras: Dann ist jeder ein Held, der nicht weiß, wofür er stirbt. Dann ist jeder ein Mörder, der die Welt nicht ändern kann. Jeder, der auf Erden lebt.
Anne: Nur der, der weiß und nicht bekennt. [...]
[6] Sie sind an allen Morden schuldig, die geschehn. Sie tragen Tod im Leibe. (145,01-146,25)
Harras: **[7] Was werden Sie von mir sagen – wenn ich tot bin?**
Anne: **Nichts.** [...]
Harras: **Nichts. Geht in Ordnung.** [...] (148,15-17)
Film:[82]

[*Zur Situation: Harras besucht Anne zuhause, um ihr sein Beileid auszudrücken. Er hat Pützchen mitgebracht, die ihm zuvor noch in seiner ›Propellerbar‹ eindeutige Avancen machte (siehe Beziehungsmodell 3); Pützchen hört im Hintergrund schweigend zu. Im Verlauf des Gesprächs ändert sich Annes Intonation ständig zwischen zwanghafter Beherrschung und aufschluchzendem Tremolo; sie faßt sich erst am Schluß wieder. Man merkt Harras an, daß er nach tröstenden Worten ringt; auf das gegen seine Erwartung verlaufende Gespräch reagiert er mit zunehmendem Erstaunen, findet gegen Ende aber wieder dazu, in sich zu ruhen:*]

Harras: Anne, es tut mir so leid! Sie wissen ja, wie gern ich ihn hatte.
Kinderlachen im Hintergrund.
Anne: Ich hab's den Kindern noch nicht sagen können.

---

82 Aus Gründen der Darstellungsökonomie wird vorzugsweise nur der Dialog transkribiert, ohne die einzelnen, stark affektisch besetzten Verhaltensänderungen in der Intonation zu berücksichtigen; diese werden vorab summarisch beschrieben. Die Phänomene von nonverbaler Interaktion, Kamerahandlung und Montage sind nicht notiert.

Harras: Er wußte wenigstens, wofür er fiel. Und Sie wissen, wofür Sie ihn hergegeben hab'n. Mmh, das Beste an diesem bißchen Leben ist doch der Glaube: eine Idee, die groß genug ist, um dafür zu sterben.
Anne: Ja, und ›in stolzer Trauer‹ die ›Helden‹ beweinen, nicht wahr? Das kommt doch wohl jetzt? Nein, Harras, hören Sie auf mit diesen furchtbaren Phrasen, mit diesen Lügen! Ich weiß, Sie meinen es gut, aber ich kann das nicht mehr hören! Ich habe selber zuviel gelogen. Die ganzen schönen Jahre mit Friedrich! [2] **Ich hab' nie an das geglaubt, was ihm groß und heilig war.** Ich hab' immer gewußt: Es ist erbärmlich und schmutzig. Aber ich hab's ihm doch nicht sagen können! Ich hab' ihn doch geliebt. Ich hab' immer gehofft: Später, wenn [5] **dieser wahnsinnige Krieg** einmal aus sein wird, dann kann ich mit ihm sprechen, mit ihm streiten und mit ihm einig werden.
Harras: Er hat nie gewußt, daß Sie ...
Anne: Durfte ich ihn denn unsicher machen, unglücklich? Solange er Tag für Tag da draußen seinen Kopf hinhalten mußte? Es ist doch Krieg! Er mußte doch Soldat sein. Er war so glücklich, für eine bessere Welt kämpfen zu dürfen – für uns: für die Kinder und mich.[83] – Ich konnte ihm doch nicht sagen, daß er [4] **für ein paar wahnsinnige, verantwortungslose Spieler** kämpft! – Und nun **ist er** für sie **gestorben: für eine fremde Sache, einen fremden, falschen Tod!**
Harras: Quälen Sie sich nicht! Sie haben sich nichts vorzuwerfen. Es war richtig, daß Sie gelogen haben.
Anne: Nein, Harras! Es war nicht richtig! [3] **Heute weiß ich das: Man darf nicht schweigen, wenn man das alles weiß!** Nicht schweigen! Nicht lügen! Und nicht mitmachen! Aber was kann eine Frau denn tun? [6] **Warum tut Ihr denn nichts, Ihr Männer!** Ihr wißt doch auch alle, ... besser, als wir! Warum tut Ihr denn nichts?
[...]
Anne: [1] **Ich danke Ihnen: für Ihren Besuch und, daß Sie mir zugehört haben.** Ich hab' doch sonst niemand'!
Harras: [7] **Ich danke Ihnen, Anne. Ich wollte Ihnen helfen. Und jetzt hab'n Sie mir geholfen!** Ja. (TC 1:27:07-1:30:45)

---

83 Diese Einschätzung rekurriert fast wörtlich auf ein intimes Bekenntnis Eilers', das er im Anschluß an seinen Ehrenabend, als bei Olivia weitergefeiert wird, gegenüber Anne äußert: »Manchmal bin ich direkt glücklich – [...] glücklich, daß ich kämpfen darf: für Dich, für die Kinder und für 'ne bessere Zukunft« (TC 0:36:00-08); Anne kommentiert seine Einlassung nicht, sie schweigt betreten; der herannahende Harras unterbricht die Unterredung.

Die Bedeutungsverschiebungen im Film sind eklatant; klar werden jetzt auch die jeweils expositorisch vorgeprägten Modifikationen, wie sie im Varianzbeispiel 2 notiert sind: Im Drama artikuliert Anne weiterhin abstrus gewundenes Nazi-Gedankengut und klagt auf der Ebene des soldatischen Diskurses Harras – als hierarchienormierten Vorgesetzten ihres Mannes – mit dem Argument des »falschen Todes« als »Mörder«[84] an; Anne orientiert sich in ihrer Schuldzuweisung unhinterfragt-resignativ an der weiterhin positiv besetzten ideologischen Position ihres Mannes. Im Film dagegen erkennt Anne im Schweigen gegenüber ihrem Mann ihre eigene Schuld; ihre Klage über den »falschen Tod« richtet sich nicht gegen Harras, sondern gegen die NS-Führung – »wahnsinnige, verantwortungslose Spieler« –, sie argumentiert auf der Ebene des (nun negativ besetzten) machtpolitischen Diskurses; Anne sieht in Harras ihren einzigen ›Verbündeten‹, brüskiert auf diese Weise ihre anwesende, NS-gläubige Schwester (und scheint bei Pützchen sogar einen autoreflexiven Bewußtwerdungsprozeß zu initiieren).

In der dramaturgischen Konzeption amplifiziert das Drama somit lediglich eine weitere systemrepräsentierende (zivile) Figur, die in ihrer typologischen Festlegung keinen textintentional positiven Interpretationsimpuls setzen kann; Annes Einlassungen haben für Harras keinerlei Bedeutung, wie der abschließende Wortwechsel zeigt. Im Gegensatz dazu hat die Anne des Films in ihrer aus tiefster Betroffenheit gewachsenen Stärke für Harras eine katalytische Funktion: Harras erhält von unerwarteter Seite einen deutlichen Appell, etwas gegen das Regime zu unternehmen; sein abschließend geäußerter Dank unterstreicht seinen Erkenntnisgewinn. Im Drama hat Anne in ihrer Verbitterung ›nichts gelernt‹, im Film findet Anne im Leid des Witwenstands hingegen die Kraft, ihre ideologische Antihaltung zu artikulieren.

Leitnormen: (Drama:) Für Anne gelten ›Loyalität über den Tod hinaus‹ gegenüber dem NS-Regime und ›Ablehnung der Eigenverantwortung‹ in der Schuldfrage; (Film:) Anne durchläuft einen Normwandel vom ›duldenden Schweigen‹ zum ›Widerspruch‹.

Interpretationsimpulse: (Drama:) Unreflektierte Verbitterung im Leid verhindert den (Selbst-)Erkenntnisprozeß. (Film:) (1) In der Erkenntnis

---

84 Der Film referiert auf diesen Vorwurf, wertet ihn aber um: Harras begibt sich unmittelbar nach dem Kondolenzbesuch zum Militärflughafen; dort, im Technischen Büro, artikuliert Harras gegenüber Oderbruch seine durch das Gespräch mit Anne genährten Selbstzweifel: »Hab'n wir uns nichts vorzuwerfen, Karl? Waren wir nachlässig? [...] Ich komm' m'r vor wie sein [Eilers'] Mörder« (TC 1:32:21-31).

des Unrechts muß man rechtzeitig für die Wahrheit einstehen und entsprechend handeln. (2) Wahre Liebe verlangt nach Aufrichtigkeit.

(5) *Diddo/Harras – das durch aufrichtige Liebe und durch Verzicht aus Verantwortungsbewußtsein geprägte Liebesmodell:*

Diddo, die »adoptiert[e]« (103,10) »Nichte« (28,33) Olivias, ist zum gleichaltrigen Pützchen ideologisch oppositär konzipiert, ist somit in der Konkurrenz als adäquate Partnerin für Harras privilegiert. Der General und die junge Schauspielerin lernen sich an Eilers' Ehrenabend kennen und verlieben sich heftig ineinander – trotz des Altersunterschieds. Drama und Film konzipieren diese *amour fou*, die im tragikomischen Spannungsbogen der Handlungskonzeption inmitten des auf ein tragödienhaftes Ende zusteuernden Geschehensablaufs eine komödienhafte Scheinidylle mit Aussicht auf ein Happy-End etabliert, allerdings unterschiedlich.

Im Drama harmonieren Harras und Diddo in der Erkenntnis der für die Jugend und für Liebende problembehafteten NS-Gegenwart. Ihre Beziehung ist durch gegenseitiges Vertrauen und Aufrichtigkeit gekennzeichnet; beiden bleibt die Zeit, dies auch entsprechend zu artikulieren. So berichtet Diddo Harras vom angebotenen Engagement in Wien, und Harras verschweigt auch seine eigene gefährliche Situation nicht; sie versichern sich ihrer Liebe:

Diddo [zu Harras]: [...] Sich freuen. Sich richtig freuen. Vielleicht muß man das auch lernen – wie alles andere? [...] Wir kennen ja keine richtige Freude. Keiner von uns. Wir sind immer beklommen – beschwert. [...] Es ist zuviel Angst in allem. – Und wenn man selbst keine hat, dann sind immer andere da, die sich ängstigen. Das kann doch nicht immer so gewesen sein? Es muß doch einmal eine Zeit gegeben haben, wo man einfach froh sein durfte, wenn man jung war? [...] (92,9-19)

[...] Ich war doch erst zwölf, im Jahre 33. Tante Olly findet alles schlecht und andere, unter den Kollegen, finden alles gut und sagen, die schlimmen Geschichten sind nur Feindlügen – und wieder andere finden manches gut und sagen, man weiß nicht, ob was Besseres nachkommen kann – was soll man denn da denken? Sehen tut man doch überhaupt nur, was einem grade über den Weg krabbelt. Ich weiß nur eins – ich möchte raus, raus. [...] (93,10-17)

Harras [zu Diddo]: [...] Du sollst wissen, wie es mit mir steht. Ich kann dich nicht beschwindeln. [...] Sie sind hinter mir her [...]. Die Chancen sind gering. Immerhin – ich kann mich noch wehren. Und wenn ich es schaffe, dann hab ich's dir zu verdanken. Ich wollte dir das verschweigen. Das kommt mir jetzt – kleinlich vor. Es wäre schöner gewesen – noch ein

paar Tage, oder Stunden – ganz ohne Schatten. Aber was hätte das alles für einen Sinn, zwischen uns – wenn wir nicht Vertraute würden. Verbündete. Für jetzt und immer.
Diddo: Jetzt weiß ich, daß du mich liebst. *Umarmt ihn*
Harras: fast ohne Ton Für jetzt und immer. (96,36-97,14)

Der Film akzentuiert diese Liebesbeziehung deutlicher als ein scheiterndes Liebesmodell, da es hier keine Chance bekommt, sich auch verbal zu verfestigen; es verbleibt im Stadium des Verliebtseins: Harras und Diddo finden zu keinem ernsthafteren Gespräch zueinander, da ihre Verabredungen durch äußere Einflüsse (z.B. Harras' Verhaftung, bei der Diddo zugegen ist; siehe TC 0:50:50-0:52:56) stets gestört werden; dennoch ist ihre wechselseitige Zuneigung in ihrem nonverbalen Einverständnis ausdrucksstark inszeniert.

Entscheidend ist, daß Harras sowohl im Drama als auch im Film die in Verantwortungsbewußtsein gegründete Initiative zur Trennung ergreift. Seine Aufforderung an Diddo, nach Wien abzureisen, um sie durch die Distanz ›aus der Schußlinie‹ seiner eigenen bedrohten Situation zu nehmen, ist jedoch wiederum variant veranlaßt: Im Drama (siehe 122,33-123,06) ist es die Nachricht vom Tode Eilers', die Harras zusätzlich an seine Pflicht zur Aufklärung der Sabotage gemahnt; im Film (siehe TC 1:23:13) ist es der Anblick des toten Ehepaars Rosenfeld, das die potentielle Bedrohung Diddos signalisiert, da Tante Olivia die beiden im gemeinsam bewohnten Haus versteckt hielt (wovon Pützchen Kenntnis bekam). In beiden Texten wird von Harras jedoch die Hoffnung auf ein Wiedersehen zum Ausdruck gebracht.

Leitnormen: Für Harras und Diddo gilt die ›Loyalität‹ gegenüber dem Partner, für Harras zusätzlich die in seiner Lebenserfahrung und Reife gegründete ›Verantwortung‹ ihr gegenüber.

Interpretationsimpuls: In der Erkenntnis einer womöglich drohenden Gefahr für den Liebespartner muß man Verzicht üben, um den Partner in Sicherheit zu bringen.

Wie gezeigt, versagen alle fünf Beziehungsmodelle im Erreichen ihres jeweiligen Interaktionsziels.[85] Im Mittelpunkt dieses erotischen Diskur-

---

85 Im zentralen Figurenmodell könnte man zu den gescheiterten Beziehungsmodellen im erotischen Diskurs des Dramas sogar noch Oderbruch hinzuzählen:

Harras: Haben Sie eigentlich nie daran gedacht, zu heiraten? Warum nicht?

ses stehen das Liebesmodell Diddo/Harras sowie das Familienmodell Anne/Eilers, wobei dieses zugleich die negative Utopie der Beziehung Diddo/Harras abgibt; für beide gilt: Wenn die Liebe unmöglich wird, gibt es keine Zukunft! Lassen die politischen Verhältnisse aber keine Zukunft zu, so ist das betreffende Gesellschaftssystem zum Scheitern verurteilt! Da der erotische Diskurs den soldatischen überlagert, gilt diese Perspektive somit auch für das Militär und deren Repräsentanten. Dieses Resümee ist für den gesamten Werkkomplex »Des Teufels General« konstitutiv – wenn auch in varianten Akzentuierungen. Der Film nimmt mit den inszenatorischen Möglichkeiten der Visualisierung, insbesondere aber mit der deutlich modifizierten Figurenkonzeption der Anne Eilers diesbezüglich einen stärkeren Appellcharakter ein. Zuckmayers Drama vertraut dagegen eher auf die Beweiskraft der verbal ausgetauschten Argumente; es ist insofern mehr dialogdominiertes *Diskussions*-Stück denn handlungsorientiertes Schau-*Spiel*. Verstärkt wird dieser Eindruck durch die Figurenkonzeption, daß Harras eher *patient*, weniger *agent* ist: Harras' ›Handeln‹ bleibt letztlich auf die fremdbestimmte Reaktion und auf die Rede zurückgeworfen. Oder, pointiert formuliert: Seine einzige topologische Grenzüberschreitung – das einzige, von ihm ›erfolgreich‹ selbst gesteuerte ereignishafte Moment im Handlungsmodell – ist sein finaler Suizid.

In diese Richtung weist auch der vor allem an Harras orientierte individualpsychologische Diskurs. Da Harras in das gesamte Beziehungspuzzle integriert ist, unterzieht er sich gleichsam einer fortschreitenden ›Gesprächstherapie‹ Jeder seiner Kommunikationspartner in den fünf Beziehungsmodellen bringt im soldatischen und ideologischen Diskurs eine differenziert polarisierte Akzentuierung in den Bewußtwerdungsprozeß des Generals ein; dieser ist aber im Vergleich von Drama und Film vor allem in der Kommunikation mit Diddo und Anne stark abweichend bzw. konträr konzipiert. Der jeweilige Erkenntnisgewinn ist konstitutiv für Harras' sittliches Handeln (bzw. Handeln-Wollen), das seine soldatisch vorgeprägte ›Pflichtnorm‹ abruft: auch für die sozialethische Zielorientierung im zivilen Bereich.

Oderbruch: Ich kann es schwer sagen. Zuerst – war es wohl materiell nicht möglich. Später – nicht mehr die rechte Zeit. (128,33-36)

4.5. ›Korrekturen‹ im Oderbruch/Hartmann-Komplex

Das letzte, Drama und Film gemeinsame Puzzleteilchen im gesprächstherapeutischen Bewußtwerdungsprozeß markiert Oderbruch. Die filmische Transformation nimmt hier ganz offensichtlich die zeitgenössisch diskutierte Kritik auf und modifiziert die Figur Oderbruch und die Sabotage-Problematik in sechs entscheidenden Positionen:

(1) Entgegen der literarischen Vorprägung ist Oderbruchs soldatisch und zivil geltende Kameradschaftsnorm im Film explizit dargelegt: Als Harras' Vertrauter *und* Duzfreund (»Karl«) warnt er Harras vor dessen bevorstehender Verhaftung; er habe »Jemanden in der Prinz-Albrecht-Straße [Gestapo-Zentrale]«, der ihn darüber informiert hätte. Oderbruchs kamerad- und freundschaftlicher Appell, nicht in die Wohnung zurückzukehren, fruchtet nicht, da sich Harras als »Generalluftzeugmeister« gemäß der Hierarchienorm noch situationsmächtig glaubt (siehe TC 0:44:37–0:46:04), als er es schon nicht mehr ist.

(2) Die Auslieferung der defekten Flugzeuge, von denen eines Eilers in den Tod reißt, wird nun der kaltschnäuzigen Verantwortungslosigkeit des innovativ hinzugefügten Generalleutnants von Stetten zugeordnet (siehe TC 1:15:13). In der finalen Aussprache zwischen Harras und Oderbruch wird dies noch einmal aufgegriffen und zusätzlich noch eine Fehlreaktion Eilers' artikuliert, die Oderbruch weiter entlastet:[86]

> *Oderbruch:* [...] Du weißt sehr gut, daß alle Werkpiloten den Befehl hatten auszusteigen, wenn sich die Maschine nicht fängt! Wir haben *keinen* Mann verloren! Ich konnte nicht ahnen, daß *Stetten* ... dieser verdammte *Stetten* ...! Ich habe *alles* getan, daß die Maschinen nicht an die Front kommen. Sie war'n nicht einsatzfähig, sollten es nie werden. Das war ja der *Sinn*! (TC 1:46:22-38)

Eine die Flugzeugdefekte debattierende Generalstabssitzung, die anfangs noch ohne den gerade erst aus der Gestapohaft entlassenen Harras stattfindet, markiert die Oderbruch *ent*-lastende und die militärische Führung *be*-lastende Bedeutungsverschiebung:

> *Oderbruch:* [...] Es kann sich nur um normale *Materialermüdung* handeln.
> *Mohrungen:* Also, ich *protestiere*! Das *Material* ist *in Ordnung*.
> *v. Stetten:* Das alles ist *für den Generalstab* völlig *uninteressant*. ... einzige, was uns interessiert, ist die *Frage*, wann der neue *Typ* denn endlich *zum Einsatz kommt*!

---

86 Transkribiert ist bei den nächsten beiden Zitaten nur der Dialog; überdeutliche Betonungen sind *kursiv* gesetzt.

> *Oderbruch:* Wollen *Sie* die Verantwortung für Abstürze an der Front übernehmen?
>
> *v. Stetten:* Aber ich *denke* ja gar nicht daran!⁸⁷ [...] (TC 1:04:15-31)

Auch zeigt der Film, wie Oderbruch heftigst bemüht ist, den Einsatz der defekten Flugzeuge zu verhindern; er selbst will »Hermann [Göring]«⁸⁸ anrufen, nachdem es Harras vorzieht, nach seinen zwei Wochen Gestapohaft schnellstmöglich zu Diddo zu eilen; Harras' schnöder Standpunkt: »Dann tragen eben die Herrn vom Generalstab die Verantwortung« (TC 1:15:17) widerspricht seiner Empörung über von Stetten und signalisiert im expliziten Verstoß gegen die sonst von ihm weitreichend erfüllte Kameradschaftsnorm den sich immer stärker abzeichnenden Verlust seiner Situationsmächtigkeit.

(3) Im Drama werden die Defekte an den Flugzeugen indirekt als aktive Sabotage ausgegeben; dies gibt Oderbruch im Dialog mit Harras zu (siehe 152,06-15). Im Film berichtet Oderbruch dagegen von einem »Konstruktionsfehler« des betreffenden Flugzeugtyps – eine in der Unterlassung von Konstruktionsänderungen gewissermaßen passive Sabotage. In soldatisch knappem Meldestil gesteht Oderbruch dies Harras:⁸⁹

> *[Zur Situation: Harras hatte einen Testflug mit der Schwestermaschine von Eilers' abgestürztem Flugzeug unternommen, um endlich selbst die Ursache der Defekte herausfinden zu können; Oderbruch hatte sich als Copilot aufgedrängt und im entscheidenden Moment durch einen Eingriff in die Trimmung den drohenden Absturz verhindert. Nach der sicheren Landung kommen beide, Harras voran, auf dem halbtotal gezeigten Rollfeld in den Bildvordergrund. Dort bleiben sie stehen, frontal halbnah: Oderbruch seitlich versetzt hinter Harras, beide in leichter Untersicht:]*

---

87 v. Stetten verstößt damit gegen den von Harras anfänglich noch erfüllten kameradschaftlichen Interpretationsimpuls 2 aus Beziehungsmodell 2.

88 Hermann Göring – neben Udet einer der erfolgreichsten Jagdflieger des Ersten Weltkriegs – war bereits im Mai 1933 Reichsminister für Luftfahrt und für den Aufbau der Luftwaffe verantwortlich, seit Juli 1940 als Oberbefehlshaber im Rang eines Reichsmarschalls. – Als reale Person der Zeitgeschichte ist Göring in das fiktionale Figurenmodell eingebunden, verbal und im *off-scene*: im Drama bringt er Olivias Entourage aus der Theaterpremiere mit zu »Ottos Restaurant« (siehe 28,23 f.), im Film geistert er dort sogar als Schatten hinter einer Milchglasscheibe vorbei – Erkennungszeichen: sein Marschallstab (TC 0:18:02).

89 Neben der Transkription der Repliken sind zusätzlich rudimentär noch die nonverbale Interaktion und die Kamerahandlung notiert.

Harras: Seit wann weißt Du, daß das Trimmruder sich beim Sturzflug selbständig macht?
Oderbruch: Von Anfang an.
Harras: Konstruktionsfehler ... oder?
Oderbruch: Konstruktionsfehler!
Harras: Den Du nicht gemeldet hast?
Oderbruch: Ja.
Harras [faßt sich anläßlich dieser Gewißheit mit der Hand an die Stirn, wobei ihm seine unter den Arm geklemmte Mütze herunterfällt. Während er sich danach bückt und kurzzeitig aus dem Bildausschnitt verschwindet, verdichtet die Kamera nah auf Oderbruch; Harras kommt von unten wieder ins Bild, dreht Oberkörper und Kopf in Richtung Oderbruch; beide sehen sich ernst in die Augen]: Also Du!
Oderbruch: Ja. (TC 1:37:12-29)

Der innovativ hinzugefügte gemeinsame Testflug bestätigt erneut – nun bereits zum dritten Mal – die für Oderbruch geltende Kameradschaftsnorm, die den Absturz des Flugzeugs und somit einen weiteren ›Heldentod‹ verhindert.

(4) Eine entscheidende Modifikation betrifft die an der Sabotage Beteiligten: Oderbruch gibt sich im Drama als Teil einer größeren, anonymen Widerstandsbewegung aus; im Film bekennt er sich – wie zuvor bereits nach dem Testflug mit Harras – als Einzelkämpfer:

Varianzbeispiel 4:

Drama:
[Zur Situation: Dritter Akt. Dialog Harras/Oderbruch, unmittelbar nach Anne Eilers' Besuch bei Harras:]
Harras: dicht bei ihm Die Wahrheit, Oderbruch! Die Wahrheit! *Starrt ihm in die Augen*
Oderbruch: erwidert seinen Blick – nickt kurz
Harras: S i e – Oderbruch?
Oderbruch: fast tonlos Wir.
Harras: atmet tief auf – wischt sich den Schweiß vom Gesicht. Nach einer Pause – ruhig Wer seid ihr? Wer sind die andern?
Oderbruch: Wir haben keinen Namen.
Harras: Wollen Sie mir auch jetzt nicht vertrauen? Wer seid ihr?
Oderbruch: Ich habe es gesagt. Wir kämpfen – unbekannt – ungenannt. Wir wissen voneinander – und kennen uns kaum. Wir haben keinen Namen. [...] (151,04-15)

Film:[90]

[Zur Situation: Harras und Oderbruch anfangs der ›großen Aussprache‹ im Technischen Büro:]
Harras: Seid Ihr *mehrere*, die das [den Konstruktionsfehler] wissen und schweigen?
Oderbruch: Ich bin *allein*. (TC 1:44:52-55)

(5) Im Drama ist die finale Aussprache zwischen Harras und Oderbruch als dessen Rechtfertigungsrede konzipiert,[91] während der Film darüber hinaus Oderbruch die textintentional summarische Anklage gegen Harras formulieren läßt:

Oderbruch: [...] *Du darfst* mir seinen [Eilers'] Tod nicht vorwerfen! *Ich* mir vielleicht – *Du* nicht! Denn dein Zögern, Dein Mitmachen, Dein Dulden ist Schuld daran, daß Millionen von Unschuldigen zu Grunde gehen!
[kurzes Schweigen]
Harras: Warum hast Du in all den Jahren nie mit mir gesprochen?
Oderbruch: Ich hab' es oft versucht, aber Du hast mir nie geantwortet – oder nur halb. Du warst so hoch gestiegen, daß Dein Gewissen in den Wolken hing. Und da hab' ich lieber geschwiegen. Und das war gut so. – Heut' hab' ich alles gesagt, sagen müssen ... (TC 1:46:42-1:47:20]

(6) Das Drama ist von einem religiösen Diskurs durchzogen, der facettenreich verbalisiert ist und die christliche Ethik als grundlegende Frage des (profanisierten) sittlichen Handelns diskutiert.[92] Im Figurenmodell wird hier eine Opposition ›Harras vs. Oderbruch‹ aufgebaut: Ersterer ist – siehe Titelsignal – mit dem Teufel im Bunde, letzterer hätte ursprünglich einmal »Priester« (129,02) werden sollen. Die Religiosität wird an exponiertester Stelle als interpretativer Leitimpuls gesetzt, als Oderbruch Harras' Fliegertod mit dem Gebet des *Vaterunser* begleitet – be-

---

90 Wiederum werden bei den nächsten zwei Zitaten vorzugsweise nur die Repliken wiedergegeben, ohne weiteren Kommentar; starke Betonungen sind *kursiv* hervorgehoben.
91 Zu den wichtigsten Varianten von Zuckmayers Erst- und Zweitfassung seines Dramas *Des Teufels General* (1946/1966) siehe Nickel/Weiß, *Carl Zuckmayer*, a.a.O. (Anm. 49), S. 351-353.
92 In der Zweitfassung von 1966 verstärkt Zuckmayer den religiösen Diskurs in Harras' und Oderbruchs finalem Streitgespräch sogar. – Die Diskussion des religiösen Diskurses von *Des Teufels General* wird hier jedoch nur in seinen zentralen Positionen dargelegt.

zeichnenderweise mit dem final verbalisierten Passus »und vergib uns unsere Schuld, wie auch wir vergeben unseren Schuldigern«.[93] – Im Film ist die religiöse Orientierung Oderbruchs dagegen ausgespart: Es geht um eine rationale, nicht um eine religiöse Begründung seiner Handlungsweise.

Neben Oderbruch modifiziert die filmische Transformation auch die Figur des Leutnants Hartmann: Vom Fronteinsatz leicht verwundet zurück, hat dieser im dritten Akt des Dramas noch einmal – kurz vor der Rechenschaft fordernden Anne Eilers – einen Auftritt und ist ebenfalls Teil der Gesprächstherapie für Harras. Hartmann berichtet von den Verbrechen der Wehrmacht:

Hartmann: [...] *Er spricht rasch, hastig, wie jemand, der etwas loswerden muß, was er sich selbst nicht eingestehen möchte* Es ist alles wahr, was man hört. Es gibt keine Greuelgerüchte. Ich hab es, mit eignen Augen, erschaut. Und es sind dieselben – dieselben Jungens – dieselben, die mit mir in der Hitler-Jugend gelebt haben, geschwärmt und gesungen, von Idealen geredet, von Opfer und Einsatz, von der Pflicht, von der Sauberkeit. [...] (141,29-36)

In der Ordensburg haben sie uns gesagt, wir seien die Kreuzritter einer neuen Zeit. [...] Aber wie soll etwas Neues werden, etwas Starkes und Gutes, wenn es damit anfängt, daß man das Niedrigste und Gemeinste in den Menschen entfesselt? Wie soll man die neue Zeit ertragen – wenn sie mit nichts als Mord beginnt? (142,20-28)

Dieser in Hartmann stellvertretend für Harras angelegte ideologisch begründete, militärisch diskursivierte Erkenntnisprozeß ist im Film völlig getilgt, ebenso die an Harras gerichtete Fundamentalfrage des Glaubens an Gott, die im Drama die interpretationsleitende Basis für das Titelsignal bildet und die unverzichtbare Schlußsentenz – »Wer auf Erden des Teufels General wurde [Film: »war«] und ihm die Bahn gebombt hat – der muß ihm auch Quartier in der Hölle machen« (157,2-4; TC 1:51:38-45) – vorbereitet. Im Film ist Hartmann als deutlich schwächere Figur konzipiert: Er wird auf die Naivität des Harras als soldatisches Leitbild ›anhimmelnden‹ jungen Offiziers zurückgestuft, der von diesem lediglich kameradschaftlich auf den Lebensmut verpflichtet wird. Als der General gegen Ende des Dramas und des Films Hartmann in die ›Obhut‹ Oderbruchs übergibt, setzt das Schauspiel hier

---

93 Vgl. Carl Zuckmayer, *Werkausgabe in zehn Bänden*, Frankfurt am Main 1976, Bd. 8, S. 231, Z. 28 f. In der hier sonst zugrundegelegten 17bändigen Werkausgabe fehlt dieser Passus.

den eindeutigen Interpretationsimpuls, daß sich der ideologisch geläuterte Hartmann dem Widerstand wohl anschließen werde;[94] im Film bleibt dieser Interpretationsimpuls in dieser Eindeutigkeit dagegen aus.

Die Aussprache mit Oderbruch setzt für Harras den gesprächstherapeutischen Extrempunkt seines fremdgesteuerten Erkenntnisprozesses, an dem er sich final entscheiden muß: (1) Abschlußbericht mit der Selbstbezichtigung gegenüber Gestapo und SS, für die Materialfehler selbst verantwortlich zu sein, oder (2) Preisgabe des Saboteurs Oderbruch, um sich selbst zu rehabilitieren, (3) Flucht (und ›Neubeginn‹ mit Diddo) und/oder (4) Beteiligung am Widerstand gegen das NS-Regime. Der Film ist hier näher an der Realgeschichte: Der Harras belastende Untersuchungsbericht ist zwar ebenfalls von Schmidt-Lausitz in dessen Sinne vorformuliert, doch ist dieser letztlich irrelevant geworden, da »der Führer in Kürze das Oberkommando der Wehrmacht übernehmen« (TC 1:39:28; historisch: 19. Dezember 1941) werde und sich damit ohnehin die von der SS erwünschten entsprechenden »Umgruppierungen« (TC 1:39:35) in der Wehrmacht ergeben würden; das ›Problem Harras‹ sei damit für die SS ›entsorgt‹.

Das Ultimatum setzt den Moment der Wahrheit im machtpolitisch entschiedenen individualpsychologischen Diskurs: Harras sieht in Schmidt-Lausitz seinen eigenen Karrierismus negativ gespiegelt und erkennt in den Vorhaltungen Oderbruchs – im Film wesentlich deutlicher artikuliert als im Drama – seinen von der Obsession der Fliegerei geleiteten Opportunismus. Oderbruchs Verdienst ist es, daß er Harras final überzeugen kann: In der Erkenntnis der Wahrheit gibt es keine Möglichkeit der ›Nicht-Einmischung‹ und des ›Mitmachens‹ mehr. An diesem Punkt der nur von Harras herbeiführbaren Konfliktlösung besinnt sich der General seiner soldatischen Pflicht, die er gemäß seiner internalisierten Hierarchie- und Kameradschaftsnormierung an Oderbruch erfüllen muß: Um ihn zu decken und da sein soldatisches Ethos weder Desertion noch »Begnadigung« (157,09) zuläßt, bleibt nur noch der Selbstmord. Doch nimmt Harras hierfür nicht die ihm von Schmidt-Lausitz zugespielte Pistole – die im soldatischen Ehrenkodex legitimierte Waffe des Offizierssuizids. Vielmehr stürzt der General der

---

94 Ein lohnenswertes Unterfangen wäre es, die eingestrichenen Regiebücher wirkungsgeschichtlich relevanter Inszenierungen der Erstaufführungszeit auf die faktische Realisierung der Hartmann-Repliken (u.a.) hin zu untersuchen und die finale Hartmann/Oderbruch-Zuordnung im Kontext der zeitgenössischen Diskussionen von Sabotage-Problematik (Oderbruch) und Frontsoldat-Trauma (Hartmann) zu analysieren.

Flieger sich ›standesadäquat‹ mit einem defekten Flugzeug zu Tode: Harras wählt damit einen ›rituellen Opfertod‹. Im Drama ist dieser von Harras als »Gottesurteil« (156,12) ausgegeben; er stirbt seinen ›Theatertod‹ dann im Abseits des *off-scene*. Im Film ist der auf einen Hangar des Militärflughafens zielende, bewußt herbeigeführte Absturz als eine Ersatzhandlung zum Duell mit Schmidt-Lausitz konzipiert. Für Drama wie Film gilt: Im Opferritual vollendet der ›heroische Abgang‹ Harras' Selbstreinigung.

4.6. Der zeitgenössische Adressatenbezug des Films

Die im Film realisierten Varianten, insbesondere die Modifikationen von Oderbruch und Hartmann im zentralen Figurenmodell um Harras, können nicht anders verstanden werden, als daß sie eindeutig auf die frühe Wirkungsgeschichte Bezug nehmen und diesbezüglich als interpretative Korrekturen anzusehen sind. Für den pragmatischen Textbezug bedeutet dies:

(1) Oderbruchs dreifache Erfüllung der Kameradschaftsnorm und die doppelte Bestätigung seiner Einzeltäterschaft nehmen die Vorwerfbarkeit einer ›Dolchstoßlegende‹ zurück. Im Gegenzug wird die militärische Führungsebene mit der Schuld an Eilers' Tod belastet, d.h.: Der Film nährt Zweifel an der Sinnhaltigkeit von Befehlen der Wehrmachtsleitung, die offenbar dazu führten, daß Soldaten ›verheizt‹ wurden.

(2) Die Nivellierung Hartmanns auf den ›aufrecht-naiven‹, von Harras nur ›aufs Leben eingeschworenen‹ jungen Offizier vernachlässigt die Front-Traumatisierung der Soldaten im Widerspruch von sittlichem Handeln und militärischem Vorgehen; denn der Vorwurf verbrecherischer Aktionen der Wehrmacht in den okkupierten Kriegsgebieten ist getilgt. In diesem Sinne ist das ins äußere Kommunikationssystem übertragene Identifikationsangebot wesentlich konfliktfreier konzipiert: Die untere Kommandoebene und die Truppe sind von der Schuldfrage entlastet.

(3) Mit diesen beiden konzeptionellen Modifikationen – der entschuldigenden Freistellung Hartmanns und der singulären, nur passiven Sabotage Oderbruchs, die ihrer Anlage nach explizit auf die Vermeidung des ›Kameradenmords‹ zielte – befreit der Film zudem die zur Uraufführungszeit 1955 realhistorisch noch in den Zweiten Weltkrieg involviert gewesenen männlichen Rezipienten vor der ›Gewissensfrage‹, ob und inwieweit sie selbst Widerstand hätten leisten können oder sollen.

(4) Die Oderbruch- und Hartmann-Varianten rücken Harras noch stärker ins Konfliktzentrum; herausgestellt wird die machtpolitisch, ideolo-

gisch und soldatisch diskursivierte Ambivalenz des Generals zwischen ›Opfer‹ und ›Täter‹: Hierfür stehen die innovativen Adjunktionen von Gestapohaft (repräsentiert durch Schmidt-Lausitz und SS) und Oderbruchs finaler Anklage des opportunistischen Karrierismus. Diese Täter/Opfer-Dialektik bietet im Film den weitestreichenden Interpretationsimpuls für ein konfliktbeladenes ›Verstrickt-Sein‹ ins NS-System. Da der ›Held‹ jedoch ein hierarchisch hochstehender Soldat ist, reduziert der Film unter Berücksichtigung all seiner Modifikationen mehr noch als das Drama das rezeptiv wirksame Identifikationsangebot an die Masse der Kinobesucher, die in der Regel eben *keine* Generäle waren.

(5) In der interpretativen Transformation der Figuren Harras, Oderbruch und Hartmann verfolgt der Film somit die Modifikationsstrategie der konzeptionellen Abschwächung: Alle drei Konfliktfiguren werden enttypisiert und singularisiert, insofern stärker fiktionalisiert und also gegenüber dem Drama ihres pragmatischen Identifikationsangebots weitreichend beraubt.

(6) Der Film bezieht zur realhistorischen Frage von Kollektivschuld des deutschen Volkes oder Individualschuld der NS-Führung weder im soldatischen noch im machtpolitischen Diskurs dezidert Stellung. Denn die im machtpolitischen Diskurs etablierte Gegnerschaft von SS und Luftwaffe (bzw. allgemeiner: Wehrmacht) ist hier als äußerst ambivalent anzusehen: Auf der einen Seite ist dies eine von Zuckmayer im Ansatz bereits weitsichtig erkannte, erst später geschichtswissenschaftlich anerkannte Position,[95] auf die die filmische Transformation verstärkt zurückgreift;[96] auf der anderen Seite baut der Film hierdurch eine dem *common sense* in der Dämonisierung zuträgliche extremistische, verhältnismäßig kleine NS-Tätergruppe auf, die die ehemaligen Wehrmachtsangehörigen weiter entlastet (obwohl diese ebenfalls auf den »Führer« vereidigt waren!). Zudem weicht der Film in der Schuldfrage auf den ideologisch überlagerten erotischen Diskurs aus, indem er nur die Kriegswitwe Anne Eilers die Schuldzuweisung an »ein paar wahnsinnige, ver-

---

95 Zu diesem Themenkomplex siehe z.B. Eugen Kogon, *Der SS-Staat. Das System der deutschen Konzentrationslager*, München 1947 (auch: München 1979); ebenso: Hans Buchheim/Martin Broszat/Hans-Adolf Jacobsen/Helmut Krausnick, *Anatomie des SS Schutz-Staffel-Staates* [später: *Anatomie des SS-Staates*]. *Gutachten des Instituts für Zeitgeschichte*, 2 Bde., Olten, Freiburg i.Br. 1965 (auch: München 1979 und 1994).
96 Vgl. hierzu auch den Beitrag von Gunther Nickel in diesem Band (S. 577-612), der auf der Basis einer ideengeschichtlichen Analyse ebenfalls die im Film inszenierte Bedeutungsverschiebung hin zum SS-Staat erkennt.

antwortungslose Spieler« formulieren läßt: Damit biedert er sich appellativ den im Witwenstand überlebenden weiblichen Kriegsopfern unter den Kinobesuchern an und substituiert mit dieser Variante abgeschwächt die im Drama noch an die ehemaligen Soldaten interpretationsimpulsiv gerichtete Sinnfrage, inwieweit diese sich dem direkten Vorwurf der machtpolitischen Instrumentalisierung auszusetzen hätten.[97]

(7) Offen bleibt lediglich die metaphysische Frage, ob Harras' selbstbestrafender ritueller Suizid stark genug ist, rezeptiv einen ›Opfermythos‹ zu begründen, d.h. ob die Selbstreinigung einer fiktionalen Figur eine Kollektivreinigung des realen Publikums anzustoßen in der Lage ist. In der Oberflächenstruktur setzt das Drama diesbezüglich religiös diskursivierte Signale, wohingegen der Film im dominanteren machtpolitischen Diskurs den Suizid eher als selbstbestimmten Tod in der Alternative zur zu erwartenden Hinrichtung durch die SS (o.ä.) darstellt. Dennoch oszillieren beide Interpretationsimpulse in Drama und Film, werden aber variant pointiert und bleiben ambivalent. Gegen die Etablierung eines Opfermythos spricht in Drama und Film, daß Harras eben *kein* Widerständler war, daß die finale Akzeptanz von Oderbruchs Motiven und Handlungsweise ein diesbezüglich allzu schwaches Signal setzt. Dafür spricht, daß im Drama Harras die von ihm nicht mehr erfüllbare Aufgabe des Widerstands substitutiv an Hartmann ›weiterreicht‹; dies ist im Film so dezidiert allerdings nicht realisiert.

(8) Summa summarum: Der Film *Des Teufels General* bleibt in erster Linie den Regeln filmischer Dramaturgiepotentiale verhaftet, die Sympathie- und Antipathie-gesteuerte Gruppenidentitäten in einem Kriegsfilm fiktionalisieren. Das mit dem überzeugend polarisierenden Spiel von Curd Jürgens (Harras) und Victor de Kowa (Schmidt-Lausitz) besetzte Protagonist/Antagonist-Schema tut hier ein Übriges. Die ›Vergangenheitsbewältigung‹ verhallt im Filmtheaterdonner (immerhin:) spannungsgeladener Unterhaltung.

---

97 Henry Glade, *Das Begegnungsmotiv in Carl Zuckmayers Dramen*, in: *Blätter der Carl-Zuckmayer-Gesellschaft*, Jg. 4, 1978, H. 4, S. 153-160; hier: S. 156 u. 160 – verweist zurecht auf das von Karl Jaspers – Karl Jaspers, *Die Schuldfrage. Ein Beitrag zur deutschen Frage*, Zürich 1946, S. 10 – diskutierte Problem der »metaphysischen Schuld«, zu der sich die Deutschen über die Verletzung der zwischenmenschlichen Solidarität zu bekennen hätten: »Wenn ich nicht tue, was ich kann, um sie [die NS-Verbrechen] zu verhindern, so bin ich mitschuldig.«

5. Der Motivkomplex in seinen zeitlichen Kontexten

Im Anschluß an die medienkomparatistische Untersuchung der drei unterschiedlich fiktionalisierten Motivkomplexionen von ›Pflicht‹ und ›Eros‹ stellt sich die Frage, inwieweit die jeweils abweichend begründeten und aufgelösten Normenkollisionen zeitsymptomatisch gebunden oder – quasi als Grundfrage sittlichen Handelns – in einen überzeitlichen Zusammenhang zu stellen sind: Immerhin sind die Handlungsmodelle in differenten Geschehenszeiten situiert und als künstlerische Werke in differenten realhistorischen Kontexten verfaßt und publiziert. Produktionsseitig betrifft diese Problemstellung vorzugsweise die entstehungs- und veröffentlichungszeitlichen Datierungen innerhalb des Œuvres Zuckmayers, während die filmischen Adaptionen in ihren Herstellungs- und Uraufführungszeiten fast synchron liegen und damit in einen nahezu identischen Zeitkontext eingebunden sind. Dabei ist zunächst festzuhalten, daß alle drei filmischen Adaptionen die fiktionale zeitliche Situierung ihrer literarischen Referenztexte nur minimal variieren.

5.1. Textinterne Zeitkonzeptionen und textexterne Zeitfaktoren

Für die Interpretation der Motivkomplexionen von ›Pflicht‹ und ›Eros‹ ist die fiktionale Zeitkonzeption insgesamt sehr aufschlußreich, da sie in ihrer jeweiligen Datierung die literarischen und audiovisuellen Texte in eine distinkte, politisch, sozial und kulturell wirksame Zeitspezifik stellen. Unter Einbezug textgenetischer und editionsgeschichtlicher Informationen sind vor allem die beiden Novellen von Interesse, da gerade hier deutliche Varianten beobachtbar sind, die den Kontext der realhistorischen Zäsuren in der deutschen Geschichte und in Zuckmayers Biographie reflektieren.

(1) *Eine Liebesgeschichte*

Die Entstehungszeit dieser Erzählung ist in den überlieferten Selbstaussagen Zuckmayers widersprüchlich datiert: In einem Brief an Hans Schiebelhuth berichtet Zuckmayer im Februar 1933, daß er *Eine Liebesgeschichte* im Dezember 1932 verfaßt habe;[98] auch im Rückblick datiert Zuckmayer 1975 die Niederschrift auf das »Spätjahr 1932«[99]; aus einem Brief an Annemarie Seidel vom Oktober 1931 geht jedoch hervor, daß

---

[98] DLA, Nachlaß Carl Zuckmayer, Brief von Zuckmayer an Hans Schiebelhuth vom 22. Februar 1933.
[99] Carl Zuckmayer, [Vorwort zur Entstehungsgeschichte von] *Eine Liebesgeschichte*, in: *annabelle. Lese-Beilage*, 1975, Nr. 1.

Zuckmayer die Novelle bereits zu diesem früheren Zeitpunkt »ganz fertig«[100] gehabt haben muß.

Erstveröffentlicht wird die Erzählung, segmentiert in drei Folgen, im Februar/März 1933 in der *Berliner Illustrirten Zeitung*[101] des Ullstein-Verlags, die fünf Nummern später auf der Titelseite und zwei Innenseiten den 44. Geburtstag des neuen Reichskanzlers abfeiert: »Bismarcks Werk von Adolf Hitler vollendet: der deutsche Einheitsstaat ist Wirklichkeit.«[102] Textentstehung und Veröffentlichung sind also unmittelbar mit der politischen Umbruchsituation von der Weimarer Republik zum Dritten Reich korreliert.[103] Zuckmayer ist gemäß NS-Diktion ›Halbjude‹ und somit mittlerweile *persona non grata*. Nachdem er sich mit dem im Juni 1934 ›gleichgeschalteten‹ Ullstein-Verlag völlig überworfen hat, wechselt er zum S. Fischer Verlag, in dem dann *Eine Liebesgeschichte*, mit Zeichnungen von Hans Meid, im September 1934 in Buchform erscheint.[104]

Horst Claus meint in seiner Darstellung von Zuckmayers Ufa-Kontakten, daß *Eine Liebesgeschichte* »allem Anschein nach ursprünglich als Film konzipiert«[105] worden sei. Die bildhaft sequenzierende Struktur und die in die Dialoge gestreuten ›Regieanweisungen‹ legen diese Annahme auch tatsächlich nahe, reflektieren zumindest in Zuckmayer

---

100 Brief von Zuckmayer an Annemarie Seidel vom 19. Oktober 1931, zitiert nach der Edition von Gunther Nickel in: *Zuckmayer-Jahrbuch*, Bd. 2, 1999, S. 7-260; hier: S. 60, Z. 43 f.
101 Carl Zuckmayer, *Eine Liebesgeschichte*, in: *Berliner Illustrirte Zeitung* vom 26. Februar (1. Folge), 12. März (2. Folge) und 19. März 1933 (3. Folge).
102 *Berliner Illustrirte Zeitung* vom 23. April 1933.
103 Nach dem Reichstagsbrand vom 27. Februar 1933 gab es um die Fortsetzungsveröffentlichung der *Liebesgeschichte* Probleme; erst auf heftigen Protest Zuckmayers wurde dann eine Nummer später die zweite Folge der Novelle publiziert. Vgl. hierzu in aller Kürze Zuckmayer, *Als wär's ein Stück von mir*, a.a.O. (Anm. 1), S. 532 f.
104 Vgl. Gunther Nickel, *Carl Zuckmayer und seine Verleger. Von 1920 bis zur Rückkehr aus dem Exil*, in: *Zuckmayer-Jahrbuch*, Bd. 3, 2000, S. 361-375.
105 Horst Claus, *Carl Zuckmayer und die Ufa*, in: *Blätter der Carl-Zuckmayer-Gesellschaft*, Jg. 18, 1997, S. 113-124; hier: S. 116. – Siehe auch Hans Wagener, *Carl Zuckmayer Criticism: Tracing Endangered Fame*, Columbia 1995, S. 137: »Admittedly, most of the prose cannot compete in quality with the best dramas, particularly since several pieces were written with possible movies in mind.«

einen Autor, der nach seiner erfolgreichen Drehbuchbeteiligung am *Blauen Engel* (D/1930; R: Josef von Sternberg)[106] offenbar bereits in medialen Mehrfachverwertungsstrategien denkt. Claus weist nach, daß der Ufa-Vorstand das Exposé zur »Liebesgeschichte« bereits am 10. Januar 1933, also gut fünf Wochen vor der printmedialen Erstveröffentlichung der Novelle, debattiert; in der drei Tage später stattfindenden Vorstandssitzung wird dann angeregt, mit Zuckmayer »über evtl. Änderungsmöglichkeiten zu verhandeln«, bevor die Realisierung des Filmprojekts von der Ufa am 24. Oktober 1933 endgültig ad acta gelegt wird.[107] In seiner vertieften Darstellung zur Entwicklung des Filmprojekts *Eine Liebesgeschichte* weist Claus noch weitere Kontakte und Realisierungsversuche nach.[108]

Eine Liebesgeschichte: genuin eine Filmidee oder ursprünglich doch ein Novellenkonzept? In der Selbstauskunft zur Entstehungsgeschichte seiner Novelle betont Zuckmayer 1975 jedenfalls, daß er sich »beim Durchblättern von Lessings Briefen« unmittelbar von einer seiner Novelle dann als Motto vorangestellten Fundstelle habe leiten lassen – und zwar in explizit literarischer Vertextungsabsicht:

»Wissen Sie aber auch, was die Liebe sie lehrte, dem Rittmeister zu sein?« Dieser Satz, auch aus dem Zusammenhang gelöst, hatte für mich die Wirkung einer erregenden, fast magischen Musik. Im Augenblick, in dem ich ihn las, stand die Novelle fertig vor mir, ohne daß ich mich noch um irgendwelche historischen oder realen Tatsachen kümmerte.[109]

---

106 Siehe hierzu u.a. Klaus Kanzog, *›Mißbrauchter Heinrich Mann‹? Bemerkungen zu Heinrich Manns »Professor Unrat« und Josef von Sternbergs »Der Blaue Engel«*, in: *Heinrich-Mann-Jahrbuch,* Bd. 14, 1996, Lübeck 1997, S. 113-138; sowie neuerdings: Luise Dirscherl/Gunther Nickel (Hrsg.), *Der blaue Engel. Die Drehbuchentwürfe,* mit einer Chronik von Werner Sudendorf, St. Ingbert 2000 (Zuckmayer-Schriften 4).
107 Zu der Zuckmayer betreffenden Auswertung der im Koblenzer Bundesarchiv befindlichen Ufa-Vorstandsprotokolle siehe insgesamt Claus, *Carl Zuckmayer und die Ufa,* a.a.O. (Anm. 105), S. 116-119.
108 Siehe hierzu den Beitrag von Horst Claus in diesem Band, insbes. S. 371-374. – Der Verf. dankt Dr. Horst Claus für kollegiale Hinweise, vor allem im Bereich des zeitgenössischen Zuckmayer-Briefwechsels.
109 Carl Zuckmayer, [Vorwort zur Entstehungsgeschichte von] *Eine Liebesgeschichte,* a.a.O. (Anm. 99). – Dieses Motto zitiert Zuckmayer bereits in seinem Brief an Annemarie Seidel vom 19. Oktober 1931, a.a.O. (Anm. 100). Das Lessing-Zitat konnte bis dato noch nicht identifiziert werden; inwiefern

Im Zuckmayer-Nachlaß sind drei Fassungen (in fünf Typoskript-Einheiten) von Filmentwürfen zur *Liebesgeschichte* überliefert.[110] Die in der Entstehungschronologie vermutlich erste Fassung ist mit »Film-Exposé« untertitelt und steht sicherlich mit dem zuvor wiedergegebenen Ufa-Vorgang in Zusammenhang. Zuckmayers handschriftlicher Zusatz »Alle Rechte vorbehalten und nur zu erwerben durch Carl Zuckmayer, Henndorf bei Salzburg« weist dieses Typoskript auch als direkte Vorlage bei Filmproduzenten aus; Hinweise auf das Lessing-Zitat oder die Novelle fehlen. Die Geschehenszeit des Handlungseinsatzes ist hier auf die »Sylvesternacht des Jahres 1817 auf 1818« datiert, während die Novelle am »Silvesterabend des Jahres 1767« (106,07) einsetzt; auch ist in diesem »Film-Exposé« die Handlung »in einer kleinen russischen Grenzgarnison« lokalisiert, während in der literarischen Version eine brandenburgische Garnisonstadt den Schauplatz liefert. Es ist davon auszugehen, daß diese Varianten in der Raum- und Zeitkonzeption bereits auf die im Ufa-Vorstandsprotokoll vom 13. Januar 1933 notierten »Änderungsvorschläge« referieren, die Zuckmayers preußische Lessing-Zeit ins zaristische Rußland transformieren, mithin statt des Siebenjährigen Krieges 1756-1763 den Rußlandfeldzug Napoleons von 1812 in die Vorgeschichte einbinden.

Nach dem Scheitern der Ufa-Verhandlungen arbeitet Zuckmayer weiter an der Durchsetzbarkeit seiner *Liebesgeschichte* als stoffliche Grundlage für einen Film. Die zweite, in zwei fragmentarischen Vorentwürfen und einer vollständigen Version überlieferte Filmfassung der *Liebesgeschichte* ist im Untertitel als »Exposé, nach dem Buch gleichen Titels« ausgewiesen, folglich erst *nach* der Buchveröffentlichung von 1934 entstanden; die drei Texte werden stets mit dem Hinweis auf die oben zitierte Lessing-Fundstelle als zentraler Ideenlieferantin eröffnet. In dieser zweiten Filmfassung wird der Ort der Handlung nun ins französische Dijon verlegt, zeitlicher Einsatz ist der »Sylvesterabend 1887«; die Zeitkonzeption verweist dabei auf »den unglücklichen Krieg«, womit der Deutsch-Französische Krieg von 1870/71 gemeint ist. Zuckmayer begründet diese konzeptionelle Modifikation einleitend:

---

hier bei Zuckmayer also in der Rückschau eine Erinnerungstäuschung vorliegt, muß dahingestellt bleiben.

110 Alle Typoskripte sind undatiert und auf unterschiedlichem Papier (deutsches und amerikanisches Format) mit verschiedenen Schreibmaschinen, mit und ohne Umlaute getippt. Das chronologisch jüngste Typoskript ist mit dem handschriftlichen Zusatz von Zuckmayers Ehefrau Alice Herdan-Zuckmayer versehen: »von C.Z.??«

Die Erzählung, wie sie als Buch veröffentlich[t] ist, spielt in der Zeit Lessings, im Preussen Friedrichs des Grossen. Viele Gründe liessen es notwendig erscheinen, sie in eine Zeit und Umwelt zu übertragen, die der unseren näher ist, – aber doch distanziert genug bleibt[,] um den Zauber einer romantischen Liebesgeschichte zu bewahren.

So wurde sie nach Frankreich verlegt, – in die Zeit zwischen dem siebziger Krieg und der Jahrhundertwende. Es ist die Zeit Manets, Renoirs, Cézannes, eine Epoche, in der – nach der Lähmung durch den verlorenen Krieg – ein neu erwachter, fast exaltierter Patriotismus den Offizier in ein besonders lebendiges und gesteigertes Verhältnis zu seinem Beruf versetzt.

Das Offizierskorps und die Bourgeoisie einer kleinen französischen Provinzgarnison, die Welt der Beamten, Gutsbesitzer und Rentner, die Welt von Flauberts Madame Bovary, hat nichts mit pariserischer Leichtigkeit zu tun, – sondern pflegt eine besonders strenge Auffassung von gesellschaftlicher Tradition. So ergeben sich die Konflikte der Handlung, die in ihren menschlichen Grundlagen von Zeit und Volk unabhängig ist. –

Bei der dritten im Zuckmayer-Nachlaß überlieferten, als »Exposé« in 42 Bildern konzipierten »Filmfassung«, bei der schon Alice Herdan-Zuckmayer an der Urheberschaft ihres Mannes zweifelte, bestehen tatsächlich erhebliche textkritische Bedenken gegen eine direkte Autorschaft Zuckmayers: sowohl über die fehlende Nennung des Verfassers (bei Zuckmayer sonst die Regel) als auch vorzugsweise hinsichtlich des ausgelassenen Hinweises auf das Lessing-Zitat sowie im Mangel an eigendynamischer Kreativität (Standardformulierung im Filmentwurf: »wie Novelle«).[111] So scheint die in der Vorbemerkung dieses Typoskripts notierte Behauptung, daß »die Novelle schon im Hinblick auf den Film geschrieben«[112] sei, als Beleg für ein filmisches Erstverwertungsinteresse Zuckmayers nicht beweiskräftig genug.

Auf der Basis der dargelegten textkritischen Argumente ist also insgesamt von einer zunächst literarischen Erstverwertungsidee Zuckmayers

---

111 Dieses Verfahren weist das Typoskript als Rohentwurf eines Drehbuchs aus: Nach all den Querelen um die zuvor gescheiterten Filmprojekte der *Liebesgeschichte* ist in dieser »Filmfassung« die kreative Energie stark zurückgenommen: ob von Zuckmayer selbst, einem von Zuckmayer beauftragten Co-Autor oder von einem Fremdautor, ist vorerst nicht eindeutig nachweisbar.

112 Eine fast identische Formulierung benutzte Zuckmayer bereits in seinem Brief an Hans Schiebelhuth vom 22. Februar 1933 (DLA, Nachlaß Carl Zuckmayer): »Ich habe [...] eine grosse Novelle [d.i.: *Eine Liebesgeschichte*] geschrieben, bereits mit Hinblick auf Film.«

und einer Erstvertextung als Novelle auszugehen. Zuckmayers eigener Verweis auf die mitgedachte Verwertungsintention als Filmidee ist dementsprechend wohl als selbstbewerbendes Argument an die Adresse der Filmproduzenten zu interpretieren und zeigt Zuckmayer als ›Marketingprofi‹ in Sachen Medienwechsel.

Im medienkomparatistischen Zusammenhang argumentativ ohnehin entscheidender als die Frage nach der medientechnologischen Erstverwertungsidee ist das Faktum einer bemerkenswerten Variation in der Konfliktlösungsstrategie der zweiten Filmfassung: Roger Lefort, Capitaine in einem französischen Kavallerie-Regiment (ex Novelle: Rittmeister Jost Fredersdorff), wird von Baron Alfred d'Alastair, Major im gleichen Regiment (ex: Graf von Prittwitz), in einer finalen Aussprache über die promiskuitive Vergangenheit von Rogers Geliebter Liliane Dumaine (ex: Lili Schallweis) aufgeklärt. Daraufhin »zog Roger Lefort seine Reitpeitsche [...] über d'Alastairs Gesicht«; diese Beleidigungsaktion initiiert ein Duell: Roger wird schwerstverletzt nach Hause gebracht, wo er dann, auf Lili gestützt, tot zusammenbricht, nachdem er noch – wie in der Novelle – den letzten Gruß seiner vor dem Hause aufmarschierten Schwadronskameraden abgenommen hat.[113]

Die sich in den zwei gesichert Zuckmayer zuzuschreibenden Filmentwürfen manifestierenden Varianten bezüglich der Raum- und Zeitkonzeption zeigen, daß es dem Autor nicht um einen national, kultur- oder zeitgebundenen Konflikt geht – also auch nicht um ein explizites Problem des preußischen Friderizianismus, auch wenn das Veröffentlichungsfaktum der Novelle als alleinigem Autorisationskriterium diese zeitliche Situierung festlegt. Auch der im zweiten Filmexposé alternativ konzipierte Duelltod des an der Pflichterfüllung und an der Liebesbindung scheiternden Rittmeisters (bzw. hier: Capitaines) belegt die textintentional überzeitlich angelegte Tragik der *Liebesgeschichte* und verweist auf Zuckmayers Prämisse einer internationalen Gültigkeit soldatischer Normierungen.

Der dann 1954 endlich realisierte Film *Eine Liebesgeschichte* orientiert sich wieder an der Raum- und Zeitkonzeption der Novelle – mit den in Kap. 2.2 dargelegten Varianten. Der via Insert minimal auf »Sylvester 1764 / ein Jahr nach dem Siebenjährigen Kriege« (TC 0:02:35) zurückdatierte geschehenszeitliche Einsatz ist dramaturgisch in Josts hinzugefügter Vorgeschichte begründet. Der entgegen der literarisch vorgeprägten

---

113 Eine nähere Würdigung der im Zuckmayer-Nachlaß überlieferten Filmentwürfe zum Stoff der *Liebesgeschichte* ist lohnenswert und muß einer gesonderten Untersuchung vorbehalten bleiben.

Textintention geänderte Schluß geht jedoch nicht auf Zuckmayers Urheberschaft zurück, obwohl der Vorspann ihn als Mitarbeiter am Drehbuch aufführt; denn Arnold John Jacobius berichtet von Zuckmayers Reaktion, die er anläßlich einer persönlichen Begegnung notierte:

> Er [Zuckmayer] habe vor längerer Zeit das Drehbuch vollendet und eingesandt und danach die Aufnahmen des Films nicht weiter verfolgt. [...] Man habe seinen Namen mißbraucht und einschneidende Änderungen am Manuskript ohne sein Wissen vorgenommen. Da, wie mir Zuckmayer erklärte, die Filmgesellschaft vom juristischen Standpunkt aus völliges Verfügungsrecht über das erworbene Drehbuch besaß, blieb ihm nichts anderes übrig, als in einem energisch abgefaßten Brief seine Mitverantwortung an dem entstellten Produkt abzulehnen.[114]

(2) *Engele von Loewen*

Die Novelle ist in ihrer deutschsprachigen Erstveröffentlichung im 1952 erschienenen vierten Band »Die Erzählungen« der vierbändigen *Gesammelten Werke* (1947-1952) ein zweitverwerteter Text. Denn die erste Fassung dieses Stoffes wurde zuerst 1941 in englischer Sprache in Zuckmayers Exilautobiographie *Second Wind* als »Chapter Three« unter dem Titel *Even in Hell...* veröffentlicht.[115] Die einschneidendste Varianz ist, daß die Erzählung der Liebesromanze als persönlicher Erlebnisbericht Zuckmayers konzipiert ist: Alexander von H. (136,16) ist als »Alexander von Hohtopp« (SW: 98,04) namentlich identifiziert, der Ich-Erzähler firmiert als »Carl« (SW: 113,17). Der Familienname »von Hohtopp« ist jedoch genealogisch nicht nachweisbar, ebensowenig wie ein realer Schulkamerad Zuckmayers gleichen Namens eruierbar ist; offen bleibt demnach, ob der Kunstname »von Hohtopp« einen realen Jugendfreund Zuckmayers namentlich chiffriert oder ob er nur Ergebnis einer fiktionalen Authentisierungsstrategie ist.[116]

---

114 Arnold John Jacobius, *Motive und Dramaturgie im Schauspiel Carl Zuckmayers. Versuch einer Deutung im Rahmen des zwischen 1920 und 1955 entstandenen Gesamtwerkes*, Frankfurt am Main 1971 (Schriften zur Literatur 19), S. 53 f., Anm. 50.

115 Carl Zuckmayer, *Second Wind*, translated by Elizabeth Reynolds Hapgood, with an Introduction by Dorothy Thompson, London, Toronto, Bombay, Sydney 1941 (Erstausgabe: New York 1940), Chapter Three: »Even in Hell ... «, § 2-7, S. 90-122; Zitatverweise werden im folgenden mit der Sigle ›SW‹ vor der Seiten- und Zeilenangabe versehen.

116 Nachweisbar ist ein Mitschüler Zuckmayers mit Namen Franz Joseph Hotop, der im Mainzer Ostergymnasium (heute: Rabanus-Maurus-Gym-

Im Zuckmayer-Nachlaß sind auch die deutschsprachigen Typoskripte zu *Second Wind* überliefert: in fünf, zum Teil fragmentarischen Textstufen, basierend auf zwei mit unterschiedlichen Schreibmaschinen getippten Fassungen, mit und ohne handschriftliche Korrekturen, einmal auch mit der Markierung der Absatzeinzüge für die Satzeinrichtung. Auf dem ersten Blatt der chronologisch jüngsten, fünften Textstufe ist von Zuckmayer handschriftlich notiert: »Stoff zu ›Engele von Löwen‹ umgeformt.« Der deutsche Titel des betreffenden Abschnitts heißt im Original »Drittes Kapitel: ›Selbst im Inferno –«‹ und wird ebenfalls, wie in der englischen Druckausgabe, mit einem persönlichen ›Brief‹ an die »Dearest Elizabeth«, Zuckmayers Übersetzerin, eingeleitet.

Die erzählstrategische Grundstruktur und die sequenzielle Abfolge sind in der Erzählung *Engele von Loewen* und deren Vorgängerversion *Selbst im Inferno* identisch; der Großteil der beiden Texte ist nahezu invariant verbalisiert und weist nur leichte stilistische oder konzeptionelle Modifikationen auf; einige kürzere Passagen sind in der Novelle getilgt, einige Erzählerkommentare und Ausschmückungen hinzugefügt. Dennoch sind insgesamt nur mikrostrukturelle Varianten beobachtbar; dies läßt sich exemplarisch anhand des Schlusses aufzeigen, als Engele und Alexander von einem Trupp zurückkehrender belgischer Frontsoldaten vor

---

nasium) zwischen 1905 und 1907 ein Klassenkamerad war. In einem Brief vom 10. Januar 1969 (DLA, Nachlaß Carl Zuckmayer) an dessen Sohn Gerhard M. Hotop, der als Illustrator u.a. auch eine Ausgabe von Zuckmayers Roman *Salwàre oder Die Magdalena von Bozen* ausstattete (Frankfurt am Main: S. Fischer 1968; Stuttgart, Hamburg, München: Deutscher Bücherbund 1977), notiert Zuckmayer: »An Ihren Vater erinnere ich mich von der Schulzeit sehr gut, obwohl er unsere Klasse schon ziemlich früh verlassen musste. Wenn ich mich nicht irre, war Ihr Grossvater Offizier und wurde damals von Mainz wegversetzt, gerade als ich mich mit Ihrem Vater besonders gut befreundet hatte.« – Es stellt sich angesichts dieser Kontext-Informationen also die Frage, ob sich Zuckmayer für seine *Second-Wind*-Episode an den ehemaligen Schulkameraden erinnerte und biographische Aspekte Hotops motivisch verarbeitete bzw. nur dessen Nachnamen in orthographischer Verfremdung verwendete. Das fiktionale Handlungsmodell der Erzählung *Even in Hell ...* bzw. *Engele von Loewen* steht jedenfalls nicht mit der Realbiographie Franz Joseph Hotops in Verbindung. (Der Verf. dankt Herrn Gerhard M. Hotop für entsprechende Informationen.) Inwieweit das erzählte Handlungsmodell also rein fiktiv ist oder unterschiedliche reale Erfahrungen und Wahrnehmungen Zuckmayers motivisch bündelt, muß Spekulation bleiben.

der Lynchjustiz des lokalen Mobs in Engeles Heimatort Lindeken gerettet werden:

Varianzbeispiel:[117]

Selbst im Inferno

[...] Sie nahmen Alexander in Gewahrsam und behandelten ihn wie einen Kriegsgefangenen: als Kamerad von der anderen Seite, der Pech hatte. Sie hatten keine Rachegefühle gegen ein Mädchen, das sein Schicksal gefunden hatte. Sie verstanden die Wahrheit, und respektierten sie. Einer von ihnen nahm Engele in sein Haus auf, bis Alexander nach kurzer Gefangenschaft frei kam und sie heiraten konnte. Mehr brauche ich nicht zu berichten.

Denn diese Geschichte beginnt und endet dort, wo es auf die Zeit nicht mehr ankommt. Sie hätte in jedem Krieg spielen können, in jedem Jahrhundert, in jedem Zeitalter, – wann immer der Tod um seine Beute geprellt wurde, und die Hölle um ihren jämmerlichen Triumph. Deshalb habe ich sie erzählt.

Engele von Loewen

[...] Sie nahmen Alexander in Gewahrsam und sorgten dafür, daß sein Fall geklärt und er als Kriegsgefangener behandelt wurde. Sie empfanden kein Rachegelüst gegen eine Frau, die ihr Schicksal gefunden hatte. Sie begriffen die Wahrheit und achteten sie. Einer von ihnen nahm Engele in sein Haus auf, bis Alexander nach kurzer Gefangenschaft in sein Land zurückkehren und sie ihm folgen konnte.

Mehr brauche ich nicht zu erzählen.

Entscheidend ist hier die in der späteren Novelle dann weggelassene Nachbemerkung der Vorgängerversion *Selbst im Inferno*, die auf die überzeitliche Gültigkeit des Konfliktmodells hinweist und – wie die Schlußformel eines Märchens – den als persönlich erlebt konzipierten Bericht Zuckmayers fiktionalisiert. Da die Novelle *Engele von Loewen* genuin bereits als fiktionale Prosa ausgegeben ist bzw. rezipiert wird, bedarf es hier keiner solchen Nachbemerkung.

---

117 Linke Spalte: Vierte und letzte Textstufe für die *Second-Wind-*Übersetzung. Rechts: 162,26-34.

Die Geschehenszeit erstreckt sich in beiden Texten invariant auf die gesamte Zeitspanne des Ersten Weltkriegs: vom »ersten Mobilmachungstag« (136,10 f.) am 1. August 1914 bis zur Freilassung Alexanders aus »kurzer [Kriegs-]Gefangenschaft« (162,32) nach August 1918.

In Käutners 1956 uraufgeführter filmischer Adaption *Ein Mädchen aus Flandern* wird die Geschehenszeit verkürzt; die Handlung setzt im »November 1914« (TC 0:01:38), am Vortag von »Langemarck«, ein und endet am Tag des Abzugs der deutschen Truppen aus Brüssel im August 1918.

(3) *Des Teufels General*

Wie bereits in Kap. 4.2 kurz dargelegt, konzipiert Zuckmayer sein Drama im Dezember 1942, somit zu einer Zeit, als sich für die deutsche Wehrmacht im Kessel von Stalingrad an der Ostfront die entscheidende Kriegswende abzeichnet;[118] Zuckmayer schreibt an seinem Stück mit Unterbrechungen, er beendet *Des Teufels General*, gemäß Tagebuch-Eintrag am 28. Juli 1945, elf Wochen nach Kriegsende. Die dem Drama vorangestellte Widmung ist ebenfalls auf Juli 1945 datiert.

Erstveröffentlicht wird das »Drama in drei Akten« vom Exilverlag Bermann-Fischer 1946 in Stockholm, gedruckt in der Schweiz; in Deutschland wird es erst 1947 publiziert. Der Klappentext der Erstausgabe nimmt gleich im Eingangssatz Bezug auf das Oderbruch-Problem und distanziert sich sodann von einer denkbaren exkulpatorischen Fehlinterpretation »des deutschen Soldaten«, worunter vorzugsweise Harras und Hartmann zu verstehen sind; demgegenüber betont dieser ›Waschzettel‹ das metaphysisch Parabelhafte des Konfliktmodells:

> Es ist keine einfache Sabotagegeschichte, die hier in spannend-aufregender Dramatisierung dargestellt wird. Es ist auch nicht das primitive Porträt eines ›anderen Deutschland‹, das uns von der ehrlichen Grundstimmung des deutschen Volkes, besonders des deutschen Soldaten, überzeugen soll. Nein, Carl Zuckmayer lotet tiefer: seine Tragik wurzelt in dem schauerlichen Konflikt zwischen Pflicht und Glauben, in einem Konflikt, der zu einer gewaltsamen Lösung drängt und sie auch findet. Es ist der Tod, der

---

118 Obwohl am 18. November 1942 Stalingrad fast vollständig von der deutschen Wehrmacht eingenommen war, führte die anschließende Gegenoffensive der Roten Armee bis zum 22. November 1942 zur Einkesselung des Großteils der deutschen Streitkräfte; am 2. Februar 1943 kapitulierten die letzten deutschen Verbände.

den zwiespältigen Seelen den einzigen Ausweg aus schweren inneren Kämpfen bietet ...[119]

Die Geschehenszeit wird im (Lese-)Drama im Anschluß an das Rollenverzeichnis explizit datiert: »Zeit: Spätjahr 1941, kurz vor dem Eintritt Amerikas in den Krieg« (8,28). Im Haupttext des ersten Aktes wird diese zeitliche Situierung nicht explizit verbalisiert, sondern nach und nach über replizierte Informationen indirekt aufgebaut: François' Aufzählung der zu Eilers' Ehrenabend herbeigeschafften Delikatessen gibt bereits die Kriegslage wieder: »[...] Pas de caviar – de Moscou ...« (10,02 f.); auch Hartmann berichtet, er sei »gestern abend noch über Leningrad« (24,29) geflogen, Pfundtmayers bayrisch-derbere Variante: »gestern hammer noch tote Russen zum Nachtmahl ghabt« (31,22 f.) bestätigt die Kriegssituation, wie sie sich nach dem deutschen Angriff auf die Sowjetunion nach dem 22. Juni 1941 ergab. Baron Pflungks politische Vision: »Amerika raushalten« (35,14) und Harras' spöttischer Kommentar: »Marke Ribbentrop, 1941er Spätlese« (35,20) rücken die Geschehenszeit dann in den Herbst des Jahres 1941, ins Vorfeld der deutschen Kriegserklärung an die USA, also vor den 11. Dezember 1941. Als Vorgeschichte werden politische Stationen der deutschen Geschichte verbal eingebunden. So reflektieren Harras und Pfundtmayer den Ersten Weltkrieg: »Wir sind nämlich Frontkameraden, von [19]14 bis [19]18« (23,14 f.); auch Pfundtmayers Beteiligung am Münchner »Blutmarsch am Odeonsplatz, im Jahr [19]23« (27,05 f.) wird in den historischen Kontext einbezogen,[120] ebenso der politische Umbruch von 1933, den Diddo erwähnt (siehe Zitat in Kap. 4.4, Beziehungsmodell 5). Der zweite Akt spielt zwei Wochen nach dem ersten, Korrianke: »Ick warte seit vierzehn Tagen« (76,17); gemeint ist: auf Harras, der zwischenzeitlich in Gestapohaft einsaß; Harras bestätigt dies später (siehe 83,23 f.). Der dritte Akt wird von Korrianke dann explizit auf »Sonnabend, 6. Dezember 1941« (131,20) datiert, den letzten Tag der Harras von Schmidt-

---

119 Zuckmayer, *Des Teufels General*, 1946 a.a.O. (Anm. 39), Klappentext.
120 Nach dem gescheiterten Hitlerputsch vom 8. November 1923 formierten sich die Putschisten am Tag darauf zu einem Demonstrationszug durch die Münchner Innenstadt; an der Feldherrnhalle am Odeonsplatz kam es dann zur bewaffneten Auseinandersetzung mit Münchner Polizeikräften: 15 Putschisten, vier Polizisten und ein unbeteiligter Zivilist starben dabei. Zur Erinnerung an dieses nach der sogenannten »Machtergreifung« 1933 NS-propagandistisch verklärte »Blutopfer« wurde den Teilnehmern des Putschs von 1923 als Ehrenzeichen der »Blutorden« verliehen. – Pfundtmayer ist so ein ›Blutordensträger‹, wie er im erotischen Geplänkel gegenüber Lyra Schoeppke stolz betont (siehe 47,09).

Lausitz gesetzten »zehn Tage Galgenfrist« (84,32). So ergibt sich rückgerechnet der 26. November als exakte zeitliche Situierung für den zweiten bzw. der 12. November 1941 für den ersten Akt.

Bekannt ist Zuckmayers Anlaß seiner Textidee für *Des Teufels General*: Ernst Udet, der als realhistorisches Vorbild für Harras dienende Freund und Fliegerkamerad aus dem Ersten Weltkrieg,[121] nahm sich durch Kopfschuß das Leben, nachdem er von Hitler und Göring für den Mißerfolg der ›Luftschlacht um England‹ verantwortlich gemacht worden war. Die NS-Propaganda deutete Udets Suizid um: »Generalluftzeugmeister Generaloberst Udet erlitt am Montag, dem 17. November 1941, bei Erprobung einer neuen Waffe einen so schweren Unglücksfall, daß er an den Verletzungen auf dem Transport verschied«; der »Führer« hatte »Staatsbegräbnis«[122] angeordnet. – Die zeitliche Situierung des Dramas orientiert sich zwar grob an Udets Todesdatum, zeigt aber durch seine Abweichungen von der historischen Vorgabe deutlich seine Fiktionalisierungsintention.

Ein so erfolgreiches Theaterstück wie *Des Teufels General* drängt geradezu nach dem Medienwechsel. Im Zuckmayer-Nachlaß finden sich um-

---

121 Siehe u.a. das Zuckmayer und Udet gemeinsam zeigende Photo vom Presseball 1933 in: Nickel/Weiß, *Carl Zuckmayer*, a.a.O. (Anm. 49), S. 331 f. – Auch Harras' »Propellerbar« (25,27; 75,18-24) hat sein Vorbild in Udets gleichnamiger Hausbar; siehe Zuckmayer, *Als wär's ein Stück von mir*, a.a.O. (Anm. 1), S. 532.

122 *Völkischer Beobachter (Berliner Ausgabe)* vom 19. November 1941, Titelblatt. – Die Popularität des Generalluftzeugmeisters Udet, des »GL«, zynisch ausnutzend, werden dessen 1935 erstveröffentlichte Erinnerungen *Mein Fliegerleben* sogleich 1942 im 301.-350. Tausend neu aufgelegt: nun erweitert um vier Fremdtexte anläßlich des Ablebens; in diesem Anhang ist auch die Perfidie von Görings Nekrolog dokumentiert: »Wo gab es wohl einen Chef des technischen Amtes, der selbst jede neue Maschine ausprobierte! [...] Und so bist Du nun auch für uns gefallen, wiederum weil Du alles selbst machen wolltest. [...] Und neben Deiner rastlosen Arbeit warst Du uns immer der beste Kamerad, wie man sich ihn denken konnte. Mit Licht und Freude erfülltest Du uns, wenn wir Dich sahen. [...] Mein bester Kamerad, leb wohl!« (ebd., S. 192 f.). – Siehe auch die Darstellung zum Einfall der Textidee bei Zuckmayer, *Als wär's ein Stück von mir*, a.a.O. (Anm. 1), S. 622-624; dort, S. 622, findet sich auch eine erinnerte Zitatwiedergabe, die für die Figurenkonzeption Harras' leitmotivisch war: »›Ich‹, sagte er [Udet] leichthin, fast beiläufig, ›bin der Luftfahrt verfallen. Ich kann da nicht mehr raus. Aber eines Tages wird uns alle der Teufel holen.‹«

fangreiche Dokumente – Korrespondenzen, Verträge u.a. – zu verschiedenen Projektpartnern, die bereits recht früh auf den Stoff von *Des Teufels General* filmisch zugreifen wollen. In einem Memorandum stellt Zuckmayer schon 1949 Vorüberlegungen zu einer filmischen Adaption an, in denen er insbesondere für notwendige Modifikationen im Oderbruch-Komplex und für Verdeutlichungen in der Darstellung der »nazistischen Welt« plädiert; Zuckmayer stellt die Komplementär- und Korrekturfunktion einer filmischen Gestaltung heraus:

> [...] Daher scheint es mir eine dringende Erfordernis, gleichzeitig auch eine hoechst willkommene und notwendige Gelegenheit, – alle etwaigen Missverstaendnisse, die das Stueck ausgeloest haben koennte, und all seine Konfliktpunkte, die auf dem Theater und mit den Mitteln des Buehnendramas vielleicht nicht zur letzten Aufklaerung kommen, – in einer Filmfassung restlos klarzustellen, und, unter Nutzung der wertvollen Theatererfahrung sowie der dem Film verfuegbaren Verdeutlichungsmittel, den Kern der Tragoedie, naemlich der deutschen Tragoedie, hier voellig unmissverstaendlich und ueberzeugend zum Ausdruck zu bringen.
>
> Ich halte es geradezu fuer eine politische Verpflichtung, den Film jetzt und bald herauszustellen, – so lang die Nachwirkung des Theaterstuecks noch ueberall lebendig ist, sei es im positiven oder negativen Sinn [...].[123]

Der Autor verhandelt international, steht aber bald in engerem Kontakt mit Helmut Käutner, der letztlich den Zuschlag für die filmische Realisierung erhält. Käutner hat bereits unmittelbar nach der Erstveröffentlichung des Dramas zusammen mit Georg Hurdalek ein Drehbuch verfaßt, das dann auch die Grundlage für den erst neun Jahre später uraufgeführten Film liefert.[124] Käutner unterrichtet Zuckmayer 1952 in einem Brief über den Stand der Produktionsverhandlungen:

> [...] Verleih und Produzent haben mich nun gebeten, mit Dir Kontakt aufzunehmen und sie gewissermassen bei Dir einzuführen. Der Film soll

---

123 Carl Zuckmayer, *Grundsätzliche und grundlegende Erwägungen über die Verfilmung meines Stücks »Des Teufels General«* (Memorandum [6 S.]; datiert: 20. Februar 1949; DLA, Nachlaß Carl Zuckmayer), S. 2 f.; siehe auch die umfassender zitierten Textpassagen in dem Beitrag von Gunther Nickel in diesem Band, S. 577–612.

124 Siehe *Kunst im Film ist Schmuggelware: Helmut Käutner im Gespräch mit Edmund Luft* [Käutner/Luft-Interview 1973/74], in: Wolfgang Jacobsen/Hans Helmut Prinzler (Hrsg.), *Käutner*, Berlin 1992 (Edition Filme 8), S. 120–171; hier: S. 149; vgl. zudem ebd. das umfangreiche Verzeichnis von Filmkritiken, S. 331 f.

nach dem von Hurdalek und mir geschriebenen Drehbuch mit einigen Kürzungen und – was mir das Wichtigste zu sein scheint – ohne eine wesentliche Aenderung gedreht werden. Von allen anderen deutschen Verleihangeboten, deren es eine ganze Menge in letzter Zeit gab, habe ich überhaupt gar nicht gewagt Dir Mitteilung zu machen, da die Aenderungswünsche an Stoff und Drehbuch jeweils so untragbar waren, daß ich sie auch schon in Deinem Namen zurückweisen konnte. Es ging – wie könnte es anders sein – um die Figur des Oderbruch, die man völlig entfernen wollte, und aus Deinem schönen und notwendigen Stück wäre ein militärisches Schauspiel, ein Werbefilm für die Wiederaufrüstung geworden.[125]

Zuckmayers bereits 1949 geäußerte Bedenken zur Aktualität sollten sich bewahrheiten, seine Modifikationsratschläge großzügig übergangen werden. Die Verhandlungen ziehen sich hin; Drehbeginn ist schließlich erst Ende November 1954: Die Projektrealisierung von *Des Teufels General* als Film kommt nun tatsächlich »ein bißchen zu spät«,[126] wie Käutner später in höflicher Untertreibung einräumt. Sein Drehbuch, eher für die moralische Vergangenheitsbewältigung der unmittelbaren Nachkriegszeit konzipiert, stellt sich nun – trotz der von Käutner 1952 gegenüber Zuckmayer noch geäußerten gegenteiligen Beteuerungen – in den zeitlichen Kontext der Remilitarisierung der Bundesrepublik Deutschland.

Der Film verlagert die Geschehenszeit etwas, um das Faktum der Kriegserklärung an die USA amplifizierend in das Handlungsmodell mit einzubinden: Ein Insert konkretisiert gleich zu Beginn Ort und zeitlichen Einsatz der Handlung: »Berlin 5. Dezember 1941 22^{30} Uhr« (TC 0:01:55). Eilers' Ehrenabend »bei Otto« setzt sich in einer Hausparty bei Olivia fort; nachdem Harras im anbrechenden Morgen des nächsten Tages in seine Wohnung zurückgekommen ist, wird er von der Gestapo verhaftet; Schmidt-Lausitz rekapituliert noch einmal: »Heut' ist der sechste Dezember« (TC 0:53:45). Die Haftzeit ist nicht explizit terminiert, dauert aber etwas länger als im Drama, nämlich *mindestens* zwei Wochen: Am Entlassungstag, seinem letzten Tag, spricht Harras auf der Generalstabssitzung gegenüber Mohrungen zwar davon, daß dieser »vor vierzehn Tagen« (TC 1:06:54) noch anders mit ihm gesprochen hätte. Am selben Tag aber besucht Hartmann Harras auf dem Militärflughafen und datiert eine längere Zeitspanne: Hartmann sei bei

---

125 DLA, Nachlaß Carl Zuckmayer, Brief von Helmut Käutner an Zuckmayer vom 18. Mai 1952.
126 Käutner/Luft-Interview 1973/74, a.a.O. (Anm. 124), S. 149.

seinem Flugzeugabschuß an der Ostfront, wohin er einen Tag nach Eilers' Ehrenabend versetzt worden war, leicht verletzt worden; er erwähnt, er sei »seit vierzehn Tagen nicht mehr« (TC 1:34:11) bei seiner Staffel gewesen. Somit wird der letzte Tag der Geschehenszeit implizit auf kurz vor Heiligabend verlegt; der Christbaumverkauf bei TC 1:22:34 unterstützt diese Datierung. Die Uhrzeit von Harras' finalem Abgang steht zumindest fest: Es ist nach 17:26 Uhr, Diddos via Bahnhofsuhr visualisierter Abfahrtszeit ihres Wien-Zuges (TC 1:43:45–1:44:16); Hartmann nennt noch einmal die Zeit: »Es muß ungefähr sechs sein« (TC 1:50:15).

Der Geschehensablauf ist im Film im wesentlichen – bis auf Harras' intermittierend visualisierter Gestapohaft-Sequenz – auf zwei (statt Drama: drei) Tage verteilt: Das zum ersten Akt des Dramas analoge erste Zeitkontinuum von Eilers' Ehrenabend bis zu Harras' Arretierung dauert fast die Hälfte des Films (bis TC 0:54:01). Der Tag, an dem Harras aus der Gestapohaft (TC 0:54:01-1:03:55) entlassen wird, ist der letzte, der final entscheidende Tag, er dauert etwas länger als der erste Tag (ab erkennungsdienstlicher Behandlung: TC 0:57:06-1:54:55) und vereint konzeptionell den dramatisch vorgeprägten zweiten und dritten Akt. Durch diese Komprimierung der Zeitkonzeption baut der Film ein stärkeres Spannungsmoment auf, welches die von unterschiedlichen Figuren mehrfach erwähnten tageszeitlichen Situierungen unterstützen und damit eine zeitliche Orientierung hinsichtlich des auf Harras lastenden Termindrucks gewährleisten. Durch die via Kamerahandlung und Montage variabel inszenierte Raumkonzeption vermeidet der Film in dieser weitestgehend erfüllten ›Einheit der Zeit‹ dennoch einen theatralen Eindruck.

5.2. Leitlinien zur Historizität und Aktualität

Die Kontextualisierung der Zeitebenen in den drei bzw. sechs Texten der Soldatentrilogie macht deutlich:

(1) Im Werkkomplex *Eine Liebesgeschichte* ist das Konfliktmodell von ›Pflicht‹ und ›Eros‹ eindeutig Moral-*geschichtlich* verortet. Auch die vom Friderizianismus abweichende Variantenbildung der raumzeitlichen Situierung in Zuckmayers nicht-realisierten Filmentwürfen bestätigt diese Konzeption und belegt zudem, daß der Autor seinen Stoff zu den geänderten politischen Bedingungen des Dritten Reichs kompatibel machen wollte (auch wenn er damit ebenfalls nicht reüssieren konnte). Die von Zuckmayer in seiner Einleitung zum zweiten Filmentwurf artikulierte Textintention, daß »die Konflikte der Handlung [...] in ih-

ren menschlichen Grundlagen von Zeit und Volk unabhängig« seien, ist nur aus diesem Zusammenhang heraus verständlich.
Die auch im Film erfolgte Festlegung der Geschehenszeit auf die Preußen-Periode des ›Alten Fritz‹ ist keineswegs nur der literarischen Referenz geschuldet. Vielmehr muß gerade der zur militärischen Restabilisierung verformte Schluß interpretativ notwendigerweise vor dem zeitgeschichtlichen Kontext der bundesrepublikanischen Wiederbewaffnungsdiskussion gesehen werden.[127] Hierzu bedurfte es in jedem Fall des identitätsstiftenden Rückgriffs auf die preußische Tradition; ein Ausweichen auf das französische oder russische Militär – wie in Zuckmayers eigenen Variantenbildungen der ersten beiden Filmfassungen aus den dreißiger Jahren – wäre hier ›kontraproduktiv‹ gewesen.
Die konfliktinitiierende Mésaillance von Offizier und Mätresse kann heute eigentlich nur über abstrakte Analogiebildungen einen überzeitlich gültigen Interpretationsimpuls beanspruchen. Der von Zuckmayer geäußerte »Zauber einer romantischen Liebesgeschichte« ist in Novelle und Film interpretativ nur als ein historischer akzeptabel.
(2) Der Werkkomplex *Engele von Loewen* verankert sein Konfliktmodell von ›Pflicht‹ und ›Eros‹ im militärischen Kontext des Ersten Weltkriegs: in der Form des Memorabile.[128] Doch macht gerade die literarische Doppelverwertung des Stoffes – während des Zweiten Weltkriegs inner-

---

127 Die Uraufführung des Films fand am 25. Februar 1954 statt. Kurz danach, am 26. März 1954, kam es in der Bundesrepublik zur ersten Grundgesetzänderung (besonders Art. 73, Nr. 1), die auf der Basis der »Europäischen Verteidigungsgemeinschaft« (Art. 142a) die Wiedereinführung von Streitkräften zur Landesverteidigung vorbereitete; siehe hierzu das *Gesetz zur Ergänzung des Grundgesetzes* im *Bundesgesetzblatt [BGBl.] 1954*, T. 1, S. 45. Den Aufbau der Bundeswehr initiierte dann im Sommer 1955 das *Gesetz über die vorläufige Rechtsstellung der Freiwilligen in den Streitkräften (Freiwilligengesetz)* vom 23.07.1955 (*BGBl. 1956*, T. 1, S. 449 f.), das eine Truppenstärke »bis zu einer Höchstzahl von 6.000 Mann« vorsah. Mit einem weiteren *Gesetz zur Ergänzung des Grundgesetzes* vom 19.03.1956 (*BGBl. 1956*, T. 1, S. 111) wurde schließlich in Art. 65a der »Bundesminister für Verteidigung« grundgesetzlich verankert. – Alle drei Filme der Soldatentrilogie stehen somit in unmittelbarem Diskussionskontext der bundesdeutschen Wiederbewaffnung; zur Erinnerung: UA *Des Teufels General*: 23. Februar 1955, UA *Ein Mädchen aus Flandern*: 16. Februar 1956.
128 ›Memorabile‹ ist als »Geistesbeschäftigung mit dem Tatsächlichen« zu verstehen – im Sinne von André Jolles, *Einfache Formen*, Tübingen [1930], 6. Auflage 1982 (Konzepte der Sprach- und Literaturwissenschaft 15), S. 211.

halb seiner Exilautobiographie *Second Wind* und danach als eigenständige Novelle – deutlich, daß es unerheblich ist, ob die Textintention nun von Faktizität oder Fiktionalität des Handlungsmodells geleitet wird. Entscheidend ist die überzeitlich gültige Vision der Völkerversöhnung in und trotz der Extremsituation eines Kriegs. Der Einbezug der Erstvertextung des *Engele von Loewen* als *Second-Wind*-Kapitel *Selbst im Inferno* bzw. *Even in Hell* ist für die adäquate Interpretation unabdingbar; denn es verdient besondere Aufmerksamkeit, daß sich Zuckmayer gut zwei Jahrzehnte später und ausgerechnet im US-amerikanischen Exil wieder seiner Zeit als deutscher Soldat im Ersten Weltkrieg besinnt und in der künstlerisch gestalteten supranationalen Soldatenkameradschaft und Liebesbindung die Friedenssehnsucht doppelt zum Ausdruck bringt – exakt zu einer Zeit, als Hitler gerade anhebt, mit der deutschen Wehrmacht Europa zu überrennen.

Die antiheroische Textintention prägt auch den Film: Mit seinen verstärkten antimilitaristischen Varianten im soldatischen Diskurs reagiert der Film auf den deutschen Neomilitarismus, stellt sich der verteidigungspolitischen Restabilisierung der Bunderepublik Deutschland aber nicht zur Verfügung.

Die interpretative Leitlinie einer pazifistischen Grundstimmung, die den »Engele«-Werkkomplex durchzieht, macht das Memorabile zugleich zur zeitenthoben gültigen Beispielgeschichte sittlichen Handelns – auch wenn der Geschehenskontext des Ersten Weltkriegs nach der schrecklichen Erfahrung des Zweiten geradezu ›nostalgisch‹ erscheint.

(3) Im Werkkomplex *Des Teufels General* verdichten sich reale Zeiterfahrung und fiktionale Gestaltung: Das Drama ist der einzige Text innerhalb der Soldatentrilogie, in der der fiktionale Realbezug und Zuckmayers Schreibprozeß im zeitgenössischen Kontext der Entscheidungsphasen des Zweiten Weltkriegs fast synchron sind. Die Gegenläufigkeit von ›Pflicht‹ und ›Eros‹ konstituiert nun aber nicht mehr das zentrale Konfliktfeld, sondern ist auf mehrere Konfliktmodelle im Umkreis der Hauptfigur verteilt. Der zentrale Konflikt ist über die Diskussion der ›Pflicht des sittlichen Handelns‹ selbst modelliert. Doch versagt sich dabei vor allem das Drama gerade im durchgängig gestalteten Naturalismus nationalsozialistischen Zeitkolorits – und trotz dessen – die historische und politische Vision eines sinnkräftigen und wirksamen Widerstands, der nur in einer radikaleren Gestaltung der Zeitkritik möglich gewesen wäre.[129]

---

129 Zuckmayer geht hier mit seiner realhistorisch kompatiblen Handlungskonzeption ein gewisses Dilemma ein: Harras, Oderbruch, Hartmann und

Normgerechtes Scheitern oder Happy-End? 567

Wenn im Werkkomplex *Des Teufels General* des (fiktionalen) Individuums Pflicht zur ethischen Verantwortbarkeit seines Seins im Tun final zu Tod und Selbstmord führt, so insinuiert die Textintention letztlich aber eine resignative Grundstimmung, die über die mögliche Fehldeutung eines Opfermythos den pazifistischen Impuls interpretativ ambivalent neben den militaristischen stellt; das faktisch wirksame Aufführungsverbot in der SBZ/DDR ist Ausdruck dieser Bedenken.[130]

---

andere Figurenkonzeptionen sind in ihrer hierarchisch unterschiedlichen Verankerung innerhalb der Wehrmachtshierarchie *real denkbare* Soldaten des Dritten Reichs – und sorgten folglich in der Erstaufführungszeit rezeptiv auch für entsprechende Identifikationen bzw. Identifikationskonflikte in der Theateröffentlichkeit. Dies ist eindeutig das historische Verdienst des Dramas. Die Vision eines ›Tyrannenmords‹ greift dem Deutschland geistes- und kulturgeschichtlich immer noch verhafteten Exilanten Zuckmayer demgegenüber offenbar zu weit für eine fiktionale Gestaltung. (Dies ist allerdings auch ein Problem des ›Schuldfrage‹-Ansatzes, wie die »Deutschland/Hitler«-Varianten von Erst- und Zweitfassung zeigen.) Immerhin gab es ja nicht nur die Akteure des 20. Juli 1944, die einen Anschlag auf den ›Gröfaz‹ planten oder durchführten; siehe Will Berthold, *Die 42 Attentate auf Adolf Hitler*, Wien 1997. – Diesen kritischen Einwurf einschränkend gilt es zu bedenken, daß z.B. Ernst Lubitsch in seinem tragikomischen Film *To Be or Not to Be* (USA/1942; dt. Titel: *Sein oder nicht sein*) den Tyrannenmord an Hitler in der Synchronität von Realgeschichte und Filmgeschehen ›glaubhaft‹ nur als ätzende Filmsatire verpackt zeigen kann. Textintentionale ›Wunschvorstellungen‹ gegenüber der faktischen Außenrealität sind also nicht unbedingt immer auch in tragödien- bzw. ernsthafter Gestaltung fiktionalisierbar, ohne die Glaubwürdigkeit des Handlungsmodells aufs Spiel zu setzen.

130 Die Spannungen im besetzten Nachkriegsdeutschland spiegelten sich *per se* auch im kulturpolitischen Dissens der Alliierten; so war *Des Teufels General* zunächst auch in der französischen Besatzungszone mit Aufführungsverbot belegt. In der SBZ wirkte als anerkannter Wortführer der profilierte Theaterkritiker Herbert Ihering; im August 1946, also *vor* der Zürcher Uraufführung (14. Dezember 1946), hatte Ihering noch explizit für eine Inszenierung plädiert: »Auch unser Theater muß vom Inhalt wieder zur Form kommen. Es ist nicht mehr weltfremd, wenn wir [...] uns von Carl Zuckmayers Drama *Des Teufels General* hinreißen lassen.« (Herbert Ihering, *Theater der Völker 1946. Rede, gehalten auf der Theatertagung in Weimar*, in: Herbert Ihering, *Theater der produktiven Widersprüche 1945-1949*. Berlin, Weimar 1967, S. 61-76, hier: S. 75 f.) Zwei Jahre später, im September 1948, nahm Ihering dann eine nunmehr sehr distanzierte Position gegenüber dem Zuckmayer-Stück ein – wohl nicht zuletzt aufgrund der bekannten Reaktionen des westdeut-

Der Film *Des Teufels General* reiht sich ›dankbar‹ in die Wiederbewaffnungsdiskussion der Bundesrepublik ein: Seine Korrekturen gegenüber der dramatischen Vorlage entproblematisierten die bei Zuckmayer noch *angelegten – ideologiekritisch durchaus konstruktiven – Widersprüche von Dolchstoßlegende und Fronttrauma und zielen auf die Rehabilitierung eines soldatischen Ethos, welches in der Ost/West-Konfrontation der fünfziger Jahre eine in sich restabilisierte Verteidigungsstreitmacht dringend benötigt. Die vorlagenadäquate visuelle Aussparung von Kampfhandlungen und die dementsprechende Betonung der an der ›Heimatfront‹ agierenden Offiziere eines ›besseren Deutschlands‹ wirken hier verstärkend.

Die zuvor, in der Erstaufführungszeit, von der Theateröffentlichkeit heftig ausgefochtene Diskussion bestätigt insgesamt dennoch die Funktion des Dramas bzw. Schauspiels als politisches Zeitstück, macht es vor diesem konkreten Hintergrund aber schwer, den Grundkonflikt des opportunistisch verbogenen sittlichen Handelns als überzeitliches Problem zu interpretieren; d.h.: *Des Teufels General* hat seine ›historische Mission‹ erfüllt und kann heute auch nur in diesem Wirkungszusammenhang interpretiert werden; diese Perspektive hat die fulminante Castorf-Inszenierung von 1996 mehr als verdeutlicht, indem sie mit der naturalistischen Inszenierbarkeit des Stücks radikal brach.

---

schen Publikums in der Folge der Hamburger Erstaufführung (8. November 1947); die neue theaterpolitische Leitlinie lautete nun: »Wenn heute ein Theaterdirektor darauf verzichtet, Zuckmayers *Des Teufels General* zu spielen, so gehört Mut und Einsicht dazu. Denn er verzichtet gleichzeitig auf ein sicheres Zugstück. Aber er muß sich sagen, daß die Verhältnisse in den drei letzten Jahren sich schon wieder so geändert haben, daß die politische Reaktion bestimmt dieses Stück mißverstehen will. [...] Es ist gewiß keine erfreuliche Situation, daß wir ein saftiges Werk zurückstellen sollen, weil die falschen Biedermänner und Naziprovokateure es verfälschen und *ihre* Ideologie ihm anhängen wollen. Tatsache aber ist es und geschieht täglich, wo immer es gespielt wurde.« (Herbert Ihering, *Entscheidungsjahre des deutschen Theaters. Rede vor den Intendanten der sowjetischen Besatzungszone*, in: ebd., S. 161-176, hier: S. 164 f. [Hervorheb. im Orig.]) Offenbar war man sich also auch in der SBZ nicht so sicher, ob der sich etablierende Hegemonialanspruch der SED auf ›demokratische Erneuerung‹ gesellschaftlich auch tatsächlich so stabil verankert wäre; der antifaschistische Absolutheitsanspruch verweigerte sich der realpolitischen Beweisführung.

5.3. Zeitgenössische Filmkritik

Die filmischen Adaptionen kommen innerhalb von zwei Jahren – Februar 1954 bis Februar 1956 – in die deutschen Kinos und stellen sich, wie dargelegt, mit ihrem militärischen und/oder soldatischen Diskurs in den Kontext der zeitgenössischen Diskussion der Ost/West-Konfrontation und insbesondere der Frage der Wiederbewaffnung der noch jungen deutschen Bundesrepublik. Auch die Filmkritik reflektiert diesen Zusammenhang.

Eine Liebesgeschichte wird nicht sehr gnädig aufgenommen. Die als Lob gemeinte, jedoch vereinzelt stehende Einlassung, daß es »seit den Blütejahren der Ufa keinen Ufa-mäßigeren Film gegeben« habe »als diesen«,[131] wird gerade von den meisten anderen Rezensenten scharf mißbilligt:

> Anfangs scheint das Ganze ziemlich antipreußisch und antimilitärisch. Später aber, ganze Abteilung kehrt, marschiert der Film geradewegs ins kasernenstolze Ufa-Preußen. [...] Einmal gibt der stramme Regimentskommandeur die Neujahrsparole aus: Fridericus und Frieden! Letzteres, ohne Fridericus, wäre uns lieber.[132]

> Preußens Gloria ist wieder erstanden. [...] Diese Lösung [Josts Rückkehr in den Militärdienst] hätte vor zehn Jahren einen soliden Durchhaltefilm abgegeben. Man sollte heute keine Filme im preußischen Marschrhythmus mehr machen.[133]

> Sind wir schon wieder soweit? Ist es schon wieder selbstverständlich, daß Tapferkeit, Liebe und Tod als ›die‹ drei Ausgänge aus den Verwirrungen des Lebens hingestellt werden können?[134]

> Gesamtergebnis: Ein Film, dem weiland Dr. Goebbels (nach Streichung einiger Sätze) sicherlich das Prädikat »Staatspolitisch besonders wertvoll« verliehen hätte.[135]

---

131 GH., [Rez.:] »*Eine Liebesgeschichte*«, in: *Film-Dienst*, Jg. 7, 1954, Nr. 10, unpag., Film Nr. 3138.

132 fv, [Rez.:] »*Eine Liebesgeschichte*« (Universum), in: *Süddeutsche Zeitung* (München) vom 27./28. März 1954.

133 H.H., [Rez.:] »*Eine Liebesgeschichte*«, in: *Evangelischer Film-Beobachter*, Jg. 6, 1954, Nr. 15, S. 182 f., Film-Nr. 286.

134 Hans Bütow, *Im gefährlichen Schatten des Fridericus. Bemerkungen zu dem Film »Eine Liebesgeschichte«*, in: *Frankfurter Neue Presse* vom 5. März 1954.

Die Hauptkritik der Rezensenten wendet sich insgesamt also gegen die überwunden geglaubte militaristische Tendenz – und weniger gegen die schon in Zuckmayers Novelle vorgezeichnete Melodramatik der »nicht eben zeitgemäß[en]«[136] Mésalliance; auch die Schauspielerleistungen werden ambivalent bewertet. Mehr Zustimmung findet eigentlich nur das zum ersten Mal in Deutschland verwendete Breitwand- und Raumtonverfahren »Garutso-Plastorama«, das eine erhöhte Schärfentiefe zuließ (und in der *Liebesgeschichte* auch bei dementsprechend inszeniertem Bildaufbau – mit bisweilen arg theatral wirkendem Effekt – eingesetzt wurde); dies ist allerdings ein eher mageres Resultat der kinematographischen Anstrengungen.

Ein Mädchen aus Flandern wird von der Filmkritik dagegen überwiegend positiv aufgenommen. Selbst der Hauptkritiker von ›Opas Kino‹, Joe Hembus, meint, daß »in sanften, fast lyrischen Bildern die Entwürdigung des Menschen im Krieg dargestellt«[137] sei, wofür der Kameramann Friedel Behn-Grund 1956 übrigens auch einen Deutschen Filmpreis erhält. Die Filmkritik hebt insbesondere die Transformationsleistung gegenüber der literarischen Vorlage hervor und betont die Kontrastfunktion der fiktionalen Geschehenszeit des Ersten Weltkriegs zum gerade erst ein Jahrzehnt zurückgelegenen Zweiten sowie den realen Zeitkontext der Uraufführungszeit:

> Der Dramatiker und Novellist Zuckmayer hat den Film mehrmals vorweggenommen. Hier freilich geschieht ihm etwas Erstaunliches. *Käutner* hat die Novelle zersägt, hat ihre Teile neu aneinandergeleimt und einiges Wenige, einiges Filmische hinzugegeben. Und während man landauf, landab läuft und predigt, die Filme nach Büchern seien schlechter als die Bücher, nach denen sie entstanden, gibt auch der literarisch Infizierteste unter den Filmkritikern zu: Hier wurde ein Kunstwerk, hier wurde eine schlechte und rechte, filmisch gesehen, besonders rechte Novelle vom Film *verbessert*. [...] Helmut Käutner, beinahe obligatorischer Zuckmayer-Filmregisseur, hat aus dem Stoff herausgeholt, was der Film herzugeben bereit war. [...] – alles ist da, alles ist unheimlich wirklich, ist

---

135 Günther Goercke, *Preußens Gloria – frisch restauriert! »Eine Liebesgeschichte« im Universum-Filmtheater* (unbelegter, undatierter Zeitungsausschnitt im DLA, Nachlaß Carl Zuckmayer).
136 Ebd.
137 Joe Hembus, *Der deutsche Film kann gar nicht besser sein: Ein Pamphlet von gestern – Eine Abrechnung von heute*, München 1981 (Erstveröffentlichung des 1. Teils: 1961), S. 46.

1918, ist Krieg, ist dieser damalige Krieg, nicht der spätere, brutalere, ideologischere.[138]

Helmut Käutner hat aus Carl Zuckmayers Novelle [...] mehr gemacht als nach der Vorlage zu erwarten war. Auf der zur Völkerversöhnung herausfordernden schlichten Liebesgeschichte errichtet er eine Art Überbau: Die Entlarvung des deutschen Militarismus, der bei ihm freilich vor allem von durchhaltefreudigen Etappenhengsten ausposaunt wird. [...] In dem von ihm eingearbeiteten Vater-Sohn-Konflikt weitet er [Käutner] die private Auseinandersetzung zum nationalen Drama aus: die Jugend hat die Sinnlosigkeit des Völkermordens früher begriffen als die verhornte Generation der Heldenväter. [...] So bewegt sich dieser Flandern-Film ziemlich genau zwischen der fatalen These von ›Im Felde unbesiegt‹ und einem hochgestimmten übernationalen Idealismus. Mehr kann man im Zeitpunkt der deutschen Wiederbewaffnung nicht verlangen.[139]

Des Teufels General spaltet die Filmkritik; Zuckmayers Drama prägt immer noch den Rezeptionshorizont. Doch Käutner hat bei den Filmkritikern nach seinen positiv aufgenommenen vergangenheitsverarbeitenden Filmen *In jenen Tagen* (D/1947) und insbesondere *Die letzte Brücke* (BRD/1954) Kredit; er gilt als »erklärte[r] Pazifist«, der allerdings »eine manifeste Obsession für die Männer in Uniform«[140] habe. Neben die Frage, ob *Des Teufels General* nun ein »Rehabilitationsfilm«[141] sei und/oder der militärischen Restabilisierung der Bundesrepublik Deutschland diene, tritt vor allem die gespaltene Meinung zur Besetzungsstrategie, die sich an Curd Jürgens reibt:

Der Film wird es neben dem Zuckmayerschen Bühnenstück nicht leicht haben. [...] Mancher wird mit Curd Jürgens als General nicht ganz zufrieden sein. Er wirkt zu flach, es fehlt ihm die echte erschütternde Menschlichkeit in natürlicher Spannung.[142]

---

138 Wolfgang Bartsch, »*Das Mädchen aus Flandern*«. *Zuckmayer plus zweimal Käutner*, in: *Frankfurter Rundschau* vom 9./10. Juni 1956.
139 Fred Hepp, *Helmut Käutners flandrisch Mädchen*, in: *Süddeutsche Zeitung* (München) vom 27. Februar 1956.
140 Karsten Witte, *Im Prinzip Hoffnung: Helmut Käutners Filme*, in: Jacobsen/Prinzler, a.a.O. (Anm. 124), S. 62-109; hier: S. 94.
141 *Lexikon des internationalen Films 1999/2000*, CD-ROM-Edition, s.v. »*Des Teufels General*«.
142 Ze., [Rez.:] »*Des Teufels General*«, in: *Evangelischer Film-Beobachter*, Jg. 7, 1955, Nr. 12, S. 149 f., Film-Nr. 258.

Die Gründe für das Gelingen liegen klar auf der Hand. Käutner hat sich getreu an die Vorlage gehalten. [...] Zuckmayers Stück steht und fällt mit der Besetzung dieser Rolle [Harras]: O.E. Hasse, Gustav Knuth, Martin Held, Willy Birgel, René Deltgen, Ewald Balser ... Die Bühne hat große Harras-Darsteller gesehen. Würdig in ihrer Reihe steht nun als Filmgestalt der Burgtheater-Schauspieler Curd Jürgens aus Wien.[143]

Mehr als ein gut gemachter Film ist aus Käutners Bearbeitung von Zuckmayers *Des Teufels General* nicht geworden. Curd Jürgens ist in der Titelrolle mehr ein smarter Bartiger oder Salonlöwe [...]. Ich habe nach dem Film nicht mehr recht verstanden, warum sich der SS-Gruppenführer Schmidt-Lausitz so heftig um den versoffenen Herzensbrecher und Charmeur müht.[144]

Glanzvoll sind nicht nur die eleganten Uniformen und die zahllosen Ritterkreuze. Es ist ein glänzend gemachter Film; ich fand ihn stärker als Zuckmayers Bühnenwerk – und auch Zuckmayer selbst war, dem Vernehmen nach, dieser selbstlosen Meinung. [...] Meist pflegt der Film seine Theatervorlage zu verwässern. Käutner hat sie gepfeffert. [...] Curd Jürgens war nie so gut.[145]

Der ritterkreuzfreudige Film erliegt allzu gefällig dem Zauber der Montur. Curd Jürgens als 1941er Fliegergeneral Harras hat, wo Dramatik sein schauspielerisches Naturell überfordert, glasig-kämpferische Augen à la Hans Albers. Das Unintellektuelle der Rolle aber paßt ihm maßgeschneidert wie die schöne Uniform.[146]

Kritik kommt freilich auch aus der ›falschen Ecke‹ der ›richtigen Adressaten‹; in der *Deutschen Soldaten-Zeitung* reibt sich der ehemalige NS-Schriftsteller und SS-Divisionär Erich Kern [d.i.: Erich Knud Kernmayr]

---

143 Heinz Schneekloth, [Rez.:] »Des Teufels General«, in: *Mannheimer Morgen* vom 25. Februar 1955; zitiert nach: Jürgen Berger/Hans-Peter Reichmann/Rudolf Worschech (Hrsg.), *Zwischen Gestern und Morgen. Westdeutscher Nachkriegsfilm 1946-1962*, Frankfurt am Main 1989 (Katalog zur gleichnamigen Ausstellung im Deutschen Filmmuseum Frankfurt am Main), S. 375.

144 Karl Korn, *Schöner General, armer General ... Zu Käutners Verfilmung von Zuckmayers Bühnenstück*, in: *Frankfurter Allgemeine Zeitung* vom 28. Februar 1955.

145 Gunter Groll, *Film ans Gewehr: Mütter, Landser und des Teufels General*, in: Gunter Groll, *Lichter und Schatten. Filme in dieser Zeit. 100 Kritiken*, München 1956, S. 177-179; hier: S. 177 f.

146 [Anonym], [Rez.:] »Des Teufels General«, in: *Der Spiegel*, Jg. 9, 1955, Nr. 13, S. 37.

an den Unstimmigkeiten militärhistorischer Details und nutzt diese argumentativ zur Abwertung; nur mühsam vermag er seine bis 1945 bewährte Stilistik zu verhüllen:

> Die kesse Story des bewährten Routiniers Carl Zuckmayer, die uns schon vor Jahren in seinem Theaterstück serviert wurde, erhält durch Helmut Käutners geniale Regie erst den richtigen Pfeffer. Der General wird zum salbadernden Gigolo, der vor lauter Weiberaffären und Saufgelagen gar nicht merkt, daß neben ihm der Saboteur sitzt, durch den die neuen Maschinen serienweise abstürzen und manch guter Mann dabei vor die Hunde geht. [...] Der Knüller dieses Films bzw. des Zuckmayerschen Bühnenstücks liegt in der raffinierten Halbheit. [...] Man ist längst nicht mehr so unklug, nur schwarzweiß zu zeichnen, da man weiß, daß das seine Zugkraft verloren hat. Man geht heute einen anderen Weg. Man mischt geschickt Wahrheit, Dichtung und Lüge zu einem Filmcocktail und schüttet ihn uns mitten ins Gesicht. [...] Durch die Wirklichkeiten, die als Aufputz garniert werden, wird die historische Lüge salonfähig gemacht. Sie droht uns heute alle zu überwuchern. Diesmal wird von der Leinwand aus Geschichte gemacht. Niemand frägt danach, daß sie in dieser Form gar nicht existierte.[147]

In der Zusammenschau aller drei filmischen Adaptionen muß man einräumen, daß die deutsche Filmkritik bis in die späten fünfziger Jahre hinein sehr sensibel auf militärische Sujets reagierte, insbesondere wenn diese der westdeutschen Filmproduktion entstammten. Mit der Etablierung militärischer und soldatischer Diskurse taten sich die alliierten Siegermächte da wesentlich leichter: Henry Hathaway heroisierte beispielsweise bereits 1951 sogar den deutschen Generalfeldmarschall Erwin Rommel in *The Desert Fox* (USA/1952; dt. Titel: *Rommel, der Wüstenfuchs*) zum kriegshandwerklich ›edlen Gegner‹. Die Amerikaner brachten überhaupt »als erste wieder Kriegsfilme in deutsche Filmthea-

---

147 Erich Kern, *Der Film verfälscht den Krieg*, in: *Deutsche Soldaten-Zeitung. Unabhängiges Blatt für Ehre, Recht und Freiheit, europäische Sicherheit und Kameradschaft*, Jg. 5, 1955, Nr. 5, S. 4. – Erich Kern[mayr] empfahl sich im Dritten Reich mit staatstragendem NS-Geschmier – so u.a. *Fahne im Sturm*, 3. Auflage, Wien 1941 (Die Junge Ostmarkreihe 1) – und betätigte sich nach seiner Entlassung aus der Kriegsgefangenschaft 1947 als Holocaust-Leugner mit geschichtsklitternder ›Vergangenheitsbewältigung‹, so u.a.: *Das andere Lidice. Die Tragödie der Sudetendeutschen*, Klagenfurt 1950; *Die Tragödie der Juden: Schicksal zwischen Propaganda und Wahrheit*, Preußisch Oldendorf 1979. (Vgl. auch Anm. 51.)

ter«;[148] so gilt für dieses Genre insgesamt und generell die Frage des *cui bono?*:

> Kriegsfilme werden gedreht, weil man sich von ihnen politische oder ökonomische Erfolge verspricht. Einen politischen Erfolg strebt man an, wenn man – etwa in Zeiten des kalten oder heißen Krieges – mit einem Film die Kampfbereitschaft des eigenen Volkes steigern oder die des Gegners schwächen will.[149]

6. Die Soldatentrilogie: Rebellion und Affirmation

Wie medienkomparatistisch dargelegt, generieren die Motivkomplexionen von ›Pflicht‹ und ›Eros‹ in den drei Werkkomplexen der Soldatentrilogie unterschiedlich akzentuierte Konfliktmodelle. Ein Resümee:

(1) In der *Liebesgeschichte* etablieren der soldatische und der erotische Diskurs ein Oppositionsmodell, in dem die dezidierte Normenkollision in der Novelle über die Fesselung an die Pflicht zum Tod führt, im Film zur Wiederaufnahme der Pflichterfüllung; beide Male scheitert die Liebe als Handlungsziel.

(2) Im *Engele von Loewen* gehen die Normenkollisionen von soldatischem und erotischem Diskurs ein Kontrastmodell ein, das in *Ein Mädchen aus Flandern* leicht abweichend als Konkurrenzmodell ausgebildet ist; Pflichterfüllung und Liebesbindung harmonisieren im Finale von Novelle und Film aber als doppelter Erfolg im Happy-End, wobei der Film im finalen Pflichtkonflikt (Desertion aus Liebe) die soldatische Normierung in der revolutionären Anarchie des Kriegsendes aushebelt.

(3) In *Des Teufels General* stehen der soldatische und der erotische Diskurs in diffizilerer und komplexerer Relation zueinander, da beide ideologisch und machtpolitisch vernetzt sind: Die in mehreren Beziehungsmodellen diskursivierten Normenkollisionen von ›Pflicht‹ und ›Eros‹ sind hier als Oppositions-, Kontrast- oder Konkurrenzmodelle konzipiert, die im Kernkonflikt dem Bewußtwerdungsprozeß der Hauptfigur zugeordnet sind und auf diese Weise als Erkenntnismodelle im individualpsychologischen Diskurs fungieren. Der Tod der Hauptfigur in Drama und Film ist somit nicht unmittelbar der soldatisch-erotischen Nor-

---

148 Martin Osterland, *Gesellschaftsbilder in Filmen. Eine soziologische Untersuchung des Filmangebots der Jahre 1949 bis 1964*, Stuttgart 1970 (Göttinger Abhandlungen zur Soziologie und ihrer Grenzgebiete 19), S. 205.

149 Walther Schmieding, *Kunst oder Kasse. Der Ärger mit dem deutschen Film*, Hamburg 1961 (Das aktuelle Thema 11), S. 35, s.v. »Des Teufels Generäle«.

menkollision zuzuschreiben; die zentrale Konfliktfigur schlägt aber das bis zum Schluß noch mögliche Handlungsziel der erfolgreichen Liebesbindung zugunsten einer heroischen Entscheidung zur ›Pflichterfüllung im Tode‹ aus.

Hinsichtlich der Entstehungschronologie der drei Zuckmayer-Texte ist festzuhalten, daß die in den soldatischen Hauptfiguren angelegte Normenkollision von ›Pflicht‹ und ›Eros‹ sehr unterschiedlich akzentuiert ist: Jost Fredersdorff rebelliert in der *Liebesgeschichte* erfolglos gegen die von fragwürdigen moralischen Prinzipien überlagerte soldatische Pflichtnorm. Harras hingegen ist als »des Teufels General« zu schwach zur Rebellion; er erfüllt nur die humoristische Renitenz statt der tatkräftigen Resistenz. Beide, Fredersdorff und Harras, können sich ihrer übergeordnet militärisch pflichtnormierten semantischen Raumbindung nicht entziehen. Die bei beiden final alternativ mögliche Liebesbindung wird nicht angenommen: Die jeweilige suizidale Selbstaufgabe Fredersdorffs und Harras' liefert letztlich also die negative Affirmation ihrer fremdbestimmten Normierung; die bloße Renitenz gegen diese scheitert. Alexander dagegen erfüllt im *Engele von Loewen* bzw. in *Ein Mädchen aus Flandern* seine soldatische Normierung in der positiven Affirmation, seine Resistenz gegen die nationalistische Bindung wird final positiv sanktioniert. Die Textintentionen der literarischen Soldatentrilogie zielen somit entweder auf ein normgerechtes Scheitern im Tod (Fredersdorff bzw. Harras) oder auf ein Happy-End in der Liebe (Alexander mit Engele).

Auffallend ist, daß Zuckmayer die von ihm auch im außerliterarischen Weltbild betonte Leitnorm der ›Kameradschaft‹ unterschiedlich akzentuiert und im Laufe seiner literarischen Entwicklung abschwächt: Während in der *Liebesgeschichte* die soldatische Kameradschaftsnorm bedingungslos bis in den Tod eingehalten wird und im *Engele von Loewen* ihr supranationales Leitbild findet, ist sie in *Des Teufels General* sehr ambivalent gesetzt – sicherlich ein Reflex der Exilerfahrung des Autors.

Die abweichende Konfliktlösung in der filmischen *Liebesgeschichte*, die in der Rückkehr Fredersdorffs zur soldatischen Pflichterfüllung nun eine positive Affirmation der fremdbestimmten militärischen Normierung setzt, zeigt wohl am deutlichsten, wie literarisch vorgeprägte soldatische Konfliktmodelle in Zeiten militaristischer Restabilisierung ›uminterpretiert‹ werden können. Auch *Des Teufels General* ist im Film einer zukunftszugewandten Militärpolitik als positives Signal angedient. Zur ›Vergangenheitsbewältigung‹ freilich taugt weder der eine noch der andere Film; selbst Zuckmayers Drama *Des Teufels General* ist hier allzu unentschlossen. So bleibt als dezidiert humanitäres und pazifistisches Werk innerhalb der Soldatentrilogie lediglich das *Engele von Loewen* und – mit allen Varianten – auch deren filmische Version *Ein Mädchen aus Flandern*.

In ihrer sozialethisch zu reflektierenden Gesamtwirkung als Soldatentrilogie läßt sich den sechs Texten somit der interpretationsleitende Appell entnehmen, daß im militärischen Bereich die bloße *Renitenz* gegen herrschende Normierungen stets nur in der Affirmation derselben münden kann, daß demgegenüber nur die entschiedene *Resistenz* deren negative Normaspekte überwindet.

Unter methodologischen Gesichtspunkten hat die Studie zu Carl Zuckmayers Soldatentrilogie insgesamt gezeigt, daß und wie filmische Adaptionen den Bedeutungshaushalt ihrer Vorlagen in jeweils neuen zeitgeschichtlichen Kontexten neu ordnen bzw. akzentuieren und somit schließlich auch neu generieren. Selbst wenn diesen Filmwerken ein jeweils autonomer Textstatus zuzubemessen ist, so repräsentieren sie dennoch rezeptionshistorisch privilegierte Interpretationen, deren Einbezug in die Wirkungsforschung eines originär literarischen Œuvres unabdingbar ist. Deutlich wurde zudem, daß der Zugriff auf editionsphilologische Aspekte den Interpretationshorizont nachhaltig erweitert. – Die integrative Analyse von Motivbündelungen, Medienwechsel und Fassungsproblematik auf Diskurs- und Normen-orientierter Argumentationsbasis bahnt dem Textverständnis einen neuen Weg. Auch dies hat die Untersuchung von Carl Zuckmayers Soldatentrilogie offengelegt.

Gunther Nickel

Des Teufels General und die Historisierung des Nationalsozialismus

Das Bild von Zuckmayers Drama *Des Teufels General* wurde durch Helmut Käutners Verfilmung in einer Weise geprägt, daß man zunächst kaum glauben mag, welch illustrer Kreis von Produzenten, Regisseuren, Schauspielern und Drehbuchautoren vor ihrer Realisierung im Zusammenhang mit den Verfilmungsplänen im Gespräch war. Zu ihm gehören unter anderem Peter Brook, Laurence Olivier, Max Ophüls, Gottfried Reinhardt, Robert Sherwood, Peter Ustinov und Billy Wilder[1] sowie Fritz Lang[2] und Otto Preminger.[3] Dieses heute manchen

---

[1] Dazu existiert in Zuckmayers Nachlaß im Deutschen Literaturarchiv (im folgenden: DLA) eine umfangreiche Korrespondenz.

[2] Fritz Lang erklärte in einem Interview mit der Zeitschrift *Cahiers du Cinéma* (Nr. 169, August 1965, hier zitiert nach Christa Bandmann/Joe Hembus [Hrsg.], *Klassiker des deutschen Tonfilms 1930-1960*, München 1980, S. 173 f.): »Da war dieses Stück *Des Teufels General*, es handelte von Ernst Udet, dem deutschen Flieger, der sich geweigert hatte, für die Nazis zu fliegen und durch einen aus freien Stücken herbeigeführten Absturz Selbstmord begangen hatte. David Selznick bot mir 1951 an, diesen Film zu inszenieren. Ich war an dem Projekt sehr interessiert, weil ich das Stück von Zuckmayer sehr liebte, aber ich hatte gerade mit der 20th Century-Fox für *American Guerilla in the Philippines* abgeschlossen. Als ich dann aus Manila zurückkam, hatte Selznick das Projekt aufgegeben. Ehrlicherweise muß ich mich aber fragen, ob dieses Sujet mich wirklich betroffen hätte. Natürlich bin ich insoweit von einem solchen Sujet betroffen, da ich vor Hitler geflohen und ein Deutscher katholischer Erziehung bin. Aber hätte es auch das amerikanische Publikum betroffen?«

[3] 1951 planten Zuckmayer und Preminger die Verfilmung des Stücks. Zuckmayer schlug – auf eine Empfehlung Anatol Litvaks hin – u.a. Peter Viertel und W.H. Auden als Drehbuchautoren vor. Am 15. Juni schlossen Zuckmayer und Preminger einen Vertrag über die englischen Bühnenrechte. Eine Aufführung kam jedoch genausowenig zustande wie eine Verfilmung (vgl. Norbert Grob/Rolf Aurich/Wolfgang Jacobsen [Hrsg.], *Otto Preminger*, Berlin 1999, S. 179). Aus Briefen von Zuckmayer an Susanne Czech, seine Agentin in London, ergibt sich, daß etwa die Verhandlungen mit Preminger wie schon jene im amerikanischen Exil mit dem österreichisch-amerikanischen Filmregisseur und -produzenten Jed Harris (vgl. *Zuckmayer-Jahrbuch*, Bd. 2, S. 229, Anm. zu 37,101) »an der Adaptionsfrage gescheitert« (DLA, Nachlaß Carl Zuckmayer,

sicherlich verblüffende Interesse an Zuckmayers Stück in renommierten Filmkreisen zu Beginn der fünfziger Jahre verträgt sich schlecht mit den inzwischen zu Stereotypen geronnenen Vorbehalten ideologiekritischer Provenienz. In diesem Beitrag soll daher die Frage nach der politischen Bedeutung des Stoffes in der unmittelbaren Nachkriegszeit neu gestellt werden. Das geschieht in zwei Schritten: Zunächst folgen kritische Anmerkungen zur Rezeptionsgeschichte, zu der auch Käutners Verfilmung gerechnet wird. Sie fallen deshalb relativ ausführlich aus, weil auch einige bislang unbekannte Quellen vorgestellt werden, darunter ein Memorandum von Zuckmayer mit Vorschlägen, die Käutner nur zum Teil berücksichtigt hat. Der zweite Abschnitt widmet sich einem Element des Stücks, das in der Diskussion allenfalls am Rande beachtet wurde: der Widmung oder – besser gesagt – der Zueignung. Sie führt zurück in die politischen Auseinandersetzungen in der Endphase der Weimarer Republik und zu den Aktivitäten des sozialdemokratischen Freundeskreises um Zuckmayer. Die Zueignung, so meine These, läßt sich als Reminiszenz an eine Diskussion über die Ursachen des Scheiterns der Weimarer Demokratie und der daraus zu ziehenden Konsequenzen lesen. Ein besonderes Augenmerk gilt dabei dem Interesse Zuckmayers und seiner sozialdemokratischen Freunde an den Positionen der jungkonservativen Autoren, besonders denen des Tat-Kreises um Hans Zehrer.

1. Zur Rezeptionsgeschichte

Die Handlung beginnt kurz vor Eintritt der USA in den Zweiten Weltkrieg in Berlin, und für eine Inszenierung benötigt man eine stattliche Anzahl Uniformen. Dennoch findet sich im ganzen Drama nicht eine einzige Kriegsszene. Dies hat vermutlich seinen Grund in einer Einsicht, die Carl Zuckmayer schon 1929, nach der Inszenierung seiner Bearbeitung des amerikanischen Schauspiels *What Price Glory* durch Erwin Piscator, in einem Brief an seinen Freund Albrecht Joseph formulierte:

> Selbstverständlich wird eine solche Summierung menschlicher, männlicher Leistungen und Opfer, wie sie der Krieg, (ganz egal aus welchen Gründen er geführt wurde und ob man ihn als Tatsache verwirft oder nicht), auf beiden Seiten mit sich brachte, auf die zeitliche Entfernung unter allen Umständen heroisch wirken und seine Darstellung in nur irgend einer Form heroisierend eventuell auch im »Humor« möglich sein, (siehe Remarque).

Brief vom 20. Juni 1952) sind. Leider wird weder deutlich, worin das Interesse an diesem Stoff, noch worin die Änderungswünsche bestanden haben.

Und selbstverständlich wird das Heroische auch »Humor-Heroische« immer beispielgebend wirken.⁴

Ähnliches beobachteten nach dem Zweiten Weltkrieg auch Kritiker, die angesichts des Antikriegsfilms *Die Brücke* von Bernhard Wicki erleben mußten, daß Jugendliche von den Kampfszenen nicht etwa erschüttert, sondern – ganz im Gegenteil – fasziniert waren.⁵ Der Besuch einer Aufführung von *Des Teufels General*, dem meistgespielten deutschsprachigen Gegenwartsdrama in den ersten Jahren nach dem Ende des Zweiten Weltkriegs,⁶ hätte solche Effekte wegen fehlender Kampfszenen nicht mit sich bringen können. Doch obwohl in Zuckmayers Drama Kriegsgeschehen nicht sichtbar ist und er sich in einem Memorandum vom 20. Februar 1949 zu der schon damals geplanten, aber erst fünf Jahre später von Helmut Käutner realisierten Verfilmung gegen das Zeigen von Kriegsszenen aussprach,⁷ schrieb Marianne Kesting ihm die Fähigkeit zu, »alle alten Landserherzen höher schlagen« zu lassen.⁸ Diese Ansicht vertrat sie nicht alleine. Schon bald standen dem außergewöhnlich großen Publikumsinteresse, der emphatischen Begeisterung

---

4 Undatierter Brief im DLA, Nachlaß Carl Zuckmayer.

5 Vgl. Klaus Kreimeier, *Der westdeutsche Film in den fünfziger Jahren*, in: Dieter Bänsch, *Die fünfziger Jahre. Beiträge zu Politik und Kultur*, Tübingen 1985, S. 283-305, hier: S. 302.

6 Die Statistik des Deutschen Bühnenvereins verzeichnet allein für die Spielzeit 1948/49 2069 Aufführungen; vgl. Dieter Hadamczik, Jochen Schmidt, Werner Schulze-Reimpell, *Was spielten die Theater? Bilanz der Spielpläne in der Bundesrepublik Deutschland 1947-1975*, Remagen-Rolandseck 1978, S. 13.

7 Carl Zuckmayer, *Grundsätzliche und grundlegende Erwägungen zu einer Verfilmung meines Stücks ›Des Teufels General‹*, DLA, Nachlaß Carl Zuckmayer. Dort heißt es u.a.: »Ich bin nicht dafür, in diesem Film KZs usw. zu zeigen, – wohl aber deren Wirkung, die menschliche Not, die physische und moralische Zerstörungswirkung des Regimes. [...] Ich bin wie gesagt weder für KZ-Bilder noch für Kriegsbilder – aber die Auswirkung des ersten Winterfeldzugs in Russland – das Eisige, das Erfrieren, diese hoffnungslose ungeheuerlich weite Schnee- und Eiswüste, in der Hitlers Krieg verloren zu gehen beginnt, das muss herein schauern, und wenn es nur – zur Ansage eines Radios, wies im Stück vorkommt – in *einem* aufdämmernden, kurz visionären Bild ist – Untergang im Osten, für eine Sekunde schauerlich sichtbar gemacht.«

8 Marianne Kesting, *Carl Zuckmayer. Zwischen Volksstück und Kolportage*, in: Marianne Kesting, *Panorama des zeitgenössischen Theaters. 58 literarische Porträts. Revidierte und erweiterte Neuausgabe*, München 1969, S. 278-283, hier: S. 280.

von Zuckmayers Freunden[9] und dem anfänglichen Lob der meisten Rezensenten[10] rigoros ablehnende Reaktionen von Publizisten gegenüber,[11] die sich – von wenigen Ausnahmen abgesehen[12] – in der wissenschaftlichen Rezeption fortsetzten und die Auseinandersetzung um das Stück schließlich dominierten.[13] So erstaunt es nicht, wenn die Autoren einer 1998 veröffentlichten Geschichte des Zürcher Schauspielhauses, an dem *Des Teufels General* 1946 uraufgeführt wurde, feststellen:

> [...] es ist ein gefährliches Stück. Sein Erfolg ist Symptom für die Befindlichkeit der Menschen unmittelbar nach Kriegsende. Deutlich zeigt sich jetzt schon, wie der westliche Teil des deutschsprachigen Europas während der nächsten Jahrzehnte mit seiner nationalsozialistischen Vergangenheit umgehen wird. Das Stück wird durchweg verstanden als Ehrenrettung des deutschen Offiziers, der sich im »schmutzigen Krieg« »pflichtbewußt« und »anständig« verhalten hat. Fast dankbar vermerken die Rezensionen, daß ausgerechnet ein Emigrant ausgerechnet von dieser Bühne herab ausgerechnet das Ansehen des deutschen Offiziers rettet.[14]

---

9 So schrieb Alexander Lernet-Holenia am 25. März 1946 an Zuckmayer: »›Des Teufels General‹ ist das Stück eines wahren Deutschen, *für* Deutschland geschrieben, *in* Deutschland geschrieben... Lass Dich auf den Broadway nicht (oder nur sehr bedingt) ein, lass Dich auf die Emigration nicht ein, ändere nichts (oder doch nur Technisches und Einzelheiten). Die Sache *ist* richtig, – lass Dich nicht verwirren! Ich will Dich – wenn Du herüben bist – gern auf ein paar Details aufmerksam machen, die Du nicht wissen konntest, – aber das ist unwesentlich. Ich bin sehr glücklich, dass Du dieses Stück geschrieben hast« (zitiert nach: *Zuckmayer-Jahrbuch*, Bd. 2, 1999, S. 240).

10 Vgl. Werner Lüder, *Carl Zuckmayers antifaschistisches Drama »Des Teufels General«. Das Werk im Kontext des Gesamtschaffens des Autors und seine Wirkung als Modellfall von Rezeptionsbesonderheiten in Nachkriegsdeutschland*, Dissertation A, Humboldt-Universität zu Berlin 1987, S. 80-100.

11 Maßgeblichen Einfluß hatte Paul Rillas Kritik *Zuckmayer und die Uniform*, in: Paul Rilla, *Literatur. Kritik und Polemik*, Berlin 1950, S. 7-27.

12 Hervorzuheben ist vor allem Heinz Geigers Interpretation in seinem Buch *Widerstand und Mitschuld. Zum deutschen Drama von Brecht bis Weiß*, Düsseldorf 1973, S. 37-44.

13 Einen zusammenfassenden Überblick über die wissenschaftliche Rezeption des Stücks bietet Hans Wagener, *Carl Zuckmayer Criticism. Tracing Endangered Fame*, Columbia, South Carolina, USA, 1995, S. 83-104.

14 Ute Kröger/Peter Exinger, *»In welchen Zeiten leben wir!«. Das Zürcher Schauspielhaus 1938-1998*, Zürich 1998, S. 98 f.

Damit wird eine bestimmte Form der Rezeption zwar mit Recht kritisiert, aber geflissentlich übersehen, daß sie offensichtlich in der unmittelbaren Nachkriegszeit alles andere als vorherrschend war. Das zeigen Berichte über Diskussionsveranstaltungen oder Zuschauerbefragungen, zum Beispiel von Richard Kirn,[15] Walter Lennig[16] und Bruno E. Werner.[17] Auch Zuckmayers Eindruck von der Reaktion des Publikums gab ihm in dieser Hinsicht keinerlei Anlaß zur Sorge:

> Bevor das Stück in Deutschland und Österreich zur Aufführung zugelassen war, wurden über seine mögliche Wirkung die verschiedensten Bedenken geäussert, denen ich mich selbst keineswegs verschloss, sondern die ich aufs gründlichste und ernsthafteste geprüft habe, sowohl vor wie nach erfolgter Aufführung.
>
> Die Bedenken bestanden im wesentlichen darin, dass
>
> a. eine neue Generallegende (Verherrlichung von Militär und Uniform),
>
> b. eine neue Dolchstosslegende,
>
> c. die Idee der Entlastung von politischer Mitverantwortung, besonders des Heeres und der höheren Militärs, –
>
> durch das Stück gefördert werden, und dass die Sabotage-Handlung zu einer demonstrativen Ablehnung oder Skandalisierung durch das Publikum führen könne.
>
> Ich kann aufgrund eingehendster Erfahrungen und Auseinandersetzungen feststellen, dass sich bei der überwiegenden Mehrheit des Theaterpublikums keines dieser Bedenken als stichhaltig erwiesen hat.
>
> Der durchschlagende Erfolg und die ungewöhnlich hohe Aufführungsziffer, die das Stück überall erzielte, sind höchstens zu einem ganz geringen Mass auf irgendwelche Missverständnisse oder Äusserlichkeiten zurückzuführen, sondern auf den eigentlichen Gehalt des Stückes und seinen Appell an das menschliche Gewissen.

---

15 *Diskussion um »Des Teufels General«*, in: *Sonntag* (Berlin [Ost]) vom 14. Dezember 1947.

16 *Dichtung oder Wahrheit? Gespräche über »Des Teufels General«*, in: *Sonntag* (Berlin [Ost]) vom 25. Juli 1948, auszugsweise Wiedergabe in: Gunther Nikkel/Ulrike Weiß, *Carl Zuckmayer 1896-1977. »Ich wollte nur Theater machen«*, Marbach 1996 (Marbacher Kataloge 49), S. 339 f.

17 *Hoffnungslose Jugend?*, in: *Die Neue Zeitung* (München) vom 7. März 1948, faksimilierte Wiedergabe in: Nickel/Weiß, *Carl Zuckmayer*, a.a.O. (Anm. 16), S. 346 f.

Bei einer Ansprache gelegentlich einer Jubiläumsaufführung hat ein Redner – m.E. sehr richtig – die Ursache dieser aussergewöhnlichen Wirkung folgendermassen erklärt:

Das Stück, führte er aus, konfrontiert das deutsche Publikum unmittelbar mit seiner Vergangenheit, d.h. mit sich selbst, und zwingt es zur Auseinandersetzung damit, ohne es zu kränken, zu verletzen oder durch Einseitigkeit anzustossen.

Das heisst, es wird hier ein Ventil geöffnet, das man sonst eher krampfhaft geschlossen hält, und es wird der Wärmegrad erreicht, in dem Überzeugung und Selbsterkenntnis möglich ist.

Dies entspricht durchaus den Tatsachen, wie ich sie selbst bei ungezählten Aussprachen, öffentlichen Diskussionen und Versammlungen, besonders unter der Jugend feststellen konnte, und wie sie mir durch eine Flut von Zuschriften, die das Tausend längst überschritten hat, bestätigt wurden.

Selbst wo bestimmte Teile der Handlung, besonders die Oderbruch-Aktion, Ablehnung oder Opposition erweckte, wurde fast immer die Grundeinstellung bedingungslos bejaht und angenommen: die erwiesene Schlechtigkeit und Amoralität des Nazi-Regimes, das man auf alle Fälle als bekämpfenswert begriff, selbst wenn man über die Mittel streiten mochte.

Darüber hinaus haben sich unzählige jugendliche Briefschreiber und Diskussionsteilnehmer mit dem Erlebnis des Leutnant Hartmann identifiziert, der, vorher nichtsahnend und naziglläubig, aus eigner Anschauung die Schlechtigkeit und das Unrecht des Systems und seines Krieges begriffen hat und zum überzeugten Gegner, in vielen Fällen zum Gegner alles ›Militärischen‹ geworden ist.

»Zum Teufel mit allen Generalen«, schrieb ein ehemaliger Fliegeroffizier, – »lasst uns endlich Menschen werden.«

Wirkliche Ablehnung fand das Stück nur bei kleinen Kreisen extremer Nationalisten, und bei den Kommunisten, (die aus doktrinären Gründen die ›Humanisierung‹ an sich, die Befassung mit dem menschlichen Einzelschicksal, nicht mit dem Klassenkampf-Dogma vereinbaren können).

Nur ein verschwindend kleiner, kaum nennenswerter Teil des Publikums »erfreute« sich in dem Stück an der Uniform oder dem General-Nimbus und der »schönen Erinnerung«. Die so empfinden können und würden, sehen in dem Stück eher einen Affront.[18]

Der Eindruck des Autors ist sicherlich nicht die beste Quelle zur Bewertung des Rezeptionsverhaltens, doch auch Zuckmayers Kritiker

---

18 Zuckmayer, *Grundsätzliche und grundlegende Erwägungen zu einer Verfilmung meines Stücks ›Des Teufels General‹*, a.a.O. (Anm. 7).

Des Teufels General und die Historisierung des Nationalsozialismus 583

behaupteten nur, das Stück werde anders aufgefaßt, ohne es zu belegen. Sie verkannten zudem, daß es sich auch mühelos als Versuch der Differenzierung in einer polarisierten Diskussion betrachten läßt.

Geradezu symptomatisch für die Bewertung von *Des Teufels General* in der zitierten Geschichte des Zürcher Schauspielhauses ist das Fehlen auch nur eines Hinweises auf den für das Verständnis wesentlichen Kontext: die Debatte um die These von der Kollektivschuld aller Deutschen an den Verbrechen des NS-Regimes. Auf ihr basierten eine Reihe von Maßnahmen der Alliierten 1945,[19] sie war aber auch von Emigranten wie Thomas Mann und seiner Tochter Erika proklamiert worden. Bertolt Brecht und Zuckmayer haben sie dagegen unabhängig voneinander, aus unterschiedlichen Gründen, aber gleichermaßen nachdrücklich abgelehnt.[20] »Völker«, betonte Zuckmayer gegenüber Erika Mann,

> sind aus Menschen zusammengesetzt, und Menschen sind Geschöpfe, die beide Wesenspole, den des Guten, den des Bösen, in sich tragen. Eine prinzipielle Einteilung in ›gute‹ und ›böse‹ Völker oder auch in die ›Guten‹ und die ›Bösen‹ innerhalb der Völker, ist sinnlos. [...] Wir haben keinen Grund, anzunehmen, dass nicht gerade dort, wo Terror und Gewalttat ihr schändlichstes Gesicht gezeigt haben, eine tiefgehende und ehrliche Katharsis möglich ist. Die Reinigung Deutschlands muss tiefgehend und gründlich sein, aber sie kann der Welt nichts nützen, wenn sie nur eine Zwangsmassnahme ist, wenn sie nicht von Innen kommt, und wenn ihr die Hilfe und das Vertrauen versagt bleibt. [...] Ich sehe nichts Gutes darin, weder für Deutschland noch für die Welt, wenn als krasser Pendelausschlag gegen den Wahnwitz des Pangermanismus nun ein ebenso krasser Antigermanismus geschaffen wird, der den kleinherzigen und abergläubischen Zügen des Antisemitismus bedauerlich ähnelt.[21]

Zuckmayers Einwand geht also noch über die Kritik an der Kollektivschuldthese hinaus: Für ihn galt es zu akzeptieren, daß Menschen mit-

---

19 Vgl. Dagmar Barnouw, *Konfrontation mit dem Grauen. Alliierte Schuldpolitik 1945*, in: *Merkur*, Jg. 49, 1995, H. 5, S. 390-401, hier: S. 393; Dagmar Barnouw, *Ansichten von Deutschland (1945). Krieg und Gewalt in der zeitgenössischen Photographie*, Frankfurt am Main, Basel 1997; Cornelia Brink, *Ikonen der Vernichtung. Öffentlicher Gebrauch von Fotografien aus nationalsozialistischen Konzentrationslagern 1945*, Berlin 1998.
20 Vgl. Gunther Nickel, *Zuckmayer und Brecht*, in: *Jahrbuch der Deutschen Schillergesellschaft*, Jg. 41, 1997, S. 428-459, hier: S. 445-447.
21 Carl Zuckmayer, *Offener Brief an Erika Mann*, in: *Aufbau* (New York) vom 12. Mai 1944.

telbar oder unmittelbar an monströsen Gewalttaten beteiligt sein können und dennoch als ambivalent begriffen werden müssen. Wer diese Komplexität leugne, nähere sich auf beunruhigende Weise der Inhumanität der NS-Verbrecher. Zuckmayer war darüber hinaus von der Möglichkeit überzeugt, daß das, was in Deutschland zwischen 1933 und 1945 geschehen ist, »auch bei anderen Völkern denkbar und möglich« sei.[22] Diese Ansicht veranlaßte ihn in seinem 1950 uraufgeführten Drama *Der Gesang im Feuerofen* über Widerstand und Kollaboration in Frankreich während des Zweiten Weltkriegs zu der Regieanweisung, die Soldaten der französischen Garde Mobile und die der deutschen Heerespolizei seien von den gleichen Schauspielern darzustellen.[23]

Noch unlängst erwies die Debatte um Daniel Goldhagens Buch *Hitlers willige Vollstrecker*, welche Aktualität eine solche Position plötzlich bekommen kann – und damit auch Zuckmayers *Des Teufels General*. Dort zeigt er einen Offizier, der gegenüber dem NS-Machtapparat eine äußerst distanzierte Haltung einnimmt, dennoch, weil er keine Alternativen sieht, durch Willfährigkeit das System stützt und diese reichlich unerfreuliche Lage mittels Alkohol und zynischen Sprüchen zu kompensieren versucht. Seinem Leser J.H. von Ostau erläuterte Zuckmayer die Problemstellung beim Schreiben des Stücks:

> [W]as geschieht mit einem Menschen, der gegen seine Überzeugung, gegen sein besseres Wissen lebt und handelt? Dieser Gewissenskonflikt ist der Kernpunkt des Dramas.[24]

In einem Brief an seinen Biographen Ludwig Emanuel Reindl erklärte er 1960 darüber hinaus, er habe mit der Figur des Generalluftzeugmeisters Harras, zu der er durch die Nachricht vom Tod seines Freundes

---

22 Carl Zuckmayer, *Als wär's ein Stück von mir. Horen der Freundschaft*, Frankfurt am Main 1997, S. 651.

23 Vgl. Carl Zuckmayer, *Der Gesang im Feuerofen. Theaterstücke 1950-1953*, Frankfurt am Main 1996, S. 12. Bei der Berliner Inszenierung kam es deswegen zu offenen Ausschreitungen gegen die Aufführung und die Besucher durch die Sozialistische Reichspartei, die 1952 als Nachfolgeorganisation der NSDAP für verfassungswidrig erklärt wurde (vgl. dazu die Zusammenfassung eines Briefs von Jobst von Harlessem an Bertolt Brecht vom 15. Januar 1952, in: Bertolt Brecht, *Werke. Große kommentierte Berliner und Frankfurter Ausgabe*, Berlin, Weimar, Frankfurt am Main 1988 ff., Bd. 30, S. 520).

24 DLA, Nachlaß Carl Zuckmayer, Standortkonvolut mit Zuschriften zu *Des Teufels General*, Brief vom 15. Februar 1948.

Plakat zur Verfilmung von *Des Teufels General*

Ernst Udet angeregt wurde, experimentell die Antwort auf die Frage durchgespielt:

> Wie wäre Dein eigenes Verhalten, Dein eigenes Los, mit Deinem Naturell, Temperament, Leichtsinn usw. hättest Du nicht das Glück einer ›nichtarischen‹ Großmutter und stündest mitten drin?[25]

Daß Zuckmayer, wie Harras ein hochdekorierter Frontkämpfer des Ersten Weltkriegs, ernsthaft auszuloten versuchte, in welcher Weise er als Offizier im Zweiten Weltkrieg gehandelt haben könnte, ist ihm von seinen Kritikern jedoch nicht als Verdienst angerechnet worden. Und ob es Menschen wie Harras gegeben hat, sein Drama also realistische Züge aufweist, war für sie keine Frage, die sie auch nur in Betracht zogen. Ihnen galt es, das NS-System im Ganzen ins Visier zu nehmen und zu verurteilen.[26] Bei einem solchen Anliegen mußte jeder Versuch eines differenzierenden Urteils kontraproduktiv erscheinen.

Zuckmayer hat den Protagonisten seines Stücks so wenig als positiven Helden konzipiert wie Schiller seinen Wallenstein. »Harras«, so faßte er seine Intentionen in dem bereits zitierten Memorandum zur Verfilmung des Stücks zusammen,

> muß im Film ganz und gar als das herauskommen und herausgearbeitet werden, als was er gemeint ist, nämlich keineswegs als eine Personifizierung oder gar Idolisierung der ›Generalität‹ oder der Heeresleitung, sondern – im stärksten Gegensatz dazu – als ein Einzelmensch, der aus Leichtsinn und Begeisterung für sein Metier mitgemacht hat und die Folgen dieses Mitmachens erst erkennt, wenn es zu spät ist.[27]

Wie weit das gelingt, ist allerdings in hohem Maße von der Besetzung der Hauptrolle abhängig. Der ungeheure Ernst dieses Gewissenskonfliktes, meinte Zuckmayer,

> muss sowohl vom Buch als von der Darstellung her aufs stärkste herausgearbeitet werden, – und das ist ein Grund, weshalb mir immer wieder die Besetzung mit Gustav Knuth, der neben all seinen gewinnenden Zügen ge-

---

[25] Ebd., Brief vom 13. Dezember 1960.
[26] Vgl. zum Beispiel die Reaktion von Max Frisch, der Zuckmayer attestierte, er habe mit seinem Stück »soviele Menschen erleichtert«, und demgegenüber Brechts *Furcht und Elend des Dritten Reichs* mit der Bemerkung hervorhob: »Brecht gibt diese Erleichterung nicht.« (*Schweizer Annalen*, Jg. 3, 1946/47, Nr. 8, S. 479-481)
[27] Zuckmayer, *Grundsätzliche und grundlegende Erwägungen zu einer Verfilmung meines Stücks ›Des Teufels General‹*, a.a.O. (Anm. 7).

rade diese moralische Qualität aufbringt, richtiger erscheinen will als die an sich verlockende Besetzung mit einem Schauspieler wie Hans Albers, – der, auch wenn er die Rolle, wovon ich überzeugt bin, mit grösstem Ernst und Verantwortungsgefühl spielen würde, – im Bewusstsein des Publikums immer der eigentlich unanzweifelbare Held, der Mann aller Sympathien bleibt, der niemals unrecht hat und nie schuldig wurde.[28]

Harras ist nur eine Figur in einem Handlungsgefüge, mit dem Personen vorgestellt werden, die ein Spektrum unterschiedlicher Haltungen zum NS-Staat repräsentieren, darunter Pützchen, ein zynisches, machtverliebtes BDM-Mädchen; ihr Vater, der Industrielle Siegbert von Mohrungen, der den Aufstieg der NSDAP unterstützt hat, inzwischen aber an der Politik der Nationalsozialisten zweifelt; der aalglatte Kulturleiter Dr. Schmidt-Lausitz; die idealistischen NS-Anhänger Eilers und Hartmann; der mit der KPD sympathisierende Korrianke, Harras' Fahrer; der (bei Inszenierungen meist gestrichene) Maler Schlick, der sich aus Scham über seine mangelnde Zivilcourage dem Alkohol hingibt; ein Arzt, der Verfolgten falsche Atteste ausstellt, um ihnen die Flucht zu ermöglichen usw. usf. Triftig ist dennoch der Vorwurf, daß Harras das Geschehen zu sehr dominiere. Mit ihm präsentiere Zuckmayer, so vermerkt Erwin Rotermund kritisch, »das Gesamtbild einer vitalen, vieldimensionalen Persönlichkeit mit stark entwickelter Ich-Identität«,[29] während der Widerstandskämpfer Oderbruch rein kognitiv bestimmt und kalt erscheine. Dramaturgisch wäre es allerdings kaum denkbar gewesen, den Ernst des politischen Anliegens von Oderbruch und seine Entschiedenheit mit lebensvolleren Zügen glaubwürdig zu verbinden. Doch das erklärt nur einen Mangel des Stücks, es entschuldigt ihn nicht. Und noch ein zweiter Einwand ist nicht von der Hand zu weisen: Zuckmayer neigt dazu, den Nationalsozialismus als Schicksalsschlag zu deuten. Wenn Volker Wehdeking das letzte Exildrama von Zuckmayer als Entladung eines »mythologischen Ungewitters« begreift, kann man ihm – läßt man das semantische Mißverständnis, das seine verunglückte Formulierung mit sich bringt, einmal außer acht –

---

28 Ebd.
29 Erwin Rotermund, *Zur Vergangenheitsbewältigung im deutschen Nachkriegsdrama: Zuckmayer, Frisch, Borchert*, in: Erwin Rotermund, *Artistik und Engagement. Aufsätze zur deutschen Literatur*, hrsg. von Bernhard Spies, Würzburg 1994, S 214-222, hier: S. 218.

schwerlich widersprechen.³⁰ Der Vorwurf, es verstelle dadurch auch rationale Einsichten über die Ursachen und Formen der nationalsozialistischen Herrschaft, läßt sich jedoch nur dann erheben, wenn man diese Seiten des Stücks isoliert. Schon Rotermund hob hervor, daß man in Zuckmayers Stück »zur NS-Herrschaft eine Fülle von Äußerungen über die Institution des Systems; ihre Praktiken, zumal die der Geheimen Staatspolizei« finde:

> Auch die Ideologie des Systems wird in zahlreichen Gesprächen des Stückes dingfest gemacht: irrational-biologistische Auffassungen, Pseudo-Heroismus, antisemitische und antidemokratische Vorstellungen usf. Die objektive geschichtliche Funktion des Systems schließlich zeigt Zuckmayer an der Integration von Angehörigen verschiedenster gesellschaftlicher Schichten, an der dominierenden Rolle der Rüstungsindustrie, vor allem aber an der im vollen Gang befindlichen imperialistischen Expansion.³¹

Die immer wieder formulierte Kritik, Zuckmayer habe der Legende von der moralischen Integrität »der« deutschen Wehrmacht Vorschub geleistet, erweist sich ebenfalls als problematisch. Durch eine solche Lektüre wird Harras von vornherein allegorisch, als exemplarischer Militär interpretiert, ohne daß auch nur gefragt würde, ob diese Lesart wirklich statthaft ist. Versteht man jedoch Harras nicht zumindest als Typus innerhalb eines typologischen Spektrums von einer gewissen Bandbreite, so liegt dieser Ansicht das zweifelhafte Urteil zugrunde, Unterschiede in den Haltungen von Offizieren der Wehrmacht seien akzidentell. Einer solchen Ansicht widerspricht das Stück allein von seiner strukturellen Anlage her, die nicht auf Nivellierung, sondern auf Differenzierung aus ist.

1942, als Zuckmayer das Stück zu schreiben begonnen hatte, war dem Untertitel »oder mit Blut geschrieben« noch die Zueignung »Dem unbekannten Kämpfer« gefolgt. 1945 ersetzte er sie durch die Formulierung: »Gewidmet meinen von Deutschlands Henkern aufgehängten Freunden: Theodor Haubach, Wilhelm Leuschner, Graf Hellmuth von Moltke«. Diese Widmung durfte als eine klare Stellungnahme zugunsten der Position des Widerstandskämpfers Oderbruch gewertet werden. Im Februar 1948 wurde sie von Zuckmayer bekräftigt: Oderbruch sei zwar nur eine schwache »Skizze der Träger des deutschen Wider-

---

30 Volker Wehdeking, *Mythologisches Ungewitter. Carl Zuckmayers problematisches Exildrama ›Des Teufels General‹*, in: Manfred Durzak (Hrsg.), *Die deutsche Exilliteratur 1933-1945*, Stuttgart 1973, S. 509-519.

31 Rotermund, *Zur Vergangenheitsbewältigung im deutschen Nachkriegsdrama*, a.a.O. (Anm. 29), S. 216.

stands«, die zu »Idealgestalten einer neuen Generation« werden müßten, aber alle Bedenklichkeiten von »ewig Unverbesserlichen« bewertete er als »verheerend«. »Darüber«, so Zuckmayer, »gibt es für mich keine Diskussion«.[32]

Diese Position sei von ihm – das nahm Andreas Huyssen 1976 an – schon drei Monate später, im Mai 1948, aus allzu bereitwilliger Rücksichtnahme auf eine zunehmende Dämonisierung und Verdrängung der NS-Zeit im zeitgenössischen Denken wieder zurückgenommen worden[33] – ein Vorwurf, den bereits 1957 Wilfried Adling in seiner Leipziger Dissertation *Die Entwicklung des Dramatikers Carl Zuckmayer* formuliert hatte.[34] Nie, bekannte Zuckmayer nun, habe er sich »mit Oderbruchs Handlungsweise abfinden« können, »obwohl sie mir zwangsläufig schien«. »Oderbruch konnte nicht die Gnade der Entsühnung finden. Er konnte nicht ›abgehen‹ – er blieb [...] fluchbeladen und schuldverstrickt.« Aber was heißt das? Wollte Zuckmayer nun etwa auch seine Freunde von einst verurteilen, denen das Stück zugeeignet ist? Das ist, nach allem, was er über den Widerstand geschrieben hat,[35] kaum anzunehmen.

Einen ersten Hinweis, worin seine Schwierigkeiten mit der Figur Oderbruch bestanden haben, liefert eine Lektüre des 1946 veröffentlichten Buchs *Offiziere gegen Hitler* von Fabian von Schlabrendorff; Zuckmayer hat es kurz nach seinem Erscheinen gelesen.[36] Die Pläne des Kreisauer Kreises, so führt Schlabrendorff aus, hätten die Ermordung Hitlers vorgesehen, um anschließend alle weiteren politisch Verantwortlichen gerade wegen des Delikts anzuklagen, dessen sich Oder-

---

32 *Die Welt* (Hamburg) vom 28. Februar 1948.
33 Andreas Huyssen, *Unbewältigte Vergangenheit – Unbewältigte Gegenwart*, in: Reinhold Grimm/Jost Hermand, *Geschichte im Gegenwartsdrama*, Stuttgart, Berlin, Köln, Mainz 1976, S. 39-53.
34 Veröffentlicht 1959 in Berlin (Ost) als Bd. 1 der *Schriften zur Theaterwissenschaft*.
35 Vgl. neben den thematisch relevanten, über das Personenregister leicht auffindbaren Passagen in der Autobiographie *Als wär's ein Stück von mir* [(a.a.O.), Anm. 22] seine Gedenkrede *Memento zum 20. Juli 1969*, die 1969 als Broschüre im S. Fischer Verlag erschienen ist; jetzt in: Carl Zuckmayer, *Aufruf zum Leben. Porträts und Zeugnisse aus bewegten Zeiten*, Frankfurt am Main 1995, S. 70-87.
36 Vgl. Zuckmayers Brief an Annemarie Seidel vom 21. Juli 1946, in: *Zuckmayer-Jahrbuch*, Bd. 2, 1999, S. 148-153, hier: S. 151 f.

bruch in Zuckmayers Stück schuldig macht: der vorsätzlichen Schwächung der Landesverteidigung. Zuckmayers Probleme mit der Figur Oderbruch hatten daher ihre Ursache in einer falschen Einschätzung der nicht nur politischen und moralischen, sondern auch juristischen Überlegungen im deutschen Widerstand.

Oderbruch, der vor Kameradenmord nicht zurückschreckt, ging mit seinen Aktionen noch weiter als Harro Schulze-Boysen mit seinem – von Zuckmayer als legitim gebilligten[37] – »Landesverrat« und war daher für viele Theaterbesucher und Leser seines Stücks inakzeptabel. In der Stellungnahme eines »›Theaterkreises‹ befreundeter Konstanzer Familien« vom Mai 1948 heißt es etwa:

> Oderbruch ist geradezu das Muster einer dramatischen Fehlkonstruktion. Er stellt eine Vergewaltigung von seiten des Dichters dar, welche mit der Wirklichkeit, d.h. mit der tatsächlichen Haltung der deutschen Wehrmacht, welche mit dieser Figur verunglimpft wird, nicht das geringste zu tun hat.
> Ein Kameradenmörder kann kein Held, keine Idealgestalt sein!
> Mit seinem Postulat, alle Kräfte gegen einen Sieg Deutschlands mobil zu machen, der von »Hitler« drohte, ist der Dichter, dem ein Held vorschwebte, während er einen Verbrecher erzeugte, einer gefährlichen Fiktion verfallen! Hier hilft ihm keine Ausrede, daß er kein »Dokumentarstück« geschrieben habe. Die hinterhältigste Tötung unschuldiger Freunde bleibt gemeiner Mord! Darüber sind sich gerade *die* Deutschen, auf die es *in Wirklichkeit* heute und in Zukunft ankommt, vollkommen klar. Von »opfern müssen« kann hier umso weniger die Rede sein, als der Ausgang des Krieges einwandfrei erwiesen hat, daß derartige Sabotagen, wie sie in Wirklichkeit vorgekommen sind, auf die Kriegs-Dauer im Ganzen gesehen, nahezu wirkungslos geblieben sind.
> Der Versuch, gemeine Verbrechen »heilig sprechen zu wollen«, um damit das »Nazi-System« zu beseitigen, käme auf den stets bestrittenen, angeblichen Jesuiten-Grundsatz hinaus, daß der gute Zweck, jedes verwerfliche Mittel heilige.
> [...]
> In Wahrheit müsste ein Kameradenverräter und -mörder ein hemmungsloser, vollendeter Schweinehund ohne jeden Charakter, seinerseits vom Format eines Hitler, eines Himmler oder Göbbels und deren verblendeten

---

[37] Vgl. Carl Zuckmayer, *Mehr als ein Buch. Anmerkungen zu Bruno E. Werners Roman ›Die Galere‹*, in: *Die Neue Zeitung* vom 16. November 1949, jetzt in: Carl Zuckmayer, *Die langen Wege. Betrachtungen*, Frankfurt am Main 1996, S. 157-168, hier: S. 165.

Des Teufels General und die Historisierung des Nationalsozialismus 591

> Kreaturen, etwa des im Stück selbst bemusterten SS-Kulturleiters sein, um überzeugen zu können.
> Saboteure, Spione, Vaterlandsverräter und ihresgleichen hat es zu allen Zeiten gegeben. Gleichgültig ob im Krieg oder im tiefsten Frieden: Immer stellten sie den Abschaum der Menschheit dar. Stets war es eine Auswahl der größten Lumpen und erbärmlichsten Halunken, gescheiterte, heimatlose Gesellen, die den letzten sittlichen Halt verloren haben. Eine solche Elite wird in nichts besser, sofern man ihre Dienste für die Bekämpfung eines Hitlers in Anspruch nimmt. – Mord bleibt Mord und Mörder stets Mörder![38]

Zuckmayer konnte über solche und andere, meist moderater formulierte Einwände gegen die Handlungsweise Oderbruchs nicht dauerhaft hinwegsehen, war es doch sein erklärtes Ziel, zur gesellschaftlichen Anerkennung des deutschen Widerstands beizutragen. Daß seine divergierenden Äußerungen über Oderbruch jedenfalls nicht als eine Anpassung an die beginnende Politik des Kalten Krieges Ende der vierziger Jahre zu bewerten sind, belegen seine 1949 formulierten Überlegungen zur Verfilmung des Stücks. »Im Film«, heißt es in diesem Memorandum über Oderbruch,

> muss – vermutlich von Anfang an – die Entwicklung dieses Mannes neben der Harras-Handlung her laufen, oder in Zwischenschnitten lebendig werden.
> Die tiefste Verzweiflung, die Vereinsamung eines Menschen, der nicht mehr leben kann, so lange dieses Regime lebt und Opfer fordert, – der zum Äussersten entschlossen ist, um zum Ende beizutragen, – muss voll und ganz herauskommen.
> Man muss Zeuge seines inneren Kampfes sein und die Entscheidung mit ihm erleben.
> Oderbruch hat im letzten Akt des Stückes einen Satz – wenn Harras ihn fragt, wieso er zum Widerstand kam, – in dem er erklärt, dass er keinen persönlichen Grund habe, – ihm selbst ist es sogar sehr gut gegangen unter dem Regime: »– aber eines Tages habe ich mich geschämt, ein Deutscher zu sein. Seitdem kann ich nicht mehr ruhen, – bis es zu Ende ist.«
> Diesen Augenblick, den Inhalt dieses Satzes, muss der Zuschauer des Films miterleben. Er muss ihm optisch, sichtbarlich, exemplifiziert werden.
> Die moralische Rechnung, welche die Sabotage in diesem verzweifelten Kampf als letztes Mittel, als ultima ratio erscheinen lässt, muss klar aufge-

---

38 DLA, Nachlaß Carl Zuckmayer, Standortkonvolut mit Zuschriften zu *Des Teufels General*.

hen: was bedeutet das Leben Einzelner, und seien es die besten Freunde, gegen das der Millionen, die unabwendbar fallen und elend zu Grund gehen werden, wenn der Krieg weitergeht. Was bedeutet das eigene Leben. Jeder – auch der verzweifeltste – Versuch, diesen Krieg früher zu beenden, – und zwar durch Deutsche selbst, die seinen Frevel erkannt haben, – muss gewagt werden. –

Gleichzeitig aber muss auch die Hoffnungslosigkeit dieses Versuchs herauskommen.

Harras ist der Mann, der davon weiss, – und das treibt ihn letzten Endes zur Selbstaufgabe.

Die Macht Hitlers kann zwar nur durch seine Niederlage, nicht mehr auf politischem Weg, gebrochen werden.

Aber der Versuch, diese Niederlage – also den vorzeitigen Zusammenbruch der kämpfenden Armee – selbst und durch eigne, innere Aktion, wie hier durch Sabotage – zu erzwingen, ist vollständig hoffnungslos. Sie kann nur von aussen kommen, sie wird von aussen kommen, und sie kam von aussen. –

Hier ergibt sich die Gelegenheit, jede ›Dolchstosslegende‹ im Buch selber zu entkräften. Was Oderbruch versucht, entspringt einem hohen ethischen Impuls, (an dem es Harras, als es noch Zeit war, gefehlt hat), aber es ist zu spät. Es ist aussichtslos. Und was bestehen bleibt, ist das Zeugnis eines moralischen Mutes, der, wenn auch zum Versagen verurteilt, menschliche Grösse hat.[39]

Das alles klingt nicht danach, daß sich Zuckmayer der zunehmenden Dämonisierung und Verdrängung der NS-Zeit angepaßt hat und – wie es auch der Historiker Ger van Roon annahm – dem Stück angesichts des beginnenden Kalten Krieges eine andere als die ursprünglich intendierte Funktion zuweisen wollte.[40] Angesichts der massiven Kritik an der Figur Oderbruch beabsichtigte er vielmehr, im Film die Entscheidung für den aktiven Widerstand gegen das NS-Regime so plausibel und nachvollziehbar wie möglich darzustellen. Deswegen hat Helmut Käutner entscheidende Änderungen vorgenommen. Sie wurden von Zuckmayer 1966, drei Jahre nachdem er sein Stück – vermutlich unter dem Eindruck der Auschwitz-Prozesse – mit der Erklärung zurückge-

---

39 Zuckmayer, *Grundsätzliche und grundlegende Erwägungen zu einer Verfilmung meines Stücks ›Des Teufels General‹*, a.a.O. (Anm. 7).
40 Vgl. Ger van Roon, *Das Bild des deutschen Widerstands in Zuckmayers ›Des Teufels General‹*, in: Blätter der Carl-Zuckmayer-Gesellschaft, Jg. 17, 1996, H. 1/2, S. 37-48.

zogen hatte, es sei mißverständlich geworden, zum Teil übernommen.[41] Sowohl im Film als auch in der überarbeiteten Fassung des Dramas, der seitdem alle Abdrucke folgen, stellt Oderbruch im Gespräch mit Harras die Gründe für seinen Widerstand nicht nur ausführlicher dar, sondern er versichert auch, er habe nie damit gerechnet, daß von ihm manipulierte Flugzeuge trotz des Wissens um Sabotage von der militärischen Führung eingesetzt würden. Oderbruch nimmt damit den Tod seiner Kameraden nicht mehr in Kauf. Dadurch wird der im Zusammenspiel mit der Widmung klaren Zustimmung zu radikalen Widerstandsaktionen ihre Schärfe genommen. Zu noch weiteren Zugeständnissen war auch Käutner nicht bereit, denn am 18. Mai 1952 berichtete er Zuckmayer in einem Brief von einigen Verleih-Angeboten, die

---

41 Zu einer ersten Änderung entschloß sich Zuckmayer schon eineinhalb Jahre nach der Uraufführung. Dazu heißt es in einem Brief von Zuckmayer an Peter Suhrkamp vom 30. Juli 1948, dessen Durchschlag sich in Zuckmayers Nachlaß befindet: »[I]m ›Teufels General‹ wird im zweiten Akt von Pützchen Sauerbruch erwähnt, und diese Erwähnung beruht auf einer völlig falschen Information. Wo immer ich auf die Aufführungen Einfluss hatte, wurde diese Stelle sowieso gestrichen. Sollte sie in Berlin nicht gestrichen worden sein, so lasse sie bitte nachträglich noch wegnehmen. Ich hätte sie aber auch gern aus der Buchausgabe heraus, falls sie nachgedruckt wird. Es ist ein simpler Strich von einem Satz, der keine Ergänzung verlangt. Meine Fehlinformation entstammte einem in New York erschienenen Aufsatz von Martin Gumpert, in dem eine Schrift von Sauerbruch ›Über die ethische Bedeutung des Schmerzes‹ angeführt und der Nazi-Ideologie geziehen wurde. Daran war kein wahres Wort. Ich habe jetzt die wirkliche Schrift von Sauerbruch (›Wesen und Bedeutung des Schmerzes‹, mit dem Psychologen Wenke zusammen verfasst), gelesen, sie ist ausgezeichnet, wissenschaftlich sehr interessant, durchaus human, ohne jede oberflächliche ›Ertüchtigungs-Anwendung‹, und hat mit Nazi-Ideologie oder dergleichen überhaupt nicht das Geringste zu tun. Das wird im ›General‹ auch nicht behauptet, aber im Munde Pützchens wird ein Name auf alle Fälle anrüchig, und es ist mir äußerst peinlich, dass ich damit gegen eine Persönlichkeit wie Sauerbruch unkorrekt und ungerecht war. Vielleicht kann man sämtliche Bühnen, die das Stück spielen, durch ein kurzes Rundschreiben um Streichung bitten.« Karl Heinrich Ruppel erklärte er darüber hinaus in einem Brief vom 8. August 1948 (Nachlaß Dr. Jürgen-Dieter Waidelich, Privatbesitz), er habe »alle Bühnen gebeten, die Stellen mit Jannings (erster Akt)« zu streichen: »Der alte Sünder Emil soll seine Rechnung mit Himmel und Hölle allein abmachen.« In der Buchausgabe ließ er die Jannings-Passage jedoch auch später unverändert.

jeweils so untragbar waren, dass ich sie auch schon in Deinem Namen zurückweisen konnte. Es ging – wie konnte es anders sein – um die Figur des Oderbruch, die man völlig entfernen wollte, und aus Deinem schönen und notwendigen Stück wäre ein militärisches Schauspiel, ein Werbefilm für die Wiederaufrüstung geworden.[42]

So problematisch die Figur Oderbruch für Zuckmayer auch wurde, weil sie nicht geeignet sein konnte, wirkliche Sympathien für den Widerstand zu wecken, so notwendig blieb sie, denn mit der Selbstsicherheit von Harras ist es erst in dem Augenblick vorbei, als er nicht umhin kommt, Oderbruch entweder zu decken oder anzuzeigen. Der Zwang zur Entscheidung wird durch den Umstand verstärkt, daß es ausgerechnet Harras' Auftrag ist, die von Oderbruch verantwortete Sabotage aufzuklären. Der Kulturoffizier Schmidt-Lausitz erhöht diesen Erfolgsdruck noch dadurch, daß er Harras zunächst für vierzehn Tage inhaftiert, um ihm dann eine zehntägige Frist für die endgültige Aufklärung der Sabotage zu stellen. Dem entzieht sich Harras durch einen Testflug mit einem manipulierten Flugzeug, durch Selbstmord also. Er unterstützt damit Oderbruch, in dessen Obhut er noch den jungen Fliegeroffizier Hartmann gibt, der von den Idealen des Nationalsozialismus vollkommen überzeugt war, bis er das gnadenlose Vorgehen eines »Vertilgungskommandos« hautnah miterleben mußte.

Während durch Historiker wie Karl Dietrich Bracher oder Politologen wie Eugen Kogon nach dem Zweiten Weltkrieg das Bild eines Führer-Staats von monolithischer Geschlossenheit gezeichnete wurde, zeigte Zuckmayer an diesem beispielhaft konstruierten Fall die Animositäten und Rivalitäten zwischen verschiedenen Instanzen im ›Dritten Reich‹. Käutner unterstrich in seiner Verfilmung diese Darstellung der Machtkämpfe innerhalb des NS-Staates. »Es war«, äußerte er 1973 in einem Interview mit Edmund Luft über sein gemeinsam mit Georg Hurdalek geschriebenes Drehbuch,

> von der Absicht getragen, einen politischen Film zu machen, der nämlich die Verhältnisse in der Nazizeit sehr deutlich machte, vor allen Dingen zwischen SS, SA, Wehrmacht, die Schuld des Einzelnen, die Vermessenheit.[43]

Dazu unterlegte er dem Verhalten von Schmidt-Lausitz ein machtpolitisches Motiv, das Zuckmayer im ersten Akt seines Stücks angelegt,

---

42 DLA, Nachlaß Carl Zuckmayer.
43 Abgedruckt in: Wolfgang Jacobsen/Hans Helmut Prinzler (Hrsg.), *Käutner*, Berlin 1992, S. 120-171, hier: S. 149.

aber dann nicht ausgeführt hat: »Wer die Luftwaffe hat«, so stellt Harras dort fest,

> der hat die Macht – im Fall einer Auseinandersetzung zwischen Armee und Partei. Deshalb versucht die Partei – das heißt die SS – mit allen Mitteln die entscheidenden Positionen in ihre Klaue zu kriegen. Gelingt ihnen das, dann haben sie sozusagen den latenten deutschen Bürgerkrieg zum zweitenmal gewonnen.[44]

Erst in der Verfilmung wird aus Schmidt-Lausitz ein Mann der SS, und eine nicht im Drama vorhandene Szenenfolge zeigt weit ausführlicher und viel eindrucksvoller seinen Versuch, Harras durch eine zeitweilige Inhaftierung unter Druck zu setzen. Als Hitler ankündigt, selbst den Oberbefehl über die Wehrmacht zu übernehmen (was am 19. Dezember 1941 geschehen ist), wird Harras für Schmidt-Lausitz uninteressant. Er läßt ihn daraufhin eiskalt fallen. Während solche ›NS-Kampfspiele‹[45] in der Geschichtswissenschaft erst in den sechziger Jahren durch Darstellungen wie *Anatomie des SS-Staats*[46] und Spezialstudien wie Peter Hüttenbergers *Die Gauleiter*[47] oder Reinhard Bollmus' *Das Amt Rosenberg und seine Gegner*[48] ins Blickfeld gerieten, trug Zuckmayer durch sein Stück, mehr aber noch Käutner durch seine Verfilmung, zu einer realistischeren Darstellung der inneren Struktur des NS-Staates schon in den fünfziger Jahren bei.[49] Das war neben der Umsetzung von Zuckmayers Forderung, »dass der Beschauer nie das Gefühl hat, er bekomme eine Standpauke gehalten oder werde mit dem Zeigefinger belehrt«,[50] ein sicherlich entscheidender Grund für den Erfolg.

---

44 Carl Zuckmayer, *Des Teufels General. Theaterstücke 1947-1949*, Frankfurt am Main 1996, S. 44.
45 Hans Buchheim, *SS und Polizei im NS-Staat*, Duisdorf 1964, S. 17.
46 Von Hans Buchheim, Martin Broszat, Hans-Adolf Jacobsen, Helmut Krausnick in 2 Bänden, Olten und Freiburg 1965.
47 Stuttgart 1969.
48 Stuttgart 1970.
49 Vgl. zur Forschungsgeschichte den Überblick von Ian Kershaw, *Der NS-Staat. Geschichtsinterpretationen und Kontroversen im Überblick*, erweiterte und bearbeitete Neuausgabe, Reinbek 1999, hier besonders: S. 120-122.
50 Zuckmayer, *Grundsätzliche und grundlegende Erwägungen zu einer Verfilmung meines Stücks ›Des Teufels General‹*, a.a.O. (Anm. 7).

2. Die Zueignung – ein Supplement und seine historischen Hintergründe

Zuckmayers differenzierte Binnendarstellung des NS-Staates hatte ihre Ursache in der festen Überzeugung von der Existenz eines »Anderen Deutschlands«. Sie wurde von ihm bereits 1938 in seiner Bekenntnisschrift *Pro Domo*, 1944 in der Gedenkrede auf seinen ein Jahr zuvor bei einem Bombenangriff auf Leipzig umgekommenen Freund Carlo Mierendorff und im selben Jahr in seiner Auseinandersetzung mit Erika Mann zum Ausdruck gebracht. 1941 stellte er in einem Brief aus seinem Vermonter Exil an seinen nach Hollywood emigrierten Freund Albrecht Joseph Überlegungen dazu an, warum der Nationalsozialismus überhaupt auf so viele Menschen eine große Anziehungskraft ausgeübt habe:

> Der Nationalsozialismus war und ist vielleicht noch für viele guten Kräfte, sogar wirklich gute und junge [...] faszinierend, nicht wegen der Viecherei oder der Niedertracht womit er Neid und Rachgier organisierte, sondern weil er sich echter Ideale und Ideen, die teils als Traumwunsch schlummerten, teils bewusst überliefert und gepflegt waren, (zum Beispiel auch solcher die in der 48er Bewegung lebten) bemächtigte und bediente. Wie kann der ungeheure Missbrauch zustande kommen? Ist es etwa so, dass es nur an den Leuten liegt, die etwas ausführen – dass guter Stoff in schlechte Hände geraten kann, dass es einfach die Falschen waren und die Fälscher, statt die Richtigen, dass mit andren Worten, der Grundzug des Nationalsozialismus richtig wäre wenn nicht der Hitler, nicht die »Nazis«, sondern andere, bessere Leute ihn »gemacht« und geführt hätten? (Wobei ich ausser acht lasse ob der Antisemitismus eine rein demagogisch-propagandistische oder eine pathologisch apokalyptische Nebenerscheinung ist. Denn die Scheusslichkeit der Sache geht ja viel weiter und wäre auch ohne Pogrom vorhanden, oder aber das Pogrom ist nur ein Ausdruck der allgemeinen, tieferen Scheusslichkeit). Du kannst nicht nur aus der »Ideologie« sondern aus der Praxis des Nationalsozialismus und des Dritten Reichs mühelos eine ganze Menge an sich Richtiges und sogar brillant Gemachtes heraus klauben. Kann es auf der Welt sein dass richtige Ideen von den falschen Leuten repräsentiert, vergewaltigt, verunreinigt, und dadurch zu falschen Wirkungen getrieben werden? (Wobei die »falschen Leute« nicht nur Adolf, Hermann, Julius usw. heissen – denn es ist ja Unsinn dass das einfach eine Gangstergruppe kann – sondern eine Schicht sind die von der Gangstergruppe erfasst wurde. Worin aber besteht die Schicht, die Menschensorte? Es ist ja ebenso Unsinn und oberflächlich das einfach »middle class« zu nennen und diese en bloc verstunkener Grässlichkeit zu zeihen, nicht die gesunden und kräftigen Materialien zu sehen die gerade in middle class vorhanden sind). Ja, ich bin kein Hegelianer und glaub nicht an die »absolute Idee«, aber ebensowenig dass es nur an den Leuten liegt und eine wirkliche Idee keine

reinigende und absorbierende Eigenkraft, Wachskraft besitzen soll. Also muss es doch daran liegen dass eine epochale Idee die den Rohstoff unserer Zeit gestalten könnte, noch nicht geboren ist. Sodass Idee-Ansätze und -keime in das grässliche Substitut und Viehfutter des Nationalsozialismus verwurstet werden konnten.[51]

Unmittelbar nach Hitlers »Machtergreifung« sah der von den Nationalsozialisten internierte SPD-Politiker Julius Leber sogar eine Reihe von Berührungspunkten zwischen sozialdemokratischer und nationalsozialistischer Politik.[52] So weit ist Zuckmayer nie gegangen, aber auch er war zu dieser Zeit zu der Überzeugung gelangt, daß »etwas ganz Neues entwickel[t]« werden müsse,

> und zwar etwas, was auf einer höheren Ebene den Anschluss an die positiven, die elementaren und wohlmeinenden Kräfte, die in der nationalen Bewegung durchaus vorhanden sind, findet.[53]

Eine konkretere Bestimmung der politischen Vorstellungen, die solchen Bemerkungen zugrundelagen, ermöglicht eine Passage in seiner Autobiographie *Als wär's ein Stück von mir*, die auch im Zusammenhang mit Zuckmayers Zueignung von *Des Teufels General* besondere Aufmerksamkeit verdient:

> Eines besonderen Zusammentreffens muß ich gedenken, das – von heute aus gesehen – den dunkelsten Schatten der späteren Tragödie, aber auch den Glanz späterer Größe heraufbeschwört. Es war in unsrer Henndorfer Frühzeit, im Sommer 1927. Da begegneten sich in der ›Wiesmühl‹[54] zum erstenmal meine deutschen sozialistischen Freunde, Carlo Mierendorff und Theodor Haubach, auch der tapfere Schweizer Sozialist Joseph Halperin, mit einem jüngeren, erst kurz vorher durch die verehrte Lehrerin und Schuldirektorin meiner Frau, Dr. Eugenie Schwarzwald,[55] zu uns gestoßenen Freund: dem Grafen Hellmuth James von Moltke. Moltke, seiner Tradition und Erziehung gemäß eher christlich-konservativ gebunden, war

---

51 DLA, Nachlaß Carl Zuckmayer, Brief vom 7. November 1941.
52 Vgl. Dorothea Beck, *Julius Leber. Sozialdemokrat zwischen Reform und Widerstand*, Berlin 1983, S. 143-149.
53 DLA, Nachlaß Carl Zuckmayer, Brief an Hans Schiebelhuth vom 28. März 1933.
54 So der Name von Zuckmayers Domizil in Henndorf bei Salzburg, das von 1926 bis 1938 sein Hauptwohnsitz war.
55 Vgl. dazu Alice Herdan-Zuckmayers Buch *Genies sind im Lehrplan nicht vorgesehen* (Frankfurt am Main 1979).

damals schon dem Sozialismus zugeneigt, während die deutschen Jung-Sozialisten sich lebhaft für die Gedankengänge und Konzepte der englischen Jungkonservativen interessierten. Bei dieser Zusammenkunft, in den Gesprächen dieser Nacht, kündete sich bereits an, was später als ›Kreisauer Kreis‹ in die Geschichte des deutschen Widerstands gegen Hitler einging.[56]

Zuckmayers Autobiographie ist nicht immer zuverlässig. Deshalb mag es sein, daß dieses Treffen von Moltke nicht erinnert wurde,[57] weil es in dieser Form nie stattgefunden hat. Unklar bleibt auch, was wir uns unter »englischen Jungkonservativen« und ihren Gedankengängen vorzustellen haben, und es könnte sein, daß es weniger Überlegungen aus England waren (über die allenfalls Joseph Halperin, mehrjähriger London-Korrespondent der *Neuen Zürcher Zeitung*, informiert gewesen sein dürfte), als vielmehr politische Vorstellungen deutscher Jungkonservativer, über die sich Zuckmayer und seine sozialistischen Freunde ausgetauscht haben. Daß es Gespräche dieser Art gegeben haben muß, seinem Bericht in diesem Punkt also auf jeden Fall Glauben geschenkt werden darf, ist sehr wahrscheinlich, denn die jungkonservative Verurteilung des Wilhelminismus als materialistisch und spießbürgerlich, ihre Kritik, die Politik habe ihre Macht vollständig an die Ökonomie abgetreten, ihre Ablehnung einer individualistischen Gesellschaft, der gegenüber sie die Rückkehr zum Primat der Gemeinschaft verlangten, und schließlich ihre Forderung nach Führungseliten weist ganz auffällige Parallelen zu Überlegungen auf, die von dem SPD-Reichstagsabgeordneten Carlo Mierendorff, einem der engsten Freunde Zuckmayers, angestellt wurden.[58] Mit Mierendorffs politischen Ansichten,

---

56 Carl Zuckmayer, *Als wär's ein Stück von mir*, a.a.O. (Anm. 22), S. 73 f. Vgl. auch Carl Zuckmayer, *Pro Domo*, in: Carl Zuckmayer, *Die langen Wege. Betrachtungen*, Frankfurt am Main 1996, S. 71-132, hier: S. 101.

57 Vgl. Freya von Moltke/Michael Balfor/Julian Frisby, *Helmuth James von Moltke 1907-1945. Anwalt der Zukunft*, Stuttgart 1975, S. 89. Daß sich Moltke und Zuckmayer 1927 allerdings persönlich kannten, belegt ein Schreiben vom 5. Juni 1927 (im DLA, Nachlaß Carl Zuckmayer). Dieser Brief – der einzige von Moltke an Zuckmayer, der überliefert ist – handelt von Moltkes Teilnahme an einer Lesung des *Schinderhannes* durch Zuckmayer im privaten Kreis.

58 Erste Berührungspunkte ergaben sich bereits 1923, als beim Ostertreffen 100 Jungsozialisten in Hofgeismar bei Kassel das Ziel formulierten, ein neues positives Volksbewußtsein und eine klare entschiedene Staatsgesinnung zu erarbeiten. Zur Verbindung Mierendorffs zum Hofgeismarer Kreis vgl. Heinrich August Winkler, *Der Schein der Normalität. Arbeiter und Arbeiterbewegung in der Weimarer Republik 1924-1930*, Berlin, Bonn 1988, S. 369.

besonders seiner Kritik an den Versäumnissen der Sozialdemokratie bei der Berücksichtigung der »Gefühle von Massen«,[59] stimmte Zuckmayer weitgehend überein. Nach einer »kommunistischen« Phase in der Zeit nach dem Ersten Weltkrieg verstand er sich zwar als unpolitischer Schriftsteller, während Mierendorff nach der gemeinsamen Heidelberger Studienzeit und der Zusammenarbeit an der Zeitschrift *Das Tribunal* seine literarischen Ambitionen zugunsten der parteipolitischen Arbeit in der SPD aufgab. Aber auch in seiner »unpolitischen« Zeit fiel Zuckmayer politisch auf, etwa mit seiner Karikatur des Korpsstudenten Knuzius im *Fröhlichen Weinberg* (1925), die zu zahlreichen Protesten völkischer und nationalistischer Kreise nach sich zog,[60] seiner Stellungnahme gegen Johannes R. Becher betreffende Zensurmaßnahmen 1928[61] oder seiner Zustimmung zur Abschaffung des Abtreibungsparagraphen im Rahmen der Diskussion um Piscators Inszenierung des Dramas § *218* von Carl Credé.[62] Für außenstehende Beobachter zählte er daher ganz eindeutig zu den »Linksern«.[63] Allerdings bewegte sich Zuckmayer in allen diesen Fällen noch innerhalb des literarischen Feldes. Zu Beginn des Jahres 1930 kam es jedoch erneut zu einer Form der Politisierung, bei der er diese Feldgrenzen bewußt überschritt. Nachdem er im Januar 1930 ein – schließlich nicht zustandegekommenes – Rededuell mit Joseph Goebbels geplant hatte, bei dem er »den Nazis und den unsrigen mächtig den Arsch aufreissen«[64] wollte, unterzeichnete er im September einen *Aufruf an die Partei der Nichtwähler* zugunsten der Wiederwahl von Heinrich Brüning zum Reichskanzler.[65] Im Dezember 1930 engagierte er sich vehement gegen das Verbot des Remarque-Films *Im Westen nichts Neues*.[66] 1931 wurde er Mitglied der von Theodor

---

59 Vgl. dazu Richard Albrecht, *Der militante Sozialdemokrat Carlo Mierendorff*, Berlin, Bonn 1987, S. 100.
60 Vgl. dazu die Dokumentation von Barabara Glauert (Hrsg.), *Carl Zuckmayer. Das Bühnenwerk im Spiegel der Kritik*, Frankfurt am Main 1977, S. 28-98.
61 Vgl. Nickel/Weiß, *Carl Zuckmayer*, a.a.O. (Anm. 16), S. 220.
62 Beitrag zu der Umfrage *Wie stehen Sie zum § 218 Str. G.B.?*, in: *General-Anzeiger für Dortmund* vom 26. Januar 1930.
63 So die Einordnung Zuckmayers durch Hans Herrdegen in der *Österreichischen Abendzeitung* vom 5. Dezember 1933.
64 Zuckmayer an Albrecht Joseph, Brief vom 15. Januar 1931, zitiert nach: Nickel/Weiß, *Carl Zuckmayer*, a.a.O. (Anm. 16), S. 219.
65 Vgl. Nickel/Weiß, *Carl Zuckmayer*, a.a.O. (Anm. 16), S. 100.
66 Zuckmayer hat Remarques Roman *Im Westen nichts Neues* enthusiastisch rezensiert (*Berliner Illustrirte Zeitung* vom 31. Januar 1929, jetzt in: Carl

Haubach mitgegründeten Eisernen Front, dem von der SPD, den Gewerkschaften und dem Reichsbanner Schwarz-Rot-Gold gegründeten Bündnis gegen die Harzburger Front.[67] Trotz all dieser Aktivitäten empfand er schon im Dezember 1930 die politische Situation als vollkommen verfahren:

> Es scheint völlig hoffnungslos, gegen die Rechtser aufzukommen, wir haben links weder Waffen noch zuverlässige Leute, (selbst die Schupo wakkelt), und vor allem: keine Idee, keine Kräfte, keinen Lebenskram. Das Ganze ist ein Versagen des Marxismus, sonst nichts, und wir müssen es ausbaden. Weil der Marxismus seit 1918 nicht in der Lage war, die irrationalen Bedürfnisse der Menschen zu erregen, zu erfüllen und zu einem vernünftigen Ziel zu kopulieren, sondern Menschen für politische Rechenmaschinen und die Welt für eine durch konstruktive Ideologien zu regelnde Materialanhäufung hielt, machen sich die irrationalen Bedürfnisse der Menschen selbständig und strömen mit dem bequemsten und hemmungslosesten Quatsch zusammen. Daneben stehen die Sozialdemokraten, die jetzt Thomas Mann gewonnen, aber die Arbeiterschaft verloren haben, und kauen an den Nägeln.[68] Zum Kotzen. Genug davon.[69]

Zuckmayer, *Aufruf zum Leben. Portraits und Zeugnisse aus bewegten Zeiten*, Frankfurt am Main 1995, S. 97-99). Als die Verfilmung dieses Buchs im Dezember 1930 verboten wurde, ergriff er nochmals entschieden für Remarque Partei (Carl Zuckmayer, *Front der Unzerstörten*, in: *Vossische Zeitung* [Berlin] vom 21. Dezember 1930, Nachdruck in: *Blätter der Carl-Zuckmayer-Gesellschaft*, Jg. 10, 1984, H. 2, S. 87-90). Vgl. zum Verhältnis der beiden Autoren in dieser Zeit Richard Albrecht, *Persönliche Freundschaft und politisches Engagement: Carl Zuckmayer und Erich Maria Remarques »Im Westen nichts Neues« 1929/30*, in: *Blätter der Carl-Zuckmayer-Gesellschaft*, Jg. 10, 1984, H. 2, S. 75-86; dazu kritisch: Ulrich Fröschle, *Die »Front der Unzerstörten« und der »Pazifismus«. Die politischen Wendungen des Weltkriegserlebnisses beim »Pazifisten« Carl Zuckmayer und beim »Frontschriftsteller« Ernst Jünger*, in: *Zuckmayer-Jahrbuch*, Bd. 2, 1999, S. 309-360.

67 Vgl. Carl Zuckmayer, *Als wär's ein Stück von mir*, a.a.O. (Anm. 22), S. 526.

68 Zuckmayer bezieht sich auf Thomas Manns Rede *Deutsche Ansprache. Appell an die Vernunft* vom 17. Oktober 1930, mit der Mann auf das Ergebnis der Reichstagswahlen vom 14. September 1930 mit ihren immensen Stimmenzugewinnen für die NSDAP reagierte. Als Ziel seiner *Deutschen Ansprache* bezeichnete Mann es wenig später, »diesem Bürgertum Mut zu machen, seinen politischen Platz an der Seite der Sozialdemokratie zu nehmen« (vgl. Thomas Mann, *Die Wiedergeburt der Anständigkeit*, in: Thomas Mann, *Gesammelte Werke*, 2. Aufl., Frankfurt am Main 1974, Bd. 12, S. 661).

Wie Zuckmayer nahm Mierendorff (auf andere Weise auch Kurt Tucholsky[70]) Abschied von der Vorstellung, Vernunftgründe seien bei der politischen Willensbildung in der Massengesellschaft ausschlaggebend. Und wie Theodor Haubach[71] propagierte er eine republikanische Staatsbejahung, die keinen chauvinistischen, sondern vielmehr einen patriotischen Charakter hatte. Obwohl er dezidierter Gegner eines als abstrakt empfundenen sozialistischen Internationalismus war, plädierte Mierendorff – ebenso wie Zuckmayer und im schärfsten Gegensatz zu den meisten Anhängern einer Konservativen Revolution – für eine deutsch-französische Verständigung.[72] Seine Überlegungen mündeten jedoch in eine Kritik des liberalen Staates, die in verwandter Form auch zum Arsenal der Argumente des jungkonservativen Tat-Kreises gehörte: »Die Weimarer Demokratie«, so Mierendorff,

---

69 DLA, Nachlaß Carl Zuckmayer, Brief von Zuckmayer an Albrecht Joseph vom 11. Dezember 1930.

70 »Wenn man auf die Massen einwirken will«, so heißt es in seinem 1922 in der *Weltbühne* veröffentlichten Text *Die zufällige Republik*, muß man unbedenklich, demagogisch, völlig subjektiv und hemmungslos arbeiten. Eine republikanische Propaganda gibt es schon deshalb nicht, weil es in den entscheidenden Stellen nur wenig Republikaner gibt« (zit. nach: Kurt Tucholsky, *Gesamtausgabe*, Bd. 5: Texte 1921-1922, Reinbek 1999, S. 411). Zu den Konsequenzen, die zunächst in der Entwicklung von Propagandakonzepten, in den dreißiger Jahren schließlich zum ausgeprägten Interesse Tucholskys an den Veröffentlichungen von Charles Péguy und des »Ordre Nouveau« führten, vgl. Renke Siems, *Republikanische Mystik. Tucholsky und Péguy*, in: Michael Hepp/Roland Links, *»Schweden – das ist ja ein langes Land!«. Kurt Tucholsky und Schweden*, Oldenburg 1994, S. 89-116.

71 Vgl. Walter Hammer (Hrsg.), *Theodor Haubach zum Gedächtnis*, zweite, verbesserte und ergänzte Auflage, Frankfurt am Main 1955.

72 Mierendorff bezeichnete es 1932 als den entscheidenden außenpolitischen Fehler der Weimarer Republik, daß sie nicht »entschlossen die einzig sinnvolle Linie einer deutsch-französischen Europapolitik« eingeschlagen habe (Carlo Mierendorff, *Die Republik von morgen*, in: *Sozialistische Monatshefte*, Jg. 38, 1932, S. 738-744, hier: S. 740); Zuckmayer gab seinem Wunsch nach einer Versöhnung mit Frankreich in dem Artikel *Franzosen am Oberrhein* Ausdruck, der in der *Vossischen Zeitung* (Berlin) vom 29. Juni 1930 erschienen ist (Nachdruck in den *Blättern der Carl-Zuckmayer-Gesellschaft*, Jg. 4, 1978, H. 1, S. 21-25). Zu Haubach vgl. Franz Walter, *Nationale Romantik und revolutionärer Mythos. Politik und Lebensweisen im frühen Weimarer Jungsozialismus*, Berlin 1986, S. 86 f.

ist für uns nie das Ziel unseres staatspolitischen Kampfs gewesen. Sie war für uns immer nur ein zeitbedingter Kompromiß, ein Durchgangsstadium. Unser Ziel heißt *sozialistische* Demokratie. Die Weimarer Demokratie ist ein Produkt typisch liberalistischer Ideen. Diese liberale Vorstellungswelt, die sich den Staat nur als einen schwachen Staat denken kann, ist der Weimarer Demokratie zum Verhängnis geworden. Die Aufgabe, die uns zuwächst, ist: das Bild einer demokratischen Staatsorganisation zu schaffen, die den Staat als einen starken Staat will und die Verfassung nicht als eine Organisation von Hemmungen zur Sicherung der Individualsphäre betrachtet, sondern als die straffe Organisation des Kollektivwillens mit dem Ziel der Beherrschung und Lenkung der Wirtschaft durch die staatlichen Machtmittel.[73]

Das Plädoyer für einen starken Staat ging sowohl bei Mierendorff als auch bei Jungkonservativen wie Edgar Julius Jung oder Hans Zehrer, dem Herausgeber der Zeitschrift *Die Tat*, mit der entschiedenen Ablehnung von Hitlers Politik einher: Mierendorff erprobte, um weitere Wahlsiege der Nationalsozialisten zu verhindern, neue Formen der Propaganda, mit denen er allerdings im wesentlichen nur Methoden der NSDAP aufgriff und modifizierte; Zehrer hingegen visierte ein Querfrontbündnis unter Führung Kurt von Schleichers zwischen »linken« Nationalsozialisten um Gregor Strasser und Gewerkschaften mit dem Ziel an, Hitlers Machtübernahme zu verhindern.[74] Nachdem dies gescheitert war, arrangierte er sich allerdings – im Gegensatz zu Mierendorff und dem beim sogenannten Röhm-Putsch ermordeten Jung – mit dem neuen Regime.[75]

Ob solche Handlungsoptionen in der Endphase der Weimarer Republik sich noch mit dem tradierten Rechts-Links-Schema begreifen lassen, ist fraglich, und dessen Tauglichkeit wurde in den vergangenen Jahren

---

73 Carlo Mierendorff, *Der sozialistische Weg*, in: *Sozialistische Monatshefte*, Jg. 38, 1932, S. 989-993, hier: S. 990.

74 Vgl. Wolfram Pyta, *Verfassungsumbau, Staatsnotstand und Querfront. Schleichers Versuche zur Fernhaltung Hitlers von der Reichskanzlerschaft August 1932 bis Januar 1933*, in: Wolfram Pyta/Ludwig Richter (Hrsg.), *Gestaltungskraft des Politischen. Festschrift für Eberhard Kolb*, Berlin 1998, S. 173-197; Lutz Berthold, *Carl Schmitt und der Staatsnotstandsplan am Ende der Weimarer Republik*, Berlin 1999.

75 Vgl. Ebbo Demant, *Hans Zehrer als politischer Publizist*, Mainz 1971, S. 112-119.

auch wiederholt bezweifelt.[76] Jedenfalls besprach sich Zehrer, als er noch Schleichers Querfrontpläne unterstützte, mit Politikern wie Kurt Schumacher und Carlo Mierendorff, von denen man gemeinhin annimmt, daß sie ihm sehr fern gestanden haben müßten.[77] Vor allem Mierendorff war – was Richard Albrecht verschweigt[78] und Hartmut Mehringer lediglich vage andeutet – aus großer Unzufriedenheit mit einer vollkommen verkrusteten Sozialdemokratie »offen für Bündnisperspektiven über den traditionellen Rahmen der Arbeiterbewegung hinaus«.[79] Daß Zuckmayer, der sich in seiner Autobiographie sehr wohlwollend über Schleichers politische Ziele äußert,[80] von Mierendorff, Leuschner (der 1932/33 stellvertretender Vorsitzender des Allgemeinen Deutschen Gewerkschaftsbundes war[81]) oder Haubach über Einzelheiten der Gespräche unterrichtet wurde, ist wahrscheinlich, zumal er Haubach Ende März 1933 die Schlüssel zu seiner Berliner Wohnung überließ, damit sie notfalls als Versteck dienen konnte.[82] Quellen, die seine Kenntnis der Verhandlungen belegen, sind jedoch nicht überliefert. Briefe an Friedrich Sieburg vom 1. und 8. April 1933, in denen er enthusiastisch dessen Buch *Es werde Deutschland* lobt, zei-

---

76 Vgl. Manfred Gangl/Gérard Raulet (Hrsg.), *Intellektuellendiskurse in der Weimarer Republik. Zur politischen Kultur einer Gemengelage*, Frankfurt am Main, New York, Paris 1994, S.145-159; Helmut Lethen, *Verhaltenslehren der Kälte. Lebensversuche zwischen den Kriegen*, Frankfurt am Main 1994; Helmut Lethen, *Unheimliche Nachbarschaften. Neues vom neusachlichen Jahrzehnt*, in: *Jahrbuch zur Literatur der Weimarer Republik*, Bd. 1, 1995, S. 76-92.

77 So Ernst Lemmer in einem Gespräch mit Ebbo Demant; vgl. Demant, *Hans Zehrer als politischer Publizist*, a.a.O. (Anm. 75), S. 88. Möglicherweise gab es auch Kontakte zwischen Zuckmayer und Zehrer, denn Henry Goverts berichtet in einem Brief an Zuckmayer vom 8. April (im DLA, Nachlaß Carl Zuckmayer): »Ja, lieber Zuck und liebe Liccie, es sind nur wenige von uns übrig geblieben« und erwähnt dann neben Emil Henk, Dolf Sternberger, Alfred Weber, Wolfgang Petzet, Ernst Rowohlt und Kasimir Edschmid auch »mein[en] Freund Hans Zehrer«.

78 Albrecht, *Der militante Sozialdemokrat Carlo Mierendorff*, a.a.O. (Anm. 59).

79 Hartmut Mehringer, *Widerstand und Emigration. Das NS-Regime und seine Gegner*, München 1997, S. 192.

80 Carl Zuckmayer, *Als wär's ein Stück von mir*, a.a.O. (Anm. 22), S. 522.

81 Zur Biographie vgl. Joachim Leithäuser, *Wilhelm Leuschner. Ein Leben für die Republik*, Köln 1962, die sich allerdings über Leuschners Haltung zu Schleichers Plänen leider ausschweigt.

82 Ebd., S. 535.

gen aber immerhin, wie stark Zuckmayer sich jungkonservative Ideen in dieser Zeit zu eigen gemacht hat. »Es geht«, heißt es in seinem ersten Brief, »alles darum: dass die Nation nicht die Verbindung mit der Wurzel ihres Wesens verliert, dass sie in ihrem neuen Aufbruch geführt und nicht verführt werde, dass ihr aus jedem Spiegel ihr neues, ihr volkhaftes Antlitz und nicht seine Verzerrung, Übersteigerung entgegenblickt.«[83] Eine Akzeptanz der sogenannten »nationalen Revolution« kommt in diesen Bemerkungen ebenso unverkennbar zum Ausdruck wie die Sorge, daß die politische Entwicklung unter Hitler eine falsche Richtung nehmen könnte. Um mit publizistischen Mitteln Einfluß zu nehmen, schlug Zuckmayer in seinem zweiten Brief die Gründung einer Zeitschrift im Frankfurter Societäts-Verlag vor, die wie Sieburgs Buch den Titel *Es werde Deutschland* tragen sollte und dann vermutlich eine ähnliche Rolle wie die *Deutsche Zukunft* von Fritz Klein und Paul Fechter[84] oder der *Widerstand* von Ernst Niekisch[85] gespielt und sich wohl nicht allzu weit von jener Gruppe um die *Neuen Blätter für den Sozialismus* entfernt hätte, von der eine Symbiose zwischen Sozialismus und Nationalismus angestrebt worden war.[86] Zuckmayer dachte an

> eine Monatsschrift, ohne Aufmachung, ohne grosse Kosten, in der sich alle diejenigen sammeln, die unter keinen Umständen ohne Vaterland leben können und dabei jedem Missbrauch des Wortes und des Begriffs »Vaterland« fernstehen, denen die Nationwerdung über jeden Parteibezirk geht, die imstande wären, die Kluft zwischen Geist und Nation zu überspringen.[87]

In Sieburg glaubte er einen geeigneten Partner zu finden, antwortete aber am 10. April 1933 Albrecht Joseph, der in einem nicht erhaltenen Brief offenbar Einwände gegen dessen neuestes Buch formuliert hatte:

---

83 DLA, Nachlaß Friedrich Sieburg. Eine vollständige Veröffentlichung beider Briefe erfolgt in Band 5 des *Zuckmayer-Jahrbuchs*.

84 Vgl. Gerd Renken, *Die »Deutsche Zukunft« und der Nationalsozialismus. Ein Beitrag zur Geschichte des geistigen Widerstands in den Jahren 1933-1940*, Berlin 1970.

85 Vgl. Birgit Rätsch-Langejürgen, *Das Prinzip Widerstand. Leben und Wirken von Ernst Niekisch*, Bonn 1997, S. 207-215.

86 Vgl. Hans Mommsen, *Der lange Schatten der untergehenden Republik. Zur Kontinuität politischer Denkhaltungen von der späten Weimarer zur frühen Bundesrepublik*, in: Karl Dietrich Bracher, Manfred Funke, Hans-Adolf Jacobsen (Hrsg.), *Die Weimarer Republik 1918-1933*, Düsseldorf 1987, S. 562.

87 DLA, Nachlaß Friedrich Sieburg.

Ad Sieburg: Ähnliches habe ich ihm selbst geschrieben: Wohl mit weniger Vorbehalt, aber auch in dem Sinn: das wahrhaft Positive darf nicht widerstandslos, nicht mit dem Strom, sondern gegen den Strom schwimmend erreicht werden. Aber das Grundgefühl, aus dem heraus er schreibt, das »Ohne Vaterland nicht leben können«, das absolute Einstehen für Deutschland mit all seinen Fehlern, teile ich durchaus. Ich regte deshalb den Gedanken der Zeitschrift bei ihm an, in der die einzelnen, von ihm angerührten Punkte in einer härteren, deutlicheren Weise, von verschiedensten Persönlichkeiten, gedeutet und befestigt werden könnten. Ich selbst bin noch nicht in der Lage, mich öffentlich, dh. verbindlich zu diesen Dingen zu äussern, – aus den Gründen die Du ganz richtig empfindest. Ich halte – für mich! – produktive Zurückhaltung, Stille, jetzt für wichtiger und für sauberer. Aber die Zeit kommt, ist nah, und wir sind bereit![88]

Ob Sieburg auf Zuckmayers Vorschlag jemals reagiert hat, ist nicht bekannt. Mit Bestimmtheit läßt sich nur feststellen, daß das von Zuckmayer vorgeschlagene Projekt nie realisiert wurde.

Sieburg wird in Lexika pauschal als dem Nationalsozialismus nahestehend charakterisiert,[89] was aber für die Zeit bis 1935 wahrscheinlich nicht oder allenfalls mit Einschränkungen zutrifft. Zwar wurde *Es werde Deutschland* von Harry Graf Kessler[90] und Heinrich Mann[91] als Ausweis der Hitler-Anhängerschaft bewertet, aber dieses Urteil beruhte offenbar auf einer oberflächlichen, unvollständigen oder gar vollends unterbliebenen Lektüre, hatte eine weitere Ursache in der Notwendigkeit der Frontenbildungen bei den politischen Auseinandersetzungen dieser Zeit und wurde zudem durch die verzögerte Drucklegung des Buches befördert: Wie aus Sieburgs Korrespondenz mit dem Societäts-Verlag hervorgeht, lag das Manuskript bereits geraume Zeit vor, als es im Februar 1933 endlich gedruckt wurde.

Es soll hier nicht beschönigt oder gar bestritten werden, daß Sieburg mit reichlich verquaster Terminologie, die nur von Friedrich Hielscher

---

88 DLA, Nachlaß Carl Zuckmayer.
89 Vgl. z.B. *Meyers großes Taschenlexikon in 24 Bänden*, Mannheim, Wien, Zürich 1987, Bd. 20, S. 156.
90 Sieburg sei, so Harry Graf Kessler in einem unveröffentlichten Tagebucheintrag vom 13. April 1933, »durch sein Buch ›Es werde Deutschland‹ vor kurzem mit fliegenden Fahnen zu den Nazis übergegangen« (DLA, Nachlaß Harry Graf Kessler).
91 Vgl. Heinrich Mann, *Die erniedrigte Intelligenz*, in: Heinrich Mann, *Der Hass. Deutsche Zeitgeschichte*, Amsterdam 1933, S. 177-194, hier: S. 188.

in seinem Buch *Das Reich* noch überboten wurde, eine – so Eugen Claassen in einem internen Verlagsgutachten – »nebulöse Mystik aus persönlicher Ergriffenheit« verbreitet hat.[92] Bei der Lektüre seines Buches dürfte heute auch so mancher Kurt Tucholsky beipflichten, der in einem Brief vom 4. April 1933 Walter Hasenclever erklärte, »›Es werde Deutschland‹ scheint das äußerste an Scheiße zu sein, an abgelegtem George-Pathos und so«.[93] Geschrieben aber war dieses Buch nicht mit zustimmendem Blick auf die Politik Adolf Hitlers, sondern auf die Kurt von Schleichers, denn Sieburg formulierte neben einer weitgehend kompilatorischen Zusammenfassung der Positionen des Tat-Kreises eine derart unmißverständliche Kritik am Antisemitismus der Nationalsozialisten, daß das Buch von ihnen verboten wurde.[94]

Sieburg hat sich schließlich angepaßt. 1937 versicherte er schriftlich dem Grafen von Welczek, dem deutschen Botschafter in Paris, er identifiziere sich »rückhaltlos« mit dem neuen Deutschland; 1941 trat er der NSDAP bei.[95] Sein Opportunismus ist das negative Gegenstück zu der Entwicklung von Mierendorff, Haubach und Leuschner, die sich nach mehrjähriger Inhaftierung durch die Nationalsozialisten dem Widerstand des Kreisauer Kreises anschlossen. Festzuhalten bleibt aber auch, daß sie und Sieburg zu Beginn der dreißiger Jahre die Überzeugung verband, die Geschichte der Weimarer Republik habe grundlegende Schwächen der parlamentarischen Demokratie gezeigt. Nicht von ungefähr spielte der Gedanke an die Rückkehr zum Parlamentarismus nach einem Sturz Hitlers weder in den Verfassungsplänen des Kreisauer Kreises[96] eine Rolle noch in den Diskussionen der Gesellschaft Imshau-

---

92 Eugen Claassen, *Zu dem Deutschlandbuch von Friedrich Sieburg*, undatiertes und unveröffentlichtes Manuskript im DLA, Claassen-Archiv.

93 Kurt Tucholsky, *Gesamtausgabe*, Bd. 20: Briefe 1933-1934, hrsg. von Antje Bonitz und Gustav Huonker, Reinbek 1996, S. 19-21, hier: S. 20.

94 Die Beschlagnahmung von *Es werde Deutschland* im Verlag und in der Druckerei geht auf einen Erlaß vom 14. April 1936 zurück und ist in den erhaltenen Akten der Preußischen Geheimen Staatspolizei dokumentiert (Bundesarchiv Koblenz, Bestand R58/967, Bl. 187-212).

95 Vgl. Margot Taurek, *Friedrich Sieburg in Frankreich*, Heidelberg 1987, S. 110; Tilman Krause, *Mit Frankreich gegen das deutsche Sonderbewußtsein. Friedrich Sieburgs Wege und Wandlungen in diesem Jahrhundert*, Berlin 1993, S. 163; Cecilia von Buddenbrock, *Friedrich Sieburg 1893-1964. Un journaliste à L'épreuve du siècle*, Paris 1999.

96 Vgl. Hans Mommsen, *Gesellschaftsbild und Verfassungspläne des Widerstandes*, in: Walter Schmitthenner/Hans Buchheim (Hrsg.), *Der deutsche Widerstand*

sen 1947/48, die an Kreisauer Überlegungen anknüpften. Man war vielmehr einhellig der Ansicht, nicht eine egalitäre Massendemokratie sei anzustreben, sondern die Führung durch eine »demokratische Elite«.[97]

Mit ähnlichen Konzepten setzten sich wahrscheinlich schon Zuckmayer und seine sozialistischen Freunde bei ihren Debatten in den zwanziger und beginnenden dreißiger Jahren auseinander. Zuckmayers Drama *Der Schelm von Bergen* (1934) liest sich jedenfalls wie eine Conclusio aus solchen Diskussionen. Erwin Rotermund hat vor allem auf die Parallelen zwischen den von dem Kammerherrn Lemosier in Zuckmayers Stück vertretenen Positionen und den ständestaatlichen Überlegungen von Othmar Spann sowie der Enzyklika *Quadragesimo anno* von 1931 hingewiesen.[98] Mindestens ebenso naheliegend ist es jedoch anzunehmen, Zuckmayer habe entsprechende Positionen von Arthur Moeller van den Bruck, Edgar Julius Jung oder des Tat-Kreises aufgegriffen, die wegen ihrer Inkompatibilität mit der Idee des Führerstaats in der NS-Zeit strikt abgelehnt wurden.[99] Doch unabhängig davon, wessen staatstheoretische Überlegungen hier Pate gestanden haben: Ausschlaggebend ist die »sozialistische« Wendung, die Zuckmayer diesem Konzept verlieh. Lemosier ist nämlich keineswegs als sein »Sprachrohr« zu interpretieren, wie es etwa Siegfried Mews getan hat,[100] er vertritt vielmehr die

---

gegen Hitler. Vier historisch-kritische Studien, Köln 1966, S. 73-167, überarbeitete Fassung in: Hermann Graml, *Widerstand im Dritten Reich. Probleme, Ereignisse und Gestalten*, Frankfurt am Main 1994, S. 14-91.

97 Vgl. Wolfgang M. Schwiedrzik, *Träume der ersten Stunde. Die Gesellschaft Imshausen*, Berlin 1991.

98 Erwin Rotermund, *Zwischen Anpassung und Zeitkritik. Carl Zuckmayers Exildrama ›Der Schelm von Bergen‹ und das ständestaatliche Denken um 1930*, in: Zuckmayer-Jahrbuch, Bd. 1, 1998, S. 233-249, hier: S. 240-242.

99 Vgl. Justus Beyer, *Die Ständeideologien der Systemzeit und ihre Überwindung*, Darmstadt 1941, S. 64-101.

100 Vgl. Siegfried Mews, *Die unpolitischen Exildramen Carl Zuckmayers*, in: Wolfgang Elfe/James Hardin/Günther Holst (Hrsg.), *Deutsches Exildrama und Exiltheater*, Bern, Frankfurt am Main, Las Vegas 1977, S. 139-148. Zur Kritik an dieser Position vgl. Gunther Nickel, *Carl Zuckmayers ›Der Schelm von Bergen‹ – eine kritische Auseinandersetzung mit dem Austrofaschismus*, in: Zuckmayer-Jahrbuch, Bd. 1, 1998, S. 215-231. Dagegen formuliert Anja Massoth in ihrem Aufsatz *»Auch bin ich ja eigentlich gar kein ›österreichischer Künstler«. Zuckmayers Rezeption als Dramatiker in Österreich 1925-1938* (in: Zuckmayer-Jahrbuch, Bd. 2, 1999, S. 413-453) wiederum Einwände, die wegen ihrer Nichtbeachtung

Position einer absolut undurchlässigen Ständeordnung, die am Ende des Stücks durch die Erhebung des Protagonisten, eines Scharfrichtersohns, in den Adelsstand desavouiert wird. Zuckmayer plädiert damit gleichsam für eine plebejische Komponente in einer ständestaatlich organisierten Gesellschaft. Für ihn muß sichergestellt sein, daß Eignung und nicht bloße Herkunft für das Bekleiden einer herausgehobenen gesellschaftlichen Stellung ausschlaggebend ist.

Durch die hier nur skizzierte Annäherung von Zuckmayer und seinen sozialdemokratischen Freunden an Positionen jungkonservativer Politiker und Publizisten zu Beginn der dreißiger Jahre läßt sich die Zueignung, die Zuckmayer *Des Teufels General* voranstellte, nicht nur als eine supplementäre Würdigung des Widerstands gegen Hitler begreifen, sondern zugleich als Reminiszenz an eine Diskussion über die Ursachen des Scheiterns der Weimarer Demokratie und der daraus zu ziehenden Konsequenzen. Diese Lesart vermag zu erklären, warum Zuckmayer oft sehr versöhnlich über das Arrangement einstiger Weggefährten mit dem NS-Staat urteilte, sofern es gewisse Grenzen nicht überschritten hat. Wie sein Dossier mit rund 150 Charakterskizzen von Schriftstellern, Schauspielern, Regisseuren, Journalisten und Verlegern im nationalsozialistischen Deutschland für den amerikanischen Geheimdienst ›Office of Strategic Services‹ (OSS) zeigt, das im Band 5 des *Zuckmayer-Jahrbuchs* veröffentlicht werden soll, waren es vor allem die »Umfaller« auf Seiten der politischen Linken, die bei ihm erhebliche Aversionen auslösten, weil sie plötzlich als Parteigänger der Nationalsozialisten auftraten.

Zuckmayer selbst engagierte sich zwar in der Endphase der Weimarer Republik sehr entschieden gegen die NSDAP, entwickelte aber durchaus Affinitäten zu einigen Positionen jener »linken Leute von rechts«, wie Kurt Hiller die Jungkonservativen 1932 in der *Weltbühne* genannt hat.[101] Zuckmayers Interesse an den Büchern von Ernst Jünger, die ihn – wie er es gegenüber Annemarie Seidel formulierte – »bei aller Gegensätzlichkeit immer wieder stilistisch, inhaltlich, gedanklich entzük-

---

der gesamten Diskussion über ständestaatliche Gesellschaftsmodelle in den zwanziger und dreißiger Jahren irrelevant sind.
101 Jg. 28, 1932, Nr. 31, S. 153-158. Vgl. auch die ausführlichen Darstellungen von Otto E. Schüddekopf (*Linke Leute von rechts. Die nationalrevolutionären Minderheiten und der Kommunismus in der Weimarer Republik*, Stuttgart 1960) und Louis Dupeux (»*Nationalbolschewismus« in Deutschland 1919-1933*, München 1985).

Des Teufels General und die Historisierung des Nationalsozialismus

ken«,[102] fügt sich in dieses Bild.[103] Über die Wahlerfolge der Nationalsozialisten war Zuckmayer, wie er Hans Schiebelhuth im Frühjahr 1933 schrieb, zutiefst erschüttert, hielt es jedoch auch für falsch, »sich nur ›kritisch‹ einzustellen«.[104] Zwar konnte er den antisemitischen Parolen weder vor noch nach 1933 etwas abgewinnen; als aber Hitlers Diktatur zu einer politischen Realität geworden war, galt es für ihn pragmatische, der »konkreten Lage« angemessene Handlungsperspektiven ins Auge zu fassen. Nach einer Reise nach Berlin im November 1935 schrieb er seinem Freund Albrecht Joseph sogar:

> Alles in allem – ich habe viele, verschiedenste Menschen gesehen und gesprochen und einen viel verbindlicheren Eindruck gewonnen, als etwa im Mai, – so komisch es klingen mag: ich habe keine schlechte Luft verspürt. (Das hat mit dem Wissen um alles Unmögliche und Ungeheuerliche nichts zu tun). Aber die Luft ist nicht stickig, nicht stockend, nicht rückschrittlich, – im grossen Sinn, auf weite Sicht empfunden. Es ist eine Auflockerung da, die sich bei den besseren Schichten schon auszuwirken beginnt, – es ist unbürgerlich und wüst und leer und unter der Oberfläche stecken grandiose Antriebe. Es kann noch was aus dem Volk werden. Ich hatte nicht mehr das Gefühl von hoffnungsloser Verbiesterung. Im Gegenteil. Ich bin überzeugt, dass wir noch gute Zeiten erleben werden. Und wenn man es irgend kann – sollte man versuchen, den Kontakt nicht ganz zu verlieren. Deutschland ist das Land der Zukunft. Lache bitte nicht, ich meine es ganz ernst. Aber darüber kann man nicht schreiben, es klingt alles ganz missverständlich.[105]

Über seine bis 1938 vorhandene Zuversicht bei aller entschiedenen Mißbilligung etwa der »Rassenpolitik«, der Internierung politischer Gegner oder der Zensurmaßnahmen hat sich Zuckmayer nach dem Zweiten Weltkrieg nicht öffentlich geäußert, vermutlich deshalb nicht, weil er scharfe politische Angriffe befürchtete. Schließlich war die »Vergangenheitsbewältigung« kein hermeneutisches, sondern ein von normativen Prämissen geleitetes Unternehmen. Die Geschichte der NS-Zeit wurde aus der Perspektive des Massenmords an den Juden rekon-

---

102 So Zuckmayer in einem Brief an Annemarie Seidel vom 27. November 1938; vgl. *Zuckmayer-Jahrbuch*, Bd. 2, 1999, S. 86 f.
103 Vgl. Gunther Nickel, *»Ihnen bisher nicht begegnet zu sein, empfinde ich als einen der größten Mängel in meinem Leben«. Der Briefwechsel zwischen Ernst Jünger und Carl Zuckmayer*, in: *Zuckmayer-Jahrbuch*, Bd. 2, 1999, S. 515-547.
104 DLA, Nachlaß Carl Zuckmayer, Brief vom 28. März 1933.
105 Ebd., Brief vom 25. November 1935.

struiert, weshalb viele, die in ihr gelebt hatten, sie gar nicht wiedererkannten. Es schien aber, so Dagmar Barnouw,

> unmöglich sich dieser entfremdeten Erinnerung zu widersetzen, da die angestrebte Demokratisierung Freiwilligkeit voraussetzte. Zudem war die Konstruktion einer kollektiven deutschen Erinnerung an eine – zumindest passive – Mittäterschaft bei den brutalsten Akten der Verfolgung wegen des extremen Opferstatus der Verfolgten auf Ewigkeit hin angelegt. Die »künstlichen« Erinnerungen blieben fremd und waren doch unausweichlich und damit den »normalen«, zeitlich bedingten Wahrnehmungsverschiebungen entzogen. Kein Wunder, daß sie kaum angerührt wurden. Der Studentengeneration von 1968, den Kindern der Deutschen, die das NS-Regime als Erwachsene erlebt hatten, blieb diese traumatische Identitätskrise erspart.[106]

Die Art des Umgangs mit der NS-Zeit findet ihre Entsprechung im Umgang mit der Geschichte der Weimarer Republik: »Im antidemokratischen Denken«, heißt es etwa bei Kurt Sontheimer, »manifestiert sich eine feindliche Einstellung zur Idee der Demokratie, *wie das Weimarer Verfassungswerk sie verstand*«.[107] Er schloß damit die Gegnerschaft zu den Nationalsozialisten noch nicht aus: »Die Geschichte führender Persönlichkeiten der antidemokratischen Geistesbewegung ist zu einem Teil auch die Geschichte des Widerstands gegen das Dritte Reich.«[108] Dennoch war in seinen Augen durch sie den Nationalsozialisten der Weg geebnet worden: »Sie hatten durch ihren zähen und vielfach unfairen Kampf gegen die Republik, ihre Politik und ihre Institutionen, ein Klima geschaffen, das, stärkstens intensiviert durch die plötzlich hinzukommende wirtschaftliche Not, es den Nationalsozialisten erst ermöglichte, ihr ›Referat Volksbewegung‹ [...] auszubauen.« Mierendorff hat zwar alles andere als einen unfairen Kampf gegen die Weimarer Republik geführt, ist aber nach Sontheimers Maßstäben ebensowenig zu den demokratischen Kräften zu rechnen wie um 1933 wahrscheinlich Zuckmayer. Kann aber unbedingte Verfassungstreue als normativer Maßstab zum Verständnis einer historischen Epoche gelten, wenn – wie auch Sontheimer konzediert – »die Alternative nicht mehr: parlamentarische Demokratie gegen faschistische Diktatur [lautete],

---

106 Barnouw, *Ansichten von Deutschland (1945)*, a.a.O. (Anm. 19), S. 59 f.
107 Kurt Sontheimer, *Antidemokratisches Denken in der Weimarer Republik*, Studienausgabe mit einem Ergänzungsteil Antidemokratisches Denken in der Bundesrepublik, München 1968, S. 16 (Hervorhebung: G.N.).
108 Ebd., S. 289.

sondern national-autoritäres Regime gegen nationalsozialistische Herrschaft«?[109]

Zuckmayers *Des Teufels General* und seine Verfilmung gerieten in den fünfziger Jahren in einen politischen Kontext, der sich frappant von den Bedingungen unterschied, unter denen dieses Drama im Exil geschrieben worden war. Auf der einen Seite wurde die soziale Reintegration selbst von Kriegsverbrechern seit 1949[110] oder die Berufung des bis 1945 für »Judenfragen« zuständigen NS-Ministerialrats Hans Globke zum Staatssekretär von Konrad Adenauer sowie die Remilitarisierung der Bundesrepublik und der DDR nach der Ratifizierung der Pariser Verträge 1955 betrieben. Auf der anderen Seite waren die Menschen mit einer Geschichtspolitik konfrontiert, die geradezu folgerichtig ihr Schweigen über ihre historischen Erfahrungen auslösen mußte. Für Zuckmayer ergab sich dadurch immer weniger die Chance, seinem ursprünglichen Impuls Gewicht zu verleihen und die NS-Zeit mit dem Horizont einer »vergangenen Zukunft«[111] zu bewerten. Erst in Folge immer differenzierterer Untersuchungen zum facettenreichen Verhalten der Menschen im NS-Staat zwischen Anpassung und Resistenz wurde es in den achtziger Jahren möglich, die Frage aufzuwerfen, ob einfache moralische Wertungsraster wirklich angemessen sind. So hat Martin Broszat, der Leiter der Instituts für Zeitgeschichte in München, 1985 für eine Historisierung des Nationalsozialismus plädiert, weil eine Pauschaldistanzierung zunehmend zu einem ebenso risikolosen wie vagen Gesinnungsbekenntnis ohne moralische Kraft gerate, zur puren Pflichtübung verkümmere, ja geschichtliches Verstehen verhindere.[112] Ihm ging es nicht darum, Verbrechen zu relativieren oder gar nationalsozialistische Ideologeme vierzig Jahre nach der Niederschlagung des NS-Staats wieder hoffähig zu machen. Sein Ziel war vielmehr, eine moralische Sensibilisierung herbeizuführen, die diesen Namen tatsächlich verdient. Zuckmayer formulierte schon im Exil ganz ähnliche Absich-

---

109 Ebd., S. 298 f.
110 Vgl. Norbert Frei, *Vergangenheitspolitik. Die Anfänge der Bundesrepublik und die NS-Vergangenheit*, München 1996.
111 Vgl. Reinhart Koselleck, *Vergangene Zukunft. Zur Semantik geschichtlicher Zeiten*, Frankfurt am Main 1979.
112 Martin Broszat, *Plädoyer für eine Historisierung des Nationalsozialismus*, in: Merkur, Jg. 39, 1985, H. 5, S. 373-385, hier: S. 383. Zur Debatte um diesen Aufsatz vgl. die Zusammfassung und die Literaturhinweise bei Kershaw, *Der NS-Staat*, a.a.O. (Anm. 49), S. 330-355.

ten und traf mit *Des Teufels General* exakt den Ton, der Gespräche und Diskussionen möglich machte.

Ulrich Fröschle

Tagesforderung: »Rettung Europas«
Carl Zuckmayers Exposé zum Filmprojekt *Charlemagne* (1958/59)[*]

1 Fund, Befund und Fragestellung

Im schriftlichen Nachlaß Carl Zuckmayers findet sich ein Konvolut, das eine bislang unbekannte Auftragsarbeit enthält: das Exposé zu einem geplanten Film mit dem Titel *Charlemagne*. Es liegt als Typoskript vor und umfaßt allein in der Auflistung der Personen 16 Seiten. Dieser Liste folgen weitere 41 Textseiten: Nach einer zweiseitigen »Vornotiz« entfaltet Zuckmayers Exposé zunächst ein historisches Panorama unter chronologischer Auflistung von wichtigen Ereignissen vom Jahre 1 an, gewissermaßen einen kurzen Kurs abendländisch-europäischer Geschichte im Schnelldurchlauf mit dem Schwerpunkt auf der Verchristlichung Zentraleuropas, bis es bei der Geburt Karls des Großen und dem eigentlichen »Aufriss der Handlung« anlangt. Dieser Handlungsaufriß wiederum gliedert sich in neun Teile: Im ersten wird »der junge Carl« exponiert, der seine Prägung durch Bonifatius erfährt, den »Apostel der Deutschen«, so betont Zuckmayer. Der zweite Abschnitt zeigt, wie »Carl, in frühem Alter [...] als Abgesandter seines Vaters den Papst Stephan bei St. Maurice« empfängt, wie er dann vom Tode des Bonifatius im wilden Norden erfährt und die »heidnischen Barbaren« daraufhin nur noch »zerbrechen« will. Teil drei führt uns Carl zwei Jahrzehnte später, nach dem Tod seines Vaters Pippin, vor: »Mutter Bertrada macht Heiratspolitik« mit Carl, der indessen schon entschlossen ist, »das christliche Reich« voranzutreiben, was er im vierten Abschnitt auch tatkräftig angeht: Er zieht hier siegreich gegen die Sachsen, doch ungebrochen bleibt zunächst Widukinds Macht. Im fünften Part übernimmt Carl als Heerkönig das Reich, nachdem sein Bruder gestorben ist, erobert die Lombardei und zieht nach Rom, bis uns Teil sechs in »Bedrohung und Krise« verwickelt: Karls erfolgloser Kriegszug über die Pyrenäen mit Rückzug und tragischer Roland-Episode wird noch durch private Katastrophen negativ verstärkt, weshalb im siebten Teil »Die Zeit der Härte, der grossen Siege und Eroberungen, der grossen Einsamkeit« anbricht – Angriffe der Sachsen unter Widukind, woraufhin der umdüsterte Carl brutal und effektiv reagiert: »eine riesige Umsied-

---

[*] Für wesentliche Unterstützung danke ich Frau Prof. Dr. Elisabeth Noelle-Neumann und Dr. Norbert Grube (Allensbach), Dr. Eckard Michels (London) und Dr. Gunther Nickel (Marbach am Neckar).

lung, mit all ihrer Unmenschlichkeit im Einzelnen, mit einer endgültigen Befriedung im Grossen« ist die Folge für die Sachsen, die sich nun endlich auch fügen. Mit der im achten Abschnitt aufgedeckten Verschwörung eines der eigenen Söhne, den Carl jedoch begnadigt, überwindet er seine Verhärtung, wobei er weitere Kämpfe um das Reich besteht, dabei aber gelehrte Geistliche kennenlernt wie Alkuin, dem er die Leitung des Bildungswesens für sein Reich überträgt. Das Exposé führt uns zuletzt noch in einem neunten Teil mit dem gereiften Carl den krönenden Abschluß des werdenden europäischen Abendlandes vor: »Karolingische Renaissance. Der Hof in Aachen. Letzte Bedrohung. Gesandtschaft aus dem Morgenland. Letzte Italienfahrt und Kaiserkrönung.« Es schließt sodann mit einem zweiseitigen »Nachwort«, worin Zuckmayer seinen »Aufriss der Handlung« noch einmal ergänzend kommentiert. Im Gesamteindruck hinterläßt der Filmentwurf nach erster Lektüre einen nicht sehr konsistenten Eindruck; Zuckmayer scheint darin vor allem historische Lesefrüchte zu einer über biographisch-chronologische Aspekte hinaus nur wenig gegliederten Stoffsammlung gebündelt zu haben, wobei er hinsichtlich der Durchgestaltung einige Male aufschiebend auf die »durchgeführte« bzw. »endgültige Fassung« verweist.

Wie ist dieses in Themenstellung, Ausführung und gewähltem Zielmedium doch auffällige Relikt in Zuckmayers Nachlaß zu deuten? Was wurde aus dem Filmprojekt, in welchen Zusammenhängen muß man es sehen, und wie ließe sich dessen Position in den zeitgenössischen Diskursen, aber auch für und bei Zuckmayer bestimmen? In seinen publizierten Schriften ist das Projekt nicht erwähnt; auch seine Autobiographie geht darauf mit keinem Wort ein. In Zuckmayers Briefwechsel stößt man jedoch auf Spuren, die sich in weiterer Recherche direkt bis in das politische Geschehen der Entstehungszeit hinein verfolgen lassen, so spärlich die positiven Zeugen zunächst auch zu sein scheinen. Obschon das Filmprojekt offensichtlich nicht verwirklicht wurde, finden wir darin einen weiteren Beleg für Zuckmayers Bereitschaft zu einem bewußt politischen Engagement als Autor auf einem ideengeschichtlichen Feld von schillernder Bandbreite. Die Untersuchung wird dabei besonders auf das projektierte Medium Film sowie das gewählte Genre des Historienfilms eingehen müssen. Die Beschäftigung mit dem Filmprojekt *Charlemagne* ist damit möglicherweise auch geeignet, die konkrete Praxis der Filmpolitik in Westdeutschland gegen Ende der fünfziger Jahre in einem wichtigen Ausschnitt exemplarisch zu beleuchten. Hierzu wird die politische Lage zu skizzieren sein, die Hintergrund, Bezug und Umfeld von Zuckmayers Entwurf bildet.

Zwar handelt es sich bei *Charlemagne* nur um das Exposé zu einem schließlich nicht durchgeführten Filmprojekt, doch sind generell – bezogen auf seine Genese und sein letztliches Schicksal als historische Frühphase eines Films – dennoch vier wesentliche Dimensionen einer kulturwissenschaftlich-politischen Filmanalyse im Auge zu behalten: a) der filmische Text, der sich im vorliegenden Fall auf das Exposé beschränkt; b) die Rezeption, die sich hier auf die Ebene der potentiellen Rezeption reduziert, also das »in Form von Betrachterrollen im Text angelegte Rezeptionsverhalten«; c) die Produktion, also die Frage, »unter welchen Bedingungen von wem mit welchen Absichten Filme produziert und in die Kinos gebracht werden«; und schließlich d) das »Feld, in dem ein Film positioniert ist«, d.h. der »Wahrnehmungskontext«, wozu auch die Position der Produzenten im öffentlichen Diskurs zu rechnen ist.[1]

2 Die Genese des Projekts

Seinen Ausgang hatte das Projekt *Charlemagne* im Sommer 1958 in einer Initiative des Politikberaters und Meinungsforschers Erich Peter Neumann genommen, der vor allem in Verbindung mit dem Allensbacher Institut für Demoskopie bekannt wurde: Elisabeth Noelle-Neumann, seit November 1946 seine Ehefrau, hatte dieses Institut 1947 zusammen mit ihm gegründet.[2] Geboren und katholisch getauft wurde er 1912 in Breslau; nach einem kurzen Studienversuch hatte er sich dann schnell definitiv für eine praktische Journalistenlaufbahn entschieden, arbeitete zunächst für den Schlesischen Rundfunk in Breslau

---

1 Andreas Dörner, *Das politisch Imaginäre. Vom Nutzen der Filmanalyse für die Politische Kulturforschung*, in: Wilhelm Hofmann (Hrsg.), *Visuelle Politik. Filmpolitik und die visuelle Konstruktion des Politischen*, Baden-Baden 1998, S. 199-219, hier: S. 201-203.

2 Vgl. zu Erich Peter Neumann (1912-1973) den Artikel in: Walther Killy/Rudolf Vierhaus (Hrsg.), *Deutsche Biographische Enzyklopädie (DBE)*, Bd. 7, München, 1998, S. 382; zur Biographie vgl. außerdem einen ausführlichen Brief Erich Peter Neumanns an Ernst Jünger vom 25. September 1946, DLA, Nachlaß Ernst Jünger; zur Biographie von Elisabeth Noelle-Neumann (geb. 1916) und zur Geschichte des Allensbacher Instituts vgl. Elisabeth Noelle-Neumann, *Über den Fortschritt der Publizistikwissenschaft durch Anwendung empirischer Forschungsmethoden. Eine autobiographische Aufzeichnung*, in: Arnulf Kutsch/Horst Pöttker (Hrsg.), *Kommunikationswissenschaft – autobiographisch. Zur Entwicklung einer Wissenschaft in Deutschland*, Opladen 1997 (Publizistik. Sonderheft 1/1997), S. 36-61.

und ging schließlich 1931 nach Berlin, wo er für die kommunistische Zeitung *Die Welt am Abend* als Reporter tätig war; in dieser Zeit schrieb Neumann auch für die Wochenzeitschrift *Die Weltbühne* einige Artikel.[3] Im Zuge der »Machtergreifung« wurde er als Kommunist verhaftet, bald aber wieder freigelassen, fand 1933 eine Stellung als Korrespondent beim *Berliner Tageblatt*, wo er bis zu dessen Schließung 1939 auch als Redakteur blieb; man hatte ihn dann mit einem Teil der Redakteure »kurzerhand in die DAZ versetzt«, die *Deutsche Allgemeine Zeitung*, wie er nach dem Krieg an Ernst Jünger schrieb. 1940 wechselte er mit anderen ehemaligen Mitarbeitern des *Berliner Tageblatts* zur neugegründeten Wochenzeitung *Das Reich*. Von 1941 bis 1944 war er als Kriegsberichterstatter eingesetzt, während er von 1944 an bis zum Kriegsende offensichtlich bei der Infanterie an der Front stand. Nach dem Krieg arbeitete er als »Unbelasteter« vor allem im publizistischen Bereich, wozu auch die Gründung des Allensbacher Instituts zu rechnen ist; seit 1951, so das *Handbuch des Bundestags*, wirkte er »in beratender Tätigkeit für die Bundesregierung«; 1961 zog er als Abgeordneter für die CDU in den Bundestag ein, dem er bis 1965 angehörte.[4]

---

3 Erich Peter Neumann, *Die schlesische Reaktion*, in: *Die Weltbühne*, Jg. 28, 1932, Nr. 21, S. 793-794; *Fünfundzwanzig gegen einen*, in: *Die Weltbühne*, Jg. 28, 1932, Nr. 41, S. 559-560; *SA manövriert*, in: *Die Weltbühne*, Jg. 28, 1932, Nr. 46, S. 720-722; *SA – kehrt marsch!*, in: *Die Weltbühne*, Jg. 28, 1932, Nr. 52, S. 932-933.

4 Zu Neumanns journalistischer Tätigkeit während der vierziger Jahre vgl. Hans Dieter Müller, *Porträt einer Deutschen Wochenzeitung*, in: Hans Dieter Müller (Hrsg.), *Facsimile Querschnitt durch Das Reich*, München, Bern, Wien 1964, S. 7-19, hier: S. 12: »Eine Sonderstellung zwischen Auslandskorrespondent und Kriegsberichter nahm Erich Peter Neumann ein. Er folgte den deutschen Truppen unter festem Schreibvertrag auf dem Fuße und schrieb unter dem nom de guerre Hubert Neun oder Hubert Neumann aus den eroberten europäischen Hauptstädten Stimmungsberichte, meist lyrisch überschrieben: ›Frühling über dem Wenzelsplatz‹, ›Maitage in Paris‹, ›Wiedersehen mit Warschau‹, ›Fahrt nach Laibach‹, ›Aufenthalt in Siauliai‹«; bei Müller findet sich auch das Zitat aus dem *Handbuch des Bundestags*. Müller behauptet ohne weiteren Nachweis, Neumann habe in Dresden den sächsischen Gauleiter Mutschmann öffentlichkeitspolitisch beraten; Neumann selbst widersprach ihm in seiner sehr kritischen Rezension dieses Buches: *Der Umstand, Sklave zu sein*, in: *Der Spiegel*, Jg. 18, 1964, Nr. 42, S. 140-141. Vgl. auch den Brief Neumanns an Ernst Jünger vom 25. September 1946, a.a.O. (Anm. 2); daraus das Zitat zu Neumanns Wechsel zur *DAZ*. Neumann erwähnt im Brief auch, daß er

Neumann hatte Zuckmayer spätestens im Frühjahr 1947 in Frankfurt am Main kennengelernt, wo dieser in seiner offiziellen Tätigkeit als »Kulturoffizier« der US-amerikanischen Besatzungsmacht unterwegs war.[5] Über weitere Kontakte vorher und auch nach der Zeit des *Charlemagne*-Projekts ist bislang nichts bekannt; jedenfalls versuchte Neumann am 12. August 1958 per Telegramm, mit Zuckmayer in München ein Treffen zu vereinbaren; Neumann sprach auch schon am 14. August 1958 in einem Brief an den Filmreferenten des Bundespresse- und Informationsamtes davon, daß die besprochenen Projekte Fortschritte machen würden, »da ich am Wochenende Zuckmayer treffe«.[6] Zuckmayer verschob dieses Treffen jedoch zunächst noch einmal. Am 27. August 1958 schrieb Neumann an Zuckmayer, daß ihm weiter an einem persönlichen Gespräch liege und jetzt ein Termin zu finden sei, da sich seine ursprünglich anstehende Amerikareise verschiebe. Wenig später kam es nun tatsächlich zu einem Treffen und einer Besprechung in München: Nach einigem Hin und Her traf man sich am 9. September im Hotel »Vierjahreszeiten« in München zu einer gesegneten Zeit zum »Frühstücken«, um 12.30 Uhr nämlich, wenn die Absprache en detail so eingehalten wurde.[7] Die Ergebnisse dieses »Frühstücks« faßte Neumann dann in seinem Brief vom 25. September 1958 zusammen, indem er sie mehr oder weniger »festklopfte« – der Brief

---

seit 1944 Infanterist war, am Schluß an der Oder »bei einem Bataillon, das innerhalb von 6 Tagen von 320 Mann auf rund vierzig Mann schrumpfte«.

5 Vgl. hierzu Gunther Nickel, »*Ihnen bisher nicht begegnet zu sein, empfinde ich als einen der größten Mängel in meinem Leben«. Der Briefwechsel zwischen Ernst Jünger und Carl Zuckmayer*, in: Zuckmayer-Jahrbuch, Bd. 2, 1999, S. 515-547, besonders S. 526-529. Zu Zuckmayers Rückkehr nach Deutschland vgl. auch Carl Zuckmayer, *Als wär's ein Stück von mir. Horen der Freundschaft*, Frankfurt am Main, 1969, S. 457-474.

6 HAP, Brief von Erich Peter Neumann an Kurt Betz, Leiter des Filmreferats im Bundespresseamt, vom 14. August 1958.

7 HAP, Schriftwechsel von Erich Peter Neumann mit Carl Zuckmayer 1958/59: Zuckmayer an Neumann, hier: Brief vom 13. August 1958 (Reaktion auf ein Telegramm Neumanns vom 12. August: Verschiebung des Termins aufgrund der Umbauarbeiten am Haus in Saas-Fee; das Telegramm von Neumann ist nicht überliefert); Brief von Neumann an Zuckmayer vom 2. September 1958; Brief von Zuckmayer an Neumann vom 4. September 1958; Brief von Neumann an Zuckmayer vom 5. September 1958; siehe auch DLA, Nachlaß Carl Zuckmayer.

nimmt den Status eines Werkvertrags über jenes Projekt ein: Zuckmayer übernehme es, so Neumann,

> [...] für die von mir vertretene Gruppe ein Filmexposé über das Leben Karls des Großen auszuarbeiten. Über die Linie der Arbeit sind wir in unserer Unterhaltung zu gleichen Auffassungen gelangt. Der Umfang des Exposés liegt in Ihrem Ermessen; jedoch muß die Skizze in der Idee zu Ende geführt werden. Sie haben ferner in Aussicht gestellt, daß Sie noch Ende 1958 mit der Ausführung beginnen können, so daß wir das Manuskript im zeitigen Frühjahr 1959 erwarten dürfen. Die Einhaltung dieses Termins ist uns aus Gründen, die ich dargelegt habe, sehr wichtig.[8]

Als Honorar wird ihm – offensichtlich ohne weiteren Vertrag – in diesem Brief der Betrag von DM 30.000,- zugesichert, dessen erste Hälfte sofort, der Rest bei Ablieferung des Exposés fällig werden sollte, eine zumal in den fünfziger Jahren erhebliche Summe Geldes.[9] Im gleichen Zuge trägt Neumann der eventuellen »Verwirklichung des Film-Planes« Rechnung und versichert, Zuckmayer werde in diesem Fall »mit der filmgerechten Gestaltung des Buches« beauftragt, wohingegen dieser sich verpflichte, den Auftrag dann auch wirklich anzunehmen. Darüber hinaus räumt man ihm schon jetzt ein »angemessenes Mitspracherecht in Fragen der Regie und der Besetzung« ein. Im gegebenen Fall solle schließlich – auch im Hinblick auf »die finanzielle Seite« – ein entsprechender Vertrag geschlossen werden. Für den Fall jedoch, so hält Neumann in diesem Brief übrigens auch fest, daß es nicht gelinge, spätestens zwölf Monate nach Einreichen des Exposés »das Projekt des Films Charlemagne in ein realisierbares Stadium zu bringen«, sollten die Rechte an Zuckmayer zurückfallen. »Im eigenen Namen sowie in dem der von mir vertretenen Gruppe danke ich Ihnen [...] aufrichtig für Ihre Bereitschaft, an diesem großen Projekt mitzuwirken«, läßt er sei-

---

8 DLA, Nachlaß Carl Zuckmayer, Brief von Neumann an Zuckmayer vom 25. September 1958.

9 Ein Ministerialrat oder ein Direktor bei einer obersten Bundesbehörde (planmäßiger Bundesbeamter) bezog vom 1. April 1957 an als Verheirateter – »einschließlich Kinderzuschlag für ein Kind nach Vollendung des 14. Lebensjahres« – ein monatliches Endgehalt von DM 1.989,- in der Sonderklasse, in der Ortsklasse A waren es DM 1.958,-, d.h. ein Jahresgehalt von rund DM 23.900,-; vgl. *Statistisches Jahrbuch für die Bundesrepublik Deutschland 1958*, hrsg. vom Statistischen Bundesamt, Stuttgart 1958, S. 460. Ein 4-Personen-Arbeitnehmerhaushalt einer mittleren Verbrauchergruppe erzielte 1957 im Monat durchschnittlich DM 638,70 an Gesamteinnahmen, d.h. rund DM 7.700,- jährlich; vgl. ebd., S. 467.

nen Brief mit Emphase für jenes diskrete und hier nicht näher definierte »große Projekt« ausklingen. Aus Zuckmayers Nachlaß geht weiter hervor, daß man hinsichtlich der filmischen Umsetzung und Verbreitung des *Charlemagne* in den Besprechungen offensichtlich auch an eine große deutsche Verleihfirma dachte.

Zuckmayer bestätigte am 30. September zunächst den Eingang der ersten Rate von DM 15.000,- und die Abmachungen, wie in Neumanns Brief umrissen. Seine Reaktion auf den Auftrag ist im übrigen geradezu enthusiastisch und läßt deutlich werden, worin beide Korrespondenten die Größe des Projekts erkennen bzw. »zu gleichen Auffassungen gelangt« sind:

> Unser Gespräch in München war für mich, wie Sie wohl bemerkt haben, eine freudige Überraschung. Ich hatte keine Ahnung, was Sie mir vorschlagen wollten, aber ich hätte nicht gedacht, dass Sie genau ins Zentrum eines lange von mir gehegten Wunsches treffen würden, – und damit gleichzeitig haben Sie einen ebenso kühnen wie zielbewußten Griff an die Wurzel der Dinge getan, um die es Ihnen geht. Mich beschäftigt seit Jahren die Idee der Dramatisierung des Charlemagne und seiner Welt, ich sehe in ihm eine der grossartigsten, eigenwüchsigsten Gestalten der Geschichte, und vor allem den »Urvater Europas«, den Schöpfer eines christlichen Abendlandes. [...] Von ihm geht über Karl den Fünften ein grosser Bogen zur Spannung unsrer heutigen Weltlage, deren Tagesforderung man – vereinfacht – als »Rettung Europas« bezeichnen kann. Dadurch beinhaltet unser Stoff, ohne dass dies ausgesprochen oder unterstrichen zu werden braucht, eine enorme Aktualität.[10]

Zuckmayer möchte sich dann auch, wie er schreibt, »gern das Recht der Dramatisierung des Stoffes – für die Bühne – vorbehalten.« Launig fährt er fort: »Gewöhnlich werden Theaterstücke, die Erfolg haben, verfilmt. Vielleicht könnte das auch einmal umgekehrt sein.« Wenn wir diesem Brief Zuckmayers Glauben schenken, war er also nicht nur Feuer und Flamme, sondern maß dem Stoff ein erhebliches Potential bei, das ihm Erfolg zu versprechen schien.

Nach diesem vielversprechenden Auftakt geschah längere Zeit nur wenig, zumal Zuckmayer schon angekündigt hatte, zuerst eine andere Arbeit abschließen zu wollen. Er bekam zwischenzeitlich noch einige Informationen, u.a. Skizzen zum historischen Personal zugeschickt, meldete seinerseits im Januar 1959, daß der Beginn seiner Arbeit am

---

[10] DLA, Nachlaß Carl Zuckmayer, Durchschrift eines Briefs von Zuckmayer an Neumann vom 30. September 1958.

Charlemagne durch eine Erkrankung verzögert worden sei, kümmerte sich aber offensichtlich weder 1958 noch im Frühjahr 1959 wirklich nachhaltig um das Projekt, auch wenn er am 1. März 1959 ankündigte, die Arbeit »jetzt im März, also eigentlich kaum verspätet« anzugehen.[11] Am 10. Juni bemerkte er Carl Jacob Burckhardt gegenüber, daß er sich außer mit dem *Charlemagne* auch noch mit seinem für den 10. November des Jahres angesetzten Schiller-Vortrag für das Deutsche Literaturarchiv in Marbach und einer weiteren Arbeit beschäftige; er kündigte Burckhardt an, ihm Ende Juli »etwas Substantielles« aus seinem »Schiller-Versuch« vorlesen zu können.[12] Dies indiziert, daß sich Zuckmayer auch jetzt noch kaum auf das Projekt konzentrierte und der Schillerrede größere Bedeutung beimaß. Indessen konnte er im Sommer 1959 endlich doch den Abschluß der Arbeit am *Charlemagne* vermerken: Er hielt dies in seinem Taschenkalender am 19. Juli fest.[13] In der Zwischenzeit hatte Zuckmayer aber – am 7. Juli, nach langer Pause – auch wieder ein Brief Neumanns erreicht, der den Autor recht eingängig mahnte, man habe »von Tag zu Tag« gehofft, von ihm eine Nachricht zu bekommen und sei nun in

> [...] eine arge Verlegenheit geraten, weil das Drängen meiner Gesprächspartner immer heftiger geworden ist; Sie wissen ja, daß Vertröstungen rasch den Glanz verlieren. Unsere Pläne sind, hinsichtlich der Termine, vollständig durcheinander – wie wir es fertigbringen, sie wieder ins Lot zu bringen, hängt nun ausschließlich von Ihnen ab.[14]

Vor dem Exposé, das Zuckmayer gemäß seinem Kalendereintrag am 23. Juli absandte, hatte er seinem Auftraggeber noch einen Brief geschrieben, worin er versicherte, daß soeben »die letzten Seiten und meine zusammenfassenden Notizen in Abschrift« gingen und Neumann das Exposé zum 25. Juli erwarten dürfe. Als Grund für die Verzögerung führte Zuckmayer an, er habe im Frühjahr versucht,

---

11 DLA, Nachlaß Carl Zuckmayer, Brief von Neumann an Zuckmayer vom 1. Dezember 1958; Brief von Zuckmayer an Neumann vom 18. Januar 1959; Brief von Neumann an Zuckmayer vom 5. Februar 1959; Brief von Zuckmayer an Neumann vom 1. März 1959.

12 Claudia Mertz-Rychner/Gunther Nickel (Hrsg.), *Carl Zuckmayer – Carl Jacob Burckhardt. Briefwechsel*, in: *Zuckmayer-Jahrbuch*, Bd. 3, 2000, S. 11-243, hier: S. 33-34; vgl. dazu auch den Kommentar ebd., S. 177.

13 DLA, Nachlaß Carl Zuckmayer.

14 DLA, Nachlaß Carl Zuckmayer, Brief von Neumann an Zuckmayer vom 7. Juli 1959.

[...] den Stoff auf bestimmte, schon szenisch und dramatisch formulierte Ausschnitte, oder Höhepunkte, aus Carls Lebensgeschichte, zuzuspitzen. Das erwies sich als unmöglich für die Durchführung der Idee, (es sei denn man hätte eben gleich ein völlig dialogisiertes Stück daraus gemacht, was aber nicht Sinn dieser Aufgabe ist.)[15]

Das Projekt konnte in der Folge augenscheinlich nicht weitergetrieben werden, denn nach Neumanns Empfangsbestätigung meldete sich zwar Zuckmayer noch einmal, um das Resthonorar abzurufen, doch schien das letzte Wort zum Projekt zwischen Auftraggeber und Autor schon gesprochen. Über die Gründe, aus denen es – trotz eines weiteren Vorstoßes Neumanns in Bonn unabhängig von Zuckmayer im Mai 1963 – schließlich nie in einen Film umgesetzt wurde, lassen sich nur Vermutungen anstellen, wie auch die Gründe für die Terminfixierung der Auftraggeber auf das Frühjahr 1959 unklar bleiben.

3 »Weltlage« und »Tagesforderung«: Auftrag und Autor I

Wie gestaltete sich nun im Sommer 1958 jene »Weltlage«, in der Zuckmayer gleich die »Rettung Europas« auf der Tagesordnung fand? Wie kam es zu dem Zusammenspiel zwischen ihm und der Interessengruppe, die mit Erich Peter Neumann aus dem politischen Zentrum der noch jungen Bundesrepublik, aus Bonn zu kommen schien? Innenpolitisch war die Lage nach Adenauers überlegenem Wahlsieg in den Bundestagswahlen von 1957 insofern eindeutig und konsolidiert, als die CDU/CSU für die Legislaturperiode bis 1961 fest im Sattel saß; die SPD war »vorerst ganz aus dem Spiel und dazu verurteilt, ihre Wunden zu lecken.«[16] Der Aufbau der Bundeswehr im Rahmen der NATO lief auf vollen Touren, heftig umstritten blieb die Nuklearkomponente der Bewaffnung. Seit Herbst 1957 schien Adenauers Verhältnis zu den USA gestört.[17] Schon im Winter 1957/58 konnte man dagegen »eine Neubelebung der europäischen Politik im ›integrationistischen‹ Sinne konstatieren«.[18] Innerhalb der NATO hatte sich zwischen Oktober 1957 und

---

15 DLA, Nachlaß Carl Zuckmayer, Durchschrift eines Briefs von Zuckmayer an Neumann vom 20. Juli 1959.

16 Hans-Peter Schwarz, *Adenauer. Der Staatsmann 1952-1967*, Stuttgart 1991, S. 349.

17 Ebd., S. 388 f.

18 Jacques Bariéty, *Die Rolle der persönlichen Beziehungen zwischen Bundeskanzler Adenauer und General de Gaulle für die deutsch-französische Politik zwischen 1958 und 1963*, in: Hans-Peter Schwarz (Hrsg.), *Adenauer und Frankreich. Die*

Mai 1958 eine enge deutsch-französische »Sicherheitspartnerschaft« entwickelt: »Nie zuvor und danach zeigen sie sich auch so wie damals zur gemeinsamen Herstellung von Kernwaffen und Trägersystemen entschlossen«.[19] In Frankreich brach dann im Frühjahr 1958 die IV. Republik zusammen, die Staatskrise, während der »man in der Bundesrepublik das Schlimmste befürchtet« hatte,[20] wurde durch die Machtübernahme de Gaulles beendet und die V. Republik eingeleitet: vom 1. Juni 1958 an fungierte de Gaulle als Ministerpräsident, vom 8. Januar 1959 an dann als Präsident der Republik, in welcher Eigenschaft er stufenweise sein Präsidialregime ausbauen sollte.[21] De Gaulle als neuer Ministerpräsident »sistiert das Abkommen«, das gerade über eine gemeinsame Kernwaffenforschung und -produktion zwischen den Verteidigungsministern Westdeutschlands, Frankreichs und Italiens unterzeichnet worden war: »Der Rücktritt von dem Abkommen wird von dem neuen französischen Verteidigungsminister Guillaumat in besonders kränkenden Formen vollzogen«.[22] Unklar war nun, wie der General seine weitere Außen- und Europapolitik gestalten würde: Man wußte von ihm, daß er Deutschland als kritische Größe betrachtete und sich schon als Oppositionspolitiker in der IV. Republik beispielsweise gegen das zentrale Projekt der Europäischen Verteidigungsgemeinschaft (Pleven-Plan) ausgesprochen hatte. Im Juli brach die neue Nahostkrise aus,

---

deutsch-französischen Beziehungen 1958 bis 1969, Bonn 1985 (Rhöndorfer Gespräche 7), S. 12-27, hier: S. 15.

19 Schwarz, *Adenauer*, a.a.O. (Anm. 16), S. 368. Schwarz weist aber darauf hin, daß zu diesem Zeitpunkt noch nicht von einer Wende zu einem kontinentaleuropäischen Konzept der Sicherheitspolitik gesprochen werden könne; zu den Plänen einer gemeinsamen Entwicklung von Kernwaffen vgl. ebd., S. 394-396.

20 Hans-Peter Schwarz, *Die Ära Adenauer. Epochenwechsel 1957-1963*, Stuttgart, Wiesbaden 1983 (Geschichte der Bundesrepublik Deutschland 3), S. 95.

21 Zu den turbulenten Ereignissen in Frankreich gegen Ende der IV. Republik vgl. Ernst Weisenfeld, *Geschichte Frankreichs seit dem Kriege. Von de Gaulle bis Mitterand*, 3. Auflage, München 1997 (Beck'sche Reihe 1207), S. 117-126. Vgl. auch die zeitgenössische – mit de Gaulle sympathisierende – Darstellung bei Armin Mohler, *Die fünfte Republik. Was steht hinter de Gaulle?* München 1963; Mohler zählte damals zu den deutschen »Gaullisten« im Umfeld von Franz Josef Strauß.

22 Schwarz, *Adenauer*, a.a.O. (Anm. 16), S. 401. Vgl. dazu auch Reiner Marcowitz, *Option für Paris? Unionsparteien, SPD und Charles de Gaulle 1958-1969*, München 1996, S. 22 f.

amerikanische Marines landeten im Libanon, britische Fallschirmjäger wurden nach Jordanien geschickt, in der Straße von Formosa beschossen rotchinesische Küstenbatterien Ende August die von den Nationalchinesen besetzte Insel Quemoy – ein Zusammenstoß zwischen den USA und der Volksrepublik China schien sich abzuzeichnen. Hans-Peter Schwarz spricht von einem »tiefen Entsetzen« im Angesicht dieser Krisen. »Vor diesem weltpolitischen Hintergrund mußten die Unklarheiten über die grundlegende Orientierung des gaullistischen Frankreich besonders alarmierend wirken.«[23] Als es dann aber im September 1958 zum bekannten Zusammentreffen Adenauers mit de Gaulle in dessen Privathaus in Colombey-les-deux-Églises kam, fanden die beiden Staatsmänner aber über alle Probleme hinweg doch zueinander.[24]

Dies war, grob skizziert, der allgemeine Lagehintergrund, vor dem sich die Initiative Neumanns und jener Gruppe, für die er stand, entwickelte. Hier muß nun bestimmt werden, wer sich hinter »der von mir vertretenen Gruppe« verbarg, die Erich Peter Neumann Zuckmayer gegenüber als Auftraggeber für das Projekt *Charlemagne* anführte. Zu jener Zeit, als er sich mit Zuckmayer wegen dieses Filmprojekts in Verbindung setzte, war Erich Peter Neumann u.a. für das Bonner Büro der Deutschen Reportagefilm GmbH tätig, die mit dem Bundespresse- und Informationsamt und dessen damaligem Filmreferenten Kurt Betz zusammenarbeitete.[25] Recherchen in den einschlägigen Akten des Bundespresse- und Informationsamtes, die im Bundesarchiv in Koblenz

---

23 Schwarz, *Adenauer*, a.a.O. (Anm. 16), S. 455 f.; Schwarz, *Die Ära Adenauer*, a.a.O. (Anm. 20), S. 96.

24 Zum Komplex de Gaulle-Adenauer insgesamt vgl. Schwarz, *Adenauer*, a.a.O. (Anm. 16), S. 439-467; vgl. auch Gilbert Ziebura, *Die deutsch-französischen Beziehungen seit 1945. Mythen und Realitäten*, überarb. und aktualisierte Neuausgabe, Stuttgart 1997, S. 137-171; zur damaligen Einschätzung de Gaulles durch Adenauer und zur Entwicklung bis Ende 1958 vgl. Marcowitz, *Option für Paris*, a.a.O. (Anm. 22), S. 24-36.

25 Dies geht aus den Briefkopf-Adressen Neumanns hervor. Zur Zusammenarbeit dieses Büros mit dem Bundespresse- und Informationsamt (BPA) siehe im Bundesarchiv Koblenz den Aktenbestand B 145 (BPA), hier z.B. B 145/38 (Verschiedene Filmvorhaben und Filme Dritter 1955-61); zur Entwicklung des BPA vgl. Horst O. Walker, *Das Presse- und Informationsamt der Bundesregierung. Eine Untersuchung zu Fragen der Organisation, Koordination und Kontrolle der Presse- und Öffentlichkeitsarbeit der Bundesregierung*, Frankfurt am Main 1982, S. 78-106.

lagern, erwiesen sich jedoch hinsichtlich des Vorgangs *Charlemagne* als unergiebig. Dennoch lassen sich im Analogieschluß über Indizien aus dort vorliegenden Vorgängen ähnlicher Art wenigstens die Rahmenbedingungen des Filmprojekts *Charlemagne* rekonstruieren.

Neumanns Tätigkeit in der Deutschen Reportagefilm GmbH hängt eng mit der Entwicklung und Struktur des Presse- und Informationsamtes zusammen. Schon seit Beginn der fünfziger Jahre beauftragte das Bundespresseamt – dieser Auftrag dauert übrigens bis heute ununterbrochen an – das Allensbacher Institut mit der politischen Berichterstattung auf der Grundlage demoskopischer Erhebungen. Aus diesem Grund ging Erich Peter Neumann nach Bonn und leitete dort das Ressort »Politische Umfragen«. Hier begann auch die Verbindung zu Dr. Otto Lenz, der bis 1953 Staatssekretär Adenauers war und eine moderne, umfassende Öffentlichkeitspolitik des Staates anstrebte;[26] er wollte sie in einer Art von »Informationsministerium« unter seiner Leitung bündeln, was – unter Ausnutzung der sich zwangsläufig ergebenden Assoziationen zu Goebbels' Propagandaministerium – von seinen Konkurrenten und Gegenspielern nachhaltig vereitelt wurde.[27] Schon früh hatte Lenz sich aber einen weiteren zielführenden Weg aufgetan, indem er zahlreiche nicht-staatliche Organisationen, Firmen und Vereine anregte oder gründete, »die alle mehr oder weniger offen für die Politik der Bundesregierung warben. In kurzer Zeit war rings um das

---

26 Vgl. hierzu Frank Andreas Buchwald, *Adenauers Informationspolitik und das Bundespresseamt 1952-1959. Strategien amtlicher Presse- und Öffentlichkeitsarbeit in der Kanzlerdemokratie*, Mainz 1991, S. 53; vgl. auch *Im Zentrum der Macht. Das Tagebuch von Staatssekretär Lenz 1951-1953*, bearbeitet von Klaus Gotto, Hans-Otto Kleinmann und Reinhard Schreiner, Düsseldorf 1989 (Forschungen und Quellen zur Zeitgeschichte, Bd. 11), S. 40, Eintrag vom 22. Februar 1951: »Mittags Besprechung mit Herrn und Frau Neumann [...] über Fragen der Propaganda unter Auswertung der Ergebnisse des von ihnen geleiteten demoskopischen Instituts.« Am 2. Juli 1951 notierte Lenz eine Besichtigung des Instituts in Allensbach, ebd. S. 107; zu Dr. Otto Lenz (1903-1957) vgl. ebd., S. VII-XVII. Lenz war von 1951 bis zur Bundestagswahl 1953 Staatssekretär, dann als Abgeordneter u.a. Mitglied im Bundestagsausschuß für Auswärtige Angelegenheiten, in der Beratenden Versammlung des Europarates und Vorsitzender des Außenpolitischen Arbeitskreises der CDU/CSU.

27 Vgl. Buchwald, *Adenauers Informationspolitik*, a.a.O. (Anm. 26), S. 54-56; Walker, *Das Presse- und Informationsamt*, a.a.O. (Anm. 26), S. 276-280, S. 288-295. Vgl. dazu auch Lenz' eigene Zusammenfassung in seinem Tagebuch: *Im Zentrum der Macht*, a.a.O. (Anm. 26), S. 712-716.

Presseamt ein beinahe undurchdringliches organisatorisches Dickicht« gewachsen, das Lenz auch nach seinem Rücktritt als Staatssekretär kräftig förderte:[28]

> Dazu gehörten die Filmproduktionsgesellschaft »Deutsche Reportagefilm GmbH«, die Verleihfirma »Deutscher Filmdienst«, die Agentur »Werbestudio 7«, vor allem aber die »Deutsche Korrespondenz GmbH«, der Verlag des Bonner Journalisten und BPA-Beraters Erich Peter Neumann. Offenbar handelte es sich bei all diesen Firmen um Verzweigungen eines im Grunde einheitlichen Unternehmens. Alle Firmen führten die gleiche Adresse im Briefkopf, und die Angestellten der verschiedenen Gesellschaften – besonders Geschäftsführer Peter Tinschmann und Ernst Thiel – unterzeichneten im Schriftverkehr mit dem Presseamt einmal für die »Mobilwerbung«, dann wieder für die »Deutsche Korrespondenz« oder die »Deutsche Reportagefilm«, ein anderes Mal schließlich für das »Werbestudio 7«.[29]

In den aktuellen politischen Entwicklungen dieser Jahre sah sich das BPA zahlreichen Herausforderungen der Public Relations gegenüber: Eine der größten Kampagnen konnte das BPA im Hinblick auf die durch Nikita S. Chruschtschows Ultimatum ausgelöste Berlin-Krise relativ erfolgreich durchführen;[30] doch auch schon in der Frage des »Wehrbeitrags« bzw. der Wiederbewaffnung der Deutschen war es in einem der zentralen Probleme der fünfziger Jahre gefordert – nicht nur im außenpolitischen, sondern sehr stark auch im innenpolitischen Bezugsfeld.[31] An einem Beispiel aus diesem Komplex, der sich in Form von Akzeptanzschwierigkeiten und Vorbehalten gegenüber der neuen Armee weit über das Gründungsjahr der Bundeswehr hinauszog, läßt sich das undurchsichtig gestaltete Zusammenspiel des BPA mit der privatwirtschaftlichen Deutschen Reportagefilm GmbH konkret zeigen: Als der Produktionsfirma Neue Münchener Lichtspielkunst GmbH – Neue Emelka, die den Film *Der Stern von Afrika* über den in Afrika gefallenen deutschen Jagdflieger Hans-Joachim Marseille produzierte, das Geld ausgegangen war, bildete die Deutsche Reportagefilm GmbH

---

28 Buchwald, *Adenauers Informationspolitik*, a.a.O. (Anm. 26), S. 57; vgl. dazu auch Walker, *Das Presse- und Informationsamt*, a.a.O. (Anm. 25), S. 39 f.

29 Buchwald, *Adenauers Informationspolitik*, a.a.O. (Anm. 26), S. 59. Die auf lange Sicht einflußreichste von Lenz betriebene Gründung dieser Jahre war die Arbeitsgemeinschaft demokratischer Kreise (AdK).

30 Ebd., S. 163-203.

31 Vgl. hierzu ebd., S. 65-83; zum organisatorischen Hintergrund auch Walker, *Das Presse- und Informationsamt*, a.a.O. (Anm. 25), S. 227-230.

die Schnittstelle zwischen dem BPA, das der Firma ein Darlehen von DM 300.000,- zur Verfügung stellte, und der Hausbank der Deutschen Reportagefilm GmbH, dem Frankfurter Bankhaus Metzler, das nach außen hin als Darlehensgeber auftrat. Der Transaktion gingen einschlägige Verträge zwischen der Deutschen Reportagefilm GmbH und dem BPA voraus – über eben jenes Darlehen in Höhe von DM 300.000,-, »das zur Unterstützung eines Filmprojekts zur Förderung des Wehrgedankens dienen soll. Nach gegenseitiger Übereinkunft dient dieses Darlehen der Förderung des Films ›Der Stern von Afrika‹.«[32] Für die Finanzierung solcher Projekte konnte das BPA auf Etatmittel u.a. aus dem »Titel 300«, von der Presse gegen Adenauer gern als »Reptilienfond« bezeichnet, aber auch auf andere Quellen zurückgreifen.[33] In

---

32 Bundesarchiv Koblenz, B 145/45 – *Der Stern von Afrika*: vgl. dort Schnellbrief (Durchschlag) vom 28. Juni 1957 an den Bundesminister für Finanzen: »Das Presse- und Informationsamt beabsichtigt, der Neuen Emelka GmbH, München, ein Darlehen zur Restfinanzierung des Films ›Der Stern von Afrika‹ in Höhe von 300.000,-DM zur Verfügung zu stellen. [...] Das Presse- und Informationsamt beabsichtigt, dieses Darlehen der Filmgesellschaft nicht direkt zuzuleiten, um mögliche politische Auseinandersetzungen zu vermeiden. Es soll daher die Deutsche Reportagefilm GmbH treuhänderisch eingeschaltet werden.« Vgl. außerdem einen Brief von Dr. Thiel, Deutsche Reportagefilm GmbH, an Oberregierungsrat Kloft, Presse- und Informationsamt der Bundesregierung, »*Persönlich – Vertraulich*«, vom 20. Juli 1957: »Wir sind übereingekommen, daß jedoch nicht die Deutsche Reportagefilm GmbH als Darlehensgeber gegenüber der Produktionsfirma, der Neuen Münchener Lichtspielkunst GmbH – Neue Emelka, München, auftritt, sondern daß der Kredit vom Bankhaus B. Metzler seel. Sohn & Co., Frankfurt/Main, an die Produktionsfirma gegeben werden soll. Das Bankhaus B. Metzler greift hierzu auf den vom Presse- und Informationsamt der Deutschen Reportagefilm GmbH gegebenen Kredit zurück.«

33 Vgl. Walker, *Das Presse- und Informationsamt*, a.a.O. (Anm. 25), S. 32-36, S. 107-110; Buchwald, *Adenauers Informationspolitik*, a.a.O. (Anm. 26), S. 61-63; Buchwald verweist außerdem auf eine am 6. August 1991 mündlich geäußerte Erinnerung des damaligen stellvertretenden BPA-Chefs Werner Krueger, »auf Betreiben von Staatssekretär Lenz habe der Bundesverband der Deutschen Industrie mit einem stattlichen Zuschuß zur Gründung der ›Mobilwerbung‹ beigetragen« (ebd., S. 59); Geld hatte das BPA für PR-Aktionen zunächst auch über Weir M. Brown, einen Finanzberater im amerikanischen Hochkommissariat in Bad Godesberg, bekommen; so vermerkte Otto Lenz am 25. Juni 1952 in seinem Tagebuch: »Nachmittags hatte ich eine eingehende Besprechung mit Herrn Neumann und Herrn Brown, der sich bereit erklärte, für Propaganda-

ähnlicher Weise, dieser Analogieschluß ist aufgrund des ermittelten Personals, der entsprechenden Bankverbindung und des Umfelds zulässig, dürfte das Filmprojekt *Charlemagne* angestoßen und finanziell abgewickelt worden sein.[34]

Nachdem damit die »Weltlage«, auf die sich Auftraggeber und Autor bezogen, für den relevanten Zeitraum umrissen und die Struktur des Wirkungsfeldes von Erich Peter Neumann beleuchtet wurde, bleibt die Frage offen, welche Gruppe von der politischen Ausrichtung her Neumann nun eigentlich vertrat und wie sich diese in den Ereignissen des Sommers 1958 positionierte. Klar ist, daß er Anfang der fünfziger Jahre über den Staatssekretär Lenz in die unmittelbare Nähe des Bundeskanzlers Adenauer und in eine enge Kooperation mit dem BPA gelangt ist; eine undatierte Aktennotiz Erich Peter Neumanns, die sich in seinem Nachlaß erhalten hat, avisiert für einen Dienstag eine Besprechung mit Staatssekretär Dr. Hans Globke und Werner Krueger, dem stellvertretenden Leiter des BPA, zu »Karl dem Großen«. Nachdem ohnehin das Bundespresse- und Informationsamt bis 1958 ins Bundeskanzleramt eingegliedert war, weist überdies die avisierte Teilnahme Hans Globkes an der Besprechung darauf hin, daß auch nach Lenz' Tod unmittelbarer Kontakt zur politischen »Entscheider«-Ebene im Bundeskanzleramt bestand.[35] Unklar aber ist noch immer, welche Gruppe aus dem Umfeld des Kanzlers oder mit ihm selbst auf das Filmprojekt *Charlemagne* als Mittel zur öffentlichkeitspolitischen Einflußnahme zu bauen schien – vor dem skizzierten Hintergrund der aktuellen politischen Entwicklungen.

---

zwecke für die nächsten drei Monate ca. eine halbe Million zur Verfügung zu stellen. Dieses stellt für meine Fonds eine erhebliche Entlastung dar. Wenn aus ihnen alles getragen werden müßte, wären sie Ende August ausgeschöpft«; vgl. *Im Zentrum der Macht* (1989), a.a.O. (Anm. 26), S. 375.

34 So tritt neben Erich Peter Neumann auch Ernst Thiel im Zusammenhang mit *Charlemagne* in Erscheinung: Im Konvolut *Charlemagne* findet sich das handschriftliche Notat »Dr. Thiel« auf der Personenliste des Exposés; auch die Bankverbindung, von der aus Zuckmayers Honorar überwiesen wurde, lief über das Bankhaus B. Metzler seel. Sohn & Co., Frankfurt am Main (DLA, Nachlaß Carl Zuckmayer, Konvolut *Charlemagne*).

35 HAP, undatierte Aktennotiz E. P. Neumann; zur Einbindung des BPA ins Bundeskanzleramt vgl. Walker, *Das Presse- und Informationsamt*, a.a.O. (Anm. 25), S. 81.

Hier kann ein Perspektivenwechsel Aufschluß geben und weiterführen: Ein Bericht der Bonner US-Botschaft über »Basic Attitudes of German Political Leaders« vom 22. Dezember 1958 unterschied innerhalb der Union damals drei Gruppierungen: die »Karolinger«, die »Nationalen« und die »Dissidenten«, so Conze in seiner Studie über die deutschfranzösischen Beziehungen in der amerikanischen Europapolitik 1958-1963. »Sowohl die ›Karolinger‹ als auch die ›nationalen Elemente‹ seien sich, so hieß es, einig, in der Außenpolitik ›keine Experimente‹ zu wagen, insbesondere aber Verhandlungen über den künftigen Status Deutschlands grundsätzlich abzulehnen.«[36] Eine Charakterisierung der »Karolinger«, die natürlich schon von der Etikettierung her von besonderem Interesse ist, verortet diese im katholischen Rheinland:

> This is a predominantly Catholic group, for the most part born and raised in the Rhineland, Southwest Germany or Bavaria; the men who place primary, almost exclusive, emphasis on the continued freedom and security of the western part of Germany, the Federal Republic. It consists of Chancellor Adenauer and his tried and true followers in the CDU— men whose orientation is not »national«; and who give great emphasis to the importance of firmly establishing a »little Europe« based on the fullest French-German cooperation within the Atlantic Alliance. There are certainly many in this group who, in their hearts, do not really care about reunification and certainly not at any risk to their own security and prosperity. The majority and the leadership of this group, however, sincerely believe that there is no real stability or security in a divided Germany.[37]

Der Historiker Conze hebt hervor, daß diese amerikanische Analyse bei aller Bedingtheit durch die konkrete Lage 1958/59 längerfristige »Gruppenstrukturen und -charakteristika« der Union freilegte:

> Dies gilt insbesondere für das sog. »karolingische« Lager unter der Führung Adenauers, welches in der Tat als Keimzelle der späteren »Gaullisten« innerhalb der Union betrachtet werden kann. Hierfür sprechen das diesen »Karolingern«, dem politischen Katholizismus, attestierte Bekenntnis zur europäischen Integration im Rahmen Klein-Europas, d.h. unter Ausschluß Großbritanniens, sowie zu einer engen deutsch-französischen Zusammen-

---

36 Zitiert nach Eckart Conze, *Die gaullistische Herausforderung. Die deutschfranzösischen Beziehungen in der amerikanischen Europapolitik 1958-1963*, München 1995, S. 126.

37 Zitiert nach Conze, ebd.

arbeit innerhalb der Atlantischen Allianz und, im Bereich der Deutschland- und Ostpolitik, das Festhalten am Status quo.[38]

Zur »karolingischen« Linie schien auch ein halboffizielles Gremium zu gehören, das der rührige Staatssekretär Lenz ins Leben gerufen hatte: das »Kuratorium zur Förderung der Vereinigung Europas«. Dieses umfaßte einen elitären Zirkel von einflußreichen politischen Persönlichkeiten der Länder, die die Montanunion bildeten: der italienische Vertreter war beispielsweise der damalige Finanzminister Italiens, Guilio Andreotti.[39] Der nicht weniger rührige Politikberater Neumann, der eng mit Lenz zusammenarbeitete, war über eine von diesem Kuratorium getragene Anzeigenkampagne für ein Vereinigtes Europa eingebunden; diese erschien in mehreren Folgen u.a. 1958 in der Zeitschrift *Die politische Meinung. Monatshefte für Fragen der Zeit*.[40] Besonders in einer dieser Werbeanzeigen ist genau die Linie des *Charlemagne*-Projekts vorgezeichnet, und es ist auch gut vorstellbar, daß das Honorar für Zuckmayers Exposé im Sinne einer »karolingisch« ausgerichteten Europawerbung aus diesem Kreis bereitgestellt wurde.[41] Jene integrationistische Werbekampagne war schon im Zuge der auflebenden deutsch-

---

38 Ebd., S. 127. Die von den Amerikanern als »national« apostrophierte, vor allem am damaligen Verteidigungsminister Franz Josef Strauß festgemachte Gruppe und die sogenannten »Dissidenten« waren viel zu heterogen, um über die konkret bedingte Konstellation jener Zeit hinaus als Gruppen gewertet werden zu können, so auch Conze. Die »Karolinger« sind dabei allerdings nicht als ein Kreis deutscher »Gaullisten« mißzuverstehen, war es gerade doch auch der sogenannte »Nationale« F.J. Strauß, der Anfang der sechziger Jahre zu einem der profiliertesten »Gaullisten« in Westdeutschland wurde. Vgl. zur Problematik dieser zeitgenössischen Begriffe und zu den Gruppierungen innerhalb der damaligen CDU/CSU Marcowitz, *Option für Paris*, a.a.O. (Anm. 22), S. 177-222.

39 Auskunft Norbert Grube, Allensbach: HAP, Nachlaß Erich Peter Neumann. Zu Neumanns italienischen Verbindungen vgl. auch die Erinnerungen des ehemaligen nordrhein-westfälischen Ministerpräsidenten Franz Meyers, gez. Dr. Meyers. *Summe eines Lebens*, Düsseldorf 1982, S. 325: »Durch Vermittlung von Erich Peter Neumann, der mit Hilfe seines Mailänder Korrespondenten Horst Hohendorf einen guten Draht nach Italien besaß, fand die Verabredung eines Gegenbesuchs bei Andreotti statt, der inzwischen das Verteidigungsressort übernommen hatte« (März 1959).

40 Vgl. die Abbildung S. 655. Neumann war von 1956 an Mitherausgeber dieser Zeitschrift; übrigens hatte er auch den Verlag gegründet, der sie verlegte.

41 Zu weiteren denkbaren Finanzierungsquellen vgl. Anm. 33.

französischen Kooperation angelaufen; offensichtlich hielten nun die »Karolinger« das europäische Projekt, das sich bis ins Frühjahr 1958 so gut zu entwickeln schien, vor dem Hintergrund der eskalierenden weltpolitischen Krisen und de Gaulles Ministerpräsidentschaft für gefährdet. Umfrageergebnisse des Allensbacher Instituts für Demoskopie hatten gezeigt, daß bei allen Vorbehalten die Einschätzung der Kooperationsfähigkeit zwischen Frankreich und der Bundesrepublik durch die Westdeutschen in den fünfziger Jahren allmählich positiver, allerdings erst Anfang der sechziger Jahre deutlich besser wurde.[42] In diesem Zusammenhang ist die Vermutung plausibel, daß durch einen möglichst schnell an die »Meinungsfront« geworfenen Film Gegentendenzen abgewehrt und der Europawerbung ein wichtiger Schub nach vorn gegeben werden sollte. Bis Zuckmayer aber im Juli 1959 endlich zu einem Abschluß seines Exposés gelangt war, hatten sich die Lage und die Zukunftsaussichten wieder geändert: die Zusammenarbeit mit Frankreich lief nun in einigermaßen geregelten und sogar positiv zu wertenden Bahnen. Das im Frühjahr 1959 noch immer starke Interesse der Auftraggeber am Vorantreiben des Filmprojekts läßt sich mit der Berlin-Krise erklären, da Adenauer zu dieser Zeit in de Gaulle den verläßlichsten Verbündeten sah und der Film zur deutsch-französischen Kooperation im Sinne einer unterstützenden Maßnahme nach wie vor gut paßte. Mit dem folgenlosen Auslaufen des am 27. November 1958 gestellten sechsmonatigen sowjetischen Ultimatums fiel diese Dringlichkeit weg.[43] Schließlich kam im Frühjahr 1959 noch die »Präsidentschaftskrise« mit der Frage nach einem Kanzlernachfolger Adenauers hinzu, die die Öffentlichkeit stark beschäftigte.[44] Vermutlich waren es solche –

---

42 Vgl. dazu Elisabeth Noelle-Neumann/Thomas Petersen, *Die Bürger in Deutschland*, in: Werner Weidenfeld (Hrsg.), *Europa-Handbuch*, Gütersloh 1999, S. 585-602, hier: S. 586-589; vgl. auch Erich Peter Neumann/Elisabeth Noelle (Hrsg.), *Jahrbuch der öffentlichen Meinung 1958-1964*, Allensbach, Bonn 1965, S. 331: Auf die Frage hin, mit wem Deutschland »möglichst eng zusammenarbeiten sollte«, sprachen sich 1959 nur 48 % der Befragten für Frankreich aus – gegenüber 49 % für Großbritannien und 81 % für die USA; 1963 waren es schon 71 % für Frankreich gegenüber 65 % für Großbritannien und 90 % für die USA.

43 Zum Verhältnis zu de Gaulle und der Berlin-Krise vgl. Marcowitz, *Option für Paris*, a.a.O. (Anm. 22), S. 34-36; Marcowitz zieht vor dem Hintergrund der »irritierenden Reaktionen der Amerikaner und Briten auf das sowjetische Ultimatum« das Fazit, die Berlin-Krise habe »ein enges Verhältnis zwischen Adenauer und de Gaulle« begründet; vgl. ebd. S. 35.

44 Vgl. dazu Schwarz, *Die Ära Adenauer*, a.a.O. (Anm. 20), S. 177-192.

auch tagespolitisch bedingte – Überlagerungen, die das Projekt im Sommer 1959, als Zuckmayer endlich sein Skript lieferte, hatten an den Rand rücken und unter anderen »Vorgängen« verschwinden lassen.

Erich Peter Neumann sollte das Exposé dann dreieinhalb Jahre später noch einmal aus der Schublade holen: Am 3. Mai 1963 wandte er sich an den ihm gut bekannten CDU-Bundestagsabgeordneten Berthold Martin und schickte ihm »wie besprochen, das Exposé ›Charlemagne‹ zur Lektüre«: »Vielleicht können wir uns in der nächsten Woche über das Projekt noch einmal unterhalten«.[45] Inzwischen hatte der Bundestag schon die bekannte Präambel zum »Elysée-Vertrag« beschlossen (4. April 1963), mit der de Gaulles und Adenauers neuerlicher Vorstoß hin zu einer Art Zweibund als europäischem Kern zugunsten der »atlantischen« Einbindung neutralisiert wurde. Vollends nach Adenauers Demissionierung am 11. Oktober 1963 kann man von einer Periode des Antigaullismus in Deutschland sprechen. Vor diesem Hintergrund darf Neumanns Versuch, das *Charlemagne*-Filmprojekt noch einmal zu lancieren, eingeordnet werden als eine aus der sich abzeichnenden Unterlegenheit heraus geborene Überlegung der »Karolinger«, über diesen Film noch einmal gegen die einseitige »Atlantisierung« Westdeutschlands auf die Öffentlichkeit einzuwirken. Von französischer Seite folgte die Politik des »leeren Stuhls« in Brüssel und die formale Lösung aus dem Nordatlantikpakt.[46] Diese allgemeine Entwicklung war wohl einer der Gründe, aus denen das Projekt, auch nach Neumanns neuerlichem Vorstoß, weiterhin nicht umgesetzt und nun endgültig ad acta gelegt wurde.

4 »Kassenbrecher« mit »menschlicher Kapazität«: Auftrag und Autor II

Wie aber waren Neumann und seine »karolingische« Interessengruppe auf Zuckmayer als geeigneten Autor für ein solches, durchaus heikles, politisches Filmvorhaben gekommen? Zum einen hatte man in ihm einen echten Erfolgsautor, wenn nicht sogar den einzigen erfolgreichen

---

45 HAP, Schriftwechsel Erich Peter Neumann, Mitglied des Bundestags (MdB), Bd. 4: 1. April bis 30. September 1963, Brief von Neumann an Dr. Berthold Martin, MdB, vom 3. Mai 1963; Martin war zugleich Vorsitzender der Kulturausschusses.

46 Vgl. dazu Winfried Loth, *De Gaulle und die europäische Einigung*, in: Winfried Loth/Robert Picht (Hrsg.), *De Gaulle, Deutschland und Europa*, Opladen 1991, S. 45-60, hier: S. 60; zum »Scheitern des deutsch-französischen Zweibundes« vgl. Schwarz, *Die Ära Adenauer*, a.a.O. (Anm. 20), S. 288-296.

deutschen Gegenwartsautor der fünfziger Jahre, was Bühnenstücke anging,[47] aber auch seine Filme betraf: Ein in den Akten des BPA archiviertes Exemplar des *Filmspiegels* Nr. 4 von 1957, das zweifelsohne ausgewertet wurde, führt den Film *Der Hauptmann von Köpenick*, dessen Drehbuch Zuckmayer zusammen mit dem Regisseur Helmut Käutner geschrieben hatte, als den »Kassenbrecher dieser Spielzeit« (1956) an, der »in den ersten 5 Monaten seines Einsatzes eine Besucherzahl von 10 Millionen« erzielt habe.[48]

Zuckmayer, schon aus der Weimarer Republik als erfahrener Drehbuchautor ein Begriff, mußte dem BPA aufgrund der jüngsten Erfolge und der Beachtung etwa in diesem einschlägigen Fachinformationsdienst als ideale Wahl erscheinen: Nicht nur versprach schon allein sein Name großes Publikumsinteresse, es ließ sich zudem aus den Rekordzahlen des *Hauptmanns von Köpenick* auch ein Erfolg des neuen, geplanten Filmprojekts quasi extrapolieren. Eng und ursächlich verknüpft mit dem Publikumsinteresse für Zuckmayer war ein weiterer Punkt, der diesen Autor – speziell aus der Sicht Erich Peter Neumanns – als pragmatische Option empfahl: die ganz eigene Art und Weise, wie er als Emigrant in der Nachkriegszeit mit seiner Literaturproduktion einen Ton getroffen hatte, der in der sozialpsychologisch vertrackten Lage dem Erwartungshorizont des Publikums offensichtlich weitgehend entsprach. So schien etwa Zuckmayers Drama *Des Teufels General*, ebenfalls erfolgreich verfilmt, einen Ausweg aus der manichäischen Grundsituation der Sippenhaftung, des Kollektivschuldvorwurfs zu weisen, mit dem sich die westdeutsche Nachkriegsgesellschaft konfrontiert sah. Neumann hatte schon 1947 eine solche Einschätzung Zuckmayers in einem Brief an Friedrich Georg Jünger entsprechend formuliert:

---

47 Vgl. dazu Dieter Hadamczik/Jochen Schmidt/Werner Schulze-Reimpell, *Was spielten die Theater. Bilanz der Spielpläne in der Bundesrepublik Deutschland 1947-1975*, Remagen-Rolandseck 1978, S. 13-16. Auch Zuckmayers *Barbara Blomberg* (1949), *Der Gesang im Feuerofen* (1950) und *Das kalte Licht* (1955) lagen im Jahr ihrer Uraufführung in der Aufführungsstatistik des Deutschen Bühnenvereins auf den vorderen Plätzen.

48 *Der neue Filmspiegel. Das unabhängige Informationsorgan für die Filmindustrie*, Chefredakteur: Alfred H. Jacob, München, [Jg. 1] Nr. 4, 24. Januar 1957, Deckblatt. Vgl. zur Erfolgsgeschichte des *Hauptmann von Köpenick* auch Gunther Nickel/Ulrike Weiß, *Carl Zuckmayer 1896-1977. »Ich wollte nur Theater machen«*, Marbach am Neckar 1996 (Marbacher Kataloge 49), S. 416.

Vorweg muss ich bekennen, dass es sich um einen der wohl seltenen Fälle handelt, da ein Deutscher in den schwierigen Jahren der Emigration [...] an menschlicher Kapazität zugenommen hat, auf Anhieb verrät sich eine saubere Isoliertheit vom Allgemeinen, Geläufigen, eine innere Festigkeit und ein Grad von Aufgeschlossenheit, die Auseinandersetzungen möglich machen, wie man sie nicht häufig führen kann.[49]

Vor allem mit dem Drama *Des Teufels General*, das allein in der Spielzeit 1948/49 über zweitausend Mal aufgeführt wurde, hatte sich Zuckmayer in die Gunst des westdeutschen Publikums geschrieben.[50] Ein außen- wie innenpolitisch heikles Filmprojekt, das sich auf einen solchermaßen weithin akzeptierten Autor stützen konnte, verhieß Verbreitung, Akzeptanz und damit auch Erfolg für die darin zu transportierende Botschaft, d.h. eine optimale Wirkung im Sinne des Bundespresse- und Informationsamtes und damit im Sinne der damaligen Bundesregierung Adenauers.

Das Honorar von DM 30.000,- allein für sein Exposé ist, auch verglichen mit den DM 25.000,-, die Zuckmayer für das Drehbuch zum *Hauptmann von Köpenick* bekam,[51] zweifelsohne eine erhebliche Investition des BPA, das Projekt für den Autor auch darüber hinaus finanziell attraktiv nicht zuletzt im Hinblick auf die damit verbundenen und fest in Aussicht gestellten Folgeaufträge der Drehbuchfassung und Regieberatung. Was hat der Autor nun für sein Honorar getan, wie ging er seine Arbeit an?

5 Der Autor und sein Auftrag: »historisches Drama« als Film?

Beschäftigte Zuckmayer, so wäre zunächst einmal zu fragen, wirklich »seit Jahren die Idee der Dramatisierung des Charlemagne und seiner Welt«, wie er Neumann gegenüber behauptete, oder war dies nur eine im Überschwang erfolgte Projektion? Nach bisherigem Stand der Nachlaßsichtung hatte sich Zuckmayer bis zu jenem Zeitpunkt zwar nicht explizit mit Karl dem Großen auseinandergesetzt, wohl aber

---

49 DLA, Nachlaß Friedrich Georg Jünger, Brief von Neumann an F.G. Jünger vom 31. März 1947, auszugsweise abgedruckt in: Nickel, *»Ihnen bisher nicht begegnet zu sein [...]«*, a.a.O. (Anm. 5), S. 527-529, hier: S. 527. Zum diffizilen Komplex »Zuckmayer und die Emigration bzw. Remigration« vgl. Nickel/Weiß, *Carl Zuckmayer*, a.a.O. (Anm. 48), S. 292-329.
50 Vgl. dazu Nickel/Weiß, *Carl Zuckmayer*, a.a.O. (Anm. 48), S. 333-353.
51 Vgl. ebd., S. 414.

schon früh mit einem anderen mythisch gewordenen Kaiser, nämlich dem Staufer Friedrich II., angeregt durch Ernst Kantorowiczs berühmtes Deutungsbuch *Kaiser Friedrich II.*, das – im Stil des George-Kreises – als »mythische Schau« verfaßt und dessen erster Band 1927 erschienen war.[52] Ganz im Banne dieses Buches schrieb Zuckmayer seinem Freund Albrecht Joseph, der es ihm geschenkt hatte, am 14. Oktober 1928:

> Dieser zweite Friedrich und seine Zeit und seine Politik und seine Persönlichkeit und seine geistige Welt, – ich hatte immer gespürt, ohne mehr als was im alten Raumer steht zu wissen, – dass dieser Kerl mich was angeht und dass ich ihm noch einmal verfallen werde. Jetzt weiss ich ganz bestimmt, dass eines meiner nächsten Stücke das Kaiserdrama sein wird. Und wer weiss, vielleicht das wichtigste was ich zu schreiben habe. Vielleicht darum die Vorübungen und dramatischen Etüden alle, (denn anders empfinde ich im Grund meine bisherigen Stücke einschliesslich der Knie nicht, das ist meine ehrliche Überzeugung), – vielleicht darum dieser Weg, und all das Theater, und all das Verschwiegene. [...] Ein Stück von diesem deutschen Kaiser, (den Nihilisten auf dem Tron, nennt ihn Friedell, das ist aber ganz falsch), – könnte mit einem Schlag die wirklich grossen seelischen, geistigen, menschlichen Kräfte durchleuchten, auf die es heut ankommt. Die wirklich wichtigen und notwendigen Ideen, die bestimmt nichts mit Marxismus oder dieser ganzen Flachköpferei von sogenannten Gegenwartsproblemen, die keine sind, zu tun haben. Persönlichkeit und Schicksal (Umwelt, Überwelt) in einer ganz neuen Polarität und Verknüpfung, in einem ganz neuen Kräfteverhältnis, Wege weisend, die dieser Kaiser vor achthundert Jahren tragisch vorausgelebt hat. (Und in abermals achthundert Jahren wird vielleicht das erdumfassende Imperium, das diese Stauffenkaiser dachten und roh hinhauten, wirklich lebensreif sein.) Ich kann das alles noch nicht ausdrücken, aber ich weiss genau, was da los ist. – Jedenfalls ist für mich jetzt der zweite Friedrich die blühendste und wuchernste dramatische Gestalt auf der Welt. Den Hund werd ich mal schlachten, den saumässigen. Keine Angst dass das ein »historisches Drama« wird. Aber auch keine »Ballade«. Und kein Börsencouriergesamtkunstwerk.[53]

---

52 Vgl. hierzu und zur Tradition der über Bertram und Gundolf führenden »Deutungsbücher« Ulrich Raulff, *INTER LINEAS oder Geschriebene Leben*, in: Ulrich Raulff, *Der unsichtbare Augenblick. Zeitkonzepte in der Geschichte*, Göttingen 1999 (Göttinger Gespräche zur Geschichtswissenschaft 9), S. 118-142, besonders S. 133-138.

53 DLA, Nachlaß Carl Zuckmayer, Brief von Zuckmayer an Albrecht Joseph vom 14. Oktober 1928.

»Den Hund« hat er schließlich nicht »geschlachtet«, doch sein Interesse an »Persönlichkeit und Schicksal« dieses Kaisers, seine Begeisterung für »die blühendste und wucherndste dramatische Gestalt auf der Welt« wie auch der Aktualitätsbezug, der sich hier in seiner Distanzierung vom »historischen Drama« äußert, begegnen uns wieder in seiner emphatischen Aufnahme des Ansinnens, den anderen Kaiser, den Karls-Stoff mit seiner »enormen Aktualität« zu bearbeiten. Zuckmayer griff im übrigen mit dem immerhin als Exposé ausgeführten *Charlemagne* nicht zum ersten Mal auf einen – vor seiner Zeitgenossenschaft liegenden und im engeren Sinne der Faktizität – historischen Stoff zurück: Bereits Mitte der dreißiger Jahre hatte er explizit historische Stoffe bearbeitet, als er für Alexander Korda das Drehbuch zu dem 1936 entstandenen Film *Rembrandt* schrieb und mit wechselnden Mitarbeitern zusammen ein weiteres zu dem geplanten, aber nicht verwirklichten Film *I Claudius the God* nach Robert Graves Claudius-Romanen produzierte.[54] Aber auch in Dramatik und Prosa ging er in freier Verarbeitung von historischen Stoffen aus – zwar vergleichsweise selten, aber doch z.B. in *Schinderhannes* (1927), *Bellman* (1938) oder *Barbara Blomberg* (1949), in der Prosa bei den Romanfragmenten über *Sitting Bull* (1924/25) oder *Lenchen Demuth*, die Haushälterin von Karl Marx (1941/42), wobei man im Falle der dramatischen Verarbeitung solcher Stoffe bei ihm tatsächlich nur bedingt von »historischen Dramen« sprechen kann.[55]

Zur Frage, wie generell ein Stoff zu wählen sei, »historisch« oder »modern«, hatte Zuckmayer schon Ende 1935 Albrecht Joseph gegenüber lapidar bemerkt, für ihn sei alles richtig, was er gut machen könne und was seine persönliche Phantasie in Tätigkeit setze.[56] Moderne Stoffe

---

54 Vgl. dazu im vorliegenden Band Horst Claus, *Zuckmayers Arbeiten für den Film in London 1934-1938*, besonders S. 381-387; vgl. auch Helmut G. Aspers Beitrag »*Mon cher ami d'outre Rhin*«: *Max Ophüls und Carl Zuckmayer – eine unvollendete Freundschaft*, ebd. S. 423-436, der gleich eingangs auf die Differenz zwischen dem historischen Erzherzog-Franz-Ferdinand-Stoff und der Aktualisierungsintention bei Zuckmayers Drehbuchentwürfen für Ophüls' Film *De Mayerling à Serajevo* hinweist.

55 Zu den begrifflichen Schwierigkeiten in Bezug auf die Bestimmung von »historischen Dramen« vgl. Axel Schalk, *Geschichtsmaschinen. Über den Umgang mit der Historie in der Dramatik des technischen Zeitalters. Eine vergleichende Untersuchung*, Heidelberg 1989 (Beiträge zur neueren Literaturgeschichte – Folge 3, Bd. 87), S. 15-30.

56 DLA, Nachlaß Carl Zuckmayer, Brief von Zuckmayer an Joseph vom 7. Dezember 1935.

lockten ihn eigentlich mehr als historische, doch könne man sich im
»Historischen [...] wenigstens gleich einen bedeutenderen Rahmen
schaffen und eine grosse Gestalt aussuchen, deren Elemente zwingend
sind«, während man bei modernen Stoffen durch das Bewußtsein gehemmt sei, man verkleinere und versüße, womit man »von vorneherein
nicht in die richtige Erfindung, nicht ins Elementarische, Wahre, Notwendige, Selbstüberzeugende« komme. Was Zuckmayer hier im Hinblick auf den ins Auge gefaßten Rembrandt-Stoff für den Korda-Film in
legeren Bemerkungen als produktionsästhetische Ausgangsvorteile des
historischen Stoffes benennt, wurde auch in der Sekundärliteratur aus
der Analyse historischer Dramen verallgemeinert:

> Der Ablauf des Geschehens wird bestimmt durch historische Eckdaten,
> umgekehrt benutzt das Drama diese Vorgaben für seine Botschaft. Das Geschichtsdrama lebt so aus der Dialektik von historisierter Fabel und poetischer Wahrheit.[57]

Zieht man nun Zuckmayers frühe Begeisterung für das »Kaiserdrama«
um die exzeptionelle Gestalt des staufischen Friedrich II. und seine
anfängliche Begeisterung für den ihm von seinen Auftraggebern vorgesetzten Karls-Stoff in Betracht, so sticht bei diesen nie verwirklichten
filmisch-dramatischen Projekten ein weiteres, für die historisierenden
Genres typisches Dispositiv ins Auge, nämlich

> [...] daß die Schicksale dramatischer Figuren oft vor dem Hintergrund einer »Zeitenwende« dargestellt werden. Im Zentrum steht der Untergang
> einer Epoche, die von den Vorboten einer neuen Zeit abgelöst wird. [...]
> Figuren, die Konflikte von historischer Dimension austragen, weil sie an
> einer Zeitenwende stehen, kann man mit einem Terminus von Blumenberg
> als »Limesfiguren« bezeichnen.[58]

In Zuckmayers offensichtlicher Faszination angesichts von »Limesfiguren« wie Friedrich II. und Karl dem Großen drückt sich jene »monumentalische« Ausprägung der drei möglichen Formen einer Geschichtsbetrachtung aus, die Nietzsche in seinem Essay *Vom Nutzen
und Nachteil der Historie für das Leben* als den auf die Zukunft gerichteten Typus der Historiographie bestimmt hat. Wolfgang Düsing, von
dem diese Hinweise auf Nietzsche und Blumenberg stammen, verweist
auch für unseren Zusammenhang treffend auf Schillers *Don Carlos* als

---

57 Schalk, *Geschichtsmaschinen*, a.a.O. (Anm. 55), S. 25.

58 Wolfgang Düsing, *Einleitung. Zur Gattung Geschichtsdrama*, in: Wolfgang
Düsing (Hrsg.), *Aspekte des Geschichtsdramas. Von Aischylos bis Volker Braun*,
Tübingen, Basel 1998, S. 1-10, hier: S. 7.

Beispiel für den utopischen Entwurf im »kühnen Traumbild eines neuen Staates«: Sprang Zuckmayer vielleicht nicht auch deswegen auf den historischen Stoff *Charlemagne* wie schon früher auf jenen staufischen Friedrich II. an, weil er, der als »Volksautor« fast schon Verfemte, sich letztlich doch tatsächlich nach dem großen »Kaiserdrama« als Staatsangelegenheit und Gattungsgipfel sehnte?

Auf der objektiven Ebene ließ sich Zuckmayers persönliches Interesse an Limesfiguren wie dem stupor mundi Friedrich II. und Karl dem Großen jedenfalls problemlos mit dem politischen Auftragsinteresse an einem Historienfilm wie *Charlemagne* vereinbaren und ganz im Sinne der Auftraggeber in seiner Verarbeitung des Stoffes nutzbringend umsetzen. Im Briefverkehr zwischen Autor und Auftraggeber war die Kategorie des projektierten Filmes nie richtig definiert, also weder eine klare Festlegung auf einen »dokumentarischen« Geschichtsfilm, noch auf einen historischen Spielfilm getroffen worden; Zuckmayers Exposé scheint jedoch eine Spielfilmdisposition zugrundezuliegen, die sich gleichwohl an der Historiographie orientierte.[59] Eine solche Form des Historienfilms hatte nicht nur in Sergej Eisensteins berühmtgewordenen propagandistischen Filmen, die nach der Verherrlichung der Matrosenmeuterei vom Juni 1905 (*Panzerkreuzer Potemkin*, 1925) die Rekonstruktion nationalistischer Traditionen (*Alexander Newski*, 1938, *Iwan der Schreckliche*, 1943-45) zur Identitätsstiftung im Sinne eines Sowjetpatriotismus betrieben, sondern vor allem auch im nationalsozialistischen Deutschland eine politisch enorm aufgeladene Vorgeschichte: Filme wie *Bismarck* (1940) oder *Der große König* (1942) mit Otto Gebühr als König Friedrich II. von Preußen, all dies waren Filme, die zwar keinen einsinnigen, offenen Bezug zur Gegenwart und dem seinerzeitigen ideologischen mainstream hatten, aber als historische Stücke das Kontinuitätsproblem aufgriffen und im Sinne einer Traditions- und Identitätsstiftung der aktuellen Politik einen geschichtlich scheinbar legitimierten Bezugsgrund verliehen.[60] Diese Mechanismen sind kei-

---

59 Zur Unterscheidung und Problematik der Geschichtsdarstellungen in Historienfilmen vgl. Robert A. Rosenstone, *Geschichte in Bildern/Geschichte in Worten. Über die Möglichkeit, Geschichte zu verfilmen*, in: Rainer Rother (Hrsg.), *Bilder schreiben Geschichte. Der Historiker im Kino*, Berlin 1991, S. 65-83.

60 Vgl. Natascha Drubek-Meyer, *Vom Revolutionsfilm zum Personenkult. Der sowjetische Film*, in: Rainer Rother (Hrsg.), *Mythen der Nationen. Völker im Film*, München, Berlin 1998, S. 218-230; vgl. ebd. S. 63-81 Rainer Rother, *Vom Kaiserreich bis in die fünfziger Jahre. Der deutsche Film*, hier: S. 71 f.; vgl. auch Klaus Kanzog, *»Staatspolitisch besonders wertvoll«. Ein Handbuch zu 30 deutschen*

neswegs nur in autoritären Persönlichkeitsstrukturen oder patriarchalisch generierten, »faschistoiden« Abhängigkeitsverhältnissen des alten Europa zu finden: Dieselben Funktionsweisen finden sich bis heute – auch in anderen filmischen Genres – etwa in einem Film wie *Independence Day*, der auf der Ebene einer Science Fiction die leadership der USA beschwört und die durch starke zentrifugale Kräfte gefährdete Einheit der US-Nation gegen das Fremde, die »Aliens«, an einer neuen »Frontier« prospektiv rekonstituiert.

Sucht man nun konkrete Vorbilder, an die sich das *Charlemagne*-Exposé von der Machart her und auch im Sinne einer ideologisch unbedenklichen Tradition anlehnen möchte, ließe sich vor allem an Laurence Oliviers ersten Shakespeare-Film *Heinrich V.* aus Großbritannien und den US-amerikanischen Historienfilm *Alexander der Große* denken; mit *Stresemann* gab es zudem in Deutschland bereits einen Film, der 1956 versucht hatte, in der inzwischen historisch gewordenen Figur des ehemaligen Reichskanzlers und Außenministers der Weimarer Republik ein Vorbild zu schaffen, um den Gedanken der deutsch-französischen Annäherung und der europäischen Einigung zu propagieren.[61]

Allerdings führen die Figur und der Stoff »Kaiser Karl der Große« in eine andere konzeptionelle Dimension als bei dem etwas trockenen biographischen Film über den DVP-Politiker Stresemann, wie im folgenden zu zeigen sein wird. Aus der Tatsache, daß Zuckmayers Auftrag, einen Film ausgerechnet über den ersten mitteleuropäischen Kaiser zu konzipieren, von einer politischen Gruppe aus dem Umfeld des damaligen Bundeskanzlers kam, läßt sich ableiten, wie mit den »nicht zu leugnenden Darstellungsvorteile[n] des Films in der Popularisierung nationaler Mythen«[62] offenbar auch bei der (Re-)Produktion eines »europäischen«, eines übernationalen Gründungsmythos' gerechnet wurde. Wie konstituiert sich diese Mythenreproduktion nun aber im Entwurf

---

Spielfilmen der Jahre 1934-1945, München 1994 (Münchner Beiträge zur Filmphilologie 6), S. 235-245, S. 297-310.

61 *Henry V.* nach William Shakespeare, 1944 in Großbritannien produziert, Regie und Hauptrolle: Laurence Olivier; der Film war 1947 für den Oskar nominiert worden. *Alexander the Great*, 1956 in den USA produziert, Regie: Robert Rossen, Hauptrolle: Richard Burton. *Stresemann*, 1956 in Deutschland produziert, Regie: Alfred Braun, Hauptrolle: Ernst Schröder.

62 Rainer Rother, *Nationen im Film. Zur Einleitung*, in: Rother, *Mythen der Nationen*, a.a.O. (Anm. 60), S. 9-16, hier: S. 12.

der filmischen Historie Karls des Großen als »Urvater Europas«, als »Schöpfer eines christlichen Abendlandes«?[63]

> Drei Realitätsebenen des historischen Stücks, das das Kontinuitätsproblem behandelt, lassen sich festschreiben: Seine Beispielhaftigkeit, die die Werke als Parabeln klassifiziert, spielt keineswegs lediglich auf die Parallelität von Vergangenheit und Gegenwart im Prozeß ihrer Reflexion an: Der Gegenwart verhilft dieser Stücktypus zum tieferen Verständnis ihrer selbst und bildet auf einer dritten Ebene eine mögliche zukünftige Entwicklung ab. Das so gestaltete »historische Drama« – das nichts weiter als ein Gegenwartsbild ist (!) – entfaltet ein utopisches Element.[64]

Diese aus literarischen Texten entwickelte Analyse dreier »Realitätsebenen« historischer Stücke beschreibt das Niveau relativ anspruchsvoller Dramen, kann aber ebenso auf die im Film inszenierte soziale bzw. politische Interaktion bezogen werden. Damit ist, gewissermaßen vor dem Urbild des historischen Dramas, zugleich auch ein konzeptioneller Erwartungshorizont für das Filmprojekt *Charlemagne* definiert. Hinsichtlich der ersten Ebene hatte Zuckmayer schon in der Vornotiz seines Exposés »die enorme Fülle des Stoffs« als wesentliches Problem benannt,[65] wodurch die Entscheidung schwer werde,

> [...] ob man ihn als Gesamtbild, das heisst biographisch, behandeln soll, oder aber von einer bestimmten Episode, einem Ausschnitt her, vor- und zurückschauend, dramatisch zuspitzen und konzentrieren.

Zuckmayer legt zunächst als Schwerpunkt der Darstellung fest, daß die »entscheidende Bedeutung des gesamten Lebens und Wirkens, in seinem historischen Aspekt für Europa« exemplarisch herauszuarbeiten sei, was in einem »dramatischen Extrakt«, einer Bühnenversion – die er wohl kurzfristig ins Auge gefaßt hatte – nicht gelingen könne.[66] »Mit

---

63 DLA, Nachlaß Carl Zuckmayer, Durchschrift eines Briefs von Zuckmayer an Neumann vom 30. September 1958.

64 Schalk, *Geschichtsmaschinen*, a.a.O. (Anm. 55), S. 30.

65 Als Informationsquelle diente ihm vor allem die Darstellung von Rudolph Wahl, *Karl der Große. Der Vater Europas. Eine Historie*, Frankfurt am Main, 41.-65. Tsd., 1955; vgl. DLA, Nachlaß Zuckmayer, Durchschrift eines Briefs von Zuckmayer an Neumann, 30. September 1958: »Was das Material anlangt, so schafft die vorzügliche Gesamtdarstellung von Wahl eine große Erleichterung.« Alice Zuckmayer hatte ihm auch Exzerpte aus Richard Winstons *Karl der Große*, Zürich [1957], angefertigt.

66 DLA, Nachlaß Carl Zuckmayer, Exposé *Charlemagne*, S. 1 (Vornotiz).

den Mitteln des Films« avisiert er auch die Verwendung der Rückschau, »um dem von historischem Wissen unbelasteten Zuschauer die Idee und den Radius des karolingischen Reiches anschaulich zu machen.« Für die einleitende historische Hinführung erwägt er, »von den Mitteln des Zeichenfilms Gebrauch« zu machen, »um eine faszinierende Kombination von Bild, Wort und Ton zu erreichen«, die der von ihm intendierten »Intensität der Stilisierung« voll dramatischer Spannung entspricht. Für den eigentlichen Lebenslauf fordert der Autor in der Vornotiz, daß sie »mit einer gewissen poetischen Freiheit« zu behandeln sei. Weitere Überlegungen scheint er späteren Ausarbeitungsstufen vorzubehalten; seine Andeutungen zu den einzusetzenden filmischen Mitteln kürzt er jedenfalls lapidar ab: »Dies ist im wesentlichen schon eine Frage der Regie.«

Um den (indirekten) Gegenwartsbezug herzustellen, sind Analogien oder Markierungen nötig, die durch die Rezipienten vom historischen Stoff abgelöst und auf die eigene – erlebte oder »erlesene« – Erfahrungswelt übertragen werden können. Diese finden sich auch in Zuckmayers Exposé, so wenn dem »jungen Carl« vor dem Hintergrund von merowingischem »Brudermord und Blutschuld« durch Bonifatius die Lehre erteilt wird: »Kein Reich kann bestehn, wenn es nur Menschenwerk, nicht auch Reich Gottes ist«; der Bezug zu Weltkriegen, Massakern und Verstrickungen in der eigenen Zeit dürfte hier naheliegen, zumal der Text des Exposés im siebten Gliederungsabschnitt anhand der Sachsenkriege einen politischen Modellfall entfaltet:

> Carl weiß, daß jetzt die Entscheidung fallen muß: ob es eine einheitliche, universale, christliche Welt geben wird, die in seiner Anschauung die Welt des Lichtes ist, – oder ob die Spaltung in eine »lichte« und eine »dunkle« Welt verewigt werden und zu einer immer wieder die Schaffung des Ganzen verhindernden und immer wieder das Abendland zerreißenden und zerfleischenden Kette ewiger Kämpfe und Kriege führen wird.[67]

In der expliziten Benennung der Maßnahmen, mit denen Karl die »universale, christliche Welt« herstellte und den sächsischen Sonderweg Widukinds beendete, als »riesige Umsiedlung, mit all ihrer Unmenschlichkeit im Einzelnen, mit einer endgültigen Befriedung im Grossen« konnte für die damaligen Deutschen die Vertreibung aus dem alten Ostdeutschland und dem Sudetenland vor und nach Kriegsende präsent und assoziativ eingeblendet werden. Diesem historischen Zwischenfazit Zuckmayers ist im übrigen die Anerkennung der normativen Kraft des Faktischen inhärent: Die »endgültige[] Befriedung im Grossen« bei

---

67 Ebd., S. 26; dort auch das im Text folgende Zitat.

allem vergangenen Leid scheint eine friedlichere Zukunft in der Anerkennung des Status quo zu versprechen. Dem folgt konsequent, nachdem die Zeit der Düsternis für Carl und den implizierten Zuschauer überwunden ist, die in die Vergangenheit projizierte Utopie des geeinten Europa, eine Utopie, die mithin bereits einmal in der vergangenen Wirklichkeit eingelöst worden sein soll:

> Das Abendland, Erbe des großen Römerreiches, ist Wirklichkeit geworden, das neue Reich ist errichtet, in Kampf und Mühsal und »grosze ârebeit«.[68] Es ist ein föderatives, doch einheitlich gelenktes Weltreich, und es umfaßt Europa von Ost- und Nordsee übern Atlantik bis zum Mittelmeer, von den Pyrenäen bis nach Ungarn.[69]

Ein utopisches Element steckt im übrigen auch in den immer wieder eingespielten Zieldefinitionen Karls, so wenn Bonifatius in einem skizzierten Dialog über die Frage, wofür Carl als König kämpfen werde, erklärt: »für den Frieden! [...] Den Geist, die Künste, die Weisheit zur Herrschaft bringen. Die Schönheit, die Wahrheit, das Recht.«[70] Sinnlich faßbar gemacht, inszeniert wird die vergangene Wirklichkeit der Utopie entsprechend in einer Art Hofidylle, einer Beschreibung der in Gesang, Geist und Weisheit erblühenden »Karolingischen Renaissance«, der Schilderung des gereiften Carl als

> [...] grossen väterlichen Herrn und König, von sagenhafter Macht, doch immer durchdrungen von der heiligen Aufgabe und Verantwortung: seinem Volk, der Kirche, und der Idee seines Reichs gegenüber.[71]

Das Ende des Films bleibt im Exposé mit der Kaiserkrönungs-Szene offen. Was an seinem Exposé im Detail weiter auffällt, ist die Tatsache, daß der Titel die französische Form »Charlemagne« benutzt, während im Personenverzeichnis stets nur die deutsche Form »Karl der Große« und im Text sogar nur die Form »Carl« verwendet wird. Auch wenn man hier angesichts des frühen Projektstadiums darauf verzichtet, ein

---

68 Zitat aus der ersten Strophe des Nibelungenliedes.

69 HAP, Exposé *Charlemagne*, S. 35. Diese hier nach der synoptischen Übersicht von Norbert Grube zitierte Version weicht von der in Marbach liegenden ab. Die Veränderung ist insofern von Interesse, als Zuckmayer in der wohl endgültigen Form folgenden Teil ergänzt hat: »[...]ist ein föderatives, doch einheitlich gelenktes Weltreich, und es umfaßt Europa«, also eine zentrale politische Modifikation vornahm.

70 Ebd., S. 11.

71 DLA, Nachlaß Carl Zuckmayer, Exposé *Charlemagne*, S. 36 (Einschiebung).

Zusammenspiel zwischen (Film-)Text und dem Titel als Paratext zu rekonstruieren, so spricht doch die einheitliche Verwendung der französischen Form als Projektname und deren Übernahme als Titel deutlich für eine entsprechende Wirkungsabsicht: eine Assoziationsschwankung zwischen der deutschen Karlstradition und der französischen und damit eine Vereinigung der beiden Stränge.[72]

Offensichtlich jedoch war es dem Autor insgesamt nicht gelungen, die Stoffmasse so in den Griff zu bekommen, daß ein zündender Funke übersprang und die Filmproduktion initiieren konnte. Als Zuckmayer das Exposé im Sommer 1959 endlich an seinen Auftraggeber Neumann geschickt hatte, reagierte dieser mit einer kaum verhohlenen Enttäuschung, die er in ein zweifelhaftes Lob hüllte:

> Was Sie getan haben, kommt mir wie die Sprengung eines Felsens vor – man sieht dann verschiedene große Brocken im Gelände liegen und weiß nicht recht, welchen man nun angehen soll. Ich habe – ganz für mich – den Eindruck, daß man für eine verarbeitende Lektüre ein paar ruhige Tage braucht: die will ich mir jetzt nehmen. [...] Vorerst aber ganz pauschal nur sehr vielen Dank für die große Arbeit, mit der Sie uns – davon bin ich ganz überzeugt – einen großen Sprung nach vorn gebracht haben.[73]

Mag ein Grund für das Nichtzustandekommen des Films in der späten Abgabe des Exposés gelegen haben, so scheint Zuckmayer doch auch nicht ganz die Erwartungen seiner Auftraggeber getroffen zu haben, obschon Neumann das Skript dreieinhalb Jahre später noch einmal aus der Schublade holte und einen Vorstoß zur Umsetzung des Projekts unternahm.

6 *Karl der Große, Charlemagne und Europa*

Wenn auch das Projekt aus den oben vermuteten Gründen letztlich scheiterte, war *Charlemagne* als integrative Symbolfigur in der sozialpsychologischen Konstellation der späten fünfziger Jahre vom pragmatischen Standpunkt aus nicht schlecht gewählt. Die Aufzählung der damals erfolgreichen Genres wie Melodram, Heimat-, Kriegs- und Arztfilm sowie die gängige Zuordnung einschlägiger Mentalitätsmuster – angelehnt an Kracauers Bestimmung der Filme als Reflexion von »psychological dispositions« – wie »Antikommunismus, [...] Verehrung

---

72 Vgl. dazu auch den folgenden Abschnitt 6.
73 DLA, Nachlaß Carl Zuckmayer, Brief von Neumann an Zuckmayer vom 6. August 1959.

autoritärer Persönlichkeiten und Systeme, [...] Liebe zur deutschen Wehrmacht, [...] Betonung des deutschen Gemüts«, all dies gehört bekanntlich zu den normativ aufgeladenen Stereotypen älterer ideologiekritischer Provenienz, die in der Verurteilung des Filmbereichs der fünfziger Jahre gipfeln: »monolithische[r] Block der Ideenlosigkeit, der politischen Anpassung, der ästhetischen und geistigen Regression«.[74] Eine solche holzschnittartige und letztlich unhistorische Wertung ist zur adäquaten Erfassung vergangener Gegenwarten wenig hilfreich; dennoch trifft diese Aufzählung, wenn sie deskriptiv und nicht normativ gefaßt wird, in weiten Teilen zu: Mit dem 8. Mai 1945 wurde schließlich nicht das gesamte Personal ausgewechselt, also das »Volk«, woraus sich die Binsenweisheit ergibt, daß damit natürlich auch Kontinuitäten in Funktionen, Mentalitäten, Vorurteilen und Urteilen, Verantwortung und Schuld bestehen blieben. Auch die einzelnen bis dahin mehr oder weniger stimmigen Lebensentwürfe – für Vergangenheit und Zukunft – wurden selten komplett verworfen, der Alltag ging weiter. Dies kann man beklagen oder nur konstatieren; rechnen sollte man damit, wenn man in politischer Funktion zu operieren hat.

Demoskopische Ergebnisse des Allensbacher Instituts belegen diese Kontinuitäten: So wünschten 1951 31 % die Wiedereinsetzung eines Kaisers oder Königs, 1954 waren immerhin noch 27 % für die Wiedereinführung der Monarchie.[75] Eine weitere Umfrage, die das Institut im Juli 1952, also rund sieben Jahre nach der Niederlage des Deutschen Reiches, veranstaltete, ergibt ein noch aufschlußreicheres Bild. Gefragt wurde damals: »Man hört heutzutage die verschiedensten Ansichten über Hitler. Welche der folgenden Ansichten kommt Ihrer eigenen Meinung am nächsten?« Das Spektrum der Antwortvorgaben reichte von der Einschätzung »Hitler war ein gewissenloser Politiker, der an vielen Schrecken schuld war«, über jene, daß er »zwar manches Gute vollbracht« habe, seine »verhängnisvollen Taten und Eigenschaften«

---

74 Klaus Kreimeier, *Der westdeutsche Film in den fünfziger Jahren*, in: Dieter Bänsch (Hrsg.), *Die fünfziger Jahre. Beiträge zu Politik und Kultur*, Tübingen 1985 (Deutsche Textbibliothek 5), S. 283-305, hier: S. 286 f., S. 283. Diesen Grundmustern folgt weitgehend auch noch Bärbel Westermann, *Nationale Identität im Spielfilm der fünfziger Jahre*, Frankfurt am Main, Bern, New York, Paris 1990 (Europäische Hochschulschriften: Reihe 30 – Theater-, Film- und Fernsehwissenschaften, Bd. 39), in der Darlegung und Analyse ihrer Kategorien »Militärfilm«, »Familienfilm«, »Heimatfilm«, »›Große Deutsche‹ im Film«.
75 Erich Peter Neumann/Elisabeth Noelle-Neumann (Hrsg.), *Allensbacher Jahrbuch der öffentlichen Meinung*, 3. Auflage, Allensbach 1975, S. 132.

jedoch bei weitem überwogen, bis hin zu der Aussage, er habe »zwar einige Fehler gemacht«, sei aber ein »vorbildlicher Staatsführer« gewesen bzw. zur uneingeschränkt positiven Parole, er sei der »größte Staatsmann des Jahrhunderts«, dessen »wirkliche Größe« man erst später erkennen werde. 28 % der Befragten schlossen sich der dezidiert negativen Einschätzung an, 40 % der zweiten, d.h. also 68 % legten den Schwerpunkt auf eine negative Einschätzung Hitlers, wobei ihm davon eben 40 % noch »manches Gute« zubilligten. 22 % hielten ihn trotz »einiger Fehler« für einen vorbildlichen Staatsmann, 10 % gar für den »größten Staatsmann« – d.h. 32 % hatten ein überwiegend positives Hitlerbild, und insgesamt 72 % erkannten zumindest »manches Gute«.[76] Wenn man auch dem demoskopischen Positivismus nicht trauen mag, spielen methodische Bedenken für unsere Untersuchung eine untergeordnete Rolle, denn sowohl Neumann als auch der Staatssekretär Lenz und all jene, die sich demoskopischer Statistiken als Instrument zur Lagebeurteilung bedienten, glaubten ganz offensichtlich an deren Wirklichkeitsgehalt und Effektivität,[77] d.h. diese Ergebnisse beeinflußten

---

[76] Erich Peter Neumann/Elisabeth Noelle-Neumann (Hrsg.), *Antworten. Politik im Kraftfeld der öffentlichen Meinung*, Allensbach 1954, S. 29. Eine weitere Frage zielte darauf, ob man ehemaligen NS-Funktionsträgern größeren Einfluß auf die aktuelle Politik einräumen sollte; hier waren »es fast zwei Fünftel, die – mit oder ohne Einschränkung – die politische Wiederkehr der Nationalsozialisten begrüßen würden«, ebd., S. 30 f. Zumeist wurden dafür »fachliche Qualität und administrative Erfahrung« als Begründung angeführt. Die Umfragen zum Dritten Reich insgesamt mit Interpretation ebd., S. 15-36. Vgl. dazu auch Erich Peter Neumann/Elisabeth Noelle-Neumann, *Umfragen über Adenauer. Ein Porträt in Zahlen*, Allensbach 1961, S. 143-155: Auf die Frage »Welcher große Deutsche hat Ihrer Ansicht nach am meisten für Deutschland geleistet?« rangierte in den Antworten bei Befragungen zwischen Januar 1950 und Januar 1956 Bismarck unangefochten auf Platz 1, Hitler 1950 und 1952 auf Platz 2, während Adenauer im November 1953 mit Hitler gleichziehen konnte und schließlich im Oktober 1958 sogar Bismarck von Platz eins verdrängte. Hitlers Popularität als »großer Deutscher« schwankte insgesamt zwischen 10 % im Januar 1950 und 4 % im Oktober 1958, wobei er bei fast allen Erhebungen im Einzelergebnis jeweils vor Friedrich dem Großen, vor demokratischen Politikern außer Adenauer, vor Wissenschaftlern, Erfindern, Kaisern, Königen, Feldherrn und Soldaten rangierte.

[77] Elisabeth Noelle-Neumann, *Vierzig Jahre*, in: *Demoskopie und Aufklärung. Ein Symposium*, hrsg. vom Institut für Demoskopie Allensbach, München, New York, London, Paris 1988, S. 63-65, hier: S. 64: »Als Erich Peter Neumann und ich 1947 zusammen das Allensbacher Institut begründeten, sprachen

Entschlüsse und politische Handlungen der Protagonisten. Einer der Schlüsse, die schon die Demoskopen selbst aus den Umfrageergebnissen eines ganzen Fragenbündels zum Bild des Dritten Reichs in der westdeutschen Nachkriegsbevölkerung gezogen hatten, lautete: »Politik aber muß wohl dekorativ und symbolträchtig sein, um sie zu erwärmen.«[78] Indem das Filmprojekt *Charlemagne* auf eine große Verbreitung angelegt war – mit dem beliebten Erfolgsautor Zuckmayer und mit allen Möglichkeiten des Apparats der um das BPA gelagerten Gesellschaften –, kann man es plausibel auch als Produkt dieser Schlußfolgerung ansehen: Über das massenwirksame moderne Medium Film sollte der Europapolitik Adenauers ein solcher dekorativer und symbolträchtiger Hintergrund verliehen werden, um die Bevölkerung eben für Adenauer und seine Politik zu erwärmen, um sie letztlich auch in einer historisch hergeleiteten Vision zu integrieren. Ob sich hierzu nun Karl der Große bzw. *Charlemagne* eignete, wird im folgenden untersucht.

Wenn wir Gollwitzers ideen- und begriffsgeschichtlicher Untersuchung des Europagedankens folgen, kann »Europa« als explizit politischer Begriff, auch wirkungsgeschichtlich gesehen, direkt auf eine karolingische Tradition zurückbezogen werden, als Bezeichnung für den unter Karl geschaffenen fränkischen Herrschaftsbereich, der sich vom Imperium Romanum noch deutlich unterschied.

Mit dem Zerfall dieses Reiches und nicht zuletzt infolge der Haltung Roms, das sich den karolingisch orientierten Europabegriff nicht aneignete, trat »Europa« als terminus politicus wieder in den Hintergrund. Es läßt sich nachweisen, daß bei seinem weiteren Auftauchen in mittelalterlichen Quellen häufig die karolingische Tradition im Spiele ist. Je mehr man sich indessen von der Grundlage und den Überlieferungen des Frankenreichs entfernte, um so mehr trat wiederum »Imperium« an die Stelle von »Europa«.[79]

---

wir oft darüber, warum das wichtig sei. Mehr als alles andere beschäftigte uns der Gedanke, daß sich ein 1932, als über Nacht die Nazis plötzlich von 107 auf 230 Sitze bei der Reichstagswahl sprangen, mit Demoskopie nicht wiederholen könnte.«

78 Neumann/Noelle-Neumann, *Antworten*, a.a.O. (Anm. 76), S. 26.
79 Heinz Gollwitzer, *Europabild und Europagedanke. Beiträge zur deutschen Geistesgeschichte des 18. und 19. Jahrhunderts*, 2., neubearb. Auflage, München 1964, S. 14; vgl. auch ebd., S. 27-29. Schon unter Karl erkennt er die Tendenz, den Begriff »als Benennung für das erweiterte Frankenreich einzubürgern. ›Europae venerandus apex‹, ›Europae veneranda pharus‹, ›rex, pater Europae‹

Dennoch wurde die Gestalt Karls des Großen sowohl in Frankreich als auch in Deutschland in symbolisches Kapital für eine realiter auf Europa konzentrierte Politik umgemünzt. Ganz in der Reichstradition der deutschen Kaiser, die »europäische Politik« machten, wie Otto III., der zur Jahrtausendwende Karls Gebeine aus der Gruft heben oder Friedrich I. Barbarossa, der Karl heiligsprechen ließ, aber auch ganz dem Gründungsmythos der französischen Könige folgend, präsentierte sich Napoleon, der 1804 die Aachener Karlsgruft besucht hatte, dem Papst sogar als Carolus redivivus: »Je suis Charlemagne«.[80]

> Napoleons Auftreten gegenüber dem Papst, die näheren Umstände der Kaiserkrönung, der Titel »König von Rom« für den Thronfolger, der Inhalt mancher offiziellen Kundgebung – in alledem wurden bewußt abendländisch-karolingische Erinnerungen für die Europapolitik des Kaisers verwertet.[81]

Auch Napoleons deutsche, rheinbündische Gefolgschaft konnte sich unter der Chiffre »Karl der Große« vor pragmatisch-politischem Hintergrund bedienen, um sich mittels dieser sinnstiftenden Ikone ideologisch zu integrieren. So formierte der Fürstprimas Dalberg sein »früher durch den fürstlichen Reichsgedanken und landläufige Gleichgewichtsvorstellungen geprägtes Europabild« der neuen Lage entsprechend um, indem er von 1806 an, »sei es als Nachbeter der in Frankreich bereits offiziell ausgebildeten Ideologie, sei es gestützt auf eigene, historisierende, rheinfränkische Erinnerungen, wiederholt eine imperiale Karlstradition« in der Form einer europäischen Westbindung vertrat.[82] Übrigens gab es auch Versuche, auf Napoleon III. eine Legende von der Restitution des Karolingerreiches zu applizieren: Der als Gründer des »Roten Kreuzes« bekannt gewordene spätere Friedensnobelpreisträger Dunant veröffentlichte 1859 eine Art von mythischer Genealogie, die von sei-

---

wird Karl in einem offiziellen Hofgedicht anläßlich seiner Zusammenkunft mit Papst Leo III. in Paderborn 799 genannt. Dies nur einer unter zahlreichen Belegen; denn das ›Schlagwort‹ wurde bald und gerne aufgegriffen und hielt sich vorerst bis zum Zerfall des Karolingerreiches im 9. Jahrhundert«; vgl. ebd., S. 28.

80 Vgl. hierzu Matthias Becker, *Karl der Große*, München 1999, S. 120.

81 Gollwitzer, *Europabild und Europagedanke*, a.a.O. (Anm. 79), S. 109.

82 Ebd., S. 114; Dalberg verfaßte 1806 in seiner Eigenschaft als auswärtiges Mitglied des französischen Nationalinstituts eigens *Betrachtungen über den Charakter Karls des Großen*, worin er ihn als »Genius der wiederauflebenden Kultur in Europa« feierte.

ner Begeisterung für Napoleon I. und seinen »Erben« befeuert war. Die große Wertschätzung, die Napoleon III. in der Schweiz entgegengebracht wurde, fand in Dunants Eloge ihren Gipfel, die Louis Bonaparte zum ideellen Erben des Römischen Kaiserreiches machte.[83] Man sieht also, wenn wir – von Zuckmayers *Charlemagne* ausgehend und zurückblickend – den Gang der Europaideen in der Geistesgeschichte kursorisch zurückverfolgen, daß »die Gestalt« Karls des Großen in ihrer Eigenschaft als kulturell vermitteltes und vermittelndes Symbol sowohl im französischen als auch im deutschen Sprachgebiet wertvolles »symbolisches Kapital« darstellte. Deutlich wird dabei die gerade auch in der napoleonischen Zeit die präsente Dominanz des Reichsgedankens, der mit Karl dem Großen und dem Europabild zusammenfloß.

Inwiefern greift nun der aktuelle Karls-Bezug der CDU-»Karolinger« in den fünfziger Jahren auf diese Muster zurück? Hatte jenes symbolische Kapital im Gebrauch dieser Zeit noch genügend integrativen »Wert«? Insofern es nicht nur Europa einschloß, sondern – fast immer – auch auf das »Reich« als tradierte politische Ordnungsidee verwies, müssen hier weitere Rezeptionsmuster berücksichtigt werden, die vor und im Dritten Reich, aber auch gegen dieses, und vor allem über das Dritte Reich hinaus angelegt waren: Wir finden in der Nachkriegszeit Kontinuitäten wirksam, die heute nur noch wenig bewußt sind. Reinhold Schneider etwa beschwörte 1934 in seinem Buch *Auf Wegen deutscher Geschichte. Eine Fahrt ins Reich* auf seiner literarischen Station Paderborn eben Karl den Großen, indem er den Topos von dessen dortiger Begegnung mit dem Papst im Sommer 799 anführt, worauf Schneider, selbst Teil einer konstatierten Kontinuität, auch nach dem Krieg in seinem späten Essay *Kontinuität oder Ende europäischer Geschichte* zurückgriff.[84] Wie Walter Schmitz gezeigt hat, bildet Karl der Große eine Achse von Schneiders persönlicher Revision seiner Geschichtsdeutung von der tragischen Auffassung des römisch-germanischen Kaisertums hin zu

---

83 Jean Henry Dunant, *L'empire de Charlemagne retabli ou le Saint-Empire Romain reconstitué par Sa Majesté l'empereur Napoleon III*, Genf 1859.

84 Reinhold Schneider, *Auf Wegen deutscher Geschichte. Eine Fahrt ins Reich*, Leipzig 1934; *Kontinuität oder Ende europäischer Geschichte*, in: *Geschichte und Landschaft*, hrsg. von Hans Dieter Zimmermann, Frankfurt am Main 1980 (Gesammelte Werke 7), S. 196-229. Vgl. hierzu und zum Wandel von Schneiders Geschichtsdeutung: Walter Schmitz, *Der verschüttete Born des Reiches – Reinhold Schneiders tragischer Blick auf die Geschichte*, in: *Theologie und Glaube*, Jg. 90, 2000, Nr. 1, S. 39-63.

Karl als Apotheose des christlichen Abendlandes, die in Teilen symptomatisch für die Aneignung Karls als semantischem Konzentrat in der jüngeren deutschen Geschichte genommen werden kann.[85] Andererseits bediente man sich auch im offiziösen Dritten Reich des – gleichwohl höchst umstrittenen[86] – Frankenkönigs und Kaisers als integrierendem Symbol, als Bild, plakativ etwa in der Benennung der 33. SS-Grenadier-Division *Charlemagne*, in der noch am 12. November 1944 die Freiwilligenverbände aus Frankreich zusammengefaßt wurden.[87] In dieses Umfeld, diesen speziellen Wahrnehmungskontext, gehören auch die – von der dominierenden rassistisch-überheblichen Linie im Nationalsozialismus marginalisierten, gleichwohl vorhandenen – Überlegungen zu einer *Europäischen Wirtschaftsgemeinschaft*, wie man sie im Umkreis des Reichswirtschaftsministers Walther Funk 1942 anstellte, und Baldur von Schirachs *Europäischer Jugendverband*, der 1942 in Wien mit einer Tagung gegründet wurde.[88] Schon 1926 übri-

---

85 Reinhold Schneider, *Karl der Große*, in: *Die deutsche Rundschau*, Jg. 68, 1942, S. 5-9. Vgl. dazu Schmitz, *Der verschüttete Born des Reiches*, a.a.O. (Anm. 84), S. 51-57.

86 So z.B. in dem Sammelband von Karl Hampe (Hrsg.), *Karl der Große oder Charlemagne? Acht Antworten deutscher Geschichtsforscher*, Berlin 1935 (Probleme der Gegenwart), worin verschiedene Historiker Stellung nahmen infolge der Angriffe von seiten Rosenbergs, der Karl als »Sachsenschlächter« rezipierte und als »undeutsch« für nicht traditionswürdig hielt; vgl. dazu Karl Ferdinand Werner, *Karl der Große oder Charlemagne? Von der Aktualität einer überholten Fragestellung*, München 1995 (Bayerische Akademie der Wissenschaften. Philosophisch-historische Klasse. Sitzungsberichte 1995, Bd. 4), S. 6-8. Werner stellt u.a. auch heraus, daß Hitler ein positives Karlsbild hatte.

87 Vgl. hierzu Hans-Werner Neulen, *Eurofaschismus und der Zweite Weltkrieg. Europas verratene Söhne*, München 1980, darin speziell das Kapitel: Der Nationalsozialismus und das Konzept des »Neuen Europa«, S. 27-41; vgl. auch Werner, *Karl der Große oder Charlemagne*, a.a.O. (Anm. 86), S. 10-12.

88 Walther Funk (Hrsg.), *Europäische Wirtschaftsgemeinschaft*, Berlin 1942. Zu Funk vgl. Ludolf Herbst, *Walther Funk – vom Journalisten zum Reichswirtschaftsminister*, in: Ronald Smelser/Enrico Syring/Reiner Zitelmann (Hrsg.), *Die braune Elite II. 12 weitere biographische Skizzen*, Darmstadt 1993, S. 91-102, zum »Aufbau einer europäischen Wirtschaft unter deutscher Hegemonie« ab 1940 im Auftrag Hermann Görings vgl. besonders S. 98-100; zu Baldur von Schirachs angesichts eines grundsätzlich »europafeindlichen Regimes« erfolglosen Bemühungen vgl. Hans Werner Neulen, *Europa und das 3. Reich. Eini-*

gens hatte die später kaltgestellte nationalsozialistische Linke um Gregor Strasser mit einem Entwurf für ein neues Parteiprogramm der NSDAP gearbeitet, der einen »Mitteleuropäischen Zollverein« als ersten Schritt hin zu den »Vereinigten Staaten von Europa« vorsah und damit an ältere, aber in der Weimarer Republik weiterhin virulente Mitteleuropakonzeptionen anknüpfte.[89] Hans Werner Neulen hat darauf hingewiesen, daß faschistische Europakonzeptionen gerade in den Zeiten, als das Deutsche Reich als Eroberer in Europa auftrat, bei den kollaborierenden Teilen z.T. entwickelt waren, dort gewiß aber mit hoher Akzeptanz rechnen konnten.[90] Deutlich festzuhalten ist jedoch, daß diese Ansätze zu europapolitischen Konzeptionen im Dritten Reich marginal blieben und kaum direkte Auswirkungen hatten. Was hier hervorgehoben werden sollte, ist allein die Tatsache, daß auch im Nationalsozialismus Schnittstellen zu konstatieren sind, an denen europapolitische Konzeptionen und eine entsprechende Symbolpolitik anknüpfen konnten – bewußt kalkulierend oder unbewußt Kanäle öffnend und Rezeptionsmuster aufgreifend. Vor diesem Hintergrund und der oben skizzierten Mentalitätslage stellte Karl der Große in den fünfziger Jahren ein konglomeratartiges Identifikationsangebot auf der symbolischen Ebene dar, dem durchaus ein Potential zur Integration äußerst heterogener Rezeptionslinien zuzutrauen war.[91]

Freilich fand sich die »karolingische« Ausrichtung der fünfziger Jahre trotz zweifelsfreiem Integrationspotential in starkem Maße mit der Kritik konfrontiert, eine »spalterische«, d.h. gegen die Wiedervereini-

---

gungsbestrebungen im deutschen Machtbereich 1939-45, München, 1987, S. 35 f., S. 102-104.

89 Reinhard Kühnl, *Zur Programmatik der nationalsozialistischen Linken. Das Strasser-Programm von 1925/26*, in: *Vierteljahreshefte für Zeitgeschichte*, Jg. 14, 1966, S. 324-325, hier: S. 333.

90 Vgl. dazu allgemein Neulen, *Europa und das 3. Reich*, a.a.O. (Anm. 88), zum Europagedanken im NS-Schrifttum, darin das Zusammenspiel zwischen Reichsideologie und Machtordnungs- bzw. Wirtschaftskonzeptionen, besonders S. 46-56. Zur großen Rolle, die der europäische Internationalismus bei der Waffen-SS spielte, vgl. ebd., S. 61-68, und allgemein Neulen, *Eurofaschismus*, a.a.O. (Anm. 87).

91 Es wäre einer Überlegung wert, ob Elemente wie eine konsequente Karls-Propaganda im Zusammenhang mit Adenauers Ehrenerklärung für die Wehrmacht und die Kampftruppen der Waffen-SS den z.T. an die Reichstradition allgemein, z.T. speziell an die in der Waffen-SS verbreiteten Ideologeme anknüpfenden Europa-Begriff der radikalen Rechten hätte integrieren können.

gung gerichtete »Rheinbund«-Politik zu betreiben; eine in dieser Richtung wichtige »geschichtspolitische Handlungsarena der Bundesrepublik« war seit Mitte 1954 z.B. die Sammlungsbewegung Kuratorium »Unteilbares Deutschland« (KUD) geworden,[92] die auch von den Adenauer-Kritikern in der CDU und der Opposition genutzt wurde; ein interner CDU-Lagebericht stufte das Kuratorium 1956 als »Sammelpunkt aller Feinde des Kanzlers und seiner anti-kommunistischen Außenpolitik ein«.[93] Auf Veranstaltungen des KUD griff unter anderem der Göttinger Mediävist Hermann Heimpel, Vorsitzender der Westdeutschen Rektorenkonferenz, »in äußerster Schärfe« die seiner Ansicht nach in Westdeutschland verbreitete »Limes-Ideologie« an:

> Heimpel machte sich Sorgen darum, daß das Mittelalter, im Namen Karls des Großen, zu einer neuen Gefahr für die geistige und politische Einheit Deutschlands werde. »In jedem D-Zug-Wagen hängt eine Eisenbahnkarte der Bundesrepublik – ein schmales Gebilde mit zügigen Nord-Süd-Linien und kleinlichen West-Ost-Verbindungen, das jeden Kenner des historischen Schulatlasses an die Karte des karolingischen Reiches erinnert. Doch ist dieses neu-karolingische Rumpfdeutschland noch kleiner als sein altes Ebenbild.«[94]

Dennoch: Unter Einbezug der offensichtlich vorhandenen sogenannten »restaurativen« Reflexe, die auf Wiederaufbau fixiert waren, die von der Frontstellung gegenüber der sowjetischen Bedrohung zehrten, die auf die Konstruktion einer »heilen Welt« und den Mikrokosmos von »Familie«, doch auch auf die europäische Utopie gerichtet, die auf den Glauben an die Macht charismatischer Figuren fixierten waren – in seiner Berücksichtigung all dieser Tendenzen war dem Projekt *Charlemagne* das Ziel inhärent, die realen Verhältnisse wie die Adenauersche Realpolitik auf der symbolischen Ebene zur mobilisierenden Vision umzuformulieren, auch als implizite Beschwörung einer Wiedervereinigung im größeren Rahmen dieser europäisch-»karolingischen« Option gegen etwa das Kuratorium »Unteilbares Deutschland«. Die Suggestivkraft eines solchen Verfahrens der historischen Analogie mit visionärer Tendenz blieb bis heute ungebrochen. Am Karlspreis der Stadt Aachen, der seit 1950 an Persönlichkeiten mit Verdiensten um die eu-

---

92 Edgar Wolfrum, *Geschichtspolitik in der Bundesrepublik Deutschland. Der Weg zur bundesrepublikanischen Erinnerung 1948-1990*, Darmstadt 1999, S. 108-123, hier: S. 115.

93 Ebd., S. 119.

94 Ebd., S. 189.

ropäische Vereinigung vergeben wird, an den Ausstellungen von 1965 zum 800. Jahrestag der Heiligsprechung Karls und von 1996 über die merowingischen Franken mit ihren Bezügen zwischen »historischen Wurzeln« und aktueller Europapolitik läßt sich nicht zuletzt zeigen, daß noch immer versucht wird, Geschichtspolitik bzw. mit Geschichte Bewußtseinspolitik zu betreiben, die Gesellschaft ideologisch zu formieren.[95] Daran hat sich seit dem Filmprojekt *Charlemagne* wenig geändert.

7 Der Medienarbeiter Zuckmayer und die Politik

Wie kam nach allem Zuckmayer dazu, dies soll die abschließende – autorzentrierte – Frage sein, sich auf eine solche politisch motivierte Aktion einzulassen? Entgegen dem geläufigen Bild, man habe in ihm einen weitgehend »unpolitischen« Schriftsteller vor sich, ist erneut festzuhalten, daß sich Zuckmayer gerade nach der Erfahrung des nationalsozialistischen Erfolgs in der Innenpolitik 1933, den er als Versagen vor allem der Sozialdemokratie empfand, nach den daraus resultierenden zwölf Jahren des NS-Regimes mit allen Folgen in die Pflicht genommen sah: Angesichts seiner Erfahrungen in der Zwischenkriegszeit rechnete Zuckmayer mit der Möglichkeit ähnlicher Verwerfungen in der neuen Nachkriegszeit, die er dieses Mal durch ein adäquates Verhalten, durch eine entsprechende Bewußtseinspolitik in ruhige Bahnen gelenkt sehen wollte.[96] Für Zuckmayer hatte hier die Zukunftsperspektive absoluten Vorrang gegenüber der Vergangenheitsperspektive, d.h. Aufbau vor Abrechnung, wobei dies nur auf die Gesamtperspektive anzuwenden ist; ihm ging es keineswegs, auch in seiner Wirkungsintention etwa in

---

95 Vgl. dazu den knappen, instruktiven Exkurs *Held und Heiliger. Das Nachleben Karls im Mittelalter* in: Becker, *Karl der Große*, a.a.O. (Anm. 80), S. 118-121, worin die modernen Ausstellungen kurz gestreift werden; interessant auch die Zeitschrift *Paneuropa Deutschland*, Jg. 23, 2000, Nr. 2, der offensichtlich katholisch dominierten klerikal-konservativen Paneuropa-Union Otto von Habsburgs, die dem Verhältnis von Deutschland zu Frankreich gewidmet ist, de Gaulle feiert und im Titelthema historisch weit ausholt: Im Zentrum steht auch hier die Karls-Tradition; einen historisch-systematischen Gesamtüberblick zur bundesrepublikanischen Geschichtspolitik bietet Wolfrum, *Geschichtspolitik*, a.a.O. (Anm. 92).

96 Vgl. dazu schon Ulrich Fröschle, *Die »Front der Unzerstörten« und der »Pazifismus«. Die politischen Wendungen des Weltkriegserlebnisses beim »Pazifisten« Carl Zuckmayer und beim »Frontschriftsteller« Ernst Jünger*, in: *Zuckmayer-Jahrbuch*, Bd. 2, 1999, S. 307-360.

Des Teufels General, um eine Negierung oder Relativierung konkreter Schuld und Verantwortung, zumal er selbst darum wußte, daß er im Vergleich zu anderen noch Glück gehabt hatte: »Ich brauchte nicht zu hassen«.[97] Wogegen er sich aber wandte, und nicht nur er, war das Konzept einer Kollektivschuld, vor allem weil er darin eine potentielle Wurzel für erneut unheilvolle Entwicklungen einer Nachkriegsgesellschaft erblickte. Als Zuckmayer in der Funktion eines »Kulturoffiziers« der US-amerikanischen Streitkräfte Ende Oktober 1946 in das besetzte Deutschland zurückkehrte, opferte er sich auch konsequent – wenn man seiner Autobiographie glauben darf – in geradezu missionarischem Eifer auf, bis ihn 1948 schließlich ein Herzinfarkt ereilte:

> Zwei Jahre habe ich darangesetzt, in Studenten- und Schülerversammlungen, bei Jugendtagungen, bei jungen Intellektuellen und bei der Gewerkschaftsjugend der Ruhrkumpels, überall, wo man mich wollte, sogar bei den jungen Leuten der ehemaligen Waffen-SS im Anhaltelager Dachau, der deutschen Jugend, die ratlos aus dem Zusammenbruch hervorgegangen war, Rede und Antwort zu stehen. [...] Ich selbst empfand eine ungeheure Verantwortung, der ich mich nicht entziehen konnte und wollte.[98]

Sorgenvolle Überlegungen zu Europa sind bei Zuckmayer schon in der Vorkriegszeit explizit nachzuweisen; nicht zuletzt zeigt sein persönlicher Kontakt zu Richard Nicolaus Graf Coudenhove-Kalergi, der schon in den zwanziger Jahren einen deutsch-französischen Zusammenschluß als Keimzelle eines Vereinigten Europa gefordert hatte,[99] daß Zuckmayer mit »gesamteuropäischen« Fragestellungen vertraut war. Wie sehr er tatsächlich, auch über Indizien hinaus, die ihm am Herzen liegende »deutsche Frage« als eine europäische verstand, wird beispielsweise deutlich, wenn er sich 1941 seinem Freund Albrecht Joseph gegenüber zur spezifisch »deutschen Verfehlung« hinsichtlich einer europäischen Gemeinschaftsbildung ausläßt. Sein Feindbild ist, ganz der Zeit und dem Klischee entsprechend, Preußen, in dessen Vorherrschaft Zuckmayer eine der Wurzeln des Übels erblickt:

> Wieso aber kann es zur Vorherrschaft Preussens kommen? Noch nach 1815 – noch im 48er Jahr, war sie aufs äusserste in Frage gestellt, und auch ohne Napoleon, aber in der Nachfolge der französischen Revolution, hätte sich eine europäische Union schaffen lassen. Bismarck aber hat ein braches Feld vorgefunden und konnte es nach Genie und Belieben aufackern. Wieso

---

97 Zuckmayer, *Als wär's ein Stück von mir*, a.a.O. (Anm. 6), S. 468.

98 Ebd., S. 474.

99 Richard Graf Coudenhove-Kalergi, *Pan-Europa*, Wien 1923.

konnte das sein? Ich vermute – weil die Deutschen immer an ihrer Mission vorbeigeträumt haben – Zentraleuropa zu schaffen – daher kommt ihre mit schlechtem Gewissen und Ressentiment vermischte Sehnsucht nach dem »Reich«, daher ihre Unsicherheit – und sie werden leichte Beute für den brutalen Zugriff und den Machtdrang des Preussentums – welches daher seinen Führungsanspruch herleitet, dass es in beschränkter, protestantischer Art genau »weiss was es will«. Das grössere Reich der Deutschen ging zweimal verloren, einmal, als die Stauffer zu Grund gingen, das andere Mal als die Reformation verschissen wurde. Beidesmal weil keine Balance geschaffen werden konnte zwischen Vernunft und Mystik. Zwischen Traum und Realität. Zwischen Macht und Weisheit. Das konnte weder der Rationalist von Palermo, Friedrich der Zweite, noch die Nachtigall von Wittenberg. Nach den Bauernkriegen, nach der verflachten Reformation, war Deutschland dreihundert Jahre politisch tot. Politisch, nicht seelisch, nicht geistig, nicht künstlerisch. Für all das war die Dezentralisation und der Partikularismus nur gut. Trotzdem glaub ich heute dass Partikularismus keine Lösung ist, so wenig wie der neue Versuch der Reichsverwirklichung, den Hitler unglückseligerweise nach dem preussischen Rezept und als Werkzeug einer noch tiefergehenden Einebnung unternommen hat. Auch wenn er nicht all das Scheussliche und Niveaulose machen würde was er macht, hätte er unrecht und wäre falsch. Dies zu beweisen aus dem altpreussischen Fötus her, schiene mir schon eine gründliche Untersuchung und eines wirklich fundierten Werkes wert.[100]

Deutlich wird aus solchen Überlegungen, wie sehr Zuckmayer diese politischen Fragen beschäftigten, sein trotz gegenteiliger Bezeugungen immer noch durchschimmerndes Hängen am »Reich« und seine katholische Präferenz gegenüber »beschränkter, protestantischer Art«, Dispositionen, die seine Annahme des Karls-Stoffes positiv beeinflußt haben mögen. Insofern paßt das Projekt *Charlemagne* in das intellektuelle Profil Zuckmayers und zu seinem an einer spezifischen Wirkungsästhetik orientierten Verständnis von der gesellschaftlichen Verantwortung des Schriftstellers.[101]

---

[100] DLA, Nachlaß Carl Zuckmayer, Brief von Zuckmayer an Joseph vom 18. September 1941.

[101] Vgl. hierzu Harro Segeberg, *Schriftsteller als Medienarbeiter. Carl Zuckmayer in der Mediengeschichte des 20. Jahrhunderts* in vorliegendem Band S. 137-154, der einräumt, jene Zuckmayer von Kerr unterstellte »zeitweilige Kitschnähe« könne »aus der Perspektive des Films durchaus als Vorzug« erscheinen, wenn man mit seinen Filmvorhaben nicht selbst im Kitsch aufgehen, »sondern auf

Wenngleich der Autor mit dem Filmprojekt *Charlemagne* nicht zur praktischen Umsetzung und damit zur Publikumswirkung gelangte, konnte uns dieses Beispiel doch auch schon im Entwurfsstadium zeigen, wie ideengeschichtliche Voraussetzungen, tagespolitisch begrenzte Dringlichkeiten, Filmpolitik als Mittel der Einflußnahme auf die Bevölkerung seitens der Regierung, persönliches Engagement des Autors und ethische Wurzeln konkreten Handelns zusammenwirken. Daß Zuckmayer mit dem Exposé seiner selbstgestellten »Tagesforderung« offensichtlich nicht gerecht werden konnte, lag, wie zu sehen war, an verschiedenen Faktoren, deren Gewichtung sich bislang nicht ermitteln ließ. Indes hat er sich in seiner schriftstellerischen Arbeit am deutschfranzösischen Verhältnis politisch einmal offiziell bestätigt fühlen dürfen, zu einem Zeitpunkt, als das Projekt *Charlemagne* – trotz des noch im Frühjahr 1963 erfolgenden Wiederbelebungsversuchs von Erich Peter Neumann – bereits begraben war. Am 12. September 1962 schrieb er an Carl Jacob Burckhardt, er habe »nicht ohne Stolz« in den Zeitungen gelesen,

> [...] dass de Gaulle mich in seiner hamburger Rede vor der Militärakademie zitiert hat, – ich musste lange nachdenken, wo das Zitat herstammte! Der kennt mich besser als ich selbst![102]

Es war also der Politiker De Gaulle, mit der Entwicklung des *Charlemagne*-Projekts eng verknüpft, der den Autor Zuckmayer nun seinerseits in den politischen Fokus zog, indem er in einer Rede vor der Führungsakademie der Bundeswehr in Hamburg am 7. September 1962 während seiner triumphalen Deutschland-Reise eine Passage aus Zuckmayers Drama *Der Gesang im Feuerofen* abgewandelt mit folgenden Worten zitierte: »War es doch Ihr Carl Zuckmayer, der schrieb: ›War es gestern unsere Pflicht, Feinde zu sein, so ist es heute unser Recht, Brüder zu werden.‹« Besser hätte der General das Credo des »restaurativen« Autors Carl Zuckmayers schwerlich auf den Punkt bringen können.

---

den in diesem Kitsch heimisch gewordenen Zuschauer einwirken möchte«; vgl. ebd., S. 142.

102 *Zuckmayer – Burckhardt. Briefwechsel*, a.a.O. (Anm. 13), S. 65; vgl. dazu auch den Kommentar ebd., S. 197 f., auf den sich die folgenden Ausführungen beziehen.

GLANZ UND GRÖSSE
EUROPAS

waren jahrhundertelang das Vorbild für die übrige Welt. Selbst viele Kriege haben nicht zu zerstören vermocht, was die Völker des Abendlandes gemeinsam geschaffen haben: eine einheitliche Kultur und freiheitliche Lebensformen. — Dieses Erbe unserer Väter wird heute durch das Machtstreben des Kommunismus bedroht. Allein, auf sich selbst angewiesen, kann ihm in Zukunft keine Nation standhalten. — Aus dieser Erkenntnis heraus hat sich die Bundesrepublik Deutschland mit Frankreich und Italien, Holland, Belgien und Luxemburg zu einer Gemeinschaft von 150 Millionen Menschen zusammengeschlossen. — Wir wollen in Zukunft die lebenswichtigen Probleme unseres politischen, wirtschaftlichen und militärischen Schicksals gemeinsam in Frieden meistern.

EIN VEREINTES EUROPA IST STÄRKER

Quelle: Die politische Meinung. Monatshefte für Fragen der Zeit.
Verantwortlich: Karl Willy Beer. Köln: Verlag Staat und Gesellschaft GmbH, Jg. 3, 1958, Nr. 23 (April), [S. 96].

Hans-Ulrich Wagner

»Ich brauche keine Worte darüber zu verlieren, wie wertvoll uns Ihre Zusage wäre«

Carl Zuckmayer und der Rundfunk nach dem Ende des Zweiten Weltkrieges

1. Der Medienautor: Zum Verhältnis von Schriftsteller und Rundfunk

Carl Zuckmayer ist einer der großen Medienautoren im Literaturbetrieb des 20. Jahrhunderts, ein »in mehreren Medien operierender Medien-Arbeiter«, wie Harro Segeberg einleitend zu der in diesem Band dokumentierten Mainzer Tagung ausführte.[1] Sein außerordentliches Renommee als Dramatiker, sein besonderes Engagement als Filmautor, seine ständige Mitwirkung an Bühnenfassungen sowie Film- und Fernsehdrehbüchern lassen ihn zu einer exzeptionellen Figur im modernen multimedialen Literaturbetrieb des 20. Jahrhunderts werden. Wie selten sonst können an seiner literarischen Arbeit vielfältige Beziehungen des Schriftstellers zu den Massenmedien aufgezeigt werden.

Doch stimmt dies auch für Zuckmayer und den Rundfunk, hier verstanden als Hörfunk? Sicher nimmt diese Medienbeziehung im Lebenswerk keinen zentralen Platz ein. Dennoch gehören die Präsenz in den Rundfunkprogrammen der Nachkriegszeit und die Frage nach dem aktiven Mitgestalten dieses Medienangebots untrennbar zur Rezeptionsgeschichte des emigrierten Autors bzw. zu seinem Versuch, in den Literaturbetrieb der Bundesrepublik Deutschland handelnd einzugreifen.

Zuckmayers Beziehungen zum Rundfunk nach dem Ende des Zweiten Weltkrieges stehen somit als Thema im Schnittpunkt zweier literatur- und medienwissenschaftlicher Fragestellungen: Auf der einen Seite die rundfunk-programmgeschichtliche Forschung, die sich seit mehr als einem Jahrzehnt dem Beziehungsgeflecht »Schriftsteller und Rundfunk« widmet; auf der anderen Seite der Schwerpunkt Remigration in einer zeithistorisch orientierten literaturwissenschaftlichen Forschung. Einleitend ein paar Anmerkungen zu diesen beiden Diskussionen.

---

1 Vgl. dazu den Beitrag *Schriftsteller als Medienarbeiter. Carl Zuckmayer in der Mediengeschichte des 20. Jahrhunderts* von Harro Segeberg, in diesem Band S. 137-154.

Schriftsteller und Hörfunk nach 1945 – ein unterschätztes Verhältnis, übertitelte der Medienwissenschaftler Reinhold Viehoff noch 1998 seinen Beitrag im »Radio«-Themenheft der *Zeitschrift für Literaturwissenschaft und Linguistik*.[2] Eine Zwischenbilanz für eine Forschungsrichtung, die sich den Beziehungen des Schriftstellers zum Rundfunk widmet, welcher sich seit den zwanziger Jahren zum Massenmedium entwickelt hat. Die methodologische Diskussion um die Einbeziehung der Massenmedien in die literaturwissenschaftliche Forschung erhielt in den achtziger Jahren einen entscheidenden Impuls durch den sogenannten programmgeschichtlichen Ansatz.[3] Über die exakte Erhebung von Formaldaten hinaus – doch selbst das ist heute oftmals noch immer einzufordern – begreift dieser Ansatz einen Programmbestandteil nicht länger als einen isolierten Autortext, sondern als intermediales Produkt des Zusammenwirkens von Autor und Rundfunk, von Verfasser und Dramaturg, Hörspiel- und Literaturabteilungsleiter, Regisseur, Schauspieler etc. Spezielle medienbezogene Anforderungen durch den Rundfunk, Veränderungen im Verlauf der Annahme und Inszenierung, die Zuweisung auf einen bestimmten Programmplatz und in einen bestimmten Programmkontext – alle diese Punkte sollten im Rahmen einer literatur- und medienwissenschaftlichen Programmgeschichtsforschung angemessen berücksichtigt werden.

Im Zusammenhang mit diesem Ansatz entstanden so in den letzten Jahren eine Reihe von Arbeiten, die sich dem wechselseitigen Verhältnis von Schriftsteller und Rundfunk widmeten. Einzelstudien konzentrierten sich vor allem auf Literaten, die beruflich beide Seiten miteinander vereinten, also zum einen Rundfunkmitarbeiter waren, beispielsweise Redakteur und Dramaturg, und zum anderen als Schriftsteller für den Buch- und Medienmarkt arbeiteten. Erwähnt seien hier nur die Untersuchungen über Hermann Kasack, Helmut Heißenbüttel und Martin Walser.[4] Aber auch weitere Autoren, die nur als freie Mitarbei-

---

2 *LiLi*, Jg. 28, 1998, H. 111, S. 102-125.

3 Einen guten Überblick über die programmgeschichtliche Diskussion bietet eine Artikelserie, die 1982 in der Zeitschrift *Studienkreis Rundfunk und Geschichte. Mitteilungen* (Jg. 8, 1982, H. 1 bis 3) erschienen ist. Im Zusammenhang mit dem literarischen Programm von speziellem Interesse ist Karl Prümms Beitrag *Bausteine einer Programmgeschichte – Erfahrungen und offene Fragen: 1. Literatur und Hörspiel* in Heft 2, S. 74-84.

4 Vgl. Martina Fromhold, *Hermann Kasack und der Rundfunk der Weimarer Republik. Ein Beitrag zur Geschichte des Wechselverhältnisses zwischen Literatur und Rundfunk*, Aachen 1990; Edgar Lersch/Reinhold Viehoff, *Aus einem Gespräch mit Helmut Heißenbüttel*, in: *Studienkreis Rundfunk und Geschichte. Mit-*

ter bzw. als Beiträger zum Rundfunkprogramm in Erscheinung getreten waren, geraten in den Blick, so beispielsweise besonders viele Schriftsteller, die ihre literarische Karriere am Ende der Weimarer Republik gestartet haben, wie zum Beispiel Günter Eich, Peter Huchel, Martin Raschke, Josef Martin Bauer und Fred von Hoerschelmann.[5]

Der zweite Ansatz für das Thema »Carl Zuckmayer und der Rundfunk nach dem Ende des Zweiten Weltkrieges« geht von der Tatsache aus, daß Zuckmayer zu den 1933 emigrierten deutschen Schriftstellern gehörte und nach 1945 nicht nur mit seiner literarischen Arbeit, sondern selbst mit einem Auftrag der amerikanischen Besatzungsmacht nach Deutschland zurückkehrte. Zuckmayer wird so in Zusammenhang mit der Forschung über die Remigrationsprozesse in Deutschland gebracht. Derzeit widmet sich eine Wanderausstellung unter dem Titel *Remigranten und Rundfunk in Deutschland 1945-1955* der Frage »Rückkehr in die Fremde?«; Carl Zuckmayer wird darin im Kontext der rundfunkpublizistischen Auseinandersetzung zwischen Ost und West vorgestellt. Seine für Amerika werbenden Rundfunkvorträge gehören zu einem Kapitel über den alles andere als kalten Krieg im geteilten deutsch-deutschen Äther.[6] Weiterführende Studien über den Einfluß von Remigranten auf das bis weit in die fünfziger Jahre hinein so wichtige Massenmedium

---

teilungen, Jg. 19, 1993, S. 73-85; Arnim Stein, *Rundfunksendungen Helmut Heißenbüttels. Ein Verzeichnis*, in: *Rundfunk und Geschichte*, Jg. 21, 1995, S. 26-65; Hans-Ulrich Wagner, *»Eine Spielwiese mit Unendlichkeitscharakter«. Martin Walser und das Hörspiel*, in: Frank Almai/Walter Schmitz (Hrsg.), *Martin Walser. Eine proteische Werkbiographie mit Autorrolle*, Dresden (Veröffentlichung in Vorbereitung; Sammelband des Martin-Walser-Colloquiums an der TU Dresden im November 1996).

5 Vgl. Wolfram Wessels, *Die tauben Ohren der Geschlechter. Peter Huchel und der Rundfunk*, S 2 Kultur, Sendung vom 16. Januar 1994; sowie von Hans-Ulrich Wagner, *Günter Eich und der Rundfunk. Essay und Dokumentation*, Potsdam 1999 bzw. *Das Medium wandelt sich, die Autoren bleiben. Neubeginn und Kontinuität rundfunkerfahrener Schriftsteller (1930-1960)*, in: Monika Estermann/Edgar Lersch (Hrsg.), *Buch, Buchhandel und Rundfunk. 1950-1960*, Wiesbaden 1999, S. 201-229.

6 Hans-Ulrich Wagner, *Rückkehr in die Fremde? Remigranten und Rundfunk in Deutschland 1945 bis 1955. Eine Dokumentation zu einem Thema der deutschen Nachkriegsgeschichte. Begleitbuch zur gleichnamigen Ausstellung*, hrsg. von: Arbeitskreis selbständiger Kultur-Institute, Stiftung Deutsches Rundfunkarchiv, Stiftung Archiv der Akademie der Künste, Berlin 2000; zu Zuckmayer vgl. S. 144-146.

Rundfunk liegen auf dem Gebiet der zeithistorischen Remigrationsforschung bislang nur in wenigen Fällen vor.[7]

»Carl Zuckmayer und der Rundfunk nach dem Ende des Zweiten Weltkrieges«, der vorliegende Beitrag zur Carl-Zuckmayer-Tagung, versteht sich als Untersuchung im Schnittfeld der beiden hier skizzierten Forschungsdiskussionen. In einem Überblick sind nachfolgend die Ergebnisse einer Datenbankrecherche zu Carl Zuckmayers Präsenz und Mitarbeit an den Rundfunkprogrammen nach 1945 in Deutschland vorgestellt. Die Rundfunkbeiträge Zuckmayers werden dabei in ein typologisches Modell eingeordnet. Zwei Fallstudien widmen sich im Anschluß daran zunächst einem aufschlußreichen Rezeptionszeugnis, der Hörspielinszenierung des *Hauptmanns von Köpenick* durch Helmut Käutner im September 1945; sowie einem Hörspielprojekt, das unter dem Titel *Kaninchentod* 1952 für Aufsehen sorgte, jedoch nie realisiert wurde. Ein Thesenbündel am Schluß spitzt die Ergebnisse über das Rundfunkengagement von Carl Zuckmayer nach 1945 in Thesenform zu und stellt diese zur Diskussion.

2. Carl Zuckmayer und der Rundfunk: Ein radiographischer Überblick

Der Versuch, das Wirken des nach dem Ende des Zweiten Weltkrieges aus den USA zurückgekehrten Schriftstellers bei den deutschen Rundfunksendern im Überblick zu erfassen, führt über die Recherchen in den Datenbanken und Katalogen der ARD-Rundfunkanstalten bzw. des Deutschen Rundfunkarchivs in Frankfurt am Main.[8] Die Treffermenge

---

[7] Zu Alfred Döblins Sendereihe *Kritik der Zeit* beim Südwestfunk vgl. die Edition von Alexandra Birkert, *Alfred Döblin: Kritik der Zeit: Rundfunkbeiträge 1946-1952*, Olten, Freiburg i.Br. 1992; zu Max Ophüls gelegentlichen Rundfunk-Ausflügen vgl. Hermann Naber, *Die geheimen Neigungen des Max Ophüls. Der Filmregisseur als Hörspielmacher*, in: Helmut G. Asper (Hrsg.), *Max Ophüls. Theater. Hörspiele. Filme*, St. Ingbert 1993, S. 13-33; und zu Bertolt Brechts Engagement beim DDR-Rundfunk vgl. die in Vorbereitung befindliche Studie von Ingrid Pietrzynski, *»Der Rundfunk ist die Stimme unseres Landes ... «. Bertolt Brecht und der Rundfunk der DDR 1949-1956*, Berlin: Trafo-Verlag (erscheint 2001).

[8] Unterstützt wurden die Recherchen von den Kolleginnen und Kollegen in den Archiven der ARD-Rundfunkanstalten, mein Dank gilt besonders Jana Behrendt (Südwestrundfunk Baden-Baden), Bettina Hasselbring (Bayerischer Rundfunk München), Dr. Jörg Hucklenbroich (Südwestrundfunk Stuttgart), Rainer Majchrzak (Deutschlandradio Berlin), Dr. Ingrid Pietrzynski (Deut-

von mehr als 200 Einträgen ist imposant und braucht – wie Ergebnisse bei anderen Autoren der Nachkriegszeit zeigen – den Vergleich nicht zu scheuen. Der früheste Beleg reicht in das Jahr 1945 zurück. Am 26. Juli 1945 brachte der Berliner Rundfunk unter der Autorschaft von Carl Zuckmayer die Sendung *Wir haben euch nicht vergessen* ins Programm. Leider haben sich keinerlei Unterlagen dazu erhalten, so daß lediglich vermutet werden kann, es habe sich um eine Zusammenstellung von Zuckmayer-Texten gehandelt, die den Emigranten porträtierte und im Kontext vergleichbarer Sendungen über die im Dritten Reich »verbotenen und verbrannten« Autoren stand. Die erste Sendung, in der Zuckmayer selbst in Deutschland zu hören war, dürfte ein Interview des RIAS Berlin zu Beginn des Jahres 1947 gewesen sein, in dem sich der Remigrant nach einer Ansprache im Berliner Titania-Palast zur Beendigung seiner Tätigkeit im Auftrag der amerikanischen Besatzungsmacht äußerte.[9]

Die Fülle der Sendenachweise erstreckt sich über die Rezeption der Bühnenwerke in den Hörspielprogrammen der zweiten Hälfte der vierziger Jahre und in den fünfziger Jahren, über zahlreiche Interviews, Gespräche, Übertragungen von Reden bis hin zu Lesungen und kleinen essayistischen Rundfunkbeiträgen bis unmittelbar vor seinem Tod 1977. Eine Klassifikation oder systematische Ordnung der Rundfunksendungen Carl Zuckmayers nach dem Ende des Zweiten Weltkrieges könnte – ausgehend von Überlegungen verschiedener Theorien des kommunikativen Handelns – nach folgenden Gesichtspunkten erfolgen:[10]

1. Literarische Produktionshandlung: Die Rundfunksendung ist Teil der literarischen Produktion, sie erhält ein spezielles ästhetisches Profil im Zusammenhang mit den medialen Kommunikationsbedingungen. Zu unterscheiden wären hierbei:

---

sches Rundfunkarchiv Berlin) und Henning Rademacher (Norddeutscher Rundfunk Hamburg).

[9] Tonträger. Deutsches Rundfunkarchiv (im folgenden: DRA) Frankfurt am Main. Dauer: 0'40.

[10] Die hier nur oberflächlich skizzierte Klassifikation nimmt ihren Ausgang bei den systemtheoretischen Überlegungen Reinhold Viehoffs. Vgl. auch Lersch/Viehoff, *Aus einem Gespräch mit Helmut Heißenbüttel*, a.a.O. (Anm. 4); Viehoff, *Schriftsteller und Hörfunk nach 1945 – ein unterschätztes Verhältnis*, a.a.O. (Anm. 2).

1.a. die direkt und unmittelbar vom Autor für den Rundfunk verfaßten Beiträge, also Originalhörspiele, Funkerzählungen, Auftragsarbeiten usw.;

1.b. die in einem anderen Kommunikationszusammenhang entstandenen Texte, die für die Rundfunksendung herangezogen werden und vom Autor selbst oder von anderen Personen (Dramaturg, Regisseur usw.) bearbeitet und inszeniert werden.

2. Der Rundfunk wird als sekundäres literarisches Medium genutzt, die massenkommunikative Funktion wird instrumentalisiert:

2.a. Hierzu wären Lesungen des Autors zu rechnen, die Übertragung von Reden und Ansprachen, Interviews mit ihm und die Teilnahme an Gesprächssendungen.

2.b. Während die rezeptionssteuernde Funktion des Rundfunks im vorangegangenen Punkt unter Mitwirkung des Autors geschieht, wären in diesem Fall darüber hinaus alle Rundfunkbeiträge zu beachten, die ohne erkennbare Beteiligung des Schriftstellers zustandegekommen sind, also z.B. Buchrezensionen und Theaterkritiken, Porträts des Autors, Sendungen zu einem Jubiläum.

Ordnet man im Fall von Zuckmayer die Datenbankergebnisse nach diesem Modell, so ergeben sich erste Aufschlüsse über das vielfältige Beziehungsgeflecht des Schriftstellers zum Rundfunk. Berücksichtigt werden in der vorliegenden Darstellung nur die ersten drei Punkte. Die zuletzt genannte Rubrik 2.b. wird ausgeklammert.

Zu 1.a.:

Carl Zuckmayer, der bekannte und erfolgreiche Dramatiker der Weimarer Republik, gehörte ganz selbstverständlich zu den von allen Rundfunksendern umworbenen Autoren, wenn es darum ging, ein Originalhörspiel für die eigene Dramaturgie zu erwerben und seinen Hörern präsentieren zu können. Immer wieder erreichten den Dramatiker Angebote, für den Rundfunk ein Hörspiel zu schreiben. Doch um das Ergebnis in diesem zentralen Punkt vorwegzunehmen, Zuckmayer schrieb während all der Jahre nach seiner Rückkehr aus dem Exil kein einziges Originalhörspiel.

Ein bis dato in den Datenbanken kursierender Hinweis auf ein solches original für den Rundfunk geschriebenes Stück, auf den *Kaninchentod* beim Bayerischen Rundfunk im Oktober 1952, entpuppte sich als ein Hörspielprojekt, das scheiterte und an dem Zuckmayer nur zum Teil mitgewirkt hatte. Die Geschichte des *Kaninchentodes*, rundfunkgeschichtlich eine Marginalie, ist jedoch besonders aufschlußreich für das

Verhältnis von Zuckmayer zum Medium Rundfunk. Es wird in Kapitel 4, in einer der beiden Beispielanalysen, ausführlich dargestellt.

Wie und in welchem Umfang der Autor an Hörspielproduktionen beteiligt war, zeigen die Streiflichter auf drei Sendungen, an denen eine Mitwirkung Zuckmayers nachweisbar ist. Im ersten Fall handelt es sich um die großangelegte Rundfunksendung *Der Gesang im Feuerofen*, die am 21. Dezember 1950 beim Nordwestdeutschen Rundfunk (NWDR) in Hamburg auf dem Programm stand und gleichzeitig vom Bayerischen Rundfunk, Hessischen Rundfunk, Südwestfunk und von Radio Bremen übernommen wurde. Zuckmayer hatte sein 1948/49 entstandenes Bühnenwerk zunächst für die Premiere bei Heinz Hilpert am Deutschen Theater in Göttingen freigegeben (Uraufführung: 5. November 1950). Nur wenige Tage danach erlebte das Stück in einer vom Autor gemeinsam mit dem Regisseur Heinrich Koch bearbeiteten Fassung in Hamburg Premiere (14. November 1950). *Der Gesang im Feuerofen* war gestrafft worden, die mythologischen Elemente wurden stark reduziert. Mit Heinrich Koch und dessen Schauspielstudio, einer eigenen Kompanie junger Schauspieler, stand Zuckmayer seit 1947 in engerem Kontakt. Am 10. Juli 1949 hatte Koch gefragt, ob Zuckmayer noch zu seinem Plan, »Ihr Stück für junge Menschen mit uns zu spielen«, stehe.[11] Zuckmayer, der das Schauspielstudio Kochs wiederholt auch finanziell unterstützt hatte, signalisierte seine Bereitschaft. Parallel zur Hamburger Bühnenaufführung der »dramaturgischen Fassung, ausgearbeitet von Carl Zuckmayer und Heinrich Koch«[12] war damals auch eine Hörfunkrealisation ins Gespräch gekommen. Hartmann Goertz, seit Juli 1949 Leiter der Frankfurter Hörspieldramaturgie und vorher Cheflektor des Wolfgang-Krüger-Verlages, hatte über seinen Kollegen Helmut Castagne vom S. Fischer Verlag von den Vorbereitungen zum *Gesang im Feuerofen* gehört. Auf seine Initiative hin wurde der Kontakt zur Hörspieldramaturgie in der Hamburger Rothenbaumchaussee geknüpft.[13] Die Mitwirkung Zuckmayers an der Textfassung wie auch an der Inszenierung scheint nicht nur für die Hamburger Bühnenfassung, sondern – folgt man der Presseerklärung des Hamburger Senders –

---

11 Deutsches Literaturarchiv Marbach am Neckar (im folgenden: DLA), Nachlaß Carl Zuckmayer.
12 So der Untertitel des hektographierten Bühnenmanuskriptes, Frankfurt am Main: S. Fischer Verlag. DLA, Nachlaß Carl Zuckmayer.
13 Hessischer Rundfunk (im folgenden: HR), Historisches Archiv, Brief von Hartmann Goertz an Carl Zuckmayer vom 12. Oktober 1952.

ebenfalls maßgeblich für die Hörspieleinrichtung zu gelten. Zuckmayer wird darin mit folgender Erklärung wiedergegeben:

> Das Hörspiel hat mit dem Bühnenstück eigentlich gar nichts zu tun [...]. Wir mußten für den Funk einen ganz anderen Weg gehen. Eine einfache Hörspielfassung hätte durch Streichungen nur Teilstücke und kein einheitliches Werk ergeben. Die Substanz wäre verlorengegangen und ein Torso übriggeblieben [...]. Jetzt ist es anders: ich gab dem Stoff die Form der Erzählung; eine neue Form des Stückes also mit oft ganz anderen Sätzen. Verstehen Sie: nicht ›Verfunkung‹, sondern eigene Kunstform! Das Abhören des ›Gesang im Feuerofen‹ am Radio ist deshalb auch kein Ersatz für das Erlebnis der Bühnenaufführung. Ich habe einfach die Fabel erzählt, mit für den Funk eingebauten dramatischen Szenen. Es versteht sich von selbst, daß dabei das Epische dominiert.[14]

Bereits in einem zweiten Fall ist der Umfang dieses Mitwirkens des Autors an der Hörspielproduktion reduziert auf die Rolle als Erzähler. »Es mag ein gut Teil Autobiographisches in diesen Zeilen stecken«, schreibt die Presseerklärung über die Einspielung der 1932 entstandenen Novelle *Die Affenhochzeit* von Zuckmayer und fährt fort, »so daß die Mitwirkung Carl Zuckmayers als Erzähler seinem Hörspiel einen besonderen Reiz gibt«.[15] Die Einspielung, die Gert Westphal, der Hörspielleiter des Südwestfunks, im Dezember 1956 aufnahm, wurde im Programm als Würdigung des Autors zum 60. Geburtstag ausgestrahlt.[16]

In einem dritten Fall, der hier gestreift sei, beschränkt sich die Mitwirkung des Autors auf eine beratende oder begutachtende Rolle, auf ein ehrenvolles Anfragen des Dramaturgen beim Verfasser und auf die Bitte um Genehmigung der Hörspielbearbeitung. Dies wird besonders deutlich, wenn man sich die Vorbereitungen ansieht, die im Januar 1966 vom Bayerischen Rundfunk ausgehen und im Dezember des Jahres zur

---

14 *Autor mit Lampenfieber. Zur Funksendung »Der Gesang im Feuerofen«*, in: *Die Ansage. Mitteilungen des Nordwestdeutschen Rundfunks*, Nr. 48 vom 1. Dezember 1950, S. 1 f., hier: S. 2. Die Aufnahme dieser Hörspielfassung in der Regie von Heinrich Koch hat sich im Schallarchiv des Norddeutschen Rundfunks erhalten (Norddeutscher Rundfunk [im folgenden: NDR], Schallarchiv, Carl Zuckmayer, *Der Gesang im Feuerofen*, Dauer: 88'30).

15 Hier zitiert nach: Pressedienst des Hessischen Rundfunks. Woche vom 6.-12. Oktober 1957 (HR Historisches Archiv).

16 Südwestrundfunk (im folgenden: SWR) Baden-Baden, Schallarchiv, Carl Zuckmayer, *Die Affenhochzeit*, Dauer: 55'45.

zweiteiligen Funkerzählung *Midas der schimmernden Berge. Eine dramatische Erzählung aus den Tagen der letzten Könige* führen. Auf die am 18. Januar 1966 an Zuckmayer herangetragene Frage, ob er Lust und Zeit habe, sein Stück *Das Leben des Horace A. W. Tabor* für den Rundfunk zu bearbeiten, antwortete der Autor postwendend:

> [...] Natürlich hätte ich Lust, das selbst zu machen. Aber ich glaube kaum, dass ich die Zeit dafür aufbringen werde [...]. Da diese Produktion ja mit keinerlei ›Aktualität‹ verbunden ist, – das heisst, da der Stoff genau so aktuell bleibt, ob er im Sommer, Herbst oder Winter dargestellt wird, könnten wir uns damit ja auch Zeit lassen, – aber in Anbetracht meiner sonstigen grossen Arbeitsbelastung und aller möglichen Verpflichtungen, die dieses Jahr für mich im Schosse trägt, halte ich es für besser, wenn Sie sich von vornherein darauf einstellen würden, dass der von Ihnen erwähnte Mitarbeiter die eigentliche Ausgestaltung übernimmt. Natürlich nach vorheriger Fühlung und Planung mit mir, wobei ich ihm Material übergeben würde, und dann möchte ich mir die Möglichkeit einer Ueberarbeitung oder Durchfeilung des endgültigen Manuskripts vorbehalten, womit Ihr Mitarbeiter und Sie gewiss einverstanden wären.[17]

»Die Arbeitsweise, die Sie in verschiedenen Variationen angedeutet haben, würden wir in jedem Fall für möglich halten und akzeptieren«, signalisiert Hermann Dollinger, der Leiter der Münchner Hörspielabteilung, umgehend.[18] Bernd Grashoff, der die Funkfassung vorbereiten soll, macht sich an die Arbeit, es kommt zu einem Treffen im Mai und zum Austausch einiger weniger Korrespondenzen. Die letztlich von Grashoff allein verfertigte Funkbearbeitung geht Zuckmayer am 25. Oktober 1966 zu: »Ohne Ihrem Urteil vorgreifen zu wollen: Ich glaube, sie ist so geworden, wie ich gehofft habe und ermöglicht eine Sendung, die sich nicht ganz unwürdig unter die vielen Veranstaltungen zur Feier Ihres Geburtstages einreiht. Wenn Sie die Möglichkeit haben, sie durchzusehen, so sind wir Ihnen sehr dankbar. Selbstverständlich werden wir auf jeden Wunsch, den Sie etwa haben, eingehen.«[19] Der vielbeschäftigte Autor hatte keinen Änderungswunsch und so schreibt der dreißigjährige Funkbearbeiter abschließend an den »anerkannten Meister«:

---

17 DLA, Nachlaß Carl Zuckmayer, Brief von Carl Zuckmayer an Hermann Dollinger vom 21. Januar 1966.
18 DLA, Nachlaß Carl Zuckmayer, Brief von Hermann Dollinger an Carl Zuckmayer vom 27. Januar 1966.
19 DLA, Nachlaß Carl Zuckmayer, Brief von Hermann Dollinger an Carl Zuckmayer vom 25. Oktober 1966.

[...] ich bin froh und auch ein bißchen erleichtert, dass Sie die Hörspielfassung des *Tabor* akzeptiert haben. Ich war in einer nicht ganz leichten Lage: der noch unbekannte Autor, der sich am Werk eines anerkannten Meisters versucht – es für eine andere Gattung gewinnen will, – [...]. Ich habe [...] die Arbeit gern getan, sie hat mir viel Freude bereitet, ich habe eine Menge gelernt – ich danke Ihnen, dass Sie mir dazu die Möglichkeit gegeben haben [...].[20]

Arrangiert auf zwei Abende, am 26. und 27. Dezember 1966, erlebt *Der Midas der schimmernden Berge. Eine dramatische Erzählung aus den Tagen der letzten Könige* Rundfunkpremiere.[21]

Anders sieht das Ergebnis aus, wenn man vom Originalhörspiel absieht und sich sämtlichen für den Rundfunk geschriebenen Texten des Autors Carl Zuckmayer zuwendet. Nur allzu oft beschränkt sich die literaturwissenschaftliche Forschung ausschließlich auf die mit einem hohen Prestige verbundenen Hörspiele und versäumt es, Funkerzählungen und -essays sowie die ganze Palette von Auftragsarbeiten in Form von Kritiken, Porträts, Reiseeindrücken und Jubiläumssendungen zu berücksichtigen. Im Fall von Carl Zuckmayer würde ein nicht unbeträchtliches Spektrum ausgeklammert werden.

Leider ist die Überlieferungslage für ein ganzes Konvolut von äußerst interessanten Rundfunkbeiträgen sehr schlecht. Als Zuckmayer im März 1947 seine Stelle als ziviler Kulturbeauftragter im War Department beendete, die ihm die Einreise in das von den alliierten Siegermächten kontrollierte Deutschland gestattete, übernahm er die Aufgabe, Vorträge bei der »Stimme Amerikas« zu halten.[22] Keine dieser deutschsprachigen Sendungen des US-amerikanischen Senders ist überliefert, so daß auch aufgrund fehlender Unterlagen insgesamt offenbleiben muß, in welchem Verhältnis die Rundfunkbeiträge zu den öffentlichen Vorträgen standen, die Zuckmayer von 1948 an unter der Überschrift *Amerika ist anders* hielt und die zum Teil gedruckt erschienen.[23]

---

20 DLA, Nachlaß Carl Zuckmayer, Brief von Bernd Grashoff an Carl Zuckmayer vom 15. November 1966.

21 Bayerischer Rundfunk (im folgenden: BR). Schallarchiv. Dauer: 88'40 und 88'15.

22 Vgl. Gunther Nickel/Ulrike Weiß, *Carl Zuckmayer 1896-1977. »Ich wollte nur Theater machen«*, Marbach 1996 (Marbacher Kataloge 49), S. 316 f.

23 Carl Zuckmayer, *Amerika ist anders*, in: *Neue Schweizer Rundschau*, Jg. 16, 1948, Nr. 8, S. 451-474; bzw. *Amerika ist anders*, Sonderdruck in der Schriftenreihe *Der Monat*, o.J.

Sicherlich dürfte Zuckmayer auch in den Rundfunkansprachen seine Ansicht entwickelt haben, als »Weltbürger«, der zwei Heimaten hat, »Dolmetscher« zu sein und im Sinne eines »one-world«-Konzeptes vermittelnd zu wirken.[24]

Nicht immer eindeutig ist zu ermessen, ob es sich bei den Essays, Porträts und Würdigungen, die in den fünfziger und sechziger Jahren so zahlreich in den Programmen der westdeutschen Rundfunkanstalten standen, um original für den Rundfunk geschriebene Texte handelt bzw. in welchem philologischen Verhältnis sie zu parallel oder später veröffentlichten Beiträgen im Druck stehen. In der Regel handelt es sich um ein komplexes Beziehungsgeflecht von Rundfunk- und Druckveröffentlichung.

Vor allem mit dem Südwestfunk in Baden-Baden kristallisierte sich im Verlauf der fünfziger Jahre eine engere Zusammenarbeit heraus. Mit Friedrich Bischoff, dem Intendanten des Senders, verband Zuckmayer näherer Kontakt, der im Herbst 1955 zu einer Duz-Freundschaft führte und Anfang der sechziger Jahre sehr persönliche Züge annahm. Herbert Bahlinger, dem Leiter der Abteilung Kulturelles Wort in Baden-Baden, überließ Zuckmayer mehrere Rundfunkbeiträge wie beispielsweise: *Gruß an Margarete Hauptmann zum 80. Geburtstag* (11. Januar 1955), *Weingespräch* (29. Dezember 1956), *Blick auf den Rhein* (30. Mai 1957), *Carlo Mierendorff. Porträt eines deutschen Sozialisten* (19. Juli 1959), *Zum Gedenken an den Lyriker Theodor Kramer* (20. September 1959) und *Der große Schauspieler Werner Krauss* (20. März 1960).

Eine der kuriosesten Sendungen, die in diesem Zusammenhang entstand, ging am 1. Januar 1960 über den Sender: *Die Hirschkuh*. Bei der 22-minütigen Geschichte handelt es sich um eine improvisierte Erzählung, von Zuckmayer aus dem Stegreif entwickelt: Eine literarische Rundfunkform, die bereits in der Weimarer Republik entwickelt worden war, und eine Herausforderung, der sich Zuckmayer schon einmal bei der Berliner Funk-Stunde gestellt hatte. Die Geschichte der Hirschkuh nun, die sich zunächst im Stacheldraht verfangen hat und nur durch eine Beinamputation überlebt, die später als zahmes Haustier von wilden Tieren angegriffen wurde und vom Nachbarn des Farmers erschossen werden muß, spiegelt die Erfahrungen des Autors als Landwirt im amerikanischen Exil wider. Wie anschaulich Zuckmayer zu

---

24 Dieses Konzept erläutert Zuckmayer beispielsweise in seinem Interview mit dem Schweizerischen Rundfunk am 29. Dezember 1946 (DRA Frankfurt am Main. Dauer: 24'00).

erzählen wußte, wird durch die Tatsache unterstrichen, daß die *Hirschkuh* einige Zeit später auf Platte gepresst und veröffentlicht wurde.[25]

Zu 1.b.:

In diesem Bereich, der Texte ins Blickfeld rückt, die ursprünglich in einem anderen Kommunikationszusammenhang entstanden sind und nun für das Rundfunkprogramm adaptiert werden, eröffnet sich im Falle Zuckmayers ein aufschlußreiches Feld. So ist beispielsweise die Rezeption des emigrierten Schriftstellers in den Literatur- und Hörspielprogrammen der unter alliierter Kontrolle sendenden Rundfunkstationen in den vier Besatzungszonen Deutschlands von besonderem Interesse. Zwischen 1945 und 1949 werden allein 18 Hörspielproduktionen erarbeitet, die Zuckmayers Bühnenwerke dem deutschen Publikum vermitteln.

Auffallend ist die sofort einsetzende Rezeption des US-Emigranten in der sowjetischen Besatzungszone. Von der bereits erwähnten Sendung *Wir haben euch nicht vergessen* (Berliner Rundfunk, 26. Juli 1945) erstreckt sich die Programmpräsenz des Autors über die zweimalige Inszenierung der *Katharina Knie* (Berliner Rundfunk, 5. Dezember 1946; Mitteldeutscher Rundfunk Leipzig, 11. Juli 1947) und einer *Hauptmann von Köpenick*-Einstudierung durch Alfred Braun (Berliner Rundfunk, 21. August 1947) bis zur *Schinderhannes*-Inszenierung, die im März 1949 durch den Regisseur Hannes Küpper erfolgt (Berliner Rundfunk, 31. März 1949). Erst danach reißt diese Form der Rezeption ab. Im DDR-Rundfunk wird zwar über die Theaterarbeit Zuckmayers an den westdeutschen und Schweizer Bühnen berichtet, doch eine Hörspielsendung gelangt nicht ins Programm des Staatlichen Rundfunkkomitees.

Beim Überblick über die in den Westzonen erarbeiteten Hörspieladaptionen fällt auf, daß auch sie sich zunächst einmal an den großen Bühnenerfolgen Zuckmayers aus den Jahren der Weimarer Republik orientieren. »Nachholbedarf«, so lautet die Devise auch für die Rezeption des Emigranten/Remigranten in den Westzonen. Dem Wunsch des Publikums wird mit insgesamt dreizehn Adaptionen von Theaterstücken in der britischen, amerikanischen und französischen Besatzungszone Rechnung getragen. Auch hier dominieren Stücke wie *Der fröhliche Weinberg* beim NWDR in Hamburg (27. Mai 1946); *Der Hauptmann*

---

[25] *Die Hirschkuh* ist im Druck bislang nicht publiziert worden. Die Schallplattenaufnahme ist zusammen mit *Gestalt und Maske* sowie *Carl Michael Bellmans Lied an die Mutter* unter dem Titel *Improvisationen* bei der Ariola GmbH erschienen.

von Köpenick bei Radio Hamburg (3. September 1945), bei Radio Frankfurt (1. Juni 1946) und bei Radio Stuttgart (2. Februar 1947); *Katharina Knie* bei Radio München (25. Dezember 1945) und bei Radio Frankfurt (27. Oktober 1946) sowie *Der Schelm von Bergen* beim NWDR Hamburg (9. Dezember 1948).

Dem Publikum in dem von Ruinen geprägten Nachkriegsdeutschland werden die aus der Zeit der Weimarer Republik bekannten und populären Stücke präsentiert. Der emigrierte Schriftsteller kehrt mit seinem vor 1933 gewonnenen Renommee zurück. Das heißt jedoch, den verfemten Autor und seine im Exil geschriebene Literatur weitgehend auszublenden. Der besondere Fall von Zuckmayers Drama *Des Teufels General* bedingt, daß es im Rahmen des literaturpolitischen Ziels einer »Re-education« bei den Alliierten zunächst auf Vorbehalte stößt. Erst nachdem die Sperre für das Bühnenstück aufgehoben wird und es auf den Theatern einen Siegeszug startet und zu regen Diskussionen führt, reüssiert die Geschichte um den Fliegergeneral auch im Hörspielprogramm. Doch entgegen der Präsenz in den Theaterprogrammen wagt sich nur eine einzige Hörspieldramaturgie an den diffizilen Stoff. Am 19. Oktober 1948 sendet der Südwestfunk *Des Teufels General* in einer Aufnahme des Hausregisseurs Karl Peter Biltz.[26]

Eine Besonderheit in der Hörspielrezeption von Zuckmayers Texten stellt die vom Autor noch in den USA angefertigte Übersetzung und Bearbeitung des Broadway-Erfolgs *I Remember Mama* von John William van Druten (1901-1957) dar. Das Stück, das in Deutschland unter den Titeln *Die Unvergeßliche, Das war Mama* und *So war Mama* über die Bühnen ging, wurde bis 1949 nicht weniger als drei Mal als Hörspiel eingerichtet (NWDR-Berlin, 27. Februar 1948; Radio Stuttgart, 11. April 1948; Radio München, 5. Januar 1949). Die Übersetzung gehörte zu einem von der »Information Control Division« zusammengestellten Dramenkanon, mit dem amerikanischen Stücken in der Nachkriegszeit der Weg auf deutsche Bühnen gebahnt werden sollte. Daß dieses Drama auch nach dem Ende der alliierten Besatzungszeit noch seinen Reiz für Regisseure hatte, belegen zwei weitere Hörspielfassungen aus dem Jahr 1952 und 1958.[27]

Indem die Mitwirkung Zuckmayers an einigen Hörspielproduktionen der fünfziger und sechziger Jahre bereits gestreift worden ist, bedarf es

---

26 Tonträger: SWR Baden-Baden, Schallarchiv, Dauer: 96'00.
27 *Das war Mama*. Regie: Fränze Roloff. HR, 22. Juli 1952; *Das war Mama*. Regie: Walter Knaus. Süddeutscher Rundfunk (im folgenden: SDR), 30. April 1958.

nur noch einer Ergänzung zur Rezeption des Zuckmayerschen Bühnenwerkes im Hörspielprogramm. Es zeigt sich, daß sämtliche neue Theaterstücke Zuckmayers auch in den Rundfunkprogrammen reüssierten. Meist nur kurze Zeit nach der Bühnenpremiere erlebten so *Barbara Blomberg, Ulla Winblad oder: Musik und Leben des Carl Michael Bellman, Das kalte Licht, Die Uhr schlägt eins* und *Das Leben des Horace A. W. Tabor* ihre Hörspieluraufführungen.[28]

zu 2.a.:

Widmet man sich nun in einem zweiten Schritt den Beiträgen, in denen Zuckmayer den Rundfunk als sekundäres Medium nutzt, indem er Reden und Ansprachen, die er hielt, übernehmen läßt oder indem er Interviews führt und zu Gesprächsrunden eingeladen wird, zeigen sich zwei weitere interessante Aspekte einer exzeptionellen Rezeptionsgeschichte.

Ein erster Punkt unterstreicht die Tatsache, daß die Leitmedien für Zuckmayer weiterhin in erster Linie das Theater und der Film waren. Denn in den Rundfunkprogrammen taucht eine nicht geringe Zahl von Interviewaussagen und Stellungnahmen auf, in denen er über die Bühnenpremieren seiner Stücke und über die Verfilmungen seiner Stoffe Auskunft gibt. Angefangen von dem *Gespräch mit dem Schriftsteller Carl Zuckmayer über sein Schauspiel ›Des Teufels General‹* zu Beginn des Jahres 1948 reihen sich die Auskünfte des Autors über die Regie- und Schauspielerleistungen. Was zeitgenössisch als – allerdings so noch nicht genannte – Vermarktungsstrategie zu werten ist, avanciert vom heutigen Standpunkt aus zu Quellen, die Auskunft geben können über das Verhältnis des Verfassers zu den Bühnen- und Filminszenierungen seiner Werke.

Ein zweiter Punkt: Als Zuckmayer im November 1959 die Festrede zu Schillers 200. Geburtstag in Marbach am Neckar hielt, wurde dieser repräsentative Festakt nicht nur vom Süddeutschen Rundfunk, sondern einer ganzen Reihe von ARD-Programmen ausgestrahlt. Der kulturelle Stellenwert einer solchen Veranstaltung und die Rolle des Rundfunks, diesen beim Publikum einzulösen, waren noch nicht in Frage gestellt. Aber auch die Bedeutung Zuckmayers wurde unterstrichen, wenn man

---

28 *Barbara Blomberg*, Südwestfunk (im folgenden: SWF) Baden-Baden, 29. November 1949; *Ulla Winblad oder: Musik und Leben des Carl Michael Bellman*, BR München, 10. November 1953; *Das kalte Licht*, SWF Baden-Baden, 6. Dezember 1955; *Die Uhr schlägt eins*, BR München, 19. Juni 1962; *Midas der schimmernden Berge*, BR München, 26. und 27. Dezember 1966.

sich die Höhe des Honorars für die Übertragungsrechte vergegenwärtigt: Zu den 2.000 DM Grundhonorar addierten sich weitere 500 DM für die Rechte der Übernahme durch andere Sender und noch einmal so viel für die Wiederholung im zweiten Programm auf UKW-Frequenz. Die Summe von somit insgesamt 3.000 DM stellt ein außerordentlich hohes Honorar dar.

Es steht nicht isoliert, wie zwei weitere Beispiele zeigen. Nur drei Monate zuvor hatte Zuckmayer mit dem Südwestfunk darüber verhandelt, eine vierteilige Lesung der soeben bei S. Fischer erschienenen Erzählung *Die Fastnachtsbeichte* aufzunehmen. Für die Rechte zahlte der Südwestfunk neben Spesen den ungewöhnlich hohen Betrag von 8.000 DM, für die Lesung erhielt Zuckmayer darüber hinaus 1.800 DM Honorar. Einige Jahre später winkten für die sechsteilige Lesung der Autobiographie *Als wär's ein Stück von mir* sogar 3.000 DM.

Wie wichtig die pekuniären Aspekte solcher Rundfunksendungen waren, kann der Blick in die Korrespondenz mit Friedrich Bischoff zeigen. Der Autor bringt den Freund und Intendanten 1959 bei der Vorbereitung zur Lesung der *Fastnachtsbeichte* in eine nicht geringe Bredouille. Am 4. August läßt Zuckmayer den Intendanten wissen, daß es zu einer »Unstimmigkeit« hinsichtlich der Zahlung für die Senderechte an den Verlag und für das Lesehonorar an Zuckmayer gekommen sei:

> Lieber Friedrich, [...]. Es war ja doch zwischen uns klar, dass diese Lesung nicht wie irgendeine andere Vorlesung betrachtet werden kann, sondern dass es sich dabei um etwas Besonderes, eine Art von ›Uraufführung‹ [...] handelt [...] – und es versteht sich von selbst, dass ich eine solche Lesung nicht unter einem Honorar übernehmen kann, wie man es einem erstrangigen Schauspieler für eine entsprechende Leistung bieten würde.[29]

Bischoff ist über die vorgeschlagenen 2.500 DM Lesehonorar zuzüglich Spesen für Reise und Aufenthalt doch etwas pikiert, wie seine Antwort am 6. August verdeutlicht:

> Mein lieber Freund! Du hast recht: Es ist außerordentlich diffizil, Freundschaft zu dividieren durch Honorare. Was dabei herauskommt, wenn ich also dividiere, bleibt mir unklar [...]. Ich befinde mich in einem außeror-

---

29 SWR Baden-Baden, Historisches Archiv, Korrespondenz mit Intendant Bischoff, 1000/126 Z, Brief von Carl Zuckmayer an Friedrich Bischoff vom 4. August 1959.

dentlichen Dilemma, und ich bitte Dich herzlich, meine Auffassung zu verstehen.[30]

Es folgt das später akzeptierte Angebot von 1.800 DM, das damit über dem eines renommierten Rezitators wie Will Quadflieg zu liegen kommt und für das der Intendant in die sogenannte »Programmreserve« greifen muß.

> Mein lieber Freund (ich lasse jetzt den Intendanten weg), das erscheint mir doch ganz nobel, und so zeige Dich auch von Deiner splendiden Seite und schicke ein Telegramm. Dann wollen wir das Ganze vergessen und uns freuen, Dich wieder einmal hierzuhaben,

schließt Bischoffs Brief.

Mit solchen Honorarforderungen setzt Carl Zuckmayer sein außerordentliches Renommee im bundesrepublikanischen Literaturbetrieb ein, um Spitzenzahlungen durch Zweitverwertungen beim Rundfunk zu erreichen. Im Hintergrund dieses Verhaltens steht die von Gunther Nickel dargestellte Tatsache, daß Zuckmayer keine Rücklagen für das Alter angespart hatte, da ihm seine einstigen hohen Einnahmen in der Weimarer Republik durch das Exil schrittweise abgeschnitten worden waren.[31]

3. ›Der Hauptmann von Köpenick‹, Radio Hamburg, 3. September 1945

Hörspiel als Theaterersatz, als Nachholbedarf und Re-education – so lauteten die Schlagworte, mit denen die Rezeption der Zuckmayerschen Dramen im Programm der deutschen Rundfunkstationen bereits im Überblick skizziert worden ist. Was der summarischen Abhandlung jedoch verborgen bleiben mußte, sind die zum Teil beachtenswerten Regiehandschriften und oft außerordentlichen Schauspielerleistungen, die einzelne Hörspielinszenierungen zu bemerkenswerten Ereignissen werden lassen. Eine solche, aus mehreren Gründen aufmerksam zu registrierende Hörspieladaption stellt *Der Hauptmann von Köpenick* dar, der am 3. September 1945 bei Radio Hamburg auf dem Spielplan stand.

---

30 SWR Baden-Baden, Historisches Archiv, Brief von Friedrich Bischoff an Carl Zuckmayer vom 6. August 1959.
31 Vgl. Gunther Nickel, *Carl Zuckmayer und seine Verleger. Von 1920 bis zur Rückkehr aus dem Exil*, in: Zuckmayer-Jahrbuch, Bd. 3, 2000, S. 361-375 sowie Nickel/Weiß, *Carl Zuckmayer*, a.a.O. (Anm. 22), S. 403.

Der Versuch des Schusters Wilhelm Voigt, seine Vergangenheit mit einem gewagten Coup abzustreifen, bildete im Frühherbst 1945 einen programmatischen Auftakt des Hamburger Hörspielprogramms. Zuckmayers 1931 entstandene Komödie über den *Hauptmann von Köpenick* war nicht nur eine handfeste Militär-Satire und Bürokratismus-Schelte; Voigts ausweglos scheinende Situation, ohne Papiere keine Arbeit und ohne Arbeit keine Papiere zu erhalten, traf wenige Monate nach Kriegsende das Lebensgefühl der Menschen. Flüchtlinge ohne Pässe, das Schicksal von sogenannten »displaced persons«, Zuzugsbeschränkungen für die Großstädte, Bürokratenwillkür und der manchmal verwirrende Dschungel deutscher und alliierter Behörden gehörten zur Tagesordnung und bilden somit den zeithistorischen und rezeptionsgeschichtlichen Interpretationszusammenhang. Ein weiterer Grund für die Wahl des in der Weimarer Zeit erfolgreichen Dramas lag in dem Umstand, daß der Autor Carl Zuckmayer im Dritten Reich verboten worden war, so daß *Der Hauptmann von Köpenick* also ein in mehrfacher Hinsicht programmatisches Stück war, um die Hamburger Hörspielarbeit einzuleiten.[32]

Schließlich zeichnet noch ein anderer Umstand von heute aus gesehen das Hörspiel aus: Als Regisseur zeichnet Helmut Käutner (1908-1980) verantwortlich, der Regisseur, der für Zuckmayers Arbeit auf dem Gebiet des Films eine so große Rolle spielte und dessen Name man in der Hörspielgeschichte kaum vermutet.

Alexander Maass (1902-1971), einer der britischen Kontrolloffiziere, die den Hamburger Sender in der Rothenbaumchaussee übernommen und den Programmstart ermöglicht hatten, trug den Wunsch einer Inszenierung dieses Zuckmayer-Stückes an Käutner heran. Maass, vor 1933 einer der Rundfunkpioniere und seit 1927 bei der Westdeutschen Rundfunk AG in Köln angestellt, war wie Zuckmayer Emigrant. Der in Uniform zurückgekehrte Maass traf mit dem als unbelastet geltenden Käutner eine glückliche und keineswegs zufällige Wahl. Den Schauspieler und Kabarettisten, seit 1938 Drehbuchautor und Regisseur beim Film, hatte es bei Kriegsende nach Cuxhaven verschlagen. Die Recherchen zu seinem letzten Ufa-Projekt für einen Seemann-Film brachten ihn mit Ernst Schnabel, dem Kommandanten eines Vorposten-Bootes in Kontakt. Beide wechselten kurze Zeit später nach Hamburg, wo Günther Schnabel – der Bruder von Ernst – bereits als Dramaturg am Sender tätig war. Käutner, der in diesen Tagen sich als Sprecher beim

---

32 Wiederholungen wurden am 15. Oktober 1945, 17. Juni 1946 und 10. März 1947 angesetzt.

Rundfunk und als Inhaber einer Künstleragentur verdingte, um die Wartezeit auf eine Lizenz für neue Filmprojekte zu verkürzen, nahm die Einladung zu einer Hörspielregie sehr gern an. Die Übergangsarbeit des Filmregisseurs bescherte dem Hörspielprogramm aus Hamburg neben dem *Hauptmann von Köpenick* im folgenden noch drei weitere bedeutende Inszenierungen (Thornton Wilder, *Unsere kleine Stadt*, 22. Oktober 1945; Jean Giraudoux, *Der Trojanische Krieg findet nicht statt*, 19. November 1945 und Axel von Ambesser, *Das Abgründige in Herrn Gerstenberg*, 18. März 1946).

Als Käutner den *Hauptmann von Köpenick* von Zuckmayer inszenierte,[33] zeichneten er und der damalige Chefdramaturg am Hamburger Sender, Hans Kettler, für die Funkbearbeitung verantwortlich. Sie notierten wie in einem Filmdrehbuch im Hörspielmanuskript links den Dialogtext und rechts die Regieanweisungen. Zwei charakteristische Beispiele:[34]

| Es war einmal [...] um die Jahrhundertwende [...] in Deutschland [...] zu Preußisch-Berlin | Bei dem Wort in Deutschland Militärmarsch »Ich bin ein Preuße« leise einblenden, dann schnell lauter werdend und allmählich wieder unter dem Dialog ausblenden (S. 1), |

heißt es am Beginn des Manuskriptes, und das Pendant am Schluß lautet:

| Voigt: Unmöglich! | Musik beginnt zugleich von weitem kommend mit einem Marsch, der sofort schmetternd aber ironisch unerträglich laut wird – plötzlich abreisst – Stille (S. 94 f.) |

Vor allem der Musik kommt in der gesamten Hörspielinszenierung eine herausragende Rolle zu. So wird jeder Übergang der Szenen über den Einsatz von Musik erreicht. Was zunächst eine ganz einfache dramaturgische Funktion für die Hörspielmusik darstellt, erreicht hier jedoch sehr viel mehr, nämlich die satirische Überspitzung des preußischen Militarismus und die ständige Vergegenwärtigung der so selbstverständlich vom Militärgeist geprägten wilhelminischen Gesellschaft. Dieser Einsatz der Musik ist – dem damaligen Hörspielschaffen entsprechend – äußerst opulent. Denn nicht nur kurze Musiktrenner sind

---

33 Tonträger: Schallarchiv Radio Bremen, Dauer: 75'00.
34 NDR Hörspielabteilung, Hörspieltyposkript (ohne Signatur).

~~sprechend – äußerst opulent.~~ Denn nicht nur kurze Musiktrenner sind zu hören, sondern aufwendig orchestral gestaltete Sequenzen, die die sprachliche Satire weiterführen, sie steigern und zur Parodie werden lassen. So durchziehen Marschklänge das ganze Spiel. Käutner verdichtet jede der Szenen durch den Einsatz von Musik und Geräuschen derart, daß man glaubt, einem Hörfilm zu lauschen. Es ist »der Standpunkt [...] der Kamera, die sich selbst mitten im Geschehen befindet«, befand Wolfram Wessels, der den Einsatz der Musik im Hörspiel mit dem im Film verglichen hat.[35]

Aber nicht nur der häufige Perspektivenwechsel und der Realismus der Szenen verraten Käutners Handschrift. Käutner, vor Hitlers Machtantritt in München Kabarettist bei den »Vier Nachrichten«, spitzt Zuckmayers Köpenickiade satirisch zu. Der Uniform-Fetischismus wird aufs Korn genommen, die Militärbegeisterung wird überdeutlich, wenn die Gefangenen einen Kirchenchoral von Johann Sebastian Bach im Marschtakt singen müssen. Sprachliche Pointen, wie das Aufeinanderbeziehen von Voigts Wunsch, »ganz von vorne anzufangen«, und die Aussage des Militärschneiders »Der Mensch fängt erst beim Leutnant an«, werden präzise herausgearbeitet.

Ganze Szenen fallen bei der Hörspielbearbeitung fort (Szene 5; 7; 11; 13 und 16), wodurch auch trotz der insgesamt 75minütigen Dauer der Eindruck eines kurzweiligen Spiels entsteht. Auch die Szenenfolge wird vor allem im ersten Teil grundlegend verändert: Auf Voigts Auftritt in der Polizeiwache (Szene 2) folgt die Uniform-Szene im Schneidergeschäft (Szene 1), danach die Arbeitssuche in der Schuhfabrik (Szene 4) und eine Kurzszene, in der Voigt wiederum auf der Wache erscheint und verzweifelt Papiere verlangt, um ausreisen zu können (Szene 1, Schluß von Szene 2), schließlich der Streit im Café (Szene 3) und Voigts erster Plan, die Papiere zu stehlen, gefaßt in der Herberge für Obdachlose (Szene 6). Hinzu kommt, daß die Szenen selbst zum Teil nicht unerheblich gekürzt werden. Käutner und Kettler haben sie immer auf ihren sprachlichen Höhepunkt hin zugespitzt und lassen sie dann abrupt abbrechen. Fast montageartig werden Militarismus und Untertanengeist vorgeführt und für den Hörer mit der Herausstellung des satirisch-kabarettistischen Wortwitzes entlarvt.

Die Hörspieladaption des *Hauptmanns von Köpenick* wird so zu einer insgesamt temporeichen und decouvrierenden Interpretation des

---

35 Wolfram Wessels, *Ein Schmuck für Momente: Helmut Käutner und das Hörspiel*, Bayerischer Rundfunk, BR 2, 19. Dezember 1986, Hektographiertes Typoskript, S. 12.

Zuckmayerschen Bühnenerfolgs. Käutner setzte damit im September 1945 sehr exakt um, was die von den Briten verfolgte Kulturpolitik vorgab, nämlich ein eher behutsames »Re-education«-Programm umzusetzen. Seine Inszenierung des *Hauptmanns von Köpenick* lieferte den Hörern des NWDR 1945 gezielt beides: Umerziehung und Unterhaltung. Knapp zehn Jahre später wird sich Käutner des selben Stückes noch einmal annehmen, als Drehbuchautor in Zusammenarbeit mit dem Autor und als Filmregisseur für den Kinostreifen mit Heinz Rühmann in der Hauptrolle.[36]

Noch ein Hinweis auf zwei überlieferte Texte am Schluß: Der in der Hörspielabteilung des Norddeutschen Rundfunk aufbewahrte Text ist ein sogenanntes Regiemanuskript. Es hält den letzten Stand bei der Arbeit im Studio fest. Bei diesem Textzeugen handelt es sich überdies um ein Widmungsexemplar, das Helmut Käutner und Hans Kettler signieren und vermerken: »für Alexander Maass«.

Ein weiterer Textzeuge, ein hektographiertes Typoskript des Hörspiels *Der Hauptmann von Köpenick*, findet sich im Nachlaß von Helmut Käutner. Er ist dort unter den Entwürfen für Käutners ersten Nachkriegsfilm abgelegt, der 1946 unter dem Titel *In jenen Jahren* in die Kinos kam. Auf den Rückseiten des Hörspieltyposkriptes entstanden – angesichts des Papiermangels in den Jahren nach dem Zweiten Weltkrieg – die ersten handschriftlichen Notizen zu dieser Drehbuchfassung, die Käutner zusammen mit Ernst Schnabel im unmittelbaren Anschluß an die Zuckmayersche Hörspieladaption in Angriff nahm.[37]

---

36 Vgl. den Beitrag von Klaus Kanzog über die Verfilmungen des *Hauptmann von Köpenick* in diesem Band, S. 249-307. Interessant ist in diesem Zusammenhang, daß die von Kanzog ausführlich interpretierte Schlüsselszene (Szene 14) in der Hörspielfassung um den Passus mit Voigts »innerer Stimme« gekürzt ist. Käutner entscheidet sich also 1945 für einen Hörspiel-Realismus und verzichtet auf die Chance, ein zeitgenössisch sonst so reichlich strapaziertes radiophones Mittel zu verwenden.

37 Stiftung Archiv der Akademie der Künste Berlin, Helmut-Käutner-Archiv, Nr. 2609.

4. ›Kaninchentod‹ oder: ›Drei Salven über das Grab!‹

Selbst die besten Kenner des Zuckmayerischen Œuvres dürften von einem Text mit dem Titel *Kaninchentod* überrascht sein. Er ist in der Zuckmayer-Forschung bislang vollkommen unbekannt. Lediglich in den Datenbanken des Deutschen Rundfunkarchivs und des Bayerischen Rundfunks taucht dieses Werk auf, ohne daß man bislang nähere Informationen dazu hatte. Denn das Hörspiel *Kaninchentod* ist nie produziert und nie gesendet worden. Auch hier begegnet also wie schon häufiger bei dem Medienautor Zuckmayer die Arbeit an einem Projekt, das nicht zum Abschluß gelangte. Trotzdem oder gerade deswegen soll an dieser Stelle vom *Kaninchentod* ausführlicher berichtet werden.

Für den 14. Oktober 1952 kündigten die Hörspielabteilungen des Südwestfunks, des Bayerischen Rundfunks und von Radio Bremen ein Originalhörspiel von Carl Zuckmayer an:

> Die Handlung spielt in den letzten Tagen des zweiten Weltkrieges. Ihr Kern ist eine Liebesgeschichte. Ein in Österreich begüteter Schloßherr hat auf seinem Besitz eine ganze Schar von Flüchtlingen aus dem Osten aufgenommen, die hier das Ende des Krieges erleben. Während die russischen Panzer bereits in die Donauebene vorstoßen und während das Schloß seine Schicksalsstunde erwartet, finden sich der Schloßherr und das Flüchtlingsmädchen aus dem Osten in einer Liebe, die – wie in den bekannten Novellen Zuckmayers – für beide eine Wandlung bedeutet: für die Liebenden liegt am Ende der Weg in eine neue Zeit offen.
>
> Zu dieser Handlung parallel läuft eine andere, die nicht auf der Erde bei den Menschen, sondern unter der Erde bei den Kaninchen spielt. Auch die Tiere leben in diesen Tagen und Wochen in Todesangst, denn sie werden von jenen gejagt, die selber die Gejagten sind und vergebens dem Unheil zu entrinnen suchen [...].[38]

Entstanden war diese Pressemeldung am 24. September, und bereits wenige Tage zuvor hatte man in der Münchner *Abendzeitung* lesen können:

> Zuckmayer eröffnet Hörspielgemeinschaft
> Carl Zuckmayers Hörspiel ›Kaninchentod‹ wird am 14. Oktober [...] ge-

---

38 SWR Baden-Baden, Hörspielabteilung, Pressemeldungen.

sendet [...]. Zuckmayers Hörspiel ist das erste, das für die neugeschaffene Hörspielgemeinschaft der drei Sender geschrieben wurde.[39]

Das war ein ganz besonders herausgehobener Programmplatz. Carl Zuckmayer sollte mit seinem Spiel vom *Kaninchentod* die sogenannte »Gemeinschaftsredaktion« eröffnen, eine Aktion, zu der sich die Hörspieldramaturgien von zwei mittleren und einer kleinen Rundfunkanstalt im Mai 1952 zusammengeschlossen hatten. Südwestfunk, Bayerischer Rundfunk und Radio Bremen wollten mit ihrer Initiative erreichen, daß sie gemeinsam Hörspielaufträge vergeben können und durch das Zusammenlegen ihrer finanziellen Ressourcen in die Lage versetzt werden, eine Honorarsumme anzubieten, die für namhafte Autoren attraktiv ist.

Den Hintergrund hierzu bildete das regelrechte ARD-interne Wetteifern um die künstlerische Profilierung des eigenen Hörspielprogramms und die zunehmende Konkurrenz um die »guten« Funkautoren in den fünfziger Jahren. Da die Finanzvolumina der ARD-Anstalten sich nach dem Gebühreneinzugsgebiet richteten, verfügte ein Sender wie der Nordwestdeutsche Rundfunk, der die gesamte ehemalige britische Zone umfaßte, also das heutige Schleswig-Holstein, den Stadtstaat Hamburg, den Flächenstaat Niedersachsen und das bevölkerungsreiche Nordrhein-Westfalen, über ein außerordentlich hohes finanzielles Budget. Heinz Schwitzke (1908-1991), Leiter des Hörspiels in Hamburg, avancierte in den fünfziger Jahren, der sogenannten »Blütezeit des Hörspiels«, nicht zuletzt auch deshalb zum »Hörspielpapst«, weil er Schriftstellern Honorare bieten konnte, von denen andere Anstalten nur träumen konnten. Anfang der fünfziger Jahre gab Schwitzke bereits durchschnittlich mehrere tausend Mark Autorenhonorar für ein Originalhörspiel aus. Auch Zuckmayer – und das wird in diesem Kontext noch eine Rolle spielen – hatte einen Vorschuß von 10.000 DM auf ein noch zu schreibendes Originalhörspiel aus Hamburg erhalten. Leider sind die redaktionellen Korrespondenzen mit dem NWDR bislang im Nachlaß nicht aufgetaucht und in der Hamburger Hörspielabteilung nicht mehr erhalten.

Mit solchen fünfstelligen Honoraren konnten andere Sender nicht mithalten. Der Süddeutsche Rundfunk vergab gelegentlich Jahresstipendien in Höhe von 500 DM monatlich, für die man allerdings – wie zum Beispiel Günter Eich im Jahr 1951 – vier Hörspiele abliefern mußte. Der Monatsetat der Südwestfunk-Redaktion betrug Ende 1951 insgesamt

---

39 *Zuckmayer eröffnet Hörspielgemeinschaft*, in: *Abendzeitung* (München) vom 17. September 1952.

8.000 DM, mit dem sämtliche Honorar- und Produktionskosten bestritten werden mußten. Um also im Konzert der ARD-Anstalten konkurrenzfähig zu bleiben, boten die drei Abteilungen der neu gegründeten Gemeinschaftsredaktion an, das garantierte Hörspielhonorar für den Autor auf 6.000 DM zu erhöhen. Einem internen Schlüssel zufolge übernahmen der Südwestfunk und der Bayerische Rundfunk jeweils 2.500 DM bei der Erstsendung, der kleinste Partner, Radio Bremen, weitere 1.000 DM. Im Mai 1952 hatte man sich gleichzeitig darauf geeinigt, in einer großangelegten Briefaktion eine ganze Reihe von namhaften Autoren zur Hörspielarbeit einzuladen, darunter Leonhard Frank, Theodor Plievier, Curt Goetz, Erich Kästner, Vater und Sohn Spoerl, Peter Ustinov, René Clair, Günter Eich und Carl Zuckmayer. Die Federführung für Zuckmayer, der zustimmend antwortete, lag bei der Münchner Hörspieldramaturgie. Das außerordentliche Renommee des Dramatikers wird durch die Tatsache unterstrichen, daß seine Funkarbeit den Start der neuen Hörspielreihe eröffnen sollte. Doch der *Kaninchentod* wurde am 14. Oktober 1952 nicht ausgestrahlt. Was war passiert?

Die entscheidende Rolle in diesem Spiel übernahm Hubert Graf Mittrowsky (1902-1980), ein damals wie heute unbekannter Literat.[40] Zuckmayer war mit ihm seit längerem befreundet. Die überlieferte Korrespondenz setzt zwar erst 1947 ein, doch die Duz-Freundschaft muß bis in die österreichischen Jahre Zuckmayers zurückreichen. Mittrowsky, einem alten Adelsgeschlecht entstammend, hatte große Probleme finanzieller Art, um das – wie er meinte – seinem Stand entsprechende Leben zu führen. Er bewegte sich in der österreichischen Literaturszene um Franz Werfel und Hugo von Hofmannsthal, versuchte sich selbst ebenfalls als Schriftsteller, jedoch ohne größeren Erfolg.[41] Zuckmayer war ein hilfreicher Freund, der des öfteren zur Kritik an den Manuskripten des Adeligen bereit war, der fast immer mit Rat und Tat zur Seite stand und nur selten sich der zudringlichen Bitten erwehrte, indem er schöpferische Klausur für sich reklamierte.

---

40 Graf Hubert Wladimir Franz Julius Joseph Maria Johann Mittrowsky wurde am 24. Juni 1902 in Rožinka auf Horakow bei Brünn als Sproß eines böhmisch-katholischen Uradels geboren; er starb 1980 in Baden-Baden. – Für die entscheidenden biographischen Hinweise gilt mein Dank Herrn Dr. Volker Kaukoreit vom Österreichischen Literaturarchiv der Österreichischen Nationalbibliothek in Wien.

41 Ein Gedicht Mittrowskys, übertitelt *Maria im Keller*, erschien in der *Schweizerischen Rundschau*, Jg. 46, 1946/47, H. 2, S. 117.

Eine solche literarische Hilfestellung, die 1947 ein Drama und 1950 eine Novelle des Grafen betroffen hatte, rückte jetzt 1952 in den Mittelpunkt des Geschehens. Im April 1952 hatte Zuckmayer in München Mittrowsky getroffen und war von dessen wohnlicher und pekuniärer Lage offensichtlich erschüttert:

> Es *muss* jetzt eine Möglichkeit geschaffen werden, lieber Hubert, Deine Fähigkeiten in einer fruchtbringenden Weise umzusetzen und Eure Existenz wenigstens auf eine normale und würdige Basis zu stellen. – Praktisch: ich schreibe gleichzeitig an den Funkregisseur Walter Ohm in München, (Bayerischer Rundfunk), – der mir ein ganz fähiger und vernünftiger Mann zu sein scheint. Gebe ihm Deine Adresse und Telefon, – damit er eine Zusammenkunft und ausführliches Gespräch mit Dir veranstaltet. Rundfunk sucht immer Stoffe; braucht Anregungen, Ideen, Ausarbeitungen. Eine Hörfolge: Die Wälder der Erde, – die Wiege der Quellen, – (dies nur so ins Aller-Unreinste, – es gäbe so viele Möglichkeiten!) [...] Irgendwas *muss* mir in diesem Sommer für Euch glücken! –[42]

Noch ist davon die Rede, Mittrowsky nur den Weg zum Rundfunk zu ebnen, den Kontakt herzustellen, so daß der Freund ein Manuskript dort einreichen kann. Einen ersten Textentwurf erhielt Zuckmayer umgehend in die Schweiz zugesandt. Doch sein erstes Urteil lautete:

> Lieber Hubert, mit dem ›Kaninchentod‹, (so würde ichs wohl nennen), ist es wie mit vielen Deiner Versuche: eine *glänzende* Idee, – die Ausführung nicht genügend. Der Vorwurf an sich und zum Teil auch gewisse dramatische Momente oder ›funkische‹ Grundsituationen sind *aussergewöhnlich*. Vielleicht [...] sollte ich *das zuerst* bearbeiten und als Hörspiel von M. u. Z. herausbringen, (ebenfalls natürlich ohne Anteil meinerseits zu Gunsten Deiner Subsidien, die es nötiger haben.) Der Rundfunk sucht dauernd Stoffe, – der Film sucht vor allem Geld! Jedenfalls werde ich das Ohm vorschlagen, wenn ich ihm jetzt von Chardonne aus schreibe. Auch dieser Stoff *muss* umgeschrieben werden um wirklich einzuschlagen und ich könnte das ganz rasch machen.[43]

Das Einverständnis hierzu, um das Zuckmayer bat, wurde ihm postwendend erteilt. »Bin schon rasend gespannt auf das, was Du aus mei-

---

[42] Österreichische Nationalbibliothek Wien, Brief von Carl Zuckmayer an Hubert Mittrowsky vom 22. April 1952.
[43] Österreichische Nationalbibliothek Wien, Brief von Carl Zuckmayer an Hubert Mittrowsky, vermutlich 1. Mai 1952.

»Ich brauche keine Worte darüber zu verlieren ...« 681

nem Stoff herausholen wirst«, hieß es am 15. Mai 1952 aus München.[44] Inzwischen hatte Zuckmayer den Kontakt zur Münchner Hörspielabteilung hergestellt. Walter Ohm (1915-1997), Hausregisseur in der Münchner Arnulfstraße, wurde kontaktiert, ebenso Friedrich-Carl Kobbe (1892-1957), der Leiter der Hörspielabteilung.

In diesen zeitlichen Kontext fällt nun die Anfrage der Gemeinschaftsredaktion an Zuckmayer, ob er bereit wäre, ein Hörspiel für den Verbund der drei Hörspielabteilungen zu schreiben. Nur kurze Zeit später avanciert *Kaninchentod* zu dem Projekt, mit dem die Hörspielreihe ihren Auftakt finden sollte. Der Briefwechsel zwischen Chardonne, wo sich Zuckmayer zu dieser Zeit aufhielt, und München wurde rege.

Aus der Korrespondenz wird deutlich, daß Zuckmayer sich von Anfang an bemühte, lediglich im Hintergrund zu wirken. Hubert Mittrowsky sollte der Urheber des Textes sein und Walter Ohm vor Ort die entsprechende Zusammenarbeit mit dem funkunerfahrenen Autor leiten. Lediglich bis Mitte Juni arbeitete Zuckmayer am *Kaninchentod*, indem er beispielsweise die Figur des »Treibermandl« einführte und dessen Part für die Handlung ausarbeitete. In einem 17seitigen, undatierten Typoskript heißt es über diese Figur:

> Dieser alte Treiber ist zwischen Weihnachten und Neujahr geboren, daher besonders naturnah, und kann, wenn er genügend Obst[l]er getrunken hat, auch die Sprache der Tiere verstehen. So kann er dem Herrn Schriftsteller beim Bericht über die letzte Jagd vor Kriegsende nicht nur die Menschen-, sondern auch die Tiergespräche mitteilen [...]. Die anfänglich rein realistische Figur entwickelt sich im Lauf der Handlung immer mehr zum Märchenerzähler [...].[45]

Mittrowsky war begeistert:

> Habe herzlichsten Dank, dass Du [...] die herrliche Figur des Treiber-Mandl geschaffen hast [...]. Die Textprobe, der Beginn der Erzählung des Treibermandl im Dialekt, scheint mir meisterhaft – das schreibt Dir keiner

---

44 DLA, Nachlaß Carl Zuckmayer, Brief von Hubert Mittrowsky an Carl Zuckmayer vom 15. Mai 1952.
45 DLA, Nachlaß Carl Zuckmayer, Korrigierter Entwurf zur Szenen- und Dialogfolge des Hörspiels *Die Jagd der Gejagten* (vorläufiger Arbeitstitel) von C. Zuckmayer und H. Mittrowsky.

nach! Mit wenigen Worten ist alles klar umrissen und so lebendig, dass man sich gleich mitten im Geschehen findet. Köstlich ist diese Figur! [...].[46]

Doch Zuckmayer verlor bald darauf das Interesse. Andere Arbeiten schoben sich dazwischen und verlangten – wie beispielsweise die anstehende Rede zum Frankfurter Goethe-Preis – seine volle Aufmerksamkeit. Einen Besuch Mittrowskys in der Schweiz lehnte er ab. Zuckmayer muß zu diesem Zeitpunkt bereits erkannt haben, daß es äußerst schwierig werden dürfte, ein brauchbares Manuskript herzustellen, und daß die schöpferische Kraft Mittrowskys nicht ausreichen würde, den Text zu vollenden. Gleichwohl war Zuckmayer dem Freund weiterhin sehr verbunden und wollte ihm unbedingt helfen. Für den Aufenthalt in München zwischen dem 27. Juli und dem 2. August, der wegen der Arbeit am Drehbuch zum *Fröhlichen Weinberg* anberaumt wurde, bot Zuckmayer an, sich auch um das Hörspielprojekt zu kümmern. Am Rande der Filmarbeit wurde auch über den Fortschritt an dem Hörspieltext gesprochen. Walter Ohm hatte den Eindruck, eine Abgabe des fertigen Manuskriptes sei bis zum 30. September möglich, denn die in Baden-Baden tagenden Hörspielchefs hatten aufgrund seiner telefonischen Mitteilung die Hoffnung, mit dem *Kaninchentod* die Hörspielreihe eröffnen zu können. Aber in Wirklichkeit stockte das Projekt. Zuckmayer versuchte in Briefen an Kobbe und Ohm zu erreichen, daß beide mehr Einfluß auf Mittrowsky ausüben sollten.

In die Korrespondenz zwischen Mittrowsky und Zuckmayer trat eine Pause ein, lediglich die Anweisung des Vorschußhonorars von 3.000 DM wurde erwähnt und die großzügige Überlassung von Zuckmayers Anteil an den Freund in München. Erst am 19. September kam wieder Bewegung in die Sache, als Walter Ohm Zuckmayer den technischen Fahrplan und seine Ansichten über den letzten Entwurf von Mittrowsky schickte. Mit Verweis auf die Produktion, die am 1. Oktober beginnen sollte, endete der maschinenschriftliche Brief mit dem handschriftlichen Schlußvermerk »und lassen Sie mich bitte nicht aufsitzen«.[47]

Auf diesen Warnruf hin fand ein eilends anberaumtes Treffen statt. Ohm und Mittrowsky trafen sich bei Zuckmayer in der Schweiz. Die Besprechung in Chardonne fand zwischen dem 22. und 24. September 1952 statt. Den Stand der Diskussion hielt man fest: Im Nachlaß

---

46 DLA, Nachlaß Carl Zuckmayer, Brief von Hubert Mittrowsky an Carl Zuckmayer vom 11. Juni 1952.

47 DLA, Nachlaß Carl Zuckmayer, Brief von Walter Ohm an Carl Zuckmayer vom 19. September 1952.

Zuckmayers findet sich ein dreiseitiges Typoskript mit der Überschrift *Szenarium zum Kaninchentod nach der letzten Besprechung am 24.9.1952 in Chardonne.*[48] Doch unmittelbar nach diesem Treffen hielt Zuckmayer es für das Beste, gegenüber dem Bayerischen Rundfunk in die Offensive zu gehen. Am 27. September schrieb er Kobbe, wie »vollkommen unverständlich« es ihm sei, daß der Sendetermin bereits festgelegt worden sei. Eine Verschiebung sei unumgänglich. Darüber hinaus aber errät man, daß Zuckmayer durch die inzwischen in der *Abendzeitung* erschienene Pressenotiz in eine nicht geringe Bredouille geraten war. Die mit dem NWDR eingegangene vertragliche Verpflichtung, ein Originalhörspiel zu schreiben – wofür Zuckmayer bereits das Vorschußhonorar von 10.000 DM erhalten hatte –, diese Verpflichtung wurde ihm vorgehalten, als man in Hamburg Kenntnis davon bekam, beim Bayerischen Rundschau stehe ein Zuckmayer-Hörspiel auf dem Spielplan.

> Es war auch immer ganz klar, dass es sich beim ›Kaninchentod‹ um ein von Herrn von Mittrowsky verfasstes Hörspiel handele, zu dem ich mit dramaturgischen Ratschlägen und einer dichterischen Ueberarbeitung des endgültigen Textes helfend zur Verfügung stehe. Für mich war es ganz selbstverständlich, dass das auch in der Form der Ankündigung und in der endgültigen Betitelung des Hörspiels deutlich zum Ausdruck kommen werde. Dass dieses Stück nun plötzlich unter vollständiger Weglassung des Autorennames als eine nur mit meinem Namen gezeichnete Ursendung von mehreren Sendern angekündigt wird, wodurch mir persönliche Unannehmlichkeiten und zeitraubende Erklärungs-Korrespondenz erwachsen sind, ist natürlich ganz gegen den Sinn unserer Abmachung, und Sie werden verstehen, dass dieses Vorkommnis [...] mich sehr unerfreulich berührt hat.[49]

Am 27. September 1952 verließ Zuckmayer Europa und fuhr in die USA zurück. Doch die in der Presse laut werdenden Vorwürfe holten ihn auf seiner amerikanischen Farm ein. Vor allem zwei, an prominenter Stelle erschienene Artikel formulierten scharfe Vorwürfe. In einem *Spiegel*-Artikel wurde das Debakel mit dem Auftakt der Hörspielgemeinschaft zum Anlaß genommen, das Finanzgebaren zu kritisieren. Der »davongereiste Carl Zuckmayer« habe 3.000 DM Honorarvorschuß eingestrichen, ohne auch nur ernsthaft an einem Text gearbeitet zu haben. Schwitzke, der sicherlich von dem Hamburger Nachrichtenmagazin befragt worden war, mußte den Eindruck gewonnen haben, der

---

48 DLA, Nachlaß Carl Zuckmayer.
49 DLA, Nachlaß Carl Zuckmayer, Brief von Carl Zuckmayer an Friedrich-Carl Kobbe vom 27. September 1952. Typoskriptdurchschlag.

renommierte Autor treibe ein doppeltes Spiel mit ihm. Eine Einschätzung, die auch Hella Jacobowski – Zuckmayers Sekretärin in Deutschland – so formulierte, als sie ihm am 25. Oktober schrieb.

Ein weiterer Artikel, in der *Süddeutschen Zeitung* erschienen, holte zu einer grundsätzlichen Kritik aus.

> Etwas anderes vielmehr gibt dieser Fall zu bedenken: wie sehr sich unser Kulturbetrieb immer mehr auf buchstäblich eine Handvoll Prominenter konzentriert, ohne danach zu fragen, ob diese überhaupt imstande sind, die verführerischen Angebote auch zu erfüllen. Wer heute ein Konzert veranstaltet, will Furtwängler als Dirigenten [...], wer einen Dichter am Vortragspult braucht, telegraphiert an Thomas Mann, und wer ein gutes Hörspiel haben möchte, wendet sich zunächst einmal an Zuckmayer. Nichts gegen die Prominenten, aber alles gegen einen Betrieb, der Starkult mit Kulturpflege verwechselt.[50]

Die weiteren Etappen des *Kaninchentod*-Projektes sind leicht zu resümieren. Nur für kurze Zeit dachte Zuckmayer daran, an dem Hörspiel weiterzuarbeiten. »Denke bald Zeit für die Lyrik des ›Kaninchentod‹ zu finden«, signalisierte er dem Freund am 23. Oktober aus Barnard. Doch in Wirklichkeit war Zuckmayer nur noch an der Schadensbegrenzung in bezug auf seine Person interessiert und auf die Klärung der vertraglichen Bindungen gegenüber Friedrich-Carl Kobbe einerseits und Heinz Schwitzke andererseits. Die »Tragikomödie der allseitigen Missverständnisse«, so Zuckmayer, sollte beendet werden.

Die Folgen des *Kaninchentod*-Eklats konnten bereinigt werden. Friedrich-Carl Kobbe, nicht ganz unschuldig am Verlauf des Projektes, da er aus Prestigegründen bewußt die Autorschaft von Zuckmayer lanciert hatte, versuchte die Sache »mit Humor zu nehmen«. Sein Brief an Zuckmayer auf die Backwoods Farm umschmeichelt den Autor eher, als daß Vorwürfe laut werden. Ihm geht es darum, daß Zuckmayer entweder doch noch an der Fertigstellung des *Kaninchentodes* arbeiten oder sich einem neuen Projekt zuwenden möge.[51]

---

50 Karl Ude, *Der Rundfunk und die Prominenten*, in: *Süddeutsche Zeitung* (München) vom 13. Oktober 1952. – Statt des angekündigten Zuckmayer-Hörspiels gelangte am 14. Oktober 1952 das ursprünglich für einen späteren Sendetermin vorgesehene Hörspiel *Das Festbankett* von Hellmuth von Cube zur Ausstrahlung.

51 DLA, Nachlaß Carl Zuckmayer, Brief von Friedrich-Carl Kobbe an Carl Zuckmayer vom 21. Oktober 1952.

Auch die finanzielle Frage war ebenfalls bald gelöst. Bereits seit längerem hatte Zuckmayer dem Bayerischen Rundfunk versprochen, nach der Bühnenpremiere der *Ulla Winblad* einer Hörspielinszenierung des Stückes zuzustimmen. Nachdem *Ulla Winblad* am 17. Oktober 1953 am Deutschen Theater in Göttingen unter Heinz Hilpert über die Bühne gegangen war, begannen in München die Hörspielproben. Am 10. November 1953 sendete der Bayerische Rundfunk die Hörspielfassung. Der bereits ausbezahlte Vorschuß wurde mit dem Sendehonorar für das neue Stück verrechnet. »Der Bayerische Rundfunk hat jetzt die vereinbarte Summe gezahlt und bestätigt, daß der ›Kaninchentod‹ nun erledigt ist. Drei Salven über das Grab!«, kommentierte Castagne, der Chef der Theaterabteilung des S. Fischer Verlags, am 10. Dezember 1953 den Abschluß dieses Projektes.

Ähnlich die Situation für Zuckmayer bei der Hamburger Hörspieldramaturgie: Gegenüber dem renommierten Dramatiker verfuhr man auch hier äußerst höflich und zuvorkommend. Schwitzke an Zuckmayer am 22. September 1953:

> [...] Dürfen wir nun damit rechnen, dass Sie Ihre so freundlich erteilte Zusage wahrmachen können und dass Sie uns ein Hörspiel schreiben? [...] Ich wäre Ihnen sehr dankbar, wenn Sie die Liebenswürdigkeit hätten, uns zu diesen Fragen ein paar Zeilen zu schreiben. Ich brauche keine Worte darüber zu verlieren, wie wertvoll uns Ihre Zusage wäre.[52]

Ein Originalhörspiel von Carl Zuckmayer erhielt der NWDR nie. Das bereits ausbezahlte Vorschußhonorar wurde auch hier mit Sendegebühren bei Übernahmen von Hörspieladaptionen verrechnet.

Es bleibt das weitere Schicksal von Hubert Mittrowsky zu ergänzen. Der böhmisch-mährische Adelige mußte 1952 seinen Münchner Wohnsitz aufgeben. Er siedelte nach Loga bei Leer in Ostfriesland über. Anfang des Jahres 1954 teilte er Zuckmayer mit, daß er ein »vielbeschäftigter Ziegelbrenner« geworden sei, »ein Gehaltsempfänger und ein bürgerlicher Mensch«. Das damit verbundene Fazit – »Wenn auch mein Leben eine ganz andere Wendung genommen hat, wie ich es mir dachte und wünschte, so hat es doch vorderhand wieder einen gewissen Druck von mir genommen, der auch schwer erträglich war« – nimmt man dem bis dahin erfolglosen Schriftsteller ab.[53] In Hubert Mittrowsky ist

---

52 NDR Hörspielabteilung, Brief von Heinz Schwitzke an Carl Zuckmayer vom 22. September 1953.
53 DLA, Nachlaß Carl Zuckmayer, Brief von Hubert Mittrowsky an Carl Zuckmayer vom 2. Januar 1954.

der Literaturgeschichte kein »vergessener« Autor hinzuzufügen. Es bleibt bei der Episode Mittrowsky/Zuckmayer. Die Korrespondenz riß nach einigen wenigen, allerdings weiterhin sehr freundlichen Briefen im Dezember 1965 endgültig ab.

5. Carl Zuckmayer und der Rundfunk nach dem Ende des Zweiten Weltkrieges: Fünf Thesen

1. These: Der Rundfunk nach 1945 war kein Leitmedium für Zuckmayer

Parallel zu den Ergebnissen von Theresia Wittenbrink über die geringe Rolle des Rundfunks für den Bühnen- und Filmautor Carl Zuckmayer vor der Machtergreifung Hitlers muß auch für die Zeit nach dem Ende des Zweiten Weltkrieges zusammenfassend bilanziert werden: Der Rundfunk, hier der Hörfunk, ist für Carl Zuckmayer kein Leitmedium. Die quantitative Fülle der Sendenachweise und die deutliche Programmpräsenz kann nicht darüber hinwegtäuschen, daß Zuckmayer als Autor so gut wie nicht für den Rundfunk schrieb. Leitmedien seiner literarischen Produktionshandlungen waren auch nach der Rückkehr aus dem amerikanischen Exil nahezu ausschließlich das gedruckte Buch, das Theater und der Film.

Diese Tatsache ist im Literaturbetrieb seit der zweiten Hälfte der vierziger Jahre nicht unbedingt selbstverständlich. Der multimedial diversifizierte Literaturbetrieb der Nachkriegsjahre, in dem dem Massenmedium Rundfunk eine besondere Rolle zukam, ließ die Autoren auf die neuen ästhetischen wie finanziellen Möglichkeiten reagieren. So sind Schriftstellerkarrieren wie beispielsweise die von Günter Eich, Alfred Andersch, Martin Walser, Ernst Schnabel, Max Frisch, Friedrich Dürrenmatt und Wolfgang Koeppen nicht möglich ohne die enge Verbindung von gedrucktem und gesendetem »Text«. Das Leitmedium war für diese Schriftsteller sehr häufig eine Verbindung von Druckpublikation und Rundfunksendung. Die Priorität kam zwar immer noch der Veröffentlichung in gedruckter Form zu, doch der Rundfunk übernahm vielfältige Funktionen bei der Textentstehung. Diese reichten von den rein mäzenatischen Aspekten (erst das Rundfunkhonorar ermöglicht die literarische Produktion)[54] bis hin zu künstlerischen und experimentellen Aspekten (der Rundfunk als Spielwiese).[55]

---

54 Vgl. beispielsweise die Praxis des SDR, Autoren gegen ein Jahresgehalt zur Abgabe einer bestimmten Anzahl von Texten zu verpflichten: So schrieb Günter Eich 1951 für zwölf Monatszahlungen insgesamt vier Hörspiele für den Sender; mit einem reichlich bemessenen Vorschuß versehen, konnte Wolfgang

Für Carl Zuckmayer spielte diese Bandbreite der Funktionen des Rundfunks keine entscheidende Rolle; weder finanziell noch künstlerisch orientierte sich der Autor Zuckmayer primär an den Möglichkeiten des Mediums Rundfunk.[56]

2. These: Zuckmayers poetischer Ansatz stand quer zum Mainstream des Hörspielverständnisses

Carl Zuckmayer hat sich – mit einer einzigen Ausnahme – an der ästhetischen Diskussion um das Hörspiel nicht beteiligt. Der einzige Text, ein kurzer Zeitungsartikel, erschien im Februar 1952 in der *Neuen Zeitung*.[57] Es sind zehn staccatohaft vorgetragene Aspekte, die Zuckmayer niederschrieb. »Hörspiel muß klar, deutlich, einfach sein [...]. Es braucht eine starke Basis (Fabel)«; »Vermeidet: ›Stimmung‹, im Tonfall, im Klang. Das verschmiert die Sprache. Die richtige Gestimmtheit muß aus dem Vorgang kommen«; »Das Psychologische im Hörspiel sollte nicht durch Tonfälle oder Stimmungsmomente, sondern durch die Führung des Geschehens [...] begreiflich werden« – diese und weitere Punkte über die Musik, die Geräusche, die Rolle des Erzählers im Hörspiel postulieren eine Konzeption, die sich von der Handlung, der Fabel, den agierenden Personen her entwickelt.

Zwei Beobachtungen sind an dieser kleinen Gelegenheitsschrift festzuhalten: Die erste bezieht sich auf die Tatsache, daß unmittelbar auf die Veröffentlichung dieser »Notizen«, wie es redaktionell einleitend heißt, von seiten der Hörspieldramaturgien reagiert wird. Zuckmayer ist ein so prominenter Autor in diesen frühen fünfziger Jahren, daß selbst diese kurze Skizze zum Anlaß genommen wird, den Autor um ein Hörspiel zu bitten. Beispielhaft zeigt dies der Brief von Karl Peter Biltz, dem Leiter der Baden-Badener Hörspielabteilung:

Koeppen seine Reiseberichte verfassen, die später in Buchform erschienen (*Nach Rußland und anderswohin*, 1958; *Amerikafahrt*, 1959; *Reise nach Frankreich*, 1961).

55 Vgl. beispielsweise das Ausprobieren dramaturgischer Konzepte bei den Realisationen von Texten sowohl als Hörspiel wie auch als Bühnenstück, wie es Max Frisch mehrfach nutzte.

56 Zur Diskussion dieser verschiedenen »Medien« im Literaturbetrieb der fünfziger Jahre vgl. den von Monika Estermann und Edgar Lersch herausgegebenen Sammelband mit den Referaten der Tagung *Buch, Buchhandel und Rundfunk 1950-1960* (Wiesbaden 1999).

57 Carl Zuckmayer, *Zur Dramaturgie des Hörspiels*, in: *Die Neue Zeitung* (München) vom 9./10. Februar 1952.

Sehr verehrter Herr Zuckmayer,
Ihr Aufsatz ›Zur Dramaturgie des Hörspiels‹ in der ›Neuen Zeitung‹ vom 9. Februar 1952 ermutigt uns zu der Anfrage, ob Sie nicht Lust haben, die dort vorgetragenen Erkenntnisse bei uns in einem Hörspiel zu verwirklichen.
Herr Intendant Bischoff lässt uns wissen, dass er diese Anfrage mit einem Brief an Sie unterstützen will. Wir stimmen mit den von Ihnen angeschlagenen Grundgedanken überein. Könnte man nicht von hier aus die gemeinsame Basis für ein Hörspiel suchen? Niemand hat in den letzten Jahren sich so mit den Problemen der Jugend auseinandergesetzt wie Sie. Vielleicht liesse sich hier eine Ansatzmöglichkeit finden [...].[58]

Doch weder die Hörspielabteilung des Südwestfunks noch eine der anderen ARD-Rundfunkanstalten hatte mit ihrer Bitte Erfolg. Unabhängig von dieser Anfrage von Karl Peter Biltz, aber in unmittelbarem zeitlichen Kontext entwickelte sich die Geschichte um das Hörspielprojekt *Kaninchentod* im Sommer und Herbst 1952, die hier ausführlich geschildert wurde. Vor allem aber das Fazit über das gescheiterte Hörspielprojekt, wie es Karl Ude damals formulierte, verdient noch einmal Beachtung. »Der Rundfunk und die Prominenten«, so lautete Udes prinzipieller Vorwurf, der einen Kulturbetrieb attackierte, der sich »immer mehr auf buchstäblich eine Handvoll Prominenter konzentriert, ohne danach zu fragen, ob diese überhaupt imstande sind, die verführerischen Angebote auch zu erfüllen«.[59] Zuckmayer gehörte zu diesen Prominenten, die man hoffierte und – vergeblich – umwarb.

Damit verknüpft ist eine zweite Beobachtung im Anschluß an die kurze *Dramaturgie des Hörspiels* von Carl Zuckmayer. Liest man dessen Sätze im Kontext der damaligen Veröffentlichungen zu Hörspielfragen, so fällt auf, daß Zuckmayers handlungsorientierte Position im Gegensatz zu den gängigen Äußerungen stand. Dieser Mainstream des Hörspielverständnisses in den fünfziger Jahren ging noch immer – wie seit den dreißiger Jahren – vom Wort-Kunstwerk aus, Priorität habe das dichterische Wort, das Erlebniswelten schaffende, gesprochene Wort. Das Hörspiel finde auf einer sogenannten »inneren Bühne« statt, das heißt der Hörer schaffe in seiner Phantasie die vom Wortspiel evozierten Räume, Zeiten, Stimmungen etc. nach. Hörspiel werde demnach zu

---

58 SWR Baden-Baden, Historisches Archiv, P 4429, Brief von Karl Peter Biltz an Carl Zuckmayer vom 14. Februar 1952; ähnlich Ulrich Lauterbach vom HR, der noch am selben Tag, als der Artikel erscheint, an Zuckmayer schreibt (DLA, Nachlaß Carl Zuckmayer).
59 Karl Ude, *Der Rundfunk und die Prominenten*, a.a.O. (Anm. 50).

einem verinnerlichten Spiel, hervorragend für Träume, Gedanken (innere Monologe) oder an der Einzelperson festgemachte Seelenzustände. Dieser Gegensatz zwischen den Zuckmayerschen Sätzen und der Hörspielpoetik der damaligen Zeit hinderte die Verantwortlichen indes nicht, sich an den berühmten Autor zu wenden. Allerdings könnte man – ohne die kleine Gelegenheitsschrift von Zuckmayer überbewerten zu wollen – in ihr auch den Ansatz einer Erklärung sehen, warum Zuckmayer kein radiophoner Autor wurde. Sein literarischer Ansatz zielt sehr viel mehr auf Visualisierung, auf Handlung, auf Charaktere als auf die lyrisch gestimmten Traumspiele, die inneren Zustände und Seelenerkundungen, wie sie im Hörfunk in dieser Zeit dominierten.

3. These: Zuckmayer nutzte die finanziellen Möglichkeiten des Rundfunks

Ein weiterer Grund dafür, daß Zuckmayer kein Rundfunkautor wurde, ist in den finanziellen Bedingungen des Mediums zu suchen. Die Honorare, die ein Schriftsteller in den Nachkriegsjahren beim Rundfunk erwarten konnte, waren im Vergleich zu den finanziellen Bedingungen beim Film oder zu den Aufführungstantiemen eines erfolgreichen Bühnenautors gering. Zuckmayer erhielt mühelos fünfstellige Summen für Drehbücher, während die Honorare des Rundfunks sich im vierstelligen Bereich hielten.

Diese finanziellen Aspekte des Gebarens von Carl Zuckmayer ließen sich sehr aufschlußreich an einigen Punkten en detail aufzeigen. So mußten die Hörspieldramaturgien Spitzenhonorare anbieten, um überhaupt an Zuckmayer herantreten zu können. Sie taten dies, indem sie mit einer exzeptionellen Summe von 10.000 DM an die alleroberste Grenze ihrer Möglichkeiten gingen, wie Heinz Schwitzke beim NWDR 1951; oder indem sie vereinte Anstrengungen unternahmen, wie der Zusammenschluß von Südwestfunk, Bayerischem Rundfunk und Radio Bremen zu einer Gemeinschaftsredaktion 1952 zeigte. In beiden Fällen blieb den Rundfunkmachern ein Erfolg versagt.

Gleichwohl nutzte der »Medienarbeiter« Carl Zuckmayer konsequent die Möglichkeiten einer Zweitverwertung, die sich durch den Rundfunk ergaben. In diesem Zusammenhang sind die großangelegten Lesungen zu sehen, die nicht nur ein gerade erschienenes Verlagsprodukt verbreiten halfen, sondern auch dem Autor und gleichzeitig Vortragenden ein nicht unbeträchtliches Honorar einbrachten. Hierher gehören die Hörspieladaptionen von Bühnenwerken, die im Anschluß an deren Theaterpremieren erfolgten und im Konzert der ARD-Rundfunkanstalten Sende-, Übernahme- und Wiederholungshonorare einbrachten. Hierher gehören schließlich auch die vielfältigen kleineren Rundfunkarbeiten – Essays, Würdigungen, Erinnerungen –, die nicht isoliert für den Rundfunk entstanden, sondern immer auch eingebunden blieben in die Strategien anderweitiger Druckveröffentlichungen (Zeitung, Broschüre, Buch).

4. These: Zuckmayer ist das Beispiel für die erfolgreiche Rezeption eines Emigranten

Die Rezeption der zwischen 1933 und 1945 aus Deutschland geflohenen Schriftsteller in den Rundfunkprogrammen der Nachkriegszeit war sehr unterschiedlich. Weder kann eine generelle Nichtbeachtung der einst »verbotenen und verbrannten« Autoren in den Hörfunkprogrammen postuliert werden, noch kann eine überdurchschnittliche Erfolgsgeschichte des Rundfunks gegenüber den anderen Publikationsmedien aufgestellt werden. Gleichwohl kann im Fall von Zuckmayer festgehalten werden, daß die Nachkriegsrezeption seines Werkes von Anfang an und in erstaunlichem Umfang erfolgte. Wo emigrierten Schriftstellern vom deutschen Publikum mit offener Ablehnung oder mit deutlicher Reserve begegnet wurde, wo zurückgekehrte Autoren in die Auseinandersetzungen zwischen Ost und West gerieten, behauptete sich Zuckmayer in den Rundfunkprogrammen der Sender in allen vier Besatzungszonen. Erst nach 1949 brach die Rezeption im Rundfunk der DDR ab, zuvor gehörte Zuckmayer in der sowjetischen Besatzungszone ganz selbstverständlich zu den Autoren, die dem deutschen Publikum nahegebracht wurden.

Diese fast einzigartige Präsenz des (ehemaligen) Emigranten hängt sicherlich zum einen mit seiner Popularität in der Weimarer Republik zusammen. Gerade seine Volksstücke waren beliebt und ermöglichten einem größeren Publikum den Zugang zu diesem Autor jenseits der politischen Streitfragen in Deutschland. Zum anderen hängt diese Erfolgsgeschichte aber auch mit dem Verhalten Zuckmayers in der Schulddebatte nach dem Ende des Zweiten Weltkrieges zusammen. Obwohl Zuckmayer im Auftrag der amerikanischen Behörden zurückkehrte, begegneten ihm nicht die Ressentiments, wie sie der Siegermacht oft entgegengebracht wurden. Zuckmayers Konzept, Dolmetscher zu sein, für Verständnis auf beiden Seiten dem jeweils anderen gegenüber zu werben, wurde in Deutschland begrüßt. Vor allem im literarischen Werk wird dies deutlich, wenn unterschiedliche Identifikationsmodelle für das Publikum angeboten werden wie beispielsweise in den Figuren Eilers, Hartmann und Harras in *Des Teufels General*. Gerade dieses erfolgreiche Zeitstück unterstreicht die Konzeption Zuckmayers, mit sogenannten »gemischten Charakteren« eindeutige Rollenzuschreibungen zu vermeiden. Daß Zuckmayer darüber hinaus in den

Diskussionen der Nachkriegszeit seine eigene (mögliche) Anfälligkeit für den Nationalsozialismus selbstkritisch benannte und sich jeder »von oben her« wirkenden Umerziehungsprogrammatik enthielt, dürfte viel zur erfolgreichen Rezeption in Westdeutschland beigetragen haben.

5. *These: Zuckmayer war bis in die sechziger Jahre im Hörfunkprogramm präsent*

Was Knut Hickethier in seinem Beitrag über die Fernsehgeschichte anhand ausgewählter TV-Inszenierungen von Zuckmayer-Stücken bei dieser Tagung aufzeigte, nämlich die Verankerung eines Autors im kulturellen Gedächtnis durch seine Medienpräsenz, gilt bis weit in die fünfziger Jahre noch sehr viel mehr vom Hörfunk. Erst gegen Ende der fünfziger Jahre löst die Entwicklung des Fernsehens zu einem Massenmedium den bis dahin als »Hegemon der häuslichen Freizeit« auftretenden Hörfunk schrittweise ab.[60] In diesem Jahrzehnt zwischen Mitte der fünfziger und Mitte der sechziger Jahre erlebt Zuckmayer den Zenit und die Peripetie seiner Präsenz und aktuellen Prominenz im Hörfunkprogramm.

Für einige Zeit scheint es, als setze das Fernsehen die Rezeption des Bühnen- und Prosaautors Zuckmayer fort, indem es in den sechziger Jahren filmisch inszenierte Spielproduktionen ins TV-Programm bringt.[61] Doch wenig später decken sich die Ergebnisse für die beiden medialen Rundfunkformen Hörfunk und Fernsehen: Weder in der Hörspiel- noch in der Fernsehspielgeschichte werden Neuadaptionen des Zuckmayerschen Werkes unternommen. Seit den sechziger Jahren gibt es keine Hörspiel-Neuinszenierung von literarischen Texten Carl Zuckmayers mehr.

Gleichwohl verliert Zuckmayer seine Präsenz in den Hörfunkprogrammen der sechziger Jahre und bis zu seinem Tod 1977 nicht schlagartig. Im Gegenteil: Die Auftritte als Interview- und Gesprächspartner häufen sich sogar. Carl Zuckmayer wird zu einer lebenden Legende, er erlebt seinen »Nachruhm zu Lebzeiten«, wie es in einem Kapitel der Marbacher Ausstellung heißt.[62] In diesen Jahren wird Zuckmayer zu einer auskunftsfreudigen Instanz, die zu literarischen und politischen,

---

60 Vgl. Axel Schildt, *Hegemon der häuslichen Freizeit: Rundfunk in den 50er Jahren*, in: Axel Schildt/Arnold Sywottek (Hrsg.), *Modernisierung im Wiederaufbau. Die westdeutsche Gesellschaft der 50er Jahre*, Bonn 1993, S. 458-476.
61 Vgl. den Beitrag von Knut Hickethier, in diesem Band S. 693-720.
62 Vgl. Nickel/Weiß, *Carl Zuckmayer*, a.a.O. (Anm. 22), S. 456-487.

persönlichen und allgemeinen Zeitumständen der Weimarer Republik, des beginnenden Dritten Reiches und des Exils als Zeitgenosse Auskunft geben kann. Die Anfragen an ihn, in Sendungen über die damaligen Weggefährten und über die historisch gewordenen Zeitumstände rückblickend Stellungen zu nehmen, sind zahlreich und ihnen wird vielfach entsprochen. Mit der Präsenz des eigenen literarischen Werkes in den Programmen hat diese Zeitgenossenschaft jedoch nichts mehr gemein.

Knut Hickethier

Carl Zuckmayer als Gegenwartsautor und ›moderner‹ Klassiker des deutschen Fernsehens

Die literarische Bedeutung der Medien

Die Erforschung der Rezeptionsgeschichte eines Autors des 20. Jahrhunderts ist heute ohne den Blick auf die Medien nicht denkbar, denn der Schriftsteller, Theaterautor, Drehbuchverfasser ist ein »Medienarbeiter«, wie es Harro Segeberg genannt hat.[1] Er ist dem Publikum weniger durch Buch und Theateraufführung bekannt als vielmehr durch die Verfilmungen seiner Stücke und – mehr noch – durch die Präsenz seiner Adaptionen im Fernsehen. Keine Theaterinszenierung seiner Stücke, mögen deren Aufführungen noch so zahlreich besucht worden sein, kommt von seiner Besucherzahl her auch nur im Entferntesten an die Zuschauerzahl einer noch so gering gesehenen Ausstrahlung ihrer Fernsehfassung heran. Selbst *Des Teufels General*, nach dem Kriege mit über 8.000 Aufführungen eines der meist gespielten Stücke, hat das Publikum, in der Gesamtheit seiner medialen Präsentationen gesehen, vor allem auf dem Bildschirm gesehen. Auch die Kinospielfilme nach Stücken von Zuckmayer hat das Gros der Zuschauer weniger im Kino als im Fernsehen zur Kenntnis genommen.

Das haben sowohl die Literaturwissenschaft in ihrer konservativ-dogmatischen Variante als auch die klassische Filmwissenschaft insgeheim übelgenommen und beide haben deshalb die Fernsehausstrahlungen mit Nichtachtung gestraft. Sicherlich gibt es auch Ausnahmen, und in der Tat lassen sich literaturwissenschaftliche Auseinandersetzungen mit den Fernsehfassungen finden, vor allem dann, wenn ihnen tiefgreifende Eingriffe in die Substanz der Texte und Verfälschungen des Dichterwortes nachzuweisen sind. Umfassende Medien-Werkgeschichten zu den deutschsprachigen Autoren existieren jedoch nur ganz vereinzelt.

Für Carl Zuckmayer gilt, daß er im breiten kulturellen Bewußtsein vor allem dank seiner Fernsehpräsenz vorhanden ist. 22 für das deutsche Fernsehen produzierte Fassungen seiner Texte (einschließlich der Theatermitschnitte) sind nachweisbar, die meisten mehrfach ausgestrahlt. Theodor Grädlers ZDF-Inszenierung von *Katharina Knie* aus dem Jahre 1964 wurde allein bis Mitte der neunziger Jahre neunmal auf dem Bildschirm gezeigt. Das Publikum, ließe sich zugespitzt sagen, kennt

---

1   Harro Segeberg in diesem Band, S. 137-154.

Zuckmayer vor allem als Fernsehautor. Dabei knüpfte das Fernsehen natürlich an Zuckmayers Erfolge auf der Bühne an, und die Theaterorientierung des frühen Fernsehens erleichterte die Zuwendung des Fernsehens zu seinen Stücken.

Man könnte einwenden, daß zwar die Zahl der Zuckmayer-Adaptionen im Fernsehen beträchtlich sei, daß jedoch das Kunsterlebnis der Stücke im Fernsehen aufgrund der Vielzahl der insgesamt gesendeten Filme und Fernsehspiele weniger intensiv sei als im Theater und im Kino. Der Zuschauer werde bei der häuslichen Rezeption häufig abgelenkt, sei unkonzentriert und mit anderem beschäftigt. Nun will sicherlich niemand umgekehrt behaupten, im Dunkel des Kinos seien die Zuschauer immer nur dem Film zugewandt und nicht etwa auch der daneben sitzenden Freundin oder dem Freund, und auch dem Theater ist der desinteressierte oder sogar eingenickte Zuschauer nicht fremd. Die Aufmerksamkeit des Zuschauers für Stück und Aufführung kann also unterschiedlich sein, sie wird durch die Unterschiedlichkeit der Medialität ihrer Präsentation nicht prinzipiell hierarchisch gestuft.

Die Medien als kultureller Speicher und Gedächtnis

Das Fernsehen ist ein zentraler Literaturvermittler. Es stellt einen populären Speicher dar, der das kulturelle Erbe bewahren hilft und zugleich einen impliziten Kanon stiftet. Wer in ihm, dem Fernsehkanon, als Autor vertreten ist – und dies ist wie bei Zuckmayer über Jahrzehnte hinweg der Fall –, ist auch im kulturellen Bewußtsein der Gesellschaft verankert.[2] Das Fernsehen mit seinen Adaptionen bildet, wie es Helmut Kreuzer sagen würde, einen wesentlichen Faktor des literarischen Sichtungsapparats. Gerade indem es aus der Literatur ein TV-Geschehen macht, definiert es zusammen mit anderen literarischen Instanzen, was als Literatur zu gelten hat.[3] Dabei steht das Fernsehen als Medium nicht isoliert im kulturellen Raum, sondern befindet sich im engen Austausch mit den anderen literarischen Medien Buch, Theater, Radio und Film. Es knüpft an deren besonders herausgestellte Pro-

---

2 Vgl. dazu auch: Knut Hickethier, *Die Ordnung der Speicher*, in: Joachim Paech/Andreas Schreitmüller/Albrecht Ziemer (Hrsg.), *Strukturwandel medialer Programme. Vom Fernsehen zu Multimedia*, Konstanz 1999, S. 67-84; Knut Hickethier, *Literaturadaption, kultureller Kanon, medialer Speicher. ›Storm und das Fernsehen‹*, in: Gerd Eversberg/Harro Segeberg (Hrsg.), *Theodor Storm und die Medien. Zur Mediengeschichte eines poetischen Realisten*, Berlin 1999, S. 299-320.

3 Helmut Kreuzer, *Veränderungen des Literaturbegriffs*, Göttingen 1975, S. 65.

duktionen an, verlängert ihren Erfolg und schafft damit wieder die Voraussetzungen für die erneute literarische, theatrale, radiophone und filmische Produktion von Literatur im weitesten Sinne. Das Prinzip der Verflechtung und Vernetzung der Medien bestimmt die Mediengesellschaft, und das Bild vom Autor Zuckmayer ist von den Medien und deren Einlassungen auf die literarische Produktion des Autors geprägt.

Das Fernsehen als kultureller Speicher, als Archiv des kulturellen Gedächtnisses, ist selbst Veränderungen unterworfen. Es reicht nicht, daß Stücke des Autors einmal für den Bildschirm inszeniert und gesendet werden. Fernsehen ist eine täglich produzierende audiovisuelle Maschine, die nicht nur ständig aufs Neue etwas zeigen und in Erinnerung rufen kann, sondern die durch den unablässigen Programmfluß immer neue Themen und Inhalte präsentiert und damit auch andere verdrängt und vergessen machen kann. Fernsehen muß also die Werke von Autoren immer wieder neu präsentieren, um sie im kulturellen Gedächtnis zu halten. Hieran mangelt es in den letzten beiden Jahrzehnten, weil das Fernsehen inzwischen stärker ökonomischen als kulturellen Interessen verpflichtet ist.

Fernsehfassungen altern ebenso wie Verfilmungen, und das Publikum erlebt sie nicht nur als szenische Vergegenwärtigung des literarischen Textes, sondern erkennt in ihnen auch die Spuren der jeweiligen Adaptionszeit. In Helmut Käutners Kinoverfilmung des *Schinderhannes* von 1958 sieht man mehr als vierzig Jahre später ebenso wie in der Fernsehadaption des Stückes von Peter Beauvais aus dem Jahre 1957 vor allem das Kino bzw. das Fernsehen der fünfziger Jahre, weniger die zwanziger Jahre der Entstehungszeit des Dramas. Und die Imagination der Zeit um 1803, in der die Handlung des Stückes angesiedelt ist, erfahren wir immer nur in der Brechung des jeweiligen Zeitverständnisses der Inszenierungszeit. Darin liegt die große kulturelle Bedeutung von Fernsehen und Film, daß es – anders als das Theater – diese medialen Realisierungen vergangener Zeiten speichern und damit für die Nachwelt aufbewahren kann. Nur dadurch können wir heute noch – wenn auch auf eine sicherlich andere Weise als damals – selbst erleben, was vergangenen Generationen gezeigt worden ist.[4]

Die filmische bzw. televisuelle Adaption des Zuckmayer-Dramas von 1958 bzw. 1957, um bei diesem Beispiel zu bleiben, wird also im Augenblick der heutigen Rezeption erneut zu einer ästhetischen Gegen-

---

4 Vgl. Knut Hickethier, *Das Programm als imaginäres Museum. Geschichte und Gegenwart in Kino und Fernsehen*, in: *TheaterZeitSchrift*, Jg. 12, 1993, H. 33/34, S. 9-22.

wart, die die Zuschauer jedoch mit einer anderen, um mehr als vierzig Jahre gewachsenen kulturellen Praxis erweiterten und veränderten Wahrnehmung betrachten. Das Fernsehen setzt also die Zuschauer auf eine mehrfach verschränkte Weise zu unterschiedlichen Phasen der Vergangenheit in Beziehung. Literarische Kultur wird nicht zuletzt damit auch zu einer Medienkultur.

Fernsehfassungen von literarischen Texten sind für die Rezeptionsforschung interessant, weil sie auch Dokumente sind, die auf die Zeit ihrer Entstehung verweisen und z.B. etwas von den fünfziger oder sechziger Jahren vermitteln. Sie stellen nicht nur mediale Versionen des Textes dar, sondern sind auch Ausdruck einer produktiv gewordenen Rezeption. Textverständnis, Inszenierungspraxis, Medienbedeutung vergangener Jahrzehnte sind in ihnen materialisiert. Die Adaptionen machen anschaulich erlebbar, was frühere Generationen an den Texten für wichtig hielten, welche Motive, Haltungen, Positionen sie bewegten.

Durch ihr historisches Altern bleiben die Fernsehadaptionen eines Stückes zwangsläufig immer weiter hinter dem sich weiterentwickelnden ästhetischen Standard zurück. Sie werden deshalb in den auf Aktualität ausgerichteten Fernsehprogrammen über die Jahrzehnte hinweg seltener eingesetzt und schließlich nur noch bei Retrospektiven, besonderen Jubiläen etc. gezeigt. Dabei scheinen die Produktionen des Fernsehens, vielleicht gerade weil es sich als ein aktualitätsbezogenes Medium versteht, im Vergleich mit Kinofilmen kürzere ›Verfallszeiten‹ zu besitzen, sowohl in den technischen als auch in den inszenatorischen Standards. Diese altersbedingte ›Entwertung‹ wird nur durch die künstlerisch herausragende Qualität einer Fernsehfassung durchbrochen, vor allem dann, wenn sich eine Inszenierung durch Eigenart und künstlerische Gestaltung derart auszeichnet, daß sie Maßstäbe für die weitere Inszenierungspraxis setzt und damit zu einem eigenständigen Fernsehklassiker geworden ist.[5] Dies gilt im deutschen Fernsehen jedoch nur für wenige Zuckmayer-Adaptionen, hier haben die Stücke anderer Autoren, etwa Friedrich Schiller, Carl Sternheim oder Bertolt Brecht, um nur bei den deutschen Dramatikern zu bleiben, nachhaltiger die deutsche Fernsehspielgeschichte geprägt.

Das Fernsehen als kultureller Speicher hat sich auch über die Jahrzehnte hinweg nicht in gleicher Intensität der Literatur zugewandt, sondern kennt Zeiten unterschiedlicher Zuwendung zum literarischen Reper-

---

5 Vgl. dazu: Knut Hickethier, *Klassiker im Fernsehen. Fernsehtheater oder Theaterfernsehen?*, in: *TheaterZeitSchrift*, Jg. 4, 1985, H. 11, S. 102-118.

toire.⁶ Für die Anfangsjahre des bundesdeutschen und des DDR-Fernsehens in den fünfziger und sechziger Jahren ist die Zuwendung zur Dramenliteratur ungleich höher als in den achtziger und neunziger Jahren. Dies hat unterschiedliche Gründe, auf die hier nur verwiesen werden soll.⁷ Die Wertigkeiten der Literatur im Mediengefüge, die sich daran ablesen lassen, spiegeln nicht nur Funktionsverschiebungen zwischen den verschiedenen literarischen Medien wider, sondern sind auch Ergebnis des Bedeutungswandels einzelner Genres und literarischer Epochen und nicht zuletzt auch Ausdruck der Wertschätzung einzelner Autoren und ihrer Œuvres durch den Kulturbetrieb. An diesem Bedeutungswandel wirkt das Fernsehen mit, es reflektiert in seiner Sendepraxis (z.B. auch durch die Wiederholungen) damit immer auch seine eigene Wertung. Das Fernsehen als kultureller Speicher bedarf also auch seiner ständigen Aktualisierung und Fortführung seiner Bestände.

An der Entwicklung von Adaptionen lassen sich deshalb auf vielfältige Weise die Bedeutungsveränderungen eines Autors im Kulturbetrieb erkennen. Carl Zuckmayer und sein literarisches Werk im Fernsehen geben dafür ein plastisches Beispiel.

Der Gegenwartsautor Zuckmayer im Fernsehen der fünfziger Jahre

Als zeitkritischen Autor präsentierte der Südwestfunk seinem Publikum den Autor Zuckmayer 1955 mit dem Fernsehspiel *Das kalte Licht*.⁸ Das Fernsehen selbst war zu dieser Zeit noch ein junges Medium. Zwar hatte es bereits seit 1951 Versuchssendungen vom Nordwestdeutschen Rundfunk in Hamburg, aus dem Bunker auf dem Heiligengeistfeld, gegeben, doch ein kontinuierliches Programm strahlte der NWDR erst seit dem 25. Dezember 1952 aus, und das daraus entstehende ARD-Programm »Deutsches Fernsehen« begann sogar erst vom 1. November 1954 an zu senden. Zu diesem Zeitpunkt waren die Rundfunkanstalten

---

6 Vgl. dazu Knut Hickethier, *Das Fernsehspiel der Bundesrepublik, Themen, Form, Struktur, Theorie und Geschichte 1951-1977*, Stuttgart 1980, hier vor allem: Literaturadaption und -rezeption im Fernsehspiel, S. 77-214, zu Zuckmayer S. 188.
7 Vgl. ebd. und Helmut Schanze/Bernhard Zimmermann, *Literaturgeschichte des Fernsehens*, München 1998.
8 *Das kalte Licht.* Nach dem Schauspiel von Carl Zuckmayer. (SWF) Buch/Regie: Leo Mittler; Schnitt: Hermann Soherr; Darsteller: Peter Schütte, Peter Capel, Margot Trooger; Günther Hadank, Senta Wengraf u.a. ARD, 14. Oktober 1955; Wiederholung: 24. Januar 1956.

in Bremen, Frankfurt, Baden-Baden, Stuttgart und München angeschlossen, so daß eine bundesweite, wenn auch noch nicht flächendeckende Ausstrahlung möglich war.[9]

Für das junge bundesdeutsche Fernsehen war Zuckmayer ein prominenter Autor. Nicht nur waren seine Stücke aus den zwanziger Jahren noch in Erinnerung, er galt vor allem mit dem 1946 uraufgeführten und 1954 für das Kino erfolgreich verfilmten *Des Teufels General* als ein zeitkritischer und zugleich populärer Gegenwartsautor. Als er Anfang der fünfziger Jahre ein neues zeitkritisches Stück schrieb, das von Verantwortung und Vertrauen im Zusammenhang mit dem Bau der Atombombe handelte, sicherte sich das Fernsehen die Rechte für die Fernsehadaption. Nur gut einen Monat nach der Uraufführung der Inszenierung von Gustaf Gründgens im Deutschen Schauspielhaus in Hamburg am 3. September 1955 strahlte das Erste Programm (es nannte sich zu dieser Zeit »Deutsches Fernsehen«) eine eigene Inszenierung des *Kalten Lichts* durch den Südwestfunk am 14. Oktober 1955 aus. Das Fernsehpublikum war darauf bereits eingestimmt, hatte doch von der Uraufführung in Hamburg der damals schon prominente Berliner Theaterkritiker Friedrich Luft am 4. September 1955 im Fernsehen einen Premierenbericht gegeben, nach dem *Wochenspiegel* um 22.40 Uhr.[10]

Das Fernsehprogramm war zu dieser Zeit in seinen Formen und Sendungstypen noch nicht in der Weise differenziert, wie dies heute der Fall ist. Vor allem war die politische Berichterstattung nicht in dem Maße ausgebaut, wie wir sie heute kennen. Ein Theaterstück, das sich zu dieser Zeit explizit auf den Ost-West-Gegensatz und den Kalten Krieg bezog und das den Verrat des Wissens vom Atombombenbau an die Sowjets thematisierte, wurde vom Publikum als ein explizit politisches Stück verstanden und auf die Gegenwartsverhältnisse bezogen. Auch wenn das Stück den Verrat nicht politisch debattierte, sondern ihn ins Allgemeine und Psychologische wendete und zum Anlaß einer grundsätzlichen Erörterung von Verantwortung, Loyalität und Vertrauen machte, wurde es von den Zuschauern als eine politische Lektion verstanden.

---

9 Vgl. dazu Knut Hickethier, *Geschichte des deutschen Fernsehens*, Stuttgart, Weimar 1998.

10 Premierenbericht über die Uraufführung des Dramas *Das kalte Licht* von Carl Zuckmayer in der Inszenierung von Gustaf Gründgens im Deutschen Schauspielhaus, Hamburg. Es spricht Friedrich Luft.

Zuckmayer hatte einmal selbst gesagt, es sei ihm beim *Kalten Licht* weniger um die Kernspaltung und die Atombombe als um die Krise des Vertrauens gegangen. Die Gewissensqual des Mathematikers Wolters (im Fernsehspiel dargestellt von Peter Schütte), der die Geheimnisse verraten hatte, sollten im Zentrum des Stückes und der Inszenierung stehen. So ist auch die SWF-Inszenierung angelegt, dennoch wird explizit auch der politische Ost-West-Konflikt angesprochen. Die Zuschauer haben sich zudem an den Atomspion Klaus Fuchs erinnert, dessen Entlarvung noch nicht lange zurück lag. Das Fernsehen bot mit diesem Stück also einen auch direkt gemeinten Anschauungsunterricht in Sachen Kalter Krieg.

Die Fernsehinszenierung des Stückes von Leo Mittler, der auch den Text für das Fernsehen ›eingerichtet‹ (und vor allem gekürzt) hatte, wie man damals sagte, verstärkte die kammerspielartige Anlage des Spiels, indem sie eine Figuration entwickelte, die auf den kleinen Bildschirm Rücksicht nahm. Auch wenn die heute noch vorhandene Aufzeichnung unschärfer und grauer wirkt als die damalige Sendung gewesen sein muß, weil es sich dabei um eine Filmaufzeichnung handelt, die die live im Studio gespielte Aufführung vom Fernsehschirm abgefilmt hatte. Dem Schwarzweiß der Aufnahme und den Begrenzungen des Bildschirms wurde sichtbar Rechnung getragen. Mittler entsprach damit den ästhetischen Fernsehspielkonzepten der Zeit.[11]

Die Regie führt die Darsteller immer dicht vor der Kamera zusammen. Dialoge werden zumeist so aufgenommen, daß sich die Partner eng gegenüber stehen oder nebeneinander platziert sind und dann frontal in Richtung des Zuschauers blicken (ohne dabei jedoch direkt in die Kamera zu schauen). Der Illusionsraum der Fiktion bleibt gewahrt, anders als dies in anderen Fernsehinszenierungen des Südwestfunks (etwa Harald Brauns Inszenierung von Thornton Wilders *Unsere kleine Stadt* von 1954) geschah. Häufig werden die Figuren so angeordnet, daß sich ein Kopf eines Spielers am unteren Bildrand befindet und die anderen über ihn hinweg sprechen. Die Bildfläche ist dadurch häufig mit den Köpfen und ihren Physiognomien gefüllt, so daß sich die Metapher von der Fernsehspielästhetik als einer Ästhetik der ›redenden Köpfe‹ aufdrängt. Dabei werden derartige Konstellationen oft über eine gewisse Zeit gehalten, so daß eine eigenartige Statik der Figuren entsteht.

Diese figurativen Konstellationen sind bedeutungsstiftend, weil sie den Heimlichkeiten und dem zunehmend schlechten Gewissen des Mathematikers Wolters körperlichen Ausdruck und inszenatorische Gestalt

---

11 Vgl. Gerhard Eckert, *Die Kunst des Fernsehens*, Emsdetten 1953.

geben. Mittler entwickelt damit eine visuelle Interpretation des Geschehens. Er will die Gewissenskonflikte des Protagonisten nicht nur durch das Wort, sondern auch im Bild ›hautnah‹ erlebbar machen. Bei den Darstellern handelt es sich um von Film und Bühne her wenig bekannte Schauspieler, so daß sie den Eindruck von Alltagsnähe und Gegenwart des Geschehens erzeugen, den Eindruck eines Zeitdramas als eines die Gegenwart betreffenden und diese verhandelnden Stückes. Die figurative Symbolik wird durch die Statik der Inszenierung unterstützt, die Figuren bewegen sich wenig, stellen sich immer wieder in Endpositionen für ihre Dialoge auf. Dadurch wirkt das Spiel für den heutigen Betrachter merkwürdig steif, ein größerer Gestaltungsraum wird durch die Figuren nicht erzeugt.

Eine kinematographische Erzählweise, die auf das Entstehen derartiger figurenbezogener Bewegungsräume Wert legt, kann sich noch nicht etablieren, weil nicht zuletzt die Inszenierung noch zu sehr dem Theater verpflichtet ist und selbst innerhalb dieser Studioproduktion noch kein Eigenleben zu entwickeln vermag. Einmal – es geht um das Treffen Wolters mit dem sowjetischen Agentenführer im Park – wird eine kleine Filmeinblendung vorgenommen, in der wir Wolters unter den Bäumen sehen. Doch die ästhetischen Möglichkeiten einer solchen Einblendung werden inszenatorisch nicht genutzt. Sie soll offenbar nur zeigen, daß die Handlung jetzt ›draußen‹ spielt. Mittler gewinnt, so kann man aus heutiger Sicht konstatieren, keine gestaltende Freiheit gegenüber den Vorgaben des Textes.

So bleibt denn vor allem die ›gedrängte‹ Präsentation der Figuren in Erinnerung, die fast zwanghaft wirkende Nähe der Protagonisten, wenn sie miteinander ihre Konflikte austragen und dabei oft mehr verheimlichen, als daß sie sich etwas wirklich mitzuteilen haben. Die Enge des Figurengefüges verstärkt sich dadurch, daß die Inszenierung keinen eigenen Rhythmus entwickelt, es fehlt an Dynamik, ›Drive‹ im Spiel kommt nicht auf, was sicherlich auch damit zu tun hat, daß sich Regisseur und Schauspieler die karge und in ihren Raummaßen knappe Fernsehbühne erst noch erarbeiten mußten.

Damit erscheint diese Inszenierung typisch für die mittfünfziger Jahre. Denn diese fast zwanghaft erscheinende Verklammerung der Figuren ineinander, ihre verquält wirkende Beschäftigung mit sich selbst und ihrem Gewissen drücken Stimmung und Atmosphäre der Kalten-Kriegs-Zeit aus, die von Mißtrauen, Kriegsangst und politischer Polarisierung gezeichnet waren.

Trotz mancher inszenatorischer Unzulänglichkeiten dieser Fernsehinszenierung blieb das *Kalte Licht* offenbar ein von den Zeitgenossen als spannend empfundener Stoff. Denn ein Jahr später, am 7. März 1956, inszenierte Peter A. Horn für den Südwestfunk erneut eine Szene des Stücks unter dem Titel *Der kleine Herr Friedländer*. Darsteller waren jetzt Horst Frank, Karl-Georg Saebisch und andere.[12] Wieder geht es um die Verführung durch die Macht, um die Gewissensqualen, die der Mathematiker durchlebt, doch es wird jetzt zu einer Jugendproblematik: Wie geht ein junger Mann mit diesem Problem der Positionsfindung innerhalb bedrohlicher Machtverhältnisse um, wie findet er seine eigene Haltung? Der junge Schauspieler Horst Frank spielt den Mathematiker Wolters. Frank ist in dieser Zeit im Kino wiederholt als junger, grüblerischer, von Skrupeln geplagter Offizier im Zweiten Weltkrieg zu sehen. Mit Zuckmayers *Kaltem Licht* schien ein verwandter Stoff gefunden, an dem sich Frank im neuen Medium Fernsehen erproben konnte. Karl-Georg Saebisch, ein gelegentlich chargierender älterer Theaterschauspieler, der häufig alternde Bonvivants, gutmütige Väter und sonore Chefs spielte, fand hier zum Fernsehen als einem ihm dann gemäßen Medium, in den sechziger Jahren war er dann häufig in Fernsehspielen zu sehen.

Ganz offensichtlich wurden mit Zuckmayers Stück vor allem die noch wenig erprobten gestalterischen Möglichkeiten des Fernsehens erkundet. Weil sich der Theater- und Filmregisseur Mittler mit dem Text schon auseinandergesetzt hatte, griff der Fernsehregisseur Horn ebenfalls nach dem Stück und suchte es, indem er sich auf eine Szene beschränkte, fernsehgemäßer zu inszenieren. Horn hatte schon beim NS-Fernsehen in Berlin, das von 1935 bis 1944 ausgestrahlt worden war, gearbeitet und sah sich nun beim Südwestfunk als ›alten Hasen‹, der über große Erfahrung verfügte und an der Entwicklung der Fernsehspielästhetik mitarbeitete. Doch Aufsehen erregte die Inszenierung nicht. *Der kleine Herr Friedländer* blieb eine Etüde, Horn selbst war auch nicht der kreative Regisseur, der die provisorischen Bedingungen und gestalterischen Begrenzungen für eine eigene fernsehästhetische Form wirklich hätte fruchtbar machen können.

Peter Beauvais' ›Schinderhannes‹ setzte neue Maßstäbe

1957, ein Jahr vor der Käutner-Verfilmung des *Schinderhannes* mit Curd Jürgens in der Titelrolle, inszenierte Peter Beauvais das Stück für das

---

12 *Der kleine Herr Friedländer*. Nach einer Szene aus dem Schauspiel *Das kalte Licht* von Carl Zuckmayer. (SWF) Buch/Regie: Peter A. Horn. Schnitt: Lothar Regentrop-Boncoeur; Darsteller: Horst Frank; Wolfrid Lier, Karl-Georg Saebisch u.a. ARD, 7. März 1956.

Fernsehen, wieder für den Südwestfunk.[13] Die Inszenierung wurde vom Deutschen Fernsehen gemeinsam mit dem Österreichischen Fernsehen am 13. Januar 1957 live ausgestrahlt und noch im gleichen Jahr im August (15.8.) noch einmal gezeigt.[14] Die Inszenierung war – nachträglich – als Aufmerksamkeit zum 60. Geburtstag des Autors (27. Dezember 1956) gedacht gewesen.

Peter Beauvais gehörte zu den jüngeren Regisseuren, die nicht schon in der NS-Zeit für Theater, Film und Fernsehen gearbeitet hatten, sondern die ab Mitte der fünfziger Jahre zum Fernsehen kamen, nicht zuletzt weil sich das bundesdeutsche Theater in dieser Zeit jungen Regisseuren verweigerte und das Kino in eine anhaltende Krise stürzte, in der es zur eigenen Erneuerung durch den Einsatz jüngerer Regisseure nicht willens war. Die neue Regisseurgeneration sah im Fernsehen keine Verlängerung des Theaters und auch keine depravierte Filmpraxis, sondern setzte sich zum Ziel, für dieses Medium eine eigene Kunstform zu entwickeln. Von den beiden anderen Medien sollte das jeweils Beste genommen und daraus eine genuine Kunstform, eben das Fernsehspiel, entwickelt werden. Das Fernsehspiel, das zu dieser Zeit auch bereits erste filmische Gehversuche machte und sich später zum Fernsehfilm transformierte, war auf dem Weg zu einem neuen Stil, auf dem Weg zu Realitätsnähe, naturalistischer Spielweise und betont visuellen Inszenierungen.[15] Es ist kein Zufall, daß diese Erkundungen einer eignen Fernsehspielästhetik lange Zeit von der Kritik nicht richtig erkannt wurden, sondern gerade der Versuch, etwas zwischen Bühne und Film neu zu erfinden, vielen Kritikern als »Schwäche« erschien: eine Schwäche, die aus der Suche nach der »Mittellinie zwischen Bühnenstück und Film«[16] resultierte, wie es ein Kritiker der *Schinderhannes*-Inszenierung von Beauvais formulierte.

---

13 *Schinderhannes*. Nach dem Schauspiel von Carl Zuckmayer (SWF) Buch/Regie: Peter Beauvais. Schnitt: Renate Meduna. Musik: Peter Zwetkoff. Darsteller: Hans Christian Blech, Agnes Fink, Horst Frank, Wolfgang Preiss u.a. ARD/ORF, 13. Januar 1957; Wiederholung: 15. August 1957; S3, 31. Oktober 1985; 105 Min.

14 Überliefert ist eine vom Bildschirm erfolgte Filmaufzeichnung, eine damals übliche Form der Aufnahme wichtiger Fernsehproduktionen, die erst 1958/59 durch die Einführung der Magnetaufzeichnung abgelöst wurde.

15 Vgl. Helmut Krapp, *Auf der Suche nach einem neuen Spiel*, in: *Fernsehen*, Jg. 5, 1957, H. 10, S. 515.

16 est, *Ritterliche Räuber. Carl Zuckmayer, Schinderhannes. Fernsehspiel*, in: *Funk-Korrespondenz*, Nr. 3 vom 16. Januar 1957/B, S. 19.

Peter Beauvais war schon 1954 zum Südwestfunk gekommen, hatte als Jugendlicher in der Emigration in kleineren Rollen am Broadway gespielt und 1955 beim SWF die erste Fernsehspielregie übernommen. Beauvais hatte sich die Fernsehpraxis im Hamburger NWDR-Studio in Lokstedt angesehen, verfolgte aber keine spezielle Theorie des Fernsehspiels, sondern setzte in der Inszenierung auf Intuition.[17] Er strebte sinnliche Präsenz im Spiel an, Leichtigkeit in der Darstellung; später soll er gesagt haben: »Der kritische Gehalt bleibt ja auch, wenn's amüsant ist.«[18] *Schinderhannes* wird 1957 noch live produziert, Beauvais funktionierte dafür die Baden-Badener Stadthalle zum Studio um, sechs Kameras nahmen das Spiel auf, 80 Personen waren nach einer Aussage von Beauvais an der Produktion beteiligt.[19]

Hans Christian Blech spielt einen sehr vitalen und quicken Schinderhannes, der die Großbauern schalkhaft neckt und den Tagelöhnern etwas zusteckt, der sich mit den Franzosen anlegt und sich mehr als Kumpan unter seinen bäuerlichen Mitstreitern denn als Sozialrevolutionär versteht. Beauvais inszeniert ihn eulenspiegelhaft, als einen, der auf die Tische springt, die Wirtshausbesucher durch lose Reden provoziert und sich verschwörerisch mit seinen Freunden zusammenhockt, um einen neuen Streich auszubaldowern.

Sein Julchen, die Schankwirtstochter und Räuberbraut, wird von Agnes Fink gegeben. Sie ist in ihrem Verhalten sehr zurückhaltend, gelegentlich herbe im Ausdruck. Sie fängt nach anfänglichem Zögern Feuer und ist in ihrer Liebe zu diesem Draufgänger bereit, aus ihren zwar ärmlichen, aber doch leidlich gesicherten Verhältnissen auszubrechen. Schon physiognomisch erscheinen Hannes und Julchen als gegensätzliche Charaktere, die mehr und mehr zueinander in Spannung gesetzt werden, mit der dann wiederum das Verhalten der Hauptfigur psychologisch motiviert wird.

Beauvais inszeniert die anderen Figuren als Typen, vom Aussehen und Gestus deutlich gegeneinander abgesetzt, in ihrem Habitus prägnant herausgestellt und in den jeweiligen Situationen sofort zu erkennen. Damit wird das Personal in seiner Vielzahl, die bei dem Stück auch für die Bühne ein Problem darstellt, differenziert und unterscheidbar. Viele

---

17 Vgl. auch Egon Netenjakob, *Peter Beauvais zum Beispiel. Ein Fernsehregisseur*, in: *Fernsehen und Film*, Jg. 8, 1970, H. 6, S. 31.
18 Ebd.
19 Ebd.

später im Fernsehen häufig vertretene Schauspieler, unter anderem Siegfried Lowitz als Benzel, sind auszumachen.

Die Besonderheit, die diese Inszenierung von den vorangegangenen Zuckmayer-Inszenierungen unterscheidet, liegt jedoch in der visuellen und kameraästhetischen Umsetzung. Beauvais hat dazu die Akt- und Szenenstruktur weitgehend aufgelöst und aus dem Stück eine dichte Szenenabfolge mit unterschiedlichen Bildfügungen gemacht. Er habe sich, so würdigt der Fernsehkritiker der *Funk-Korrespondenz* die Inszenierung, »in der pausenlosen Aneinanderreihung der Szenen und der Vielfalt der Schauplätze dem Film an[ge]nähert«.[20] Beauvais setzt die Kamera in Bewegung und entwickelt damit einen Inszenierungsstil, den er in den sechziger Jahren für den Norddeutschen Rundfunk in seinen Fernsehkomödien, die er zusammen mit dem Drehbuchautor Horst Lommer herstellte, zur Vervollkommnung gebracht hat. Im *Schinderhannes* ist die Anlage zur szenischen Verdichtung und Dynamisierung bereits zu erkennen.

Beauvais entwickelt hier bereits eine für ihn typische Technik der Einblicke. Er inszeniert Gedränge, personale Fülle, Aktion auf engstem Raum. Deutlich zeigt sich sein Konzept vor allem in der Schanksszene zu Beginn des Stücks. Der Zuschauer nähert sich der Schänke von außen, lugt mit der Kamera durch ein halbblindes Fenster nach innen, sieht dort die Männer beim Äppelwoi zusammensitzen, bis er schließlich mit der Kamera ins Geschehen hineingerät. Dadurch wird der Zuschauer in das Spiel hineingezogen, seine Aufmerksamkeit ist geweckt, so daß er auf die sich hier zunächst rätselhaft und überraschend komisch ereignende Geschichte neugierig einläßt.

Immer wieder sind es verschieden komponierte Figurengefüge, durch die der Zuschauer hindurchblickt, die Körper fügen sich zu Konstellationen, die die Kamera zueinander in Bewegung setzt, durch die dann ein Blick hindurch geht, wobei bemerkenswerte Äußerungen aufgeschnappt werden, die sich zu einem eigenartigen Gemisch ergänzen. Deutlich werden dabei die sozialen Spannungen zwischen den verschiedenen Wirtshausbewohnern, hier die reichen, dort die armen Bauern. Ein junger Mann, ein reisender Händler offenbar, bewegt sich zwischen ihnen durch den Raum, kehrt sich auch den Mädchen zu, die einschenken und aufspielen. Er bringt, indem er sich zwischen den Sitzenden bewegt, Bewegung in das so deutlich fest gefügte Beziehungsgeflecht. Die hier zunächst nur angedeutete Dynamisierung der Verhältnisse wird mit Witz kommentiert und von Anspielungen begleitet, schließ-

---

20 est, *Ritterliche Räuber*, a.a.O. (Anm. 16).

lich mündet alles darin, daß der junge Mann einem Großbauern ein Tuch verkauft, das er diesem Tage zuvor gestohlen hat. Als der übers Ohr Gehauene die wahre Herkunft des Stoffes erkennt, ist es natürlich zu spät, der Täter, der kein anderer als der Schinderhannes selbst ist, ist auf und davon.

Gegenüber der Mittler-Inszenierung entwickelt sich bei Beauvais eine ganz neue, auf dem Bildschirm bis dahin nicht für möglich gehaltene Beweglichkeit, ein Gefüge und Geschiebe entsteht, ständig finden sich die Figuren in neuen Kompositionen, in die die Kamera mit Schwenks und Heranfahrten hineinfährt, diese dabei gleich wieder auflöst und zu neuen Arrangements zusammenfügt. Er löste die kammerspielartige Enge auf, setzte ein Spiel von Ferne und Nähe in Gang – alles weitgehend auf mittlere Distanzen gehalten. Er nutzt intensive Naheinstellungen und zeigt die sich ergebenden Figurengruppen aus Halbnah-Distanzen. Er staffelt die Figuren in die Tiefe, schafft für den Blick des Zuschauers durch die Figuren Rahmungen und löst diese im nächsten Augenblick wieder auf. Beauvais gelingt es durch seine Inszenierung, das Drama, dessen Text er auch stark eingekürzt hat, zu einem Spiel zu formen und es in eine rhythmische Bewegung zu versetzen, es damit zu dynamisieren und ihm jenen volksstückhaften Charakter zu geben, der im Drama angelegt ist.

Er setzt natürlich auch auf die Großaufnahme. Doch jetzt geht es nicht sehr um innere Verklemmungen, wie im *Kalten Licht* von Leo Mittler, sondern um ein mimisches und gestisches Zusammenspiel. Zwischen dem Bückler-Hans und Julchen entsteht bei aller Typisierung eben auch ein psychologisches Spiel, und ihre Liebe zueinander entfaltet sich für den heutigen Zuschauer glaubhaft. Beauvais inszeniert Sinnlichkeit im Ausdruck, und selbst die in anderen Inszenierungen oft etwas spröde wirkende Agnes Fink wird hier plausibel und glaubwürdig.

Insbesondere dem Schinderhannes wird dadurch aber auch das Aufrührerische, das Revolutionäre genommen. Es ist mehr ein bubenhaftes Räuber-und-Gendarm-Spiel, wie auch Zuckmayers Drama bereits kein Revolutionsstück darstellt. Die sozialen Konflikte, die in der Schinderhannes-Geschichte angesprochen werden, erscheinen nur noch als Stichworte für das Komödiantische. Insbesondere der Schluß ist stark gerafft, das bittere Ende wird fortgelassen.

Der Versuch wird gemacht, die dramatische Volksstückproduktion Zuckmayers in eine Volksstückform für das Fernsehen zu transformieren, Autor und Œuvre als Vorbild dafür zu nutzen, eine genuine Spielform für das Fernsehen zu erfinden. Ein solches Vorhaben darf nicht gering eingeschätzt werden. Volkstheater im Fernsehen ist zu dieser

Zeit bereits etabliert, im Ohnsorg- und Millowitsch-Theater werden Bühnenschwänke in der Tradition des *Etappenhasen* inszeniert und auf dem Bildschirm regelmäßig gezeigt.[21] Demgegenüber gilt das Bemühen des jungen Fernsehspiels der Inszenierung ambitionierter Volksstücke. Zuckmayers Werk spielt dabei gerade im SWF eine zentrale Rolle, sieht man in ihm einen Ansatzpunkt, eine anspruchsvollere, und damit dem Fernsehen gemäßere Volksstücktradition zu begründen.

Rückblickend ist Beauvais' Inszenierung wegen ihrer überraschenden Lebendigkeit und Dynamik zu bewundern, sie ragt aus dem Gros der Fernsehinszenierungen der fünfziger Jahre heraus. Sein Versuch, damit eine neue Volksstückästhetik im Fernsehspiel im Rückgriff auf Zuckmayer zu begründen, war jedoch wenig erfolgreich. Das Volkstümliche im Fernsehen entwickelte Beauvais dann sehr viel entschiedener dort, wo er sich nicht-literarischer Vorlagen bediente und sich Komödien direkt von Fernsehautoren schreiben ließ (wie z.B. von Horst Lommer), die dann im NDR-Fernsehspiel eine neue Tradition volkstümlicher Unterhaltungsstücke begründeten, an die Helga Feddersen mit ihren Stücken, Robert Stromberger und andere bis hin zu Dieter Wedel anknüpften.

Tragikomödien im Fernsehspiel der sechziger Jahre

Wie viel sich das Fernsehen gerade in den fünfziger und frühen sechziger Jahren vom Autor Zuckmayer erhoffte, ist daran zu sehen, daß bis Mitte der Sechziger kaum ein Jahr verging, ohne daß das Fernsehen nicht wenigstens ein Zuckmayer-Stück adaptierte. 1960 inszeniert Rainer Wolffhardt für den Süddeutschen Rundfunk den *Hauptmann von Köpenick* mit Rudolf Platte in der Titelrolle.[22] Diesmal lag die Kinoverfilmung vor der Fernsehadaption: 1956 mit Heinz Rühmann in der Titelrolle, die populär war, aber als gescheitert gelten kann, weil sie nicht glaubhaft macht, daß sich die Zivilisten und Soldaten durch die Uniform, mit der sich der Schuster Voigt verkleidet hat, und nicht

---

21 Vgl. Klaus Viedebandtt, *Volkstheater im Fernsehen. Unterhaltungstheater in folkloristischem Aufputz*, Frankfurt am Main 1974.

22 *Der Hauptmann von Köpenick*. Fernsehspiel nach dem Schauspiel von Carl Zuckmayer. (SDR) Buch: Heinz Schaefer, Rainer Wolffhardt; Regie: Rainer Wolffhardt. Schnitt: Karl Wägele. Darsteller: Rudolf Platte, Alexander Kerst, Joachim Teege, Fritz Schulz, Mady Rahl, Werner Peters, Eva-Ingeborg Scholz; Hans Mahnke, Willy Rose, Elfriede Rückert u.a. ARD, 15. Dezember 1960; Wiederholung: 1. Mai 1962; versch. Dritte Programme. 125 Min.

durch die Aura des Heinz Rühmann von einem dahergelaufenen Offizier kommandieren lassen.

Platte, der eigentlich von seiner Rollenbiografie her ein Komödiant war, gibt den Schuster Voigt als verzweifelt aufbegehrendes Häufchen soziales Elend. Wolffhardt klagt mit seiner Inszenierung die Verhältnisse an und drückt das Sentiment und alles Komödienhafte in den Hintergrund. Die Fernsehkritik hob im Vergleich mit Rühmanns Darstellung den Gegensatz scharf hervor: »Rühmann hatte seine komischen Fähigkeiten ins Hintergründige überhöht; Platte ließ die seinen beiseite und war nur noch gequälte Kreatur.« Und weiter: »Rühmann war der Effekt eines Filmabends, Platte das Erlebnis einer Fernsehinszenierung – jener gab glänzende Satire, dieser erschütternde Menschlichkeit.«[23] Wolffhardt stellt die sozialen Gegensätze deutlich heraus. Plattes Darstellung, wie der Schuster bei den Behörden bittstellig wird, läßt dessen Verzweiflung manifest werden. Zwar geraten die Beamten zur Karikatur, und diese Überzeichnung bricht immer wieder Plattes Spiel, doch Platte gelingt es auch mit seinem Spiel, immer wieder den angestrebten sozialkritischen Grundton herzustellen. »Statt Zille in Farben«, so umschrieb eine Kritik die Fernsehinszenierung, gebe es »Erinnerungen an Käte Kollwitz«.[24]

Wolffhardt blieb mit seiner Fernsehinszenierung im Studio. Er konnte jetzt eine avancierte Fernsehspiel-Inszenierungstechnik einsetzen, die problemlos unterschiedliche Räume aneinander und ineinander fügte und die mit der inzwischen eingeführten und erprobten MAZ-Technik Szenen wie im Film montieren (bzw. mischen) konnte. Wolffhardt bedient sich in der Inszenierung eines stark mit Zitaten der Kultur- und Filmgeschichte operierenden Bühnenbildes. Die Obdachlosenunterkunft erinnert mit ihren Betten an KZ-Gestelle, die Szene im Gefängnis, als der Gefängnisdirektor Schlachten nachstellen ließ, an kafkaeske Gehäuse, der Bittgang auf das Amt mit dem grotesk überhöhten Bürovorsteher gemahnt an die Amtsszene in *Das Cabinet des Dr. Caligari*. Und der Gefängnisdirektor mit seinen durch ein Weitwinkel verzerrtes Gesicht läßt an Wolfgang Staudtes *Untertan* denken. Die Assoziationen sind nicht zufällig, rufen sie doch damit eine ganze Tradition des in den Künsten thematisierten deutschen Obrigkeitsstaates auf, die sich in der Geschichte des Schusters Voigt bündeln läßt. Rudolf Platte hält diese

---

23 Reimar Hollmann, *Der satirische und der menschliche ›Hauptmann‹. Zuckmayers Stück im Film und im Fernsehen*, in: Theater heute, Jg. 2, 1961, H. 1, S. 49.
24 bsb/oh, *So gut wie der Film. Carl Zuckmayer, ›Der Hauptmann von Köpenick‹*, in: Funk-Korrespondenz, Jg. 8, 1960, Nr.52/53, S. 15.

verschiedenen Szenerien auch zusammen, er läßt ihren doch gelegentlich aufscheinenden Ekklektizismus vergessen, weil auf seinem Spiel der Fokus liegt und er sich mit seiner Bitterkeit durch die verschiedenen Räume der Gesellschaft bewegt.

In der Adaptionspraxis des Fernsehens haben sich die Akzente in der Thematisierung von Zuckmayers Dramen verschoben. Jetzt ging es nicht mehr um das humorvolle Volksstück, nicht mehr um gehobenes Volkstheater, sondern um ein sozialkritisches Stück, um Anklage und Abrechnung mit einer deutschen Behörden- und Staatstradition. Wolffhardts *Hauptmann von Köpenick* war nicht nur der Versuch, sich von der Rühmann-Interpretation des Kinos, die in den Köpfen vieler Zuschauer war, abzusetzen, wie die Fernsehkritik der Zeit mutmaßte: »In den Grenzen des schwarz-weißen Bildschirms gegen die Mittel des Films zu konkurrieren, war aussichtslos. So blieb dem Südfunk nur die Möglichkeit, auf eigene Weise etwas Unvergleichliches zu schaffen.«[25]
Wolffhardts Inszenierung entsprach auch einer neuen Auffassung von dem, was das Spiel im Fernsehen zu leisten hatte: Theater im Fernsehen als Konzentration auf das Menschliche, Konzentration auf die innere Realität der Figuren, auf die soziale Anklage, die zugleich auch den Blick auf die sozialen Realitäten außerhalb des Fernsehens lenken sollte. Wolffhardt befand sich damit im Einklang mit einer neuen Positionierung des Fernsehspiels innerhalb des kulturellen Angebots seiner Zeit. Und wenn die Kritik konstatierte: »wieder einmal beste Stuttgarter Schule«[26], dann war dies ein besonderes Lob, weil sich das Stuttgarter Fernsehspiel mit seinen spezifischen Inszenierungskonzepten auf der Höhe der Fernsehspielkunst der Zeit bewegte.[27]

Ein Wiener Akzent und bitte etwas mehr Gemütlichkeit

Im Jahr 1964 sendet das 1961 gegründete ZDF, das am 1. April 1963 seinen Programmbetrieb aufgenommen hatte, seine erste Zuckmayer-Adaption: *Katharina Knie*, in der Inszenierung von Theodor Grädler, mit Attila Hörbiger und Christiane Hörbiger in den Hauptrollen, sowie Winfried Groth, Walter Fitz, Lina Carstens, Alexander Kerst und

---

25 Ebd.
26 Ebd.
27 Vgl. Knut Hickethier, *Stuttgarter Stil – das Fernsehspiel des Süddeutschen Rundfunks*, in: Hermann Fünfgeld (Hrsg.), *Von außen besehen. Markenzeichen des Süddeutschen Rundfunks*, Stuttgart 1998, S. 381-402. (Südfunk-Hefte 25).

vielen anderen als weitere Darsteller.[28] Obwohl es sich – nach den Angaben des Deutschen Rundfunkarchivs – um einen Fernsehfilm handelt, das Spiel also offenbar filmisch produziert wurde, orientiert sich die Inszenierung ganz an den Prinzipien einer Studioproduktion bzw. einer Theaterinszenierung. Bei dieser Produktion handelt es sich um eine Auftragsproduktion, die die Intertel-TV-Produktionsgesellschaft für das ZDF in den Riva-Studios in München hergestellt hat.

Diese Inszenierung steht ganz in der nun vom ZDF-Fernsehspiel vorgenommenen Hinwendung zum Theater, das einerseits mit seinem Repertoire an spielbaren Stücken den Stoffhunger des neuen Programms zu bewältigen versprach, andererseits damit den Kulturanspruch des neuen Programms demonstrativ ausstellte. Der volksbildnerische Anspruch, den insbesondere der ZDF-Intendant Karl Holzamer vertrat, schien sich im theaterorientierten Fernsehspiel besonders zu verkörpern.[29] Indem man nun für die Fernsehinszenierungen prominente Schauspieler gewann, konnte man – wenn auch televisuell vermittelt – eine Art ›Supertheater‹ erzeugen, das die Stücke dem Publikum in Fassungen präsentierte, die es in dieser Form eben nur im Fernsehen sehen konnte – es sei denn, es gehörte zu der Minderheit eines metropolitanen Theaterpublikums.

Attila Hörbiger als Vater Knie und Christiane Hörbiger als Katharina Knie bildeten eine ideale Besetzung, die aus dem ebenfalls volksstückhaft angelegten »Seiltänzerstück« mehr machte, indem beide die inneren Konflikte stärker herausstellten. Diese sind in Grädlers Inszenierung sozial determiniert. Dazu trug nicht nur das Stück selbst mit seiner zeitlichen Verortung in der Inflationszeit der zwanziger Jahre bei, sondern auch der Inszenierungsgestus. Zum einen geht es um den alten Gegensatz zwischen Kunst und Wirklichkeit, Künstlerwelt und Bürgeralltag, der immer wieder angesprochen wird, zum anderen um das Sichzurechtfinden der sogenannten kleinen Leute. Die Hörbigers geben durch ihre Rollenbiographien dem Spiel einen leichten Wiener Ton, weniger durch eine Dialektfärbung im Sprechen als dadurch, daß vor

---

28 *Katharina Knie.* Ein Seiltänzerstück. Schauspiel von Carl Zuckmayer. (ZDF) Fernsehfilm. Produktion: Intertel TV/Riva. Regie: Theodor Grädler. Kamera: Mirko Hesky. Schnitt: Robert Hofer-Ach. Musik: Alfred Goodman, Fred Gilford. Darsteller: Attila Hörbiger, Christiane Hörbiger, Gerhard Riedmann, Ernst Ehlert, Lina Carstens, Alexander Kerst u.a. ZDF, 19. Februar 1964; Wiederholung: 23. Juni 1965; u.v.a., 124 Min.
29 Vgl. Knut Hickethier, *Geschichte des deutschen Fernsehens,* a.a.O. (Anm. 9), S. 216 f., 240-253.

allem Attila Hörbigers Physiognomie aus dem Genre des Wien-Films nicht wegzudenken ist. Mit ihm wird im deutschen Fernsehen immer auch ein bisserl Wiener Gemütlichkeit assoziiert.

Die Bühneneffekte des Stücks – es spielt auf dem Vorplatz vor dem Theaterzelt, so daß die Auftritte der Seiltänzertruppe im Zelt quasi auf einer Bühne hinter dem Geschehen stattfinden und per Mauerschau vermittelt werden – sind im Fernsehen, das problemlos zwischen Schauplätzen hin und her wechseln und alle möglichen artistischen Konstellationen einfügen könnte – letztlich verschenkt. Der Reiz des Spiels auf einer Bühne hinter der Bühne bleibt ein nur im Theater zu realisierender Effekt. Die theaterwirksame Konzentration auf einen Ort des Geschehens zeigt hier bereits die Grenzen der Adaptierbarkeit der Zuckmayer-Stücke für das Fernsehen, die von nun ab immer deutlicher hervortreten.

Grädler, ein Fernsehroutinier, inszeniert das Stück ganz nach dem Selbstverständnis des Fernsehspiels der sechziger Jahre, das sich auf der Seite der kleinen Leute sah, Partei ergriff für die Menschen, denen es nicht sonderlich gut ging und die sich auch in ihrer Mehrheit immer wieder vor dem Bildschirm versammelten.[30] »Bleib, was du bist«, ist eine implizite Botschaft des Fernsehspiels der sechziger Jahre an sein Publikum – zumindest in der Mehrzahl seiner Produktionen. Von der Seiltänzerfamilie Knie ist der Weg nicht weit zur Kleinunternehmerfamilie der *Hesselbachs* und Strombergers Fernsehfamilie *Die Unverbesserlichen*. Die Inszenierung, so sah es die Fernsehkritik, weist Zuckmayer »als Liebhaber schlichter Menschen, deren Wesen, Not, Versuchung und Bewährung er mit dichterischer Phantasie realisiert«[31] aus.

Deutlich zeigt sich jedoch gerade im Vergleich mit den im zeitlichen Umkreis erfolgreichen Familienserien, wo die Differenz lag. Mit dem Seiltänzerstück befindet sich *Katharina Knie* innerhalb des Genres der Theater, Varieté und Zirkus thematisierenden Stücke und Filme, wie es für die zwanziger und dreißiger Jahren einflußreich wurde. Der Ort der Darstellenden Kunst wird in diesen Stücken und vor allem in den Fil-

---

30 Vgl. Thomas Koebner, *Das Fernsehspiel – Themen und Motive*, in: Peter von Rüden (Hrsg.), *Das Fernsehspiel*, München 1975, S. 20-65, überarbeitet unter dem Titel: *Das Original-Fernsehspiel. Themen und Motive* auch in: Thomas Koebner, *Vor dem Bildschirm. Studien, Kritiken und Glossen zum Fernsehen*, St. Augustin 2000 (Filmstudien 5), S. 26-73.

31 Anonym, *Im Sinne des Dichters. ›Katharina Knie‹, ein Seiltänzerstück von Carl Zuckmayer*, in: *Kirche und Fernsehen. epd-informationsdienst*, Nr.9 vom 29. Februar 1964, S. 7 f.

men zum Ort eines möglicherweise alternativen Lebensentwurfs, aus dem Gegensatz von bürgerlichen Verhältnissen und künstlerischen Leben ließ sich dramatische Spannung entwickeln. In den sechziger Jahren der Bundesrepublik hatte diese Konstellation an Reiz verloren, Varieté und Zirkus hatten ihre Attraktivität als Ort alternativen Lebens verloren, die sozialen Konflikte um unterschiedliche Lebensentwürfe waren reduziert und weitgehend domestiziert und in die kleinbürgerlichen Verhältnisse selbst verlegt worden. Dort entwickelten sie in der Beschränktheit der Debatten zwischen dem Druckereibesitzer Hesselbach und dessen Sohn, oder zwischen den Heimlichkeiten der ›Unverbesserlichen‹ und den Ausbruchswünschen der Kinder für die große Mehrheit der Zuschauer ihre Faszination. Zuckmayers *Katharina Knie* war deshalb schon 1964 mehr eine historische Reminiszenz, als daß es Ausgangspunkt für eine Volksstücktradition des Fernsehens sein konnte.

Filmische Umsetzung – das Beispiel der ›Fastnachtsbeichte‹

Paradoxerweise verändert sich in den sechziger Jahren die Fernsehwahrnehmung der Zuschauer trotz solcher nun vermehrt ins Programm kommenden Fernsehtheater-Inszenierungen in Richtung einer stärker filmisch orientierten Wahrnehmung. Denn mit dem Ausbau der beiden Hauptprogramme von ARD und ZDF sowie der Einführung der Dritten Programme kamen nun zunehmend amerikanische Fernsehspielserien und Kinospielfilme auf den Bildschirm. Der Blick der Zuschauer richtete sich mehr und mehr filmisch aus – und in der Folge genügten ihm die theaterhaft inszenierten Fernsehspiele nicht mehr. Damit im Zusammenhang stand, daß das Fernsehen nun insgesamt als »Volkskunst des modernen Menschen« verstanden wurde – es also nicht mehr um ein Volkstheater innerhalb des Fernsehens ging, sondern daß das Fernsehen in seiner Programmgesamtheit die Funktion einer neuen Volkskunst übernehmen sollte.[32]

Im Fernsehspiel traten nun filmisch inszenierte Spielproduktionen und theaterhaft inszenierte Produktionen deutlicher auseinander. Anders gesagt: Das Fernsehspiel entwickelte sich gegen Ende der sechziger Jahre immer entschiedener zum Fernsehfilm, dementsprechend wurde

---

32 Vgl. dazu Martin Esslin, *Ist das Fernsehen die Volkskunst des modernen Menschen?*, in: *ZDF Journal*, Nr.14/15 vom 19. Juli 1971, S. 22-26; Martin Esslin, *Fernsehen und Fernsehspiele – soziologische Aspekte*, in: *Universitas*, Jg. 26, 1971, H. 3, S. 311-314.

auch von einer ›Filmisierung‹ des Fernsehspiels gesprochen,[33] während das theaterhaft inszenierte Fernsehspiel verstärkt zum Fernsehmitschnitt von Theateraufführungen mutierte.

Deutlich läßt sich diese Entwicklung auch an den Zuckmayer-Adaptionen beobachten. Während Franz Peter Wirths *Schinderhannes*-Produktion[34] für den WDR 1968 sich als eine Bavaria-Produktion stärker an filmischen Maßstäben orientierte, waren die weiteren Adaptionen Anfang der siebziger Jahre Mitschnitte von der Waldbühne Niederelsungen in Wolfhagen,[35] anderer Volkstheaterbühnen und des Schweizer Tourneetheaters, das im Wiener Theater in der Josefstadt gastierte.[36]

Die filmischen Adaptionen lassen sich beispielhaft an Eberhard Itzenplitz' Verfilmung der Erzählung *Die Fastnachtsbeichte*[37] für das ZDF von 1976 studieren. Zunächst einmal fand jetzt ein Wechsel in den Vorlagen statt: Für Verfilmungen wurden eher Prosatexte als Theaterstücke herangezogen, der Film versteht sich stärker als ein erzählendes Medium. Itzenplitz löst die Geschichte der Fastnachtsbeichte deshalb auch in ein filmisches Band von Handlungen an verschiedenen Orten auf. Er nutzt

---

33 Vgl. dazu Knut Hickethier, *Das Fernsehspiel oder Der Kunstanspruch der Erzählmaschine Fernsehen*, in: Helmut Schanze/Bernhard Zimmermann (Hrsg.), *Das Fernsehen und die Künste*, München 1994, S. 325-330 (Geschichte des Fernsehens der Bundesrepublik 2).

34 *Schinderhannes*. Fernsehspiel nach dem Schauspiel von Carl Zuckmayer. (WDR) Buch: Helmut Krapp. Regie: Franz Peter Wirth. Kamera: Gernot Roll. Schnitt: Rolf Zehetbauer. Musik: Eugen Thomass. Darsteller: Hans Dieter Zeidler, Susanne Barth, Otto Stern, Wolfgang Kaus u.a. ARD, 4. Februar 1968; Wiederholung: 28. Februar 1969.

35 *Katharina Knie*. Schauspiel von Carl Zuckmayer. Waldbühne Niederelsungen, Wolfhagen (Hessen). (HR) Regie: Elmar Peters. Darsteller: Laiendarsteller. HR3, 22. Dezember 1973.

36 *Des Teufels General*. Schauspiel von Carl Zuckmayer. (ORF) Schweizer Tourneetheater, im Theater in der Josefstadt, Wien. Regie: Karl-Heinz Stroux. Darsteller: Hans-Joachim Kulenkampff, Günther Kropp, Horst Thomas, Ingeborg Solbrig u.a. ORF1, 3. März 1974; Wiederholung: S3 (vom SWF) 19. Mai 1975; HR3, 19. Mai 1975.

37 *Die Fastnachtsbeichte*. (ZDF) Fernsehfilm. Buch/Regie: Eberhard Itzenplitz nach der Erzählung von Carl Zuckmayer. Kamera: Franz Rath. Schnitt: Frank Hein. Darsteller: Hannes Messemer, Rudolf Fernau, Helmut Stauss, Despina Pajanou, Klaus Hoffmann, Anne Stegmann, Wolf Roth u.a. ZDF, 25. Dezember 1976.

den Karneval als Hintergrund und als ein immer wieder eingreifendes und die Rekonstruktion des Falls unterbrechendes und zugleich beschleunigendes Mittel, das die Figuren zusammenführt und auseinandertreibt. Mit der Kamera wird der Zuschauer beweglich: Er begibt sich durch den Kamerablick in das Geschehen hinein, und er ist vor allem mit dem Geschehen in der Welt außerhalb der Studios.

Itzenplitz inszeniert auf Spannung: Die Geschichte stellt einen historischen Kriminalfall dar, der auf Aufklärung drängt. Erzählt wird die Geschichte durch einen Priester, gespielt von Rudolf Fernau, der hier noch einmal eine Altersrolle erhielt. Im Spiel selbst geht es um Rekonstruktion und Aufdeckung eines vor der eigentlichen Handlung stattgehabten Geschehens, das sich leicht durch Rückblenden erzählen ließ. Doch bei Itzenplitz ging es nicht mehr um die direkte Teilhabe am Geschehen, das allein aus der Figurenrede entsteht, sondern um Reflexion. Häufig überlagert der Off-Erzähler den Dialog, drängt sich erzählend vor, rafft die Darstellung oder erläutert sie, er deutet vorgreifend an, er räsoniert über das, was geschah. Dadurch entsteht ein sich in der Phantasie der Zuschauer belebendes Geschehen, immer auch wieder durch weitere Bilder angeregt und verstärkt.

Itzenplitz bezieht sich mit seiner Inszenierung erkennbar auf die Genreerfahrung und das Genrewissen der Zuschauer, die inzwischen durch die zahlreichen Kriminalfilme in den Fernsehprogrammen die Zuckmayer-Verfilmung sofort in das Subgenre ›historischer Kriminalfilm‹ einordnen können. Einerseits wird Zuckmayer als Autor damit in die Erzählproduktion des Fernsehens als Stofflieferant eingeordnet, andererseits wird sein Text damit auch genrefiziert, d.h. in seiner Besonderheit relativiert. Ganz ohne Zweifel kam diese Verfilmung deutlicher als die Theateradaptionen den Publikumserwartungen der mittsiebziger Jahre auf ein spannendes und unterhaltendes Fernsehstück entgegen.

Die Tendenz zur Filmisierung läßt sich bei den Zuckmayer-Adaptionen der Folgezeit jedoch nicht weiterverfolgen. Offenbar boten sich den Fernsehspielredaktionen nicht genügend Texte des Autors als Vorlagen an. Selbst beim Südwestfunk, der eine Art Haussender des Autors darstellte, spielte er seit den siebziger Jahren keine bedeutende Rolle mehr. Indem der Autor diese Verschiebung vom elektronischen studiogebundenen Fernsehspiel zum Fernsehfilm nicht mitmachte, verlor er für das Fernsehspiel an Bedeutung. Denn das bundesdeutsche Fernsehspiel verabschiedete sich Mitte der siebziger Jahre weitgehend von seiner Studio- und damit von seiner Theaterorientierung.

Auf dem Weg zum Regionalautor

Diese Fernsehspielentwicklung wiederum begünstigte den Bedeutungszuwachs Zuckmayers als Theaterautor, dessen Inszenierungen als Theateraufzeichnungen oder Live-Übertragungen aus dem Theater dem Fernsehpublikum angeboten wurden. Zunehmend kamen Zuckmayer-Stücke nun über die Form der Aufführungsaufzeichnung kleiner Bühnen auf den Bildschirm. Diese Entwicklung von der Fernsehinszenierung zum Theatermitschnitt läßt sich ebenfalls exemplarisch an den Zuckmayer-Produktionen der siebziger Jahre erkennen.

Das Tourneetheater, das in den siebziger Jahren eine neue Bedeutung gewann, entwickelte sich zu einer speziellen kommerziellen Form der Theaterproduktion. Mit einem prominenten Schauspieler, der zumeist vom Fernsehen her bekannt war, sowie weiteren weniger bekannten Schauspielern zog eine Theatertruppe durch die Spielstätten zumeist kleinerer Städte und vermittelte den in der Fernsehgesellschaft Lebenden ein Erlebnis scheinbar direkter und unvermittelter Begegnung mit dem prominenten Darsteller. In diesem Fall war es der Fernsehshowmaster Hans-Joachim Kulenkampff, der mit der Rolle des Fliegerhelden Harras in *Des Teufels General* seine lange bestehenden Theaterträume verwirklichte.[38]

Regie führte Karl-Heinz Stroux, ein Regisseur, der in den fünfziger Jahren zu den führenden Regisseuren des bundesdeutschen Theaters zählte, der großes symbolisches Theater macht und der nun offenbar nur noch für das Tourneetheater gut war. Daraus ergab sich eine eigenartige Mischung: Der große Theaterregisseur, dessen Name nur noch älteren Theaterbesuchern etwas bedeutete, präsentierte den Fernsehentertainer und Publikumsliebling Kulenkampff, der sich selbst weniger als Entertainer denn als Schauspieler verstand. Das Theater in der Josefstadt in Wien ist ein prominentes Theater, aber es hat seine Bedeutung eben auch dadurch gewonnen, daß sich hier produktionstechnisch günstig Theatermitschnitte für das Fernsehen herstellen lassen. Als Ort eines Tourneetheaters ist das Theater in der Josefstadt jedoch nicht typisch. Es markiert in dieser eigentümlichen Sonderrolle den Übergang zu einer anderen Praxis der Mediengesellschaft, in der das Theater als ein Medium spezieller Unterhaltungsinteressen dient, deren spezielle Befriedigung dadurch möglich wurde, daß die Basis der allgemeinen gesellschaftlichen Unterhaltungsversorgung nun durch das Fernsehen gestellt wird.

---

38 *Des Teufels General*. Schweizer Tourneetheater, a.a.O. (Anm. 36)

Will man – wieder bezogen auf die Rezeptionsgeschichte des Werks von Zuckmayer – zugespitzt formulieren, so diente das Stück mit dieser Fernsehvariante des Tourneetheaters vor allem dazu, eine große Rolle zu liefern, die bei einem älteren Publikum bereits bekannt war und in der sich Kulenkampff an der durch die von Curd Jürgens geschaffenen Verkörperung reiben konnte. Das Stück bot den Altstars des Theaters oder auch des Fernsehens noch einmal die Gelegenheit zu einem großen Auftritt, und sei es auf eher zweit- und drittklassigen Bühnen der Tourneetheaterprovinz.

Neben den Tourneetheater-Produktionen wurden die Zuckmayer-Stücke jetzt auch auf den Laienbühnen gespielt – was hier in keiner Weise kritisiert werden soll. Aber diese Aufführungen wurden auch ins Fernsehen übernommen. Damit veränderte sich die Bedeutung des Autors innerhalb des Sichtungs- und Vermittlungsapparats Fernsehen. Er wurde – das ist in der weiteren Entwicklung deutlich zu sehen – nun zum Regionalautor des Rheinhessischen und der angrenzenden Gebiete abgewertet. Dem Fernsehen, das ihn in den fünfziger Jahren noch als Gegenwartsautor etabliert und das seine Stücke als großes und anspruchsvolleres Volkstheater ins Programm gerückt hatte, reichte es nun, wenn er als Mundartautor ein bodenständiges heimatorientiertes Publikum unter den Fernsehzuschauern fand.

Schon die frühen Inszenierungen der fünfziger Jahre – etwa die Beauvais-Inszenierung des *Schinderhannes* – waren mundartlich eingefärbt. Doch beeindruckte die Inszenierung von Beauvais auch durch visuelle Einfälle und ein gelungenes Spiel. Jetzt setzte sich in den Bühneninszenierungen ein konventioneller, oft auch künstlerisch mißlungener Inszenierungsstil durch, der keinen einheitlichen Stilwillen, keine gestaltende Kraft und damit auch keine, das Heimatkolorit überformende Gestaltung erkennen läßt. Beispielhaft ist dies an Paul Bäckers Inszenierung von *Barbara Blomberg*[39] an den Städtischen Bühnen Mainz, zu sehen. Das Bühnenbild ist eher zusammengesucht, das Spiel der Schauspieler inhomogen, der Rhythmus schleppend. Die Figuren zeigen keine Vitalität, sie entfalten keine Lebendigkeit, die die sehr gekünstelte Situation und das eigentümliche Mutter-Sohn-Verhältnis im Stück glaubwürdig machen könnten.

---

39 *Barbara Blomberg*. Schauspiel von Carl Zuckmayer. Städtische Bühnen, Mainz. (SWF) Buch/Regie: Paul Bäcker. Schnitt: Wilfried Sakowitz. Musik: Erwin Amend. Darsteller: Eva Kotthaus, Werner Küffe, Alexander Tibes, Robert Lenkey, Harald Dietl u.a. S3/H3, 26. Dezember 1976; Wiederholung: S3, 31. Mai 1980.

Zuckmayer wurde nun zum Autor der Spielgemeinschaften und Laientheater, seine Stücke schienen nur noch für das Provinztheater zu taugen, ausgestrahlt in den regionalen Dritten Programmen, nicht aber bundesweit. Seine Texte boten dem Fernsehbetrieb eine Form der Dramatik, mit deren Hilfe sich die Kulturgemeinschaft nicht mehr auf nationaler Ebene selbst verständigen konnte, sondern an der sich allenfalls noch kulturell konservative Milieus erbauen konnten und durch die bei diesen regionale Heimatgefühle befördert wurden.

Robert Stromberger, der vom Fernsehen zum Theater gefunden hatte, inszenierte mit der Hessischen Spielgemeinschaft Darmstadt den *Fröhlichen Weinberg*[40] und *Katharina Knie*.[41] Diese Inszenierungen, vor allem die des *Fröhlichen Weinbergs*, sind sehr konventionell gehalten, geradezu altmodisch im Vergleich zu dem, was im Fernsehspiel der Zeit möglich war, oft steif im Spiel, und die Figuren erscheinen ohne jede innere Glaubwürdigkeit. Auch inszenierte Stromberger wohl vor allem, um selbst zu spielen. Dabei ist es schon mehr als paradox, daß ein Mann, der als Fernsehspielregisseur (*Die Unverbesserlichen*, *Die Drombuschs*) im Fernsehen prominent geworden war, im Alter Theater spielte und inszenierte. Der in Strombergers Regieverständnis inhärente Fernsehnaturalismus wird in seinen Theaterinszenierungen theatral überformt und damit – nun wieder in der Fernsehaufzeichnung der Theateraufführungen – mit einer eigentümlichen Patina des Veralteten und Überholten versehen.

Allein die Inszenierung der *Katharina Knie* gewinnt mit dem Spiel im Zirkuszelt, durch dessen offenen Eingang die Fernsehzuschauer nur ausschnitthaft etwas vom Zirkusgeschehen mitbekommen, szenenweise einen eigenen Reiz. Durch die Kamera ist auf der Bühne Publikum zu sehen, das den artistischen Kunstwerken, die der Fernsehzuschauer nur

---

40 *Der fröhliche Weinberg*. Komödie von Carl Zuckmayer. Hessische Spielgemeinschaft/Staatstheater Darmstadt. Regie: Robert Stromberger. Schnitt: Christoph Heiduck. Darsteller: Erwin Scherschel, Werner Rühl, Anette Krämer, Marga Krauthahn, Rolf Beuckert, Robert Stromberger u.a. ZDF, 17. Juni 1978, diverse Wiederholungen; davon gibt es eine abweichende Fassung mit einer teilweise anderen Besetzung, die auf HR3 am 10. November 1985 und in diversen Wiederholungen gelaufen ist.

41 *Katharina Knie*. Ein Seiltänzerstück. Schauspiel von Carl Zuckmayer. Hessische Spielgemeinschaft/Staatstheater Darmstadt. Regie: Robert Stromberger. Kamera: Kurt-Oskar Hennig. Schnitt: Christoph Heiduck. Darsteller: Robert Stromberger, Renate Schauss, Karl Supper, Grete Wurm, Boris Aschauer u.a. ZDF, 15. Juni 1980, diverse Wiederholungen.

Zuckmayer als ›moderner‹ Klassiker des deutschen Fernsehens 717

aus einer Perspektive der Bühnenrückseite etwas erfährt, Beifall klatscht. Hier wird die Inszenierung punktuell zu einem Ausdruck der Selbstreferentialität der Mediengesellschaft. Die Seiltänzer und Zirkusartisten erscheinen als Spieler der medialen Erlebnisgesellschaft, ein wenig stellt sich auch das Bild eines in dieser Form langsam schwindenden Kulturbetriebs ein, in dem alle noch nicht ganz so ratlos sind wie die Artisten in der Zirkuskuppel. Denn noch erscheint eine Rettung durch das Segment des Harmoniemilieus, also einer auf Betulichkeit und Integration setzenden Zuschauerschicht möglich.[42]

In den Fernsehmitschnitten des regionalen Mundartentheaters bleiben inszenatorische Einfälle rar. Das Publikum derartiger Inszenierungen ist darauf auch in aller Regel nicht sonderlich erpicht, sondern liebt mehr das Immergleiche und auch in den Details Wiedererkennbare. Es überwiegt der Eindruck eines provinziellen Theaterspiels. Der Autor, so scheint es in den achtziger und neunziger Jahren, wird vom Fernsehen nicht mehr als Gegenwartsautor, sondern nur noch als ein schlichter Heimat- und Unterhaltungsautor gesehen.

Neuentdeckung durch das provokative Regietheater

Die Entwicklung der Adaptionspraxis des Fernsehens, wie sie hier skizziert wurde, legt den Eindruck nahe, man habe es mit einem prototypischen Fall einer Trivialisierung zu tun, wenn mit Trivialisierung im Sinne Helmut Kreuzers das Absinken eines Werkes aus der literarischen Hochkultur in eine andere, eben als niederer eingestufte Kultur gemeint ist.[43] Der Weg eines Autors innerhalb der Fernsehrezeption von einem politischen Gegenwartsautor zum Autor regionaler Heimatstoffe kann, ja muß als ein solcher Prozeß der Umwertung und Abwertung gesehen werden.

Doch die televisuelle Adaptionsgeschichte Zuckmayers ist damit nicht abgeschlossen. 1997 zeigte das Fernsehen (3sat) im Rahmen seiner Dokumentation des Berliner Theatertreffens Frank Castorfs Inszenierung *Des Teufels General*[44] mit Corinna Harfouch in der Titelrolle des Flie-

---

42 Vgl. Gerhard Schulze, *Die Erlebnisgesellschaft*, Frankfurt am Main 1992 (dort die entscheidenden Passagen über die Zuschauerschichtung und die Ausformungen des Harmoniemilieus).
43 Helmut Kreuzer, *Veränderungen des Literaturbegriffs*, a.a.O. (Anm. 3), S. 10-26.
44 *Des Teufels General.* Schauspiel von Carl Zuckmayer. (3sat) Inszenierung der Volksbühne, Berlin. Regie: Frank Castorf. Fernsehregie: Andreas Missler-

gergenerals Harras. Mit dieser Produktion wurde – auch wenn Castorf das Medium Fernsehen und seine Adaptionspraxis nicht im Blick hatte – ein neues Kapitel der televisuellen Zuckmayer-Vermittlung aufgeschlagen.

Castorf griff den Zuckmayer-Text mit einer neuen Perspektive auf: Er las ihn als einen Nachkriegstext, der den Nationalsozialismus verharmloste und beschönigte. Es ging Castorf bei seiner Inszenierung um eine neue Interpretation des Textes auf der Bühne, denn diese Deutung war im literaturwissenschaftlichen Diskurs nicht neu, wohl aber in der Theaterpraxis. In der Tradition des modernen Regietheaters stehend, konnte Castorf sie nur durch eine Bearbeitung des Textes, durch eine von den Konventionen der Inszenierungstradition abweichende Besetzung und durch ein völlig anderes Inszenierungskonzept realisieren. Radikale Textbearbeitung, Aufgabe jedweder naturalistisch erscheinenden Bühnenkulisse und eine überraschende Besetzungsstrategie sind auch sonst Castorfs Prinzipien.

Nachdem die Figur des Harras in den Köpfen des Publikums vor allem durch den Filmstar Curd Jürgens (»der normannische Kleiderschrank«) in dieser Rolle geprägt worden war, mußte die Besetzung dieser Rolle (und dies geschieht nur im ersten Akt) mit der eher zierlichen, in der weiten Uniform eher jungenhaft und androgyn wirkenden Corinna Harfouch provozieren. Sie gibt diesen General als eine nervöse und zerbrechlich wirkende Figur, gelegentlich herrisch und dann wieder überdreht und insgesamt sehr neurotisch. Damit wird eine völlig neue Sicht auf diesen Wehrmachtsgeneral eröffnet. Entsprechend dieser neuen Deutung mußten auch die anderen Figuren anders gesehen und dargestellt werden. So wird die Rolle der Waltraut von Mohrungen mit einem Mann (Bernhard Schütz) besetzt und damit in das Stück eine sexuelle (hier homosexuelle) Färbung eingebracht. Der Besetzungstausch im zweiten Akt zeigt dann, daß es Castorf nicht um eine ›bloße‹ Provokation, um einen Aufmerksamkeitskampf innerhalb einer vielleicht lustlos gewordenen Theateröffentlichkeit ging, sondern darum, der Geschichte eine neue Dimension abzugewinnen. Die Transformation des Menschen durch den Nationalsozialismus wird auf diese Weise zum eigentlichen Thema, die Formung eines militanten Menschenbildes bei gleichzeitig durchgängig verlogenem und bigottem Verhalten. Dabei geschieht dies nicht moralisierend, die Deformation wird in ei-

---

Morell. Darsteller: Corinna Harfouch, Bernhard Schütz, Hendrik Arnst, Michael Klobe, Sophie Rois, Klaus Mertens, Joachim Tomaschewsky u.a. 3sat: aufgezeichnet am 7. Mai 1997.

nem schrillen Spektakel gegeben. Natürlich gibt es dafür auch inszenatorische Vorbilder, Castorf ruft selbst eine Tradition und die damit verbundenen Bilder beim Theaterpublikum ab, die bis zu Peter Zadeks legendäre *Ghetto*-Inszenierung im Berliner Schiller-Theater zurückreichen.

Mit seiner Besetzung und der Darstellung des Militärs – vor allem des umstrittenen und gleichwohl volkstümlichen Helden durch Harfouch – greift Castorf vor allem die populären Mythen der bundesdeutschen Gesellschaft an. Der General im Dienst der Nazis darf nicht mehr den treuen Aufschlag der blauen Augen, das selbstgerechte Sich-in-die-Brust-Werfen für sich reklamieren. Was zur Selbstrechtfertigung vorgetragen wird, ist bei Castorf nur noch Trash. Castorf bürstet Zuckmayers Text gegen den Strich. Wenn in Zukunft von *Des Teufels General* die Rede sein wird, sollen sich andere Bilder als die des larmoyanten Curd Jürgens eingeprägt haben.

Zuckmayers *Des Teufels General* wird von Castorf als Theater der endneunziger Jahre inszeniert. Er vermeidet jede psychologisierende Darstellung, will Distanz schaffen, das scheinbar Vertraute als Fremdes vorführen. Jedes volkstümelnde Requisit, jede heimatlich wirkende Kulisse, jedes Dirndl ist aus der Aufführung entfernt, alles, was die zahlreichen Zuckmayer-Inszenierungen der Regionalbühnen kennzeichnet, ist in den Theaterfundus verbannt. Es geht um radikales, um modernes, destruktives Theater.

Castorf hat damit in der Werkgeschichte Zuckmayers eine neue Phase eingeleitet. Er hat ihn nach seinem Status als Heimatdichter in den siebziger und achtziger Jahren nun als eine Art ›modernen Klassiker‹ neu entdeckt. Castorfs Inszenierung wird – nicht von ihren inszenatorischen Details, sondern vom Inszenierungsprinzip her – für die weitere Inszenierungspraxis zum Maßstab werden müssen, wenn Zuckmayer als moderner Zeitautor Bestand haben soll.

Perspektive: ambivalent im Kulturbetrieb

Carl Zuckmayer als Fernsehautor – nicht alle Produktionen konnten hier erörtert werden, nicht alle Produktionen sind in einer Aufzeichnung auch noch erhalten und zugänglich. Zeigen ließ sich, wie unterschiedlich das bundesdeutsche Fernsehen mit dem Werk eines Dramatikers umgegangen ist, wie sehr es das kulturelle Bild von diesem Autor mitgeprägt hat, wie sehr es aber auch als Sichtungsapparat seine eigenen Kriterien in die Interpretation und Deutung des Werkes einbringt. Zu zeigen war der Wechsel der Bewertungen, der sich an den verschiedenen im Fernsehen gezeigten Fassungen ablesen läßt. Die ambivalente Gestalt des Autors als eines modernen ›Medienarbeiters‹ sollte damit anschaulich werden. Gerade auch dort, wo seine Arbeiten scheinbar ganz dem ›alten‹ Theater verpflichtet waren, unterlagen sie offenkundig auch den Bedingungen der modernen Mediengesellschaft.

Anhang
Adaptionen der Stücke von Carl Zuckmayer im deutschen Fernsehen[1]

1. Das kalte Licht. Nach dem Schauspiel von Carl Zuckmayer. (SWF) Buch/Regie: Leo Mittler; Schnitt: Hermann Soherr; Darsteller: Peter Schütte, Peter Capel, Margot Trooger; Günther Hadank; Senta Wengraf u.a. ARD, 14. Oktober 1955; Wiederholung: 24. Januar 1956.

2. Der kleine Herr Friedländer. Nach einer Szene aus dem Schauspiel ›Das kalte Licht‹ von Carl Zuckmayer. (SWF) Buch/Regie: Peter A. Horn, Schnitt: Lothar Regentrop-Boncoeur; Darsteller: Horst Frank, Wolfrid Lier, Karl-Georg Saebisch u.a. ARD, 7. März 1956.

3. Schinderhannes. Nach dem Schauspiel von Carl Zuckmayer. (SWF) Buch/Regie: Peter Beauvais. Schnitt: Renate Meduna, Musik: Peter Zwetkoff. Darsteller: Hans Christian Blech, Agnes Fink, Horst Frank, Wolfgang Preiss u.a. ARD/ORF, 13. Januar 1957; Wiederholung: 15. August 1957. (Reihe: Suche nach Heimat. Mit einem Nachwort von Georg Hensel, S3, 31. Oktober 1985) 105 Min.

4. Herbert Engelmann. Nach dem Schauspiel von Gerhart Hauptmann, vollendet von Carl Zuckmayer. (SFB) Buch: Carl Dietrich Carls, Hans Lietzau. Regie: Hans Lietzau. Schnitt: Hanns Walter Lenneweit. Musik: Kurt Heuser. Darsteller: Jürgen Goslar, Hilde Körber, Erich Fiedler, Konrad Wagner, Ralph Lothar, Hans Leibelt u.a. ARD, 29. Oktober 1959, Wiederholung: 6. Oktober 1961; 23. Januar 1962.

5. Der Hauptmann von Köpenick. Nach dem Schauspiel von Carl Zuckmayer. (SDR) Buch: Heinz Schaefer, Rainer Wolffhardt, Regie: Rainer Wolffhardt. Schnitt: Karl Wägele. Darsteller: Rudolf Platte, Alexander Kerst, Joachim Teege, Fritz Schulz, Mady Rahl, Werner Peters, Eva-Ingeborg Scholz, Hans Mahnke, Willy Rose, Elfriede Rückert u.a. ARD, 15. Dezember 1960, 1. Mai 1962, 1. August 1976, BR3, 5. Juni 1968; 8. Juni 1975; HR3, 3. Juni 1970; S3, 11. April 1973. (Reihe: Suche nach Heimat, S3, 14. November 1985) 125 Min.

6. Der fröhliche Weinberg. Nach der Komödie von Carl Zuckmayer. (NWRV Köln) Regie: Hermann Pfeiffer. Kamera: Karlheinz Wernber. Schnitt: Alfons Windau. Darsteller: Erwin Linder, Monika Dahlberg,

---

1 Zusammenstellung nach Angaben des Deutschen Rundfunkarchivs (Hrsg.), *Lexikon der Fernsehspiele*, Frankfurt am Main 1978 ff.

Joachim Teege, Kurth Grosskurth, Klaus Kindler, Ingeborg Christiansen, Anneliese Benz, Hans Elwenspoek u.a. ARD, 14. Februar 1961; Wiederholung: 8. Dezember 1961, 12. Oktober 1962.

7. Katharina Knie. Ein Seiltänzerstück. Schauspiel von Carl Zuckmayer. (ZDF) Fernsehfilm Produktion: Intertel TV/Riva. Regie: Theodor Grädler. Kamera: Mirko Hesky. Schnitt: Robert Hofer-Ach. Musik: Alfred Goodman, Fred Gilford. Darsteller: Attila Hörbiger (Karl Knie); Christiane Hörbiger (Katharina Knie); Winfried Groth (Fritz Knie, Vetter); Walter Fitz (Lorenz Knie, Vetter); Gerhard Riedmann (Ignaz Scheel); Ernst Ehlert (Julius Schmittolini); Lina Carstens (Bibbo); Alexander Kerst (Martin Rothacker) u.a. ZDF 19. Februar 1964; Wiederholung: 23. Juni 1965; 28. Dezember 1971; 8. Mai 1987; ORF2, 22. Mai 1965; ORF1, 21. November 1970, DRS, 9. Oktober 1965; 3sat, 7. August 1988; 3sat, 28. Dezember 1996; 124 Min. sw.

8. Schinderhannes. Nach dem Schauspiel von Carl Zuckmayer. (WDR) Buch: Helmut Krapp. Regie: Franz Peter Wirth. Kamera: Gernot Roll. Schnitt: Rolf Zehetbauer. Musik: Eugen Thomass. Darsteller: Hans Dieter Zeidler, Susanne Barth, Otto Stern, Wolfgang Kaus u.a. ARD, 4. Februar 1968, Wiederholung: 28. Februar 1969.

9. Katharina Knie. Schauspiel von Carl Zuckmayer. Waldbühne Niederelsungen, Wolfhagen (Hessen). Regie: Elmar Peters. Darsteller: Laiendarsteller. HR3, 22. Dezember 1973.

10. Des Teufels General. Schauspiel von Carl Zuckmayer (ORF) Schweizer Tourneetheater, im Theater in der Josefstadt, Wien. Regie: Karl-Heinz Stroux. Darsteller: Hans-Joachim Kulenkampff, Günther Kropp, Horst Thomas, Ingeborg Solbrig u.a. ORF1, 3. März 1974; S3 (vom SWF), 19. Mai 1975; HR3, 19. Mai 1975.

11. Die Fastnachtsbeichte. (ZDF) Fernsehfilm. Buch/Regie: Eberhard Itzenplitz nach der Erzählung von Carl Zuckmayer. Kamera: Franz Rath. Schnitt: Frank Hein. Darsteller: Hannes Messemer, Rudolf Fernau, Helmut Stauss, Despina Pajanou, Klaus Hoffmann, Anne Stegmann, Wolf Roth u.a. ZDF, 25. Dezember 1976 (mit einem Nachwort von Georg Hensel; Reihe: Suche nach der Heimat. Volksstücke von Carl Zuckmayer; S3, 5. Dezember 1985) 100 Min.

12. Barbara Blomberg. Schauspiel von Carl Zuckmayer. Städtische Bühnen, Mainz. (SWF) Buch/Regie: Paul Bäcker. Schnitt: Wilfried Sakowitz, Musik: Erwin Amend. Darsteller: Eva Kotthaus, Werner Küffe, Alexander Tibes, Robert Lenkey, Harald Dietl u.a. S3/H3, 26. Dezember 1976; S3, 31. Mai 1980. 130 Min.

13. Als wär's ein Stück von mir. Aus dem Leben des Carl Zuckmayer. (ZDF/DRS/ORF) Fernsehspiel. Produktion: TV 60/Studio Hamburg. Arrangement: Maria Matray, Answald Krüger, nach der Autobiographie von Carl Zuckmayer. Regie: August Everding. Kamera: Dieter Schneider. Schnitt: Walter Dörfler. Darsteller: Herbert Mensching, Christine Ostermayer, Peter Fricke, Manfred Steffen, Günter Strack, Gunnar Möller, Will Quadflieg u.a. ZDF, 27. Dezember 1976; DRS, 28. Dezember 1976; ORF1, 30. Dezember 1976.

14. Katharina Knie. Ein Seiltänzerstück. Schauspiel von Carl Zuckmayer. (ZDF) Hessische Spielgemeinschaft / Staatstheater Darmstadt. Regie: Robert Stromberger. Kamera: Kurt-Oskar Hennig. Schnitt: Christof Heyduck. Darsteller: Robert Stromberger (Karl Knie senior genannt Vater Knie); Renate Schauss (Katharina Knie, seine Tochter); Karl Supper (Julius Schmittolini, Clown); Grete Wurm (Bibbo); Boris Aschauer (Mario) u.a. ZDF, 15. Juni 1980. Live aus dem Staatstheater Darmstadt; Aufzeichnung: S3 (vom SDR) 7. November 1985; HR3, 24. November 1985. 135 Min. (Reihe: Suche nach Heimat. Volksstücke von Carl Zuckmayer; S3, 7. November 1985)

15. Der fröhliche Weinberg. Komödie von Carl Zuckmayer. Hessische Spielgemeinschaft, Darmstadt / Staatstheater Darmstadt. Regie: Robert Stromberger. Schnitt: Christof Heyduck. Darsteller: Erwin Scherschel (Jean Baptiste Gunderloch, Weingutsbesitzer), Werner Rühl (Eismayer, Landskronenwirt); Anette Krämer (Klärchen Gunderloch); Marga Krauthahn (Babettchen Eismayer); Rolf Beuckert (Knuzius, Klärchens Verlobter); Robert Stromberger (Löbche Bär) u.a. ZDF, 17. Juni 1978; Wiederholung: 13. Februar 1980; 3sat, 1. Oktober 1986. ca. 100 Min. ZDF, 13. Februar 1980

16. Der fröhliche Weinberg. Komödie von Carl Zuckmayer. Hessische Spielgemeinschaft, Darmstadt / Staatstheater Darmstadt. Regie: Robert Stromberger. Schnitt: Christof Heyduck. Darsteller: Günter Strack (Jean Baptiste Gunderloch, Weingutsbesitzer), Werner Rühl (Eismayer, Landskronenwirt); Iris Stromberger-Schöpp (Klärchen Gunderloch); Marga Krauthahn (Babettchen Eismayer); Rolf Beuckert (Knuzius, Klärchens Verlobter); Robert Stromberger (Löbche Bär) u.a. HR3 10.11.85; 3. Juni 1989; ARD 26. Dezember 1986. ca. 100 Min. Farbe.

17. Katharina Knie. Schauspiel von Carl Zuckmayer, in der schweizerdeutschen Bearbeitung von Hansjörg Schneider. (DRS) Zirkuszelt Zürichhorn Regie: Peter Arens. Darsteller: Ruedi Walter (Vater Knie); Babett Arens (Katharina Knie); Patrick Gilly (Fritz Knie); Marco Paniz (Lorenz Knie); Inigo Gallo (Ignaz Scheel); Peter Brogle (Julius Schmittolini); Margrit Ensinger (Bibbo) u.a. DRS, 14. Dezember 1986. 117 Min. Farbe.

18. Der Hauptmann von Köpenick. Ein deutsches Märchen. Schauspiel von Carl Zuckmayer. Berliner Ensemble, in der Fassung für das Fernsehen der DDR. (DDR) Regie: Christoph Brück. Kamera: Uwe Reuter. Schnitt: Henning Schaller. Musik: Henry Krtschil. Darsteller: Hans-Peter Reinecke (Wilhelm Voigt); Martin Seifert (Friedrich Hoprecht und Gardegrenadier). Kirsten Block (Marie Hoprecht); Michael Gerber (Oskar Obermüller); Victor Deiß (Adolf Wormser); Jaecki Schwarz (Zuschneider Wabschke); Herbert Olschok (Hauptmann von Schlettow); Michael Kind (Paul Kallenberg); Christine Gloger (Plorösenmieze); Willi Schwabe (Prokurist Knell); Heinz-Dieter Knaup (Zuchthausdirektor) u.a. DDR 2, 18. Juli 1987.

19. Schinderhannes. Schauspiel in 4 Akten von Carl Zuckmayer. (SWF) Hessische Spielgemeinschaft, Darmstadt, im Staatstheater Darmstadt. Inszenierung/Fernsehregie: Harald Schäfer. Musik: Wilhelm Poth. Ausstattung: Erik Richter. Darsteller: Helmut Winkelmann (Johannes Richter), Iris Stromberger-Schöpp (Julchen Blasius). S3, 29. Juli 1989. 175 Min.

20. Der fröhliche Weinberg. Lustspiel von Carl Zuckmayer. Inszenierung: Robert Stromberger. Fernsehregie: C. Rainer Ecke. Eine Aufführung der Hessischen Spielgemeinschaft im Staatstheater Darmstadt. Produktion: ZDF 1993. 3sat, 29. Dezember 1996. 98 Min.

21. Der Hauptmann von Köpenick. Von Carl Zuckmayer. Ein Film von Frank Beyer (Regie) und Wolfgang Kohlhaase (Autor). Produktion: NDR/BR/ORB/SFB/WDR/ORF/DRS. Premiere 1997. ARD, 27. Dezember 1997. 100 Min.

22. Des Teufels General. Theaterstück von Carl Zuckmayer. Inszenierung: Frank Castorf. Eine Aufführung der Volksbühne Berlin am Rosa-Luxemburg-Platz. Liveübertragung. Fernsehregie: Andreas Missler-Morell. Produktion: ZDF/3sat 1997. Anschließend Interview mit Frank Castorf von Carola Wedel. (Theatertreffen Berlin 1997). 3sat, 8. Mai 1997. 180 Min.

Nicolai Riedel

Carl-Zuckmayer-Bibliographie. Teil II: Literaturkritik und Essayistik (1995-1999)

Die vorliegende Bibliographie ist ein erster Versuch, die Pressestimmen und literaturkritischen Essays aus dem Jahrfünft 1995 bis 1999 in einer übersichtlichen Systematik vorzustellen. Diese Auswahl berücksichtigt vor allem aussagekräftige Artikel aus der Tages- und Wochenpresse sowie aus literarisch-kulturellen Zeitschriften: Rezensionen, Theaterkritiken, Würdigungen, Feuilletons und Kommentare zur öffentlichen Wirkung Zuckmayers.

Beiträge ohne Verfasserangabe und solche, die nicht wesentlich mehr als den Inhalt von dpa-Meldungen wiedergeben, wurden ausgeschlossen; dieses Kriterium gilt in der Regel auch für Artikel, deren Umfang weniger als 40 Druckzeilen beträgt.

Die Bibliographie erhebt noch keinen Anspruch auf Vollständigkeit, sondern versteht sich als Grundstock einer im Aufbau befindlichen Dokumentation der publizistischen Wirkungsgeschichte Zuckmayers: durch weitere (und retrospektive) Recherchen wird sie ergänzt und kontinuierlich fortgesetzt (Band 6).

Alle bibliographischen Angaben beruhen auf Autopsie. Sofern aus den Vorlagen auch die Ausgabenummer einer Zeitung und Hinweise auf Seitenzahlen bzw. Beilagen hervorgingen, wurden diese übernommen. Zur leichteren Auffindbarkeit einzelner Artikel wird angestrebt, künftig diese zusätzlichen Informationen generell zu geben.

Gliederung

C.10 Erinnerungen, Erzählungen
C.20 Allgemeine Betrachtungen: Biographische Miszellen u.a.
C.30 Feuilletons zu einzelnen Werken und ihrem Kontext
C.40 Rezensionen zu einzelnen Werken und Kritiken zu aktuellen Aufführungen
C.41 Zum *Vermonter Roman*
C.42 Zum *Hauptmann von Köpenick*. Zur Inszenierung von Katharina Thalbach (Berlin)
C.43 Zur Inszenierung von Mark Zurmühle (Hannover)
C.44 Zu weiteren Neu-Inszenierungen auf deutschen Bühnen

C.45 Zu *Des Teufels General*. Zur Inszenierung von Frank Castorf (Berlin)
C.46 Zu weiteren Neu-Inszenierungen auf deutschen Bühnen
C.47 Zu *Katharina Knie*
C.48 Inszenierungen anderer Stücke
C.60 Würdigungen zum 100. Geburtstag
C.61 Beiträge in Zeitschriften
C.62 Artikel in der Tages- und Wochenpresse

D.10 Zur Zuckmayer-Ausstellung in Marbach, Mainz und Zürich
D.11 Berichte über Veranstaltungen
D.12 Forschungsdiskussion in der Presse
D.13 Wirkungsgeschichte (Zuckmayer-Medaille)

C.10 Erinnerungen, Erzählungen

Joseph, Rudolph S.: Farbe für das Selbstporträt in Gips. Carl Zuckmayer in jungen und mittleren Jahren – eine Erinnerung. In: Juni. Magazin für Kultur und Politik. Mönchengladbach. 1996, Heft 25, S. 125-132.

Albrecht, Richard: »... was wir draus machen ist alles«. Carl Zuckmayer. Eine dokumentar-biographische Erzählung. In: Blätter der Carl-Zuckmayer-Gesellschaft. Mainz. 1997, Heft 18, S. 7-20.

C.20 Allgemeinere Betrachtungen: Biographische Miszellen u.a.

Domenig, Hans: Nach allen Seiten Freiheit und Weite. Auf Carl Zuckmayers Spuren durch Saas-Fee wandern: Am Ende der Welt und zugleich am Ursprung. In: Die Weltwoche. Zürich. Nr. 32 vom 10.8.1995, S. 43.

Trutschel, Christian: Winnetou und das Erbe der Zuckmayers. 100 Jahre Carl Zuckmayer: ein Gespräch mit seiner Tochter in seiner letzten Heimat und seine noch nie veröffentlichten Notizen über Kiel. In: Kieler Nachrichten, 30.3.1996, (Beil.) S. 4.

Russ, Bruno: Gelebt im Paradiese... am Wallersee. Heimat auf Zeit in der Wiesmühl bei Henndorf. In: Wiesbadener Kurier, 9.10.1996, S. 14.

Stankiewitz, Karl: Die Welt einer letzten Verzauberung. Wege, Wirte und die Wiesmühl am Wallersee: Auf den Spuren von Carl Zuckmayer im Salzburger Land. In: Frankfurter Rundschau. Nr. 292 vom 14.12.1996, S. M 3.

Schwedler, Wilfried: Eine späte Freundschaft. Die Begegnung zwischen Carl Zuckmayer und Karl Barth. In: Stuttgarter Nachrichten. Nr. 296 vom 21.12.1996.

Thomas, Armin: Wo ist der Beichtstuhl? Ein Stadtrundgang auf den Spuren des berühmten Literaten Carl Zuckmayer, der heute 100 geworden wäre. In: Mainzer Rhein-Zeitung. Nr. 300 vom 27.12.1996, S. 17.

Stork, Jutta: Backwoods – die Farm hinter den Wäldern. Auf den Spuren von Alice und Carl Zuckmayer in Vermont. In: Süddeutsche Zeitung. München. Nr. 297 vom 24./25./26.12.1996, S. 51.

Leonhardt, Rudolf Walter: Des Teufels Weinbauernbub. Zum 100. Geburtstag: Siebzehnmal Zuckmayer. In: Die Zeit. Hamburg. Nr. 1 vom 27.12.1996, S. 40.

Stankiewitz, Karl: Enklave geistiger Freiheit. Wege am Wallersee: Am 27. Dezember wäre Carl Zuckmayer hundert Jahre alt geworden – Wandern auf den Spuren der Schriftsteller (7). In: Süddeutsche Zeitung. München. 27.12.1996.

Obst, Andreas: Der Dichter aß am liebsten Lammkeule. Carl Zuckmayer in Saas-Fee: Wanderer, Mitbürger, Freund – und ein Prophet des Tourismus. In: Frankfurter Allgemeine Zeitung. Nr. 87 vom 15.4.1999, Reiseblatt, S. 1.

C.30 Feuilletons zu einzelnen Werken und ihrem Kontext

Krauel, Torsten: »Des Teufels General«, wie ihn Zuckmayer nicht kannte. In: Rheinischer Merkur. Bonn. Nr. 17 vom 28.4.1995, S. 4.

Conrad, Andreas: Der Fluch des Rotspons. »Aa-ii-ii«: Schon Werner Krauß, Zuckmayers erster »Hauptmann von Köpenick«, rettete sich vor der Premiereangst in den Köpenicker Ratskeller. In: Der Tagesspiegel. Berlin. Nr. 15503 vom 11.1.1996, S. 12.

Balser, Rudolf: Lachen links und rechts. Von Alfred Kerr bis Friedrich Luft – Gemeinsames und Trennendes in den Rezensionen zu Carl Zuckmayers Stück vor 1933 und nach 1945. In: Wochenpost. Berlin. Nr. 6 vom 1.2.1996, S. 44-45. – Zum *Hauptmann von Köpenick*.

Gaumen, Reinhold: Unmöglich! Wie ein falscher Hauptmann ein Bürgermeisteramt annahm. Zuckmayer läßt das Theaterpublikum durch sein Lachen eine unmögliche Geschichte beglaubigen. In: Wochenpost. Berlin. Nr. 6 vom 1.2.1996, S. 40-41.

Wagner, Karlheinz: Des Dichters General. Was Carl Zuckmayer mit Ernst Udet verband und wie daraus ein Theaterstück wurde. In: Frankfurter Allgemeine Zeitung. Nr. 292 vom 14.12.1996, (Beil.) Bilder und Zeiten, [S. I-II]. – Zu *Des Teufels General*.

Asper, Helmut G.: In der Versenkung verschwunden. »Der Hauptmann von Köpenick« im amerikanischen Exil. In: Film-Dienst. Köln. 1999, Heft 25, S. 38-41.

C.40 Rezensionen zu einzelnen Werken und Kritiken zu aktuellen Aufführungen

C.41 Zum *Vermonter Roman*

Daiber, Hans: Die schöne Melusine und der Arme Heinrich oder Hinter den sieben Bergen. In: Die Welt. Hamburg. Nr. 189 vom 14.8.1996, S. 8.

Klee, Hedi: Literatur zum ewigen Überleben. In: Die Rheinpfalz. Ludwigshafen am Rhein, 20.8.1996.

Kramberg, Karl Heinz: »Zuck«-Premiere. Der »Vermonter Roman« aus dem Nachlaß. In: Süddeutsche Zeitung. München. Nr. 231 vom 7.10.1996, S. 15.

Seifert, Heribert: Volkstumsromantik. Carl Zuckmayers nachgelassener Vermont-Roman. In: Neue Zürcher Zeitung. Internationale Ausgabe. Nr. 249 vom 25.10.1996, S. 36.

Goertz, Heinrich: Wenn die Nymphe Schlittschuh läuft. Ein halbes Jahrhundert im Deutschen Literaturarchiv: Der »Vermonter Roman« von Carl Zuckmayer, eine Entdeckung zum 100. Geburtstag. In: General-Anzeiger. Bonn, 26./27.10.1996, S. II.

Schwering, Markus: Hitzige Liebe im kalten Winter. Unbekannter Zuckmayer-Roman aus Amerika. In: Kölner Stadt-Anzeiger. Nr. 225 vom 26.9.1996, S. 35.

Frielinghaus, Helmut: Landschaft mit Melodram. Carl Zuckmayers »Vermonter Roman« – Aus dem Nachlaß des deutschen Dramatikers. In: Frankfurter Rundschau. Nr. 298 vom 21.12.1996, (Beil.) Zeit und Bild, S. IV.

Hove, Oliver vom: Waldschrat, Weltflucht, Wandervogel. Zum 100. Geburtstag Selbstbehauptungsprosa aus dem Nachlaß. In: Die Presse. Wien. Nr. 14649 vom 21.12.1996, (Beil.) Spectrum, S. VIII.

Gumprecht, Holger: Stück vergessen, der Autor aber keineswegs. In: Freie Presse. Chemnitz, 27.12.1996.

C.42 Zum *Hauptmann von Köpenick*. Zur Inszenierung von Katharina Thalbach im Gorki-Theater

Laudenbach, Peter: Doppelte Zitterpartie beim Coup des Schusters Voigt. In: Berliner Zeitung. Nr. 23 vom 27.1.1996, S. 25.

Thieringer, Thomas: Immer ein Pokerface. Harald Juhnke und der »Hauptmann von Köpenick«. In: Süddeutsche Zeitung. München. Nr. 22 vom 27.1.1996, S. 16.

Busch, Frank: Als wär's ein Stück von ihm. In: Frankfurter Allgemeine Zeitung. Nr. 24 vom 29.1.1996, S. 29.

Laudenbach, Peter: Wilhelminisches Panoptikum. Thalbachs »Hauptmann von Köpenick« ist milde ironisch und gestattet Juhnke die leisen Pointen. In: Berliner Zeitung. Nr. 24 vom 29.1.1996, S. 28.

Müller, Roland: Jawoll, er hat gedient. Harald Juhnke in Berlin als »Hauptmann von Köpenick«. In: Stuttgarter Zeitung. Nr. 23 vom 29.1.1996, S. 11.

Pfützner, Klaus: Der Coup des Harald Juhnke. Jubel und Bravo für den »Hauptmann von Köpenick«. In: Neues Deutschland. Berlin. Nr. 24 vom 29.1.1996, S. 10.

Rinke, Moritz: Wie die Regie die Rampensau besiegte. Triumph am Gorki: Katharina Thalbach inszeniert Carl Zuckmayer so laut, daß man Harald Juhnke nicht mehr hört. In: Der Tagesspiegel. Berlin. Nr. 15521 vom 29.1.1996, S. 19.

Schaper, Rüdiger: Berliner Märchen mit Blasmusik. In: Süddeutsche Zeitung. Nr. 23 vom 29.1.1996, S. 10.

Seifert, Sabine: Wäre es nicht der Juhnke ... Bißchen doll traurig, bißchen doll leise: Harald Juhnke als »Hauptmann von Köpenick«. In: Die Tageszeitung. Berlin. Nr. 4835 vom 29.1.1996, S. 17.

Wengierek, Reinhard: Das Schelmenstück vom armen Schlucker. In Berlin brillierte Harald Juhnke nach seinen jüngsten Alkohol-Exzessen in Carl Zuckmayers Satire auf deutsches Strammstehen. In: Die Welt. Hamburg. Nr. 24 vom 29.1.1996, S. 3.

Wille, Franz: Zirkus Juhnke gibt nicht auf. In: Der Spiegel. Hamburg. Nr. 5 vom 29.1.1996, S. 171-172.

Milch, Paulina: Mit gesenktem Kopf. Harald Juhnke zeigt Carl Zuckmayers »Hauptmann von Köpenick« in der Inszenierung von Katharina Thalbach als den Verlierer des »deutschen Märchens«. In: Wochenpost. Berlin. Nr. 6 vom 1.2.1996, S. 34-35.

Nümann, Dirk: Viel Lärm um Nichts. In: Freitag. Die Ost-West-Wochenzeitung. Berlin. Nr. 6 vom 2.2.1996, S. 11.

Zander, Peter: »Mir geht es gut.« Harald Juhnke mimt wieder den »Hauptmann von Köpenick«. In: Berliner Zeitung. Nr. 107 vom 8.5.1996, S. 33.

C.43 Zum *Hauptmann von Köpenick*. Zur Inszenierung von Mark Zurmühle im Staatsschauspiel Hannover

pio: Ungefähr so heiter wie Kafka. Bühnenbildner Erich Fischer schickt Schuster Voigt auf die schiefe Bahn. In: Hannoversche Allgemeine Zeitung, 21.9.1996.

Hahn, Monika: Die kleinen Leute, die Pinkels und das wackere Schusterlein. In: Neue Presse. Hannover, 23.9.1996.

Meyer-Arlt, Ronald: Alptraum aus Preußen. In: Hannoversche Allgemeine Zeitung, 23.9.1996.

Corinth, Ernst: Die Alpträume eines Untertanen. In: Weser-Kurier. Bremen, 24.9.1996.

Worat, Jörg: Titelheld mit neuem Profil. In: Cellesche Zeitung. Celle, 24.9.1996.

Fischer, Ulrich: Es wird getreten und gebuckelt, wie gehabt. In: Oldenburgische Volkszeitung. Vechta, 26.9.1996. – Dass. u.d.T. *Stets treten und buckeln* in: Neue Osnabrücker Zeitung, 26.9.1996. – Dass. u.d.T. *Treten und buckeln wie gehabt* in: Gießener Allgemeine, 27.9.1996. – Dass. u.d.T. *Immer treten und buckeln.* ›Hauptmann‹ *als Gesellschaftskritik* in: Nordsee-Zeitung. Bremerhaven, 3.10.1996.

C.44 Zum *Hauptmann von Köpenick*. Weitere Neu-Inszenierungen auf deutschen Bühnen

Billerbeck, Gero von: Eine Uniform mit Eigenleben. Carl Zuckmayers »Hauptmann von Köpenick« hatte Premiere auf der Luisenburg. In: Nordbayerischer Kurier. Bayreuth, 28.6.1996.

Kelber, Ulrich: Hinter dem Panzer der Uniform erstickt das Mitleid. Gelungene Premiere bei den Luisenburg-Festspielen Wunsiedel. In: Mittelbayerische Zeitung. Regensburg, 28.6.1996.

Rizzo, Katja: »Haben Sie gedient?« – Das macht den Menschen aus!? Zuckmayers »Hauptmann von Köpenick« vor ausverkaufter Stadthalle. In: Schwäbische Zeitung. Wangen/Allgäu, 9.10.1996.

Dahinten, G.: Direktes Spiel. »Der Hauptmann von Köpenick« im Biberacher Theater. In: Schwäbische Zeitung. Biberach, 7.12.1996.

Tholund, Sabine: Großes Getriebe, kleiner Held. Zuckmayers »Hauptmann von Köpenick« im Landestheater Schleswig-Holstein (Regie: Werner Tietze). In: Kieler Nachrichten, 28.4.1998.

Christiani, Sabine: Unterhaltsame Köpenickiade. In: Flensburger Tageblatt, 28.4.1998.

Hartmann, Karin: Ein temporeiches Volksstück. In: Holsteinischer Courier. Neumünster, 2.5.1998.

Wesner, Rudolf: Hörigkeit einer Gesellschaft gegenüber jeder Art von Uniform. Heute Premiere von Zuckmayers »Hauptmann von Köpenick« im Stadttheater in der Inszenierung von Friso Meyer. In: Pforzheimer Kurier. Nr. 118 vom 26.5.1999, S. 26.

C.45 Zu *Des Teufels General*. Zur Inszenierung von Frank Castorf an der Berliner Volksbühne

Walde, Gabriela: Kriegsstimmung im Nazi-Bunker auf dem Mond. Frank Castorf inszeniert Zuckmayers Fliegerdrama »Des Teufels General«. In: Die Welt. Hamburg, 16.10.1996.

Claussen, Christine: Café Abgrund auf dem Mond. Carl Zuckmayers erfolgreiches Mitläufer-Drama, das den Nachkriegsdeutschen zur Entsühnung diente. In: Stern. Hamburg. Nr. 43 vom 17.10.1996, S. 208-209.

Beckelmann, Jürgen: Kabarett mit einem Kriegshelden. In: Stuttgarter Zeitung. Nr. 243 vom 19.10.1996, S. 38.

Bittner, Helga: Geölte Routine beim Zerstören der Mythen. In: Westfälische Rundschau. Dortmund, 19.10.1996.

Brug, Manuel: Als wär's kein Stück von ihm. Bei Frank Castorf mutiert Carl Zuckmayers »Des Teufels General« zur eiseskühlen Kommandeuse im Weltraum. In: Der Tagesspiegel. Berlin. Nr. 15779 vom 19.10.1996, S. 21.

Dermutz, Klaus: Allemal animalisch. Frank Castorfs Sicht auf »Des Teufels General«. In: Frankfurter Rundschau. Nr. 244 vom 19.10.1996, S. 7.

Ebert, Gerhard: Halbnackter Held an der Rampe. In: Neues Deutschland. Berlin. Nr. 245 vom 19.10.1996, S. 12.

Friedrich, Detlef: Ein Käfig voller Nazis. Frank Castorf inszenierte die Revue »Des Teufels General« nach dem Text von Carl Zuckmayer. In: Berliner Zeitung. Nr. 245 vom 19.10.1996, S. 23.

Göpfert, Peter Hans: Ins Panoptikum geschickt. In: Wiesbadener Kurier, 19.10.1996. – Dass. u.d.T. *Luftkampf in Sülzgelee* in: Darmstädter Echo, 23.10.1996. – Dass. u.d.T. *Bruchlandung beim Luftkampf in Sülzgelee* in: Freie Presse. Chemnitz, 25.10.1996. – Etwas erweitert u.d.T. *Castorf die Bruchlandung* in: Nürnberger Zeitung, 30.10.1996. – Gekürzt u.d.T. *Luftk(r)ämpfe rund um General Harras* in: Weser-Kurier. Bremen, 30.10.1996.

Heine, Matthias: Typenpanorama des Totalitarismus. In: Braunschweiger Zeitung, 19.10.1996.

Hendrich, Imke: Harras im schwarzen Netzbody in den Weltraum. In: Münchner Merkur, 19.10.1996. – Dass. u.d.T. *Harras ohne Hemmungen* in: Schwarzwälder Bote. Oberndorf, 19.10.1996. – Dass. u.d.T. *Haudegen steckt im schwarzen Netzbody* in: Offenbach-Post, 19.10.1996. – Dass. u.d.T. *Weiblicher General im All*. In: Nordsee-Zeitung. Bremerhaven, 19.10.1996. – Dass in: Schwäbische Donauzeitung. Ulm, 23.10.1996. – Dass u.d.T. *Eigensinnig, provokant und hemmungslos* in: Gießener Allgemeine, 19.10.1996. – Dass. u.d.T. *Lustobjekte einer Groteske* in: Wiesbadener Tagblatt, 23.10.1996. – Dass. u.d.T. *Lustobjekte in der Kraterlandschaft* in: Mainspitze. Rüsselsheim, 1.11.1996.

Jansen, Hans: Der doppelte General. Berlin: Zuckmayers NS-Stück. In: Westdeutsche Allgemeine Zeitung. Essen, 19.10.1996.

Kaiser, Christoph: Des Teufels Generalin. In: Ruhr-Nachrichten. Dortmund, 19.10.1996. – Dass. u.d.T. *Des Castorfs Generalin* in: Neue Osnabrücker Zeitung, 19.10.1996. – Dass. u.d.T. *Ein halber Abend des bösen Zaubers* in: Dresdner Neueste Nachrichten, 21.10.1996.

Kallensee, Frank: Kirk wichst Knobelbecher. »Des Teufels General« befehligt eine Volksbühnen-»Enterprise«. In: Märkische Allgemeine. Potsdam, 19.10.1996.

Kohse, Petra: Grüßt mir den Mond. Flimmernde Erde, Reichsflieger im All. In: Die Tageszeitung. Berlin. Nr. 5056 vom 19./20.10.1996, S. 14.

Kranz, Dieter: Eine Generation stellt Fragen. In: Märkische Oderzeitung. Frankfurt/Oder, 19.10.1996.

Krieger, Gottfried: Hektischer Hampelmann. Frank Castorf demontiert »Des Teufels General« in Berlin. In: Südkurier. Konstanz, 19.10.1996.

Laudenbach, Peter: Deutsche Lebenslügen – mit sarkastischem Grinsen geoutet. Frank Castorf und seine böse Sicht auf Zuckmayers »Des Teufels General«. In: Leipziger Volkszeitung, 19.10.1996.

Möller, Barbara: Nur Gejaule, Gestöhne, Gegrunze. In: Hamburger Abendblatt, 19.10.1996.

Stadelmaier, Gerhard: Papiertiger der Lüfte. Faß, Harras! Frank Castorf ergibt sich an der Berliner Volksbühne Zuckmayers »General«. In: Frankfurter Allgemeine Zeitung. Nr. 244 vom 19.10.1996, S. 31.

Sucher, C. Bernd: Au, Scheiße! In: Süddeutsche Zeitung. München. Nr. 242 vom 19.10.1996, S. 18.

Wengierek, Reinhard: Schlaumeiers Blödelparty. Stückeverwurstungsanstalt: »Des Teufels General« an der Volksbühne. In: Die Welt. Hamburg. Nr. 245 vom 19.10.1996, S. 10. – Gekürzt u.d.T. »Castorf verhunzt Zuckmayer« in: Bayernkurier. München, 26.10.1996.

Dietschreit, Frank: Blick in den moralischen Abgrund. In: Mannheimer Morgen, 20.11.1996.

Köhler, Ingeborg: Nazis in aufgeblähter Zirkusnummer. In: Welt am Sonntag. Hamburg. Nr. 42 vom 20.10.1996.

Bazinger, Irene: Da tickt doch was. Frank Castorf schließt mit »Des Teufels General« seine »Deutsche Trilogie« ab. In: Junge Freiheit. Berlin, 21.10.1996.

Seidenfaden, Ingrid: Wüste Revue vom Untergang. In: Abendzeitung. München, 21.10.1996.

Tomerius, Lorenz: Zerrbild der Geschichte. In: Nürnberger Nachrichten, 22.10.1996. – Dass. u.d.T. *Kindergeburtstag und Kasinofete* in: Schwäbische Zeitung. Leutkirch, 24.10.1996.

Laages, Michael: Noch ein erledigter Fall? Wenigen Theatern fällt zum hundertjährigen Zuckmayer etwas ein. In: Hannoversche Allgemeine Zeitung, 24.10.1996.

Wirsing, Sibylle: Deutscher Graus. In: Wochenpost. Berlin. Nr. 44 vom 24.10.1996, S. 40.

Berger, Michael: Soldaten sind Schwätzer. In: Die Woche. Hamburg. Nr. 44 vom 25.10.1996.

Henrichs, Benjamin: Der Teufel und der liebe Zuck. Premiere an der Berliner Volksbühne: Wie Frank Castorf ein deutsches Rührstück in den Weltraum schießt. In: Die Zeit. Hamburg. Nr. 44 vom 25.10.1996, S. 60.

Scheffel-Matthes, Meike: Der Gewissens-Luftikus. Frank Castorfs Polit-Porno frei nach Carl Zuckmayer. In: Rheinischer Merkur. Bonn. Nr. 43 vom 25.10.1996, S. 20.

Schreiber, Susanne: Der Haudegen in Netzstrümpfen. Wenn Frank Castorf an der Volksbühne Casino-Konversation als Nazi-Gewäsch entlarvt ... In: Handelsblatt. Düsseldorf, 25.10.1996.

Tiedemann, Kathrin: »Ich bin fremd in dieser Gesellschaft, weil sie keinen pädagogischen oder utopischen Auftrag hat.« Frank Castorf, Intendant der Volksbühne Berlin, zur Premiere von Carl Zuckmayers »Des Teufels General«. In: Freitag. Die Ost-West-Wochenzeitung. Berlin. Nr. 44 vom 25.10.1996, S. 11.

Schindler, Christian: Des Castorfs General. In: Oranienburger Generalanzeiger, 29.10.1996.

Ritzmann, Kai: Probleme! Probleme! In: General-Anzeiger. Bonn, 6.11.1996.

Lennartz, Knut: Ein Stück – von wem? In: Die Deutsche Bühne. Seelze. 1996, Heft 12, S. 30-32.

Anthonissen, Peter: Een oorlogsrevue die zijn wortels mist. Berlijnse Volksbühne in de Singel te gast met »Des Teufels General«. In: De Morgen. Gent. Nr. 280 vom 27.10.1997, S. 17.

C.46 Zu *Des Teufels General*. Zu weiteren Neu-Inszenierungen auf deutschen Bühnen

Diehl, Siegfried: Hunde, wollt ihr ewig fliegen? Harras im Bewältigungslooping: Thomas Schulte-Michels inszeniert »Des Teufels General« im Schauspiel Frankfurt. In: Frankfurter Allgemeine Zeitung. Nr. 128 vom 6.6.1997, S. 43.

Grus, Michael: Partylöwe ohne Krallen. In: Frankfurter Rundschau. Nr. 128 vom 6.6.1997, S. 7. – Zur Frankfurter Aufführung.

Auffermann, Verena: Der Verdränger. In: Süddeutsche Zeitung. München. Nr. 140 vom 21.6.1997, S. 14. – Zur Frankfurter Aufführung.

Haider, Hans: Das feine Ensemble – die falsche Sache. In: Die Presse. Wien. Nr. 15249 vom 19.12.1998, S. 17. – Zur Aufführung im Theater an der Josefstadt.

Kathrein, Karin: Offene Türen, hinter denen nur die Leere gähnt. Otto Schenk inszeniert »Des Teufels General« im Theater in der Josefstadt. In: Der Kurier. Wien, 19.12.1998.

Boberski, Heiner: Das Dilemma des Mitläufers. Carl Zuckmayers Drama »Des Teufels General« bleibt ein sehenswertes Zeitdokument. In: Die Furche. Wien. Nr. 52/53 vom 24.12.1998, S. 23. – Zur Aufführung im Theater an der Josefstadt.

Bazinger, Irene: Frau General lebt. Triumph für Corinna Harfouch. In: Frankfurter Allgemeine Zeitung. Nr. 271 vom 20.11.1999. – Zur Aufführung an der Volksbühne am Rosa-Luxemburg-Platz, Berlin.

C.47 Zu *Katharina Knie*. Zur Inszenierung von Friedrich Bremer, Fränkisches Theater, u.a.

Blum, Heike: Seiltänzer im Schloß. Premiere von »Katharina Knie« in Maßbach. In: Main-Post. Würzburg, 4.11.1996.

Dornhöfer, H.J.: Höhen und Tiefen des Seiltänzerlebens. Zuckmayers *Katharina Knie* in Maßbach. In: Schweinfurter Volkszeitung, 5.11.1996.

ta: Wer weiß, wo er hingehört, braucht keine Zeit. Zum 100. Geburtstag: Carl Zuckmayers Seiltänzerstück »Katharina Knie« hatte im Maßbacher Theater Premiere. In: Saale-Zeitung. Bad Kissingen, 6.11.1996.

Fink, Adolf: Zu Hause im Zirkus der großen Gefühle. Carl Zuckmayers »Katharina Knie« im Staatstheater Darmstadt. In: Frankfurter Allgemeine Zeitung. Stadtausgabe, 31.12.1996

Baier, Jutta: Hausfrauenpracht. Wolfgang Kaus inszeniert Carl Zuckmayers »Katharina Knie« im Volkstheater. In: Frankfurter Rundschau. Nr. 140 vom 20.6.1997, S. 25.

C.48 Inszenierungen anderer Stücke

Schmitz, Helmut: Das Große verloren, das Kleine gewonnen. Shakespeares »König Lear« und Zuckmayers »Der Rattenfänger« in der Stiftsruine. In: Frankfurter Rundschau. Nr. 138 vom 17.6.1995, S. 9. – Zur Aufführung bei den Bad Hersfelder Festspielen.

C.60 Zum 100. Geburtstag des Autors

C.61 Würdigungen in Zeitschriften

Albrecht, Richard: »... irgendwo leben und schaffen ...« Zum 100. Geburtstag des deutschen Erfolgsdramatikers Carl Zuckmayer. In: Schweizer Monatshefte. Zürich. 1996/97, Heft 12/1, S. 43-50.

Delabar, Walter: Old Zucks Ende. Ein Nachtrag zu Carl Zuckmayers 100. Geburtstag und ein Vortrag zu seinem 20. Todestag. In: Juni. Magazin für Kultur und Politik. Mönchengladbach. 1996, Heft 25, S. 121-124.

Harpprecht, Klaus: Der Dichter, der sich selber erfand: Carl Zuckmayer. In: Die Neue Gesellschaft. Frankfurter Hefte. 1996, Heft 12, S. 1133-1135.

Nickel, Gunther: Wer liest Zuckmayer? Zum 100. Geburtstag eines Erfolgsautors. In: Literatur und Kritik. Salzburg. 1996, Heft 309/310, S. 73-78.

Zimmermann, Hans-Jürgen: Ein Sonntagskind der Literatur. Carl Zuckmayer zum 100. Geburtstag. In: Buch und Bibliothek. Reutlingen. 1996, Heft 12, S. 953-954.

Rühle, Günther: Zuckmayer oder das Herz auf Erden. Ein Mann wird hundert. In: Neue Rundschau. Frankfurt/M. 107. Jg., 1997, Heft 1, S. 139-153.

C.62 Würdigungen in der Tages- und Wochenpresse

Beck, Knut: Das Laster des Schreibens. In: Neue Zürcher Zeitung. Internationale Ausgabe. Nr. 302 vom 28./29.12.1996, S. 51.

Buckl, Walter: Volksschriftsteller und zugleich Klassiker. In: Donau-Kurier. Ingolstadt, 21./22.12.1996, (Beil.) Der Sonntag, o.S.

Dieterich, Erika: Die Menschen mit dem Herzen sehen. Zum 100. Geburtstag des Dichters Carl Zuckmayer. In: Mainzer Rhein-Zeitung, 14.12.1996, (Beil.) Wochenend-Magazin *Journal*, [S. I].

Fischer, Ulrich: Der Autor als »deutschnationales Rübenschwein«. Ein deutsches Schriftstellerleben. In: Badische Zeitung. Freiburg im Breisgau. Nr. 299 vom 27.12.1996, S. 14.

Fuld, Werner: Als wär's ein Stück von ihm... Drastischer Witz und vitaler Realismus – wie kaum ein anderer trat Carl Zuckmayer gegen Untertanengeist und Spießbürgertum an. In: Focus. Nr. 52 vom 21.12.1996, S. 132-133.

Goertz, Heinrich: Der moralische Menschenkünstler. Carl Zuckmayer zum 100. Geburtstag. In: Hannoversche Allgemeine Zeitung. Nr. 304 vom 27.12.1996, S. 7.

Grasberger, Thomas: Ruck-»Zuck« wird's uns so wohlig warm. 100 Jahre Zuckmayer – Renaissance auf deutschen Bühnen. In: Abendzeitung. München, 27.12.1996.

Heise, Ulf: Des Kanzlers Lieblingsautor. Heute vor 100 Jahren wurde Carl Zuckmayer im Rheinland geboren. In: Märkische Allgemeine. Potsdam, 27.12.1996.

Lăzărescu, Mariana: Einer der erfolgreichsten deutschen Dramatiker. Vor 100 Jahren wurde der Schriftsteller Carl Zuckmayer geboren. In: Allgemeine Deutsche Zeitung für Rumänien. Bukarest. Nr. 1012 vom 20.12.1996, S. 5.

Nolte, Jost: Der Kerl, der Zuckmayer hieß. Erinnerung an den Dramatiker von Geblüt, Menschen von Anstand und Freund vieler Zeitgenossen. In: Die Welt. Hamburg. Nr. 302 vom 27.12.1996, S. 11.

Pfützner, Klaus: »Ich wollte nur Theater machen«. In: Neues Deutschland. Berlin. Nr. 301 vom 27.12.1996, S. 10.

Podak, Klaus: Lebt: aus Trotz! Lebt: aus Wut! Ein Unzeitgemäßer ist zu feiern. In: Süddeutsche Zeitung. München. Nr. 299 vom 28./29.12.1996, (Beil.) SZ am Wochenende, [S. I].

Rehberg, Reinhard: Mit Zuckmayer in die Theater-Badewanne. Vom Fluch und Segen der Herkunft. Ein Nackenheimer und das literarische Erbe seines Heimatorts. In: Mainzer Rhein-Zeitung, Nr. 300 vom 27.12.1996, S. 22.

Reiser, Rudolf: Für die Fahrt nach München den Ehering versetzt. Die Lehrjahre des Schriftstellers an der Isar. In: Süddeutsche Zeitung. München. Nr. 298 vom 27.12.1996, S. 32.

Rost, Alexander: »Des Teufels General« und »Zuck« – alte Freunde in den tollen 20ern. 100. Geburtstag von Carl Zuckmayer – Vom sinnenfrohen Provokateur zum hochgeehrten Dramatiker deutscher Befindlichkeit. In: Welt am Sonntag. Hamburg, 22.12.1996.

Rühle, Günther: Nennt das Leben auch: Liebe. Heute vor 100 Jahren wurde der Schriftsteller Carl Zuckmayer geboren. In: Berliner Zeitung. Nr. 302 vom 27.12.1996, S. 33.

Schnabel, Dieter: Ich liebe das Leben, das menschliche Leben. Heute vor 100 Jahren wurde der Schriftsteller Carl Zuckmayer geboren. In: Südkurier. Konstanz, 27.12.1996.

Utin, Bruno: Winzer, Rebellen und ein zynischer Fliegergeneral. In: Frankfurter Neue Presse, 27.12.1996.

Völker, Klaus: Die komische Tiergattung Mann (= Mensch). Carl Zuckmayer wäre heute 100 geworden. In: Frankfurter Rundschau. Nr. 301 vom 27.12.1996, S. 9.

Schwiemann, Horst: »Das schönste und letzte Haus unseres Lebens.« Auf den Spuren Carl Zuckmayers in Saas-Fee – zu seinem 100. Geburtstag. In: Aufbau. New York. 63. Jg., 1997, Nr. 2, S. 17.

D.10 Zur Zuckmayer-Ausstellung in Marbach, Mainz und Zürich

Kieser-Hess, Ulrike: Zuckmayer möglichst komplett. Vorbereitungen im Literaturarchiv Marbach für die Jahresausstellung. In: Südwest Presse. Schwäbische Donau-Zeitung. Ulm, 17.4.1996.

Bosshardt, Robert: Pfeife und Schreibmaschine. Requisiten, die an einen beliebten Schriftsteller erinnern. In: Süddeutsche Zeitung. München. Nr. 105 vom 7.5.1996

Pross, Steffen: Ein Volksschriftsteller mit Kanten. Das Schiller-Nationalmuseum erinnert an Carl Zuckmayer. In: Ludwigsburger Kreiszeitung, 22.6.1996.

Roeder, Gustav: »Ach wilder Bursch!« Spurensuche in Marbach: Eindrucksvolles Ergebnis. In: Nürnberger Zeitung. Nr. 142 vom 22.6.1996, S. 23.

bo: Das Herz als Zentrum allen Lebens. Jahresausstellung »Carl Zuckmayer« auf der Schillerhöhe eröffnet. In: Marbacher Zeitung, 25.6.1996.

Ignée, Wolfgang: Ein Herz auf Erden. In: Stuttgarter Zeitung. Nr. 144, vom 25.6.1996, S. 29.

Kieser-Hess, Ulrike: Als wär's ein Stück von ihm. In: Stuttgarter Zeitung, 25.6.1996.

Gallé, Volker: Mehr als ein »sensibler Kraftmeier«. Die große Carl-Zuckmayer-Ausstellung in Marbach versucht, Klischees zu revidieren. In: Allgemeine Zeitung. Mainz, 26.6.1996.

Sonne, Günter: »Ich wollte nur Theater machen«. Zum Leben eines Unbeugsamen: Carl-Zuckmayer-Ausstellung im Schiller-Nationalmuseum. In: Die Welt. Hamburg. Nr. 150 vom 29.6.1996, S. 10.

Leonhardt, Rudolf Walter: Der gute Mensch von Vermont. In: Die Zeit. Hamburg. Nr. 28 vom 5.7.1996, S. 41.

Schlaffer, Hannelore: Sturm in der Gartenlaube. Erinnerung an einen von den deutschsprachigen Bühnen Schnell- und Ganzvergessenen. In: Frankfurter Rundschau. Nr. 155 vom 6.7.1996, S. 7.

Klein, Dagmar: Humor spricht aus allen seinen Texten. In: Wetterauer Zeitung. Friedberg/Hessen. Nr. 158 vom 10.7.1996, S. 8.

Hoffmann, Rainer: »Ich wollte nur Theater machen«. In: Neue Zürcher Zeitung. Internationale Ausgabe. Nr. 174 vom 29.7.1996, S. 19.

Gössmann, E.: Zwischen Anpassung und Widerstand. Die Jahresausstellung des Deutschen Literaturarchivs in Marbach ist Carl Zuckmayer gewidmet. In: Die Rheinpfalz. Ludwigshafen am Rhein. Nr. 176 vom 31.7.1996, Kultur, o.S.

Krause, Tilman: Er wollte nicht rechten. Ausgerechnet Zuckmayer? Das Literaturarchiv Marbach präsentiert mit seiner Jahresausstellung keinen Unbeträchtlichen. In: Der Tagesspiegel. Berlin. Nr. 15706 vom 6.8.1996, S. 19.

Voss, Ursula: Als wär's ein Stück von uns. Die Marbacher Gedächtnisschau für den 100jährigen Zuckmayer. In: Rheinischer Merkur. Bonn. Nr. 32 vom 9.8.1996, S. 19.

Mayer, Thomas: Die Selbsterkenntnis: Er war ein Soldat, der alles versoffen hat. Zuckmayer wird 100 – Die Ausstellung zum Ereignis. In: Leipziger Volkszeitung, 15.8.1996, S. 9.

Klippel, Hermann: Carl Zuckmayer zu Ehren. In: Börsenblatt für den Deutschen Buchhandel. Frankfurt/M., Leipzig. Nr. 77 vom 24.9.1996, [Beil.] Aus dem Antiquariat, S. 391-394.

Schlosser, Eva Maria: Carl Zuckmayer-Ausstellung in Marbach. In: Lift. Das Stadtmagazin für Stuttgart und die Region. 1996, Heft 11, S. 94.

Fischer, Ulrich: »Ich wollte nur Theater machen«. Eine Ausstellung zu Carl Zuckmayers 100. Geburtstag. In: Die Deutsche Bühne. Seelze. 1996, Heft 12, S. 34-35.

Mittenzwei, Stefanie: Mit Marlenes Brief nach Amerika. Geburtstagsausstellung kratzt am Klischeebild von Carl Zuckmayer. In: Mainzer Rhein-Zeitung. Nr. 291 vom 14./15.12.1996, S. 16.

Bischoff, Matthias: »Ich wollte nur Theater machen«. Eine Ausstellung im Mainzer Rathausfoyer zum 100. Geburtstag Carl Zuckmayers. In: Frankfurter Allgemeine – Sonntagszeitung. Nr. 50 vom 15.12.1996, S. 27.

RD.: Die Menschlichkeit verwirklichen. Zuckmayer-Ausstellung eröffnet – Theater als Mahnung. In: Allgemeine Zeitung. Mainz. Nr. 292 vom 16.12.1996.

zos.: Im Mainzer Rathaus: Ausstellung über Carl Zuckmayer. In: Frankfurter Allgemeine Zeitung / Rhein-Main-Zeitung, 16.12.1996.

Russ, Bruno: Wie ein Metermaß der Zeit: Vom selbstbewußten Knirps zum zarten Greis. Ausstellung im Mainzer Rathaus: »Ich wollte nur Theater machen«. In: Wiesbadener Kurier, 24.12.1996.

Seidel, Robert: Verehrt, verschmäht, vermarktet. Ausstellung zu Carl Zuckmayers 100. Geburtstag in Mainz. In: Darmstädter Echo, 24.12.1996.

Englert, Renate: Ein Mann, der nur Theater machen wollte. Ausstellung im Mainzer Rathaus. In: Main-Echo. Aschaffenburg, 27.12.1996.

Schuler, Edgar: »Hoffentlich kommt kein Anschluss dazwischen.« Carl Zuckmayer in Texten und Bildern im Stadthaus. In: Neue Zürcher Zeitung. Nr. 93 vom 23.4.1997, S. 32.

D.11 Berichte über Veranstaltungen

bo: Leben auf einer amerikanischen Farm. Zuckmayer-Tochter erzählte über die Jahre im amerikanischen Exil. In: Marbacher Zeitung. Nr. 213 vom 13.9.1996, S. 17.

Lindenberger, Herbert: Der Dichter als Farmer. Zuckmayers Tochter im Marbacher Literaturarchiv. In: Stuttgarter Zeitung. Nr. 213 vom 13.9.1996, S. 26.

Mayer, Gerhard: »Ein Deutscher im Wesen, aber nicht im Heimatgefühl.« Die Tochter Carl Zuckmayers, Maria Guttenbrunner, erzählte im Deutschen Literaturarchiv in Marbach über die Jahre im amerikanischen Exil. In: Heilbronner Stimme. Nr. 213 vom 13.9.1996.

Nübel, Rainer: Ziegen und Heimweh. Carl Zuckmayers Tochter erzählt über Exilzeit in USA. In: Stuttgarter Nachrichten. Nr. 213 vom 13.9.1996.

Pross, Steffen: Was der Vater Winnetous im Exil in Amerika erlebte. Zuckmayer-Tochter erzählte über Leben in Vermont. In: Ludwigsburger Kreiszeitung. Nr. 214 vom 14.9.1996.

kleho: Rollende Augäpfel zeigen den Zorn. Stummfilmabend im Deutschen Literaturarchiv. In: Marbacher Zeitung, 16.9.1996, S. 15. – Zur Vorführung von »Schinderhannes. Der rheinische Rebell« und »Katharina Knie« gemeinsam mit dem Kommunalen Kino Stuttgart.

Russ, Bruno: Großer Harmonisierer? Symposion über Carl Zuckmayer – Österreich als Zwischenexil. In: Wiesbadener Kurier, 16.10.1996, S. 14.

arr.: Auf den Schreibgeschmack gekommen. Mario Adorf liest in Mainz aus Zuckmayers Werken. Frankfurter Allgemeine – Sonntagszeitung, 24.11.1996.

loh.: »Wir sollten ihn schützen.« SWF-Zuckmayer-Gala mit Fuchs, Reich-Ranicki, Fleckenstein. In: Allgemeine Zeitung. Mainz, 30.11./1.12.1996.

Thomas, Armin: Den Konservativen zu links – und umgekehrt. Eindrücke von der SWF-Gala zum 100. Geburtstag des Dramatikers Carl Zuckmayer. In: Mainzer Rhein-Zeitung, 30.11./1.12.1996.

arr.: Als wär's ein Stück von ihm. Mainz feiert Carl Zuckmayers 100. Geburtstag. In: Frankfurter Allgemeine – Sonntagszeitung, 1.12.1996.

R.H.: Nur ein paar Mystifikationen. Zuckmayer-Lesung mit Adorf. In: Allgemeine Zeitung. Mainz, 2.12.1996.

Gallé, Volker: Seine vitalen Figuren passen nicht in die Zeit. Symposium über Carl Zuckmayer im Mainzer Rathaus. In: Allgemeine Zeitung. Mainz, 9.12.1996.

Russ, Bruno: Zuckmayer – Ein untergehender Autor? Symposion der Johannes-Gutenberg-Universität im Mainzer Rathaus. In: Wiesbadener Kurier, 9.12.1996.

kab.: Beim Weihnachtstreff kam es zu »Backorgien«. Winnetou Guttenbrunner über Zuckmayer. In: Allgemeine Zeitung. Mainz, 16.12.1996, S. 17.

Kemminer, Markus: Ist der Weintrinker so interessant wie der Dramatiker? Staatstheater veranstaltete im TIC Zuckmayer-Abend: Leichtgewichtiges Durcheinander. In: Mainzer Rhein-Zeitung. Nr. 292 vom 16.12.1996.

Rudnitzki, Diana: Überleben in Vermont. Zuckmayers Tochter erzählte im Rathaus. In: Mainzer Rhein-Zeitung. Nr. 292 vom 16.12.1996.

Funke, Christoph: Poet des Lebens. Vom Ich zum Du: Eine Matinee zum 100. Geburtstag Carl Zuckmayers. In: Der Tagesspiegel. Berlin. Nr. 15883 vom 3.2.1997, S. 19.

D.12 Forschungsdiskussion in der Presse

Nickel, Gunther: Für Entdeckungen gut. Aus der Literaturgeschichte des 20. Jahrhunderts nicht wegzudenken: Carl Zuckmayers Werke in einer Neuausgabe. In: Der Tagesspiegel. Berlin. Nr. 15848 vom 19.12.1996, S. W 6.

Hock, Rotraut: Gewissenhafte Spurensuche. Zuckmayer-Jahrbuch mit Beiträgen zum 100. Geburtstag des Autors. In: Allgemeine Zeitung. Mainz, 28.4.1998.

Kurzke, Hermann: Lederhose mit Charakter. Profilsuche: Das erste Jahrbuch der Carl-Zuckmayer-Gesellschaft. In: Frankfurter Allgemeine Zeitung. Nr. 185 vom 12.8.1998, S. 32.

D.13 Wirkungsgeschichte (Zuckmayer-Medaille)

Carl-Zuckmayer-Medaille des Landes Rheinland-Pfalz 1993: Hans Sahl. Eine Würdigung. Bearbeitet von Thomas Daum und Bernhard Spies. Landau: Pfälzische Verlagsanstalt, 1994, 76 S. – Mit Beiträgen von Rudolf Scharping, Marcel Reich-Ranicki und Bernhard Spies sowie zahlreichen Texten von Hans Sahl.

Carl-Zuckmayer-Medaille des Landes Rheinland-Pfalz 1994: Fred Oberhauser. Eine Würdigung. Bearbeitet von Thomas Daum und Karl Friedrich Geißler. Landau: Pfälzische Verlagsanstalt, 1995, 71(1) S. – Mit Beiträgen von Kurt Beck, Rudolf Scharping und Ludwig Harig sowie zahlreichen Texten von Fred Oberhauser.

Carl-Zuckmayer-Medaille des Landes Rheinland-Pfalz 1995: Grete Weil. Eine Würdigung. Bearbeitet von Thomas Daum und Dieter Lamping. Kaiserslautern: Verlag des Institus für pfälzische Geschichte und Volkskunde, 1996, 64 S. – Mit Beiträgen von Kurt Beck, Erwin Rotermund und Dieter Lamping sowie zahlreichen Texten von Grete Weil.

Carl-Zuckmayer-Medaille des Landes Rheinland-Pfalz 1996: Mario Adorf. Eine Würdigung. Bearbeitet von Thomas Daum und Thomas Hilsheimer. Kaiserslautern: Verlag des Instituts für pfälzische Geschichte und Volkskunde, 1997, 68 S. – Mit Beiträgen von Kurt Beck und Dieter Wedel sowie zahlreichen Texten von Mario Adorf.

Carl-Zuckmayer-Medaille des Landes Rheinland-Pfalz 1997: Katharina Thalbach. Eine Würdigung. Bearbeitet von Thomas Daum und Thomas Hilsheimer. Kaiserslautern: Verlag des Instituts für pfälzische Geschichte und Volkskunde, 1998, 59 S. – Mit Beiträgen von Kurt Beck und Bernd Wilms sowie einer Dokumentation von Thomas Hilsheimer »Carl Zuckmayer, Katharina Thalbach, Harald Juhnke und der *Hauptmann von Köpenick*«.

Carl-Zuckmayer-Medaille des Landes Rheinland-Pfalz 1998: Harald Weinrich. Eine Würdigung. Bearbeitet von Thomas Daum und Thomas Hilsheimer. Edenkoben: Verlag K.F. Geißler, 1999, 67 S. – Mit Beiträgen von Kurt Beck und Hans-Martin Gauger, Texten von Harald Weinrich sowie Biographie und Werkverzeichnis.

Rezensionen

Eberhard Demm, Von der Weimarer Republik zur Bundesrepublik. Der politische Weg Alfred Webers 1920-1958, Düsseldorf 1999, DM 98,–.

Das Frankfurter Institut für Sozialforschung ist legendär und daher seit langem Gegenstand wissenschaftlicher Studien. Das Heidelberger Institut für Sozial- und Staatswissenschaften genoß eine vergleichbar große Aufmerksamkeit bislang nicht. Dabei haben dort zahlreiche Intellektuelle, die von Mitte der zwanziger Jahre an eine wichtige Rolle im wissenschaftlichen, kulturellen und politischen Leben Deutschlands spielten, ihr Studium absolviert. Zu ihnen gehörten etwa Karl Mannheim, Norbert Elias und Erich Fromm, aber auch der Freundeskreis um Carl Zuckmayer mit Henry Goverts, Theodor Haubach, Emil Henk, Carlo Mierendorff, Wolfgang Petzet und Egon Wertheimer. Sie alle besuchten Vorlesungen von Alfred Weber und beteiligten sich an dessen vierzehntägig stattfindendem Soziologen-Klub; Petzet und Goverts schlossen ihre Studien bei Weber sogar mit einer Promotion zum Dr. phil. ab.

Im November 1919 hielt Zuckmayer bei einer Zusammenkunft des Soziologen-Klubs einen Vortrag mit dem Titel *Campanellas Civitas Solis und der Jesuitenstaat in Paraguay*.[1] Im Wintersemester 1919/20 besuchte er auch Webers »Praktische Volkswirtschaftslehre«, an die sich im Sommersemester 1920 der Besuch von dessen »Allgemeiner Volkswirtschaftslehre« anschloß. Daneben studierte er deutsche Literatur bei Max von Waldberg und Friedrich Gundolf, Philosophie bei Hans Driesch sowie Ökonomie bei Emil Lederer.[2] Ein paar dieser und anderer Details, auf die Eberhard Demm bei einer intensiveren Beschäftigung mit Zuckmayers Heidelberger Jahren leicht hätte stoßen können, sind von ihm in seiner Biographie Alfred Webers zwar nicht mitgeteilt worden, aber der Bedeutung, die seine Darstellung für die Zuckmayer-Forschung gleichwohl hat, tut das überhaupt keinen Abbruch. Viel genauer als etwa in Zuckmayers Autobiographie erfährt man bei Demm, wie es um das geistige Leben in Heidelberg zu Beginn der zwanziger Jahre bestellt war und was es hieß, wenn Studenten wie Zuckmayer sich für den lebensphilosophisch geprägten Weber und nicht für den Neukantianer Heinrich Rickert als Lehrer entschieden haben.

---

[1] Vgl. Carl Zuckmayer, *Als wär's ein Stück von mir*, Frankfurt am Main 1997, S. 353. Das Manuskript von Zuckmayers Vortrag ist in seinem Nachlaß im Deutschen Literaturarchiv Marbach überliefert.
2 Archiv der Ruprecht-Karls-Universität Heidelberg, Studentenakte Carl Zuckmayer.

Von seinen erheblichen Differenzen mit Rickert machte Weber nie einen Hehl. Sonst aber zeichnete ihn eine weitgehende Akzeptanz abweichender und das hieß unter anderem: marxistischer Positionen aus. Er interessierte sich auch, sogar mit einer »gewissen Bewunderung« (S. 87), für den Erfolg von Mussolinis Politik in Italien und promovierte den zum jungkonservativen Tat-Kreis gehörenden Ernst-Wilhelm Eschmann 1930 mit einer Arbeit über *Die Sozialpolitik des Faschismus*. Dieser auf den ersten Blick irritierende Nonkonformismus dürfte sich aus der von Weber gesehenen Notwendigkeit erklären lassen, »den jungen Leuten irgendein allgemeines Ziel und einen Glauben zu geben – etwas, was sie als große Aufgabe empfinden« (S. 86). Das aber bedeutete für ihn nicht, seinen Schülern ideologische Vorgaben zu machen, sondern vielmehr, den politischen Suchbewegungen der Zeit mit Offenheit, Neugierde und Unvoreingenommenheit zu begegnen und das Brauchbare vom Inakzeptablen bei politisch Andersdenkenden zu unterscheiden. Heute mag eine solche Haltung zunächst verstörend wirken, Demm gelingt es aber, wenn dabei auch die Differenzen zwischen dem »Neuen Nationalismus« der keineswegs homogenen »Konservativen Revolution« und dem Nationalsozialismus von ihm etwas zu sehr verwischt werden, Webers Haltung plausibel zu erklären:

> Wenn er sich auch stets zum Liberalismus bekannt hat und sich als Linksliberaler fühlt, so ist und bleibt er doch ein überzeugter deutscher Nationalist und damit letzten Endes ein Nationalliberaler im eigentlichen Sinne des Wortes. So entlehnt er auch dem »Neuen Nationalismus« [...] gewisse Züge: zum Beispiel die charismatische Aufladung des Nationenbegriffs, nach der die deutsche Nation Träger einer welthistorischen Sendung in Europa ist. [...] Auch seine Ideen über die Bedeutung des Kollektivs in der Menschenrechtskonzeption verraten den Einfluß der Neuen Rechten, der sich aber weit bis ins linksliberale Lager verfolgen läßt. So lautet ein DDP-Slogan aus dem Jahre 1924: »Demokratie heißt Überwindung des Klassenkampfgedankens durch Volksgemeinschaft«. [...] Das Driften nach rechts, wie es manche Autoren bei Weber zu Anfang der dreißiger Jahre erkennen wollen, beruht auf einem Mißverständnis: die Einstellung rechtsorientierter Mitarbeiter wie Eschmann bedeutet keine politische Stellungnahme, sondern hängt mit Webers liberalem Selbstverständnis zusammen, das ihm die Toleranz politischer Gegner gebietet. Außerdem greift Weber manche Argumente der rechten Kritik auf, nicht weil er sie akzeptiert, sondern weil er darauf abzielt, die Weimarer Demokratie so zu reformieren, daß sie dieser Kritik keine Angriffsflächen mehr bietet. Dessen ungeachtet lehnt Weber weiterhin kompromißlos die Politik des »Neuen Nationalismus« und der Nationalsozialisten ab. Das wird sich im Jahre 1933 zeigen, wenn er ein

Beispiel für den Widerstand der ersten Stunde gegen die nationalsozialistischen Übergriffe geben wird. (S. 221 f.)

Später hat Weber seine intellektuelle Toleranz in den dreißiger Jahren zumindest teilweise verdrängt: So stellte er 1937 eine »weitgehende Übereinstimmung« mit Ernst Jünger fest, dem er in dieser Zeit enthusiastische Briefe schrieb; 1951 warf er ihm dagegen einen »gedankenhaft totalitär verkrusteten Erlebnispanzer« und mangelnde Distanzierung vom NS-Regime nach 1933 vor (S. 297). Solche Bruchlinien in der Biographie Webers hat Demm mit aller wünschenswerten Deutlichkeit rekonstruiert. Da sie sich auf verwandte Weise auch bei Zuckmayer und seinen Freunden beobachten lassen,[3] wüßte man nach der Lektüre seines Buchs gern noch einiges mehr über ihre offenbar außerordentlich prägende Heidelberger Zeit. Das betrifft auch biographische Detailfragen, zum Beispiel die, ob Zuckmayer schon zu Beginn der zwanziger Jahre den Politikwissenschaftler Karl Löwenstein in Webers Veranstaltungen kennengelernt hat (vgl. S. 101; der Name fehlt im Personenregister), jenen Karl Löwenstein, der 1945/46 als Mitarbeiter der amerikanischen Militärregierung für Deutschland Botendienste zwischen Zuckmayer in Vermont und Annemarie Seidel in Berlin leistete.[4] Löwenstein, so schrieb Annemarie Seidel am 15. Oktober 1945 an Zuckmayer, sei »ein alter Bekannter aus München«.[5] War Zuckmayer ihm vielleicht erst dort, also nach seiner Heidelberger Zeit, oder doch erst in den USA begegnet, in die Löwenstein 1933 geflüchtet war? Und was verband beide? Nur ein ähnliches persönliches Schicksal? Oder auch gemeinsame politische Ansichten?

Ob sich Fragen wie diese aufgrund der schwierigen Quellenlage jemals beantworten lassen werden, ist ungewiß. Sofern aber tatsächlich einmal ein Forschungsvorhaben zum Thema »Zuckmayer und seine Heidelberger Zeit« in Angriff genommen werden sollte, das vor 14 Jahren Jochen Becker schon einmal ins Auge gefaßt, aber leider nie durchgeführt hat,[6] wird man in Demms Alfred-Weber-Biographie auf jeden Fall alle notwendigen Daten und Fakten zu einem der wichtigen akademischen Lehrer Zuckmayers finden. Vor allem aber ist es Demm gelun-

---

3 Vgl. dazu meinen Beitrag »*Des Teufels General*« *und die Historisierung des Nationalsozialismus*, in diesem Band S. 577-612.
4 Vgl. *Zuckmayer-Jahrbuch*, Bd. 2, 1999, S. 109-111, 188 f., 128 f., 134, 136 f., 141, 225, 238 f. und 241.
5 Ebd., S. 109.
6 Vgl. Jochen Becker, *Carl Zuckmayer und Heidelberg. Ein Vorhaben und ein Fund*, in: *Blätter der Carl-Zuckmayer-Gesellschaft*, Jg. 12, 1986, H. 1, S. 33.

gen, Webers Lebensweg in seinen wissenschaftlichen und politischen Kontexten eine plastische Kontur zu verleihen.

Gunther Nickel

Christina Jung-Hofmann, Wirklichkeit, Wahrheit, Wirkung. Untersuchungen zur funktionalen Ästhetik des Zeitstückes der Weimarer Republik, Frankfurt am Main, Berlin, Bern, New York, Paris, Wien 1999 (Studien zur deutschen und europäischen Literatur des 19. und 20. Jahrhunderts, Bd. 40), 378 S.

In der von Anfang bis Ende hochpolitisierten Theaterszene der Weimarer Republik nimmt Carl Zuckmayer sicher eine Sonderrolle ein. Für ihn war Theater vielleicht nicht unpolitisch, aber sicher nicht politisch in jenem strikten Sinn, daß er es als operatives Medium zu konkreter Weltveränderung hic et nunc hätte einsetzen wollen, wie es das politische Theater dieser Jahre, von Brecht bis Piscator, vom Lehrstück bis zur Agitpropbühne, in vielerlei Gewand erprobt hat. In seiner Selbstverteidigungsschrift *Pro Domo* von 1938 erklärt Zuckmayer ausdrücklich, Theater sei ihm vor allem eine »metaphysische Anstalt«. Er schreibt: »Die Schaubühne ist eine metaphysische Anstalt [...] und um das zu sein und zu bleiben, muß sie bis in alle Fasern von vitaler Wirklichkeit, vom leibhaftigen Eros, von allen Essenzen des Menschenlebens durchtränkt werden.«[1]

In dieser Konzeption markiert die Festlegung auf eine konkrete historische »vitale Wirklichkeit« einerseits, auf eine abstrakte, unhistorische menschliche »Essenz« andererseits Nähe und Ferne zum Politischen, zu Fragen des Tages und der Zeit. Um eine weitere Selbsterklärung Zuckmayers hinzuzuziehen: »Ich wollte an die Natur heran«, schreibt er in seinen Lebenserinnerungen, »ans Leben und an die Wahrheit, ohne mich von den Forderungen des Tages, von den brennenden Stoffen meiner Zeit zu entfernen.«[2] Was auch immer mit »Natur«, »Leben« und »Wahrheit« genau gemeint sein mag – Aktualität, Tagesbezug, Politik werden im Theater nicht ausgeschlossen, freilich allein in einer nicht-

---

1 Carl Zuckmayer, *Pro Domo*, in: Carl Zuckmayer, *Die langen Wege. Betrachtungen*, Frankfurt am Main 1996, S. 69-132, hier: S. 119; vgl. Hans Wagener, *Carl Zuckmayer*, München 1983 (Autorenbücher 34), S. 162-171, besonders S. 165.

2 Carl Zuckmayer, *Als wär's ein Stück von mir. Horen der Freundschaft*, Frankfurt am Main 1997, S. 464; hier bezogen auf den Durchfall des Stückes *Pankraz erwacht*.

operativen, aufs Allgemeine zielenden Dimension zugelassen. Ein Blick auf den *Fröhlichen Weinberg*, den *Schinderhannes* oder den *Hauptmann von Köpenick*, um an drei erfolgreiche Beispiele aus der Weimarer Republik zu erinnern, läßt Zuckmayers Verfahren erkennen: unüberhörbare Gesellschaftskritik, Bloßstellung von Militarismus und Justiz, Aufbegehren und spontanes Rebellentum – aber keine grelle Anklage, keine unversöhnlichen Antagonismen, keine Handlungsorientierung, statt dessen Überhöhung der Protagonisten über ihre Zeit hinaus in Richtung auf eine überzeitliche »Menschennatur«.

Sicher liegt gerade in diesem Ansatz ein Grund für den großen Erfolg von Zuckmayers Stücken bereits vor 1933, daß sie sich der Zeit nicht verschließen, aber dabei und darin nicht verharren. Das Politische, der Zeitbezug bleiben akzidentiell und werden für die Schaubühne »als metaphysische Anstalt« zugerichtet. Daß Zuckmayer sein Personal gern im ländlichen Bereich und gerade im ›einfachen Volk‹ oder bei den ›kleinen Leuten‹ als Träger einer überzeitlichen Menschennatur ansiedelt, hängt damit ursächlich zusammen.

Im politisierten Theaterspektrum der Weimarer Republik bildet dies von der Intention her wie auch in der theatralischen Praxis selbst zweifellos eine Alternative zu jenem ›politischen Theater‹, von dem eingangs die Rede war. Der *Schinderhannes* beispielsweise ist als Gegenentwurf zu Piscators Theater zu sehen.[3] Es bedürfte wohl genauerer Rezeptionsanalysen, um die Faszination des Publikums für Zuckmayers Konzept zu erklären, aber auch, um Aktualität und Akzeptanz des so ganz anders operierenden ›politischen Theaters‹ in der Weimarer Öffentlichkeit zu verstehen. Beider Virulenz in den zwanziger Jahren jedenfalls ist unbestritten, auch wenn das Zuckmayer- und das Piscator-Publikum nicht oder nur zum kleineren Teil identisch gewesen sein dürften. Methodische Probleme, das empirische Publikumsverhalten zu rekonstruieren, das mit der institutionalisierten Theaterkritik ja alles andere als identisch ist, liegen dabei auf der Hand.

Man sollte sich derartige Fragen vergegenwärtigen, befaßt man sich mit Theater und Theaterkonzepten der Weimarer Republik und ihrer Wirkung – gerade wenn es um die Analyse von Erfolgsstücken oder wenn es um ein Theater geht, das sich unmittelbarer Wirkung verschrieben hat. Über letzteres handelt die vorliegende Arbeit von Christina Jung-Hofmann, eine 1997 abgeschlossene Mainzer Dissertation, welche die Kategorie des »Zeitstückes« in den Mittelpunkt rückt und damit eben jener Entwicklung Rechnung trägt, die uns generell als Politisierung des

---

3   Vgl. meinen Beitrag zum *Schinderhannes* in diesem Band, S. 155-178.

Weimarer Theaters begegnet. Unter dem Begriff »Zeitstück« wird jener Typus von »Beliebigkeitsstück« verstanden – ein wenig scharfer, von Günther Rühle u.a. geprägter Terminus –, der sich nicht durch formale oder inhaltliche Kriterien bestimmen läßt, sondern allein durch »seine Bindung an die unmittelbare Zeitgeschichte in bezug auf die Wahl seiner Themen und die damit verbundene operative Absicht« (S. 47 f.). Insofern ist »Zeitstück« ein »primär funktionaler Begriff, denn er bezeichnet eine Funktion, die Drama und Bühne in der Öffentlichkeit übernehmen sollen« (S. 48). Das Zeitstück will gesellschaftskritisch und bewußtseinsbildend wirken. Ihm ist »eine Vielzahl von formal, stilistisch und politisch divergierenden Texten« der Weimarer Republik zuzuordnen sowie »historische Vorläufer« etwa des Sturm und Drang, aber auch Fortschreibungen wie im bundesrepublikanischen Dokumentartheater der Siebziger Jahre (S. 48). Gemeinsame Basis ist die »Intentionalität« der Texte als der allgemeinste verbindende Gesichtspunkt, wie die Einleitung ausführt (S. 11-21).

Das Zeitstück der Weimarer Republik nutzt Verfahrensweisen, wie sie im Naturalismus und Expressionismus erprobt worden sind, und es entlehnt seine auf Verismus zielenden Methoden zudem journalistisch-dokumentarischen Praktiken der Reportage, also einer Topgattung der zwanziger Jahre. Das Zeitstück hat selbst Teil an verschiedenen dramatischen Genres – dem Geschichtsdrama, dem Volksstück, es erscheint als Politrevue wie als agitatorisches Thesenstück und ist oft genug dokumentarisch organisiert. Die Abkehr vom Handlungs- und Charakterdrama ist dem Zeitstück zwangsläufig eingeschrieben – und insofern ist seine Differenz zu den oben erwähnten Zuckmayer-Stücken überdeutlich. Die Figurengestaltung ist davon bestimmt, daß vornehmlich Positionen und Meinungen vertreten und dem Zuschauer politische Orientierung gegeben wird bzw. gegeben werden soll. Die Verfasserin spricht hier von einem »rhetorischen Realismus«, den sie als Genrekennzeichen definiert (vgl. S. 317-323).

Diesen klaren begrifflichen Leitlinien sind die Einzelanalysen verpflichtet. Es werden drei Typen des Zeitstückes unterschieden: das Zeitstück im historischen Gewand, die Zeitrevue, das Reportage- und Debattenstück einschließlich des dieses rhetorisch verschärfenden Thesenstückes. Die Textauswahl bezieht sich zum einen auf Erfolgsstücke der Zeit, also auf solche Stücke, die von den Zeitgenossen als paradigmatisch aufgefaßt worden sind, zum anderen auf solche, in denen der so wichtige Einfluß von Erwin Piscator erkennbar wird. Aber auch Stücke, die sich unabhängig von der Piscatorschen Konzeption behaupten, werden berücksichtigt.

Im einzelnen geht es beim historischen Zeitstück um Ehm Welks *Gewitter über Gotland* in der Piscatorschen Inszenierung von 1927 sowie um das weithin unbekannte Stück *März* von Eleonore Kalkowska, einer *dramatischen Bilderfolge aus dem Jahr 48* (Untertitel) von 1928, die im Übergang von expressionistischer und neusachlicher Dramatik angesiedelt ist und die Spannung bzw. Unvereinbarkeit bürgerlich-liberaler und sozialistischer Ziele aufzuweisen sucht. Beide Autoren aktualisieren historische Stoffe, wobei Welk/Piscator auf eine unbedingte Aktualisierung mit Modellcharakter verzichten, Kalkowska aber gerade dieses unternimmt.

Für die Zeitrevue stehen die dokumentarische Politrevue *Rund um den Staatsanwalt* von Wilhelm Herzog, dem Publizisten und Herausgeber der Zeitschrift *Forum*, der nicht zu Unrecht als »unzeitgemäßer Kommunist« qualifiziert wird (S. 198), und Ernst Tollers Abrechnung mit der Revolution *Hoppla, wir leben* in Piscators berühmter Inszenierung. Drei Exempel werden für das Reportage- und Dokumentarstück herangezogen. Es sind dies: das heute völlig vergessene »neo-naturalistische Reportagestück« (S. 227) *Die Stempelbrüder* von Richard Duschinsky, das als später Nachfahr des Naturalismus eher Sozialmimikry denn Aktivierungspotential bietet; ein seinerzeit sehr erfolgreiches Kampfstück gegen den Abtreibungsparagraphen, nämlich Carl Credés *§ 218*, wiederum in der Piscatorschen Inszenierung. Schließlich wird ein ›rechtes‹ Zeitstück analysiert, und zwar *Der Massenmörder* des völlig unbekannten Autors Georg Rennefahrt von 1929. Es ist dies ein mit großem sprachlich-rhetorischen Aufwand arbeitendes rassistisches Drama, das im Kontext der zeitgenössischen Euthanasie-Diskussion für die Vernichtung sogenannten ›lebensunwerten Lebens‹ eintritt und vermutlich auch als Schlüsseldrama um den Rassefanatiker Ernst Mann steht (der Name des Protagonisten im Stück lautet Manné). Es ist auffällig, daß Rennefahrts Stück letztlich doch einem »Tragödienkonzept« (S. 278) folgt – »bei aller Offenheit der Perspektive, die in Rennefahrts Debattenstück vordergründig angestrebt ist, sind persuasive Strategien nicht zu übersehen, die in ihrer Konsequenz aufs ›Überreden‹ zielen, denn sie sind suggestiv eingesetzt.« Demgegenüber operieren Debattenstück und aktivistisches Thesenstück mit ihrer bewußten »Parteilichkeit« doch anders: »Rhetorische Mittel werden so eingesetzt, daß die persuasive Absicht deutlich wird. Deshalb dominiert im linken und linksliberalen Zeitstück das überzeugende gegenüber dem überredenden Verfahren.« (S. 279).

Insgesamt erschließt diese Arbeit also neues Quellenmaterial, ohne auf die Analyse bekannter und kanonisierter Texte zu verzichten. Die Kategorie ›Zeitstück‹ gewinnt scharfe Kontur, die Hinzuziehung rhetorischer Kategorien (in der Regel an Lausbergs *Handbuch der literarischen Rhetorik* anknüpfend) überzeugt, ebenfalls die Einbindung in die größeren literarhistorischen Zusammenhänge (etwa der Neuen Sachlichkeit) und die Anbindung an das Realismus-Parameter. Ich hätte mir freilich doch die exemplarische Einbeziehung der im engeren Umkreis der KPD operierenden Agitprop-Truppen (wie des aus dem Film *Kuhle Wampe* von Brecht/Dudow bekannten »Roten Sprachrohrs«) und der parallel dazu geführten innerparteilichen Grundsatzdiskussionen über den »Kampf-« und den »Kunstwert« (Maxim Vallentin u.a.) eines derartigen Theaters gewünscht – ließe sich damit doch die Spanne des Thesen- und Agitationsstückes um ein weiteres, seinerzeit recht massenwirksames Konzept in Theorie und Praxis problematisieren bzw. markant erweitern. Auch die Kritik an Piscator, ihm gerate »die Bühne zum Ersatz für Wirklichkeit« (S. 322), müßte überprüft werden – selbst wenn es so wäre (was ich bezweifle), könnte doch dieser »Ersatz für Wirklichkeit« selbst in die Wirklichkeit hineinwirken und insofern wiederum realitätsstiftend, zumindest doch realitätsverändernd sein. – Aber diese Bemerkungen schmälern nicht den Wert dieser anregenden und zur Weiterarbeit einladenden Studie zu einem Thema, das die Forschung in den letzten Jahren vernachlässigt hat.

Walter Fähnders

Dagmar Walach: Aber ich habe nicht mein Gesicht. Gustaf Gründgens – eine deutsche Karriere. [Katalog zur Ausstellung der Staatsbibliothek zu Berlin – Preußischer Kulturbesitz, 9. Dezember 1999-12. Februar 2000]. Berlin: Henschel Verlag 1999. 255 Seiten. 39,90 DM.

Peter Michalzik: Gustaf Gründgens. Der Schauspieler und die Macht. Berlin: Quadriga Verlag 1999. 320 Seiten. 42,00 DM.

Erst 1998 hat Peter Gründgens-Gorski, der Erbe von Gustaf Gründgens, dessen Nachlaß der Staatsbibliothek zu Berlin übereignet. Das Herzstück der siebzig laufenden Meter Quellenmaterial ist die Korrespondenz mit fast allen bedeutenden deutschen Theaterleuten seiner Zeit; der Schwerpunkt liegt auf den Berliner Nachkriegsjahren sowie seiner Düsseldorfer (1947-1955) und Hamburger (1955-1963) Intendanz. Darüber hinaus enthält der Nachlaß eine große Sammlung an Kritiken und persönlichen Zeugnissen aus über vierzig Jahren Theaterarbeit. Eine substantielle Bearbeitung des Materials wird erst die theatergeschichtliche Forschung der nächsten Jahre leisten können. So wird sichergestellt, daß die Beschäftigung mit Gründgens auch nach seinem 100. Geburtstag am 22. Dezember 1999 intensiv fortgeführt wird. Die späte Nachlaß-Übergabe erweist sich als geschickter rezeptionspolitischer Schachzug des für die Zurückhaltung des Materials oft gescholtenen Adoptivsohns von Gustaf Gründgens.

Während viele Publikationen zum Gründgens-Jubiläum mithin über weite Strecken auf bereits bekanntes Material aus dem Dumont-Lindemann-Archiv und dem Hauptstaatsarchiv in Düsseldorf sowie dem Bundesarchiv Berlin zurückgreifen mußten, auf Anekdoten, Erlebnisberichte und Gespräche mit Zeitzeugen angewiesen waren und auf *Wirklichkeit des Theaters* (Frankfurt am Main 1953) und den von Rolf Badenhausen und Peter Gründgens-Gorski herausgegebenen Band *Briefe, Aufsätze, Reden* (Hamburg 1967) – zwei Bücher, in denen sich Gründgens über sein Selbstverständnis als Theatermacher und Schauspieler und seine Arbeit als Intendant in Berlin von 1934 bis 1944 geäußert hat –, konnte die Theaterwissenschaftlerin Dagmar Walach als Bearbeiterin des Gründgens-Nachlasses aus bisher unveröffentlichten Quellen schöpfen. Ihr Buch *Aber ich habe nicht mein Gesicht. Gustaf Gründgens – eine deutsche Karriere* ist zugleich Katalog der in der Staatsbibliothek zu Berlin – Preußischer Kulturbesitz vom 9. Dezember 1999 bis zum 12. Februar 2000 gezeigten Ausstellung, deren Konzeption gleichfalls von der Autorin stammt.

Der Katalog beeindruckt unmittelbar durch die Vielzahl an Fotos und Faksimiles zu Gründgens' Leben und Werk, die er in hervorragenden Reproduktionen bei grafisch sehr ansprechender Gestaltung versammelt. Dennoch stellt sich ab dem Kapitel *Tanz auf dem Vulkan*, das der Zeit in Berlin von 1928 bis 1933 gewidmet ist, leiser Unmut ein, der sich ständig verstärkt. Während nämlich Gründgens' Kindheit, Schauspiel-Ausbildung, erste Engagements und frühe Hamburger Jahre mit sorgsam ausgewählten, sprechenden und originellen Dokumenten illustriert und in der Regel kenntnisreich kommentiert werden, verlieren sich diese Qualitäten mehr und mehr, rückt an die Stelle eines mit Bedacht und Geistesgegenwart komponierten Künstler- und Charakterbildes eine oft beliebig anmutende Abfolge von Rollenfotos, Schauspiel- und Filmkritiken und Selbstzeugnissen. Deren Erkenntniswert wird zusätzlich dadurch geschmälert, daß sich die Autorin auch dort Erläuterungen versagt, wo diese zum Verständnis der Dokumente unerläßlich sind. Als Beispiel seien die Querelen und Grabenkämpfe angeführt, die Gründgens während seiner Düsseldorfer Intendanz auszufechten hatte. Hier erfahren wir nur, daß es den Schauspielern an Wohnraum mangelte und Stadt- und Theaterverwaltung sich wiederholt unkooperativ zeigten.

Es steht zu vermuten, daß es schlicht an Zeit zur Auswertung und Einordnung der herangezogenen Quellen mangelte, die somit oft lediglich als Materialsammlung taugen. Statt Aha-Erlebnisse werden allzu oft nur Soso-Erlebnisse ermöglicht. Es entsteht der Eindruck, die Vermittlung eines differenzierteren Gründgens-Bildes innerhalb der notgedrungen kurzen Vorbereitungszeit wäre durch die Aufteilung der Nachlaßbearbeitung unter mehreren Mitarbeitern vielleicht eher möglich gewesen. So hätten sich wohl auch Fehler und Flüchtigkeiten im Anhang des Katalogs vermeiden lassen, etwa die unter dem 26. Februar 1933 statt 1934 angesetzte Ernennung Gründgens' zum künstlerischen Leiter des Preußischen Staatstheaters und seine unter dem 26. Februar 1934 – statt im Oktober 1934 – aufgeführte Ernennung zum Intendanten oder – besonders ärgerlich – das häufig mit der hilflosen Formulierung »(Lebensdaten unbek.)« auf Recherche-Mängel weisende Verzeichnis von Gründgens' Korrespondenzpartnern.

In ihrem einleitenden Essay bewegt sich Dagmar Walach ganz in den bekannten Pfaden der Gründgens-Rezeption. Zunächst reklamiert sie Gründgens als »Nationalschauspieler, der jenen Typus Schauspieler markiert, in dem sich auf eigentümliche Art und Weise der jeweilige Charakter einer Nation zu spiegeln scheint« (S. 9), wie dies auch bei Konrad Ekhof, David Garrick oder Molière der Fall gewesen sei. »Das Klischee von der Personalunion Gründgens-Mephisto« (S. 10), erstmals von Alfred Kerr in seiner Kritik der Berliner *Faust I*-Inszenierung am 3. Dezember 1932 formuliert, habe dessen Laufbahn durch dreißig Jahre begleitet, wobei Gründgens selbst für die Verewigung in seiner Paraderolle durch den *Faust*-Film von 1961 gesorgt hat, nachdem er 25 Jahre zuvor in Klaus Manns *Mephisto. Roman einer Karriere* (1936) auf diese Rolle reduziert worden ist.

Walach begründet diese von Freund und Feind vorgenommene Identifikation damit, daß der Schauspieler im Berlin der zwanziger und frühen dreißiger Jahre als Filmschurke, Snob, Zyniker und – in den Worten Herbert Iherings 1932 – »kälteste[r], unbürgerlichste[r] Darsteller der deutschen Bühne«, der »sich mit einer Figur zu identifizieren weiß und sie dabei doch satirisch von sich wegstellt« (S. 12), für diese Gleichsetzung prädestiniert war. Auch heute werde Gründgens, so Walach, »vornehmlich im Brennpunkt des Mephisto wahrgenommen« (S. 13). Diese Konvention wertet sie positiv:

> Die unerschöpfliche Ausdeutbarkeit dieser Figur, auch im Gegenpart zu Faust, dem Gelehrten, gerät nachgerade zum Inbegriff deutscher Mentalität, der geistigen Biegsamkeit und rationalen Abwägung der zur Verfügung stehenden Möglichkeiten. Und dadurch ist sie der jeweiligen Moderne aufs

engste verwoben. Deshalb kann Gründgens alle Register ziehen, um die verschiedenen Facetten dieser Gestalt auszudrücken. (S. 11 f.).

Wichtiger als der Schauspieler erscheint Walach allerdings der Intendant Gründgens »als Garant für den Bestand des deutschsprachigen Theaters« (S. 13). In Berlin, Düsseldorf und Hamburg habe er »Stätten präzisester Stil- und Schauspielkunst« geschaffen. Zumal für die Berliner Zeit gelte, daß er auf einer »Kunst-Insel« »im Rekurs auf die genuinen Gestaltungsformen des klassischen Theaters« einen Freiraum erstritt, »dessen Hermetik ästhetisch und politisch nicht legitimiert war.« (S. 14)

*

Mit *Gustaf Gründgens. Der Schauspieler und die Macht* ist dem Journalisten und Theaterwissenschaftler Peter Michalzik auch ohne Zugriff auf Gründgens' Nachlaß eine anregende, teils glänzend geschriebene, durchaus populäre, aber nie flache Biographie gelungen. Die Gemeinsamkeiten des Schauspielers und Regisseurs und die des Kultur-Journalisten sind hier, so scheint es, produktiv aufeinander getroffen: das Agieren in wechselnden Rollen vor Publikum eignet ja gleichermaßen dem Schauspieler wie dem Journalisten, beide sind oft (und oft gezwungenermaßen) »mutwillige Sommervögel« (*Faust I*, Vers 3203). Womöglich beurteilen Journalisten manches im Bereich des Theaters darum plausibler als Wissenschaftler oder Archivare.

Michalziks Buch will keine traditionelle Biographie sein, sondern »einzelne Schnitte in die psychologisch kaum zu erhellende Welt von Gustaf Gründgens« legen, wobei es sich vor allem an einer Reihe von Theaterstücken orientiert, die Gründgens ein Leben lang begleiteten. Damit rückt »die öffentliche Figur, der Künstler, in den Vordergrund«, während die Frage nach Gründgens' »innerstem Wesen« zurücktritt. Das Buch soll auch einen Beitrag zur »Gefühlsgeschichte einer Gesellschaft«, also der deutschen Gesellschaft von den späten zwanziger bis in die frühen sechziger Jahre, leisten (S. 7 f.).

Den Auftakt bildet die Darstellung des »Duell(s) der Toten«, wie Marcel Reich-Ranicki die seit den sechziger Jahren währende Auseinandersetzung zwischen den Anhängern Klaus Manns einerseits, Gustaf Gründgens' andererseits genannt hat. Mann und Gründgens seien, so Michalzik, »die beiden prominentesten Gegenspieler geworden, wenn es um die Rolle des Künstlers im Dritten Reich, wenn es um die Frage nach dem Verhältnis des Künstlers zur Macht« gehe, sie seien »zu einem Paar der Erinnerung geworden, das sich in anscheinend unauflösbarer Haßliebe gegenübersteht.« (S. 14 f.) Dabei haben sich Rezeptionsstereotypen herausgebildet: »Für die eine Seite, repräsentiert durch Klaus und

Erika Mann, war Gründgens ein durch und durch charakterloser Mensch und Karrierist, der sich bedingungslos auf das Nazi-Regime eingelassen hatte. Für die andere Seite, repräsentiert vor allem durch seine Kollegen am Staatstheater, war er der Schutzpatron der Verfolgten«, der in der NS-Zeit als Intendant am Schauspielhaus am Gendarmenmarkt die »Insel« eines ideologiefreien, von Klarheit und Werktreue geprägten Theaters geschaffen und bis zur Schließung aller deutschen Theater zum 1. September 1944 bewahrt habe (S. 24 f.).

Michalzik will diese eingefahrene Frontstellung aufbrechen: »Man muß versuchen, Gründgens sozusagen mit Manns und seinen eigenen Augen gleichzeitig [zu] sehen« (S. 26), also die Simplifikation der »moralischen Eindeutigkeit« überwinden und sich der »Doppeldeutigkeit, die in einer Figur wie Gründgens steckt«, zuwenden (S. 27). Hierfür greift der Autor auf eine vielbeachtete germanistische Untersuchung, auf Helmut Lethens *Verhaltenslehren der Kälte. Lebensversuche zwischen den Kriegen* (Frankfurt am Main 1994) zurück. Dort erscheint der distanziertsouveräne Habitus als Leitbild der Zwischenkriegszeit. Nicht das Gewissen und eine introvertiert-identifikative Haltung seien damals als zeitgemäß empfunden worden. Zumal die Neue Sachlichkeit habe vielmehr das Leitbild der »kalten persona« propagiert, die ihr Verhalten nicht am Gewissen, sondern an der Erfüllung von Konventionen ausrichte. Für Michalzik ist Gründgens »die ideale Verkörperung dieser ›kalten persona‹«, ist er »schauspielerische[r] Exponent dieses Temperaments schlechthin«. Auch die Theaterkritik der späten zwanziger und frühen dreißiger Jahre habe stets die Kälte der von Gründgens im Film und auf der Bühne so in Bann schlagend dargestellten Charaktere hervorgehoben (S. 28 f.). Charisma aber ist keine Frage der Natur, sondern der Kunst, Verzauberung ist Resultat einer geglückten Inszenierung, und Gründgens sei als Schauspieler, Regisseur und Intendant immer auch ein Verführer gewesen, einer, der seine Mittel souverän und kalt für seine Ziele eingesetzt habe, Ziele, die bei einer nur moralischen Betrachtungsweise nicht deutlich in den Blick kommen können:

> Da vermischten sich das Innere und das Äußere, das Gewissen und die Konvention, endgültig im Zeichen des Schauspiels. Gesinnung oder Maske? Das war nicht mehr zu entscheiden [...]. Und das genau ist der Ort, an dem Gustaf Gründgens steht, am Schnittpunkt von Theater und Macht, von Schauspieler und Staatsmann. (S. 29 f.)

Die bewußte Distanzierung Gründgens' von den Geschwistern Mann Ende der zwanziger Jahre – Gründgens war in erster Ehe mit Erika Mann verheiratet und hatte mit ihr, ihrem Bruder Klaus und Pamela Wedekind *Anja und Esther* (1925) sowie *Revue zu Vieren* (1927) auf die

Bühne gebracht – sei der erste entscheidende Schritt zur eigenen Form, zum eigenen Stil gewesen: »Was vor der Beziehung zu ihnen talentierte, nervöse, ziellose Bemühung war, wurde danach eine zielstrebig angegangene Karriere« (S. 51). Gründgens, zuvor vom Jugend-Aufbruchs-Pathos Klaus Manns infiziert und von kleinbürgerlichen Wünschen nach Eintritt in die Mann'sche Großbürgerwelt geblendet, also identifikatorisch operierend, habe sich Ende der zwanziger Jahre dem Prinzip der »Selbstzeugung durch Inszenierung« (S. 57) verschrieben, das er bis an sein Lebensende verfolgt und das sich in seiner künstlerischen Arbeit in Leitbegriffen wie Ensemblespiel, Werktreue, Klarheit, Ordnung, Insel niedergeschlagen habe. Während in Klaus Manns *Anja und Esther* die Figuren mit ihren realen Vorbildern besetzt waren, das Leben mithin zum Theater gemacht werden sollte, ging Gründgens wenige Jahre später den umgekehrten Weg und versuchte, »das Theater vor dem ›Leben‹ zu schützen« (S. 57), damit aber auch »jede politische Tendenz, jede außerästhetische Festlegung zu vermeiden«. Er habe seither nach Bedeutsamkeit gesucht, »ohne zu sagen, worin die Bedeutung bestehen könnte [...]. Das Theater als Bedeutungsraum ist ihm ein Wert an sich.« (S. 56) Pointiert faßt Michalzik diese Argumentation so zusammen:

> Gründgens, dessen Künstlertum im Wesentlichen ein Selbsterschaffungsversuch war, gelangte nach der Erfahrung mit den Manns zu der Ansicht, daß die Vermischung von Privatem und Künstlerischem den bedeutenden Künstler verhindere. Mensch oder Künstler, vor diese Alternative gestellt, entschied Gründgens sich für den Künstler. (S. 62)

Damit hat der Autor den archimedischen Punkt seiner Argumentation gewonnen und entwickelt in diesem Licht Gründgens' Arbeit bis in die sechziger Jahre. Aus Michalziks Perspektive stellt sich Gründgens' Rolle in der NS-Zeit so dar:

> Während der Intendanz von Gründgens [...] stand das Staatstheater nicht für eine eindeutige ästhetische Position und keinesfalls stand es für den Kampf mit den nationalsozialistischen Theaterbestrebungen [...]. Gründgens' Theater paßte sich in den NS-Staat ein. [...] Die Inselidee war trotzdem keine bewußte Lüge [...]. Gründgens' selbst ausgerufener Stil der Klarheit, der geistigen Durchdringung und Zucht, ein Stil, der vor allem darin bestand, keine Anspielungen zu dulden, und das heißt, die Beziehungen zu Zeit und Umwelt zu vermeiden, dürfte sowohl Konsequenz als auch Verstärker des Inselbewußtseins gewesen sein. Nach dem Dritten Reich wandelte sich das Elite- und Inselempfinden in ein pures Bekenntnis zum Handwerk. Man habe alles ja nur mitgemacht, um die Schauspielerei nicht vor die Hunde gehen zu lassen, so der Tenor. (S. 114 f.)

Dagegen führt Michalzik eine Äußerung des Regisseurs und Schauspielers Fritz Kortner an über Parallelen zwischen dem Schauspielhaus am Gendarmenmarkt und dem Theater des Jüdischen Kulturbundes, das bis 1941 in Deutschland bestand. Kortner, das Theater hier als Medium betrachtend und auf eine moralische Bewertung der Beteiligten verzichtend, schreibt:

> Aber wie verbissen sich diese beiden Bühnen auch gewehrt haben mögen, sie konnten nicht verhindern, daß der Zeitgeist das Theater penetrierte, daß es ihn spiegelte und abbildete. Das Theater, gefallsüchtig, wie es seiner Natur nach nun mal ist, will unter allen Umständen gefallen, und so stellte es sich, wahrscheinlich unbewußt, peu a peu, auf die Zeit ein. (S. 120)

Michalzik verfolgt Gründgens' Karriere vor allem an den Figuren Hamlet, Franz Moor (*Die Räuber*), Christian Maske (*Der Snob*) und Mephisto. Dabei setzt er – mitunter recht gewaltsam – deutsche Theatergeschichte und deutsche Gefühlsgeschichte zueinander in Beziehung, etwa, wenn er resümiert, die Haltung, die allen Gründgens'schen Aufführungen von *Die Räuber* zwischen 1944 und den frühen fünfziger Jahren zugrundegelegen und die das Publikum geteilt habe, sei »heroisches Standhalten gepaart mit Selbstmitleid über die eigene fatale Lage gewesen« (S. 192). Oder wenn er postuliert, es sei »nicht zuletzt Schamüberwindung, was bei der Premiere von *Der Snob* 1946 zu sehen war« (S. 214).

Im letzten Kapitel *Held oder Dämon: Der Staatsschauspieler* unternimmt es Michalzik, die schillernde und ambivalente Persönlichkeit von Gustaf Gründgens – zunächst wiederum im Rekurs auf Lethens *Verhaltenslehren der Kälte* – zu charakterisieren und damit eben doch die Welt dieses Mannes psychologisch zu erhellen und die Frage nach seinem innersten Wesen zu beantworten, was er am Anfang des Buches ja kokett von sich gewiesen hatte. Gründgens habe, so Michalzik, sehr unter seinem Erfolg in gerade den Rollen gelitten, die der »kalten persona« nahestehen. Er sei ein »Spätling der Kälte« gewesen und habe schon 1932 mit der »Innerlichkeitsabscheu der Neuen Sachlichkeit« gehadert (S. 263). Während seiner Berliner Intendanz habe er an die Stelle der Kälte die Klarheit gesetzt: »Was beim Typus des ›Kalten‹ eins war, ein souveräner Kopf und die Abwesenheit von ›Gefühl‹, dividiert Gründgens jetzt also auseinander. Klarheit und Übersicht will er behalten, dabei aber nicht auf das Innere, die Seele, das Gefühl verzichten.« Diese Verinnerlichung habe er »als ›innere Klarheit‹ zur künstlerischen Doktrin erhoben«, die »später als seine Werktreue bekannt – und berüchtigt – wurde« (S. 265). Die Selbstkontrolle der »kalten persona« habe sich dabei in Arbeitsdisziplin, ihre klare Bestimmtheit »auf ästhetischer Ebene in die Werktreue« verwandelt (S. 266 f.).

Mit Klarheit und Werktreue als Prinzipien seines Theaters in der Adenauerzeit sei Gründgens »Repräsentant eines Bewußtseins, das sich große Teile der Gesellschaft gerne zu eigen machten«, gewesen, nämlich der kollektiven Haltung der Verdrängung (S. 267):

> Gründgens wurde durch seine Methode, Texte und damit auch Vergangenheit zu deuten, zum Inbegriff einer Weltanschauung. Es war, wie es war, und wer nicht dabei war, kann nicht mitreden – dieser Geist ist auch heute noch anzutreffen, wenn man sich mit Gründgens beschäftigt. Gründgens wurde zu einer Leitfigur dieser Haltung, weil er so meisterhaft beherrschte, was sonst niemand zu Gebote stand: Er konnte Klarheit, die wie Eindeutigkeit aussah, mit Verdrängung verbinden. Das ist der Kern von Gründgens' Stil. (S. 268)

Gründgens sei »qua Konstitution zweideutig« gewesen, sein Leben sei »um zwei unvereinbare [...] Pole« gekreist, einerseits um das Theater, wo er derjenige war, »der darin seine Identität hat, alles sein zu können«, andererseits um den »Wunsch, er selbst zu sein, ein wirkliches Wesen mit einem unveränderbaren Kern. Diesen Traum dachte er sich in den klassischen Rollen zu erfüllen. [...] Gründgens wollte die Tiefe der Klassiker, weil er sich nach sich selbst sehnte.« (S. 269 f.) Eine weitere Ambivalenz macht Michalzik in Gründgens' ausgeprägter »Gleichzeitigkeit von Nähe und Distanz« aus (S. 272), ja: das »prekäre Verhältnis« von »Identifikation und Distanz« lasse ihn »als Parteigänger Hitlers erscheinen« und »zum Symbol des Künstlers im Dritten Reich« werden:

> Zu verstehen ist das nur auf der Ebene des Theatralischen selbst. Es gab eine Nähe, eine Identität zwischen Theater und Macht, die jenseits von Ideologie und Gesinnung lag. Das zentrale Moment ist dabei eine kaum zu entwirrende Verbindung von Verführungskraft, Macht und Schauspiel. Gründgens selbst gestand die Suggestionskraft [...] ein einziges Mal [1946] ein [...]: ›Ich habe oft und viel Menschen verzaubert [...] durch die Kraft und den Einsatz, durch die Unbeirrbarkeit meiner Zielsetzung – und habe sie überrannt, gewonnen und verloren. Denn es waren nicht sie, die sie waren, sondern die, die ich wollte, daß sie waren.‹ (S. 273 f.)

Diese Suggestionskraft bringt Michalzik mit Max Webers Begriff der »charismatischen Herrschaft« in Zusammenhang, deren inszenatorisches Moment als Ästhetisierung der Politik und Theatralisierung der Macht zumal in der Person Hitlers für den NS-Staat prägend gewesen sei. Michalzik:

> Die Verführungskraft des Theaters, die mit ihr einhergehende Lähmung des eigenen Willens, scheint auf den Staat überzugehen, und das Dämonische des sich so konstituierenden Staats scheint im Gegenzug auf das Theater abzufärben. Das ist der Hintergrund, der Gründgens' Mephisto zu einer so symbolträchtigen Figur hat werden lassen. Die Identifikation von Mephisto und Hitler, dem Bösen und Gründgens ist zu naheliegend, um sich nach 1945 (oder auch schon vorher) nicht in den Köpfen festzusetzen. (S. 277 f.)

Gründgens' Mephisto habe von der Atmosphäre des Dritten Reichs insofern profitiert, als

> dies der Boden war, der seiner Figur erst die überragende Bedeutung gab, die sie damals hatte, ob er es beabsichtigte oder nicht. Aber genau von solchen theatralischen Implikationen wollte er nichts wissen, genau das war ja das Gegenteil seiner Theaterauffassung. Gründgens hat diese Verbindung ausgeschlossen, abgelehnt und bekämpft [...]. (S. 278)

So sei Gründgens in einer »fundamentalen Weise Teil des [NS-]Systems« gewesen, seine »Verbindung zum Dritten Reich ist vor allem symbolischer Natur, deshalb hing ihm der ›Mephisto‹ so an« (S. 280).

Werktreue und ambivalente Identität, Verdrängung und Ästhetisierung der Politik, charismatische Herrschaft und Stellvertreterfunktion – was Michalzik am Schluß seines Buches vorträgt, mag man als riskante Engführung von Biographie und politischer sowie Gefühlsgeschichte, von Soziologie und Psychologie empfinden, man mag dem interpretativen Furor, dem der Autor hier die Zügel schießen läßt, mit Skepsis und Ablehnung begegnen. Dennoch hat das Buch die großen Vorzüge, anregend und intelligent, provokativ und informativ, mutig und gut geschrieben zu sein. Ohne auf neue Quellen zurückgreifen zu können, hat Peter Michalzik einen wichtigen Beitrag zum Gründgens-Bild geliefert.

*

Als schillernde, schwer greifbare Persönlichkeit hat auch Carl Zuckmayer Gustaf Gründgens in den dreißiger Jahren wahrgenommen. In seinem für das »Office of Strategic Services« (OSS) 1943 verfaßten Dossier, in dem Zuckmayer über 100 Charakterskizzen von Künstlern, Journalisten und Verlegern in NS-Deutschland lieferte, führte er Gründgens in der »Gruppe 3: Sonderfälle, teils positiv, teils negativ – nicht ohne weiteres einzuordnen« auf. In dieser Gruppe versammelte

Zuckmayer u.a. Ernst Jünger, Erich Kästner, Hans Fallada und Wilhelm Furtwängler.¹

Am 3. September 1955 wurde Zuckmayers Drama *Das kalte Licht* am Schauspielhaus Hamburg unter der Regie des Intendanten Gründgens uraufgeführt, der sich zuvor mehrfach um die Uraufführung eines Theaterstücks von Zuckmayer bemüht hatte. Offenbar war dieser nach 1945 also zu der Ansicht gelangt, daß bei der Rolle von Gründgens im Nationalsozialismus das Positive dem Negativen mindestens die Waage gehalten habe. Dafür spricht auch sein Brief an Gründgens vom 23. August 1955, in dem er das Werktreue-Prinzip des Regisseurs ausdrücklich lobt:

> Ich kann Ihnen nicht sagen [...], wie beglückt und begeistert ich von Ihren Proben bin. Regieführen als reine Wiedergabe einer Partitur, ohne Selbstzweck, in völliger Identifizierung mit dem Opus, das habe ich [...] wohl noch nie so beispielhaft erlebt, noch nie so meisterlich die Arbeit am Schauspieler, mit dem Ensemble.²

Indem Zuckmayer hier dem ästhetischen Credo von Gründgens vorbehaltlos zustimmt, akzeptiert er implizit auch dessen Nachkriegsdarstellung seiner Rolle als Intendant und Schauspieler in der NS-Zeit, also die »Insel«-Idee. Zwar tut er das »nur« in einem Brief und zudem *vor* der Premiere, aber um eine Schmeichelei wird es sich dennoch kaum gehandelt haben.

Weit eher steht zu vermuten, daß Zuckmayer angesichts nachdrängender Jungregisseure und -autoren geneigt war, sich mit dem konservativen Regiestil von Gründgens anzufreunden. Denn wie dieser als Repräsentant des Theaters der Adenauer-Zeit zunehmend umstrittener wurde, begann auch für Zuckmayer die Zeit seiner großen Theatererfolge abzulaufen. Das zeigt sich nicht zuletzt daran, daß *Das kalte Licht*, das die Rolle des Intellektuellen im Atomzeitalter thematisiert, schon damals die starke Konkurrenz von Bertold Brechts *Leben des Galilei* und Max Frischs *Die chinesische Mauer* aushalten mußte. Einige Jahre später wurden mit Friedrich Dürrenmatts *Die Physiker* (1962) und Heinar Kipphardts *In der Sache J. Robert Oppenheimer* (1964) zwei Dramen uraufgeführt, die heute – wie Brechts Drama und anders als *Das kalte*

---

1 Vgl. Gunther Nickel/Ulrike Weiß, *Carl Zuckmayer 1896-1977. »Ich wollte nur Theater machen«*, Marbach 1996 (Marbacher Kataloge 49), S. 304.
2 Ebd., S. 395.

Licht – als kanonische Texte der literarischen Auseinandersetzung mit der Frage »Was darf die Wissenschaft?« gelten.

Andreas Heckmann

Alexander Weigel: Das deutsche Theater. Eine Geschichte in Bildern. Hrsg. vom Deutschen Theater. Berlin: Propyläen 1999. 98 Mark.

Der Titel führt in die Irre. Der Band ist zwar reich bebildert, besteht aber zu mehr als zwei Dritteln aus Text. Nicht, daß das zu beklagen sei. Im Gegenteil: Alexander Weigel, seit 1964 Dramaturg am Deutschen Theater Berlin, hat endlich eine empfindliche Lücke geschlossen und eine Geschichte des Theaters geschrieben, bei dem er angestellt ist. Diese Geschichte nahm 1842 ihren Anfang. Seinen heutigen Namen bekam das Haus allerdings erst 1883, als Adolph L'Arronge Direktor wurde. 1894 folgte ihm mit Otto Brahm ein Multitalent, der die Profession des Germanisten mit der des Theaterleiters spielend zu verbinden vermochte. Sowohl L'Arronge als auch Brahm hätten jedoch, so urteilte der Theaterkritiker Siegfried Jacobsohn 1910, nur ein Halbtheater geführt: jener ein vorwiegend klassisches, dieser ein vorwiegend modernes. Erst Max Reinhardt, der 1905 Direktor wurde, sei geglückt, was Jacobsohn sich immer gewünscht habe: die Synthese aus beidem.

Reinhardt führte das Haus zu Weltruhm. Als er 1930 anbot, die Uraufführung des *Hauptmanns von Köpenick* selbst zu inszenieren, mußte das Carl Zuckmayer mindestens schmeicheln. Diesem war dann aber schließlich doch – wie er seinem Freund Albrecht Joseph sagte – »aus vielen Gründen«, die er im Dunkeln ließ, Heinz Hilpert als Regisseur lieber.[1] Solche Details erfährt man in Weigels Darstellung freilich nicht, vermutlich, weil sie den Rahmen gesprengt hätten. Auch die Uraufführung des *Hauptmanns von Köpenick* wird lediglich en passant registriert (S. 148), so wie wenig zuvor schon die erste Aufführung eines Zuckmayer-Stücks am Deutschen Theater: die von *Pankraz erwacht* am 15. Februar 1925 an der von Moritz Seeler initiierten »Jungen Bühne« (S. 141). Der Hinweis, daß Zuckmayer gemeinsam mit Bertolt Brecht von 1923 bis 1925 als Dramaturg am Deutschen Theater gearbeitet hat, fand nur in einer Marginalienspalte Platz (S. 151). Und damit ist über Zuckmayer schon alles gesagt, was Weigels Text vermeldet. Kein Wort findet sich über *Des Teufels General*, von dem sich Herbert Ihering als

---

1 Vgl. Gunther Nickel/Ulrike Weiß, *Carl Zuckmayer 1896-1977. »Ich wollte nur Theater machen«*, Marbach 1996 (Marbacher Kataloge 49), S. 190.

Dramaturg des Deutschen Theaters 1946 noch »hinreißen« ließ,[2] den er zwei Jahre später dann jedoch entschieden abgelehnt hat.[3]

Wahrscheinlich wäre es zu viel verlangt, solche Dinge in einer »Theatergeschichte in Bildern« mitzuteilen. Der hohe Textanteil verleitet eben dazu, danach zu suchen. Dieser aber ist, trotz seines Umfangs, am Ende nur ein konzentrierter, zusammenfassender Überblick, der bis zur Intendanz von Thomas Langhoff reicht. Zur ersten Orientierung eignet er sich damit wunderbar. Wer mehr erwartet, dürfte enttäuscht werden. Was das Buch für den Kenner gleichwohl unersetzbar macht, sind die im Anhang abgedruckten Spielpläne von 1883-1998. Hier stößt man selbstverständlich auch auf die Uraufführung von *Kat*, Zuckmayers gemeinsam mit Heinz Hilpert verfaßte Hemingway-Bearbeitung (S. 365), oder auf Ernst Legals Inszenierung des *Hauptmanns von Köpenick*, die am 2. September 1947 ihre Premiere hatte und, wie wir in diesem Verzeichnis neben der Besetzung der wichtigsten Rollen ebenfalls erfahren, 124 Mal aufgeführt wurde – immerhin fast fünfmal so oft wie Wolfgang Langhoffs Inszenierung von Brechts *Furcht und Elend des Dritten Reiches*, die etwa vier Monate später auf dem Spielplan stand (S. 373). Leider ist es um die Brauchbarkeit, die dieses Buch wegen des Anhangs als Nachschlagwerk besitzen könnte, schlecht bestellt, weil die in der Übersicht der Spielpläne verzeichneten Namen keinen Eingang ins Personenregister fanden. So ist dieser Band tatsächlich nur ein Bilderbuch mit dominantem Textteil und einem Anhang, in dem man bei Bedarf lange blättern muß, um Angaben aufzuspüren, die sich um den läppischen Preis von ein, zwei oder womöglich auch drei Druckseiten mehr viel leichter finden ließen.

Manfred Stahl

---

2 Vgl. Herbert Jhering, *Theater der produktiven Widersprüche 1945-1949*, Berlin, Weimar 1967, S. 76.
3 Vgl. Nickel/Weiß, *Carl Zuckmayer 1896-1977*, a.a.O. (Anm. 1), S. 341-344.

Joachim Fest: Speer. Eine Biographie. Berlin: Alexander Fest Verlag 1999. 58 Mark.

»Die Frage nach Speers Verschulden scheint mir heute müßig zu sein«, schrieb Carl Zuckmayer 1975, als er den Vorabdruck von Albert Speers *Spandauer Tagebüchern* in der Tageszeitung *Die Welt* mit einem einleitenden Artikel eröffnete.[1] In einem Brief an Speer vom 14. Oktober 1975 erklärte er darüber hinaus:

> Sie können beweisen, dass Sie bei jener Rede des Himmler am 6. Okt. 43[2] nicht dabei waren, und nach der eidesstattlichen Erklärung von Dr. Rohland[3] gibt es daran keinen Zweifel. Die Presse (ich meine die böswillige) wird entgegnen, dass auch das, was in Ihrer Abwesenheit von H. gesagt wurde, einem Mann in Ihrer Stellung zu Ohren gekommen sein muss, und dass die minutiösen Ausführungen über den Ablauf dieses Tages ein Reinwaschungsmanöver sei usw usf. Sie haben das, was Sie als Ihre damalige Schuld empfinden, selbst in Ihren Erinnerungen und schon beim Nürnberger Prozess so eindeutig erklärt, (nämlich dass es nicht darauf ankam, was Sie wussten und was nicht, sondern dass Sie es hätten wissen müssen und nicht wissen wollten), mehr brauchen Sie auch heute nicht zu sagen.[4]

Joachim Fest ist entschieden anderer Auffassung. Um Speer abzunehmen, er habe von der systematischen Ausrottung der Juden nichts gewußt, bedarf es in seinen Augen einer reichlich bemessenen Portion Gutgläubigkeit (S. 256). Und wie stand es um andere Vorgänge? An die »Reichskristallnacht« hatte Speer nach dem Zweiten Weltkrieg angeblich jede Erinnerung verloren, so daß Fest und Wolf Jobst Siedler, die Speers *Erinnerungen* lektoriert haben, ihm erst einige Sätze dazu abverlangen mußten, bevor das Buch gedruckt werden konnte (S. 150). Ist

---

[1] *Die Welt* vom 31. Juli 1975.
[2] In dieser in Posen gehaltenen Rede sagte Himmler: »Der Satz ›Die Juden müssen ausgerottet werden‹ mit seinen wenigen Worten, meine Herren, ist leicht ausgesprochen. Für den, der durchführen muß, was er fordert, ist es das Allerhärteste und Schwerste was es gibt.«
[3] Speer erklärte, er habe keine Erinnerung an den 6. Oktober 1943, nach umfangreichen Recherchen aber herausgefunden, daß er Posen lange vor Beginn von Himmlers Rede verlassen und sich auf den Weg ins Führerhauptquartier gemacht habe. Walter Rohland versicherte an Eides statt, er sei Begleiter Speers bei der Weiterfahrt nach Rastenburg gewesen.
[4] Sämtliche Briefe von Zuckmayer an Speer, aus denen im folgenden zitiert wird, befinden sich im Bundesarchiv Koblenz, Bestand N 1263 (Nachlaß Albert Speer).

Speer also ein glaubwürdiger Zeitgenosse oder nicht vielmehr ein Meister der Verdrängung?

Abgesehen von der alles andere als nebensächlichen Meinungsverschiedenheit über die Schuld des Mannes, der als Architekt ganz wesentlich zur Schauseite des NS-Regimes beigetragen hat, stimmen Zuckmayer und Fest in vielen weiteren Fragen überein. Sie verbindet etwa die Überzeugung, Speers Lebensweg lasse weder rasche noch einfache Antworten zu. Um so bedauerlicher ist es, daß Fest in seiner Biographie über Hitlers Architekten die freundschaftliche Verbindung zwischen Zuckmayer und Speer mit keinem Wort erwähnt. Dabei ist sie durchaus bemerkenswert, und das vielleicht gerade deshalb, weil sie sich nicht ganz einfach begreifen läßt. Es versteht sich jedenfalls keineswegs von selbst, daß ein ins Exil gezwungener Schriftsteller, der von der nationalsozialistischen Propaganda stets als Halbjude tituliert wurde, in den siebziger Jahren einen Briefwechsel mit dem Reichsrüstungsminister der Jahre 1942-1945 führt. Diese Korrespondenz beginnt damit, daß Speer Zuckmayer ein Widmungsexemplar seiner 1969 veröffentlichten Erinnerungen schickt, wobei unklar bleibt, wodurch oder durch wen er dazu veranlaßt worden ist. Zuckmayer bedankt sich am 16. Juni 1970 in einem Brief aus Saas-Fee:

> Ich wollte mir dieses Buch längst beschaffen, hätte aber im letzten Jahr keine Zeit zur Lektüre gehabt, denn ich bin ein langsamer Leser, und hatte eine Reihe von übernommenen Pflichtarbeiten zu erfüllen, für die ich recht viel Material durchzunehmen hatte, dazu kamen einige Reisen. Jetzt bin ich zwar endlich wieder an meiner eigenen Arbeit, aber hier droben kann ich mir die Zeit einteilen, und ich lese Ihr Buch, in täglichen Abschnitten, mit dem größten Interesse und mit der lebhaftesten Anteilnahme. Vielleicht kann es mir einige Fragen beantworten, die ich mir immer wieder beim Nachdenken über das »Phänomen Hitler« stellen muss. Aber ich hoffe sehr, dass es über solche Fragen und anderes einmal zu einem persönlichen Gespräch zwischen uns kommen wird.

Daraufhin wurde ein Treffen ins Auge gefaßt, aber über Jahre aus wechselnden Gründen verschoben. Zuckmayers briefliche Anrede wechselte inzwischen dennoch von »Sehr geehrter Herr Speer« über »Lieber Herr Speer« zu »Lieber Albert Speer«, bis es im Juli 1975 bei den Festspielen in Bad Hersfeld endlich zur ersten persönlichen Begegnung kam. Bald darauf folgte ein Besuch von Speer in Zuckmayers Oberwalliser Domizil. Inzwischen war man bereits per Du.

Die Gründe für Zuckmayers Sympathie blieben Speer rätselhaft: »Wir machten«, erklärte er im Gespräch mit der Journalistin Gitta Sereny, »meist lange Spaziergänge; er war wunderbar herzlich, ich weiß nicht, warum er mich mochte.«[5] Wirkte »Speers spürbarer Charme«, von dem Dan van der Vat gesprochen hat,[6] auch auf Zuckmayer? Leider gibt der Briefwechsel über dessen Motive, nicht nur das Gespräch, sondern auch die Freundschaft mit dem einstigen Hitler-Vertrauten zu suchen, keine näheren Anhaltspunkte. Deutlich wird lediglich, daß ihn an den Büchern des Chefarchitekten des »Dritten Reichs« vor allem das reflektierte Urteil eines politisch Verantwortlichen im NS-Deutschland brennend interessiert hat. So heißt es in seinem zweiten Brief an Speer vom 7. Juli 1970:

> Sehr geehrter Herr Speer!
> Ich habe Ihre Erinnerungen, wenn auch in täglichen oder nächtlichen Etappen, so doch ›in einem Zug‹ gelesen, oder besser: ich habe etwa drei Wochen damit gelebt. Ihr Buch hat mich von Anfang an tief bewegt, durch seine absolute Aufrichtigkeit und die Klarheit seines Geschichts- und Menschenbildes, dann mehr und mehr aufgewühlt und erschüttert. Für Unsereinen, auch wenn er nur ›passiver Teilnehmer‹ war, ist das ja alles, – inmitten jenes schauerlichen Vergessens, das mir schon kurz nach dem ersten Weltkrieg unbegreiflich erschien, – noch ganz lebendige, blutige Gegenwart. Und wieviel mehr für Sie! Zum ersten Mal trat mir durch die Darstellung eines direkt und zentral Beteiligten die Wahrheit entgegen, soweit diese überhaupt von Menschen erkennbar und sagbar ist, – wobei sie doch immer noch ein letztes Rätsel verschliesst. Was über Hitler bisher von seinen Mitarbeitern und Zeitgenossen geäussert wurde, war substantiell immer ungenügend, und ergab ein so oder so retuschiertes, verschwommenes, beschönigtes oder verzerrtes Abbild, manchmal Einzelzüge aber keine Gestalt enthüllend. Gerade weil Sie garnicht erst den Versuch einer objektiven Wertung, oder Abwertung gemacht haben, sondern frei und ohne Selbstverschonung erzählt, was Sie mit ihm, durch ihn, an ihm erlebten, gelingt Ihnen die Realisation einer glaubwürdigen, wenn auch kaum erklärbaren Erscheinung. Was etwa Baldur von Schirach,[7] sicher in ehrlicher Absicht, berichtet, bleibt ja doch eine Verharmlosung, auch wo er sich – wie er es wohl faktisch schon in seiner Wiener Zeit getan hat – von ihm und seinem Tun distanziert. Sie distanzieren sich nicht, sondern übernehmen die Mitverantwortung, auch für das, was Sie lang vor dem Ende als Wahnwitz erkannten und zu verhindern suchten oder zum Teil verhindert haben. Es ist

---

5 Gitta Sereny, *Albert Speer. Das Ringen mit der Wahrheit und das deutsche Trauma*, München 1995, S. 795.

6 Dan van der Vat, *Der gute Nazi. Leben und Lügen des Albert Speer*, Berlin 1997, S. 15.

7 Baldur von Schirach, *Ich glaubte an Hitler*, Hamburg 1967.

nicht nur der Mut und der Anstand Ihrer bereits in Nürnbeg dokumentierten Haltung, was Ihr Leser bewundert, es ist Ihr Ringen um das Begreifen des Unbegreiflichen. Dabei bieten Sie, in einem bestimmten Passus Ihres Buchs, einen Schlüssel, den ich bisher vergeblich gesucht hatte. Sie gebrauchen in der Bemühung, das Unfassbare und Wandelhafte seines Charakters festzuhalten, den Ausdruck: *Wesenlosigkeit*.
Ich weiss nicht, ob Ihnen selbst die Bedeutung dieses Wortes voll bewusst wurde. Ich habe mich immer wieder gefragt: was hat Hitler eigentlich geglaubt? Es scheint mir unmöglich, dass ein Mensch solche Taten begeht, (die ich hier nicht moralisch beurteilen will), wenn er nicht an ihre Notwendigkeit glaubt. Wie aber kann ein Mann, dem zweifellos ein hoher Intelligenzgrad beizumessen ist, und der z.B. den Unfug der Rosenbergschen Pseudo-Mythologie durchschaut hat, an die Notwendigkeit der Ausrottung eines ganzen, dem Deutschtum längst integrierten Volksteils glauben, oder aber, an die reinigende Kraft und geschichtliche Rechtfertigung des skrupellosen Mordes, und schliesslich der Zerstörung des eigenen Volkskörpers. Ich vermute jetzt, dass er immer und jeweils an das glaubte, was er glauben wollte, und wovon er, im wörtlichen Sinne, besessen war. Die Vorstellung der »Wesenlosigkeit« gibt dafür den entscheidenden Aufschluss. Ein poröses Gefäss, von unbekannter Ausdehnungs- oder Kohäsionsfähigkeit, im Grunde leer, oder aber: aus dem sich jeder Inhalt, nenne man ihn Substanz, Charakter, Erbmasse, Erziehung, durch Einströmung übermächtiger Kräfte, messianischer sowohl wie diabolischer, verdrängen und völlig ersetzen lässt. Ich meine das nicht im okkulten oder mystischen Sinn, aber mit Psychologie kommt man da nicht weiter. Eine solche Anlage, der gleichzeitig ein unbändiger Willensdrang nach Grösse, ›Grösse an sich‹, innewohnt, führt notwendig zur Selbstvergottung, und damit lässt sich vielleicht auch die Faszinationskraft erklären, die er auf viele Menschen ausübte, denen er, mit oder ohne Absicht, das ›messianische‹ Gesicht zeigte, während andere wieder, die nur die diabolische Wirkung des ›Wesenlosen‹ spürten, dem nicht erlagen. Für diese wurde er der ›böse Feind‹ schlechthin. In jedem Fall steht der Wesenlose ganz allein und vereinsamt, es gibt für ihn keinen »nächsten«, er spricht Monologe.
Ein Mensch, der sich selbst zum Idol (= Götter- oder Götzenbild) macht, mag es für andere werden, kennt aber auch keine Macht und kein Gesetz mehr über sich. Etwas, woran er bestimmt *nicht* geglaubt hat, ist der ›Allmächtige‹, von dem er manchmal sprach. Ich habe mich oft gefragt, ob der Titel meines Stücks »Des Teufels General« nicht eine Übertreibung oder auch Überschätzung enthält, (und ich meinte damit auch weniger die Person als das System). Aber in diesem Betracht erscheint er wirklich als der Widersacher allen göttlichen, und damit menschlichen Wesens, und es heisst ja nicht von ungefähr, dass der Anti-Christ den von ihm Verführten in der Gestalt Christi erscheint.

> In dem äusserst lesenswerten Buch von Werner Heisenberg ›Der Teil und das Ganze‹ wird auf S. 206/207 von einem Gespräch berichtet, das Max Planck im Jahr 1933 mit Hitler führte. Es ergänzt und bestätigt durchaus Ihre Gesamtdarstellung. Aber Planck war ein alter, weiser Mann, der von der Höhe einer vollbrachten Lebensleistung Dinge und Menschen unbeeinflusst durchschauen konnte.
> Für Sie muss der Zwiespalt der letzten Katastrophenjahre eine furchtbare Prüfung gewesen sein, vermutlich schwerer und härter als alles, was später kam.
> Ich glaube, Ihr Buch hat mich dem Verständnis der Erscheinung, die für uns alle in irgendeiner Weise einmal Schicksal wurde, etwas näher gebracht.
> Ich grüße Sie in aufrichtiger Hochachtung und mit guten Wünschen,
> Ihr sehr ergebener
> Carl Zuckmayer

Motiviert war Zuckmayers Interesse an Speer wohl in erster Linie durch den Wunsch, sich größtmögliche Klarheit über Hitler, das »Dritte Reich« und die Logik der handelnden Akteure im NS-Staat zu verschaffen. Dazu erschien ihm der Dialog mit den Verantwortlichen unerläßlich, denn erst durch einen Austausch der Erfahrungen ließ sich in seinen Augen das, was geschehen war, nicht nur verurteilen, sondern auch begreifen. Offenbar hat er bei der Lektüre der Bücher Speers die Chance für eine Verständigung gesehen, die ihm weit sinnvoller erschien, als das anklagende Richten über die Vergangenheit durch die Studentenbewegung auf der einen Seite und ihr notorisches Beschweigen durch deren Elterngeneration auf der anderen. Ähnlicher Ansicht war auch der britische Historiker Hugh R. Trevor-Roper, der Joachim Fest zu seiner Speer-Biographie überredet hat:

> Nicht die Bormann, Goebbels oder Kaltenbrunner lieferten, meinte er [Trevor-Roper], den Schlüssel zum besseren Verständnis des Geschehenen. Den finde man eher in einer so paradoxen Erscheinung wie Albert Speer: dem Mann, den es eigentlich nicht geben konnte, dem »kultivierten Nazi«, wie er einmal gesprächsweise sagte, dessen Lebensweg aber gerade deshalb offenbaren möchte, was an Normen, Traditionen und Urteilsvermögen damals zusammengebrochen war.[8]

Bei Zuckmayer kam noch hinzu, daß für ihn Unbestechlichkeit, Aufrichtigkeit und persönliche Integrität zu den unabdingbaren Charakter-

---

8 Joachim Fest, *Literatur ohne Heilsplan. Über den Umgang mit der Geschichte: Zur Verleihung der Wilhelm-Leuschner-Medaille*, in: *Frankfurter Allgemeine Zeitung* vom 12. Februar 2000.

eigenschaften von Menschen gehören mußten, an deren persönlicher Bekanntschaft ihm gelegen war. Ihm erschien Speers Handeln als schlüssig und konsequent. Dagegen hat mancher von Speers einstigen Weggefährten seine bereitwillige »Bußfertigkeit« nach dem Zweiten Weltkrieg als blanken Opportunismus verurteilt. Fest dagegen rechnet ihm wie Zuckmayer hoch an, daß er »in der gespenstischen Galerie der totalitären Machthaber [...] bis heute die einzige hochrangige Figur geblieben [ist], die ihre Verantwortung und ihre Schuld bekannt hat« (S. 474). Wie schwer es am Ende aber bleibt, über Speer ein Urteil zu fällen, stellt Fest in seiner Biographie beeindruckend dar. »Aufs Ganze gesehen«, urteilt er,

> hat sein fast litaneihaft wiederholtes Vorbringen [er habe von den entscheidenden Verbrechen des NS-Regimes nichts gewußt] keinen Glauben gefunden, schon bei seinem Nürnberger Anwalt nicht und nicht bei seinen Verlegern, weder bei den wenigen Freunden, die ihm geblieben waren, noch bei seinen Biographen. Aber nicht selten schlägt bei vielen, trotz aller Vorbehalte und im Unterschied zu jedem anderen hochgestellten Gefolgsmann Hitlers, ein Ton von Verständnis und sogar von Sympathie durch, als ahnten sie, wieviel Verzweiflung hinter seinem Leugnen verborgen war. (S. 261)

Fest ist es gelungen, den bisherigen Stand der Forschung souverän zusammenzufassen und die Schwierigkeiten dieser Biographie deutlich zu machen, ohne auch nur ansatzweise in jene gefühlvolle Anteilnahme zu verfallen, die die Lektüre der Biographie von Gitta Sereny oft so schwer erträglich macht. Als Manko an Fests ebenso differenziertem wie stilistisch brillantem Portrait bleibt aber zu beklagen, daß er der Sichtung und Auswertung bislang nicht bekannter biographischer Dokumente in den Archiven offenbar aus dem Weg gegangen ist. Über die seltsame Verbindung zwischen Zuckmayer und Speer hätte man in seinem Buch jedenfalls gern etwas mehr erfahren als nichts.

Gunther Nickel

Anschriften der Mitarbeiterinnen und Mitarbeiter

Dr. Helmut G. Asper, Universität Bielefeld, Fakultät für Linguistik und Literaturwissenschaft, Postfach 100 131, 33501 Bielefeld

Prof. Dr. Heiner Boehncke, c/o Hessischer Rundfunk, 60320 Frankfurt am Main

Dr. Horst Claus, University of the West of England, Faculty of Languages and European Studies, Frenchay Campus, Coldharbour Lane, Bristol, BS16 1QY, Großbritannien

Prof. Dr. Walter Fähnders, Universität Osnabrück, Fachgebiet Germanistik, Neuer Graben/Schloß, 49074 Osnabrück

Ulrich Fröschle, Technische Universität Dresden, Fakultät für Sprach- und Literaturwissenschaft, Institut für Germanistik/Neuere Deutsche Literatur, Zeunerstraße 1b, 01062 Dresden

Andreas Heckmann, Fäustlestraße 3 RGB, 80339 München

Prof. Dr. Knut Hickethier, Universität Hamburg, Institut für Germanistik II: Neuere deutsche Literatur und Medienkultur, Von-Melle-Park 6, 20146 Hamburg

Prof. Dr. Klaus Kanzog, Meister-Mathis-Weg 5, 80686 München

Ursual von Keitz, Universität Zürich, Seminar für Filmwissenschaft, Plattenstraße 54, 8032 Zürich, Schweiz

Dr. Nicolai Riedel, Schiller-Nationalmuseum · Deutsches Literaturarchiv, Postfach 1162, 71666 Marbach am Neckar

Dr. Daniela Sannwald, Postfach 610479, 10928 Berlin

Dr. Susanne Schaal, Paul-Hindemith-Institut, Eschersheimer Landstraße 29-39, 60322 Frankfurt am Main

Dr. Michael Schaudig, Tristanstraße 13, 80804 München

Dr. Barbara Schüler, c/o Hessische Staatskanzlei, Bierstadter Str. 2, 65189 Wiesbaden

Prof. Dr. Harro Segeberg, Universität Hamburg, Institut für Germanistik II: Neuere deutsche Literatur und Medienkultur, Von-Melle-Park 6, 20146 Hamburg

Dr. Manfred Stahl, Gebelsbergstraße 18, 70199 Stuttgart

Michael Töteberg, c/o Rowohlt-Verlag, Hamburger Straße 17, 21465 Reinbek

Dr. Hans-Ulrich Wagner, Kellerstraße 11 H, 65183 Wiesbaden

Theresia Wittenbrink, Römerstraße 9, 61118 Bad Vilbel

Anschriften der Herausgeber

Dr. Gunther Nickel, Schiller-Nationalmuseum · Deutsches Literaturarchiv, Postfach 1162, 71666 Marbach am Neckar

Prof. Dr. Erwin Rotermund, Johannes-Gutenberg-Universität Mainz, Fachbereich 13, Philologie 1, Deutsches Institut, 55099 Mainz

Prof. Dr. Hans Wagener, University of California, Los Angeles, Department of Germanic Languages, Box 951539, Los Angeles, CA 90095-1539, USA

Personenregister

Abusch, Alexander 169, 178, 191, 193
Adalbert, Max 259-264, 266, 289, 433
Adenauer, Konrad 274 f., 611, 621-628, 630 f., 633, 644 f., 649 f., 763
Adling, Wilfried 589
Adorf, Mario 741-743
Aicher, Otl 24, 30 f., 34, 39, 41, 45, 47 f., 51-54, 123
Aichinger, Ilse 37, 134
Albers, Hans 261, 361, 435, 572, 587
Albrecht, Richard 599 f., 603, 726, 736
Alexander der Große 638
Alexander, Curt 415, 421, 424, 429
Alkuin 614
Allgaier, Sepp 347
Almai, Frank 659
Altenberg, Peter 311
Ambesser, Axel von 674
Amend, Erwin 715, 722
Andersch, Alfred 686
Andreotti, Guilio 629
Angermayer, Fred Antoine 321, 335, 338
Anthonissen, Peter 735
Antoine, André-Paul 425
Aquin, Thomas von 48
Aragon, Louis 158
Arens, Babett 723
Arens, Peter 723
Aristoteles 124
Armstrong, John 385, 387
Arna, Lissi 192
Arnheim, Rudolf 143 f., 185
Arnold, Ignaz Ferdinand 159, 179

Arnst, Hendrik 718
Aschauer, Boris 716, 723
Ascoltante 329
Asper, Helmut G. 214, 264, 282, 283 f., 296, 341, 397, 407, 430, 434, 635, 660, 728
Asquith, Anthony 346, 393
Asquith, Herbert 346
Auden, W.H. 577
Auerbach, Alfred 331
Auffermann, Verena 735
Augustinus 47
Aurich, Rolf 577

Bab, Julius 169, 326
Bach, Johann Sebastian 123, 675
Badenhausen, Rolf 755
Bäcker, Paul 715, 722
Bänsch, Dieter 579, 643
Bäumler, Klaus 121
Bagier, Guido 439 f.
Bahlinger, Herbert 667
Baier, Jutta 736
Bakst, Leon 399
Balázs, Béla 142 f.
Balfor, Michael 598
Balinkin, Anne 527
Balser, Ewald 572
Balser, Rudolf 727
Balthasar, Hans Urs von 116
Baltzer, Ulrich 177
Bamm, Peter 194
Bandmann, Christa 577
Bang, Hermann 313
Barbian, Jan-Pieter 214
Bariéty, Jacques 621
Barlog, Boleslaw 250
Barnes, Albert 379
Barnouw, Dagmar 583, 610
Barnowsky, Viktor 260

Barth, Karl 26, 518, 727
Barth, Susanne 712, 722
Bartsch, Wolfgang 571
Baruch 260
Bassermann, Albert 203, 218, 262, 264, 266, 282, 296, 307, 433
Bassermann, Else 266, 307
Baudissin, Wolf Graf von 275 f., 280
Bauer, Josef Martin 659
Bauer, Ludwig 513
Bauer, Walter 334
Bauerreiß, Romuald 124
Baum, Vicky 146, 206
Baumann, Hans 127
Bautz, Friedrich Wilhelm 116
Bautz, Traugott 116
Baxter, John 386 f.
Bazinger, Irene 734 f.
Beauvais, Peter 196, 695, 701-706, 715, 721
Beaverbrook, Max 367
Becher, Johannes R. 599
Beck, Dorothea 597
Beck, Knut 737
Beck, Kurt 743 f.
Beckelmann, Jürgen 732
Becker, Albrecht 277
Becker, B. 159, 161
Becker, Jochen 749
Becker, Matthias 646, 651
Becker, Winfried 116
Beckett, Samuel 261
Beer, Karl Willy 655
Beethoven, Ludwig van 79
Behne, Adolf 141
Behn-Grund, Friedel 499, 570
Behnken, Heinrich 324
Behrendt, Jana 660
Behrens, Klaus 15
Behrmann, Samuel Nathaniel 364
Belach, Helga 264, 268, 270
Beller, Hans 507

Belling, Rudolf 314
Bellman, Carl Michael 346, 371, 393
Bendt, Jutta 28
Benitz, Albert 514
Benjamin, Walter 10 f., 151, 203, 324
Benz, Anneliese 722
Berendts, Curt 326
Berg, Jan 227
Bergengruen, Werner 45, 65 f., 120
Berger, Joseph 447 f.
Berger, Jürgen 572
Berger, Ludwig 341, 390, 401
Berger, Michael 734
Berger, Nicole 499
Bergner, Elisabeth 343 f., 346-349, 353, 355 f., 363, 366, 372 f.
Bergson, Henri 299
Bermann Fischer, Gottfried 146, 376, 384, 395-399, 402, 404-409, 414 f.
Bernanos, Georges 42
Bernhardt, Kurt 184-186, 191-194, 216, 355-361, 423
Berstl, Julius 311
Berthold, Lutz 602
Berthold, Willi 567
Bertrada 613
Bertram, Ernst 634
Besier, Gerhard 117
Bethmannn Hollweg, Theobald von 264
Betz, Kurt 617, 623
Beuckert, Rolf 716, 723
Beyer, Frank 724
Beyer, Justus 607
Biberti, Leopold 329
Bibo, Günther 323, 338
Bienert, Gerhard 249
Bildt, Paul 249, 251
Bill, Max 35

Billerbeck, Gero von 731
Biltz, Karl Peter 669, 687, 688
Birgel, Willy 572
Birkert, Alxeandra 660
Biró, Lajos 364 f., 375, 377, 389, 409 f.
Bischoff, Friedrich 667, 671 f., 688
Bischoff, Fritz Walther 311, 318
Bischoff, Matthias 740
Bismarck, Otto von 59-61, 117, 273, 551, 637, 644, 652
Bittner, Helga 732
Blacher, Boris 256
Blank, Theodor 275 f.
Blass, Leonhard 318
Blech, Hans Christian 196, 702 f., 721
Block, Kirsten 724
Bloy, Léon 42
Blum, Heike 735
Blumenberg, Hans 636
Bluth, Karl Theodor 315, 338
Boberski, Heiner 735
Bobsin, Ellen 312
Boccherini, Luigi 312
Bock, Hans-Michael 260, 266, 268, 270, 460
Böhm, Helmut 129
Boehncke, Heiner 157, 159, 161, 216
Börckel, Fritz 452
Boeschenstein, Hermann 496
Boese, Carl 261
Bogarde, Dirk 387
Bohrmann, Hans 121
Bollinger, Heinz 74 f., 126
Bollinger, Willi 126
Bollmus, Reinhard 595
Bonaparte, Charles Louis Napoleon III. 646 f.
Bonaparte, Napoleon 65, 120, 130, 191, 198, 553, 646 f., 652
Bonhoeffer, Dietrich 132

Boni, Carmen 218
Bonifatius 613, 640 f.
Bonitz, Antje 606
Borgia, Lucrezia 10
Bormann, Martin 770
Bosch, Hieronymus 73, 126
Bosse, Carl 458, 459
Bosshardt, Robert 739
Braasch, Hinrich 324
Bracher, Karl Dietrich 594, 604
Brahm, Otto 764
Braun, Alfred 320, 331 f., 638, 668
Braun, Hanns 515
Braun, Harald 699
Braun, Otto 273
Brauner, Artur 23
Brecht, Bertolt 10 f., 33 f., 140 bis 142, 145 f., 158, 171, 184, 311, 313-315, 318, 324, 326-328, 332 f., 583 f., 586, 660, 696, 750, 754, 763-765
Bremer, Friedrich 735
Brewer, Melanie 296
Breyvogel, Wilfried 23 f.
Brinckmann, Christine N. 228
Brink, Cornelia 583
Brockmeier, Wolfram 334
Broderick, George 127
Brogle, Peter 723
Bronnen, Arnolt 146, 171, 318, 327, 333, 336
Brook, Peter 577
Broszat, Martin 548, 595, 611
Brown, Weir M. 626
Brox, Guus 413
Bruck, Reinhard 167
Brück, Christoph 724
Brüning, Heinrich 269, 599
Brünsch, Henny 456
Brug, Manuel 732
Bruns, Karin 227
Brusse, Marie Joseph 413 f., 416 f., 421

Buchheim, Hans 548, 595, 606
Buchwald, Frank Andreas 624-626
Buckl, Walter 737
Buddenbrock, Cecilia von 606
Büchner, Georg 208
Bückler, Johannes 159, 164, 171, 173, 179, 194, 198
Bülow, Bernhard Fürst von 133
Bürger, Gottfried August 313
Bürger, Peter 12
Büring, Hans 143
Bütow, Hans 569
Bulwer-Lytton, Edward George 9
Buñuel, Luis 420
Burckhardt, Carl Jacob 620, 654
Burock, Rudolf 168, 177
Burton, Richard 638
Busch, Ernst 203, 218
Busch, Frank 729
Buschoff, Willy 311
Butting, Max 314

Cadenbach, Joachim 361
Caligula 381
Callow, Simon 379, 384, 386
Calzabigi, Ranieri de 492
Campanella, Tomasio di 747
Canaris, Wilhelm 276
Caneppele, Paolo 456
Capel, Peter 697, 721
Carls, Carl Dietrich 721
Carow, Erich 259
Carstens, Lina 708 f., 722
Castagne, Helmut 430, 663, 685
Castorf, Frank 147, 518 f., 717 bis 719, 724, 726, 731-734
Cézanne, Paul 64, 554
Chaplin, Charles (Charlie) Spencer 226, 305, 307, 332, 363
Chotek, Sophie 424-428, 431
Christiani, Sabine 731
Christiansen, Ingeborg 722

Chruschtschow, Nikita Sergejewitsch 625
Churchill, Winston 115, 274, 367
Claassen, Eugen 606
Clair, René 364, 366, 679
Clark, Wallis 296
Claudel, Paul 22, 40, 42 f., 51, 59, 116
Claudius (Tiberius Claudius Nero Germanicus) 376, 381, 382
Claudius, Hermann 324
Claus, Horst 212, 218, 361, 380, 551 f., 635
Claussen, Christine 731
Cobley, Evalyn 496
Cohen, Lester 385
Columbus, Christoph 60
Comencini, Luigi 458
Conrad, Andreas 727
Conze, Eckart 628 f.
Cooper, Duff 401
Corda, Maria 362
Corell, Ernst Hugo 212, 373 f.
Corinth, Ernst 730
Coudenhove-Kalergi, Richard Nicolaus Graf 424, 652
Cramer, Heinz von 256
Credé, Carl 599, 753
Cretschmar, Cornelius 482
Cruzes, James 364
Csampai, Attila 238
Cube, Hellmut von 684
Cullen, Robert J. 350
Cunynghame, David 365
Czech, Sonja 527, 531
Czech, Susanne 577
Czinner, Paul 344, 347, 349 f., 352, 363, 366

D'Annunzio, Gabriele 357
Dachs, Robert 443
Dahinten, G. 731

Dahlberg, Monika 721
Daiber, Hans 728
Dalberg, Carl Theodor von 646
Dalsum, Albert van 413
Dambacher, Eva 116
Damm, Sigrid 120
Darwin, Charles 133
Daum, Thomas 743
de Gaulle, Charles 429, 621-623, 630 f., 651, 654
Deisinger, Siegfried 134
Deiß, Victor 724
Delabar, Walter 736
Deleuze, Gilles 140
Delpy, Egbert 171, 176
Deltgen, René 572
Demant, Ebbo 602 f.
Demm, Eberhard 747-749
Demuth, Lenchen 635
Deppe, Hans 461
Dermutz, Klaus 732
Desch, Kurt 435
Dessauer, Friedrich 45, 267
Detjen, Marion 130, 132.
Diaghilew, Sergej 399
Diebold, Bernhard 148, 172, 176, 328 f.
Diederichs, Helmut H. 144
Diehl, Siegfried 735
Dieterich, Erika 737
Dieterle, William 264
Dietl, Harald 715, 722
Dietrich, Marlene 235, 243, 371 bis 374, 384
Dietschreit, Frank 733
Dietz, Howard 283
Dirscherl, Luise 10, 236, 240, 244, 552
Dittrich, Kathinka 413
Döblin, Alfred 152 f., 280, 319, 660
Doering, W. 251
Dörfler, Goswin 460 f.

Dörfler, Walter 723
Dörner, Andreas 615
Dohrn, Harald 112
Dohrn, Herta 112
Dohrn, Klaus 112
Dollinger, Hermann 665
Domela, Harry 158
Domenig, Hans 726
Domin, Friedrich 499
Donat, Robert 353, 361, 366
Donohoe, James 122
Dornhöfer, H.J. 735
Dorsch, Käthe 167, 184, 359
Dostojewski, Fjodor Michailowitsch 41 f., 64 f., 119
Dreyer, Carl Theodor 420
Driesch, Hans 747
Drubek-Meyer, Natascha 637
Druten, John William van 669
Dudow, Slatan 754
Dürrenmatt, Friedrich 526, 686, 763
Düsel, Friedrich 167, 175
Düsing, Wolfgang 636
Dumas, Alexandre d.Ä. 357, 360
Dumont, Hervé 476 f.
Dunant, Jean Henry 646 f.
Duncalf, Bill 386 f.
Duncan, Isadora 399
Dupeux, Louis 608
Dupont, E.A. 267
Durus *siehe* Kamen, A.
Durzak, Manfred 588
Duschinsky, Richard 753

Ebert, Gerhard 732
Echte, Bernhard 157
Ecke, C. Rainer 724
Eckert, Gerhard 699
Edschmid, Kasimir 603
Edward VIII. 386
Ees, Annie van 413 f., 416, 420

Eggebrecht, Axel 23, 483
Ehlert, Ernst 709, 722
Ehrke-Rotermund, Heidrun 120
Ehrlich, Karl 438-440, 442-451, 456
Eich, Günter 659, 678 f., 686
Eichel (Zirkusfamilie) 202
Eichhorn, Bernhard 499
Eickemeyer, Manfred 111, 114
Eisbrenner, Werner 483
Eisele, Klaus 21
Eisenhower, Dwight D. 276 f.
Eisenstein, Sergej Michailowitsch 215, 420, 637
Ekhof, Konrad 756
Elfe, Wolfgang 607
Elias, Norbert 747
Elisabeth von Österreich 399
Eloesser, Arthur 166, 175
Elser, Georg 122
Elwenspoek, Curt 161 f., 179-181, 313 f., 318, 329 f.
Elwenspoek, Hans 722
Engel, Christoph 23
Engel, Erich 33 f.
Englert, Renate 741
Ensinger, Margrit 724
Epstein, Margot 331, 334
Epstein, Rudolf R. 466
Es, Nol van 421
Eschmann, Ernst-Wilhelm 748
Esslin, Martin 711
Estermann, Monika 659, 687
Etlinger, Karl 203
Everding, August 723
Eversberg, Gerd 694
Exinger, Peter 580

Fähnders, Walter 455
Fairbanks, Douglas 346, 363
Fairbanks, Douglas (jr.) 366
Faktor, Emil 166, 168, 172, 175

Fallada, Hans 763
Fanck, Arnold 461
Farkos, Akos 416
Faulhaber, Michael 73, 125
Faulstich, Werner 277, 507
Fechter, Paul 166 f., 173, 175, 328, 604
Feddersen, Helga 706
Feld, Hans 271, 285, 299
Fels, Ludwig 157
Fernau, Rudolf 712 f., 722
Fest, Joachim 766, 770 f.
Fetscher, Iring 133
Feuillère, Edwige 425
Feyder, Jacques 364
Fichte, Johann Gottlieb 101, 103
Ficker, Ludwig von 115
Fiedler, Erich 721
Fiedler, Werner 251
Fink, Adolf 736
Fink, Agnes 196, 702 f., 705, 721
Finke, Margot 254
Fischer, Erich 730
Fischer, Ernst 336
Fischer, Eugen Kurt 326, 334, 339
Fischer, O.W. 483
Fischer, Ulrich 730, 737, 740
Fischer-Lichte, Erika 263
Fitz, Walter 708, 722
Flaherty, Robert 364
Flaubert, Gustave 554
Fleck, Jakob 216
Fleck, Luise 216
Fleckenstein, Günther 742
Fleißer, Marieluise 162, 311
Flesch, Hans 320
Förster, Christina M. 116
Forst, Willi 227, 443 f., 448
Forster, Rudolf 390
Frank, Hans 84, 131
Frank, Horst 701 f., 721
Frank, Leonhard 157, 679

Franke, Manfred 159-161, 165, 194
Franz Ferdinand, Erzherzog von Österreich 423-428, 431, 635
Franz Joseph I. 399, 427
Frei, Norbert 611
Freisler, Roland 100 f., 103-105, 109, 134
Frenzel, Elisabeth 253
Freudenthal, Ingrid 15
Freund, Karl 227
Fricke, Gerd 311
Fricke, Peter 723
Fried, Johannes 22
Friedell, Egon 634
Friedländer, Julius 387
Friedrich I. Barbarossa 646
Friedrich II. (der Große) 59-61, 116 f., 273, 554, 637, 644
Friedrich II. von Staufen 634, 636 f., 653
Friedrich, Detlef 732
Friedrich, Paul 161
Frielinghaus, Helmut 728
Frigo, Conrad 261
Frisby, Julian 598
Frisch, Max 586, 686 f., 763
Frisé, Adolf 142
Fritz, Michael 128
Fritzsche, K.J. 430, 432, 451 f.
Fröbe, Gert 499
Fröhlich, Elke 272
Fröschle, Ulrich 495, 600, 651
Fromhold, Martina 658
Fromm, Erich 747
Fuchs, Gerd 173 f.
Fuchs, Jockel 742
Fuchs, Klaus 699
Fünfgeld, Hermann 708
Fürstenberg, Ilse 289, 292
Fuld, Werner 737
Fulda, Ludwig 326
Funk, Walther 648

Funke, Christoph 742
Funke, Manfred 604
Furrer, Robi 466
Furtmeier, Josef 58 f., 114
Furtwängler, Hubert 114 f.
Furtwängler, Wilhelm 684, 763

Gabin, Jean 403, 433, 435
Galen, Clemens August Graf von 61, 67, 118, 121, 125
Galinski, Heinz 281
Gall, Lothar 117
Gallé, Volker 739, 742
Gallo Inigo 723
Gance, Abel 214
Gandert, Gero 218
Gangl, Manfred 603
Garrick, David 756
Gasbarra, Felix 158
Gatz, Erwin 125
Gauger, Hans-Martin 744
Gaumen, Reinhold 727
Gebel, Else 133 f.
Gebühr, Otto 637
Geiger, Heinz 580
Geissendörfer, Hans 23
Geißler, Karl Friedrich 743
Gelder, Henk van 419
Genno, Charles N. 496
Georg, Manfred 330
George, Stefan 38, 606, 634
Gerber, Michael 724
Gersch, Wolfgang 140
Gerson, Dora 313
Gerstenmaier, Eugen 26
Gessner, Adrienne 470
Giesler, Paul 52, 82 f., 130, 132
Gilbert, Robert 204
Gilford, Fred 709, 722
Gilly, Patrick 723
Gilson, Étienne 42
Giraudoux, Jean 407, 674

Glade, Henry 549
Glaeser, Ernst 150
Glauert, Barbara 162, 175, 181, 184, 188, 599
Globke, Hans 611, 627
Glöckner, Susanne 156
Gloger, Christine 724
Gluck, Christoph Willibald 492
Gmelin, E. 176
Goebbels, Joseph 58, 66, 95, 115, 131, 133, 185, 271 f., 569, 590, 599, 624, 770
Göpfert, Peter Hans 732
Goercke, Günther 570
Göring, Hermann 273, 542, 561, 596, 648
Goertz, Hartmann 663
Goertz, Heinrich 728, 737
Gössmann, E. 739
Goethe, Johann Wolfgang 29, 41, 44, 61, 64 f., 118, 120, 132, 427, 432, 493
Goetz, Curt 679
Goff, Ivan 264, 288
Gogol, Nikolai Wassiljewitsch 256, 308
Goldhagen, Daniel 584
Goldmann, Paul 166, 170 f., 175
Goldwyn, Samuel 363, 391
Gollwitzer, Heinz 645 f.
Goodman, Alfred 709, 722
Goslar, Jürgen 721
Gotthardt, Mathilde 341
Gottlieb, Ernst 258
Gotto, Klaus 118, 624
Gough-Yates, Kevin 341, 368
Goverts, Henry 27, 603, 747
Grädler, Theodor 693, 708-710, 722
Graf, Willi 24, 50, 57-59, 62 f., 66, 70 f., 74 f., 78, 80, 85 f., 89 f., 92, 94-96, 107, 113, 115, 123, 126 f., 131, 134

Graml, Hermann 607
Grasberger, Thomas 737
Grashoff, Bernd 665 f.
Graves, Richard Perceval 382 f.
Graves, Robert 376, 381-385, 387, 635
Graveure, Louis 346
Greene, Graham 367
Grenzmann, Wilhelm 516
Gretler, Heinrich 439, 440, 444 f., 447 f., 452, 457-459
Grimm, Jakob 37
Grimm, Oliver 262
Grimm, Reinhold 589
Grimm, Wilhelm 37
Grob, Norbert 577
Groll, Gunter 572
Groß, August 160
Grosskurth, Kurth 722
Grotefend, Georg August 482
Groth, Winfried 708, 722
Grothe, Heinz 194, 204
Grube, Norbert 613, 629, 641
Gründgens, Gustaf 698, 754-763
Gründgens-Gorski, Peter 754 f.
Grünewald, Matthias 80, 129, 133
Grüttner, Michael 130
Grune, Karl 201, 204, 212-214, 216, 218 f., 222-227, 229-233
Grus, Michael 735
Guggenheim, Felix 258
Guillaumat, Pierre 622
Gumpert, Martin 397, 593
Gumprecht, Holger 729
Gundolf, Friedrich 128, 634, 747
Gutenberg, Johannes 9
Guter, Heinrich 67, 69, **121**
Guttenbrunner, Maria *siehe* Zuckmayer, Winnetou
Guttenbrunner, Winnetou *siehe* Zuckmayer, Winnetou

Personenregister

Haas, Willy 144
Habermann, Willi 40
Habsburg, Otto von 651
Hackelsberger, N. Luise 120
Hadamczik, Dieter 579, 632
Hadank, Günther 697, 721
Haecker, Margarete 115
Haecker, Reinhard 46, 83, 130, 131
Haecker, Theodor 22, 44-47, 52 f., 57, 59, 83-85, 88-90, 109, 115 f., 129-132
Haffner, Sebastian 273 f.
Hagen, Klaus 199
Hagen, Peter 270-272, 280
Hagener, Malte 416
Hahn, Monika 730
Haider, Hans 735
Halbe, Max 328
Halefeldt, Horst O. 310, 330
Hall, John 264
Hall, Mordaunt 272
Hall, Peter 283 f.
Halperin, Joseph 597 f.
Hammer, Walter 601
Hammerstein, Otmar 58, 89, 114
Hampe, Karl 648
Hamsun, Knut 311
Hansen, Joachim 277
Hanssler, Bernhard 116, 131
Hapgood, Elizabeth Reynolds 556 f.
Hardin, James 607
Hardt, Ernst 150, 318, 327
Harell, Marte 469, 477
Harfouch, Corinna 518, 717-719, 735
Harich, Wolfgang 273
Harig, Ludwig 743
Haringer, Jakob 157
Harlessem, Jobst von 584
Harnack, Arvid 28, 52, 132
Harnack, Falk 23, 88, 132, 277

Harpprecht, Klaus 736
Harris, Jed 577
Hart, Ferdinand 319
Hartert, Helmut 70, 122 f.
Hartl, Karl 438, 443, 445-448, 469
Hartmann, Karin 731
Hartnagel, Elisabeth 44
Hartnagel, Fritz 44, 53, 119
Hasenclever, Walter 606
Hasse, O.E. 250, 276, 572
Hassel, Ilse 26
Hasselbring, Bettina 660
Hasselmann, Karl 217, 227
Hathaway, Henry 277, 573
Haubach, Theodor 588, 597, 600 f., 603, 606, 747
Hauff, Wilhelm 37
Haufler, Max 204
Hauptmann, Gerhart 266, 286, 326 f., 338, 508, 721
Hauser, Johannes 470
Hay, Gerhard 32
Haye, Helen 358
Head, June 364, 383
Hecht, Werner 141, 324
Hegner, Jakob 132
Hehl, Ulrich von 118, 125
Heiduck, Christoph 716
Heilborn, Ernst 166, 170-173, 175
Heimpel, Hermann 650
Hein, Frank 712, 722
Heine, Heinrich 314
Heine, Matthias 732
Heinemann, Gustav 275
Heinrich V. 638
Heinzlmeier, Adolf 193
Heise, Ulf 737
Heisenberg, Werner 770
Heißenbüttel, Helmut 658
Heister, Hans Siebert von 315
Held, Martin 276, 572
Helm, Brigitte 206
Hembus, Joe 570, 577

Hendrich, Imke 732
Henk, Emil 603, 747
Hennig, Kurt-Oskar 716, 723
Henrichs, Benjamin 734
Hensel, Georg 721 f.
Hepp, Fred 262, 571
Hepp, Michael 601
Herbst, Ludolf 648
Hermand, Jost 589
Herrdegen, Hans 599
Herre, Franz 120
Herzog, Paul 319
Herzog, Wilhelm 753
Hesky, Mirko 709, 722
Hesse, Hermann 151
Hettche, Walter 238
Heuser, Kurt 721
Heusinger, Adolf 276
Heydrich, Wilhelm 276
Heyduck, Christof 723
Heym, Georg 38
Heymans-Snijders, Enny 413
Heynicke, Kurt 311, 328
Hickethier, Knut 292, 691, 694 f., 696-698, 708 f., 712
Hielscher, Friedrich 605
Higham, Charles 380, 384
Hiller, Kurt 608
Hillers, Hans Wolfgang 160
Hilpert, Heinz 24, 166, 269, 663, 685, 764 f.
Hilsheimer, Thomas 743 f.
Himmler, Heinrich 521 f., 590, 766
Hindenburg, Paul von Beneckendorff und von 269, 273
Hinz, Werner 249
Hirschberg, Walther 313
Hirzel, Hans 32, 49 f., 67, 69, 121
Hitchcock, Alfred 266, 281, 353
Hitler, Adolf 20, 23, 27 f., 60 f., 66, 72, 79, 84, 86 f., 96 f., 118 f., 121, 126, 131, 269 f., 273, 276,
408, 414, 424, 428, 514, 518, 551, 561, 566 f., 577, 579, 589-592, 595 f., 598, 602, 604-606, 608 f., 643 f., 648, 653, 675, 686, 761 f., 767-771
Hobsbawm, Eric J. 157, 180
Hoch, Rudolf 318 f.
Hock, Rotraut 743
Hoefert, Konrad 311
Hölderlin, Friedrich 41
Höllering, Franz 212, 214 f., 231
Hörbiger, Attila 394, 708-710, 722
Hörbiger, Christiane 708 f., 722
Hörbiger, Paul 439 f., 452, 457-459
Hoerschelmann, Fred von 659
Hofer-Ach, Robert 709, 722
Hoffmann, Kay 227
Hoffmann, Klaus 712, 722
Hoffmann, Paul 320
Hoffmann, Rainer 739
Hofmann, Wilhelm 615
Hofmannsthal, Hugo von 142, 679
Hohendorf, Horst 629
Hohenemser, Herbert 34
Hollander, Walther von 516
Holler, Eckard 128
Hollmann, Raimar 707
Holst, Günther 607
Hölty, Ludwig Christoph Heinrich 237 f.
Hölz, Max 159, 168
Holzamer, Karl 709
Homann, Ursula 118
Homolka, Oskar 192, 264
Horak, Jan-Christopher 282
Horaz (Quintus Horatius Flaccus) 313
Horch, Franz 283 f., 374, 382, 383, 399 f., 403 f., 410
Horn, Peter A. 701, 721
Horst, Karl August 481

Horváth, Ödön von 162, 398
Hotop, Franz Joseph 556 f.
Hotop, Gerhard M. 557
Hove, Oliver vom 729
Howard, Leslie 353
Huber, Clara 111, 128
Huber, Kurt 20 f., 46 f., 53, 57-59, 61 f., 77 f., 80, 85 f., 91, 94, 98, 100-102, 106, 108, 111, 116, 119, 128, 131, 134
Huber, Wolfgang 46
Huch, Ricarda 27 f., 34 f., 46
Huchel, Peter 659
Hucklenbroich, Jörg 660
Hüttenberger, Peter 595
Huizinga, T. 417
Hunter 442
Huonker, Gustav 606
Hurdalek, Georg 514, 562 f., 594
Huyssen, Andreas 589
Hyan, Hans 254

Ibach, Alfred 437-439
Ibsen, Henrik 266
Ignée, Wolfgang 739
Ihering, Herbert 166, 170, 172, 175, 259 f., 267, 326, 567, 568, 756, 764 f.
Inglin, Meinrad 476
Itzenplitz, Eberhard 712 f., 722
Iwan der Schreckliche 637

Jacob, Alfred H. 632
Jacobius, Arnold John 556
Jacobowski, Hella 442, 452, 684
Jacobs, Monty 166, 175, 218
Jacobsen, Hans-Adolf 548, 595, 604
Jacobsen, Wolfgang 197, 264, 268, 270, 282, 385, 562, 571, 577, 594
Jacobsohn, Siegfried 764
Jacoby, Georg 264

Jahnn, Hans Henny 326
James I. 402
Jammes, Francis 42
Jannings, Emil 369, 593
Janowitz, Hans 201
Jansen, Hans 733
Jaretzki, Helmut Jaro 330
Jarnach, Philipp 314
Jaroff, Serge 127
Jaspers, Karl 482, 549
Jens, Inge 35, 43, 47 f., 50, 113 f., 119, 123, 126-128
Jens, Walter 35, 113
John, Karl 514
Jolles, André 565
Jonson, Ben 403
Joseph II. 118
Joseph, Albrecht 11, 260, 264, 267, 270, 272, 283 f., 288 f., 346, 349 f., 353-355, 357 f., 360-362, 368 f., 371-375, 377 f., 382-384, 388-394, 397, 399-402, 404, 408, 578, 596, 599, 601, 604, 609, 634 f., 652 f., 764
Joseph, Rudolf 397, 726
Jünger, Ernst 149, 323, 608, 615-617, 651, 749, 763
Jünger, Friedrich Georg 632 f.
Jürgens, Christian 148
Jürgens, Curd 147, 167, 193 f., 197 f., 261, 514, 549, 571 f., 701, 715, 718 f.
Jugert, Rudolf 483
Juhnke, Harald 729 f., 743
Jung, Edgar Julius 602, 607
Jung, Uli 214
Jung-Hofmann, Christina 162, 750 f.

Kaes, Anton 9, 141-143, 197, 282
Kästner, Erich 14, 166-168, 172 f., 175, 188, 313, 455, 516, 679, 763

Käutner, Helmut 30, 147, 167, 193, 197 f., 249, 257, 261-263, 271, 274, 277, 286, 289, 303, 305, 432, 499, 507, 514, 521, 525 f., 559, 562 f., 570-572, 577-579, 592-595, 632, 660, 673, 674-676, 695, 701
Kafka, Franz 730
Kaiser, Christoph 733
Kaiser, Georg 415
Kaiser, Joachim 518
Kalkowska, Eleonore 753
Kallensee, Frank 733
Kaltenbrunner, Ernst 770
Kamen, A. 252
Kampers, Fritz 218
Kant, Immanuel 85, 101
Kantorowicz, Ernst Hartwig 634
Kanzog, Klaus 273, 276, 486, 552, 637, 676
Karl I. (der Große) 613 f., 618 f., 621, 633, 636 f., 639-642, 645-651
Karl V. 619
Karlweis, Oskar 433
Karsch, Walther 249
Kasack, Hermann 150, 311, 315, 318, 324, 658
Kasten, Jürgen 146
Kathrein, Karin 735
Kaukoreit, Volker 679
Kaus, Wolfgang 712, 722, 736
Kayssler, Friedrich 272, 289
Kean, Edmund 355, 358
Keitz, Ursula von 227 f., 270
Kelber, Ulrich 731
Keller, Fritz 283
Keller, Gottfried 78, 129
Kellermann, Bernhard 186
Kemminer, Markus 742
Kennedy, Margret 344, 348-350
Kern, Erich 516, 572 f.

Kerr, Alfred 11, 142, 147, 166, 173, 175, 188, 203, 218, 260, 315, 326, 653, 727, 756
Kershaw, Ian 595, 611
Kerst, Alexander 706-709, 721 f.
Kessel, Martin 314 f.
Kesser, Hermann 336
Kessler, Harry Graf 605
Kesting, Marianne 158, 579
Ketterer, Sepp 456
Kettler, Hans 674-676
Keun, Irmgard 206
Kieffer, Friedrich Ritter von 123
Kiehl, Peter 70, 123
Kienzl, Hermann 167, 170, 176
Kierkegaard, Sören 115
Kiersch, Mary 185, 186
Kieser, Harro 203
Kieser-Hess, Ulrike 738 f.
Kiesinger, Kurt Georg 14
Killy, Walther 615
Kind, Michael 724
Kindler, Klaus 722
Kipphardt, Heinar 763
Kirchberger, Günter 20, 111-113
Kirchhoff, Herbert 277
Kirn, Richard 581
Kißener, Michael 21, 50, 113, 121, 134
Klabund 311 f.
Klappenbach, Ruth 254
Klee, Hedi 728
Klein, Dagmar 739
Klein, Fritz 604
Kleinau, Willi A. 292
Kleinmann, Hans-Otto 624
Kleinschmidt, Erich 120, 152
Kleist, Heinrich von 481
Klement, Otto 388
Klippel, Hermann 740
Klobe, Michael 718
Kloft 626
Klöpfer, Eugen 167, 218

Knaup, Heinz-Dieter 724
Knaus, Walter 669
Knebel, Hajo 159
Knef, Hildegard 483
Knie, Charles 202
Knie, Eugen 202
Knie, Friedrich 202
Knie, Rudolf 202
Knoop-Graf, Anneliese 24, 35, 113 f., 126 f.
Knowles, Susan 341
Knudsen, Hans 266
Knuth, Gustav 572, 586
Kobbe, Friedrich-Carl 681-684
Kober, A.H. 330
Koch, Diether 275
Koch, Heinrich 663 f.
Koch, Marianne 514
Köbel, Eberhard 38, 127 f.
Koebner, Thomas 263 f., 458, 710
Köck, Inge 128
Köhler, Ingeborg 733
Köppen, Edlef 150, 320 f., 335, 338
Köppen, Franz 170, 176
Koeppen, Wolfgang 686 f.
Körber, Hilde 721
Kogon, Eugen 548, 594
Kohlhaase, Wolfgang 724
Kohner, Paul 282 f., 433
Kohse, Petra 733
Kollwitz, Käte 707
Komisarjewsky, Theodore 346
Konsalik, Heinz 138
Koppel, Walter 289, 293, 303, 305 f.
Korda, Alexander 344, 362-410, 635 f.
Korda, Franz 399
Korda, Vincent 365, 378
Korn, Karl 572
Kornfeld, Paul 144
Korte, Helmut 263, 277, 507

Kortner, Fritz 214, 252, 262, 430, 434 f., 760
Koselleck, Reinhart 611
Kotthaus, Eva 715, 722
Kotz, Frido 40
Kowa, Victor de 483, 499, 514, 549
Kracauer, Siegfried 12, 143, 197, 642
Krämer, Anette 716, 723
Kramberg, Karl Heinz 728
Krampf, Günther 186
Kranz, Dieter 733
Krapp, Helmut 702, 712, 722
Krauel, Torsten 727
Krause, Tilman 606, 740
Krause, Willi siehe Hagen, Peter
Krausnick, Helmut 548, 595
Krauß, Werner 259 f., 262, 272, 433, 727
Krauthahn, Marga 716, 723
Krawietz, Peter 15
Krebs, Mario 23
Kreimeier, Klaus 228, 579, 643
Krenn, Günter 456
Kreuger, Ivar 321
Kreuzer, Helmut 694, 717
Krieger, Gottfried 733
Krimm, Herbert 28
Krobb, Florian 380
Kröger, Ute 580
Kronacher, Alwin 171
Kropp, Günther 712, 722
Krtschil, Henry 724
Krüger, Answald 723
Krueger, Werner 626 f.
Kuby, Erich 23
Küffe, Werner 715, 722
Kühn, Gertraude 189
Kühnl, Reinhard 649
Küpper, Hannes 668
Kugelstadt, Hermann 227
Kuh, Anton 152

Kuhnert, Arthur A. 324
Kulenkampff, Hans-Joachim 712, 714 f., 722
Kulik, Karol 363, 366, 384 f.
Kurzke, Hermann 743
Kutsch, Arnulf 150, 615
Kyser, Hans 218, 324, 336

L'Arronge, Adolph 764
Laages, Michael 734
Lafrenz, Traute 57 f., 62, 70, 87, 89, 92, 94 f., 114
Lamping, Dieter 743
Lamprecht, Gerhard 373
Lamszus, Wilhelm 324
Lanchester, Elsa 378
Landau, Lola 327
Lang, Fritz 577
Langhoff, Thomas 765
Langhoff, Wolfgang 765
Lapiner, Alexander 264
Larsen, Egon 216
Lasker-Schüler, Else 311 f.
Laudenbach, Peter 729, 733
Läufer, Elisabeth 421
Laughton, Charles 366, 368-371, 375 f., 378-380, 382 f., 385 f., 395
Lausberg, Heinrich 754
Lauterbach, Ulrich 688
Lawrence, Thomas Edward 382
Lăzărescu, Mariana 737
Le Fort, Gertrud von 480
Lean, David 347
Leander, Zarah 414
Leber, Julius 597
Lechners, J.S. 159
Lederer, Emil 747
Ledig, Elfriede 513
Legal, Ernst 249, 765
Lehár, Franz 525
Lehmann, Werner R. 208
Leibelt, Hans 721

Leibniz, Gottfried Wilhelm 46, 85, 94, 111, 128
Leigh, Vivien 366, 390
Leithäuser, Joachim 603
Lemmer, Ernst 603
Lenkey, Robert 715, 722
Lennartz, Elisabeth 203, 218
Lennartz, Knut 735
Lenneweit, Hanns Walter 721
Lennig, Walter 581
Lenz, Otto 624-627, 629, 644
Leo III. 646
Leonardy, Heribert J. 193
Leonhard, Joachim-Felix 150, 310, 324, 326, 330, 332, 334, 336
Leonhard, Rudolf 152, 331, 336
Leonhardt, Rudolf Walter 727, 739
Leopold, Daniela 463
Lerg, Winfried B. 150
Lernet-Holenia, Alexander 437, 580
Lersch, Edgar 658 f., 661, 687
Lesser, Max 170, 173, 176 f.
Lessing, Gotthold Ephraim 372, 552-554
Lethen, Helmut 603, 758, 760
Leuschner, Wilhelm 588, 603, 606
Lewinsky, Mariann 228
Liebermann, Max 167
Lier, Wolfrid 701, 721
Lietzau, Hans 721
Lill, Rudolf 21, 50, 113, 117, 121, 134
Lindenberger, Herbert 741
Linder, Erwin 721
Lindner, Gabriele 526
Lindner, Robert 458 f.
Links, Roland 601
Litvak, Anatol 397, 577
Lix, Alexander 438, 442-450, 452, 456, 459
Lloyd, Frank 359

Lochmüller, Benedikt 311
Lodeman, Kleophas 10
Löwenstein, Karl 749
Lommer, Horst 704, 706
Lopez, Raphael 15
Loth, Winfried 631
Lothar, Ernst 177, 271
Lothar, Ralph 721
Lowitz, Siegfried 196, 704
Lowry, Stephen 263
Lubitsch, Ernst 567
Ludwigg, Heinz 312
Lüder, Werner 580
Luff, Andrew 341
Luft, Edmund 562 f., 594
Luft, Friedrich 249, 261, 698, 727
Lumière, Auguste 139
Lumière, Louis 139
Luther, Martin 653
Lynx 323

Maass, Alexander 673, 676
Machaty, Gustav 373 f.
Mahler (Kriminalsekretär) 121
Mahnke, Hans 706, 721
Maier, Klaus A. 275
Majchrzak, Rainer 660
Malß, Karl 331
Manet, Édouard 554
Mann, Erika 583, 596, 758
Mann, Ernst 753
Mann, Heinrich 145, 214, 605
Mann, Klaus 312, 756-759
Mann, Thomas 142 f., 150, 258, 399, 583, 600, 684
Mannheim, Karl 747
Mannock, P.L. 365
Marcowitz, Reiner 622 f., 629 f.
Maritain, Jacques 42 f., 51, 120
Markey, Gene 438
Marseille, Hans-Joachim 277, 625
Martin, Berthold 631

Martin, Gerald 518
Martin, Karlheinz 203
Marx, Karl 635
Mason, James 277
Mason, Philippe 119
Massoth, Anja 166 f., 607
Mathäser, Willibald 124
Mathy, Helmut 159, 179 f., 194
Matray, Maira 723
Maurette, Marcelle 424 f.
Mausbach, Joseph 126
May, Karl 322 f., 338, 401-403
Mayer, Carl 201
Mayer, Gerhard 741
Mayer, Leo 418
Mayer, Thomas 740
Mayr, Carl 453 f., 456
Mayr, Richard 456
Mayring, Philipp, Lothar 261
McClelland, Doug 384
McCrea, Joel 266
McLuhan, Marshall 137
Meduna, Renate 702, 721
Mehring, Walter 313
Mehringer, Hartmut 603
Meid, Hans 551
Meiningen, Georg von 366
Meixner, Barbara 466
Mell, Max 327
Melsert, Cor van der Lugt 414
Mende, Heinz 14
Mendelssohn-Bartholdy, Felix 118, 246
Mendès-France, Pierre 274
Mennemeier, Franz Norbert 9
Mensching, Herbert 723
Menz, Constanze 329
Menz, Egon 137
Menzel, Gerhard 450
Menzies, William Cameron 384
Mertens, Klaus 718
Mertz-Rychner, Claudia 620
Messalina, Valeria 382

Messemer, Hannes 712, 722
Metternich, Klemens Wenzel 366
Mews, Siegfried 607
Meyer, Friso 731
Meyer, Leo 416
Meyer-Arlt, Ronald 730
Meyer-Eschenbacher, Ferdinand 312
Meyers, Franz 629
Meyrink, Gustav 311
Michalzik, Peter 754, 757-762
Michels, Eckard 613
Michels, Helmut 115
Mierendorff, Carlo 142, 596-599, 601-603, 606, 610, 747
Milch, Paulina 730
Milestone, Lewis 507
Miller, Maud M. 365
Minde-Pouet, Georg 178
Missler-Morell, Andreas 519, 718, 724
Mittenzwei, Stefanie 740
Mitterand, François 622
Mittler, Leo 697, 699-701, 705, 721
Mittrowsky, Hubert 679-686
Moat, Janet 341
Möbert, Oliver 292
Möller, Barbára 733
Möller, Gunnar 723
Moeller van den Bruck, Arthur 607
Mohler, Armin 622
Molière 756
Moline, Pierre-Louis 492
Moll, Christiane 21, 121, 134
Moltke, Freya von 26, 598
Moltke, Helmuth James von 588, 597 f.
Mommsen, Hans 604, 606
Mommsen, Theodor 383, 387
Morrison, Jeff 380
Morsey, Rudolf 273
Mosse, Eva 31 f.

Mozart, Wolfgang Amadeus 238, 244, 390
Mühl-Benninghaus, Wolfgang 270
Mühsam, Erich 313
Müller, Corinna 141
Müller, Hans Dieter 616
Müller, Roland 729
Müller, Rolf-Dieter 119
Müller-Schlösser, Hans 331
Münsterberg, Hugo 140
Münzenberg, Willi 188
Mur, U. 176
Murnau, Friedrich Wilhelm 227, 420
Musil, Robert 142, 148
Mussolini, Benito 748
Muth, Anna 116
Muth, Carl 22, 44 f., 47 f., 52 f., 57, 59, 64-66, 72, 116, 119, 124, 130
Mutschmann, Martin 616

Naber, Hermann 660
Nacken, Edmund 194, 199
Nägele, Rose 48, 51
Nägeli, Hans Georg 525
Nannen, Henri 476
Napiersky, Herbert 127
Napoleon *siehe* Bonaparte, Napoleon
Natanson, Jacques 425
Nebenzahl, Seymour 400
Neppach, Robert 217
Nero 409 f.
Netenjakob, Egon 703
Neulen, Hans Werner 648 f.
Neumann, Alfred 29 f., 32
Neumann, Erich Peter 615-627, 629-633, 639, 642-645, 654
Newski, Alexander 637
Nickel, Gunther 10-12, 24, 26 f., 34, 139, 142, 144-148, 155, 159,

165 f., 169, 172, 197, 201-204,
236, 240, 244, 252, 260, 270 f.,
281, 300, 306, 309, 312-314,
322 f., 326, 329, 333 f., 336, 341,
343, 348, 374, 392 f., 430, 516,
544, 548, 551 f., 561 f., 581, 583,
599, 607, 609, 613, 617, 620, 632,
633, 666, 672, 691, 736, 742, 763
bis 765
Nicolai, Elke 494
Niebergall, Ernst 331
Niedermoser, Otto 456, 466
Niedhart, Gottfried 127
Niekisch, Ernst 604
Nietzsche, Friedrich 636
Nipperdey, Thomas 117
Nissen, Walter 330
Nobel, Alfred 399
Noelle-Neumann, Elisabeth 613,
615, 624, 630, 643-645
Nolte, Jost 737
Norton, Richard 351
Nübel, Rainer 741
Nümann, Dirk 730

O'Beirne 350-353
Oberhauser, Fred 743
Oberon, Merle 366, 382, 384,
386 f., 399, 401 f., 408, 410
Obst, Andreas 727
Odemar, Fritz 203, 218
Offenbach, Jacques 365
Offenbach, Joseph 197
Ohl, Manfred 385
Ohm, Walter 680-682
Olfers, Sibylle von 37
Olivier, Laurence 366, 577, 638
Olschok, Herbert 724
Omasta, Michael 437
Ong, Walter H. 152
Ophüls, Marcel 430

Ophüls, Max 400, 407 f., 415, 420,
423-436, 577, 635, 660
Orff, Carl 14
Orsatti 282
Osborn, Max 455
Ostau, J.H. von 584
Osten, Ulrich von der 276
Osterland, Martin 574
Ostermayer, Christine 723
Oswald, Gerd 277
Oswald, Richard 249, 258, 263 f.,
267-271, 277, 281-284, 288 f.,
298, 300, 306 f.
Ottawa, Theodor 449, 452, 456
Otten, Willem Jan 413, 419 f.
Otto III. 646
Otto, Viktor 322 f.
Ozu, Yasujiro 420

Pabst, G.W. 144, 145, 229, 277,
400, 420
Paech, Joachim 694
Pajanou, Despina 712, 722
Palitzsch, Otto Alfred 332, 336
Paniz, Marco 723
Papen, Franz 273
Paquet, Alfons 311
Parkinson, David 367
Pasche, Hans 327
Pastrone, Giovanni 228
Patalas, Enno 197
Pauck, Heinz 499
Paulsen, Wolfgang 493 f., 526
Péguy, Charles 601
Périnal, Georges 347, 365
Perris, Pasquale 186
Peters, Elmar 712, 722
Peters, Werner 706, 721
Petersen, Thomas 630
Petrow-Bytows, Pawel 216
Petry, Christian 49
Petzet, Wolfgang 603, 747

Pfeiffer, Hermann 721
Pfeiffer, Johannes 482
Pfützner, Klaus 729, 738
Picasso, Pablo 44, 58, 80, 90, 93, 113
Picht, Robert 631
Pickford, Mary 363
Piel, Harry 207
Pietrzynski, Ingrid 660
Pinthus, Kurt 166 f., 176
Pippin 613
Piscator, Erwin 158 f., 165, 167-169, 171 f., 233, 578, 750-754
Plättner, Karl 159
Planck, Max 770
Planta, Uors von 466
Plátoff, Graf Matwjéh Iwànytsch 76, 127
Platte, Rudolf 706 f., 721
Pleven, René 622
Plievier, Theodor 679
Podak, Klaus 738
Poelchau, Harald 28
Pörnbacher, Karl 208
Pöttker, Horst 615
Pohl, Gerhart 144
Polgar, Alfred 144 f., 166, 176
Poll, Jaap van der 421
Pommer, Erich 267, 361, 372-375, 435, 483
Pommer, John 386
Porombka, Stefan 158
Poth, Wilhelm 724
Powell, Michael 401
Preiss, Wolfgang 702, 721
Preminger, Otto 577
Presber, Rudolf 313
Presley, John Woodrow 385, 387
Prinzler, Hans Helmut 197, 282, 385, 562, 571, 594
Probst, Christl 109

Probst, Christoph 57-59, 80 f., 88-90, 93, 95 f., 98, 106, 112-114, 134
Profitlich, Ulrich 526
Pross, Steffen 739, 741
Prümm, Karl 658
Pudowkins, Wsewolod 216
Putz, Petra 214
Pyta, Wolfram 602

Quadflieg, Will 672, 723

Rabbow, Arnold 115
Rabinowitsch, Gregor 400
Rademacher, Henning 661
Rätsch-Langejürgen, Birgit 604
Rahl, Mady 706, 721
Rambaldo, Hartmut 32
Ramdohr, Lilo 132
Ramuz, Charles Ferdinand 476
Ranke, Leopold von 381
Ranke-Graves, Robert *siehe* Graves, Robert
Raschke, Martin 659
Rasp, Fritz 227
Rath, Franz 712, 722
Rauchhaupt, Carl 160
Raulet, Gérard 603
Raulff, Ulrich 634
Raumer, Friedrich von 634
Raynal, Paul 327
Rebsamen, Adolf 466
Redl, Alfred 397
Regentrop-Boncoeur, Lothar 701, 721
Rehberg, Reinhard 738
Rehfisch, Hans José 326 f.
Reichmann, Hans-Peter 572
Reich-Ranicki, Marcel 742 f., 757
Reindl, Ludwig Emanuel 203, 218, 584
Reinecke, Hans-Peter 724

Reinecker, Herbert 276
Reinhardt, Brigitte 132
Reinhardt, Gottfried 577
Reinhardt, Hannes 13
Reinhardt, Max 299, 374, 764
Reiser, Rudolf 738
Remarque, Erich Maria 269 f., 496, 507, 578, 599 f.
Rembrandt Harmenszoon van Rijn 369, 375, 378-380, 635 f.
Renken, Gerd 604
Rennefahrt, Georg 753
Renner, Karl N. 513
Rennicke, Dieter 123
Rennicke, Klaus 123
Rennicke, Peter 123
Renoir, Auguste 554
Repgen, Konrad 118
Reuter, Uwe 724
Reuter, Wilhelm 160, 196
Rexroth, Tilman 151
Richard, Frida 225
Richards, Jeffrey 388
Richardson, Ralph 366 f.
Richter, Erik 724
Richter, Ludwig 37, 602
Richter, Lukas 304
Rickert, Heinrich 747 f.
Riedmann, Gerhard 709, 722
Riester, Albert 57, 67, 69, 72 f., 78, 85 f., 90-93, 121 f.
Rieth, Rudolf 328 f., 331
Rilke, Rainer Maria 38, 311
Rilla, Paul 249 f., 269, 580
Ringelnatz, Joachim 313
Rinke, Moritz 729
Ritter, Otto 466
Ritzmann, Kai 734
Rizzo, Katja 731
Robson, Flora 387
Rodd-Marling, Yvonne 348
Roeder, Gustav 739
Röhm, Ernst 602

Rohland, Walter 766
Rois, Sophie 718
Roll, Gernot 712, 722
Rolland, Romain 299
Roloff, Fränze 669
Rombach, Otto 330
Rommel, Erwin 277, 573
Roon, Ger van 592
Rosar, Annie 471
Rose, Willy 706, 721
Rosenbaum, Jonathan 366
Rosenberg, Alfred 69, 73, 121, 648
Rosenstone, Robert A. 637
Rosenthal, H. 170, 173, 176
Rossen, Robert 638
Rost, Alexander 738
Rostand, Edmond 368
Rotermund, Erwin 120, 587 f., 607, 743
Roth, Wolf 712, 722
Rother, Rainer 284, 637, 638
Roths, Valentin 160
Rowohlt, Ernst 603
Rückert, Elfriede 706, 721
Rüden, Peter von 710
Rudnitzki, Diana 742
Rudolf von Österreich 399
Rudolf, Leopold 469
Rühl, Werner 716, 723
Rühle, Günther 175, 260, 328, 737 f., 752
Rühmann, Heinz 259, 261-264, 266, 277, 292, 301, 676, 706-708
Ruppel, Karl Heinrich 593
Russ, Bruno 726, 740-742
Ruttmann, Walther 222

Sacco, Nicola 168
Saebisch, Karl-Georg 701, 721
Sahl, Hans 743
Sakowitz, Wilfried 715, 722
Saltenburg, Heinz 167

Salus, Hugo 312
Samüller, Raimund 58 f., 114
Sander, Johann David 492
Sandrock, Adele 218
Sannwald, Daniela 458
Sarkowicz, Hans 157, 159, 161
Sartre, Jean-Paul 196
Sauerbruch, Ferdinand 593
Saurèn, Babita 348
Schach, Max 393
Schacher, Max 388
Schäfer, Harald 724
Schaefer, Heinz 706, 721
Schäfer, Wilhelm 330
Schalk, Axel 635 f., 639
Schaller, Henning 724
Schanze, Helmut 697, 712
Schaper, Rüdiger 729
Scharnhorst, Gerhard Johann David von 276
Scharping, Rudolf 743
Schaub, Gerhard 208
Schaudig, Michael 206, 288, 513
Schauss, Renate 716, 723
Scheffel-Matthes, Meike 734
Scheible, Hartmut 281
Schell, Maria 197, 471
Schell, Maximilian 499
Schenk, Heinz 196
Schenk, Otto 735
Scherschel, Erwin 716, 723
Schertling, Gisela 114
Schiebelhuth, Hans 325, 341, 343, 372, 550, 554, 597, 609
Schildt, Axel 130, 691
Schiller, Friedrich 13 f., 158, 169 f., 173, 179, 586, 620, 636, 696
Schiller-Lerg, Sabine 150 f.
Schindler, Christian 734
Schirach, Baldur von 648, 768
Schirokauer, Arno 333
Schlabrendorff, Fabian von 589

Schlaffer, Hannelore 739
Schleicher, Kurt von 602 f., 606
Schlöndorff, Volker 23
Schlosser, Eva Maria 740
Schlüpmann, Heide 229
Schmid, Aglaja 437, 458
Schmid, Eva M.J. 236
Schmid, Susanna 116
Schmidgall, Karin 28
Schmidt, Eckart 236, 243 f.
Schmidt, Jochen 579, 632
Schmidt-Boelcke, Werner 219, 221
Schmidt-Gentner, Willy 456
Schmieding, Walther 574
Schmitthenner, Walter 606
Schmitz, Helmut 736
Schmitz, Thomas 172
Schmitz, Walter 647 f., 659
Schmitz-Scholemann, Christoph 137
Schmorell, Alexander 44, 49 f., 57-62, 66 f., 72, 79-81, 86, 88-93, 95, 98, 100, 107, 112-115, 131, 134
Schnabel, Dieter 738
Schnabel, Ernst 673, 676, 686
Schnabel, Günther 673
Schneeberger, Hans 456, 461, 483
Schneekloth, Heinz 572
Schneider, Alexandra 228
Schneider, Dieter 723
Schneider, Hansjörg 723
Schneider, Irmela 152, 277
Schneider, Michael C. 20, 112 f., 129, 132
Schneider, Reinhold 647 f.
Schnorr von Carolsfeld, Julius 37
Schnyder, Franz 458
Schoeller, Bernd 142
Schönerer, Georg Ritter von 424
Schönfeldt, Sybil Gräfin 481
Scholder, Klaus 118
Scholl, Elisabeth 36, 43, 53, 127

Scholl, Hans 19-24, 29, 35-54, 57 bis 59, 61-67, 70-96, 98, 100, 103 bis 109, 111-115, 118, 121-124, 126-129, 131-134
Scholl, Inge 24, 26-41, 45 f., 48, 50, 53 f., 109, 114, 121, 123, 127, 129
Scholl, Magdalene 36, 47, 53, 57, 71, 91, 122 f.
Scholl, Robert 36-38, 53, 71, 75 f., 91, 123
Scholl, Sophie 19-24, 29, 35-43, 46 f., 51-54, 57-61, 63, 67, 69-71, 79-82, 85-100, 106 f., 112-114, 119, 123, 127 f., 131, 134
Scholl, Werner 36, 39, 127
Scholz, Eva-Ingeborg 706, 721
Schreiber, Ferdinand 115
Schreiber, Susanne 734
Schreiner, Reinhard 624
Schreitmüller, Andreas 694
Schreyvogl, Friedrich 447
Schröder, Ernst 638
Schubert, Franz 244, 390, 443
Schubert, Klaus von 274 f.
Schubert, Peter von 275
Schüddekopf, Katharina 114
Schüddekopf, Otto E. 608
Schüler, Barbara 19 f., 23 f., 35 f., 111-115, 119, 126-128, 130, 132
Schünzel, Reinhold 391
Schütte, Peter 697, 699, 721
Schütz, Bernhard 718
Schuler, Edgar 741
Schulte-Michels, Thomas 735
Schulz, Fritz 706, 721
Schulze, Gerhard 717
Schulze-Boysen, Harro 28, 590
Schulze-Reimpell, Werner 579, 632
Schumacher, Kurt 603
Schumacher, Renate 150, 310, 324
Schumann, Robert 342
Schwabe, Willi 724

Schwaiger, Georg 124
Schwarz, Hans-Peter 275, 621-623, 630 f.
Schwarz, Jaecki 724
Schwarzwald, Eugenie 597
Schwedler, Wilfried 727
Schweinitz, Jörg 140
Schwering, Markus 728
Schwiedrzik, Wolfgang M. 130, 607
Schwiefert, Fritz 249
Schwiemann, Horst 738
Schwind, Klaus 253
Schwitzke, Heinz 678, 683-685, 689
Seeler, Moritz 764
Segeberg, Harro 141, 145 f., 148, 653, 657, 693 f.
Seibt, Gustav 138
Seidel, Annemarie 40 f., 347-350, 354, 356, 372, 400, 402, 410 f., 550-552, 589, 608 f., 749
Seidel, Ina 9 f.
Seidel, Robert 741
Seidenfaden, Ingrid 734
Seifert, Heribert 728
Seifert, Martin 724
Seifert, Sabine 729
Seitz, Robert 330
Selznick, David 577
Sereny, Gitta 767 f., 771
Serner, Walter 158
Seymour-Smith, Martin 382
Shakespeare, William 355, 492, 638, 736
Sherwood, Robert 364, 577
Sidoli, Cesar 357
Siebert von Heister, Hans 314
Sieburg, Friedrich 603-606
Siedler, Wolf Jobst 766
Siefken, Hinrich 44, 46, 116, 120 f., 131 f.
Siems, Renke 601

Sierck, Detlef 407-409, 413-418, 420 f.
Sierck, Hilde 418
Simm, Hans-Joachim 208
Siodmak, Curt 385
Sirk, Douglas *siehe* Sierck, Detlef
Sjöström, Victor 376, 378
Smelser, Roland 648
Smith, John 402
Söhngen, Josef 52, 81 f., 129
Soherr, Hermann 697, 721
Solbrig, Ingeborg 712, 722
Sonne, Günter 739
Sontheimer, Kurt 610
Soppe, August 312
Spann, Othmar 607
Specht, Peter 306
Spee von Langenfeld, Friedrich 122
Speer, Albert 766-768, 770 f.
Speidel, Hans 275 f.
Spies, Bernhard 587, 743
Spoerl, Alexander 679
Spoerl, Heinrich 679
Spoliansky, Mischa 204
Springer, Bernhard 262
St. Clair, Peyton 467
Stadelmaier, Gerhard 733
Stahl-Nachbaur, Ernst 196
Stanislawski, Konstantin Sergejewitsch 385
Stankiewitz, Karl 726 f.
Stapenhorst, Günther 361 f., 368, 388, 393, 406
Staudte, Wolfgang 306, 707
Stauss, Helmut 712, 722
Steffahn, Harald 21, 114, 134
Steffen, Manfred 723
Stegmann, Anne 712, 722
Stein, Armin 659
Steinbach, Peter 20 f., 119, 121, 130
Steinböck, Rudolf 437, 447 f.

Steiner, Sigfrit 466
Steinfeld, Thomas 137 f.
Steiniger, Rolf 150
Steinitz, Wolfgang 254
Stepanow, Giovanni 129 f.
Stephan III. 613
Stern, Otto 712, 722
Sternberg, Josef von 354, 384-386, 552
Sternberger, Dolf 603
Sternheim, Carl 696
Stiemer, Felix 321, 332
Stöckle. Thomas 133
Stöhr, Max 439 f., 442, 443, 445 bis 447, 451
Stoffels, Hendrickje 378
Stolba, Eduard 456
Stoltze, Adolf 331
Storck, Joachim W. 32
Stork, Jutta 727
Stoverock, Karin 127
Strack, Günter 723
Strasser, Christian 391
Strasser, Gregor 602, 649
Strauß, Franz Josef 622, 629
Strauß, Johann (Sohn) 525
Streicher, Julius 596
Streller, Friedbert 312
Stresemann, Gustav 638
Stromberger, Robert 706, 710, 716, 723 f.
Stromberger-Schöpp, Iris 723 f.
Stroux, Karl-Heinz 712, 714, 722
Stuart, Nicholas 469, 477
Stüwe, Hans 181, 192
Sucher, C. Bernd 733
Sudendorf, Werner 214, 373, 552
Sueton 383, 387
Suhrkamp, Peter 445, 467, 593
Supper, Karl 716, 723
Süß, Winfried 20, 112 f., 129, 132
Syring, Enrico 648
Sywottek, Arnold 691

Tabori, Paul 363, 365
Tairoff, Alexander 233
Tardieu, André 321
Tauber, Richard 235, 393, 418
Taurek, Margot 606
Teege, Joachim 706, 721 f.
Ter Linde 415 f.
Tergit, Gabriele 147
Thadden, Rudolf von 117
Thalbach, Katharina 725, 729 f., 743
Than, Joseph 388
Theobald, Dietrich von 499
Thiel, Ernst 625-627
Thieringer, Thomas 729
Thiery, Fritz 31, 33 f.
Thies, Gerriet 283
Tholund, Sabine 731
Thoma, Ludwig 260
Thomas von Aquin 72, 74, 124 bis 126
Thomas, Armin 727, 742
Thomas, Horst 712, 722
Thomass, Eugen 712, 722
Thompson, Dorothy 148, 556
Thoss, Bruno 275
Tiberius 381
Tibes, Alexander 715, 722
Tiedemann, Kathrin 734
Tiessen, Heinz 314
Tietze, Werner 731
Tinschmann, Peter 625
Toeplitz, Guiseppe 357
Toeplitz, Ludovico 357-363, 389
Toller, Ernst 326 f., 332 f., 753
Tolstoi, Leo Nikolajewitsch 89, 132, 266
Tomaschewsky, Joachim 718
Tomerius, Lorenz 734
Toscanini, Arturo 390
Töteberg, Michael 415
Tovar, Lupita 433
Trakl, Georg 38

Trautz, Viktor 177
Traven, B. 19, 192
Trebitsch, Gyula 289, 514
Treitschke, Heinrich von 117
Trenker, Luis 185
Trevor-Roper, Hugh R. 770
Trooger, Margot 697, 721
Trotzki, Leo 158, 168
Trutschel, Christian 726
Tschet, Konstantin 466
Tuchel, Johannes 20 f., 119, 121, 130
Tucholsky, Kurt 147, 601, 606
Tümmler, Karl 189
Tuscherer, Eugen 361, 373 f., 407, 423, 429

Ucicky, Gustav 361, 443-445, 447 bis 450, 452, 455 f., 459-461, 464, 466, 475
Ude, Karl 684, 688
Udet, Ernst 277, 512, 542, 561, 577, 586, 728
Uhland, Ludwig 495 f.
Ullmann, Ludwig 177
Ulmann, Hanns 328
Unruh, Walter 266
Untersalmberger, Otto 456
Usteri, Johann Martin 525
Ustinov, Peter 432, 577, 679
Utin, Bruno 738
Uylenburgh, Saskia van 379

Vallentin, Maxim 754
Van der Vat, Dan 768
Vanzetti, Bartholomeo 168
Veidt, Conrad 395, 397
Verhoeven, Michael 23
Vidor, King 378, 383
Viebig, Clara 160 f., 168, 179
Viedebandtt, Klaus 706
Viehoff, Reinhold 658, 661

Viseregg, Hildegard 116, 120, 122, 132
Vierhaus, Rudolf 615
Viertel, Berthold 444
Viertel, Peter 577
Villon, François 157
Vinke, Hermann 37, 134
Vinzent, Jutta 321
Völckers, Rüdiger 267, 353
Völker, Klaus 344, 347, 349, 353, 738
Voigt, Wilhelm 254, 256, 258, 299, 303
Volk, Ludwig 125
Volkmann, Hans-Erich 119
Vollrath, Richard 312
Voß, Peter 223
Voss, Ursula 740
Vulpius, Christian August 179

Wägele, Karl 706, 721
Wagener, Hans 551, 580, 750
Wagener, Sybil 137
Wagner, Adolf 80, 129
Wagner, Hans-Ulrich 337, 659
Wagner, Karlheinz 728
Wagner, Konrad 721
Wahl, Rudolph 639
Waidelich, Jürgen-Dieter 593
Walach, Dagmar 754-757
Wal-Berg 466
Waldberg, Max von 747
Walde, Gabriela 731
Walker, Horst O. 623-627
Walser, Martin 658, 686
Walser, Robert 157
Walter, Bruno 390
Walter, Franz 601
Walter, Ruedi 723
Wangel, Hedwig 203
Watts, Stephen 364
Weber, Alfred 603, 747-750

Weber, Helmut 23
Weber, Max 761
Wedekind, Frank 313
Wedekind, Pamela 758
Wedel, Carola 724
Wedel, Dieter 706, 743
Wegener, Paul 299
Wegner, Armin T. 327
Wehdeking, Volker 587 f.
Weichert, Richard 328
Weidenfeld, Werner 630
Weidenmann, Alfred 276 f.
Weigel, Alexander 764
Weigel, Helene 34
Weil, Grete 743
Weill, Kurt 235, 243, 315, 415
Weinrich, Harald 743 f.
Weisenborn, Günther 26, 28, 49, 326
Weisenfeld, Ernst 622
Weiskopf, F.C. 335, 338
Weiß, Ernst 321, 326, 335, 338
Weiß, Ulrike 24, 26 f., 34, 139, 142, 144-148, 159, 165, 169, 197, 201-203, 252, 260, 270 f., 281, 300, 306, 309, 312-314, 322 f., 326, 329, 333 f., 341, 374, 392 f., 516, 544, 561, 581, 599, 632 f., 666, 672, 691, 763-765
Weißer, Herbert 510
Weißkopf, F.C. 321
Welczek, Johannes Graf von 606
Welk, Ehm 753
Welles, Orson 366, 420
Wells, Herbert George 367
Wengierek, Reinhard 729, 733
Wengraf, Senta 697, 721
Wenke, Hans 593
Werfel, Franz 311, 679
Wernber, Karlheinz 721
Werner, Bruno E. 178, 516, 581
Werner, Karl Ferdinand 648
Wertheimer, Egon 747

Wertheimer, Paul 178
Wesner, Rudolf 731
Wessels, Wolfram 659, 675
Wessely, Paula 359, 394, 437
Westermann, Bärbel 643
Westphal, Gert 664
Wetzel, Heinz 496
Weyergraf, Bernhard 9
Weyland, Ulrich 274
Whelan, Tim 401
Whitman, Gert 276
Wicki, Bernhard 579
Widukind 613, 640
Wiegand, Hans Joachim 251
Wiegandt, Herbert 29, 31
Wiene, Robert 201
Wiesenthal, Grete 393 f., 398, 399
Wilcox, Herbert 347
Wilder, Billy 577
Wilder, Thornton 674, 699
Wildgans, Anton 461
Wilhelm II. 251, 299, 303
Wille, Franz 730
Williams, Emlyn 387
Wilms, Bernd 743
Wimmer, Walter 189
Wimperis, Arthur 364 f.
Winckelmann, Johann Joachim 59, 117
Windau, Alfons 721
Wineyard, Diana 359
Winkelmann, Helmut 724
Winkels, Hubert 137
Winkler, Heinrich August 130, 598
Winston, Richard 639
Wirbitzky, Klaus 184
Wirsing, Sibylle 734
Wirth, Franz Peter 198, 712, 722
Witkop, Philipp 497, 510
Witte, Karsten 571
Wittenbrink, Theresia 150, 310, 326, 332, 336, 686

Wittenstein, Jürgen 114, 122
Wolf, Friedrich 332, 337
Wolffhardt, Rainer 281, 706-708, 721
Wolfrum, Edgar 650 f.
Wollf, Karl 326, 339
Worat, Jörg 730
Worschech, Rudolf 572
Wurm, Grete 716, 723
Wyrsch, Peter 466

Yorck, Marion 26
Young, Harold 353, 365

Zacher, Eberhard 133
Zadek, Peter 719
Zahn, Ernst 476
Zander, Peter 730
Zarek, Otto 176, 318
Zehetbauer, Rolf 712, 722
Zehrer, Hans 578, 602 f.
Zeidler, Hans Dieter 198, 712, 722
Zelnik, Friedrich 267
Zenker, Werner 330
Zickel, Martin 267
Ziebura, Gilbert 623
Ziegler, Edda 208
Ziemer, Albrecht 694
Zimmermann, Bernhard 697, 712
Zimmermann, Hans Dieter 647
Zimmermann, Hans-Jürgen 736
Zitelmann, Reiner 648
Zschiesche, Alf 128
Zschocke, Heinrich 179
Zuckmayer, Alice 31 f., 148, 342, 357, 400, 405, 407, 409, 411, 418, 448, 553 f., 597, 603, 639, 727
Zuckmayer, Carl (Vater) 9
Zuckmayer, Eduard 312, 334
Zuckmayer, Maria 742
Zuckmayer, Michaela 405, 467

Zuckmayer, Winnetou 350, 405,
    407, 411, 423, 444 f., 726, 741
Zurmühle, Mark 725, 730

Zweig, Stefan 311, 342, 347, 376
Zwetkoff, Peter 196, 702, 721

ZUCKMAYER-JAHRBUCH

Im Auftrag der Carl-Zuckmayer-Gesellschaft
Herausgegeben von Gunther Nickel, Erwin Rotermund
und Hans Wagener

Band 1 / 1998

Carl Zuckmayer – Paul Hindemith: Briefwechsel.
Ediert, eingeleitet und kommentiert von Gunther Nickel und Giselher Schubert

Aufsätze von Bernhard Glocksin, Herwig Gottwald, Murray G. Hall u.a.

ISBN 3-86110-157-2
336 Seiten, 6 Abbildungen, 56.- DM

Band 2 / 1999

»Persönlich – wär so unendlich viel zu sagen«. Der Briefwechsel zwischen Carl Zuckmayer und Annemarie Seidel.
Ediert, eingeleitet und kommentiert von Gunther Nickel

Aufsätze von Kirsten Beißwenger, Ulrich Fröschle, Rudolf Walter Leonhardt u.a.

ISBN 3-86110-187-4
580 Seiten, 10 Abbildungen, 78.- DM

Band 3 / 2000

Carl Zuckmayer – Carl Jacob Burkhardt: Briefwechsel.
Ediert und kommentiert von Claudia Mertz-Rychner und Gunther Nickel

Carl Zuckmayer – Max Frisch: Briefwechsel.
Ediert und kommentiert von Walter Obschlager

Carl Zuckmayer und Friedrich Dürrenmatt: Eine Dokumentation.
Ediert und kommentiert von Rudolf Probst und Ulrich Weber

Aufsätze von
Hanne Knickmann, Franz Norbert Mennemeier, Walter Schmitz u.a.

ISBN 3-86110-237-4
574 Seiten, 4 Abbildungen, 78.- DM

Außerdem erschienen:

Der blaue Engel.
Die Drehbuchentwürfe.
Hrsg. von Luise Dirscherl und Gunther Nickel
ISBN 3-86110-243-9
513 Seiten, 18 Abbildungen, 78.- DM

RÖHRIG UNIVERSITÄTSVERLAG GmbH
POSTFACH 1806 D-66368 ST. INGBERT
Internet: www.roehrig-verlag.de